MANUAL DE CONTABILIDADE TRIBUTÁRIA

O GEN | Grupo Editorial Nacional – maior plataforma editorial brasileira no segmento científico, técnico e profissional – publica conteúdos nas áreas de ciências sociais aplicadas, exatas, humanas, jurídicas e da saúde, além de prover serviços direcionados à educação continuada e à preparação para concursos.

As editoras que integram o GEN, das mais respeitadas no mercado editorial, construíram catálogos inigualáveis, com obras decisivas para a formação acadêmica e o aperfeiçoamento de várias gerações de profissionais e estudantes, tendo se tornado sinônimo de qualidade e seriedade.

A missão do GEN e dos núcleos de conteúdo que o compõem é prover a melhor informação científica e distribuí-la de maneira flexível e conveniente, a preços justos, gerando benefícios e servindo a autores, docentes, livreiros, funcionários, colaboradores e acionistas.

Nosso comportamento ético incondicional e nossa responsabilidade social e ambiental são reforçados pela natureza educacional de nossa atividade e dão sustentabilidade ao crescimento contínuo e à rentabilidade do grupo.

Paulo Henrique Pêgas

MANUAL DE CONTABILIDADE TRIBUTÁRIA

10ª EDIÇÃO

gen | atlas

■ Data do fechamento do livro: 20/12/2021

■ **Atendimento ao cliente: (11) 5080-0751 | faleconosco@grupogen.com.br**

■ Capa: : Manu | OFÁ Design
■ Editoração Eletrônica: Se-tup Time Artes Gráficas

■ Ficha catalográfica

CIP-BRASIL. CATALOGAÇÃO NA PUBLICAÇÃO
SINDICATO NACIONAL DOS EDITORES DE LIVROS, RJ

P422m
210 ed.

Pêgas, Paulo Henrique
Manual de contabilidade tributária: 330 questões de múltipla escolha com gabarito / Paulo Henrique Pêgas. - 10. ed. [2ª Reimp.] - Barueri [SP] : Atlas, 2023.

Apêndice
Inclui índice
ISBN 978-65-5977-206-3

1. Contabilidade tributária - Brasil. 2. Contabilidade tributária - Problemas, questões, exercícios. 3. Serviço público - Brasil - Concursos. I. Título.

22-75450 CDD: 657.46
CDU: 657.351.713

Camila Donis Hartmann – Bibliotecária – CRB-7/6472

SOBRE O AUTOR

Paulo Henrique Barbosa Pêgas é contador, com MBA em Contabilidade e Auditoria (ambos pela Universidade Federal Fluminense – UFF) e Mestrado em Ciências Contábeis pela Universidade do Estado do Rio de Janeiro (UERJ). Atuou durante 37 anos em três empresas: Casas Sendas, de JUN/83 a NOV/87; Fininvest, de NOV/87 a JUL/02; e BNDES, de JUL/02 a NOV/20, sendo a última função exercida de superintendente de risco de crédito. No meio acadêmico, atuou como professor em cursos preparatórios para concursos e em diversas instituições de ensino, como UFF, UFRJ, UERJ, UCB, UCAM, UGF, Unifal-AL, Unifoa, ITE-SP, Mackenzie, FGV e PUC-Rio. Atualmente, é professor de graduação do IBMEC-RJ e de cursos de MBA na Fipecafi-SP, Fundace/USP em Ribeirão Preto-SP e do IPEC-RJ em parceria com a Faculdades Hélio Alonso, no MBA em Gestão de Tributos Federais, do qual é coordenador. É conselheiro do CRC-RJ, eleito para o mandato de 2021 a 2024. Escreveu outros três livros: *PIS e COFINS*, pelo GEN | Atlas, *Reforma Tributária Já* e *Contabilidade Tributária para Provas e Concursos*. Autor de capítulos em outros livros e revistas especializadas sobre assuntos na área contábil-tributária. Responsável pelo canal IPEC–RJ TV no YouTube, com destaque para a Coluna 3 minutos, com 231 vídeos até dezembro de 2021.

APRESENTAÇÃO DA 10ª EDIÇÃO

O Brasil construiu um sistema tributário mal estruturado na Constituição Federal de 1988 e conseguiu piorá-lo ao longo dos últimos 33 anos, sendo denominado por especialistas como "manicômio tributário", tamanha a complexidade para a população e os empresários entenderem a legislação, a forma de apuração e os detalhes que cercam os muitos tributos cobrados no Brasil, sejam impostos, taxas ou os diversos tipos de contribuições. A carga tributária nacional extrai, de forma perversa e confusa, um terço de tudo que a sociedade produz, trazendo a sensação de mau uso dos recursos arrecadados, em razão da baixa qualidade dos serviços públicos oferecidos. A armadilha tributária existente no Brasil combina cinco graves problemas integrados:

1. Gasto público elevado com orçamento engessado, permitindo pouco espaço para investimento público e redução (ainda que lenta, mas segura) da carga tributária atual.
2. Multiplicidade de impostos e contribuições incidentes sobre o preço dos bens e serviços, encarecendo-os e aumentando demasiadamente o já pesado litígio tributário por conta da complexa e frágil legislação que rege a cobrança de impostos e contribuições por dentro.
3. Pesados encargos sociais cobrados das empresas, trazendo dificuldades para a contratação e melhor remuneração de empregados com carteira assinada, deteriorando e distorcendo as relações de trabalho e a forma de prestação de serviços de caráter estritamente pessoal.
4. Tributação regressiva sobre a renda das pessoas físicas, por conta de instrumentos como a isenção de dividendos e a possibilidade de substituição deste pelos juros sobre capital próprio (que seria extinta a partir de 2022, mas o PL aprovado na Câmara não avançou no Senado). Neste século, estima-se que foram distribuídos para pessoas físicas em torno de R$ 5 trilhões sobre o lucro das empresas aqui localizadas com benefício fiscal (IR zero), sendo percentual expressivo deste recebimento nas rendas mais elevadas.
5. Tributação efetiva reduzida sobre o lucro dos grandes grupos empresariais que atuam por aqui. A média da despesa de IR + CSLL em 100 dos maiores grupos empresariais de oito segmentos (financeiro, petróleo e gás, comércio, serviços, energia, telecomunicações, indústria pesada e indústria leve) no período de dez anos (2010 a 2019) ficou em 21% sobre o LAIR, em torno de 60% da alíquota nominal média (34%) aplicada no Brasil.

As principais mudanças em análise no Congresso ao final de 2021 (PEC nº 45/2019 e PEC nº 110/2019) basicamente simplificam a tributação sobre o consumo, integrando ICMS, ISS, PIS, COFINS e parte do IPI em um único imposto sobre o valor agregado (IBS), que seria cobrado nacionalmente, com recursos divididos entre os entes estatais. Porém, as propostas mexem demais na Constituição Federal, carecem de melhor embasamento técnico e sinalizam com manutenção da carga tributária atual, com a difícil premissa de que nenhum estado ou município perderá arrecadação. Nem uma inédita e difícil união nacional com um governo federal forte e liderando o processo de reforma tributária conseguiria tal intento. Apesar do ceticismo em relação ao resultado, estamos na torcida e sempre à disposição de qualquer governo que precise de colaboração técnica isenta.

O que se lamenta é que não há uma proposta unificada, integrada, que altere o sistema tributário como um todo. O governo federal, liderado na área econômica pelo Ministro Paulo Guedes, mandou sua primeira proposta de reforma tributária só no final de julho de 2020, o Projeto de Lei nº 3.887, que unificaria PIS e COFINS em uma nova Contribuição sobre Bens e Serviços (CBS), com aparente simplificação e modernização comparada à atual legislação das duas contribuições. No final de 2021, o PL se encontrava paralisado na Câmara dos Deputados.

Já o Projeto de Lei nº 2.337/2021, também originário do Ministério da Economia e que poderia trazer interessantes mudanças na tributação do IRPJ e atualização da tabela progressiva do IRPF, não avançou no Senado Federal, depois de ser aprovado na Câmara dos Deputados. Espera-se que pelo menos os ajustes na tabela progressiva do IRPF sejam feitos em 2022.

Na sequência, vamos falar um pouco mais sobre as novidades e o objetivo da 10ª edição do livro, que temos o prazer de apresentar.

O livro está distribuído em cinco partes, com 28 capítulos e um anexo com objetivo de facilitar a leitura, que pode ser feita na ordem dos capítulos ou direcionada, a critério de cada um. Em relação à edição anterior (9ª), houve redução de 30% no número de capítulos, sem perder informação relevante, apenas integrando assuntos e eliminando outros. A tabela no final desta apresentação traz a comparação das duas edições para você, que me acompanhou na edição anterior, saber o que mudou, e para você, que não tem a 9ª edição, saber o que não foi atualizado para cá e onde e como poderá acessar as informações eliminadas. Em resumo, dos 28 capítulos da nova edição:

- 22 foram mantidos e atualizados, sendo que 17 deles apenas mudaram de número. Por exemplo, o capítulo sobre ISS, que era o 14 na edição anterior, passou a ser Capítulo 9 nesta 10ª edição;
- 5 capítulos representaram a fusão de dois capítulos da edição anterior. Por exemplo, os capítulos da 9ª edição de ICMS (12) e ICMS ST (13) foram integrados e modernizados no Capítulo 10 na nova edição; e
- um capítulo (19) provém da integração de três capítulos (22, 23 e 28) da 9ª edição.

Você é bom de conta e viu que 22 mantidos + 10 que viraram 5 + 3 que foram integrados em 1 = 35 capítulos. Como a edição anterior contava com 40 capítulos, cinco foram suprimidos, eliminados. São três capítulos sobre o Regime Tributário de Transição, que durou de 2008 a 2014 e está prescrito, mais um capítulo sobre a antecipação mensal em bases estimadas, que deixaria de existir a partir de 2022, assim como o capítulo referente aos juros sobre capital próprio, que seria igualmente extinto no final de 2021. Apesar da não aprovação do PL nº 2.337/2021, acredito que a proposta voltará ao debate e será aprovada em 2022. Contudo, você que não possui a 9ª edição terá acesso aos cinco capítulos por meio da página da editora GEN | Atlas. Mas chega de falar da edição anterior, vamos conversar um pouco sobre cada uma das cinco partes da 10ª edição.

A Parte I mantém os três primeiros capítulos da edição anterior, com importantes revisões e novas tabelas com detalhes e números atualizados. O diagnóstico (e a evolução histórica) do sistema tributário nacional abre o livro, com os princípios constitucionais tributários e os elementos fundamentais dos tributos apresentados nos dois capítulos seguintes. As discussões e o avanço de projetos de reforma tributária poderão ser acompanhados por você, leitor(a), pelas mídias sociais da editora e do IPEC-RJ.

Na Parte II, apresentamos os aspectos mais relevantes da CONTABILIDADE MODERNA e sua integração com a legislação tributária. Em três capítulos, começamos com a parte estrutural, básica da contabilidade, passando pela parte contábil-societária e chegando à análise dos pronunciamentos emitidos pelo Comitê de Pronunciamentos Contábeis (CPC). Os destaques ficam por conta do Capítulo 4, com uma boa reflexão sobre a simplificação contábil e o regime de competência e a explicação sobre o CPC nº 47, que versa sobre Receita de Contratos com o Cliente, apresentada no Capítulo 6.

A tributação sobre o consumo vem totalmente reorganizada e modernizada na Parte III (Capítulos 7 ao 15), com novidades em relação à 9ª edição e que serão detalhadas a seguir.

No capítulo inicial, você encontra a estrutura de cobrança dos impostos e contribuições sobre o consumo de bens e serviços no Brasil, trazendo os fundamentos e detalhes sobre a tributação por fora e por dentro, cumulativa e não cumulativa, e como é divulgada a DRE por aqui, do faturamento bruto até a receita líquida. No final do capítulo, um precioso tópico sobre a Demonstração do Valor Adicionado, explicando como prepará-la, sua importância informacional, além de apresentar dados de 15 companhias abertas de 5 diferentes setores no período de dez anos (2010 a 2019).

Em seguida, no Capítulo 8, tratamos do sistema previdenciário e os (muitos) encargos sociais existentes no Brasil. Há detalhes sobre o cálculo da Contribuição Previdenciária Patronal (CPP) nas empresas e a opção para alguns setores, do pagamento sobre a Receita Bruta (CPRB), que foi prorrogada até 2023, além de observações relevantes para as pessoas físicas que atuam como empregados, autônomos ou sócios de empresas.

O capítulo sobre IPI foi mantido em sua estrutura básica, mas com algumas revisões terminológicas e ajustes, realizados a partir da orientação do meu amigo, o competente Prof. Rodolfo Castro Sousa Filho, especialista e profundo conhecedor da legislação que rege a cobrança de todos os impostos federais.

O (longo) capítulo sobre ICMS (unificado) é o maior do livro, mantendo e aprimorando temas como a base constitucional do imposto, sua estrutura básica de cobrança (fato gerador, base de cálculo e alíquotas internas e interestaduais), o modelo de substituição tributária, além do tratamento contábil, seja no modelo tradicional ou no modelo moderno, sempre com exemplos numéricos para ajudar na compreensão. Mas, a nova edição avançou no estudo da prática empresarial de cobrança dos impostos por dentro e o ICMS é o principal imposto brasileiro calculado dessa forma. Você encontrará exemplos numéricos de operações realizadas por uma indústria vendendo para diferentes clientes, em outras unidades federativas, analisando o impacto do ICMS (e do IPI) no preço de venda final dos bens e serviços. A explicação sobre o tratamento contábil do ICMS no modelo ST foi refinada, até para debater a decisão do Supremo Tribunal Federal, que determina a devolução do imposto estadual no caso em que a empresa substituída revende seu produto por um preço menor do que o sugerido por lei e que foi apurado e cobrado pela empresa substituta. Por fim, a nova edição traz detalhes sobre os incentivos fiscais do ICMS, com debate sobre se são subvenções para custeio ou investimento e os desdobramentos de tal definição.

O Capítulo 11 trata do ISS, que teve novidades na eterna discussão sobre o local da cobrança do imposto municipal, com novos normativos e polêmicas da edição anterior para a atual. São apresentados e debatidos casos como o das operações realizadas com cartões de débito e crédito, dos pedágios pagos nas rodovias brasileiras e os serviços de análises clínicas prestados pelos laboratórios especializados.

Em seguida, são apresentadas as contribuições para PIS/PASEP e COFINS, trazendo a legislação aplicada e a parte contábil integradas no mesmo capítulo (12), sempre com muitos exemplos numéricos para consolidação do aprendizado. Foram acrescidos novos detalhes técnicos, com o posicionamento do CARF e do STJ sobre a permissão para uso de créditos no método não cumulativo. Outro ponto importante foi a atualização em relação à decisão do STF pela exclusão do ICMS da base de cálculo das contribuições para PIS/PASEP e COFINS e os desdobramentos em relação aos demais tributos, como o ISS. Há dois exemplos didáticos interessantes ao final do capítulo para você entender a decisão do STF e a injustiça com as empresas substituídas que pagam o imposto estadual no modelo de substituição tributária.

Os tributos com função regulatória (II, IOF e a CIDE) são tratados no Capítulo 13, com texto atualizado, porém mais conciso, prático e direto em relação à edição anterior.

Já o Capítulo 14, que trata da tributação das microempresas e das empresas de pequeno porte (SIMPLES NACIONAL), foi totalmente reformulado e ampliado, em função das mudanças introduzidas nos últimos quatro anos. Por meio de muitos exemplos numéricos, você vai conhecer os detalhes, riscos e oportunidades para o profissional da área contábil-tributária atender com qualidade ao expressivo grupo de ¾ do total de empresas existentes no Brasil que adotam o modelo simplificado de tributação. O capítulo traz, ainda, pertinentes informações sobre o Microempreendedor Individual (MEI).

Fechando a modernizada e ampliada Parte III do livro, temos o capítulo sobre a tributação das entidades imunes e isentas.

Outra parte extensa e ampliada do livro é a IV, que traz como base a tributação sobre o lucro das pessoas jurídicas no Brasil, com o lucro real, presumido e arbitrado, formas de tributação que são apresentadas com riqueza de detalhes em sete capítulos, a maior parte dedicada ao lucro real. Toda a parte de IRPJ e CSLL está atualizada com a Lei nº 12.973/2014 e o cálculo trimestral das empresas ancorado na simplificação proposta no Projeto de Lei nº 2.337/2021, pois mesmo o Senado não aprovando as mudanças em 2021, elas devem voltar ao debate em 2022, pois realmente melhoram e simplificam a forma de calcular IR e CSLL nas empresas. Importante ressaltar que não há mudanças significativas no PL em relação ao tratamento fiscal das despesas dedutíveis e não dedutíveis ou das receitas tributáveis ou não tributáveis. Ainda na Parte IV, há um interessante e renovado capítulo (23) sobre tributos diferidos, um capítulo sobre retenção na fonte (22) e o atualizado capítulo com os impostos cobrados sobre a propriedade (IPVA, IPTU, ITD, ITBI, ITR e IGF).

Na parte final do livro, temos três capítulos sobre o imposto de renda das pessoas físicas, tratando da estrutura básica, dos rendimentos, das deduções e da declaração de bens e direitos, incluindo novos exemplos didáticos sobre a apuração e isenção de IR sobre ganho de capital na venda de bens imóveis.

Para que a leitura do livro seja efetuada de forma menos árida, há muitos exemplos numéricos na maioria dos capítulos, cujo objetivo é trazer a você um pouco da parte prática, a chamada legislação aplicada, objeto principal da contabilidade tributária. E, ao final de cada um dos 28 capítulos, há questões de múltipla escolha, para que seja possível avaliar a absorção do conteúdo estudado. A orientação é solucionar as questões pelo menos um dia depois da leitura. O gabarito, com as respostas das 330 questões, é apresentado no final do livro.

O leitor, se desejar, poderá enviar suas sugestões diretamente para o autor do livro pelo *e-mail* phpegas@uol.com.br. A página eletrônica www.ipecrj.com.br contribui com novidades e outros textos sobre a área contábil-tributária. Além disso, recomendo a inscrição e o acesso ao canal do YouTube IPECRJ TV (https://www.youtube.com/channel/UCBmKmcCtjgDOf1evsAd8rjQ), sempre com vídeos e novidades. Fique atento aos *links* descritos do IPEC RJ e às mídias sociais da editora para assistir aos vídeos com atualizações sobre a sua 10ª edição.

Espero que a leitura deste livro seja, além de instrumento de apoio para entendimento e compreensão da aplicação prática da confusa legislação tributária brasileira, fonte de inspiração na busca de alternativas viáveis para reduzir legalmente os impactos da carga tributária na economia das nossas empresas e na nossa economia pessoal. Espero que você, amigo(a) leitor(a), esteja preparado(a) e animado(a) para embarcar para uma viagem ao estudo da contabilidade tributária. Eu estou, e conto contigo. Grande abraço. E alegria!

Prof. Paulo Henrique Pêgas

QUADRO COM INTEGRAÇÃO DOS CAPÍTULOS ENTRE A 9ª E A 10ª EDIÇÃO

9ª Ed.	10ª Ed.	DETALHES
Caps. 1, 2 3, 4 e 5	Mantidos	Capítulos mantidos, com atualização de texto, tabelas e valores
Caps. 6, 8 e 9	Eliminados	Parte foi integrada nos capítulos da Parte IV e outra parte foi eliminada por representar conhecimento importante para o período de transição (RTT), já prescrito. Se você não possui a 9ª edição, poderá acessá-los no material suplementar
Cap. 7	Cap. 6	Pronunciamentos do CPC integrados ao cálculo dos tributos sobre lucro e receita, com destaque para o CPC nº 47 – Receitas de Contratos com Clientes
Cap. 10	Cap. 7	Tributação sobre o consumo no Brasil (inclui explicação sobre DVA)
Cap. 19	Cap. 8	Contribuições previdenciárias e encargos sociais
Cap. 11	Cap. 9	IPI
Caps. 12 e 13	Cap. 10	ICMS, incluindo o modelo de ST e as subvenções para custeio e investimento (incentivos fiscais estaduais)
Cap.14	Cap.11	ISS, com atualização das Leis Complementares nº 157/2016 e nº 175/2020
Caps. 15 e 16	Cap. 12	PIS e COFINS, com toda a discussão sobre créditos permitidos no método não cumulativo e os detalhes práticos sobre a chamada "Tese do Século" e seus desdobramentos
Cap. 17	Cap. 13	Tributos com função regulatória (IOF, CIDE e II)
Cap. 32	Cap. 14	Tributação de ME e EPP (SIMPLES NACIONAL)
Cap. 33	Cap. 15	Tributação das entidades imunes e isentas
Cap. 18	Cap. 16	Impostos sobre patrimônio
Cap. 20	Cap. 17	Tributação sobre o lucro no Brasil
Caps. 21 e 29	Cap. 18	Lucro presumido e lucro arbitrado
Caps. 22, 23 e 28	Cap. 19	Estrutura básica do lucro real, que integra a apuração trimestral e a compensação de prejuízos fiscais e das atividades não operacionais
Cap. 24	Eliminado	O PL nº 2.337/2021 extinguiu a apuração mensal em bases estimadas e os balancetes de redução/suspensão. Mesmo que o PL não seja aprovado agora, o assunto voltará ao debate em 2022. Contudo, se você não possui a 9ª edição, poderá acessar o capítulo no material suplementar
Cap. 25	Cap. 20	Despesas dedutíveis e não dedutíveis
Caps. 26 e 27	Cap. 21	Exclusões ao lucro líquido e incentivos fiscais
Cap. 31	Cap. 22	Retenções na fonte
Cap. 30	Cap. 23	Tributos diferidos
Cap. 38	Eliminado	O PL nº 2.337/2021 encerrou a possibilidade de uso do instrumento dos juros sobre capital próprio pelas empresas a partir de 2022. Mesmo que o PL não seja aprovado agora, o assunto voltará ao debate em 2022. Caso você não possua a 9ª edição, poderá acessar o capítulo no material suplementar
Cap. 39	Cap. 24	Participações (e reorganizações) societárias
Cap. 40	Cap. 25	Registros no PL e seus efeitos fiscais
Cap. 34	Cap. 26	Estrutura básica do IRPF no Brasil
Caps. 35 e 36	Cap. 27	Rendimentos e deduções permitidas
Cap. 37	Cap. 28	Declaração de bens e direitos

PREFÁCIO

É com muita honra que registro aqui o prefácio desta edição atualizada de um livro didático de sucesso, que em suas edições anteriores muito ajudou uma legião de alunos e profissionais de contabilidade.

Falar sobre o autor, para mim, é muito fácil pelo fato de nos conhecermos há aproximadamente 20 anos. Nosso primeiro contato foi quando fizemos parte da mesma turma do Mestrado em Ciências Contábeis da Universidade do Estado do Rio de Janeiro (UERJ), em 2002. Daquele período até hoje, o Pêgas, como é mais conhecido em nosso meio acadêmico, teve uma evolução profissional brilhante. De contador do GRUPO Fininvest até se tornar um alto executivo no BNDES, onde se aposentou, no final de 2020. Interessante destacar que as nossas vidas profissionais se cruzaram ao longo desse período de amizade. Quando ele ingressou no BNDES, mediante a aprovação em concurso público, eu já era contador na mesma instituição e ocupava o cargo de Superintendente de Controle. Também no mesmo período eu era o Vice-presidente de Desenvolvimento Profissional do Conselho Regional de Contabilidade do Estado do Rio de Janeiro (2002-2005), e instituímos o Prêmio Américo Matheus Florentino para o melhor livro de contabilidade e assuntos afins entre os concorrentes. O vencedor tinha como prêmio a publicação da obra pela Editora Freitas Bastos. Este livro foi o vencedor e foi minha pessoa quem realizou, à época do lançamento, o prefácio da 1ª edição e das subsequentes.

O livro *Manual de Contabilidade Tributária* tornou-se um fenômeno editorial, atingindo, principalmente, os jovens alunos (estudantes de graduação e pós-graduação), como também os profissionais de contabilidade. Hoje, é uma referência para o mundo acadêmico e profissional. Qual a razão do sucesso?

É simples responder: o Prof. Paulo Pêgas é um estudioso por excelência e possui duas qualidades relevantes para um docente – é metódico e bastante humilde na seara do conhecimento.

A bagagem profissional que possui foi acumulada desde a adolescência, quando iniciou a sua vida profissional como jovem aprendiz, no extinto Grupo Sendas (supermercados), que dava oportunidades para os jovens de baixa renda no chamado programa "Marrequinho Sendas", até os 33 anos de atuação profissional na área contábil-tributária, sendo em torno de 15 anos na Fininvest e, depois, por mais de 18 anos como contador do BNDES (aprovado em concurso público), onde exerceu inicialmente as atividades de analista de risco de crédito (*rating*) de empresas mutuárias ou candidatas a financiamentos de projetos fomentados pelo banco, passando por funções executivas durante 13 anos, consolidando sua atuação na função de superintendente de risco, na qual se aposentou no final de 2020. Possui larga experiência acadêmica como professor de graduação e pós-graduação em instituições como Universidade Candido Mendes, Universidade Presbiteriana Mackenzie e Universidade Federal Fluminense. Atualmente, além de aulas e palestras em diversas instituições, leciona no IBMEC-RJ, Fipecafi-SP e no IPE-CRJ.

A presente obra foi lapidada ao longo desses anos, edição a edição. Como o Prof. Pêgas também é um entusiasta e estudioso das normas e padrões contábeis internacionais, o leitor poderá aproveitar tudo que houve de alteração no mundo contábil internacional e, em especial, a partir das edições das Leis nº 11.638/2008, nº 11.941/2009 e nº 12.973/2014, quando as grandes empresas e as sociedades anônimas de capital aberto passaram a adotar os relatórios contábeis internacionais (IFRS) e a RFB fez a integração com a apuração dos tributos. O Prof. Pêgas incorporou à obra as inovações contábeis ocorridas nos últimos anos.

Como dito no primeiro prefácio que escrevi, a obra é de grande utilidade por possuir um linguajar objetivo e direto, fundamental para que o leitor (aluno ou profissional) possa compreender e absorver conhecimentos tributários vigentes. É do conhecimento de todos que o nosso sistema tributário nacional é um dos mais complexos do planeta, tanto na questão das tradições da aplicação dos tributos, como também pela infinidade de obrigações acessórias para finalidades diversas (declarações, recolhimentos, comprovações etc.).

O livro aborda com propriedade as principais modificações operacionais sancionadas e colocadas em prática pelo governo federal na última década, em que aborda, de forma geral, a criação do Sistema Público de Escrituração Digital (SPED) e os seus desdobramentos (ECF/ECD e o e-Social).

É importante destacar que, com a criação da Lei nº 12.973/2014, a contabilidade societária e a fiscal passaram a ter padrões bem mais uniformizados no país, pelo fato de a Receita Federal do Brasil (RFB) incorporar os padrões contábeis internacionais (IFRS) em quase todos os aspectos tributários sobre as principais operações empresariais.

É importante destacar, também, que a presente edição foi atualizada levando em consideração os projetos de lei e os projetos de emenda constitucional em transição no Congresso Nacional que tratam da reforma tributária. Os conteúdos dos capítulos estão ajustados até o momento do que já se tornou consenso entre o legislativo e o executivo federal.

Foram eliminados conteúdos que faziam parte da última edição e que, hoje, já não são relevantes, com a passagem temporal ou em virtude de eliminação legal/normativa, como os Capítulos 6, 8 e 9 que tratavam especificamente de assuntos que deveriam ser observados para o período de transição (RTT). O Capítulo 24, que abordava como e por que elaborar mensalmente as apurações do IRPJ e CSLL sob as bases estimadas e os balancetes mensais de redução/suspensão, também foi eliminado, pela perspectiva de transformação da apuração do lucro real em trimestral definitiva para todas as empresas. Quem não possui a edição anterior poderá acessar o capítulo, conforme instruções obtidas no próprio livro, antes do Sumário.

Por fim, nunca é demais ressaltar que o Prof. Paulo Henrique Barbosa Pêgas é um pesquisador nato, com capacidade de observação elevada e que tem a humildade científica de ouvir e debater problemas doutrinários contábeis e sobre o complexo mundo do sistema tributário brasileiro. O Pêgas sempre propõe o contraditório e sabe respeitar opiniões diferentes do seu pensamento.

Sinto-me honrado em mais uma vez poder escrever algumas palavras sobre o autor e a sua obra, pela comprovada qualidade do seu conteúdo, e, com muita satisfação, poder ter o Prof. Pêgas como um grande amigo.

Antonio Miguel Fernandes

Ex-presidente do Conselho Regional de Contabilidade do Estado do Rio de Janeiro (2006-2009)

Ex-vice-presidente de registro profissional do Conselho Federal de Contabilidade (2010-2013)

AGRADECIMENTOS

A conclusão de um livro representa uma vitória e a realização de um sonho. Chegar à 10ª edição é algo inimaginável, mas que não seria possível sem a participação fundamental de muitas pessoas, algumas com apoio direto, outras com orientação e algumas outras com torcida e pensamento positivo.

O primeiro e principal agradecimento é ao nosso Senhor Jesus Cristo, o Rei dos Reis, Senhor dos Senhores. Obrigado por tudo, meu DEUS.

Agradeço, com saudade, a minha querida mãe Leila e a minha amada avó materna, Dina, pela ótima educação e ensinamento que me foram oferecidos. Os valores que me foram passados em casa são o alicerce para que seja possível seguir em frente, sempre com alegria, mesmo diante das dificuldades do dia a dia. Minha doce mãe e minha guerreira vovó não estão presentes fisicamente neste momento, mas imagino a alegria e felicidade delas com a conclusão e o avanço deste trabalho, chegando a sua décima edição.

Agradeço também a minha família, que me dá o carinho no contato diário, combustível para manter um livro desta amplitude sempre atualizado. A minha esposa Soraia e aos nossos queridos e amados filhos, sempre crianças aos olhos dos pais, Letícia, Paulo Henrique Júnior e Pedro Henrique, um agradecimento por entender tantas horas dedicadas em cada nova edição desde 2003.

Um agradecimento acadêmico especial aos queridos professores que me ensinaram muito além da disciplina que ministraram, mas me influenciaram (positivamente) nesta difícil, porém agradável e feliz caminhada. Para Gebardo Sabino de Oliveira, meu professor de contabilidade número 1 e meu grande mestre, que me colocou na trilha da ciência contábil. Para minha querida titia e primeira professora, Mariângela Bouzada. Meu muito obrigado para Tia Lígia, Vera Abrantes, Jorge Elpídio, Edison Giraldo, Antonio Roberto, Maria Helena das Neves, Antonio Freitas, Frederico Carvalho e o cientista contábil Prof. Natan Szuster, que eu tive o prazer de ter como orientador da dissertação no mestrado. O carinho de sempre para os saudosos Profs. Deny da Rocha Monteiro e Edson Pimenta.

Ao Prof. Antonio Miguel pelo prefácio da obra e pelos conselhos e dicas, sempre criteriosos. Agradeço à editora Freitas Bastos, que publicou as oito primeiras edições da obra, e à GEN | Atlas, que acreditou no trabalho, passando a publicá-lo com padrão de qualidade irretocável desde a edição anterior. E agradeço também às muitas pessoas que enviaram sugestões, reclamações, elogios e críticas desde a primeira edição do livro. A opinião de vocês foi fundamental na preparação desta edição e será sempre lida/ouvida/analisada para eventuais atualizações futuras. Muito obrigado!

VÍDEOS DO AUTOR

Para facilitar o aprendizado, este livro conta com o recurso de vídeos do autor, que podem ser acessados por meio do *QR Code* apresentado na sequência.

Para assisti-los, é necessário ter um leitor de *QR Code* instalado no *smartphone* ou *tablet* e posicionar a câmera diante do código. Também é possível acessar os vídeos por meio da URL que aparece abaixo do código.

https://uqr.to/142jz

Material Suplementar

Este livro conta com o seguinte material suplementar:

- Capítulos adicionais em .PDF (acesso livre).

O acesso ao material suplementar é gratuito. Basta que o leitor se cadastre e faça seu *login* em nosso *site* (www.grupogen.com.br), clicando em Ambiente de Aprendizagem, no *menu* superior do lado direito.

O acesso ao material suplementar online fica disponível até seis meses após a edição do livro ser retirada do mercado.

Caso haja alguma mudança no sistema ou dificuldade de acesso, entre em contato conosco (gendigital@grupogen.com.br).

SUMÁRIO

PARTE I: ESTRUTURA BÁSICA DO SISTEMA TRIBUTÁRIO NACIONAL

PARTE II CONTABILIDADE APLICADA

CAPÍTULO 4 CONTABILIDADE ESTRUTURAL: PRÁTICA, LÍRICA, POÉTICA

CAPÍTULO 5 CONTABILIDADE INTERMEDIÁRIA (SOCIETÁRIA)

CAPÍTULO 6 OS PRONUNCIAMENTOS DO CPC E OS IMPACTOS TRIBUTÁRIOS

PARTE III TRIBUTAÇÃO SOBRE O CONSUMO

CAPÍTULO 7 TRIBUTAÇÃO SOBRE CONSUMO NO BRASIL

CAPÍTULO 8 O SISTEMA PREVIDENCIÁRIO BRASILEIRO E OS ENCARGOS SOCIAIS

CAPÍTULO 9 IMPOSTO SOBRE PRODUTOS INDUSTRIALIZADOS (IPI)

CAPÍTULO 10 ICMS, O IMPOSTO DE MAIOR ARRECADAÇÃO DO PAÍS

CAPÍTULO 11 IMPOSTO SOBRE SERVIÇOS DE QUALQUER NATUREZA (ISS)

CAPÍTULO 12 PIS/PASEP E COFINS

CAPÍTULO 13 TRIBUTOS COM FUNÇÃO REGULATÓRIA

CAPÍTULO 14 TRIBUTAÇÃO DAS MICROEMPRESAS E EMPRESAS DE PEQUENO PORTE

CAPÍTULO 15 TRIBUTAÇÃO DAS ENTIDADES IMUNES E ISENTAS

PARTE IV TRIBUTAÇÃO SOBRE PATRIMÔNIO E RENDA

CAPÍTULO 16 IMPOSTOS SOBRE O PATRIMÔNIO

CAPÍTUL 17 TRIBUTAÇÃO SOBRE O LUCRO NO BRASIL

CAPÍTULO 20 DESPESAS DEDUTÍVEIS E NÃO DEDUTÍVEIS

Parte I

ESTRUTURA BÁSICA DO SISTEMA TRIBUTÁRIO NACIONAL

1

DIAGNÓSTICO DO SISTEMA TRIBUTÁRIO NACIONAL

OBJETIVO DO CAPÍTULO

Este capítulo inicial tem o objetivo de apresentar uma introdução ao Sistema Tributário Nacional, com um breve resumo histórico, mostrando as dificuldades naturais que serão encontradas pelo legislador para corrigir as imensas distorções existentes no modelo atual. Ao final do capítulo, será possível:

- Refletir sobre o significado das palavras Estado, governo, população e tributos, fazendo uma integração entre elas.
- Identificar os principais tributos da União e dos estados que devem ser redistribuídos com estados e municípios.
- Compreender algumas das dificuldades que serão encontradas para se aplicar a chamada justiça fiscal em um país continental, com tantas riquezas naturais, mas com profundas diferenças culturais, políticas e regionais e enorme desigualdade social.

1.1 O estado e o sistema tributário

Vale a pena, inicialmente, refletir um pouco sobre o conceito de ESTADO. A Teoria Geral do Estado o define como a nação política e juridicamente organizada. Então, é possível afirmar que o ESTADO seja formado por três elementos: **Povo** (nativos do país), **Território** e **Governo**. População representa a totalidade dos habitantes, nativos e estrangeiros. Portanto, o Estado é o povo, vivendo num território (espaço físico e geográfico) e escolhendo os representantes que o governarão.

Então, imagine você, leitor, participando de forma descontraída de uma animada conversa num fim de semana com um grupo de familiares e amigos, falando sobre diversos assuntos. Será comum ouvir críticas ao governo, dentre as quais:

O governo não incentiva a educação, pois não oferece escola de boa qualidade para todos, já que educação é **obrigação do governo**, está escrito na Constituição e nem isso **ele, governo, cumpre...**

a) A saúde pública está um caos. O governo não cumpre suas obrigações constitucionais, ou seja, não oferece serviços de qualidade na área da saúde para toda a população brasileira...
b) Estamos vivendo uma crise na segurança pública. Parece uma guerra urbana, principalmente nas grandes cidades. Não há segurança, pois não se pode confiar na polícia. Aliás, há pouco policiamento, por isso é que os bandidos fazem o que bem entendem e estão com audácia cada vez maior. E o **governo nada faz** para mudar esta situação e nos proteger...

c) As estradas estão em péssimo estado de conservação. O **governo não destina** os recursos necessários para a manutenção delas...

Mas, afinal, quem é essa figura abstrata chamada GOVERNO? A crítica parece ser destinada para uma pessoa ou a um grupo de pessoas, mas poderia retornar ao próprio crítico, pois no regime democrático quem escolhe o governo, seja federal, estadual ou municipal, é o povo. Então, eu sou governo, você é governo e todos nós estamos lá representados, mesmo que não participemos de qualquer decisão e mesmo que sequer tenhamos votado no candidato vencedor. Ainda assim, nós fazemos parte do governo.

E o governo é o responsável pela retirada de uma (significativa) parcela da riqueza produzida pela sociedade para financiar suas atividades, que consistem, principalmente, em promover o bem comum e o desenvolvimento dos bairros, das cidades, dos estados e do país.

Para entender como é complexa a administração de um país, suponha um prédio com 50 apartamentos. Pense como seriam tomadas as decisões sobre os investimentos a serem feitos na área comum se não existisse o síndico. Se, por exemplo, o condomínio tivesse uma piscina, com manutenção mensal de R$ 2.000, este custo poderia ser rateado entre os 50 moradores. Suponha, por exemplo, uma comparação entre dois moradores, que residam em apartamentos do mesmo tamanho: um solteiro, que more sozinho e não utilize a piscina, e outro, que tenha três filhos e cuja família toda usufrua o parque aquático. Neste caso, ambos estarão contribuindo para a manutenção de um bem comum, que, entretanto, poderá ter utilização com muito mais intensidade por um morador em relação ao outro. Poderá haver reclamação por parte daquele morador que não use a piscina. Por outro lado, se for decidido que a cobrança da manutenção do parque aquático seja feita em função da quantidade de pessoas que o utilizam ou se a decisão for cobrar uma taxa mínima de uso, o morador que tem os três filhos reclamará. Enfim, este caso é de difícil solução, pois envolve pessoas e cada um defenderá seu interesse.

Assim é o governo. Ele aloca recursos em diversas áreas, para benefício de toda a população, mesmo que algumas pessoas jamais utilizem aquele bem ou serviço posto à sua disposição. Para ilustrar, suponha a seguinte situação: uma prefeitura resolve construir um estádio de futebol. Muitos contribuintes podem reclamar por não gostarem de futebol e, mesmo assim, estarem contribuindo para uma obra da qual não se beneficiarão diretamente.

Uma coisa é certa: tudo é PAGO, nada é GRÁTIS. Se uma conhecida cantora for contratada para fazer um *show* na praia de Copacabana (como tantos já foram), o *show* não será GRÁTIS, pois ela e sua equipe são profissionais que estão realizando seu trabalho e precisam ser remunerados. Então, todos os moradores do município do Rio de Janeiro (admitindo a contratação pela prefeitura) contribuirão e pagarão o espetáculo, gostem ou não da cantora. Contudo, aqueles que desejarem assistir não precisarão pagar DIRETAMENTE pelo *show*. Portanto, nada de usar o termo "É DE GRAÇA". Nada é de graça, tudo é pago. Deveria se dizer assim, neste caso: "*Show* na Praia de Copacabana com a cantora tal SEM CUSTO DIRETO para as pessoas que desejarem assistir." O problema é que, aí, não tem apelo.

A realidade é que, regra geral, ninguém quer pagar imposto e as pessoas acham que pagam mais impostos do que devem e que o governo não utiliza adequadamente e de forma justa o dinheiro arrecadado. E assim funciona em qualquer parte do mundo, sendo que nosso foco recairá especificamente no Brasil, pois é aqui que vivemos, onde pagamos nossos impostos e onde podemos (e devemos) reclamar.

1.2 Os tributos no Brasil antes da reforma dos anos 1960

A estrutura tributária na época do Império foi praticamente mantida após a proclamação da República, permanecendo assim até a Constituição de 1934. Nesse modelo, a principal fonte de receitas públicas era o comércio exterior, com destaque para o imposto de importação, que alcançou, em alguns anos, dois terços da receita total do setor público.

Uma mudança relevante ocorreu por ocasião da primeira constituição republicana, quando foi introduzido o regime de separação de fontes tributárias, com discriminação dos impostos de competência da União e dos estados. O governo central ficou com o imposto de importação, os direitos de entrada, saída e estadia de navios, as taxas de selo e as taxas de correios e telégrafos federais; os estados cobravam o imposto sobre a exportação, sobre imóveis rurais e urbanos e sobre indústria e profissões. Além destes, União e estados tinham poder para criar outros tributos.

A partir da Constituição de 1934, começou a predominar a cobrança dos impostos internos sobre produtos. Aos estados foi permitido criar e cobrar o imposto sobre venda e consignações, que rapidamente tornou-se a principal fonte de receita estadual. Os municípios arrecadavam o imposto sobre indústria e profissões e o imposto predial. Já a União continuava cobrando e arrecadando o imposto de renda, o imposto sobre os bens importados e o imposto sobre o consumo, que no final dos anos 1930 superou em arrecadação o imposto de importação.

A Constituição de 1946 trouxe importantes alterações para o sistema tributário, com a preocupação de aumentar a receita dos municípios,[1] fundamentando-se na criação do sistema de transferência de impostos. Esse sistema foi reforçado ainda mais com a Emenda Constitucional nº 5, do início da década de 1960, que atribuiu aos municípios 10% da arrecadação do imposto de consumo e aumentou a participação no imposto de renda de 10% para 15%.

Nos 20 anos seguintes à Constituição de 1946, observou-se um aumento cada vez maior da importância dos impostos indiretos sobre produtos. Com o início, na época, do processo de desenvolvimento industrial sustentado, a tributação sobre os produtos e serviços domésticos passou a ser a principal fonte de receitas públicas.

No início dos anos 1960, cerca de 40% da receita da União era oriunda do imposto sobre consumo; pouco mais de 70% da receita estadual era obtida com o imposto sobre vendas e consignações; e o imposto sobre indústria e profissões representava 45% das receitas municipais. Como se observa, o elevado peso da tributação sobre o consumo no Brasil, que é uma reclamação dos dias atuais, vem de longa data.

1.3 A reforma tributária dos anos 1960

A última reforma tributária efetivamente realizada no Brasil ocorreu entre os anos de 1965 e 1967. A reforma começou com a Emenda Constitucional nº 18/65 e foi reforçada com o advento da Lei Complementar nº 5.172/66 (Código Tributário Nacional), sendo sacramentada na Constituição Federal de 1967.

Com a reforma, o Brasil ficou com um sistema tributário inovador, considerado na época um dos mais modernos do mundo. A premissa básica da reforma foi a simplificação do sistema, exatamente o que falta atualmente para começar a se programar de forma efetiva uma reforma tributária que contribua para o desenvolvimento econômico e social do país, reduzindo nossa enorme desigualdade de renda e retirando o Brasil das primeiras posições de concentração de renda na comparação mundial.

Um dos principais pilares da reforma tributária dos anos 1960 foi a criação de dois impostos sobre o valor agregado: o Imposto sobre Circulação de Mercadorias (ICM) e o Imposto sobre Produtos Industrializados (IPI), sendo o primeiro na esfera estadual e o segundo, federal. Esses impostos, de característica não cumulativa, substituíram os antigos impostos cumulativos, que incidiam sobre vendas e consignações (estadual) e sobre o consumo (federal).

O antigo ICM, embora fosse um imposto estadual, tinha alíquota uniforme em todo o país, favorecendo a desoneração das exportações e dificultando a competição entre os estados. Já o IPI tinha a característica da seletividade, sendo um importante instrumento de política econômica e social.

A divisão dos impostos, após essa reforma, teve o objetivo principal de preservar a arrecadação da União. Os estados ficaram com uma arrecadação bastante atraente e significativa, que era o ICM, enquanto os municípios foram mais uma vez esquecidos, permanecendo apenas com o ISS, com pouca representatividade na época, além do IPTU. Veja, na Tabela 1.1, como ficou a distribuição dos tributos entre os entes estatais com a reforma tributária de 1966.

A característica marcante da reforma realizada nos anos 1960 foi a centralização da maior parte dos recursos na esfera federal, já que o processo de crescimento e desenvolvimento econômico do país era responsabilidade da União. Apesar disso, havia orientação para suprir estados e municípios com recursos suficientes, de forma que estes desempenhassem suas funções, sem prejudicar o processo de desenvolvimento.

Assim, além da participação dos municípios na arrecadação do ICM, foram criadas mais duas formas de transferências federais para estados e municípios: os fundos de participação e as partilhas dos impostos únicos.

[1] Conforme dados obtidos na página do IBGE (https://biblioteca.ibge.gov.br/index.php/biblioteca-catalogo?view=detalhes&id=247603), em 1940, o Brasil contava com 1.574 municípios, ganhando 315 em 10 anos e passando a 1.889 em 1950. Interessante que mais de 40% dos municípios estavam concentrados nos estados de SP e MG. Atualmente (2021), os dois estados juntos têm pouco menos de 1.500 municípios, em torno de 27% do total.

TABELA 1.1 Divisão dos tributos após a reforma tributária de 1966*

PATRIMÔNIO E RENDA ▪ **IPTU** - Imposto Predial e Territorial Urbano, de cobrança **municipal**. ▪ **ITBI** – Imposto de Transferência de Bens Imóveis, de cobrança **estadual**. ▪ **ITR** – Imposto Territorial Rural, de cobrança **federal**. ▪ **IR** – Imposto de Renda, de cobrança **federal**. ▪ **TRU** – Taxa Rodoviária Única, de cobrança **federal**.	PRODUÇÃO E CIRCULAÇÃO ▪ **IPI** – Imposto sobre Produtos Industrializados, de cobrança **federal**. ▪ **ICM** – Imposto sobre Circulação de Mercadorias, de cobrança **estadual**. ▪ **ISS** – Imposto sobre Serviços, de cobrança **municipal**. ▪ **IOF** – Imposto sobre Operações Financeiras, de cobrança **federal**. ▪ **ISTC** – Imposto sobre Serviços de Transporte e Comunicações, de competência **federal**.
COMÉRCIO EXTERIOR O Imposto de Exportação (**IE**) foi transferido da esfera estadual para a **federal** e, junto com o Imposto de Importação (**II**), transformou-se em instrumento de política de comércio exterior.	IMPOSTOS ÚNICOS ▪ Sobre Energia Elétrica (**IUEE**). ▪ Sobre Combustíveis e Lubrificantes (**IUCL**). ▪ Sobre Minerais (**IUM**). TODOS COBRADOS PELA **UNIÃO**

* Sistema tributário vigente até a Constituição de 1988, com pequenas alterações.

Os Fundos de Participação dos Estados (FPE) e dos Municípios (FPM) eram calculados sobre a arrecadação do IPI e do IR, com distribuição inicial de 5% sobre o total arrecadado com os dois impostos para os estados e 5% para os municípios, e mais 2% para um fundo especial, totalizando 12%. Havia ainda uma aplicação adicional de recursos para os estados do Norte e do Nordeste. Entre 1969 e 1975, esses percentuais ficaram em 5% tanto para o FPE como para o FPM. Esses índices tiveram tendência ascendente em todo o período subsequente, atingindo 16% (FPE) e 17% (FPM) antes da Constituição de 1988, que os elevou para 21,5% e 22,5%, respectivamente. Existia ainda transferência adicional de 3% para financiar bancos regionais de desenvolvimento a fim de atender aos estados das regiões Norte, Nordeste e Centro-Oeste. Já no século XXI, aconteceram dois acréscimos de 1% no percentual do FPM, passando-o para 24,5%.

Para consolidar o que foi apresentado, importante trazer a Tabela 1.2, adaptada do ótimo livro *Finanças Públicas*, de Fabio Giambiagi e Ana Cláudia Além.

É possível perceber como mudou o fluxo dos recursos tributários após a Constituição Federal de 1988, com o direcionamento de maior parcela da arrecadação de tributos para estados e municípios. Tal fato foi o que justificou a criação e a reciclagem das contribuições federais, tributos sem repartição com os entes estatais subnacionais, fator que contribuiu diretamente para a precarização e complexidade do modelo tributário.

1.4 A Constituição de 1988

A atual Constituição Federal, promulgada em outubro de 1988, trouxe profundas e importantes modificações para o Sistema Tributário Nacional, principalmente em relação à redistribuição dos recursos entre os entes federativos. Houve na época uma exagerada comemoração, principalmente por parte dos municípios, em virtude da chamada **carta de alforria** definida na Carta Magna, que desafogaria os minguados orçamentos municipais, com o redirecionamento de relevante parcela dos tributos arrecadados pela união e pelos estados para as administrações municipais, via transferência constitucional.

Além disso, observa-se na Carta de 1988 uma excessiva preocupação com a ampliação de direitos trabalhistas e previdenciários, não havendo a mesma preocupação em relação à forma de garantia desses direitos. Entendo ser importante trazer o símbolo do modelo de Estado Protetor preconizado pela Carta Magna em seu art. 6º: "Art. 6º São direitos sociais a **educação**, a **saúde**, o **trabalho**, o **lazer**, a **segurança**, a **previdência social**, a **proteção à maternidade** e à **infância**, a **assistência aos desamparados**, na forma desta Constituição." A **moradia** foi incluída em 2000, enquanto **alimentação** e **transporte** foram acrescidos em 2015.

Esse é o ponto principal para reflexão: como gerar recursos para atender ao ESTADO PROTETOR que foi definido na Constituição? Pois bem, para isso colocamos um longo capítulo sobre o sistema tributário nacional na nossa lei das leis. A divisão dos impostos em vigor em 2021 no país é apresentada a seguir com a repartição de

TABELA 1.2

IMPOSTO	PRÉ-CF/88			2021		
	FED.	EST.	MUN.	FED.	EST.	MUN.
	%					
IR	67	16	17	51	24,5	24,5
IPI				41	34,5	24,5
II e IOF	100	–	–	100	–	–
ITR	–	–	100	50	–	50
IUEE/IUST	30	50	20		ICMS 75	ICMS 25
IUCL	40	40	20			
IUSCOM.	100	–	–			
IUM/CFEM	10	70	20	12	23	65
ICM/ICMS	–	80	20	–	75	25
IPVA	–	50	50	–	50	50
ITD/ITBI	–	100	–	–	50	50
ISS	–	–	100	–	–	100
IPTU	–	–	100	–	–	100

SIGLAS: Imposto de Renda (IR), Imposto sobre Produtos Industrializados (IPI), Imposto sobre Importação (II), Imposto sobre Operações Financeiras (IOF), Imposto Territorial Rural (ITR), Imposto sobre Transportes e Comunicações (IUST e IUSCOM), Imposto sobre Operações Relativas a Combustíveis, Lubrificantes, Energia Elétrica e Minerais do País (IUEE, IUCL e IUM), Compensação Financeira pela Exploração Mineral (CFEM), Imposto sobre Circulação de Mercadorias e Serviços de Transporte Interestadual e Intermunicipal e de Comunicações (ICMS), Imposto sobre a Propriedade de Veículos Automotores (IPVA), Imposto sobre Transmissão *Causa Mortis* e Doações Não Onerosas (ITD), Imposto sobre Transmissão de Bens Imóveis (ITBI), Imposto sobre Serviços (ISS) e Imposto sobre Propriedade Territorial Urbana (IPTU).

recursos entre os entes estatais evidenciada na sequência, na Tabela 1.3.

UNIÃO (7 impostos) – IR, IPI, II, IOF, ITR, IE e IGF (este ainda não regulamentado em lei).

ESTADOS (3 impostos) – ICMS, ITD e IPVA.

MUNICÍPIOS (3 impostos) – ISS, ITBI e IPTU.

Além das movimentações citadas na tabela, existem também as seguintes transferências:

- o IOF-Ouro (ativo financeiro) será transferido no montante de 30% para o estado de origem e 70% para o município de origem; e
- os municípios ficam com 50% do ITR, relativo aos imóveis neles situados.

A Lei nº 11.250/2005 regulamentou o Inciso III do § 4º do art. 153 da Constituição Federal, permitindo a celebração de convênio entre a Receita Federal do Brasil (RFB) e os municípios, transferindo a esses as atribuições de fiscalização, inclusive a de lançamentos dos créditos tributáveis, e de cobrança do ITR. Com isso, os municípios cobram, arrecadam e fiscalizam o ITR, mas a legislação continua na esfera federal. No ano de 2021, em pesquisa[2] na página eletrônica da RFB, encontramos 1.934 municípios conveniados, 34,7% do total. Por exemplo, o estado do MS tem quase 100% dos municípios participando do convênio (apenas um fica de fora), enquanto 26 dos 92 municípios do RJ assinaram com a União, menos de 30%.

O que aconteceu no Brasil, a partir de 1988, foi a redução da participação do IR e, principalmente, do IPI no total de recursos arrecadados pela União. Conforme dados divulgados pela RFB, a participação do imposto de renda no total da arrecadação do órgão caiu de 50% em 1985 para 41,6% em 2019. O IPI teve redução ainda mais acentuada, pois representava cerca de 20% no triênio 1988-1990 e no ano de 2019 a participação deste imposto representou 5,5% da arrecadação total da RFB, com queda percentual na participação na faixa de 70%. O FINSOCIAL, contribuição similar à COFINS,

[2] Pesquisa feita na página: http://servicos.receita.fazenda.gov.br/Servicos/termoitr/controlador/controleConsulta.asp. Acesso em: maio 2021.

TABELA 1.3 Mapa de transferência de recursos (principais tributos)

TRIBUTO	DESTINAÇÃO AUTOMÁTICA DOS RECURSOS ARRECADADOS
IPI UNIÃO	▪ 21,5% para o FPE (Fundo de Participação dos Estados); ▪ 3% para o Fundo Nacional do Desenvolvimento (FND), com a seguinte distribuição: 1,8% destinado ao Fundo Constitucional de Financiamento do Nordeste (FNE), que representa o principal *funding* do Banco do Nordeste do Brasil; 0,6% para o Fundo Constitucional de Financiamento do Norte (FNO), que representa o principal *funding* do Banco da Amazônia; e 0,6% para o Fundo Constitucional de Financiamento do Centro-Oeste (FCO), que representa o principal *funding* de apoio regional gerido pelo Banco do Brasil. ▪ 24,5% para o Fundo de Participação dos Municípios (FPM); e ▪ 10% para o Fundo de Participação de Exportação (FPEx), pertencente aos estados. Os estados deverão repassar 25% deste fundo aos municípios.
IR UNIÃO	▪ 21,5% para o FPE; ▪ 3% para o FND, com a seguinte distribuição: 1,8% destinado ao FNE, que representa o principal *funding* do Banco do Nordeste do Brasil; 0,6% para o FNO, que representa o principal *funding* do Banco da Amazônia; e 0,6% para o FCO, que representa o principal *funding* de apoio regional gerido pelo Banco do Brasil. ▪ 24,5% para o FPM; e ▪ o IR retido dos funcionários e servidores públicos estaduais e municipais não entra no cômputo, ficando em sua totalidade para estados e municípios onde os funcionários e servidores estão lotados. O imposto será descontado do valor distribuído para FPM, FPE e FND. Por exemplo, um servidor estadual de SP desconta R$ 25 de IR e o dinheiro será retido pelo estado, mas não repassado à União. Admitindo que a arrecadação do IR no ano fosse R$ 10.000, o FPE total seria R$ 2.100. Considerando que o estado de SP tenha direito a R$ 380, a União irá repassar o valor de R$ 355 (380 – 25), descontando o IRRF que não foi desembolsado pelo estado de SP.
CIDE UNIÃO	Dos valores arrecadados com a CIDE-Combustíveis, 29% são destinados aos estados, que repassarão 25% dos 29% (7,25% do total) aos municípios.
ICMS ESTADOS	25% aos municípios, sendo 75% (18,75% do total) para o município onde a operação foi realizada e 25% (6,25% do total) conforme lei estadual específica (cada estado cria a sua e temos regras diferentes pelo Brasil).
IPVA ESTADOS	50% para o município onde o veículo automotor foi licenciado.

respondia por 6% da arrecadação em 1985 e quase 10% em 1989. Em 2019, a COFINS representou 24,1% do total e a CSLL, 8,5% do total arrecadado pela RFB. Percebe-se, assim, que IPI e IR deixaram de ser impostos interessantes para fins arrecadatórios por conta do expressivo volume repassado a estados e municípios. Por outro lado, contribuições como CSLL e COFINS ganharam importância desde os anos 1990 por conta de os recursos pertencerem integralmente à união.

A explicação para essa migração da arrecadação dos impostos para as contribuições é simples e pode ser entendida com a leitura integrada de tabelas e dados anteriores, ou seja, como a União fica com menos da metade dos recursos arrecadados com o IPI, este deixou de ser interessante como instrumento de arrecadação pelo governo central. Analisando dados até 2005, percebe-se que o crescimento da arrecadação do IPI (em valores absolutos) foi irrelevante, com uma elevação de apenas 57% de 1997 para 2005. Apenas para fins de comparabilidade, no mesmo período, a arrecadação da COFINS cresceu 360%; a da finada CPMF cresceu 324%; o PIS, 191%; e a CSLL, 242%. Curiosamente, a arrecadação destas quatro contribuições não precisa ser repartida com estados e municípios. De 2006 para cá, não houve mais tanta diferença com direcionamento de um tributo para outro, apenas pequenas variações.

1.5 Demais vinculações federais de um orçamento engessado

Os recursos disponíveis no orçamento federal são cada vez mais escassos, devido às muitas vinculações existentes no sistema tributário, vinculações essas que amarram impostos e contribuições a fundos, programas e ministérios, criando um modelo confuso e difícil de compreender para aqueles que efetivamente financiam toda essa parafernália tributária: nós, os contribuintes.

Com base nos dados divulgados pelo Ministério do Planejamento, serão apresentados a seguir alguns números relevantes relativos à distribuição dos recursos, para que nós, contribuintes comuns, possamos saber qual o destino dos tributos pagos no dia a dia:

1. A Desvinculação de Receitas da União, conhecida como DRU, diz que 30% da arrecadação da União com contribuições sociais e de intervenção no domínio econômico serão desvinculados de órgão, fundo ou despesa (art. 76 das Disposições Constitucionais Transitórias da CF). Este dispositivo tem validade, a princípio, até o final de 2023 (Emenda Constitucional nº 93/2016).
2. O Fundo de Participação dos Municípios (FPM), que corresponde a 24,5% da arrecadação do IR e do IPI, tem a seguinte subdivisão:
   - 2,25% para as capitais dos estados e 19,44% para os do interior;
   - 2% sem direcionamento específico (EC nº 55/2007 e EC nº 84/2014);
   - 0,81% para um fundo de reserva.
3. O Fundo de Participação dos Estados (FPE), que corresponde a 21,5% da arrecadação do IR e do IPI, deve ser direcionado aos estados na proporção inversa da arrecadação de recursos próprios. Com isso, estados que apresentam menor arrecadação recebem um percentual maior do fundo, em comparação com estados com arrecadação própria mais expressiva.
4. Após as transferências constitucionais e a DRU, o percentual mínimo de 18% da arrecadação dos impostos da União deve ser destinado para manutenção e desenvolvimento do ensino. Nos estados e municípios, esse percentual atinge 25%.
5. A arrecadação da CSLL e da COFINS deve ser distribuída da seguinte forma: 70% para a Seguridade Social e 30% de livre programação (DRU).
6. A Taxa de Fiscalização dos Mercados de Títulos de Valores Mobiliários (Lei nº 7.940/89) será destinada 100% para a Comissão de Valores Mobiliários (CVM).
7. A Taxa de Fiscalização dos Mercados de Seguro, Capitalização e Previdência Privada Aberta (Lei nº 8.003/90) será destinada 100% para a Superintendência de Seguros Privados (SUSEP).
8. Contribuição do Salário-educação (CF, art. 212, § 5º): **um terço para o Fundo Nacional de Desenvolvimento da Educação** (FNDE) e dois terços para as secretarias estaduais de Educação.
9. Contribuições para o PIS/PASEP (CF, art. 239): do total arrecadado, 30% têm livre programação (DRU). Dos 70% restantes, 42% são destinados para cobrir gastos da previdência social e para o Fundo de Amparo ao Trabalhador (FAT), que custeia, principalmente, os programas de seguro-desemprego e de pagamento do abono anual; e 28%, no mínimo, destinados ao BNDES para aplicação em programas de desenvolvimento econômico.
10. CIDE-COMBUSTÍVEIS (Emenda Constitucional nº 33/2001 e Lei nº 10.336/2001): 70% dos recursos destinados ao pagamento de subsídios a preços ou transporte de álcool combustível, de gás natural e seus derivados e de derivados de petróleo; financiamento de projetos ambientais relacionados com a indústria do petróleo e do gás; e financiamento de programas de infraestrutura de transportes. Já a parcela de 30% da arrecadação da contribuição tem livre destinação (aplicação da DRU). A distribuição da parcela de 29% aos estados e depois deles aos seus municípios (25% dos 29%) segue regra cheia de detalhes para divisão de quanto cabe a cada unidade federativa.

Por fim, RFB finalmente informou, já no final de agosto de 2021, a carga tributária de R$ 2.408 bilhões para um Produto Interno Bruto (PIB) de R$ 7,3 trilhões em 2019, praticamente idêntica aos números apresentados em 2018, sinalizando algo em torno de um terço do PIB. A Tabela 1.4 traz a arrecadação e a destinação dos recursos que integram a carga tributária para você começar a entender o que paga, por que paga e para onde vai o seu dinheiro.

Portanto, a Reforma Tributária deve ser pensada para atender aos mais de 212 milhões de brasileiros, a nossa População Economicamente Ativa (PEA) de quase 90 milhões de pessoas, aos 32 milhões de declarantes de IRPF e aos mais de 15 milhões de pessoas jurídicas, mais de 60% como Microempreendedor Individual (MEI), e

TABELA 1.4 Abertura da carga tributária de 2019, com informações de destinação de recursos

POS.	TRIBUTO	R$ Bi	ENTE	Sobre o quê? Quem pg.	Para onde vai (destinação)
1º	ICMS	509	EST.	Venda de mercadorias e alguns serviços (PJ/PF)	75% estados e 25% municípios
2º	PREVID. SOCIAL	489	TODOS	Folha de pgto. (PJ e PF)	Aposentadorias e pensões
3º	IR	458	FED.	Lucro das PJ e diversas remunerações de PF	51% União + 24,5% mun. + 21,5% est. + 3% bancos regionais (BNB, BASA e FCO)
4º	COFINS	238	FED.	Vendas de bens, serviços, locações e outras (PJ/PF)	Seguridade Social (previdência social, saúde e assistência social)
5º	FGTS	134	FED.	Folha de pgto. (PJ)	Conta individual das pessoas físicas
6º	CSLL	80	FED.	Lucro das empresas	Seguridade Social
7º	ISS	68	MUN.	Prestação de serviços (PJ/PF)	Municípios
8º	PIS/PASEP	64	FED.	Vendas de bens, serviços, locações e outras (PJ/PF)	Seguro-desemprego, abono anual, BNDES e programas de apoio ao emprego
9º	TAXAS	57	TODOS	PJ e PF por serviços públicos prestados ou à disposição	Remunerar os respectivos serviços
10º	IPI	52	FED.	Venda de produtos industrializados (PJ/PF)	41% União + 27% munic. + 29% est. + 3% bancos regionais (BNB, BASA e FCO)
11º	IPTU	47	MUN.	Propriedade (anual) de imóvel urbano	Municípios
12º	IPVA	46	EST.	Propriedade (anual) de veículo automotor terrestre	50% estados e 50% municípios
13º	II	43	FED.	Importação de bens	União
14º	IOF	41	FED.	Operações de seguros, TVM, câmbio e compras financiadas	Basicamente para a União, exceto pequena parcela (IOF-OURO), para est. e mun.
15º	ITBI/ITCD/ITR	23	TODOS	Transmissão de bem (PF/PJ)	Estados (ITCD) e municípios (ITBI). ITR tem 50% para União e 50% aos municípios
16º	SALÁRIO--EDUCAÇÃO	22	FED.	Folha de Pgto. (PJ)	Educação (FUNDEB)
17º	Sistema S	22	FED.	Folha de Pgto. (PJ)	Serviço social e ensino profissionalizante
18º	CIDE	8	FED.	Venda de combustível e remessa de serviços ao exterior	90% União + 7,5% est. + 2,5% mun.
19º	CS s/ Loterias	3	FED.	Jogos de loteria (PF)	Seguridade Social
20º	OUTROS	4	TODOS	Diversos	União, estados e municípios
TOTAL		2.408		PIB de R$ 7,257 tri	Carga tributária = 33,2% do PIB

Fonte: https://www.gov.br/receitafederal/pt-br/acesso-a-informacao/dados-abertos/receitadata/estudos-e-tributarios-e-aduaneiros/estudos-e-estatisticas/carga-tributaria-no-brasil/ctb-2019-v2-publicacao.pdf. Acesso em: out. 2021. Dados organizados pelo autor.

as dezenas de milhões de aposentados e pensionistas. Deve atender à União, ao Distrito Federal, aos 26 estados e aos 5.568 municípios, para que estes possam promover o bem comum da sua população. O interesse coletivo deveria sempre prevalecer ante o interesse individual, o que infelizmente não tem sido observado no debate público sobre a reforma tributária.

1.6 Premissas de um bom sistema tributário

O Brasil precisa de uma reforma para melhorar a qualidade do Sistema Tributário Nacional. O assunto parece ser unanimidade nacional, mesmo para a maior parte da população, que não conhece os detalhes e os problemas técnicos e políticos que envolvem este tipo de reforma. Mas o que seria reforma tributária? Qual é a reforma que o Brasil precisa?

Muitos brincam sobre o tema dizendo o seguinte: reforma tributária boa é aquela que aumenta o seu imposto e reduz o meu. Vamos conversar um pouco aqui completando o diagnóstico sobre o nosso manicômio tributário atual e as premissas que precisam ser seguidas em qualquer projeto de reforma tributária.

O sistema tributário pode ser considerado importante instrumento de redução das desigualdades sociais, sendo fator decisivo na melhoria da distribuição de renda. A regra geral de tributação é a de que tributos devem ser cobrados sobre:

- patrimônio e renda das pessoas físicas e jurídicas;
- encargos sociais; e
- consumo de bens e serviços.

Em 1776, o escocês Adam Smith publicou, em sua clássica obra *A Riqueza das Nações*, alguns preceitos para um bom sistema tributário: justiça, simplicidade e neutralidade. Veja o que disse o renomado autor sobre cada um dos preceitos:

JUSTIÇA – Um sistema tributário é justo quando todos, do mais pobre ao mais rico, contribuem em proporção direta à sua capacidade de pagar. Na definição de justiça tributária, está implícito o princípio da progressividade – quem ganha mais deve contribuir com uma parcela maior do que ganha, pois uma parte maior da sua renda não está comprometida com o atendimento de necessidades básicas.

SIMPLICIDADE – De acordo com Smith, num sistema tributário simples é relativamente fácil e barato para o contribuinte calcular e pagar quanto deve. A mesma facilidade tem o governo para fiscalizar se o contribuinte pagou o que devia.

NEUTRALIDADE – Neutralidade quer dizer que o sistema tributário não deve influenciar a evolução natural da economia, ou seja, não deve influir na competitividade e nas decisões das empresas e tampouco no comportamento do consumidor/contribuinte.

A tributação sobre o patrimônio e a renda deve ser gravada pelo critério da progressividade, o que significa cobrar, da forma possível, alíquotas (efetivas) maiores dos contribuintes com maior capacidade de consumo. Assim, uma renda mensal de R$ 100 mil deve ser tributada por alíquota maior do que uma renda de R$ 40 mil e ainda mais do que outra de R$ 5 mil. Um automóvel cujo valor de mercado seja R$ 90 mil deve ter alíquota maior do imposto sobre propriedade (IPVA) que outro de R$ 40 mil. A lógica da aplicação de alíquota mais elevada para patrimônio/renda mais significativos é que a sociedade te ajudou a obter sua renda e chegar ao seu patrimônio, devendo você devolver a proporção justa (sem confisco) do que ganhou para adequada distribuição pelo governo aos representantes desta sociedade.

Já na tributação sobre o consumo de bens e serviços, há duas correntes. Uma utiliza o critério da seletividade, ou seja, alíquotas menores aplicadas para gêneros alimentícios de primeira necessidade, como produtos da cesta básica, com os produtos supérfluos ou menos essenciais tendo alíquotas mais elevadas. Outra corrente entende que a alíquota deveria ser igual para todos os produtos, pois as pessoas de maior renda consomem mais produtos essenciais (leite e derivados, por exemplo) do que as pessoas de menor renda. E, nesse caso, a alíquota seria única para todos os produtos, com a criação de mecanismos para devolução do todo ou de parte do imposto para pessoas de menor renda.

Mas o Brasil atual tem muitos, mas muitos problemas mesmo no campo tributário. A armadilha tributária existente no Brasil em 2021 conjuga cinco graves problemas integrados:

1. Gasto público elevado com orçamento engessado, permitindo pouco espaço para investimento público e redução (talvez até, apenas, manutenção) da carga tributária atual.
2. Multiplicidade de impostos e contribuições cobrados sobre o preço dos bens e serviços, encarecendo-os e aumentando demasiadamente o já pesado litígio tributário por conta da complexa e frágil legislação que rege a

cobrança por dentro de impostos e contribuições sobre a receita.

3. Pesados encargos sociais cobrados das empresas, trazendo dificuldades para a contratação e dificultando/impedindo melhor remuneração de empregados com carteira assinada.
4. Tributação regressiva sobre a renda das pessoas físicas, por conta de instrumentos como a isenção na distribuição de lucros e dividendos e a possibilidade de substituição desses dividendos pelo instrumento conhecido como juros sobre capital próprio. Neste século, estima-se que foram distribuídos para pessoas físicas em torno de R$ 5 trilhões sobre o lucro das empresas aqui localizadas com benefício fiscal (sem IRPF), ocorrendo a maior parte desse recebimento nas rendas mais elevadas.[3]
5. Tributação efetiva reduzida sobre o lucro dos grandes grupos empresariais brasileiros. A média da despesa de IR+CSLL em 100 dos maiores grupos empresariais de 8 segmentos (financeiro, petróleo e gás, comércio, serviços, energia, telecomunicações, indústria pesada e indústria leve) nos últimos dez anos (2010 a 2019) ficou em 21% sobre o LAIR. No setor financeiro, a alíquota média ficou em 14%.[4]

O complexo modelo tributário se relaciona diretamente com nossa FRÁGIL CULTURA TRIBUTÁRIA, tema associado integralmente com o baixo retorno oferecido pelos serviços públicos, que não são de qualidade, salvo raras exceções. Assim, o contribuinte procura todos os artifícios possíveis para pagar menos tributos, inclusive algumas vezes de forma irregular. A corrupção sistêmica, que tomou conta do noticiário nas três últimas décadas, é outro fator que contribui para esta fragilidade cultural no campo tributário.

Portanto, ratificando o que disse Adam Smith há 245 anos, para que uma reforma tributária seja classificada como tal, deve cumprir com a função social de redistribuição de renda. E isso só será obtido quando a reforma atingir, cumulativamente, três parâmetros básicos: simplificação, redução e neutralidade. Vamos entender nossos problemas em cada um dos três parâmetros.

1º) Simplificação

A simplificação do Sistema Tributário Nacional é fundamental em qualquer processo que seja qualificado como reforma tributária no Brasil. No momento atual, mais importante que reduzir é tornar o sistema mais simples, menos complexo, principalmente para incentivar as empresas. A complexidade exagerada traz benefícios exatamente aos mais poderosos, que podem pagar renomados consultores tributários e, com isso, conseguem reduzir seus gastos com tributos.

O número de tributos e de normativos existentes é assustador. O Instituto Brasileiro de Planejamento Tributário (IBPT) diz[5] que foram editadas quase 15 (14,8) normas federais por dia entre 1988 e 2019 no Brasil. Alguns dados que comprovam esta afirmativa podem ser observados a seguir:

- No período de 1988 a 2019, foram publicadas seis emendas constitucionais de revisão, 102 emendas constitucionais, duas leis delegadas, 109 leis complementares, 6.124 leis ordinárias, 1.504 medidas provisórias originárias, 5.491 reedições de medidas provisórias, 13.247 decretos federais e 141.130 normas complementares (portarias, instruções normativas, ordens de serviço, atos declaratórios, pareceres normativos etc.).
- Regulamento do Imposto de Renda – Decreto nº 9.580/2018 – tem 1.050 artigos.
- Regulamento do IPI – Decreto nº 7.232/2010 – possui 617 artigos e a tabela de alíquotas do IPI (TIPI) tem inacreditáveis 446 páginas.
- Regulamento Aduaneiro – Decreto nº 6.759/2009 – tem 820 artigos.
- Regulamento do IOF – Decreto nº 6.306/2007, com 68 artigos e um anexo.
- A IN RFB nº 1.911/2019, que regulamentou a cobrança de PIS/PASEP e COFINS, tem 766 artigos e 30 anexos.
- O SIMPLES NACIONAL tem diversas leis complementares, sendo a principal com quase 100 artigos e centenas de parágrafos e incisos. A Resolução do Comitê Gestor do Simples Nacional (CGSN) tem 154 artigos e 12 anexos. Seu manual disponibilizado pelo SEBRAE tem mais de 100 páginas.

[3] 55% (R$ 2,75 tri) para renda mensal acima de R$ 66 mil/mês e apenas 3,1% (R$ 16 bi) nas rendas mensais até R$ 5.500.

[4] Informação disponível em: https://ipecrj.com.br/artigos/a-reduzida-tributacao-sobreo-lucro-dos-bancos-no-brasil-no-periodo-de-2010-a-2019/. Acesso em: set. 2021.

[5] Disponível em: https://www.migalhas.com.br/arquivos/2019/10/art20191025-11.pdf. Acesso em: set. 2021.

O ICMS possui uma Lei Complementar (modificada por outras dez leis complementares) com 36 artigos apresentando sua diretriz básica. No entanto, existem 27 legislações específicas, uma em cada unidade da Federação. Assim, há leis regulando o ICMS no estado de São Paulo e leis regulando o ICMS no Maranhão, por exemplo.

O modelo de substituição tributária (ST) do ICMS também traz complicações, pois há estado que faz parte do protocolo e há estado que não faz parte, trazendo dificuldades para o contribuinte compreender o que efetivamente está pagando. Em 2016, o STF decidiu que o estado terá que devolver a diferença, caso a venda seja realizada por um preço menor que o cobrado na ST. Por outro lado, se o contribuinte vender por um preço maior, naturalmente o estado tentará receber a diferença. Mas como isso será feito? Não dá nem para imaginar! Aí, os estados criaram o Regime Optativo de Tributação, para que as empresas optem por não receber de volta as vendas por preço menor, ficando livres do pagamento em caso de venda por valor acima do preço sugerido.

A Legislação do PIS e da COFINS permite crédito de 9,25% para uma empresa compradora em janeiro, sendo que na mesma operação há cobrança das mesmas contribuições na empresa vendedora, mas com alíquota de 3,65% e somente no mês de fevereiro. É isso mesmo que você leu. Se uma empresa (lucro real) compra de outra empresa (lucro presumido) dia 29/JAN uma mercadoria por R$ 1.000, mas pagando somente dia 2/FEV, acontece esse absurdo: quem compra diminui as contribuições em R$ 92,50 (9,25%) na apuração de janeiro; mas quem vende paga PIS e COFINS de R$ 36,50 (3,65%) só na apuração de fevereiro. No Capítulo 12, mais detalhes sobre o tema.

Portanto, o alto grau de sofisticação e complexidade dos normativos cria um ambiente que prejudica a todos, sendo que os mais fortalecidos economicamente possuem mais recursos para contratação de especialistas e ainda encontram, na maioria das vezes, as melhores alternativas para minimizar o impacto dos tributos sobre o valor agregado por suas empresas.

Pelo que você leu ainda há pouco, imagine o caos que representa a apuração das contribuições para PIS/PASEP e COFINS em algumas atividades. A legislação ficou tão complexa que muitas empresas médias tributadas pelo lucro presumido ou pelo lucro real estão pagando mais do que deveriam pagar, pela dificuldade de compreensão dos normativos. Enquanto isso, as grandes empresas buscam as brechas existentes na lei para reduzir o valor devido.

Por tudo isso é que se pede uma simplificação completa do sistema tributário vigente. Não se trata de propor o imposto único ou que tenhamos apenas três ou quatro impostos, pois o excesso de simplificação também pode ser prejudicial.

Mas parece ser consenso entre os especialistas que é preciso repensar a divisão de recursos entre União, estados e municípios, para pôr fim à guerra fiscal, em que cada um defende o seu e no final a conta sempre sobra para o lado mais fraco, que é o consumidor final.

Sinceramente, nosso MODELO TRIBUTÁRIO está EQUIVOCADO, se esgotou. É preciso repensar o Estado brasileiro e isso passa, necessariamente, pela sua completa, criteriosa e corajosa revisão.

2º) Redução, ainda que gradativa

Uma reforma efetiva no Sistema Tributário Nacional precisa pensar em reduzir, ainda que em pequenas doses, a atual carga. A Secretaria do Tesouro Nacional (STN) informa em um dado preliminar que a carga tributária de 2020[6] ficou em 31,6%, mantendo tendência de pequenas reduções dos últimos anos (em 2019, o STN informou carga tributária de 32,5% do PIB, após revisão). Esses números são oficiais, mas não foram divulgados pela RFB, que apenas no final do mês de agosto de 2021 apresentou os dados de 2019, sinalizando carga tributária de um terço do PIB conforme demonstrado neste capítulo. A pandemia da COVID-19 foi a principal justificativa para redução do montante de tributos extraídos da sociedade, conforme dados da STN.

A nossa carga tributária não é tão elevada em comparação com os países membros da Organização para a Cooperação e Desenvolvimento Econômico (OCDE). Um estudo realizado em 2018 pela RFB com alguns países selecionados (32 países + o Brasil) mostra que a média da OCDE era de 34,5%, maior que a nossa, que foi de 33,3% naquele ano. O estudo mostra que há 20 países com carga tributária acima da nossa e 12 com tributação menor. O problema é a qualidade dos serviços públicos oferecidos nesses países em comparação com os serviços públicos ofertados no Brasil. Nossa carga fica muito mais elevada quando a comparação é feita

---

[6] Disponível em: https://sisweb.tesouro.gov.br/apex/f?p=2501:9::::9:P9_ID_PUBLICACAO:38233. Acesso em: set. 2021.

com os países da América Latina e Caribe, cuja média ficou em 23,1% do PIB.

De qualquer forma, acredito que ainda há espaço para que a carga tributária nacional fique na faixa de 30% do PIB, mas isso envolveria a necessidade de uma reforma fiscal mais profunda, modificando também a destinação dos recursos definida na Constituição. E isso é outra conversa, necessária, importante (reforma administrativa), mas que precisa ser feita criteriosamente para não piorar o que já é deficiente, a já citada qualidade do serviço público oferecido ao povo brasileiro.

3º) Neutralidade

A neutralidade sinaliza a liberdade econômica para que pessoas físicas e jurídicas exerçam suas atividades, preferencialmente com a segura e imparcial regulação do Estado. Sem entrar em aspectos ideológicos e políticos, o Estado deveria permitir a competição de empresas e pessoas físicas, sem interferências ou direcionamentos, cuidando, por meio de políticas públicas, da parcela mais vulnerável da população, buscando atender aos dispositivos constitucionais, no caso brasileiro.

Isso não significa que todas as empresas devem ter tratamento tributário idêntico. Aliás, em relação à tributação sobre o lucro, o Brasil já faz isso e de forma coerente, permitindo a empresas de pequeno porte a utilização do SIMPLES NACIONAL e às empresas médias o uso do lucro presumido. Só as grandes empresas são obrigadas a utilizar a forma de tributação completa sobre o lucro, o que em momento algum caracteriza quebra do princípio da isonomia tributária.

Para aprofundamento e boa contextualização do tema, recomendo o ótimo artigo[7] dos Profs. Maurício Pereira Faro e Sérgio André Rocha na página *ConJur*. Listo, a seguir, alguns pontos para sua reflexão em relação ao tema neutralidade tributária no Brasil com a legislação tributária vigente no final do mês de outubro de 2021:

1. Empresa comercial varejista não tem direito a reduzir PIS e COFINS nas aquisições de bens para uso/consumo nas lojas. Porém, se as compras forem realizadas por meio de arrendamento mercantil financeiro, haverá direito a crédito.
2. Empresa comercial varejista tem despesas de frete, para entrega dos produtos a seus clientes, que pode ser feita de formas diferentes:
   a) Estrutura uma unidade para fazer isso, com gestores, motoristas, entregadores, montadores, compra veículos para entrega e tem os gastos com combustível, IPVA, manutenção, seguro, pedágio e outros. No caso, a Cia. Z não teria direito aos créditos de PIS e COFINS (ativo a recuperar) sobre os gastos.
   b) Cria empresa subsidiária para fazer o transporte de suas mercadorias a seus clientes, pagando a essa controlada pelo frete correspondente. Nesta situação, o pagamento geraria o direito ao crédito das contribuições para PIS e COFINS.
   c) Contrata empresa especializada (terceirizada) para realizar a entrega aos seus clientes. Essa despesa geraria crédito de PIS e COFINS.
4. Profissional liberal (médico) atende a seus clientes em consultório próprio, sendo trabalho pessoal. Ele pode atuar como pessoa física, deduzindo despesas necessárias à prestação do serviço, ou abrir empresa, que no caso será tributada pelo modelo simplificado (SIMPLES NACIONAL) ou pelo lucro presumido, dependendo do faturamento mensal. Situação idêntica se aplica a professores e outras atividades em que há caracterização de trabalho pessoal e não do exercício de atividade empresarial.
5. Empresa deseja instalar uma unidade industrial no município de Campos-RJ, mas recebe incentivos fiscais do estado do Espírito Santo para instalação no município de Mimoso do Sul, pertinho da cidade fluminense.
6. Empresa industrial localizada em Presidente Prudente-SP vende a mesma quantidade de produtos a três clientes diferentes, mas todos eles comerciais varejistas e que revenderão os produtos, localizados em Araçatuba-SP, Paranavaí-PR e Dourados-MS, em distâncias similares da cidade do vendedor. Com a atual legislação do ICMS, serão três preços de venda diferentes. Os preços serão diferentes por causa do ICMS, sendo o maior preço na venda para

[7] Disponível em: https://www.conjur.com.br/2012-ago-21/neutralidade-tributaria-fator-fundamental-livre-concorrencia. Acesso em: set. 2021.

São Paulo, depois para o Paraná e a venda para o estado do MS será pelo menor valor.

1.7 Carga tributária e o PIB

A terminologia **carga tributária** é utilizada com frequência pela mídia em geral e não paramos para entender seu real significado. A carga tributária representa a parcela que é retirada da economia para o pagamento de tributos aos entes federativos, ou seja, União, estados, municípios e o Distrito Federal. Logo, quando a referência é carga tributária, estamos nos referindo a impostos, taxas e contribuições pagas no dia a dia para os mais diversos órgãos públicos.

A carga tributária é calculada e divulgada pela Receita Federal do Brasil (RFB), que consolida as informações recebidas de todos os estados e municípios brasileiros. No endereço eletrônico da RFB,[8] você encontra importantes estudos sobre a carga tributária nacional nos últimos anos.

O PIB é a soma de tudo o que foi produzido no país em determinado período, sendo esta uma informação divulgada oficialmente pelo Instituto Brasileiro de Geografia e Estatística (IBGE).

Como a moeda nacional oscilou bastante até a primeira metade da década de 1990 e para fins de comparabilidade com os demais países do mundo, adquirimos o costume de analisar a participação dos tributos na economia comparando a carga tributária com o PIB, para ver qual parcela percentual foi retirada da economia para custear e promover o bem comum, tarefa que cabe ao Estado.

A participação da receita tributária no PIB cresceu de forma significativa na virada do século. Em 1980, a carga tributária estava em pouco mais de 20%. Nos anos seguintes, o percentual oscilou entre 20% e 24%. No início da década de 1990, apresentou pequeno crescimento, ficando próximo dos 25%. A partir de 1994, com o fim da inflação elevada, a carga tributária começou a crescer de forma contínua, chegando próxima dos 30% do PIB durante o primeiro mandato do presidente Fernando Henrique Cardoso (1994-1998). A partir de 1999, o percentual permaneceu crescendo, conforme dados oficiais divulgados na página eletrônica da RFB. Há divergências metodológicas na apuração da carga tributária entre a RFB e o Instituto Brasileiro de Planejamento Tributário (IBPT). Na posição da RFB, o percentual tem oscilado menos, ao contrário do IBPT, que já chegou a apontar carga tributária de quase 40% do PIB.

Conforme já explicado, a RFB apresentou seu último estudo em 2019, com os dados de 2020 sendo trazidos pelo STN. As Figuras 1.1 e 1.2 apresentam a evolução da carga de 1992 até 2020.

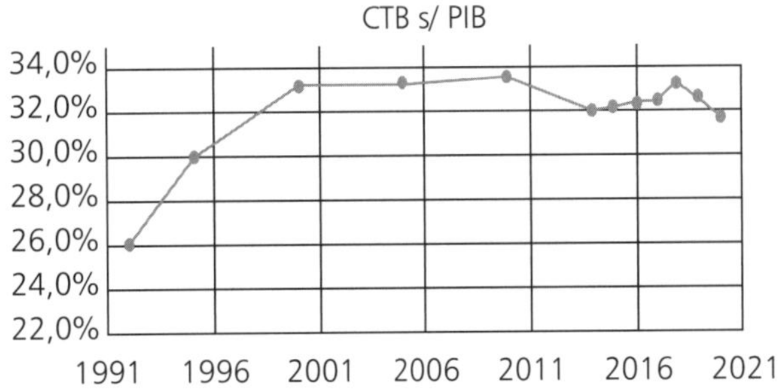

FIGURA 1.1

É possível perceber no segundo gráfico que os municípios sempre tiveram a menor parcela no bolo tributário. Porém, essa participação vem aumentando nos últimos 28 anos, com crescimento de 74% de 1992 para 2020.

1.8 Reforma tributária

Como abordado anteriormente, reforma tributária é tema polêmico por natureza, pois cada pessoa terá uma opinião diferente. Muitos dizem que reforma tributária boa é aquela que aumenta o SEU IMPOSTO e diminui o MEU. Pela característica do livro, o tema não será aprofundado. Na edição anterior (9ª), apresentei dez propostas, resumidas a seguir:

1. Aumentar o limite de isenção e as alíquotas do IRPF.
2. Tributar o recebimento de dividendos.
3. Fim da dedução dos juros sobre capital próprio como despesa nas bases de IR e CSLL.
4. Aumento do IR sobre ganho de capital.
5. Cobrança de IPVA sobre helicópteros, aeronaves e embarcações particulares.
6. Regulamentação da cobrança de contribuição de melhoria.

[8] Disponível em: https://www.gov.br/receitafederal/pt-br/acesso-a-informacao/dados-abertos/receitadata/estudos-e-tributarios-e-aduaneiros/estudos-e-estatisticas/carga-tributaria-no-brasil/carga-tributaria-no-brasil-capa. Acesso em: set. 2021.

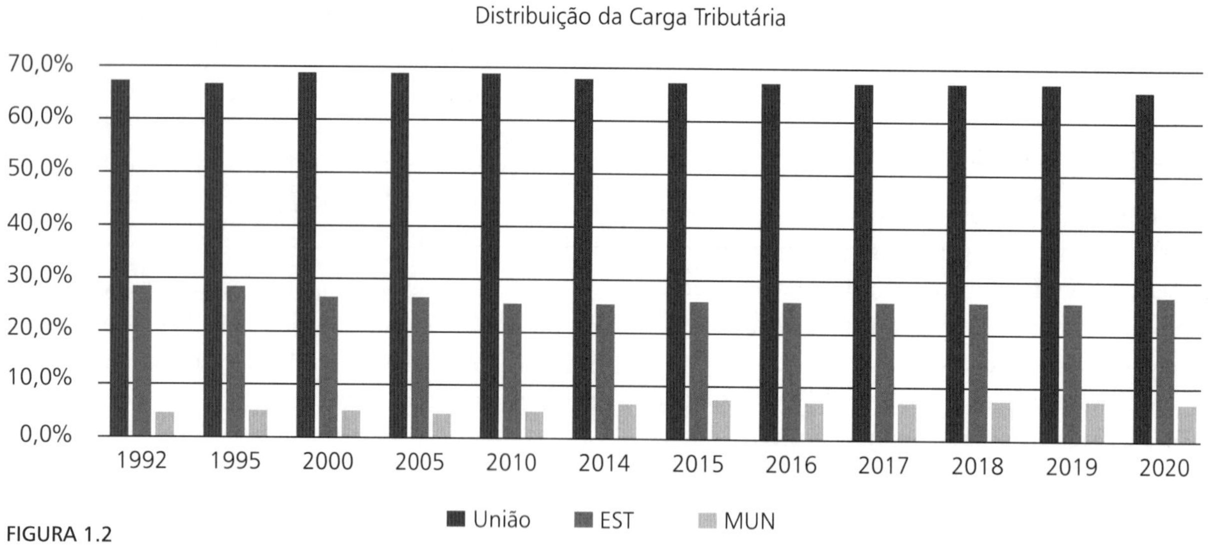

FIGURA 1.2

7. Simplificar e reduzir os encargos sociais e as contribuições sindicais.
8. Federalizar e aumentar a tributação sobre heranças e doações.
9. Instituir o imposto (ou a contribuição) sobre a movimentação financeira (CMF).
10. Reorganizar a tributação sobre o consumo.

Registro que mantenho a percepção geral sintetizada na edição anterior sobre o tema reforma tributária, com pequenos ajustes e cujos detalhes podem ser acompanhados no canal do IPECRJ TV no YouTube,[9] na página eletrônica https://ipecrj.com.br/artigos/ e nas páginas oficiais da editora.

1.9 O estudo dos tributos pela ciência contábil

A contabilidade é uma ciência, sendo impossível imaginar como seria possível obter informações em qualquer entidade empresarial que não pelas informações extraídas dos números contábeis. Em entrevista a uma revista especializada, o Prof. Ariovaldo dos Santos profetizou: "A contabilidade conta a história da empresa." Então, é possível afirmar que a contabilidade é a ciência da informação que conta, de forma organizada e sistematizada, a história da empresa.

Portanto, a contabilidade representa a ciência que estuda, registra e controla os atos administrativos, transformando-os em fatos contábeis. Esses fatos contábeis devem ser ordenados em demonstrações, com objetivo de fornecer informações suficientes para que a administração da empresa decida o melhor caminho a seguir, por meio da geração de informações ricas em qualidade e conteúdo. Mais detalhes podem ser observados na Parte II do livro.

Um dos agentes econômicos interessados nas informações contábeis é o governo, que as utiliza com objetivo de arrecadar os recursos necessários para realizar suas atividades, como: defesa do território nacional (Forças Armadas), acesso de todos à justiça (Poder Judiciário), saúde, habitação, educação, saneamento básico etc.

Assim, além dessas atividades, o Estado exerce mais uma: a atividade financeira, que consiste em obter recursos, gerenciá-los e aplicá-los conforme a lei.

A atividade financeira do Estado é desenvolvida, basicamente, em três áreas:

1. **RECEITA**, que representa a obtenção de recursos;
2. **GESTÃO**, que representa a administração não só desses recursos como também de todo o patrimônio do Estado; e
3. **DESPESA**, que é a aplicação dos recursos nos pagamentos autorizados em verbas definidas no orçamento anual.

A gestão e a aplicação de recursos (DESPESA) são estudadas dentro de **Contabilidade Pública** ou **Contabilidade Governamental**, que representam disciplinas das mais importantes dentro do curso de Ciências Contábeis.

Por outro lado, no Direito Financeiro, a receita pública corresponde a toda entrada de recursos monetários,

[9] Disponível em: https://www.youtube.com/channel/UCB-mKmcCtjgDOf1evsAd8rjQ. Acesso em: set. 2021.

podendo ser dividida em receita de capital e receita corrente.

Por receita de capital, entendemos toda permuta de valores do ativo por valores do ativo ou passivo, como uma tomada de empréstimo público ou uma alienação de bens.

Já a receita corrente produz variação positiva no patrimônio líquido do Estado, seja por recebimento de dividendos de sociedades estatais, seja pela arrecadação de tributos.

A receita proveniente da arrecadação de tributos representa a principal fonte de geração de recursos para o Estado e, devido à complexidade das normas que regulam sua imposição e arrecadação, estas tiveram que ser separadas do Direito Financeiro para formar um novo ramo: o Direito Tributário.

Portanto, de forma resumida, o Direito Tributário representa o ramo do direito que controla as relações jurídicas entre o Estado (União, estados, Distrito Federal e municípios) e os particulares (pessoas físicas e jurídicas) sobre a instituição e arrecadação de tributos.

Da associação do Direito Tributário com a ciência contábil, surge a CONTABILIDADE TRIBUTÁRIA, que representa o ramo da contabilidade cujo objetivo é aplicar e adaptar conceitos e princípios contábeis com a legislação tributária, de forma adequada, simultânea e, principalmente, integrada.

1.10 A disciplina Contabilidade Tributária

A qualidade do curso de Ciências Contábeis no Brasil vem melhorando satisfatoriamente nos últimos anos, apesar de ainda enfrentar imensas dificuldades, muitas delas decorrentes do complexo sistema tributário que temos e cujos problemas são enfrentados diariamente pelos profissionais da área contábil.

Mesmo com estas e outras dificuldades, percebe-se que o contador cada vez mais participa do processo decisório nas médias e grandes empresas, por ter a contabilidade vantagem de possuir visão geral da empresa ou grupo empresarial, a partir de suas ferramentas peculiares.

As diretrizes curriculares editadas pelo Ministério da Educação (MEC) para o curso de Ciências Contábeis sugerem a inclusão da disciplina Contabilidade Tributária, com os seguintes objetivos principais:

a) Fornecer conhecimentos para interpretação e uso adequado da legislação tributária e seus reflexos na contabilidade das entidades empresariais.
b) Proporcionar conhecimento da aplicação prática dos tributos no dia a dia das empresas em situações reais, para adotar nas mesmas quando enfrentarem o mercado de trabalho atual.
c) Elaborar gráficos, planilhas e relatórios sobre dados tributários que contribuam para o melhor desempenho da atividade empresarial.
d) Desenvolver, analisar e implantar sistemas informatizados de controle dos tributos, para fins contábeis e gerenciais.
e) Desenvolver no estudante o raciocínio lógico para a solução de problemas contábeis-tributários, surgidos no cotidiano das empresas.
f) Exercer as atribuições e prerrogativas da área tributária com ética e retidão.

Nos cursos de graduação, existem instituições onde a disciplina Contabilidade Tributária é aplicada em dois semestres, o que entendo ser fundamental, dada a complexidade e abrangência no tratamento da matéria. Em outras instituições, a disciplina é oferecida apenas em um período.

Portanto, a especialização e o conhecimento aprofundado podem e até devem começar pelas aulas da universidade, mas somente serão obtidos com a sequência do estudo e com muita dedicação, leitura e determinação, principalmente devido à enorme riqueza de detalhes, à complexidade e à abrangência do tema.

1.11 Absorção da leitura: dez questões de múltipla escolha

Recomenda-se fazer as questões pelo menos um dia depois da leitura do capítulo.

Q1

Analise os seguintes impostos:

1. IPTU 2. IPVA 3. IOF 4. ISS 5. II

Na lista acima, temos:

(A) Um imposto municipal, dois impostos estaduais e dois federais.
(B) Dois impostos municipais, dois impostos federais e um estadual.
(C) Dois impostos municipais, dois impostos estaduais e um federal.
(D) Três impostos municipais, um federal e outro estadual.
(E) Três impostos municipais e dois federais.

Q2

Analise as seguintes assertivas:

1. Conforme determinado pela Constituição Federal, a União repassa de forma obrigatória aos estados e municípios parte de sua arrecadação com impostos, taxas e contribuições.
2. O Distrito Federal tem direito aos impostos estaduais e municipais.
3. Os estados recebem parte da arrecadação da União, mas não precisam passar qualquer parcela desses recursos recebidos para os municípios.

Pode-se afirmar que:

(A) As três assertivas estão corretas.

(B) Apenas duas das três assertivas estão corretas.

(C) Apenas a assertiva nº 1 está correta.

(D) Apenas a assertiva nº 2 está correta.

(E) Apenas a assertiva nº 3 está correta.

Q3

Sobre divisão de arrecadação, é possível afirmar que:

(A) A União recebe recursos dos estados e municípios.

(B) Não há repartição de recursos entre os entes.

(C) A União repassa recursos aos estados e municípios, enquanto os estados repassam recursos aos municípios.

(D) A União repassa recursos apenas aos estados e estes repassam aos municípios.

(E) Apenas a União e os estados repassam recursos aos municípios.

Q4

São considerados tributos sobre o patrimônio:

(A) IPTU, IPVA, ITBI e ITR.

(B) IPTU, IPVA e IOF e ITBI.

(C) IPTU, ITBI, IOF e ITCDM.

(D) IPVA, IR, ITCDM e ITR.

(E) ITCDM, ITR, IR e IOF.

Q5

ISS, IPI, IPVA e ITBI são, respectivamente, impostos de competência:

(A) Municipal, federal, municipal e estadual.

(B) Municipal, federal, estadual e municipal.

(C) Municipal, federal, estadual e estadual.

(D) Estadual, municipal, estadual e municipal.

(E) Estadual, estadual, municipal e municipal.

Q6

Os estados são obrigados a transferir aos municípios:

(A) 50% do IPVA e 25% do ICMS.

(B) 50% do IPVA e 75% do ICMS.

(C) 50% do ICMS e 25% do IPVA.

(D) 50% do ICMS, do IPVA e do ITCD.

(E) Apenas 25% do ICMS.

Q7

A Constituição Federal de 1988 autoriza a União a cobrar impostos sobre:

(A) Venda ou revenda e importação de combustíveis.

(B) Transportes interestaduais e intermunicipais.

(C) Serviços de comunicações.

(D) Grandes fortunas.

(E) Transmissão de bens imóveis.

Q8

Temos no Brasil seis impostos ativos da União, que tem fato gerador, base de cálculo e alíquotas definidos em lei. Dentre estes impostos, a Constituição Federal de 1988 determina a transferência obrigatória para estados/municípios:

(A) Apenas do IR, IPI, metade do ITR e pequena parcela do IOF.

(B) Apenas do IR, IPI e metade do ITR.

(C) Apenas do IR, IPI e pequena parcela do IOF.

(D) Apenas do IR, IPI e pequena parte do II.

(E) De todos os impostos.

Q9

O Fundo de Participação dos Municípios representa percentual da arrecadação de IR e IPI que deve ser, obrigatoriamente, destinado aos municípios. Este percentual, atualmente (em 2021), totaliza:

(A) 21,5%.

(B) 22,5%.

(C) 23,5%.

(D) 24,5%.

(E) 25%.

Q10

Analise as três assertivas a seguir:

1. A União destina mais da metade da arrecadação do IPI para estados e municípios.
2. A Desvinculação das Receitas da União (DRU) diz que 30% da arrecadação de impostos, taxas e contribuições sociais e econômicas devem ter destinação livre.
3. A CIDE-Combustíveis é cobrada, arrecadada e fiscalizada pela União, que repassa, obrigatoriamente, 29% aos estados e estes transferem 25% do que recebem aos municípios.

É possível afirmar que:

(A) Estão corretas as assertivas 1 e 2.

(B) Estão corretas as assertivas 1 e 3.

(C) Estão corretas as assertivas 2 e 3.

(D) Há apenas uma assertiva correta.

(E) As três assertivas estão corretas.

O Gabarito das questões está disponível no final do livro, após o Anexo.

2

PRINCÍPIOS CONSTITUCIONAIS TRIBUTÁRIOS E HIERARQUIA DO SISTEMA TRIBUTÁRIO NACIONAL

OBJETIVO DO CAPÍTULO

Serão apresentados os princípios constitucionais tributários e também a hierarquia das leis brasileiras, com a explicação sobre o que significa cada tipo de normativo. Ao final do capítulo, será possível:

- Identificar e compreender a importância dos princípios constitucionais tributários, associando-os a alguns casos aplicáveis no sistema tributário vigente.
- Entender como funciona o processo de edição de normativos e a função específica de cada um deles.

2.1 Os princípios como base para as demais normas jurídicas

Os princípios constitucionais tributários prevalecem sobre todas as normas jurídicas, sendo que estas normas somente são válidas se editadas em rigorosa consonância com eles.

A seguir, serão apresentados esses princípios, que foram definidos na Constituição de 1988, dentro do capítulo do Sistema Tributário Nacional.

2.1.1 Princípio da legalidade

Somente será possível exigir ou aumentar tributos por meio de lei que o estabeleça. Assim, não é possível aumentar tributo, seja pela elevação de alíquota, seja pela ampliação de base de cálculo, via fontes chamadas secundárias (instruções normativas, decretos, portarias, atos declaratórios e outras).

Todavia, o § 1º do art. 153 da Constituição diz que o Poder Executivo poderá, desde que atendidas as condições e os limites estabelecidos em lei, alterar as alíquotas dos seguintes impostos: II, IE, IOF e IPI. Portanto, fica de fora da aplicação do princípio da legalidade uma eventual elevação da alíquota desses impostos. Alterações na base de cálculo e no fato gerador têm que ser feitas por lei.

2.1.2 Princípio da irretroatividade tributária

É proibido cobrar tributos em relação a fatos geradores ocorridos antes do início da vigência da lei que os houver instituído ou aumentado.

Em resumo, uma lei que proponha o aumento da alíquota do Imposto de Importação para sucos de frutas a partir de 1º de janeiro de 2022 não poderá ser publicada em data posterior. Se for publicada, por exemplo, no dia 19 de janeiro de 2022, o aumento somente teria validade para os fatos geradores ocorridos a partir desta data.

2.1.3 Princípio da anterioridade

Não é permitido que uma lei aumente ou institua um tributo no mesmo ano de sua edição. Assim, um aumento no imposto de renda definido em lei publicada no ano de 2021 somente terá validade a partir de 1º de janeiro de 2022.

Esta regra não se aplica aos impostos sobre comércio exterior, IPI e IOF. Já as contribuições sociais (PIS, COFINS, CSLL e CPMF) só podem ser criadas ou aumentadas após se completarem 90 dias da publicação da lei.

A Emenda Constitucional nº 42/2003 promoveu modificações nas regras referentes ao princípio da anterioridade, acrescentando o prazo de 90 dias para alguns impostos. Assim, é possível dizer que o princípio da anterioridade tem dois desdobramentos:

ANUALIDADE, indicando que os tributos NÃO podem ser aumentados, seja por elevação de base ou por aumento de alíquota, no mesmo ano da publicação da lei. Assim, aumento no dia 15/FEV ou no dia 15/DEZ só entrará em vigor em janeiro do ano seguinte.

NOVENTENA ou **NONAGESIMAL**, indicando que a lei que aumentou tributo só entrará em vigor no mês seguinte após completarem-se 90 dias de sua publicação. Assim, o aumento de alíquota da COFINS em 15/FEV entrará em vigor a partir de junho do mesmo ano, enquanto aquele aumento de 15/DEZ só entraria em vigor em abril do ano seguinte. Tributos com fato gerador semanal, como era o caso da CPMF, entram em vigor na semana seguinte à semana em que se completarem 90 dias de prazo da publicação da lei. Por exemplo, se a contribuição fosse recriada em 2021, com o normativo publicado no dia 8/JUN/2021, completaria 90 dias em 6/AGO/2021 e entraria em vigor na semana subsequente, de 9 a 13/AGO (SEG a SEX).

As contribuições sociais não seguem as regras da ANUALIDADE, seguindo, no entanto, o princípio NONAGESIMAL. Para alguns impostos e taxas, que seguem as duas regras, deve ser aplicado o prazo mais longo de entrada em vigor do aumento. Uma lei municipal que aumente a alíquota do ISS, por exemplo, e seja publicada no dia 23 de maio de 2021 entrará em vigor apenas em 1º de janeiro de 2022. Se for publicada em 23 de outubro, seguirá a noventena, entrando em vigor apenas no dia 1º de fevereiro do ano seguinte.

Para melhorar a compreensão da aplicação dessas regras em relação aos principais impostos cobrados no sistema tributário nacional, veja o Quadro 2.1, elaborado pelos sócios da empresa de consultoria tributária Gaia Silva Gaede & Associados, unidade do Rio de Janeiro, e gentilmente cedido pelo amigo Gérson Stocco.

QUADRO 2.1 Regras para validade de normativos propondo aumentos em tributos (seja por ampliação de base ou aumento de alíquotas)

ANUALIDADE E NOVENTENA	APENAS ANUALIDADE	APENAS NOVENTENA	EM VIGOR IMEDIATAMENTE
▪ Taxas ▪ Contribuição de melhoria ▪ ITBI e ITD ▪ ICMS e ISS ▪ IPTU e IPVA (exceto base de cálculo) ▪ ITR e IGF ▪ Contribuições, exceto seguridade social	▪ IR ▪ Base de cálculo do IPTU e IPVA	▪ IPI ▪ CSLL ▪ COFINS ▪ CPMF ▪ INSS ▪ PIS/PASEP	▪ II e IE ▪ IOF ▪ Empréstimo ▪ Compulsório

Fonte: Gérson Stocco e Gustavo Damázio, sócios da Gaia Silva Gaede & Associados.

2.1.3.1 Medida provisória e os princípios da legalidade e anterioridade

A medida provisória tem força de lei desde sua publicação. A conversão em lei deve ser feita no prazo máximo de 120 dias, sendo 60 dias prorrogáveis por mais 60 dias. Se não houver sua conversão, a MP perde seus efeitos desde o início de sua publicação. Se houver mudança substancial na conversão em lei, o prazo para fins de princípio da anterioridade e noventena passa a ser a data da publicação da lei e não da MP.

Com o advento da Emenda Constitucional nº 32/2001, a Constituição Federal passou a prever que, ressalvados os impostos sobre comércio exterior, IPI e IOF, a medida provisória que implique majoração de impostos só produzirá efeitos no exercício financeiro seguinte se convertida em lei até o último dia útil do ano. Importante alertar que essa regra vale apenas para os IMPOSTOS, não valendo para as demais espécies tributárias, como as contribuições. Exemplos hipotéticos:

- Alíquotas do IR e CSLL majoradas na MP nº X, de 15/OUT/2021, convertida na Lei nº W, de 19/JAN/2022.
  - ENTRADA EM VIGOR DO AUMENTO NA ALÍQUOTA DO IR ➔ JAN/2023.
  - ENTRADA EM VIGOR DO AUMENTO NA ALÍQUOTA DA CSLL ➔ FEV/2022.
- Alíquotas do IR e da CSLL majoradas na MP nº X, de 17/NOV/2021, convertida na Lei nº W, de 19/DEZ/2021.
  - ENTRADA EM VIGOR DO AUMENTO NA ALÍQUOTA DO IR ➔ JAN/2022.
  - ENTRADA EM VIGOR DO AUMENTO NA ALÍQUOTA DA CSLL ➔ MAR/2022.

2.1.4 Princípio da isonomia tributária

É proibido instituir tratamento desigual entre contribuintes com situação equivalente, sendo proibida qualquer distinção em razão de ocupação profissional ou função por eles exercida, independentemente da denominação jurídica dos rendimentos, títulos ou direitos.

Esse princípio não significa que todos os contribuintes devem ser submetidos ao mesmo tratamento tributário. Um contribuinte com renda de R$ 10 mil pode ser tributado pelo IR com alíquota superior a outro contribuinte cuja renda seja R$ 2 mil. Nesse caso, não há que se falar em ofensa ao princípio da isonomia tributária.

O aumento da alíquota de CSLL de 9% para 15% (e depois para 20% no caso dos bancos) exclusivamente para algumas empresas, como instituições financeiras e seguradoras, determinado pela Lei nº 11.727/2008, ofende ao princípio da isonomia tributária, apesar da previsão expressa na Emenda Constitucional nº 47/2005, autorizando a cobrança de alíquotas diferenciadas em razão do porte e da atividade econômica da empresa.

2.1.5 Princípio da competência tributária

A Constituição define expressamente quais impostos podem ser cobrados pela União, pelos estados e pelos municípios, sendo esta divisão denominada competência tributária. Assim, a União não pode, por exemplo, cobrar impostos incidentes sobre serviços, pois esta é uma competência atribuída, regra geral, aos municípios e, em parte, aos estados.

A Constituição de 1988 autorizou a União a cobrar imposto sobre grandes fortunas. Contudo, até o final de 2021, não houve lei federal instituindo o imposto. Admita que o município de Búzios-RJ, por exemplo, institua o Imposto sobre Grandes Fortunas, cobrando-o dos moradores do balneário que sejam proprietários de imóveis com avaliação acima de R$ 2 milhões. A criação seria inconstitucional, pois o imposto é de competência da União.

2.1.6 Princípio da capacidade contributiva

Este é um dos princípios mais questionados pelos contribuintes, embora seja muito subjetivo. Diz ele que os tributos devem ser graduados conforme a capacidade econômica do contribuinte. De fato, muitos contribuintes argumentam que não suportam arcar com o ônus tributário imposto pelas autoridades fazendárias. Em alguns casos, o argumento vai para o detalhe mais específico.

Por exemplo, as empresas distribuidoras de energia elétrica reclamam na justiça o pagamento do PIS e da COFINS sobre as faturas emitidas para clientes inadimplentes. No momento da emissão da fatura, é configurada a receita, sendo esta considerada base para diversos tributos, entre eles PIS e COFINS, cujo vencimento se dá no mês seguinte. Ocorre que, em muitos casos, a receita não se materializou, ou seja, o dinheiro não foi nem será recebido, não cabendo, na opinião das empresas, o pagamento das contribuições.

2.1.7 Reserva de lei complementar

Cabe a lei complementar estabelecer normas gerais em matéria de legislação tributária, especialmente sobre a definição dos tributos e de suas espécies, bem como em relação aos impostos discriminados na Constituição Federal e aos respectivos fatos geradores, bases de cálculo e contribuintes.

A exigência é justificada pela relevância do assunto, já que a aprovação de uma lei complementar exige quórum mais qualificado (maioria absoluta) que a aprovação de uma lei ordinária (maioria simples).

A Carta Magna definiu, inteligentemente, o seguinte: para estruturar um tributo, ou seja, definir sua base de cálculo e seu fato gerador, metade do povo deve concordar, já que tal tributo será cobrado de toda a sociedade. E o povo estará representado, caso metade do Congresso aprove uma lei complementar.

A diferença entre maioria simples e maioria absoluta é que a primeira é alcançada com 50% mais 1 dos deputados e/ou senadores presentes à sessão de cada casa do Congresso Nacional (Senado Federal e Câmara dos Deputados). Já a maioria absoluta somente acontece quando há aprovação de 50% mais 1 do total de membros de cada casa. No Senado Federal, por exemplo, a maioria absoluta só acontece com voto favorável de 41 senadores.

A competência residual que consta no art. 154 da Constituição de 1988 diz que a União poderá instituir outros impostos, com base e natureza diferentes dos demais impostos autorizados pela Carta Magna, que sejam não cumulativos e criados por lei complementar. A lógica é que, com a exigência de lei complementar, a Constituição assegurou que a maioria absoluta do povo tenha concordado, via representação parlamentar, com a criação de um tributo não especificado pela Carta Magna.

2.1.8 Reserva de lei para anistia

Significa que qualquer subsídio ou isenção, redução de base de cálculo, concessão de crédito presumido, anistia ou remissão, relativo a impostos, taxas ou contribuições, só poderá ser concedido mediante lei específica, federal, estadual ou municipal. Se o tributo tem origem no povo, via Constituição Federal, qualquer redução de tributo específico para um segmento ou pessoa, física ou jurídica, tem que ser por meio da lei, que é o instrumento no qual o povo está, teoricamente, representado.

2.2 Hierarquia do Sistema Tributário Nacional

Como os normativos serão citados em todo o livro, torna-se relevante conhecer o significado de cada um deles e a hierarquia da legislação brasileira, particularmente em relação a aspectos tributários.

2.2.1 Constituição Federal

É a Carta Magna do país que constitui, define e estrutura o Estado de direito. A Constituição atual é a de 1988 e prevalece sobre todas as demais leis. Só pode ser alterada por meio de emenda constitucional, exceto para as chamadas cláusulas pétreas, que não podem ser modificadas. A divisão federativa do país em unidades autônomas (União, estados, Distrito Federal e municípios) é um exemplo de cláusula pétrea.

A Constituição define também a competência tributária de cada ente, apresentando os impostos e as contribuições que podem ser criados e cobrados por cada um. Por exemplo, os estados não podem cobrar impostos sobre a renda, pois esta atribuição é exclusiva da União.

2.2.2 Emenda constitucional

É o único instrumento legal permitido para se proceder a modificações na Constituição. As emendas podem ser propostas:

a) por um terço, no mínimo, dos membros da Câmara dos Deputados ou do Senado Federal;
b) pelo presidente da República; ou
c) por mais da metade das Assembleias Legislativas das unidades da Federação, manifestando-se, cada uma delas, pela maioria relativa de seus membros.

Para ser publicada, uma emenda constitucional deve ter aprovação de três quintos dos componentes de cada uma das casas do Congresso Nacional. No Senado Federal, por exemplo, uma emenda só será aprovada com 49 votos, pois, como são 81 senadores, três quintos representariam 48,6 senadores. A Constituição de 1988 já teve mais de 100 emendas até 2021.

2.2.3 Lei complementar

As leis complementares apareceram no Brasil em 1965, com a Emenda nº 18.

A ideia original do legislador foi criar um modelo de lei que tivesse abrangência sobre os interesses nacionais, com um quórum diferenciado em relação às leis ordinárias.

A lei complementar não é hierarquicamente superior à lei ordinária. Ou seja, uma lei ordinária, comum, poderá ser aprovada e ter sua aplicação independentemente de lei complementar. Contudo, a Constituição enumera os temas que devem ser tratados por lei complementar, restando, por exclusão, os demais temas a serem regulados por lei ordinária.

No campo tributário, restringe-se à lei complementar a criação e a regulamentação de tributos (desde que permitidas pela Constituição), a definição de base de cálculo e fato gerador. No Brasil, temos exemplos de uso de lei complementar na área tributária:

- LC nº 5.172/66, que representa o Código Tributário Nacional.
- LC nº 7/70, que criou o PIS.
- LC nº 8/70, que criou o PASEP.
- LC nº 70/91, que criou a COFINS.
- LC nº 87/96, que definiu as regras básicas do ICMS.
- LC nº 116/2003, que redefiniu os serviços alcançados pelo ISS.
- LC nº 123/2003, que instituiu o Super Simples.

Por outro lado, estados e municípios enfrentam problemas para regulamentar o ITD e o ITBI, respectivamente, que apresentam arrecadação tímida, justificada, entre outros problemas, pela falta de lei complementar definindo a estrutura de cobrança e controle destes impostos.

2.2.4 Leis ordinárias

São as leis que regulamentam o dia a dia. No campo tributário, são as leis que trazem as definições básicas sobre os tributos.

A Constituição Federal não cria tributos, apenas direciona de forma impositiva a competência para sua instituição. As leis ordinárias de cada ente (estados, municípios e União) é que instituem e regulamentam os tributos, alterando também sua cobrança ao longo do tempo. Em alguns casos, a Constituição impõe a criação de tributos por lei complementar.

A lei ordinária não precisa de *quórum* qualificado como a lei complementar e também não tem hierarquia entre os entes, ou seja, uma lei federal não vale mais que uma lei estadual ou municipal e vice-versa.

As leis ordinárias são leis próprias de cada ente da Federação e têm poder de normatização apenas dentro dos limites de sua competência tributária.

2.2.5 Medidas provisórias

A medida provisória (MP) nasceu na Constituição de 1988, para substituir o decreto-lei. Representa assuntos referentes a casos de relevância e urgência e pode ser adotada pelo presidente da República, com força de lei. Originalmente, as MPs deveriam ser aprovadas pelo Congresso Nacional no prazo de 30 dias, para não perderem eficácia desde a data da edição. Entretanto, adotou-se a prática da simples reedição, o que levou algumas medidas provisórias a serem reeditadas mais de cem vezes.

A Emenda Constitucional nº 32/2001 proibiu essa prática. As MPs devem ser votadas e aprovadas no prazo de 60 dias, prorrogável uma única vez por mais 60 dias, não cabendo reedição. Caso uma MP não seja aprovada nesse prazo, perde sua eficácia e não poderá ser reeditada.

Causa-nos vergonha saber que diversos dispositivos em vigor no Sistema Tributário Nacional, como a tributação de PIS e COFINS das entidades imunes e isentas, sejam regulados, até os dias atuais, por medida provisória. A Medida Provisória nº 2.158, em sua 35ª reedição, está em vigor e ainda não foi convertida em lei. Imagine o caos jurídico que seria se o Congresso Nacional resolvesse votar, hoje, contra a conversão desta MP.

2.2.6 Decreto legislativo

Tem a função de regular matérias de competência exclusiva do Congresso, como: ratificar atos internacionais, sustar atos normativos do presidente da República, julgar anualmente as contas prestadas pelo chefe do governo, autorizar o presidente da República e o vice-presidente a se ausentarem do país por mais de 15 dias, apreciar a concessão de emissoras de rádio e televisão, autorizar em terras indígenas a exploração e o aproveitamento de recursos hídricos e a pesquisa e lavra de recursos minerais.

2.2.7 Decreto regulamentar

Ato jurídico elaborado e promulgado pelo chefe do Poder Executivo. Normalmente, decretos regulamentares são utilizados para consolidar a legislação acumulada sobre determinado assunto. É possível citar como exemplo o Decreto nº 3.000/99, que consolida a legislação do imposto de renda.

O decreto regulamentar não pode inovar em relação ao texto legal, seja ampliando ou restringindo seu alcance e conteúdo. Em suma, o decreto não cria uma única linha normativa nova, sendo apenas uma combinação de normativos anteriores ou ajuste de itens direcionados por lei.

2.2.8 Resoluções

São instrumentos legais emanados pelo Senado Federal, tendo como objetivos:

a) Eliminar da ordem jurídica, norma declarada como inconstitucional pelo Supremo Tribunal Federal. Como exemplo, pode-se citar a Resolução nº 49/95, que declarou inconstitucionais os Decretos-leis nº 445/88 e nº 449/88 (aumentaram indevidamente a base do PIS).
b) Estabelecer os limites das alíquotas dos impostos sobre transmissão, circulação de mercadorias e serviços.

2.2.9 Tratados e convenções internacionais

Representam acordos celebrados pelo Poder Executivo de dois Estados soberanos, com efeitos nos territórios dos dois países. Os tratados e as convenções, firmados pelo Poder Executivo (art. 84, VII, da CF), devem ser aprovados pelo Congresso Nacional (art. 49, I, da CF), produzindo seus efeitos no âmbito interno após sua promulgação por decreto do presidente da República.

2.2.10 Instrução normativa

Como o próprio nome diz, instrui de forma mais detalhada os artigos da lei. Por exemplo: a Lei nº 9.249/95 determinou que o resultado não operacional negativo apurado em determinado ano somente seria dedutível com resultado não operacional positivo nos anos seguintes. Da forma como a lei definiu, parecia que o resultado não operacional seria tratado de maneira separada do resultado operacional, fazendo o contribuinte apurar dois cálculos separados para o imposto de renda. A Instrução Normativa (IN) SRF nº 11/96 esclareceu melhor o texto da lei, explicando que o resultado não operacional negativo poderia ser compensado com resultados operacionais positivos, desde que no mesmo ano.

A IN, por outro lado, não tem poder para aumentar a base dos tributos, embora isso tenha ocorrido em algumas situações. A IN RFB nº 390/2004, por exemplo, ampliou a base da CSLL, com adição de valores que, originalmente, eram exigidos apenas na base do IR. A referida IN poderá ser contestada pelos contribuintes que se sentirem prejudicados.

A IN RFB nº 1.911/2019, por exemplo, regulamentou a cobrança de PIS e COFINS, dizendo que há crédito nas compras de bens para revenda, matéria-prima e insumos, sem informar se o ICMS incluído no preço integra a base do crédito. Sua antecessora, a IN RFB nº 404/2004 (II do § 3º do art. 8º) citava a inclusão do ICMS na base de créditos. As leis que regem a cobrança das contribuições (nº 10.637/2002 e nº 10.833/2003) citam apenas que o crédito será pelo valor da aquisição. A definição se o ICMS integra ou não o valor da compra caberia à IN? Seria sua função? O tema é polêmico. O Parecer Normativo CST nº 70/72 tem sido utilizado como base para defesa dos contribuintes que desejam manter os créditos sobre o total da aquisição, incluindo o ICMS.

2.2.11 Ato declaratório

Tem a função de interpretar pontos obscuros dos instrumentos legais, além de ampliar o raio de ação desses instrumentos. É um ato departamental.

2.3 Absorção da leitura: dez questões de múltipla escolha

Recomenda-se fazer as questões pelo menos um dia depois da leitura do capítulo.

Q1

O princípio da anterioridade, em relação apenas à anualidade, se aplica ao:

(A) Imposto sobre Produtos Industrializados.
(B) Imposto sobre Operações Financeiras.
(C) Imposto de Exportação.
(D) Imposto de Renda.
(E) Imposto de Importação.

Q2

A aprovação de uma lei complementar, como a definição do fato gerador do imposto de renda, depende de um quórum mínimo no Congresso Nacional para aprovação. Este quórum representa:

(A) Unanimidade.

(B) Dois terços.

(C) Três quintos.

(D) Maioria simples.

(E) Maioria absoluta.

Q3

Uma lei que aumente a alíquota da CSLL e seja publicada no Diário Oficial da União no dia 13/ABR/2021 deverá entrar em vigor:

(A) Imediatamente

(B) A partir de MAI/2021.

(C) A partir de JUL/2021.

(D) A partir de AGO/2021.

(E) A partir de JAN/2022.

Q4

O princípio constitucional que determina a exigência de lei específica para definição de fato gerador e base de cálculo de um tributo é o Princípio da:

(A) Legalidade.

(B) Irretroatividade.

(C) Reserva de lei complementar.

(D) Reserva de lei para anistia.

(E) Isonomia tributária.

Q5

A Constituição Federal é a Carta Magna do país que constitui, define e estrutura o Estado de direito. A Constituição também define a competência tributária de cada ente, apresentando os impostos e as contribuições que podem ser criados e cobrados por cada um. Ela prevalece sobre todas as demais leis e só pode ser alterada, exceto para as chamadas cláusulas pétreas, por emenda constitucional. Segundo o texto da Constituição, uma emenda constitucional, para ser publicada, deve ser aprovada por:

(A) Maioria absoluta dos componentes do Senado Federal.

(B) Maioria absoluta dos componentes da Câmara Federal.

(C) Cinquenta por cento dos componentes de cada uma das casas do Congresso Nacional.

(D) Cinquenta por cento mais um dos componentes de cada uma das casas do Congresso Nacional.

(E) Sessenta por cento dos componentes de cada uma das casas do Congresso Nacional.

Q6

Representa exemplo de ofensa ao princípio constitucional da isonomia tributária:

(A) O aumento na alíquota de CSLL apenas para as instituições financeiras e empresas equiparadas, de 9% para 15%.

(B) A cobrança de alíquota de IPVA de 4% para automóveis a gasolina, enquanto os automóveis a álcool pagam 2%.

(C) A cobrança de alíquota progressiva no IRPF, cuja tributação é gravada entre 7,5% e 27,5%, conforme a renda líquida tributável.

(D) A cobrança de COFINS em todas as etapas do processo produtivo, sem possibilidade de dedução dos valores pagos anteriormente.

(E) A cobrança de alíquota de 4% de ISS em um município, enquanto o mesmo serviço é tributado em município vizinho com alíquota de 5%.

Q7

A Constituição Federal foi promulgada em 1988 e, desde então, já foi emendada mais de 100 vezes até 2021. A Emenda Constitucional é o único instrumento legal permitido para se proceder a modificações na Constituição. As emendas podem ser propostas por:

(A) Dois terços, no mínimo, dos membros da Câmara dos Deputados ou do Senado Federal.

(B) Dois terços, no mínimo, dos membros da Câmara dos Deputados e do Senado Federal.

(C) Três quintos, no mínimo, dos membros da Câmara dos Deputados ou do Senado Federal.

(D) Três quintos, no mínimo, dos membros da Câmara dos Deputados e do Senado Federal.

(E) Um terço, no mínimo, dos membros da Câmara dos Deputados ou do Senado Federal.

Q8 – CESGRANRIO – PETROBRAS – AUDITOR – 2008

A competência tributária envolve não só o poder de fiscalizar e cobrar tributos, mas também o de legislar a respeito. Não tem competência tributária o ente público desprovido de poder legislativo. Assim, a competência tributária, em sentido legal, pertence, exclusivamente:

(A) À União, aos estados, ao Distrito Federal e aos municípios.

(B) Às câmaras estaduais, municipais e federais.

(C) Às unidades federativas, aos estados e à União.

(D) Aos poderes Legislativo e Judiciário.

(E) Aos estados, aos municípios e ao Distrito Federal.

Q9

Uma medida provisória, publicada no dia 2/NOV/2020, que aumente as alíquotas de CSLL e do Imposto de Renda, foi convertida em lei apenas no dia 1º/MAR/2021. Em relação à aplicação dos princípios da anterioridade e da noventena, quando o aumento das alíquotas entrará em vigor?

(A) IR em JAN/2021 e CSLL em FEV/2021.

(B) CSLL em FEV/2021 e IR em JAN/2022.

(C) CSLL em MAR/2021 e IR em JAN/2022.

(D) IR e CSLL em FEV/2021.

(E) IR e CSLL em JAN/2022.

Q10

Alguns impostos seguem o princípio da anterioridade, pelo qual o aumento do tributo só entrará em vigor no ano seguinte ao da publicação da lei. Já outros impostos seguem a regra da noventena, que impõe o período de 90 dias para entrada em vigor de lei que aumente tributo, seja via alíquota, fato gerador ou base de cálculo. E outros seguem, cumulativamente, o princípio da anterioridade e a regra da noventena, quando vale o prazo mais longo de entrada em vigor, entre os dois itens. São exemplos de impostos que seguem a anterioridade e a noventena:

(A) IPI, ISS e IOF.

(B) IPI, ICMS e ITBI.

(C) IOF, IPI e ISS.

(D) ICMS, ISS e ITBI.

(E) IOF, ITBI e ICMS.

O Gabarito das questões está disponível no final do livro, após o Anexo.

3

TRIBUTOS: CONCEITOS, ESPÉCIES E ELEMENTOS FUNDAMENTAIS

OBJETIVO DO CAPÍTULO

Trazer os conceitos de tributos, impostos, taxas e contribuições, além de explicar algumas divisões conceituais dos tributos e termos como fato gerador, base de cálculo e alíquotas. Ao final do capítulo, será possível:

- Identificar e compreender as principais diferenças e semelhanças entre os tributos: impostos, taxas, contribuições de melhoria e contribuições sociais, econômicas e especiais.
- Analisar alguns impostos, buscando compreender seu fato gerador e sua base de cálculo.
- Diferenciar o contribuinte de fato e o contribuinte responsável nos casos específicos definidos em lei.

3.1 Estrutura básica do Sistema Tributário Nacional

O Sistema Tributário Nacional tem sua estrutura básica definida no Código Tributário Nacional (Lei Complementar nº 5.172/66) e suas regras ditadas de forma extensa e rígida na Constituição Federal de 1988, que define:

a) Competência tributária de cada ente estatal (arts. 145 a 149 e 153 a 156).
b) Limitações constitucionais ao poder de tributar (arts. 150 a 152).
c) Repartição das receitas (arts. 157 a 162).
d) Demais normas (art. 195, Disposições Transitórias etc.).

3.2 Conceito de tributo

A definição de tributo pode ser obtida pela transcrição do art. 3º do Código Tributário Nacional (CTN, Lei nº 5.172/66):

> Art. 3º Tributo é toda prestação pecuniária compulsória, em moeda ou cujo valor nela se possa exprimir, que não constitua sanção por ato ilícito, instituída em lei e cobrada mediante atividade administrativa plenamente vinculada.

Com base neste artigo, destacamos alguns aspectos nos tributos, como:

COMPULSORIEDADE – Não é tributo o que não tiver caráter de obrigatoriedade. Por este aspecto, principalmente, e pelo fato de contribuições sociais e empréstimos compulsórios estarem regulados pelo Código Tributário Nacional (CTN) e previstos na Constituição Federal (Capítulo I, Título VI), são estes considerados tributos pela doutrina em geral.

NATUREZA JURÍDICA DO TRIBUTO – É determinada pelo fato gerador da respectiva operação, sendo irrelevantes para qualificar a natureza jurídica do tributo:

- denominação legal do produto de sua arrecadação; e
- a destinação legal do produto de sua arrecadação.

Portanto, detalhando cada termo da definição de tributo, apresentamos, de forma resumida, o Quadro 3.1.

3.3 Espécies de tributo

O Brasil possui em sua estrutura normativa espécies tributárias distintas, que são apresentadas a seguir:

- impostos, taxas e contribuições de melhoria (competência comum a União, estados e municípios);
- contribuições sociais, econômicas e especiais[1] (competência da União);
- empréstimos compulsórios (competência da União).

Assim, eu pago, você paga, nós pagamos de forma obrigatória, diariamente, direta e indiretamente, três tipos de TRIBUTOS: impostos, taxas e contribuições. Vamos rapidamente explicar cada termo na Figura 3.1.

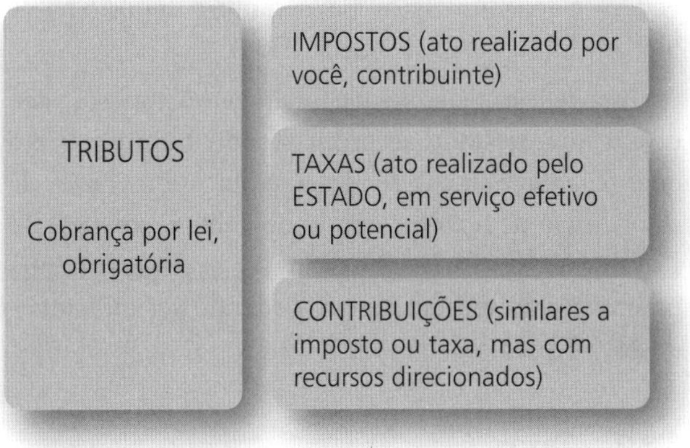

FIGURA 3.1

QUADRO 3.1

TRIBUTO – CARACTERÍSTICA	EXPLICAÇÃO
PRESTAÇÃO PECUNIÁRIA COMPULSÓRIA	O pagamento do tributo é obrigatório, não sendo possível fugir da sua obrigação. É algo impositivo, não opcional.
EM MOEDA OU CUJO VALOR NELA SE POSSA EXPRIMIR	O pagamento do tributo só poderá ser feito em R$ (moeda oficial do Brasil), não podendo, em nenhuma hipótese, ser realizado em bens ou serviços. Admite-se que o tributo seja devido em índices, tipo a UFIR, posteriormente convertidos em R$.
QUE NÃO CONSTITUA SANÇÃO POR ATO ILÍCITO	O tributo visa intervir em situações sociais ou econômicas, tributando a renda, o consumo e o patrimônio. Não pode ser considerado punição, sendo cobrado apenas quando o contribuinte emite sinal de capacidade de pagamento. A multa, por outro lado, constitui-se sanção por ato ilícito, sendo cobrada por algum tipo de infração vinculada ao pagamento de tributo. A multa não tem (ou não deveria ter) função arrecadatória, pois visa somente coibir o ato ilícito.
INSTITUÍDA EM LEI	A lógica é a da representatividade, pois, como a lei é feita pelos representantes do povo, teoricamente, o povo só terá que arcar com os impostos que aceitou pagar. Tal ideia veio do direito norte-americano, sendo manifestada no brocardo *"no taxation without representation"* (não haverá cobrança de tributos sem representação). Importante lembrar que há exceção somente para majoração de alíquotas de alguns impostos, mas sua instituição está preservada pelo dispositivo do CTN.
COBRADA MEDIANTE ATIVIDADE ADMINISTRATIVA PLENAMENTE VINCULADA	A cobrança de tributo se vincula à lei e sua compulsoriedade. Assim, a autoridade tributária não tem poder para analisar a situação, verificando se é conveniente, justo ou não cobrar os tributos. Deve vincular a cobrança às demais definições inseridas no conceito de tributo, principalmente a obrigação compulsória de instituição por lei e o pagamento em moeda.

[1] Exceto as contribuições previdenciárias dos servidores e funcionários públicos, que podem ser cobradas pelos estados e municípios. A Contribuição sobre a Iluminação Pública (COSIP) foi autorizada pela Emenda Constitucional nº 39/2002, sendo cobrada pelos municípios e pelo Distrito Federal.

Esta é a classificação tradicional de tributos, com suas espécies apresentadas a seguir:

3.3.1 Impostos

Diz o art. 16 do CTN: "Imposto é o tributo cuja obrigação tem por fato gerador uma situação independente de qualquer atividade estatal específica, relativa aos contribuintes." O imposto é de competência privativa, atribuída pela Constituição Federal, ou seja, é de competência exclusiva da União, dos estados, do Distrito Federal e dos municípios. Em resumo, o imposto nasce por um ATO DO CONTRIBUINTE.

Esta definição desvincula totalmente o imposto pago do serviço prestado ao próprio contribuinte sobre o qual recaiu o ônus. O IPTU pago por um morador de um edifício de luxo localizado no Leblon, zona sul do Rio de Janeiro, não será destinado, necessariamente, para obras no mesmo bairro, podendo ser direcionado para diversos outros fins.

3.3.2 Taxas

A definição de taxa está no art. 77 do CTN: "as taxas [...] têm como fato gerador o exercício do poder de polícia ou a utilização, efetiva ou potencial, de serviço público específico e divisível, prestado ao contribuinte, ou posto à sua disposição". Seu parágrafo único completa: "a taxa não pode ter base de cálculo ou fato gerador idêntico ao imposto, nem ser calculada em função do capital das empresas".

O termo "poder de polícia" é utilizado no sentido do poder de limitar e disciplinar, por parte da administração pública, atividades de interesses públicos, como: segurança, higiene, boa ordem, costumes, disciplina da produção, do mercado, tranquilidade pública e respeito à propriedade e aos direitos individuais ou coletivos.

Assim, embora todo indivíduo seja livre e possa estabelecer-se como comércio ou indústria, não pode instalar seu estabelecimento em local que cause prejuízo a terceiros. Esse poder da administração pública de limitar o direito de instalar um estabelecimento industrial ou comercial chama-se poder de polícia.

Pelo serviço prestado de verificar as condições do local onde se pretende instalar um estabelecimento (comercial, industrial ou bancário) e por sua autorização para funcionamento, paga-se uma taxa. No caso da Prefeitura Municipal do Rio de Janeiro, chama-se de Taxa de Licença de Funcionamento (TLF).

Em MAR/2004 houve um incêndio de grandes proporções, felizmente sem nenhum ferido, num prédio localizado no centro do Rio de Janeiro, na esquina das avenidas Rio Branco e Presidente Vargas. A imprensa discutiu muito o fato de a taxa de incêndio não ter sido direcionada integralmente para investimentos em novos aparelhos para o corpo de bombeiros.

O argumento das autoridades é que o dinheiro arrecadado com a taxa de incêndio deve cobrir o serviço prestado pelo corpo de bombeiros, sem que os recursos sejam direcionados especificamente para a corporação.

Em síntese, a taxa nasce por um ATO DO ESTADO.

3.3.3 Contribuições de melhoria

A contribuição de melhoria, cobrada pela União, pelos estados, pelo Distrito Federal e pelos municípios, pode ser instituída para fazer face ao custo de obras públicas de que decorra valorização imobiliária para o contribuinte.

Em virtude de exigências burocráticas, a contribuição de melhoria raramente tem sido cobrada no Brasil. Nas poucas vezes em que houve a tentativa de cobrança, deixou-se de atender aos requisitos mínimos exigidos pela lei.

3.3.4 Contribuições sociais

As contribuições sociais representam, sem dúvida, uma quarta espécie de tributo, conforme vem sendo escrito por renomados autores da área do Direito Tributário.

O saudoso Prof. Láudio Camargo Fabretti escreveu, em seu excelente livro *Contabilidade tributária*, o seguinte sobre a contribuição social:

> Analisando-se a relação custo/benefício para o contribuinte, verifica-se que ora seu impacto é de imposto, ora é de taxa, ou seja, é um tributo misto de imposto e taxa.

As contribuições sociais são de dois tipos: as destinadas especificamente para atender à seguridade social, instituídas na Constituição Federal, em seu art. 195, e modificadas na Emenda Constitucional nº 20/98; e as outras contribuições sociais.

As contribuições sociais direcionadas para a seguridade social incidem sobre:

- folha de salários e de terceiros – INSS;
- faturamento ou receita – PIS e COFINS;
- lucro – CSLL.

A seguridade social representa um conceito amplo de apoio social para atender ao previsto no art. 6º da Constituição Federal de 1988, garantindo que a sociedade possa ter acesso a direitos humanos básicos como comida, moradia, saúde, aposentadoria, renda mínima, integrando o que poderia ser sintetizado no termo "bem-estar". No Brasil, os recursos oriundos da arrecadação de COFINS, CSLL e contribuições previdenciárias são geridos por ministérios/secretarias de saúde, previdência social, assistência social e direitos humanos (cidadania).

Existem, ainda, outras contribuições sociais não direcionadas diretamente para a seguridade social, como o PIS/PASEP, cuja destinação é para o Fundo de Amparo ao Trabalhador, vinculado ao Ministério/Secretaria do Trabalho e do Emprego, direcionado para cobrir programas como seguro-desemprego e abono anual.[2] Outras contribuições sociais são aquelas destinadas para o Sistema S: SENAR, SENAC, SESC, SESCOOP, SENAI, SESI, SEST, SENAT, SEBRAE, entre outras.

3.3.5 Contribuições econômicas e especiais

As contribuições econômicas estão representadas, basicamente, pela CIDE (explicada no Capítulo 13), além daquelas autorizadas em lei para representação de sindicatos e profissões regulamentadas. Por exemplo, a anuidade desembolsada pelos contadores para o Conselho Federal de Contabilidade (representado pelos conselhos regionais) é considerada uma contribuição econômica, com característica de contribuição parafiscal, pois os recursos são administrados por entes definidos pelo Estado em benefício da categoria profissional.

Alguns autores denominam contribuições especiais o conjunto de contribuições sociais e econômicas. Outros denominam contribuições especiais somente as contribuições sindicais e de profissões regulamentadas.

3.3.6 Empréstimos compulsórios

Além de impostos, taxas e contribuições, existe a previsão da instituição de empréstimos compulsórios, por parte da União. O EMPRÉSTIMO COMPULSÓRIO só pode ser instituído:

- para atender a despesas extraordinárias, decorrentes de calamidade pública, de guerra externa ou sua iminência; ou
- no caso de investimento público de caráter urgente e de relevante interesse nacional.

3.4 Tributos vinculados e não vinculados

Cientificamente, os tributos podem ser divididos em duas espécies: vinculados e não vinculados.

VINCULADOS são os tributos em que há relação entre a arrecadação e o serviço prestado ou a prestar pelo Estado. Exemplo: taxas e contribuições especiais. A taxa de fiscalização sanitária, por exemplo, tem vínculo com o serviço prestado pelo ente estatal, não necessariamente com o carimbo do dinheiro arrecadado com ela. Já a COFINS tem vínculo com a destinação do dinheiro arrecadado, que deve ser direcionado à seguridade social.

NÃO VINCULADOS não possuem vínculo entre a arrecadação e a destinação, sendo que os tributos são devidos independentemente de qualquer atividade estatal relacionada ao contribuinte. Exemplo: os impostos em geral.

3.5 Classificação conforme a incidência

Em relação à sua incidência econômica, os tributos podem ser divididos da seguinte forma:

a) RENDA – Tributos cobrados sobre o produto do capital, do trabalho e da combinação de ambos. Inclui a Contribuição Social sobre o Lucro Líquido (CSLL) e o Imposto de Renda (IR).
b) PATRIMÔNIO – Tributos cobrados sobre o patrimônio das pessoas físicas e jurídicas. Os principais são IPTU, IPVA e ITBI.
c) CONSUMO – Tributos que incidem sobre a cadeia produtiva: IPI, ICMS, ISS, II, IE, PIS, COFINS, CIDE e IOF.
d) ENCARGOS SOCIAIS – Contribuições cobradas sobre a folha de pagamento: INSS, SESC, SENAC, Salário-educação, FGTS, SEBRAE, entre outros.

3.6 Relação de tributos existentes no Brasil

A ótima página eletrônica www.portaltributario.com.br apresenta uma relação dos tributos existentes no Brasil, apontando um total de 92 em pesquisa realizada no mês de JUN/2021. Pela relevância e qualidade da matéria, fica a recomendação do acesso à página.

[2] Um salário-mínimo pago anualmente às pessoas com carteira assinada e remuneração mensal até dois salários-mínimos.

3.7 O que não é considerado tributo

Interessante é que pagamos tributos demais e ainda existem certos gastos que realizamos e que não são considerados tributos, apesar de terem o mesmo sentido para nós, contribuintes. Veja alguns casos a seguir.

3.7.1 Laudêmio

Laudêmio representa o valor pago pelo proprietário do domínio útil ao proprietário do domínio direto (ou pleno) sempre que se realizar uma transação onerosa do imóvel. Na venda de imóveis que originariamente pertencem à União, como todos os que se localizam na orla marítima, ocorre o pagamento do laudêmio. Conforme o Código Civil (Lei nº 10.406/2002, art. 686), quem paga o laudêmio é o vendedor.

O laudêmio não é um tributo, por representar apenas uma relação contratual, de direito obrigacional, na qual o ente público participa na condição de contratante e como tal está sujeito aos princípios gerais dos contratos.

3.7.2 Serviços prestados

O Estado aufere algumas receitas pela prestação de serviços oferecidos ao público de forma não gratuita. Um exemplo desse tipo de serviço é o estacionamento em vias públicas, que pode ser cobrado dos proprietários de automóveis pelo uso de espaço público.

O preço público não é nenhuma espécie de tributo (não é receita tributária), pois sua exigência não é compulsória nem tem por base o poder fiscal do Estado.

Pode-se afirmar que o preço público representa um valor monetário (em dinheiro) que o Estado (órgão público, empresa associada, permissionária ou concessionária) exige do adquirente (pessoa física ou jurídica), pela venda de um bem material (produto, mercadoria ou simples bem material) ou imaterial (serviços, locação e outros).

3.7.3 Multas

As multas cobradas pelo Poder Público não compõem a carga tributária nacional, pelo fato de a própria definição de tributo apresentar a expressão "que não constitua sanção por ato ilícito". Esse dispositivo define que as multas representam uma punição pelo não cumprimento de determinada obrigação.

Assim, não representam tributos, dentre outras:

- multas cobradas pelo atraso no pagamento de tributos, seja por autuação fiscal, seja espontânea;
- multas de trânsito;
- multas pelo atraso no envio de documentos, cobradas pelos órgãos oficiais, como Banco Central, ANATEL, ANEEL, ANP e demais órgãos reguladores; e
- multas ambientais.

3.7.4 Tarifas

As tarifas são cobradas pelas empresas associadas, concessionárias ou permissionárias de serviços públicos federais, estaduais e municipais, para permitir a justa remuneração do capital, o melhoramento e a expansão dos serviços e assegurar o equilíbrio econômico e financeiro do contrato.

Tarifa é receita originária empresarial, proveniente da intervenção do Estado, por meio dos seus associados, permissionários ou concessionários, na atividade econômica.

Por outro lado, a taxa é uma receita pública derivada, isto é, retirada de forma coercitiva do patrimônio dos particulares, vindo a se integrar no patrimônio do Estado.

Como explicação simples e definitiva, a tarifa visa ao lucro enquanto a taxa visa ao ressarcimento.

Na tarifa, o serviço é facultativo e o pagamento é voluntário, somente havendo pagamento se existir a utilização do serviço. A tarifa é uma contraprestação de serviços de natureza comercial ou industrial, sendo muitas vezes uma espécie de serviço (teoricamente) considerado público.

Na cobrança de taxa, ocorre uma contraprestação de serviços de natureza administrativa ou jurisdicional, sendo normalmente um preço tabelado.

Como exemplo de tarifa, podemos considerar a conta de água e esgoto que pagamos mensalmente. É um preço cobrado por um serviço (teoricamente) público, mas não compõe a carga tributária nacional, por representar uma relação contratual, não compulsória, embora sem alternativa por parte da maioria dos contribuintes, pois, se estes não contratarem os serviços da concessionária de água da região, não terão o serviço, considerado essencial à vida humana.

Portanto, os valores recolhidos a título de conta de água não podem ser denominados taxa, na medida em que não estão inseridos no conceito de tributo definido no art. 3º do CTN. Segundo o artigo, tributo é uma prestação compulsória, cobrada mediante atividade plenamente vinculada. Ora, se um dia o cidadão não quiser mais o serviço de água por ter um poço artesiano em seu terreno, poderá requerer o corte do serviço à concessionária responsável pelo fornecimento da água.

Daí nota-se que os valores recolhidos não possuem o caráter da compulsoriedade, assim como atividade de cobrança vinculada. Assim, o valor recolhido para o pagamento do serviço de fornecimento de água não é tributo, e sim, preço público, que tem como fundamento uma relação contratual.

3.7.5 Pedágio

Representa o valor cobrado sob a forma de taxa ou tarifa pela utilização de qualquer via de transporte por pessoa, veículo ou animal, com ou sem carga, levando-se em consideração seu peso, unidade e capacidade de carga, destinada à construção, conservação e melhoramentos das mesmas vias.

O pedágio, basicamente, é um preço público cobrado pela utilização de pontes ou rodovias. A quantia cobrada a título de pedágio é exigida em razão da utilização, pelo fato de circular numa determinada obra (ponte ou outra) ou via de comunicação (estrada), com o fim de amortizar o custo da obra e de atender despesas com a sua manutenção.

A receita pública auferida sob o título de pedágio é originária e facultativa. A formalização da cobrança do pedágio ocorre a partir da instalação, em determinado lugar estratégico de uma via natural de comunicação, de uma guarita de cobrança, havendo a obrigação de pagar certa contribuição por parte das pessoas que passam pelo referido local, que recebe serviços de infraestrutura.

Não há menção do pedágio no CTN ou na Constituição, mas alguns doutrinadores entendem que se trata de um tributo, quando cobrado em local onde o contribuinte não tenha uma via alternativa para trafegar.

3.8 Elementos fundamentais dos tributos

Os elementos fundamentais de qualquer tributo são: contribuinte, fato gerador, base de cálculo e alíquota. Vamos conversar sobre cada um deles.

3.8.1 Fato gerador

É o que faz nascer a obrigação tributária, podendo essa obrigação ser principal ou acessória. O Código Tributário Nacional (Lei nº 5.172/66) define fato gerador, nos artigos 114 e 115:

> Art. 114. Fato Gerador da obrigação principal é a situação definida em lei como necessária e suficiente à sua ocorrência.
>
> Art. 115. Fato gerador da obrigação acessória é qualquer situação que, na forma da legislação aplicável, impõe a prática ou a abstenção de ato que não configure obrigação principal.

Assim, a concretização do fato gerador pode fazer nascer uma obrigação principal, que sempre será de natureza pecuniária, ou seja, pagar um tributo; ou obrigações acessórias, que representam dever administrativo para o contribuinte, como escrituração de livros fiscais e envio de declarações, exemplificados na Figura 3.2.

3.8.2 Contribuinte de fato e contribuinte responsável

O contribuinte é o sujeito passivo da obrigação tributária que possui relação direta com o fato gerador. Por exemplo, o prestador do serviço (ISS) ou o proprietário do automóvel (IPVA).

Existem dois tipos de contribuintes: o contribuinte de fato, que efetivamente suporta o ônus tributário; e o contribuinte responsável, o qual a Lei determina para responder pela obrigação tributária. Em alguns casos, o contribuinte de fato é também o responsável, enquanto em outros o contribuinte de fato é um e o contribuinte responsável é outro. Veja alguns exemplos no Quadro 3.2.

No caso do IPTU, em que o locador repassa o encargo para o locatário pagar, o proprietário locador é o contribuinte de fato e também o responsável perante o fisco municipal. A relação jurídica entre o locador e o locatário é assunto entre particulares, sem envolver o ente público, no caso o município.

3.8.3 Base de cálculo

Normalmente, é o valor sobre o qual será aplicada a alíquota para apuração do valor do tributo a pagar, devendo ser definida por meio de lei complementar. A base de cálculo pode ser também uma unidade de medida, como acontece, por exemplo, com a base de cálculo de ICMS no setor de bebidas em alguns estados, que considera o litro vendido. Na CIDE-Combustíveis, por exemplo, a base de cálculo é obtida na venda de

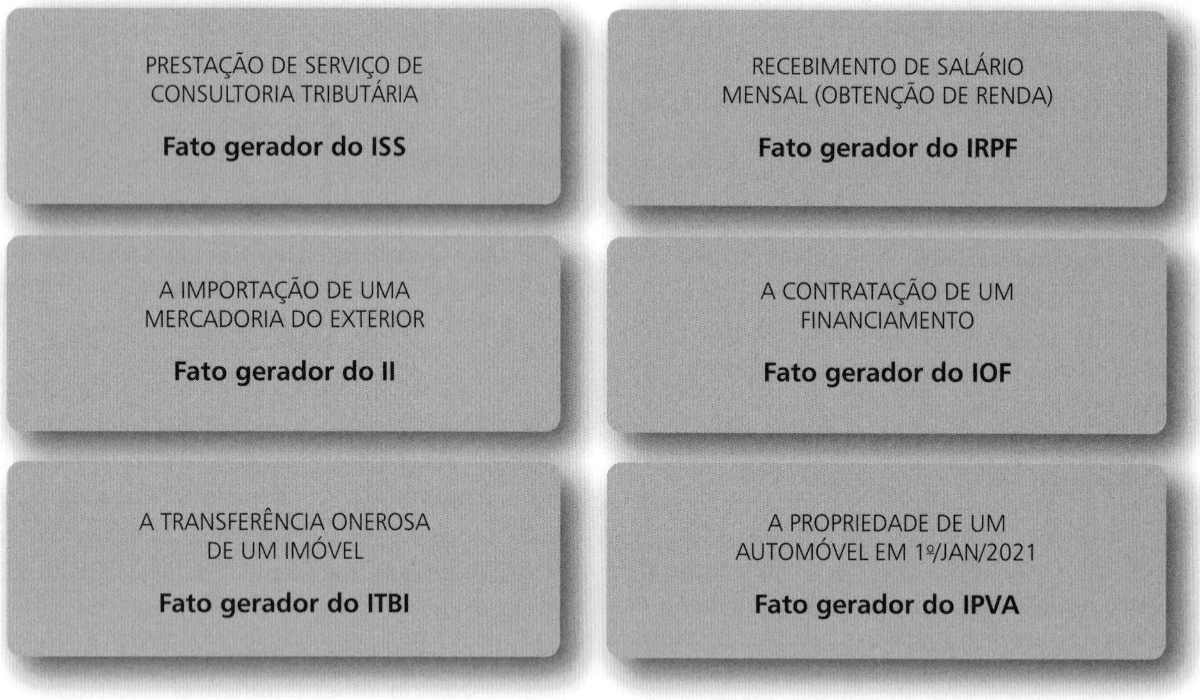

FIGURA 3.2 Exemplos de fatos geradores

QUADRO 3.2

TRIBUTO	CONTRIBUINTE DE FATO	CONTRIBUINTE RESPONSÁVEL
INSS de empregado, descontado em folha de pagamento	Empregado	Empresa
IPI cobrado do comprador na nota fiscal	Comprador	Vendedor
IOF sobre um empréstimo bancário	Pessoa física	Instituição financeira

cada mil litros de gasolina, sendo desconsiderado o valor da venda.

3.8.4 Alíquota

Normalmente, é o percentual definido em lei que, aplicado sobre a base de cálculo, determina o valor do tributo que deve ser pago.

As alíquotas podem ser cobradas de duas formas:

- Em percentual (*ad valorem*), como ocorre na maioria dos casos. Exemplos: alíquota da COFINS para empresas tributadas pelo lucro presumido e do ITBI no município do Rio de Janeiro, que é de 3%; ou alíquota máximo do ISS, definida em 5% na Lei Complementar nº 116/2003.
- Por valor fixo. Exemplos: a CIDE, que é cobrada na venda de gasolina sobre uma quantidade vendida (m^3), independentemente do valor da venda; e também alguns casos referentes ao PIS e à COFINS, como a venda de refrigerantes, em que pode se pode cobrar sobre o litro vendido.

A alíquota pode ter ainda outra função importante de qualquer sistema tributário justo, que é a progressividade. No imposto de renda das pessoas jurídicas, por exemplo, existem duas alíquotas vigentes: uma alíquota básica, aplicada a todas as empresas (15% até 2021, com redução prevista a partir de 2022); e outra, que é uma alíquota adicional de 10%, cobrada apenas daquelas empresas que apresentam base de cálculo (lucro real, presumido ou arbitrado) superior a R$ 20 mil/mês.

3.9 Absorção da leitura: dez questões de múltipla escolha

Recomenda-se fazer as questões pelo menos um dia depois da leitura do capítulo.

Q1

É considerada uma taxa e, por extensão, um tributo, a cobrança:

(A) Da conta de água e esgoto.

(B) De estacionamento em áreas públicas por guardador autorizado.

(C) Do pedágio de uma rodovia pública.

(D) Pela fiscalização de cemitérios.

(E) De multa por atraso na entrega de obrigação acessória.

Q2

Com relação às diferenças e semelhanças entre taxa e pedágio, podemos afirmar que:

(A) A taxa representa um tributo de relação contraprestacional, sendo que o contribuinte pode jamais precisar da utilização do serviço público referente à taxa por ele paga, enquanto o pedágio somente será pago em caso de utilização de via pública.

(B) A taxa representa um tributo que o contribuinte somente paga se utilizar o serviço público específico e divisível, enquanto o pedágio será devido apenas no caso de utilização de via pública.

(C) A taxa e o pedágio têm o mesmo sentido, pois ambos representam contraprestação a um serviço prestado pelo ESTADO.

(D) A taxa tem o mesmo sentido do pedágio, diferenciando-se apenas pelo fato de ser ela cobrada por estados e municípios, enquanto o pedágio é cobrado por empresas privadas que administram rodovias oficiais.

(E) A taxa se diferencia do pedágio em função de a cobrança da mesma ser feita em todas as esferas: federal, estadual e municipal, enquanto o pedágio somente pode ser cobrado em vias federais e estaduais.

Q3

A taxa tem como característica:

(A) Ter como fato gerador a utilização efetiva ou potencial de serviço público específico e divisível.

(A) Ser um tributo sem nenhum vínculo entre a arrecadação e o destino.

(C) Ser cobrada apenas por estados e municípios.

(D) Pode ser cobrada inclusive em função do capital das empresas.

(E) O produto de sua arrecadação deve ser distribuído com os demais entes federativos.

Q4

A situação em que o contribuinte de direito e o contribuinte de fato são a mesma pessoa (física ou jurídica) ocorre no caso de:

(A) IPI cobrado na venda de mercadorias industrializadas.

(B) INSS descontado do empregado no pagamento.

(C) IPTU pago pelo inquilino, em nome do proprietário.

(D) CPMF da sua conta, recolhida pelo banco ao governo.

(E) IOF cobrado pela seguradora no contrato do segurado.

Q5

Representa um tributo não vinculado:

(A) CPMF.

(B) Contribuição de melhoria.

(C) IPVA.

(D) FGTS.

(E) PIS/PASEP.

Q6

A taxa distingue-se do imposto, tendo em vista que:

(A) De modo geral, taxas não são tributos.

(B) Ambos são tributos, mas o imposto tem referibilidade direta para o contribuinte e a taxa não.

(C) A taxa é um tributo que pode ser calculado em função do capital das empresas, enquanto o imposto não.

(D) A taxa é um tributo vinculado, isto é, pressupõe atividade do Estado voltada para o devedor.

(E) A taxa é cobrada por um ato realizado pelo contribuinte, enquanto o imposto nasce por um ato realizado pelo Estado, no qual o contribuinte passa a ser devedor.

Q7

Não é considerado tributo:

(A) CIDE-Combustíveis.

(B) Contribuição de melhoria.

(C) FGTS.

(D) Contribuição aos conselhos profissionais, como o CFC.

(E) Pedágio pelo uso de rodovias públicas.

Q8 – CESGRANRIO – PETROBRAS – AUDITOR – 2008

A prestação pecuniária compulsória em moeda, ou cujo valor nela se possa exprimir, que não constitui sanção de ato ilícito, instituída em lei, e cobrada mediante atividade administrativa plenamente vinculada, é a (o):

(A) Contribuição acessória.

(B) Tributo.

(C) Taxa do empréstimo compulsório.

(D) Contribuição por movimentação financeira.

(E) Imposto de melhoria.

Q9

Têm competência cumulativa, podendo ser cobrada pela União, pelos estados, municípios e pelo Distrito Federal, as(os):

(A) Contribuições de melhoria.

(B) Contribuições sociais.

(C) Contribuições econômicas.

(D) Contribuições acessórias.

(E) Empréstimos compulsórios.

Q10

Entre os diversos tipos de classificação, os impostos podem ser diretos ou indiretos. São considerados diretos os impostos:

(A) Criados pela União em caso de guerra ou na iminência desta.

(B) Criados por força de lei complementar e de competência residual da União, e não nomeados na Constituição.

(C) Relativos apenas ao contribuinte, sem possibilidade de transferência do encargo a outrem.

(D) Relativos a operações com possibilidade de transferência do encargo a outro contribuinte.

(E) Estipulados segundo alíquotas ou percentagens incidentes sobre bases de cálculo.

O Gabarito das questões está disponível no final do livro, após o Anexo.

Parte II

CONTABILIDADE APLICADA

Capítulo 4 – CONTABILIDADE ESTRUTURAL: PRÁTICA, LÍRICA, POÉTICA

Capítulo 5 – CONTABILIDADE INTERMEDIÁRIA (SOCIETÁRIA)

Capítulo 6 – OS PRONUNCIAMENTOS DO CPC E OS IMPACTOS TRIBUTÁRIOS

4

CONTABILIDADE ESTRUTURAL: PRÁTICA, LÍRICA, POÉTICA

OBJETIVO DO CAPÍTULO

Apresentar conceitos básicos de contabilidade, seu arcabouço teórico e prático, antes de entrar na integração da contabilidade brasileira com as normas internacionais. Ao final do capítulo, será possível:

- Compreender as terminologias utilizadas na contabilidade no dia a dia das entidades empresariais.
- Consolidar o entendimento sobre a equação básica da contabilidade e a importância da adequada aplicação do método das partidas dobradas.
- Refletir sobre a aplicação prática do regime de competência.
- Entender bem a integração entre o balanço patrimonial e a demonstração do resultado.

4.1 A empresa, seu objetivo principal e a informação da contabilidade

Toda empresa é criada, teoricamente, para ganhar dinheiro e remunerar seus sócios ou acionistas. Para isso, deverá consumir recursos naturais, materiais, humanos e tecnológicos, que serão suas DESPESAS, necessárias para realizar sua atividade empresarial, seja comercial, industrial, prestação de serviços ou locação, gerando RECEITAS. O objetivo econômico-financeiro de qualquer empresa é obter mais receitas que despesas e, com isso, gerar LUCRO (Figura 4.1).

A única forma confiável para mensurar corretamente suas receitas, registrar as despesas correspondentes e apurar o lucro é por meio da contabilidade. A contabilidade pode ser entendida como uma ciência que tem como objetivo principal fornecer informações qualificadas a seus usuários internos e externos. É para isso que a contabilidade existe: PARA INFORMAR. Todas as suas demais funções assumem caráter secundário diante do seu objetivo principal.

4.2 Contabilidade: quando nasceu, como se desenvolveu e técnicas para entendê-la de forma simples

A ciência contábil assusta muitas pessoas, que a acham complicada, cheia de regras e com utilidade

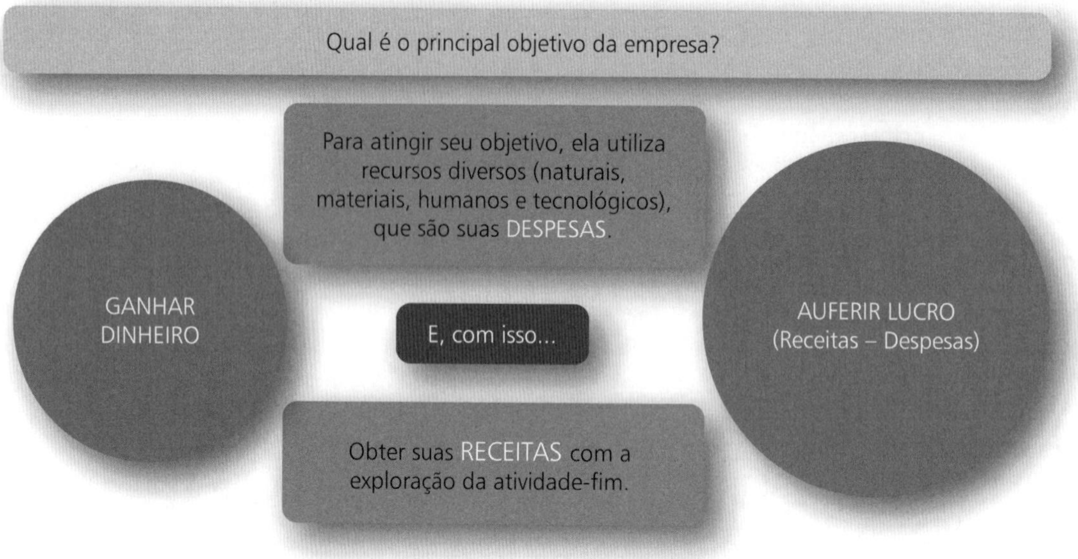

FIGURA 4.1

limitada. Talvez a forma como a contabilidade seja apresentada justifique o motivo de tanta resistência. Mas a contabilidade é algo simples, regido por partidas dobradas, ou seja, precisa sempre "FECHAR" débito com crédito, origens com aplicações, receitas com despesas, ativo com passivo e por aí vai. As mudanças profundas que vêm sendo implantadas pelos órgãos reguladores desde 2008 para integrar a contabilidade brasileira com as normas internacionais de contabilidade podem e devem ser entendidas como um relevante refinamento, não sendo necessário abandonar os conceitos anteriormente absorvidos, principalmente a essência, a lógica contábil.

Se você é contador já formado e atuante, leia este capítulo introdutório com senso crítico, aprimorando os conceitos que você tem na cabeça e refletindo sobre o verdadeiro sentido da ciência contábil como ferramenta informacional. Se você se formou em Contabilidade há alguns anos e nunca atuou na área ou é estudante de Contabilidade e está começando seu estudo de forma mais intensa, recomendo leitura criteriosa, pausada, se possível com repetição, pois é preciso entender a ESSÊNCIA da ciência contábil e não apenas as regras existentes. Se você é profissional de outra área e não está familiarizado com a ciência contábil, recomendo leitura gradual, tranquila, passo a passo, fazendo suas anotações e associações, pois você vai compreender a estrutura básica da contabilidade e extrair dela o que tem de mais importante para o que você precisa no seu dia a dia.

Quando a contabilidade foi criada, foi pensada, sintetizada, para ser refletida por meio de uma única demonstração chamada BALANÇO PATRIMONIAL, na qual seriam apresentados itens que, ordenados de forma adequada, produziriam informação qualificada para os usuários da contabilidade.

O BALANÇO, então, seria dividido em duas partes: uma parte POSITIVA (ativo) e outra NEGATIVA (passivo). Positivo para a empresa seria o conjunto de BENS e DIREITOS. Na parte negativa, teríamos o conjunto de OBRIGAÇÕES. Dessa maneira, o balanço patrimonial seria apresentado assim, no início, conforme Quadro 4.1.

QUADRO 4.1

ATIVO (POSITIVO)	PASSIVO (NEGATIVO)
BENS DIREITOS	**OBRIGAÇÕES DE TERCEIROS** São as obrigações exigíveis. **OBRIGAÇÕES COM DONOS** São as obrigações não exigíveis, que formam o patrimônio líquido (PL). O PL tem, na verdade, recursos oriundos de dois itens, basicamente: ▪ RECURSOS DOS DONOS – Capital ▪ RECURSOS DA ATIVIDADE – Resultado – Receitas (+) – Despesas (–)

Nas minhas aulas, sempre faço a seguinte pergunta: Qual é a diferença entre BENS e DIREITOS? Ambos os itens são positivos e devem ser informados no ativo da empresa. Os bens são aqueles itens que não apresentam qualquer contrapartida do outro lado. Já quando um item fizer parte do ativo da empresa e, obrigatoriamente, constar no passivo, como obrigação, de outra empresa, pessoa física ou governo, este representará um direito. O dinheiro em caixa representa um BEM. Já o depósito bancário sinaliza um DIREITO, já que há um passivo na instituição financeira denominado **depósitos à vista**, representando a obrigação do banco para com o seu cliente. Uma eventual confusão entre o que é BEM e o que é DIREITO tende a não trazer prejuízo para o aprendizado e para a completa compreensão do que é a contabilidade, mas acho importante diferenciá-los neste início de capítulo.

4.3 Resultado dentro do balanço patrimonial

Portanto, dentro do patrimônio líquido temos o RESULTADO da empresa, ou seja, a cada registro em receita ou despesa, há modificação no patrimônio líquido da entidade empresarial. Por exemplo, pagamento de salários no próprio mês de trabalho representa um débito em despesas e crédito na conta Caixa. Pois bem, no caso, diminui-se o ATIVO pela redução no caixa e diminui-se, simultaneamente, o PL da empresa.

Naturalmente, com o avanço do aprendizado inicial, os estudiosos da Contabilidade verificaram que o BALANÇO PATRIMONIAL, embora com informações relevantes, não poderia ser apresentado isoladamente, como única fonte de informações. E mais, apresentar o resultado dentro do PL traria um dado desprezível, que seria o resultado da empresa (positivo ou negativo) desde o início de suas atividades, sem saber se atualmente a empresa é lucrativa ou deficitária.

4.4 Surge uma nova demonstração: a DRE

Então, por conta de melhorar a qualidade da informação extraída da contabilidade, foi separado um pedaço do balanço patrimonial para criar a demonstração do resultado (DR). A DR deveria apresentar o resultado obtido por uma empresa em determinado período, regra geral, um ano. Assim, o resultado seria apurado periodicamente e seu produto seria levado de forma condensada (lucro ou prejuízo) para integrar o PL e, por extensão, o balanço patrimonial, quando de sua apresentação. Devido ao período de um ano, um exercício, surgiu a sigla DRE – demonstração do resultado do exercício. Poderia ser DRP a sigla, referindo-se a período e não exercício, mas isso é detalhe.

E assim, balanço patrimonial e DRE são demonstrações integradas para você compreender a estrutura econômico-financeira e patrimonial de uma entidade empresarial.

4.5 Contabilidade: coleta, tratamento e distribuição

A contabilidade também pode ser comparada com uma empresa que fornece água tratada para a população, tipo a CEDAE no Rio de Janeiro, a SABESP no estado de São Paulo, a COPASA em Minas Gerais, a EMBASA na Bahia e as demais companhias de abastecimento de água espalhadas pelo Brasil.

A CEDAE tem três etapas em relação ao seu principal produto, que é a água:

1. COLETA.
2. TRATAMENTO.
3. DISTRIBUIÇÃO.

A contabilidade também segue as mesmas etapas que as empresas citadas:

1. **COLETA** informações, quando analisa fatos administrativos mensuráveis em R$, que é a moeda em vigor no Brasil. Somente fatos administrativos passíveis de avaliação em moeda são coletados pela contabilidade.
2. **TRATA**, quando os transforma em fatos contábeis, debitando e creditando contas nas operações coletadas. Assim como a água recebe tratamento, fundamental para sua distribuição à população, os fatos administrativos são tratados em contas de ativo, passivo ou resultado.
3. **DISTRIBUI** essas informações (contas ordenadas) em demonstrativos financeiros, principalmente balanço patrimonial e DRE, para apresentar aos seus usuários internos e externos.

4.5.1 Lógica para débitos e créditos

O tratamento dos fatos administrativos mensuráveis em reais consiste em debitar e creditar, conforme o segundo ponto da Seção 4.5. Alguns autores informam que se trata de mera convenção contábil. Prefiro refletir sobre o uso das terminologias contábeis débito e crédito e a integração com o princípio contábil da entidade, sintetizada na separação entre empresa (CNPJ) e seu dono (CPF ou outro CNPJ). Veja a seguinte lógica:

- Um aumento em um **bem ou direito** é sempre um DÉBITO, pois a pessoa jurídica (CNPJ) fica devedora da pessoa física, que é seu dono (CPF). A PJ recebeu o bem ou o direito, mas ele pertence efetivamente, em última análise, à PF, por isso a PJ faz o registro a débito, sendo "devedora" do seu dono.
- Já um aumento em uma obrigação será sempre um CRÉDITO, pois a pessoa jurídica (CNPJ), na verdade, fica credora em relação à pessoa física que é seu dono (CPF), sendo a dívida, na essência, da PF.
- No caso do patrimônio líquido, uma receita será sempre a crédito, pois é um aumento de obrigação não exigível (PL), o DONO fica credor em relação à PJ. Uma despesa, por outro lado, representa redução de tal obrigação, quando o DONO fica devedor em relação ao CNPJ.

> Em resumo, o raciocínio de débito e crédito é interessante, pois muito se diz que representa uma convenção e não é bem assim. A convenção de que se fala diz respeito ao registro do ativo no lado esquerdo e do passivo no lado direito, já que essas informações poderiam ser fornecidas de forma invertida, apresentando primeiro as obrigações (passivo) e posteriormente os bens e direitos (ativo).

Um bem deve ser debitado quando passa a compor o patrimônio (físico, não líquido) da empresa. Quando ele é adquirido, deve ser debitado pois o raciocínio é que a empresa passou a ser devedora em relação a seu proprietário. Sua contrapartida (caixa, por exemplo), deverá ser creditada, pois o proprietário será devedor daquele recurso para a empresa, sendo esta credora (teoricamente) em relação ao seu dono.

Assim, todo e qualquer registro contábil pode ser analisado descobrindo quais são as contas envolvidas. Posteriormente, deve-se definir se estas contas serão debitadas ou creditadas. Será preciso definir no registro contábil se as contas envolvidas se referem a bens, direitos, obrigações, receita ou despesa e, posteriormente, definir o registro, que deve observar a lógica apresentada na Figura 4.2.

Uma vez entendida a essência, quando se debita ou se credita, a segunda etapa é discutir o conceito de receitas e despesas. Mas, antes disso, há mais uma reflexão sobre a natureza das contas apresentadas no balanço patrimonial e na DRE. Veja a seguir.

4.6 A contabilidade é como um RIO, que termina (deságua) no MAR

Todo rio deságua direta ou indiretamente (quando é um afluente e termina em outro rio) no mar ou em algum lago. Gosto do título desta seção como uma referência ao estudo da contabilidade. A contabilidade é como um rio, calmo e sereno, que termina no mar. É importante compreender os itens contábeis que representam o RIO e o MAR do processo em questão.

Os bens, os direitos e as obrigações representam o RIO da contabilidade. Ou seja, é possível afirmar com segurança que os bens (excluindo o CAIXA), direitos e obrigações um dia terminarão, ou seja, cada valor registrado na conta será baixado, zerado. E qual é a contrapartida final de todos os valores reduzidos das contas representativas do ativo e dos passivos circulante e não circulante? Vou tentar melhorar a pergunta: quando se registra bem, direito ou obrigação, faz-se um débito (para os dois primeiros) e um crédito (para a obrigação); no dia em que houver a saída desses registros em bens, direitos e obrigações, elas serão baixadas (reduzidas) em contrapartida de qual conta?

A resposta é a seguinte: são as contas de resultado (receita e despesa) ou a conta CAIXA, que representam o MAR da contabilidade (Figura 4.3).

É claro que a conta de estoque em um supermercado jamais será zerada, mas os valores ali apresentados a débito (a conta tem saldo devedor) com certeza serão creditados, provavelmente em contrapartida com uma despesa, denominada Custo das Mercadorias Vendidas (CMV).

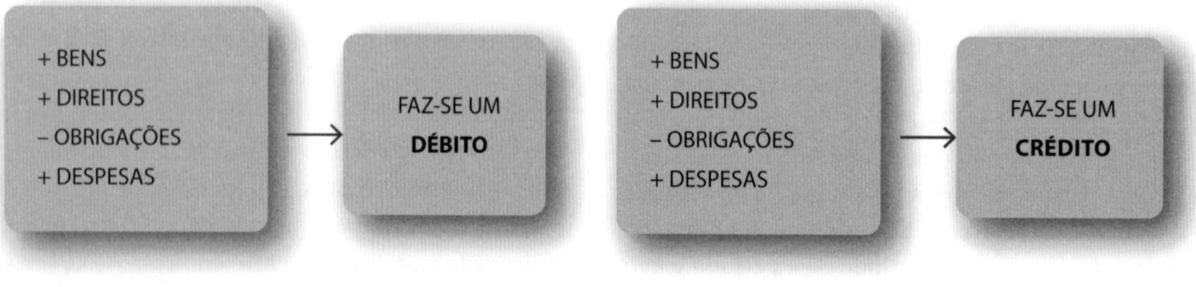

FIGURA 4.2

Veja o Quadro 4.2, que explica a entrada e respectiva saída em algumas contas de ativo e passivo nas empresas.

Na Figura 4.4, há explicação complementar à do rio que deságua no mar. Veja como surgem ativos e passivos e a forma de liquidação deles.

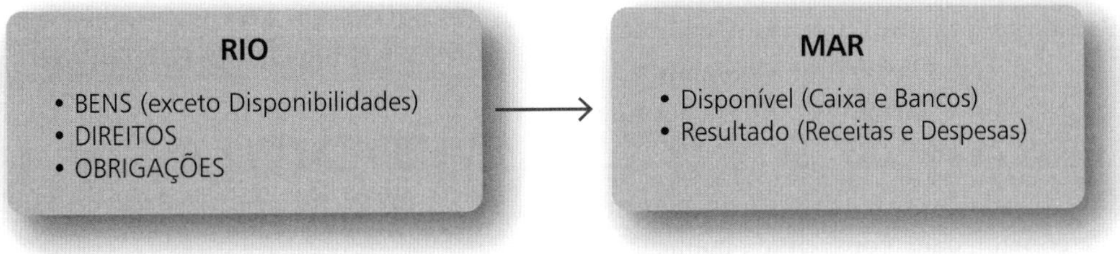

FIGURA 4.3

QUADRO 4.2

CONTAS (RIO)	ENTRADA (REGISTRO INICIAL)	SAÍDA (MOTIVO)	CONTRAPARTIDA (MAR)
ESTOQUE	Pela aquisição das mercadorias, com contrapartida no caixa ou na conta de fornecedores	Pela saída da mercadoria do estoque (venda ou perda)	CMV ou CPV – quando da revenda (comércio) ou venda (indústria) DESPESA DE PERDA – caso a mercadoria seja furtada ou inutilizada, sem revenda
CONTAS A RECEBER	Pela venda a prazo, com contrapartida em receita bruta ou, eventualmente, em conta de passivo (venda antecipada)	Pela baixa do recebível, deixando de existir o direito	CAIXA – pelo recebimento DESPESA DE PERDA – caso o cliente não pague a conta e a empresa decida reconhecer a inadimplência
EQUIPAMENTOS	Quando da entrada do bem na empresa, com contrapartida no caixa ou em um passivo (pgto. futuro)	Pelo uso ou por uma eventual venda	DESPESA DE DEPRECIAÇÃO – pelo uso do bem CAIXA e/ou GANHO/PERDA DE CAPITAL – caso o bem seja vendido
FORNECEDORES	Sempre contrapartida de estoques, nas compras realizadas a prazo	Pelo pagamento ou não	CAIXA – pelo pagamento RECEITA – em um eventual perdão da dívida, total ou parcial
PROVISÃO PARA GARANTIA	Pelo registro, com contrapartida em despesa	Confirmação da provisão ou sua reversão	CAIXA – pelo pagamento, confirmando a provisão efetuada RECEITA – por eventual reversão

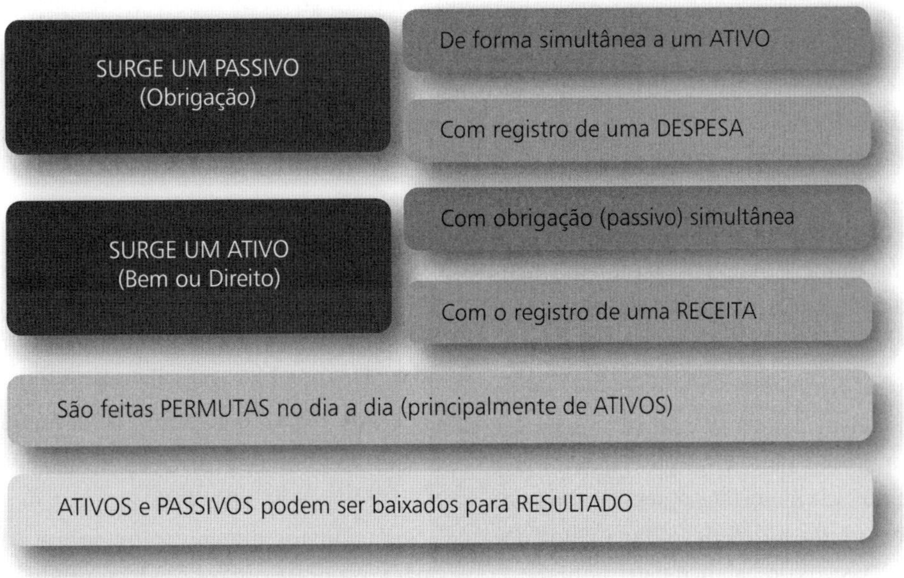

FIGURA 4.4

4.7 Estrutura básica da contabilidade (e os princípios?)

A contabilidade brasileira, durante muitos anos, teve normativos interpretativos de órgãos diferentes como o Instituto Brasileiro dos Auditores Independentes (IBRACON) e o Conselho Federal de Contabilidade (CFC) para postulados, princípios e convenções que nortearam o registro contábil das nossas empresas.

Com a adoção legal da convergência de normas internacionais de contabilidade por meio da publicação da Lei nº 11.638/2007, o Comitê de Pronunciamentos Contábeis (CPC) emitiu seu PRONUNCIAMENTO CONTÁBIL BÁSICO – ESTRUTURA CONCEITUAL PARA A ELABORAÇÃO E APRESENTAÇÃO DAS DEMONSTRAÇÕES CONTÁBEIS, também conhecido como "CPC Zero". Este passou a ser considerado o documento-base da contabilidade brasileira. Ele, já na sua segunda revisão (R2), não utiliza a antiga denominação de princípios fundamentais de contabilidade, mas trata das CARACTERÍSTICAS QUALITATIVAS DA INFORMAÇÃO CONTÁBIL, com lógica similar à dos princípios.

O CPC Zero (R2) define como características qualitativas fundamentais a RELEVÂNCIA e a REPRESENTAÇÃO FIDEDIGNA. E esta representação, para que possa ser considerada fidedigna, precisa ter três atributos: deve ser completa, neutra e livre de erro. Na prática, é a famosa lógica da ESSÊNCIA SOBRE A FORMA, com outras palavras. O pronunciamento traz, ainda, o que chama de características qualitativas, citando quatro: comparabilidade, verificabilidade, tempestividade e compreensibilidade. Esses itens são características qualitativas que melhoram a utilidade da informação que é relevante e que é representada com fidedignidade. As características qualitativas de melhoria podem também auxiliar a determinar qual de duas alternativas que sejam consideradas equivalentes em termos de relevância e fidedignidade de representação deve ser usada para retratar um fenômeno. Sinceramente, acho o texto confuso demais e pouco explicativo do ponto de vista prático. Preferia o texto original, antes da revisão.

Os elementos das demonstrações contábeis são apresentados no pronunciamento, sempre com o pressuposto básico de que a empresa seguirá em CONTINUIDADE por um longo tempo. Pela importância, será reproduzida aqui, de forma resumida, a definição dada pelo CPC Zero para os itens básicos do balanço patrimonial e da demonstração do resultado:

- **ATIVO** é um recurso controlado pela entidade como resultado de eventos passados e do qual se espera que fluam futuros benefícios econômicos para a entidade.
- **PASSIVO** é uma obrigação presente da entidade de transferir um recurso econômico como resultado de eventos passados.
- **PATRIMÔNIO LÍQUIDO** é a participação residual nos ativos da entidade após a dedução de todos os seus passivos.
- **RECEITAS** são aumentos nos ativos, ou reduções nos passivos, que resultam em aumentos no patrimônio líquido, exceto aqueles referentes a contribuições de detentores de direitos sobre o patrimônio.
- **DESPESAS** são reduções nos ativos, ou aumentos nos passivos, que resultam em reduções no patrimônio líquido, exceto aqueles referentes a distribuições aos detentores de direitos sobre o patrimônio.

Ao estudante ou profissional interessado em proceder a um estudo mais detalhado sobre o pronunciamento básico denominado CPC Zero, a sugestão é a leitura do tradicional livro *Manual de contabilidade societária*, da Fipecafi, de autoria dos brilhantes Profs. Sérgio de Iudícibus, Eliseu Martins, Ariovaldo dos Santos e Ernesto Gelbcke. Outro livro sempre recomendado quando se fala sobre a base da ciência contábil é o *Contabilidade geral*, da família Szuster, liderada pelo nosso cientista contábil, Prof. Dr. Natan Szuster, um dos mais brilhantes representantes da contabilidade brasileira. Os dois livros publicados pelo GEN | Atlas.

4.8 O regime de competência: confronto entre receita e despesa

Por mais que a revisão do Pronunciamento Zero tenha retirado o destaque que a versão original tinha atribuído ao regime de competência, este ainda é a RAZÃO DE SER DA CONTABILIDADE, enquanto ciência com objetivo principal de INFORMAR.

A definição conceitual de receita é muito ampla, assim como a definição de despesa, conforme já foi mostrado neste capítulo.

Para fins de simplificação e da busca do entendimento para o conceito de resultado apurado em uma entidade empresarial, veja uma definição resumida na Figura 4.5.

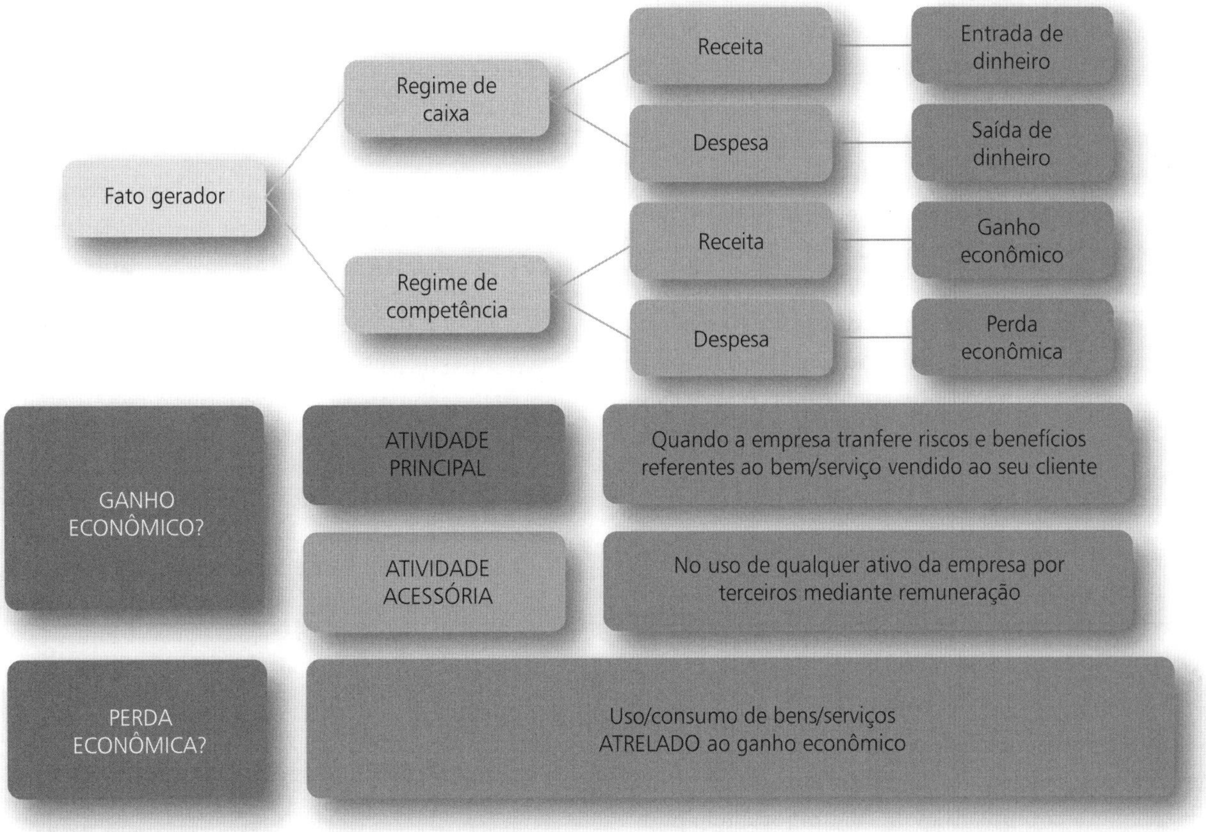

FIGURA 4.5

Com base no art. 177 da Lei nº 6.404/76 e no art. 9º da Resolução CFC nº 750/93, devidamente ajustada pela Resolução nº 1.282/2010, é possível afirmar que o regime de competência representa o pilar da boa e qualificada informação contábil. Ele pode ser mais bem explicado por dois subprincípios:

1. O princípio da REALIZAÇÃO DA RECEITA, que significa reconhecer a receita na contabilidade da empresa quando riscos e benefícios de um produto ou serviço são transferidos a terceiros ou quando estes utilizam determinados ativos da empresa, mediante remuneração.
2. O princípio da CONFRONTAÇÃO DA RECEITA COM A DESPESA, que representa que o uso/consumo de qualquer item deve ser reconhecido em despesa quando estiver vinculado, integrado, amarrado, preso, ligado, associada com uma receita, seja de forma direta ou indireta.

Assim, é possível afirmar que a receita, de forma bem simples, significa todo valor GANHO por uma entidade empresarial. Valor ganho não significa recebimento imediato, embora ganho e recebimento muitas vezes ocorram simultaneamente. O ganho (direito de crédito) pode já ter sido recebido ou somente ser recebido no futuro, mas a empresa deve registrar suas receitas quando elas são efetivamente ganhas.

Suponha uma fábrica que receba em janeiro uma encomenda para fazer uniformes escolares, cujo valor total esteja definido em R$ 100 e a entrega combinada para o mês de fevereiro. Caso o cliente dê uma entrada (sinal) de R$ 50 e combine pagar a outra parte apenas no mês de março, teremos um fenômeno interessante: a fábrica receberá R$ 50 em janeiro e mais R$ 50 em março, mas a receita da empresa não será obtida nem em janeiro nem em março. O reconhecimento da receita deverá ser feito em fevereiro, por ocasião da entrega dos uniformes escolares.

A contrapartida do caixa recebido em janeiro será registrada, preferencialmente na conta **adiantamento de clientes** (passivo circulante), pois a fábrica tem obrigação de produzir e entregar um bem no futuro. Mesmo que exista uma cláusula de que o dinheiro adiantado não precise ser devolvido, caso a encomenda não seja entregue, ainda assim a conta recomendada é a adiantamento de clientes.

Já despesa representa todo GASTO ou CONSUMO atrelado (vinculado, associado, ligado, amarrado, preso) ao GANHO. Mais uma vez, é preciso fazer a ressalva: gasto não significa desembolso, embora gasto e desembolso possam ocorrer simultaneamente em diversas ocasiões. Posso ter um gasto de R$ 50 e não desembolsar nada, pois a compra pode ter sido efetuada com cartão de crédito ou cheque pré-datado. O gasto pode ocorrer e não representar uma despesa. Esta será reconhecida no momento do consumo vinculado à obtenção da receita. No caso da depreciação, é exatamente isso que acontece. Ocorre o gasto na compra do bem, que somente será reconhecido como despesa quando o consumo (depreciação) estiver atrelado ao ganho (receita). Veja no Quadro 4.3 alguns casos hipotéticos, aplicados ao mundo real.

Assim, é possível concluir que os valores deverão ser registrados em resultado (custo ou despesa) quando houver o CONSUMO do valor GASTO e este CONSUMO for vinculado a algum GANHO (receita) ou não houver receita futura associada.

Costumo sempre lembrar que este princípio é fundamental para iniciar o entendimento da ciência contábil, além da compreensão de sua importância para as atividades empresariais. Se não fosse este princípio, bastaria um empregado bem qualificado e conhecedor de planilhas eletrônicas na tesouraria, para que a empresa tivesse uma contabilidade organizada e em dia, pois receita seria sempre igual a recebimento e despesa igual a pagamento. Mas não é assim que funciona, sendo necessário o confronto de receitas (ganho) e despesas (gasto ou consumo atrelado ao ganho) para adequada apuração do resultado efetivamente produzido pela atividade empresarial.

O Pronunciamento Zero do CPC trazia a competência como pressuposto básico da contabilidade em sua versão original (item 22). A definição é apresentada a seguir (destaque dado pelo autor):

> A fim de atingir seus objetivos, demonstrações contábeis são preparadas conforme **o regime contábil de competência**. Segundo esse regime, os efeitos das transações e outros eventos são reconhecidos quando ocorrem (e não quando caixa ou outros recursos financeiros são recebidos ou pagos) e são lançados nos registros contábeis e reportados nas demonstrações contábeis dos períodos a que se referem. As demonstrações contábeis preparadas pelo regime de competência informam aos usuários não somente sobre transações passadas envolvendo o pagamento e recebimento de caixa ou outros recursos financeiros, mas também sobre obrigações de pagamento no futuro e sobre recursos que serão recebidos no futuro. Dessa forma, apresentam informações sobre transações passadas e outros eventos que sejam as mais úteis aos usuários na tomada de decisões econômicas.

Embora oficialmente este texto faça parte do pronunciamento antes da R2, ele está distribuído no

QUADRO 4.3 Eventos e o uso de terminologias contábeis

Salário dos empregados de JAN/x1, pago no dia 5 do mês seguinte.	O GASTO ocorre em janeiro, quando a empresa assume uma obrigação de pagamento com os empregados, cujo DESEMBOLSO será feito em fevereiro. A DESPESA será registrada em janeiro, no momento do CONSUMO, que representa o período (mês de JAN/x1) em que os empregados produziram, contribuindo na geração de receitas.
Pagamento de seguro anual de automóvel, em três cotas (JAN, FEV e MAR). O veículo é utilizado na entrega de mercadorias aos clientes.	O GASTO acontece em janeiro, quando há a contratação do seguro, com o DESEMBOLSO sendo feito nos meses de janeiro, fevereiro e março. A DESPESA deve ser distribuída de forma igual durante os 12 meses de vigência do seguro, representando o CONSUMO do ativo GASTO em janeiro e DESEMBOLSADO nos três primeiros meses do ano. O automóvel será usado pela empresa para exercer suas atividades de apoio às vendas de bens/serviços. Logo, o seguro referente ao bem em uso contribui (indiretamente) para a geração de receitas, devendo ser reconhecido em DESPESA de forma proporcional.
Máquina adquirida em JAN/x1, para ser utilizada na produção de empresa industrial, com vida útil estimada de 10 anos e pagamento em 12 parcelas mensais, ao longo do ano de x1.	A máquina deverá ser utilizada na produção de bens destinados à venda (receita principal da empresa). Então, seu custo total deverá ser distribuído pelo tempo em que produzirá bens e contribuirá na geração de receitas. No entanto, por se tratar de atividade industrial, o CONSUMO não será reconhecido no registro da depreciação, pois este valor será incluído no estoque e somente registrado em DESPESA (na verdade, em custo dos produtos vendidos) posteriormente, quando o bem for vendido. Já o GASTO aconteceu em JAN/x1, por ocasião da aquisição da máquina, com o DESEMBOLSO sendo feito em 12 parcelas mensais ao longo do ano.
Lanche a empregados do setor de contabilidade em hora extra.	Nesse caso, o GASTO, o DESEMBOLSO e o CONSUMO acontecem simultaneamente, fazendo com que a DESPESA seja reconhecida pelo pagamento.

pronunciamento revisado, mas não de forma completa. Contudo, entendo que o texto retrata a lógica da contabilidade, que começa no princípio da competência.

4.8.1 Explicação alternativa

Em um sentido prático, na lógica econômica, ao longo do tempo, toda operação empresarial pode representar apenas dois tipos de registro pela contabilidade das empresas:

- DESPESA integrada com saída de CAIXA.
- RECEITA, associado ao respectivo ingresso de CAIXA.

Assim, todas as operações realizadas por uma empresa devem ser analisadas primeiramente se representam os gastos necessários (DESPESA) para gerar sua RECEITA ou se representam a própria receita. Assim, uma vez identificada essa etapa, as operações devem ser pensadas em dois polos:

1. O momento em que a RECEITA ou a DESPESA deve ser reconhecida. Assim, enquanto não há o reconhecimento do resultado pelo seu evento econômico, deve-se identificar se há ativos e passivos que devem ser registrados até o adequado reconhecimento da respectiva receita/despesa.
2. O período em que os recursos serão recebidos/desembolsados pela empresa. Até lá, deve ser reconhecido um ativo (a receber) ou um passivo (a pagar).

Observe, no Quadro 4.4, uma demonstração prática da simplificação do registro contábil nas entidades empresariais, sintetizando o que foi apresentado até aqui.

Temos aí a essência da contabilidade fazendo integração entre o regime de caixa e o regime de competência, qualificando a boa informação contábil. Receitas representam valores que entraram, entram ou entrarão no caixa e as despesas e os gastos que saíram, saem ou sairão do caixa da empresa. Entender essa lógica e compreender a função e o objetivo principal da contabilidade como ferramenta informacional passa por pensar em todas as operações realizadas pela empresa, identificando se é receita ou despesa e qual é o momento adequado para seu reconhecimento no resultado. Dessa interpretação surgem os diversos bens, direitos e obrigações registrados no balanço patrimonial e que formam a posição patrimonial estática da empresa.

4.9 Registros contábeis

Para contribuir com esta parte introdutória, será apresentada na sequência uma situação didática, relativamente rápida, para sintetizar essa explicação. Duas amigas resolvem abrir um salão de beleza na cidade de Niterói, alugando um espaço no Plaza Shopping. A abertura da empresa ocorreu no dia 1º de dezembro de 2021. Veja a movimentação do mês e o registro contábil dessa movimentação, entendendo a lógica dos registros efetuados pela contabilidade até o fechamento do resultado e do balancete do mês.

REGISTRO 1 – ABERTURA DA EMPRESA COM R$ 1.000 EM DINHEIRO

Débito: Caixa (AC)
Crédito: Capital (PL) R$ 1.000

Este registro é explicado fazendo-se a análise das duas contas de forma separada. O capital representa uma obrigação da empresa para com os sócios. Então, um aumento de obrigação representa um crédito na conta de capital. Já a conta caixa representa um bem da empresa. Um aumento no bem representa um débito na conta caixa.

REGISTRO 2 – AQUISIÇÃO DE EQUIPAMENTOS POR R$ 600 EM DINHEIRO

Débito: Equipamentos (AC)
Crédito: Caixa (AC) R$ 600

As contas envolvidas são duas: caixa e equipamentos, sendo ambos considerados bens da empresa. O caixa foi diminuído, o que faz com que realizemos um crédito nessa conta. Já o equipamento entrou na empresa, aumentando

QUADRO 4.4

MÊS 1	PONTE	MÊS 2	EVENTO (EXEMPLO)
RECEITA	**ATIVO**	+ CAIXA	Venda a prazo de mercadorias ou serviços no mês 1, com recebimento no mês 2.
+ CAIXA	**PASSIVO**	RECEITA	Venda de passagem aérea no mês 1, com voo realizado no mês 2.
DESPESA	**PASSIVO**	– CAIXA	Uso/consumo de gás/energia/Telecom no mês 1, com pagamento realizado no mês 2.
– CAIXA	**ATIVO**	DESPESA	Pagamento de IPTU/IPVA/seguro/material de uso e consumo no mês 1, com benefício/utilização durante todo o ano.

seus bens, o que faz com que o registro seja de um débito na conta de equipamentos.

REGISTRO 3 – AQUISIÇÃO DE MATERIAL DE USO E CONSUMO POR R$ 200, PARA PAGAMENTO NO MÊS SEGUINTE

Débito: Gastos a apropriar (AC)
Crédito Contas a pagar (PC) R$ 200

As contas envolvidas são duas: gastos a apropriar e contas a pagar. O registro em gastos a apropriar e não diretamente em despesa é justificado pelo fato de que o material adquirido (xampu, cremes, esmaltes e outros) somente deverá ser registrado em despesa na medida em que seja utilizado e, assim, contribua na obtenção de receitas. No momento da aquisição, a empresa tem um gasto que será consumido durante determinado período, sendo tratado, no caso, como bens de uso e consumo. Como a empresa aumentou seus bens, deve fazer um débito nesta conta. Já o pagamento foi postergado para o mês seguinte, criando uma obrigação para a empresa. Um aumento de obrigações representa crédito na conta em análise (contas a pagar).

REGISTRO 4 – PAGAMENTO DE DESPESAS ADMINISTRATIVAS DE R$ 200, EM DINHEIRO

Débito: Despesas administrativas (PL)
Crédito: Caixa (PC) R$ 200

Neste caso, teríamos duas contas: despesas e o dinheiro utilizado para pagá-las. Toda despesa deve ser debitada, conforme explicado anteriormente. Já o caixa representa um bem, que será reduzido, produzindo um crédito nesta conta contábil.

REGISTRO 5 – FATURAMENTO DE R$ 300 NO MÊS, SENDO 60% À VISTA E O RESTANTE EM CARTÃO DE CRÉDITO, CUJA EMPRESA COBRA UMA COMISSÃO DE 5% E EFETUARÁ O PAGAMENTO APENAS NO MÊS SEGUINTE

Débito:	Caixa	(AC)	R$ 180
Débito:	Contas a receber	(AC)	R$ 114
Débito:	Despesas administrativas	(PL)	R$ 6
Crédito:	Receita de prestação de serviços	(PL)	R$ 300

Esta situação é mais complexa que as anteriores, mas possível de se entender. Existem 4 contas envolvidas no fato administrativo, sendo uma delas a receita pelos serviços prestados (R$ 300), que deverá ser creditada. A parcela recebida à vista (R$ 180) será registrada no caixa pelo fato de ter aumentado este bem. Já a parcela a ser recebida a prazo (R$ 120) deverá ser registrada já deduzida da despesa de cobrança, pois o salão já sabe que, na data combinada, receberá apenas 95% do valor das faturas emitidas e não o total. Então, o mais adequado é que o registro do ativo seja feito exatamente pelo valor a receber, sendo a despesa de R$ 6, reconhecida no mesmo mês das receitas correspondentes.

REGISTRO 6 – DEPRECIAÇÃO DOS EQUIPAMENTOS

Débito: Despesa com Depreciação (PL)
Crédito: Depreciação Acumulada (AC) R$ 10

No caso, a despesa será debitada, com a contrapartida diminuindo o bem (equipamentos), mas não de forma direta, e sim, de forma indireta, via conta retificadora, que diminui o valor original do bem. Para fins de simplificação, estamos depreciando o bem em cinco anos.

REGISTRO 7 – APROPRIAÇÃO DO MATERIAL DE USO E CONSUMO. NO FINAL DO MÊS, EM INVENTÁRIO REALIZADO, A EMPRESA ENCONTROU UM SALDO DE R$ 140 NO MATERIAL DE USO E CONSUMO, O QUE SIGNIFICA UM CONSUMO DE R$ 60 NO MÊS

Débito: Despesas administrativas (PL) (ou custo dos serviços prestados)
Crédito: Gastos a apropriar (AC) R$ 60

O débito em despesa será registrado pelo consumo do material registrado no ativo e que está atrelado às receitas obtidas no mês. Já a conta de gastos a apropriar pode ser considerada bem e, como esses bens foram diminuídos, consumidos, devemos efetuar um crédito nesta conta.

Apenas com os sete registros efetuados, sem aprofundar o estudo, teríamos a seguinte situação no final do mês de dezembro de 2021, conforme o Quadro 4.5.

QUADRO 4.5

ATIVO	**R$ 1.224**
▪ CAIXA	R$ 380
▪ CONTAS A RECEBER	R$ 114
▪ GASTOS A APROPRIAR	R$ 140
▪ EQUIPAMENTOS	R$ 600
▪ (–) DEPRECIAÇÃO ACUMULADA	(R$ 10)
PASSIVO	**R$ 1.224**
▪ CONTAS A PAGAR	R$ 200
▪ CAPITAL	R$ 1.000
▪ RESULTADO DO MÊS	R$ 24
(+) RECEITAS	R$ 300
(–) DESPESAS	R$ 276

4.10 Absorção da leitura: quinze questões de múltipla escolha

Recomenda-se fazer as questões pelo menos um dia depois da leitura do capítulo.

Q1

A Cia. Alto da Glória tem a seguinte estrutura patrimonial:

- Bens e direitos R$ 400
- Obrigações R$ 280

- Receitas R$ 750
- Despesas R$ 700
- Capital ?

Informe o valor do capital da Cia. Alto da Glória:

(A) R$ 50.

(B) R$ 70.

(C) R$ 120.

(D) R$ 170.

(E) R$ 220.

Q2

Ainda em relação à Cia. Alto da Glória, informe o seu patrimônio líquido com as informações da Q1:

(A) R$ 50.

(B) R$ 70.

(C) R$ 120.

(D) R$ 170.

(E) R$ 220.

Q3

A Cia. Rota tem os seguintes dados:

- Total de contas devedoras R$ 90
- Total de contas credoras R$ 90
- Contas devedoras retificadoras R$ 11
- Contas credoras retificadoras R$ 7

Conforme os dados informados, o saldo do ativo da Cia. Rota montou:

(A) R$ 72.

(B) R$ 79.

(C) R$ 83.

(D) R$ 90.

(E) R$ 97.

Q4

Uma empresa industrial do setor têxtil foi contratada por uma escola municipal em JAN/2021 para entrega de 100 uniformes no mês de FEV/2021. O pagamento foi feito da seguinte forma: metade (R$ 50) adiantados em JAN/2021; a outra parte (R$ 50) pago somente em MAR/2021. A receita deve ser registrada na empresa industrial:

(A) Integralmente no mês de JAN/2021.

(B) Integralmente no mês de FEV/2021.

(C) Integralmente no mês de MAR/2021.

(D) Nos meses de JAN/2021 (R$ 50) e MAR/2021 (R$ 50).

(E) Distribuídos igualmente entre os meses de JAN, FEV e MAR/2021.

Q5

São itens positivos das empresas, que aumentam seu patrimônio líquido, somente:

(A) Bens, direitos e obrigações.

(B) Bens e despesas.

(C) Direitos e obrigações.

(D) Bens, direitos e receitas.

(E) Obrigações e receitas.

Q6

O total de contas devedoras (e credoras) de determinada empresa montou R$ 50. Sabemos que a empresa tem R$ 7 de contas credoras retificadoras, além de receitas de R$ 15 e despesas de R$ 13. Com base nos dados informados, o saldo do ATIVO desta empresa monta:

(A) R$ 50.

(B) R$ 43.

(C) R$ 35.

(D) R$ 37.

(E) R$ 30.

Q7

Uma empresa de transportes intermunicipais vende por R$ 60 uma passagem em 2021, no mês de FEV, para o cliente viajar em JUN, com pagamento no cartão de crédito em três parcelas, vencendo nos meses de MAR, ABR e MAIO. A receita de prestação de serviços de transporte deve ser registrada nesta empresa de transportes:

(A) R$ 12 em cada um dos cinco meses, entre FEV e JUN.

(B) R$ 15 em cada um dos quatro meses, entre MAR e JUN.

(C) R$ 20 em MARÇO, R$ 20 em ABRIL e R$ 20 em MAIO.

(D) R$ 60 em FEV.

(E) R$ 60 em JUN.

Q8

O seguro anual do prédio da sede administrativa, no valor de R$ 360, foi contratado em JAN/2021, com três pagamento mensais de R$ 120 nos meses de FEV/2021, MAR/2021 e ABR/2021. A parcela registrada como despesa no mês de FEV/2021 montou:

(A) R$ 10.

(B) R$ 12.

(C) R$ 20.

(D) R$ 30.

(E) R$ 120.

Q9

Analise as contas informadas a seguir:

1. Estoques
2. Contas a receber
3. Adiantamento recebido de clientes
4. Fornecedores
5. Seguros a apropriar
6. Impostos a recuperar

O total de contas de ATIVO na lista monta:

(A) Duas contas.

(B) Três contas.

(C) Quatro contas.

(D) Cinco contas.

(E) Seis contas.

Q10

São contas de passivo:

(A) Fornecedores, contas a pagar, gastos a apropriar.

(B) Gastos a apropriar, contas a pagar e adiantamento recebido de clientes.

(C) Fornecedores, despesas antecipadas e adiantamento recebido de clientes.

(D) Adiantamento recebido de clientes, fornecedores e provisão para garantia.

(E) Provisão para garantia, despesas antecipadas e contas a pagar.

Q11

Um adiantamento recebido de clientes para a entrega futura de bens (caso não ocorra a entrega dos bens, o valor deverá ser devolvido ao cliente) deve ser registrado no momento do recebimento como:

(A) Uma conta de receita, pois o valor já pertence à empresa.

(B) Uma conta de PL, pois houve uma entrada de ativo sem qualquer encargo para a empresa.

(C) Uma conta de passivo.

(D) Não deve ser contabilizado, pois o valor recebido não pertence ainda à empresa.

(E) Outra conta de ativo que seja retificadora do valor recebido, pois o dinheiro não pertence ainda à empresa.

Q12

A AZUL vendeu à vista, no penúltimo dia útil de 2020, duas passagens a um mesmo cliente que reside no RJ e viajará para MG, por R$ 20 cada (R$ 40 no total). Uma passagem para o último voo da ponte aérea do mesmo dia da compra + uma passagem para realizar um voo no feriado de carnaval. O evento (compra combinada) representou para a AZUL no mês de DEZ/20:

(A) Aumento de ativo e de passivo em R$ 40, sem movimentação no PL.

(B) Aumento de ativo de R$ 40, com aumento de passivo de R$ 20 e registro de receita (PL) de R$ 20.

(C) Aumento de ativo e registro de receita (PL) de R$ 40.

(D) Aumento de ativo de R$ 20, com aumento de passivo de R$ 40 e registro de receita (PL) de R$ 20.

(E) Redução de ativo e passivo em R$ 40.

Q13

Analise os eventos ocorridos no mês de julho, na Cia. Alfa, e informe qual deverá receber tratamento (registro) na contabilidade:

(A) Publicação da nova política de RH da empresa.

(B) Transferência das cotas de pai para filho por conta de falecimento.

(C) Compra de placas para entrega aos melhores empregados no final do ano.

(D) Entrada em processo de licitação aberto pela prefeitura.

(E) Abertura de limite de crédito de R$ 10 mil, disponibilizado pelo Banco Itaú.

Q14

Representa despesa em uma empresa industrial por ocasião do registro:

(A) A depreciação das máquinas industriais.

(B) A comissão paga aos vendedores.

(C) O aluguel do parque fabril.

(D) O treinamento para os empregados da produção.

(E) O salário do supervisor da fábrica.

Q15

Uma indústria do setor de alimentos tem IPTU da sua fábrica de R$ 12.000, que será pago em três cotas, iguais e sucessivas de R$ 4.000 cada, a partir de FEV. Em relação ao registro do imposto predial, é correto afirmar que será reconhecido no resultado:

(A) Em 12 meses, sendo exatamente R$ 1 mil por mês, a partir de JAN.

(B) Na proporção dos produtos vendidos, reconhecendo R$ 1 mil por mês em estoque.

(C) Integralmente em JAN, mês de incidência do imposto.

(D) Nos meses de FEV, MAR e ABR.

(E) Ao final do exercício.

O Gabarito das questões está disponível no final do livro, após o Anexo.

5

CONTABILIDADE INTERMEDIÁRIA (SOCIETÁRIA)

OBJETIVO DO CAPÍTULO

Apresentar a estrutura contábil definida na legislação societária brasileira, especificamente na Lei nº 6.404/76, com as alterações das Leis nº 11.638/2007 e nº 11.941/2009. Ao final do capítulo, será possível:

- Apresentar uma evolução histórica da aplicação da legislação societária desde a Lei nº 6.404/76 até a integração da legislação contábil-societária com os padrões internacionais de contabilidade.
- Entender o modelo de apresentação do resultado pela DRE, com os detalhes desde a receita bruta chegando até a linha final, que apresenta lucro ou prejuízo.
- Conhecer a estrutura básica do balanço patrimonial publicado pelas empresas domiciliadas no Brasil.

5.1 A nova contabilidade brasileira: histórico da entrada em vigor

A contabilidade brasileira produziu sua mais significativa e completa mudança em JAN/2008, trinta anos após a entrada em vigor da festejada e histórica Lei nº 6.404/76, que revolucionou a contabilidade brasileira no final dos anos 1970. A Lei nº 11.638, publicada meio que escondida, no final de 2007, trouxe significativas alterações à estrutura e à forma de se tratar as informações contábeis no Brasil, aproximando a contabilidade brasileira das regras definidas na contabilidade internacional. Posteriormente, ajustes foram feitos na Lei nº 11.941/2009, com objetivo de corrigir algumas distorções da Lei nº 11.638/2007.

A contabilidade brasileira sempre foi muito influenciada por aspectos fiscais. O melhor exemplo disso é o registro contábil da depreciação, que considerava os prazos determinados pelo Fisco, a despeito do prazo efetivo de vida útil ser diferente do prazo fiscal na maioria dos bens.

A demorada publicação da Medida Provisória nº 449 (DEZ/2008) foi um exemplo cristalino do elevado grau de complexidade que cercava o tema.

A autoridade fazendária demorou a preparar e publicar um normativo para direcionar os contribuintes em relação ao cálculo dos tributos. E o fez já no final de 2008, quando os tributos já haviam sido calculados e recolhidos, pelo menos a maior parte dos valores devidos naquele ano.

E a MP, que foi convertida na Lei nº 11.941/2009, deixou mais dúvidas do que certezas para o contribuinte, quando instituiu o tal do Regime Tributário de Transição, conhecido como RTT, para os anos de 2008 e 2009. E o RTT ficou obrigatório entre 2010 e 2013, sendo seu uso optativo nos dois primeiros anos (2008 e 2009) e em 2014, quando as empresas puderam optar por aplicar os efeitos da Lei nº 12.973/2014 já no próprio ano em que ela foi publicada. O Quadro 5.1 ajuda a ilustrar o entendimento da aplicação da legislação contábil-societária e a legislação tributária integrada.

Portanto, desde JAN/2015, todas as empresas brasileiras tributadas pelo lucro real ou pelo lucro presumido devem fazer sua contabilidade aplicando a Lei nº 6.404/76 consolidada com as alterações das Leis nºs 11.638/2007 e 11.941/2009 e a integração, no que for específico, da Lei nº 12.973/2014.

Feito esse pertinente registro histórico, neste capítulo será apresentada a contabilidade societária aplicada no Brasil, seguindo as leis citadas, sempre com a preocupação da sua integração com aspectos tributários.

5.2 Exercício social e elaboração das DFs

O exercício social no Brasil continua sendo de um ano, como sempre foi desde os anos 1970. A data de término pode ser definida no estatuto social, embora na maioria das empresas o ano fiscal seja o mesmo período do ano civil, terminando em 31 de dezembro. Na constituição da empresa ou em casos de alterações no estatuto social, o exercício social poderá ser diferente de um ano.

Não é comum exercício social diferente de um ano. Contudo, algumas atividades têm encerramento do exercício social em período diferente de 31 de dezembro. Por exemplo, a maioria das usinas de açúcar e álcool do interior de São Paulo faz o encerramento do seu exercício social em 31 de março, conforme a conclusão do ciclo de produção da cana-de-açúcar. O problema, neste caso, é que a prestação de contas anual com a RFB permanece sendo 31 de dezembro. Outro problema ocorre quando há a integração de empresa do setor com outras empresas para fins de apresentação de demonstrações financeiras consolidadas.

Desde 2008, são obrigatórias no Brasil as seguintes demonstrações financeiras, todas comparativas com o exercício anterior:

a) Balanço patrimonial.
b) Demonstração do resultado do exercício (DRE).

QUADRO 5.1

PERÍODO	CONTABILIDADE DAS EMPRESAS BRASILEIRAS	CÁLCULO DOS TRIBUTOS SOBRE O LUCRO (IR + CSLL)
1978 a 2007	Lei nº 6.404/76 APLICAÇÃO OBRIGATÓRIA	Decreto-lei nº 1.598/77 APLICAÇÃO OBRIGATÓRIA
2008 e 2009	Lei nº 6.404/76 com as modificações da Lei nº 11.638/2007 APLICAÇÃO OBRIGATÓRIA	Lei nº 6.404/76 (original) + Decreto-lei nº 1.598/77 (RTT) APLICAÇÃO OPTATIVA
2010 a 2013	Lei nº 6.404/76 com as modificações das Leis nºs 11.638/2007 e 11.941/2009 APLICAÇÃO OBRIGATÓRIA	Lei nº 6.404/76 (original) + Decreto-lei nº 1.598/77 (RTT) APLICAÇÃO OBRIGATÓRIA
2014	Lei nº 6.404/76 com as modificações das Leis nºs 11.638/2007 e 11.941/2009, além da Lei nº 12.973/2014 APLICAÇÃO OPTATIVA	Lei nº 6.404/76 (original) + Decreto-lei nº 1.598/77 (RTT) APLICAÇÃO OPTATIVA
A partir de 2015	Lei nº 6.404/76 com as modificações das Leis nºs 11.638/2007 e 11.941/2009, além da Lei nº 12.973/2014 APLICAÇÃO OBRIGATÓRIA	Lei nº 6.404/76 com as modificações das Leis nºs 11.638/2007 e 11.941/2009, além da Lei nº 12.973/2014 e Decreto-lei nº 1.598/77 APLICAÇÃO OBRIGATÓRIA

c) Demonstração dos lucros e prejuízos acumulados (DLPA), sendo que a maioria das empresas já publica a demonstração das mutações do PL em substituição à DLPA, até por exigência de outras entidades governamentais, como CVM, Banco Central, SUSEP e outras.

d) Demonstração do fluxo de caixa (DFC), sendo que a lei nada disse em relação ao método da DFC, que poderá ser o direto ou o indireto, pois não há na legislação societária regulamentação sobre o tema. As companhias abertas são praticamente obrigadas a utilizar o método indireto, conforme orientação da CVM, que confirma o Pronunciamento nº 3 do CPC e que deve ser seguido pelas sociedades anônimas de capital fechado. As companhias fechadas com PL inferior a R$ 2 milhões estão desobrigadas de elaborar a DFC.[1]

A Demonstração das Origens e Aplicações de Recursos (DOAR) foi substituída pela DFC e a Demonstração do Valor Adicionado (DVA) passou a ser obrigatória para companhias abertas. As fechadas não estão obrigadas a preparar e publicar a DVA, embora não estejam impedidas.

A legislação exige ainda apresentação de notas explicativas e outros quadros analíticos, que complementam as demonstrações financeiras trazendo esclarecimentos necessários para informar a situação patrimonial e os resultados do exercício. Na essência, as notas explicativas devem trazer:

a) O contexto operacional, apresentando a empresa ou o grupo econômico, se é companhia aberta ou fechada, seus mercados de atuação, quantidade de unidades e outros detalhes que julgar relevantes.

b) Informações sobre a base de preparação das demonstrações financeiras e das práticas contábeis específicas selecionadas e aplicadas para negócios e eventos significativos. EM RESUMO: INFORMAR AS PRINCIPAIS DIRETRIZES CONTÁBEIS, O QUE A MAIORIA DAS EMPRESAS JÁ FAZ.

c) Informações exigidas pelas práticas contábeis adotadas no Brasil que não estejam apresentadas em nenhuma outra parte das demonstrações financeiras. EM RESUMO: DIZER O QUE AS PRÁTICAS CONTÁBEIS DETERMINAM E A EMPRESA NÃO CONSIDEROU, INFORMANDO SEUS EFEITOS.

d) Os principais critérios de avaliação dos elementos patrimoniais, especialmente estoques, dos cálculos de depreciação, amortização e exaustão, de constituição de provisões para encargos ou riscos, e dos ajustes para atender a perdas prováveis na realização de elementos do ativo.

e) A abertura detalhada de itens apresentados de forma fechada no balanço patrimonial como estoques, contas a receber (prazos de recebimentos e perdas estimadas), bens do imobilizado, tributos a recuperar, contas a pagar, outras obrigações, entre outros.

f) Os investimentos em outras sociedades, quando relevantes.

g) O aumento de valor de elementos do ativo resultante de novas avaliações.

h) Os ônus reais constituídos sobre elementos do ativo, as garantias prestadas a terceiros e outras responsabilidades eventuais ou contingentes.

i) A taxa de juros, as datas de vencimento e as garantias das obrigações a longo prazo.

j) O número, espécies e classes das ações do capital social.

k) As opções de compra de ações outorgadas e exercidas no exercício.

l) Os ajustes de exercícios anteriores.

m) Os eventos subsequentes à data de encerramento do exercício que tenham, ou possam vir a ter, efeito relevante sobre a situação financeira e os resultados futuros da companhia.

n) Informações adicionais não indicadas nas próprias demonstrações financeiras (contábeis) e consideradas necessárias para uma apresentação adequada.

Não há que se falar, portanto, em impactos fiscais relacionados aos arts. 175 e 176 da Lei nº 6.404/76, mesmo após alterações das Leis nº 11.638/2007 e nº 11.941/2009 e a publicação da Lei nº 12.973/2014. Contudo, é válido chamar atenção para a importância da qualidade informacional das notas explicativas, peça fundamental para melhor compreensão da real situação econômico-financeira da empresa/grupo econômico.

Na sequência, será apresentada a estrutura básica da DRE e do balanço patrimonial.

5.3 Demonstração de resultado

De imediato, poderia haver o questionamento em relação aos motivos pelos quais este capítulo apresenta

[1] Art. 176, § 6º, da Lei nº 6.404/76 (alterada pela Lei nº 11.638/2007).

a demonstração de resultado antes do balanço patrimonial. A ideia é que, após compreender a lógica do reconhecimento de receitas e despesas, o entendimento do ativo e do passivo e da sua divisão em circulante e não circulante torna-se mais simples. Vamos ver se funciona.

A cada exercício social ou período contábil (que tem, no Brasil, no máximo 12 meses), a empresa apura o resultado de suas operações. Entretanto, é mais do que recomendável que os resultados sejam apurados em períodos mais curtos: semestrais, trimestrais, mensais, quinzenais e até semanais, dependendo da atividade econômica e da necessidade de acompanhamento gerencial.

O resultado contábil é representado pela diferença entre receitas e despesas, podendo apresentar lucro, se o valor das receitas for maior que o total de despesas, ou prejuízo, se ocorrer o contrário.

Embora o resultado seja apurado à parte do balanço patrimonial, todas as operações com receitas e despesas acabam sendo refletidas no balanço, aumentando ou diminuindo ativo, passivo e patrimônio líquido. Contudo, embora o resultado seja incorporado ao patrimônio líquido da empresa, deve ser apurado à parte, pois sua apresentação no próprio balanço patrimonial seria inviável e complexa.

5.3.1 Estrutura e forma de apresentação

A demonstração do resultado do exercício (DRE) tem sua estrutura básica definida na Lei nº 6.404/76, com modificações das Leis nº 11.638/2007 e nº 11.941/2009 e mais detalhes sugeridos no Pronunciamento nº 26 do CPC. A estrutura original de apresentação da Lei nº 6.404/76 era boa, precisava apenas de pequenos ajustes para melhorar a informação ao público. O modelo atual trouxe melhorias, mas também algumas mudanças polêmicas. Não gostei da mudança do pronunciamento, embora reconheça que este avançou em relação ao modelo tradicional.

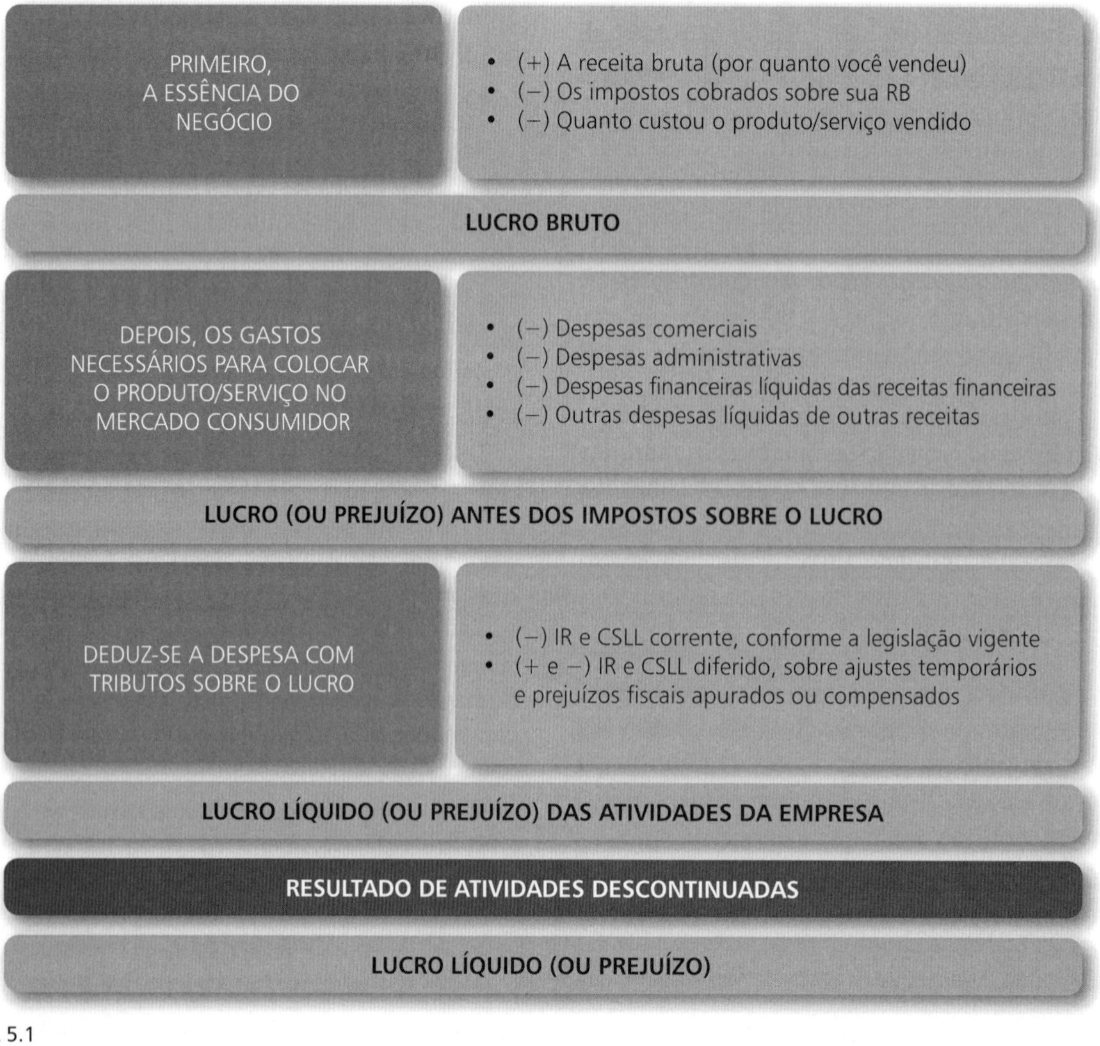

FIGURA 5.1

A DRE deve ser apresentada na forma dedutiva, com os detalhes necessários de receitas, despesas, ganhos e perdas, definindo o lucro ou o prejuízo do período. A Figura 5.1 traz um resumo das informações da DRE.

Na sequência, a forma de apresentação da DRE, passo a passo, sendo que serão inseridas análises dos Pronunciamentos nº 26 e nº 47, que tratam da apresentação das DFs e do registro das receitas, respectivamente.

5.3.2 Receita bruta de vendas de mercadorias e serviços

Na verdade, começamos por um item que, curiosamente, não é apresentado mais na DRE das empresas brasileiras. O Pronunciamento CPC nº 47, integrado com o Pronunciamento nº 26, orienta que a DRE seja iniciada com a receita líquida, já deduzindo devoluções de vendas, descontos incondicionais concedidos e os tributos incidentes sobre as vendas.

Por conta da multiplicidade de tributos e da complexidade da nossa legislação tributária, acho um desperdício essa informação de devoluções, descontos e tributos não ser mais apresentada na DRE no Brasil, somente em notas explicativas, escondidinho lá no meio delas. Acho importante que o investidor (principal usuário da contabilidade) saiba qual é o peso dos tributos sobre a receita principal da empresa, pelo menos enquanto o Brasil tiver seus tributos cobrados sobre as receitas das empresas e por dentro (ICMS, ISS, PIS, COFINS e outros). Mas, paciência...

A receita bruta representa o total faturado pela empresa em suas operações de vendas de mercadorias e serviços, ou seja, o total ganho no período, independentemente do recebimento.

A distinção entre receita de venda de mercadorias e prestação de serviços é interessante. Para se vender um produto ou um serviço, são percorridas três etapas básicas: a produção, a venda e o consumo.

No caso da venda de mercadorias, a regra básica é a seguinte: inicialmente se produz, depois se vende e, por último, ocorre o consumo.

Já na venda de serviços, em tese, primeiro é realizada a venda para, posteriormente, o serviço ser produzido e simultaneamente consumido.

A receita deve ser reconhecida conforme o regime de competência e desde que cumpridas as etapas descritas no Pronunciamento nº 47 do CPC, como as obrigações de desempenho.

Por exemplo, se uma empresa vende aparelhos de ar-condicionado no dia 30/JAN, mas irá instalá-los no dia 3/FEV, deveria separar as receitas, registrando a venda em janeiro e a receita proveniente da instalação somente em fevereiro. Se isso não for possível, pode registrar toda a receita em janeiro, desde que o processo de instalação seja usual na companhia e não seja relevante no conjunto da receita. O CPC nº 47 será tratado com mais detalhes no próximo capítulo.

5.3.3 Deduções da receita bruta

Logo após a receita bruta, registra-se o valor das deduções. São valores que, embora estejam compondo a receita bruta, não pertencem à empresa. Por isso, devemos deduzi-los da receita bruta apurada. As principais operações que são controladas e informadas como deduções de vendas são:

a) vendas canceladas ou devolvidas, que representam valores vendidos, mas que deverão ser deduzidos dos ganhos por não atender às necessidades dos clientes;
b) descontos incondicionais (comerciais) e abatimentos sobre as vendas; e
c) tributos incidentes sobre vendas e serviços: ICMS, IPI, ISS, PIS e COFINS.

Em relação ao registro do IPI, ele é cobrado por fora e não representa despesa para o estabelecimento industrial, sendo acrescentado ao preço e cobrado do cliente revendedor. Alguns defendem o registro da receita pelo valor total da nota fiscal, com o IPI sendo registrado em despesas (conta de IPI faturado).

Embora o efeito final no resultado seja o mesmo, indicamos como mais adequado o reconhecimento do IPI apenas como parcela a recolher, deixando a receita registrada pelo valor efetivamente ganho, sem considerar o imposto na venda do produto. É claro que, em setores nos quais o IPI seja representativo, a informação do impacto do imposto no preço de venda é algo relevante e deve ser relatado.

O ICMS, embora apresente o mesmo raciocínio da repercussão, sendo repassado ao consumidor seguinte, não tem o mesmo tratamento contábil. Como é um imposto cobrado por dentro, pertence à pessoa jurídica vendedora, que o repassa de forma indireta ao comprador seguinte. Quando chega ao consumidor final, este não tem para quem repassar e assume o ônus do imposto.

O IPI integra a base do ICMS, nas operações de venda direta da indústria para o consumidor final. Quando a venda for para revenda ou industrialização, ou seja, a indústria vendendo para o comércio revender ou para outra indústria utilizar o item num processo produtivo, não se inclui na base do ICMS o valor do IPI.

Em síntese, o IPI é cobrado por FORA, enquanto os demais tributos sobre o consumo (ISS, ICMS, PIS e COFINS) são cobrados por DENTRO.

5.3.3.1 Separação entre vendas no mercado interno e mercado externo

Uma separação interessante e importante na DRE seria entre as vendas realizadas no mercado interno e no mercado externo. Como não há tributação nas vendas ao mercado externo, esta informação auxiliaria o leitor a compreender qual é o percentual de tributos cobrados da atividade da empresa. Veja a DRE (consolidada) de algumas grandes companhias abertas em DEZ/20, lembrando que esta informação, na verdade, não é apresentada na DRE e, sim, em notas explicativas (Tabela 5.1).

5.3.3.2 Os ajustes a valor presente e as receitas

O Pronunciamento nº 12 do CPC trata da exigência legal de registrar a valor presente os ativos e passivos de longo prazo e, quando relevante, de curto prazo. O pronunciamento fala, ainda, sobre os cuidados com a escolha da taxa de desconto e do registro das contrapartidas dos ajustes.

Os ajustes a valor presente provocam o aparecimento de receitas e despesas financeiras no decorrer do tempo, até a realização final do recebível ou liquidação do exigível.

Impostos diferidos ativos e passivos não podem ser ajustados a valor presente.

Como regra geral, o ajuste deve ser realizado apenas nas contabilizações iniciais de ativos e passivos, com uso de contas retificadoras apenas nos registros patrimoniais e não de resultado. Registros posteriores à aplicação inicial do conceito se constituem em exceções. Geralmente, o valor presente e o justo somente são iguais no registro inicial. Veja outros detalhes interessantes do ajuste a valor presente:

- Como diretriz geral, deve-se fazer ajuste a valor presente quando existem transações a prazo a serem liquidadas em dinheiro, que possuem descontos financeiros embutidos ou fluxo de caixa associado a um ativo ou passivo – compra a prazo de um imobilizado.
- Adiantamentos de clientes e fornecedores não devem ter ajustes a valor presente.
- IR diferido também não deve ser ajustado a valor presente.
- Operações com financiamentos obtidos no BNDES, de longo prazo, não devem ser ajustados a valor presente.

Suponha que uma empresa realize a venda de um mesmo produto a dois clientes, sendo uma venda à vista, pelo valor de R$ 680, e outra a prazo, pelo valor de R$ 800, com recebimento em seis meses.

Na prática, na venda à vista foi concedido um desconto de 15%. Para fins didáticos, considere que a mercadoria revendida foi adquirida por R$ 500, sem ICMS e que este imposto é cobrado nas vendas, com alíquota de 10%. O registro contábil adequado da venda a prazo, conforme sugestão do CPC nº 12 e da boa técnica contábil, seria o seguinte:

TABELA 5.1

DRE de 2020 – Em R$ milhões	CSN	GRENDENE	SUZANO	WEG
RECEITA BRUTA MERCADO INTERNO	16.404	1.842	6.272	9.597
RECEITA BRUTA MERCADO EXTERNO	17.396	431	25.493	9.948
(–) Tributos sobre receita bruta	(3.736)	(271)	(1.305)	(2.075)
RECEITA LÍQUIDA	30.064	2.002	30.460	17.470
% de Tributos sobre receita bruta total	11,1%	11,9%	4,1%	10,6%
% de Tributos s/ receita bruta no mercado interno	22,8%	14,7%	20,8%	21,6%

Fonte: informações obtidas nas páginas eletrônicas das empresas (relação com investidores).

REGISTROS NO MÊS DA VENDA	
Ref. VENDA À VISTA	
Débito: Contas a receber	800
Crédito: AVP – Juros a apropriar	120
(conta retificadora de ativo)	
Crédito: Receita bruta	680
Ref. BAIXA DO ESTOQUE	
Débito: CMV	500
Crédito: Estoque	500
Ref. REGISTRO DO ICMS	
Débito: ICMS sobre vendas	68
Débito: ICMS diferido	12
Crédito: ICMS a pagar	80

Perceba que a receita bruta e o ICMS foram registrados pelo valor presente, que seria o correspondente à venda à vista. A parcela de juros, tanto do imposto como da receita, será registrada no resultado financeiro durante o período entre a venda e o recebimento.

REGISTRO (TOTAL) ENTRE A VENDA E O RECEBIMENTO	
Débito: AVP – Juros a apropriar	120
Crédito: Receita financeira	120
Débito: ICMS sobre rec. financeira	12
Crédito: ICMS diferido	12

Esse registro seria realizado mensalmente, conforme a distribuição dos juros. Caso o método fosse o de juros simples, o registro mensal de juros seria de R$ 20.

Teoricamente, não há impacto fiscal na operação. O Fisco continuaria tributando a receita bruta de R$ 800 no mês da venda e permitindo a dedução do valor de R$ 80 a título de despesa de ICMS. Não permitiria, contudo, a despesa financeira de R$ 120 durante os seis meses entre a venda e o recebimento e a despesa de ICMS sobre receita financeira de R$ 12.

Importante esclarecer que a RFB não concorda com esse modelo, conforme determina a IN RFB nº 1.700/2017. Para aprofundar o estudo, recomendo a leitura do Anexo sobre o NOVO LUCRO REAL, projeto que está em análise na RFB, quando será importante a rastreabilidade na escrituração contábil para auxílio na apuração das bases de IR e CSLL.

5.3.3.3 Tributos sobre a receita bruta

São deduzidos impostos e contribuições cobrados por dentro, incluídos no preço de bens e serviços. Os principais tributos cobrados são ICMS, ISS, PIS e COFINS. Mais detalhes sobre o controle contábil, incluindo exemplos numéricos com os registros, serão apresentados na Parte II do livro, preponderantemente nos capítulos sobre ICMS (10) e de PIS e COFINS (12).

5.3.4 Receita líquida de vendas e serviços

É o resultado apurado, após a dedução das vendas canceladas e dos tributos cobrados sobre a receita bruta. Representa a parcela do faturamento que pertence efetivamente à empresa. A divulgação da DRE das empresas começa, atualmente, por esta linha.

5.3.5 Custo das mercadorias, produtos ou serviços

Representa o custo básico necessário para obtenção da receita líquida. Pode ser custo dos produtos vendidos (CPV) para as atividades industriais, custo das mercadorias vendidas (CMV) para as atividades comerciais ou custo dos serviços prestados (CSP) para as atividades de prestação de serviços.

O CMV é relativamente simples de apurar, sendo importante a separação, na compra, do ICMS para as empresas tributadas pelo lucro real ou presumido e as contribuições para PIS e COFINS nas empresas submetidas à tributação pelo lucro real.

O CSP tem um grau de complexidade relacionado aos valores que devem ser apresentados aqui. O correto seria considerar todos os gastos vinculados diretamente à prestação de serviços. De qualquer forma, ainda há confusão entre considerar alguns gastos como CSP ou como despesas operacionais.

O mais interessante e poético de se apurar, no entanto, é o CPV. Em uma atividade industrial, todos os gastos relacionados com a produção de bens devem ser registrados na conta ESTOQUE, saindo de lá somente por ocasião da venda do produto. Então, tudo o que for relacionado com a atividade fabril, industrial, não deve ser reconhecido em despesa e, sim, deve fazer parte do CUSTO DE PRODUÇÃO, que é concentrado no estoque.

5.3.6 Lucro bruto

Será apurado deduzindo-se da receita líquida o custo inerente a essa receita. Representa o resultado (normalmente lucro) produzido com a operação básica da empresa, sem a remuneração dos fatores que contribuíram para a geração desse lucro (BRUTO), sem os gastos necessários para pôr o produto ou o serviço no mercado consumidor.

5.3.7 Despesas operacionais

Obtido o produto e conhecido seu custo, deve-se passar para a próxima etapa, que é a da circulação, ou seja, a colocação do produto/serviço no mercado para venda aos clientes. Todas essas despesas devem ser analisadas de acordo com a legislação fiscal vigente para saber se serão aceitas ou não para apuração do lucro fiscal, que serve de base para cálculo de IR e CSLL.

O art. 187 da Lei nº 6.404/76 recomenda a abertura das despesas operacionais em: despesas de vendas, despesas financeiras líquidas das receitas, despesas gerais e administrativas e outras despesas operacionais.

No Pronunciamento nº 26 do CPC, as despesas financeiras não ficam aqui, devendo ser apresentadas somente as despesas de vendas, administrativas e as demais receitas e despesas. Veja a seguir mais detalhes sobre estes itens.

5.3.7.1 Despesas de vendas

A venda de um produto ou serviço origina diversas despesas para concretizar esta venda. Algumas despesas são oriundas diretamente da própria venda, ou seja, não contribuindo diretamente para obtenção de outras receitas que não a receita principal da empresa. São conhecidas como despesas de vendas. Elas podem ocorrer antes (propaganda), durante (provisão para devedores duvidosos) ou depois (comissões de vendas e frete) da venda. As despesas de vendas não entram na composição do lucro bruto por serem despesas de colocação do produto ou serviço no mercado consumidor, não fazendo parte diretamente do resultado bruto.

5.3.7.2 Despesas administrativas

Após abater as despesas com vendas, são deduzidas as despesas de infraestrutura, necessárias para o funcionamento e o controle das operações da empresa. São os gastos com recursos humanos, energia, comunicações, administração, contabilidade, água, manutenção de equipamentos, impostos, taxas, treinamento etc.

A Lei nº 6.404/76 solicita apenas a informação de despesas administrativas, que incluiriam as despesas de pessoal e as despesas com tributos como IPTU e taxas. Mas, para melhorar a qualidade da informação, seria prudente separar as despesas administrativas pelo menos em quatro partes: pessoal, tributária, infraestrutura e os valores de depreciação e amortização. Para fins de demonstração do valor adicionado (DVA), esta abertura é muito importante.

5.3.7.3 Resultado financeiro (despesas menos receitas)

São as despesas com empréstimos e financiamentos bancários necessários para aplicação no negócio da companhia. Estas despesas devem ser abatidas das receitas financeiras e informadas pelo valor líquido. Quando a empresa tiver receitas financeiras com valor maior que despesas financeiras, deverá informar este grupo com saldo positivo.

Importante registrar que as variações monetárias e cambiais devem ser registradas como despesas (ou receitas) financeiras e tudo que representar despesas com captação de recursos para investimento ou para capital de giro. São incluídos aqui os gastos com IOF, despesas bancárias relativas aos empréstimos e financiamentos obtidos e os descontos financeiros obtidos.

5.3.7.4 Outras despesas operacionais

A legislação societária (Lei nº 6.404/76, com alterações) cita apenas o termo despesas operacionais, não fazendo menção a receitas. Então, teoricamente, devem ser apresentadas neste item somente as demais despesas operacionais não reconhecidas nos três itens anteriores: vendas, administrativas ou financeiras.

5.3.8 Resultado operacional

Após a dedução das despesas operacionais necessárias para obtenção do lucro bruto informado, chega-se ao resultado operacional, que representa quanto efetivamente a empresa ganhou com a exploração do conjunto de sua atividade.

5.3.9 Outras receitas e despesas

Aqui, a princípio, entram todas as demais operações não enquadradas especificamente nas contas anteriores, mas que pertencem à atividade da empresa. Por exemplo, o aluguel de espaço para divulgação de alguns fornecedores.

A reforma da parte contábil da Lei das S.A. (Leis n°s 11.638/2007 e 11.941/2009) acabou com a divisão do resultado em operacional e não operacional, exigindo apenas a separação dos itens extraordinários, ou seja, aqueles valores que, mesmo operacionais, não acontecem constantemente. A lógica é que tudo faz parte da atividade da empresa, não a atividade principal, mas complementar. Os ganhos e as perdas com bens do ativo imobilizado e investimentos eram os itens mais comuns classificados como não operacional, neste item. Com a mudança no modelo de registro dos bens do imobilizado, a tendência é diminuir o valor de ganho de capital, pois haverá sempre saldo no imobilizado para o momento da venda desses bens.

Ainda neste item, deve ser apresentado o lucro ou prejuízo obtido com o resultado de empresas, com exigência de aplicação do método de equivalência patrimonial. Existia discussão antes da Lei nº 11.638/2007 sobre onde esse resultado seria alocado: operacional ou não operacional. A lei determina o registro dentro do resultado operacional, pois, embora não seja atividade principal da empresa, o investimento em outras sociedades representa a extensão da atividade empresarial. Esse resultado, quando obtido no Brasil, não tem reflexo no cálculo dos tributos, pois o raciocínio do legislador é que já houve tributação ou compensação de impostos nas empresas coligadas ou controladas.

Em resumo, a sugestão é apresentar outras receitas e despesas num campo único, antes do resultado antes do IR e dentro do grupo de despesas operacionais.

5.3.10 Resultado antes dos tributos sobre o lucro

Representa o resultado apurado antes do cálculo da contribuição social e do imposto de renda, ambos incidentes sobre o lucro. Apesar de o cálculo dos tributos sobre o lucro partir desta base, a legislação fiscal analisa cada receita e, principalmente, cada despesa, considerando ou não estas em sua base. Portanto, este é o momento em que a ciência contábil desaparece por alguns instantes e a legislação fiscal, partindo do número apurado na contabilidade, determina o resultado exigido para fins de tributação.

A Lei nº 6.404/76 cita "o resultado do exercício antes do Imposto sobre a Renda e a provisão para o imposto".

Há um pequeno deslize no título, pois há referência a impostos e a CSLL é uma contribuição social, cujos recursos são destinados para a seguridade social.

5.3.11 Contribuição social e imposto de renda

Embora o imposto de renda (IR) seja mais importante e mais justo socialmente, a contribuição social sobre o lucro líquido (CSLL) deve ser calculada antes, até pela sua característica como tributo em relação ao IRPJ. Mas a legislação fiscal não admite o lucro contábil pura e simplesmente como base para cálculo dos tributos incidentes sobre o lucro. Assim, devem ser analisadas todas as despesas e receitas informadas na DRE para verificação das receitas que não precisam ser tributadas e das despesas que não são dedutíveis. Portanto:

> **DESPESAS DEDUTÍVEIS** são as despesas aceitas para o lucro fiscal.
>
> **DESPESAS NÃO DEDUTÍVEIS** são as despesas que não são aceitas no lucro fiscal.
>
> **RECEITAS TRIBUTÁVEIS** são aquelas que entram no cômputo do lucro fiscal.
>
> **RECEITAS NÃO TRIBUTÁVEIS** são as que não entram no cômputo do lucro fiscal.

As bases de cálculo do IR e da CSLL são praticamente idênticas, com pequenas diferenças, em relação a alguns valores dedutíveis/tributáveis apenas na base da CSLL. O tema será amplamente estudado na Parte IV do livro, a partir do Capítulo 17.

5.3.12 Participações que não se caracterizam como despesa

As participações nos lucros atribuídos a terceiros, não relativas ao investimento dos acionistas, devem ser registradas como despesas pela empresa. A Lei nº 11.638/2007 alterou o art. 187, item VI, da Lei nº 6.404/76, definindo os valores que devem ser apresentados neste item:

> As participações de debêntures, empregados, administradores e partes beneficiárias, mesmo na forma de instrumentos financeiros, e de instituições ou fundos de assistência ou previdência de empregados, que não se caracterizem como despesa.

Importante destacar que nem todas as contribuições para instituições ou fundos de assistência ou previdência de empregados devem ser apresentadas nessa linha. Como o texto da lei faz uma citação genérica, seria possível informar aqui, por exemplo, uma doação feita para a associação de empregados da empresa. Não é este o caso. Tal doação deveria ser apresentada como despesas administrativas, dentro de despesas operacionais. Somente devem ser classificadas nessa linha as participações quando apuradas por uma porcentagem do lucro, ou pelo menos se dependerem de sua existência.

Portanto, as participações nos lucros de empregados e debenturistas que normalmente são dedutíveis na base fiscal devem ser apresentadas antes do cálculo do IR e da CSLL e não no momento da distribuição do lucro apurado. Assim, por exemplo, as participações de empregados devem integrar a despesa de pessoal original. As participações de debenturistas fazem parte das despesas financeiras.

5.3.13 Resultado das operações continuadas

Aqui será apresentado o resultado efetivo das operações da empresa, desconsiderando somente receitas e despesas extraordinárias ou não recorrentes. Se a empresa não tiver qualquer valor não recorrente, este será seu resultado, lucro líquido ou prejuízo.

5.3.14 Resultados com operações descontinuadas (não recorrentes)

Aqui devem ser apresentados os resultados, líquidos de tributos, de despesas e receitas não recorrentes, que se caracterizam como oriundas de atividades descontinuadas. É uma informação relevante para demonstrar a parcela do resultado que não será repetida no próximo período.

5.3.15 Lucro líquido (prejuízo) do período

É a chamada linha final da empresa, sendo lucro (positivo, com receitas maiores que despesas) ou prejuízo (negativo, com as despesas superando as receitas).

5.3.16 Quadro comparativo

No Quadro 5.2, temos uma comparação entre o modelo exigido pela legislação societária e o Pronunciamento nº 26 do CPC. Na apresentação feita no tópico, a base é a legislação societária (Lei nº 6.404/76 e alterações), mas com algumas importantes adaptações utilizadas pelo Pronunciamento nº 26.

5.4 Estrutura do balanço patrimonial

O balanço patrimonial é uma demonstração gráfica da situação patrimonial da empresa em determinado momento. Representa uma situação estática, a qual pode ser resumida como uma fotografia da empresa no dia em que é levantado. O balanço patrimonial é dividido em ATIVO e PASSIVO, neste incluído o PATRIMÔNIO

QUADRO 5.2 Comparativo: DRE pela Lei nº 6.404/76 e pelo pronunciamento nº 26 do CPC

DRE PELA LEI Nº 6.404/76	DRE CONFORME PRONUNCIAMENTO Nº 26 DO CPC
RECEITA BRUTA	NÃO INFORMA A RECEITA BRUTA E AS DEDUÇÕES, PARTINDO DA RECEITA LÍQUIDA
(–) Deduções da RB. Ex: tributos	
(=) RECEITA LÍQUIDA	RECEITAS
(–) CPV/CMV/CSV	(–) CPV/CMV/CSV
(=) LUCRO BRUTO	(=) LUCRO BRUTO
(–) Despesas operacionais (administrativas, vendas, financeiras e outras)	(–) Despesas com vendas, administrativas e outras receitas/despesas operacionais
NÃO DESTACA O MEP	(+/–) Resultado de MEP
(=) RESULTADO OPERACIONAL	(=) RESULTADO ANTES DAS RECEITAS E DESPESAS FINANCEIRAS
(=) Outras receitas e despesas	(+/–) Despesas e receitas financeiras
(=) RESULTADO ANTES DO IR	(=) RESULTADO ANTES DOS TRIBUTOS SOBRE O LUCRO
(–) Provisão para imposto de renda	(–) Despesas com tributos sobre o lucro
(–) Participações de empregados, debenturistas e outros	NÃO DESTACA ESTE ITEM
NÃO FAZ MENÇÃO A SEGREGAÇÃO DE OPERAÇÕES DESCONTINUADAS	(=) RESULTADO LÍQUIDO DAS OPERAÇÕES CONTINUADAS
	(+/–) Resultado das operações descontinuadas
(=) LUCRO LÍQUIDO (PREJUÍZO)	**(=) LUCRO LÍQUIDO (PREJUÍZO)**

LÍQUIDO. As contas desses grupos são as chamadas **CONTAS PATRIMONIAIS OU INTEGRAIS**, representadas pelos bens, direitos e obrigações.

O balanço patrimonial precisa ser ordenado por subgrupos, de modo que facilite o entendimento ao usuário das demonstrações financeiras e alcance o objetivo da contabilidade que é prestar informações úteis, objetivas e qualificadas. O ativo representa o conjunto de bens e direitos controlados pela empresa, mensuráveis monetariamente e que podem trazer benefícios presentes ou futuros. A distribuição das contas do ativo no balanço deve ser feita pelo grau de liquidez. Assim, a conta Caixa é a primeira a aparecer, depois a conta Bancos, as contas a receber e as demais contas, conforme a expectativa de transformação desses ativos em disponibilidades. Está dividido em dois grandes grupos: **circulante** e **não circulante**. Na essência, todas as contas do ativo SONHAM em se transformar em caixa e devem ser apresentadas no balanço patrimonial na ordem de viabilidade de o sonho se transformar em realidade.

Para concluir essa introdução, veja interessante ilustração, no Quadro 5.3, apresentada pelo Prof. Dr. José Carlos Marion em seu excelente livro *Contabilidade empresarial*.

A seguir, os detalhes sobre os grupos que compõem o balanço patrimonial.

5.4.1 Ativo circulante

Neste grupo são registrados todos os bens e direitos a receber até o término do exercício seguinte, ou seja, os valores a serem realizados no prazo de 12 meses após a data do balanço. As principais contas são as seguintes: caixa, bancos, aplicações financeiras, estoques, duplicatas e contas a receber, impostos a recuperar, adiantamento a empregados, seguros a vencer, gastos a apropriar e adiantamento a fornecedores.

5.4.2 Não circulante

A lógica do não circulante é o registro de todos os valores que não são circulantes, portanto, aqueles que não têm perspectiva de realização no prazo de um ano ou não fazem parte da atividade usual da entidade. Está dividido em quatro subgrupos: realizável a longo prazo, investimentos, intangíveis e imobilizado.

No subgrupo do realizável a longo prazo, devem ser classificados os valores que serão recebidos após o final do exercício seguinte. O ideal seria o registro dos valores a serem recebidos após o ciclo operacional da empresa. Mas, devido à subjetividade desta informação, o legislador e os estudiosos aceitam o padrão da utilização do prazo de 12 meses para registro de valores no circulante. Assim, os valores com expectativa de realização em até

QUADRO 5.3

<table>
<tr><th colspan="2">BALANÇO PATRIMONIAL</th></tr>
<tr><td colspan="2">É uma fotografia de todos os recursos que financiam a empresa em determinado momento e onde estes recursos estão aplicados.</td></tr>
<tr><td>ATIVO: é o recurso econômico que gera benefícios para a empresa. Em geral, são os bens à disposição da empresa.</td><td>PASSIVO: representa as dívidas com terceiros (credores). Por serem financiadores, estes terceiros têm direitos sobre o ativo.</td></tr>
<tr><td>↓
Qualquer conta de ativo
Aumentos + Débito | Diminuições (–) Crédito
Saldo |</td><td>↓
Qualquer conta de passivo ou PL
Diminuições (–) Débito | Aumentos + Crédito
| Saldo</td></tr>
<tr><td rowspan="2">Ativo = Passivo + PL

Aplicação de Recursos = Fontes de recursos

Aplicações = Origens

Bens + Direitos = Obrigações</td><td>PATRIMÔNIO LÍQUIDO: representa os valores que os proprietários investiram na empresa. Os donos têm direitos sobre o ativo no montante aplicado.</td></tr>
<tr><td>RESERVAS DE LUCROS: são lucros que os donos da empresa não sacaram, permitindo que os administradores invistam no ativo em benefício dos próprios (sócios ou acionistas).</td></tr>
<tr><td colspan="2">TOTAL DO ATIVO SERÁ O MESMO TOTAL DO PASSIVO + PL</td></tr>
</table>

Fonte: adaptado de MARION, José Carlos. *Contabilidade empresarial*: instrumento de análise, gerência e decisão. 18. ed. São Paulo: Atlas, 2018.

12 meses devem ser registrados no ativo circulante e aqueles com expectativa de recebimento acima de um ano, no ativo realizável em longo prazo.

Os empréstimos para empresas coligadas ou controladas e aos sócios e acionistas devem ser classificados no longo prazo, independentemente do seu prazo de vencimento. O raciocínio do legislador é que esses empréstimos podem ser prorrogados livremente, já que decorrem de operações entre pessoas (físicas ou jurídicas) com o mesmo interesse.

Já nos outros três subgrupos são registrados os bens que compõem o ativo fixo da companhia: podem ser ativos para renda (investimentos) ou uso, sendo estes divididos em bens tangíveis (imobilizado) ou classificados no grupo intangível.

5.4.3 Passivo

Representa o conjunto das obrigações da empresa. Está subdividido em três grupos: passivo circulante, passivo não circulante, com as mesmas definições aplicadas ao ativo, e patrimônio líquido (este compõe também o passivo).

Na leitura do balanço patrimonial, é possível encontrar, teoricamente, três tipos de contas no passivo (obrigações):

1. O PIOR PASSIVO – é aquele valor que a empresa sabe que, quando tiver de pagar, gastará além do valor registrado. Está representado pelos empréstimos e financiamentos, que serão acrescidos de juros, quando vencerem. Também conhecido como passivo oneroso.
2. O NEUTRO – representa aquele valor que a empresa sabe que desembolsará exatamente no mesmo montante apresentado em seu balanço. Por exemplo, fornecedores, contas a pagar e impostos a pagar representam itens cujo pagamento será feito exatamente pelo montante registrado no balanço patrimonial. Conhecido como passivo de funcionamento.
3. O MELHOR PASSIVO – teoricamente, são as obrigações a pagar em produtos e serviços. Por exemplo, uma companhia aérea tem um passivo denominado TRANSPORTES A EXECUTAR, representando as passagens vendidas, mas ainda não realizadas. Se a empresa for eficiente, se o resultado for rentável, a empresa sabe que desembolsará R$ em valor inferior ao registrado no balanço patrimonial. Representa uma obrigação pecuniária, mas que será desembolsada (de forma indireta) para entregar o produto/serviço ao cliente.

5.4.4 Critérios de avaliação do ativo e passivo

O novo art. 183 da Lei nº 6.404/76 diz que, no balanço, os elementos do ativo serão avaliados segundo os seguintes critérios:

a) As aplicações em instrumentos financeiros, inclusive derivativos, e em direitos e títulos de créditos, classificados no ativo circulante ou no realizável a longo prazo:
   - pelo seu **valor justo**, quando se tratar de aplicações destinadas à negociação ou disponíveis para venda; e
   - pelo valor de custo de aquisição ou valor de emissão, atualizado conforme disposições legais ou contratuais, ajustado ao valor provável de realização, quando este for inferior, no caso das demais aplicações e dos direitos e títulos de crédito.

No caso, o valor justo se aplicaria somente nas aplicações destinadas à negociação ou disponíveis para venda. O conceito de VALOR JUSTO foi definido em alteração da própria Lei nº 6.404/76, no mesmo artigo, e será apresentado um pouco mais adiante.

b) Os direitos que tiverem por objeto mercadorias e produtos do comércio da companhia, assim como matérias-primas, produtos em fabricação e bens em almoxarifado, pelo custo de aquisição ou produção, deduzido de provisão para ajustá-lo ao valor de mercado, quando este for inferior.

c) Os investimentos em participação no capital social de outras sociedades, ressalvado o disposto nos arts. 248 a 250 da Lei nº 6.404/76, pelo custo de aquisição, deduzido de provisão para perdas prováveis na realização do seu valor, quando essa perda estiver comprovada como permanente, e que não será modificado em razão do recebimento, sem custo para a companhia, de ações ou quotas bonificadas.

d) Os demais investimentos, pelo custo de aquisição, deduzido de provisão para atender às perdas prováveis na realização do seu valor, ou para redução do custo de aquisição ao valor de mercado, quando este for inferior.

e) Os direitos classificados no imobilizado, pelo custo de aquisição, deduzido do saldo da respectiva conta de depreciação, amortização ou exaustão.
f) Os direitos classificados no intangível, pelo custo incorrido na aquisição deduzido do saldo da respectiva conta de amortização.
g) Os elementos do ativo decorrentes de operações de longo prazo serão ajustados a valor presente, sendo os demais ajustados quando houver efeito relevante.

A Lei nº 11.638/2007 chegou a explicar que o ativo diferido seria reconhecido pelo valor do capital aplicado, deduzido do saldo das contas que registrem a sua amortização. Contudo, como o subgrupo foi extinto pela Lei nº 11.941/2009, não faz sentido o esclarecimento.

A lei esclarece o que se considera valor justo e que serve, conforme entendimento, para fins de registro dos ajustes de avaliação patrimonial. Diz a Comissão de Valores Mobiliários (CVM) que "valor justo é o valor pelo qual um ativo pode ser negociado ou um passivo liquidado entre partes interessadas, conhecedoras do assunto e independentes entre si, com a ausência de fatores que pressionem para a liquidação da transação ou que caracterizem uma transação compulsória". E, conforme a Lei nº 11.638/2007, o valor justo será obtido nos seguintes casos:

a) Das matérias-primas e dos bens em almoxarifado, o preço pelo qual possam ser repostos, mediante compra no mercado.
b) Dos bens ou direitos destinados à venda, o preço líquido de realização mediante venda no mercado, deduzidos impostos e demais despesas necessárias para a venda, e a margem de lucro.
c) Dos investimentos, o valor líquido pelo qual possam ser alienados a terceiros.
d) Dos instrumentos financeiros, o valor que se pode obter em um mercado ativo, decorrente de transação não compulsória realizada entre partes independentes; e, na ausência de um mercado ativo para determinado instrumento financeiro:
   - o valor que se pode obter em um mercado ativo com a negociação de outro instrumento financeiro de natureza, prazo e risco similares;
   - o valor presente líquido dos fluxos de caixa futuros para instrumentos financeiros de natureza, prazo e risco similares; ou
   - o valor obtido por meio de modelos matemático-estatísticos de precificação de instrumentos financeiros.

As regras em relação aos bens classificados no ativo imobilizado permanecem inalteradas, com extensão para o intangível. Assim, a diminuição do valor dos elementos dos ativos imobilizado e intangível será registrada periodicamente nas contas de:

- depreciação, quando corresponder à perda do valor dos direitos que têm por objeto bens físicos sujeitos à desgaste ou perda de utilidade por uso, ação da natureza ou obsolescência;
- amortização, quando corresponder à perda do valor do capital aplicado na aquisição de direitos da propriedade industrial ou comercial e quaisquer outros com existência ou exercício de duração limitada, ou cujo objeto sejam bens de utilização por prazo legal ou contratualmente limitado; e
- exaustão, quando corresponder à perda do valor, decorrente da sua exploração, de direitos cujo objeto sejam recursos minerais ou florestais, ou bens aplicados nessa exploração.

A companhia deverá efetuar, periodicamente, análise sobre a recuperação dos valores registrados no imobilizado e no intangível, a fim de que sejam:

- registradas as perdas de valor do capital aplicado quando houver decisão de interromper os empreendimentos ou atividades a que se destinavam ou quando comprovado que não poderão produzir resultados suficientes para recuperação desse valor; ou
- revisados e ajustados os critérios utilizados para determinação da vida útil econômica estimada e para cálculo da depreciação, exaustão e amortização.

Os estoques de mercadorias fungíveis destinadas à venda poderão ser avaliados pelo valor de mercado, quando esse for o costume mercantil aceito pela técnica contábil.

No balanço, os elementos do passivo serão avaliados de acordo com os seguintes critérios:

a) Obrigações, encargos e riscos, conhecidos ou calculáveis, inclusive o imposto sobre a renda a pagar com base no resultado do exercício, serão computados pelo valor atualizado até a data do balanço.
b) Obrigações em moeda estrangeira, com cláusula de paridade cambial, serão convertidas em moeda nacional à taxa de câmbio em vigor na data do balanço.
c) Obrigações, encargos e riscos classificados no passivo não circulante serão ajustados ao seu valor presente, sendo os demais ajustados quando houver efeito relevante.

Os critérios de avaliação e contabilização aplicáveis à aquisição de controle, participações societárias ou segmentos de negócios foram direcionados pela lei para definição pela CVM. Interessante é que as regulamentações da CVM só têm aplicabilidade para companhias abertas, não fazendo sentido, teoricamente, exigir a aplicação de tal norma em uma empresa limitada.

5.4.5 Patrimônio líquido

O patrimônio líquido compreende o resultado dos ativos menos os passivos, ou seja, o conjunto dos bens mais os direitos menos as obrigações montam o valor do patrimônio líquido da companhia. Representa o capital investido e mais as reservas oriundas da geração de lucro das atividades da empresa.

5.4.6 Outra forma de apresentar o balanço patrimonial

Essa é a forma tradicional de apresentação do balanço patrimonial. Muitas vezes, para fins gerenciais e de análise de balanço, é possível repensar essa demonstração de outra forma, sem perder a lógica do aprendizado anterior.

No lado do ativo, temos bens e direitos, com recebimentos em diversos prazos. Os bens podem ser divididos em três tipos: bens de investimento, bens de revenda e bens de uso. Já os direitos podem ser divididos em dois tipos: ativos de funcionamento e ativos de financiamento. Veja a explicação para cada tipo de bens e direitos:

a) **BENS DE INVESTIMENTO** são aqueles utilizados para investir com objetivo de valorização e de retorno futuro. O dinheiro em caixa ou nos bancos pode ser considerado um bem de investimento. As participações em empresas controladas e coligadas e os imóveis utilizados para renda também são considerados bens de investimento.
b) **BENS DE REVENDA** são aqueles utilizados com objetivo de gerar caixa para a empresa no curto ou no médio prazo. Regra geral, as prestadoras de serviços não possuem nenhum bem de revenda. Já as empresas comerciais apresentam o estoque como bem de revenda, enquanto nas empresas industriais os bens de revenda são representados por todos os itens que compõem o grupo de estoques: produtos acabados, em elaboração, matéria-prima, embalagens etc.
c) **BENS DE ATIVIDADE OU USO** são aqueles utilizados pela empresa para cumprir seus objetivos principais e acessórios, contribuindo também para sua geração de caixa. São representados, na maioria das vezes, pelos bens do ativo imobilizado, cujo objetivo é contribuir para a atividade principal da empresa. Por exemplo, um caminhão que faz a entrega dos produtos de uma loja de eletrodomésticos contribui com a venda da loja.
d) **ATIVOS DE FINANCIAMENTO** são os direitos a receber com cláusula de remuneração. Na maioria das empresas, esses direitos não existem. Nos bancos comerciais, por outro lado, representam o valor dos empréstimos efetuados e que ficam no ativo circulante ou no realizável a longo prazo, conforme o prazo de recebimento.
e) **ATIVOS DE FUNCIONAMENTO** são os valores a receber provenientes da atividade da empresa e que não representam financiamentos ou empréstimos a terceiros. Contas a receber, gastos a apropriar, adiantamentos a funcionários, adiantamentos a fornecedores e impostos a recuperar são exemplos de direitos de funcionamento.
f) No passivo, temos as **OBRIGAÇÕES COM TERCEIROS**, também com os mais diversos prazos. Estas obrigações são classificadas em dois tipos: passivos de funcionamento e passivos de financiamento.
g) **PASSIVOS DE FUNCIONAMENTO** são as obrigações usuais da empresa com fornecedores, empregados, acionistas e com o governo. Normalmente são passivos não onerosos, que não geram encargos financeiros. Representam obrigações oriundas do dia a dia operacional

da empresa. Alguns passivos têm obrigação de fazer/entregar e não de pagar e representam adiantamentos recebidos pela empresa, seja para entregar mercadorias/produtos, seja para prestar serviços.

h) **PASSIVOS DE FINANCIAMENTO** são representados por empréstimos e financiamentos obtidos com terceiros, para utilização na atividade fim da empresa. São os chamados passivos onerosos, que geram despesas financeiras. As operações com coligadas e controladas, teoricamente, fazem parte deste grupo de obrigações.

i) O **PATRIMÔNIO LÍQUIDO** é formado por três grupos: capital investido, demais acréscimos e resultado. O capital investido representa o total de recursos posto diretamente pelos sócios ou acionistas no negócio. O resultado será obtido pelo lucro ou prejuízo gerado com a exploração da atividade da empresa. Já os demais acréscimos são outros valores que aumentam o patrimônio líquido, como reservas de capital ou os ajustes de avaliação patrimonial.

QUADRO 5.4 Exemplificação da divisão do balanço patrimonial

ATIVO	PASSIVO
BENS DE INVESTIMENTOS	PASSIVOS DE FUNCIONAMENTO
BENS DE REVENDA	PASSIVOS DE FINANCIAMENTO
BENS DE ATIVIDADE (USO)	CAPITAL INVESTIDO
ATIVOS DE FINANCIAMENTO	RESULTADOS APURADOS
ATIVOS DE FUNCIONAMENTO	DEMAIS ACRÉSCIMOS

5.5 Principais mudanças na legislação societária com as Leis nº 11.638/2007 e nº 11.941/2009

Houve mudança na estrutura do balanço patrimonial, principalmente após a edição da Lei nº 11.941/2009. Foram extintos o ativo diferido e o resultado de exercícios futuros, além da extinção das terminologias ativo permanente e passivo exigível de longo prazo. Assim, o ativo passou a ser dividido em CIRCULANTE e NÃO CIRCULANTE e o passivo tem, além dos dois mesmos grupos do ativo, o patrimônio líquido. Foi mantido o critério de reconhecimento de ativos e passivos no circulante ou realizável a longo prazo/não circulante, com o insistente e duvidoso uso do termo "exercício social subsequente" para definir onde o registro será feito. No fechamento do balancete de JUN/2021, uma duplicata a receber, com vencimento em OUT/2022, seria classificada no ativo circulante, pois o vencimento se dará no curso do exercício social subsequente, conforme preceitua o art. 179, inc. I, da Lei nº 6.404/76. Contudo, há quem entenda, e me incluo nesse time, que o valor deve figurar no não circulante, pois o vencimento será 16 meses após o encerramento do semestre.

O ativo não circulante será composto por ativo realizável a longo prazo, investimentos, imobilizado e intangível.

O passivo passa a ser dividido em três grupos: circulante, não circulante e patrimônio líquido.

No patrimônio líquido, ocorreram algumas mudanças. Foram extintas duas reservas de capital: o prêmio recebido na emissão de debêntures e as doações e subvenções para investimentos. Esses itens passam a compor, a partir de 2008, o resultado do período em que forem apurados. Faltava a regulamentação fiscal, o que veio com a Lei nº 11.941/2009, que esclareceu em seus arts. 18 e 19 a não inclusão dessas receitas nas bases de IR, CSLL, desde que o valor das antigas reservas não seja distribuído aos sócios ou acionistas, sob qualquer forma. A Lei nº 12.973/2014 ratificou o tema nos arts. 30 e 31, confirmando a lei anterior. Tais receitas também não integram as bases de PIS/PASEP e COFINS.

Outra mudança relevante foi o fim da reserva de reavaliação, permanecendo a possibilidade de manutenção dos saldos existentes em 31/DEZ/2007 e das regras para realização da reserva. Por outro lado, foi instituída uma nova conta, denominada AJUSTES DE AVALIAÇÃO PATRIMONIAL, onde serão registradas as contrapartidas de aumentos ou diminuições de valores atribuídos a elementos do ativo e do passivo, em decorrência da sua avaliação a valor justo, nos casos previstos na legislação societária ou em normas expedidas pela CVM. Os registros permanecerão nesta conta enquanto não forem computados no resultado do exercício em obediência ao regime de competência. A conta terá, portanto, caráter transitório, servindo de registro temporário, enquanto não houver o reconhecimento efetivo da receita/despesa.

Não há efeito fiscal direto no registro na conta de ajustes de avaliação patrimonial pelo reconhecimento do valor justo dos ativos e passivos. Quer dizer, não há adições ou exclusões a serem feitas no livro de apuração do lucro real (LALUR). Todavia, a cada reconhecimento em conta de ajustes de avaliação patrimonial, o efeito tributário deverá ser considerado, pelo menos para fins contábeis, embora sem reflexo na base fiscal.

Foi instituída oficialmente a conta de ações em tesouraria. Outra mudança foi a proibição da manutenção de saldo nas contas de lucros acumulados, o que já era exigido para as companhias abertas. Assim, o lucro do exercício deverá, obrigatoriamente, ser destinado ao final de cada ano/período. Não precisa necessariamente ser distribuído, mas deve ser destinado, por exemplo, para reservas de lucros.

5.6 Regulamentações do CPC

O Comitê de Pronunciamentos Contábeis (CPC), criado pela Resolução CFC nº 1.055/2005, tem como objetivo

> o estudo, o preparo e a emissão de Pronunciamentos Técnicos sobre procedimentos de Contabilidade e a divulgação de informações dessa natureza, para permitir a emissão de normas pela entidade reguladora brasileira, visando à centralização e uniformização do seu processo de produção, levando sempre em conta a convergência da Contabilidade Brasileira aos padrões internacionais.

A MODERNA CONTABILIDADE BRASILEIRA vem sendo pautada no seguinte lema: PRIMAZIA DA ESSÊNCIA SOBRE A FORMA, com objetivo de tornar a contabilidade uma fonte de informações cada vez mais importante e relevante.

No próximo capítulo, serão analisados alguns pronunciamentos do CPC, com sua característica principal e a integração com os aspectos tributários.

5.7 Absorção da leitura: dez questões de múltipla escolha

Recomenda-se fazer as questões pelo menos um dia depois da leitura do capítulo.

Q1

A Cia. Furacão é empresa comercial e apresentou as seguintes contas de resultado no final do ano de 2016 (em R$ milhões):

- Despesa de propaganda R$ 7
- Custo das mercadorias vendidas R$ 70
- Receita bruta R$ 120
- Receita de aplicações financeiras R$ 5
- Despesas financeiras R$ 8
- Despesas de infraestrutura R$ 10
- Despesa c/ prov. p/ créditos em atraso R$ 6
- ICMS sobre vendas R$ 14
- Imposto de renda R$ 3

Com base nos dados apresentados, o LUCRO BRUTO monta (R$ milhões):

(A) 30.

(B) 36.

(C) 44.

(D) 50.

(E) 106.

Q2

Ainda com os dados da Cia. Furacão (Q1), informe o LUCRO OPERACIONAL (em R$ milhões):

(A) 5.

(B) 7.

(C) 10.

(D) 13.

(E) 19.

Q3

A depreciação de uma máquina utilizada na parte produtiva de empresa industrial será reconhecida em resultado na linha de:

(A) Custo dos produtos vendidos, integrada ao processo de produção.

(B) Despesas administrativas, no subgrupo despesa de produção.

(C) Despesas administrativas, no subgrupo despesa de depreciação.

(D) Despesas comerciais ou de vendas.

(E) Outras despesas operacionais.

Q4

Veja a DRE da Comercial Alexandre Ltda.:

- RECEITA BRUTA 2.000
- (–) Descontos e devoluções (200)
- (–) ICMS (360)
- RECEITA LÍQUIDA 1.440

Informe, respectivamente, a **ALÍQUOTA NOMINAL (POR DENTRO)** e a **ALÍQUOTA EFETIVA (POR FORA)** de ICMS que foram cobradas da empresa:

(A) 18% e 22%.

(B) 18% e 25%.

(C) 20% e 22%.

(D) 20% e 25%.

(E) 22% e 18%.

Q5

Analise as seguintes contas de passivo:

1. Fornecedores
2. Contas a pagar
3. Financiamentos a pagar
4. Adiantamento de clientes
5. Empréstimos a pagar
6. Provisões para perdas trabalhistas

Sabemos que os passivos podem ser divididos em passivos onerosos, de funcionamento e devidos em bens ou serviços. Nesta lista, quantas contas representam os PASSIVOS DE FUNCIONAMENTO?

(A) 1.

(B) 2.

(C) 3.

(D) 4.

(E) 5.

Q6

Em relação aos impostos cobrados sobre as receitas, os mais importantes são IPI, ICMS e ISS. Em regra, a cobrança destes impostos é feita:

(A) IPI, ICMS e ISS por dentro.

(B) IPI, ICMS e ISS por fora.

(C) IPI e ISS por fora e ICMS por dentro.

(D) IPI e ICMS por fora e ISS por dentro.

(E) IPI por fora, ICMS e ISS por dentro.

Q7

Analise as seguintes contas de ativo de determinada empresa no balanço de 31/DEZ/2021:

1. Empréstimos a sócios, com vencimento em JUL/2022.
2. Contas a receber (venda de mercadorias realizada a diretor), com vencimento em OUT/2022.
3. Adiantamentos concedidos a empregados (vencimento em FEV/2022).

Conforme a Lei nº 6.404/76, devem ser classificados no ativo realizável a longo prazo somente:

(A) O item 1.

(B) O item 2.

(C) Os itens 1 e 2.

(D) Os itens 1 e 3.

(E) Os itens 1, 2 e 3.

Q8

Nas empresas aéreas, há uma relevante conta denominada TRANSPORTES A EXECUTAR. Essa conta:

(A) Possui saldo devedor e deve ser apresentada no ativo.

(B) Possui saldo devedor e deve ser apresentada como retificadora no passivo.

(C) Possui saldo credor e deve ser apresentada no passivo.

(D) Possui saldo credor e deve ser apresentada como retificadora no ativo.

(E) Pode possuir saldo credor ou devedor, podendo ser apresentada no ativo ou no passivo.

Q9

Em uma empresa comercial, o ajuste a valor presente deve ser reconhecido:

(A) Em todas as vendas de mercadorias.

(B) Apenas nas vendas realizadas a prazo, com vencimento acima de seis meses.

(C) Nas vendas realizadas a prazo, com vencimento acima de seis meses, sendo opcional o reconhecimento nas vendas em prazos inferiores.

(D) Apenas nas vendas realizadas a prazo, com vencimento acima de 12 meses.

(E) Nas vendas realizadas a prazo, com vencimento acima de 12 meses, sendo opcional o reconhecimento nas vendas em prazos inferiores.

Q10

As contas devem ser apresentadas no ativo:

(A) Conforme o saldo.

(B) Conforme o grau de liquidez.

(C) Conforme o grau de exigibilidade.

(D) Pela sua relevância.

(E) Em ordem alfabética.

O Gabarito das questões está disponível no final do livro, após o Anexo.

6

OS PRONUNCIAMENTOS DO CPC E OS IMPACTOS TRIBUTÁRIOS

OBJETIVO DO CAPÍTULO

Apresentar um resumo dos pronunciamentos emitidos pelo CPC, analisando os possíveis reflexos no cálculo dos tributos sobre receita e lucro. Ao final do capítulo, será possível ao leitor:

- Entender alguns aspectos relevantes de regras modificadas pelos pronunciamentos emitidos pelo CPC.
- Compreender a lógica do novo registro contábil dos bens do ativo imobilizado e sua integração com o cálculo do IR e da CSLL.
- Identificar as situações em que há necessidade de registro de IR diferido.

6.1 Considerações iniciais

A contabilidade mudou e ninguém duvida disso. Porém, tudo o que aprendemos antes NÃO será perdido, principalmente para aquelas pessoas que estudaram a essência da ciência contábil, não se preocupando apenas com regras. Contudo, é inegável o tamanho do avanço normativo que tivemos de 2008 para cá. E isso torna nossa ciência contábil ainda mais interessante para se estudar.

O Comitê de Pronunciamentos Contábeis emitiu dezenas de normativos desde então, com objetivo de disciplinar a aplicação das regras internacionais na contabilidade das empresas brasileiras, e vem revisando alguns pronunciamentos nos últimos anos.

Será apresentado um resumo de alguns pronunciamentos, integrando, quando possível, as determinações impostas pela legislação contábil-societária com as regras vigentes na legislação tributária.

Importante lembrar, de imediato, que o art. 1º da Lei nº 12.973/2014[1] diz que o cálculo de imposto de renda (IR), CSLL, PIS e COFINS levará em consideração a legislação contábil-societária vigente em 2013/2014.

[1] Conforme opção pela entrada e vigor da Lei nº 12.973/2014, se no próprio ano de 2014 ou em 2015.

Porém, o art. 58[2] da mesma lei define que as alterações na legislação contábil-societária publicadas após janeiro de 2015 não terão reflexo nas bases dos quatro tributos federais citados, exceto se regulamentado por lei ou outro normativo específico. Tal dispositivo ficou conhecido como RTTZinho, carinhosa adaptação do que foi o Regime Tributário de Transição, aplicado na apuração dos tributos citados durante o período de 2008 a 2014 e explicado de forma resumida no tópico seguinte.

6.2 O regime tributário de transição aplicado entre 2008 e 2014

Durante sete anos (2008 a 2014), as empresas tributadas pelo lucro real foram obrigadas, na prática, a prepararem duas contabilidades:

1. A **CONTABILIDADE MODERNA**, que deveria ser feita seguindo a (nova) legislação contábil-societária, incluindo aí todas as novidades advindas das Leis nº 11.638/2007 e nº 11.941/2009 e dos pronunciamentos emitidos pelo CPC e referendados pelos órgãos reguladores. Contudo, era importante esclarecer uma coisa: os dispositivos teriam validade até a linha denominada lucro antes do IR, conhecida como LAIR.
2. A **CONTABILIDADE TRADICIONAL**, que deveria considerar a contabilidade feita com base na legislação contábil-societária vigente em dezembro de 2007. Com isso, todos os registros contábeis realizados pela CONTABILIDADE MODERNA seriam refeitos, para eliminar os efeitos das mudanças introduzidas. Este procedimento ficou conhecido como F-CONT (contabilidade fiscal), remontando o LAIR para fins de apuração das bases de IRPJ e CSLL.
3. O **CÁLCULO DE IR e CSLL** deveria ser feito partindo do resultado já ajustado pela CONTABILIDADE TRADICIONAL (F-CONT), com os ajustes tradicionais, ou seja, adições e exclusões definidas na legislação tributária e que sempre foram realizadas pela empresa.

Pelo escopo da obra e por conta da prescrição fiscal do período de uso do Regime Tributário de Transição (RTT), o tema não será aprofundado. Contudo, o leitor interessado nos detalhes poderá acessar os Capítulos 6, 8 e 9 da edição anterior (9ª edição) do livro, nos materiais suplementares da obra. Veja os passos para acesso na página anterior ao Sumário.

6.3 Pronunciamentos referentes aos bens do ativo fixo

Os bens do ativo fixo compreendem os itens adquiridos por uma entidade empresarial, mas não para industrialização ou comercialização, e sim com outros objetivos. São os chamados bens de investimentos ou de uso e que são apresentados no balanço patrimonial no ativo não circulante, nos seguintes grupos: ativo realizável de longo prazo, investimentos, imobilizado e intangível. A seguir, um resumo das principais mudanças na contabilidade e a integração com os aspectos fiscais.

6.3.1 Provisão para *impairment*

O Pronunciamento CPC nº 01, que foi confirmado pela Deliberação CVM nº 527/2007, trata da necessidade de acompanhamento (no mínimo) anual dos ativos para verificar se eles estão apresentados na contabilidade por um valor acima da sua possibilidade de recuperação, seja pelo uso ou por uma eventual venda. Apesar de a referência ser para o conjunto de ativos, a preocupação principal repousa nos bens dos ativos fixos, sejam eles classificados no imobilizado, investimentos ou intangível.

Esse pronunciamento diz, na sua essência, que um bem possui três valores:

1. Um contábil, representado pelo custo de aquisição, incrementos e reduções por depreciação, amortização ou exaustão.
2. Outro pela sua perspectiva de uso, sintetizada pela projeção de entrada de caixa associada direta ou indiretamente ao bem. Essa entrada de caixa é futura, mas trazida a valor presente.
3. Um terceiro pela possibilidade de sua liquidação, que pode trazer um montante em dinheiro para a empresa referente ao valor líquido de

[2] "Art. 58. A modificação ou a adoção de métodos e critérios contábeis, por meio de atos administrativos emitidos com base em competência atribuída em lei comercial, que sejam posteriores à publicação desta Lei, não terá implicação na apuração dos tributos federais até que lei tributária regule a matéria. Parágrafo único. Para fins do disposto no *caput*, compete à RFB, no âmbito de suas atribuições, identificar os atos administrativos e dispor sobre os procedimentos para anular os efeitos desses atos sobre a apuração dos tributos federais."

venda, já deduzidas as despesas necessárias para isso.

A avaliação deve ser feita ano a ano (no mínimo) e, se o item 1 não for o MAIOR valor entre os três, nada acontece. A única possibilidade de reconhecimento de perda por *impairment* seria o valor contábil ser MAIOR que os valores de uso (item 2) e de mercado (item 3) simultaneamente.

O valor de uso (item 2) é o ponto de interrogação no processo, pois o pronunciamento fala em Unidade Geradora de Caixa e há bens em que é possível identificá-la e compor o fluxo de caixa vinculado àquele bem. Por outro lado, há um conjunto significativo de bens em que a apuração pode não ser possível, pelo menos de forma confiável.

O valor de venda não é exatamente o valor de mercado. O pronunciamento diz que esse valor deve considerar as despesas necessárias para vender o ativo, refletindo o líquido de caixa proveniente da liquidação do bem.

Em muitos casos, não há sequer necessidade de realização do teste de *impairment,* pois não há evidência de redução do valor do ativo. O pronunciamento cita as situações que caracterizam as situações de evidência.

E a provisão para perdas por *impairment,* uma vez constituída, poderá ser revertida nos anos seguintes, se o valor de uso ou o valor de mercado aumentar em relação ao valor contábil.

6.3.2 Teste de *impairment*: o exemplo da Avenida Brasil

Apresentamos a seguir um exemplo didático, lúdico, com objetivo de compreender a aplicação do teste de *impairment.*

Em uma rodovia (Avenida Brasil, principal via que corta a cidade do Rio de Janeiro, por exemplo), há quatro faixas de rolamento. O valor contábil de um ativo segue sempre pela pista da direita e o valor de mercado ou de uso – dos dois, o maior – segue pela pista seletiva, a da esquerda. O veículo que segue pela pista da direita (valor contábil) tem que andar sempre ao lado ou atrás do veículo da pista seletiva (valor de mercado ou de uso). Isso, por característica natural das faixas de rolamento, é o que acontece. Mas, se por acaso em algum momento o veículo da direita ficar à frente do veículo da esquerda, será necessário um AJUSTE, levando o veículo da direita de volta ao mesmo local onde se encontra o veículo da esquerda. Em resumo: o valor contábil poderá ser menor que o valor de mercado ou de uso, poderá ser maior que um dos dois valores, mas jamais poderá ultrapassar os dois valores ao mesmo tempo. Veja nas Tabelas 6.1, 6.2, 6.3 e 6.4 quatro situações para análise da aplicação do teste de *impairment.*

O *impairment* dos bens do imobilizado só ocorrerá, na maioria das vezes, quando a depreciação falhar. Por isso, na apresentação da demonstração do resultado do

TABELA 6.1

FAIXAS DE ROLAMENTO	VALOR		CONSEQUÊNCIAS
FAIXA DA DIREITA	VALOR CONTÁBIL	100	NÃO será feito ajuste, pois o valor contábil é inferior ao valor de uso. O carro da faixa da direita vê o carro de uma das faixas seletivas à sua frente.
FAIXA SELETIVA nº 1	VALOR JUSTO	90	
FAIXA SELETIVA nº 2	VALOR DE USO	110	

TABELA 6.2

FAIXAS DE ROLAMENTO	VALOR		CONSEQUÊNCIAS
FAIXA DA DIREITA	VALOR CONTÁBIL	100	NÃO será feito ajuste, pois o valor contábil é inferior ao valor justo. O carro da faixa da direita vê o carro de uma das faixas seletivas à sua frente.
FAIXA SELETIVA nº 1	VALOR JUSTO	110	
FAIXA SELETIVA nº 2	VALOR DE USO	90	

TABELA 6.3

FAIXAS DE ROLAMENTO	VALOR		CONSEQUÊNCIAS
FAIXA DA DIREITA	VALOR CONTÁBIL	100	NÃO será feito ajuste, pois o valor contábil é inferior aos dois valores: de uso e justo. O carro da faixa da direita vê o carro das duas faixas seletivas à sua frente.
FAIXA SELETIVA nº 1	VALOR JUSTO	110	
FAIXA SELETIVA nº 2	VALOR DE USO	120	

TABELA 6.4

FAIXAS DE ROLAMENTO	VALOR		CONSEQUÊNCIAS
FAIXA DA DIREITA	VALOR CONTÁBIL	100	SERÁ CONSTITUÍDA UMA PROVISÃO PARA PERDAS POR *IMPAIRMENT*, pois o valor contábil é superior aos dois valores, de uso e o valor justo. O carro da faixa da direita NÃO vê o carro das duas faixas seletivas à sua frente ou ao lado.
FAIXA SELETIVA nº 1	VALOR JUSTO	90	
FAIXA SELETIVA nº 2	VALOR DE USO	80	

exercício (DRE), a provisão para perdas por recuperabilidade de ativos será apresentada nos mesmos itens em que são apresentadas as despesas de depreciação.

6.3.3 Outro exemplo numérico de teste de *impairment*

A Cia. Alfa é uma empresa do setor de transportes interestaduais e possui em DEZ/2021 um bem (ônibus) registrado por R$ 70 mil na contabilidade, já com dois anos de uso e líquido da depreciação. O veículo faz a linha Rio-Vitória, com duas viagens diárias, saindo regularmente do Rio de Janeiro às 7h e chegando a Vitória em torno de 15h, retornando desta cidade às 17h e chegando à cidade maravilhosa por volta de meia-noite (24h).

O veículo foi adquirido em JAN/2020 por R$ 100 mil e seu laudo técnico apontou para uma perspectiva de utilização do ônibus pelo período de seis anos, quando ele será vendido, com preço estimado de R$ 25 mil. Portanto, no final de 2021, ainda há quatro anos para que o veículo contribua para a geração de receitas.

Com base na média de passageiros/dia, nos custos de manutenção e nas demais despesas vinculadas, o valor recuperável do bem monta R$ 40 mil. No caso, somando o potencial valor líquido de vendas de R$ 25 mil com o valor de contribuição efetiva do bem para a geração de receitas (R$ 40 mil), encontramos R$ 65 mil, valor R$ 5 mil menor do que seu valor atual registrado no ativo. Tal fato isolado dos demais representaria a necessidade da baixa por *impairment* de R$ 5 mil no ativo, com a contrapartida em conta de despesa.

Vamos admitir, contudo, que há um mercado livre, onde o ônibus tem um preço de mercado de R$ 80 mil em DEZ/2021, com uma comissão de corretagem de 5%, mais gastos estimados com a venda de R$ 2 mil.

Com isso, não haveria necessidade de baixa do bem, pois:

▪ Valor contábil (líquido)	R$ 70.000
▪ Valor recuperável pelo uso + venda ao final do uso	R$ 65.000
▪ Valor recuperável pela venda (valor justo atual)	R$ 74.000

O valor contábil é o segundo maior e, conforme explicado no início da seção, só há necessidade de constituir a provisão para perdas por *impairment* se o valor contábil for o maior dos três. No caso, o bem é recuperável por venda, não existindo indício de perda provável.

6.3.4 Tratamento fiscal do *impairment test*

A Lei nº 12.973/2014 regulamentou o tema no art. 32, que manteve a regra que era aplicada no RTT, ou seja, o valor será considerado dedutível nas bases de IR e CSLL somente por ocasião da alienação ou baixa do bem correspondente.

Com isso, a provisão para perda por recuperabilidade de ativos deverá ser adicionada nas bases de IR e CSLL e controlada na Parte B do livro de apuração do lucro real (LALUR), sendo excluída quando o bem for extraído do imobilizado por alienação ou baixa.

Por exemplo, suponha um terreno adquirido por R$ 1.000 em JAN/2021 e que será feita análise do valor recuperável semestralmente. Suponha que, em JUN/2021, o maior valor recuperável montou R$ 920, gerando uma provisão para *impairment* de R$ 80. Esta despesa será adicionada nas bases de IR e CSLL. Admita que, em DEZ/2021, o valor recuperável aumentou para R$ 950. Neste caso, seria feita uma reversão da provisão de R$ 30, sendo esta receita excluída da base. E seu valor deduzido da adição anteriormente registrada na Parte B do LALUR. Veja os registros contábeis no Quadro 6.1.

Considerando que o bem seja vendido em MAR/2022 por R$ 940, o registro contábil recomendado será o exibido no Quadro 6.2.

Conforme demonstrado, em MAR/2022, a receita de reversão deve ser excluída. Já a perda na venda de imobilizado é dedutível. Se você fizer dois registros separados, como sugerido, a exclusão fica mais fácil. Contudo, a empresa pode fazer um registro único, reconhecendo apenas o valor de R$ 10 como perda na venda de bens do imobilizado, que estava registrado (líquido) por R$ 950 e foi vendido por R$ 940. Neste caso, a dedução fiscal de R$ 60 incluiria também a provisão líquida feita anteriormente, com exclusão de R$ 50 associada à despesa de

QUADRO 6.1

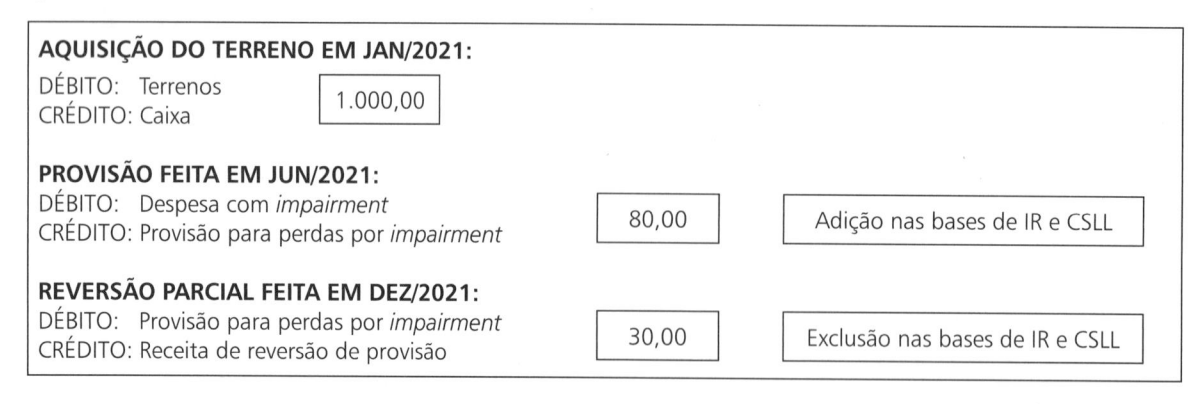

AQUISIÇÃO DO TERRENO EM JAN/2021:		
DÉBITO: Terrenos CRÉDITO: Caixa	1.000,00	
PROVISÃO FEITA EM JUN/2021:		
DÉBITO: Despesa com *impairment* CRÉDITO: Provisão para perdas por *impairment*	80,00	Adição nas bases de IR e CSLL
REVERSÃO PARCIAL FEITA EM DEZ/2021:		
DÉBITO: Provisão para perdas por *impairment* CRÉDITO: Receita de reversão de provisão	30,00	Exclusão nas bases de IR e CSLL

QUADRO 6.2

DÉBITO: Caixa	940	
DÉBITO: Perda na venda de imobilizado	60	➔ Despesa dedutível
CRÉDITO: Terrenos	1.000	
DÉBITO: Provisão para perdas por *impairment* CRÉDITO: Receita de reversão de provisão	50,00	Exclusão nas bases de IR e CSLL

R$ 10. A recomendação seria fazer os registros detalhados, aplicando o critério da rastreabilidade.

Vamos fazer um exemplo com uso da depreciação. Suponha que em x1 a Cia. Astro adquira um veículo por R$ 500, com prazo estimado de vida útil de cinco anos (mesmo prazo da legislação fiscal), sem valor residual. O bem seria depreciado anualmente por R$ 100. Contudo, admita que, ao final de x2, o maior valor entre o uso e o potencial valor de venda monta R$ 260, exigindo, no caso, uma provisão para perdas por *impairment*, conforme apresentado a seguir:

- Saldo líquido do veículo em DEZ/x2 ➔ 300 (500 menos 200 de deprec. acumulada)
- Valor de realização em DEZ/x2 ➔ 260 (maior valor entre uso e potencial venda)
- Provisão para perdas por recuperabilidade de ativos ➔ 40 (300 menos 260)

Tal ajuste terá o seguinte registro contábil:

Débito: Despesas de *impairment test* (valor indedutível, sendo adicionado nas bases de IR e CSLL)	
Crédito: Provisão para perdas por *impairment*	40

Admita que a Cia. Astro efetue nova depreciação do veículo de 100 em x3. E o seu valor recuperável passe para R$ 170. Com isso, o registro contábil do ajuste de *impairment* será uma reversão de 10. Assim, reduzimos a provisão e reconhecemos este valor em receita.

A partir daí, o valor da depreciação diminui para R$ 85 (170 / 2 anos) nos dois anos finais, x4 e x5. Com isso, o total reconhecido em resultado ao longo dos cinco anos será o seguinte:

▪ Despesa de depreciação	470 – Dedutível nas bases de IR e CSLL
▪ Despesa de *impairment test*	40 – Adicionada nas bases de IR e CSLL
▪ (–) Receita de reversão	(10) – Excluída nas bases de IR e CSLL
SALDO LÍQUIDO DO VEÍCULO	500

Na Parte B do LALUR da Cia. Astro, há o valor de R$ 30 (40 – 10) ao final dos cinco anos de uso. Admita que o bem seja baixado na contabilidade somente em FEV/x6. Nesse caso, a dedução fiscal (exclusão) do valor de R$ 30 somente aconteceria neste momento, por ocasião da baixa.

6.3.5 Registro dos bens do imobilizado

O ativo imobilizado consiste em um dos componentes patrimoniais mais importantes das entidades empresariais, especialmente aquelas do segmento industrial e de algumas atividades de prestação de serviços. Dessa forma, o tratamento contábil a ser dispensado a estes ativos se reveste de particular importância. No Brasil, existiam diferentes entendimentos e doutrinas acerca de temas ligados a esses ativos, como depreciação, vida útil, vida residual, entre tantos outros. O Pronunciamento nº 27 do CPC consolidou o entendimento conceitual em um único documento, além de atender ao objetivo maior do atual processo de atualização contábil de alinhar as práticas contábeis àquelas praticadas na contabilidade internacional.

Existem outros pronunciamentos emitidos pelo CPC que tratam de registro dos bens no ativo imobilizado e serão tratados aqui, em seus aspectos mais relevantes. São os pronunciamentos sobre arrendamento mercantil (nº 6) e ativos biológicos (nº 29).

Diz o CPC nº 27 que o imobilizado deve ser reconhecido pelo custo de todos os fatores necessários a colocá-lo em condições de utilização, mensurados sem a inclusão dos encargos financeiros inerentes a transações financiadas, com exceção dos encargos financeiros durante a construção, que devem integrar o imobilizado, conforme determinado no CPC nº 20. O ITBI, por exemplo, deve integrar o imóvel, preferencialmente separado em terrenos e edificações. No Brasil, não é admitida a reavaliação, mas podem ser mantidos os valores reavaliados se efetuados enquanto era permitida.

A Interpretação Técnica nº 10 do CPC permitiu o custo atribuído ou a "ÚLTIMA REAVALIAÇÃO", em 2010, para trazer os bens do ativo imobilizado a valor de mercado. A CVM confirmou o ICPC na Deliberação nº 619/2009, tornando o custo atribuído obrigatório para as companhias abertas a partir de 2010. A empresa aberta que não fez a avaliação dos bens do imobilizado a valor de mercado em 2010 precisou justificar a razão da não adoção. A ideia é que COMEÇOU O NOVO JOGO CONTÁBIL E TODAS AS EMPRESAS DEVEM COMEÇAR NAS MESMAS CONDIÇÕES. Mais detalhes podem ser obtidos no Capítulo 25, específico sobre esse relevante tema, na Parte IV do livro.

O pronunciamento explica que a depreciação é obrigatória quando todo ou parte do valor contábil de um ativo não for recuperável por venda após a utilização, e precisa ser calculada com base na vida útil estimada do bem para a entidade, considerando seu valor residual. Não é obrigatória a distribuição linear da depreciação se outro critério reflete melhor o padrão de consumo dos benefícios do ativo. É obrigatória a revisão pelo menos anual dos parâmetros que levaram à definição do valor periódico da depreciação.

Cada ativo com custo relevante precisa ser separado para que se faça depreciação própria. Por exemplo, uma aeronave pode ser dividida entre o casco e o motor, e cada componente ser depreciado em conformidade com a vida útil para a entidade. Importante relembrar que, além da depreciação, é obrigatório considerar os indicadores de *impairment* pelo menos uma vez por ano, conforme o Pronunciamento CPC nº 01.

Portanto, os bens do ativo imobilizado devem ser depreciados pelo prazo efetivo de vida útil, descontando-se o valor residual, que é o valor provável de venda quando o bem deixar de ser utilizado pela empresa. A depreciação contábil pode ser realizada pelo método linear ou outro método, como o método das unidades produzidas, se este refletir a vinculação do uso do bem com as receitas geradas pela atividade empresarial. O método da soma dos dígitos também pode ser aplicado como depreciação. Tal método consiste em depreciar o bem de forma mais intensa no início, diminuindo a despesa de depreciação ao longo do prazo de vida útil.

Por outro lado, a legislação fiscal vigente (Lei nº 12.973/2014) determina o registro da depreciação seguindo o método linear, aplicando as taxas anuais descritas no Anexo III da IN RFB nº 1.700/2017, que traz 218 itens diferentes, sendo as mais conhecidas: máquinas e móveis e utensílios – 10% ao ano; veículos e computadores – 20% ao ano; e edificações de imóveis – 4% ao ano. Um dado interessante é que, dos 218 itens, 148 têm prazo de vida útil estimado em dez anos, com depreciação anual máxima permitida de 10%, e 43 têm prazo estimado de uso de 5 anos.

Essa diferença de interpretação entre a despesa de depreciação registrada pela empresa em sua CONTABILIDADE e aquela permitida pelo FISCO deverá ser tratada no LALUR. O que você, leitor, deve entender nesse momento é o seguinte: FISCO e CONTABILIDADE deduzirão o MESMO VALOR de despesa para os bens adquiridos para uso em seu ativo imobilizado ao longo do tempo. A diferença será o MOMENTO do registro, que será diferente para o FISCO e a CONTABILIDADE.

Por exemplo, suponha um veículo adquirido em JAN/2019 por R$ 900, em três parcelas anuais de R$ 300, com valor presente de R$ 750, prazo de vida útil de sete anos e valor residual de R$ 50, referente a estimativa de venda que será feita em JAN/2026. Veja no Quadro 6.3 o registro do resultado na CONTABILIDADE e pelo FISCO.

A venda de imobilizado usado, regra geral, não faz parte da receita bruta da entidade, sendo reconhecido no resultado diretamente como ganho ou a perda com essa alienação. Contudo, quando essas receitas forem relevantes e integrarem o negócio (locadoras de veículos, por exemplo) deverão ser apresentadas como receita de

QUADRO 6.3

ANO	CONTABILIDADE	FISCO	LALUR
2019	100 – Depreciação + 50 – Juros	180 – Depreciação	Exclusão de 30
2020	100 – Depreciação + 50 –Juros	180 – Depreciação	Exclusão de 30
2021	100 – Depreciação + 50 –Juros	180 – Depreciação	Exclusão de 30
2022	100 – Depreciação	180 – Depreciação	Exclusão de 80
2023	100 – Depreciação	180 – Depreciação	Exclusão de 80
2024	100 – Depreciação	Nada	Adição de 100
2025	100 – Depreciação	Nada	Adição de 100
2026	Nada	R$ 50 ref. a ganho de capital	Adição de 50
TOTAL	700 ref. despesa de depreciação + 150 ref. despesas financeiras **TOTAL de R$ 850 de despesas**	900 ref. despesa de depreciação 50 ref. receita (ganho de capital) **TOTAL de R$ 850 de despesa, líquida da receita com ganho de capital.**	Exclusões de 250 Adições de 250

venda, com o valor contábil líquido baixado registrado no custo do item vendido.

O art. 40 da Lei nº 12.973/2014 modificou levemente o art. 57 da Lei nº 4.506/64, permitindo a exclusão da diferença entre as taxas permitidas pelo Fisco e aquelas reconhecidas pela contabilidade. Em síntese: o artigo citado referendou o modelo explicado na tabela.

Existem outros detalhes específicos e relevantes no CPC nº 27 e que são apresentados a seguir.

Há possibilidade de depreciação de ferramentas e bens com duração inferior a um ano, principalmente para Cia. Aberta, que divulga resultados trimestrais.

A classificação contábil deve ser dividida em dois grupos: imobilizado em operação e em andamento, e os bens devem ser separados por área geográfica, segmento econômico ou função.

Foi incluído o conceito de unidade de propriedade, o que traz a possibilidade de realizar a depreciação por partes. Por exemplo, um conjunto de veículos pode ser depreciado por peça, como chassi, pneu, bateria, entre outras.

Integram o custo do imobilizado: preço de aquisição mais os impostos não recuperáveis; custos para colocar o ativo no local e condição necessários para funcionar; e estimativa inicial dos custos de desmontagem e remoção do item e restauração do local no qual ele está localizado. A Lei nº 12.973/2014 define em seu art. 45 que os gastos citados referentes a desmontagem, retirada do item ou restauração só serão dedutíveis quando efetivamente realizados.

A aquisição deve ser registrada a valor presente, com os juros da operação sendo tratados como despesa financeira, durante o período do financiamento. Por exemplo, suponha aquisição de um terreno em JAN/2021 por R$ 200 mil com pagamento em quatro parcelas semestrais de R$ 50 mil. Admitindo a utilização de uma taxa de juros semestrais de 6%, o bem seria registrado no imobilizado por R$ 173.255,28. O valor de R$ 26.744,72 seria registrado como despesa financeira entre a aquisição do imobilizado (JAN/2021) e o pagamento da última das quatro parcelas (DEZ/2022). Note que há uma significativa mudança de procedimento em relação ao que se adotava no Brasil até a edição das Leis nº 11.638/2007 e nº 11.941/2009. As despesas oriundas de ajuste a valor presente não serão dedutíveis, sendo permitidas somente por ocasião da depreciação ou baixa dos bens citados.

O Pronunciamento CPC nº 06 diz que a aquisição via arrendamento mercantil financeiro deve seguir os mesmos procedimentos da aquisição do terreno citada no parágrafo anterior, ou seja, a antiga despesa de arrendamento mercantil deixa de existir, sendo substituída pela despesa de depreciação (dos bens depreciáveis, o que não é o caso do terreno) e pela despesa financeira. Os bens oriundos de arrendamento mercantil operacional devem ser reconhecidos em direitos de uso, com reconhecimento simultâneo no passivo.

Os bens recebidos por doação devem ser registrados no imobilizado em contrapartida com receita ou passivo, caso existam obrigações para que a propriedade definitiva passe para a empresa donatária.

Nos casos de obrigações por retirada de serviço de ativo de longo prazo, deve-se contabilizar no imobilizado o custo estimado para desativação, desmantelamento, demolição e todos demais gastos associados à retirada.

O caso é utilizado na exploração de recursos minerais, como jazidas de petróleo e gás, metais, carvão etc.

O Pronunciamento CPC nº 27 determina que as empresas façam divulgações detalhadas em notas explicativas quanto à movimentação do imobilizado durante o período, critérios de contabilização e depreciação, garantias e ônus que pesem sobre ele, mudanças de expectativas quanto à vida útil ou ao valor residual.

6.3.6 Ativo intangível (CPC nº 04) e ativo diferido

Conforme o item 21 do Pronunciamento CPC nº 04 (Deliberação CVM nº 553/2008), um ativo intangível é um ativo incorpóreo que deve ser reconhecido somente quando for provável que os benefícios econômicos futuros esperados atribuíveis ao ativo serão gerados em favor da entidade e o custo do ativo possa ser mensurado com segurança. Ativos intangíveis gerados internamente não são em geral passíveis de reconhecimento, especialmente o ágio por expectativa de rentabilidade futura (*goodwill*), cujo reconhecimento, quando gerado em âmbito interno, é totalmente proibido.

Os ativos intangíveis são inicialmente reconhecidos ao custo e podem ter vida útil definida ou indefinida. O item 111 do CPC nº 04 requer ainda que os conceitos do CPC nº 01 (*impairment*) sejam aplicados aos ativos intangíveis para se mensurarem eventuais problemas de recuperação de seus valores, e há um procedimento todo especial para o *goodwill*.

Gastos com pesquisas de produto, processo e mercado não podem ser ativados. Gastos com desenvolvimento são ativados em circunstâncias muito especiais. Despesas pré-operacionais não podem mais ser ativadas. Não mais existe ativo diferido (a não ser nos casos de saldos remanescentes, conforme autorização legal).

Contudo, o art. 11 da Lei nº 12.973/2014 diz que os gastos pré-operacionais ou pré-industriais não serão dedutíveis no período em que forem reconhecidos em despesa. Neste caso, a empresa deve fazer uma adição. Posteriormente, a exclusão poderá ser feita em cinco anos, a partir do início das operações ou da plena utilização das instalações no caso dos gastos pré-operacionais, ou do início das atividades das novas instalações, no caso dos gastos pré-industriais.

Ativo intangível de vida útil indefinida não é mais amortizado (como no caso do *goodwill*), ficando somente sujeito ao teste de perda de recuperabilidade de valor (*impairment*).

Suponha que a Cia. Taquara seja uma empresa industrial, que produz doces em lata: goiabada, pessegada e marmelada. A empresa tem terras, no mesmo espaço em que está instalada a indústria, onde planta as frutas e as utiliza no processo industrial. A Cia. Taquara tinha um espaço ocioso, onde existia um campo de futebol, que era utilizado pelos empregados nos finais de semana e folgas. Supondo que a empresa resolva desativar o campo, passando a plantar bananas, que serão utilizadas para fabricar um quarto produto: a bananada em lata. Admitindo que dure um ano o período entre o cultivo e a colocação do produto no mercado consumidor, todos os gastos não específicos (ativo biológico e bens do imobilizado) relacionados à produção da bananada poderiam ser registrados como ativo intangível. Trata-se de um produto já conhecido, com mercado certo e que representa uma nova atividade produtiva, não fazendo sentido registrar os gastos em despesa enquanto o novo produto não chegar ao mercado consumidor.

A despesa de amortização de bens do ativo intangível será dedutível, conforme previsto no art. 41 da Lei nº 12.973/2014. A lei não cita um período específico, aceitando, a princípio, a amortização registrada na contabilidade. O Projeto de Lei nº 2.337/2021, aprovado na Câmara dos Deputados em 1º/SET/2021, chegou a modificar o artigo, alterando a dedução para os intangíveis cuja amortização comece a ser feita em janeiro de 2022. Neste caso, para aqueles intangíveis sem prazo legal ou contratualmente definido, a dedução passaria a ser permitida somente em 10 anos, à razão mensal de 1/120. No fechamento da edição (dezembro de 2021), o Senado Federal não tinha aprovado o PL citado.

O art. 42 da mesma Lei nº 12.973/2014 diz que poderão ser excluídos, nas bases de IR e CSLL, os gastos com desenvolvimento de inovação tecnológica referidos no inc. I do *caput* e no § 2 do art. 17 da Lei nº 11.196/2005, quando registrados no ativo não circulante intangível, no período de apuração em que forem incorridos. Contudo, o contribuinte que utilizar o benefício citado deverá adicionar ao lucro líquido, para fins de apuração de IR e CSLL, o valor da realização do ativo intangível, inclusive por amortização, alienação ou baixa.

6.3.7 Ativo biológico e produto agrícola

Ativo biológico é definido como um animal e/ou planta vivos. Produção agrícola é definida como produtos obtidos dos ativos biológicos. Veja o interessante Quadro 6.4, transcrito do CPC nº 29.

QUADRO 6.4*

ATIVOS BIOLÓGICOS	PRODUTO AGRÍCOLA	PRODUTOS RESULTANTES DO PROCESSAMENTO APÓS A COLHEITA
Carneiros	Lã	Fio, tapete
Plantação de árvores para Madeira	Árvore cortada	Tora, madeira serrada
Plantações de algodão, cana-de-açúcar, café etc.	Algodão, cana colhida e café	Fio de algodão, roupa, açúcar, álcool, café limpo em grão, moído, torrado
Plantação de fumo	Folha colhida	Fumo curado
Gado de leite	Leite	Queijo
Porcos	Carcaça	Salsicha, presunto
Arbusto de chá	Folha colhida	Chá
Videiras	Uva	Vinho
Árvores frutíferas	Fruta colhida	Fruta processada
Seringueira	Látex colhido	Produto da borracha
Palmeira de dendê	Fruta colhida	Óleo de palma

Algumas plantas, por exemplo, arbustos de chá, videiras, palmeira de dendê e seringueira, geralmente, atendem à definição de planta portadora e estão dentro do alcance do CPC nº 27. No entanto, o produto de planta portadora, por exemplo, folhas de chá, uvas, óleo de palma e látex, está dentro do alcance do CPC nº 29.

*Quadro extraído do Pronunciamento nº 29 do CPC.

Como regra geral, os ativos biológicos devem ser mensurados pelo seu valor justo, deduzido das despesas com vendas. Os produtos agrícolas colhidos também são mensurados ao valor justo, no momento da colheita, líquido das despesas com vendas. Após a colheita, esse valor representa o custo do estoque, e o ativo passa a ser avaliado segundo o CPC nº 16, que trata de estoques (muitos deles continuam a ser avaliados a valor justo e outros ao custo).

Admita que a Cia. Frutão planta pêssego e gasta R$ 100 com a formação da lavoura. Os pêssegos são utilizados na indústria para produção de suco de pêssego. No momento da colheita, admita que a Cia. Frutão colheu 600 kg da fruta e que o valor de mercado do kg monta R$ 0,25 (valor de aquisição do quilo de fornecedores na região). Além disso, há um custo de colheita e transporte da lavoura até a fábrica de R$ 20.

No caso, no momento da colheita, a Cia. Frutão teria um saldo de R$ 100 na conta de ativo biológico, referente aos gastos realizados com a lavoura em formação. O registro contábil seria o seguinte:

Débito: ativos biológicos	R$ 50 (600 kg × R$ 0,25 – R$ 100)
Crédito: caixa	R$ 20 (gastos com colheita e transporte do pêssego até a fábrica)
Crédito: receita bruta	R$ 30 (valorização do pêssego plantado pela Cia. Frutão, em comparação com o valor que seria pago em aquisição da matéria-prima de terceiros)

Depois que o pêssego chegar à indústria, ele passará a ser avaliado conforme o Pronunciamento CPC nº 16, que trata dos estoques.

O terreno onde há o ativo biológico (produção agrícola ou animal) continua classificado no ativo imobilizado separadamente, não integrando a conta ativo biológico. Os gastos com manutenção, crescimento, engorda etc. dos ativos biológicos são despesas do período ou formam parte do custo.

Os ganhos e as perdas decorrentes da variação do valor justo, líquidos das despesas com vendas, são reconhecidos no resultado do exercício.

Não há tributação da receita nem dedução da despesa pelo reconhecimento do ativo biológico a valor justo por ocasião da colheita. A legislação fiscal vigente em DEZ/2007 não contemplava o tema e a Lei nº 12.973/2014 confirmou que o reconhecimento do valor justo não terá reflexo nas bases de IR e CSLL. Assim, os ajustes serão adicionados e excluídos, exigindo uma contabilidade fiscal paralela para apurar a amortização do ativo biológico pela legislação tributária.

O tratamento contábil dos ativos biológicos tem causado controvérsia em alguns setores, como o sucroalcooleiro. A lavoura da cana-de-açúcar, uma vez formada, permanecerá produzindo durante cinco anos consecutivamente, quando, então, a produtividade diminui muito e é feita a reforma do canavial. Então, todo o gasto de plantação deve ser registrado na conta de ativos biológicos, sendo depreciado pelo período de cinco anos. Na colheita, a cana deveria ser mensurada pelo seu valor justo, como se adquirida de terceiros, com acréscimo refletido no resultado. A dúvida é se a cana projetada, que será produzida e colhida nas safras seguintes, deveria ser também avaliada pelo valor justo. Isso vale para diversas outras culturas com características similares.

6.3.8 Propriedades para investimento

Os bens adquiridos para investimento ou aluguel devem ser registrados no subgrupo investimentos, representando uma novidade na contabilidade brasileira.

A propriedade para investimento é o imóvel (terreno ou edifício) mantido para obtenção de rendas ou para valorização do capital, e não para uso na produção ou no fornecimento de bens ou serviços, ou para finalidades administrativas ou para venda no curso ordinário do negócio.

Os ativos mantidos nas condições descritas devem ser classificados como investimento, não como imobilizado, e devem ser inicialmente mensurados pelo custo. A entidade escolhe daí para frente o método do valor justo ou o método do custo de maneira consistente ao longo do tempo. Se utilizado o método de custo, aplicam-se as regras do ativo imobilizado e deve ser divulgado o valor justo em nota explicativa. Se utilizado o método do valor justo, suas variações são reconhecidas diretamente no resultado.

Os ajustes referentes à avaliação a valor justo não têm impacto fiscal, sendo necessários ajustes (adições e exclusões) para apuração de IR, CSLL, PIS e COFINS. O art. 13 da Lei nº 12.973/2014 esclarece o tema, afirmando que a dedutibilidade ou a tributação será associada à realização do ativo. Além disso, exige o controle em subcontas específicas.

6.4 Ajuste a valor presente

Esse pronunciamento (nº 12) trata da exigência legal de registrar a valor presente os ativos e passivos de longo prazo e, quando relevante, de curto prazo. O pronunciamento fala, ainda, dos cuidados com a escolha da taxa de desconto e do registro das contrapartidas dos ajustes.

Os ajustes a valor presente provocam o aparecimento de receitas e despesas financeiras no decorrer do tempo, até a realização final do recebível ou liquidação do exigível.

Impostos diferidos ativos e passivos não podem ser ajustados a valor presente.

Como regra geral, o ajuste deve ser realizado apenas nas contabilizações iniciais de ativos e passivos, com uso de contas retificadoras apenas nos registros patrimoniais e não de resultado. Registros posteriores à aplicação inicial do conceito se constituem em exceções. Geralmente, o valor presente e o justo somente são iguais no registro inicial. Veja outros detalhes interessantes do ajuste a valor presente:

- Como diretriz geral, deve-se fazer ajuste a valor presente quando existam transações a prazo a serem liquidadas em dinheiro, que possuem descontos financeiros embutidos ou fluxo de caixa associado a um ativo ou passivo – compra a prazo de um imobilizado.
- Adiantamentos de clientes e fornecedores não devem ter ajustes a valor presente.
- IR diferido também não deve ser ajustado a valor presente.
- Operações com financiamentos obtidos no BNDES, de longo prazo, não devem ser ajustados a valor presente.

A exposição de motivos da MP nº 627/2013 diz que os arts. 3º e 4º (transformados em arts. 4º e 5º na conversão na Lei nº 12.973/2014) têm como objetivo dar tratamento tributário semelhante ao existente até 31/DEZ/2007, para o novo método e critério contábil denominado ajuste a valor presente. O art. 4º da lei estabelece os ajustes decorrentes do ajuste a valor presente sobre elementos do ativo. Para tanto, dispõe que os valores decorrentes do ajuste a valor presente sejam considerados na determinação do lucro real no mesmo período de apuração em que a receita ou o resultado da operação deva ser oferecida à tributação.

Já o art. 5º trata do ajuste a valor presente sobre elementos do passivo. Estabelece que os valores decorrentes do ajuste a valor presente sejam considerados na determinação do lucro real no período de apuração em que:

1. o bem for revendido;
2. o bem for utilizado na produção de outros bens ou serviços;
3. o bem for depreciado, amortizado, exaurido, alienado ou baixado;
4. a despesa for incorrida; ou
5. o custo for incorrido.

Os dois artigos (4º e 5º) versam sobre o registro do ajuste a valor presente, afirmando que não haverá qualquer impacto tributário por conta do reconhecimento de ativos e passivos pelo valor presente. O art. 4º fala sobre o ativo, enquanto o art. 5º trata do passivo. A orientação será apresentada nos exemplos numéricos a seguir.

VENDA DE MERCADORIAS A PRAZO

Considere uma venda, em JAN/x1, para recebimento em oito parcelas de R$ 100, com valor presente de R$ 744. O registro contábil seria o seguinte:

Débito – Contas a receber	800
Crédito – AVP – Juros a apropriar	56
Crédito – Receita bruta	744

Neste caso, o valor de R$ 56 será adicionado em JAN/x1. Admitindo que a receita de juros (R$ 56) seja apropriada entre JAN/x1 e o último pagamento, em SET/x1, todo o valor reconhecido durante o período será excluído. Em resumo, a tributação continua como era antes e como estava sendo feito por ocasião da aplicação do RTT.

COMPRA DE MERCADORIAS A PRAZO

Considere agora a empresa que adquiriu as mercadorias citadas no exemplo anterior, em JAN/x1. O registro contábil, aplicando o art. 4º da Lei nº 12.973/2014, seria o seguinte:

Débito – Estoques	744
Débito – AVP – Juros a apropriar ref. estoques	56
Crédito – Fornecedores	800

Admita que a mercadoria adquirida seja vendida em FEV/x1. Neste mês, o valor de R$ 744 seria reconhecido como custo das mercadorias vendidas (CMV). Já o AVP (R$ 56) seria apropriado para despesa financeira durante os 8 meses de contrato. Contudo, tributariamente falando, o valor de R$ 56 seria reconhecido como despesa, para fins fiscais, em FEV/x1, mês em que a mercadoria adquirida foi vendida.

Se a despesa financeira fosse apropriada de forma linear, entre FEV e SET/x1, sua dedução mensal seria R$ 7 (R$ 56 / 8). Contudo, a dedução acontecerá, no caso, integralmente em FEV/x1, com exclusão neste mês de R$ 49 (56 menos 7).

Se a compra fosse de matéria-prima, produtos intermediários ou materiais de embalagem, a dedução citada se daria no mês do seu uso no processo produtivo. Interessante que o reconhecimento fiscal dos juros referentes ao insumo adquirido com prazo longo de pagamento poderá ser em período diferente da dedução do item como custo. Este só acontecerá quando o produto for vendido.

6.5 Efeitos nas mudanças nas taxas de câmbio e conversão de demonstrações contábeis: CPC nº 02

As participações em empresas controladas e coligadas no Brasil são registradas no ativo não circulante, no subgrupo investimentos, com avaliação pelo método de equivalência patrimonial. Tal método pressupõe o seguinte: o investimento deve ser reconhecido na empresa controladora simultaneamente aos movimentos realizados no patrimônio líquido da empresa controlada.

Por exemplo, admita que a Cia. A adquire, em JAN/2021, 90% das ações da Cia. B, cujo PL monta R$ 1.000. Os outros 10% são adquiridos pela Cia. C. No ano de 2021, a Cia. B aufere um lucro de R$ 200 e propõe a distribuição de dividendos no valor de R$ 60, que será pago em 2022. Vamos aos registros das Cias. A e C, nas Tabelas 6.5 e 6.6.

Caso a Cia. B fosse domiciliada no exterior, a análise levaria em consideração, também, a variação cambial. Contudo, entraria em ação um importante detalhe: a moeda funcional, fundamental na decisão de como registrar a contrapartida da variação cambial.

TABELA 6.5 Registro contábil na Cia. A (método de equivalência patrimonial)

MÊS/ANO	PL DA CIA. B		INVESTIMENTO DA CIA. A NA CIA. B		
	MOVIMENTO	SALDO	REGISTRO CONTÁBIL NA CIA. A		SALDO
JAN/2021	Saldo de R$ 1.000 Aquisição de 90% pela Cia. A	1.000	Débito: Participação na Cia. B Crédito: CAIXA	900	900
DEZ/2021	Lucro apurado no ano de R$ 200	1.200	Débito: Participação na Cia. B Crédito: Resultado positivo de MEP	180	1.080
DEZ/2021	Dividendos propostos de R$ 60	1.140	Débito: Dividendos a receber Crédito: Participação na Cia. B	54	1.026

TABELA 6.6 – Registro contábil na Cia. C (método do custo de aquisição)

MÊS/ANO	PL DA CIA. B		INVESTIMENTO DA CIA. C NA CIA. B	
	MOVIMENTO	SALDO	REGISTRO CONTÁBIL NA CIA. C	SALDO
JAN/2021	Saldo de R$ 1.000 Aquisição de 10% pela Cia. C	1.000	Débito: Participação na Cia. B Crédito: CAIXA 100	100
DEZ/2021	Lucro apurado no ano de R$ 200	1.200	NÃO HÁ REGISTRO	
DEZ/2021	Dividendos propostos de R$ 60	1.140	Débito: Dividendos a receber Crédito: Receita de dividendos 6	100

Moeda funcional é a moeda do ambiente econômico principal no qual a entidade opera. Essa moeda pode, em determinadas circunstâncias (previstas no pronunciamento), ser diferente da moeda do país onde está sediada a controladora ou qualquer controlada. Por exemplo, uma empresa de manufatura brasileira concluiu que sua moeda funcional é o dólar. Assim, suas demonstrações contábeis são preparadas como se os registros contábeis fossem feitos em dólar e depois as demonstrações serão convertidas para o real, para fins de divulgação no Brasil. Com isso, os balanços, os resultados e os fluxos de caixa podem ser muito diferentes, em cada exercício, do que seriam se a moeda funcional fosse o real.

A conversão de demonstrações feitas numa moeda funcional para outra moeda de reporte (como na conversão de uma controlada no exterior em euro para real) é feita, a não ser no caso de inflação alta, com os ativos e passivos convertidos à taxa de câmbio da data do balanço, e as receitas, despesas, ingressos e aplicações de caixa convertidos quando de sua incorrência. As diferenças cambiais sobre os patrimônios líquidos e os resultados líquidos são reconhecidas em "outros resultados abrangentes" no patrimônio líquido, para transferência ao resultado apenas quando da baixa do investimento.

Portanto, quando a moeda funcional da filial for a mesma da matriz, a variação cambial do investimento líquido em controladas dependentes no exterior deverá ser registrada como receita ou despesa financeira do período, ou seja, como resultados integrados à contabilidade da matriz no Brasil do mesmo modo que em qualquer outra filial, agência, sucursal ou dependência mantida no próprio país, por força da norma internacional.

Um grande impacto do CPC nº 02 é quanto à forma de registro das variações cambiais de investimento líquido em controlada independente no exterior, cuja moeda funcional é diferente da matriz, que deve ser em conta específica do patrimônio líquido na investidora e no balanço consolidado, para serem reconhecidas, como receita ou despesa, apenas quando da venda ou baixa do investimento líquido. Instrumentos de *hedge* desse investimento têm igual contabilização.

6.5.1 Reflexos fiscais do CPC nº 02

Existe impacto fiscal em toda e qualquer movimentação no PL, por ocasião do registro da variação cambial de investimentos no exterior.

Se a moeda funcional é igual, as receitas e despesas financeiras compõem as bases de IR e CSLL. Em relação à tributação das contribuições para o PIS/PASEP e a COFINS, não há tributação de variação cambial oriunda de operações passivas por uma exclusão permitida pela legislação brasileira (Decreto nº 8.426/2015). As variações cambiais oriundas de ativos são tributadas nas bases das contribuições, com alíquotas de 0,65% para o PIS/PASEP e 4% para COFINS.

Já se a moeda for diferente e o registro da variação cambial se der na conta ajuste de avaliação patrimonial, este deverá ser feito pelo líquido, com a parcela relativa aos tributos sobre o lucro, normalmente 34%, sendo destacada como ativo ou passivo fiscal diferido. Ou seja, se uma participação no exterior em moeda funcional diferente da moeda da matriz tem variação cambial positiva (ativa) de R$ 100, o registro é o seguinte:

Débito: Investimentos – Participações em controladas no exterior	100
Crédito: PL – Ajuste de avaliação patrimonial	66
Crédito: Passivo não circulante – Imposto de renda diferido	34

6.6 Pagamento baseado em ações – CPC nº 10

Refere-se ao reconhecimento como despesa dos planos de *stock options* quando administradores e empregados adquirem, por desempenho, a opção de poder, no futuro, subscrever certa quantidade de ações da entidade e integralizá-las por valor normalmente vinculado ao preço do dia do início do contrato.

O valor da despesa é definido pelo valor justo (valor estimado de mercado) da opção no dia do início do contrato, e é distribuído pelo prazo do contrato (custo de oportunidade no início do contrato). Pode essa despesa nada ter a ver com a diferença entre o valor de mercado da ação no dia do exercício da opção e o valor da sua integralização (custo de oportunidade no final do contrato).

A contrapartida da despesa, nesses casos de *stock options*, deve ser registrada diretamente em conta de patrimônio líquido. No caso de o benefício do contrato ser pago em dinheiro, a contrapartida deverá ser no passivo, e o valor total da despesa corresponderá à diferença entre o valor de mercado da ação no dia do exercício da opção e o valor que seria o da sua integralização, caso não houvesse o pagamento em dinheiro.

O Pronunciamento se aplica também à aquisição de bens e serviços, mediante pagamento com emissão de ações ou quotas, com ou sem o uso de opções; aquisição essa a ser reconhecida conforme sua natureza e regras contábeis específicas. Por exemplo, serviços de consultoria pagos em ações, sujeitos ou não a condicionantes futuras.

Trata-se de procedimento novo na contabilidade brasileira, cujos efeitos não eram considerados para fins fiscais, ou seja, a despesa não era dedutível nas bases de IR e CSLL, com base na aplicação do RTT.

O art. 33 da Lei nº 12.973/2014 mantém a indedutibilidade da despesa referente ao valor da remuneração dos serviços prestados por empregados ou similares, efetuada por meio de acordo com pagamento baseado em ações, determinando sua adição ao lucro líquido para fins de apuração de IR e CSLL pelo lucro real no período de apuração em que o custo ou a despesa for apropriado. Todavia, o § 1º permite a dedução como despesa somente depois do pagamento, quando liquidado em caixa ou outro ativo, ou depois da transferência da propriedade definitiva das ações ou opções, quando liquidados com instrumentos patrimoniais.

6.7 Estoques – CPC nº 16

O pronunciamento trata do registro dos estoques e dos custos sobre as vendas, seja na indústria, comércio ou serviço. Não há muitas novidades no pronunciamento, sendo o único impacto relevante a obrigação do uso do conceito de volume normal de produção na alocação dos custos fixos na atividade de produção de bens ou de serviços, que é aquele que se espera atingir, em média, ao longo de vários períodos, ou de períodos sazonais e, em circunstâncias normais, levando-se em consideração a não utilização da capacidade total instalada resultante da manutenção planejada, das férias coletivas programadas etc.

Assim, os custos fixos relativos à capacidade não utilizada, em razão de volume de produção inferior ao normal, devem ser registrados como despesas no período em que são incorridos, não podendo ser alocados aos estoques.

Como já era previsto na legislação fiscal, não pode ser utilizado também na contabilidade o método UEPS (último entrar, primeiro a sair) para avaliação de estoques. Não se pode mais utilizar margem de lucro para cálculo de valor líquido de realização, e não há redução ao valor realizável líquido de matérias-primas e materiais de consumo quando for previsível que os produtos acabados, em que eles serão utilizados, serão vendidos pelo custo ou acima do custo.

Mais uma novidade na normatização brasileira foi a exigência da aplicação dos mesmos princípios aos estoques de serviços em andamento.

Em relação aos efeitos fiscais de IR e CSLL, não há reflexo em relação às mudanças impostas pelo pronunciamento. O Fisco aceitava o critério arbitrado na dedução do custo das mercadorias e de produtos vendidos, mas exigia o registro na contabilidade. Quando há contabilidade de custos integrada à contabilidade societária, o fisco aceita o custeio por absorção. A prática inserida no CPC nº 16 de apropriar em resultado os custos fixos relativos a capacidade não utilizada não será aceita pelo Fisco. Assim, o registro do custo fixo representará uma adição nas bases de IR e CSLL, exigindo um bom controle contábil-fiscal para que a despesa adicionada seja registrada e acompanhada na Parte B do LALUR, já que poderá ser excluída posteriormente.

O tema será tratado com mais profundidade na Parte IV (Capítulo 20), inclusive com detalhes referentes à aplicação dos dispositivos previstos na Lei nº 12.973/2014. Recomendo a leitura.

6.8 Ativo não circulante mantido para venda – CPC nº 31

O pronunciamento trata do caso de um ativo não circulante, como o imobilizado, que passa a ter seu valor contábil líquido a ser recuperado pela sua venda e não mais pelo seu uso. Quando o ativo estiver pronto ou virtualmente pronto para a venda e teve iniciado o processo dessa alienação de maneira que seja improvável a mudança dessa decisão, deve ser transferido para o ativo circulante, pelo menor valor entre seu valor líquido contábil e seu valor justo, líquido das despesas com vendas.

A orientação é tecnicamente correta. Contudo, dependendo do grau de dificuldade da venda do bem, o ativo deveria ser registrado no realizável a longo prazo e não no circulante.

A legislação do PIS e COFINS permite a exclusão da receita obtida na venda de bens do ativo imobilizado. Mas, a partir do momento em que o bem é transferido para o circulante (ou o realizável a longo prazo), a receita não é mais passível de exclusão. Contudo, seguindo a aplicação do RTT, não havia, em 2007, na norma brasileira a exigência da transferência de um bem mantido para venda. Com isso, a princípio, a exclusão continuou sendo feita, para cálculo de PIS e COFINS, com a aplicação do RTT. A Lei nº 12.973/2014 ratificou o tema no art. 52, que ajustou a Lei nº 9.718/98.

O cálculo do imposto de renda sobre o lucro poderá sofrer impacto, já que os prejuízos não operacionais são compensáveis somente com lucros obtidos em atividades não operacionais. Logo, mesmo com a transferência para o circulante, teoricamente a venda continuará sendo de um bem pertencente ao ativo imobilizado (era assim em DEZ/2007). A Lei nº 12.973/2014 manteve o controle separado dos prejuízos nas atividades não operacionais (tema tratado na Parte IV, no Capítulo 19).

6.9 Receitas por contrato (aplicação do CPC nº 47)

O Comitê de Pronunciamentos Contábeis (CPC) aprovou, em 4/NOV/2016, seu Pronunciamento nº 47[3] (IFRS 15), que trata da Receita de Contrato com Cliente, tendo aplicação obrigatória a partir de 2018 e que traz detalhes que suscitam reflexões, oportunidades e riscos para algumas empresas e setores. Inicialmente, seu princípio fundamental direciona o reconhecimento da receita para o momento em que os bens e/ou direitos são transferidos para o cliente, pelo valor a que a empresa espera ter direito em troca desses bens e/ou serviços, que é conhecido como preço da transação. Assim, a receita será reconhecida de acordo com esse princípio, com aplicação de um modelo que possui cinco etapas, apresentadas no Quadro 6.5.

Antes de debater e conversar mais sobre os cinco pontos apresentados, gostaria de refletir sobre o que conversamos lá no início da parte contábil do livro (Capítulo 4) sobre a essência da contabilidade. Em um sentido prático, na lógica econômica, toda operação empresarial sinalizará apenas dois tipos de registro pela contabilidade das empresas:

- DESPESA integrada com saída de CAIXA.
- RECEITA, com ingresso de CAIXA.

Pois bem, a simplificação contábil apresentada e referendada pela legislação societária e pelo regime de competência representa exatamente o que será preciso fazer na aplicação do Pronunciamento CPC nº 47, logicamente com refino metodológico. Em toda e qualquer relação da empresa com seu cliente, será preciso definir

QUADRO 6.5

1	IDENTIFICAR O CONTRATO COM O CLIENTE	Contrato de entrega de bens e/ou serviços e que pode ser escrito, verbal ou pelas práticas comerciais usuais	
2	IDENTIFICAR E SEPARAR AS OBRIGAÇÕES DE *PERFORMANCE*	Obrigações da Operação 1 (entrega de bens)	Obrigações da Operação 2 (entrega de serviços)
3	DETERMINAR O PREÇO DA TRANSAÇÃO	Apurar o preço total da transação	
4	ALOCAR O PREÇO DA TRANSAÇÃO	Preço da transação alocado à Op. 1 (entrega de bens)	Preço da transação alocado à Op. 2 (entrega de serviços)
5	RECONHECER A RECEITA	Reconhecer a receita para Op. 1 (entrega de bens)	Reconhecer a receita para Op. 2 (entrega de serviços)

[3] Disponível em: http://static.cpc.aatb.com.br/Documentos/527_CPC_47_Rev%2014.pdf. Acesso em: 27 set. 2021.

três pontos fundamentais para reconhecimento de suas receitas:

1. O VALOR que foi/é/será recebido do cliente, com reflexo (contrapartida) em entrada no caixa.
2. A que se refere este VALOR: venda de bens/mercadorias/produtos ou prestação de serviços.
3. O período em que as RECEITAS identificadas e separadas no item 2 serão reconhecidas no resultado da empresa.

Então, ATIVOS e PASSIVOS surgirão e, posteriormente, serão liquidados por esta ótica:

- Caso a RECEITA seja reconhecida antes da entrada do caixa, teremos um ATIVO líquido, que será registrado em contrapartida com o resultado e deverá ser baixado na medida em que o caixa ou outro ativo similar seja recebido (contas a receber, por exemplo).
- Se o caixa entrar para a empresa antes do reconhecimento da receita, haverá um PASSIVO líquido a ser registrado e monitorado. Ele terá contrapartida com a entrada de caixa ou similar e será baixado (durante ou no final da entrega dos bens/serviços) em contrapartida com o registro da RECEITA.

A seguir, serão apresentados os cinco itens e uma operação (hipotética) de venda de aparelho celular integrada com a prestação de serviços de telefonia móvel, para contribuir no entendimento sobre o tema.

6.9.1 Identificação do contrato com o cliente

Em qualquer operação comercial, industrial, de serviços ou locativa há um contrato, verbal ou escrito, que representa um acordo entre duas ou mais partes e que naturalmente cria direitos e obrigações, que são executáveis, ou seja, deverão ser prestadas pela empresa para quem tem direito e pagou/paga/pagará por isso. Veja um exemplo inicial, que será integrado nas demais etapas:

Foi identificado um único contrato com o cliente, integrando a venda de um aparelho celular e a venda de um serviço mensal de dados, referendado no plano W.

6.9.2 Identificação das obrigações de *performance*

No início do contrato, a empresa deve avaliar os bens ou serviços prometidos em contrato com o cliente e deve identificar como obrigação de *performance* cada promessa de transferir ao cliente esses bens e serviços que, se forem distintos, devem ser contabilizados separadamente. O foco da nova norma é dirigido à identificação do momento em que a entidade atende suas obrigações com o cliente. Neste passo, deve-se verificar a possível distinção dos bens ou serviços e a identificação de obrigações de desempenho, isoladamente ou em conjunto com outros recursos, que estejam prontamente disponíveis ao cliente, e se a promessa da empresa de transferir o bem ou serviço ao cliente é separadamente identificável de outras promessas contidas no contrato.

Veja quão importante é esse momento na contabilidade da empresa. O contrato, assinado em JAN/2021, tem obrigações distintas de *performance* a serem atendidas pela operadora para com o seu cliente:

- entrega do aparelho comercializado; e
- prestação de serviços diversos referendados no contrato do plano W.

Perceba que aqui a operadora precisa identificar apenas o que deverá fazer para cumprir as duas partes do contrato com seu cliente.

A entrega do aparelho parece ser algo simples, relacionado à transferência física do bem ao cliente no momento da aquisição. Suponha que aqui há obrigação de pagamento de comissão à loja revendedora de 5% sobre o valor de venda final do aparelho, já com desconto e que deverá ser desembolsado no mês seguinte à venda

Cliente entra em uma loja autorizada de empresa de telecom e adquire em JAN/2021 um aparelho celular com plano de dados integrado. No caso, normalmente há um contrato escrito entre o cliente e a operadora incluindo duas vendas diferentes:

- Aquisição de um aparelho X, cujo preço original é de R$ 3 mil, mas terá desconto de 40%, custando R$ 1.800 exclusivamente se o cliente realizar aquisição do plano W oferecido pela operadora.
- Prestação de serviços do plano W, com contrato anual de R$ 2.100, sendo o valor fixo mensal de R$ 175 pelos primeiros 12 meses, renovável automaticamente, mas com cláusula de multa de R$ 1.500 nas rescisões efetuadas nos primeiros 12 meses do contrato. A multa será proporcional ao número de meses restantes do contrato. Assim, se a rescisão ocorrer após seis meses de uso, será de R$ 750 e, se for no último mês de cumprimento (DEZ/2021), será de apenas R$ 125, representando 1/12 de R$ 1.500.

para o cliente. Assim, no exemplo didático, este gasto será de R$ 90 (1.800 × 5%).

Já a prestação de serviços terá todos os gastos relacionados com interconexão e uso de redes, compra de conteúdo de mídia em geral, parcerias diversas, entre outros. A operadora estima que esses gastos representem 20% do valor mensal cobrado no plano W, ou seja, R$ 420 no período de 12 meses (JAN a DEZ/2021), algo em torno de R$ 35/mês.

6.9.3 Determinação do preço da transação

O atendimento da obrigação de desempenho traz um direito para a empresa vendedora de produtos ou serviços, que será o valor da contraprestação contratual, sendo o preço da transação, que pode ser um valor fixo, variável ou em forma de contraprestação não monetária. Se na transação houver significativo componente de financiamento, o preço será ajustado para refletir os efeitos do valor do dinheiro no tempo. Se a contraprestação for variável, a entidade estima o valor da contraprestação à qual terá direito, na medida em que for altamente provável que uma reversão significativa não ocorrerá.

Com base no que foi apresentado nos dois tópicos iniciais, o contrato da operadora com o cliente terá um PREÇO TOTAL de R$ 3.390, com a seguinte composição, considerando período de um ano, no qual haverá cobrança de multa em caso de rescisão:

- (+) Venda do aparelho por R$ 3.000 (valor de venda do aparelho).
- (+) Prestação de serviços de R$ 900 (soma da receita total do contrato de R$ 3.900 menos valor de venda do aparelho comercializado, sem desconto).
- (−) Comissão estimada de R$ 90 a ser alocada conforme proporção das receitas distintas descritas no tópico anterior.
- (−) Gastos estimados para prestação dos serviços descritos no plano W, de R$ 420.

Portanto, aqui está o ponto principal do processo. Com o contrato feito, há expectativa de receber do cliente durante o período do contrato de um ano o valor de R$ 3.900, sendo R$ 1.800 pela revenda do aparelho com o desconto e 12 mensalidades de R$ 175 cada pelo contrato. O registro contábil será o tradicional, conforme Tabela 6.7.

6.9.4 Alocação do preço da transação

Após a determinação do preço, importante direcionar este preço de transação vinculado às obrigações de desempenho. No momento da alocação, a empresa deve avaliar a existência de evidências do preço de venda individual e preços observáveis desses bens ou serviços para clientes em circunstâncias similares. Caso o preço não seja passível de identificação de forma objetiva, a entidade deverá estimar o valor com base:

a) no mercado ajustado; ou
b) no custo esperado mais margem; ou
c) em certos casos, no valor residual (ex. caso o preço de venda seja altamente variável, ou incerto).

Em decorrência desses novos critérios, setores com obrigações de desempenho distintas em um mesmo contrato devem ter impacto maior na adoção da nova norma.

Na prática, esta etapa representa o direcionamento das receitas que serão registradas e podem, sinteticamente, ser divididas em dois tipos:

- Venda de bens, produtos, mercadorias.
- Prestação de serviços.

Os gastos mensais de R$ 35 serão alocados a cada mês em custo dos serviços prestados, enquanto a comissão, por uma questão prática, terá uma parcela hipotética de 86,7% (R$ 78) reconhecida imediatamente, com o restante (R$ 12) sendo distribuído mensalmente no resultado.

Assim, a alocação do preço total (líquido) de R$ 3.390 entre as duas receitas, no caso da operadora utilizada

TABELA 6.7

<table>
<tr><th>TIPO</th><th>VALOR</th><th>Entrada de CAIXA</th><th>Registro da RECEITA</th></tr>
<tr><td rowspan="2">Revenda de aparelho</td><td rowspan="2">3.000</td><td>JAN/2021 = 1.800</td><td rowspan="2">JAN/2021 = 3.000</td></tr>
<tr><td>JAN/2021 a DEZ/2021 = 1.200</td></tr>
<tr><td>Prestação de serviços</td><td>900</td><td>JAN/2021 a DEZ/2021 = 900</td><td>JAN/2021 a DEZ/2021 = 900</td></tr>
</table>

no exemplo, é o ponto principal do processo. No caso, ele será destinado para o resultado conforme o quadro a seguir:

a) Venda do aparelho de R$ 2.922, sendo R$ 3 mil do preço de venda do aparelho (sem o plano W) menos R$ 78, que seria a parcela estimada da comissão atribuída a esta receita pela proporcionalidade entre as duas receitas alocadas.
b) Receita de serviços de R$ 468, composta pela receita estimada no ano com a prestação de serviços de R$ 900 menos as despesas relacionadas diretamente aos serviços de R$ 420 e menos a parcela da comissão de R$ 12.

6.9.5 Reconhecimento da receita

Após a separação da receita entre venda/revenda ou prestação de serviços, chega o importante momento de decidir o período de seu registro, que será:

1. no momento em que o cliente assume o controle do bem ou do serviço adquirido; ou
2. ao longo do tempo, desde que um dos critérios a seguir seja atingido:
   a) o cliente consome/utiliza os benefícios conforme a empresa cumpre sua obrigação de desempenho; ou
   b) o cliente controla o ativo enquanto ele é criado; ou
   c) o ativo criado não tem uso alternativo e existe direito a recebimento por desempenho cumprido.

No caso em tela, temos em JAN/2021 um ATIVO líquido na operadora pelo contrato assinado com o cliente de R$ 1.272, que será baixado conforme a receita com o plano W seja reconhecida. Para você entender bem o processo, vamos ao passo a passo no registro contábil do Quadro 6.6.

QUADRO 6.6 Registro na assinatura do contrato e entrega do aparelho ao cliente (JAN/2021)

Débito:	Caixa/Contas a receber	1.800	➔ Valor recebido/a receber no caixa pela revenda do aparelho.
Débito:	Contas a receber	2.100	➔ 12 parcelas de 175/mês a serem recebidas pelo plano W.
Crédito:	Receita de revenda	3.000	➔ Valor original associado à revenda do aparelho.
Crédito:	Receitas diferidas (passivo)	900	➔ Valor ref. serviços do plano W a ser apropriado em 12 meses.
Débito:	Despesas de comissão	78	➔ Despesa de comissão integrada com a venda do aparelho.
Débito:	Despesas antecipadas	12	➔ Despesa de comissão a apropriar em 12 meses.
Passivo:	Caixa/Contas a pagar	90	➔ Valor pago/a pagar para o revendedor pela comissão dele.
Débito:	Despesas antecipadas	420	➔ Despesa a ser apropriada nos 12 meses do serviço a ser prestado.
Crédito:	Contas a pagar		➔ Valor a pagar ref. as despesas associadas ao serviço a ser prestado.

Observe que o saldo da conta Despesas antecipadas ficou em R$ 432, enquanto as Receitas diferidas são apresentadas por R$ 900, deixando um líquido de R$ 468 no passivo, referente à parcela líquida dos próximos 12 meses da conta do plano W que será utilizado pelo cliente.

A legislação tributária cobrará os tributos sobre a receita conforme emissão dos documentos fiscais, ou seja, o aparelho vendido por R$ 1.800 será o valor tributável no mês. Assim, caberá exclusão de R$ 1.200 (3.000 – 1.800), que deverá ser controlada na Parte B do LALUR.

A comissão de R$ 90 será dedutível em janeiro, com o vínculo associado fiscalmente à receita. Então, o valor de R$ 12 também será excluído temporariamente, com controle na Parte B do LALUR.

Na sequência, durante os 12 meses do ano, JAN a DEZ/2021 serão realizados os seguintes registros na contabilidade da operadora, presentes no Quadro 6.7.

No final do ano de 2021, entrou no caixa da empresa o valor de R$ 3.900, sendo R$ 1.800 na entrada e R$ 2.100 em 12 meses (175 × 12). E saiu do caixa o total de R$ 510, sendo R$ 90 em janeiro pelo pagamento da comissão e R$ 420 (35 × 12) durante os 12 meses pelos gastos associados aos serviços do plano W. Como o contrato de prestação de serviços será de R$ 175/mês = R$ 2.100 nos 12 meses, a empresa deverá adicionar R$ 100 a cada mês, totalizando R$ 1.200 ao final do ano. O mesmo deverá fazer em relação à apropriação da despesa de comissão de R$ 1, que deverá ser adicionada mensalmente às bases de IR e CSLL.

QUADRO 6.7 Apropriação mensal do resultado, com saídas e entradas de caixa associadas

Lançamento	Valor	Descrição
Débito: Caixa Crédito: Contas a receber	175	→ Valor recebido/a receber ref. plano W cf. contrato. → Baixa mensal do direito reconhecido na assinatura.
Débito: Receitas diferidas Crédito: Rec. de prest. serviços	75	→ Bx. do passivo por apropriação da receita de serviços (plano W). → Apropriação da receita de serviços associado ao plano W.
Débito: Despesas de comissão Débito: Despesas antecipadas	1	→ Despesa mensal da comissão (parcela plano W) → Baixa de apropriação da comissão pg. ref. serviços do plano W.
Débito: Custo de serv. prestados Crédito: Despesas antecipadas	35	→ Apropriação mensal das obrigações de performance do plano W. → Bx. mensal dos gastos totais associados aos serviços do plano W.
Débito: Contas a pagar Crédito: Caixa	35	→ Liquidação da obrigação registrada na assinatura do contrato. → Pg. mensal dos gastos totais associados aos serviços do plano W.

6.10 Absorção da leitura: dez questões de múltipla escolha

Recomenda-se fazer as questões pelo menos um dia depois da leitura do capítulo.

Q1

A Cia. Floripa possui um imóvel onde fica localizada sua sede administrativa, cujos valores são os seguintes, em DEZ/x1 (valores em R$ mil):

- Saldo contábil da conta terrenos 200
- Saldo contábil da conta edificações 800
- Saldo contábil da conta depreciação acumulada 160
- Valor justo do imóvel (20% ref. terreno) 780
- Valor recuperável do imóvel (pelo uso, 20% ref. terreno) 750

Com base nos dados apresentados, informe o valor (em R$ milhões) que a Cia. Floripa deve reconhecer como provisão para perdas por *impairment*, em DEZ/x1:

(A) 20.

(B) 44.

(C) 50.

(D) 60.

(E) 90.

Q2

Uma empresa do setor de serviços, tributada pelo lucro real, presta serviços em maio, com o recebimento ocorrendo metade em maio e metade em junho. Seguindo as determinações dos pronunciamentos emitidos pelo CPC, o valor do ISS será registrado na DRE:

(A) Em maio, deduzindo a receita bruta.

(B) Em maio, na conta de despesas administrativas.

(C) Em junho, deduzindo a receita bruta.

(D) Em junho, na conta de despesas administrativas.

(E) Parte em maio (50%) e parte em junho (50%).

Q3

O ITBI referente um imóvel adquirido por uma empresa (lucro real) para a sede administrativa deve ser registrado, seguindo os princípios contábeis e o Pronunciamento CPC nº 27:

(A) Em imobilizado ou diretamente em despesas administrativas, a critério da empresa.

(B) No imobilizado, na conta de edificações, sendo depreciado junto com a conta.

(C) No imobilizado, proporcionalmente entre as contas de terrenos e edificações.

(D) Em despesas administrativas.

(E) Em impostos sobre as vendas.

Q4

Em relação à empresa da questão anterior, considere que a aquisição do imóvel foi em FEV/x1 e que o IPTU de R$ 1.320 ainda não foi pago, sendo parcelado em duas cotas de R$ 660, pagas em FEV/MAR 2010. O valor do IPTU registrado em despesa no mês de FEV/x1 será, em reais, de:

(A) 40.

(B) 60.

(C) 110.

(D) 120.

(E) 660.

Q5

Uma indústria do setor de alimentos tem IPTU da sua fábrica de R$ 12.000, que será pago em três cotas, iguais e sucessivas de R$ 4.000 cada, a partir de fevereiro. Em relação ao registro do imposto predial, é correto afirmar que será reconhecido no resultado:

(A) Em 12 meses, sendo exatamente R$ 1 mil por mês, a partir de janeiro.

(B) Nos meses de fevereiro, março e abril.

(C) Na proporção dos produtos vendidos, reconhecendo R$ 1 mil por mês em estoque.

(D) Integralmente em janeiro, mês de incidência do imposto.

(E) Ao final do exercício.

Q6

Empresa industrial comprou uma máquina para sua fábrica, por R$ 600, em JAN/x1, com a seguinte composição:

- Preço de aquisição, pago em 4 prestações semestrais, vencendo em DEZ/x1, JUN/x2 e DEZ/x3.
- Valor presente da máquina em JAN/x1 de R$ 550.
- Depreciação linear, em quotas constantes, com prazo previsto de utilização em oito anos e valor residual estimado de R$ 30.
- Custo de instalação da máquina de R$ 40.
- Manutenção anual da máquina de R$ 12.

Com base nos dados apresentados, a máquina deve ser registrada no ativo imobilizado da empresa industrial pelo valor de:

(A) R$ 550.

(B) R$ 560.

(C) R$ 590.

(D) R$ 640.

(E) R$ 686.

Q7

Uma máquina foi importada por uma empresa industrial, tributada pelo lucro real, para uso em sua atividade produtiva por R$ 1.480,00, pago à vista e composto pelos seguintes valores:

▪ Preço de aquisição	R$ 1.000,00
▪ IPI	R$ 40,00
▪ PIS e COFINS	R$ 90,00
▪ ICMS	R$ 60,00
▪ Imposto de importação	R$ 60,00
▪ Taxas aduaneiras	R$ 10,00
▪ Montagem	R$ 130,00
▪ Instalação	R$ 90,00

O valor registrado no imobilizado, conforme o Pronunciamento CPC nº 27, será:

(A) R$ 1.200,00.

(B) R$ 1.220,00.

(C) R$ 1.280,00.

(D) R$ 1.290,00.

(E) R$ 1.330,00.

Q8

A Cia. WQ é uma empresa industrial, produtora de Z. Sua capacidade produtiva é de 100 unidades mensais e sua produção normal fica em torno de 90 unidades ao longo do ano de 2016, sendo tudo vendido no próprio mês. Em OUT/2016, uma crise atinge o setor e a empresa produz somente 45 unidades (vendidas integralmente no mês). Considere os seguintes dados de custo/despesa do mês:

- Custo fixo de R$ 200 (valor mensal, durante todo o ano de 2016).
- Custo variável de R$ 6 por unidade.
- Despesas administrativas de R$ 80 (valor mensal, durante todo o ano de 2016).

Informe o total que a Cia. WQ apresentou de custo dos produtos vendidos no mês de OUT/2016:

(A) R$ 360.

(B) R$ 370.

(C) R$ 470.

(D) R$ 510.

(E) R$ 514.

Q9

Determinada empresa agrícola adquire um terreno em JAN/x1 por R$ 110 e decide não fazer nada no terreno, deixando para decidir que cultura aplicar na área adquirida apenas a partir de x2. Os valores justos do bem, em trabalho realizado por empresa de perícia específica contratada, foram os seguintes:

- Na aquisição – R$ 113
- Em JUN/x1 – R$ 122
- Em DEZ/x1 – R$ 118
- Em JUN/x2 – R$ 126
- Em DEZ/x2 – R$ 131

A partir de JUL/x2, a empresa passou a plantar cana-de-açúcar no terreno, para vender às usinas da região. No início de JAN/x3, a empresa decidiu vender o terreno para o principal usineiro da região, por R$ 150. O lucro tributável (nas bases de IR e CSLL) que deveria ser reconhecido em JAN/x3, por ocasião da venda do terreno montou:

(A) R$ 19.

(B) R$ 24.

(C) R$ 28.

(D) R$ 37.

(E) R$ 40.

Q10

Informe qual dos itens a seguir NÃO representa um ATIVO BIOLÓGICO para fins contábeis:

(A) Videiras.

(B) Terreno.

(C) Carneiros.

(D) Gado de leite.

(E) Arbusto de chá.

O Gabarito das questões está disponível no final do livro, após o Anexo.

Parte III

TRIBUTAÇÃO SOBRE O CONSUMO

7

TRIBUTAÇÃO SOBRE CONSUMO NO BRASIL

OBJETIVO DO CAPÍTULO

Conhecer o que é um imposto/contribuição cobrado sobre a receita e que afeta, diretamente ou por meio do fenômeno jurídico da repercussão, o preço final dos bens e serviços e entender diferenças entre cobrança por dentro e por fora e cobrança cumulativa/não cumulativa.

7.1 Conceito geral de tributação sobre o consumo

Conforme já apresentado no primeiro capítulo deste livro, o ESTADO cobra tributos de toda a sociedade para promover o bem comum. E o faz tributando a renda, a propriedade e o consumo. Os encargos sociais, pela sua relevância, complementam a lista, representando o quarto tipo de cobrança tributária.

Mas a terminologia CONSUMO causa certa confusão, pois, se o leitor procurar nos diplomas legais que regem o Direito Tributário brasileiro, não encontrará a expressão "tributação sobre o consumo". A Constituição Federal de 1988 nada cita em relação ao termo CONSUMO, a não ser a menção à expressão CIRCULAÇÃO DA MERCADORIA no caso do ICMS. No próprio Código Tributário Nacional, que completou 55 anos em 2021, não há citação ao termo CONSUMO, no máximo um capítulo para apresentar os tributos sobre PRODUÇÃO e CIRCULAÇÃO.

Alguns autores na área da economia defendem que a tributação, em geral, é sempre sobre o consumo. Faz algum sentido tal afirmativa. Quando há cobrança de imposto sobre o salário, por exemplo, o governo retira do empregado uma parcela que seria destinada ao consumo, por este ângulo de análise. Mesmo a tributação sobre o patrimônio (pela propriedade ou transferência) representa um bem (imóvel, automóvel) adquirido no passado (consumo qualificado) e que sofre cobrança tributária anual, por meio do IPVA, IPTU ou do ITR.

Outra interessante corrente diz que toda a tributação acontece sobre a RENDA, sendo dividida em três partes:

1. RENDA GANHA, sobre a qual se cobra imposto de renda (IR) e CSLL;

2. RENDA CONSUMIDA, sobre a qual há cobrança de ICMS, ISS, IPI, PIS, COFINS e outros tributos;
3. RENDA POUPADA, que sofre cobrança de IPTU, IPVA, ITBI, ITCMD e ITR.

Todavia, no geral, tributação sobre o consumo refere-se à cobrança de impostos e contribuições sobre o preço dos produtos e serviços, normalmente devidos pelas empresas, que vão repassando esses tributos aos contribuintes das etapas seguintes, mediante o fenômeno jurídico da repercussão, seja de forma cumulativa ou não cumulativa, direta (por fora) ou indireta (por dentro). Alguns desses tributos são cobrados normalmente nas fases iniciais ou intermediárias, como IPI, CIDE e II, mas que são cobrados posteriormente, via repasse, nas vendas dos bens e serviços ao consumidor final. Aí, o repasse termina e quem usa/consome o bem/serviço assume (finalmente) o imposto/contribuição, não tendo para quem repassar, ficando com o custo do tributo, que foi incluído (direta ou indiretamente) no preço.

Portanto, quando você, leitor, compra um produto num supermercado, drogaria, loja de material de construção, de móveis e eletrodomésticos, de roupas ou de qualquer outro setor, consegue verificar na nota fiscal apenas o valor do ICMS que lhe foi cobrado na nota fiscal eletrônica que recebe. Todos os demais tributos são estimados pela característica de cada um.

7.2 A multiplicidade de tributos cobrados no Brasil sobre a receita das empresas

Em 1988, ano da publicação da Constituição Federal, o Brasil tinha carga tributária na faixa de 24% do Produto Interno Bruto (PIB), com os impostos representando 70% do total arrecadado, ou 17% do PIB. Decorridos 32 anos, nossa carga tributária ficou na faixa de 32% em 2020, com os impostos mantendo a fatia do PIB dos anos 1990 (17%), o que representa pouco mais da metade da carga tributária atual. Mas, se a arrecadação dos impostos permaneceu praticamente no mesmo patamar de 1988, como a carga tributária aumentou um terço de lá para cá? Foram criadas e ampliadas diversas contribuições, que possuem recursos direcionados a áreas específicas definidas a partir da Carta Magna e pertencem, na sua essência, à União. O somatório da arrecadação de contribuições federais que não existiam em 1988, como COFINS, CSLL e CIDE, respondeu, em 2019, por R$ 326 bilhões,[1] ou 5% do PIB, e isso foi deteriorando o nosso modelo, sendo o principal motivo para transformá-lo no manicômio tributário atual. O que representam, na essência, a COFINS (e o PIS) se não o ICMS ou o ISS com outra embalagem? Um hotel tributado pelo lucro presumido, em vez de cobrar diretamente 8,65% de ISS, separa este imposto em três partes e apura 5% de ISS, 3% de COFINS e 0,65% de PIS, cumprindo a complexa legislação tributária em vigor e seus desdobramentos, representados pelas obrigações acessórias. Um comércio tributado pelo lucro real, quando vende uma mercadoria, cobra 18% de ICMS e 9,25% de PIS + COFINS. Para simplificar o processo, poderia cobrar 27,25% em um tributo só. Por que o contribuinte tem que participar da confusão e da falta de unidade entre os entes federativos? Não faz sentido querer justificar essa necessidade com o frágil argumento de que imposto é imposto e contribuição é contribuição. Imposto não tem destinação, mas a contribuição tem destinação específica, para ações sociais, seja na seguridade social ou na parte de geração de emprego. Ora, destinação de recursos é tarefa do orçamento federal, isso pode e deve ser organizado no processo legislativo da forma que for mais adequado. Engessar a destinação de recursos e criar essa armadilha tributária para o contribuinte final que compra mercadorias e serviços é, para dizer o mínimo, um enorme equívoco.

Utilizando dados consolidados da Receita Federal do Brasil, observe na Tabela 7.1 os 11 tributos que compõem a tributação sobre o consumo no Brasil.

Conforme pode ser observado na Tabela 7.1, há enorme quantidade de impostos e contribuições cobrados no Brasil e que afetam diretamente o preço final dos bens e serviços. Eles serão tratados, com detalhes, a partir do capítulo seguinte. De início, vamos conhecer rapidamente alguns, que representam, no seu total, quase metade da carga tributária nacional.

7.2.1 IPI

O Imposto sobre Produtos Industrializados (IPI) é cobrado na venda de produtos submetidos a processo de industrialização, além de ser cobrado também na importação de produtos do exterior. Em geral, é cobrado por fora, com seu valor sendo acrescido ao preço dos produtos.

---

[1] O restante do aumento da arrecadação a partir de 1988 foi em contribuições diversas que já existiam e tiveram suas arrecadações ampliadas, como as contribuições previdenciárias e PIS/PASEP.

TABELA 7.1 Arrecadação dos tributos sobre o consumo em 2019 – valores em R$ bi

Nº	TRIBUTO	R$ Bi	DESTINAÇÃO
1	ICMS	509	Estados, que repassam 25% aos municípios.
2	COFINS	238	União, para seguridade social.
3	ISS	68	Municípios.
4	PIS/PASEP	64	União, para Fundo de Amparo ao Trabalhador (FAT).
5	TAXAS	57	Destinadas aos serviços públicos de cada ente estatal.
6	IPI	52	União, que repassa 59% a fundos estaduais e municipais.
7	II	43	União, destinado ao orçamento federal.
8	IOF	41	União, destinado ao orçamento federal.
9	INSS SOBRE RB*	16	União, destinado ao pgto. de aposentadorias e pensões.
10	CIDE	8	União, que repassa parte para estados e municípios.
11	FUST**/FUNTTEL***	2	União, destinado a incentivo ao setor de telecom.
TOTAL		1.098	45,6% da carga tributária total, quase 15% do PIB.

* Foram estimados 4% do total arrecadado pela contribuição para o regime geral de previdência social.

** O Fundo para o Desenvolvimento Tecnológico das Telecomunicações (FUNTTEL) tem seus recursos geridos pela FINEP e BNDES, sendo utilizado como apoio à inovação e ao desenvolvimento do setor. Sua principal fonte de receita é uma contribuição de 0,5% sobre a receita bruta das empresas de telecomunicações, excluídos da base de cálculo os descontos concedidos, o ICMS, o PIS e a COFINS.

*** Criado pela Lei nº 9.998/2000, o Fundo de Universalização dos Serviços de Telecomunicações (FUST) é uma contribuição mensal devida a partir de JAN/2001 por todas as prestadoras de serviços de telecomunicações, à alíquota de 1% sobre o valor da receita operacional bruta decorrente da prestação dos serviços de telecomunicações de que trata o art. 60 da Lei nº 9.472/97. Da receita operacional bruta poderão ser deduzidas as contribuições ao PIS e à COFINS, além do ICMS.

Portanto, toda venda de produtos industrializados realizada pela indústria, seja para outra indústria, para comércio, prestador de serviço ou pessoa física, terá o imposto destacado na nota fiscal e repassado ao contribuinte da etapa seguinte da cadeia produtiva. Se este contribuinte (adquirente) for indústria, descontará o IPI do imposto devido em sua venda. Se for comércio ou prestador de serviço, o imposto pago na compra integrará seu custo de produção ou sua despesa, dependendo do uso. E se a venda da indústria for diretamente ao consumidor final, pessoa física, este assume o ônus do imposto.

Em 2010, o IPI arrecadava 3% da carga tributária nacional, caindo para 2,2% em 2019. Perceba que o peso do IPI caiu 36% de 2010 para 2019, sinalizando redução no interesse federal sobre a arrecadação do imposto, que tem mais de 50% da sua arrecadação repassada obrigatoriamente para estados e municípios.

7.2.2 Impostos sobre comércio exterior

O Imposto sobre Importação (II) é cobrado na entrada no Brasil de produtos adquiridos no exterior. O imposto, portanto, afeta o preço final do produto adquirido, seja para uso, consumo, comercialização ou industrialização. Já o Imposto sobre a Exportação (IE) praticamente não é cobrado no Brasil por conta de acordo internacional celebrado na Organização Mundial do Comércio (OMC).

Na compra de um produto qualquer em uma loja comercial, este pode ter algum componente importado e o II ter sido cobrado em alguma matéria-prima ou insumo utilizado no processo de produção. Naturalmente, o imposto integrou o custo da empresa industrial, sendo repassado ao comércio e chegando ao consumidor final.

A arrecadação dos impostos sobre comércio exterior atingiu 1,8% do total de tributos arrecadados no Brasil em 2019, com crescimento de 6% em relação à sua participação em 2010 (1,7%).

7.2.3 ICMS

O tradicional Imposto sobre Circulação de Mercadorias e Serviços é estadual e tem cobrança por dentro e, em geral, é embutido no preço dos bens e serviços, cobrado mediante o fenômeno jurídico da repercussão. Seu valor vem destacado no documento fiscal, sendo o melhor exemplo de imposto sobre consumo, pois está integrado no preço do produto/serviço cobrado.

No Brasil, é o imposto com maior arrecadação, tendo arrematado R$ 520 bilhões em 2020, em torno de 21% do total de tributos cobrados por aqui. Importante ressaltar que a participação do ICMS na carga tributária nacional tem-se mantido nesse patamar de 21% nos últimos dez anos, sem variação significativa.

7.2.4 ISS

O Imposto sobre Serviços de Qualquer Natureza (ISS) é cobrado por dentro, por ocasião das prestações de serviços e, logicamente, tem reflexo econômico no preço final de cada serviço. O imposto arrecadou R$ 68 bilhões em 2019, representando 2,9% do total da arrecadação fiscal brasileira, incluindo União, estados, municípios e Distrito Federal. O ISS é o 3º maior imposto em arrecadação no país, atrás do ICMS e do IR, e sinaliza crescimento percentual na composição da carga de 13% nos últimos dez anos.

7.2.5 PIS/PASEP e COFINS

As contribuições para o Programa de Integração Social (PIS), Programa de Formação do Patrimônio do Servidor Público (PASEP) e Contribuição para Financiamento da Seguridade Social (COFINS) são cobradas, em regra, sobre a receita das empresas em geral, além da cobrança sobre os órgãos estatais e as entidades sem fins lucrativos. Como a maior parte da sua arrecadação é extraída da receita das empresas, pode-se afirmar que as contribuições afetam diretamente o preço final de cada bem e serviço adquirido. Contudo, como PIS e COFINS têm cobrança em modelos diferentes ao longo da cadeia produtiva conforme a forma de tributação sobre o lucro da empresa, não é possível identificar o valor no preço final da maioria das compras realizadas pelo consumidor.

Sua arrecadação combinada ultrapassou a casa dos R$ 300 bilhões em 2019, representando 12,5% da carga tributária nacional. Vale ressaltar que tais contribuições apresentaram queda na participação em relação ao ano de 2010, quando respondiam por 14,3% do total.

7.2.6 CIDE

A Contribuição de Intervenção no Domínio Econômico (CIDE) foi criada na virada do século, sendo cobrada em dois casos: na venda de combustíveis, afetando o preço final de venda nos postos; e na remessa de serviços com tecnologia ao exterior, influenciando o preço destas remessas. Em 2019, respondeu por quase R$ 8 bilhões, representando 0,33% da carga tributária nacional, com queda de 47% na arrecadação em relação a 2010, principalmente na CIDE-Combustíveis.

7.2.7 INSS sobre faturamento (CPP)

Nos últimos anos, os governos vêm tentando reduzir a cobrança sobre a folha de pagamento, passando a cobrar a Contribuição Previdenciária Patronal (CPP) sobre a receita bruta das empresas, independentemente do número de empregados e da sua folha de pagamento.

A estimativa da Receita Federal do Brasil (RFB) aponta que a CPP sobre faturamento representa em torno de 4% da arrecadação total da contribuição.

7.2.8 IOF

O Imposto sobre Operações Financeiras (IOF) é cobrado sobre quatro situações: câmbio, operações financeiras, seguro e crédito. Os dois últimos têm rebate direto no preço dos bens e serviços, aumentando-os. A arrecadação do imposto ultrapassou R$ 40 bilhões em 2019, ficando em torno de 1,7% do total da carga tributária. O IOF perdeu participação na carga tributária nos últimos anos, com queda de 20% desde 2010. O IOF Crédito e o IOF Seguro respondem por quase $^2/_3$ do total da arrecadação do imposto.

7.3 Quanto há de tributos em cada produto

Na página eletrônica conhecida como *Impostômetro*, há estudo sobre o peso dos tributos em diversos produtos. A extensa lista traz a porcentagem de tributos que estão incluídos no preço final do produto/serviço. Como a tributação se dá por dentro, o percentual efetivo tende a ser (bem) maior, já que uma alíquota nominal de 20% ($^{20}/_{100}$) representa alíquota efetiva de 25% ($^{20}/_{80}$).

Veja na Figura 7.1 alguns produtos listados na citada página.

Apenas a leitura da figura com os itens listados já nos assusta. Imagine você comprar uma bicicleta por R$ 1.000 sabendo que tem ali R$ 459 de impostos e contribuições.

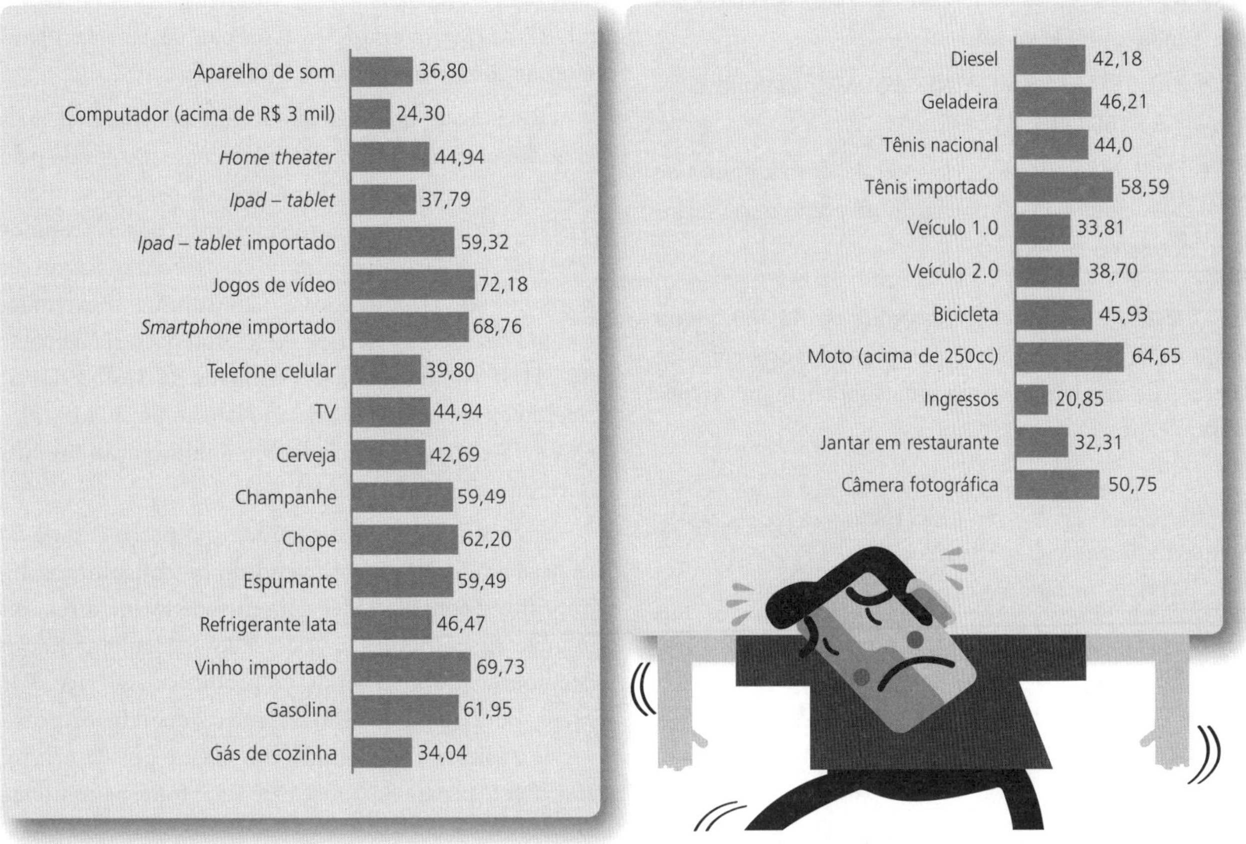

FIGURA 7.1

Fonte: dados extraídos de www.impostometro.com.br.

7.4 Tributos cobrados por dentro e por fora

No Brasil, a cobrança da maioria dos tributos sobre a receita (consumo) ocorre por dentro, a exemplo do ISS, do ICMS, do PIS e da COFINS. No caso, suas bases de cálculo incluem o próprio tributo. A cobrança dos quatro tributos acontece ao longo do processo produtivo, inclusive na fase final do consumo. Já IPI, II e CIDE-Combustíveis têm cobrança por fora, com suas bases de cálculo não contemplando o próprio imposto ou contribuição. Pelas suas características, a cobrança, na maioria das vezes, não acontece na fase final do consumo, mas na fase inicial ou intermediária. Apesar disso, o IPI e o II estão incluídos no preço de venda final dos produtos ou serviços porque fizeram parte da composição direta ou indireta do custo, assim como a CIDE-Combustíveis influencia, de forma direta, no preço da gasolina e do diesel e indireta em diversos outros itens.

Por exemplo, suponha que uma indústria venda um produto a um comércio por R$ 100, sem cobrança de ICMS, mas com um IPI de 10% (R$ 10) cobrado por fora, acrescido ao preço. Assim, o produto teria a seguinte composição:

- Preço de venda = R$ 100,00
- (+) IPI – 10% = R$ 10,00
- Preço total = R$ 110,00

Quando o comércio comprar o produto por R$ 110 e, posteriormente revendê-lo, o valor de R$ 10 do IPI integrará o custo de venda, pois representará, na verdade, o imposto cobrado (repassado) no preço final do produto vendido pelo comércio ao consumidor.

Suponha que o comércio faça a seguinte composição do preço necessário/desejado na sua unidade de formação do preço de venda:

- R$ 110 foi o preço de compra.
- R$ 42 para remunerar suas despesas comerciais e administrativas.

- R$ 8 referentes ao lucro necessário/desejado em cada unidade vendida.
- PREÇO DE VENDA NECESSÁRIO/DESEJADO = R$ 160 (110 + 42 +8).
- Há ICMS cobrado na sua venda, com alíquota de 20% e que não está incluído no preço necessário/desejado de R$ 160.

Neste caso, para chegar ao valor de R$ 160, tendo alíquota de ICMS de 20%, a empresa deveria calcular o preço de venda utilizando uma simples regra de três. Veja:

- R$ 160,00 = 0,80 (100% – 20% do ICMS)
- Preço de venda (X) = 1,00
- R$ 160,00 / 0,80 = R$ 200,00

Aplicando a regra de três, encontramos o preço de venda de R$ 200. Com a dedução de 20% do ICMS (R$ 40), chegamos, enfim, ao valor que seria aplicado sem o imposto: R$ 160.

Nesse simples exemplo, identifica-se uma tributação total de R$ 50: R$ 10 de IPI pagos pela indústria + R$ 40 de ICMS pagos pelo comércio (normalmente, seria distribuído ao longo da cadeia produtiva). Nesse caso, foram desconsiderados os demais tributos sobre o consumo, como as contribuições para PIS/PASEP e COFINS.

Dessa forma, quando um imposto (ou contribuição) é cobrado por dentro, ele integra o preço final do produto ou serviço. Por exemplo, o ICMS de 20% (alíquota nominal) possui, na verdade, uma alíquota efetiva de 25% (40 / 160).

Observe, na Tabela 7.2, as informações oficiais com a DRE de quatro empresas (companhias abertas) para melhor compreensão dessa informação.

Observe que, quanto maior é a alíquota nominal, mais elevada será a diferença entre o percentual cobrado pela legislação e a alíquota efetiva suportada pelo consumidor. Analisando a tabela, é possível identificar que os produtos ficaram mais caros (em alguns casos, bem mais caros), por conta dos tributos sobre o consumo. Por exemplo, a conta de energia elétrica de R$ 100 passaria a custar R$ 151,40 por causa do acréscimo de R$ 51,40 (51,4%) referentes aos tributos cobrados na conta: ICMS, PIS, COFINS e a contribuição sobre a iluminação pública (CIP ou COSIP, municipal).

Na prática, ocorre o seguinte: no preço (final) de cada produto ou serviço vendido ao consumidor, há impostos e contribuições cobrados de forma direta ou indireta. Esses tributos são calculados mediante aplicação de alíquotas sobre a venda do produto ou serviço. Por exemplo, no estado do Rio de Janeiro, quando um posto vende 25 litros de gasolina a um cliente por R$ 6/litro, esse cliente pagará R$ 150. Nesse valor total, há cobrança dos seguintes tributos:

- PIS + COFINS de R$ 15,65 (R$ 0,6261[2] por litro de combustível);
- CIDE de R$ 2,50 (R$ 0,10 por litro de combustível); e
- ICMS de R$ 51,00 (alíquota de 34%).

Esses tributos totalizam R$ 69,15, o que nos leva a uma alíquota nominal (por dentro) de 46%. Se for calculada por fora, a alíquota será 85,5% (69,15 / 80,85).

Os tributos cobrados sobre o consumo do brasileiro respondem por quase metade da sua carga tributária, o

TABELA 7.2 Informações oficiais de companhias abertas – exemplo

DRE DE DEZ/2019 – EM R$ MILHÕES	RENNER	NATURA	CEMIG	VIVO
RECEITA BRUTA	12.258	18.343	36.356	58.163
(–) TRIBUTOS sobre RECEITA BRUTA	(2.670)	(3.898)	(12.336)	(13.894)
RECEITA LÍQUIDA	9.588	14.445	24.020	44.269
% de TRIBUTOS sobre RB – ALÍQUOTA NOMINAL	21,8%	21,3%	33,9%	23,9%
% de TRIBUTOS sobre RECEITA LÍQUIDA – ALÍQUOTA EFETIVA (por fora)	27,8%	27,0%	51,4%	31,4%

Fonte: páginas eletrônicas das empresas.

[2] A alíquota vigente é 0,7952 por litro de gasolina C, que tem adição de 27% em cada litro. Assim, o valor foi encontrado considerando a seguinte conta: 0,7952 × (100 / 127) = R$ 0,6261.

que vai na contramão do que seria recomendado para um bom sistema tributário e do que ocorre no mundo desenvolvido, onde o percentual fica na faixa de 33% do total arrecadado pelos países da Organização para a Cooperação e Desenvolvimento Econômico (OCDE). Aliás, a Tabela 7.3 traz exatamente a distribuição dos percentuais dos tributos cobrados no Brasil, comparados com a média dos países da OCDE.

TABELA 7.3 Carga tributária sobre o PIB – 2018

	BRASIL	OCDE
CONSUMO	14,9%	11,1%
ENCARGOS SOCIAIS	9,1%	9,5%
RENDA	7,2%	11,5%
PATRIMÔNIO	1,5%	1,9%
OUTROS	0,6%	0,5%
TOTAL	33,3%	34,5%

Fonte: Página da RFB: www.receita.economia.gov.br. Dados organizados pelo autor.

Essa cobrança (sobre o consumo) por aqui é realizada por cerca de dez impostos e contribuições que oneram, de forma imediata, o preço dos bens e serviços vendidos ao consumidor e geram às empresas brasileiras um transtorno diário de apuração e controle.

Por conta disso, é fundamental que o profissional que atua na área contábil-tributária compreenda bem o impacto de tributos como IPI, ICMS, ISS, PIS e COFINS no dia a dia das empresas comerciais, industriais e de serviços em geral.

Por exemplo, suponha que uma indústria tributada pelo lucro presumido venda um produto a uma empresa comercial por preço combinado de R$ 2.000,00. Nesse caso, ela deverá pagar os seguintes tributos, considerando uma alíquota de IPI de 15% e de ICMS de 18%:

- IPI de R$ 300,00 (15% cobrado por fora) – acrescido ao preço de venda de R$ 2.000,00, com o produto passando a custar R$ 2.300,00;
- ICMS de R$ 360,00 (18% cobrado por dentro);
- COFINS de R$ 49,20 (3% cobrado por dentro, sobre R$ 1.640[3]); e
- PIS de R$ 10,66 (0,65% cobrado por dentro, sobre R$ 1.640).

Dessa forma, o preço final do produto será de R$ 2.300,00 e, nesse valor, estão inclusos os R$ 719,86 (300 + 360 + 49,20 + 10,66) dos quatro tributos listados. O somatório de PIS + COFINS + ICMS (R$ 419,86) está incluso no preço de venda, enquanto o IPI de R$ 300 foi acrescido ao preço. Veja como fica a informação contábil do resultado (DRE) da empresa industrial:

· FATURAMENTO BRUTO	2.300,00
· (–) IPI – 15%	(300,00) – POR FORA
· RECEITA BRUTA	2.000,00
· (–) ICMS – 18%	(360,00) – POR DENTRO
· RECEITA BRUTA AJUSTADA	1.640,00
· (–) PIS e COFINS – 3,65%	(59,86) – POR DENTRO
· **RECEITA LÍQUIDA**	**1.580,14**

Na prática, o cliente pagou R$ 2.300 sabendo que há cobrança de tributos no total de R$ 719,86, com o produto representando R$ 1.580,14. Portanto, fazendo conta simples, encontramos:

- 31,3% por dentro (719,86/2.300,00) ou
- 45,6% por fora (719,86/1.580,14).

Se adotado um único imposto por fora sobre o consumo, a alíquota teria de ser de 45,6% para que fossem cobrados os mesmos R$ 719,86 da empresa industrial vendedora.

No Brasil, no entanto, o modelo adotado não é esse, e cada imposto tem suas peculiaridades e sua destinação específica. Veja:

- IPI é federal, mas tem 59% destinados aos estados (FPE, 21,5%), aos municípios (FPM, 24,5%), aos estados exportadores (FPEx, 10%) e aos fundos de desenvolvimento regional: 3% para os bancos de fomento do Norte (BASA), Nordeste (BNB) e Centro-Oeste (FCO, vinculado ao Banco do Brasil).
- O ICMS é estadual, mas tem 25% dos seus recursos distribuídos aos municípios.
- O PIS/PASEP, contribuição federal, cujos recursos são destinados ao Fundo de Amparo ao Trabalhador (FAT), que remunera recursos como o abono anual e o seguro-desemprego.
- A COFINS também é contribuição da União, sendo destinada para a seguridade social, que inclui saúde, previdência social e os diversos programas de assistência social.

[3] Já contempla a decisão final do STF de 13/MAI/2021, que retirou o ICMS das bases de PIS e COFINS.

Portanto, há elevada cobrança de impostos e contribuições sobre a produção e o consumo no Brasil. Existem diversos tributos cobrados ao longo da cadeia produtiva, como IPI, ICMS, ISS, PIS e COFINS, além do imposto sobre a importação (II) e dos tributos específicos, cobrados sobre a receita bruta de determinados setores, como a CIDE (cobrada na venda de combustíveis) e o FUST/FUNTTEL (cobrado nos serviços de telecomunicações).

Há duas formas de cobrança dos tributos sobre produção e consumo: o método cumulativo e o método não cumulativo. Importante caracterizá-los e entender suas diferenças.

7.5 Métodos cumulativo e não cumulativo

O método cumulativo sinaliza a cobrança de impostos e contribuições sobre o consumo de bens e serviços em cascata, sem possibilidade de deduzir valores pagos anteriormente. No Brasil, tem cobrança cumulativa o ISS, para as empresas prestadoras de serviços, e as contribuições PIS/PASEP e COFINS, para pessoas jurídicas de médio porte tributadas pelo lucro presumido, que representavam em torno de 884 mil empresas em 2018 (dados da RFB). Nesse modelo, a alíquota final cobrada sobre a cadeia produtiva acaba sendo superior à alíquota nominal, sinalizando incentivo à redução das etapas envolvidas no processo de produção. Para melhor contextualizar o problema, será apresentado um exemplo numérico.

Suponha que cinco empresas integrem a cadeia produtiva do produto Z, obtida a partir de dois outros produtos: W e R. Essas empresas são as seguintes:

1. **Cia. Sol**, indústria que vendeu W por R$ 500 à Cia. Estrela.
2. **Cia. Lua**, indústria que vendeu R por R$ 400 à Cia. Estrela.
3. **Cia. Estrela**, indústria que comprou W e R e produziu Z por meio da integração de W + R. Posteriormente, vendeu Z à Cia. Mar por R$ 1.200.
4. **Cia. Mar**, distribuidora, que revendeu o produto Z à Cia. Rua por R$ 1.300.
5. **Cia. Rua**, varejista que revendeu o produto Z aos seus clientes, pessoas físicas, por R$ 1.500.

Admitindo que houve apenas a cobrança de COFINS em todas as operações, com alíquota de 3%, e que as cinco empresas da cadeia produtiva foram tributadas pelo lucro presumido, é possível calcular a contribuição de cada uma delas, utilizando o método cumulativo, de acordo com a Tabela 7.4.

Perceba que a cadeia produtiva completa agregou R$ 1.500 ao processo produtivo distribuído pelas cinco empresas. No entanto, como todas elas pagaram a COFINS com alíquota de 3% sobre a receita bruta, a alíquota efetiva (final) foi bem maior, aproximando-se de 10%. No mundo real, todo esforço seria direcionado a eliminar, pelo menos, a Cia. Mar da cadeia produtiva, ou seja, a Cia. Estrela realizaria a venda diretamente à Cia. Rua, o que reduziria o encargo tributário final.

Já o método não cumulativo no Brasil, infelizmente, não possui um modelo único. Veja a seguir que modelos são esses:

1. **CRÉDITO FINANCEIRO**: O crédito financeiro corresponde à não cumulatividade completa e não tem aplicação plena no Brasil. O imposto que mais se aproxima é o Imposto sobre Produtos Industrializados (IPI).
   É importante ressaltar que esse seria o modelo ideal de tributação sobre o consumo de bens e serviços no Brasil. A empresa deveria pagar o imposto apenas sobre o que agregou ao processo produtivo, podendo descontar todo o imposto pago nas aquisições realiza-

TABELA 7.4 Cálculo de COFINS pelo método cumulativo em cadeia produtiva

EMPRESA	RECEITA BRUTA	VALOR AGREGADO	COFINS (3% da RB)
Cia. Sol	500	500	15
Cia. Lua	400	400	12
Cia. Estrela	1.200	300	36
Cia. Mar	1.300	100	39
Cia. Rua	1.500	200	45
TOTAL	4.900	1.500	147
ALÍQUOTA EFETIVA: 147 / 1.500 = **9,8%**			

das, seja para produção, revenda, uso ou consumo. E, preferencialmente, com cobrança POR FORA, acrescido ao preço. As propostas de reforma tributária que tramitam no Congresso Nacional (PECs nº 45 e nº 110) direcionam para a criação do Imposto sobre Bens e Serviços (IBS), que a princípio seria cobrado neste modelo, com crédito financeiro. O IBS substituiria, no mínimo, cinco tributos: IPI, ICMS, ISS, PIS e COFINS. Algumas propostas sugerem a extinção da CIDE, do IOF e do Salário-educação.

2. **CRÉDITO PARCIAL bilhões**: No crédito parcial, há possibilidade de deduzir o imposto pago apenas das compras para revenda ou produção, e não de todos os gastos realizados. Esse modelo é aplicado ao principal imposto brasileiro: o ICMS.

3. **CRÉDITO PRESUMIDO bilhões**: No crédito presumido, a dedução permitida não representa, necessariamente, o valor desembolsado pela empresa anterior. Trata-se de um modelo confuso, aplicado principalmente a contribuições para PIS/PASEP e COFINS realizadas pelas pouco mais de 150 mil empresas brasileiras de grande porte (receita bruta anual acima de R$ 78 milhões) que são tributadas pelo lucro real.

Repetindo o exemplo anterior, admitindo a alíquota de COFINS de 7,6% e aplicação integral do método não cumulativo, veja, na Tabela 7.5, como seria a tributação na cadeia produtiva.

Observe que o mérito do método não cumulativo é fazer a cobrança do imposto apenas sobre o valor agregado, que no exemplo didático considerou apenas a venda menos a compra.

7.6 A DRE divulgada no Brasil e os tributos escondidos ou omitidos

O registro contábil dos impostos e contribuições sobre as receitas devem atender ao regime de competência. Assim, simultaneamente ao reconhecimento da receita, deve ser registrada a despesa com o tributo correspondente a ela. Antes de passar a explicação básica dos principais tributos cobrados sobre a receita bruta, é importante mostrar um quadro ilustrativo com a forma de apresentar a demonstração do resultado do exercício no Brasil atualmente. Para fins didáticos, suponha a venda de uma indústria para empresa comercial, com a seguinte sequência negocial:

1. Indústria deseja vender 5 unidades de um produto por R$ 1.000 cada a um cliente, totalizando R$ 5 mil.
2. Comércio (cliente) conseguiu um desconto de R$ 40 (4%) em cada unidade, totalizando R$ 200. Como não há condição futura atrelada ao desconto, este foi considerado incondicional.
3. O IPI tem alíquota de 20% sobre o preço de venda (líquido do desconto), sendo cobrado por fora e acrescido ao preço (base de cálculo de R$ 4.800). Assim, o valor de R$ 960 será cobrado pela indústria ao comércio.
4. A indústria cobrou do comércio o valor (hipotético) de R$ 440 de ICMS no modelo de substituição tributária.
5. O ICMS (próprio da indústria) tem alíquota de 18% sobre o preço de venda (líquido do desconto), sendo incluído no preço e cobrado por dentro.
6. PIS e COFINS têm alíquota combinada de 9,25% sobre o preço de venda (líquido do desconto e do ICMS), sendo incluídos no preço e cobrados por dentro.

TABELA 7.5 Cálculo de COFINS pelo método não cumulativo em cadeia produtiva

EMPRESA	RECEITA BRUTA	VALOR AGREGADO	COFINS (7,6% do VA)
Cia. Sol	500	500	38,00
Cia. Lua	400	400	30,40
Cia. Estrela	1.200	300	22,80
Cia. Mar	1.300	100	7,60
Cia. Rua	1.500	200	15,20
TOTAL	4.900	1.500	114,00
ALÍQUOTA EFETIVA: 114 / 1.500 = **7,6%**			

7. Portanto, o valor total da venda foi R$ 6.200, sendo composto pelo preço líquido de venda negociado (4.800) + IPI e ICMS ST, cobrados do comércio e simplesmente repassados a União e estado, respectivamente.

Portanto, a DRE será apresentada conforme Tabela 7.6.

Observe que a indústria recebeu do comércio o valor de R$ 6.200,00. Se fosse apresentado todo o evento pela contabilidade, ele seria assim informado, partindo de R$ 6.400, preço cheio, com todos os tributos e sem desconto. Contudo, na DRE brasileira você veria apenas o valor líquido de R$ 3.571,92, sem saber que a venda final ocorreu por um valor bem maior. As notas explicativas não são padronizadas. Temos desde aberturas detalhadas de cada tributo, dos descontos e das devoluções até aquelas empresas que informam apenas a receita bruta e o valor fechado das deduções, sem sequer separar tributos e devoluções/descontos, por exemplo.

Teoricamente, a empresa, na sua unidade de formação do preço de venda, fez a seguinte montagem (de trás para frente), para chegar ao preço final de R$ 4.800:

1. CALCULAR AS CONTRIBUIÇÕES COBRADAS POR DENTRO (PIS E COFINS) PARA INSERI-LAS NO PREÇO DE VENDA.

- PREÇO DESEJADO (sem tributos)
  ➔ 3.571,92 = 90,75% (100% – 9,25%)
- PREÇO PRATICADO (com tributos)
  ➔ X = 100%

Com a regra de três, encontramos o preço provisório de R$ 3.936,00 (3.571,92 / 0,9075). Porém, no caso, será necessário calcular o ICMS, o que será feito a seguir.

2. CALCULAR O ICMS (POR DENTRO) PARA INSERI-LOS NO PREÇO DE VENDA.

- PREÇO PROVISÓRIO (SEM ICMS)
  ➔ 3.936,00 = 82% (100% – 18%)
- PREÇO PRATICADO (COM ICMS)
  ➔ X = 100%

Com a regra de três, encontramos o preço de R$ 4.800,00 (3.936,00 / 0,82)

3. INCLUIR (ACRESCENTAR) NO PREÇO OS TRIBUTOS COBRADOS POR FORA (IPI E ICMS ST).

- PREÇO OBTIDO COM A INSERÇÃO DOS TRIBUTOS POR DENTRO ➔ 4.800
- COBRANÇA DE IPI (960) E ICMS ST (440)
  ➔ 1.400

Portanto, o preço final cobrado ao cliente (comércio) foi R$ 6.200.

7.7 A importância da demonstração do valor adicionado

A demonstração do valor adicionado (DVA) é um relatório contábil que tem por finalidade evidenciar a riqueza que foi gerada pela companhia em um período e

TABELA 7.6 Resultado de empresa industrial e sua divulgação

FATURAMENTO BRUTO	6.400,00	Valor total antes do desconto.	INFORMAÇÃO OCULTA
(–) IPI – 20%	(960,00)	20% sobre 4.800.	
(–) ICMS ST	(440,00)	ICMS que pertence ao cliente, mas a lei exigiu da indústria a obrigação de cobrar e recolher.	
RECEITA BRUTA	5.000,00	Preço de venda sem incluir os impostos cobrados por fora.	INFORMADO EM NOTAS EXPLICATIVAS
(–) DEVOLUÇÕES DE VENDAS e DESCONTOS	(200,00)	Apenas aqueles concedidos de forma incondicional.	
RECEITA BRUTA (LÍQUIDA)	4.800,00	Receita bruta menos as deduções.	
(–) ICMS – 18%	(864,00)	Base de cálculo é 4.800, incluindo PIS + COFINS.	
(–) PIS e COFINS – 9,25%	(364,08)	Base de cálculo é 3.936 (4.800 – 864), excluindo o ICMS da receita bruta.	
RECEITA LÍQUIDA	3.571,92	Valor final que pertence efetivamente à empresa.	APRESENTADO NA DRE

a forma como esta foi distribuída entre diversos setores envolvidos no processo.

O conceito de riqueza que está na base da DVA corresponde à diferença de valores entre aquilo que a empresa produziu e os bens e serviços que ela utilizou nesse processo, que foram produzidos por terceiros.

Para exercer sua atividade, uma empresa recebe recursos dos seus sócios/acionistas, compra matéria-prima, insumos, mercadorias para revenda, contrata trabalhadores, serviços de terceiros e pega financiamentos bancários, por exemplo. Posteriormente, quando a companhia coloca no mercado seu produto ou serviço, ele valerá mais do que a soma dos fatores adquiridos para sua produção. Esse valor que a empresa "adicionou" durante o processo é a RIQUEZA GERADA.

O que a DVA faz é detalhar de que forma essa riqueza foi produzida e depois distribuída entre empregados, locadores de imóveis e bens em geral, agentes financiadores, acionistas e governo, ou seja, entre todos os setores que participaram, diretamente ou indiretamente, da sua geração. É, portanto, uma forma de mostrar como a empresa contribuiu para o PIB do país.

A DVA é obrigatória para empresas de capital aberto, as chamadas S.A., por força da Lei nº 11.638/2007. Nessas companhias que negociam ações em bolsa, o demonstrativo costuma ser elaborado trimestralmente, com os demais relatórios de contabilidade.

Entretanto, embora a legislação não obrigue as demais empresas a publicarem o documento, elas podem fazer isso para fins gerenciais. Com essa finalidade, a DVA pode ser usada para medir a eficiência da empresa na transformação dos recursos explorados em riqueza.

Em uma perspectiva mais social, a análise desse relatório também é útil para avaliar de que forma a organização contribui para a sociedade na qual se insere. Isso pode ser usado, por exemplo, para que órgãos da administração pública tenham uma ideia do tipo de benefício que a instalação de uma empresa pode trazer a uma comunidade.

Esse documento também serve de base para que sindicatos façam comparações, entre empresas de um mesmo segmento, dos valores destinados aos trabalhadores e da evolução da remuneração, além de ajudar os governos a entenderem de que forma cada categoria contribui para a receita tributária do país.

A DVA é tão poderosa que, se todas as empresas brasileiras, de todos os tamanhos, a fizessem corretamente, seria possível extrair algo muito próximo do PIB do país. Então vamos conhecer como se prepara e o que é essa tal de DVA.

7.7.1 Como fazer a DVA? Uma remontagem da DRE

A DVA pode ser extraída quase integralmente da demonstração do resultado do exercício (DRE), trazendo outra forma de apresentação. Como resultado principal, a DVA apresentará em determinado período qual foi a riqueza produzida pela empresa ou grupo empresarial e como foi feita sua distribuição entre quatro agentes: trabalho, governo, terceiros (juros e aluguéis) e sócios/acionistas.

Como a DVA é extraída da DRE, basta pegar a demonstração do resultado e colocar uma coluna ao lado informando onde a respectiva conta da DRE será apresentada na DVA. Para facilitar, a DVA terá duas partes, a saber:

1. **FORMAÇÃO DA RIQUEZA** – Aqui, as RECEITAS (entradas de caixa) terão sinal positivo. Já as DESPESAS (saídas de caixa) terão sinal negativo (entre parêntesis).
2. **DISTRIBUIÇÃO** – Será obtida por meio das despesas (saídas de caixa), exceto a parte dos sócios/acionistas, que vem a partir da linha final, quando a empresa apresenta seu lucro. Se, por acaso, a empresa/grupo apresentar prejuízo, este deverá ser somado na formação da riqueza acima, sinalizando que os sócios/acionistas reduziram seu patrimônio para incluir na formação da riqueza que seria, neste caso específico, direcionada aos outros três agentes: terceiros (locadores e bancos), governo e empregados.

Para consolidar e mostrar a relevância da DVA, será elaborado um exemplo numérico, a partir de uma DRE pronta, com a montagem da riqueza produzida e sua distribuição pelos agentes na hipotética Cia. Z, que é uma empresa industrial. A DRE é apresentada na Tabela 7.7, com informações complementares ao final.

Infelizmente, o IPI se perde no processo. A empresa industrial não o informa, pois ele é cobrado por fora, acrescido ao preço. E o comprador, normalmente o comércio, também não, pelo fato de o imposto federal integrar seu custo de aquisição. Talvez o comércio que adquire um produto para revenda poderia separar o IPI, reduzindo o custo da mercadoria vendida informado, colocando o imposto federal nas destinações, pois foi quem assumiu o IPI no seu custo, logicamente repassando ao seu cliente. Mas o tema gera controvérsia, sem dúvida.

Após fazer a classificação item a item na DRE, o próximo passo é fazer a transcrição para a DVA, seguindo o direcionamento de cada recurso, colocado na coluna ao lado dos valores apresentados na DRE.

A Comissão de Valores Mobiliários (CVM) tem um modelo padrão para uso das companhias abertas em relação à DVA, o qual é apresentado de forma resumida na Tabela 7.8, a partir dos dados extraídos da DRE da Cia. Z.

TABELA 7.7 Demonstração do resultado da Cia. Z (empresa hipotética) – Valores em R$ mil

CONTAS – Valores em R$ mil	DRE	DVA
Receita bruta	800	FORMAÇÃO
(–) ICMS sobre vendas*	(144)	FORMAÇÃO (64) e DISTR.: Governo (80)
(–) Devolução de vendas	(20)	FORMAÇÃO
RECEITA LÍQUIDA	**636**	
(–) Custo das vendas**	(376)	FORMAÇÃO (271). DISTR.: Governo (14); Trab. (91)
LUCRO BRUTO	**260**	
(–) DESPESAS OPERACIONAIS	**(210)**	
▪ Comerciais (de vendas)***	(140)	FORMAÇÃO (81). DISTR.: Governo (4); Trab. (55)
▪ Administrativas****	(55)	FORMAÇÃO (16). DISTR.: Gov. (5); Trab. (24); Terc. (10)
Financeiras*****	(15)	FORMAÇÃO 6. DISTR.: Terceiros (20); Gov. (1)
RESULTADO OPERACIONAL	**50**	
Outras Despesas (Perda na Venda de Bens)	(5)	FORMAÇÃO
LUCRO ANTES DO IR E DAS PARTICIPAÇÕES	**45**	
(–) Imposto de renda	(15)	DISTR.: Governo
(–) Participações de empregados nos lucros	(11)	DISTR.: Trabalho
Lucro líquido	**19**	DISTR.: Sócios/acionistas

* O ICMS incluído nas compras monta R$ 64.

** Composição do CPV: matéria-prima + insumos = 205; mão de obra = 91; gastos gerais de fabricação = 41; depreciação = 25; tributos = 14.

*** Remuneração de vendedores = R$ 55; frete e propaganda = R$ 60; substituição de peças defeituosas = R$ 21; IPVA dos veículos que fazem entrega = R$ 4.

**** Gastos de pessoal = R$ 24; desp. tributárias = R$ 5; despesa de aluguel = 10; demais gastos (energia, telefone e gás) = R$ 12; e depreciação = R$ 4.

***** Despesa de juros = 21; despesa de IOF = 1; receitas financeiras = 7.

TABELA 7.8 Demonstração do valor adicionado da Cia. Z

ITEM	Valor (R$ mil)
▪ RECEITA BRUTA (menos devoluções, descontos e provisões)	780
▪ INSUMOS ADQUIRIDOS (m.-prima + insumos + despesas)	(408)
VALOR ADICIONADO BRUTO	**372**
▪ RETENÇÃO (depreciação e amortizações)	(29)
▪ VALOR ADICIONADO RECEBIDO EM TRANSFERÊNCIA	7
VALOR ADICIONADO (A DISTRIBUIR)	**350**
▪ Trabalho (despesas de pessoal)	181
▪ Governo (impostos, taxas e contribuições)	119
▪ Terceiros (juros e aluguéis)	31
▪ Capital (sócios/acionistas)	19

7.7.2 A DVA de grandes grupos entre 2010 e 2019

Sempre com objetivo de contribuir com informação qualificada para sua análise, será apresentado nas Tabelas 7.9 a 7.13, um resumo da DVA consolidada de 15 grandes grupos empresariais brasileiros, de cinco diferentes setores, no período de 2010 a 2019.

TABELA 7.9 Instituições financeiras

DVA R$ bi	Bradesco	Itaú	BB	Soma
RIQUEZA GERADA	390	505	427	**1.322**
PESSOAL	34%	36%	43%	**37%**
GOVERNO	25%	24%	22%	**23%**
TERCEIROS	2%	2%	3%	**3%**
ACIONISTAS	39%	38%	32%	**37%**

TABELA 7.10 Telecomunicações

DVA R$ bi	Claro	Tim	Vivo	Soma
RIQUEZA GERADA	147	118	271	**536**
PESSOAL	15%	6%	11%	**11%**
GOVERNO	58%	61%	55%	**57%**
TERCEIROS	27%	17%	17%	**20%**
ACIONISTAS	0%	16%	17%	**12%**

TABELA 7.11 Comércio varejista de roupas

DVA R$ bi	Marisa	Renner	Riachuelo	Soma
RIQUEZA GERADA	15	34	26	**75**
PESSOAL	29%	22%	40%	**30%**
GOVERNO	45%	48%	31%	**41%**
TERCEIROS	23%	13%	10%	**14%**
ACIONISTAS	3%	17%	19%	**15%**

TABELA 7.12 Indústria de máquinas

DVA R$ bi	WEG	Whirlpool	Marcopolo	Soma
RIQUEZA GERADA	47	35	14	96
PESSOAL	39%	32%	54%	39%
GOVERNO	25%	30%	8%	24%
TERCEIROS	15%	20%	22%	18%
ACIONISTAS	21%	18%	16%	19%

TABELA 7.13 *Shopping center*

DVA R$ bi	Multiplan	Iguatemi	BR MALLS	Soma
RIQUEZA GERADA	8	6	23	**37**
PESSOAL	12%	11%	6%	**8%**
GOVERNO	30%	18%	18%	**20%**
TERCEIROS	12%	32%	50%	**40%**
ACIONISTAS	46%	39%	26%	**32%**

7.7.3 Consolidação dos cinco setores e quinze grandes grupos

Na Tabela 7.14 será apresentada a consolidação da RIQUEZA GERADA por cada um dos cinco setores trabalhados e a proporção da destinação dessa RIQUEZA entre os quatro agentes que propiciaram a sua geração: as pessoas (empregados, estagiários e diretores); o governo (remunerado pelo pagamento de impostos, taxas e contribuições); os terceiros, que alugam imóveis e outros bens para uso (rentistas) e financiam a empresa (bancos); e os donos (sócios/acionistas) que fizeram o investimento inicial e são os responsáveis pela condução da entidade empresarial.

A soma da RIQUEZA GERADA pelos 15 grandes grupos dos cinco setores pesquisados nos anos 10 (2010 a 2019) montou pouco mais de R$ 2 trilhões (R$ 2.066), sendo 65% nos bancos e 25% no telecom.

TABELA 7.14

SETORES (R$ bi)	RIQUEZA	TRABALHO	GOVERNO	TERCEIROS	ACIONISTAS
BANCOS	1.322	37%	23%	3%	37%
TELECOM	536	11%	57%	20%	12%
INDÚSTRIA	96	39%	24%	18%	19%
COMÉRCIO	75	30%	41%	14%	15%
SHOPPING	37	8%	20%	40%	32%

7.8 Absorção da leitura: quinze questões de múltipla escolha

Recomenda-se fazer as questões pelo menos um dia depois da leitura do capítulo.

Q1

Analise os seguintes tributos:

1. IPI
2. PIS/PASEP
3. IPTU
4. CSLL
5. ISS

São tributos cobrados sobre o consumo:

(A) 1, 2 e 4.

(B) 1, 2 e 5.

(C) 1, 4 e 5.

(D) 2, 3 e 4.

(E) 3, 4 e 5.

Q2

Tributo sobre o consumo representa o conjunto de:

(A) Impostos e contribuições cobrados nas transações imobiliárias, de compra e venda de imóveis.

(B) Impostos e contribuições cobrados sobre as vendas de produtos e serviços, incluídos no preço, diretamente ou por meio de repercussão.

(C) Impostos e contribuições cobrados sobre a folha de pagamento.

(D) Taxas cobradas sobre serviços prestados pelo Estado aos contribuintes.

(E) Contribuições cobradas sobre a movimentação financeira.

Q3

Tributo sobre o consumo cobrado POR FORA, no Brasil, é o:

(A) ISS.

(B) ICMS.

(C) PIS/PASEP.

(D) COFINS.

(E) IPI.

Q4

Em relação à arrecadação, informe (na ordem) os três tributos sobre o consumo mais arrecadados no Brasil em 2019:

(A) ICMS, COFINS e ISS.

(B) ICMS, COFINS e IPI.

(C) ICMS, IPI e COFINS.

(D) COFINS, ICMS e ISS.

(E) COFINS, ICMS e PIS/PASEP.

Q5

Considere os dados da Cia. Árvore, apresentados em milhares de reais, a seguir:

Receita bruta	1.000
(–) ICMS	(120)
(–) CMV	(580)
Lucro bruto	300
(–) Despesas operacionais	(200)
▪ Salários	(50)
▪ INSS	(20)
▪ FGTS	(10)
▪ Prov. p/ devedores duvidosos	(5)
▪ Administrativas	(55)
▪ Despesas de aluguel	(15)
▪ Despesas financeiras	(35)
▪ Receitas financeiras	10
▪ Depreciação	(20)
LAIR	100
(–) IR	(30)
Lucro líquido	70

Informe o valor adicionado a distribuir da Cia. Árvore, em milhares de reais:

(A) 335.

(B) 340.

(C) 345.

(D) 350.

(E) 370.

Q6

Ainda em relação à questão anterior, da Cia. Árvore, informe o valor destinado ao governo, em milhares de reais:

(A) 60.

(B) 150.

(C) 160.

(D) 170.

(E) 180.

Q7

Uma empresa comercial apresenta os seguintes dados referentes a sua DRE:

▪ **RECEITA BRUTA**	R$ 1.000
▪ (–) Devolução de vendas	R$ 50
▪ (–) Tributos s/ RB	R$ 190
▪ **RECEITA LÍQUIDA**	R$ 760

Em relação à tributação sobre a receita, é possível afirmar que as alíquotas NOMINAL e EFETIVA correspondem, respectivamente, a:

(A) 19% e 23,5%.

(B) 19% e 25%.

(C) 20% e 25%.

(D) 20% e 23,5%.

(E) 19% e 20%.

Q8

Uma empresa industrial comprou uma máquina importada para sua nova unidade fabril. Em relação ao imposto sobre importação, o valor será reconhecido na DRE:

(A) No mesmo dia da entrada do produto na indústria, em conta de despesas tributárias.

(B) Durante o prazo de vida útil do bem, em despesas tributárias.

(C) Durante o prazo de vida útil do bem, em despesa de depreciação.

(D) Durante o prazo de vida útil do bem, em custo dos produtos vendidos.

(E) Como redução da receita bruta, no mês de aquisição.

Q9

O valor do IPI, pago por uma empresa comercial na compra de um produto de uma empresa industrial para posterior revenda, será:

(A) Registrado em despesa de IPI no ato da compra.

(B) Registrado em estoque na compra, sendo apropriado em despesa de IPI no mês da venda.

(C) Registrado em estoque na compra, sendo apropriado em CMV no mês da venda.

(D) Registrado em imposto a recuperar, com compensação na venda.

(E) Registrado em imposto a apropriar, sendo reconhecido em despesa no mês de venda.

Q10

Analise as assertivas a seguir:

1. Nas vendas ao exterior não há, em tese, cobrança de tributos sobre o consumo, com objetivo de atender acordo internacional fechado na Organização Mundial do Comércio (OMC). Então, quando uma empresa vende mercadorias ou serviços ao exterior, não há cobrança de IPI, ICMS, ISS, PIS, COFINS ou qualquer outro tributo sobre a receita bruta.
2. Quando a contribuição patronal pública (INSS) deixa de ser cobrada sobre a folha de pagamento e passa a ser cobrada sobre a receita, assume a característica de tributo sobre o consumo, pois sua cobrança ocorre em função da receita obtida pela empresa e não do número de empregados que lá trabalham.

É possível afirmar que:

(A) As duas assertivas estão corretas.

(B) As duas assertivas estão erradas.

(C) Apenas a assertiva nº 1 está correta.

(D) Apenas a assertiva nº 2 está correta.

Q11

O ICMS tem cobrança não cumulativa, realizada ao longo da cadeia produtiva. O modelo de substituição tributária para frente representa a cobrança do imposto na empresa industrial, substituindo as etapas seguintes da cadeia produtiva, seja distribuidor/atacadista-varejista e/ou varejista-consumidor final. Então, uma indústria, por exemplo, ao vender uma mercadoria a um varejista por R$ 100, acrescentará R$ 7 (valor hipotético) de ICMS ST + R$ 10 de IPI (admitindo alíquota de 10% do imposto federal), cobrando R$ 117 no preço final ao varejista. A empresa industrial receberá R$ 117 em seu caixa e registrará essa venda da seguinte forma:

(A) Receita bruta de R$ 117.

(B) Receita bruta de R$ 107, com o IPI (R$ 10) sendo reconhecido no passivo.

(C) Receita bruta de R$ 110, com o ICMS ST (R$ 7) sendo reconhecido no passivo.

(D) Receita bruta de R$ 100 e outras receitas operacionais de R$ 17.

(E) Receita bruta de R$ 100, com o IPI (R$ 10) e o ICMS ST (R$ 7) sendo reconhecidos no passivo.

Q12

Empresa industrial, tributada pelo **LUCRO PRESUMIDO**, ao adquirir matéria-prima do exterior, terá direito a registrar no ativo crédito (tributos a recuperar) referente aos seguintes tributos:

(A) IPI, ICMS, PIS e COFINS.

(B) IPI, ICMS e II.

(C) IPI e ICMS.

(D) II, ICMS, PIS e COFINS.

(E) II, PIS e COFINS.

Q13

A Cia. Verde é uma indústria que vendeu mercadorias à Cia. Azul, empresa comercial, pelo PREÇO TOTAL de R$ 500. Estão incluídos no preço o IPI (cobrado por fora), com alíquota de 25% e o ICMS (cobrado por dentro), com alíquota de 20%. Com base apenas nos dados apresentados, é possível afirmar que a indústria terá RECEITA LÍQUIDA de:

(A) R$ 400 e o comércio registrará R$ 420 em seu estoque.

(B) R$ 400 e o comércio registrará R$ 375 em seu estoque.

(C) R$ 375 e o comércio registrará R$ 420 em seu estoque.

(D) R$ 320 e o comércio registrará R$ 420 em seu estoque.

(E) R$ 320 e o comércio registrará R$ 400 em seu estoque.

Q14

A Cia. Tomate é uma empresa industrial do setor de bebidas e vende cerveja ao supermercado Barataço, pelo valor total de R$ 470, composto da seguinte forma:

▪ Receita bruta	400
▪ Frete (cobrado pelo vendedor)	20
▪ (–) Descontos incondicionais	(10)
▪ IPI	42
▪ ICMS ST	18

Considerando somente as informações apresentadas, e sabendo que há um ICMS próprio que a Cia. Tomate pagou (e não foi informado nos dados acima), com alíquota de 10%, a RECEITA LÍQUIDA obtida pela empresa industrial, considerando somente esta venda para o supermercado Barataço, será:

(A) R$ 351.

(B) R$ 360.

(C) R$ 369.

(D) R$ 378.

(E) R$ 423.

Q15

Empresa comercial, tributada pelo **LUCRO REAL**, ao adquirir mercadoria do exterior (para revenda), terá direito a registrar no ativo crédito (tributos a recuperar) referente aos seguintes tributos:

(A) IPI, ICMS, PIS e COFINS.

(B) II, ICMS, PIS e COFINS.

(C) II, PIS e COFINS.

(D) ICMS, PIS e COFINS.

(E) IPI, ICMS e II.

O Gabarito das questões está disponível no final do livro, após o Anexo.

8

O SISTEMA PREVIDENCIÁRIO BRASILEIRO E OS ENCARGOS SOCIAIS

OBJETIVO DO CAPÍTULO

Apresentar ao leitor um breve histórico do sistema previdenciário brasileiro e informar os encargos sociais cobrados das empresas, representando a parcela que compõe o chamado **Custo Brasil** para a contratação de mão de obra. No final do capítulo, será possível:

- Conhecer as alíquotas das contribuições previdenciárias cobradas das pessoas físicas e das empresas no Brasil, com seus diferentes formatos.
- Entender a composição dos diversos encargos sociais cobrados das pessoas físicas e jurídicas, compreendendo um pouco como funciona e como se calcula o tão falado **Custo Brasil**.

8.1 Aspectos introdutórios

A Previdência Social é o seguro social para a pessoa que contribui. Trata-se de uma instituição pública que tem como objetivo reconhecer e conceder direitos aos seus segurados. A renda transferida pela Previdência Social é utilizada para substituir a renda do trabalhador contribuinte, quando ele perde a capacidade de trabalho, seja por doença, invalidez, idade avançada, morte e desemprego involuntário, ou mesmo por maternidade ou reclusão.

Ela é representada por um conjunto de tributos, que constitui o que chamamos de encargos sociais e representam significativa parcela da carga tributária nacional (mais de ¼). Além disso, o Brasil vem tendo sucessivos déficits nas contas da Previdência Social, sendo esse mais um dos fatores que impedem a redução da elevada carga tributária, que extrai um terço do PIB anualmente. A Reforma da Previdência, concluída em 2019, deve amenizar esse déficit, mas há necessidade de novas mudanças para equilibrar os gastos previdenciários na carga tributária nacional, integrando-os com uma política pública perene que enfrente o problema com a seriedade e técnica que ele pede, como tem sido feito nos países desenvolvidos.

Antes de apresentar os encargos sociais, torna-se necessário fazer um relato histórico do sistema previdenciário brasileiro.

8.2 Breve histórico da Previdência Social

A página eletrônica da Previdência Social (www.inss.gov.br) tem um cronograma com o histórico da criação da Previdência Social no Brasil, cuja leitura completa recomendamos. Pela relevância do estudo, este cronograma será apresentado a seguir, de forma resumida.

- **1888** O Decreto nº 9.912 regulou o direito à aposentadoria dos empregados dos Correios, fixando em 30 anos de efetivo serviço e idade mínima de 60 anos os requisitos para a aposentadoria. A Lei nº 3.397 criou a Caixa de Socorros em cada uma das Estradas de Ferro do Império. Nos anos seguintes, outros decretos criaram mais fundos de outras categorias de trabalhadores.
- **1919** A Lei nº 3.724 tornou compulsório o seguro contra acidentes do trabalho em certas atividades.
- **1923** O Decreto nº 4.682, conhecido como Lei Elói Chaves (o autor do projeto respectivo), determinou a criação de uma Caixa de Aposentadoria e Pensões para os empregados de cada empresa ferroviária. É considerado como o ponto de partida, no Brasil, da Previdência Social propriamente dita. O Decreto nº 16.037, ainda em 1923, criou o Conselho Nacional do Trabalho com atribuições, inclusive, de decidir sobre questões relativas à Previdência Social. Nos anos seguintes, outras leis estenderam o regime a outros trabalhadores.
- **1930** O Decreto nº 19.433 criou o Ministério do Trabalho, Indústria e Comércio, tendo como uma das atribuições orientar e supervisionar a Previdência Social, inclusive como órgão de recursos das decisões das Caixas de Aposentadoria e Pensões. O Decreto nº 19.497, ainda no mesmo ano, determinou a criação de Caixas de Aposentadoria e Pensões para os empregados nos serviços de força, luz e bondes.
- **1933** O Decreto nº 22.872 criou o Instituto de Aposentadoria e Pensões dos Marítimos, considerado **a primeira instituição brasileira de Previdência Social de âmbito nacional, com base na atividade genérica da empresa**.
- **1934** A Portaria nº 32 do Conselho Nacional do Trabalho instituiu a Caixa de Aposentadoria e Pensões dos Aeroviários. Logo a seguir, os trabalhadores nas empresas de transportes aéreos foram incluídos no regime da Lei Elói Chaves. Foram criados ainda Institutos ou Caixas de Aposentadoria e Pensões para as seguintes classes de trabalhadores: comerciários, trabalhadores em trapiches e armazéns, operários estivadores, bancários. Por fim, o Decreto nº 24.637 modificou a legislação de acidentes do trabalho.
- **1943** O Decreto-lei nº 5.452 aprovou a Consolidação das Leis do Trabalho, elaborada pelo Ministério do Trabalho, Indústria e Comércio. Esse ministério elaborou também o primeiro projeto de Consolidação das Leis de Previdência Social.
- **1945** O Decreto nº 7.526 dispôs sobre a criação do Instituto de Serviços Sociais do Brasil. O Decreto-Lei nº 7.720 incorporou ao Instituto dos Empregados em Transportes e Cargas o da Estiva, enquanto o Decreto-lei nº 7.835 estabeleceu que as aposentadorias e pensões não fossem inferiores a 70% e 35% do salário-mínimo.
- **1949** O Decreto nº 26.778 regulamentou a Lei nº 593, de 1948, referente à aposentadoria ordinária (por tempo de serviço) e disciplinou a aplicação da legislação em vigor sobre Caixas de Aposentadoria e Pensões. No ano seguinte, foi publicado o Regulamento Geral dos Institutos de Aposentadoria e Pensões.
- **1960** A Lei nº 3.807 criou a Lei Orgânica de Previdência Social (LOPS), que unificou a legislação referente aos Institutos de Aposentadorias e Pensões. Por sua vez, o Decreto nº 48.959-A aprovou o Regulamento Geral da Previdência Social em setembro do mesmo ano. Por fim, no mês de dezembro, a Lei nº 3.841 dispôs sobre a contagem recíproca, para efeito de aposentadoria, do tempo de serviço prestado à União, autarquias e sociedades de economia mista.
- **1963** A Lei nº 4.214 criou o Fundo de Assistência ao Trabalhador Rural (FUNRURAL). No final deste ano, a Resolução nº 1.500 do Departamento Nacional de Previdência Social aprovou o Regimento Único dos Institutos de Aposentadoria e Pensões.
- **1964** O Decreto nº 54.067 instituiu comissão interministerial com representação classista para propor a reformulação do sistema geral da Previdência Social.

Portanto, conforme foi observado no cronograma, apesar de existir desde 1923 um mecanismo legal que regulamentava a existência das **Caixas de Aposenta-**

doria e Pensões (CAPs), somente em 1966 o sistema previdenciário nacional foi efetivamente implementado, com a criação do Instituto Nacional de Previdência Social (INPS), por meio do Decreto-Lei nº 72, de 21 de novembro daquele ano.

O INPS foi instalado definitivamente em 1967, com a unificação em uma mesma estrutura de seis Institutos de Aposentadoria e Pensões (IAPs), que eram responsáveis pela aposentadoria de diversas categorias profissionais como comerciários, bancários, marítimos, entre outras.

No final dos anos 1960 e na primeira metade dos anos 1970, houve a ampliação da cobertura previdenciária, sendo a previdência estendida aos trabalhadores rurais (1971), às empregadas domésticas (1972), entre outros.

Em 1974 foi criado o Ministério da Previdência e Assistência Social, que passou a responder pela elaboração e execução das políticas de previdência e assistência médica e social.

A criação do Ministério foi um passo importante para a evolução da Previdência Social brasileira. Nessa linha, em 1977, o INPS foi desmembrado em três órgãos distintos:

1. **o Instituto Nacional de Previdência Social (INPS)**, que ficou com a responsabilidade exclusiva de fazer o pagamento tanto dos benefícios previdenciários como dos assistenciais;
2. **o Instituto de Administração da Previdência e Assistência Social (IAPAS)**, que era responsável pela arrecadação e administração dos recursos do INPS; e o
3. **Instituto Nacional de Assistência Médica da Previdência Social (INAMPS)**, criado para administrar o sistema de saúde relacionado à previdência.

Além disso, existia ainda a Legião Brasileira de Assistência (LBA), que ficava responsável pela assistência a populações carentes.

O INAMPS tinha bons hospitais, alguns considerados centros de excelência em termos de saúde, com atendimento de boa qualidade, reconhecidos por toda a população.

O comando do sistema previdenciário no final do regime militar (a partir de 1978) e durante o governo do Presidente José Sarney foi marcado por sucessivas trocas de ministros, além de muitos normativos, sendo complexa a citação das mudanças ocorridas no período. Apenas durante o governo Sarney, foram Ministros da Previdência: Waldir Pires, Raphael de Almeida Magalhães, Renato Archer e Jader Barbalho.

Para o leitor compreender como o sistema previdenciário tem problemas desde aquela época, torna-se importante citar uma tentativa de encontrar soluções no início da NOVA REPÚBLICA. O Decreto nº 92.654, de 15 de maio de 1986, instituiu no Ministério da Previdência e Assistência Social um grupo de trabalho com objetivo de **realizar estudos e propor medidas para reestruturação das bases de financiamento da Previdência Social e para reformulação dos planos de benefícios previdenciários**.

Após a Constituição de 1988, o sistema previdenciário foi totalmente reformulado. Em 1990, o INPS e o IAPAS foram integrados, dando origem ao atual Instituto Nacional do Seguro Social (INSS), enquanto o INAMPS foi absorvido pelo Ministério da Saúde.

A Constituição de 1988 vai ficar marcada como uma carta danosa para o sistema tributário nacional, com um modelo que contribuiu decisivamente para nos jogar no complexo emaranhado de normativos existentes, que em nada contribui para o crescimento e o desenvolvimento econômico e social do país.

Em relação ao sistema previdenciário, a Constituição foi ainda mais dura com o país, criando uma série de direitos, sem apresentar as fontes para custear todo o arsenal de benefícios lá definidos, como, por exemplo, a aposentadoria para o trabalhador rural. Não há aqui julgamento em relação à concessão do benefício a esse trabalhador. O problema é o conjunto da obra.

Antes das mudanças da Constituição de 1988, a Previdência Social, apesar de já ser ineficiente na parte atuária, ainda apresentava superávit de caixa, em função do volume de recursos arrecadados ser superior aos gastos com pagamentos de aposentadoria e pensões. Esse superávit servia para financiar a saúde pública, inicialmente com o INAMPS e depois diretamente no Ministério da Saúde. Alguns especialistas na época alertavam que **a conta teria que ser paga um dia**. O pior é que esse dia já chegou há muito tempo; estamos pagando atualmente e vamos pagar ainda por longos anos pelos erros dos parlamentares que aprovaram e promulgaram com toda a pompa a chamada **Constituição Cidadã**, que avançou qualitativamente em relação à consolidação da democracia no Brasil, mas deixou marcas profundas que ajudaram na desorganização econômica e financeira atual.

Com o aumento dos gastos com aposentadoria e pensões, definidos na Constituição de 1988, a Previdência Social, a partir do início dos anos 1990, começou a apresentar déficits, levando a uma grave crise no setor de saúde do país, pois os recursos gerados com o superávit da previdência iam para a saúde pública. Não foi à toa que em 1993 foi instituído o Imposto Provisório sobre a Movimentação Financeira (IPMF), com objetivo inicial de suprir o rombo deixado pelo fim da destinação dos recursos da Previdência Social para o sistema de saúde.

8.3 Os números da previdência integrados na seguridade social

Os números da previdência aqui apresentados têm como fonte a página do meu amigo Prof. Carlos Eduardo Ribeiro,[1] cujo acesso recomendo fortemente pela qualidade dos textos e vídeos produzidos.

Analisando a Previdência Social integrada num conjunto amplo da seguridade social, temos a Figura 8.1, com a posição comparativa de 2018 com 2019.

A Figura 8.1 é importante, pois traz o resultado considerando todas as fontes de receita da previdência e os gastos integrados. Ela demonstra que, mesmo com a Desvinculação dos Recursos da União (DRU), as contas são negativas. A DRU define que 30% da arrecadação de COFINS, CSLL e PIS/PASEP ficam livres da sua destinação constitucional. Assim, mesmo colocando esse valor de aproximadamente R$ 100 bi da DRU nas contas apresentadas, é possível perceber que o déficit, infelizmente, permaneceria.

Então, para arcar com a Previdência Social, além da arrecadação feita em contribuição previdenciária, outras receitas da seguridade teriam que destinar alguns bilhões para cumprir com a totalidade das despesas do RGPS, RPPS e pensão dos militares. E, ainda assim, serão necessários recursos do orçamento para cobrir o total de gastos.

Por conta do escopo do livro, não avançaremos na análise numérica. Recomendamos a você, leitor interessado no tema, fazer essa imperdível viagem na página eletrônica do Prof. Carlos Eduardo.

8.4 Contribuição previdenciária patronal

As contribuições para a Previdência Social são divididas entre os empregadores e os empregados, além das contribuições dos autônomos, trabalhadores temporários e outros.

RECEITAS DA SEGURIDADE SOCIAL	**2018**
RGPS	395,20
RGPS – Cível	33,68
Pensões militares	2,36
Demais (COFINS, CSLL e outros)	281,86
SOMA (1)	713,10
DESPESAS COM SEGURIDADE SOCIAL	
Despesas do RGPS	589,51
RPPS – Civis (inclusive FCDF)	84,92
Pensionistas militares	21,41
Saúde	116,82
Assistência social	88,67
Abono salarial	17,34
Seguro-desemprego	36,29
Demais despesas	38,77
SOMA (2)	993,73
RESULTADO BRUTO 3 (1 – 2)	**– 280,63**
RECEITAS DESVINCULADAS (4)	109,65
RESULTADO LÍQUIDO 5 (3 – 4)	**– 170,98**

RECEITAS DA SEGURIDADE SOCIAL	**2019**
RGPS	415,17
RGPS – Cível	33,46
Pensões militares	2,69
Demais (COFINS, CSLL e outros)	298,77
SOMA (1)	750,09
DESPESAS COM SEGURIDADE SOCIAL	
Despesas do RGPS	628,47
RPPS – Civis (inclusive FCDF)	91,59
Pensionistas militares	22,91
Saúde	122,27
Assistência social	95,96
Abono salarial	17,52
Seguro-desemprego	37,39
Demais despesas	38,25
SOMA (2)	1.054,36
RESULTADO BRUTO 3 (1 – 2)	**– 304,27**
RECEITAS DESVINCULADAS (4)	92,35
RESULTADO LÍQUIDO 5 (3 – 4)	**– 211,92**

FIGURA 8.1

Fonte: Disponível em: https://profcarloseduardo.blog/2020/02/13/o-deficit-previdenciario-nos-assusta-como-um-fantasma/. Acesso em: out. 2021.

---

[1] https://profcarloseduardo.blog.

8.4.1 Contribuição tradicional sobre a folha de pagamento

A legislação previdenciária considera como empresa a firma individual ou sociedade que assume o risco da atividade econômica urbana ou rural, com fins lucrativos ou não, bem como os órgãos e entidades da administração pública direta e indireta. Será equiparado à empresa o contribuinte individual em relação ao segurado que lhe preste serviço, bem como a cooperativa, associação ou entidade de qualquer natureza ou finalidade, a missão diplomática e a repartição consular de carreiras estrangeiras.

Como regra geral, o INSS tem alíquota de 20%, aplicada sobre o total da folha de pagamento das empresas. Essa mesma alíquota é cobrada sobre o total das remunerações pagas ou creditadas no decorrer do mês ao segurado contribuinte individual. As instituições financeiras e equiparadas têm percentual de 22,5%.

Não são incluídos no salário de contribuição, ou seja, na base de cálculo do INSS das empresas, diversas verbas recebidas pelos empregados. Destacamos algumas a seguir:

a) Ajuda de custo (não confundir com auxílio-moradia) e o adicional mensal recebido pelo aeronauta, nos termos da Lei nº 5.929/73.
b) A parcela *in natura* recebida de acordo com os programas de alimentação aprovados pelo Ministério do Trabalho.
c) As importâncias recebidas como férias indenizadas, inclusive com adicional de $^1/_3$ e o valor dobrado referente às férias abordadas no art. 137 da Consolidação das Leis do Trabalho (CLT) (férias não gozadas).
d) Abono de férias.
e) Indenização compensatória decorrente de despedida arbitrária ou sem justa causa. Neste caso, são incluídas indenizações pagas como incentivo à demissão.
f) Diárias de viagens, desde que não excedam a 50% da remuneração mensal.
g) Participação nos lucros e resultados.
h) Os benefícios concedidos referentes a serviços médicos ou odontológicos, concedidos pela empresa, inclusive os valores reembolsados de despesas, óculos, medicamentos, aparelhos ortopédicos, desde que tais benefícios sejam estendidos a todos os empregados e dirigentes da empresa.
i) O reembolso-creche pago em conformidade com a legislação trabalhista, observado o limite máximo de seis anos de idade, desde que comprovadas as despesas realizadas.
j) As bolsas de complementação mensal de estagiário.
k) O valor correspondente a vestuários, equipamentos e outros acessórios fornecidos aos empregados e utilizados no local de trabalho para prestação dos respectivos serviços.

No caso de serviços prestados por cooperados, através de cooperativas de trabalho, o INSS incide com alíquota de 15% sobre o valor bruto da nota fiscal ou fatura de prestação de serviços.

A consulta COSIT nº 292/2019 explica que entram na base do INSS o terço constitucional de férias, o décimo terceiro salário, os adicionais de horário extraordinário e de insalubridade, o descanso semanal remunerado, o salário-maternidade, os 15 dias que antecedem o auxílio-doença e as férias gozadas. A consulta reitera que ficam de fora da base verbas como vale-transporte pago em dinheiro, despesas médicas que atendam a totalidade dos empregados, auxílio-doença e o aviso-prévio indenizado.

Além do INSS sobre a folha de pagamento, as empresas ainda têm que pagar alguns encargos que encarecem bastante o custo de contratação da mão de obra, conforme apresentado na Tabela 8.1.

TABELA 8.1 Encargos sobre a folha de pagamento

TIPO	% APLICADO
Contribuição ao INSS – empregador	20%
Salário-educação	2,5%
Risco Ambiental do Trabalho (RAT)*	1%, 2% ou 3%
SESI, SESC ou SEST	1,5%
SENAI, SENAC ou SENAT	1%
SEBRAE	0,6%
INCRA	0,2%
Fundo de Garantia do Tempo de Serviço (FGTS)	8%
TOTAL (com RAT de 2%)	35,8%

* Risco Ambientais do Trabalho (RAT) é uma contribuição adicional de 1%, 2% ou 3% sobre a folha de pagamento e tem seus detalhes explicados na página eletrônica oficial da RFB informada a seguir: https://receita.economia.gov.br/orientacao/tributaria/declaracoes-e-demonstrativos/gfip-sefip-guia-do-fgts-e-informacoes-a-previdencia-social-1/fap-fator-acidentario-de-prevencao-legislacao-perguntas-frequentes-dados-da-empresa.

O percentual de contribuição para o RAT depende do risco da atividade da empresa, com as contribuições sendo de 1% para risco considerado leve, 2% para médio e 3% para risco considerado grave. No somatório dos encargos, foi utilizado um risco médio. Em JAN/2010 entrou em vigor o Fator Acidentário de Prevenção (FAP). O FAP consiste em um multiplicador variável num intervalo contínuo de cinco décimos (0,5000) a dois inteiros (2,0000), aplicado com quatro casas decimais, considerado o critério de arredondamento na quarta casa decimal, a ser aplicado sobre a alíquota RAT de 1%, 2% ou 3%. Neste sentido, as alíquotas do RAT poderão ser reduzidas em até 50% ou majoradas em até 100% em razão do desempenho da empresa em relação à sua respectiva atividade, aferida pelo FAP.

Além dos encargos listados na tabela, que juntos ultrapassam 35% do salário pago ao empregado, a empresa ainda tem que considerar os valores pagos diretamente ao trabalhador como férias, 13º salário, adicional noturno, repouso semanal remunerado, aviso-prévio, a multa de 40% do saldo do FGTS em caso de demissão, entre outros.

Com verbas como o repouso remunerado e os benefícios de saúde, alimentação e transporte, o custo mensal de um empregado pode ultrapassar o dobro do salário contratado. E o mais difícil é conseguir fazer o trabalhador entender que estes benefícios, da forma como estão estruturados, contribuem em muito para a retração econômica da última década, aumentando ainda mais os índices de desemprego no Brasil.

8.4.2 Contribuições do INSS sobre a Receita Bruta (CPRB)

A Lei nº 12.546/2012 instituiu a exigência para alguns setores da atividade econômica substituírem o pagamento da contribuição previdenciária sobre a folha de pagamento (20%) por um percentual aplicado sobre a receita bruta no Brasil, deduzida das vendas canceladas e dos descontos incondicionais concedidos. Portanto, não entram na base as receitas com vendas ao exterior, mas a princípio os tributos cobrados por dentro (ICMS, ISS, PIS e COFINS) não são deduzidos, apenas ficando de fora o ICMS ST e o IPI, que são cobrados por fora. Outro ponto importante é que o RAT e o Sistema S continuam sendo devidos sobre a folha de pagamento.

Após diversas alterações, a Lei nº 13.161/2015 promoveu relevantes modificações nas regras, elevando o percentual cobrado sobre a receita bruta, que ficou entre 1% e 4,5%, dependendo do setor. Todavia, a partir dessa lei, as empresas poderão escolher qual regime aplicar, escolhendo o valor que representa menor desembolso previdenciário. São 17 os setores que têm essa possibilidade.

A Lei nº 14.020/2020 ampliou o alcance do benefício, estendendo-o até o final de 2021. No fechamento desta edição, o Congresso Nacional aprovou a prorrogação até o final de 2023, faltando apenas a sanção presidencial, o que deve acontecer conforme acordo.

A maior parte dos setores industriais incluídos tem percentual de 2,5%. O percentual de 4,5% poderá ser aplicado em alguns serviços como tecnologia da informação, hotéis e construção civil. Por outro lado, há alíquota reduzida (1%) para indústrias de pães e massas, suínos, aves e pescado.

A empresa define o regime a ser aplicado (sobre a receita bruta ou a folha de pagamento) em janeiro de cada ano e será irretratável para todo o ano.

Por exemplo, suponha um hotel que apresente, em JAN/2021, faturamento de R$ 600 mil e folha de pagamento de R$ 150 mil. Nesse caso, a opção seria pagar sobre a receita bruta, conforme demonstrado a seguir:

- FOLHA DE PAGAMENTO ➔ R$ 150.000 x 20% = R$ 30.000
- RECEITA BRUTA ➔ R$ 600.000 x 4,5% = R$ 27.000 ➔ ESCOLHA

8.5 Contribuições do empregado

As empresas são obrigadas a descontar dos seus empregados a contribuição previdenciária devida por eles.

O empregador faz a retenção da contribuição no momento do registro da folha de pagamento, repassando posteriormente o valor descontado ao INSS. Por isso, é considerado como contribuinte responsável.

As alíquotas cobradas dos empregados e trabalhadores avulsos são definidas em Portaria do Ministério da Previdência Social. Os percentuais que foram aplicados em 2021 seguem uma tabela progressiva (Tabela 8.2).

TABELA 8.2 Tabela de contribuição mensal ao INSS (2021)

SALÁRIO DE CONTRIBUIÇÃO (EM R$)	ALÍQUOTA	PARCELA A DEDUZIR
Até R$ 1.100,00	7,5%	–
De R$ 1.100,01 a R$ 2.203,48	9%	16,50
De R$ 2.203,49 até R$ 3.305,22	12%	82,60
De R$ 3.305,23 até R$ 6.433,57	14%	148,71

Fonte: Instituto Nacional do Seguro Social.

A tabela deve ser atualizada a cada ano, mas a lógica será sempre a mesma. Em 2021, a retenção máxima de INSS seria de R$ 751,99 (6.433,57 × 14% - 148,71). Qualquer remuneração acima do teto terá esse valor como retenção. Se o contribuinte for descontado pelo teto em uma fonte pagadora, deverá preencher uma declaração comunicando à outra fonte pagadora essa informação, para não ser retido novamente ou ter retenção menor. Por exemplo, uma pessoa trabalha na empresa Z e recebe mensalmente R$ 6 mil, com INSS retido de R$ 691,29. Caso exerça outra atividade remunerada naquele mês e receba R$ 4 mil, deverá avisar a fonte pagadora que já foi retido, para que o INSS descontado seja apenas de R$ 60,70 (751,99 - 691,29).

8.6 Pró-labore, profissional liberal e contribuinte individual

Toda empresa precisa ter um gestor e, portanto, deve pagar a este sócio/acionista uma remuneração pela gestão empresarial. Não faz sentido a empresa apresentar resultado positivo, distribuir todo o lucro ao seu sócio e nada pagar a ele pela gestão. O valor é livremente pactuado entre os sócios e a empresa. No pagamento do pró-labore, há INSS fixo de 20% para a empresa e 11% a ser descontado do sócio/acionista, totalizando encargos previdenciários de 31% para empresas que não estão no SIMPLES NACIONAL. Não há cobrança de RAT e Sistema S sobre a remuneração dos sócios/acionistas. As empresas do SIMPLES têm a contribuição patronal, o RAT e o Sistema S incluídos no pagamento unificado, exceto aquelas do Anexo IV.

O teto de retenção é de R$ 707,69, sendo 11% de R$ 6.433,57 em 2021.

O contribuinte que obtém renda por conta própria sem prestar serviços à empresa como empregado ou autônomo também estará obrigado a pagar sua contribuição previdenciária, sendo caracterizado aí como contribuinte individual. Pelo conjunto dos arts. 21 e 28 da Lei nº 8.212/91, ele terá que pagar 20% da renda obtida, limitado ao teto de R$ 6.433,57, o que redundará em contribuição máxima de R$ 1.286,71.

8.7 Fundo de Garantia do Tempo de Serviço

O FGTS foi criado por meio da Lei nº 5.107/66, com objetivo de dar proteção ao trabalhador, sendo opcional até a Constituição de 1988, quando passou a ser obrigatório para todos os empregados regidos pela CLT.

As empresas devem depositar até o dia 7 do mês seguinte o percentual de 8% sobre as verbas salariais do empregado no mês anterior. Um empregado com salário de R$ 1.000 e que tenha recebido mais R$ 200 de horas extras deverá ter o FGTS depositado pela empresa no valor de R$ 96 (8% sobre R$ 1.200). O jovem aprendiz tem direito ao FTGS com alíquota de 2%.

O FGTS tem atualização monetária pela taxa referencial, remunerando o saldo individual em percentuais menores que a inflação oficial.

Apesar de ser considerado um fundo, cada trabalhador tem sua conta individual aberta na Caixa Econômica Federal (CEF), recebendo depósitos, juros e atualização monetária. O saldo do FGTS pode ser movimentado em diversas situações apresentadas na sua página eletrônica, como na aposentadoria e demissão sem justa causa, por exemplo.

No caso de demissão sem justa causa, a empresa deverá pagar ao empregado uma multa de 40% do saldo do FGTS do trabalhador demitido.

A arrecadação total do FGTS ultrapassou R$ 134 bilhões em 2020 (1,81% do PIB), sendo o 5º tributo mais arrecadado no Brasil, atrás de ICMS, IR, Previdência Social e COFINS.

8.8 Contribuições a terceiros

As empresas pagam, além do encargo direto ao INSS, outras contribuições direcionadas a terceiros.

Conforme informações da RFB, a arrecadação do sistema S em 2020 montou a R$ 42,5 bi, sendo o salário-educação responsável por pouco mais da metade desse valor.

As empresas devem pagar mensalmente 5,8% sobre sua folha de pagamento, com a seguinte composição:

• Salário-educação	– 2,5%
• SESC, SESI ou SEST[2]	– 1,5%
• SENAC, SENAI ou SENAT	– 1%
• SEBRAE	– 0,6%
• INCRA	– 0,2%

[2] Há contribuições para atividades específicas que substituem a obrigatoriedade de contribuição ao SESC, SESI ou SEST e SENAC, SENAI e SENAR. São as contribuições para o SENAR (trabalhadores da atividade rural), DPC (setor marítimo), Fundo Aeroviário (trabalhadores do setor aeroviário) e SESCOOP (trabalhadores das cooperativas e cooperados), que têm alíquota de 2,5% sobre a folha de pagamento.

8.9 Absorção da leitura: dez questões de múltipla escolha

Recomenda-se fazer as questões pelo menos um dia após a leitura do capítulo.

Q1

O Instituto Nacional do Seguro Social foi criado:

(A) Em 1923, na Lei Elói Chaves.

(B) Nos anos 1960, com o nome de INPS, que foi modificado em 1988.

(C) Após a Constituição Federal de 1988.

(D) Na Reforma da Previdência do final do século passado.

(E) Na última Reforma da Previdência.

Q2

Analise as seguintes assertivas em relação as contribuições para o Sistema S:

1. A contribuição para o SENAI deve ser feita pelas empresas industriais, sendo aplicado entre 1% e 1,5%, dependendo da receita bruta e do ativo da empresa.
2. A contribuição para o SEBRAE deve ser feita apenas pelas microempresas e empresas de pequeno porte.
3. O salário-educação consiste no pagamento de 20% da alíquota do INSS e seus recursos devem ser destinados aos estados.

É possível afirmar que está(ão) INCORRETA(s):

(A) Apenas uma das três assertivas.

(B) Apenas as assertivas 1 e 2.

(C) Apenas as assertivas 1 e 3.

(D) Apenas as assertivas 2 e 3.

(E) As três assertivas.

Q3

Um profissional liberal, psicólogo, que trabalhe como pessoa física, tem renda mensal em torno de R$ 15 mil. Em relação à contribuição previdenciária, é possível afirmar que ele:

(A) Deverá pagar mensalmente o correspondente a 11% sobre o teto (era R$ 6.433,57 em 2021).

(B) Deverá pagar mensalmente o correspondente a 20% sobre o teto (era R$ 6.433,57 em 2021).

(C) Deverá pagar mensalmente o correspondente a 31% sobre o teto (era R$ 6.433,57 em 2021).

(D) Deverá pagar mensalmente a contribuição previdenciária pela tabela progressiva para empregados e trabalhadores avulsos.

(E) Não é obrigado a pagar mensalmente a contribuição previdenciária, apenas se desejar se inscrever no sistema.

Q4

O FGTS é caracterizado pela doutrina jurídica como uma contribuição:

(A) Acessória.

(B) De melhoria.

(C) Parafiscal.

(D) Social.

(E) Econômica.

Q5

A Contribuição Previdenciária Púbica (INSS) tem alíquota majorada para instituições financeiras. A alíquota é de:

(A) 20%.

(B) 20,5%.

(C) 21,5%.

(D) 22,5%.

(E) 25%.

Q6

A Empresa Gama Ltda. elaborou o seguinte demonstrativo de pagamento salarial, referente ao mês de setembro de 2021 do empregado José da Silva:

PROVENTOS:

▪ Salário mensal	R$ 3.000,00
▪ Horas extras a 50%	R$ 270,00
▪ Repouso Semanal Remunerado	R$ 81,00

DESCONTOS:

▪ Faltas e atrasos	R$ 120,00
▪ Adiantamento salarial	R$ 1.200,00

O valor que servirá de base para aplicação da tabela progressiva para fins de retenção do INSS do empregado José da Silva será:

(A) R$ 1.950,00.

(B) R$ 2.031,00.

(C) R$ 3.000,00.

(D) R$ 3.150,00.

(E) R$ 3.231,00.

Q7

Integra a folha de pagamento, para fins de base de cálculo de INSS da empresa, o valor proveniente de:

(A) Auxílio-moradia.

(B) Ajuda de custo.

(C) Salário-família.

(D) Participações nos lucros.

(E) Bolsas de estagiário.

Q8

Ana é sócia em duas empresas. Na Cia. B recebe, em NOV/2021, pró-labore de R$ 5 mil, sofrendo retenção de INSS de R$ 550. No mesmo mês, na Cia. Z recebe pró-labore de R$ 3 mil. O teto do INSS em 2021 era de R$ 6.433,57. Neste caso, na Cia. Z, no mês de NOV/2021 Ana:

(A) Não sofrerá retenção de INSS.

(B) Sofrerá retenção, mas limitada a 11% sobre a diferença entre o teto (6.433,57 em 2021) e R$ 5 mil que recebeu na Cia. B.

(C) Sofrerá retenção de 11% normalmente.

(D) Sofrerá retenção pela diferença entre o máximo devido pela tabela progressiva (em 2021 era R$ 751,99) e o cálculo sobre o valor que recebeu.

(E) Sofrerá retenção de 11% até o teto, e o que ultrapassar terá cobrança de alíquota de 20%.

Q9

Analise as seguintes assertivas sobre a Contribuição Previdenciária sobre a Receita Bruta (CPRB):

1. Todas as empresas podem optar entre pagar um percentual (normalmente 20%) sobre a folha de pagamento mensal e um percentual (entre 1% e 4,5%, dependendo do setor) sobre a receita bruta mensal.
2. Da receita bruta podem ser deduzidos os valores do ICMS ou do ISS para encontrar a base de cálculo da CPRB.
3. As vendas ao exterior ficam de fora da base de cálculo da CPRB.

É possível afirmar que:

(A) Não há assertiva correta entre as três apresentadas.

(B) Apenas a assertiva 1 está correta.

(C) Apenas a assertiva 2 está correta.

(D) Apenas a assertiva 3 está correta.

(E) Apenas duas das três assertivas estão corretas.

Q10

O total de encargos sociais cobrados sobre a folha de pagamento, também conhecido como Sistema S, é composto por contribuições para salário-educação, SENAC, SESC, INCRA e SEBRAE, no caso de empresa comercial. O percentual cobrado sobre a folha de pagamento para o chamado Sistema S monta:

(A) 2,5%.

(B) 3,5%.

(C) 5%.

(D) 5,8%.

(E) 6,5%.

O Gabarito das questões está disponível no final do livro, após o Anexo.

9

IMPOSTO SOBRE PRODUTOS INDUSTRIALIZADOS (IPI)

OBJETIVO DO CAPÍTULO

Discorrer de forma geral sobre o IPI, trazendo as principais regras aplicáveis a esse imposto federal. No final do capítulo, será possível ao leitor:

- Ter uma noção geral do IPI, seu fato gerador, base de cálculo e sistema de créditos.
- Contabilizar o IPI, tanto em empresas industriais como nas empresas comerciais.

9.1 Aspectos introdutórios

Dos cinco principais tributos cobrados sobre renda e consumo no Brasil, o Imposto sobre Produtos Industrializados (IPI) é aquele que menos acompanho nos seus detalhes. Por isso, desde a primeira edição, utilizo a base absorvida nos livros, artigos e textos desenvolvidos pelo meu amigo, desde os tempos da Universidade Gama Filho, Prof. Rodolfo Castro, profundo conhecedor da aplicação prática dos tributos federais e especialista no imposto federal sobre o consumo, mas um consumo qualificado, que é a venda de produto objeto de industrialização. Ao competente e talentoso Rodolfo, o agradecimento pela cessão do material e apoio de sempre, o que não me exime de eventuais erros aqui cometidos.

O IPI nasceu em 1964 por meio da Lei nº 4.502/64, que criou, com fundamento na Constituição Federal de 1946, o Imposto de Consumo, incidente sobre produtos industrializados.[1] Esse imposto não seria cobrado sobre a produção, mas sobre o consumo. Não um consumo qualquer, mas um consumo qualificado: o consumo de produto industrializado. A "tabela anexa" a que se refere a Lei nº 4.502/64 é a precursora da atual Tabela de Incidência do IPI (TIPI). A TIPI em vigor foi aprovada pelo Decreto nº 8.950/2016, com alterações diversas em seu anexo nos anos seguintes.

No ano seguinte, a Emenda Constitucional nº 18/65, que estruturou pela primeira vez o Sistema Tributário Nacional, incorporou ao texto constitucional a competência da União para instituir o Imposto Sobre Produtos Industrializados, bem como os institutos da **Seletividade** e da **Não Cumulatividade**, recepcionando a Lei nº 4.502/64 como lei instituidora do imposto.

Com fundamento na EC nº 18/65, a Lei nº 5.172/66 (Código Tributário Nacional) definiu, nos arts. 46 a 51, os contornos gerais do IPI.

No rastro da EC nº 18/65 e do CTN, o Decreto-Lei nº 34/66[2] deu os contornos finais ao embrionário

---

[1] Seu art. 1º diz que: "O Imposto de Consumo incide sobre os produtos industrializados compreendidos na Tabela anexa."

[2] "Art. 1º O Imposto de Consumo, de que trata a Lei nº 4.502, de 30 de novembro de 1964, passa a denominar-se Imposto sobre Produtos Industrializados. (...)"

Imposto sobre Produtos Industrializados, seja dando-lhe o nome definitivo, em substituição ao Imposto de Consumo, seja alterando a Lei nº 4.502/64, em aspectos relevantes como equiparação, fato gerador, isenções, valor tributável, lançamento, pagamento, responsabilidade, obrigações acessórias, penalidades e classificação fiscal.

9.2 O IPI na Constituição de 1988

A Carta Magna de 1988 atribui à União a competência para instituir o IPI. Para simplificar seu entendimento, veja a relação do imposto com os princípios constitucionais definidos na Constituição Federal:

- LEGALIDADE – aplicado em relação à base de cálculo do IPI, que somente poderá ser modificada por meio de lei. As alíquotas do imposto podem ser modificadas pelo Poder Executivo, conforme disposto no art. 1º, § 1º, da Constituição Federal.
- ANTERIORIDADE E NOVENTENA – o IPI não está sujeito a anterioridade clássica, que se refere ao exercício financeiro, com eventual aumento do imposto, seja por meio de base de cálculo ou alíquota, podendo entrar em vigor no próprio ano. Porém, está sujeito a aplicação da regra nonagesimal, que estabelece prazo de 90 dias para entrada em vigor de lei que aumente base de cálculo ou alíquota do imposto.[3] O STF pronunciou-se em OUT/2011, no julgamento da ADI 4661, definindo que mesmo o aumento de alíquota por meio de decreto deverá se submeter à regra da noventena, entrando em vigor apenas 90 dias depois da data da sua publicação.
- CAPACIDADE CONTRIBUTIVA (SELETIVIDADE) – no IPI, a aplicação do princípio ocorre por intermédio da seletividade, que, embora não seja um princípio em si, está descrita no art. 153, § 3º, inciso I, e implica adoção de alíquotas inversamente proporcionais à essencialidade do produto. O pressuposto é de que as pessoas que detêm maior poder aquisitivo adquirem uma gama maior de produtos não essenciais, estando, por conseguinte, sujeitas a um maior ônus tributário. Assim, quanto mais essencial, menor a alíquota. A TIPI[4] traz enorme quantidade de alíquotas que variam de zero a 300%.
- NÃO CUMULATIVIDADE – determina nossa Carta Magna (153, § 3º, inciso II) que a cobrança do IPI será não cumulativa, compensando-se o que for devido em cada operação com o montante cobrado nas anteriores. Contudo, mesmo o IPI não é um imposto sobre valor agregado na essência. Há crédito sobre o IPI pago na aquisição de matérias-primas, produtos intermediários e material de embalagem, utilizados no processo de industrialização de produtos tributados. Todavia, não há crédito de IPI na aquisição de bens de uso e consumo, mesmo aquelas máquinas e equipamentos adquiridos para uso no processo produtivo. E não há crédito nas aquisições de empresas tributadas pelo SIMPLES NACIONAL. E não há crédito presumido do IPI na entrada de matéria-prima, produtos intermediários e materiais de embalagem com isenção, alíquota zero ou não tributáveis (Súmula vinculante nº 58/STF).
- OUTROS DISPOSITIVOS – há um dispositivo na Constituição direcionando a tributação favorecida do IPI para os bens de capital,[5] gerando impacto reduzido para o contribuinte que adquirir tais bens. São considerados bens de capital os produtos utilizados para a fabricação de outros produtos sem, no entanto, a estes serem incorporados. São exemplos de bens de capital as máquinas, os equipamentos e as instalações industriais. Esse mandamento constitucional é exercido pelo legislador ordinário mediante concessão de isenção ou diretamente pelo Poder Executivo, mediante a redução das alíquotas dos bens de capital.

9.3 Arrecadação do IPI e distribuição dos seus recursos

O IPI já teve seus dias de glória na arrecadação federal, principalmente no final dos anos 1980. Desde então, o imposto perdeu representatividade no BOLO TRIBUTÁRIO NACIONAL. Veja a interessante Tabela 9.1,

---

[3] Emenda Constitucional nº 42/2003 acrescentou a alínea *c* ao art. 150, inciso III, da Constituição Federal.

[4] Acesse a TIPI no *link*: https://www.gov.br/receitafederal/pt-br/acesso-a-informacao/legislacao/documentos-e-arquivos/tipi-1.pdf.

[5] Art. 153, § 3º, inciso IV.

TABELA 9.1 Participação (%) do IPI na carga Tributária Nacional

ANO	% no TOTAL	ANO	% no TOTAL	ANO	% no TOTAL
1980	8,9%	1995	7%	2012	2,7%
1988	9,7%	2000	5,2%	2015	2,5%
1989	9,2%	2005	3,6%	2018	2,4%
1990	8,3%	2010	3%	2019	2,2%

Fonte: Dados da RFB e de Varsano (1998),[6] organizados pelo autor do livro.

que explica como o imposto perdeu relevância na arrecadação nacional nos últimos 40 anos.

Perceba como após a Carta Magna de 1988 o IPI perdeu importância na arrecadação nacional. Em 2000, a queda na arrecadação relativa atingiu 46,4% em relação a 1988. Lá em 1990, a carga tributária nacional era próxima de 29% do PIB e o IPI era o quarto tributo em arrecadação, atrás apenas do ICMS, INSS e IR. Atualmente, conforme já informado, o IPI é o nono em arrecadação, tendo sido ultrapassado ao longo dos anos em importância na arrecadação por FGTS, COFINS, PIS, CSLL e o ISS. Curiosamente, a arrecadação de cada uma das três contribuições pertence 100% à União.

O IPI tem parcela significativa de sua arrecadação destinada a estados e municípios. Veja os percentuais a seguir:

- 21,5% destinados ao Fundo de Participação dos Estados (FPE).
- 3% destinados ao Fundo Nacional de Desenvolvimento para servir de *funding* (captação de recursos) para as regiões Norte, Nordeste e Centro-Oeste.
- 24,5% destinados ao Fundo de Participação dos Municípios.
- 10% destinados ao Fundo de Participação das Exportações, para os estados (incluindo Distrito Federal) exportadores.

Portanto, o IPI deve ser, obrigatoriamente, distribuído para estados e municípios, enquanto as contribuições como PIS, COFINS e CSLL, que ultrapassaram o IPI em importância na arrecadação federal, têm arrecadação integralmente destinada à União. Ora, qual atratividade teria um imposto em que o ente estatal tem a obrigação de legislar, cobrar, arrecadar e fiscalizar, mas no final fica com menos da metade da sua arrecadação?

9.4 Fato gerador

O Regulamento do IPI (Decreto nº 7.212/2010, com atualizações) diz que o fato gerador do IPI é:

1. o desembaraço aduaneiro de produto de procedência estrangeira; ou
2. a saída de produto do estabelecimento industrial, ou equiparado a industrial.

São irrelevantes para caracterizar a operação como industrialização não só o processo utilizado para obtenção do produto, como também a localização e condições das instalações ou equipamentos empregados.

9.5 Definição legal de industrialização

O conceito de produto industrializado foi estendido pelo legislador, passando a ser conhecido como o resultante de qualquer operação que modifique a natureza, o funcionamento, o acabamento, a apresentação, a finalidade, ou aperfeiçoe o produto original para consumo.

Portanto, a definição de industrialização, dada pelo art. 4º do Regulamento do IPI (RIPI/2010, Decreto nº 7.212/2010), caracteriza os seguintes tipos de enquadramento para os produtos industrializados: beneficiamento, montagem, transformação, acondicionamento e renovação.

9.5.1 Beneficiamento

Consiste em modificar, aperfeiçoar ou, de qualquer forma, alterar o funcionamento, a utilização, o acabamento ou a aparência do produto. No beneficiamento o produto apenas sofre um melhoramento, um aperfeiçoamento para consumo, conservando a classificação fiscal original.

Constituem operações de beneficiamento, dentre outras:

[6] Disponível em: https://www.ipea.gov.br/portal/images/stories/PDFs/TDs/td_0583.pdf. Acesso em: out. 2021.

a) operações de perfuração, ondulação, estriagem ou laminação (PN 300/70);
b) a colocação do terceiro eixo (*truck*) em veículos de carga (PN 102/71); e
c) a plastificação de impressos em geral (PN 170/73).

9.5.2 Montagem

É a reunião de produtos, peças ou partes de que resulte um novo produto ou unidade autônoma, ainda que sob a mesma classificação fiscal.

Na montagem, embora o produto possa manter a mesma classificação das partes, poderá ser classificado de forma autônoma. Em outras palavras, se o bem resultante de montagem, em face das regras de classificação vigentes, não puder ser classificado como um todo, para efeitos da legislação do IPI, inexistirá industrialização (PN 446 e 526/71).

Constituem operação de montagem, dentre outras:

a) a reunião de lentes e armação para formar óculos (PN 203/70); e
b) a colocação de carrocerias sobre chassis, para formar um veículo completo (caminhão, ônibus, furgão etc.) (PN 206/70 e 102/71).

9.5.3 Transformação

Significa a operação que, exercida sobre matéria-prima ou produto intermediário, importe na obtenção de espécie nova. Nessa operação normalmente ocorrerá mudança da classificação fiscal do produto em relação ao transformado (PN 398/71). Na transformação, o bem encontrado é distinto do bem transformado. Por exemplo, a alumina é matéria-prima para fabricação de lingotes de alumínio. O bem encontrado (lingote de alumínio) é distinto do bem transformado (alumina).

Constituem operação de transformação, dentre outras:

a) a obtenção de madeira serrada ou aparelhada (pos. 44.05), a partir de madeira em bruto (pos. 44.03) (PN 398/71); e
b) a obtenção de tijolos, telhas e manilhas (produtos de cerâmica vermelha) a partir da argila (PN 781/71).

9.5.4 Acondicionamento ou reacondicionamento

É a operação que importa em alterar a apresentação do produto, pela colocação de embalagem, ainda que em substituição do original, salvo quando a embalagem colocada se destine apenas ao transporte de mercadoria. A ideia central é que a embalagem de apresentação é aquela que contém marca de comércio ou marca de indústria.

No que diz respeito a acondicionamento e reacondicionamento, a industrialização fica caracterizada sempre que se engarrafarem, embalarem etc. quaisquer produtos tributados. Excetuam-se, contudo, conforme a parte final do dispositivo regulamentar, os casos em que a embalagem se destine apenas ao transporte da mercadoria em caminhões-tanque, tambores e latas.

O recipiente, envoltório ou embalagem segue o regime do produto que acondicionar: não tributado o produto, também não o será a embalagem.

A perfeita conceituação de embalagem, seja para transporte ou apresentação, sempre se constituiu em fonte de litígio na área fiscal. Assim, de forma objetiva, torna-se evidente que quaisquer embalagens, desde que excluídas de uma das condições a serem cumpridas cumulativamente, deixam de ser transporte para se enquadrarem como de apresentação (PN 66/75).

Constituem operação de acondicionamento:

a) a substituição de embalagem original, de transporte, por uma promocional (objetivando revenda) em produto acabado adquirido de outro fabricante (PN 100/71);
b) engarrafamento de vinho natural (PN 160/71); e
c) acondicionamento de álcool em embalagem que não seja de simples transporte (PN 306/71).

9.5.5 Renovação ou recondicionamento

É a operação que, exercida sobre produto usado ou parte remanescente de produto deteriorado ou inutilizado, renove ou restaure o produto para utilização. Nessa situação, encontram-se, por exemplo, os produtos obtidos a partir de reciclagem de latas.

A renovação só se processa sobre produtos usados, diferentemente do beneficiamento, que tem por objeto bens sem uso ou semiacabados.

No recondicionamento ou renovação, não basta que o produto sofra pequenos consertos, mesmo em substituição das peças, mas é necessário que a operação restitua ao produto condição de funcionamento, como se fosse novo, e o destine a comércio. Caso contrário, será considerada conserto para uso do encomendante, passando a ser do campo de incidência do ISS.

9.6 Exclusão: operações sem cobrança de IPI

O art. 5º do Decreto nº 7.212/2010 diz que não se considera industrialização:

a) O preparo de produtos alimentares, não acondicionados em embalagem de apresentação:
   - na residência do preparador ou em restaurantes, bares, sorveterias, confeitarias, padarias, quitandas e semelhantes, desde que os produtos se destinem a venda direta a consumidor; ou
   - em cozinhas industriais, quando destinados a venda direta a pessoas jurídicas e a outras entidades, para consumo de seus funcionários, empregados ou dirigentes.

b) O preparo de refrigerantes, à base de extrato concentrado, por meio de máquinas, automáticas ou não, em restaurantes, bares e estabelecimentos similares, para venda direta a consumidor.

c) A confecção ou o preparo de produto de artesanato.

d) A confecção de vestuário, por encomenda direta do consumidor ou usuário, em oficina ou na residência do confeccionador.

e) O preparo de produto, por encomenda direta do consumidor ou usuário, na residência do preparador ou em oficina, desde que, em qualquer caso, seja preponderante o trabalho profissional.

f) A manipulação em farmácia, para venda direta a consumidor, de medicamentos oficinais e magistrais, mediante receita médica.

g) A moagem de café torrado, realizada por estabelecimento comercial varejista como atividade acessória.

h) A operação efetuada fora do estabelecimento industrial, consistente na reunião de produtos, peças ou partes e de que resulte:
   - edificação (casas, edifícios, pontes, hangares, galpões e semelhantes, e suas coberturas);
   - instalação de oleodutos, usinas hidrelétricas, torres de refrigeração, estações e centrais telefônicas ou outros sistemas de telecomunicação e telefonia, estações, usinas e redes de distribuição de energia elétrica e semelhantes; ou
   - fixação de unidades ou complexos industriais ao solo.

i) A montagem de óculos, mediante receita médica.

j) O acondicionamento de produtos classificados nos Capítulos 16 a 22 da TIPI, adquiridos de terceiros, em embalagens confeccionadas sob a forma de cestas de Natal e semelhantes.

k) O conserto, a restauração e o recondicionamento de produtos usados, nos casos em que se destinem ao uso da própria empresa executora ou quando essas operações sejam executadas por encomenda de terceiros não estabelecidos com o comércio de tais produtos, bem como o preparo, pelo consertador, restaurador ou recondicionador, de partes ou peças empregadas exclusiva e especificamente naquelas operações.

l) O reparo de produtos com defeito de fabricação, inclusive mediante substituição de partes e peças, quando a operação for executada gratuitamente, ainda que por concessionários ou representantes, em virtude de garantia dada pelo fabricante.

m) A restauração de sacos usados, executada por processo rudimentar, ainda que com emprego de máquinas de costura.

n) A mistura de tintas entre si, ou com concentrados de pigmentos, sob encomenda do consumidor ou usuário, realizada em estabelecimento comercial varejista, efetuada por máquina automática ou manual, desde que fabricante e varejista não sejam empresas interdependentes, controladora, controlada ou coligadas.

o) A operação de que resultem os produtos relacionados na Subposição 2401.20 da TIPI, quando exercida por produtor rural pessoa física.

9.7 Base de cálculo

A base de cálculo do IPI veio a ser definida pela legislação infraconstitucional e, regra geral, é o valor da operação pela qual a mercadoria deixa o estabelecimento do industrial ou do comerciante a ele equiparado, em geral acobertando um negócio juridicamente econômico, ou seja, uma operação de compra e venda.

Já no caso de importação, a base de cálculo do IPI é acrescida do valor do imposto sobre importação e das despesas aduaneiras efetivamente pagas, necessárias ao desembaraço das mercadorias.

Discutiu-se muito a questão da inclusão do ICMS na base de cálculo do IPI, quando a operação configure fato gerador de ambos, prevalecendo intenção da Fazenda Federal, há muito manifestada nos Pareceres Normativos CST 39/70 e 341/71. A doutrina e a jurisprudência de igual forma compartilham esse entendimento, sob a justificativa de que o montante do ICMS integra o valor da operação. E, portanto, se o IPI tem como base de cálculo o valor da operação, neste, obrigatoriamente, encontra-se incluído o valor do ICMS.

Os descontos incondicionais, que reduzem a base do ICMS, não eram deduzidos na base de cálculo do IPI até o final de 2016. A exclusão na base do IPI decorreu de decisão unânime do STF em 2014 no RE 567936. A Resolução do Senado Federal nº 1/2017 definiu que eles devem ser deduzidos do valor da venda na composição da base do imposto. Então, em uma venda realizada pela indústria por R$ 1.000 com desconto incondicional de 10% (R$ 100), caso a alíquota do IPI seja de 6%, esse percentual será aplicado sobre R$ 900, montando a R$ 54 de IPI, retirando o desconto da base. O valor final da venda ficaria assim:

• Preço de venda	R$ 1.000
• (–) Desconto incondicional	(R$ 100)
• IPI (alíquota de 6%)	R$ 54
• PREÇO FINAL DE VENDA	R$ 954

9.8 Imunidades no IPI

O art. 18 do Decreto nº 7.212/2010 consolida as imunidades previstas na Constituição Federal para o IPI:

a) livros, jornais, periódicos e o papel destinado à sua impressão;
b) produtos industrializados destinados ao exterior;
c) ouro, quando definido em lei como ativo financeiro ou instrumento cambial; e
d) energia elétrica, derivados de petróleo, combustíveis e minerais do país.

São derivados do petróleo os produtos decorrentes da transformação do petróleo, por meio de conjunto de processos genericamente denominado refino ou refinação, classificados quimicamente como hidrocarbonetos.

Cessará a imunidade do papel destinado à impressão de livros, jornais e periódicos quando ele for consumido ou não utilizado em sua finalidade descrita na Constituição, ou encontrado em poder de pessoa que não seja fabricante, importador, ou seus estabelecimentos distribuidores, bem assim que não sejam empresas jornalísticas ou editoras.

9.9 Isenção do IPI

Isenção é a dispensa de pagamento do tributo ou cumprimento de uma regra legal, devendo constar expressamente na lei; não anula a obrigação, mas exonera o dever de cumpri-la.

A isenção difere da imunidade e da não incidência, sendo sempre relativa a determinado imposto.

Salvo expressa disposição em lei, as isenções do imposto se referem ao produto, não ao contribuinte ou adquirente.

A isenção pode ser restrita a determinada região do território da entidade tributante, em função de condições a ela peculiares e, salvo disposição de lei em contrário, não é extensiva às taxas e às contribuições de melhoria e aos tributos instituídos posteriormente a sua concessão (CTN, arts. 176, parágrafo único, 177).

Salvo se concedida por prazo certo em função de determinadas condições, a isenção pode ser revogada ou modificada por lei a qualquer tempo e, quando não concedida em caráter geral, é aplicável independentemente do reconhecimento por autoridade administrativa.

Existem muitas situações em que há isenção de IPI. O Regulamento do IPI apresenta os itens isentos e os detalhes de aplicação das isenções a partir do art. 54. A partir do art. 81, há menção da isenção para produtos industrializados na Zona Franca de Manaus.

As Leis nº 8.032/90 (art. 2º, I) e nº 8.402/92 (art. 1º, IV) definem a isenção em produtos importados pelos entes estatais, partidos políticos, instituições científicas e tecnológicas, entre outras isenções.

9.10 Crédito do imposto

Conforme amplamente debatido quando apresentamos aqui o princípio da não cumulatividade, é assegurado ao contribuinte, salvo disposição expressa de lei em contrário, o direito de creditar-se do imposto anteriormente cobrado na aquisição de matéria-prima, material de embalagem e produtos intermediários empregados na industrialização de produtos tributados destinados à venda.

Para ter direito ao crédito do IPI, o contribuinte deve seguir todos os procedimentos legais exigidos, como, por exemplo, destacar o crédito em livros específicos.

O direito ao crédito será extinto após cinco anos contados da data de emissão do documento fiscal.

Importante ressaltar que somente pode gerar crédito o produto das entradas de matéria-prima, material de embalagem e produtos intermediários utilizados na elaboração de produto destinado à venda, cujas saídas sejam tributadas.

Em regra, se o produto saído for não tributável, o crédito pela entrada deverá ser anulado. Todavia, o art. 11 da Lei nº 9.779/99 passou a admitir o crédito na aquisição de matéria-prima, material de embalagem e produtos intermediários empregados em produtos saídos com alíquota zero ou isentos.

Os importadores de produtos estrangeiros, embora comerciantes, são, para fins de IPI, equiparados aos industriais. Eles têm direito ao crédito do IPI pago no desembaraço aduaneiro, desde que a mercadoria importada esteja acompanhada de documentação fiscal hábil e que a saída do produto seja tributada.

Os comerciantes atacadistas de matéria-prima, material de embalagem e produtos intermediários são equiparados, de forma facultativa, aos industriais. Se optarem pela equiparação, destacarão o IPI relativo à saída na nota fiscal. A criação dessa equiparação teve o objetivo de possibilitar o crédito do IPI pelos estabelecimentos industriais que adquirem os itens citados de comerciantes atacadistas.

Entretanto, caso o comerciante atacadista não opte pela equiparação a industrial (até porque é facultativa), ainda assim, é possível ao adquirente efetuar o crédito do IPI, bastando aplicar a alíquota do produto sobre 50% do valor constante da nota fiscal.

9.11 Alíquotas

As alíquotas do IPI, que devem ser fixadas com base no princípio da seletividade, ou seja, em razão inversa de imprescindibilidade dos produtos de consumo generalizado, são aquelas previstas na tabela de incidência do IPI, denominada TIPI (Tabela de IPI), que tem por base a Nomenclatura Comum do Mercosul (NCM), que passa a constituir a nova Nomenclatura Brasileira de Mercadorias, baseada no Sistema Harmonizado (NBM/SH).

Como a tabela do IPI é muito extensa, para identificar o adequado enquadramento do produto e fixação de sua alíquota, deve-se procurar a parte dos esclarecimentos e notas explicativas que compõe a mencionada tabela.

9.12 Contribuinte

O IPI é acrescido ao preço e cobrado do consumidor. Portanto, o imposto a este pertence. Já o fabricante ou comerciante a ele equiparado não suporta o ônus financeiro do tributo, tendo apenas a obrigação de calcular, cobrar do consumidor, que é o contribuinte de fato, e fazer o recolhimento da parcela devida para a Receita Federal do Brasil (RFB). Então:

CONTRIBUINTE DE FATO	= ADQUIRENTE
CONTRIBUINTE RESPONSÁVEL	= INDUSTRIAL OU EQUIPARADO

9.13 Contabilização

O IPI não representa despesa para o estabelecimento industrial, sendo acrescentado ao preço e cobrado do cliente revendedor. Alguns defendem o registro da receita pelo valor total da nota fiscal, com o IPI sendo registrado em despesa (conta de IPI faturado).

Embora o efeito final no resultado seja o mesmo, entendo ser adequado o reconhecimento do IPI apenas como parcela a recolher, deixando a receita registrada pelo valor efetivamente ganho, sem considerar o imposto na venda do produto.

O ICMS, embora apresente o mesmo raciocínio da repercussão, sendo repassado para o consumidor seguinte, não tem o mesmo tratamento contábil. Como é um imposto cobrado por dentro, pertence à pessoa jurídica vendedora, que o repassa de forma indireta ao comprador seguinte. Quando chega ao consumidor, este não tem para quem repassar e assume o ônus do imposto.

O IPI integra a base do ICMS nas operações de venda direta da indústria para o consumidor. Quando a venda for industrialização ou revenda, ou seja, a indústria vendendo para a indústria ou para o comércio, não se inclui na base do ICMS o valor do IPI.

O leitor pode verificar um exemplo numérico com o tratamento contábil do IPI no Capítulo 10 (item 10.15.1).

9.14 Absorção da leitura: dez questões de múltipla escolha

Recomenda-se fazer as questões pelo menos um dia depois da leitura do capítulo.

Q1

Não se considera industrialização a operação:

(A) Definida como tal, mas que esteja incompleta, ou seja, parcial ou intermediária.

(B) Que, exercida sobre matéria-prima ou produto intermediário, importe na obtenção de espécie nova.

(C) Que altere a apresentação do produto, pela colocação da embalagem, quando esta se destine apenas ao transporte da mercadoria.

(D) Que consista na reunião de produtos, peças ou partes e de que resulte um novo produto ou unidade autônoma, sob a mesma classificação fiscal.

(E) Que apenas modifique, aperfeiçoe ou altere o funcionamento, a utilização, o acabamento ou a aparência do produto.

Q2

O engarrafamento de vinho natural representa fato gerador do IPI, sendo caracterizado como:

(A) Montagem.

(B) Beneficiamento.

(C) Transformação.

(D) Renovação.

(E) Acondicionamento.

Q3

A reunião de lentes e armações para formar óculos é:

(A) Caracterizada como industrialização por transformação.

(B) Caracterizada como industrialização por acondicionamento.

(C) Caracterizada como industrialização por beneficiamento.

(D) Caracterizada como industrialização por montagem.

(E) Não caracterizada como industrialização.

Q4

Analise as assertivas a seguir em relação ao IPI:

1. O IPI é um imposto federal, cujos recursos pertencem à União, que transfere, de forma obrigatória, mais da metade do dinheiro arrecadado para estados e municípios.
2. A montagem de um computador, pela junção de diversas peças, é considerada montagem e, como tal, representa fato gerador do IPI.

Podemos afirmar que:

(A) Apenas a assertiva 1 está correta.

(B) Apenas a assertiva 2 está correta.

(C) As duas assertivas estão corretas.

(D) As duas assertivas estão erradas.

Q5

Operações de perfuração, ondulação, estriagem ou laminação são caracterizadas como:

(A) Montagem.

(B) Beneficiamento.

(C) Transformação.

(D) Renovação.

(E) Reacondicionamento.

Q6

A Cia. Grajaú vendeu, em ABR/2015, uma partida de cachimbos (9614.20.00 – 30%) por R$ 280.000, cobrando, em separado da nota fiscal, os valores da embalagem (R$ 20.000) e do transporte (R$ 30.000). Pede-se o valor tributável da operação.

(A) R$ 330.000.

(B) R$ 310.000.

(C) R$ 300.000.

(D) R$ 280.000.

(E) R$ 260.000.

Q7

A Cia. Piedade adquire partes de cadeados de metais comuns (8301.60.00 – 10%), com os quais produz cadeados classificados no código 8301.10.00 com alíquota de 10%. A operação que executa se caracteriza melhor como:

(A) Montagem.

(B) Beneficiamento.

(C) Transformação.

(D) Recondicionamento.

(E) Reacondicionamento.

Q8

Analise as assertivas a seguir:

1. Não se considera estabelecimento industrial o que executa operações de que resulte produto tributado, quando a alíquota for zero.
2. Não se equiparam a estabelecimento industrial os estabelecimentos importadores de produtos de procedência estrangeira, que deem saída a esses produtos, se não realizam qualquer operação que modifique a natureza, o funcionamento, o acabamento, a apresentação ou a finalidade do produto, ou o aperfeiçoe para consumo.
3. Não se considera industrialização o preparo de produtos alimentares, não acondicionados em embalagem de apresentação.

Podemos afirmar que é(são) falsa(s) a(s) assertiva(s):

(A) Apenas uma das três.

(B) 1 e 2.

(C) 1 e 3.

(D) 2 e 3.

(E) 1, 2 e 3.

Q9

A Cia. Barata fabrica e vende televisores em cores. Algumas peças são importadas pela indústria; outras são por ela adquiridas no mercado interno. Para fins do IPI, que tipo de operação a indústria executa?

(A) Transformação.

(B) Montagem.

(C) Acondicionamento.

(D) Beneficiamento.

(E) Renovação.

Q10

A Cia. Roma vendeu no início de JAN/2021 seu produto para a Cia. Milão por R$ 950 (recebimento em 50 dias), composto da seguinte forma:

- (+) Preço de venda de R$ 1.000
- (+) Frete e seguro na venda de R$ 50
- (–) Desconto incondicional (dado na nota fiscal) de R$ 100
- (–) Desconto condicional (caso o pg. seja feito em até 15 dias) de R$ 75.

Se a Cia. Roma pagar antecipamente, a Cia. Milão receberá R$ 875. A alíquota de IPI é de 4% no produto vendido. Informe o valor de IPI que será cobrado pela Cia. Roma e acrescido no preço de venda para a Cia. Milão, considerando que a empresa exerceu a opção de pagar antecipadamente.

(A) R$ 35.

(B) R$ 38.

(C) R$ 39.

(D) R$ 40.

(E) R$ 42.

O Gabarito das questões está disponível no final do livro, após o Anexo.

10

ICMS, O IMPOSTO DE MAIOR ARRECADAÇÃO DO PAÍS

OBJETIVO DO CAPÍTULO

Apresentar a estrutura conceitual do Imposto sobre operações relativas à Circulação de Mercadorias e Serviços de transporte intermunicipal e interestadual e de comunicações (ICMS), com enfoque na aplicação de alíquotas internas e interestaduais, na repercussão do imposto no preço e no seu registro contábil e no modelo de substituição tributária (ST). Ao final do capítulo, será possível:

- Conhecer o texto constitucional, entendendo a lógica do imposto estadual com amarrações nas leis complementares.
- Identificar os elementos fundamentais do ICMS, como contribuintes, fato gerador e base de cálculo.
- Definir adequadamente a utilização de alíquotas, tanto nas operações internas como nas interestaduais, incluindo a aplicação da Emenda Constitucional nº 87/96.
- Encontrar o preço de venda considerando o ICMS cobrado por dentro, aplicando o fenômeno jurídico da repercussão e interpretando o impacto do imposto no preço de venda em diferentes operações.
- Compreender o funcionamento e a lógica do modelo de substituição tributária para o ICMS, entender seus problemas jurídicos e as soluções encontradas pelos estados para driblar estes problemas e manter o instituto.
- Entender o uso de alguns incentivos fiscais de ICMS criados pelos estados brasileiros.
- Consolidar e reforçar a importância do registro contábil do imposto ao longo das cadeias produtivas, considerando o modelo tradicional e o modelo moderno, integrado com as normas internacionais de contabilidade e no modelo de substituição tributária.

10.1 Conceito geral

A Constituição Federal de 1988 permitiu aos estados e ao Distrito Federal instituírem o Imposto sobre operações relativas à Circulação de Mercadorias e Serviços de transporte intermunicipal e interestadual e de comunicações (ICMS); conhecido antes como ICM, ganhou o **S** na última Carta Magna.

O ICMS está presente em nossa vida em quase todos os momentos. Quando tomamos o café da manhã, quando almoçamos, quando compramos um caderno, uma água mineral, quando ouvimos rádio, ligamos a TV ou acessamos a internet, em todas essas situações há participação do ICMS.

A arrecadação acima de R$ 520 bilhões em 2020 (7% do Produto Interno Bruto – PIB) e sua complexa legislação, distribuída nas 27 unidades da federação, explicam a importância do conhecimento deste imposto. Os estados repassam, obrigatoriamente, 25% da arrecadação do ICMS aos municípios.

O fato de ter competência estadual traz ao ICMS um enorme grau de dificuldade em seu entendimento, o que seria bem menor se este imposto fosse federal ou se, pelo menos, tivesse sua legislação totalmente unificada. Essa simplificação é discutida há uns 20 anos no Congresso. Lembro-me de que uma suposta reforma tributária (EC nº 42/2003) aprovada no final de 2003 teve o mérito de direcionar a discussão do ICMS para o ano de 2005, quando havia uma previsão da uniformização de sua legislação.

Chegamos à terceira década do século e nada de relevante aconteceu. O ICMS é o principal instrumento de arrecadação dos estados e municípios. Em 2019, o líquido arrecadado (75% do total) representou 65% do total de recursos tributários dos estados. Já nos municípios, a parcela repassada pelos estados é responsável, na média, por pouco mais de 29% do total do orçamento. Tal representatividade será um desafio na simplificação da tributação em consumo em análise no Congresso Nacional (PECs nºs 45 e 110).

10.2 Regulamentação na Constituição

A Constituição Federal dispõe sobre o ICMS no capítulo do Sistema Tributário Nacional. O art. 155 trata inicialmente (no § 1º) da autorização para cobrança dos impostos estaduais, sendo o ICMS autorizado no inciso II.

No § 2º, são apresentados alguns desdobramentos em relação à cobrança do ICMS. Com objetivo de facilitar o entendimento ao leitor, o texto da Carta Magna será apresentado sempre em itálico. Após o texto, poderão ser apresentados comentários e esclarecimentos complementares.

> § 2º O imposto previsto no inciso II (ICMS) atenderá ao seguinte: (Emenda Constitucional nº 3/93):
>
> *I – Será não cumulativo, compensando-se o que for devido em cada operação relativa à circulação de mercadorias ou prestação de serviços com o montante cobrado nas anteriores pelo mesmo ou outro Estado ou pelo Distrito Federal;*
>
> *II – A isenção ou não incidência, salvo determinação em contrário da legislação:*
>
> *a) Não implicará crédito para compensação com o montante devido nas operações ou prestações seguintes*
>
> *Acarretará a anulação do crédito relativo às operações anteriores;*

Esse dispositivo constitucional representa a característica principal do ICMS, ou seja, a não cumulatividade. Teoricamente, a partir da Carta Magna, todo o imposto pago nas etapas anteriores seria passível de compensação com os débitos existentes por ocasião da venda ou revenda futura. Todavia, o crédito não poderá ser utilizado nos casos em que a saída não seja tributada, exceção feita às vendas ao exterior, que são equiparadas às saídas tributadas.

A aplicação do texto é controversa, pois em alguns casos específicos o critério da não cumulatividade será ignorado. Veja um exemplo numérico, na venda de um determinado produto hipotético chamado X, lembrando que para fins de simplificação todas as operações são realizadas no mesmo estado, com alíquota de ICMS de 18%.

1ª OPERAÇÃO

A **Cia. Feira** é uma indústria de embalagem, que vende seu produto à **Cia. Mercado**, uma indústria que produz X, por R$ 100, com ICMS incluído de R$ 18, que será integralmente recolhido pela **Cia. Feira.** Admitimos, neste caso, que a **Cia. Feira** não tinha créditos nos insumos utilizados na produção de embalagem.

A **Cia. Mercado** compra as embalagens por R$ 100 e teria, teoricamente, direito ao crédito de ICMS no valor de R$ 18, pois esse valor foi devido na etapa anterior. No entanto, suponha que a legislação disponha que a venda do produto X aos estabelecimentos comerciais seja isenta de ICMS.

2ª OPERAÇÃO

No caso da venda de X da **Cia. Mercado** para a **Cia. Quitanda** (supermercado) pelo valor de R$ 200, não haveria cobrança de ICMS. Logo, o crédito de R$ 18 deveria ser anulado na **Cia. Mercado**, pois a saída de seus produtos foi isenta. E a **Cia. Quitanda** adquiriu o produto X por R$ 200 para revenda, sem crédito de ICMS.

3ª OPERAÇÃO

Quando a **Cia. Quitanda** revender o produto X ao consumidor final por R$ 300, deverá pagar ICMS de R$ 54 (18%), devido ao fato de não ter crédito na etapa anterior desse produto.

No final das contas, o valor agregado na venda de X foi R$ 300, e o ICMS total recolhido montou a R$ 72, sendo R$ 18 recolhidos pela **Cia. Feira** mais R$ 54 recolhidos pela **Cia. Quitanda**. Assim, o total recolhido (R$ 72) representou alíquota efetiva de 24% (R$ 72 / R$ 300), maior que a alíquota nominal utilizada em todo o processo produtivo, que foi 18%. Isso acontece pelo fato de haver isenção ou não incidência no meio do processo produtivo.

Em uma situação como essa, no mundo real, o preço final seria modificado, pois o ICMS representa um imposto indireto, cuja característica é o repasse do seu valor incluído na venda para o consumidor na etapa seguinte pela aplicação do fenômeno jurídico da repercussão. Esse processo termina com a venda ao consumidor, que assume o ônus mais pesado do imposto, não tendo para quem repassar.

Adiante, por meio de exemplos numéricos, o tema será explorado com mais detalhes.

> *III - poderá ser seletivo, em função da essencialidade das mercadorias e dos serviços;*

A outra característica relevante do ICMS, a seletividade, não é impositiva, ou seja, diz a Constituição que o imposto poderá ser cobrado em função da essencialidade das mercadorias. Logo, os produtos considerados de primeira necessidade podem ser tributados com alíquotas inferiores aos demais produtos. Interessante esse dispositivo, pois o chimarrão, por exemplo, pode ser um produto essencial no Rio Grande do Sul e não ter a mesma característica na região Norte do país.

> *IV - Resolução do Senado Federal, de iniciativa do Presidente da República ou de um terço dos Senadores, aprovada pela maioria absoluta de seus membros, estabelecerá as alíquotas aplicáveis às operações e prestações interestaduais e de exportação;*

Esse inciso diz que o Senado Federal é responsável pela definição das alíquotas aplicadas nas operações interestaduais. A escolha do Senado se justifica pela sua representatividade igualitária, pois a casa é composta por três senadores de cada uma das 27 unidades da federação.

> *V - É facultado ao Senado Federal:*
>
> *a) estabelecer alíquotas mínimas nas operações internas, mediante resolução de iniciativa de um terço e aprovada pela maioria absoluta de seus membros;*
>
> *b) fixar alíquotas máximas nas mesmas operações para resolver conflito específico que envolva interesse de Estados, mediante resolução de iniciativa da maioria absoluta e aprovada por dois terços de seus membros;*
>
> *VI - Salvo deliberação em contrário dos Estados e do Distrito Federal, nos termos do disposto no inciso XII, "g" (incentivos fiscais), as alíquotas internas, nas operações relativas à circulação de mercadorias e nas prestações de serviços, não poderão ser inferiores às previstas para as operações interestaduais;*

O objetivo desses incisos foi criar uma forma de incentivar aqueles estados consumidores, fazendo com que o ICMS seja um imposto cobrado ao longo do processo produtivo, mas com prioridade para o estado consumidor, que teria direito também a uma parte do imposto que seria devido originalmente ao estado produtor. Por exemplo, o Estado do Rio de Janeiro, teoricamente, não poderia cobrar alíquota interna menor que 12%, pois as transferências interestaduais entram com ICMS a 12%. Ainda neste capítulo, temos mais detalhes sobre o tema, inclusive com exemplos numéricos.

> *VII - nas operações e prestações que destinem bens e serviços a consumidor final, contribuinte ou não do imposto, localizado em outro Estado, adotar-se-á a alíquota interestadual e caberá ao Estado de localização do destinatário o imposto correspondente à diferença entre a alíquota interna do Estado destinatário e a alíquota interestadual;*
>
> *VIII - a responsabilidade pelo recolhimento do imposto correspondente à diferença entre a alíquota interna e a interestadual de que trata o inciso VII será atribuída: (Emenda Constitucional nº 87/2015)*
>
> *a) ao destinatário, quando este for contribuinte do imposto;*
>
> *b) ao remetente, quando o destinatário não for contribuinte do imposto;*

Nas vendas de produtos a outro estado para uso e/ou consumo, será aplicada sempre alíquota interestadual, seja o comprador contribuinte ou não do ICMS. O responsável pelo recolhimento do diferencial de alíquota dependerá da característica do comprador.

No caso de comprador contribuinte do ICMS, na entrada do produto no estabelecimento será exigido desse comprador o diferencial entre alíquotas, conhecido como Difal.

Se a venda for para não contribuinte do ICMS, a empresa vendedora pagará a diferença entre a alíquota interna do produto cobrado pelo estado de domicílio do comprador e a alíquota interestadual. Se uma pessoa física domiciliada no Estado do Rio de Janeiro (alíquota interna hipotética de 19%), não contribuinte do ICMS, adquirir um produto diretamente de uma indústria localizada no Estado de São Paulo, essa indústria (São Paulo) terá ICMS próprio devido de 12% para SP e deverá recolher ao Estado do Rio de Janeiro 7% de Difal.

A Emenda Constitucional nº 87/2015 incluiu o art. 99 nas disposições constitucionais transitórias, só exigindo a aplicação completa em 2019. Entre 2016 e 2018, esse Difal foi recolhido aos dois estados, de forma transitória. Na seção 10.12, o tema será tratado em detalhes, com exemplos numéricos.

> *IX – Incidirá também:*
>
> *a) sobre a entrada de bem ou mercadoria importados do exterior por pessoa física ou jurídica, ainda que não seja contribuinte habitual do imposto, qualquer que seja a sua finalidade, assim como sobre o serviço prestado no exterior, cabendo o imposto ao Estado onde estiver situado o domicílio ou o estabelecimento do destinatário da mercadoria, bem ou serviço; (Emenda Constitucional nº 33/2001)*
>
> *b) sobre o valor total da operação, quando mercadorias forem fornecidas com serviços não compreendidos na competência tributária dos Municípios;*

Esse item permite a cobrança de ICMS nas importações de produtos do exterior e nas vendas de mercadorias com serviços não alcançados pelo ISS. Importante observar que o ICMS na importação deve ser pago pelo importador ao estado onde ele estiver domiciliado. E, se for contribuinte do imposto, a empresa que adquirir bens e produtos importados poderá utilizar o ICMS pago na importação como crédito para compensar suas saídas tributadas.

> *X – Não incidirá:*
>
> *a) sobre operações que destinem mercadorias para o exterior, nem sobre serviços prestados a destinatários no exterior, assegurada a manutenção e o aproveitamento do montante do imposto cobrado nas operações e prestações anteriores; (Emenda Constitucional nº 42/2003)*
>
> *b) sobre operações que destinem a outros Estados petróleo, inclusive lubrificantes, combustíveis líquidos e gasosos dele derivados, e energia elétrica;*
>
> *c) sobre o ouro, nas hipóteses definidas no art. 153, § 5º;*
>
> *d) nas prestações de serviço de comunicação nas modalidades de radiodifusão sonora e de sons e imagens de recepção livre e gratuita; (Emenda Constitucional nº 42/2003)*

A primeira parte do inciso é a garantia constitucional que as exportações não serão tributadas, atendendo a um acordo referendado na Organização Mundial do Comércio (OMC). Não há cobrança de ICMS quando um produto é vendido para o exterior, mas permite-se a utilização dos créditos obtidos nas compras de matéria-prima e insumos utilizados no produto vendido.

Já a não tributação nas vendas a outros estados de petróleo e energia elétrica é alvo de bastante polêmica e discussão. O raciocínio do legislador é que estes são bens que pertencem à União, não aos estados produtores. O petróleo é explorado em áreas da União, como, por exemplo, a Bacia de Campos.

O problema é que a Lei Complementar (LC) nº 87/96 (art. 3º) diz que o ICMS não incide sobre operações interestaduais relativas a energia elétrica e petróleo, inclusive lubrificantes e combustíveis líquidos e gasosos dele derivados, **quando destinados à industrialização ou à comercialização** (destaque nosso). A lei complementar acrescentou um item que não foi definido na Carta Maior.

Posteriormente, a Emenda Constitucional nº 33/2001 disse que, nas operações com os lubrificantes e combustíveis derivados de petróleo, o ICMS caberá ao Estado onde ocorrer o consumo, garantindo a tributação, mesmo se uma distribuidora vender combustíveis a uma empresa localizada em outro estado, para uso em entrega de mercadorias aos seus clientes.

O Estado do Rio de Janeiro, por exemplo, reclama demais desse dispositivo constitucional, pois os demais produtos aqui consumidos têm o modelo de tributação mista, onde há recolhimento de ICMS ao longo do processo produtivo. Já o petróleo, de cuja produção nacional o estado tem um percentual considerável, tem sua tributação transferida para o momento do consumo.

> *XI – não compreenderá, em sua base de cálculo, o montante do imposto sobre produtos industrializados, quando a operação, realizada entre contribuintes e relativa a produto destinado à industrialização ou à comercialização, configure fato gerador dos dois impostos;*

O IPI não compõe a base do ICMS nas operações realizadas para industrialização ou comercialização. Logo, nas operações entre contribuintes do imposto, o valor do IPI não deve integrar a base de cálculo do ICMS. Já nas vendas realizadas pela indústria para uso e/ou consumo, o IPI passa a fazer parte da base de cálculo do imposto estadual.

Assim, suponha uma loja de eletrodomésticos que adquira uma geladeira para revenda por R$ 1.000, mais

R$ 100 de IPI, totalizando R$ 1.100. Nesse caso, o ICMS cobrado pela indústria seria de R$ 180 (alíquota hipotética de 18%). Já se a mesma aquisição fosse de um balcão utilizado na loja, o ICMS seria calculado incluindo o IPI em sua base, montando a R$ 198 (18% sobre R$ 1.100).

> *XII - cabe à lei complementar:*
>
> *a) definir seus contribuintes;*
>
> *b) dispor sobre substituição tributária;*
>
> *c) disciplinar o regime de compensação do imposto;*
>
> *d) fixar, para efeito de sua cobrança e definição do estabelecimento responsável, o local das operações relativas à circulação de mercadorias e das prestações de serviços;*
>
> *e) excluir da incidência do imposto, nas exportações para o exterior, serviços e outros produtos além dos mencionados no inciso X, "a";*
>
> *f) prever casos de manutenção de crédito, relativamente à remessa para outro Estado e exportação para o exterior, de serviços e de mercadorias;*
>
> *g) regular a forma como, mediante deliberação dos Estados e do Distrito Federal, isenções, incentivos e benefícios fiscais serão concedidos e revogados.*
>
> *h) definir os combustíveis e lubrificantes sobre os quais o imposto incidirá uma única vez, qualquer que seja a sua finalidade, hipótese em que não se aplicará o disposto no inciso X, "b"; (Emenda Constitucional nº 33/2001)*
>
> *i) fixar a base de cálculo, de modo que o montante do imposto a integre, também na importação do exterior de bem, mercadoria ou serviço. (Emenda Constitucional nº 33/2001)*

Esse inciso transfere para lei complementar a regulamentação do ICMS, direcionando inclusive os itens que a referida lei deveria prever.

> § 3º À exceção dos impostos de que tratam o inciso II do *caput deste artigo (ICMS) e o art. 153, I e II (II e IE), nenhum outro imposto poderá incidir sobre operações relativas a energia elétrica, serviços de telecomunicações, derivados de petróleo, combustíveis e minerais do País. (Emenda Constitucional nº 33/2001)*

Dispositivo que garante que não haverá a cobrança de outros impostos sobre energia elétrica além do ICMS e dos Impostos sobre Comércio Exterior.

> *§ 4º Na hipótese do inciso XII, "h", observar-se-á o seguinte: (Emenda Constitucional nº 33/2001)*
>
> *I - nas operações com os lubrificantes e combustíveis derivados de petróleo, o imposto caberá ao Estado onde ocorrer o consumo;*
>
> *II - nas operações interestaduais, entre contribuintes, com gás natural e seus derivados, e lubrificantes e combustíveis não incluídos no inciso I deste parágrafo, o imposto será repartido entre os Estados de origem e de destino, mantendo-se a mesma proporcionalidade que ocorre nas operações com as demais mercadorias;*
>
> *III - nas operações interestaduais com gás natural e seus derivados, e lubrificantes e combustíveis não incluídos no inciso I deste parágrafo, destinadas a não contribuinte, o imposto caberá ao Estado de origem;*
>
> *IV - as alíquotas do imposto serão definidas mediante deliberação dos Estados e Distrito Federal, nos termos do § 2º, XII, "g", observando-se o seguinte:*
>
> *a) serão uniformes em todo o território nacional, podendo ser diferenciadas por produto;*
>
> *b) poderão ser específicas, por unidade de medida adotada, ou ad valorem, incidindo sobre o valor da operação ou sobre o preço que o produto ou seu similar alcançaria em uma venda em condições de livre concorrência;*
>
> *c) poderão ser reduzidas e restabelecidas, não se lhes aplicando o disposto no art. 150, III, "b".*
>
> *§ 5º As regras necessárias à aplicação do disposto no § 4º, inclusive as relativas à apuração e à destinação do imposto, serão estabelecidas mediante deliberação dos Estados e do Distrito Federal, nos termos do § 2º, XII, "g".*

A tributação de ICMS no setor de petróleo e gás é algo com elevado grau de complexidade, sofisticação e muitos detalhes específicos, inclusive no modelo de substituição tributária. Este livro, a princípio, não avançará no estudo do tema.

10.3 Leis Complementares e Leis Estaduais

O ICMS, conforme previsão constitucional, teve suas regras básicas, em nível nacional, reguladas pelo convênio ICM nº 66/88, o qual foi revogado em 13 de setembro de 1996 pela LC nº 87 (conhecida do público como Lei Kandir), que passou a balizar o assunto, juntamente com os convênios firmados entre os Estados. Posteriormente, muitas Leis Complementares acrescentaram novos detalhes à LC nº 87/96.

No caso específico do Estado do Rio de Janeiro, o ICMS está regulamentado pela Lei Estadual nº 2.657/96, com alerações. A legislação está consolidada no Decreto nº 27.427/2000, mais conhecido como Regulamento do ICMS, que tem sua consulta disponível no endereço eletrônico www.sef.rj.gov.br, já com as atualizações.

10.4 Créditos do ICMS e o método não cumulativo

O ICMS é, por determinação constitucional, um imposto não cumulativo, compensando-se o que for devido em cada operação de venda com o montante cobrado nas operações anteriores no mesmo estado ou por outro estado nas compras.

O contribuinte tem o direito de creditar-se do imposto anteriormente cobrado, relativo à mercadoria entrada (de forma real ou simbólica) em seu estabelecimento, inclusive as mercadorias destinadas a uso e consumo, ao ativo imobilizado ou o recebimento de serviços de transporte interestadual e intermunicipal e de comunicação.

A Carta Magna não proíbe o crédito do imposto na aquisição de bens de uso e consumo. Pelo contrário, diz que o imposto será não cumulativo, permitindo, a princípio, a compensação de todo o ICMS pago indiretamente, nas aquisições da empresa. As leis complementares permitiram a possibilidade de crédito para a aquisição de bens do ativo imobilizado. Contudo, o Regulamento do ICMS do Estado do Rio de Janeiro, por exemplo, permite crédito somente na aquisição de bem que seja utilizado diretamente em sua atividade industrial, comercial ou de prestação de serviço de transporte interestadual e intermunicipal e de comunicação.

Além disso, a lei não permite o crédito nos casos em que as vendas seguintes sejam isentas ou não tributadas. Logo, somente podem gerar crédito as entradas de mercadorias destinadas à revenda e as entradas de insumos (matéria-prima, material de embalagem, produtos intermediários e outros) utilizados na elaboração de produto destinado à venda, cujas saídas sejam tributadas pelo ICMS.

Em linha geral, quando a saída for isenta ou não tributada, o crédito pela entrada do produto deve ser anulado, por meio de estorno. Todavia, os créditos referentes a mercadorias e serviços que venham a ser objeto de operações ou prestações destinadas ao exterior e as operações com o papel destinado à impressão de livros, jornais e periódicos (LC nº 120/2006) não precisam ser estornados.

Para ter direito ao crédito do ICMS, é necessário que o contribuinte destaque seu valor em documento fiscal hábil, assim entendido um documento que atenda todas as exigências da legislação pertinente e que seja emitido por contribuinte em situação regular perante o Fisco Estadual.

A LC nº 114/2002 postergou o início da possibilidade de crédito de ICMS nos itens de uso e consumo para JAN/2007, com a LC nº 122/2006 empurrando a entrada em vigor para 2011. Depois, a LC nº 138/2010 promoveu novo adiamento para JAN/2020. Nas edições anteriores, lembrei que não era a primeira vez que ocorria a prorrogação, o que trazia desconfiança em relação à data programada. Pois bem, no final de 2019, o novo Congresso Nacional, eleito em 2018 e festejado por parte da sociedade por ter apresentado bom percentual de renovação, simplesmente aprovou a LC nº 171, prorrogando a proibição dos créditos até o ano de 2032.

Havia discussão jurídica em relação à proibição do crédito. Renomados tributaristas apresentam longos textos, onde justificam que a proibição imposta por Lei Complementar não encontra amparo na Constituição de 1988. Não iremos avançar aqui no debate jurídico, até pelo direcionamento da obra para a parte aplicada da legislação tributária. Contudo, para contribuir com o tema, será apresentado a seguir um exemplo numérico, simples é verdade, mas suficiente para auxiliar no entendimento sobre a discussão jurídica.

10.4.1 O caso da loja de roupas

A Cia. Recreio é uma empresa comercial de roupas e inicia suas atividades em JAN/2019. Para realizar sua atividade mercantil, aluga uma loja em um *shopping center*.

Para funcionar, a Cia. Recreio adquire mobiliário e equipamentos imprescindíveis à sua atividade, tais como balcões, armários, prateleiras, vitrines, cabines para os provadores, mesas, cadeiras, aparelhos de telefone, computador, entre outros. Todas essas aquisições foram tributadas pelo ICMS.

Após o aparelhamento estrutural, a Cia. Recreio adquire mercadorias para constituir seu estoque inicial, para posterior revenda. Novamente, houve cobrança de ICMS nas mercadorias adquiridas.

Para desenvolver sua atividade, a Cia. Recreio deverá adquirir diversos materiais, que serão utilizados na comercialização dos produtos (fitas, alfinetes, sacolas, caixas etc.), na administração do negócio (materiais de escritório, de higiene e limpeza) e na atenção ao cliente (cafezinho, balas e pequenos brindes, por exemplo). Em todos esses bens de uso e consumo adquiridos, houve cobrança de ICMS.

A Cia. Recreio consumirá, ainda, quantidade de energia elétrica e serviços de telecomunicações, os dois itens com ICMS incluído no preço, que será recolhido pelos fornecedores desses serviços.

Considerando alíquota de 18% em todos os produtos e serviços consumidos pela Cia. Recreio, temos a seguinte situação: se a empresa desembolsou R$ 20.000 na aquisição de bens do ativo imobilizado e mais R$ 5.000 em gastos diversos referentes às despesas de uso e consumo apresentadas, houve um crédito de ICMS não permitido no valor de R$ 900, que corresponde a 18% (alíquota hipotética) de R$ 5.000. No caso, como a legislação não permite esse creditamento, a empresa deverá tratar os R$ 900 como despesas específicas, referente cada item pago. E o crédito de R$ 3.600 (18% de R$ 20.000) poderá ser utilizado somente em 48 parcelas mensais de R$ 75. E se a empresa vender seu bem antes de completar os quatro anos de aquisição, o crédito não utilizado não poderá ser aproveitado após a venda.

10.5 Incidência: fato gerador

Diversas são as hipóteses de incidência do ICMS, por sua característica múltipla. Alguns consideram o ICMS como o imposto mais detalhado e de mais complexa compreensão do país. Veja os momentos em que ocorre a incidência do imposto:

- Operações relativas à circulação de mercadorias, inclusive o fornecimento de alimentação e bebidas em bares, restaurantes e estabelecimentos similares.
- Prestações de serviços de transporte interestadual e intermunicipal, por qualquer via, de pessoas, bens, mercadorias e valores.
- Prestações onerosas de serviços de comunicação, por qualquer meio, inclusive a geração, a emissão, a recepção, a transmissão, a repetição e a ampliação.
- Fornecimento de mercadorias com prestação de serviços não compreendidos na competência tributária dos municípios ou, quando sujeitas ao ISS, a lei complementar que trata deste imposto, coloca a tributação separada do ICMS sobre as mercadorias empregadas.
- Entrada de bem ou mercadoria importados do exterior por pessoa física ou jurídica, ainda que não seja contribuinte habitual do imposto, qualquer que seja sua finalidade.
- Sobre serviço prestado em outro país ou cuja prestação se tenha iniciado no exterior.
- Sobre a entrada, no território do Estado destinatário, de petróleo, inclusive lubrificantes e combustíveis líquidos e gasosos derivados de petróleo e de energia elétrica, quando não destinados à comercialização/industrialização.

10.5.1 Operações relativas à circulação de mercadorias

A circulação de mercadorias representa o principal fato gerador do ICMS, que vem desde a época do antigo ICM. Teoricamente, a incidência do imposto é vinculada à movimentação física dos bens. A legislação utilizou o termo CIRCULAÇÃO, o que condiciona a incidência do imposto às saídas das mercadorias, ainda que destinadas a outro estabelecimento do mesmo titular.

O fato gerador ocorre qualquer que seja a natureza jurídica que provoque a saída da mercadoria: venda, transferência de matriz para filial, permuta ou doação. O que faz nascer a obrigação de pagar o ICMS não é o negócio jurídico da venda de mercadorias, mas a situação do fato da saída das mercadorias do estabelecimento, o que pode ser feito sem se realizar uma venda.

Para fins de incidência do ICMS, o momento do recebimento do preço de venda não é relevante. Uma mercadoria pode ser vendida em janeiro, remetida ao comprador em fevereiro e o preço recebido em março. No caso, o fato gerador ocorre na saída da mercadoria, no mês de fevereiro. Se o vendedor não conseguir receber o preço de venda do comprador, em nada afeta a cobrança e incidência do ICMS. O que gera o imposto devido é a saída da mercadoria, não o recebimento do preço de venda.

No Regulamento do ICMS do Estado do Rio de Janeiro (Decreto nº 27.427/2000), o fato gerador ocorre:

- Na saída de mercadoria, a qualquer título, do estabelecimento do contribuinte, ainda que para outro estabelecimento do mesmo titular.
- Na saída de estabelecimento industrializador, em retorno ao do encomendante, ou para outro por ordem deste, de mercadoria submetida a processo de industrialização que não implique prestação de serviço compreendido na competência tributária municipal, ainda que a industrialização não envolva aplicação ou fornecimento de qualquer insumo.

10.5.2 Prestação de serviços de transporte

O ICMS será cobrado sobre a prestação de serviços de transporte interestadual e intermunicipal, por qualquer via (aérea, marítima ou terrestre), de pessoas, bens, mercadorias e valores. Sobre a prestação de serviços de transportes intramunicipais, há cobrança do ISS e não do ICMS.

O fato gerador ocorre no início da prestação do serviço, pertencendo o imposto a esse Estado. Uma carga transportada do Rio de Janeiro para o Paraná terá incidência de ICMS no Estado do RJ, mesmo que transite pelo Estado de São Paulo. O imposto é devido ao Estado onde teve início o transporte.

Quando há coleta de pessoas, bens, mercadorias e valores em mais de um Estado, o ICMS é devido em cada um deles, com base no preço de cada prestação de serviço.

Se o transporte for iniciado no exterior e contratado em etapas, haverá incidência de ICMS no serviço prestado no território brasileiro.

10.5.3 Prestação de serviços de comunicação

O ICMS incide apenas sobre a prestação onerosa de serviços de comunicação, por qualquer meio (telefone, televisão, satélite, entre outros), inclusive geração, emissão, transmissão e retransmissão, repetição e a ampliação de comunicação de qualquer natureza.

Não há incidência nos serviços gratuitos de comunicação, como os oferecidos, por exemplo, pelas TVs abertas. Já as redes de TV por assinatura são contribuintes do ICMS, pois prestam serviço mediante cobrança.

As Leis n°s 9.472/97 e 9.691/98 especificam as atividades que se enquadram como serviços de telecomunicações.

10.5.4 Entrada de mercadoria ou bem importado

O ICMS é devido também sobre a entrada de bem ou mercadoria importados por pessoa física ou jurídica, ainda que não seja contribuinte habitual do imposto, qualquer que seja a finalidade ou destinação.

Na importação, a incidência do ICMS não está vinculada ao fato do importador ser estabelecimento comercial, industrial ou qualquer espécie de contribuinte. Será contribuinte do imposto, por exemplo, a pessoa física que importar uma guitarra, um veículo ou outro bem para seu próprio uso. Se o importador for pessoa jurídica, a incidência do ICMS independe da finalidade ou destinação a ser dada ao bem ou mercadoria (industrialização, comercialização, consumo ou ativo fixo).

O fato gerador ocorre no momento do desembaraço aduaneiro do produto importado. A fixação do momento do desembaraço como o instante da incidência é mais um artifício da legislação, com o objetivo de permitir a cobrança do imposto antes da entrada da mercadoria no estabelecimento do importador.

Mas, para fins de cobrança do ICMS, o local da operação, que determina o estado competente para a cobrança do imposto, é o do estabelecimento onde ocorre a entrada física ou o domicílio do adquirente, se não estabelecido. Se a mercadoria é destinada a uma empresa importadora domiciliada em Goiás, mas a importação foi processada no Porto de Vitória, no Espírito Santo, o ICMS será devido ao Estado de Goiás.

10.6 Não incidência

A não incidência significa que determinados produtos, serviços ou operações sejam dispensados do ICMS. Então, mesmo existindo o fato gerador, o imposto não incidirá sobre:

- Operações que destinem mercadorias, produtos primários, industrializados semielaborados e serviços ao exterior.
- Saída de peça, ferramenta, máquina, veículo, equipamento e outros utensílios, integrados ao ativo fixo, desde que devam retornar ao estabelecimento de origem ou outro do mesmo titular.
- Operações com livros, jornais, periódicos e o papel destinado a sua impressão.
- Operações de arrendamento mercantil, não compreendida a venda de bem arrendado ao arrendatário.
- Algumas outras operações não especificadas.

Equipara-se à operação de exportação a saída de mercadoria realizada com o fim específico de exportação para o exterior, destinado a:

- Empresa comercial exportadora, inclusive *trading* ou outro estabelecimento da mesma empresa.
- Armazém alfandegário ou entreposto aduaneiro.

10.7 Conflito entre ISS e ICMS

A legislação do ICMS diz que o fato gerador do imposto acontece "no fornecimento de mercadoria com prestação de serviço não compreendido na competência tributária dos municípios ou compreendido na competência tributária dos municípios, e com indicação expressa de incidência do imposto de competência estadual, como definido em legislação aplicável".

Portanto, no fornecimento de mercadorias com prestação de serviço que não esteja previsto na LC nº 116/2003, a base do ICMS será o preço total, incluindo o serviço.

Já nos casos em que a lista de serviços do ISS faz previsão do serviço sem ressalva, não há que se falar em cobrança do ICMS sobre o fornecimento das mercadorias utilizadas na prestação do serviço, que no caso se sujeita apenas a incidência do imposto municipal.

Contudo, quando a referida lista mencionar expressamente que as mercadorias fornecidas na prestação dos serviços ficam sujeitas ao ICMS, a operação estará sujeita aos dois impostos: ICMS, sobre o valor das mercadorias; e ISS, que incidirá sobre o valor dos serviços.

Para facilitar o entendimento do leitor, são apresentados dois casos em que há cobrança apenas de ISS, mesmo com o fornecimento de mercadorias.

Nos serviços de manutenção de veículos (item 14.01 da lista), por exemplo, o prestador de serviços deverá separar o valor das mercadorias do valor da mão de obra, que no caso representa o serviço prestado. Assim, as mercadorias vendidas têm cobrança de ICMS, enquanto sobre o valor da mão de obra será cobrado ISS.

O item 7.06 da lista de serviços do ISS merece análise especial. Veja o que diz o item (destaque dado pelo autor):

> 7.06 – Colocação e instalação de tapetes, carpetes, assoalhos, cortinas, revestimentos de parede, vidros, divisórias, placas de gesso e congêneres, **com material fornecido pelo tomador do serviço.**

Por outro lado, no Regulamento do ICMS no Estado do Rio de Janeiro, há menção ao mesmo item como uma atividade sujeita aos dois impostos. Diz o dispositivo que o ICMS será devido no "fornecimento de material, no serviço de instalação ou montagem de aparelho, máquina, equipamento, ou de colocação de tapete, cortina, papel, vidro, lambris etc., prestado ao usuário final". Todavia, na lista do ISS não há a inclusão desses serviços com o fornecimento do material pelo prestador do serviço, apenas quando estes forem fornecidos pelo tomador do serviço. O § 1º do art. 4º do mesmo regulamento, na definição da base de cálculo, diz que "no fornecimento de máquina, aparelho, equipamento, conjunto industrial ou outras mercadorias, como tapete, cortina, papel de parede, vidro, lambris e outros, cuja alienação esteja vinculada à respectiva montagem, instalação, colocação ou operação similar, a base de cálculo do imposto compreende, também, o valor da montagem, instalação, colocação ou operação similar, salvo disposição expressa em contrário".

Resumindo o nosso entendimento: a colocação de cortinas e persianas, sem o fornecimento do material, é base apenas do ISS. Já, se o prestador de serviço fornece também o material, o item deixa de constar na lista de serviços do ISS, e o imposto devido, no caso, seria o ICMS, calculado sobre o valor total, incluindo o preço da cortina/persiana mais o serviço de colocação.

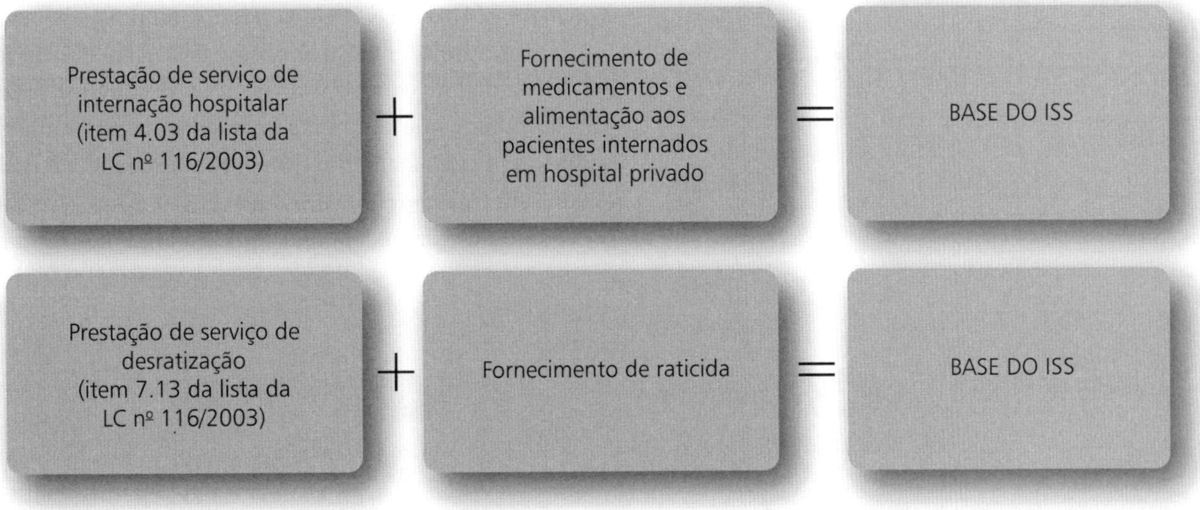

FIGURA 10.1

10.7.1 Fornecimento de alimentação e bebidas

O ICMS incide sobre o fornecimento de alimentação e bebidas em bares, restaurantes e estabelecimentos similares (lanchonetes, cafés, padarias etc.). Apesar de essa atividade envolver, também, a prestação de serviços, e mesmo a industrialização em alguns casos, há incidência exclusivamente do ICMS sobre o preço total, inexistindo fato gerador do IPI (é isento) ou do ISS (não há previsão).

O fato gerador ocorre no momento do fornecimento dos alimentos, bebidas e outras mercadorias pelos estabelecimentos citados.

10.8 Venda a ordem

Diz o inciso XIV do art. 3º do Regulamento do ICMS no Estado do Rio de Janeiro: "O Fato Gerador do ICMS ocorre também na transmissão de propriedade de mercadoria, ou de título que a represente, quando a mercadoria não tiver transitado pelo estabelecimento transmitente." Esse dispositivo é aplicado quando ocorre uma compra para revenda, na qual a mercadoria não transita pelo estabelecimento revendedor. Veja a Figura 10.2 como exemplo.

BETA adquire mercadorias de DELTA e manda que esta empresa faça a entrega para ALFA.
Fisicamente, a mercadoria sai de DELTA para ALFA.

No caso, apesar de não ter recebido a mercadoria fisicamente, BETA deve considerar sua entrada e escriturar sua saída simbólica, fictícia, ainda que não tenha transitado em seu estabelecimento. Quanto a DELTA, também está sujeita ao imposto, devido a sua saída física. DELTA deve emitir nota fiscal, com destaque do ICMS, para BETA, que deve emitir nota fiscal, com destaque do imposto, para ALFA. Além disso, DELTA deve emitir nota fiscal, sem destaque do imposto, para ALFA, para acompanhar a remessa física da mercadoria.

10.9 Contribuinte legal e contribuinte efetivo

O contribuinte do ICMS é qualquer pessoa, física ou jurídica, que realize, com habitualidade ou em volume que caracterize intuito comercial, operações de circulação de mercadoria ou prestação de serviços de transporte interestadual e intermunicipal e de comunicação, ainda que as operações e as prestações se iniciem no exterior.

Também é considerada contribuinte a pessoa física ou jurídica que, mesmo de forma não habitual:

- Importe mercadorias de outro país, ainda que as destine ao consumo ou ao ativo permanente do estabelecimento.
- Seja destinatária de serviço prestado no exterior ou cuja prestação se tenha iniciado lá.
- Adquira em leilão mercadorias apreendidas ou abandonadas.
- Adquira produtos lubrificantes e combustíveis líquidos e gasosos derivados de petróleo oriundos de outro estado, quando não destinados à comercialização.

Na maioria das operações com incidência de ICMS, por ocasião da venda (ou revenda) de mercadorias, o contribuinte legal do imposto estadual é a empresa vendedora. Ele é quem deverá fazer suas contas, incluir o imposto no preço de venda, depois calculá-lo, contrapor com os créditos adquiridos nas suas compras (para revenda ou para produção) e recolher o imposto ao estado que tiver direito.

Contudo, na essência, o contribuinte do ICMS fui eu, foi você, foi a pessoa que comprou o produto, pois ele foi EMBUTIDO pelo vendedor no preço de venda da mercadoria. Então, o imposto estadual foi transferido do vendedor (contribuinte legal ou de direito) para o comprador, que na prática foi quem assumiu seu pagamento. O detalhamento desse processo de repercussão dos impostos no preço de venda dos produtos e serviços será tratado daqui a pouco aqui, em algumas páginas.

FIGURA 10.2

10.10 Base de cálculo

A base de cálculo do ICMS pode ser representada por várias formas, por sua larga incidência. De modo geral, representa o valor da operação com mercadorias, incluindo os gastos acessórios como frete e seguro, até o momento da entrada da mercadoria no estabelecimento do contribuinte. Além disso, a base do ICMS inclui os serviços no fornecimento de alimentação.

Veja a seguir alguns exemplos hipotéticos de montagem da base de cálculo do ICMS:

a) A Cia. CASA 1 recebe sua conta de energia no valor de R$ 4.000. A base de cálculo do ICMS será R$ 4.000, sendo o imposto pago pela distribuidora de energia.

b) A Cia. CASA 2 é uma indústria de caminhões. Vende um veículo produzido para uma revendedora por R$ 200.000. Esse é, portanto, o valor da base de cálculo do ICMS devido, sobre o qual será aplicada a alíquota correspondente. O ICMS apurado na venda poderá ser deduzido do ICMS pago nos insumos utilizados na produção dos caminhões.

c) O Restaurante CASA 3 serviu em uma sexta-feira 250 pratos de feijoada, por R$ 20 cada. A base de cálculo do ICMS será de R$ 5.000, podendo abater o imposto sobre os produtos utilizados no preparo da refeição.

d) A Padaria CASA 4 vendeu, no domingo, 500 pães, por R$ 0,40 cada. A base de cálculo do ICMS será de R$ 200 e, do valor devido desses itens, será descontado o ICMS pago na aquisição dos produtos utilizados no preparo do pão, como o fermento, por exemplo.

e) A linha de ônibus que faz o trajeto entre Saquarema e Cabo Frio transportou, no sábado de carnaval, 600 passageiros, com passagem a R$ 4,50. A base de cálculo do ICMS será de R$ 2.700.

10.10.1 Base de cálculo na importação

Na importação, a base de cálculo do ICMS é correspondente à soma dos seguintes valores:

- Valor da mercadoria ou bem constante dos documentos de importação.
- II, IPI e IOF.
- Quaisquer outros impostos, taxas, contribuições e despesas aduaneiras, assim entendidos os valores pagos ou devidos à repartição alfandegária até o momento do desembaraço da mercadoria, tais como taxas e os decorrentes de diferenças de peso, erro na classificação fiscal ou multa por infração.

O preço de importação expresso em moeda estrangeira será convertido em moeda nacional pela mesma taxa de câmbio utilizada no cálculo do imposto de importação, sem qualquer acréscimo ou devolução posterior, caso ocorra variação na taxa de câmbio até o pagamento efetivo do preço. O valor fixado pela autoridade aduaneira para base de cálculo do imposto de importação, nos termos da lei aplicável, substituirá o preço declarado.

Vamos a um exemplo numérico, para facilitar o entendimento do leitor. Suponha que determinada empresa adquira um equipamento para seu ativo imobilizado pelo valor de US$ 9.000, sendo esse o preço declarado nos documentos de importação. O valor fixado pela autoridade aduaneira para base de cálculo do imposto de importação foi US$ 10.000. Considerando alíquota do II de 10%, mais IPI de R$ 1.200, R$ 800 de despesas aduaneiras e utilizando uma taxa de câmbio de R$ 2,00, observe como fica a base do ICMS:

VALOR FIXADO COMO BASE DE CÁLCULO DO II	US$ 10.000	
IMPOSTO DE IMPORTAÇÃO (10%)	US$ 1.000	
	SUBTOTAL	**US$ 11.000**
CÂMBIO UTILIZADO NO CÁLCULO DO II	R$ 2,00	
	SUBTOTAL	**R$ 22.000**
IPI + DESPESAS ADUANEIRAS (1.200 + 800)	R$ 2.000	
BASE DE CÁLCULO DO ICMS	R$ 24.000	

Caso tivesse frete do porto até o estabelecimento do importador, este não integraria a base do ICMS na importação, pois o transporte teria ocorrido após o desembaraço aduaneiro.

10.10.2 IPI, frete, seguros, descontos e o cálculo do ICMS

A base de cálculo do ICMS inclui os valores pagos a título de seguros, juros e demais importâncias pagas, recebidas ou debitadas, além de deduzir os descontos incondicionais concedidos.

Os descontos incondicionais ou comerciais são aquelas parcelas que reduzem o preço de compra e venda de mercadorias, constando na nota fiscal ou fatura de serviço, sem dependência de evento posterior à emissão desses documentos. Não se confundem com os descontos condicionais ou financeiros, que dependem de evento posterior e normalmente são dados para pagamentos antecipados.

O cálculo do ICMS na venda realizada para contribuintes do imposto em operações para comercialização e industrialização não considera o IPI. Uma indústria, ao vender uma mercadoria para uma loja comercial por R$ 200, com IPI de 10% (R$ 20) incluído na nota, terá o ICMS calculado sobre R$ 200, sem considerar o imposto federal.

Já se a mesma venda fosse feita diretamente para o consumidor final, a base de cálculo do ICMS seria de R$ 220, incluindo o IPI.

Para calcular o ICMS nas operações de vendas, a indústria deve saber para qual contribuinte está vendendo e o objetivo da venda que está realizando (industrialização, revenda ou uso/consumo).

A base do IPI será o valor da nota, considerando frete, seguros e demais despesas acessórias, com redução dos descontos incondicionais concedidos.[1] Assim, se no exemplo citado houvesse um desconto incondicional de R$ 10, o novo preço praticado seria R$ 209, com a venda líquida de R$ 190 (200 – 10) + o IPI de 19 (10%).

10.10.3 Exemplo numérico com ICMS e IPI

Nos exemplos numéricos até aqui, não foi feita a construção do preço necessário/desejado para fazer a repercussão econômica do imposto no preço e, assim, chegar ao preço final. Por enquanto, está sempre sendo fornecido o preço já fechado, e ainda será assim aqui e nos próximos dois subtópicos.

Suponha que a Cia. Valença (indústria) efetue a venda para uma empresa comercial de 500 unidades de um produto por R$ 10 cada, com frete de R$ 250 e seguro de R$ 50, cobrados na nota fiscal. Além disso, foi dado um desconto comercial de R$ 1 por unidade do produto. Para fins de simplificação, suponha uma alíquota de ICMS de 18% e alíquota de IPI de 10%.

Considerando que a compra do produto foi para posterior revenda, a base do ICMS será encontrada com o seguinte cálculo:

(+) VALOR DA MERCADORIA (SEM IPI)	R$ 5.000
(+) FRETE COBRADO PELO VENDEDOR	R$ 250
(+) SEGURO COBRADO PELO VENDEDOR	R$ 50
(–) DESCONTO INCONDICIONAL	(R$ 500)
BASE DE CÁLCULO DO ICMS	= R$ 4.800
ICMS DESTACADO NA NOTA FISCAL (18%)	= R$ 864
(+) IPI (10%) COBRADO DO COMPRADOR (BC 4.800)	= R$ 480
PREÇO DE VENDA FINAL DA MERCADORIA	= R$ 5.280

Assim, o preço final do produto será R$ 5.280, sendo R$ 480 de IPI + R$ 4.800 da mercadoria, incluindo frete, seguro, o próprio ICMS menos o desconto incondicional concedido.

Outro exemplo: Admita que a Indústria Pantanal S.A. venda seu produto Z para a Comercial Sucuri Ltda. por R$ 250, sendo R$ 200 o preço de venda mais 25% de IPI (R$ 50). Se a venda foi para posterior comercialização, a base de cálculo do ICMS será R$ 200. Já se a venda foi para uso e/ou consumo do seu cliente (por exemplo, para uso como ativo imobilizado), a base de cálculo do imposto estadual seria R$ 250.

10.10.4 Exemplo numérico com vendas para o exterior

Uma empresa produz X a partir de duas matérias-primas, A e B, e vende duas unidades: uma no Brasil, com tributação; e outra, para o exterior, sem tributação, conforme previsto na Constituição.

No caso, conforme Figura 10.3, a empresa pagaria de ICMS o valor de R$ 35 (75 – 10 – 10 – 10 – 10), deduzindo das vendas no Brasil o crédito dos itens utilizados na produção do bem vendido ao exterior.

10.10.5 Exemplo numérico com vendas isentas

Outra empresa produz X a partir de duas matérias-primas, A e B, e vende duas unidades: uma no Brasil, com tributação; e outra, também no Brasil, mas sem tributação, com isenção ou alíquota zero.

No caso, a empresa pagaria de ICMS o valor de R$ 55, perdendo o crédito da compra de A e B (R$ 20) para fabricar X2.

[1] Conforme Resolução do Senado Federal nº 1/2017.

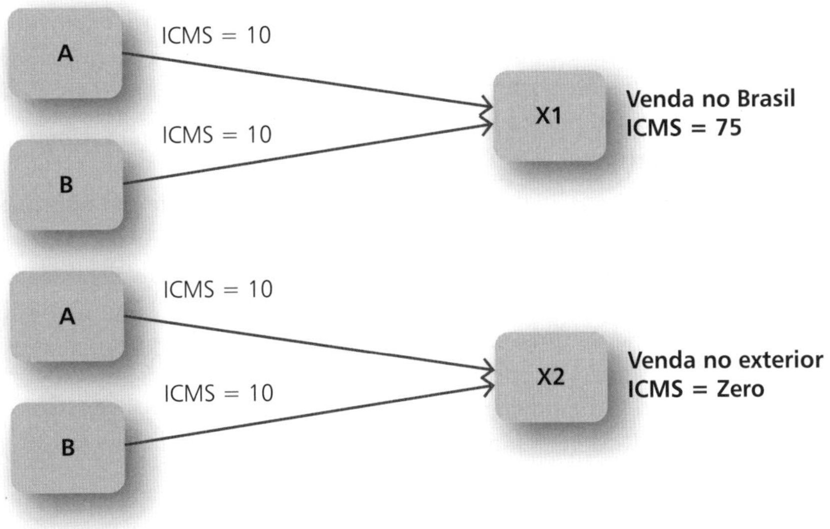

FIGURA 10.3

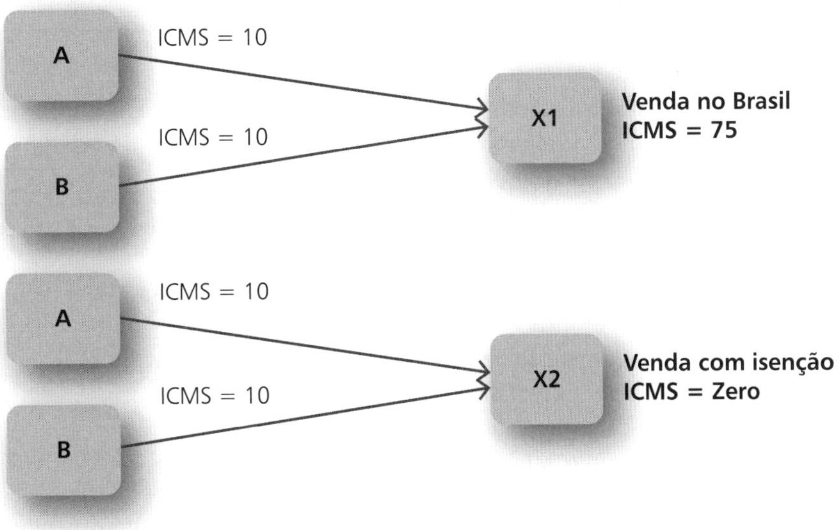

FIGURA 10.4

Conforme já explicado no início do capítulo, diferentemente do que acontece na exportação, quando a legislação estadual conceder isenção ou não houver incidência de ICMS na venda, o crédito apurado nas compras deverá ser anulado, extinto. A empresa compradora não poderá, portanto, utilizar o crédito quando o ICMS for isento ou não cobrado na venda do seu fornecedor.

Quando a isenção acontece no meio do processo produtivo, o imposto acaba distorcendo a cadeia produtiva. Por exemplo, suponha a existência de três empresas: A, B e C, que se relacionam em uma cadeia produtiva do mesmo produto Y. Considere, agora, três vendas realizadas por essas empresas, com as seguintes alíquotas aplicadas de ICMS:

- Venda 1 – **A** vende Y a **B** por R$ 100, com ICMS devido de 12% = R$ 12.
- Venda 2 – **B** vende Y a **C** por R$ 200, com isenção de ICMS. Nesse caso, a Cia. **B** nada pagaria de ICMS diretamente, mas perderia o crédito do ICMS de R$ 12 que teria sido pago na entrada.
- Venda 3 – Cia. **C** revende ao consumidor final por R$ 250, com ICMS devido de R$ 30 (12% de alíquota), sem possibilidade de deduzir créditos.

No total da cadeia produtiva, o ICMS desembolsado montou a R$ 42, somando os R$ 12 recolhidos pela Cia. A + os R$ 30 que foram pagos pela Cia. C. A alíquota efetiva, nesse caso, seria de 16,8% ($^{42}/_{250}$), por conta da isenção concedida no meio da cadeia produtiva.

Na legislação tributária há permissão para uso de crédito na compra de bens para o ativo imobilizado, basicamente na atividade industrial. Esse crédito não pode, contudo, ser utilizado integralmente no período, podendo ser aproveitado apenas em 48 meses sendo ($^1/_{48}$) por mês. Os detalhes serão apresentados a seguir.

10.11 Crédito sobre aquisição de bens do ativo imobilizado

A LC nº 102/2000 deu nova regulamentação ao crédito sobre aquisição de bens do ativo imobilizado. De imediato, é válido afirmar que somente tem sentido o aproveitamento desse crédito aos contribuintes do ICMS. As empresas não contribuintes, quando compram seus bens, devem fazer o registro no ativo imobilizado sem destaque de ICMS, ou seja, o imposto integra o valor do bem.

A legislação permite a utilização do ICMS pago sobre as compras de bens para o ativo imobilizado, podendo o crédito ser aproveitado em 48 parcelas mensais, a partir da data de aquisição. Entretanto, sua utilização está condicionada às receitas tributadas pelo contribuinte. Assim, se a empresa vender produtos com saídas isentas, poderá utilizar o crédito apenas sobre o percentual de saídas tributadas em relação ao total de vendas. Importante ressaltar que as vendas de produtos ao exterior se equiparam às saídas tributadas, para fins de uso desse crédito.

O crédito integral do ICMS sobre as aquisições de bens do ativo imobilizado somente deve ser registrado quando não houver expectativa de venda de mercadorias sem tributação do ICMS. Se, por exemplo, a empresa possui incentivo fiscal de isenção do imposto estadual nas vendas no próprio estado, o crédito não deve ser integralmente reconhecido.

Portanto, o crédito reconhecido não poderá ser utilizado de imediato, apenas em 48 parcelas, iguais e sucessivas, sem qualquer tipo de atualização.

Caso o bem seja vendido antes de decorridos os 48 meses, os créditos não poderão ser aproveitados a partir daí, devendo ser estornados, compondo o resultado da venda.

10.11.1 Exemplo numérico simples

Veja um exemplo numérico, com objetivo de esclarecer melhor o assunto como um todo. A Cia. Sepetiba é uma empresa comercial que iniciou suas atividades em JAN/x1. O balanço inicial da empresa apontava a seguinte situação:

CAIXA: 10.000	CAPITAL: 10.000

A alíquota de ICMS utilizada no exemplo será sempre de 20%, para facilitar o desenvolvimento. Nesse exemplo também serão desconsiderados os demais tributos incidentes sobre o consumo, como IPI, COFINS e PIS.

Em janeiro, a empresa efetuou as seguintes operações:

1. Compra de 100 unidades de mercadorias por R$ 5.000 (R$ 50 cada).
2. Compra de equipamento a vista por R$ 3.600.*
3. Venda de 50 unidades das mercadorias por R$ 4.500 (R$ 90 cada).

O livro de apuração de ICMS no mês de janeiro registrará a situação da Tabela 10.1.

TABELA 10.1

OP.	HISTÓRICO	SAÍDAS	ENTRADAS	SALDO
1.	Compra de 100 unidades	0	1.000	1.000
2.	Compra de imobilizado*	0	15	1.015
3.	Venda de 50 unidades	(900)	0	115

*Crédito total de R$ 720 (20% de R$ 3.600), que deverá ser utilizado em 48 meses, ou seja, R$ 15 por mês.

Assim, o saldo do ICMS a recuperar no final do mês de janeiro será R$ 115.

Em fevereiro, a Cia. Sepetiba efetuou as seguintes operações:

4. Compra de 20 unidades de mercadorias por R$ 1.000 (R$ 50 cada).
5. Compra de equipamentos à vista por R$ 2.400.**
6. Venda de 40 unidades das mercadorias por R$ 3.600 (R$ 90 cada).

O livro de apuração de ICMS no mês de fevereiro registrará a situação da Tabela 10.2.

TABELA 10.2

OP.	HISTÓRICO	SAÍDAS	ENTRADAS	SALDO
	SALDO ANTERIOR	0	0	115
4.	Compra de 20 unidades	0	200	315
5.	Compra de imobilizado**	0	(15+10) = 25	340
6.	Venda de 40 unidades	(720)	0	(380)

**Crédito total de R$ 480 (20% de R$ 2.400), que deverá ser utilizado em 48 meses, ou seja, R$ 10 por mês.

Assim, o ICMS a pagar no final do mês de fevereiro será R$ 380. Em março, a Cia. Sepetiba efetuou as seguintes operações:

7. Compra de 20 unidades de mercadorias por R$ 1.000 (R$ 50 cada).
8. Compra de equipamentos a vista por R$ 1.200.***
9. Venda de 15 unidades das mercadorias por R$ 1.200 (R$ 80 cada).

O livro de apuração de ICMS no mês de março registrará a situação da Tabela 10.3.

TABELA 10.3

OP.	HISTÓRICO	SAÍDAS	ENTRADAS	SALDO
	SALDO ANTERIOR	0	0	0
7.	Compra de 20 unidades	0	200	200
8.	Compra de imobilizado***	0	(15 + 10 + 5) = 30	230
9.	Venda de 15 unidades	**(240)**	0	**(10)**

*** Crédito total de R$ 240 (20% de R$ 1.200), que deverá ser utilizado em 48 meses, ou seja, R$ 5 por mês.

Assim, o ICMS a pagar será R$ 10 no final do mês de março. A partir do mês de abril, admitindo que a Cia. Sepetiba não efetue mais qualquer nova aquisição para seu ativo imobilizado, ela poderá utilizar mensalmente R$ 30 de crédito de ICMS total de R$ 1.440, proveniente da aplicação da alíquota de 20% sobre o total do imobilizado adquirido nos três meses. Veja o registro contábil pela aquisição na Tabela 10.4.

Portanto, admitindo que a vida útil dos equipamentos adquiridos seja de cinco anos, a depreciação mensal, a partir de MAR/x1, será R$ 96 (R$ 5.760/60). Esse valor de depreciação será integrado aos estoques, para fins de apuração do custo nas atividades industriais.

O valor de R$ 30 de crédito mensal de ICMS sobre os bens do ativo imobilizado deverá ser transferido para a conta de ICMS a recuperar, classificada no ativo circulante, para ser compensada mensalmente com o ICMS a pagar registrado no passivo circulante.

A conta de ICMS sobre os bens do ativo imobilizado deve ser separada em duas partes: uma registrada no ativo circulante, com 12 parcelas, e o restante, que será classificado no ativo realizável a longo prazo.

A empresa deverá tomar cuidado especial no caso de alienação do bem antes de decorrido o prazo para utilização do crédito de ICMS. Quando isso ocorrer, deverá ser estornado o crédito e registrado como perda com venda de bens do imobilizado ou despesas operacionais, dependendo da relevância do valor do bem vendido.

10.11.2 Crédito do imobilizado integrado com vendas isentas

O imobilizado utilizado na atividade industrial pode produzir bens que serão vendidos com o seguinte modelo de tributação:

1. No mercado interno, com tributação pelas alíquotas vigentes.
2. No mercado externo, sem cobrança na venda, mas mantendo o direito aos créditos vinculados a produção do bem vendido para fora do país.
3. Com não incidência ou isenção e sem possibilidade de aproveitar créditos integrados ao processo de produção.

Em relação ao crédito do imobilizado, o legislador permitiu o uso para os itens 1 e 2, impedindo a manutenção do crédito quando as saídas foram isentas ou não tributadas. Por exemplo, considere a aquisição de uma máquina por R$ 100 mil, com ICMS de 12%, montando R$ 12 mil. Nesse caso, o crédito mensal será de R$ 250, a partir do mês de aquisição do bem.

Quando a empresa utilizar as suas máquinas para produzir mercadorias que serão comercializadas com isenção de ICMS, deverá fazer o cálculo e estornar o crédito correspondente ao percentual das vendas isentas. Vimos que a empresa do parágrafo anterior, que comprou a máquina por R$ 100 mil, teria direito a um crédito total de ICMS de R$ 12 mil. Admitindo que a compra do imobilizado tenha sido feita em JAN/2021, a parcela de crédito estornada e aquela que poderia ser aproveitada são apresentadas na Tabela 10.5, com o resultado do primeiro trimestre do ano de 2021.

TABELA 10.4

REGISTROS CONTÁBEIS		JAN	FEV	MAR	TRIMESTRE
Débito	Equipamentos	2.880	1.920	960	5.760
Débito	ICMS s/ imobilizado a recuperar	720	480	240	1.440
Crédito	Caixa/Bancos	3.600	2.400	1.200	7.200

TABELA 10.5 Parcelas de crédito do ICMS s/ imobilizado estornada e aproveitada

RECEITA BRUTA OBTIDA (em R$)	JAN	FEV	MAR	SOMA
MERCADO INTERNO – NORMAL	1.600	1.000	1.400	4.000
MERCADO INTERNO – COM ISENÇÃO	**3.400**	**4.000**	**1.600**	**9.000**
MERCADO EXTERNO	5.000	5.000	7.000	17.000
TOTAL	10.000	10.000	10.000	30.000
% DE VENDAS COM ISENÇÃO	**34%**	**40%**	**16%**	**30%**
CRÉDITO MENSAL ICMS sobre IMOBILIZADO	250	250	250	750
CRÉDITO PERMITIDO	165	150	210	525
CRÉDITO ESTORNADO	**85**	**100**	**40**	**225**

É importante observar que o crédito permitido será aplicado sobre as vendas realizadas no mercado interno e no exterior. Apenas as saídas isentas exigem o estorno. As vendas ao exterior são caracterizadas como saídas tributadas, mas sem cobrança de ICMS.

Para consolidar o entendimento, será apresentado mais um exemplo, com informações sobre seu tratamento contábil.

A Cia. Riacho é uma indústria localizada no Estado de São Paulo e adquire uma máquina pelo valor de R$ 300.000 em JAN/x1, para produção de **W**. O produto **W** é fabricado pela combinação de duas matérias-primas, **Y** e **K**, e suas saídas interestaduais são tributadas, havendo isenção nas vendas no estado de origem da empresa. A empresa adquire os produtos **Y** e **K** com isenção de ICMS, o que faz com que o único crédito de ICMS que a Cia. Riacho tenha direito seja o proveniente da máquina adquirida para produção de **W**.

Com alíquota de 12% de ICMS, o registro da aquisição seria o seguinte:

Débito: Máquina	R$ 264.000
Débito: ICMS sobre imobilizado a recuperar	R$ 36.000
Crédito: Caixa	R$ 300.000

A máquina será depreciada em dez anos, sendo R$ 26.400 por ano ou R$ 2.200 por mês. E o crédito do ICMS de R$ 36.000 poderá ser utilizado, mas em 48 parcelas mensais de R$ 750. Isso se todas as saídas da Cia. Riacho forem tributadas. Portanto, o correto em relação à aplicação dos princípios fundamentais de contabilidade seria o registro do crédito somente pela perspectiva de venda com saída alcançada pelo ICMS.

Mas, para fins didáticos, considere que a Cia. Riacho realizava suas vendas apenas para outros estados antes da aquisição da máquina. A partir de JAN/x1, com a isenção nas vendas internas, concedida pelo estado de São Paulo, a empresa começou a procurar clientes no próprio estado.

10.11.2.1 Janeiro de x1

A empresa obteve R$ 1 milhão de vendas da sua mercadoria **W**, sendo R$ 840 mil (84% do total) para outros estados da região Sudeste (operações tributadas) e R$ 160 mil (16% do total) para o próprio estado (operação isenta).

Assim, considerando somente a venda e o crédito sobre imobilizado, o ICMS a pagar em JAN/x1 será R$ 9.540, explicado da seguinte forma:

- Débito de R$ 10.080 (12% sobre R$ 84.000).
- Crédito de R$ 630 (84% do crédito mensal permitido para o ICMS do imobilizado). O crédito original seria de R$ 750.

O valor do crédito de R$ 120 (750 – 630) não será utilizado, pois representa a parcela das vendas em operações isentas (14%) e, assim, será (RE) integrado ao ativo imobilizado, com o seguinte registro contábil:

Débito: Máquina	
Crédito: ICMS sobre imobilizado a recuperar	R$ 120

No caso específico, o saldo do imobilizado, antes da depreciação, passaria a ser de R$ 264.120 (264.000 + 120). Assim, a depreciação no mês de JAN/x1 seria de R$ 2.201 (264.120 / 120 meses).

Admitindo que a proporção se repita pelo restante do ano, o procedimento seria o mesmo, lembrando que as parcelas do crédito não aproveitadas devem ter o seguinte tratamento a partir do mês de FEV/x1:

1. A parcela percentual já depreciada do bem deve ser registrada em despesas operacionais

ou custo dos produtos vendidos, conforme a utilização da máquina.

2. A parcela percentual ainda não depreciada deve ser integrada ao valor da máquina, com depreciação nos próximos períodos nos prazos e taxas aplicadas pela contabilidade.

Então, em FEV/x1 o registro contábil da transferência do ICMS sobre Imobilizado correspondente à parcela de vendas isentas será feita da seguinte forma:

Débito:	Máquina	R$ 119
Débito:	Despesas operacionais (ou CPV)	R$ 1
Crédito:	ICMS sobre imobilizado a recuperar	R$ 120

Tal situação, embora interessante e tecnicamente correta, traz um processo extremamente complexo de controle. Mas quem estiver na situação indicada deve fazer isso.

10.12 Alíquotas

As alíquotas do ICMS são bastante diversificadas, sendo divididas em alíquotas internas e alíquotas interestaduais.

Atualmente, existem dezenas de alíquotas diferentes, pois cada estado tem liberdade para definir que percentual cobrar em suas operações internas. A única exigência constitucional é que a alíquota mínima seja pelo menos igual à alíquota interestadual que for aplicada ao estado.

Para você compreender bem o problema, a Tabela 10.6 traz um resumo com as alíquotas de alguns produtos nas 27 unidades federativas aplicadas no ano de 2021.

Você percebeu, conforme a Tabela 10.6, que temos 15 alíquotas diferentes apenas nos dois itens citados (gasolina e serviços de telecomunicações), além da alíquota modal de cada estado? Somando as alíquotas interestaduais de 12%, 7% e 4%, são 18 diferentes alíquotas de ICMS. Na concepção original do ICM lá nos anos 1960, a alíquota aplicada seria 17% para todos os produtos. A Constituição Federal de 1988 instituiu a seletividade, permitindo ao legislador estadual aplicar as alíquotas conforme interpretação da essencialidade, e chegamos ao estágio atual. Fica a pergunta para sua reflexão: os importantes e relevantes serviços de telecomunicações, tão essenciais no nosso conectado dia a dia, deveriam ter essas alíquotas tão elevadas?

A empresa Lojas Americanas S.A. entrou com recurso contra o estado de Santa Catarina, que, por meio da Lei Estadual nº 10.297/96, determinou a cobrança de alíquota de 25% para as operações com energia elétrica e serviços de telecomunicações no estado, percentual bem acima da alíquota modal aplicada de 17%. O recurso defende que a lei ofende aos princípios da isonomia tributária e da seletividade do ICMS, previstos nos arts. 150, inciso II, e 155, § 2º, inciso III, da Constituição, em função da essencialidade dos bens e dos serviços tributados. Alega ainda que o constituinte teria estabelecido uma determinação ao legislador estadual quanto à seletividade, e não mera recomendação, de modo que previsões de extra

TABELA 10.6 Alíquotas cobradas nos estados

GASOLINA C (vendida nos postos)	25% – AC, AM, AP, MT, RR, SC e SP 26% – RO 27% – ES 28% – BA, DF e PA 29% – AL, CE, PB, PE, PR, RN, SE e TO 30% – GO, MS e RS 30,5% – MA 31% – MG, PI 34% – RJ
SERVIÇOS DE TELECOMUNICAÇÕES	25% – AC, ES, PI, RR, SC e SP 27% – MA e MG 28% – BA e DF 29% – AP, GO, MS, PR e TO 30% – AL, AM, CE, PA, PB, PE, RJ, RN, RS e SE 32% – MS 37% – RO
ALÍQUOTA BÁSICA APLICADA NA MAIOR PARTE DOS PRODUTOS	20% – RJ 18% – AM, AP, BA, CE, DF, MA, MG, PB, PE, PI, PR, SP, RN, RS, SE e TO 17,5% – RO 17% – AC, AL, ES, GO, MT, MS, PA, RR e SC

fiscalidade envolvendo o ICMS devem ser condicionadas ao caráter essencial do bem ou do serviço tributado.

O processo foi encerrado no final de novembro de 2021 pelo STF (RE 714139) em favor da Lojas Americanas contra o estado de Santa Catarina, com repercussão geral. O efeito prático será a REDUÇÃO no preço das contas de energia elétrica, telefone e internet em todo o Brasil. Contudo, o relator do processo, Ministro Dias Toffoli, no julgamento dos embargos, direcionou a entrada em vigor para 2024, atendendo ao pedido dos estados, definindo que a redução retroativa só valeria para as empresas que tiveram suas ações ajuizadas até a data do início do julgamento do mérito, em 5 de fevereiro de 2021. O Ministro Gilmar Mendes seguiu o relator, indicando a decisão do STF no fechamento desta edição (dezembro de 2021) para permitir a redução apenas para 2024.

Os projetos de **Reforma Tributária** que vêm sendo debatidos no Congresso Nacional direcionam para a redução do número de alíquotas do imposto estadual. Há propostas de unificar nacionalmente as alíquotas para todos os bens e serviços, ou então deixar poucas alíquotas (até cinco, no máximo). O problema será definir as alíquotas e que produtos serão enquadrados em cada uma. A ideia de permitir aos estados uma margem de ajuste de alíquotas para cima ou para baixo não parece ser interessante.

10.12.1 Alíquota interna

As alíquotas internas são definidas livremente pelos estados, sendo que a menor alíquota aplicada não poderá ser inferior à alíquota interestadual, conforme previsto na constituição. Assim, teoricamente, a menor alíquota interna praticada pelos estados seria de 7%.

A alíquota interna básica no Estado do Rio de Janeiro é 18%, e o Fundo de Combate e Erradicação da Pobreza tem alíquota na maior parte dos produtos de 2%, totalizando 20%. Contudo, existem muitos produtos com alíquotas menores e alguns com alíquotas mais elevadas.

Por exemplo, os produtos listados a seguir têm alíquota de 7%, pelo fato de integrarem a cesta básica:

1. Feijão, arroz, sal de cozinha, óleo de soja, vinagre, fubá de milho e farinha de mandioca.
2. Açúcar refinado e cristal, café torrado ou moído.
3. Leite pasteurizado líquido, não incluído o UHT.
4. Pão francês de até 200 g.
5. Gado, aves, bem como os produtos comestíveis resultantes de sua e sua matança, em estado natural, resfriado ou congelado.
6. Salsicha, linguiça, mortadela e charque.
7. Farinha de trigo, inclusive pré-mistura destinada exclusivamente à fabricação de pães.
8. Massa de macarrão desidratada, margarina vegetal, exclusive creme vegetal, acondicionada em embalagem de até 500 gramas.
9. Alho, sardinha em lata, pescado, exclusive crustáceos, salmão, hadoque, bacalhau e moluscos, exceto mexilhão.
10. Escova dental, creme dental, sabonete e papel higiénico de folha simples.
11. Preparado antissolar com fator de proteção solar igual ou superior a trinta.

Para ver mais alíquotas e informações sobre o ICMS no Rio de Janeiro, recomendo consulta à página eletrônica da Secretaria da Receita do Estado do RJ (www.sef.rj.gov.br).

10.12.2 Alíquotas interestaduais

O Senado Federal possui competência exclusiva para determinar alíquotas interestaduais de ICMS. Essa competência é exercida por meio de Resolução expedida pelo próprio Senado. Todavia, para correta utilização dessas alíquotas, devemos observar o seguinte:

Quando o destinatário for contribuinte ou não do imposto (ICMS), as seguintes alíquotas serão utilizadas:

- 7% (sete por cento) – Utilizada nas operações e/ou prestações promovidas por estabelecimentos localizados nas Regiões Sul e Sudeste, com destino a estabelecimentos localizados nas Regiões Norte, Nordeste e Centro-Oeste, inclusive no Estado do Espírito Santo, que para esse fim, faz parte da Região Nordeste.
- 12% (doze por cento) – Utilizada para os demais casos, ou seja, para transferências entre as Regiões Norte, Nordeste e Centro-Oeste; Para transferências entre os Estados das Regiões Sul e Sudeste, exceto Espírito Santo; e para as transferências de estabelecimentos localizados nas Regiões Centro-Oeste, Norte e Nordeste e Estado do Espírito Santo para as Regiões Sul e Sudeste.

Sendo assim, os Quadros 10.1 e 10.2 mostram o resumo das alíquotas.

10.12.3 Resolução nº 13 do Senado Federal e a alíquota de 4%

Com objetivo principal de acabar com a guerra dos portos, foi publicada em abril de 2012 a Resolução nº 13 do Senado Federal, que entrou em vigor em 2013. Tal resolução determina a aplicação de uma alíquota fixa de 4% em todas as operações interestaduais com

QUADRO 10.1

NORTE	Norte (7) + Nordeste (9) + Centro-Oeste (3) + DF + ES	=	21 unidades
SUL	RS, SC, PR, SP, RJ, MG	=	6 unidades

QUADRO 10.2

DE	PARA	ALÍQUOTA	APLICAÇÃO PRÁTICA
SUL	NORTE	7%	Em 126 transações interestaduais possíveis
SUL	SUL	12%	Em 576 transações interestaduais possíveis
NORTE	NORTE		

bens e mercadorias importados do exterior que, após o desembaraço aduaneiro:

- Não tenham sido submetidos a processo de industrialização.
- Submetidos a processo de industrialização, resultem em mercadorias ou bens com conteúdo de importação superior a 40%.

Não será aplicada a alíquota de 4% nas operações interestaduais:

- Com bens e mercadorias importados do exterior que, submetidos a qualquer processo de transformação, beneficiamento, montagem, acondicionamento, reacondicionamento, renovação ou recondicionamento, resultem em mercadorias ou bens com conteúdo de importação inferior a 40%.
- Aos bens e mercadorias importados do exterior que não tenham similar nacional, definidos em lista editada pelo Conselho de Ministros da Câmara de Comércio Exterior (Camex) – Resolução Camex nº 79/2012.
- Aos bens produzidos em conformidade com os processos produtivos básicos (Decreto-lei nº 288/67 – ZFM, Lei nº 8.248/91 – Informática e Automação, e Lei nº 11.484/2007 – PADIS/PATVD e respectivas atualizações).
- Às operações que destinem gás natural importado do exterior a outros Estados.

Nas situações descritas, deverão ser aplicadas as alíquotas interestaduais usadas tradicionalmente, 7% ou 12%, dependendo do Estado de destino do bem ou mercadoria.

10.12.4 A lógica da aplicação das alíquotas

Atualmente, o ICMS é cobrado ao longo do processo produtivo, não apenas na origem ou no destino, como alguns têm sugerido. Um suco de caju, que custe R$ 5,00 no supermercado, com alíquota de 18%, terá R$ 0,90 de ICMS. Esse valor, entretanto, deverá ser desembolsado ao longo do processo produtivo, desde a venda da semente para o agricultor, passando pela compra do caju pela indústria, a venda da indústria ao comércio, até chegar ao consumidor, sendo este quem efetivamente assume o ônus, pois ao adquirir o produto para consumo pagará o imposto embutido no seu preço de venda. Veja uma situação hipotética, para facilitar o entendimento:

- **Cia. B**, domiciliada em SP, vende semente para a **Cia. F**, domiciliada em MG por R$ 5.000.
- **Cia. F** transforma a semente em caju e o vende para a **Cia. G**, domiciliada em GO, por R$ 8.800.
- **Cia. G** transforma o caju em suco e vende todo o estoque para a **Cia. R**, domiciliada em MS, por R$ 10.500.
- **Cia. R** revende o suco de caju para a **Cia. X**, domiciliada no PR, por R$ 11.000.
- **Cia. X** revende o suco de caju ao consumidor (pessoa física) por R$ 12.000.

O ICMS total recolhido na hipotética cadeia produtiva de suco de caju monta a R$ 2.160, utilizando alíquota interna de 18% no Estado do Paraná, local da compra pelo consumidor final. Mas o imposto seria recolhido, no caso, em cada um dos estados envolvidos no processo produtivo.

Analisando a Tabela 10.7, percebe-se que o legislador entendeu que o estado que consome o produto necessita de mais recursos para atender exatamente a esse mercado consumidor.

Já o uso da alíquota menor para produtos transferidos do Sudeste e Sul para o Norte, Nordeste e Centro-Oeste do país tem o objetivo de incentivar o envio de mercadorias e serviços para regiões menos desenvolvidas, sendo uma forma de tentar reduzir as desigualdades entre os estados "**desenvolvidos**" e os estados "**em desenvolvimento**".

TABELA 10.7 Cadeia produtiva da produção de suco de caju

CADEIA SUCO CAJU	COMPRA	ALÍQ.	ICMS S/ COMPRA	VENDA	ALÍQ.	ICMS S/ VENDA	ICMS PG. (LÍQUIDO)
Cia. B - SP	-	-	-	5.000	12%	600	600
Cia. F - MG	5.000	12%	600	8.800	7%	616	16
Cia. G - GO	8.800	7%	616	10.500	12%	1.260	644
Cia. R - MS	10.500	12%	1.260	11.000	12%	1.320	60
Cia. X - PR	11.000	12%	1.320	12.000	18%	2.160	840
TOTAL DO ICMS RECOLHIDO NO PROCESSO PRODUTIVO							**2.160**

O estado do Paraná, no exemplo apresentado, recebeu R$ 840 de ICMS, explicado da seguinte forma:

- 18% sobre R$ 1.000, que foi o valor agregado no Estado = **R$ 180**.
- 6% (18% – 12%) de R$ 11.000, que foi a parcela agregada em outros estados = **R$ 660**.

10.12.5 Emenda constitucional nº 87/2015

Quando o ICM foi transformado no ICMS na Constituição de 1988, não era comum um produto ser vendido diretamente para consumo de um estado para o outro. Então, a legislação definiu a aplicação de alíquotas conforme apresentado no Quadro 10.3.

QUADRO 10.3

VENDA	ALÍQUOTA APLICADA
Dentro do próprio Estado, para qualquer contribuinte.	Alíquota interna.
Para outro Estado, para contribuinte do ICMS.	Alíquota interestadual.
Para outro Estado, para não contribuinte do ICMS.	Alíquota interna do Estado do vendedor.

A partir do século XXI, com o avanço das operações eletrônicas, os estados com menor poderio econômico e que não têm (ou têm poucos) centros de distribuição em seu território começaram a reclamar que o modelo original tinha perdido o sentido. Se o modelo privilegiava o estado onde ocorria o consumo, o modelo vigente prejudicava sensivelmente esses estados mais frágeis economicamente. O cliente domiciliado em Sergipe, no Piauí, em Tocantins, ao adquirir um eletrodoméstico pela internet, estava comprando o bem para consumo e o estado dele nada recebia de ICMS sobre aquele produto ali consumido.

Como funcionava o modelo tradicional? A empresa comercial, com seu centro de distribuição localizado em São Paulo, iria vender o bem e transferi-lo para sua loja (física) no estado de Sergipe, recolhendo 7% para o estado do Sudeste. Considerando alíquota interna de 18%, o estado de Sergipe levaria esse percentual sobre o preço de venda, descontando os 7% que foram cobrados em São Paulo.

Com a venda eletrônica, a própria empresa localizada em São Paulo realizava a venda diretamente ao consumidor no estado de Sergipe, recolhendo os 18% (alíquota interna de São Paulo) integralmente ao maior estado do país. No caso, o estado de Sergipe nada receberia de ICMS sobre um produto que foi adquirido e consumido no seu estado. O modelo original tinha perdido o sentido.

Em 2011, um grupo de 20 estados foi responsável pelo Protocolo nº 21, assinado e aprovado no Conselho Nacional de Política Fazendária (Confaz) e que garantia uma parcela do ICMS ao estado de domicílio do comprador. Vou explicar melhor a lógica.

Um cliente localizado no Estado da Bahia (alíquota de 17%) adquire um produto em uma empresa comercial em sua página eletrônica, pelo valor de R$ 500. A empresa comercial tem seu domicílio e seu centro de distribuição localizados em São Paulo (alíquota de 18%). Conforme já mencionado, no modelo tradicional e que esteve em vigor até 2015, a mercadoria era vendida, entregue na Bahia e o ICMS era recolhido integralmente ao estado de São Paulo pelo valor de R$ 90 (500 × 18%). Nada restava ao estado da Bahia. O Protocolo 21 definiu que uma parte do recurso seria recolhido pela empresa comercial diretamente ao estado da Bahia, onde o produto foi, em essência, consumido. Faz sentido lógico, mas não fazia sentido legal com a constituição em vigor, por isso decisões judiciais diversas impediram a aplicação efetiva do protocolo.

A Emenda Constitucional nº 87/2015 definiu que qualquer operação realizada para outro estado deveria ter aplicação da alíquota interestadual. Já era assim para contribuintes do ICMS. Com a EC, a mesma alíquota interestadual passou a ser aplicada nas vendas a prestadores de serviços, outras empresas não contribuintes do ICMS e pessoas físicas. Assim, as empresas vendedoras tiveram que mudar o processo de pagamento do ICMS nas vendas interestaduais a não contribuintes do imposto estadual. Foi criada regra de transição entre 2016 e 2018, com aplicação plena a partir de 2019.

Portanto, caso a mesma venda de São Paulo para a Bahia fosse realizada em 2019, a empresa comercial localizada em São Paulo deveria recolher R$ 35 (7% sobre 500) ao seu estado (São Paulo) e mais R$ 55 (11% sobre 500), que é o diferencial de alíquotas (18% – 7%) diretamente para o estado da Bahia.

Durante os anos de 2016 a 2018, esse diferencial de alíquotas de R$ 55 teria que ser recolhido pela empresa comercial, mas dividido entre os dois estados, da seguinte forma:

- **2016 ➔** R$ 33 (60%) para SP e R$ 22 (40%) para a BA.
- **2017 ➔** R$ 22 (40%) para SP e R$ 33 (60%) para a BA.
- **2018 ➔** R$ 11 (20%) para SP e R$ 44 (80%) para a BA.

Portanto, a Emenda Constitucional nº 87, publicada em abril de 2015, passou a distribuir o ICMS nas operações interestaduais para consumidor final (não contribuinte) entre os estados de origem e de destino. A mudança vale para TODAS as transações que representem venda ou revenda para consumidor localizado em outros estados, inclusive quando esses clientes forem contribuintes também do ICMS, mas em relação a outros produtos. Muda para todo mundo, em todas as vendas, embora o foco principal da emenda tenha sido as operações ponto-com (compras pela internet).

O Convênio ICMS nº 93, de 17 de setembro de 2015, regulamentou o tema, mantendo a estrutura básica definida na Emenda nº 87/2015, mas estendendo o modelo para as microempresas e empresas de pequeno porte tributadas pelo SIMPLES NACIONAL. Contudo, por meio da Ação Direta de Inconstitucionalidade (ADI) nº 5.464/2016, o STF concedeu liminar, liberando as empresas inscritas no SIMPLES NACIONAL de aplicar os dispositivos tanto da EC nº 87/2015 quando do Convênio nº 93/2015.

Por fim, em 24/FEV/2021 o plenário do STF julgou inconstitucional a cobrança do Diferencial de Alíquota do Imposto sobre Circulação de Mercadorias e Serviços (Difal/ICMS), introduzida pela Emenda Constitucional (EC) nº 87/2015, sem a edição de lei complementar para disciplinar esse mecanismo de compensação. A matéria foi discutida no julgamento conjunto do Recurso Extraordinário (RE) 1287019, com repercussão geral (Tema 1093), e da Ação Direta de Inconstitucionalidade (ADI) 5469. Ao final do julgamento, os ministros decidiram que a decisão produzirá efeitos apenas a partir de 2022, dando oportunidade ao Congresso Nacional de editar lei complementar sobre a questão. No fechamento do ano legislativo, o Congresso aprovou (em 20 de dezembro de 2021) o Projeto de Lei Complementar – PLP nº 32/2021, regulamentando a questão. O problema é que Lei Complementar, para atender à noventena, somente entrará em vigor depois de 90 dias da sua publicação, direcionando a aplicação do Difal apenas a partir de abril de 2022. Teoricamente, as empresas que venderem mercadorias a outros estados no primeiro trimestre de 2022 tentarão, na justiça, o direito de aplicar apenas a alíquota interestadual, sem necessidade de pagar o Difal para o estado do seu cliente. Recomendo assistir ao vídeo da coluna 3 Minutos, que publiquei no dia 22 de dezembro de 2021, disponível em https://www.youtube.com/watch?v=XPC-7JRuORM&t=244s, e acompanhar os desdobramentos judiciais no primeiro trimestre de 2022.

10.12.6 Exemplo numérico

Então, se uma indústria de alimentos, localizada no estado do Rio de Janeiro, realizar três vendas em 2021, sempre por R$ 1.000, para três contribuintes diferentes localizados em São Paulo (alíquota interna lá de 18%), iríamos aplicar as seguintes alíquotas:

- **A – Venda ao Carrefour**. Nesse caso, a indústria recolheria R$ 120 (12%) de ICMS, e o Carrefour, quando vendesse o produto a seus clientes, calcularia 18% sobre o valor da sua revenda e descontaria o valor de R$ 120 que pagou na compra.
- **B – Venda para a Casas Bahia**, que compraria o produto para uso e consumo, não para revenda. Nesse caso, não haveria mudança, a indústria recolheria R$ 120 de ICMS, e a Casas Bahia recolheria R$ 60 (diferença entre 180 e 120). Hoje já é assim,

trata-se do famoso Diferencial de Alíquotas (Difal) no seu formato mais simples de cálculo.

- **C – Venda a uma empresa prestadora de serviços, não contribuinte do ICMS.** Nesse caso, caberá à indústria o recolhimento de dois valores de ICMS: R$ 120 para o Estado do Rio de Janeiro e mais R$ 60 para São Paulo. Até 2015, a empresa industrial recolhia R$ 200 (admitindo alíquota de 20% no RJ) integralmente para o estado fluminense.

10.12.7 Exemplo com IPI e vendas interestaduais

Vamos continuar trabalhando com a empresa industrial localizada no Rio de Janeiro. Admita que a empresa venda um determinado produto alimentício (massas) por R$ 1.000 mais IPI de R$ 100 (10%), totalizando R$ 1.100 para cinco empresas diferentes. As alíquotas internas aplicada em 2021 eram de 20% no Rio de Janeiro, 18% em São Paulo e 17% em Goiás. Veja na Tabela 10.8 o cálculo completo de ICMS nas cinco operações.

10.12.8 Exemplo com maioria das vendas ao exterior

A Cia. Bogotá é uma empresa industrial, do ramo têxtil, com 80% de sua produção destinada ao exterior. Suponha que a empresa tenha iniciado o ano de 2021 sem valor registrado no ativo como ICMS a recuperar.

Em janeiro de 2021, a empresa apresenta um crédito total de ICMS de R$ 300, referente às compras de matéria-prima e insumos para produzir seus tecidos. Como apenas 20% das vendas da empresa são efetuadas para o Brasil, o ICMS a pagar em janeiro foi de apenas R$ 220, situação que pode ser repetida nos demais meses do ano.

Nesse caso, a Cia. Bogotá poderá pedir restituição do imposto ao estado, ou então vender o crédito para outros contribuintes, com deságio, recebendo um pouco menos do que o valor registrado em seu ativo. Essa regra deve ser analisada pela legislação estadual específica.

Mais adiante, teremos outros exemplos, para explicar como é a formação do preço de venda considerando que o ICMS é um imposto cobrado por dentro e, como tal, integra o preço de venda ao consumidor.

10.13 O Difal visível e o invisível

Conforme já conversamos aqui, o modelo pensado para a cobrança no ICMS no Brasil foi misto, com parte dos recursos sendo destinados ao estado produtor e parte ao estado consumidor, que deve sempre levar o maior montante agregado.[2] O fato que garante tal dispositivo é a alíquota interna, que não pode ser inferior à alíquota interestadual. Assim, em todas as operações que começam num estado e terminam em outro, há a figura do Difal, que pode ser visível ou invisível. A seguir, um exemplo numérico do Difal invisível.

Suponha que uma empresa industrial localizada no Rio de Janeiro venda o seu produto a uma empresa comercial localizada em São Paulo pelo valor de R$ 400. Posteriormente, a empresa comercial revende o produto ao consumidor final por R$ 500. Aplicando alíquota interna de ICMS de 18% no Estado de São Paulo, teríamos a seguinte situação:

- A indústria do Rio de Janeiro deveria pagar R$ 48 de ICMS ao estado do Rio de Janeiro (R$ 400 × 12%).
- O comércio de São Paulo deveria pagar R$ 42 de ICMS ao estado de São Paulo. O cálculo seria obtido da seguinte forma: 500 × 18% = R$ 90 – R$ 48 (crédito) = R$ 42.

TABELA 10.8

EMPRESA		ATIVIDADE	BASE	ALÍQUOTA	ICMS
Guanabara	RJ	Comércio de alimentos	1.000	20%	200
Carrefour	SP	Comércio de alimentos	1.000	12%	120
Bretas	GO	Comércio de alimentos	1.000	7%	70
Casas Bahia*	SP	Comércio de eletrodomésticos	1.100	12%	132
Palmeiras*	SP	Clube esportivo (de futebol)	1.100	18%	198

* As compras foram para consumo, e não para comercialização. Nesse caso, a Casas Bahia deverá pagar o Difal (Diferencial de Alíquotas) de 6% (18% menos 12% = R$ 66) na entrada das massas em seu estabelecimento. Já na venda realizada para o Palmeiras, caberá à indústria o recolhimento do ICMS para o estado do Rio de Janeiro (R$ 132, aplicando 12%) e de R$ 66 ao estado de São Paulo (6% sobre R$ 1.100).

[2] Se tiver dúvidas, retorne à seção das alíquotas (10.12).

Nesse caso, o estado de São Paulo ficou com o maior percentual de imposto sobre o valor agregado:

- O estado do Rio de Janeiro ficou com R$ 48 do valor agregado de R$ 400 pela indústria, representando 12% (12 / 100).
- O estado de São Paulo ficou com R$ 42 de um valor agregado total de R$ 100 (R$ 500 – R$ 400), representando 42% (42 / 100).

Fazendo a simples recomposição do valor de R$ 42 que foi pago pelo comércio ao estado de São Paulo, encontramos a seguinte abertura:

- Alíquota interna sobre o valor agregado no estado, 100 × 18% = 18.
- Diferença de alíquotas (Difal de 6%) entre a alíquota interna de São Paulo (18%) e a alíquota que foi aplicada à operação interestadual (12%) sobre a parcela agregada no estado de origem, no caso o Rio de Janeiro: R$ 400 × 6% = R$ 24. Esse valor de R$ 24 está inserido na guia estadual de R$ 42 e representou o Difal invisível.

Não é necessário se preocupar em entender nem calcular o Difal invisível, mas escrevi para você saber que ele está presente em todas as vendas internas de produtos com produção/distribuição (parcial ou total) em outras unidades federativas.

Adaptando o exemplo, suponha agora que a venda da indústria no Rio de Janeiro seja realizada a uma empresa comercial localizada em São Paulo, contribuinte do ICMS, mas que comprou o produto para uso e consumo. Nesse caso, as regras seriam relativamente diferentes. A princípio, a indústria, ao vender por R$ 400, deveria pagar R$ 48 (12%) de ICMS ao estado do Rio de Janeiro pela venda da sua mercadoria à empresa comercial localizada em São Paulo. Pela legislação vigente, na entrada do produto no estabelecimento da empresa comercial, esta deverá pagar o ICMS Difal (diferencial de alíquota), pois poderia ter adquirido o produto no próprio estado (São Paulo), mas, nesse caso, teria se submetido à alíquota de 18%, e não aos 12% que pagou na compra feita da empresa localizada no estado do Rio de Janeiro.

Em uma análise inicial, a empresa comercial que comprou o produto para uso e consumo deveria pagar ICMS (Difal) de R$ 24, referentes à aplicação da alíquota de 6% (18% – 12%) sobre o valor de R$ 400. Era assim o cálculo no estado de São Paulo em 2021. Portanto, a guia de R$ 24 representa o conhecido Difal, que aqui chamo de Visível para diferenciar do anterior.

10.14 A formação do preço de venda e os impostos por dentro

Para entender a aplicação das alíquotas e a lógica da cobrança do ICMS, por meio do fenômeno jurídico de repercussão, serão desenvolvidos mais exemplos numéricos, a seguir.

A empresa industrial será a Piraquê,[3] conhecida indústria de massas e biscoitos localizada no estado do Rio de Janeiro, que irá realizar suas vendas para três empresas diferentes, todas localizadas no estado do Paraná:

1. Super Muffato, supermercado, que irá revender o biscoito adquirido da Piraquê.
2. Móveis Gazin, varejista de móveis e eletrodomésticos, que é contribuinte do ICMS, mas comprou o biscoito para uso e consumo em suas lojas.
3. Clínica Médica, que não é contribuinte do ICMS e comprou os deliciosos biscoitos da Piraquê para uso e consumo de seus clientes.

A Piraquê negocia a mesma quantidade para venda às três empresas e necessita realizar cada venda por R$ 88 para pagar seus custos e despesas e obter algum lucro. Admita que os custos de produção somam R$ 70, as despesas operacionais (comerciais, administrativas e financeiras) respondem por R$ 15 e a empresa deseja/necessita obter um lucro de R$ 3 pela quantidade vendida. Assim, chegamos ao preço de R$ 88 (70 + 15 + 3), que seria o valor cobrado aos clientes se não tivesse a cobrança de impostos sobre tais vendas. É aí que entram os detalhes, pois temos alíquota interna de ICMS de 18% no estado do Paraná. E depois será incluído o IPI, com alíquota de 25%, para consolidar seu entendimento. Alegria!

10.14.1 Piraquê-RJ vende ao Muffato-PR sem IPI

Primeiro, veja como seria a venda da Piraquê ao Super Muffato, com a repercussão do ICMS no preço de venda:

[3] Conforme divulgado pelo Grupo M. Dias Branco, no início de 2018 foi adquirida a totalidade das ações (100%) da Piraquê, marca líder no estado do Rio de Janeiro, com produtos de alto valor agregado.

R$ 88,00	=	0,88 (100% – 12%)
x (preço de venda)	=	1
x	=	R$ 100,00 (88,00 / 0,88)

Assim, o Muffato pagará R$ 100 pelo biscoito, enquanto a DRE da Piraquê-RJ será assim apresentada:

RECEITA BRUTA	100,00
(–) ICMS 12%	(12,00)
RECEITA LÍQUIDA	88,00

Na essência, o Muffato adquiriu dois itens na compra da Piraquê:

- Mercadorias para revenda por R$ 88.
- Imposto (ICMS) a ser recuperado por R$ 12.

Agora vamos formar o preço de venda do Super Muffato para seus clientes, no estado do Paraná. Admita que o supermercado paranaense deseja/necessita obter um LUCRO BRUTO de R$ 35 na revenda do biscoito adquirido da Piraquê. Tal LB é necessário para remunerar suas despesas operacionais de R$ 33 e produzir um lucro antes de IR de R$ 2.

No caso, o Muffato deverá fazer conta similar à que foi realizada pela Piraquê. Se pudesse vender seu biscoito sem cobrança de impostos na venda, poderia fazê-lo por R$ 123[4] (88 da compra + 35 do lucro bruto necessário). Porém, há ICMS de 18% na venda e o seu preço de venda será obtido da seguinte forma:

R$ 123,00	=	0,82 (100% – 18%)
x (preço de venda)	=	1
x	=	R$ 150,00 (123,00 / 0,82)

Assim, o Muffato terá sua DRE apresentada da seguinte forma:

RECEITA BRUTA	150,00
(–) ICMS 12%	(27,00)
RECEITA LÍQUIDA	123,00
(–) CMV	(88,00)
LUCRO BRUTO	35,00

O supermercado irá desembolsar ao estado do Paraná o valor de R$ 15 (27 – 12) de ICMS. Na prática, o Muffato pagou 100 na compra, 15 de imposto e revendeu a mercadoria por 150, auferindo resultado financeiro de 35 (150 – 100 – 15), igual ao lucro bruto contábil.

10.14.2 Como o IPI será repassado ao preço pelo Muffato

Será incluída na mesma venda do exemplo anterior o IPI no preço, com alíquota (hipotética) de 25%. Não há mudança na formação do preço da Piraquê, exceto a inclusão do IPI, cobrado por fora e que será acrescido ao preço. Veja a DRE:

FATURAMENTO BRUTO	125,00
(–) IPI 25%	(25,00)
RECEITA BRUTA	100,00
(–) ICMS 12%	(12,00)
RECEITA LÍQUIDA	88,00

O IPI não interfere na base do ICMS da Piraquê, já que o comprador irá revendê-lo posteriormente. Na essência, o Muffato adquiriu dois itens na compra da Piraquê:

- Mercadorias para Revenda por R$ 113 (R$ 88 do custo + R$ 25 do IPI).
- Imposto (ICMS) a ser recuperado por R$ 12.

Perceba que o IPI virou estoque do Super Muffato, que, lembrem, precisa ficar com R$ 35 de LUCRO BRUTO. Antes, sem IPI, o Muffato comprou por R$ 100 e revendeu por R$ 150. Como a Piraquê incluiu o IPI no preço, inicialmente pensamos assim: basta repassar o imposto pago na compra para o preço do produto e pronto. Então o preço de venda do Muffato ao seu cliente seria de R$ 175 (150 + 25 do repasse referente ao IPI). Observe como ficaria a DRE do Supermercado paranaense com tal repasse:

RECEITA BRUTA	175,00
(–) ICMS 18%	(31,50)
RECEITA LÍQUIDA	143,50
(–) CMV	(113,00)
LUCRO BRUTO	30,50

Perceba que "deu zebra", pois o Muffato teria um lucro bruto menor que o valor desejado/necessário (R$ 35). O problema aqui é que o IPI virou estoque e precisará entrar na formação do preço do supermercado, que precisará fazer a repercussão no preço de venda, incluindo

[4] Admitindo que o ICMS pago na compra seria monetizado.

o imposto federal. A princípio, sem a cobrança de ICMS, o Super Muffato revenderia o biscoito a seu cliente por R$ 148 (113 da compra + 35 do lucro bruto). Veja a conta:

R$ 148,00	=	0,82 (100% - 18%)
x (preço de venda)	=	1
x	=	R$ 180,49 (148,00 / 0,82)

Assim, o Muffato terá sua DRE (RE) apresentada da seguinte forma:

RECEITA BRUTA	180,49
(–) ICMS 12%	(32,49)
RECEITA LÍQUIDA	148,00
(–) CMV	(113,00)
LUCRO BRUTO	35,00

O supermercado irá desembolsar ao estado do Paraná o valor de R$ 20,49 (32,49 - 12,00) de ICMS, sendo R$ 5,49 a mais do que pagou na revenda do primeiro exemplo, sem a cobrança de IPI pela empresa industrial. Esse valor de R$ 5,49 representa:

- 18% sobre o acréscimo no preço praticado pelo Muffato de R$ 30,49 (180,49 - 150,00).
- 21,95% sobre o acréscimo no preço de compra da Piraquê de R$ 25 (125 - 100).

21,95% representa exatamente a alíquota POR FORA correspondente à alíquota (nominal) POR DENTRO de 18% (18 / 82) do ICMS.

10.14.3 Piraquê-RJ vende para consumo do Gazin

A Piraquê recebe dos Móveis Gazin, localizados no estado do Paraná, pedido para compra da mesma quantidade vendida para o Super Muffato. Em um primeiro momento, a indústria no Rio de Janeiro venderia o biscoito pelo mesmo preço praticado na venda ao supermercado, R$ 100. O ICMS continuaria sendo 12%, e nada mudaria na venda.

Porém, admitindo a inclusão do IPI, com alíquota de 25%, a operação não seria mais simples como foi no exemplo anterior, quando a Piraquê incluiu o imposto federal no preço, passando de R$ 100 para R$ 125. Aqui, a base do ICMS seria o preço de venda, incluindo o IPI. Caso praticasse o mesmo preço (R$ 125), a DRE da Piraquê na venda para os Móveis Gazin-PR ficaria assim:

FATURAMENTO BRUTO	125,00
(–) IPI 25%	(25,00)
RECEITA BRUTA	100,00
(–) ICMS 12%	(15,00)
RECEITA LÍQUIDA	85,00

➔ Base de cálculo do ICMS de R$ 125 × alíquota de 12%.

Observe que o ICMS ficou maior (R$ 15), restando apenas R$ 85 de receita líquida, que não seria suficiente para remunerar seus custos, suas despesas e o lucro.

Então, é necessário refazer o processo de repercussão no preço, incluindo o IPI na base do ICMS.

ALÍQUOTA DE ICMS AJUSTADA (COM IPI)

12% + (25% sobre 12% = 3%) = 15%

R$ 88,00	=	0,85 (100% - 15%)
x (preço de venda)	=	1
x	=	R$ 103,53 (88,00 / 0,85)

Portanto, veja a seguir como ficou a DRE fazendo corretamente a repercussão do ICMS no preço, já incluindo o IPI em sua base de cálculo.

FATURAMENTO BRUTO	129,41
(–) IPI 25%	(25,88)
RECEITA BRUTA	103,53
(–) ICMS 12%	(15,53)
RECEITA LÍQUIDA	88,00

➔ Base de cálculo do ICMS de 129,41 × alíquota de 12%.

10.14.4 Difal pago pelos Móveis Gazin ao Paraná

Pelo fato de ter adquirido o biscoito para uso e consumo, caberá aos Móveis Gazin a obrigação de calcular e recolher o complemento de ICMS ao seu estado. Assim, precisaria refazer a composição da nota fiscal, extraindo o valor tanto do IPI como do ICMS para analisar, hipoteticamente, qual seria o preço praticado caso a aquisição tivesse sido realizada no próprio estado do Paraná.

ALÍQUOTA DE ICMS AJUSTADA (COM IPI)

18% + (25% sobre 18% = 4,5%) = 22,5%

R$ 88,00	=	0,775 (100% - 22,5%)
x (preço de venda)	=	1
x	=	R$ 113,55 (88,00 / 0,775)

TABELA 10.9

DRE	COMPRA FEITA NO RJ	SE A COMPRA FOSSE FEITA NO PR	
FATUR. BRUTO	129,41	141,94	
(–) IPI 25%	(25,88)	(28,39)	Dif. IPI R$ 2,51 (não será recolhida)
RECEITA BRUTA	103,53	113,55	
(–) ICMS 12%	(15,53)	(25,55)	R$ 10,02 pagos pelo Gazin ao PR
RECEITA LÍQUIDA	88,00	88,00	

Assim, hipoteticamente, seria remontada a DRE da empresa vendedora (no caso, a Piraquê), admitindo que ela estivesse no Paraná. Veja a Tabela 10.9.

Como o ICMS é cobrado por dentro, integrando o preço da mercadoria, será necessário remontar o seu valor original e a base de cálculo do ICMS nos dois estados. Para tanto, o valor do ICMS total deveria ser (re)calculado da seguinte forma:

1. Primeiro, realizamos a recomposição da base de cálculo ➔ R$ 88,00 (103,53 - 15,53) / 0,775 (100% - 22,5%) = R$ 113,55.
2. Em seguida, recalculamos o IPI que seria devido numa eventual compra no próprio estado ➔ R$ 113,55 × 25% = R$ 28,39. O faturamento bruto monta a R$ 141,94 (113,55 + 28,39). Lembramos que a indústria (RJ) pagou IPI de R$ 25,88. No entanto, não há cobrança da diferença, pois o IPI é um imposto federal.
3. O ICMS será recalculado pela aplicação de 18% sobre R$ 141,94, montando a R$ 25,55.
4. Por fim, a empresa comercial deveria pagar o ICMS Difal de R$ 10,02 (25,55 - 15,53) ao estado do Paraná.

Há informação de que esse procedimento é aplicado no Rio Grande do Sul, Paraná, Minas Gerais, Bahia e Pará. Contudo, como é um tema dinâmico e que vem sofrendo importantes modificações, recomenda-se a pesquisa na legislação estadual para verificar qual é a regra do seu estado.

Em muitos estados (São Paulo, por exemplo), simplesmente consideramos a base de cálculo de R$ 129,41 e aplicamos o diferencial de alíquota de 6% (18% - 12%), montando a R$ 7,76 a parcela a ser desembolsada de ICMS Difal pela empresa adquirente.

10.14.5 Venda da Piraquê-RJ para a clínica médica-PR

Na venda para não contribuinte, a Piraquê deverá aplicar a alíquota utilizada no estado do comprador, no caso 18%. Assim, o preço será maior do que o praticado na venda tanto para o Super Muffato quanto para o Móveis Gazin. E caberá à própria Piraquê a obrigação de recolher o ICMS ao estado do Rio de Janeiro e a diferença de alíquota ao estado do Paraná. Veja os detalhes.

ALÍQUOTA DE ICMS AJUSTADA (COM IPI)

18% + (25% sobre 18% = 4,5%) = 22,5%

R$ 88,00	=	0,775 (100% - 22,5%)
x (preço de venda)	=	1
x	=	R$ 113,55 (88,00 / 0,775)

Assim, a DRE da Piraquê nessa venda seria apresentada da seguinte forma:

FATUR. BRUTO	141,94
(–) IPI 25%	(28,39)
RECEITA BRUTA	113,55
(–) ICMS 12%	(25,55)
RECEITA LÍQUIDA	88,00

➔ Base de cálculo de R$ 141,94 × alíquota de 18%.

Em relação ao recolhimento do ICMS de R$ 25,55, ele será distribuído entre Rio de Janeiro e Paraná. Para o Rio de Janeiro, a Piraquê recolherá R$ 17,03 (12% sobre base de cálculo de R$ 141,94), enquanto no Paraná seu recolhimento será de R$ 8,52[5] (R$ 141,94 × 6%).

10.14.6 Consolidação na Piraquê das três vendas

Veja como ficou a DRE da Piraquê nas três vendas realizadas na Tabela 10.10.

5 Se a Piraquê tiver inscrição estadual no Paraná, recolherá o ICMS Difal em guia estadual. Caso não tenha, utilizará a Guia Nacional de Recolhimento de Tributos Estaduais (GNRE).

TABELA 10.10

DRE Piraquê	Muffato	Gazin	Clínica médica	Soma
FATURAMENTO BRUTO	125,00	129,41	141,94	396,35
(–) IPI 25%	(25,00)	(25,88)	(28,39)	(79,27)
RECEITA BRUTA	100,00	103,53	113,55	317,08
(–) ICMS 12%	(12,00)	(15,53)	(25,55)	(53,08)
RECEITA LÍQUIDA	88,00	88,00	88,00	264,00

Analisando os números da DRE da Piraquê-RJ e sabendo que foram três vendas da mesma quantidade de biscoito, entende-se por que o legislador assim decidiu. Veja explicação final.

- A venda para o Muffato foi por um valor menor do que a venda para o Gazin pelo fato da segunda ser para consumo e, com isso, incluir o ICMS na base de cálculo do IPI, aumentando os dois impostos no processo de repercussão do imposto estadual e posterior reflexo no imposto federal.
- Como foi trabalhado no tópico, o IPI cobrado do Muffato será objeto de repercussão na sua (posterior) revenda ao consumidor. Esse IPI de R$ 25 gerará necessidade de aumento no preço de R$ 30,49 pela repercussão do ICMS no valor do imposto federal que virou estoque (custo) do supermercado paranaense.
- A venda para a Clínica Médica foi mais cara do que a venda para o Gazin em R$ 12,53. Contudo, o Gazin deverá desembolsar ICMS (Difal) de R$ 10,02 ao estado do Paraná, deixando o valor maior em R$ 2,51. Esse valor se refere ao IPI pago a mais na venda para a Clínica, que o Gazin não precisará pagar.

10.14.7 Venda com itens importados, qual alíquota aplicar?

Continuamos com a mesma lógica do exemplo original do tópico. Admita que a Piraquê-RJ compre sua farinha do Moinho Fluminense-RJ, que adquiriu o trigo da Argentina, tornando a farinha vendida um produto integralmente oriundo de importação.

Pois bem, suponha agora que, nos biscoitos produzidos, com preço sugerido (sem impostos) de R$ 88 para o Muffato-PR, tenha exatamente R$ 38 da farinha importada adquirida do Moinho Fluminense.

Nesse caso, a Piraquê poderá seguir dois caminhos, que estarão corretos legalmente falando, e cobrar dois preços diferentes do supermercado localizado no estado do Paraná. Observe os detalhes na Tabela 10.11.

Entendeu a confusão? Você poderia vender o biscoito por R$ 91,67 ou por R$ 100 que ficaria com receita líquida de R$ 88 por conta da forma como foi definida a aplicação da alíquota pela Resolução nº 13 do Senado Federal. Os dois preços estão certos, pois a legislação diz que deve ser aplicada alíquota de 4% se os componentes importados representam acima de 40% do preço de venda. No caso, admitindo os números apresentados, o último valor em que ainda seria aplicada alíquota de 12% seria R$ 95, apurado pela conta ao contrário em relação aos R$ 38 de farinha importada no preço do biscoito a ser vendido ao Muffato.

R$ 38,00	=	40%
x (preço de venda)	=	100%
x	=	R$ 95,00 (38,00 / 0,4)

Nesse caso, a utilização de qualquer valor abaixo de R$ 95 implicará aplicação de alíquota de 4%, pois o valor de R$ 38 da farinha importada representará mais de 40% do preço de venda.

Portanto, quando o conjunto de componentes importados do produto estiver próximo do percentual de 40%, a empresa deve ter um bom sistema de formação de preço de venda para calibrar a alíquota correta de ICMS a ser aplicada.

TABELA 10.11

1ª OPÇÃO: CONSIDERAR ALÍQUOTA DE 12%				2ª OPÇÃO: CONSIDERAR ALÍQUOTA DE 4%			
88,00	88%	RB	100,00	88,00	96%	RB	91,67
×	100%	ICMS – 12%	12,00	×	100%	ICMS – 4%	3,67
88,00 / 0,88		RECEITA LÍQ.	88,00	88,00 / 0,96		RECEITA LÍQ.	88,00
PV	**100,00**			**PV**	**91,67**		
Importado no preço (38,00 / 100,00) =			38,0%	Importado no preço (38,00 / 91,67) =			41,5%

10.15 Registros contábeis

Os registros contábeis relativos ao ICMS são simples, devido sua característica básica que é de ser um imposto incluído no preço de venda, portanto cobrado por dentro. O tema foi regulamentado na Instrução Normativa SRF nº 51/78.

Assim, na entrada da mercadoria, seja na indústria ou no comércio, a empresa deverá sempre separar a compra em dois grupos de contas:

1. TRIBUTOS A RECUPERAR.
2. ESTOQUES.

Nas compras realizadas para industrialização ou revenda, a princípio, os tributos passíveis de recuperação são os seguintes:

- INDÚSTRIA TRIBUTADA PELO LUCRO REAL ➔ ICMS, IPI, PIS e COFINS
- INDÚSTRIA TRIBUTADA PELO LUCRO PRESUMIDO ➔ ICMS e IPI
- COMÉRCIO TRIBUTADO PELO LUCRO REAL ➔ ICMS, PIS e COFINS
- COMÉRCIO TRIBUTADO PELO LUCRO PRESUMIDO ➔ ICMS

Posteriormente, no momento da venda, a empresa comercial ou industrial deverá realizar sempre três registros contábeis:

1. A RECEITA, que deverá ser reconhecida pelo valor total da venda no comércio em contrapartida com o caixa ou contas a receber. Na empresa industrial, como há um imposto por fora (IPI), ele deve ser acrescido ao preço, sendo registrado a crédito em conta de passivo, normalmente IPI a Recolher.
2. O CUSTO, que será reconhecido na proporção das mercadorias (CMV) e produtos (CPV) vendidos, baixando da conta ESTOQUE.
3. O TRIBUTO, que representa a aplicação da alíquota vigente sobre a receita bruta (líquida de descontos incondicionais e eventuais devoluções), demonstrando o total devido pela empresa.

Posteriormente, no final de cada mês, a empresa procede a apuração dos tributos devidos, fazendo a contraposição das duas contas. Por exemplo, no caso do ICMS, admitindo que a empresa tenha unidades apenas em um estado da federação, todo final de mês deve fazer um débito contábil na conta ICMS A PAGAR e um crédito contábil na conta ICMS A RECUPERAR pelo menor dos dois saldos. Assim, a empresa zera uma conta, deixando a outra com o saldo líquido. Se A PAGAR, será desembolsado no vencimento. Se A RECUPERAR, o valor poderá ser compensado com as operações nos meses subsequentes.

Esse é o modelo tradicional de registro. Depois, será apresentada uma alternativa, com base nos pronunciamentos do Comitê de Pronunciamentos Contábeis (CPC) nº 30 (já revogado) e nº 47, para reconhecimento dos tributos sobre a receita bruta.

10.15.1 Registro na indústria

Admitindo que uma empresa industrial (tributada pelo lucro presumido) adquira matéria-prima por R$ 1.000 + IPI de R$ 100 (alíquota de 10%), com ICMS incluso no preço de venda de 12% (lembre-se de que a base do ICMS não contempla o IPI), teríamos o seguinte registro contábil:

DÉBITO:	Matéria-prima (Estoque)	880
DÉBITO:	ICMS a recuperar	120
DÉBITO:	IPI a recuperar	100
CRÉDITO:	Fornecedores (Bancos)	1.100

A empresa registrou a matéria-prima pelo preço efetivamente pago por ela, ou seja, R$ 880. O ICMS de R$ 120 representa despesa para a empresa, mas que somente será reconhecida no momento da venda. Esse valor será deduzido do ICMS a pagar, apurado quando ocorrer a venda da mercadoria transformada pela matéria-prima.

Desconsiderando os demais insumos necessários para desenvolver o produto, admita que a empresa realize a venda do produto transformado por R$ 1.500 + IPI de R$ 150 (alíquota de 10% por fora). O ICMS na venda tem alíquota de 12% (por dentro). O registro da venda será realizado em três tempos.

TEMPO 1: VENDA DA MERCADORIA		
DÉBITO:	Contas a Receber (Bancos)	1.650
CRÉDITO:	Receita de vendas	1.500
CRÉDITO:	IPI a recolher	150

Refere-se à venda da mercadoria com o IPI de 10% acrescido ao preço. O que a empresa está fazendo, na prática, é cobrar o IPI do adquirente e pôr esse dinheiro no caixa para repassar aos cofres da RFB no prazo determinado.

Existe a possibilidade de o registro da receita ser por R$ 1.650. No caso, teria que ser reconhecida uma despesa de IPI no valor de R$ 150. Seria, na verdade, um desdobramento da receita registrada, no valor de R$ 1.500.

TEMPO 2: CUSTO DA MERCADORIA	
DÉBITO: Custo dos produtos vendidos	
CRÉDITO: Produtos acabados (Estoque)	880 (valor transferido de Matéria-prima)

Trata-se do valor de custo da mercadoria que foi vendida, cujo reconhecimento em resultado e, por extensão, baixa no estoque, somente pode ser efetivado por ocasião da venda.

TEMPO 3: IMPOSTO INCIDENTE SOBRE A VENDA		
DÉBITO:	Despesa de ICMS (ou ICMS sobre vendas)	
CRÉDITO:	ICMS a pagar	180

Esse registro refere-se à despesa efetiva de ICMS da empresa, que seria 12% sobre o valor da venda (R$ 1.500, sem o IPI). A empresa paga, na prática, R$ 180 de ICMS, sendo uma parte (R$ 120) quando compra a matéria-prima e outra parte (R$ 60) quando vende com lucro o produto originado da matéria-prima adquirida.

Observe, a seguir, os registros das respectivas apurações, no final do mês, do ICMS e do IPI.

DÉBITO:	ICMS a pagar	
CRÉDITO:	ICMS a recuperar	120

DÉBITO:	IPI a recolher	
CRÉDITO:	IPI a recuperar	100

Finalmente, no mês seguinte, no dia do vencimento, irá desembolsar o IPI e o ICMS pelo líquido entre a parcela a pagar/recolher e o montante a recuperar:

DÉBITO:	IPI a recolher	50
DÉBITO:	ICMS a pagar	60
CRÉDITO:	Caixa	110

Seguindo o mesmo exemplo, será apresentado no tópico seguinte o registro dessa compra por parte de uma empresa comercial, que revenderá depois a mercadoria.

10.15.2 Registro na empresa comercial

Registro da aquisição da mercadoria, por R$ 1.650, com ICMS de R$ 180 incluso no preço.

DÉBITO:	Estoque	1.470
DÉBITO:	ICMS a recuperar	180
CRÉDITO:	Fornecedores (Bancos)	1.650

O registro da mercadoria foi feito pelo valor pago, acrescido do IPI e deduzido do ICMS, que está registrado em conta de ativo, pois será recuperado no momento da venda dessa mercadoria. O ICMS destacado na nota foi calculado sobre R$ 1.500 (12%), sem considerar, portanto, o IPI cobrado, que será integrado ao custo da aquisição (estoque).

Admita que, posteriormente, a empresa comercial revendeu todo o estoque adquirido por R$ 1.800, com alíquota na venda também de 12%. A venda será registrada em três tempos.

TEMPO 1: VENDA DA MERCADORIA		
DÉBITO:	Contas a Receber (Bancos)	
CRÉDITO:	Receita de vendas	1.800

TEMPO 2: CUSTO DA MERCADORIA		
DÉBITO:	Custo dos produtos vendidos	
CRÉDITO:	Estoque	1.470

Trata-se da venda da mercadoria e de seu respectivo custo, cujo reconhecimento em resultado e baixa no estoque somente podem ser efetivados por ocasião da venda.

TEMPO 3:	**IMPOSTO INCIDENTE SOBRE A VENDA**	
DÉBITO:	Despesa de ICMS (ou ICMS s/ vendas)	
CRÉDITO:	ICMS a pagar	216

Esse registro refere-se à despesa efetiva de ICMS da empresa, que seria 12% sobre o valor da venda (R$ 1.800). A empresa paga, na prática, R$ 216 de ICMS, sendo uma parte (R$ 180) quando compra e outra parte (R$ 36) quando vende com lucro a mercadoria.

A seguir, veja o registro do da apuração do ICMS no final do mês.

DÉBITO:	ICMS a pagar	
CRÉDITO:	ICMS a recuperar	180

Assim, realiza-se a baixa do saldo de ICMS a recuperar (saldo menor), deixando o ICMS a pagar pelo valor líquido de R$ 36 (216 – 180), cujo desembolso ocorrerá no mês seguinte.

DÉBITO:	ICMS a pagar	
CRÉDITO:	Caixa	36

10.15.3 Novo modelo de registro do ICMS

Os Pronunciamentos nº 30 (revogado) e nº 47 do CPC sugerem que o ICMS e os demais tributos sobre a receita sejam apresentados na DRE somente pelo valor economicamente atrelado ao período, ou seja, qual o encargo efetivo da empresa com o imposto, e não o montante total cobrado sobre a receita bruta. Com isso, se uma empresa comprar um produto por R$ 100 e revender por R$ 150, com ICMS de 10%, a despesa com o imposto será apresentada por R$ 5, que seria o valor efetivamente cobrado da Cia., apurado sobre seu lucro de R$ 50, e não sobre a receita total de R$ 150.

Mas, há um caminho espinhoso a percorrer para chegar a tal situação. Para facilitar o entendimento, irei trabalhar com um exemplo numérico dos mais simples, mostrando a contabilização tradicional, apresentada no tópico anterior, e a contabilização moderna. As duas, lado a lado.

Suponha que a Cia. Alfa seja uma varejista de picolé e realize em JAN/2021 apenas as seguintes operações:

- Compra de três unidades do produto X, por R$ 30 cada.
- Venda de duas unidades do produto X, por R$ 50 cada.
- Alíquota de ICMS de 10% nas operações de compra e venda.

Veja na Tabela 10.12 os registros da compra, venda e apuração do ICMS.

Assim, a DRE de JAN/2021 seria apresentada conforme a Tabela 10.13.

TABELA 10.13

DRE DA CIA. ALFA	TRADICIONAL – LEI Nº 6.404/76	MODERNO – CPC Nº 30/47
RECEITA BRUTA	100	100
(–) ICMS	(10)	(4)
RECEITA LÍQUIDA	90	96
(–) CMV	(54)	(60)
LUCRO BRUTO	**36**	**36**

Observe que o lucro bruto fica igual nos dois modelos, mas cada um traz uma informação interessante sobre o que representa o ICMS sobre as vendas:

- No modelo tradicional, o valor de R$ 10 representa o ICMS que foi devido por toda a cadeia produtiva

TABELA 10.12

EVENTO	TRADICIONAL – Lei nº 6.404/76		
COMPRA	DÉB:	Estoques	81
	DÉB:	ICMS a recuperar	9
	CRÉD:	Caixa	90
VENDA	DÉB:	Caixa	
	CRÉD:	Receita de vendas	100
	DÉB:	Custo das vendas (CMV)	
	CRÉD:	Estoque	54
	DÉB:	Despesa de ICMS	
	CRÉD:	ICMS a pagar	10
APURAÇÃO	DÉB:	ICMS a pagar	
	CRÉD:	ICMS a recuperar	9
PAGAMENTO	DÉB:	ICMS a pagar	
	CRÉD:	Caixa	1

MODERNO – CPC nº 30/47		
DÉB:	Estoques	
CRÉD:	Caixa	90
DÉB:	ICMS a recuperar	
CRÉD:	ICMS diferido (Passivo)	9
DÉB:	Caixa	
CRÉD:	Receita de vendas	100
DÉB:	Custo das vendas (CMV)	
CRÉD:	Estoque	60
DÉB:	Despesa de ICMS	4
DÉB:	ICMS diferido (Passivo)	6
CRÉD:	ICMS a pagar	10
DÉB:	ICMS a pagar	
CRÉD:	ICMS a recuperar	9
DÉB:	ICMS a pagar	
CRÉD:	Caixa	1

do picolé, desde as empresas que venderam matéria-prima (frutas, leite), insumos e embalagens para a indústria de picolé, passando pelo ICMS pago por ela, indústria e, finalmente, chegando à varejista. Aqui, este valor tem um pedaço de cada empresa, não sendo possível descobrir apenas analisando a DRE do varejista qual parcela pertence a cada uma.

- No modelo moderno, R$ 4 representa o ICMS devido apenas pelo varejista, sendo a sua parcela referente ao lucro nas duas unidades vendidas de R$ 40 × 10% de alíquota. Cada unidade teve lucro de R$ 20 (50 - 20).

Por fim, a unidade não vendida seria informada em ESTOQUE pelo valor de R$ 27 no modelo tradicional. Já no modelo moderno, o ESTOQUE da unidade não vendida seria apresentado por R$ 30, com o ICMS correspondente a ele (10% = R$ 3) sendo reconhecido no passivo, pois o crédito fiscal foi concedido pelo fisco antes da venda do ativo que o originou. O valor de R$ 3 poderia ser apresentado como conta retificadora do ESTOQUE, deixando este pelo líquido de R$ 27.

Em função da multiplicidade de tributos cobrados sobre a receita e de regimes diferenciados de tributação, não há aplicação prática do registro contábil pelo modelo moderno no Brasil, sendo aplicado o modelo tradicional, inclusive utilizado nos muitos exemplos numéricos ao longo do capítulo e do livro.

10.16 Substituição Tributária (ST)

Com o objetivo de tornar mais eficiente a arrecadação do ICMS, a legislação instituiu a figura do SUBSTITUTO TRIBUTÁRIO, que representa a denominação atribuída ao contribuinte obrigado a calcular, cobrar e recolher o imposto que será devido nas operações posteriores ou que deveria ter sido cobrado nas etapas anteriores.

Em outras palavras, o que acontece na maioria das vezes é a antecipação do imposto, cobrado antes da existência do seu fato gerador, que seria a venda ao consumidor final. Uma das justificativas para essa cobrança antecipada foi a fiscalização, que seria prejudicada com o ICMS sendo devido em cada etapa da produção, como é o seu desenho original.

Na versão inicial da substituição tributária, seriam alcançadas apenas as mercadorias de pequeno valor e grande consumo, simplificando o processo de tributação e fiscalização. Por exemplo, nas vendas de cervejas e refrigerantes, o comerciante, seja ele distribuidor, atacadista ou varejista, não precisa calcular e recolher o ICMS, pois ele já foi recolhido pela indústria, que se encarrega de cobrar o imposto no momento da venda do produto ao estabelecimento comercial.

Ocorre que o legislador ampliou excessivamente os produtos incluídos nessa sistemática, punindo alguns contribuintes, pois vendendo o produto adquirido mais caro ou mais barato, o ICMS devido seria sempre o mesmo.

A substituição tributária foi regulamentada inicialmente pela LC nº 44/83, que atribuía ao produtor ou industrial, em relação ao imposto devido pelos comerciantes atacadistas e varejistas, a condição de contribuinte responsável pelo cálculo, cobrança e repasse do imposto ao estado.

Posteriormente, o Convênio ICM nº 66, de 14 de dezembro de 1988, regulamentou melhor a questão, citando textualmente (art. 25) que a lei poderia atribuir a condição de substituto tributário a:

- industrial, comerciante ou outra categoria de contribuinte, pelo pagamento do imposto devido na operação ou operações anteriores;
- produtor, extrator, gerador (inclusive de energia), industrial, distribuidor, comerciante ou transportador, pelo pagamento do imposto devido nas operações subsequentes.

A substituição tributária foi definitivamente incorporada ao sistema tributário nacional pela Emenda Constitucional nº 3/93, que acrescentou o § 7º ao art. 150 da Constituição de 1988:

> A lei poderá atribuir a sujeito passivo de obrigação tributária a condição de responsável pelo pagamento de imposto ou contribuição, cujo fato gerador deva ocorrer posteriormente, assegurada a imediata e preferencial restituição da quantia paga, caso não se realize o fato gerador presumido.

De forma prática, o ICMS ST é cobrado, na maioria das vezes, pela empresa industrial na venda para empresas comerciais, sejam distribuidoras, atacadistas ou varejistas. Não há cobrança do ICMS ST quando a mercadoria vendida pela empresa industrial se destinar a:

- posterior INDUSTRIALIZAÇÃO;
- pessoa física;

- posterior saída amparada por isenção ou não incidência (ex.: exportação);
- processo de transferência entre matriz e filiais, desde que não varejista;
- outro contribuinte que tiver a obrigação de reter o ICMS ST; ou
- outro estado (salvo, nas hipóteses onde houver Convênio ou Protocolo celebrado com outros estados).

Apesar de definido na Carta Magna, o modelo de substituição tributária sempre foi objeto de debates e questionamentos judiciais. Alguns contribuintes alegavam não existir ainda o fato gerador para pagamento do tributo referente ao contribuinte substituído. Todavia, uma decisão da Suprema Corte no final de 2016 mudou o rumo da ST no Brasil.

10.17 Decisão do STF inviabiliza substituição tributária

O regime de substituição tributária do ICMS sofreu, em OUT/2016, profundo impacto na sua operacionalização com a decisão do STF, em repercussão geral, no RE 593.849/MG, segundo a qual o contribuinte substituído tem direito de ressarcimento do ICMS pago a maior por conta da superavaliação da base de cálculo do fato gerador presumido, em relação à base de cálculo da venda efetiva ao consumidor final. A decisão da Suprema Corte reformulou seu entendimento anterior, que atribuía à base de cálculo do fato gerador presumido, nas suas diversas modalidades previstas no art. 8º da LC nº 87/96, que representava uma condição de definitividade, espécie de ficção jurídica, sendo devido o ICMS sobre o preço da mercadoria fixado pela legislação, tornando irrelevante o valor da venda efetiva no ponto final do ciclo comercial.

Na prática, a decisão do STF tornaria o ICMS ST uma retenção na fonte do imposto estadual. A decisão permitiu apenas a devolução do imposto em caso de venda por um preço inferior ao que foi praticado pelo substituto. No entanto, os fundamentos da decisão judicial são usados pelos Estados para justificar também a complementação do recolhimento em caso inverso, quando o preço de venda efetiva for maior que o da base de cálculo fixada em legislação para a retenção na fonte, tema que ainda não foi totalmente pacificado e que pode gerar mais litígios tributários.

A principal característica da substituição tributária é a retenção (na maioria das vezes) do imposto pelo fabricante, no momento da venda para o atacadista, distribuidor ou comerciante varejista. E será utilizada somente para aqueles produtos previstos na legislação aplicada a cada estado da federação, sujeitos ao regime. Assim, cada estado define os produtos que serão cobrados de forma antecipada em seu território.

Suponha que uma indústria realize venda de mercadoria ao comércio varejista por R$ 200 e que esse varejista revenda depois a mercadoria aos seus clientes, com alíquota interna de ICMS de 12% e Margem de Valor Agregada (MVA) de 50% para o produto (Figura 10.5).

Assim, pelo modelo aplicado e válido até outubro de 2016, independentemente do preço de venda real praticado pelo varejista, a tributação do ICMS seria R$ 12 e considerada definitiva. Com a decisão do STF, podemos ter três situações:

- O varejista revender a mercadoria por R$ 300, o que confirmaria o preço de venda sugerido e calculado a partir da margem de valor agregada.

FIGURA 10.5

- O varejista revender a mercadoria por R$ 275, o que permitiria solicitar a restituição de R$ 3 de ICMS, pois o imposto devido seria R$ 9 (75 × 12%) e não o valor de R$ 12 que lhe foi cobrado pelo industrial na compra.
- O varejista revender a mercadoria por R$ 350, o que geraria um ICMS devido de R$ 18 (150 × 12%) pela empresa comercial, maior que o imposto pago na compra da empresa industrial. Assim, teoricamente o estado teria o direito de cobrar o complemento de R$ 6 de ICMS (18 – 12).

Na prática, a decisão do STF inviabilizaria a existência do modelo de substituição tributária transformando-o em simples retenção na fonte do ICMS. A explicação detalhada será apresentada no tópico do tratamento contábil da ST.

10.18 Os estados e os produtos escolhidos para fins de ST

Cada um dos 27 estados da federação tem liberdade para definir as mercadorias que serão tributadas no modelo de substituição tributária.

Se as operações mercantis fossem realizadas apenas dentro de cada estado, não haveria problema. Todavia, em função da extensão geográfica do Brasil, as operações interestaduais são comuns, trazendo para o ICMS um modelo complicado de controle e cálculo sobre as operações.

Com a substituição tributária, a situação piora, pois um estado não é obrigado a considerar o mesmo produto tributado em outro estado por essa sistemática, sendo necessário celebrar acordos (convênios ou protocolos) para regulamentar a questão. Os protocolos são celebrados no Conselho Nacional de Política Fazendária (Confaz), composto por alguns representantes do Ministério da Fazenda/Economia e um representante de cada estado, que é o Secretário de Fazenda. O órgão é responsável pela celebração de convênios e protocolos entre os estados, inclusive em relação ao processo de substituição tributária.

O convênio é um acordo entre os estados membros e se dá quando é homologado por todos, e a todos ele tem a mesma validade. O protocolo é quando o acordo é apenas entre alguns estados, desde que não interfiram em outros. No caso da ST, só há convênio se todas as 27 unidades federativas participarem. Se isso não ocorrer, o documento será um protocolo.

10.18.1 Exemplo de protocolo

O Protocolo ICMS nº 20 (sorvetes),[6] publicado no *Diário Oficial da União* em 11/JUL/2005, pode ser utilizado como exemplo de como funciona esse processo no mundo real.

O protocolo original, que entrou em vigor em SET/2005, foi assinado apenas pelos representantes dos estados do PR, MG, RJ e SP. No mesmo ano, AL, AP, ES, DF, PB, PE, PI, RN, RS, RO, SC, SE e TO entraram no protocolo nº 20 por meio do Protocolo nº 31, deixando o documento original com a participação de 17 das 27 unidades federativas. Na última pesquisa feita na internet (MAI/2021), apenas os estados do CE e PI não integravam o protocolo.

Portanto, suponha uma grande indústria de sorvetes localizada no estado de Pernambuco e que venda seus produtos para todo o Nordeste do país.

Nas vendas para o próprio estado e quase todos os estados da região, a empresa deverá reter e recolher o ICMS do contribuinte seguinte, utilizando a alíquota vigente no estado do contribuinte substituído.

Já nas vendas realizadas para os Estados do Ceará e Piauí, não caberá retenção de ICMS ST, pois eles não participam do protocolo.

São exemplos de protocolos referendados no Confaz:

a) **Protocolo nº 18/85** – PILHAS E BATERIAS ELÉTRICAS. Inicialmente, o Protocolo nº 18/85 incluiu apenas os Estados do RJ, AM e SP nessas operações. Todos os estados participavam desse protocolo, mas em 2018 SP, PB e GO foram excluídos.
b) **Protocolo nº 44/2002** – MATERIAIS DE CONSTRUÇÃO. Inicialmente, o Protocolo nº 32/92 incluiu os Estados do RJ, SP, MG, MS, SC, PR e RS. Posteriormente, muitos outros estados foram incluídos no acordo.

10.19 Cálculo do ICMS ST: IPI, frete e desconto incondicional

A base de cálculo do ICMS contempla os gastos com frete e seguro, quando incluídos na nota fiscal, além de considerar a redução dos descontos incondicionais, aqueles descritos no documento fiscal. Já o IPI não faz

[6] https://www.confaz.fazenda.gov.br/legislacao/protocolos/2005/pt020_05. Acesso em: 4 set. 2021.

parte da base do ICMS, pelo menos nas operações entre empresas contribuintes do imposto.

Então, admita uma venda de mercadoria da indústria X, localizada em São Paulo, para o comércio W, localizado no Rio de Janeiro, por R$ 24.750, cujo valor apresenta a composição do Quadro 10.4.

A base do ICMS, no caso, seria R$ 22.500, pois considera frete, seguro e a redução do desconto. Apenas o IPI, dentre os itens descritos, fica de fora da base. O ICMS próprio, no caso, seria R$ 2.700 (12% de R$ 22.500).

Já a base para aplicação da Margem de Valor Agregado (MVA) para fins de cálculo do ICMS ST contempla frete, seguro e o IPI, não deduzindo o desconto incondicional. Portanto, admitindo que o produto vendido pela Indústria X seja objeto de substituição tributária e que a MVA seja de 40%, o cálculo do ICMS ST seria o apresentado no Quadro 10.5.

Perceba que a base para aplicação da MVA não deduz o valor do desconto, considerando-o. A lógica é que descontos incondicionais podem ser dados a um cliente, e não para outro.

10.20 A contabilidade nas empresas substitutas e substituídas

A empresa substituta deverá tratar o ICMS ST da mesma forma que o IPI, ou seja, acrescentando mais uma conta contábil a crédito denominada ICMS ST a Recolher. Aproveitando o exemplo do tópico anterior, o registro na indústria seria o seguinte:

DÉBITO:	Contas a receber	R$ 29.120
CRÉDITO:	Receita bruta	R$ 22.500 (22.000 + 1.000 – 500)
CRÉDITO:	IPI a recolher	R$ 2.250
CRÉDITO:	ICMS ST a recolher	R$ 4.370
DÉBITO:	DESPESA DE ICMS	
CRÉDITO:	ICMS A PAGAR	R$ 2.700

No mês seguinte, a indústria irá desembolsar R$ 7.070 de ICMS em dois documentos: um com o ICMS próprio (2.700) e outro com o ICMS ST (4.370).

Nas empresas substituídas, a princípio, a contabilidade poderia ser bem mais simples. Admitindo que o comércio varejista pratique o preço de venda sugerido do exemplo anterior, o registro contábil seria o seguinte:

COMPRA:		
DÉBITO:	ESTOQUE	
CRÉDITO:	FORNECEDORES	R$ 29.120
VENDA:		
DÉBITO:	CONTAS A RECEBER	
CRÉDITO:	RECEITA BRUTA	R$ 35.350
DÉBITO:	CUSTO DAS VENDAS	
CRÉDITO:	ESTOQUE	R$ 29.120

A proposta de ignorar o ICMS no registro contábil da empresa substituída nos casos de substituição tributária

QUADRO 10.4

(+) Preço de venda	R$ 22.000
(+) Frete e seguro	R$ 1.000
(–) Desconto incondicional	R$ (500)
(+) IPI – 10%	R$ 2.250
PREÇO FINAL	**R$ 24.750** (antes de incluir o ICMS ST)

QUADRO 10.5

BASE DA SUBSTITUIÇÃO TRIBUTÁRIA	
▪ (+) Preço de venda	R$ 22.000
▪ (+) Frete e seguro	R$ 1.000
▪ (+) IPI	R$ 2.250
BASE P/ APLICAÇÃO MVA	**R$ 25.250**
Margem de Valor Agregada	**40% – R$ 10.100**
BASE DA SUBSTITUIÇÃO TRIBUTÁRIA	**R$ 35.350**
▪ **Alíquota Interna do Estado do RJ**	**20%**
ICMS TOTAL	**R$ 7.070**
ICMS ST (ICMS TOTAL menos ICMS PRÓPRIO)	**R$ 4.370** (7.070 – 2.700)
PREÇO FINAL DE VENDA	**R$ 29.120** (24.750 + 4.370)

não é totalmente pacífica, embora seja defendida por alguns estudiosos da ciência contábil. Existe outra corrente que entende, com bons argumentos, que o não registro do ICMS a recuperar, do ICMS a pagar e, principalmente, do ICMS sobre vendas no resultado poderia causar perda de qualidade na informação na empresa substituída. Isso pode ocorrer (principalmente) nos grandes estabelecimentos comerciais, que adquirem elevadas quantidades de produtos com substituição tributária.

A reclamação inicial é de que a omissão da parcela do ICMS pago na aquisição da mercadoria (somando o ICMS da indústria, que foi repassado ao comércio pela repercussão com o ICMS ST) pode distorcer a informação transmitida pela DRE.

Suponha que a Cia. Campos seja uma grande rede de supermercados e apresente receita de vendas de R$ 1.000, sendo metade de vendas de produtos com tributação normal do ICMS e o restante de produtos oriundos de substituição tributária. Se o valor informado de ICMS sobre vendas fosse R$ 60, o leitor poderia ser induzido a uma informação equivocada e precipitada de que a tributação média sobre o consumo da empresa em análise estaria em 6%. Seria um sonho um percentual médio tão baixo. Todavia, se o ICMS ST fosse reconhecido, a alíquota apresentada estaria mais próxima da realidade.

Observe nas Tabelas 10.14 e 10.15 como seria a apresentação do resultado considerando o ICMS ST dentro do resultado da empresa substituída (no caso, a Cia. Campos) e como funciona sem a apresentação dessa informação. Para fins de simplificação, utilizaremos alíquota constante de ICMS de 12% e custo das mercadorias vendidas exatamente pela metade da venda do supermercado.

Analise as duas situações apresentadas nas Tabelas 10.14 e 10.15 e verifique se há coerência em modificar o procedimento adotado em caso de tributação normal. Entendo que não. Prefiro a segunda opção, mas para isso a recomendação seria reconhecer o ICMS a recuperar e a pagar em uma conta denominada **ICMS a apropriar**. Vamos desenvolver outro exemplo na sequência para completar o raciocínio.

A Cia. Barra é uma empresa distribuidora, que adquire suas mercadorias por R$ 100 e revende por R$ 150, com ICMS de 12% tanto na compra como na venda. Apesar da simplicidade do processo contábil e de ele já ter sido apresentado em outros lugares aqui no livro, faço questão de repetir, pela relevância do tema. Alegria!

PELA AQUISIÇÃO DAS MERCADORIAS		
DÉBITO:	Estoques	88,00
DÉBITO:	ICMS a recuperar	12,00
CRÉDITO:	Fornecedores	100,00

PELA REVENDA DAS MERCADORIAS		
DÉBITO:	Contas a receber	
CRÉDITO:	Receita bruta	150,00
DÉBITO:	Custo das vendas	
CRÉDITO:	Estoques	88,00

TABELA 10.14 DRE da Cia. Campos sem considerar o registro do ICMS no resultado

DRE X1 Cia. CAMPOS	PRODUTOS COM PROCESSO NORMAL	PRODUTOS COM SUBSTIT.TRIBUTÁRIA	TOTAL
RECEITA BRUTA	500	500	1.000
(–) ICMS sobre VENDAS	(60)	–	(60)
RECEITA LÍQUIDA	440	500	940
(–) CMV	(250)	(310)	(560)
LUCRO BRUTO	190	190	380

TABELA 10.15 DRE da Cia. Campos considerando o registro do ICMS no resultado

DRE X1 Cia. CAMPOS	PRODUTOS COM PROCESSO NORMAL	PRODUTOS COM SUBSTIT.TRIBUTÁRIA	TOTAL
RECEITA BRUTA	500	500	1.000
(–) ICMS sobre VENDAS	(60)	(60)	(120)
RECEITA LÍQUIDA	440	440	880
(–) CMV	(250)	(250)	(500)
LUCRO BRUTO	190	190	380

DÉBITO:	Despesa de ICMS	
CRÉDITO:	ICMS a pagar	18,00

PELA APURAÇÃO DO ICMS		
DÉBITO:	ICMS a pagar	
CRÉDITO:	ICMS a recuperar	12,00

Agora, admita que o produto revendido pela Cia. Barra passe a ser objeto de substituição tributária e que a margem de valor agregada seja exatamente de 50%, trazendo um recolhimento de ICMS ST no valor de R$ 6 a ser feito pela indústria na venda para a Cia. Barra. Assim, a empresa distribuidora compraria a mercadoria por R$ 106 e revenderia por R$ 150, sem precisar pagar mais nada de ICMS. Veja o registro contábil sugerido na empresa comercial:

PELA AQUISIÇÃO DAS MERCADORIAS		
DÉBITO:	Estoques	88,00
DÉBITO:	ICMS a apropriar	18,00 (12 do próprio + 6 do ST)
CRÉDITO:	Fornecedores	106,00

PELA REVENDA DAS MERCADORIAS		
DÉBITO:	Contas a receber	
CRÉDITO:	Receita bruta	150,00
DÉBITO:	Custo das vendas	
CRÉDITO:	Estoques	88,00
DÉBITO:	Despesa de ICMS	
CRÉDITO:	ICMS a apropriar	18,00

Observe que o registro segue o mesmo modelo anterior, com a única diferença que desaparecem as contas ICMS a recuperar e ICMS a pagar, substituídas aqui pela conta ICMS a apropriar. Mesmo que a empresa revendesse a mercadoria por um preço maior ou menor, não haveria alteração na despesa de ICMS, que permaneceria em R$ 18.

10.21 Industrial, atacadista ou distribuidor e varejista

Nas operações envolvendo contribuintes distribuidores ou atacadistas, a recomendação é que o ICMS seja cobrado integralmente pela indústria, sendo o distribuidor ou atacadista também considerado contribuinte substituído, apenas intermediário e não final. O atacadista ou distribuidor, no caso, deverá adquirir a mercadoria por um preço mais elevado, pagando todo o ICMS ST cobrado pela indústria e repassar (diretamente) parte do ICMS ST ao varejista.

Será apresentado a seguir um exemplo, aproveitando as sugestões do Manual de Substituição Tributária da Secretaria de Receita do Estado do Rio de Janeiro.

Suponha três empresas no mercado de tintas, sendo a Cia. Rosa (indústria), a Cia. Lilás (distribuidor) e a Cia. Cinza (varejista), todas localizadas no estado do Rio de Janeiro, cuja alíquota de ICMS (para fins didáticos) será de 18%. A margem de valor agregado para tinta será definida em 30%.

A Cia. Rosa vende tinta para a Cia. Lilás por R$ 1.000, concedendo um desconto comercial (incondicional) de R$ 100. Em seguida, a Cia. Lilás, que adquiriu a tinta por R$ 900, a revende para a Cia. Cinza por R$ 1.000. Por sua vez, a Cia. Cinza irá revender a tinta aos consumidores finais pelo preço sugerido, ou seja, R$ 1.300.

Se fosse adotado o processo tradicional do ICMS, o recolhimento de ICMS seria realizado da seguinte forma:

Cia. Rosa (Indústria)	– R$ 162	(18% sobre R$ 900)
Cia. Lilás (Distribuidor)	– R$ 18	(18% sobre R$ 1.000 menos R$ 162)
Cia. Cinza (Varejista)	– R$ 54	(18% sobre R$ 1.300 menos R$ 180)
TOTAL RECOLHIDO:	R$ 234, representando 18% sobre R$ 1.300	

Mas a tinta é objeto de substituição tributária. Logo, a indústria deverá cobrar o ICMS que seria devido nas etapas posteriores e repassar o valor ao fisco estadual. Vamos ver como seria esse procedimento na Cia. Rosa:

PREÇO DE VENDA (SEM DESCONTO)	R$ 1.000
(+) MARGEM DE VALOR AGREGADA (30%)	R$ 300
BASE DE CÁLCULO DO ICMS ST	R$ 1.300
ALÍQUOTA – 18%	R$ 234
(–) ICMS (PRÓPRIO) DEVIDO PELA CIA. ROSA	(R$ 162)
ICMS ST	R$ 72

VALOR DA VENDA DA TINTA PARA A CIA. LILÁS:
R$ 1.000 (preço normal) – R$ 100 (desconto) + R$ 72 (ICMS ST) = R$ 972

Portanto, a Cia. Rosa vende a tinta com o ICMS calculado, presumindo o fato gerador nas etapas posteriores, utilizando a margem de lucro definida em lei. Importante destacar que a empresa deverá recolher dois documentos distintos: um com seu ICMS próprio, que seria R$ 162, admitindo não haver créditos para deduzir; e outro, no valor de R$ 72, na condição de substituto tributário em relação às etapas seguintes de comercialização do produto.

O distribuidor, por outro lado, não pode comprar a tinta por R$ 972 e revender por R$ 1.000, pois, se assim o fizer, estará ele, distribuidor, assumindo todo o ICMS ST recolhido antecipadamente pela Cia. Rosa. No caso, a Cia. Lilás deverá cobrar da Cia. Cinza a diferença entre o valor pago a mais por causa do ICMS ST e o valor do ICMS que seria devido por sua operação mercantil normal. Veja o cálculo:

(+) ICMS ST PAGO NA COMPRA DA CIA. ROSA	R$ 72
(–) ICMS QUE SERIA DEVIDO PELA CIA. LILÁS	(R$ 18)
ICMS A SER COBRADO DA CIA. CINZA (VAREJISTA)	R$ 54
VALOR DA VENDA DA TINTA PARA A CIA. CINZA:	
R$ 1.000 (preço normal) + R$ 54 (ICMS ST)	=R$ 1.054

Observe que a Cia. Lilás comprou efetivamente a mercadoria por R$ 972 e revendeu por R$ 1.054, não precisando pagar ICMS diretamente, além de não ter direito a utilizar crédito do imposto. O lucro na operação, portanto, foi R$ 82. Se o processo fosse no modelo tradicional, o resultado seria composto pelo lucro na operação de R$ 100 (R$ 1.000 de venda menos R$ 900 de compra) menos o imposto de R$ 18 (18%), dando o mesmo valor de R$ 82.

Por fim, a Cia. Cinza (Varejista) adquire a tinta por R$ 1.054 e revende por R$ 1.300, obtendo um lucro de R$ 246. Também essa empresa não precisa efetuar registro do ICMS pelo fato de adquirir o produto já com o ICMS retido (e recolhido) pelo contribuinte substituto principal (Cia. Rosa), com um pedaço transferido pelo substituto intermediário (Cia. Lilás).

10.22 A distribuidora, a contabilidade e o ICMS ST

O caso da Cia. Barra (Seção 10.20), com a forma alternativa de contabilizar a operação explicada no tópico anterior, é fundamental para não aumentar, de forma equivocada, as bases de PIS e COFINS nas empresas distribuidoras e atacadistas.

Pelos números trabalhados no exemplo, dificilmente o ICMS ST seria R$ 6, pois a indústria teria que substituir, no caso, o distribuidor e o varejista, aplicando provavelmente uma margem de valor agregada maior.

Admita, para fins de simplificação, que a margem de valor agregada do exemplo anterior fosse 100%, elevando o valor do ICMS ST para R$ 12. O industrial substitui as empresas comerciais, mas cobra todo o valor do distribuidor, que é a empresa que ela tem contato. Nesse caso, a distribuidora repassaria ao varejista o ICMS que a ele pertence, R$ 6.

Se a revenda da Cia. Barra para o varejista passar a R$ 156, por conta do ICMS ST, aumentam as bases de PIS e COFINS, em relação à posição anterior. Contudo, a forma de registro contábil pode ser decisiva para não aumentar as bases das contribuições.

Veja a seguir a contabilização sugerida para o mesmo exemplo da Cia. Barra, mas considerando que a aquisição foi por R$ 112, incluindo R$ 12 de ICMS ST, sendo R$ 6 da empresa e R$ 6 que pertence ao varejista e foi cobrado pela indústria.

PELA AQUISIÇÃO DAS MERCADORIAS		
DÉBITO:	Estoques	88,00
DÉBITO:	ICMS a apropriar	18,00
DÉBITO:	ICMS ST a repassar	6,00
CRÉDITO:	Fornecedores	112,00

PELA REVENDA DAS MERCADORIAS		
DÉBITO:	Contas a Receber	156,00
CRÉDITO:	ICMS ST a repassar	6,00
CRÉDITO:	Receita bruta	150,00
DÉBITO:	Custo das vendas	
CRÉDITO:	Estoques	88,00
DÉBITO:	Despesa de ICMS	
CRÉDITO:	ICMS a apropriar	18,00

O ideal seria fazer o destaque na nota fiscal referente ao ICMS ST repassado ao varejista, demonstrando detalhadamente que o valor de R$ 6 não pertence ao Distribuidor e está sendo transferido ao varejista, mas não sob o fenômeno jurídico da repercussão, e sim como o ICMS que seria devido por ele, varejista.

Admitindo, para fins didáticos, que o varejista fosse tributado pelo lucro real e revendesse a mercadoria exatamente por R$ 200 (preço sugerido na MVA), a base de PIS e COFINS seria R$ 50, sendo R$ 200 da venda menos R$ 150 da compra, e não R$ 156, que teria sido o valor pago.

Relembrando o exemplo numérico das Cias. Rosa, Lilás e Cinza (item 10.21), os registros contábeis na Cia. Lilás seriam os seguintes:

PELA AQUISIÇÃO DAS MERCADORIAS		
DÉBITO:	Estoques	738,00
DÉBITO:	ICMS a apropriar	180,00 (162,00 + 18,00)
DÉBITO:	ICMS ST a repassar	54,00
CRÉDITO:	Disponibilidades	972,00

PELA REVENDA DAS MERCADORIAS		
DÉBITO:	Disponibilidades	1.054,00
CRÉDITO:	ICMS ST a repassar	54,00
CRÉDITO:	Receita bruta	1.000,00
DÉBITO:	Custo das vendas	
CRÉDITO:	Estoques	738,00
DÉBITO:	Despesa de ICMS	
CRÉDITO:	ICMS a apropriar	180,00

Entendo que essa é a forma de registro adequada, pois a receita da Cia. Lilás não foi R$ 1.054, e sim R$ 1.000. E, com isso, as bases de PIS e COFINS seriam menores, no caso R$ 1.000, que foi a receita efetivamente auferida.

Deixo o tema para reflexão, apenas ilustrando como a nossa contabilidade tributária é rica em detalhes e como uma boa gestão tributária pode ser fundamental para o bom desempenho de uma entidade empresarial.

10.23 Com a decisão do STF, O ICMS ST virou retenção na fonte

Conforme apresentado na Seção 10.17, o STF decidiu em OUT/2016 que os estados devem restituir o ICMS ST pago a maior, quando comprovado que o preço final de venda da mercadoria foi inferior à base de cálculo presumida pelo regime da substituição tributária.

Na prática, a decisão do STF praticamente põe fim ao modelo atual de substituição tributária do ICMS, transformando esse mecanismo em mera e simples retenção na fonte do imposto estadual. Por exemplo, suponha venda da indústria para o comércio por R$ 750, com alíquota de ICMS de 12% e MVA de 40%. Nesse caso, o preço de venda sugerido será R$ 1.050 (750 × 1,4), gerando ICMS ST de R$ 36 (126 – 90). Com isso, admitindo a venda pelo preço sugerido, o registro contábil do varejista passaria a ser feito conforme apresentado no Quadro 10.6.

Caso o varejista revendesse o produto por R$ 1.100, por exemplo, teria ICMS a pagar de R$ 132, o que deixaria um saldo líquido de R$ 6 (132 – 90 – 36) a ser desembolsado no mês seguinte. Por outro lado, eventual venda por valor menor que o sugerido (R$ 1.050) deixaria um saldo de ICMS a recuperar para meses subsequentes.

10.24 O regime optativo de tributação

Para resolver tal conflito, o Confaz[7] criou o Regime Optativo de Tributação do ICMS ST (ROT) por meio do Convênio ICMS nº 67/2019, que autorizou os estados de AM, PA, PB, PR, PE, RN, RS e SC a dispensarem o segmento varejista do pagamento de ICMS a título de complementação do imposto devido por substituição tributária, nos casos em que o preço praticado na operação a consumidor final for superior à base de cálculo estimada utilizada no cálculo do débito devido pelo substituto tributário. O estado de São Paulo aderiu à nova sistemática com a edição do Convênio ICMS nº 62/2020.

A ideia aqui é a seguinte: admita que um varejista vende 10 produtos que tiveram cobrança de ICMS ST, sendo cinco pelo preço sugerido, três por um preço inferior e dois por um valor acima da base de cálculo em que lhe foi cobrado o imposto estadual. Nesse caso, ele poderia pedir restituição do ICMS nas vendas dos três produtos vendidos por um preço menor, mas teria a cobrança de ICMS complementar em relação aos dois produtos vendidos por preço acima do sugerido.

Nesse caso, a opção pelo ROT amorteceria tal situação, retornando para a apuração definitiva do ICMS ST, como funcionava até a decisão do STF em 2016.

Contudo, o tema promete um bom debate jurídico, conforme nos mostra o ótimo artigo[8] escrito pelos Profs. Caio Takano e Arthur Pitman.

---

[7] Conselho Nacional de Política Fazendária (Confaz), composto por membros do Ministério da Fazenda/Economia e os secretários estaduais de fazenda.

[8] https://www.conjur.com.br/2021-abr-30/opiniao-falsa-gentileza-regime-optativo-tributacao. Acesso em: 4 nov. 2021.

QUADRO 10.6

COMPRA:		
DÉBITO:	Estoque	R$ 660
DÉBITO:	ICMS a recuperar	R$ 90 – parcela própria
DÉBITO:	ICMS retido na fonte	R$ 36 – parcela cobrada como ST
CRÉDITO:	Fornecedores	R$ 786
VENDA:		
DÉBITO:	Contas a receber	
CRÉDITO:	Receita bruta	R$ 1.050
DÉBITO:	Custo das vendas	
CRÉDITO:	Estoque	R$ 660
DÉBITO:	Despesa de ICMS	
CRÉDITO:	ICMS a pagar	R$ 126 (1.050 × 12%)
APURAÇÃO:		
DÉBITO:	ICMS a pagar	R$ 126
CRÉDITO:	ICMS a recuperar	R$ 90
CRÉDITO:	ICMS retido na fonte	R$ 36

10.25 Subvenção para custeio e incentivos fiscais

Como temos visto aqui no livro, a legislação tributária brasileira é complexa. Na legislação do ICMS, a estrutura básica desenhada na Constituição Federal e em leis complementares tem como objetivo impedir a guerra fiscal entre as unidades federativas, pois a disputa excessiva entre empresas atraídas por incentivos fiscais, dados de forma individual e sem critério, acaba por prejudicar o desenvolvimento do País como um todo.

Incentivo Fiscal significa redução legal, sob qualquer mecanismo (alíquota, base de cálculo), do valor devido do imposto.

A Constituição Federal de 1988 destina para Leis Complementares a função de regular a forma como, mediante deliberação dos estados e do Distrito Federal, isenções, incentivos e benefícios fiscais serão concedidos e revogados.

A LC nº 24/75, por exemplo, proíbe a concessão de incentivos fiscais no âmbito do ICMS, exceto se concedidos por convênios celebrados e ratificados por todos os estados da federação. Diz o normativo que, se não for aprovada por unanimidade, será proibido conceder isenção de ICMS, mesmo nas seguintes hipóteses:

- devolução total ou parcial, direta ou indireta, condicionada ou não, do tributo ao contribuinte, a responsável ou a terceiros;
- redução da base de cálculo;
- concessão de créditos presumidos; e
- quaisquer outros incentivos ou favores fiscais ou financeiro-fiscais, concedidos com base no imposto de circulação de mercadorias, dos quais resulte redução ou eliminação, direta ou indireta, do respectivo ônus.

No entanto, os estados brasileiros sempre concederam isenções e incentivos fiscais dos mais variados tipos, à revelia da LC nº 24/75, produzindo infindáveis discussões judiciais. Uma pesquisa realizada pelo STF mostra, por exemplo, que o governo do estado de São Paulo entrou, em 2014, com dez ações judiciais contra os estados de Santa Catarina, Tocantins, Mato Grosso do Sul, Maranhão, Minas Gerais e Pernambuco, além do Distrito Federal. As ações ocorreram por conta da concessão de benefícios fiscais referentes ao ICMS em desacordo com a LC nº 24/75. O argumento do governo paulista foi o de que a desoneração feita pelos estados trouxe efeitos negativos à economia dos demais estados e só poderia ser realizada com a prévia permissão de todos os estados e do Distrito Federal, via convênio.

Infelizmente, no Brasil, há incentivos de todos os tipos e todas as formas espalhados pelas 27 unidades federativas.

10.25.1 Alguns incentivos concedidos por estados

No Maranhão, por exemplo, o programa Mais Empresas, com contestação parcial aceita pelo STF, concede crédito presumido de até 95% do ICMS devido pelas empresas na implantação de empreendimento industrial ou agroindustrial por um prazo de até 15 anos.

Isso é isenção pura, descumprindo os dispositivos da LC nº 24/75.

Em Goiás, o programa Produzir incentiva a implantação, expansão ou revitalização de indústrias, estimulando a realização de investimentos, a renovação tecnológica e o aumento da competitividade estadual, com ênfase na geração de emprego, renda e redução das desigualdades sociais e regionais. Há um subprograma para microempresas e empresas de pequeno porte que estejam no limite do SIMPLES NACIONAL, denominado Micro Produzir. O incentivo tradicional do Produzir funciona, resumidamente, da seguinte forma:

- Uma empresa instala a sua unidade fabril no estado de Goiás.
- Supondo que a alíquota de ICMS do seu produto seja de 12%, ao vender a sua mercadoria por R$ 1.000, a empresa terá um ICMS a pagar de R$ 120,00.
- Por meio do programa Produzir, a empresa poderá pagar apenas 27% (R$ 32,40) desses R$ 120, financiando a diferença (73%) = R$ 87,60.
- Sobre o valor de R$ 87,60 incidirão juros mensais de 0,2% (no caso, R$ 0,17).
- Esse saldo devedor (R$ 87,60) poderá ser pago em até 12 meses e com um desconto que pode chegar a 100%, mediante cumprimento de regras específicas (chamadas de fator de desconto) que, normalmente, são cumpridas sem muitos problemas.

Como pode-se observar, em essência, a empresa só paga de ICMS 3,2% + juros de 0,2% ao mês sobre o restante, sendo que o principal não pago (no exemplo, 73% = R$ 87,60) é liberado após 12 meses. No final de tudo, a cobrança se igualou a uma alíquota de 3% de ICMS, o que não é permitido pela Constituição Federal de 1988 nem pela LC nº 24/75.

Também no estado de Goiás, existe o programa Logproduzir, criado pela Lei nº 14.244/2002. O programa tem como objetivo incentivar a instalação e expansão de empresas operadoras de logística de distribuição de produtos no estado de Goiás. O incentivo consiste na concessão de crédito outorgado sobre o ICMS incidente sobre as operações interestaduais de transportes pela empresa operadora de logística. Na prática, a lei concede redução do ICMS devido nos seguintes percentuais:

- Até 50% – para empresas que operem no segmento de logística, inclusive com agenciamento de cargas e armazenamento de mercadorias próprias ou de terceiros.
- Até 73% – para empresas que, diretamente ou por meio de empresas pertencentes ao seu grupo, operem, cumulativamente, no segmento de logística, transporte rodoviário ou aéreo, agenciamento de cargas e armazenamento de mercadorias próprias ou de terceiros.
- Até 80% – para empresas cujo recolhimento de ICMS relativo às operações próprias ou por conta e ordem de terceiros for superior a R$ 900.000,00 por mês.

Na Bahia também há incentivos fiscais. O programa de desenvolvimento industrial e de integração econômica, chamado Desenvolve, incentiva a aquisição de máquinas e equipamentos para o ativo imobilizado das empresas, concedendo redução de ICMS e longo parcelamento do pagamento em alguns casos. No setor petroquímico, há redução do ICMS de 17% para 12% para nafta e demais produtos petroquímicos. Já para a nafta importada, a redução é de 6,8% para 5,8%.

Há crédito presumido para operações com diversos produtos na Bahia. Esse crédito pode ser descontado na saída dos produtos montados ou fabricados no estado. Veja alguns detalhes obtidos na página da Secretaria de Desenvolvimento do Estado da Bahia:

- Veículos automotores, bicicletas e triciclos, pneumáticos e acessórios – 75% do imposto incidente nos cinco primeiros anos e 37,5% do imposto incidente do sexto ao décimo ano de produção. Na prática, se a alíquota do ICMS sobre esses produtos fosse de 18%, o crédito presumido seria de 13,5% do ano 1 ao ano 5, gerando alíquota efetiva de 4,5%. A partir do 6º ano, o desconto cai para 6,75%, com alíquota efetiva de 11,25%.
- Calçados, seus insumos e componentes, bolsas, cintos, bolas esportivas e artigos de malharia e seus insumos – redução entre 90% e 99% do imposto incidente até o ano de 2020, dependendo da pontuação obtida pelo projeto. A produção de móveis tem redução de até 90% nos primeiros 15 anos de produção.
- Preservativos – redução de 70%, nos primeiros 10 anos de produção.
- Processamento e conservação de peixes e crustáceos e fabricação de conservas de peixes e crustáceos – redução de 90% nos primeiros 10 anos de produção.

- Confecções – até 90% do imposto incidente durante o período de até 15 anos de produção.
- Artigos sanitários de cerâmica – redução de até 85% nos primeiros 10 anos de produção.
- Fiação e tecelagem – até 90%, nos primeiros 15 anos de produção.
- Azulejos e pisos – até 85%, nos primeiros 10 anos de produção.

Obviamente, não é possível demonstrar os incentivos praticados em todos os estados brasileiros aqui. No entanto, é possível afirmar que a prática mais comum consiste na concessão de crédito presumido, que permite a redução do ICMS a pagar, ainda que a empresa não possua crédito de ICMS. Em outras palavras, não é necessário que o imposto tenha sido pago pela empresa para que ela possa reduzir o valor do pagamento do seu ICMS devido. Todavia, existem modelos refinados, em que se integram incentivos fiscais com benefícios creditícios.

10.26 Lei Complementar nº 160/2017

Em meio ao caos criado pela guerra fiscal do ICMS entre os estados, com discussões infindáveis nos últimos 30 anos e após mais de três anos de debate no Congresso Nacional, foi aprovada a LC nº 160/2017, com objetivo de promover importantes mudanças quanto aos benefícios fiscais concedidos unilateralmente pelas unidades federativas.

O ponto principal da LC nº 160/2017 consiste em permitir que os estados e o Distrito Federal possam deliberar, via convênio, sobre:

- A remissão de créditos tributários, constituídos ou não, decorrentes de incentivos fiscais instituídos sem aprovação do Confaz, por legislação estadual publicada até o dia 8 de agosto de 2017.
- A reinstituição desses incentivos fiscais por legislação estadual que ainda esteja em vigor.

O convênio aprovado e ratificado especificamente para essa finalidade deveria ser publicado em 180 dias, a contar da publicação da lei, e poderá ter apenas $^{2}/_{3}$ dos votos favoráveis dos estados, sendo distribuído por $^{1}/_{3}$ de cada região do país. Apesar de ser um quórum diferenciado, deixa de existir a regra original prevista na LC nº 24/75, que exigia unanimidade.

A LC nº 160/2017 prevê também uma série de condicionantes para os estados, especialmente quanto à publicidade dos incentivos fiscais concedidos até 8 de agosto de 2018, com o objetivo de dar transparência à sociedade e, dessa forma, permitir a concessão ou prorrogação por um período de 1 a 15 anos, a depender do setor.

A LC nº 160/2017 diz ainda que, aprovado o convênio que confirmará os benefícios, as sanções previstas no art. 8º da LC nº 24/75 não serão aplicadas desde o ato concessivo do incentivo. Desse modo, os créditos de ICMS tomados pelo estabelecimento adquirente da mercadoria incentivada não serão glosados, e o imposto complementar devido ao estado concedente do incentivo não será exigido. Por outro lado, fica proibida qualquer possibilidade de recuperação do tributo.

Uma novidade relevante da LC nº 160/2017 foi a previsão de sanções financeiras aos estados que concederem benefícios fiscais (daqui para a frente) não referendados em convênio. Conforme o art. 6º da LC nº 160/2017, o estado não poderá:

- Receber transferências voluntárias.
- Obter garantia de outro ente que viabilize operações de endividamento.
- Realizar operações de crédito, salvo em hipóteses bastantes específicas, nos termos do art. 23, § 3º, da Lei de Responsabilidade Fiscal, a LC nº 101/2000.

Em 15 de dezembro de 2017, foi publicado o convênio ICMS nº 190, que regulamentou a LC nº 160/2017, mantendo o prazo de 29 de março de 2018 para que os estados publicassem, nos seus respectivos Diários Oficiais, a relação de todos os atos instituidores de benefícios fiscais sem a autorização do Confaz e que foram publicados até o dia 8 de agosto de 2017, para fins de convalidação e remissão dos incentivos fiscais de ICMS, conforme previsto na LC nº 160/2017.

A maioria dos estados cumpriu a norma, indicando a relação dos benefícios em decretos estaduais ou diretamente nas suas páginas eletrônicas. Alguns determinaram que os próprios contribuintes se manifestassem para informar sobre incentivos em vigor não relacionados pelo estado, sob risco de tais incentivos serem revogados.

10.27 Incentivos do ICMS e subvenções para investimento

É importante entender a diferença conceitual entre as subvenções para custeio e para investimento.

A subvenção para custeio é utilizada para fazer frente aos custos e despesas correntes da pessoa jurídica. Já as subvenções para investimento têm como finalidade estimular o desenvolvimento regional por meio de implantação ou expansão de empreendimentos econômicos.

Para fins de exemplificação, o entendimento inicial era o seguinte, incluindo registro contábil:

A) SUBVENÇÃO PARA CUSTEIO:

Representa, por exemplo, o crédito presumido de ICMS. Quando um estado concede um crédito de 75% da alíquota, reduzindo o ICMS a pagar, na prática, está cobrando alíquota de ICMS de 25% da alíquota original. Dessa forma, supondo uma alíquota de ICMS de 12%, com o incentivo, a empresa pagaria apenas 3% de ICMS. Nesse caso, uma venda de mercadorias por R$ 100 teria despesa de ICMS de R$ 3. A receita líquida, base para pagamento de imposto de renda e contribuição social sobre o lucro líquido, deveria ser de R$ 97.

B) SUBVENÇÃO PARA INVESTIMENTO:

Sinaliza que o estado concede, de forma gratuita, um ativo (normalmente, um bem) a uma empresa para que esta exerça a sua atividade empresarial, geralmente com regras para transferência definitiva do ativo. Dessa forma, quando o bem passar a integrar, definitivamente, o patrimônio da empresa, ela deverá registrar o ativo, com contrapartida em receita de subvenção para investimentos.

Na subvenção para investimento, o registro em receita não enseja tributação de IR e CSLL, desde que o valor da receita integrado ao lucro não seja distribuído, sob qualquer hipótese, aos seus sócios/ acionistas. A lógica é a seguinte: o incentivo é para a empresa, não para o empresário.

Por exemplo, se Cia. Alfa receber um terreno avaliado em R$ 150 para construir uma unidade fabril, ela deverá reconhecer esse valor no ativo e no resultado – este último, apenas quando o bem for integralmente transferido à empresa. Admita, agora, que a Cia. Alfa aufira um lucro, antes do IR, de R$ 250 no final do ano, sendo R$ 100 oriundos da sua atividade empresarial e R$ 150 oriundos do incentivo fiscal referente ao imóvel recebido. Considerando a legislação tributária brasileira, a DRE da Cia. Alfa deveria ser assim preenchida:

LAIR	R$ 250
(–) IR + CSLL	(R$ 34) (34% sobre R$ 100)
Lucro Líquido	R$ 216

É importante observar que a base de cálculo do IR ficou em R$ 100, excluindo do lucro a receita de subvenção para investimento. Tal exclusão está associada a não distribuição do valor de R$ 150. Nesse caso, se a Cia. Alfa resolvesse distribuir 50% do lucro (R$ 108), por exemplo, deveria considerar a base de cálculo do IR + CSLL de R$ 250, não excluindo a subvenção recebida. Dessa forma, o IR devido passaria a ser de R$ 85 (34% sobre 250).

Teoricamente, o registro contábil deveria ser diferente nos dois casos. No primeiro, subvenção para custeio, aconteceu apenas uma redução de despesa, não uma receita. Parece a mesma coisa, mas não é, principalmente do ponto de vista tributário. Se um imposto (ICMS) tem alíquota de 12%, e a empresa tem receita de R$ 100, a sua despesa de ICMS seria de R$ 12, em contrapartida com o passivo denominado "ICMS a pagar". Com a concessão de crédito presumido de R$ 9 (75%), teríamos uma redução no ICMS a pagar. O reconhecimento contábil do ICMS devido e do crédito presumido deveria, então, ser o seguinte:

DÉBITO:	Despesa de ICMS	
CRÉDITO:	ICMS a pagar	R$ 12
DÉBITO:	ICMS a recuperar – crédito presumido	
CRÉDITO:	Despesa de ICMS	R$ 9

A despesa de ICMS dedutível, nesse caso, seria de R$ 3, sendo esse o valor deduzido para fins de base de cálculo de IR e CSLL.

No entanto, ao modificar a LC nº 160/2017, a Lei nº 12.973/2014 definiu que os incentivos e os benefícios fiscais ou financeiro-fiscais relativos ao ICMS concedidos pelos estados e pelo Distrito Federal serão considerados subvenções para investimento, vedada a exigência de outros requisitos ou condições. Dessa forma, no exemplo do crédito presumido do ICMS, a Cia. Alfa poderia deduzir o valor de R$ 12 da sua base de cálculo de IR + CSLL. Por outro lado, o valor de R$ 9 seria reconhecido em receita de subvenção e, se não fosse distribuído, poderia ser excluído das bases dos tributos sobre o lucro.

A pedido da RFB, os dispositivos foram vetados pelo Presidente da República. No entanto, de forma pouco comum no Legislativo Brasileiro, o Congresso derrubou tais vetos, retomando o texto original.

Não há sentido em considerar como despesa dedutível a alíquota cheia do ICMS, permitindo que a empresa pague menos imposto, mas mantenha a despesa contábil.

10.28 Absorção da leitura: vinte e cinco questões de múltipla escolha

Recomenda-se fazer as questões pelo menos um dia depois da leitura do capítulo.

Q1

A Cia. Barro é uma indústria de biscoitos localizada no Pará. A Cia. Bomba é um supermercado localizado no Piauí. A alíquota interna de biscoito nos dois estados é 18%. A Cia. Barro vendeu biscoito para a Cia. Bomba por R$ 600, e houve a posterior revenda do supermercado para os clientes por R$ 800. O ICMS nesse processo produtivo, no valor de R$ 144:

(A) Será dividido igualmente entre os dois estados.

(B) Será todo recolhido ao estado do Piauí.

(C) Será todo recolhido ao estado do Pará.

(D) Será distribuído da seguinte forma: 25% para o Piauí e 75% para o Pará.

(E) Será distribuído da seguinte forma: 75% para o Piauí e 25% para o Pará.

Q2

A Cia. Fiesta-RJ é indústria do setor de alimentos. Em JAN/2021 vendeu seus produtos sempre pelo mesmo preço (R$ 250), assim composto:

- Preço de Venda de R$ 200.
- IPI de 25% de R$ 50.

As vendas foram realizadas para:

- Supermercado Gama-SP. Comprou para revender.
- Rei dos Eletrônicos-SP. A empresa comercial comprou os alimentos para consumo dos seus clientes e empregados na loja.
- Prestador de serviços (não contribuinte do ICMS). Comprou para uso e consumo.

Observação: Alíquotas internas: RJ = 20%; e SP = 18%.

Com base nos dados apresentados e aplicando a legislação tributária em vigor, incluindo as regras para aplicação de alíquotas interestaduais de ICMS, informe o total do imposto estadual que deverá ser PAGO pela Cia. Fiesta-RJ referente ao mês de JAN/2021.

(A) R$ 78.

(B) R$ 84.

(C) R$ 93.

(D) R$ 99.

(E) R$ 114.

Q3

A Cia. Moscatel-SP (indústria) vendeu mercadorias para a Cia. Morada-MS (comércio, irá revender), por R$ 1.000 + R$ 100 de IPI, totalizando R$ 1.100. A alíquota interna de SP é de 18%. O ICMS devido pela Cia. Moscatel nesta operação monta, em R$:

(A) 70.

(B) 77.

(C) 120.

(D) 132.

(E) 180.

Q4

A Cia. Alfa-RJ é um distribuidor de alimentos e fez as seguintes operações em MAR/2021 com seu produto alimentício X:

- Compra de 20 unidades da Indústria Xepa, localizada na BA, por R$ 1.000.
- Venda de 6 unidades para a Cia. Beta-RJ, por R$ 450 (75 × 6 unid.).
- Venda de 3 unidades para a Cia. Goiás-MG, por R$ 225 (75 × 3 unid.).
- Venda de 4 unidades para a Cia. Gruta-PE, por R$ 300 (75 × 4 unid.).
- Venda de 2 unidades para o exterior, por R$ 150 (75 × 2 unid.).

Alíquotas internas de ICMS: RJ = 18%; PE = 17%; MG = 16%; BA = 15%. Todos os seus clientes são varejistas e irão revender as mercadorias adquiridas.

O ICMS devido pela Cia. Alfa referente ao mês de MAR/2021 montou:

(A) R$ 9.

(B) R$ 18.

(C) R$ 39.

(D) R$ 48.

(E) R$ 59.

Q5

A Cia. Bauru (empresa comercial) realizou as seguintes operações no primeiro trimestre de 2016:

JAN – Comprou por R$ 5.000 e vendeu por R$ 5.200.

FEV – Comprou por R$ 5.000 e vendeu por R$ 5.300.

MAR – Comprou por R$ 5.000 e vendeu por R$ 7.500.

A empresa comprou dois bens para seu imobilizado: um em JAN por R$ 14.000; e outro em MAR, por R$ 18.400 mil.

A apuração do ICMS é mensal, com pagamento sempre na primeira quinzena do mês seguinte. A alíquota do ICMS em todas as operações e produtos é de 12%.

O ICMS que será desembolsado diretamente pela Cia. Bauru na primeira quinzena de ABR monta a:

(A) R$ 149.

(B) R$ 209.

(C) R$ 219.

(D) R$ 279.

(E) R$ 360.

Q6

Uma empresa comercial distribuidora, localizada em SP, que tinha estoque inicial de 30 unidades (produto alimentício) em FEV/2021, revendeu 21 unidades a quatro clientes, descritos a seguir:

- Supermercado localizado no próprio estado de SP, por R$ 300. Vai revender.
- Supermercado localizado no PR, por R$ 150. Vai revender.
- Mercearia localizada no MS, por R$ 200. Vai revender.
- Empresa de serviços (não contribuinte), localizada no PR, por R$ 250.

Observação ➔ Alíquotas internas: SP 18%; MS 17%; PR 16%.

O ICMS total devido pela empresa comercial distribuidora montou a:

(A) R$ 116.

(B) R$ 118.

(C) R$ 126.

(D) R$ 136.

(E) R$ 152.

Q7

O saldo da conta de ICMS a recuperar representa:

(A) Débito da empresa com o governo.

(B) Débito da empresa com fornecedores.

(C) Crédito da empresa com clientes.

(D) Crédito da empresa com fornecedores.

(E) Crédito da empresa com o governo.

Q8

A Cia. Porto (empresa comercial) iniciou o exercício com estoque zero. Adquiriu 50 unidades de determinado produto, pagando R$ 10.800, composto da seguinte forma:

- Preço das mercadorias adquiridas R$ 10.000
- (+) IPI acrescido ao preço (alíquota de 10%) R$ 1.000
- (–) Descontos incondicionais concedidos (R$ 500)
- (+) Frete pago na compra R$ 200
- (+) Seguro pago na compra R$ 100

Observação: Alíquota de ICMS na compra de 18%.

A empresa vendeu todo o estoque adquirido pelo preço total de R$ 12.000. O custo das mercadorias vendidas a ser registrado na DRE será:

(A) R$ 8.056.

(B) R$ 8.236.

(C) R$ 8.856.

(D) R$ 9.036.

(E) R$ 9.090.

Q9

Uma loja comercial localizada no estado do Rio Grande do Norte é revendedora de um produto X. A loja adquire 200 unidades do produto X por R$ 1.000,00, sendo R$ 500 de fornecedores do estado do Ceará e R$ 500 de fornecedores do próprio estado. Posteriormente, revendeu 160 unidades, sendo 75% para um cliente localizado em Minas Gerais por R$ 1.400,00 e 25% para o estado da Paraíba, por R$ 400,00. A alíquota interna do produto X é de 17% em todos os estados do Nordeste e 18% nos estados do Sudeste. Com base nas alíquotas interestaduais vigentes no país e nas alíquotas internas informadas, o ICMS que a loja comercial deverá desembolsar, em reais, considerando apenas as operações citadas, será:

(A) 1,00.

(B) 46,00.

(C) 71,00.

(D) 100,00.

(E) 150,00.

Q10

A Cia. Paraguai comprou mercadorias para revenda, pagando R$ 1.050, composto da seguinte forma:

- Preço de venda R$ 1.000,00
- IPI R$ 100,00
- (–) Desconto incondicional (R$ 50,00)

Posteriormente, revendeu todas as mercadorias por R$ 1.500,00. A alíquota de ICMS nas duas operações foi 12%. O Lucro Bruto apurado na operação montou a:

(A) R$ 340,00.

(B) R$ 384,00.

(C) R$ 390,00.

(D) R$ 396,00.

(E) R$ 484,00.

Q11

A Cia. Mogi-RJ vendeu um produto X (produto com ST nos estados do RJ e SP) por R$ 1.050 (PV de 1.000 + IPI de 100 – Desconto Incondicional de 50) para a Cia. Bertioga-SP. A MVA é de 25% e as alíquotas internas de ICMS são de 18% no RJ e 16% em SP. Informe o ICMS ST que será cobrado pela Cia. Mogi-RJ na venda para a Cia. Bertioga-SP.

(A) R$ 86.

(B) R$ 96.

(C) R$ 100.

(D) R$ 106.

(E) R$ 220.

Q12

A Cia. São João é uma indústria de biscoito localizada em MG e vende seus produtos para a Cia. São Pedro, que é uma empresa comercial varejista localizada no mesmo estado. A Cia. São João vendeu biscoitos para a Cia. São Pedro por R$ 3.000, mais um frete de R$ 200, com um desconto incondicional concedido de R$ 50, além da inclusão do ICMS ST. Sabe-se que a alíquota de ICMS para biscoito no estado de Minas Gerais é de 20%, e que a margem de lucro definida em lei para fins de substituição tributária é de 40%. O ICMS ST que será recolhido pela Cia. São João referente à venda para a Cia. São Pedro será:

(A) R$ 236.

(B) R$ 240.

(C) R$ 252.

(D) R$ 256.

(E) R$ 266.

Q13

GNRE é o documento de recolhimento:

(A) Do ICMS cobrado sobre os serviços de transportes e comunicações.

(B) De todo e qualquer valor proveniente de ICMS ST.

(C) Dos valores pagos de ICMS ST apenas dentro do próprio estado.

(D) Dos valores pagos de ICMS ST apenas nas operações com outros estados.

(E) Dos valores pagos de ICMS ST quando o preço de venda for menor que o sugerido pela Margem de Valor Agregada.

Q14

A Cia. São Caetano é uma indústria de biscoito localizada na cidade do Rio de Janeiro e vende seus produtos para a Cia. Diadema, que é uma empresa comercial varejista localizada no mesmo estado. A Cia. São Caetano vendeu sorvetes para a Cia. Diadema por R$ 2.000 mais um frete de R$ 200, com um desconto incondicional concedido de R$ 50, além da inclusão do ICMS ST. Sabe-se que a alíquota de ICMS para biscoito no estado do Rio de Janeiro é de 20%, e que a margem de lucro definida em lei para fins de substituição tributária é de 30%. O ICMS ST que será recolhido pela Cia. São Caetano referente à venda para a Cia. Diadema será:

(A) R$ 117.

(B) R$ 120.

(C) R$ 129.

(D) R$ 132.

(E) R$ 142.

CONSIDERE O ENUNCIADO A SEGUIR PARA RESOLVER AS QUESTÕES 15 a 17:

Existem três empresas no processo produtivo de água mineral:

1. A Cia. Azul, que é a indústria proprietária da fonte, localizada em Caxambu-MG.
2. A Cia. Verde, que é a empresa atacadista, localizada em Resende-RJ.
3. A Cia. Amarelo, que é o comerciante varejista, também localizado em Resende-RJ.

A água mineral é um produto com substituição tributária no estado de MG, com margem de lucro definida em lei de 40%. A alíquota interna do produto é de 20% no Rio de Janeiro e 18% em Minas Gerais. Foram realizadas as seguintes operações:

- A Cia. Azul vendeu água mineral para a Cia. Verde por R$ 10.000, menos desconto concedido (na nota fiscal) de R$ 200, mais ICMS ST.
- A Cia. Verde revendeu todo seu estoque para a Cia. Amarelo por R$ 11.000, mais FRETE de R$ 100 e ICMS ST.
- A Cia. Amarelo vendeu toda a água mineral adquirida para os consumidores (pessoas físicas) por R$ 14.300.

Q15

O ICMS próprio devido pela Cia. Azul será:

(A) R$ 1.176.

(B) R$ 1.200.

(C) R$ 1.764.

(D) R$ 1.800.

(E) R$ 1.960.

(F) R$ 2.000.

Q16

O ICMS ST recolhido pela Cia. Azul será:

(A) R$ 800.

(B) R$ 1.036.

(C) R$ 1.344.

(D) R$ 1.568.

(E) R$ 1.624.

Q17

O valor total da venda da Cia. Verde para a Cia. Amarelo foi:

(A) R$ 11.624.

(B) R$ 11.648.

(C) R$ 11.680.

(D) R$ 11.700.

(E) R$ 12.464.

Q18

Uma empresa industrial do ramo de cimento vende mercadorias para uma empresa comercial por R$ 1.175, composto da seguinte forma:

- Preço de venda R$ 1.000
- Frete R$ 100
- Seguro R$ 40
- IPI R$ 55
- (–) Desconto incondicional (R$ 20)

O valor para aplicação do MVA, que representa a base de cálculo do ICMS ST, será:

(A) R$ 1.080.

(B) R$ 1.100.

(C) R$ 1.140.

(D) R$ 1.175.

(E) R$ 1.195.

Q19

A Cia. Barcelona-RJ é uma indústria de cimento e vendeu toda sua produção para a Cia. Madri-SP (comércio varejista) por R$ 4.500, com desconto incondicional concedido de R$ 100, mais ICMS ST. Sabe-se que a alíquota de ICMS no RJ é de 18% e em SP é de 15%, e que a margem de lucro definida em lei para fins de substituição tributária é de 20%. O ICMS ST recolhido pela Cia. Barcelona referente à venda para a Cia. Madri será:

(A) R$ 150.

(B) R$ 180.

(C) R$ 264.

(D) R$ 282.

(E) R$ 444.

Q20

A Cia. Ipanema-RJ (Indústria) vende picolé para a Cia. Barra-RJ (varejista) por R$ 5.000, mais frete de R$ 500, além do ICMS ST. A Margem Agregada é de 30%, e a alíquota interna de Picolé é de 18%. Informe o ICMS ST a ser recolhido pela Cia. Ipanema:

(A) R$ 387.

(B) R$ 297.

(C) R$ 270.

(D) R$ 252.

(E) R$ 180.

Q21

Empresa comercial adquire três unidades de determinado produto por R$ 250 + IPI de 50 (20%) cada = R$ 300, pagando R$ 900 no total (3 unidades) para a empresa industrial.

Posteriormente, a empresa comercial revende a seus clientes, pessoas físicas, duas das três unidades adquiridas por R$ 550 cada, totalizando R$ 1.100. Sabe-se que a alíquota de ICMS aplicada nas operações de compra e de venda foi 12%. Com base nos dados disponíveis, o LUCRO BRUTO obtido pela empresa comercial será:

(A) R$ 378.

(B) R$ 428.

(C) R$ 458.

(D) R$ 518.

(E) R$ 528.

Q22

Uma indústria localizada no estado do Paraná vendeu seus produtos a empresa comercial varejista localizada em São Paulo por R$ 400, já fazendo a repercussão do ICMS (12% = R$ 48) no preço do produto. O varejista, em ambiente de muita concorrência, revendia os produtos adquiridos por R$ 500, pagando ao estado de São Paulo um ICMS de R$ 80 (alíquota de 16%), restando um **lucro bruto de R$ 68**, necessário para remunerar suas despesas operacionais e produzir um mínimo lucro antes do IR. Tal fato acontecia mensalmente até o final de 2019.

Pois bem, em JAN/2020, o IPI, que tinha alíquota zero na venda do produto, passou a ter uma alíquota de 15%. Nas operações realizadas no mês, a indústria no PR venderá os produtos ao comércio em SP por R$ 460 (PV de 400 + IPI de 15% = 60).

Para que seja possível ao comércio em SP manter seu **lucro bruto de R$ 68**, qual preço de venda (receita bruta) será aplicado pela empresa comercial no mês de janeiro de 2020:

(A) R$ 545,45.

(B) R$ 560,00.

(C) R$ 567,20.

(D) R$ 569,60.

(E) R$ 571,43.

Q23

A Cia. Alfa, empresa industrial localizada no Rio de Janeiro, deseja vender seu produto por R$ 500,00 para a Cia. Beta, empresa comercial localizada no estado de Minas Gerais e que comprará o produto para consumo dos seus clientes. A alíquota de IPI é de 30%, enquanto as alíquotas internas de ICMS são de 18% no Rio de Janeiro e 20% no Estado de Minas Gerais. Aplicando a legislação tributária em vigor e a técnica de cálculo de formação do preço incluindo o ICMS por dentro, informe o PREÇO TOTAL da venda da Cia. Alfa para a Cia. Beta.

(A) R$ 738,64.

(B) R$ 764,71.

(C) R$ 770,14.

(D) R$ 792,68.

(E) R$ 812,50.

Q24

Em relação à questão anterior (nº 23), informe o ICMS Difal que será recolhido pela empresa comercial ao Estado de MG (cálculo refinado, recompondo o preço) por ocasião da compra da mercadoria.

(A) R$ 46,21.

(B) R$ 61,61.

(C) R$ 77,30.

(D) R$ 83,26.

(E) R$ 175,68.

Q25

A Cia. Delta-SP é varejista e adquire da Cia. Fonte, indústria localizada em Minas Gerais (aplicar alíquota interestadual, no caso, 12%), cinco unidades do produto W por R$ 594 a unidade (total de R$ 2.970), com a seguinte composição:

- (+) Preço R$ 500 (total de R$ 2.500)
- (–) Desconto incondicional (R$ 50) (total de R$ 250)
- (+) IPI – 32% R$ 144 (total de R$ 720)

Posteriormente, revende quatro unidades, sendo:

Três unidades no próprio estado de SP por R$ 800 cada (2.400 total). Alíquota interna de ICMS no estado de São Paulo de 20%.

Uma unidade para uma empresa localizada no exterior (Uruguai) por R$ 600.

Considerando apenas as operações informadas, o Lucro Bruto apresentado pela Cia. Delta-SP montou a:

(A) R$ 176.

(B) R$ 360.

(C) R$ 384.

(D) R$ 429.

(E) R$ 936.

O Gabarito das questões está disponível no final do livro, após o Anexo.

11

IMPOSTO SOBRE SERVIÇOS DE QUALQUER NATUREZA (ISS)

OBJETIVO DO CAPÍTULO

Conhecer o principal imposto cobrado pelos municípios, que tem detalhes importantes como a cobrança nos casos em que há mercadorias integradas na prestação do serviço e, principalmente, as dificuldades na definição do local da cobrança.

11.1 Evolução histórica

O Imposto Sobre Serviços foi criado por volta da metade do século XX, devido à preocupação dos Estados modernos com a substituição do Imposto Geral sobre o Volume de Vendas por um Imposto sobre o Valor Acrescido, não cumulativo. Esse modelo consiste em aplicar, aos bens e serviços, um imposto geral sobre o consumo exatamente proporcional ao preço dos bens e serviços, independentemente do número de transações que intervenham no processo de produção e de distribuição anterior à fase da imposição.

A França foi o primeiro país a instituir o Imposto sobre o Valor Acrescido, em 1954, passando a tributar as vendas, por meio de dois impostos distintos:

a) A *taxe sur la valeur ajoutée* (TVA), que incidia sobre o valor acrescido na venda de produtos ou mercadorias pelos atacadistas.
b) A *taxe sur les prestations de services* (TPS), que incidia sobre a receita auferida nas demais prestações de serviços.

O imposto foi difundido em 1965 pela Comunidade Econômica Europeia (CEE), que propôs um regulamento detalhado, a ser adotado até 31 de dezembro de 1967. De acordo com a CEE, o imposto deveria ter um campo de incidência genérico, com base nas transmissões de bens e nas prestações de serviços efetuados de forma onerosa.

O contribuinte seria a pessoa que executasse de forma independente, com habitualidade, operações relativas às atividades de produtor, comerciante ou prestador de serviços.

A prestação de serviços seria toda operação que não constituísse transmissão de um bem. Já o local da prestação de serviços, a princípio, seria aquele onde o serviço fosse prestado, o direito cedido ou concedido, ou onde o objeto locado fosse utilizado ou explorado.

O fato gerador do imposto seria o momento da prestação dos serviços. A base de cálculo seria constituída pela remuneração da prestação de serviços. Como regra geral, o imposto incidiria sobre os serviços de qualquer natureza, ou seja, sobre as transações de bens imateriais.

Inicialmente, muitos países (França, Alemanha Ocidental, Holanda, Uruguai, Bélgica, Itália, Luxemburgo, entre outros) adotaram, em uma única lei, um tributo apenas sobre a venda de mercadorias e de serviços. Ao contrário, o Brasil optou por onerar essas vendas com dois impostos, quais sejam ICM e ISS, atribuindo competência tributária a duas entidades políticas diferentes (estados e municípios), munidas de legislação e denominação específicas para cada um dos tributos.

Por aqui, antes da reforma tributária dos anos 1960, havia a cobrança de três impostos diferentes, incidentes sobre as prestações de serviços, especificamente consideradas como atividades tributáveis: o Imposto sobre Transações (estadual), o Imposto de Indústrias e Profissões (municipal) e o Imposto sobre Diversões Públicas (municipal).

Nesse sentido, a Emenda Constitucional nº 18/65 veio alterar o sistema tributário até então vigente, criando o Imposto sobre Serviços de Qualquer Natureza (ISS), disposto no art. 15, em substituição àqueles impostos definidos na Constituição de 1946.

Posteriormente à criação do ISS, foi promulgado o Código Tributário Nacional (Lei nº 5.172/66), que veio disciplinar a matéria, trazendo, além de normas gerais de Direito Tributário, o conceito de serviço, as hipóteses de incidência do imposto e a pessoa da qual se exige o ISS (arts. 71, 72 e 73). O aludido Código, além de estabelecer critérios para diferenciar as áreas do ISS e do ICM, promoveu uma lista de serviços, composta de cinco itens, admitindo a existência de atividades de caráter misto.

Sendo assim, os municípios começaram a implantar o novo imposto, enfrentando dificuldades para aplicar as medidas propostas. Com o passar do tempo, novas e relevantes normas vieram alterar o Código Tributário Nacional em relação ao ISS, tais como os Atos Complementares nºs 27/66, 34/67, 35/67 e 36/67, sem modificar os elementos essenciais do imposto municipal.

Na Constituição de 1967 foram mantidas as alterações propostas pela Emenda Constitucional nº 18/65, exigindo que os serviços abrangidos pela incidência do ISS fossem definidos em lei complementar.

Dessa forma, foi editado o Decreto-lei nº 406, de 31 de dezembro de 1968, na qualidade de lei complementar, estabelecendo normas gerais de direito financeiro, aplicáveis aos ICMS e ao ISS, revogando, expressamente, todas as disposições relativas ao ICM e ao ISS contidas no Código Tributário Nacional. A partir daí, a hipótese de incidência fiscal passa a ser a prestação de serviços constantes de uma lista de serviços, definidos em 29 itens.

Ao longo do tempo, este decreto-lei foi sofrendo diversas modificações, tais como:

a) Lei Complementar nº 56/87, que alterou substancialmente a lista de serviços.
b) Lei Complementar nº 100/99.
c) Lei Complementar nº 116, de 31 de julho de 2003, base matriz de cobrança do imposto municipal atualmente.
d) Leis Complementares nºs 157/2016 e 175/2020.

A Constituição Federal de 1988, alterada pela Emenda Constitucional nº 3, de 17 de março de 1993, manteve o poder dos municípios com relação ao ISS, conservando a fixação de alíquotas máximas e mínima por lei complementar, permitindo ainda a exclusão das exportações de serviços para o exterior da base de cálculo.

Nos dias atuais, o ISS é classificado pela legislação brasileira como um imposto sobre a circulação econômica, cujo objeto é a prestação de serviços constantes na lista estabelecida pela Lei Complementar nº 116/2003, com alterações.

11.2 Estrutura básica

O ISS tem sua estrutura básica definida na Constituição Federal, que estabelece:

a) A competência atribuída aos municípios para instituir a cobrança do imposto.
b) A prestação de serviços como fato gerador da respectiva obrigação tributária.
c) O preço do serviço como sua base de cálculo.
d) O prestador de serviço como contribuinte.
e) Os serviços onerados pelo imposto municipal são os definidos em lei complementar, não podendo fazer parte da lista os serviços que ficaram na competência dos estados, como os serviços de transporte interestadual e intermunicipal e de comunicação (ICMS).
f) A necessidade de lei complementar federal para regular a forma e as condições como isenções, incentivos e benefícios fiscais serão concedidos e revogados.

A seguir, serão apresentados os detalhes sobre a cobrança do ISS com base na Lei Complementar nº 116/2003, com alterações das LC nº 157/2016 e nº 175/2020, que regem a base da cobrança do imposto municipal.

11.3 Fato gerador

O fato gerador do ISS é a prestação dos serviços constantes da lista anexa à Lei Complementar nº 116/2003, ainda que esses não se constituam como atividade preponderante do prestador. O que faz nascer a obrigação tributária de pagar o imposto é a prestação de serviço, qualquer que seja sua denominação.

Prestação de serviços é a transferência onerosa, por parte de uma pessoa (física ou jurídica) para outra, de um bem imaterial. Traduz-se pela venda de bens imateriais, incorpóreos, que se encontram no circuito econômico produção-circulação.

Alguns tributaristas utilizam uma terminologia bastante interessante para definir o fato gerador do ISS e distingui-lo do ICMS. Dizem que o ISS é cobrado sobre a circulação de bem imaterial (serviço), resultando na obrigação de FAZER; já o ICMS recai sobre a circulação de bem material (mercadorias), resultando na obrigação de DAR. Portanto, fato gerador da prestação de serviço tem vínculo com a obrigação de FAZER, enquanto do ICMS vincula-se à obrigação de DAR. Por isso é que não há cobrança de ISS nos aluguéis de bens móveis, por exemplo.

A prestação de serviços abrange o fornecimento de trabalho. O fato de haver fornecimento de materiais não exclui a espécie de circulação, e, por extensão, o respectivo fato gerador. Assim, os serviços descritos na Lei Complementar nº 116/2003 sem menção a cobrança de ICMS representam fato gerador de ISS, ainda que a prestação de serviços envolva o fornecimento de materiais (art. 1º, § 1º, da LC nº 116/2003).

O ISS incide ainda sobre os serviços prestados mediante a utilização de bens e serviços públicos explorados economicamente mediante autorização, permissão ou concessão, com o pagamento de tarifa, preço ou pedágio pelo usuário final do serviço.

Os serviços descritos na Lei Complementar nº 116/2003 que devem ter cobrança separada de ICMS são apresentados a seguir:

- 1.09 – Disponibilização, sem cessão definitiva, de conteúdo de áudio, vídeo, imagem e texto por meio da internet, respeitada a imunidade de livros, jornais e periódicos (exceto a distribuição de conteúdo por meio de prestadoras de serviço de acesso condicionado, conforme definido na Lei nº 12.485/2011, que será sujeita ao ICMS).
- 7.02 – Execução, por administração, empreitada ou subempreitada, de obras de construção civil, hidráulica ou elétrica e de outras obras semelhantes, inclusive sondagem, perfuração de poços, escavação, drenagem e irrigação, terraplanagem, pavimentação, concretagem e a instalação e montagem de produtos, peças e equipamentos (exceto o fornecimento de mercadorias produzidas pelo prestador de serviços fora do local da prestação dos serviços, que fica sujeito ao ICMS).
- 7.05 – Reparação, conservação e reforma de edifícios, estradas, pontes, portos e congêneres (exceto o fornecimento de mercadorias produzidas pelo prestador dos serviços, fora do local da prestação dos serviços, que fica sujeito ao ICMS).
- 13.05 – Composição gráfica, inclusive confecção de impressos gráficos, fotocomposição, clicheria, zincografia, litografia e fotolitografia, exceto se destinados a posterior operação de comercialização ou industrialização, ainda que incorporados, de qualquer forma, a outra mercadoria que deva ser objeto de posterior circulação, tais como bulas, rótulos, etiquetas, caixas, cartuchos, embalagens e manuais técnicos e de instrução, quando ficarão sujeitos ao ICMS.
- 14.01 – Lubrificação, limpeza, lustração, revisão, carga e recarga, conserto, restauração, blindagem, manutenção e conservação de máquinas, veículos, aparelhos, equipamentos, motores, elevadores ou de qualquer objeto (exceto peças e partes empregadas, que ficam sujeitas ao ICMS).
- 14.03 – Recondicionamento de motores (exceto peças e partes empregadas, que ficam sujeitas ao ICMS).
- 17.11 – Organização de festas e recepções, bufê (exceto o fornecimento de alimentação e bebidas, que fica sujeito ao ICMS).

O momento da incidência do imposto se dá quando ocorre seu fato gerador. A regra a ser adotada na aplicação do ISS é a de que ele é devido no ato da prestação do serviço, ou melhor, quando se fornece o trabalho.

Certos elementos, como a data de celebração do contrato ou a data do pagamento do preço do serviço, são irrelevantes para caracterizar o momento do nascimento da obrigação tributária.

11.4 Base de cálculo

A base de cálculo do ISS é o preço do serviço prestado, entendido como o valor total cobrado em virtude da prestação do serviço, sem qualquer dedução, nem do próprio valor do imposto.

O ISS, portanto, recai sobre a receita bruta. Por exemplo, uma empresa que preste um serviço técnico, por exemplo, de R$ 10.000, sofrerá retenção na fonte de 6,15% (IR, CSLL, PIS e COFINS), recebendo líquidos R$ 9.385. O ISS será calculado e cobrado sobre o valor total dos serviços prestados, ou seja, R$ 10.000, integrando seu preço.

Em relação ao cálculo do ISS por dentro ou por fora, a lei define a base como o preço do serviço, direcionando o imposto a ser calculado por dentro, estando incluído em sua própria base, assim como acontece com o ICMS. Na cidade do Rio de Janeiro, por exemplo, a legislação define de forma expressa que o ISS deve ser calculado por dentro.[1]

Algumas vezes, ao efetuar o pagamento de determinado serviço, somos surpreendidos com a inclusão de mais um percentual (normalmente 5%) a título de ISS. Ora, se determinado serviço custa R$ 2.000 e o prestador acrescer R$ 100 de ISS, ele incluirá na nota fiscal um ISS com alíquota menor que 5%, na verdade 4,76% (R$ 100/R$ 2.100). Para cobrar o imposto devido com a alíquota de 5% e ainda assim receber o valor líquido de R$ 2.000, o prestador do serviço deveria fazer a conta de retorno, encontrando o ISS devido após esta conta. Veja o cálculo:

R$ 2.000	= 95%
R$?	= 100%

LOGO, R$ 2.000 / 0,95 = R$ 2.105,26, SENDO ESTE O PREÇO TOTAL DO SERVIÇO.

R$ 2.105,26 x 5% = R$ 105,26.

11.4.1 O ISS e o ajuste a valor PRESENTE

A contabilidade moderna, sintetizada na Lei nº 6.404/76 com alterações das Leis nº 11.638/2007 e nº 11.941/2009, registra ajuste a valor presente em operações de longo prazo e de curto prazo, quando relevante. Contudo, não há que se falar em reflexo na base de cálculo do ISS.

Por exemplo, admita um serviço prestado por R$ 1.000, com recebimento em dez parcelas de R$ 100. Caso a empresa registre receita de serviços de R$ 900 (valor presente, hipotético), o ISS devido será de R$ 50 (aplicando alíquota máxima de 5% sobre 1.000). Contudo, a despesa de ISS deveria acompanhar a respectiva receita. Nesse caso, reconheceria despesa de R$ 45, com R$ 5 sendo registrados no ativo (ISS diferido) e distribuídos em despesa de ISS durante a apropriação da receita referente ao valor presente reconhecido. O problema é que, para fins de apuração da base de cálculo de IR e CSLL, a despesa com o imposto municipal seria menor, não sendo permitida a exclusão de $ 5. No caso, haveria antecipação de base dos tributos sobre o lucro.

11.4.2 Exceções a base de cálculo

A Lei Complementar nº 56/87 apresentava duas exceções em relação à base de cálculo do ISS:

1. Admitia a dedução, do preço bruto, dos valores dos materiais fornecidos pelo prestador e das subempreitadas já tributadas pelo imposto, em alguns tipos de serviços ligados à construção civil.
2. Abandonava o preço do serviço, passando o ISS a ser calculado por meio de valor fixo ou variável, quando se tratava de prestação de serviços sob a forma de trabalho pessoal do próprio contribuinte.

A LC nº 56/87 foi revogada e os dispositivos não foram contemplados na Lei Complementar nº 116/2003. No entanto, em relação à tributação do ISS de sociedade uniprofissional, permanece em vigor o art. 9º do Decreto-lei nº 406/68, que não foi revogado pela LC nº 116/2003. Mais adiante, ainda neste capítulo, o assunto será abordado com mais detalhes.

11.5 Contribuinte de fato e responsável

Os contribuintes do ISS são os prestadores de serviços, pessoas físicas ou jurídicas, com ou sem estabelecimento fixo, dos serviços especificados na tabela anexa à Lei Complementar nº 116/2003.

Esta lei permitiu que cada município determinasse, em legislação própria, a instituição da figura do contribuinte responsável, para retenção do ISS dos prestadores de serviços.

[1] Lei Municipal nº 691/84, art. 16, § 10.

E, uma vez instituída lei municipal, o contribuinte responsável será obrigado a cumprir o pagamento do imposto em nome do contribuinte de fato, inclusive com os acréscimos de multa e juros. As legislações municipais têm poder para regulamentar o assunto (art. 6º).

Além disso, mesmo nos casos em que não haja legislação municipal determinando a retenção na fonte, o tomador do serviço será responsável, caso o prestador não recolha o imposto devido, nos seguintes serviços:

a) Cessão de andaimes, palcos, coberturas e outras estruturas de uso temporário.
b) Execução, por administração, empreitada ou subempreitada, de obras de construção civil, hidráulica ou elétrica e de outras obras semelhantes, inclusive sondagem, perfuração de poços, escavação, drenagem e irrigação, terraplanagem, pavimentação, concretagem e a instalação e montagem de produtos, peças e equipamentos (exceto o fornecimento de mercadorias produzidas pelo prestador de serviços fora do local da prestação dos serviços, que fica sujeito ao ICMS).
c) Demolição.
d) Reparação, conservação e reforma de edifícios, estradas, pontes, portos e congêneres (exceto o fornecimento de mercadorias produzidas pelo prestador dos serviços, fora do local da prestação dos serviços, que fica sujeito ao ICMS).
e) Varrição, coleta, remoção, incineração, tratamento, reciclagem, separação e destinação final de lixo, rejeitos e outros resíduos quaisquer.
f) Limpeza, manutenção e conservação de vias e logradouros públicos, imóveis, chaminés, piscinas, parques, jardins e congêneres.
g) Controle e tratamento de efluentes de qualquer natureza e de agentes físicos, químicos e biológicos.
h) Florestamento, reflorestamento, semeadura, adubação e congêneres.
i) Escoramento, contenção de encostas e serviços congêneres.
j) Acompanhamento e fiscalização da execução de obras de engenharia, arquitetura e urbanismo.
k) Vigilância, segurança ou monitoramento de bens e pessoas.
l) Fornecimento de mão de obra, mesmo em caráter temporário, inclusive de empregados ou trabalhadores, avulsos ou temporários, contratados pelo prestador de serviço.
m) Planejamento, organização e administração de feiras, exposições, congressos e congêneres.

11.6 Não incidência

Não são tributados pelo ISS:

1. As exportações de serviços para o exterior do país.
2. A prestação de serviços em relação de emprego, dos trabalhadores avulsos, dos diretores e membros de conselho consultivo ou de conselho fiscal de sociedades e fundações, bem como dos sócios-gerentes e dos gerentes-delegados.
3. O valor intermediado no mercado de títulos e valores mobiliários, o valor dos depósitos bancários, o principal, juros e acréscimos moratórios relativos a operações de crédito realizadas por instituições financeiras.

A LC nº 116/2003 disciplina que o serviço desenvolvido no Brasil, cujo resultado aqui se verifique, ainda que o pagamento seja feito por residente no exterior, estará sujeito ao ISS, inexistindo, no caso, a não incidência prevista.

11.7 Alíquotas

A Lei Complementar nº 116/2003, com suas alterações, define as alíquotas mínima (2%) e máxima (5%), com os municípios tendo liberdade para definir suas alíquotas dentro desse intervalo.

O legislador fechou as brechas para utilização de subterfúgios que transformam a alíquota efetiva do ISS em percentual menor que o mínimo estabelecido de 2%. Diz a lei que o imposto municipal não será objeto de concessão de isenções, incentivos ou benefícios tributários ou financeiros, inclusive de redução de base de cálculo ou de crédito presumido ou outorgado, ou sob qualquer outra forma que resulte, direta ou indiretamente, em carga tributária menor que a decorrente da aplicação da alíquota mínima de 2%. Há exceção na proibição de isenções e incentivos, principalmente naqueles serviços de grande porte, que podem representar obras públicas ou com interesse público, como serviços de obras de construção civil, hidráulica ou elétrica e de outras obras semelhantes, inclusive sondagem, perfuração de poços, escavação, drenagem e irrigação, terraplanagem, pavimentação, concretagem e a instalação e montagem de produtos, peças e equipamentos e serviços de reparação, conservação e reforma de edifícios, estradas, pontes, portos e congêneres, além dos serviços de transporte coletivo municipal rodoviários, metroviário, ferroviário e aquaviário de passageiros.[2]

11.8 Local da prestação do serviço e do recolhimento do imposto

Este é, sem dúvida, o ponto de maior discussão e polêmica em relação a tributação do imposto sobre serviços. No direito privado, o contrato de prestação de serviços (escrito ou não) possui quatro elementos importantes:

1. prestador do serviço;
2. tomador do serviço, que é a pessoa física ou jurídica que o utiliza;
3. objeto, que é o serviço, trabalho ou atividade lícita, material ou imaterial; e
4. pagamento do serviço por parte do tomador para o prestador.

No Brasil, os arts. 3º e 4º da LC nº 116/2003 determinam a cobrança do ISS pelo município do local onde o prestador desenvolva sua atividade de prestação de serviços de modo permanente ou temporário e que configure unidade econômica ou profissional. Na falta deste, o ISS será devido no local do domicílio do prestador. Por exemplo, um serviço de consultoria empresarial é prestado por uma empresa domiciliada em Niterói-RJ, município em que o prestador realiza a maior parte da sua atividade. Porém, há visita as unidades de seus clientes, em outros municípios, como Itaboraí, Rio de Janeiro, Petrópolis, Duque de Caxias e São Gonçalo. No caso, embora parte do serviço seja prestado em outros municípios, todo o ISS será cobrado por Niterói-RJ.

Contudo, o art. 3º listou 23 situações em que o ISS será devido obrigatoriamente no local da prestação de serviço. A lista pode ser obtida na lei citada, mas preponderantemente os serviços precisam ser realizados NO LOCAL, sendo irrelevante, na maioria das situações ali descritas, o município de domicílio do prestador. Alguns exemplos são apresentados a seguir para ilustrar a explicação:

1. Montagem e instalação de palcos e andaimes, na construção de pontes e viadutos.
2. Execução dos serviços de varrição, coleta, remoção, incineração, tratamento, reciclagem, separação e destinação final de lixo, rejeitos e outros resíduos quaisquer.
3. Execução dos serviços de limpeza, manutenção e conservação de vias e logradouros públicos, imóveis, chaminés, piscinas, parques, jardins e congêneres.
4. Limpeza e dragagem, no caso dos serviços de limpeza e dragagem de rios, portos, canais, baías, lagos, lagoas, represas, açudes e congêneres.
5. Da realização da feira, exposição, congresso ou congênere a que se referir o planejamento, organização e administração, no caso dos serviços de planejamento, organização e administração de feiras, exposições, congressos e congêneres.

Então, nos 23 casos descritos, o ISS será devido no local determinado pelo legislador, que será, basicamente, o município onde o serviço efetivamente foi prestado.

Nos demais casos, não descritos expressamente pelo legislador, o ISS será devido no local do estabelecimento prestador ou, na falta do estabelecimento, no seu local de domicílio.

Mas o tema está longe de ser pacífico. Em muitos serviços há problemas a serem enfrentados e, seguindo o objetivo prático do livro, serão apresentados três casos polêmicos a seguir para seu conhecimento, análise e reflexão.

11.8.1 Administradoras de cartões de débito e crédito

As operações com cartões de débito e crédito cresceram demais nas últimas décadas, sendo praticadas em larga escala atualmente (2021). Temos nessas operações a conveniência de permitir a compra (pelo cliente) e a venda (pelo lojista/prestador de serviços) de forma rápida e segura e em prazos mais longos (cartões de crédito), com a possibilidade de reduzir o uso do dinheiro físico e todos os seus riscos associados.

As operações com cartões de crédito envolvem quatro agentes:

1. BANDEIRA, que cede o direito de utilização dos seus cartões à ADMINISTRADORA, que lhe paga *royalties* pela utilização da rede e

[2] Exceto o fornecimento de mercadorias produzidas pelo prestador de serviços fora do local da prestação dos serviços, que fica sujeito ao ICMS.

respectiva tecnologia. Essa receita está contida na lista anexa à Lei Complementar nº 116/2003, no item 15.01.

2. ADMINISTRADORA, que é a responsável pelas operações realizadas pelas maquininhas com a sua marca, por meio da qual devem ser processadas as vendas feitas com cartões de várias BANDEIRAS. Terá duas receitas, cobradas de dois agentes diferentes:
   a) USUÁRIO, pessoa física/jurídica titular do cartão que mediante pagamento de tarifa anual recebe um limite garantido pela BANDEIRA para realizar as compras com pagamento programado para o vencimento do cartão. Essa tarifa é conhecida no mercado como ANUIDADE, contida na LC nº 116/2003 no item 15.14 da lista anexa. Para clientes com elevada capacidade de compra e uso intensivo de cartão, a anuidade é zerada/reduzida, compensando a perda de receita com o aumento no volume recebido dos lojistas.
   b) LOJISTA/ESTABELECIMENTO/PRESTADOR DE SERVIÇO/LOCADOR/OUTROS que contrata o uso da maquininha junto à ADMINISTRADORA, realizando suas vendas a seus clientes, com a conveniência do não uso do dinheiro em espécie e da não necessidade de saldo imediato na conta-corrente. A ADMINISTRADORA cobra uma comissão em cada operação, repassando o valor da venda realizada já com o desconto para a empresa/pessoa física titular da maquininha. Essa receita está enquadrada na lista anexa à LC nº 116/2003, no código 15.10.

Há cobrança de ISS nos três serviços listados,[3] cujo pagamento sempre foi realizado para o município de domicílio da ADMINISTRADORA (códigos 15.10 e 15.14) e da BANDEIRA (código 15.01).

A Lei Complementar nº 157/2016 promoveu importante modificação na cobrança do imposto municipal, mas sem buscar os meios de tornar o processo factível. Por isso, o Ministro do STF Alexandre de Moraes suspendeu em março de 2018 as mudanças previstas na LC nº 157/2016, concedendo liminar na Ação Direta de Inconstitucionalidade (ADI) nº 5.835, ajuizada pela Confederação Nacional do Sistema Financeiro (CONSIF) e pela Confederação Nacional das Empresas de Seguros Gerais, Previdência Privada e Vida, Saúde Suplementar e Capitalização (CNSEG). Para Alexandre de Moraes, a lei que mudou o local de incidência e cobrança do ISS criou conceitos abertos que causam insegurança jurídica na matéria.

Pouco mais de dois anos depois, com objetivo de viabilizar as mudanças originadas na LC nº 157/2016, foi publicada a LC nº 175/2020, que direcionou o controle automático por meio de sistema eletrônico de padrão unificado em todo o território nacional, que seguirá padrões definidos pelo Comitê Gestor das Obrigações Acessórias do ISSQN (CGOA). O legislador aguarda julgamento em plenário do STF da ADI nº 5.835. A nova lei prevê que o pagamento do ISS nas operações com cartões de crédito será feito no local efetivo da prestação do serviço, o que será explicado por meio de um exemplo numérico simplificado.

Daniel mora em Niterói-RJ e contrata um cartão de crédito da bandeira Visa com a Beta Administradora de Cartões de Crédito, empresa localizada em Campinas-SP. A Visanet, responsável pela bandeira do cartão, tem domicílio em São Paulo-SP. Pois bem, admita que Daniel, em viagem de férias a Maceió, faça o pagamento de uma hospedagem em hotel na capital alagoana, pagando R$ 10 mil pelo período, com o cartão de crédito Beta-Visa. Admita que os quatro municípios aqui listados tenham alíquota de 5% do ISS e que a comissão cobrada do lojista seja de 4%, dos quais 1% é repassado à bandeira como *royalties*.

Primeiro, importante separar e calcular o ISS que será devido pelo hotel, que terá receita bruta de R$ 10 mil e pagará R$ 500 (5%) do imposto municipal a Maceió-AL.

A Beta ACC cobrará, no vencimento do cartão, o valor de R$ 10 mil a seu cliente, Daniel, e repassará para o hotel em Maceió-AL o valor de R$ 9.600, registrando a diferença de R$ 400 (10.000 – 9.600) em receita bruta de prestação de serviços (será despesa do hotel), e essa será a base do ISS, que aplicando 5% gerará o pagamento de R$ 20. Pela LC nº 175/2006, o valor de R$ 20 será direcionado aos municípios com a seguinte regra:

- Em 2021, 33,5% (R$ 6,70) será pago ao município de Campinas-SP, enquanto 66,5% (R$ 13,30) será pago pela Beta ACC para Maceió-AL.

[3] Disponível em: https://ngtaxlaw.com.br/2021/01/12/noticia-9-reflexoes-sobreo-direito-que-tem-os-municipios-de-cobrar-o-iss-sobreas-operacoes-com-cartoes-de-credito-debito-acontecidas-em-seu-territorio/. Acesso em: out. 2021.

- Em 2022, os percentuais passarão a ser 15% para Campinas-SP e 85% para Maceió-AL.
- Em 2023, todo o ISS será pago pela Beta ACC na cidade de Maceió-AL.

A Beta ACC pagaria R$ 100 (1% do total) para a Visanet (Bandeira). No caso, o ISS de R$ 5 (5% sobre 100) teria que ser pago pela Visanet para o município de São Paulo-SP.

Em relação à anuidade do cartão de crédito, o ISS será devido pela Beta ACC na cidade de Niterói-RJ, no município do endereço do usuário pessoa física/jurídica, no caso o Daniel.

Essa é a regra definida pela legislação tributária brasileira.

11.8.2 Análises clínicas, patologia, ultrassom, radiologia...

Uma pessoa física, residente em Belford Roxo-RJ, vai ao laboratório W fazer um exame de sangue, localizado em São João de Meriti-RJ. O material biológico colhido será enviado a um laboratório de análises clínicas localizado no Rio de Janeiro-RJ. O STJ entendeu que o ISS sobre esse serviço será integralmente devido ao município de São João de Meriti-RJ, local da coleta do material (sangue). Todavia, há sempre recurso à corte na tentativa de mudar o entendimento sob o argumento de que o cliente contrata a análise, e não a simples coleta, e assim o ISS seria devido no município do Rio de Janeiro-RJ. Já foi descartada qualquer possibilidade de divisão do imposto entre os dois municípios, pela impossibilidade técnica de estabelecer a parcela de cada um.

11.8.3 Caso interessante: o ISS cobrado sobre pedágio

Nos serviços de locação, sublocação, arrendamento, direito de passagem ou permissão de uso, compartilhado ou não, de ferrovia, rodovia, postes, cabos, dutos e condutos de qualquer natureza, a base de cálculo será proporcional à extensão desses itens existentes em cada município, quando forem prestados no território de mais de um município.

Então, a Concessionária CCR, responsável pela exploração da famosa Rodovia Presidente Dutra, que liga as duas maiores cidades do país: Rio de Janeiro e São Paulo, passando por outros 34 municípios, deve pagar o ISS sobre a receita de pedágio aos municípios na proporção da extensão da rodovia.

Vamos a um exemplo. Didaticamente, suponha as seguintes informações (todas hipotéticas):

- Receita de pedágio de R$ 2 milhões em determinado mês.
- A Rodovia Presidente Dutra tem 400 km, passando por 36 municípios.
- O município de Nova Iguaçu tem 12 km da rodovia (3% do total) e alíquota de ISS de 4%.

Nesse caso, o ISS teria uma base de cálculo de R$ 60 mil na cidade de Nova Iguaçu (R$ 2 milhões × 3%). Aplicando a alíquota (4%), teríamos ISS de R$ 2.400 a ser recolhido em um dos principais municípios do Estado do Rio de Janeiro.

Apenas para completar o entendimento, admita que o município de São José dos Campos tivesse uma área de 22km (5,5% do total) da Rodovia Presidente Dutra e que a alíquota lá fosse de 3%, o ISS seria de R$ 3.300 (R$ 2 milhões × 5,5% × 3%).

As concessionárias normalmente divulgam suas informações na internet em relação ao ISS recolhido para os municípios por onde passam suas rodovias. Por exemplo, a empresa Ecocataratas informou que recolheu R$ 13.612.828,08 de ISS em 2015 aos 18 municípios por onde passa sua rodovia, que liga a cidade de Foz do Iguaçu ao município de Guarapuava, no estado do Paraná.

11.9 Sociedade de profissionais

A Lei Complementar nº 116/2003 revogou os dispositivos anteriores em relação ao ISS. Contudo, deixou de revogar o art. 9º do Decreto-lei nº 406/68, artigo esse que havia sofrido modificações em dispositivos seguintes, dispositivos que foram revogados pela LC nº 116/2003. Pelo entendimento que se faz do que restou do art. 9º do Decreto-lei nº 406/68, ele ficou com o seguinte texto:

> Art. 9º A base de cálculo do imposto é o preço do serviço.
>
> § 1º Quando se tratar de prestação de serviços sob a forma de trabalho pessoal do próprio contribuinte, o imposto será calculado por meio de alíquotas fixas ou variáveis, em função da natureza do serviço ou de outros fatores pertinentes, nestes não compreendida a importância paga a título de remuneração do próprio trabalho.

A LC nº 116/2003 trouxe apenas o *caput* do artigo, definindo a base de cálculo como o preço do serviço (art. 7º) e não falando mais nada. No entanto, como o § 1º não foi revogado, ele é o amparo para aqueles que defendem a tributação do serviço pessoal em sociedades de profissionais por valores fixos, em vez de utilizar o preço do serviço.

Esse serviço pessoal pode ser entendido como aquele prestado pelo profissional autônomo e aquele prestado por uma sociedade simples, que tem característica sempre de serviço de natureza pessoal, em que a responsabilidade pelo mesmo pertence à pessoa do sócio que executa o serviço, e não da sociedade a qual pertence.

Por exemplo, seria o caso de contador que, por meio de uma sociedade simples, preste serviços de natureza pessoal, com a responsabilidade pessoal, conforme determina a legislação que rege esse tipo de sociedade no novo Código Civil. Essa sociedade simples substitui a antiga sociedade civil de natureza pessoal, não empresarial.

Da forma como foi estabelecido pela LC nº 116/2003, caberá às prefeituras de todo o país determinar como bem entenderem qual será a natureza desses serviços e quais serão os fatores pertinentes. Para fins didáticos, será apresentado a seguir um resumo com o modelo aplicado no município do Rio de Janeiro-RJ.

11.9.1 Tributação de sociedades uniprofissionais na cidade do Rio de Janeiro

A Lei nº 3.720/2004, com alterações posteriores, determinou as regras para a tributação de sociedades de profissionais no município do Rio de Janeiro. Nos casos de serviços prestados no município do Rio de Janeiro (medicina, enfermagem, fonoaudiologia, medicina veterinária, contabilidade, agenciamento da propriedade industrial, advocacia, engenharia, arquitetura, agronomia, odontologia, economia e psicologia), sob a forma de trabalho pessoal do próprio contribuinte, ou em caso de sociedade de profissionais, o imposto será devido por um valor fixo e não sobre o total de serviços prestados.

11.9.1.1 Definição

A lei considera profissional autônomo todo aquele que fornece o próprio trabalho, sem vínculo empregatício, com o auxílio de, no máximo, três empregados que não possuam a mesma habilitação profissional do empregador. Não poderão utilizar a tributação especial, devendo pagar o ISS tendo como base de cálculo o total das receitas auferidas no mês de referência, as sociedades:

a) cujos serviços não se caracterizem como trabalho pessoal dos sócios, e sim como trabalho da própria sociedade;
b) cujos sócios não possuam, todos, a mesma habilitação profissional;
c) que tenham como sócio pessoa jurídica ou natureza comercial ou empresarial; e
d) que exerçam atividade diversa da habilitação profissional dos sócios.

11.9.1.2 Base de cálculo estimada, alíquotas e prazos de pagamento

As sociedades profissionais para o exercício de medicina, enfermagem, fonoaudiologia, medicina veterinária, contabilidade, agenciamento da propriedade industrial, advocacia, engenharia, arquitetura, agronomia, odontologia, economia e psicologia que prestem serviços em nome da empresa, embora assumindo responsabilidade pessoal, devem calcular o ISS com a seguinte base (aplicada no ano de 2021):[4]

a) Para cada profissional habilitado, sócio, empregado ou não, até o número de cinco, fica fixada a base de cálculo em R$ 4.642,83 por profissional habilitado.
b) Para cada profissional habilitado, sócio, empregado ou não, que exceder a cinco e até 10, fica fixada a base de cálculo em R$ 6.964,30 por profissional habilitado excedente a cinco.
c) Para cada profissional habilitado, sócio, empregado ou não, que exceder a 10 e até 15, fica fixada a base de cálculo em R$ 9.287,94 por profissional habilitado excedente a 10.
d) Para cada profissional habilitado, sócio, empregado ou não, que exceder a 15 e até 30, fica fixada a base de cálculo em R$ 11,607,09 por profissional habilitado excedente a 15.
e) Para cada profissional habilitado, sócio, empregado ou não, que exceder a 30, fica fixada a base de cálculo em R$ 13.928,50 por profissional habilitado excedente a 30.

A alíquota cobrada sobre as sociedades de profissionais é de 2%, com o imposto calculado mensalmente e recolhido até o quinto dia útil do mês subsequente.

---

[4] Disponível em: http://www.rio.rj.gov.br/web/smf/exibeconteudo?id=141555. Acesso em: out. 2021.

11.10 Contabilização

O registro contábil do ISS não apresenta dificuldades nas empresas prestadoras de serviços, bastando debitar a despesa com o correspondente crédito no passivo, em conta de ISS a pagar.

Na demonstração do resultado do exercício (DRE), o ISS deve ser apresentado como dedução da receita bruta obtida com serviços.

Nos casos em que o contribuinte tiver o ISS retido na fonte, recebendo apenas o líquido, deve atentar para efetuar o registro adequado, pois isso pode representar, além de registro errado de receitas e despesas, base menor para fins de PIS e COFINS. Veja o exemplo a seguir.

A Cia. Tijuca é uma empresa prestadora de serviços, sendo que lei municipal determina retenção na fonte, com alíquota de 5% para fins de ISS. Suponha que a empresa tenha um único serviço de R$ 2.000. Por ocasião da emissão da nota fiscal, o adequado registro na Cia. Tijuca seria o seguinte:

Débito: Contas a receber	R$ 1.900
Débito: ISS a compensar	R$ 100
Crédito: Receita de serviços	R$ 2.000

Posteriormente, a empresa deveria fazer mais dois registros: um para reconhecer o encargo do ISS e outro para quitar a obrigação contraída com o direito adquirido. Veja.

Débito: Despesa de ISS	Débito: ISS a pagar
Crédito: ISS a pagar R$ 100	Crédito: ISS a compensar R$ 100

Se a empresa utilizar o lucro presumido como forma de tributação, a despesa de COFINS será de R$ 60 (3% sobre R$ 2.000). Caso o registro fosse pelos R$ 1.900 recebidos, diretamente em receita, sem o registro do ISS, a COFINS seria R$ 57 (3% sobre a receita bruta), menos que os R$ 60, o que estaria errado.

Sobre o ajuste a valor presente, já comentamos o tema na parte de base de cálculo, mas ele deve ser integrado à despesa de ISS, ou seja, se registrar receita de juros referente a serviços com recebimento de longo prazo, a despesa de ISS deve acompanhar essa receita, ainda que a legislação municipal não considere a dedução do AVP em sua base de cálculo.

11.11 Absorção da leitura: dez questões de múltipla escolha

Recomenda-se fazer as questões pelo menos um dia depois da leitura do capítulo.

Q1

O ISS é um imposto municipal:

(A) Cumulativo e cobrado por dentro.

(B) Cumulativo e cobrado por fora.

(C) Cumulativo, podendo ser cobrado por dentro ou por fora, a critério do município.

(D) Não cumulativo e cobrado por dentro.

(E) Não cumulativo e cobrado por fora.

Q2

Conforme previsto na LC nº 116/2003, o ISS será devido:

(A) Nas exportações de serviços para o exterior.

(B) Nos serviços prestados no Brasil, quando pagos por residente no exterior.

(C) Sobre o valor intermediado no mercado de títulos e valores mobiliários.

(D) Pelos membros de conselho fiscal ou consultivo de empresas e fundações.

(E) Sobre o valor dos juros de operações de crédito de bancos sediados no Brasil.

Q3

Uma operadora de plano de saúde, com sede em Belo Horizonte-MG vende um plano de seguro-saúde para uma pessoa física, domiciliada em Contagem-MG e que tem um dependente do plano, que reside em Betim-MG. Conforme orientações da Lei Complementar nº 157/2016 e da LC nº 175/2020, o ISS cobrado sobre o pagamento da mensalidade do plano de saúde deverá ser feito:

(A) Integralmente para o município de Belo Horizonte-MG.

(B) Integralmente para o município de Contagem-MG.

(C) Integralmente para o município de Betim-MG.

(D) 60% para Belo Horizonte-MG, 30% para Contagem-MG e 10% para Betim-MG.

(E) Proporcionalmente entre os municípios de Contagem-MG e Betim-MG.

Q4

A Avenida Ltda., empresa com sede no município de Gama, administra a Rodovia dos Laranjais, que tem 10 km de extensão, passando por três municípios: Alfa, com 5 km de extensão e onde fica o único posto de pedágio da rodovia;

Beta, com 3 km de extensão; e Delta, com 2 km de extensão. A Lei Complementar nº 116/2003 define tratamento específico para a receita com exploração de pedágios em rodovias. Considerando o faturamento de R$ 10.000,00 e a alíquota máxima para o ISS (5%), o pagamento do imposto municipal pela Avenida Ltda. será:

(A) Integralmente para o município de Gama, que receberá R$ 500,00 e ficará com o dinheiro.

(B) Integralmente para o município de Gama, que distribuirá aos municípios de Alfa, Beta e Delta, na proporção da extensão de cada um na rodovia.

(C) Integralmente para o município de Alfa, que receberá R$ 500,00 e ficará com o dinheiro.

(D) Integralmente para o município de Alfa, que receberá R$ 500,00 e repassará R$ 250,00 aos municípios de Beta e Delta, na proporção da extensão de cada um na rodovia.

(E) Na proporção da extensão da Rodovia, ou seja, R$ 250,00 para Alfa, R$ 150,00 para Beta e R$ 100,00 ao município de Delta.

Q5

Uma empresa do setor de serviços, tributada pelo lucro real, presta serviços em março, com o recebimento ocorrendo metade em março e metade em abril. Seguindo as determinações legais, o valor do ISS será registrado na DRE:

(A) Em março, deduzindo a receita bruta.

(B) Em março, na conta de despesas administrativas.

(C) Em abril, deduzindo a receita bruta.

(D) Em abril, na conta de despesas administrativas.

(E) Parte em março (50%) e parte em abril (50%).

Q6

O Imposto sobre Serviços de Qualquer Natureza (ISS) é da competência dos municípios nos termos das determinações da Constituição Federal/88, em vigor. Entretanto, apesar dessa atribuição constitucional de competência, o ISS é regido, a partir de 2003, pela Lei Complementar nº 116/2003, sendo dela, também, a determinação da alíquota máxima permitida para a cobrança desse imposto, que a fixou para jogos e diversão pública, no percentual de:

(A) 2%.

(B) 3%.

(C) 4%.

(D) 5%.

(E) 10%.

Q7

A Cia. Praça-MG presta serviço de dedetização por R$ 700, separando a nota fiscal da seguinte forma: produtos utilizados = R$ 200; serviços = R$ 500. Considerando a alíquota máxima para o ISS, as regras de tributação do imposto definidas na Constituição Federal e na LC nº 116/2003, e sabendo que o ICMS tem alíquota de 18% para todos os produtos vendidos em MG, informe o ISS devido na operação:

(A) R$ 10.

(B) R$ 25.

(C) R$ 35.

(D) R$ 50.

(E) R$ 70.

Q8

Uma oficina mecânica prestou serviços de manutenção de um automóvel, cobrando R$ 1.000,00 ao cliente, sendo R$ 600 pelo serviço e R$ 400 pelas mercadorias. Considerando as Leis Complementares nº 87/96 e nº 116/2003, e utilizando alíquota de 12% para o ICMS e a alíquota máxima para o ISS, o total dos dois impostos calculados na operação atinge o montante de:

(A) R$ 120,00.

(B) R$ 108,00.

(C) R$ 92,00.

(D) R$ 78,00.

(E) R$ 50,00.

Q9 – Cesgranrio – Petrobras, 2010

A empresa Elevada cobrou R$ 11.000,00 pelo serviço de manutenção de dois elevadores. Estão incluídas nesse valor as peças hidráulicas, no valor de R$ 2.300,00; as partes mecânicas, no valor de R$ 1.200,00; e as partes dos componentes elétricos, no valor de R$ 2.500,00. Sabendo-se que a alíquota de Imposto Sobre Serviços (ISS) é de 5%, o ISS devido pela Elevada, nesse serviço, em reais, é:

(A) 250,00.

(B) 325,00.

(C) 365,00.

(D) 385,00.

(E) 500,00.

Q10

Constitui fato gerador do ISS a:

(A) Locação de imóvel realizado por empresas imobiliárias.

(B) Venda de combustíveis por postos revendedores aqui instalados.

(C) Prestação de serviços sob relação de emprego.

(D) Venda de eletrodomésticos pelas lojas de departamento.

(E) Exibição de filmes pelos cinemas localizados no município.

O Gabarito das questões está disponível no final do livro, após o Anexo.

12

PIS/PASEP E COFINS

OBJETIVO DO CAPÍTULO

Trazer ao leitor, de forma menos árida possível, a complexa legislação que disciplina a cobrança das contribuições para o PIS/PASEP e a COFINS e o seu tratamento contábil. Ao final do capítulo, será possível:

- Conhecer o histórico do PIS e da COFINS, sua atual destinação e os motivos que impedem uma unificação entre as duas contribuições e entre elas e os demais tributos cobrados sobre o consumo de bens e serviços.
- Diferenciar os métodos existentes: cumulativo e não cumulativo, entendendo a integração destes métodos com a forma escolhida para tributação sobre o lucro pela empresa.
- Identificar as muitas empresas que seguem o modelo misto de tributação, com parte das receitas tributadas pelo método cumulativo e parte pelo método não cumulativo e os casos de tributação monofásica.
- Entender os motivos para os principais litígios judiciais envolvendo as contribuições.
- Compreender a importância do adequado registro contábil dos créditos de PIS e COFINS, sua associação com seus respectivos gastos e despesas e o impacto que poderá causar nas bases de IR e CSLL o registro errado na contabilização das contribuições.

12.1 PIS/PASEP e COFINS no sistema tributário nacional

As contribuições para PIS/PASEP e COFINS são federais e têm cobrança diferente, conforme o tipo de empresa:

- LUCRO PRESUMIDO – A maioria paga 0,65% de PIS e 3% de COFINS sobre a receita bruta, com algumas poucas deduções (ICMS, ISS,[1] Descontos e Devoluções).
- LUCRO REAL – A maioria paga 1,65% de PIS e 7,6% de COFINS sobre a receita total – créditos permitidos em lei.
- LUCRO REAL – Pouco mais de duas dezenas de setores têm a chamada modalidade mista, que representa o pagamento de PIS e COFINS pelo método cumulativo (0,65% e 3%) para a receita principal da empresa, com as demais receitas sendo tributadas pelo método não cumulativo e alíquota combinada de 9,25%.
- EMPRESA INDUSTRIAL OU IMPORTADORA DOS SETORES AUTOMOTIVO, BEBIDAS, COSMÉTICOS, HIGIENE E BELEZA, COMBUSTÍVEIS, FUMO E MEDICAMENTOS – Paga uma alíquota diferenciada, maior que a aplicada aos

[1] Até o fechamento da edição, o ISS não pode ser excluído das bases de PIS e COFINS. O STF chegou a começar o julgamento, que foi suspenso quando estava 4 a 4. A tendência é a repetição da decisão que retirou o ICMS das bases das contribuições, mas por enquanto (até outubro de 2021) isso não é possível.

demais setores, concentrando a tributação das contribuições das etapas seguintes.

- EMPRESA COMERCIAL DOS SETORES ANTERIORMENTE CITADOS – Não paga PIS e COFINS sobre os produtos que já foram tributados de forma concentrada na indústria/importador.
- EMPRESA DO SIMPLES NACIONAL – Em regra, paga PIS e COFINS incluídos no documento único de arrecadação (DAS-SIMPLES).
- ENTIDADE IMUNE A IMPOSTOS – Paga PIS sobre a folha de pagamento e a COFINS sobre as demais receitas, fora do objeto social, pelo método cumulativo e alíquota de 3%.
- ENTIDADE ISENTA DE IMPOSTOS – Paga PIS sobre a folha de pagamento e a COFINS sobre as demais receitas, fora do objeto social, pelo método não cumulativo e alíquota de 7,6%.
- INSTITUIÇÃO FINANCEIRA E SEGURADORA – Paga PIS (0,65%) e COFINS (4%) sobre uma base diferenciada, deduzindo do total de receitas as despesas de intermediação financeira e as provisões matemáticas.

O Brasil não possuía, em 2021, um tributo com a característica plena de um Imposto sobre Valor Agregado (IVA). O Projeto de Lei nº 3.887/2020, enviado pelo Ministério da Economia ao Congresso em julho de 2020, tentava modificar e simplificar a legislação que rege a cobrança das duas contribuições federais, aproximando-as de um IVA Nacional. O problema é que temos um imposto cobrado nas operações com mercadorias (ICMS) e serviços (ISS) nos estados e municípios, fazendo com que PIS e COFINS se transformem em um mero complemento, algo sem sentido prático em boa parte das operações diárias realizadas na cadeia de suprimentos país afora. Quando observamos a arrecadação das contribuições, que ultrapassou R$ 300 bilhões em 2019, o quadro parece ainda mais assustador e seu conserto desafiador. No Capítulo 1, logo no início do livro, já foi explicado o motivo do crescimento do peso dessas contribuições na nossa carga tributária. A Tabela 12.1 traz o comportamento de PIS e COFINS desde 1995, sendo possível verificar um excessivo aumento na arrecadação no começo do século, com um recuo na última década, porém mantendo a relevância no orçamento federal, abocanhando mais de 4% do PIB atualmente.

A COFINS, por exemplo, é o quarto tributo em arrecadação no país, só perdendo para ICMS, IR e INSS. Para você, interessado no processo histórico, o livro traz nos dois subtópicos a seguir a lógica das duas contribuições até a última mudança relevante. Se desejar, o leitor poderá pular, indo direto à seção seguinte (12.2), quando começamos a apresentar como é a aplicação prática das contribuições no dia a dia.

12.1.1 PIS/PASEP: da conta individual à contribuição social

O Programa de Integração Social (PIS) e o Programa de Formação do Patrimônio do Servidor Público (PASEP) são contribuições que foram criadas em 1970 e tinham, na versão original, o objetivo de integrar os trabalhadores na vida e no desenvolvimento das empresas.

No início, a contribuição para PIS/PASEP era caracterizada como uma contribuição parafiscal, com os recursos geridos pelo ente estatal, mas pertencendo de forma efetiva aos contribuintes, que tinham suas contas individuais e poderiam utilizar os recursos em certas condições, como compra da casa própria, aposentadoria e casamento. O governo destinava parte do IRPJ devido (5%) e as empresas contribuíam com sua parcela sobre a receita bruta.

A partir da Constituição de 1988 (art. 239), o PIS/PASEP deixou de ser uma contribuição parafiscal, cujos recursos eram aplicados nas contas individuais dos trabalhadores, para ser uma contribuição social, com o dinheiro arrecadado transferido para o Fundo de Amparo ao Trabalhador (FAT), que faz o seguinte destino dos recursos:

- ABONO ANUAL de um salário-mínimo (R$ 1.100 em 2021) pago a todos os trabalhadores cadastrados há pelo menos cinco anos no PIS/PASEP, com carteira assinada e que recebem em média

TABELA 12.1 Arrecadação e relevância das contribuições

PIS/PASEP + COFINS	1995	2002	2010	2019
Valor arrecadado (em R$ bi)	21,2	64,0	179,1	301,4
% sobre a ARRECADAÇÃO FEDERAL	17,8%	20,2%	20,6%	18,7%
% sobre o PIB	3,18%	4,79%	4,61%	4,15%

Fonte: Dados divulgados na página eletrônica da Receita Federal do Brasil (RFB), organizados pelo autor.

até dois salários-mínimos de remuneração mensal em carteira.

- SEGURO-DESEMPREGO, uma remuneração provisória (entre três e cinco meses) paga às pessoas que perderam seus empregos.
- BNDES, que recebe 28% da arrecadação anual do fundo, sendo o principal instrumento de captação de recursos do banco estatal. Os recursos devem ser direcionados a programas de financiamento que ampliem a geração de emprego e renda no país.
- OUTRAS AÇÕES DE PREVIDÊNCIA SOCIAL, que foi incluída na última Reforma da Previdência, por meio da Emenda Constitucional nº 103/2019.

Praticamente todas as pessoas que tinham carteira assinada até 5/OUT/88 e, por extensão, a conta individual do PIS/PASEP, já sacaram seus recursos até o primeiro semestre de 2021. O fundo seria extinto, conforme MP nº 946/2020, mas ela não foi convertida em lei. O BNDES informou em suas demonstrações financeiras que aprovou, em março de 2020, a transferência de R$ 20 bilhões do PIS-PASEP para o FGTS, de modo a reforçar o fundo e possibilitar saques de acordo com os critérios estabelecidos pelo governo federal para ajuda no combate à COVID-19.

Ao longo de seus mais de 50 anos de existência, a legislação que rege a cobrança do PIS/PASEP deixou espaço para algumas importantes discussões jurídicas, o que não é diferente atualmente (2021). As principais questões serão apresentadas ao longo do capítulo, em conjunto com as discussões sobre a cobrança da COFINS.

12.1.2 COFINS e sua integração com a Seguridade Social

A Constituição Federal autorizou a criação de contribuições sociais, com o objetivo de financiar a seguridade social (art. 195).

Os objetivos da seguridade social são os de assegurar os direitos relativos à saúde, à previdência e à assistência social. A Constituição define ainda que a seguridade social será financiada por toda a sociedade, de forma direta e indireta, com recursos provenientes dos orçamentos da união, dos estados (incluindo o Distrito Federal), dos municípios e das contribuições sociais cobradas sobre:

- folha de salários e demais rendimentos do trabalho (INSS);
- lucro (Contribuição Social sobre o Lucro); e
- receita ou faturamento (COFINS).

No final de 1991, foi criada a Contribuição para Financiamento da Seguridade Social (COFINS), com o objetivo de tributar o faturamento mensal das empresas.

A COFINS possuía, inicialmente, as mesmas características do antigo FINSOCIAL, sendo cobrada sobre o faturamento, que representa as receitas de vendas e serviços de todas as pessoas jurídicas, exceto as sociedades cooperativas, sociedades civis de profissão regulamentada e as entidades beneficentes de assistência social. As instituições financeiras e equiparadas também não eram contribuintes da COFINS, mas pagavam alíquota mais elevada de contribuição social sobre o lucro em relação às demais pessoas jurídicas.

A partir de ABR/97, as sociedades de profissão regulamentada foram incluídas entre as empresas contribuintes da COFINS (art. 56 da Lei nº 9.430/96).

A partir de FEV/99, a COFINS sofreu o mesmo acréscimo do PIS/PASEP, sendo cobrada sobre todas as receitas em vez de sobre o faturamento (receita bruta) como foi até janeiro daquele ano. Além disso, sua alíquota que era 2% passou para 3%, sendo que no primeiro ano da nova alíquota (1999) o acréscimo percentual de 1% pode ser compensado com a CSLL.

A ampliação da base de cálculo teve algumas discussões jurídicas. A principal é que a Constituição autorizou a cobrança de COFINS sobre o faturamento, enquanto a lei ordinária definiu sua base de cálculo como o total de receitas. Quando a Lei nº 9.718/98 ampliou a base da contribuição para o total de receitas obtidas pelas empresas, a Constituição em vigor permitia somente a cobrança de contribuição sobre o faturamento. Apenas alguns dias depois, por meio da Emenda Constitucional nº 20/98, é que a Lei nº 9.718/98 ganharia suporte constitucional. Coisas do Brasil. Portanto, o alargamento da base foi inconstitucional, situação reconhecida no final de 2005 em decisão do Supremo Tribunal Federal (STF), que é o órgão máximo da justiça brasileira.

Em MAI/2009, a Lei nº 11.941/2009 revogou o § 1º do art. 3º da Lei nº 9.718/98, passando a cobrar PIS e COFINS apenas sobre a receita bruta das empresas tributadas pelo lucro presumido ou arbitrado.

Mas a COFINS, desde sua criação, teve como característica principal ser cumulativa, ou seja, cobrada em todas as etapas da produção, onerando assim o preço final do produto. Este modelo também é conhecido como tributação em cascata e foi explicado no Capítulo 7.

Assim, da forma como estava desenhada, a tributação da COFINS acabava punindo os produtos com cadeia produtiva mais longa e os comerciantes atacadistas e distribuidores. Durante os anos 1990, as empresas procuraram diminuir suas estruturas operacionais, reduzindo as etapas de distribuição dos produtos, para minimizar o impacto final da COFINS. Para a economia, representava diminuição no número de empregos, agravando ainda mais os problemas sociais do país.

Por exemplo, o minério de ferro vira ferro; o ferro vira aço; o aço vira lâmina de aço; a lâmina de aço vira porta de carro; a porta de carro é integrada ao carro; o carro é vendido para a concessionária. A COFINS, neste caso, seria cobrada em cada etapa da produção, inclusive na venda do automóvel para o consumidor final, sem dedução dos valores pagos nas etapas anteriores.

Portanto, os produtos com cadeia produtiva mais longa e margem agregada maior acabavam pagando alíquota final efetiva bem mais elevada que os 3% de alíquota nominal.

A COFINS pelo método não cumulativo seguiu o mesmo modelo do PIS/PASEP, entrando em vigor a partir de fevereiro de 2004.

Assim como acontece com o PIS/PASEP, a COFINS tem cobrança diferenciada em alguns setores da atividade econômica, como instituições financeiras, seguradoras, operadoras de planos de saúde, petróleo e bebidas, entre outros.

Aos interessados, recomendo os dois primeiros capítulos do livro *Pis e Cofins* (5ª edição), da mesma editora, GEN | Atlas, que traz mais detalhes dos dois tributos desde sua criação.

12.2 Cobrança de PIS/PASEP e COFINS em 2021

Após fazer importante retrospectiva histórica, é importante entender como é feito o cálculo das contribuições para PIS/PASEP e COFINS no 2º semestre de 2021. Elas são cobradas, regra geral, de todas as empresas, conforme sua forma de tributação: lucro presumido pelo método cumulativo e lucro real, regra geral, pelo método não cumulativo. A interessante e complexa legislação que rege as contribuições será debatida com detalhes na sequência do capítulo, sempre da forma mais prática possível. Por ora, será apresentada a estrutura básica da cobrança mensal das contribuições.

A base de cálculo das contribuições é diferente entre as empresas tributadas pelo lucro presumido e pelo lucro real, conforme apresentado a seguir:

LUCRO PRESUMIDO – CUMULATIVO (BASE DE CÁLCULO)

(+) Receita bruta,[2] conforme previsto no estatuto/contrato social da empresa.

(–) Devoluções de vendas e descontos incondicionais concedidos.

(–) ICMS/ISS[3] cobrado na venda, destacado na nota fiscal, calculado sobre a receita bruta de vendas de bens ou serviços.

LUCRO REAL – NÃO CUMULATIVO (BASE DE CÁLCULO)

(+) Receita bruta, conforme previsto no estatuto/contrato social da empresa.

(+) Outras receitas operacionais.[4]

(+) Receitas financeiras (alíquota menor, sendo PIS (0,65%) e COFINS (4%).

(–) Devoluções de vendas e descontos incondicionais concedidos.

(–) ICMS/ISS[3] cobrado na venda, destacado na nota fiscal, calculado sobre a receita bruta de vendas de bens ou serviços.

(–) Crédito de compras para revenda, matéria-prima e insumos, líquido do ICMS.[5]

(–) Crédito de despesas de energia elétrica, aluguel, arrendamento, armazenagem, frete na venda e outros itens, com detalhes específicos.

(–) Crédito sobre aquisição de bens do imobilizado utilizados no processo de produção de bens e na prestação de serviços ou pela depreciação/amortização destes bens e de edificações e benfeitorias em imóveis próprios e de terceiros.

---

[2] Há receitas não tributadas, basicamente oriundas de vendas ao exterior e as decorrentes de vendas de produtos com alíquota zero, conforme determinado em lei.

[3] Até o fechamento do capítulo, a questão da retirada do ISS das bases de PIS + COFINS estava com seu julgamento no STF paralisado, com resultado parcial empatado em 4 a 4. Faltando os votos dos ministros Luiz Fux, Gilmar Mendes e o novo ministro, que substituirá o ministro Marco Aurélio. Por conta da decisão final da suprema corte de 13/MAI, entende-se que a tendência seja a confirmação pelo plenário do STF do voto do relator, ministro Celso de Mello, que estende para o ISS a mesma decisão tomada no caso do ICMS.

[4] Há diversas receitas que podem ser excluídas, como resultado positivo de participação em controladas e coligadas avaliadas pelo método de equivalência patrimonial, dividendos recebidos de investimentos avaliados pelo custo de aquisição ou pelo valor justo e ganho de capital.

[5] Conforme previsão da IN RFB nº 1.911/2019 no valor das compras deve ser incluído o IPI, exceto quando o imposto federal for passível de recuperação (art. 167, inciso II). Não há menção para inclusão do ICMS no crédito das compras, o que era permitido na IN RFB anterior (nº 404/2004), que foi revogada.

Portanto, as empresas tributadas pelo lucro presumido são cobradas pelo método cumulativo, com alíquota combinada de 3,65%, aplicada apenas sobre a receita bruta (sem ICMS). Já as empresas tributadas pelo lucro real têm cobrança pelo método não cumulativo, com alíquota total de 9,25% + a cobrança sobre as receitas financeiras com alíquota de 4,65% (0,65% de PIS e 4% de COFINS).

12.3 Detalhes do cálculo pelo método cumulativo

As empresas tributadas pelo lucro presumido ou com seu lucro arbitrado devem calcular PIS e COFINS com base na regra cumulativa, utilizando alíquotas de 0,65% e 3% sobre a receita bruta menos as exclusões permitidas, exclusões essas que também valem para as empresas tributadas pelo lucro real.

Portanto, as contribuições para PIS/PASEP e COFINS destas empresas são calculadas com base apenas na receita bruta, com as seguintes exclusões permitidas:

a) as vendas canceladas;
b) os descontos incondicionais concedidos;
c) o ICMS constante na nota fiscal de vendas;[6] e
d) o IPI e o ICMS, quando cobrados pelo vendedor dos bens ou prestador dos serviços na condição de substituto tributário (ICMS ST) e estiverem incluídos na receita.

Além disso, nem toda receita bruta será tributada pela COFINS. Há alguns itens que possuem isenção ou exclusão permitida pela Lei nº 9.718/98 e pela MP nº 2.158-35/2020. Então, são extraídas (retiradas) da base, as receitas oriundas:

a) de exportação de mercadorias para o exterior;
b) dos serviços prestados à pessoa física ou jurídica residente ou domiciliada no exterior, cujo pagamento represente ingresso de divisas;
c) de vendas, com fim específico de exportação para o exterior, a empresas exportadoras registradas na Secretaria de Comércio Exterior do Ministério do Desenvolvimento, Indústria e Comércio Exterior;
d) de vendas e revendas de produtos com alíquota zero; e
e) receitas com revendas de produtos com tributação monofásica ou concentrada.

12.3.1 Redefinição do conceito de Receita Bruta

O tema RECEITA BRUTA é tratado em diversos normativos na legislação tributária, mas também consta no Decreto-lei nº 1.598/77 e sempre causou polêmica sobre o que entra e o que não entra no item denominado receita bruta. A Lei nº 12.973/2014 ajustou o decreto, com objetivo de esclarecer a polêmica sobre o que entra e o que não entra no item. Veja a transcrição a seguir:

> *Art. 12. A receita bruta compreende:*
>
> *I - o produto da venda de bens nas operações de conta própria;*
>
> *II - o preço da prestação de serviços em geral;*
>
> *III -* ***o resultado auferido nas operações de conta alheia****; e*
>
> *IV -* ***as receitas da atividade ou objeto principal da pessoa jurídica, não compreendidas nos incisos I a III.***
>
> *§ 1º A receita líquida será a receita bruta diminuída de:*
>
> *I - devoluções e vendas canceladas;*
>
> *II - descontos concedidos incondicionalmente;*
>
> *III -* ***tributos sobre ela incidentes****; e*
>
> *IV -* ***valores decorrentes do ajuste a valor presente, de que trata o inciso VIII do*** **caput** *do art. 183 da Lei nº 6.404/76, das operações vinculadas à receita bruta.*
>
> *§ 2º e § 3º* – Falam da omissão de receitas.
>
> ***§ 4º Na receita bruta, não se incluem os tributos não cumulativos cobrados, destacadamente, do comprador ou contratante, pelo vendedor dos bens ou pelo prestador dos serviços na condição de mero depositário.***
>
> *§ 5º Na receita bruta, incluem-se os tributos sobre ela incidentes e os valores decorrentes do ajuste a valor presente, de que trata o inciso VIII do* **caput** *do art. 183 da Lei nº 6.404/76, das operações previstas no* **caput**, observado o disposto no § 4º.

A exposição de motivos da MP nº 627/2013, que foi convertida na Lei nº 12.973/2014, explica que o art. 12 foi alterado com o objetivo de aperfeiçoar a definição de receita bruta e de receita líquida.

Na verdade, esta alteração foi importantíssima para regulamentar e uniformizar o conceito de receita bruta na legislação tributária. Não há novidade na inclusão do resultado auferido nas operações de conta alheia. Este seria representado pelas comissões obtidas sobre representação de bens ou serviços de terceiros e o dispositivo já fazia parte da legislação, constando inclusive no atual Regulamento do IR (Decreto nº 9.580/2018, art. 208).

Em síntese, o artigo diz que receita bruta é aquela obtida com a exploração da atividade descrita no contrato

---

[6] Conforme decisão do STF.

social ou estatuto da empresa, seja ela qual for: venda, revenda, serviços, locação, intermediação ou qualquer outro tipo. Tal dispositivo pode simplificar alguns questionamentos em relação a empresas com atividade principal envolvendo, por exemplo, locação de bens. O artigo ainda explica que ICMS, PIS, COFINS e ISS integram a receita bruta, enquanto IPI e ICMS ST não. Se forem registrados como receitas, o IPI e o ICMS ST devem ser excluídos da base. A lei precisará de ajustes, para adequar a decisão do STF em relação à exclusão do ICMS nas bases de PIS e COFINS.

Em relação ao IPI, o entendimento é que este não representa receita efetiva para o industrial, que cobra o imposto do comerciante ou da pessoa física no momento da venda do produto. O mesmo se aplica ao ICMS ST. Caso o registro não considere estes impostos em receita, não há que se falar em exclusão, que só ocorre se IPI e ICMS ST forem registrados em receita.

Por exemplo, a Cia. São João é uma empresa industrial que opta pelo lucro presumido e vende um produto para uma empresa comercial por R$ 1.000, mais R$ 100 de IPI e R$ 50 de ICMS Substituição Tributária, com a venda total no valor de R$ 1.150. A empresa vendedora tem duas opções de REGISTRO contábil, conforme a Figura 12.1.

Outro dispositivo importante foi o relativo ao Ajuste a Valor Presente (AVP), que será utilizado nas vendas realizadas para recebimento acima de 12 meses e nas operações de curto prazo quando relevantes. Estes valores devem integrar a receita bruta, sendo extraídos para fins de apuração da receita líquida. Como a tributação de PIS, COFINS, IR e CSLL pelo lucro real (estimativa), presumido ou arbitrado alcança sempre a receita bruta e não a receita líquida, o legislador arrumou a casa para fins fiscais, definindo que o AVP deve ser deduzido da receita bruta. Por exemplo, suponha que uma empresa efetue a venda de mercadorias por R$ 100 para recebimento futuro e seu valor presente seja R$ 90. Deveria apresentar sua DRE da seguinte forma:

▪ Receita bruta	100
▪ (–) Deduções da RB – AVP	(10)
▪ Receita líquida	90

Na prática, as empresas apresentam a receita bruta pelo líquido de R$ 90. A receita, no caso, utilizada nas bases de PIS e COFINS seria R$ 100, assim como na base estimada (lucro real), e nas bases do lucro presumido e do lucro arbitrado, a aplicação dos percentuais de presunção (8% e 12% para vendas ou revendas ou 32% para prestação de serviços) seria feita sobre 100.

E no lucro real, o resultado também será apurado desconsiderando a separação do ajuste a valor presente, que deverá ser integrado ao resultado no mesmo período da receita ou despesa original. Neste caso, embora a receita líquida no mês da venda fosse R$ 90, a empresa deveria adicionar R$ 10 nas bases de IR e CSLL, conforme definição dos arts. 4º e 5º da Lei nº 12.973/2014, que tratam do tema ajuste a valor presente.

12.3.2 REGIME DE RECONHECIMENTO DE RECEITAS

As empresas tributadas pelo lucro presumido podem utilizar escrituração contábil regular (livro Diário ou Razão)

OPÇÃO 1: SEM REGISTRO DO IPI E ICMS ST NO RESULTADO

Débito: Caixa	R$ 1.150
Crédito: Receita de vendas	R$ 1.000
Crédito: IPI a recolher	R$ 100
Crédito: ICMS ST a recolher	R$ 50

→ No caso, não cabe qualquer exclusão nas bases do PIS e da COFINS.

OPÇÃO 2: COM REGISTRO DO IPI E ICMS ST NO RESULTADO

Débito: Caixa	
Crédito: Receita de vendas	R$ 1.150
Débito: IPI faturado	
Crédito: IPI a recolher	R$ 100
Débito: Despesa de ICMS ST	
Crédito: ICMS ST a recolher	R$ 50

→ No caso, o IPI faturado e a despesa de ICMS ST são excluídos das bases do PIS e da COFINS, fazendo com que o valor tributado seja de R$ 1.000.

FIGURA 12.1

ou escrituração apenas do livro Caixa.[7] As empresas que mantém apenas o livro Caixa devem observar o seguinte:

a) emitir a nota fiscal quando da entrega do bem ou direito ou da conclusão do serviço;
b) indicar no livro Caixa, em registro individual, a nota fiscal a que corresponder cada recebimento.

A pessoa jurídica submetida ao regime de tributação com base no lucro presumido pode utilizar o regime de caixa no reconhecimento de suas receitas, mesmo que tenha escrituração contábil regular. No entanto, o regime de caixa, quando utilizado para fins da incidência das contribuições para o PIS/PASEP e COFINS, deve ser obrigatoriamente utilizado também em relação ao IRPJ e CSLL.

12.3.3 Vendas para governo

O art. 7º da Lei nº 9.718/98 diz que no caso de construção por empreitada ou de fornecimento a preço predeterminado de bens ou serviços, contratados por pessoa jurídica de direito público, empresa pública, sociedade de economia mista ou suas subsidiárias, o pagamento das contribuições para PIS/PASEP e COFINS poderá ser diferido, pelo contratado, até a data do recebimento do preço. Na prática, as vendas e revendas realizadas para o governo e qualquer empresa do governo somente serão consideradas, para fins de PIS e COFINS, quando do recebimento. Em resumo, serão tributadas pelo regime de caixa.

Nas empresas que têm bom volume de vendas para governo e suas empresas, o trabalho será grande para controlar, pois não há um livro específico de PIS e COFINS que auxilie esse trabalho. A receita será reconhecida na contabilidade quando o bem ou o serviço for entregue, porém a inclusão nas bases de PIS e COFINS será em período posterior, no recebimento.

A maior parte das empresas tributadas pelo lucro presumido utiliza o regime de caixa para fins de tributação, não sendo relevante a aplicação do art. 7º da Lei nº 9.718/98. Contudo, aquelas que utilizarem o regime de competência poderão aplicar a regra aqui explicada.

No caso de vendas ao governo por empresas tributadas pelo lucro real, regra similar deve ser aplicada, mas o crédito relacionado com a compra da mercadoria vendida deve seguir a receita, a partir de critério de proporcionalidade. No tópico do método não cumulativo, o tema será explicado por meio de um exemplo numérico.

[7] Caso a empresa do lucro presumido não tenha escrituração contábil regular – diga-se, entrega da Escrituração Contábil Digital (ECD) –, terá a distribuição do lucro limitada ao lucro presumido (base do IR) menos os tributos federais pagos.

12.3.4 Exemplos numéricos de cálculo pelo método cumulativo

Gosto de trabalhar com exemplos numéricos. Vamos a três exemplos, para auxiliar melhor no entendimento sobre a tributação de PIS e COFINS no lucro presumido.

12.3.4.1 Revendas de produtos com tributação monofásica

Suponha que a Cia. Caiçara seja uma empresa comercial, tributada pelo lucro presumido e que apresentou, em MAR/x1, as seguintes contas de resultado:

(+) Receita com revenda de mercadorias	R$ 500.000
(–) Devolução de vendas	R$ 10.000
(–) Descontos incondicionais concedidos	R$ 20.000
(–) Descontos financeiros concedidos	R$ 5.000
(+) Receitas financeiras	R$ 4.000
(+) Receita com aluguel de espaço	R$ 2.000
(+) Ganho na venda de bens do imobilizado	R$ 6.000

Obs.: 20% das revendas são de produtos com tributação monofásica. As devoluções e os descontos são de produtos tributados normalmente. Desconsidere a cobrança de ICMS próprio, para fins didáticos.

Veja, a seguir, o cálculo do PIS e da COFINS da Cia. Caiçara:

TOTAL DE RECEITAS (tributadas) R$ 400.000 (80% da revenda)	
(–) Devolução de vendas	(R$ 10.000)
(–) Descontos incondicionais concedidos	(R$ 20.000)
BASE DE CÁLCULO DE PIS E COFINS	**R$ 370.000**
▪ PIS – 0,65% = R$ 2.405	
▪ COFINS – 3% = R$ 11.100	

O desconto financeiro é aquele que depende de certa condição, por exemplo, pagamento antes do vencimento, não se caracterizando como dedução nas bases de PIS e COFINS.

Portanto, a Cia. Caiçara deve pagar até o dia 25/ABR/x1 os valores apurados de PIS (R$ 2.405,00) e COFINS (R$ 11.100,00), encerrando assim o processo de apuração, cálculo e pagamento das contribuições.

12.3.4.2 Revendas de mercadorias para empresas do governo

No mês de AGO/x1, a Cia. Lagoa tem receita bruta de vendas de R$ 100.000, sendo 25% para empresas do governo, cujo pagamento está previsto para o mês de FEV/x2. Desconsiderando a retenção na fonte, veja o registro contábil adequado (apenas da COFINS), com a explicação entre parênteses.

Débito → Despesa de COFINS	3.000,00
	(3% s/ 100.000)
Crédito → COFINS a pagar	2.250,00
	(3% s/ 75.000)
Crédito → Provisão para COFINS diferida	750,00
	(3% s/ 25.000)

O valor de R$ 25.000,00 terá que ser controlado à parte pela Cia. Lagoa, para posterior pagamento, quando do recebimento, em FEV/x2. O exemplo supõe que a Cia. Lagoa utilizou o regime de competência. Se a empresa utilizasse o regime de caixa, nem precisaria ter controle específico, pois as receitas seriam reconhecidas na medida do recebimento.

12.3.4.3 Exemplo com retenções na fonte

A Cia. Juventus é uma empresa prestadora de serviços de contabilidade e obteve receita bruta de R$ 20.000 no mês de JAN/x1. Serão apresentados os registros contábeis das receitas, como ilustrado na Figura 12.2.

Aqui, cabe mais um ponto para reflexão e necessidade de ajuste pelo legislador. No caso de o STF retirar o ISS das bases de PIS e COFINS, o valor devido de COFINS, por exemplo, cairia de R$ 600 para R$ 570 (19.000 × 3%), por conta da retirada do ISS (utilizada alíquota de 5%, hipoteticamente) da base de cálculo da contribuição. Por essa lógica, não faz sentido a retenção na fonte incluir o ISS na base para retenção das contribuições.

12.4 PIS + COFINS nas empresas tributadas pelo lucro real

A empresa tributada pelo lucro real será obrigada a utilizar o método não cumulativo, com um cálculo bem mais complexo em relação às empresas tributadas pelo lucro presumido ou que tenham seu lucro arbitrado.

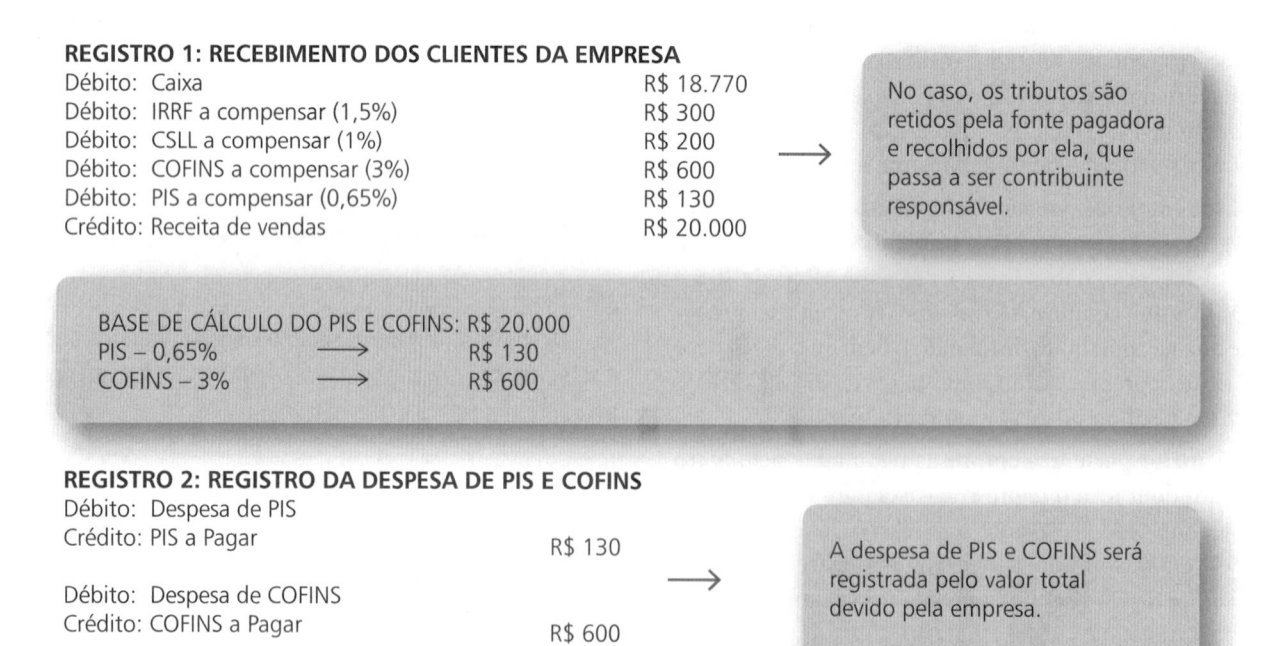

REGISTRO 1: RECEBIMENTO DOS CLIENTES DA EMPRESA

Débito: Caixa	R$ 18.770
Débito: IRRF a compensar (1,5%)	R$ 300
Débito: CSLL a compensar (1%)	R$ 200
Débito: COFINS a compensar (3%)	R$ 600
Débito: PIS a compensar (0,65%)	R$ 130
Crédito: Receita de vendas	R$ 20.000

→ No caso, os tributos são retidos pela fonte pagadora e recolhidos por ela, que passa a ser contribuinte responsável.

BASE DE CÁLCULO DO PIS E COFINS: R$ 20.000
PIS – 0,65% → R$ 130
COFINS – 3% → R$ 600

REGISTRO 2: REGISTRO DA DESPESA DE PIS E COFINS

Débito: Despesa de PIS	
Crédito: PIS a Pagar	R$ 130
Débito: Despesa de COFINS	
Crédito: COFINS a Pagar	R$ 600

→ A despesa de PIS e COFINS será registrada pelo valor total devido pela empresa.

REGISTRO 3: AJUSTE NA DATA DE PG. DE PIS + COFINS NO MÊS SEGUINTE

Débito: PIS a pagar	
Crédito: PIS a compensar	R$ 130
Débito: COFINS a pagar	
Crédito: COFINS a compensar	R$ 600

→ Embora a despesa de PIS e COFINS seja de R$ 260 e R$ 1.200, respectivamente, a empresa nada desembolsará, pois já pagou quando recebeu menos dos seus clientes.

FIGURA 12.2

TABELA 12.2

ITENS	RESULTADO	ALÍQUOTA
Total de receitas, menos aquelas que podem ser excluídas da base	(+) PIS + COFINS a pagar (Despesa)	1,65% PIS 7,6% COFINS
Créditos permitidos em lei	(–) PIS + COFINS a recuperar	
BASE DE CÁLCULO PROVISÓRIA	VALOR LÍQUIDO (PROVISÓRIO)	
Receitas financeiras	(+) PIS + COFINS a pagar (despesa)	0,65% PIS 4% COFINS
BASE DE CÁLCULO	PIS + COFINS líquido desembolsado	

As empresas obrigadas ao cálculo do PIS e da COFINS pelo método não cumulativo pagam as contribuições com alíquotas de 1,65% e 7,6%, respectivamente, sobre as receitas totais. No entanto, estas empresas podem deduzir créditos permitidos expressamente em lei, conforme apresentado na Tabela 12.2.

O sistema de registro de créditos criado foi algo surreal. O legislador citou expressamente os itens que permitem crédito de PIS (e posteriormente confirmou isso na COFINS), definindo em alguns casos aqueles itens que não permitem crédito, por exemplo, os gastos com mão de obra.

A seguir, serão apresentadas as regras de tributação de PIS e COFINS das empresas tributadas pelo lucro real, lembrando que existem empresas que, mesmo no lucro real, devem efetuar o cálculo das contribuições de outra forma, por exemplo:

1. as empresas submetidas ao modelo de tributação monofásica/concentrada, por exemplo, as refinarias e as indústrias de produtos de higiene e beleza;
2. as instituições financeiras e empresas equiparadas; e
3. as empresas com previsão de tributação de parte de suas receitas pelo método cumulativo, por exemplo, o setor de telecomunicações.

12.4.1 Base de cálculo: o total de receitas e as exclusões

O cálculo da COFINS e do PIS nas empresas tributadas pelo lucro real tem como base inicial a totalidade das receitas da empresa. Basta considerar no balancete o grupo RECEITAS e informar seu total. Contudo, há algumas receitas não tributadas pelas contribuições para o PIS/PASEP e a COFINS, que são apresentadas nos arts. 27 e 28 da IN RFB nº 1.911/2019 e resumidas a seguir:

12.4.1.1 Exclusões da receita bruta (válidas também para o método cumulativo)

a) receita com vendas de mercadorias para o exterior, inclusive para empresa comercial exportadora com o fim específico de exportação, tendo esta empresa que comprovar o embarque das mercadorias para o exterior no prazo máximo de 180 dias;
b) renda de prestação de serviços ao exterior, cujo valor recebido represente entrada de divisas;
c) receitas com revenda de produtos com tributação monofásica/concentrada, como gasolina, óleo diesel, perfumes, cosméticos, cervejas, refrigerantes, pneus e outros; e
d) receita com vendas de produtos com alíquota zero.

12.4.1.1 Exclusões de outras receitas (apenas para o método não cumulativo)

a) recuperação de créditos baixados como perda que não representem ingressos de novos recursos;[8]
b) reversões de provisões operacionais, por exemplo, as reversões de PDD, de provisões para perdas em processos cíveis, trabalhistas, fiscais, entre outras;
c) resultado positivo de investimentos em controladas e coligadas avaliados pelo método de equivalência patrimonial;
d) receitas com lucros e dividendos derivados de investimentos avaliados pelo custo de aquisição ou pelo valor justo;
e) resultado positivo referente à avaliação de ativos a valor justo;

[8] No caso, a venda teria sido tributada na origem, quando a receita foi reconhecida. Posteriormente, como não foi recebida, seria registrada em despesa de perda, quando considerado incobrável. Caso recuperada, a receita de recuperação de despesas não seria tributada, sendo excluída da base.

f) receita com subvenção para investimentos, inclusive mediante isenção ou redução de impostos, concedidas como estímulo à implantação ou expansão de empreendimentos econômicos e de doações feitas pelo poder público;
g) algumas (poucas) receitas financeiras (ver tópico a seguir); e
h) receitas com venda de bens pertencentes ao ativo não circulante, subgrupos investimentos, intangível e imobilizado.

Assim, o responsável pelo cálculo do PIS e COFINS deve ficar atento, pois o conjunto de receitas não tributadas é bastante extenso. Um supermercado de médio porte, por exemplo, deve ter um bom sistema de informações, que facilite o registro e o controle contábil, pois tem diversos produtos para revenda com tributação monofásica, alíquota zero e produtos tributados normalmente. Então, a revenda de suco de frutas integrará a base das contribuições, enquanto a venda de refrigerante não integrará, já que este produto foi objeto de tributação monofásica por parte da indústria de bebidas. As regras relativas as exclusões da receita bruta valem para os dois métodos: cumulativo e não cumulativo.

12.4.2 Outras receitas que devem ser tributadas

Você observou que há extensa relação de itens considerados como outras receitas que NÃO integram as bases de PIS e COFINS. Aí poderia fazer uma pergunta natural: o que entra então nas bases? Quais outras receitas operacionais são incluídas nas bases de PIS/PASEP e COFINS? Seguem algumas receitas que devem fazer parte da base, por falta de previsão legal para exclusão:

- RECEITA DE ALUGUEL, logicamente que não me refiro a empresas locadoras ou imobiliárias, em que a locação faz parte da receita bruta. Quando a empresa alugar algum ativo como complemento de atividade operacional, deverá incluir esta receita nas bases de PIS e COFINS.
- GANHO EM COMPRA VANTAJOSA, quando a empresa adquirir participação em empresa controlada ou coligada por um valor mais baixo que o registrado no patrimônio líquido da empresa avaliado a valor justo. Por exemplo, empresa tem PL contábil de R$ 80, mas R$ 100 de valor justo e a nossa empresa compra 60% das ações por R$ 52. Neste caso, o valor de R$ 8 (60 – 52) será reconhecido como receita denominada ganho por compra vantajosa, que integrará as bases de PIS e COFINS.
- MULTA COBRADA, que não se caracteriza como receita financeira, por representar punição. Assim, deve integrar as bases de PIS e COFINS o valor referente a qualquer multa cobrada por atraso, por descumprimento de contrato ou outra situação específica.
- CESSÃO DE ESPAÇO (PROPAGANDA), receita obtida por empresas de transporte, que cedem espaço nos seus ativos (ônibus, metrô, trem, barcas e outros) para divulgação de terceiros mediante remuneração.
- JUROS SOBRE CAPITAL PRÓPRIO RECEBIDO, receita oriunda de distribuição de lucro por empresas investidas, sejam registradas em receita, quando avaliadas pelo custo de aquisição ou valor justo, sejam aquelas reconhecidas como redução de investimentos, quando avaliadas pelo método de equivalência patrimonial.

A relação não é exaustiva, apenas para lembrar que as demais receitas devem integrar as bases de PIS/PASEP e COFINS no método não cumulativo, exceto quando prevista sua exclusão na legislação tributária.

12.4.3 Deduções da base de cálculo

Após considerar todas as receitas tributadas por PIS e COFINS, a empresa poderá deduzir da base algumas despesas, especificamente aquelas apresentadas como deduções da receita bruta na demonstração do resultado do exercício (DRE). São elas:

a) vendas canceladas;
b) devolução de vendas;
c) descontos incondicionais concedidos, incluindo bonificações; e
d) o ICMS[9] incluído na nota fiscal de venda.

As vendas canceladas e as devoluções de vendas, embora sejam apresentadas em contas diferentes da que registra a receita, podem ser deduzidas das bases do PIS e da COFINS, pois a mercadoria ou o serviço poderá ser novamente vendido. Importante salientar que a devolu-

[9] Conforme já apresentado no capítulo, recomenda-se acompanhar a decisão do STF em relação a exclusão do ISS nas bases de PIS e COFINS.

ção referente ao ano anterior deverá ser apresentada não como dedução da receita bruta e sim dentro das despesas operacionais. Na verdade, a legislação diz que a devolução gera crédito de PIS e COFINS, mas o tratamento técnico recomendado seria de dedução da receita.

As devoluções de vendas tributadas pelo método cumulativo não podem ser excluídas da base das contribuições no método não cumulativo, gerando crédito, no caso, pelas alíquotas antigas, em 12 parcelas iguais e sucessivas (IN RFB nº 1.911/2019, art. 183, § 2º).

Os valores relativos às bonificações concedidas em mercadorias serão excluídos da base de PIS e COFINS somente nos casos em que se caracterizarem como descontos incondicionais concedidos.

A IN SRF nº 51/78 diz que os descontos incondicionais são as parcelas redutoras do preço de venda, quando constarem da nota fiscal de venda dos bens e não dependerem de evento posterior à emissão desse documento.

Então, as bonificações em mercadorias devem ser transformadas em parcelas redutoras do preço de venda, para serem consideradas como descontos incondicionais e consequentemente serem excluídas das bases das contribuições. Por exemplo, empresa vende dez unidades por R$ 110 (custo unitário de R$ 11) e concede uma unidade de bonificação. Neste caso, recomenda-se que a mercadoria bonificada integre a nota fiscal de venda. Assim, a receita bruta será R$ 121, com desconto incondicional concedido de R$ 11 e a base de cálculo das contribuições seria R$ 110.

Por fim, mas não menos importante, deve ser retirado da base de cálculo de PIS e COFINS o valor do ICMS destacado na nota fiscal de vendas. Aqui vale a ressalva em relação às empresas comerciais que não têm ICMS devido na venda, pelo fato de que o imposto estadual pode ter sido cobrado na compra, por meio da substituição tributária. Neste caso, não há permissão para exclusão do ICMS, que também não deve compor a base de créditos na aquisição. Na empresa industrial, o ICMS próprio destacado na nota fiscal deve ser excluído e o ICMS ST, se cobrado, sequer integra a receita bruta, tendo o mesmo tratamento contábil do IPI.

Novamente cabe o destaque de que essas normas aqui descritas são aplicadas aos métodos cumulativo e não cumulativo.

12.4.4 Receitas financeiras

A Lei nº 10.833/2003 incluiu as receitas financeiras no conjunto das receitas tributadas pelas contribuições para PIS e COFINS. Ao mesmo tempo, era permitido crédito referente às despesas financeiras decorrentes de empréstimos e financiamentos. A tributação e os créditos seriam aplicados somente às empresas submetidas à tributação pelo lucro real e que utilizassem o método não cumulativo.

Contudo, a Lei nº 10.865/2004, que entrou em vigor a partir de AGO/2004, proibiu este crédito sobre as despesas financeiras, incluindo, todavia, interessante dispositivo em seu artigo 27, transcrito a seguir:

> *Art. 27. O Poder Executivo poderá autorizar o desconto de crédito nos percentuais que estabelecer e para os fins referidos no art. 3º das* Leis nº 10.637/02, *e nº* 10.833/03, *relativamente às despesas financeiras decorrentes de empréstimos e financiamentos, inclusive pagos ou creditados a residentes ou domiciliados no exterior.*
>
> § 1º Poderão ser estabelecidos percentuais diferenciados no caso de pagamentos ou créditos a residentes ou domiciliados em país com tributação favorecida ou com sigilo societário.
>
> § 2º O Poder Executivo poderá, também, reduzir e restabelecer, até os percentuais de que tratam os incisos I e II do caput *do art. 8º desta Lei, as alíquotas da contribuição para o PIS/PASEP e da COFINS incidentes sobre as receitas financeiras auferidas pelas pessoas jurídicas sujeitas ao regime de não cumulatividade das referidas contribuições, nas hipóteses que fixar.*

Em resumo, o legislador atribuiu ao poder executivo a competência para decidir pela tributação de PIS e COFINS sobre o resultado financeiro das empresas, tanto permitindo a dedução de créditos sobre as despesas financeiras quanto reduzindo a cobrança das contribuições sobre as receitas financeiras, sempre com a limitação das alíquotas vigentes, ou seja, 1,65% para o PIS/PASEP e 7,6% para a COFINS. Na prática, deputados e senadores disseram ao presidente da república que caberia a ele a decisão sobre qual alíquota de COFINS aplicar, entre zero e 7,6% e o PIS entre zero e 1,65%.

O Decreto nº 5.164/2004 diz que, a partir de AGO/2004, as receitas financeiras passaram a ter alíquota zero nas bases de PIS e COFINS nas empresas que utilizam o método não cumulativo. A exclusão foi permitida mesmo quando a empresa utilizava o método não cumulativo apenas para parte das receitas. Uma companhia aérea, por exemplo, que tributava as receitas com prestação de serviços de transportes de cargas pelo método não cumulativo, tinha direito de excluir as receitas financeiras das bases das contribuições, pois parte de suas receitas foi submetida ao método não cumulativo.

São consideradas receitas financeiras:

1. juros ativos, descontos obtidos e renda com aplicação financeira (art. 854 do Decreto nº 9.580/18);
2. variação cambial ativa (Lei nº 9.718/98);
3. juros sobre contrato de mútuo (IN RFB nº 1.585/2015);
4. operações de cobertura – *hedge* (IN SRF nº 1.585/2015);
5. juros sobre capital próprio – JCP (Art. 76 da IN RFB nº 1.700/2017).

O Decreto nº 5.442/2005[10] revogou o Decreto nº 5.164/2004, para incluir entre as receitas financeiras excluídas, além do valor creditado ao recebido referente a juros sobre capital próprio, aquelas decorrentes de operações realizadas para fins de *hedge*, inicialmente proibidas no Decreto nº 5.164/2004.

O normativo definiu que o valor recebido a título de juros sobre capital próprio integrava a base de PIS e COFINS no método não cumulativo.

Não há que se falar na lógica da inclusão do recebimento de JCP na base do método cumulativo, pois este contempla como base somente a receita bruta.

Há discussão jurídica em relação à inclusão do valor recebido a título de juros sobre capital próprio nas bases de PIS e COFINS no método não cumulativo. A princípio, não acredito na possibilidade de êxito da causa, embora não seja opinião jurídica, apenas contábil.

A RFB determina o registro do valor recebido como JCP em receita financeira e diz que o valor deve integrar as bases do IR e da CSLL (IN RFB nº 1.700/2017, art. 76). Como não há previsão de exclusão na legislação, entendo que o valor de JCP recebido integra não só as bases de IR e CSLL, como também das duas contribuições.

As soluções de consulta nº 248, nº 249 e nº 250/2005, da DISIT 9 (PR e SC), confirmam a posição da RFB no sentido da inclusão do valor recebido como juros sobre capital próprio nas bases de PIS e COFINS e com alíquota cheia, ou seja, 1,65% e 7,6%, respectivamente.

O argumento de quem defende a causa se justifica, já que a lei permitiu ao poder executivo reduzir a alíquota de PIS e COFINS sobre receita financeira. O decreto avançou no que lhe foi permitido, definindo itens que não teriam redução da alíquota, enquanto a lei permitiu a redução de alíquota sobre receitas financeiras, não autorizando o poder executivo a definir o que ele entende ou não como receita financeira.

A Lei nº 12.973/2014 diz que não se consideram receitas financeiras para fins de exclusão nas bases de PIS e COFINS os valores decorrentes de ajustes a valor presente que forem classificados como receita financeira pela contabilidade moderna, adaptada às regras internacionais. O dispositivo, na prática, define que a tributação de receitas trazidas a valor presente deve ignorar estes valores, considerando a receita original, que seria reconhecida sem o ajuste.

12.4.4.1 Retorno da cobrança sobre receitas financeiras

O Decreto nº 8.426/2015 restabeleceu a incidência de PIS/PASEP e COFINS sobre as receitas financeiras auferidas pelas pessoas jurídicas sujeitas ao regime de apuração não cumulativa.

Para as empresas que apuram PIS/PASEP e COFINS sob o regime de apuração cumulativa, a Lei nº 11.941/2009 estabeleceu que a base de cálculo alcançaria apenas o faturamento (receita bruta), que considera apenas receitas decorrentes da venda de bens e serviços.

Deste modo, explica a RFB que para evitar perda de importantes recursos para a seguridade social, sem motivação plausível para tal renúncia e valendo-se da prerrogativa legal de restabelecer as alíquotas citadas para as pessoas jurídicas sujeitas ao regime de apuração não cumulativa, concedida ao Poder Executivo, o Decreto nº 8.426/2015 estabeleceu o percentual de 4,65%, sendo 0,65% para o PIS/PASEP e 4% para a COFINS. O restabelecimento de alíquotas foi apenas parcial, já que o teto legal permite que a elevação alcance o patamar de 9,25%, sendo 1,65% em relação ao PIS/PASEP e 7,6% em relação à COFINS.

Todavia, o Decreto nº 8.451/2015 alterou o Decreto nº 8.426/2015 e manteve alíquota zero para os seguintes casos:

a) Variação monetária cambial decorrente de operações de exportação de bens e serviços para o exterior.
b) Variações monetárias cambiais nos empréstimos e financiamentos da empresa.
c) Receitas financeiras decorrentes de operações de cobertura (*hedge*) destinadas exclusivamente à proteção contra riscos inerentes às oscilações de preço ou de taxas quando, cumulativamente, o objeto do contrato negociado: (1) estiver relacionado com as atividades operacionais da

[10] Conforme será observado mais adiante, o Decreto nº 5.442/2005 foi revogado pelo Decreto nº 8.426/2015.

pessoa jurídica; e (2) destinar-se à proteção de direitos ou obrigações da pessoa jurídica.

Portanto, está mantida, em essência, a tributação instituída pelo poder executivo, para as receitas financeiras a partir de JUL/2015. Contudo, as variações positivas de moeda referentes à dívida e vendas ao exterior não serão objeto de cobrança de PIS e COFINS.

Assim, serão tributadas pelas alíquotas de 0,65% (PIS/PASEP) e 4% (COFINS) as seguintes receitas financeiras (lista não exaustiva):

1. juros e variações monetárias (por índice ou moeda) de aplicações financeiras em fundos de investimentos e CDBs, por exemplo;
2. juros e variações monetárias (por índice ou moeda) decorrentes de empréstimos concedidos pela empresa e oriundos de outros ativos recebidos em atraso;
3. descontos condicionais obtidos, normalmente por antecipação de pagamento; e
4. juros e variações monetárias (por índice ou moeda) cobrados em atrasos de pagamentos ou de entrega de mercadorias por parte de fornecedores.

Vale ressaltar que toda explicação feita aqui é exclusivamente para as empresas tributadas pelo lucro real e que têm a utilização, ainda que parcial, do método não cumulativo para as contribuições de PIS e COFINS. Outra lembrança importante é que, nestas empresas, o recebimento de juros sobre capital próprio continua sendo considerado uma receita tributada normalmente, integrando a base das duas contribuições, com alíquotas de 1,65% (PIS) e 7,6% (COFINS), totalizando 9,25%.

Por fim, importante lembrar que as contribuições para PIS/PASEP e COFINS no método não cumulativo serão apuradas considerando as receitas menos os créditos permitidos por lei, sendo estes créditos o ponto principal de complexidade do modelo. Por isso, o tema CRÉDITOS foi separado em um tópico específico, apresentado na sequência.

12.5 Créditos permitidos no método não cumulativo

Os créditos representam a essência de um método não cumulativo. No Brasil, o ICMS e o IPI têm essa característica, pela qual o imposto pago na etapa anterior e destacado no documento fiscal é creditado pela empresa que compra um produto para revenda ou para transformação/beneficiamento/montagem em outro produto que será vendido.

Contudo, o modelo utilizado para o PIS e a COFINS é algo diferente, pois a legislação separou as empresas em dois tipos, conforme a forma de tributação. Com isso, o crédito de uma empresa compradora de determinado bem não representa necessariamente o valor pago na empresa que vendeu este bem.

Portanto, os créditos de PIS e COFINS serão obtidos pela aplicação das alíquotas de 1,65% e 7,6% sobre valores expressamente determinados em lei, sem considerar a forma de tributação da empresa adquirente. O crédito será presumido, sendo considerado como **liberalidade** concedida pelo legislador.

Há duas correntes na interpretação em relação ao uso dos créditos:

- CORRENTE LEGALISTA, sinalizando que os créditos são apenas aqueles expressamente permitidos em lei. A RFB é a principal defensora desta corrente.
- CORRENTE CONSTITUCIONALISTA, defendendo que a não cumulatividade é um princípio constitucional, no qual todos os custos e despesas necessárias para a geração de receitas tributadas deveriam permitir o reconhecimento de créditos. Por essa lógica, a relação de créditos descritas nas Leis nº 10.637/2002 e nº 10.833/2003 seria meramente exemplificativa, talvez até inconstitucional. Os operadores do Direito, representando as empresas, defendem essa corrente.

Para melhor ilustrar o tema, a análise será com base em alguns exemplos numéricos, comprovando que o modelo adotado para PIS e COFINS é bem diferente do modelo utilizado pelo ICMS e IPI. Para fins de simplificação, a comparação levará em consideração apenas a COFINS e o ICMS, que no caso terá alíquota sempre de 18% (Figura 12.3).

O exemplo mostra uma empresa industrial de médio porte, tributada pelo lucro presumido, vendendo mercadorias a uma empresa comercial de grande porte, tributada pelo lucro real. A alíquota efetiva da COFINS foi bem reduzida, pouco maior que 3%, em virtude da reduzida margem de lucro da empresa comercial e também de o crédito obtido por esta empresa (R$ 76,00) ser bem maior que a contribuição paga por ela (R$ 30,00).

No segundo exemplo, apresentado na Figura 12.4, acontece exatamente o contrário, pois a empresa que vende (indústria) é tributada pelo lucro real, pagando alíquota de 7,6%, valor este que não será creditado pela empresa que compra (comércio), que é tributada pelo lucro presumido, tendo que pagar 3% sobre a venda realizada ao consumidor final.

E o problema não é só a distorção que o modelo pode causar na atividade econômica, influindo na concorrência empresarial. No caso 1 (1º exemplo), se a empresa do lucro presumido (utiliza o regime de caixa) vender mercadorias para a empresa do lucro real (utiliza o regime de competência) no dia 25 de março, com recebimento em 5 de abril, ocorrerá a situação descrita na Figura 12.3:

> Indústria (lucro presumido) pagará COFINS de R$ 30 no dia 25 de maio.
>
> - Comércio (lucro real) se creditará de R$ 76 na COFINS que será paga em 25 de abril.

Não considerei crédito de COFINS no 2º exemplo, pois a cadeia teria que ser completa, levando em conta as empresas que venderam mercadorias ou prestaram serviços para a indústria

No 2º exemplo acontece exatamente o contrário, pois a empresa que vende (indústria) é tributada pelo lucro real, pagando alíquota de 7,6%, valor este que não será creditado pela empresa que compra (comércio), que é tributada pelo lucro presumido, que pagou 3% sobre a venda realizada ao consumidor final, sem deduzir créditos.

Percebe-se, na leitura dos dois exemplos, que o caso 2 teria uma tributação muito maior de COFINS comparativamente ao caso 1. Considerando que são duas operações idênticas, com os mesmos valores envolvidos, conclui-se que o modelo é complexo em excesso e pode sim interferir na atividade econômica e na composição final dos preços dos bens e serviços. É evidente que, em uma situação aplicada no mundo real como a citada no exemplo, o produto do caso 1 seria vendido por um preço mais barato que o produto do caso 2.

Caso a empresa faça aquisições ou vendas a prazo e registre ajuste a valor presente em sua contabilidade,

1º EXEMPLO: INDÚSTRIA TRIBUTADA PELO LUCRO PRESUMIDO VENDE PRODUTO PARA COMÉRCIO TRIBUTADO PELO LUCRO REAL

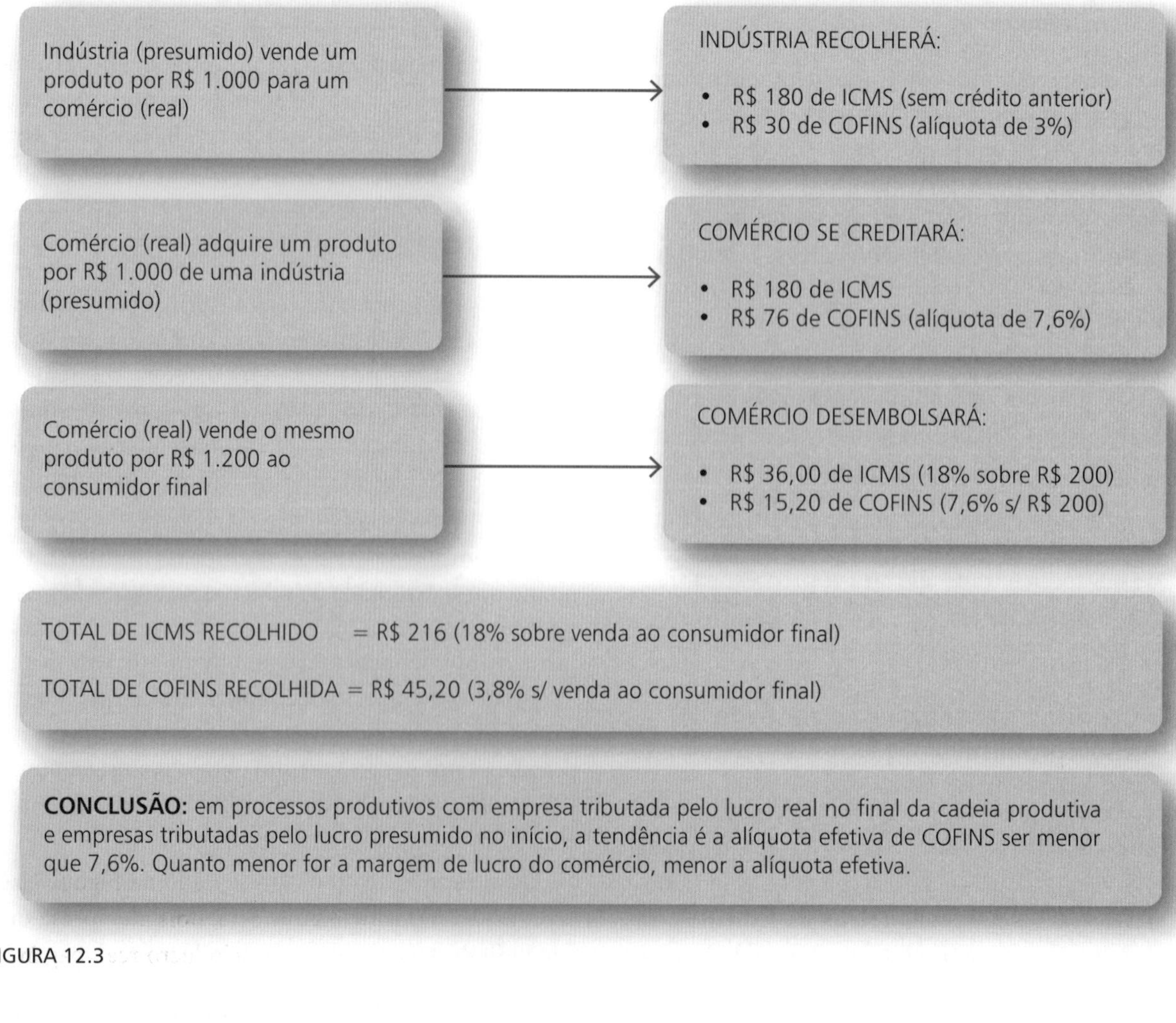

Indústria (presumido) vende um produto por R$ 1.000 para um comércio (real)
INDÚSTRIA RECOLHERÁ:
• R$ 180 de ICMS (sem crédito anterior)
• R$ 30 de COFINS (alíquota de 3%)
Comércio (real) adquire um produto por R$ 1.000 de uma indústria (presumido)
COMÉRCIO SE CREDITARÁ:
• R$ 180 de ICMS
• R$ 76 de COFINS (alíquota de 7,6%)
Comércio (real) vende o mesmo produto por R$ 1.200 ao consumidor final
COMÉRCIO DESEMBOLSARÁ:
• R$ 36,00 de ICMS (18% sobre R$ 200)
• R$ 15,20 de COFINS (7,6% s/ R$ 200)
TOTAL DE ICMS RECOLHIDO = R$ 216 (18% sobre venda ao consumidor final)
TOTAL DE COFINS RECOLHIDA = R$ 45,20 (3,8% s/ venda ao consumidor final)
CONCLUSÃO: em processos produtivos com empresa tributada pelo lucro real no final da cadeia produtiva e empresas tributadas pelo lucro presumido no início, a tendência é a alíquota efetiva de COFINS ser menor que 7,6%. Quanto menor for a margem de lucro do comércio, menor a alíquota efetiva.

FIGURA 12.3

deverá eliminar este efeito para fins fiscais, considerando o total do valor para fins de receita (tributação) ou despesa (crédito).

O tema créditos de PIS e COFINS é um dos mais controversos da legislação tributária vigente. Pelo escopo da obra, serão apresentados apenas os dados mais relevantes sem aprofundamentos e apresentações de consultas formuladas pelos contribuintes e respondidas pela RFB. No livro *Pis e Cofins* (5ª edição), de minha autoria, pela mesma editora (GEN | Atlas), você encontrará um capítulo exclusivo para debater os créditos permitidos e seus detalhes.

12.5.1 Compras para revenda

Há crédito em todas as compras efetuadas para revenda, seja a mercadoria adquirida de empresa comercial ou industrial, seja ela tributada pelo lucro real, presumido ou até pelo SIMPLES NACIONAL.

Integram o custo de aquisição dos bens e mercadorias os valores de seguro e frete pagos na aquisição, quando suportados pelo comprador. O frete pode ser incluído no preço ou pago separadamente que integrará o estoque e, por extensão, a base de créditos.

A regra atual diz que o crédito será obtido pelo valor de compra, incluindo as próprias contribuições para PIS e COFINS. O art. 167 da IN RFB nº 1.911/2019 diz que o IPI integrará a base de créditos, quando não for recuperável, mas não mencionou que o ICMS integra essa base, conforme existia o dispositivo na IN RFB nº 404/2004 (art. 8º, § 3º, Inciso II). Por isso, entende-se que o ICMS não integra a base de cálculo na venda e não faz parte do valor de compra que produzirá crédito das contribuições para PIS e COFINS.

O creditamento do IPI no comércio revela mais um mecanismo interessante para reflexão. Veja o exemplo a seguir: uma Indústria X vende um produto para um Comércio W por R$ 10.000, mais R$ 1.000 de IPI (alíquota de 10%). As duas empresas são tributadas pelo lucro real e submetidas ao método não cumulativo para

2º EXEMPLO: INDÚSTRIA TRIBUTADA PELO LUCRO REAL VENDE PRODUTO PARA COMÉRCIO TRIBUTADO PELO LUCRO PRESUMIDO

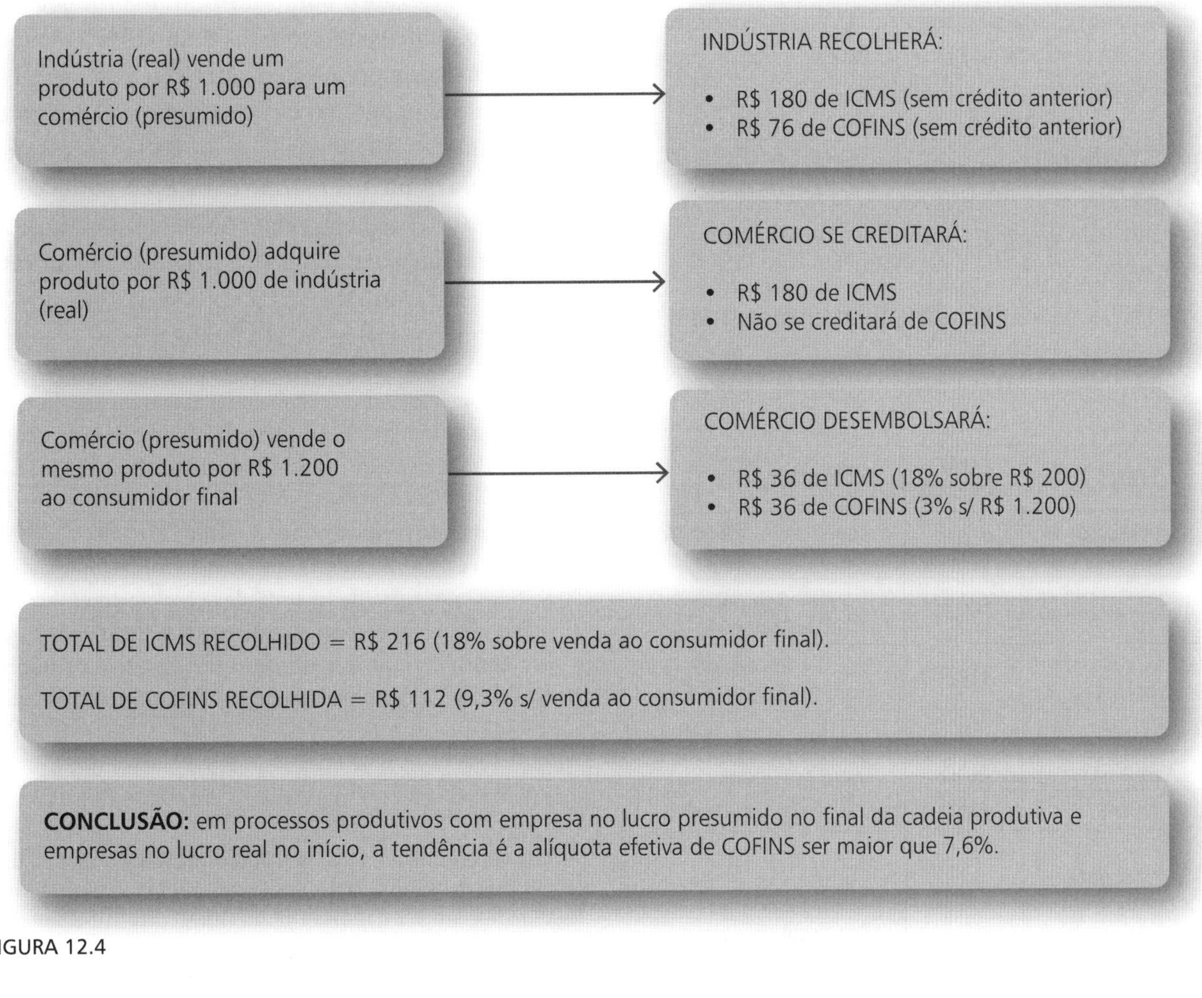

FIGURA 12.4

fins de PIS e COFINS. A Indústria X pagará R$ 760 (7,6% sobre R$ 10.000) de COFINS e o Comércio W se creditará de R$ 836 (7,6% sobre R$ 11.000). O IPI, no caso, fez a diferença, pois integra a base para fins de crédito, mas não integra a base da COFINS na indústria.

Se a Indústria X efetuasse a venda a outra indústria, o crédito da empresa compradora seria o mesmo valor pago pela indústria (R$ 760).

Caso a empresa adquira produtos para revenda com ICMS cobrado pelo modelo de substituição tributária, este não poderá ser utilizado como crédito. Suponha que a Cia. Holanda (loja de departamentos) adquira pilhas pelo valor de R$ 1.100, sendo R$ 1.000 de preço de venda mais R$ 100 de ICMS ST. Neste caso, da forma como está disposto na lei, o crédito seria obtido sobre R$ 1.000 e não sobre R$ 1.100. A RFB chegou a responder aos contribuintes em 2004 que o ICMS ST integraria o valor da compra para fins de crédito, mas posteriormente voltou atrás e referendou que o ICMS ST não faz parte da base de créditos.

Não há crédito nas aquisições de produtos com tributação monofásica pelos contribuintes atacadistas, distribuidores e varejistas. O comércio atacadista, distribuidor ou varejista, ao adquirir produtos com tributação específica, deve separar estes produtos dos demais, pois não haverá cobrança de PIS e COFINS na venda e nem crédito na aquisição.

Importante também ficar atento para a decisão do STF envolvendo a discussão jurídica para a exclusão do ISS nas bases de PIS e COFINS. O ISS a ser retirado da base de cálculo seria aquele constante da nota fiscal de serviços.

Portanto, na compra de comércio para revenda, deve-se aplicar a Tabela 12.3.

TABELA 12.3

ITENS	HÁ CRÉDITO	DETALHES
(+) Preço de compra	SIM	Independe da forma de tributação da PJ
(+) Frete e seguro	SIM	Mesmo se pago separadamente
(+) Imposto de importação	NÃO	Nas compras de produtos importados
(+) IPI	SIM	
(+) ICMS	**NÃO**	Valor informado na NF-e de compra
(+) ICMS ST	**NÃO**	
(–) Desconto incondicional	SIM	Não deve ter condição futura e deve ser destacado na nota fiscal de compra

As empresas industriais podem adquirir mercadorias para revenda e, no caso, deveriam ter o mesmo tratamento da empresa comercial em relação a estas compras. Neste caso, o IPI integraria o valor do estoque, pois o produto não seria objeto de industrialização.

Nas aquisições pela indústria de matéria-prima e insumos utilizados no processo de produção há crédito com a mesma lógica descrita na tabela, exceto o IPI, que no caso seria destacado em IPI a Recuperar.

Deverão ser estornados os créditos relativos aos bens adquiridos para revenda que tenham sido furtados ou roubados, inutilizados ou deteriorados, destruídos em sinistro ou, ainda, empregados em outros produtos que tenham tido a mesma destinação.

12.5.2 Insumos na produção industrial e nas atividades de prestação de serviços

Aqui temos o ponto mais problemático na legislação que rege as contribuições para PIS/PASEP e COFINS e que foi consolidado na IN RFB nº 1.911/2019, em seus arts. 171 e 172. Na essência, geram crédito os bens e serviços utilizados como insumo na produção ou fabricação de bens ou produtos destinados à venda e nas atividades de prestação de serviços. O tema gerou tanta confusão ao longo do tempo que o conselho de contribuintes (CARF)[11] e o Superior Tribunal de Justiça estabeleceram um meio-termo entre as correntes constitucionalista (posição das empresas) e legalista (posição da RFB) e assim tem pautado suas decisões ultimamente. Vale a pena trazer o que diz a decisão de 2018 do STJ no Recurso Especial nº 1.221.170 (PR):[12]

> 1. Para efeito do creditamento relativo às contribuições denominadas PIS e COFINS, a definição restritiva da compreensão de insumo, proposta na IN 247/2002 e na IN 404/2004, ambas da SRF, efetivamente desrespeita o comando contido no art. 3º, II, da Lei nº 10.637/2002 e da Lei nº 10.833/2003, que contém rol exemplificativo. 2. O conceito de insumo deve ser aferido à luz dos critérios da essencialidade ou relevância, vale dizer, considerando-se a imprescindibilidade ou a importância de determinado item – bem ou serviço – para

[11] Conselho Administrativo de Recursos Fiscais, mais informações em: http://idg.carf.fazenda.gov.br/.

[12] Para aprofundamento do tema, recomendo a ótima página organizada pelo Prof. Fábio Rodrigues, no *link*: https://busca.legal/o-stj-e-a-nova-definicao-de-insumos-voce-leu-a-integra-da-decisao/. Acesso em: set. 2021.

o desenvolvimento da atividade econômica desempenhada pelo contribuinte.

Assim, o creditamento dos insumos deve levar em conta se o gasto é fundamental para compor o produto que será fabricado. Diz o voto da Ministra Regina Helena Costa que será considerado essencial o "item do qual dependa, intrínseca e fundamentalmente, o produto ou o serviço, constituindo elemento estrutural e inseparável do processo produtivo ou da execução do serviço, ou, quando menos, a sua falta lhes prive de qualidade, quantidade e/ou suficiência". E por relevante entenda que o item cuja finalidade, embora não indispensável à elaboração do próprio produto ou à prestação do serviço, integre o processo de produção, seja pelas singularidades de cada cadeia produtiva, seja por imposição legal.

As respostas da RFB às consultas formuladas pelos contribuintes sempre foram bastante conservadoras, no sentido de não ser possível utilizar créditos que não estejam permitidos expressamente em lei. A partir da IN RFB nº 1.911/2019, em seu art. 172, apresentou detalhes do que gera crédito e das situações em que o crédito não será permitido. No Quadro 12.1 são apresentados alguns exemplos de pontos polêmicos que constam no citado normativo.

Não há crédito de insumos em empresas comerciais ou mesmo nas despesas comerciais de empresas industriais. O inciso VII do § 2º do art. 172 determina isso. O Parecer Normativo nº 5/2018 traz em seu item 42 alguns exemplos de itens em que NÃO há permissão de crédito das contribuições para PIS/PASEP e COFINS:

a) combustíveis e lubrificantes utilizados em veículos próprios de entrega de mercadorias;
b) transporte de mercadorias entre centros de distribuição próprios; e
c) embalagens para transporte das mercadorias.

Recomenda-se a leitura do citado PN,[13] que traz o direcionamento do uso dos créditos em suas 33 páginas.

12.5.3 Aluguéis de prédios, máquinas e equipamentos, pagos à PJ

Teoricamente, toda despesa de aluguel que a empresa pagar a pessoa jurídica permite crédito de PIS e COFINS, com as alíquotas de 1,65% e 7,6%, respectivamente. Contudo, não será permitido o crédito nos pagamentos feitos para pessoa física. A legislação diz que somente geram crédito aqueles valores utilizados nas atividades da empresa, o que elimina a possibilidade de creditamento, por exemplo, do aluguel de imóvel para um diretor.

A lei também cita o termo **despesas incorridas**, permitindo o crédito do PIS e COFINS no registro da despesa, mesmo antes de seu pagamento. Caso o aluguel seja pago a uma empresa que esteja no lucro presumido e registre suas receitas pelo regime de caixa, em nada altera a possibilidade de registro do crédito pelo locatário,

QUADRO 12.1

PRODUZ CRÉDITO (art. 172 § 1º)	DETALHES E LIMITAÇÕES (art. 172 § 2º)
Bens ou serviços que, mesmo utilizados após a finalização do processo de produção, de fabricação ou de prestação de serviços, tenham sua utilização decorrente de imposição legal. Embalagens de apresentação utilizadas nos bens destinados à venda.	NÃO HÁ CRÉDITO nas embalagens utilizadas no transporte do produto acabado (inciso II). Contudo, o acórdão nº 3301-003.874 publicado no *Diário Oficial da União* em 04/AGO/2017, diz que o CARF decidiu que a embalagem de apresentação é elemento diretamente responsável pela produção dos produtos destinados a venda, possibilitando direito a crédito de PIS e COFINS.
Bens ou serviços considerados essenciais ou relevantes, que integram o processo de produção ou fabricação de bens ou de prestação de serviços e que sejam considerados insumos na produção ou fabricação de bens destinados à venda ou na prestação de serviços.	Análise subjetiva, que deve seguir orientações do PN RFB nº 5/2018 no conceito da "SUBTRAÇÃO", que diz o seguinte: "É preciso que sua subtração importe na impossibilidade mesma da prestação do serviço ou da produção, isto é, obste (impeça) a atividade da empresa, ou implique em substancial perda de qualidade do produto ou serviço daí resultante".
Bens de reposição necessários ao funcionamento de máquinas e equipamentos utilizados no processo de produção ou fabricação de bens destinados à venda ou de prestação de serviços. Manutenção destas máquinas e equipamentos.	O PN nº 5/2018 da RFB esclarece nos itens 93 a 95 que moldes ou modelos utilizados para dar a forma desejada ao produto produzido são essenciais e geram crédito. Porém, não haveria crédito para itens consumidos em ferramentas como brocas, bicos, pontas, rebolos, pastilhas, discos de corte e de desbaste, materiais para soldadura, oxigênio e dióxido de carbono.

Fonte: art. 172 da IN RFB nº 1.911/2019 e PN nº 5/2018 da RFB.

[13] Disponível em: https://www.in.gov.br/materia/-/asset_publisher/Kujrw0TZC2Mb/content/id/55640784/do1-2018-12-18-parecer-normativo-n-5-de-17-de-dezembr. Acesso em: set. 2021.

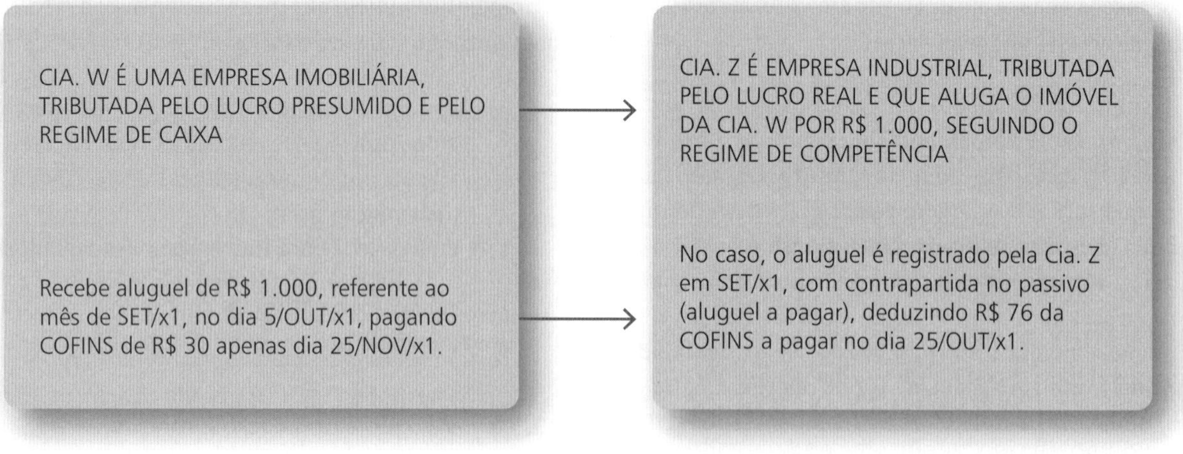

FIGURA 12.5 Aluguel de imóvel da Cia. W (tributada pelo lucro presumido) para a Cia. Z (tributada pelo lucro real) por R$ 1 mil

apesar de ser mais um caso interessante para análise. Veja a explicação ilustrada na Figura 12.5.

A Lei nº 10.865/2004 proibiu o crédito, a partir de AGO/2004, do aluguel de bens que já tenham integrado o patrimônio da pessoa jurídica. Este dispositivo está em consonância com o fim da dedução da depreciação dos bens adquiridos até ABR/2004. Se o legislador não aceita a depreciação desses bens, não aceitará o aluguel deles, caso a empresa resolva buscar esta alternativa.

Em relação ao tratamento contábil, é importante que a despesa seja registrada pelo seu valor total. Posteriormente, a empresa deve abrir uma conta retificadora junto a esta despesa e destacar a parcela que permite crédito de PIS e COFINS, com contrapartida nas contas de **PIS a recuperar** e **COFINS a recuperar**, respectivamente.

Por exemplo, se a empresa pagar aluguel de R$ 10.000, registra a despesa por R$ 10.000. Depois, registra R$ 165 (1,65%) a crédito em conta redutora da conta de despesa de aluguel e um débito na conta de **PIS a recuperar**. O mesmo deverá ser feito para a COFINS, registrando R$ 760 (7,6%) a crédito de conta redutora da despesa de aluguel, com contrapartida (débito) na conta de **COFINS a recuperar**.

O importante é que seja fácil a identificação da despesa e do crédito, o que poderia ser mais difícil caso fosse registrada **"pelo líquido"**.

12.5.4 Despesas de arrendamento mercantil

O legislador permitiu (Lei nº 10.684/2003) o crédito de PIS para as despesas com o valor das contraprestações de arrendamento mercantil a partir de FEV/2003. O crédito permitido no PIS/PASEP se estendeu para a COFINS a partir de FEV/2004.

Serão beneficiadas, no caso, as empresas que fizeram seus planejamentos tributários em anos anteriores e decidiram pelo arrendamento mercantil em vez de financiamento, exatamente com objetivo de diminuir a base fiscal de IR e CSLL de forma mais veloz, pois o prazo do arrendamento normalmente é menor que o prazo de vida útil dos bens que seriam registrados no ativo imobilizado.

Portanto, o pagamento a título de arrendamento mercantil permite crédito nas bases de PIS e COFINS. Contudo, a Lei nº 10.865/2004 cancelou a permissão de crédito no arrendamento de bens que já tenham integrado o patrimônio da empresa. Esta proibição entrou em vigor a partir de AGO/2004.

Na atividade comercial, excetuando os bens imóveis, praticamente não há permissão para crédito da depreciação dos bens adquiridos para o ativo imobilizado, proibição não estendida para o arrendamento mercantil.

As empresas tributadas pelo lucro real e que não podem deduzir créditos sobre os bens do ativo imobilizado devem analisar com critério a possibilidade de substituir as aquisições de novos bens por arrendamentos mercantis, para utilização do crédito de PIS e COFINS (9,25%).

Todo e qualquer bem adquirido na modalidade de arrendamento mercantil permitirá crédito para a pessoa jurídica que efetuar os pagamentos das contraprestações. Todavia, no arrendamento mercantil financeiro não há permissão para crédito do valor residual, que na regra antiga deveria ser reconhecido no imobilizado.

Neste caso, a análise deverá levar em consideração se a depreciação do bem geraria crédito.

Importante esclarecer que não haverá crédito no registro da depreciação e dos juros dos bens arrendados, que são assim reconhecidos pela contabilidade moderna.

12.5.5 Depreciação de bens do ativo imobilizado

A Lei nº 10.833/2003 (alterada pela Lei nº 11.196/2005) diz que as empresas poderão descontar crédito em relação as máquinas, equipamentos e outros bens incorporados ao ativo imobilizado, adquiridos ou fabricados para locação a terceiros, ou para utilização na produção de bens destinados à venda ou na prestação de serviços. Mais adiante, a lei diz que os créditos serão apurados com aplicação das alíquotas vigentes (1,65% para PIS e 7,6% para COFINS) sobre os encargos de depreciação.

Na própria Lei nº 10.833/2003 (§ 14 do art. 3º, que foi ajustado pela Lei nº 10.865/2004), há a opção para que o contribuinte possa calcular o crédito relativo à aquisição de máquinas e equipamentos destinados ao ativo imobilizado, no prazo de quatro anos, mediante a aplicação, a cada mês, das alíquotas de 1,65% e 7,6% sobre o valor correspondente a 1/48 do valor de aquisição do bem, de acordo com regulamentação da RFB. Perceba que o legislador fez menção neste caso somente a máquinas e equipamentos, não incluindo aqui os demais bens do imobilizado. Na mesma Lei nº 10.865/2004 (art. 31, § 1º) foi inserido o dispositivo dizendo que o crédito seria obtido apenas para os bens adquiridos a partir de maio de 2004.

Outra mudança significativa diz respeito ao valor passível de crédito. Se o contribuinte utilizar a opção do crédito das máquinas e equipamentos em quatro anos, poderá considerar o valor total da aquisição do bem para fins de crédito, utilizando-o em 48 meses a razão de 1/48 ao mês. Se considerar no prazo original, o crédito seria obtido pelo valor da depreciação, deduzindo o ICMS. Por exemplo, suponha aquisição de uma máquina pelo valor de R$ 24.000, com ICMS de 15% (R$ 3.600). A contabilização referente à aquisição da máquina seria a seguinte:

Débito: Máquinas (imobilizado)	20.400
Débito: ICMS a recuperar	3.600 (900 no AC e o 2.700 no ARLP)
Crédito: Disponibilidades	24.000

Admitindo um prazo de vida útil de 10 anos para a máquina, esta seria depreciada mensalmente em R$ 170 (20.400/120), totalizando R$ 20.400 no final dos dez anos. Caso fosse aplicada a prerrogativa de utilizar o crédito em quatro anos, o valor mensal seria de R$ 500, totalizando R$ 24.000 nos 48 meses.

Posteriormente, a Lei nº 11.774/2008 permitiu o crédito em 12 meses na aquisição de máquinas e equipamentos destinados à produção de bens e serviços.

Finalmente, o art. 4º da Lei nº 12.546/2011 modificou o art. 1º da Lei nº 11.774/2008 permitindo que as empresas, a partir de JUL/2012,[14] aproveitem o crédito integral na aquisição no mercado interno ou de importação de máquinas e equipamentos destinados à produção de bens e prestação de serviços.

Assim, os bens adquiridos (máquinas e equipamentos) desde JUL/2012 têm crédito integral de PIS (1,65%) e de COFINS (7,6%) sobre o valor de aquisição, no mercado interno, dos bens novos e sobre a base de cálculo, conforme definida no art. 7º da Lei nº 10.865/2004, dos bens adquiridos por importação.

No período entre MAI/2008 e 3/AGO/2011, foi permitido o uso de créditos de PIS e COFINS no prazo de 12 meses em relação à aquisição dos bens novos.

A IN RFB nº 1.911/2019 traz nos arts. 173 a 180 mais informações em relação aos créditos dos bens do ativo imobilizado. Aqui, de forma prática, serão apresentados, por meio de perguntas e respostas, os detalhes dos créditos permitidos e os não permitidos.

P01: Todos os bens do imobilizado permitem crédito de PIS e COFINS?

Resp: Não. Geram crédito apenas a depreciação dos bens novos utilizados na produção (indústria), na atividade de prestação de serviços e para locação a terceiros. Já a depreciação dos imóveis (construídos ou adquiridos a partir de MAI/2004) utilizados em qualquer atividade da empresa permitem crédito de PIS e COFINS.

P02: As máquinas e equipamentos novos adquiridos para uso na atividade industrial geram crédito pela aquisição ou pelo registro da depreciação?

[14] Nos 12 meses anteriores, o crédito poderia ser aprovado em prazos menores, conforme o mês de aquisição. Assim, a aquisição em AGO/2011 poderia ser aproveitada no prazo de 11 meses.

Resp: Há duas opções: (1) o registro pela depreciação fiscal, no caso das máquinas, em 10 anos; ou (2) pelo valor total, no momento da aquisição do bem, mesmo que feita a prazo.

P03: Se optar por utilizar o crédito pela depreciação, terei que deduzir o ICMS que for destacado em ICMS a recuperar? E a depreciação será a registrada na contabilidade?

Resp: Em princípio, sim. Vamos a um exemplo: suponha aquisição de máquina industrial por R$ 30 mil com ICMS de 16%, uso estimado em 12 anos e sem valor residual. No registro contábil, o ICMS a recuperar será de R$ 4.800 e o bem terá o valor de R$ 25.200 (30.000 – 4.800). A depreciação contábil mensal será de R$ 175 (25.200/144 meses). A depreciação fiscal monta a R$ 210/mês (25.200 / 120 meses). Em princípio, o crédito seria permitido sobre R$ 210 a cada mês. Há corrente entendendo que o crédito deveria alcançar R$ 250/mês (30.000/120 meses), sem retirar o ICMS a recuperar, da qual não faço parte. Minha percepção é que, se a empresa optar pela depreciação, poderá calcular mensalmente crédito de PIS e COFINS sobre R$ 210 durante 10 anos. Se resolver aproveitar o crédito imediatamente, conforme a Lei nº 12.546/2011, poderá aplicar as alíquotas sobre o total da compra, R$ 30 mil.

P04: Admita que a máquina da pergunta anterior seja adquirida a prazo e reconhecida na contabilidade pelo seu valor presente (R$ 27 mil), com R$ 3 mil destacados em conta retificadora do passivo (AVP ou juros a apropriar). Muda algo em relação ao crédito permitido?

Resp: NÃO, neste caso, a depreciação passível de crédito será a fiscal (R$ 210) calculada sobre R$ 25.200, desconsiderando a redução do AVP. Contudo, há necessidade de bom controle contábil para não alterar as bases de IR e CSLL.

P05: Se uma indústria construir uma nova unidade fabril, terá direito ao crédito de PIS e COFINS sobre esta construção?

Resp: Sim, mas existem alguns detalhes importantes, explicados a seguir:

a) O valor do terreno deverá ser separado na contabilidade e não entra no cômputo dos créditos.
b) Durante todo o período de construção, o controle deverá ser feito em conta denominada "imobilizado em construção", sendo transferido para a conta de "Edificações" apenas quanto o imóvel começar a ser utilizado pela empresa.
c) Os valores pagos a pessoas físicas (mão de obra) não podem ser creditados e devem ser separados, preferencialmente em conta contábil analítica para fins de controle, o mesmo em relação aos bens e serviços que não tiveram cobrança das contribuições.
d) Caso a empresa pegue algum financiamento para a construção, seus juros devem ser integrados ao valor da conta denominada "Edificações". Neste caso, o valor dos juros não poderá gerar créditos de PIS e COFINS.
e) Os créditos de PIS e COFINS nas edificações construídas para a produção em empresas industriais (como é o caso do exemplo) ou nas atividades de prestação de serviços poderão ser utilizados em 24 meses. Os demais bens imóveis, como das unidades comerciais e administrativas, poderão ser creditados no prazo de 25 anos, conforme definido no anexo da IN RFB nº 1.700/2017.

P06: Pode dar um exemplo de crédito de depreciação de imóvel adquirido?

Resp: Sim. Suponha a aquisição de um imóvel por R$ 450.000,00, destacado da seguinte forma: 1/3 do valor de terrenos e 2/3 referente a edificações. O crédito mensal seria apropriado da seguinte forma, conforme a utilização:

- Se utilizado na produção, o crédito mensal de COFINS[15] seria de R$ 950 (7,6% sobre a depreciação mensal de R$ 12.500). A depreciação mensal seria obtida pela divisão 300.000/24 meses.
- Se utilizado na parte administrativa ou comercial, o crédito mensal de COFINS seria de R$ 76 (7,6% sobre a depreciação mensal de R$ 1.000). A depreciação mensal seria obtida pela divisão 300.000/300 meses.

P07: Na atividade comercial há crédito da depreciação dos bens do imobilizado?

[15] A mesma lógica seria aplicada ao PIS/PASEP, com alíquota de 1,65%.

Resp: Em regra, não. O único bem que pode ser utilizado como crédito são as edificações (imóveis), conforme explicado na pergunta anterior.

P08: A depreciação das benfeitorias de imóveis próprios ou de terceiros pode ser utilizada como crédito?

Resp: Sim.

P09: Há crédito permitido na compra de bens usados para o imobilizado?

Resp: Não. A lógica é a seguinte: se o bem já pertenceu à outra empresa, não poderá ser aproveitado novamente para crédito. Especial preocupação temos em relação aos imóveis adquiridos para uso, pois na maioria das vezes há aquisição de imóvel que já pertenceu à outra pessoa jurídica ou até física, o que impediria o direito a crédito de PIS e COFINS. Importante registrar que a proibição para crédito na aquisição de bens usados não encontra amparo em lei, sendo proibição oriunda da IN RFB nº 1.911/2019 (art. 173, § 2º, inciso II).

P10: A empresa fez adoção inicial do Pronunciamento nº 27 em janeiro de 2019. Tinha uma máquina registrada por R$ 1.000, cujo valor justo era R$ 1.500. Assim, a empresa registrou o custo atribuído, aumentando o imobilizado em R$ 500, em contrapartida com patrimônio líquido, por meio da conta de ajustes de avaliação patrimonial. Considerando depreciação em 10 anos, o valor reconhecido anualmente em despesa será R$ 150. Qual valor permitirá o uso de créditos de PIS e COFINS?

Resp: No exemplo, os créditos permitidos de PIS e COFINS poderão ser calculados sobre R$ 100, que seria a depreciação apurada pelo valor de aquisição, desconsiderando o custo atribuído. A situação seria semelhante no caso de qualquer reconhecimento no bem a título de valor justo.

P11: **Há crédito de PIS e COFINS sobre a depreciação dos bens enquanto a empresa não inicia sua atividade operacional?**

Resp: Não há possibilidade de descontar créditos de PIS e COFINS, pois não há receita para contrapor estes créditos.

P12: **A depreciação de um imóvel adquirido antes de MAI/2004 gera crédito de PIS e COFINS?**

Resp: A depreciação dos bens adquiridos antes de MAI/2004 não permite crédito de PIS e COFINS, conforme determinado na Lei nº 10.865/2004. Todavia, tal proibição, que entrou em vigor em AGO/2004, não faz sentido pelo seguinte motivo: quando foi publicada a Lei nº 10.637/2002 (PIS), sendo válida a partir de DEZ/2002, o crédito sobre a depreciação de bens do imobilizado foi permitida, sem qualquer restrição, ou seja, valia a depreciação dos bens novos, adquiridos a partir daí e dos bens que integrassem o ativo imobilizado naquele momento. O mesmo se aplicou à COFINS, que entrou em vigor em FEV/2004 sem restrição em relação a depreciação.

Com isso, as empresas podem, atendidas as demais condições, deduzir crédito de depreciação dos bens adquiridos até ABR/2004, da seguinte forma:

- na Base do PIS, deduzindo a depreciação dos bens adquiridos entre DEZ/2002 e ABR/2004; e
- na Base da COFINS, deduzindo a depreciação dos bens adquiridos entre FEV/2004 e ABR/2004.

O Ato Declaratório Interpretativo nº 2/2004 disciplinou que o crédito da depreciação, até 31/JUL/2004, abrangia todos os bens, inclusive os adquiridos até ABR/2004.

Muitos juristas entendem que a restrição do crédito dos bens citados sofre vício de inconstitucionalidade, por infringir a regra da não cumulatividade, do direito adquirido, da segurança jurídica, da razoabilidade e da não surpresa, pelo fato de ter atingido fato passado, impedindo crédito nascido no curso da sistemática da não cumulatividade e na vigência das Leis nº 10.637/2002 e nº 10.833/2003. Em resumo, as regras foram modificadas com o jogo em andamento. O contribuinte pode, por exemplo, ter comprado várias máquinas para sua empresa industrial entre fevereiro e abril de 2004 com o incentivo das novas leis, para aproveitar o crédito de PIS e COFINS e depois fica impedido de utilizar este crédito? Não faz sentido.

12.5.6 Energia elétrica e térmica

Os gastos com energia elétrica também permitem crédito de PIS e COFINS. Assim, ao registrar a despesa ou o custo, recomenda-se separar as parcelas de PIS (1,65%) e de COFINS (7,6%), que serão recuperadas posteriormente.

Na empresa industrial, a energia consumida na fábrica será registrada em INSUMOS (Gastos Gerais de Fabricação – GGF), dentro da conta ESTOQUES, sendo refletida no resultado do período pela apuração do CUSTO DOS PRODUTOS VENDIDOS. Pela aplicação do texto da lei, os créditos de PIS e COFINS serão reconhecidos neste momento.

Nos demais casos, quando o registro contábil for diretamente à conta de DESPESA, ela será registrada (líquida) por um valor menor do que a parcela paga ou registrada em contas a pagar. O crédito acontece, mesmo quando do registro da despesa, com contrapartida no passivo, em **contas a pagar**.

A Lei nº 11.488/2007 acrescentou a energia térmica, inclusive sob a forma de vapor, na lista de créditos permitidos nas bases de PIS e COFINS.

A Consulta COSIT nº 22/2016 diz que NÃO HÁ CRÉDITO sobre valores incluídos nas contas de energia, como taxas de iluminação pública, demanda contratada, juros, multa, dentre outros, que possam ser cobrados na fatura, embora dissociados do custo referente à energia elétrica efetivamente consumida.

12.5.7 Armazenagem de mercadoria e frete na venda

Este crédito somente foi permitido nas bases de PIS e COFINS a partir da Lei nº 10.833/2003, valendo apenas a partir de FEV/2004. São as despesas com armazenagem de mercadorias e frete nas vendas.

Quando a empresa arcar com as despesas de frete com frota própria para entrega de seus produtos, o crédito não será permitido. A despesa de frete que permite crédito é aquela desembolsada a uma empresa transportadora. Se a empresa contratar motoristas, ajudantes, comprar caminhões, pagar seguro, IPVA, manutenção e combustíveis, não poderá calcular crédito sobre estes valores. Todavia, é importante ressaltar que a empresa pode ter outra empresa do próprio grupo para realizar este transporte. Neste caso, o crédito seria permitido pelo pagamento do frete.

A consulta COSIT nº 498/2017 permite o crédito de armazenagem e frete ainda que a empresa tenha essas despesas em relação à revenda de produtos beneficiados com suspensão, isenção, alíquota zero ou não incidência da COFINS.

O Ato Declaratório Interpretativo nº 2, de 17/FEV/2005, esclarece que não gera crédito, por falta de previsão legal, o valor gasto com seguros, nas operações de vendas de produtos ou mercadorias, ainda que pagos ou creditados a pessoas jurídicas domiciliadas no país.

A RFB também vem respondendo negativamente às consultas sobre a possibilidade de dedução dos gastos com pedágio.

12.5.8 Vale-transporte, alimentação e vestuário

A Lei nº 11.898/2009 (art. 25) permitiu, a partir de 9/JAN/2009, a dedução de créditos referentes aos gastos com vale-transporte, vale-refeição ou vale-alimentação, fardamento ou uniforme fornecidos aos empregados por pessoa jurídica que explore as atividades de prestação de serviços de limpeza, conservação e manutenção. O Ato Declaratório Interpretativo nº 7 de ABR/2007 proibia o desconto de créditos sobre tais valores até o dia 8/JAN/2009.

Muitas empresas, principalmente do setor industrial, têm deduzido esses gastos dentro do conceito de INSUMOS, conforme apresentado no subtópico 12.5.2.

12.5.9 Crédito presumido sobre saldo de estoque

Além da permissão para utilização de crédito sobre diversos gastos, o legislador pensou naquelas empresas que foram tributadas pelo lucro presumido em determinado ano e passaram para o lucro real no ano seguinte. Então, permitiu a apuração de crédito presumido sobre o saldo de estoque de mercadorias e demais insumos existentes no final do dia 31 de dezembro, na passagem do método cumulativo para o método não cumulativo. O crédito será obtido pela aplicação das alíquotas utilizadas no método cumulativo (3% de COFINS e 0,65% de PIS) sobre o saldo de estoque, com a empresa utilizando-o em 12 parcelas mensais, iguais e sucessivas, sem atualização monetária. Lembre-se de que esse Estoque, que será base para o crédito, é o valor já deduzido do ICMS (e na indústria, do IPI), o saldo da conta na virada do ano.

O IBRACON recomenda, na Interpretação Técnica nº 01/2004, o registro deste crédito em conta de ativo, a partir do mês em que a empresa passe a calcular as contribuições pelo método não cumulativo, pois o direito de redução dos tributos devidos se dá quando há a mudança da forma de tributação de lucro presumido para lucro real.

A decisão de registrar ou não este crédito nos livros contábeis é fundamental para não causar diferenças nos resultados durante os 12 meses de utilização do crédito presumido.

As devoluções de vendas de períodos tributados pelo método cumulativo devem ter o mesmo tratamento do crédito sobre o estoque inicial, ou seja, crédito pelas alíquotas cumulativas (0,65% e 3%) e utilização em 12 meses.

12.5.9.1 Exemplo numérico do uso do crédito presumido

Suponha que a Cia. Barca seja uma empresa comercial, tributada até o ano de 2021 pelo lucro presumido, passando a partir de 1º/JAN/2022 para o lucro real. Admita que a empresa comercial tenha feito aquisição de um produto por R$ 10.000 + 1.000 de IPI (alíquota de 10%) e que a alíquota de ICMS seja 12%. Neste caso, o registro contábil na compra teria sido o seguinte:

DÉBITO:	Estoque	9.800
DÉBITO:	ICMS a recuperar	1.200
CRÉDITO:	Fornecedores	11.000

No caso, admitindo que essa compra permanecesse no estoque no final do ano de 2021, quando a Cia. Barca passaria a ser tributada pelo lucro real no ano seguinte (2022), deveria proceder ao seguinte registro contábil, na virada do ano:

DÉBITO	COFINS a recuperar	R$ 744,80
		3% sobre o estoque de R$ 9.800,00
DÉBITO	PIS a recuperar	R$ 161,70
		0,65% sobre o estoque de R$ 9.800,00
CRÉDITO	Estoques	R$ 906,50
		Crédito permitido ao contribuinte

O crédito sobre estoque inicial deduzirá a COFINS a pagar em JAN/2022 em R$ 62,07 (744,80/12 meses). Ou seja, admitindo que a Cia. Barca tenha receita total de R$ 15 mil, com a venda do produto em estoque desembolsará R$ 1.077,93 em JAN/2022, sendo R$ 1.140 (7,6% sobre a base de R$ 15 mil) menos R$ 62,07 do crédito sobre o estoque inicial.

12.5.10 Bens não utilizados para produção ou revenda

A empresa deverá estornar o crédito dos bens não utilizados para seu objetivo fim. A Lei nº 10.833/2003 (art. 3º, § 13) diz que:

> Deverá ser estornado o crédito da COFINS relativo a bens adquiridos para revenda ou utilizados como insumos na prestação de serviços e na produção ou fabricação de bens ou produtos destinados à venda, que tenham sido furtados ou roubados, inutilizados ou deteriorados, destruídos em sinistro ou, ainda, empregados em outros produtos que tenham tido a mesma destinação.

Por exemplo, se um supermercado tributado pelo lucro real adquirir mercadorias para revenda, terá direito a crédito. Contudo, suponha que as mercadorias sejam utilizadas no refeitório, para preparar refeição dos empregados. Neste caso, os créditos referentes a elas deveriam ser estornados e devolvidos à conta de estoque.

12.5.11 O CARF e os créditos de PIS e COFINS

O Conselho Administrativo de Recursos Fiscais (CARF) foi criado pela Lei nº 11.941/2009 e instalado, mediante Portaria MF nº 41, em 15/FEV/2009. A Portaria MF nº 256/2009 aprovou o Regimento Interno do CARF, cujo texto pode ser consultado no *link* http://idg.carf.fazenda.gov.br/.

Em relação aos créditos, os julgamentos devem ser analisados caso a caso. Portanto, não há direcionamento para reconhecer todos os gastos dedutíveis, necessários para a atividade da empresa, seguindo a linha do imposto de renda. E também não há direcionamento para que só sejam aceitos os gastos aplicados na produção, seguindo a linha do IPI. Veja, como exemplo, uma ementa de 6/JAN/2014, oriunda do acórdão nº 3302-002.263, de uma empresa agroindustrial do setor de sucos.

> **EMENTA**
>
> Assunto: PIS/PASEP. Período de apuração: 31/OUT/2004 a 31/DEZ/2004. PIS NÃO CUMULATIVO. CONCEITO DE INSUMOS. APLICAÇÃO CASO A CASO. Não se aplica, para apuração do insumo de PIS não cumulativo previsto no inciso II, art. 3º, Lei nº 10.637/2002, o critério estabelecido para insumos do sistema não cumulativo de IPI/ICMS, uma vez que não importa, no caso das contribuições, se o insumo consumido obteve ou não algum contato com o produto final comercializado. Da mesma forma não interessa em que momento do processo de produção o insumo foi utilizado. Por outro giro, também não se aplica o conceito específico de imposto de renda que define custo e despesas necessárias. **O conceito de insumo para o sistema não cumulativo do PIS é próprio, sendo que deve ser considerado insumo aquele que for UTILIZADO direta ou indiretamente pelo contribuinte na produção/fabricação de produtos/serviços; for INDISPENSÁVEL para a formação do produto/serviço final e for RELACIONADO ao objeto social do contribuinte.** Em virtude destas especificidades, os insumos devem ser analisados caso a caso. FRETES ENTRE ESTABELECIMENTOS. PÓS FASE DE PRODUÇÃO. Não gera direito a crédito

o custo com fretes entre estabelecimentos do mesmo contribuinte de produtos acabados, pós fase de produção. INSUMOS TRIBUTADOS À ALÍQUOTA ZERO. IMPOSSIBILIDADE DE GERAR CRÉDITOS DA NÃO CUMULATIVIDADE DO PIS. A aquisição de insumos tributados à alíquota zero não gera direito a crédito da não cumulatividade do PIS. CRÉDITO PRESUMIDO AGRO-INDÚSTRIA. IMPOSSIBILIDADE DE RESSARCIMENTO. ART 8º DA LEI Nº10.925/2004. ATO DECLARATÓRIO INTERPRETATIVO SRF 15/05. ILEGALIDADE INEXISTENTE. O crédito presumido previsto na Lei nº 10.925/2004, só pode ser utilizado para a dedução de PIS e COFINS no mês de sua apuração, não podendo ser utilizado em pedido de ressarcimento ou de compensação de períodos diversos de apuração. Precedentes do STJ. Recurso Voluntário Provido em Parte.

Outra empresa, do setor industrial de alimentos, teve outra decisão interessante do CARF, onde o órgão afirma que no regime não cumulativo de PIS e COFINS o conteúdo semântico de insumo é mais amplo do que aquele da legislação do IPI e mais restrito do que aquele da legislação do IR, abrangendo os bens e serviços que integram o custo de produção. Veja alguns pontos da decisão do CARF, de 7/JAN/2014:

- é legítima a apropriação do crédito das contribuições em relação às aquisições de tambores empregados como embalagem de transporte e sobre o gás empregado em empilhadeiras, por integrarem o custo de produção dos produtos;
- devem ser glosados os créditos tomados sobre gastos com comissões sobre vendas, abatimentos concedidos em desconto de duplicatas e em decorrência de bonificações em mercadorias, por se tratar de despesas redutoras de vendas e não de custos de produção; e
- é vedada a apropriação de créditos sobre aquisições de combustível (lenha) efetuadas de pessoas físicas.

Uma empresa industrial, no mesmo período, teve negada a possibilidade de deduzir crédito nas bases de PIS e COFINS dos seguintes gastos:

a) serviços de alteamento;
b) serviços de limpeza e passagem;
c) serviço de locação de equipamentos para extração do minério;
d) fornecimento de alimentação para os funcionários;
e) serviço de decapeamento;
f) serviço de lavra;
g) serviço de transporte de funcionário;
h) serviço especializado de vigilância;
i) serviço de melhoria das estradas que conduzem às jazidas minerais; e
j) gasolina comum, óleo diesel e óleo combustível TP ABPF.

O frete pago na aquisição de matéria-prima e insumos em geral permite crédito, foi a decisão tomada em favor de empresa industrial do setor de alimentos.

Os resultados podem ser obtidos na página eletrônica do órgão.[16] O mais importante é entender que o CARF tem analisado a questão caso a caso, sem direcionar o modelo de créditos de PIS e COFINS para aceitar todos os gastos dedutíveis nas bases de IR e CSLL e também não limitando tanto os créditos em relação aos gastos da parte industrial, seguindo a lógica do IPI.

12.5.12 O STF e o julgamento dos créditos sobre insumos

O Ministro Dias Tofolli retirou de pauta julgamento do STF em outubro de 2021, o pedido da UNILEVER para deduzir GASTOS com PUBLICIDADE como INSUMOS (RE 841979), com REPERCUSSÃO GERAL. Trata-se de decisão que pode trazer enorme impacto negativo nas contas públicas e positivo para empresas de diversos tipos, que acompanham a decisão da suprema corte. A Procuradoria-Geral da Fazenda Nacional (PGFN) estima perda de R$ 94 bi por ano em caso de decisão desfavorável.

Para você entender como o tema é complexo, no final do mesmo mês de outubro de 2021, o CARF negou dois pedidos de crédito para propaganda na NETFLIX e na FLORA, indústria do setor de limpeza do grupo JBS. Anteriormente, VISA, NATURA e LOJAS INSINUANTE lograram êxito em seus pedidos.

12.6 Empresas com tributação mista

A legislação fiscal diz que empresas tributadas pelo lucro real devem seguir o método não cumulativo. Mas, existem exceções determinadas em lei, separando setores que devem apurar as contribuições para PIS e COFINS por um critério misto, calculando parte das receitas pelo método cumulativo e parte pelo método não cumulativo.

[16] Disponível em: http://idg.carf.fazenda.gov.br. Acesso em: out. 2021.

O que as Leis nº 10.833/2003 e nº 10.637/2002 definiram foi que apenas a receita principal permaneceria tributada pela legislação anterior em alguns casos, não a empresa como um todo. Então, o raciocínio é que uma empresa tributada pelo lucro real terá as receitas citadas (normalmente oriundas de sua atividade principal) tributadas pelo método cumulativo (lei anterior) e as demais receitas tributadas pelo método não cumulativo.

Assim, o controle dos créditos ganha ainda mais importância nas empresas com tributação mista de PIS e COFINS. Conforme disposto na IN RFB nº 1.911/2019 (art. 226), os créditos com vínculo direto com as receitas tributadas pelo método não cumulativo serão deduzidos destas. Já os créditos de itens comuns às receitas tributadas pelos dois métodos serão permitidos na proporção das receitas tributadas pelo método não cumulativo sobre a receita bruta total da empresa. A legislação cita receita bruta e não receita total. A receita financeira e as demais receitas operacionais, teoricamente, não entram no cômputo da apuração percentual. As receitas financeiras são tributadas parcialmente (ver item específico) no método não cumulativo, enquanto as outras receitas operacionais que entram na base das contribuições pagam 9,25% de alíquota combinada, sendo 7,6% de COFINS e 1,65% de PIS.

12.6.1 Cumulativo × não cumulativo: onde pago menos?

No modelo anterior de tributação de PIS e COFINS (cumulativo), as empresas pagavam 3,65% sobre o total de receitas, sem possibilidade de dedução de gastos e despesas. Era a conhecida tributação em cascata.

Com as mudanças introduzidas a partir da MP nº 66/2002, a cobrança passou a ser pelo método não cumulativo, com aplicação de alíquotas maiores, alcançando 9,25% e possibilidade de dedução de gastos e despesas, notadamente naquelas situações em que as contribuições foram pagas anteriormente.

A legislação não deixou espaço para escolhas em relação a PIS e COFINS, vinculando a cobrança das contribuições à forma de tributação sobre o lucro da empresa. Se for utilizado o lucro presumido ou o lucro arbitrado, será aplicado o método cumulativo. Se aplicar o lucro real, a tributação das contribuições para PIS e COFINS deverá seguir o método não cumulativo.

Mas, quem foi beneficiado ou prejudicado quando as mudanças passaram a ser exigidas por lei? Se uma empresa tributada pelo lucro real pudesse utilizar o método cumulativo, pelo menos para sua receita principal, valeria a pena fazer a opção? Se a empresa tributada pelo método cumulativo migrar para o método não cumulativo, ela pagará mais PIS e COFINS? Isso pode acontecer na reforma tributária que está em curso, então torna-se importante conhecer os detalhes.

A conta é relativamente simples. Se a empresa tiver despesas que permitam crédito na faixa de 60,54% das receitas tributadas, aí reside o ponto de equilíbrio. O percentual é encontrado pela seguinte conta:

5,60% / 9,25% → 60,54%

Para simplificar o entendimento, considere uma empresa comercial, cujo único crédito permitido fosse a mercadoria adquirida para revenda. As contribuições teriam o mesmo valor pelos dois métodos se a compra fosse por R$ 60,54 e a venda por R$ 100(Tabela 12.4).

TABELA 12.4

Compra de mercadoria por R$ 60,54 e venda posterior por R$ 100			
MÉTODO CUMULATIVO		**MÉTODO NÃO CUMULATIVO**	
BASE	→ 100,00	BASE	→ 39,46
ALÍQUOTA	→ 3,65%	ALÍQUOTA	→ 9,25%
PIS + COFINS	→ 3,65	PIS + COFINS	→ 3,65

A explicação matemática para este percentual de 60,5% é a seguinte: até o montante de 3,65% a empresa pagava as contribuições sobre a receita. Quando o legislador permite crédito na compra, mas aumenta a tributação para 9,25%, ele eleva a alíquota em 5,6%. Contudo, este percentual (5,6%) de aumento permite crédito simultâneo, anulando seu efeito.

Portanto, a empresa deveria remontar sua DRE considerando ali somente receitas tributadas pelas contribuições e as despesas que permitem crédito[17] o raciocínio que deve ser aplicado para as empresas em geral com o método não cumulativo no lugar do método cumulativo é o seguinte:

- Empresa que tem custos e despesas (somente os que permitem crédito de PIS e COFINS) **MAIOR** que 60,5% **GANHARAM** com a mudança para o método não cumulativo, pagando um valor menor de contribuições do que pagavam anteriormente.

[17] Por exemplo, as compras das mercadorias vendidas viram CMV (no comércio), os pagamentos de arrendamento mercantil são apresentados na DRE como despesas de juros e despesa de depreciação.

Assim, o método não cumulativo será MELHOR, exceto se a empresa tiver volume significativo de receitas financeiras e sua margem for muito próxima do limite de 60,5%.

- Empresa que tem custos e despesas (somente os que permitem crédito de PIS e COFINS) **MENOR** que 60,5% **PERDERAM** com a mudança, pagando um valor maior de contribuições do que pagavam anteriormente. Então, o método cumulativo torna-se a MELHOR opção.

Por exemplo, os setores varejistas em geral foram beneficiados com a mudança, pois seus custos e despesas tendem a ultrapassar os 60,5%. Por outro lado, setores intensivos em investimentos como o setor de telecomunicações seriam prejudicados, por isso a legislação definiu que a receita principal do setor permaneceria tributada pelo método cumulativo.

E todas as vezes que regras tributárias são mudadas acontece o padrão: quem é beneficiado fica quieto e feliz. Já os prejudicados reclamam e muito. E aqueles que têm força política e boa representatividade parlamentar conseguiram permanecer no modelo anterior. É o que será apresentado na sequência.

12.6.2 Receitas de serviços de telecomunicações

As receitas com prestação de serviços de telecomunicações são tributadas pelo método cumulativo. As demais receitas auferidas pelas empresas do setor que estiverem no lucro real são tributadas pelo método não cumulativo, com as regras referentes a este método.

Para você compreender a relevância dessa informação, o **Grupo VIVO** (Telefônica) obteve receita com revenda de aparelhos celulares, *SIM cards*, acessórios e equipamentos do Produto Vivo Tech de **R$ 4,4 bilhões** em 2020 (receita bruta total de R$ 58 bilhões), receita esta que foi tributada pelo método não cumulativo, com desconto de créditos.

Veja um exemplo numérico. Suponha uma empresa de serviços de telefonia com as seguintes receitas apuradas no mês de OUT/x1:

▪ Receita de prestação de serviços de telecomunicações	R$ 40.000
▪ Receita de vendas de aparelhos e acessórios	R$ 10.000
▪ Receitas de multas por encerramento de contratos	R$ 1.500
Receitas financeiras	R$ 500
TOTAL DE RECEITAS	R$ 53.000

Esta empresa deverá separar os créditos permitidos pela legislação. Os custos associados diretamente às vendas de mercadorias permitem crédito de 9,25% (7,6% de COFINS e 1,65% de PIS) e suponha que os aparelhos e acessórios vendidos custaram R$ 5 mil. Já em relação aos demais gastos que a legislação permite o registro do crédito, o cálculo será feito de forma proporcional. Por exemplo, admita conta de energia elétrica de R$ 5.000 que no caso irá gerar crédito de R$ 92,50 aplicando este critério. Veja a explicação a seguir:

Receitas tributadas pelo método não cumulativo	R$ 10.000,00
Receita bruta total da empresa	R$ 50.000,00
Percentual de participação 20%	(R$ 10.000 sobre R$ 50.000)
Despesa de energia elétrica	R$ 5.000,00
Parcela que gera crédito de PIS e COFINS (20%)	R$ 1.000,00
Crédito de PIS + COFINS (9,25% sobre R$ 1.000)	R$ 92,50

Portanto, veja quanto pagaria de COFINS[18] esta empresa de serviços de telecom:

MÉTODO CUMULATIVO: Receita bruta de 40.000 × 3% = COFINS de R$ 1.200

MÉTODO NÃO CUMULATIVO: COFINS de R$ 818 (798 + 20)

- Receita bruta de vendas 10.000
- Receita de multas por encerramento de contratos 1.500
- (–) Crédito das compras de aparelhos e acessórios (5.000)
- (–) Crédito parcial da despesa de energia elétrica (1.000)
- BC de R$ 5.500 × 7,6% = R$ 418
- (+) COFINS sobre receita financeira → 500 × 4% = R$ 20
- COFINS TOTAL DEVIDA de R$ 438 pelo MÉTODO NÃO CUMULATIVO
- COFINS TOTAL DEVIDA PELA EMPRESA → R$ 1.638 (1.200 + 438)

12.6.3 Demais receitas com tributação mista

A legislação definiu as atividades cujas receitas serão tributadas pelo método cumulativo, ainda que a empresa seja tributada pelo lucro real. Apresentamos a seguir a extensa lista:

[18] Para fins puramente didáticos, desconsideramos o PIS/PASEP no exemplo.

1. Receitas decorrentes de prestação de serviços de transporte coletivo rodoviário, metroviário, ferroviário e aquaviário de passageiros.
2. Receitas com serviços de transporte coletivos de passageiros efetuados por empresas regulares de linhas aéreas domésticas e as decorrentes da prestação de serviço de transporte de pessoas por empresas de táxi aéreo.
3. Receitas decorrentes de prestação de serviços com aeronaves de uso agrícola inscritas no Registro Aeronáutico Brasileiro (RAB).
4. Receitas com serviços prestados por hospital, pronto-socorro, **clínica médica**, odontológica, de fisioterapia e de fonoaudiologia, e laboratório de anatomia patológica, citológica ou de análises clínicas, incluindo serviços de diálise, raios X, radiodiagnóstico e radioterapia, quimioterapia e de banco de sangue.
5. Prestação de serviços postais e telegráficos prestados pela empresa brasileira de correios e telégrafos.
6. Prestação de serviços das agências de viagem e de viagens e turismo.
7. Receitas de prestação de serviços das empresas jornalísticas e de radiodifusão sonora e de sons e imagens.
8. Receitas com vendas de jornais e periódicos.
9. Receitas decorrentes de prestação de serviços de educação infantil, ensinos fundamental e médio e educação superior.
10. Receitas auferidas por parques temáticos.
11. Serviços de hotelaria.
12. Receitas decorrentes de prestação de serviços públicos de concessionárias operadoras de rodovias.
13. Serviços de organização de feiras e eventos.
14. Receitas decorrentes de prestação de serviços das empresas de *call center*, telemarketing, telecobrança e de teleatendimento em geral.
15. Sujeitas à sistemática própria de tributação aplicável ao Mercado Atacadista de Energia Elétrica (MAE), nos termos dos arts. 21, 41 e 42 da IN SRF nº 247/2002, com redação dada pela IN SRF nº 358/2003.
16. Receitas auferidas por empresas de serviços de informática, decorrentes das atividades de desenvolvimento de *software* e o seu licenciamento ou cessão de direito de uso, bem como de análise, programação, instalação, configuração, assessoria, consultoria, suporte técnico e manutenção ou atualização de *software*, compreendidas ainda como *softwares* as páginas eletrônicas.
17. Receitas decorrentes da execução por administração, empreitada ou subempreitada, de obras de construção civil, até 31/DEZ/2015 (Lei nº 12.375/2010).
18. Receitas auferidas por pessoas jurídicas, decorrentes da edição de periódicos e de informações neles contidas, que sejam relativas aos assinantes dos serviços públicos de telefonia.
19. Receitas relativas às atividades de revenda de imóveis, desmembramento ou loteamento de terrenos, incorporação imobiliária e construção de prédio destinado à venda, quando decorrentes de contratos de longo prazo firmados antes de 31/OUT/2003.
20. Vendas de mercadorias nas lojas localizadas nos portos ou aeroportos.
21. Receitas decorrentes de operações de comercialização de pedra britada, de areia para construção civil e de areia de brita.

12.7 Tributação monofásica ou concentrada

Após o alargamento das bases do PIS e da COFINS, ocorrido em 1999, algumas atividades passaram a ter tratamento específico, para simplificar a fiscalização e o controle por parte da RFB.

Assim, as contribuições passaram a ser devidas em uma única etapa da cadeia produtiva, com alcance em todo o processo e elevação da alíquota. Este modelo é mais conhecido como tributação monofásica ou concentrada, pois acontece uma única vez, normalmente no início do processo produtivo, com alíquota zero para as operações seguintes.

O modelo de tributação monofásica ou concentrada é similar ao modelo de substituição tributária (para frente) adotado no ICMS. A diferença principal é que na ST a indústria calcula e recolhe dois documentos: um com o ICMS próprio, devido por ela, indústria; e outro, a título de substituição tributária, quando estima o ICMS total que seria devido pelas empresas das etapas seguintes do processo produtivo. Por outro lado, no modelo concentrado ou monofásico, os tributos (PIS e COFINS) são recolhidos integralmente, com alíquota maior que a usual e correspondente aplicação da alíquota zero para as operações seguintes, notadamente as realizadas por atacadistas, distribuidores e varejistas.

Existem muitos detalhes integrados entre o modelo de tributação monofásica ou concentrada e os métodos cumulativo e não cumulativo. Aqui eles serão apresentados de forma resumida. Ao leitor interessado em aprofundar o tema PIS e COFINS, recomendo a leitura do livro sobre as contribuições, de minha autoria, pela mesma editora, e a ótima página eletrônica https://busca.legal/artigos/.

Os produtos com tributação monofásica são, basicamente, os seguintes:

1. COMBÚSTIVEIS DERIVADOS DE PETRÓLEO E BIODIESEL

Tributação na refinaria, com alíquota majorada. Distribuidores e varejistas (postos) nada pagam. A gasolina, por exemplo, tem alíquotas de COFINS de 23,44% e PIS de 5,08%. Todavia, as refinarias podem optar anualmente pelo pagamento de PIS e COFINS sobre o m^3 vendido, pagando o total de R$ 792,50[19] a cada mil litros vendidos, independentemente do valor da venda.

2. INDÚSTRIA FARMACÊUTICA E DE COSMÉTICOS

A tributação das contribuições acontece na indústria ou na importação destes produtos, com alíquotas de PIS que variam entre 2,1% e 2,2% e COFINS com alíquotas de 9,9% ou 10,3%, dependendo do produto. Distribuidores, atacadistas e varejistas têm alíquota zero.

Muitos produtos farmacêuticos têm regime especial, com utilização de crédito presumido. Com isso, na prática, não pagam PIS e COFINS.

Houve mudança nas alíquotas dos produtos importados, por meio da Lei nº 13.137/2015. Assim, a tributação permanece no modelo monofásico, mas as alíquotas aumentaram, nos seguintes percentuais:

- Produtos farmacêuticos → PIS = 2,76% e COFINS = 13,03%
- Produtos de perfumaria → PIS = 3,52% e COFINS = 16,48%

3. CERVEJAS, ÁGUAS E REFRIGERANTES

Houve mudança relevante na tributação do setor na Lei nº 13.097/2015, onde foi criado o regime bifásico, que consiste na cobrança das contribuições no industrial ou importador e também no atacadista/distribuidor, deixando apenas o varejista com alíquota zero. Recomendo a ótima página Busca.Legal,[20] que traz os detalhes sobre a tributação no setor.

4. VEÍCULOS, MÁQUINAS E AUTOPEÇAS

Os veículos novos, máquinas e peças têm a aplicação do modelo de tributação monofásica, com o PIS e a COFINS cobrado unicamente pelo fabricante ou importador, com alíquotas diferenciadas, apresentadas na Lei nº 10.485/2002 e alterações posteriores. Por exemplo, na venda de pneus novos e câmaras de ar, as alíquotas aplicadas serão de 2% e 9,5%, respectivamente. Nas importações de pneu, as alíquotas são 2,68% para PIS e 12,35% para COFINS. As autopeças pagam 3,12% (PIS) e 14,37% (COFINS).

Os veículos novos têm cobrança monofásica na venda de veículos novos para as concessionárias, pelas alíquotas de 9,6% para a COFINS e 2% para o PIS/PASEP. Posteriormente, as revendedoras-concessionárias terão alíquota zero nas revendas dos veículos aos seus clientes.

5. FABRICANTES E IMPORTADORES DE CIGARROS

Os fabricantes ou importadores de cigarros devem recolher a totalidade da COFINS devida pela indústria e pelos distribuidores e varejistas. A base de cálculo será obtida multiplicando-se o preço de venda do produto no varejo multiplicado por 291,69% (art. 62 da Lei nº 11.196/2005, alterado pela Lei nº 12.024/2009).

Assim, se uma empresa industrial vender cigarros diretamente para um comerciante varejista por R$ 800, com preço de venda ao consumidor final de R$ 1.000, a base da COFINS será R$ 2.916,90, o que dará um valor de contribuição de R$ 87,51 (3%), que deverá ser recolhido pelo fabricante, sem acrescentar esta COFINS (pelo menos diretamente) no preço de venda do cigarro.

A base do PIS será encontrada pela aplicação de 3,42 sobre o preço de venda no varejo, com a contribuição sendo devida pelo fabricante ou importador.

---

19 Conforme Decreto nº 9.101/2017, o PIS terá alíquota de R$ 141,10 por m^3 e a COFINS, R$ 651,40 por m^3.

20 Disponível em: https://busca.legal/pis-e-cofins-voce-sabe-como-tributar-bebidas-frias/#:~:text=a)%203%2C31%25%20para,TIPI)%20essas%20al%C3%ADquotas%20ser%C3%A3o%20de%3A&text=b)%2017%2C23%25%20para%20a%20COFINS. Acesso em: set. 2021.

Na mesma situação anterior, com o preço de venda do varejista previsto de R$ 1.000, o PIS será de R$ 22,23 (0,65% sobre 3.420).

Nas vendas realizadas nas etapas seguintes, pelos comerciantes atacadistas, distribuidores e varejistas será aplicada alíquota zero para PIS e COFINS. Importante lembrar que os comerciantes varejistas que estiverem enquadrados no SIMPLES (grande parte dos pequenos estabelecimentos que vendem este produto) poderão excluir a receita da venda do cigarro para o cálculo do valor do SIMPLES devido em cada mês.

12.8 Receitas de revendas de veículos usados

As empresas que comercializam veículos usados e são tributadas pelo lucro real têm um dos casos mais interessantes de tributação das contribuições para PIS/PASEP e COFINS. podem deduzir da base do PIS e da COFINS, o valor dos veículos adquiridos para revenda, conforme definido no art. 5º da Lei nº 9.716/98.

Como as Leis nº 10.637/2002 e 10.833/2003 permitiram que as receitas referidas neste art. 5º permaneçam tributadas pela legislação anterior, entende-se que elas continuem com a alíquota combinada de 3,65%. Já as demais receitas das empresas que revendem veículos usados (tributadas pelo lucro real) serão tributadas pelo método não cumulativo.

Mais uma vez, cria-se um sistema de apuração complexo da base do PIS e COFINS. Será apresentado na Tabela 12.5 um exemplo de uma concessionária de automóveis, tributada pelo lucro real, para análise de quantas regras diferentes uma mesma empresa tem que seguir.

12.9 Produtos com alíquota zero

A lista de produtos com alíquota zero é muito extensa e cheia de detalhes. Veja um resumo a seguir, com alguns itens:

1. Produtos da cesta básica (art. 1º da Lei nº 10.925/2004), como defensivos agropecuários, feijões comuns, arroz descascado, leite fluido pasteurizado ou industrializado, na forma de ultrapasteurizado, leite em pó, integral, semidesnatado ou desnatado, leite fermentado, bebidas e compostos lácteos e fórmulas infantis, farinhas, carnes em geral, massas, pães, óleo de soja, café, açúcar, entre outros produtos.
2. Itens incluídos no art. 28 da Lei nº 10.865/2004, como produtos hortícolas e frutas e ovos de aves, sêmens e embriões, papel destinado à impressão de jornais e periódicos, projetores para exibição cinematográfica, cadeiras de rodas e outros veículos para inválidos, mesmo com motor ou outro mecanismo de propulsão, entre outros itens.
3. Livros, conforme definido no art. 28 da Lei nº 10.865/2004, além de itens equiparados a livros como álbuns para colorir, pintar, recortar ou armar, atlas geográficos, históricos, anatômicos, mapas e cartogramas, entre outros itens.
4. Produtos químicos, gás natural e carvão mineral.

12.10 Crédito presumido

Existem muitos itens com crédito presumido de PIS e COFINS, representando situações em que as

TABELA 12.5 Situação de uma empresa comercial do setor de veículos, com tributação pelo lucro real

Receitas obtidas	Normativo	Tratamento (para fins de PIS e COFINS)
Revenda de veículos novos e peças tributadas no modelo monofásico	Lei nº 10.485/2002	Não tributada, pois tem tributação monofásica, concentrada na indústria.
Revenda de veículos usados	Lei nº 9.716/98	Tributada pelo valor da venda, menos o da compra, com alíquota combinada de 3,65%.
Revendas de peças e acessórios, não enquadradas na tributação monofásica	Leis nº 10.637/2002, 10.833/2003	Tributada pelo método não cumulativo, com dedução das aquisições e dos demais créditos permitidos pela legislação.
Receitas financeiras	Decreto nº 8.426/2015	Tributada com alíquotas diferenciadas (PIS = 0,65% e COFINS = 4%), desde que a empresa tenha alguma receita tributada no método não cumulativo.
Demais receitas operacionais	Leis nº 10.637/2002, 10.833/2003	Tributada pelo método não cumulativo, com dedução dos créditos permitidos em lei.

contribuições não foram devidas, mas a legislação permite a utilização de crédito para incentivar determinadas atividades e setores.

Por exemplo, há um crédito presumido obtido pela aplicação de 35% das alíquotas das contribuições, o que monta a um crédito de **0,5775% no caso do PIS** e **2,66% no caso da COFINS**. Os produtos alcançados por este percentual de crédito são apresentados a seguir.

a) frutas, verduras e legumes;
b) café, chá, mate e especiarias;
c) trigo, cevada, arroz, centeio, milho, aveia, milhos e demais cereais;
d) farinhas, amidos, maltes, sêmola, pó, flocos, grânulos e outros assemelhados;
e) vinagres, obtidos a partir de ácido acético;
f) sucos de frutas com ou sem açúcar;
g) azeite de oliva; e
h) açúcar.

Há ainda crédito presumido no setor agrícola (soja, por exemplo), lácteo e de carnes em geral.

12.11 PIS/PASEP e COFINS nas importações

A Emenda Constitucional nº 42/2003 autorizou a cobrança das contribuições para PIS e COFINS sobre a importação de produtos estrangeiros ou serviços. A partir daí, uma lei ordinária poderia instituir e regulamentar a cobrança, o que aconteceu com a Medida Provisória nº 164/2003, convertida na íntegra na Lei nº 10.865/2004, que entrou em vigor a partir de MAI/2004. Na verdade, houve a instituições de dois novos tributos: O PIS/PASEP-Importação e a COFINS-Importação.

As contribuições denominadas **PIS/PASEP-Importação** e **COFINS-Importação** incidem sobre a importação de produtos e serviços provenientes do exterior, sendo este último aquele executado no país ou cujo resultado aqui se verifique, prestado por pessoa física ou jurídica domiciliada no exterior.

O fato gerador, base de cálculo e alíquotas das contribuições incidentes sobre a importação são apresentados na Tabela 12.6.

As pessoas jurídicas sujeitas à apuração da Contribuição para o PIS/PASEP e da COFINS no regime de incidência não cumulativa poderão descontar créditos, para fins de determinação dessas contribuições, em relação às importações sujeitas ao pagamento da contribuição para o PIS/PASEP-Importação e a COFINS-Importação, nas seguintes hipóteses:

- bens adquiridos para revenda;
- bens e serviços utilizados como insumo na prestação de serviços e na produção ou fabricação de bens ou produtos destinados à venda, inclusive combustível e lubrificantes;
- energia elétrica consumida nos estabelecimentos da pessoa jurídica;
- aluguéis e contraprestações de arrendamento mercantil de prédios, máquinas e equipamentos utilizados na atividade da empresa; e
- máquinas, equipamentos e outros bens incorporados ao ativo imobilizado, adquiridos para utilização na produção de bens destinados à venda, ou na prestação de serviços.

O direito ao crédito aplica-se em relação às contribuições efetivamente pagas na importação de bens e serviços e será apurado mediante a aplicação das alíquotas de 2,1%/1,65% para a contribuição para o PIS/PASEP e de 9,65%/7,6% para a COFINS sobre o valor que serviu de base de cálculo para a contribuição para o PIS/PASEP-Importação e para a COFINS-Importação, acrescido do valor das próprias contribuições e, quando integrante do custo de aquisição, do IPI vinculado à importação.

Há muitos outros detalhes em relação a apuração e cálculo de PIS/PASEP e COFINS sobre a importação

TABELA 12.6

FATO GERADOR	BASE DE CÁLCULO	ALÍQUOTAS
A entrada de bens estrangeiros no território nacional	Valor aduaneiro	PIS – 2,1% COFINS – 9,65%
Pagamento, crédito, entrega, emprego ou a remessa de valores a residentes ou domiciliados no exterior como contraprestação por serviço prestado.	Valor pago, creditado, entregue, empregado ou remetido para o exterior, antes da retenção do IR, acrescido do ISS e do valor das próprias contribuições.	PIS – 1,65% COFINS – 7,6%

de bens e serviços e que podem ser obtidos na Lei nº 10.865/2004.[21]

12.12 Registro contábil

O registro contábil de PIS e COFINS em empresas tributadas pelo lucro presumido ou com o lucro arbitrado e que seguem o método cumulativo é bastante simples, pois o tributo é apurado sobre uma base de cálculo e, depois de apurado, será pago no mês subsequente. Portanto, a despesa será registrada no mês de apuração, em contrapartida com o passivo, que representa a obrigação da empresa com o Fisco. No mês seguinte, por ocasião do pagamento, a empresa registra a redução da obrigação com a simultânea redução em suas disponibilidades. E vamos em frente!

Contudo, o registro contábil das contribuições para PIS e COFINS no método não cumulativo não é tão simples como parece já que a legislação definiu expressamente os itens que permitem crédito e aqueles para os quais os créditos não são permitidos, não sendo relevante o valor desembolsado na etapa anterior. Além disso, existem dúvidas em relação a outros assuntos, por conta das falhas ocorridas nas diversas leis que instituíram e regulamentaram o método não cumulativo para estas contribuições. As principais são as seguintes:

1. Onde registrar na DRE as contribuições para PIS e COFINS?
2. Nas aquisições de mercadorias para revenda e de matéria-prima e insumos para utilização na produção de bens destinados à venda, qual o tratamento dos créditos de PIS e COFINS?
3. Os créditos de PIS e COFINS obtidos nas compras e despesas representam redução de custo ou receita?
4. Como registrar o crédito de PIS e COFINS quando a empresa passa do método cumulativo para o método não cumulativo?
5. Quando a contabilidade reconhecer uma despesa em período diferente da dedução de créditos permitida no método não cumulativo, haverá necessidade de reconhecimento de PIS e COFINS diferida?

Estas perguntas serão respondidas neste tópico, com base na Interpretação Técnica do IBRACON nº 01/2004, no Ato Declaratório Interpretativo da SRF nº 3, de MAR/2007 e nas interpretações de especialistas em contabilidade e direito tributário. Contudo, antes de prosseguir, acho importante apresentar o texto do meu livro *Manual de contabilidade tributária*, na época na 2ª edição, antes da publicação da IT nº 01/2004.

> Na escrituração contábil, quando a empresa adquirir estoques para revenda, deverá destacar o PIS e a COFINS do valor da mercadoria, como já faz com o ICMS. Assim, estas contribuições não serão pagas exatamente sobre a diferença entre o valor da venda e a compra dos bens vendidos. O valor pago será encontrado pela diferença entre o valor devido total (9,25% sobre as receitas, menos as exclusões permitidas) e o valor creditado nas aquisições de bens e serviços que a legislação permite. O PIS e a COFINS destacados nas compras devem ser registrados no ativo circulante, nas contas de **PIS a recuperar** e **COFINS a recuperar**. (PÊGAS, 2004, p. 185)

12.13 Método indireto subtrativo aplicado no cálculo das contribuições para PIS/PASEP e COFINS

Conforme já apresentado com detalhes aqui, o método não cumulativo adotado para PIS e COFINS não contempla exatamente o mesmo método utilizado para o ICMS, pois o crédito do imposto estadual, além de ter seu valor destacado na nota fiscal, representa a parcela que o contribuinte adquirente pagou e que está embutido no preço da mercadoria.

Com o PIS e a COFINS não irá ocorrer necessariamente esta situação em função de apenas parte das empresas utilizarem o lucro real, trabalhando com as contribuições no método não cumulativo. O crédito será presumido, sendo considerado como **liberalidade** concedida pelo legislador.

Portanto, o método utilizado que mais se aproxima é o **método indireto subtrativo**, onde se aplica a alíquota sobre a receita menos as alíquotas aplicadas sobre as compras, que no caso são os valores que permitem crédito de PIS e COFINS.

12.14 Escrituração contábil da empresa e o registro de PIS e COFINS na DRE

As pessoas jurídicas têm liberdade para realizar sua escrituração contábil, dentro da boa técnica contábil. A livre escolha foi permitida pelo Parecer Normativo da Coordenação de Tributação da Secretaria da Receita Federal nº 347/70, que esclarece o seguinte: "A forma de escriturar suas operações é de livre escolha do

[21] Disponível em: http://www.planalto.gov.br/ccivil_03/_ato2004-2006/2004/lei/l10.865.htm. Acesso em: set. 2021.

contribuinte, dentro dos princípios técnicos ditados pela contabilidade e a repartição fiscal só a impugnará se a mesma omitir detalhes indispensáveis à determinação do verdadeiro lucro tributável." Ou seja, a contabilização é de livre escolha para o contribuinte, desde que o resultado apurado seja oferecido à tributação e não omita informação relevante para fins de apuração da efetiva base de cálculo do contribuinte.

As bases do PIS e da COFINS consideram a totalidade das receitas auferidas por uma empresa, com permissão expressa da legislação para desconsideração de alguns valores e exclusão de outros. A base das contribuições é diferente do ICMS, que não é cobrado sobre as demais receitas. Com isso, somente deve figurar na linha denominada deduções da receita bruta o valor dos encargos de PIS e COFINS provenientes da receita bruta (com as deduções das devoluções e os descontos incondicionais) da empresa, já sem a cobrança de ICMS. Se uma empresa comercial tiver receita com aluguel, esta será tratada na DRE como Outras Receitas Operacionais, e a COFINS e o PIS sobre a receita de aluguel devem ser apresentadas como despesa, reduzindo na DRE a receita com o aluguel.

Por exemplo, vamos analisar a Cia. Rio, empresa comercial que revende o produto X, tributada pelo lucro real e que segue o método não cumulativo para fins de PIS e COFINS. No ano de 2019 apresentou as seguintes operações:

- Compra de 5 unidades de X por R$ 1.000 cada
- Pagamento de despesas de energia elétrica por R$ 750
- Revenda de 4 unidades de X por R$ 1.250 cada
- Receita de aluguel de R$ 250
- Receita de juros sobre atraso de R$ 100

Para fins de simplificação, o único tributo considerado será a COFINS (alíquota de 7,6%, exceto para a receita financeira, que é 4%):

RECEITA BRUTA	5.000	→	4 unidades × 1.250
(–) Deduções – COFINS	(380)	→	7,6% s/ 5.000
RECEITA LÍQUIDA	4.620		
(–) Custo das vendas	(3.696)	→	924 (custo unitário) × 4 unid. vendidas
LUCRO BRUTO	924		
(–) Despesas operacionais	(693)	→	750 pg. – crédito de COFINS (7,6%) de 57
(+) Receita de aluguel	231	→	250 menos 7,6% s/ este valor (19)
(+) Receitas financeiras	96	→	100 menos 4% s/ este valor (19)
LUCRO ANTES DO IR	558		

Há sempre a possibilidade de apresentar destacada a despesa de COFINS (e PIS) sobre as demais receitas. É uma opção da empresa. Contudo, assim como acontece com as despesas operacionais que permitem crédito e são apresentadas pelo valor líquido, o mesmo deve ocorrer com as outras receitas que integram a base das contribuições para PIS e COFINS.

12.15 Compra de mercadorias, matéria-prima e insumos

O IBRACON esclarece em sua Interpretação Técnica nº 01/2004 (reeditada em SET/2007) que a empresa submetida à tributação não cumulativa de PIS e COFINS deverá destacar em conta de ativo a recuperar o valor das contribuições que terá direito na compra de bens e insumos para revenda ou produção de bens destinados à venda. Este direito deverá ser reconhecido mesmo que a empresa seja preponderantemente exportadora, pois a legislação tem mecanismos que permitem a utilização do crédito.

O Ato Declaratório Interpretativo RFB nº 3/2007 confirmou as recomendações do IBRACON. Em virtude de sua relevância, o texto é transcrito a seguir:

> Art. 1º O valor dos créditos de PIS e COFINS, apurados no regime não cumulativo NÃO constitui:
>
> I – receita bruta da pessoa jurídica, servindo somente para dedução do valor devido das referidas contribuições;
>
> II – hipótese de exclusão do lucro líquido, para fins de apuração do lucro real e da base de cálculo da CSLL.
>
> Parágrafo único. Os créditos de que trata o caput não poderão constituir-se simultaneamente em direito de crédito e em custo de aquisição de insumos, mercadorias e ativos permanentes.
>
> Art. 2º O procedimento técnico contábil recomendável consiste no registro dos créditos de PIS e COFINS como ativo fiscal.
>
> Parágrafo único. Na hipótese de o contribuinte adotar procedimento diverso do previsto no *caput*, o resultado fiscal não poderá ser afetado, inclusive no que se refere à postergação do recolhimento de IR e CSLL.
>
> Art. 3º É vedado o registro dos créditos de PIS e COFINS em contrapartida à conta de receita.

Então, embora o modelo utilizado para as contribuições seja diferente do modelo adotado para o ICMS, entendo ser fundamental fazer o reconhecimento do crédito de PIS e COFINS com regras similares às aplicadas em relação ao imposto estadual, sob pena da empresa ficar com uma base diferente de IR e CSLL e, com isso, pagar mais tributos sobre o lucro. A RFB permite outro método de registro contábil, desde que não influencie as bases de IR e CSLL. Há, inclusive, quem defenda o registro dos créditos de PIS e COFINS em conta de reserva de capital, com o raciocínio que se trata de uma subvenção do governo. Este raciocínio leva em consideração uma empresa com expressivo volume de vendas ao exterior e o fato de que esta empresa poderá pedir restituição ao Fisco do valor creditado nas compras de matéria-prima e insumos utilizados na produção.

12.16 Exemplo numérico com vendas no mercado interno

Suponha que a Cia. JOTA seja uma empresa comercial, que tenha iniciado o ano de x1 com estoque inicial zero e realize apenas as seguintes operações nos dois primeiros meses do ano:

- comprou R$ 8.000 em mercadorias em JAN/x1;
- vendeu metade das mercadorias por R$ 6.000 ainda no mês de JAN/x1; e
- vendeu a outra metade das mercadorias por R$ 6.000 no mês de FEV/x1.

Para fins de simplificação, não serão analisados os demais tributos, considerando apenas PIS e COFINS, com alíquota combinada de 9,25%

Os resultados de JAN e FEV serão apresentados nas Tabelas 12.7, 12.8 e 12.9, onde haverá a comparação entre três caminhos:

TABELA 12.7 Comparação do método de registro e controle de PIS + COFINS no mês de JAN/x1 da Cia. Jota (em R$)

RESULTADO DE JAN/X1 DA CIA. JOTA	REGISTRO NO ESTOQUE IBRACON	REGISTRO EM RECEITA	CONTROLE À PARTE
Receita de vendas	6.000,00	6.000,00	6.000,00
(–) Deduções – PIS e COFINS	(555,00)	(555,00)	(0)
RECEITA LÍQUIDA	5.445,00	5.445,00	6.000,00
(–) Custo das vendas	(3.630,00)	(4.000,00)	(4.000,00)
(+) Receita crédito PIS + COFINS	–	740,00	–
LUCRO ANTES DE CSLL + IR	**1.815,00**	**2.185,00**	**2.000,00**

TABELA 12.8 Comparação do método de registro e controle de PIS + COFINS no mês de FEV/x1 da Cia. Jota (em R$)

RESULTADO DE FEV/X1 DA CIA. JOTA	REGISTRO NO ESTOQUE IBRACON	REGISTRO EM RECEITA	CONTROLE À PARTE
Receita de vendas	6.000,00	6.000,00	6.000,00
(–) Deduções – PIS e COFINS	(555,00)	(555,00)	(370,00)
RECEITA LÍQUIDA	5.445,00	5.445,00	5.630,00
(–) Custo das vendas	(3.630,00)	(4.000,00)	(4.000,00)
(+) Receita crédito PIS + COFINS	–	–	–
LUCRO ANTES DE CSLL + IR	**1.815,00**	**1.445,00**	**1.630,00**

TABELA 12.9 Comparação do método de registro e controle de PIS + COFINS no 1º bimestre/x1 da Cia. Jota (em R$)

RESULTADO DO 1º BIMESTRE DE X1 DA CIA. JOTA	REGISTRO NO ESTOQUE IBRACON	REGISTRO EM RECEITA	CONTROLE À PARTE
Receita de vendas	12.000,00	12.000,00	12.000,00
(–) Deduções – PIS e COFINS	(1.110,00)	(1.110,00)	(370,00)
RECEITA LÍQUIDA	10.890,00	10.890,00	11.630,00
(–) Custo das vendas	(7.260,00)	(8.000,00)	(8.000,00)
(+) Receita crédito PIS + COFINS	–	740,00	–
RESULTADO BRUTO	**3.630,00**	**3.630,00**	**3.630,00**

- o método com registro e controle contábil em contas de **PIS e COFINS a recuperar**, recomendado pelo IBRACON e pela classe contábil em geral;
- o método com registro do crédito em receita; e
- o método com o controle contábil à parte.

A comparação dos resultados dos meses de JAN/x1 e FEV/x1 da Cia. JOTA, entre os três métodos possíveis, apresenta as seguintes conclusões:

a) O resultado do bimestre será igual, com qualquer opção. O resultado final da Cia. JOTA será R$ 3.630, representando o valor agregado pela empresa (R$ 4.000) menos os encargos de PIS e COFINS (9,25%, que monta a R$ 370) sobre este valor agregado.
b) Se os créditos de PIS e COFINS na compra da mercadoria para revenda forem registrados em conta de receita, o lucro apurado em JAN/x1 será maior que o resultado apurado em FEV/x1, embora a empresa esteja vendendo a mesma quantidade de produtos em cada um dos dois primeiros meses do ano. Quer dizer o seguinte: teremos um lucro em JAN/x1, em razão do registro do crédito em contrapartida com a conta de receita. Quanto maior o valor da mercadoria adquirida, maior o valor do crédito. E maior seria, no caso, a base de IR e CSLL. Alguns tributaristas sugeriam a possibilidade de exclusão da referida receita, mas tal exclusão não encontra amparo na legislação tributária vigente. E a empresa seria, na verdade, beneficiada com tal exclusão. Caso a exclusão fosse feita, a alternativa seria adicionar posteriormente o valor, quando as mercadorias já creditadas fossem vendidas, o que representaria um controle excessivamente complicado, sem necessidade.
c) Com o controle sendo feito à parte, sem o registro do crédito das contribuições no ativo, o resultado será maior em JAN/x1, o que poderá representar também maior tributação de IR e CSLL.
d) No entanto, a alternativa recomendada pelo IBRACON para que o resultado apurado na contabilidade fique igual, mesmo sem o registro de PIS e COFINS a recuperar, seria o reconhecimento em JAN/x1 de uma provisão, com base no valor do estoque ainda não consumido pelos encargos de PIS e COFINS, ensejando uma obrigação potencial, postergada pelo uso do crédito de forma antecipada. A base seria de R$ 2.000, que representa o saldo de estoque, sem o registro das contribuições em contas de ativo. Este saldo de R$ 2.000 sobre 9,25% monta a R$ 185,00, valor que seria registrado como **DESPESA DE PROVISÃO DE PIS E COFINS**, com contrapartida em conta de passivo (ou retificadora do estoque). O problema é que o Fisco não aceitará esta provisão como uma despesa dedutível nas bases de IR e CSLL. Mais uma vez teríamos que fazer ajustes no LALUR. Caberia a adição da despesa de R$ 185 em JAN/x1 com correspondente exclusão em FEV/x1 quando as mercadorias foram vendidas.

O IBRACON solicita, ainda, a reclassificação na DRE entre a dedução das vendas e o custo das mercadorias vendidas, para refletir adequadamente o resultado que seria apresentado com o registro de PIS e COFINS em contas de ativo, quando da aquisição de produtos para revenda ou utilização como insumos na produção de outros bens.

12.17 Exemplo numérico com vendas no mercado externo

Quando uma empresa vende seus produtos ao exterior, não há PIS e COFINS sobre a venda. Todavia, a empresa mantém os créditos das compras de mercadorias, matérias-primas, insumos e outros itens utilizados nos produtos vendidos para fora do país. O referido crédito poderá ser utilizado caso tenha outras receitas tributadas no mercado interno.

Caso termine o trimestre (MAR, JUN, SET ou DEZ) com saldo de PIS e COFINS a Recuperar por conta de vendas ao exterior não tributadas, a empresa poderá compensar as contribuições com outros tributos geridos pela RFB. Por exemplo, se a empresa apresentar lucro, poderá compensar o saldo de créditos com o IR e a CSLL devidos.

E, se ainda assim permanecer com saldo de créditos, a empresa poderá, ao final de cada trimestre solicitar ressarcimento para a RFB. O IBRACON recomenda, neste caso, o registro do crédito de PIS e COFINS em conta de receita, em contrapartida ao seu reconhecimento em contas de ativo realizável. Vamos repetir o exemplo anterior, considerando que a empresa realiza a totalidade de suas vendas ao exterior. Veja o resultado nas Tabelas 12.10, 12.11 e 12.12.

TABELA 12.10 Comparação do método de registro e controle de PIS + COFINS no mês de JAN/x1 da Cia. Jota (em R$)

RESULTADO DE JAN/X1 DA CIA. JOTA	REGISTRO EM ESTOQUE - RFB	REGISTRO EM RECEITA - IBRACON
Receita de vendas	6.000,00	6.000,00
(–) Custo das vendas	(3.630,00)	(4.000,00)
(+) Receita Crédito PIS + COFINS	0	740,00
LUCRO ANTES DE CSLL + IR	**2.370,00**	**2.740,00**

TABELA 12.11 Comparação do método de registro e controle de PIS + COFINS no mês de FEV/x1 da Cia. Jota (em R$)

RESULTADO DE FEV/X1 DA CIA. JOTA	REGISTRO EM ESTOQUE - RFB	REGISTRO EM RECEITA - IBRACON
Receita de vendas	6.000,00	6.000,00
(–) Custo das vendas	(3.630,00)	(4.000,00)
(+) Receita crédito PIS + COFINS	0	0
LUCRO ANTES DE CSLL + IR	**2.370,00**	**2.000,00**

TABELA 12.12 Comparação do método de registro e controle de PIS + COFINS no 1º bimestre/x1 da Cia. Jota (em R$)

RESULTADO DO BIMESTRE DA CIA. JOTA	REGISTRO EM ESTOQUE - SRF	REGISTRO EM RECEITA - IBRACON
Receita de vendas	12.000,00	12.000,00
(–) Custo das vendas	(7.260,00)	(8.000,00)
(+) Receita crédito PIS + COFINS	0	740,00
LUCRO ANTES DE CSLL + IR	**4.740,00**	**4.740,00**

Como a RFB foi incisiva no ADI nº 03/2007 não permitindo o registro dos créditos em conta de receita, as empresas preponderantemente exportadoras que seguirem as regras do IBRACON apresentarão um lucro maior do que as empresas que seguirem às determinações da RFB, antecipando pagamentos de IR e CSLL.

Foi realizado em MAI/2007 um seminário de PIS e COFINS, em São Paulo-SP, com renomados tributaristas e profissionais da área tributária e uma das sugestões apresentadas dizia respeito exatamente ao tratamento contábil do crédito de empresas exportadoras, sinalizando a possibilidade do registro deste valor em conta de reserva de capital, em vez do registro em conta de receita. O argumento, construído com bastante lógica, embora polêmico, é baseado na seguinte sequência:

1. A natureza do crédito de PIS + COFINS é de subvenção pública, pois não representa exatamente o valor pago nas etapas anteriores, conforme já debatido aqui.
2. Os recursos provenientes do crédito de PIS + COFINS de itens consumidos em produtos que foram vendidos ao exterior, teoricamente, só poderiam ser compensados com PIS e COFINS. Portanto, tem destinação específica.
3. O objetivo da subvenção foi incrementar a economia em relação ao incentivo para as empresas exportadoras.
4. O valor da reserva de capital seria preservado, somente sendo utilizado para absorção de prejuízos ou então, aumento de capital.
5. Preservação da neutralidade das contribuições sociais (não cumulatividade), uma vez que o valor do crédito seria aproveitado integralmente, sem dedução de IR e CSLL.
6. Assim, portanto, a finalidade da nova sistemática de não cumulatividade seria cumprida, pois os créditos não seriam disponibilizados aos sócios, sendo integrados à atividade da empresa.

O argumento nº 4 é interessante, pois representa o seguinte: uma empresa compra uma mercadoria no Brasil por R$ 1.000 e revende ao exterior por R$ 2.000. Considerando somente a COFINS, a empresa apresentaria um lucro bruto de R$ 1.076 nesta operação, pois o CMV seria de R$ 924, correspondendo a R$ 1.000 menos a COFINS a Recuperar de R$ 76 (7,6%). Portanto, os tributos sobre o lucro (IR e CSLL) serão calculados sobre R$ 1.076, incluindo o crédito da COFINS, que teria, indiretamente, o tratamento de receita submetida à tributação.

Para que este valor não integre a base de cálculo, o raciocínio seria registrar o estoque por R$ 1.000 na compra, com o crédito da COFINS tendo como contrapartida a conta de Reserva de Capital, tratada como subvenção governamental.

O tema não foi referendado pelas Leis nº 11.638/2007, nº 11.941/2009 e nem mesmo na Lei nº 12.973/2014. Na verdade, representa uma "viagem", não vejo qualquer possibilidade de a RFB aceitar o registro em reserva de capital e a não inclusão nas bases de IR e CSLL.

12.18 Crédito sobre despesas

As contribuições para PIS e COFINS têm algumas diferenças em relação ao ICMS. Uma delas se refere ao crédito de despesas, permitido para as contribuições e não permitido para o ICMS.

O tratamento contábil recomendado, neste caso, seria seguir o mesmo caminho aplicado aos estoques. No caso, a criação de duas contas analíticas, uma para registrar o pagamento em si, com saldo devedor; e a outra, para reconhecer os créditos, de natureza retificadora, com saldo credor.

Por exemplo, suponha uma despesa de energia elétrica de R$ 4.000,00. Os registros seriam os seguintes:

DÉBITO:	Despesa de energia elétrica (1)	
CRÉDITO:	CAIXA	4.000,00
DÉBITO:	PIS a recuperar	66,00 (1,65% sobre 4.000)
DÉBITO:	COFINS a recuperar	304,00 (7,6% sobre 4.000)
CRÉDITO:	Despesa de energia elétrica (2)	370,00 (9,25% sobre 4.000)

Os itens 1 e 2 apresentados entre parênteses seriam as contas analíticas, integrando uma conta sintética de DESPESA DE ENERGIA ELÉTRICA, que teria saldo final de R$ 3.630,00, representando 90,75% da despesa, separando 9,25% para conta de ativo, referente à recuperação das contribuições, que será feita ao final do mês, contrapondo o cálculo de PIS e COFINS sobre as receitas.

12.19 Depreciação fiscal e contábil e os créditos de PIS e COFINS

Um dos créditos permitidos pelo Fisco é o decorrente dos encargos de depreciação de máquinas e equipamentos utilizados na produção de bens destinados à venda, além da depreciação das edificações de imóveis adquiridos ou construídos.

A Lei nº 10.865/2004 adicionou o § 14 no art. 3º da Lei nº 10.833/2003, incluindo a permissão para que a dedução do crédito de depreciação nas aquisições destas máquinas e equipamentos seja feita em quatro anos. Existem ainda outros incentivos de dedução de créditos de depreciação de bens em períodos inferiores.

Finalmente, o art. 4º da Lei nº 12.546/2011 modificou o art. 1º da Lei nº 11.774/2008 permitindo que as empresas registrem crédito integral de PIS e COFINS, nas hipóteses de aquisição no mercado interno ou de importação de máquinas e equipamentos destinados à produção de bens e prestação de serviços. Para mais detalhes sobre o assunto, recomenda-se a leitura do item 12.5.5, na parte que trata dos créditos de depreciação.

A contabilidade deve reconhecer os créditos no ativo, teoricamente, conforme permite a legislação fiscal. Contudo, os créditos fiscais incentivados não podem afetar o adequado registro contábil dos bens do ativo imobilizado, desde sua aquisição passando pelo registro da depreciação.

Importante destacar que a depreciação de máquinas e equipamentos utilizados na produção de bens destinados a venda não é registrada em resultado imediatamente. A contrapartida da conta de **depreciação acumulada** é a conta de **estoques**, pois o uso das máquinas e equipamentos integra o preço do produto final.

A IT nº 01/2004 do IBRACON explica que o crédito poderá ser tomado quando da aquisição da máquina ou do equipamento, o que direciona, em princípio, o registro do crédito integral já neste momento.

Contudo, a própria IT diz que a diferença entre a base contábil (1/120, admitindo uso em 10 anos) e a base fiscal (1/48) será registrada em conta de PIS e COFINS a apropriar, com saldo credor, a exemplo do que acontece com o IR e a CSLL diferidos.

12.19.1 Exemplos numéricos

O tema é controverso e de difícil compreensão, por isso vamos trabalhar com os exemplos numéricos, para minimizar a complexidade. Nos exemplos apresentados a seguir, apenas a COFINS será calculada, sabendo que as mesmas regras se aplicam para o PIS.

12.19.1.1 Primeiro exemplo: uso do crédito na aquisição

A Cia. Alfa é uma empresa industrial, que adquire uma máquina por R$ 60.000,00 em JAN/x1. O registro contábil da aquisição seria o seguinte:

DÉBITO:	Máquinas	
CRÉDITO:	Caixa ou bancos	R$ 60.000,00

Admitindo que a máquina Rosa tenha vida útil de 10 anos (sem valor residual), a depreciação seria registrada na contabilidade, durante cada um dos 120 meses de vida útil, da seguinte forma:

DÉBITO:	Estoque	
CRÉDITO:	Depreciação acumulada (60.000 / 120 meses)	R$ 500,00

O verbo foi posto na condicional seria, pois com a permissão de creditamento para fins de COFINS (e PIS), e aplicando o dispositivo da Lei nº 12.546/2011 o crédito poderia ser reconhecido no momento da aquisição da máquina, pela alíquota de 7,6%. Assim, o registro da aquisição seria refeito:

DÉBITO:	Máquinas	R$ 55.440,00
DÉBITO:	COFINS a recuperar	R$ 4.560,00 (7,6% sobre 60.000)
CRÉDITO:	Caixa ou bancos	R$ 60.000,00

E a depreciação mensal seria registrada da seguinte forma:

DÉBITO:	Estoque	
CRÉDITO:	Depreciação acumulada	R$462,00(55.440/120)

Se o registro fosse efetuado desta forma, não caberia qualquer ajuste contábil, pois a depreciação seria integrada ao estoque pelo seu valor líquido das contribuições (aqui, para fins de simplificação, consideramos somente a COFINS) e o crédito já foi aproveitado no momento da aquisição.

12.19.1.2 Segundo exemplo: crédito durante o prazo de depreciação

Admitindo que a empresa utilize o crédito em 10 anos, pelo prazo de vida útil do bem. Os registros contábeis seriam os seguintes:

AQUISIÇÃO EM JAN/X1		
DÉBITO:	Máquinas	
CRÉDITO:	Caixa ou bancos	R$ 60.000,00
DEPRECIAÇÃO MENSAL E REGISTRO DO CRÉDITO (A PARTIR DE JAN/X1)		
DÉBITO:	Despesa de depreciação (1)	
CRÉDITO:	Depreciação acumulada	R$ 500 (60.000 / 120)
DÉBITO:	COFINS a recuperar	
CRÉDITO:	Despesa de depreciação (2)	R$ 38 (7,6% s/ 500)

A despesa de depreciação ficaria com o mesmo valor, se reconhecido o crédito em 10 anos, mesmo período de vida útil.

Vamos ao terceiro exemplo, com a empresa optando por utilizar o crédito em quatro anos.

12.19.1.3 Terceiro exemplo: crédito durante quatro anos e vida útil de 10 anos

Mantendo o mesmo valor dos exemplos anteriores, mas com o crédito sendo permitido em 48 meses, conforme uso do bem, os registros contábeis seriam diferentes. Vamos lá:

AQUISIÇÃO EM JAN/X1		
DÉBITO:	Máquinas	
CRÉDITO:	Caixa ou bancos	R$ 60.000,00
DEPRECIAÇÃO MENSAL E REGISTRO DO CRÉDITO (DE JAN/X1 a DEZ/X4)		
DÉBITO:	Despesa de depreciação (1)	
CRÉDITO:	Depreciação acumulada	R$ 500 (60.000 / 120)
DÉBITO:	COFINS a recuperar	R$ 95 (60.000 / 48) × 7,6%)
CRÉDITO:	Despesa de depreciação (2)	R$ 38 (7,6% s/ 500)
CRÉDITO:	Provisão para COFINS diferida	R$ 57 (7,6% s/ 750)
DEPRECIAÇÃO MENSAL (DE JAN/X5 a DEZ/X10)		
DÉBITO:	Despesa de depreciação (1)	
CRÉDITO:	Depreciação acumulada	R$ 500 (60.000 / 120)
DÉBITO:	Provisão para COFINS diferida	
CRÉDITO:	Despesa de depreciação (2)	R$ 38 (7,6% s/ 500)

Neste caso, o crédito fiscal seria utilizado em 48 meses, com a dedução mensal de R$ 95, que seria 7,6% sobre 1.250 (R$ 60.000 dividido por 48). Todavia, a dedução contábil seria em 10 anos, fazendo com que o crédito em conta de despesa de depreciação fosse R$ 38, sendo 7,6% sobre 500 (60.000 dividido por 120). A diferença entre os dois valores, que monta a R$ 57 (95 – 38) deve ser reconhecida no passivo, pois representa um benefício do governo para dedução antecipada do crédito, em relação ao uso do bem.

Ao final dos 48 meses (DEZ/x4), o valor integrado ao estoque para apuração do custo dos produtos vendidos será o mesmo, utilizando as duas formas de registro: R$ 43.560,00. A diferença é apresentada na Tabela 12.13.

TABELA 12.13

SALDO DE CONTAS	Crédito registrado mensalmente	Crédito registrado todo na aquisição
Máquinas – saldo líquido	36.000,00	33.234,00*
COFINS a apropriar – passivo	(2.736,00)	0
SALDO LÍQUIDO DA CONTA MÁQUINAS AO FINAL DOS 48 MESES	33.234,00	33.234,00

* Aquisição de 55.440 menos depreciação acumulada de 22.176 (462 × 48).

Apenas para facilitar a compreensão, observe a seguir o saldo da conta contábil provisão para COFINS diferida, ao final dos 10 anos de uso da máquina:

CRÉDITOS → 48 meses de R$ 57 = 2.736

Estes créditos correspondem a uma OBRIGAÇÃO da empresa para com o Fisco, a partir do momento que deduziu ANTECIPADAMENTE tributos sobre os encargos de depreciação.

DÉBITOS → 72 meses de R$ 38 = 2.736

Os débitos representam a REDUÇÃO DA OBRIGAÇÃO, devido a empresa já ter efetuado toda a dedução permitida nos primeiros 48 meses de via útil do bem.

Prefiro o registro integral na aquisição, pois entendo ser uma situação mais próxima da lógica econômica. Adquirimos uma máquina e a legislação nos permite a recuperação de 7,6% do valor do bem dentro do período de quatro anos (volto a lembrar que utilizaremos somente a COFINS, para fins didáticos, apesar de as mesmas regras valerem para o PIS). Então, o correto é reconhecer o "direito" referente a compra, sendo parte dele de curto prazo e o restante (36 parcelas) registrados no longo prazo.

De qualquer forma, é importante alertar que não é correto registrar na conta de estoque (depreciação) o valor de R$ 443,00 (R$ 500 menos o crédito fiscal de R$ 57,00), pois embora o crédito seja utilizado em quatro anos, economicamente o bem contribuirá na obtenção de receitas de forma linear (pelo menos teoricamente) e não de forma mais intensa nos quatro primeiros anos.

12.20 Problemas (e soluções) no registro contábil do arrendamento mercantil financeiro

A contabilidade brasileira deu enorme salto qualitativo desde 2008, por conta da adoção de padrões internacionais como forma de tornar a nossa comparável com a contabilidade praticada no mundo.

Um dos itens que sofreu relevante modificação em relação ao modelo anterior foi o registro da aquisição de um bem para o imobilizado via arrendamento mercantil financeiro.

Pela legislação anterior, fortemente impactada pelos aspectos fiscais (Lei nº 6.099/74, art. 11), os pagamentos eram registrados em despesa de arrendamento, sendo dedutíveis na base do imposto de renda. Com isso, as empresas optavam pelo registro dos pagamentos das contraprestações diretamente em despesa.

A partir de 2008, a Lei nº 11.638/2007 alterou o inciso IV do art. 179 da Lei nº 6.404/76, definindo o registro dos contratos de arrendamento mercantil financeiro no ativo imobilizado, por ocasião da compra do bem, ou seja, no início do contrato.

Há todo um refinamento técnico no registro atual do arrendamento, o qual não será explorado aqui, sendo apresentado o registro apenas com objetivo de integração com a contabilidade tributária, mais especificamente nos créditos de PIS e COFINS. Recomendo a leitura do Pronunciamento CPC nº 6 e do Capítulo 13 do *Manual de contabilidade societária da Fipecafi* (3ª edição), que apresentam explicações mais detalhadas sobre o tema.

No cálculo do método não cumulativo das contribuições para PIS e COFINS há possibilidade de dedução de créditos, reduzindo o montante a pagar apurado sobre as receitas. Um dos créditos permitidos é o de arrendamento mercantil, seja operacional ou financeiro. A Lei nº 10.865/2004 incluiu o inciso V no art. 3º da Lei nº 10.833/2003, definindo que o valor pago referente às contraprestações de operações de arrendamento mercantil de pessoa jurídica gera crédito de PIS e COFINS, pelas alíquotas de 1,65% e 7,6%, respectivamente. Mas, na contabilidade, as despesas do arrendamento mercantil financeiro seguirão outro caminho, tanto quanto ao tipo como no tempo, o que exigirá um bom controle para não distorcer as bases de IR e CSLL. Vejamos um exemplo:

A Cia. Onça adquiriu em JAN/x1, via arrendamento mercantil financeiro, um bem para seu imobilizado, por R$ 5.000 em duas parcelas de R$ 2.500, pagas ao final de DEZ/x1 e DEZ/x2. O mesmo bem, trazido a valor presente, monta a R$ 4.500 em JAN/x1. A empresa presta serviços por três anos (prazo de vida útil), com receita anual de R$ 3.000 e, ao final do terceiro ano (x3), o bem é doado para uma instituição de caridade. No exercício, será considerada somente a COFINS, com alíquota de 7,6%.

PELA AQUISIÇÃO DO IMOBILIZADO EM JAN/X1

DÉBITO: Imobilizado	4.500,00
DÉBITO: Juros a apropriar (retificadora de passivo)	500,00
CRÉDITO: Financiamento a pagar	5.000,00

PELO REGISTRO ANUAL DO PAGAMENTO E DA DEPRECIAÇÃO E DOS JUROS NOS DOIS PRIMEIROS ANOS (X1 E X2)

DÉBITO: Financiamento a pagar	
CRÉDITO: Caixa	2.500 (5.000/2 anos)
DÉBITO: Despesa de depreciação (1)	
CRÉDITO: Depreciação acumulada	1.500,00 (4.500/3 anos)
DÉBITO: Despesa de juros (1)	
CRÉDITO: Juros a apropriar	250,00 (apropriação linear)
DÉBITO: COFINS a recuperar	190,00 (7,6% s/ 2.500)
CRÉDITO: Despesa de depreciação (2)	114,00 (7,6% s/ 1.500)
CRÉDITO: Despesa de juros (2)	19,00 (7,6% s/ 250)
CRÉDITO: Provisão p/ COFINS diferida (passivo)	57,00 (7,6% s/ 750)

Nos dois primeiros anos (x1 e x2) o registro atendeu, ao mesmo tempo, à contabilidade e ao fisco. O crédito fiscal foi registrado pela aplicação das Leis nº 10.833/2003 e nº 12.973/2014, montando a R$ 190, que é 7,6% sobre R$ 2.500, valor pago no ano de x1 e repetido em x2.

Todavia, na contabilidade temos despesa anual de R$ 1.750, sendo R$ 1.500 de depreciação e R$ 250 de juros. E a redução total da despesa, em função do registro do crédito, deve ser de R$ 133 (7,6% sobre R$ 1.750).

Com isso, geramos um PASSIVO de R$ 57 (190 menos 133), que vem a ser 7,6% sobre R$ 750 (2.500 - 1.750), parcela creditada pelo governo sem registro em despesa na contabilidade.

Admitindo a receita anual de R$ 3.000, a COFINS a pagar montaria a R$ 228 (7,6% sobre 3.000), sinalizando desembolso anual de R$ 38 (228 - 190) nos anos de x1 e x2.

Quando chegar o terceiro ano (x3), o registro contábil será diferente.

PELO REGISTRO DE DEPRECIAÇÃO NO TERCEIRO ANO (X3)

DÉBITO: Despesa de depreciação (1)	
CRÉDITO: Depreciação acumulada	1.500,00
DÉBITO: Provisão p/ COFINS diferida (passivo)	
CRÉDITO: Despesa de depreciação (2)	114,00 (7,6% s/ 1.500)

Observe que não temos mais o registro do crédito em x3, pois não há pagamento do arrendamento mercantil. Contudo, teríamos que registrar a despesa pelo seu valor líquido. O débito seria a baixa da conta provisão para COFINS diferida. Apenas para registro, esta conta poderia se chamar COFINS a Apropriar ou outro nome a seu critério, desde que fique no passivo.

Mas, parece que há um erro: não há crédito sobre despesa de juros e nem depreciação, se esta não for de bens utilizados na produção. A explicação é verdadeira. Porém, não há registro de créditos dos dois itens, mas sim crédito de arrendamento mercantil, com base na legislação tributária vigente, inclusive referendada nos arts. 44 a 47 na Lei nº 12.973/2014. Na contabilidade, a despesa fiscal de arrendamento mercantil (financeiro) foi distribuída agora em duas outras despesas, registradas em periodicidade diferente do arrendamento: a despesa de depreciação e a despesa de juros.

E os registros do crédito e da COFINS a apropriar parecem fundamentais para não distorcer a informação contábil. Para facilitar a compreensão, veja na Tabela 12.14 a DRE dos três anos de atividade da empresa.

Fundamentando o lucro economicamente: o serviço prestado anual monta a R$ 3.000, com custo de R$ 1.500. Nos dois primeiros anos, há a despesa financeira de R$ 500, distribuída por dois anos. Portanto, o lucro econômico, antes da COFINS, monta a R$ 1.250 em x1 e x2 e R$ 1.500 em x3.

TABELA 12.14 DRE da Cia. onça com registro correto de PIS e COFINS

DRE	x1	x2	x3
RECEITA BRUTA	**3.000**	**3.000**	**3.000**
(–) COFINS	**(228)**	**(228)**	**(228)**
(–) DEPRECIAÇÃO	**(1.386)**	**(1.386)**	**(1.386)**
(–) DESPESA DE JUROS	**(231)**	**(231)**	**-**
LUCRO ANTES DO IR	**1.155**	**1.155**	**1.386**

Portanto, no último ano, como não há mais juros, pois o bem já havia sido integralmente pago, o lucro antes do IR ficou em R$ 1.386, representando R$ 1.500 menos 7,6% (R$ 114).

Nos dois anos anteriores (x1 e x2), o lucro sem COFINS seria R$ 1.250, pois o bem alugado por R$ 3.000 teve despesas de R$ 1.500 (uso, por depreciação) + R$ 250 (juros). Considerando R$ 1.250 menos 7,6% (95), teríamos o LAIR apresentado de R$ 1.155.

Em geral, as empresas optam por considerar o crédito integral no momento do registro inicial do imobilizado e do reconhecimento inicial da conta juros a apropriar. Contudo, embora relativamente simples, este procedimento não está correto, pois o crédito, no caso, não será obtido na aquisição. Mas, sem dúvida, é uma opção para fins de simplificação, pois o resultado final será o mesmo.

12.21 Exclusão do ICMS ST nas bases de PIS + COFINS

A decisão do STF, conhecida como "tese do século", exclui das bases de PIS e COFINS o ICMS que vem informado na nota fiscal de venda da empresa. Ocorre que um número significativo de empresas comerciais não tem o imposto estadual destacado na nota fiscal de vendas, pois ele foi cobrado antecipadamente, no modelo de substituição tributária, na nota fiscal de compras.

Há interpretações diferentes sobre qual a instância final para julgamento da questão, se o STF ou o STJ, que, no final de 2020, decidiu, na sua segunda turma, que o ICMS ST não poderia ser excluído das bases de cálculo de PIS e COFINS.[22]

Sem entrar no mérito jurídico, a percepção é a de que, uma vez extraído o ICMS no modelo tradicional das bases das contribuições para PIS/PASEP e COFINS, também deveria ser excluído o ICMS ST das empresas substituídas. A única diferença entre as duas situações é que o imposto foi cobrado na nota fiscal de compra, em vez da cobrança na nota fiscal de venda. Por uma questão de isonomia tributária, não vejo sentido excluir um e exigir que o outro integre as bases de PIS e COFINS.

Para comprovar nossa percepção, o tema será apresentado por meio de um exemplo numérico.

Suponha três empresas tributadas pelo lucro real e as premissas em relação à produção e comercialização do produto X nos estados do RJ e SP:

- A Cia. Doce é indústria localizada no estado de SP e fabricante de X.
- A Cia. Cosme é empresa comercial localizada no estado de SP, que revende X.
- A Cia. Damião é empresa comercial localizada no estado do RJ, que revende X.
- O produto X tem alíquota interna de ICMS de 12% nos estados do RJ e SP.
- A Cia. Doce vende seu produto X pelo preço de R$ 1 mil para as duas empresas comerciais, já incluídos no preço o ICMS, PIS e COFINS. Desconsidere qualquer crédito dos tributos na empresa industrial.
- Há o modelo de substituição tributária de ICMS para o produto X apenas no estado de SP, enquanto nas operações realizadas no estado do RJ, o processo de cobrança do imposto estadual é o tradicional, ao longo da cadeia produtiva. Não há protocolo ou convênio para o produto X no CONFAZ.
- A Cia. Doce terá que calcular e recolher o ICMS ST apenas na venda que irá fazer para a Cia. Cosme (SP). A Margem de Valor Agregada (MVA) definida em lei é de 50%.
- As duas empresas comerciais (Cia. Cosme e Cia. Damião) são próximas e concorrentes, tendo praticamente o mesmo tamanho, estrutura de custos e perspectiva de lucro. Para remunerar o custo da compra do produto X e as despesas operacionais mais um pequeno lucro elas pretendem revender o produto X por R$ 1.500, auferindo um lucro bruto de R$ 393,75.

Veja nas Tabelas 12.15 e 12.16 como ficará a DRE das empresas comerciais em cada uma das duas operações, para você comparar economicamente o que aconteceu, o impacto tributário e pensar se faz sentido

[22] Disponível em: https://www.migalhas.com.br/depeso/333064/icms-st-na-base-de-calculo-do-pis-e-da-cofins--o-stf-e-o-prejuizo-da-ausencia-de-repercussao-geral e https://tributarionosbastidores.com.br/2021/02/icms-st-nao-pode-ser-excluido-da-base-do-pis-e-da-cofins/. Acesso em: out. 2021.

permitir a exclusão do ICMS nas bases de PIS e COFINS pelo modelo tradicional e não permitir a exclusão do ICMS no modelo de substituição tributária.

Para facilitar, primeiro será apresentado (Tabela 12.15) o processo operacional envolvendo a venda da indústria (Cia. Doce) para a Cia. Damião, que está no RJ, pertinho de SP, onde está localizada a empresa industrial e seu concorrente comercial, Cia. Cosme. Perceba que o ICMS será cobrado pelas duas empresas, cada uma pagando sobre a parcela agregada na cadeia produtiva.

Já na venda da Cia. Doce para a Cia. Cosme, dentro do próprio estado de SP (Tabela 12.16), será aplicado o processo de substituição tributária.

A isonomia foi quebrada no caso, sendo injusto diferenciar as situações das duas empresas comerciais, Cia. Cosme e Cia. Damião, apenas pela forma como o ICMS foi cobrado. As duas pagaram R$ 180 do imposto estadual, com a seguinte diferença:

- Cia. Cosme (SP) pagou o ICMS todo na NF de compra, sendo R$ 120 que foi embutido (repercussão) no preço de venda da Indústria + R$ 60 que foi o seu ICMS, que seria desembolsado em função da revenda e foi cobrado antecipadamente pela indústria, sendo acrescido ao preço.
- Cia Damião (RJ) pagou o ICMS de R$ 120 na nota fiscal de compra e informou seu ICMS total devido de R$ 180 na nota fiscal de venda, tendo desembolsado diretamente ao fisco estadual o ICMS de R$ 60 (180 - 120).

Aí, peço que você avalie, sob a ótica contábil, econômica e financeira, se faz sentido a justiça decidir que uma empresa (Cia. Damião) pode extrair o valor de R$ 180 do ICMS das bases de PIS + COFINS e a outra empresa (Cia. Cosme) nada pode excluir?

A RFB não permite a exclusão do ICMS ST nas bases de cálculo do PIS e da COFINS, confirmando isso em consultas (nº 106/2014, nº 104/2017 e a nº 99.041, vinculada às duas primeiras e publicada no *DOU* em 15/MAR/2017). Já os Tribunais Regionais Federais têm acolhido o direito de excluir o ICMS ST na empresa substituída (normalmente comercial). A questão está longe de ser encerrada.

TABELA 12.15

DRE DA CIA. DOCE (SP)	COMO FOI
FATURAMENTO BRUTO	1.000,00
ICMS ST	–
RECEITA BRUTA	1.000,00
ICMS – 12%	(120,00)
PIS + COFINS – 9,25%	(92,50)
RECEITA LÍQUIDA	**787,50**

DRE DA CIA. DAMIÃO (RJ)	COMO FOI
RECEITA BRUTA	1.500,00
ICMS – 12%	(180,00)
PIS + COFINS - 9,25%	(138,75)
RECEITA LÍQUIDA	1.181,25
(-) CMV	(787,50)
LUCRO BRUTO	**393,75**
COMPRA TOTAL	1.000,00
ICMS a recuperar	120,00
PIS + COFINS a recuperar	92,50
Estoque	787,50

FINANCEIRO DA CIA. DAMIÃO	**393,75**
Comprou	(1.000,00)
Vendeu	1.500,00
Pagamento ICMS	(60,00)
Pagamento PIS + COFINS	(46,25)

DECISÃO DO STF PERMITE RETIRAR O ICMS DA NF DE VENDA DA BC DE PIS + COFINS			
INDÚSTRIA (CIA. DOCE)		**COMÉRCIO (CIA. DAMIÃO)**	
Nova base de cálculo	880,00	Nova base de cálculo	1.320,00
PIS + COFINS – 9,25%	81,40	PIS + COFINS – 9,25%	122,10
VALOR DEVOLVIDO	**11,10**	**VALOR DEVOLVIDO**	**16,65**

12.22 A tese do século explicada por meio de um exemplo numérico

Conforme largamente divulgado pela mídia oficial e especializada, o STF finalmente concluiu em maio de 2021 o julgamento dos embargos de declaração impetrados por parte da Fazenda Nacional na chamada tese do século, que retira o ICMS das bases de cálculo das contribuições para PIS/PASEP e COFINS. Em resumo, a decisão final da suprema corte foi a seguinte:

TABELA 12.16

DRE DA CIA. DOCE (SP)	COMO FOI	DRE DA CIA. COSME (SP)	COMO FOI
FATURAMENTO BRUTO	1.060,00	RECEITA BRUTA	1.500,00
ICMS ST	(60,00)	ICMS – 12%	–
RECEITA BRUTA	1.000,00	PIS + COFINS – 9,25%	(138,75)
ICMS – 12%	(120,00)	RECEITA LÍQUIDA	1.361,25
PIS + COFINS – 9,25%	(92,50)	(–) CMV	(967,50)
RECEITA LÍQUIDA	**787,50**	**LUCRO BRUTO**	**393,75**
		COMPRA TOTAL	1.060,00
FINANCEIRO DA CIA. COSME	**393,75**	ICMS a recuperar	–
Comprou	(1.060,00)	PIS + COFINS a recuperar	92,50
Vendeu	1.500,00	Estoque	967,50
Pagamento ICMS	–	Base estimada ICMS ST	1.500,00
Pagamento PIS + COFINS	(46,25)	ICMS Total – 12%	180,00
		ICMS ST	60,00
		PV FINAL com ICMS ST	1.060,00
DECISÃO DO STF PERMITE RETIRAR O ICMS DA NF DE VENDA DA BC DE PIS + COFINS			
INDÚSTRIA (CIA. DOCE)		**COMÉRCIO (CIA. COSME)**	
Nova base de cálculo	880,00	Nova base de cálculo	1.500,00
PIS + COFINS – 9,25%	81,40	PIS + COFINS – 9,25%	138,75
VALOR DEVOLVIDO	**11,10**	**VALOR DEVOLVIDO**	–

1. O ICMS não compõe as bases de cálculo de PIS e COFINS para todas as empresas, valendo desde março de 2017. Mesmo quem não tem ação judicial terá direito a refazer suas bases e solicitar restituição/compensação dos valores eventualmente desembolsados a maior.
2. O ICMS a ser retirado da base das contribuições será aquele destacado na nota fiscal de venda, seja de bens, produtos, mercadorias ou serviços.
3. As empresas que possuíam ação judicial protocolada até a decisão do STF de 15 de março de 2017 têm direito à restituição, inclusive da parcela retroativa (não prescrita). Já as empresas que entraram com ação judicial após 15/MAR/2017 não terão direito à restituição retroativa.

O Parecer SEI nº 14.483/2001/ME consolida a posição descrita nos itens acima, impedindo a tentativa da Receita Federal do Brasil – RFB que em algumas decisões tem exigido dos contribuintes comprovação do ICMS pago como elemento para permitir utilização dos créditos apurados a partir da aplicação da repercussão geral do Tema 69, apelidado de tese do século.

Aqui, na reta final do capítulo, para contribuir com o conhecimento e a integração contábil-tributária será apresentado um exemplo numérico para você entender o quanto foi pago na operação original e quanto as empresas de uma cadeia produtiva deveriam pagar de PIS + COFINS seguindo a decisão da suprema corte.

Considere três empresas, todas tributadas pelo lucro real: RAIZ, IND e COM, sendo as duas primeiras empresas industriais e a última uma empresa comercial varejista, que irá revender o Produto X ao consumidor final. Algumas premissas precisam ser estabelecidas para que a explicação cumpra seu ousado objetivo:

- O exemplo citado se deu no mês de janeiro de 2019, simbolizando todas as operações realizadas sob a vigência da IN RFB nº 404/2002.
- RAIZ é indústria que produz e vende a matéria-prima Z e tem custo das vendas de R$ 500, além da necessidade de produzir um lucro bruto de R$ 200, que servirá para remunerar suas despesas operacionais e o lucro esperado. Se não tivesse cobrança de tributos sobre a receita, poderia vender seu produto (matéria-prima Z) a IND por R$ 700.
- IND é indústria que produz e vende X, obtido a partir da matéria-prima Z, que será seu único custo

de produção, depois de separados os impostos e contribuições passíveis de recuperação. A IND produzirá X a partir da matéria-prima Z e deseja/necessita gerar um lucro bruto de R$ 200, para cobrir suas despesas operacionais e o lucro esperado. Para gerar este lucro bruto esperado, venderá todo o estoque do produto X para a empresa COM, fazendo a repercussão de ICMS, PIS e COFINS no preço e, depois, acrescentando o IPI neste preço. Se fosse possível realizar sua venda sem a cobrança de tributos, praticaria o preço de R$ 900.

- COM é o varejista que adquiriu o produto X para revenda e deseja/precisa obter um lucro bruto de R$ 200 para remunerar despesas operacionais e o lucro esperado. Venderá o produto adquirido a seus clientes, pessoas físicas, fazendo a repercussão no preço de ICMS, PIS e COFINS. Na prática, se não tivesse cobrança de IPI, ICMS, PIS e COFINS nas operações, a empresa COM venderia o produto X a seus clientes por R$ 1.100 (700 + 200 + 200).
- A alíquota do IPI aplicada nas duas primeiras vendas da RAIZ e da IND será de 10%, enquanto a alíquota de ICMS utilizada foi 12%. Na empresa COM não há cobrança de IPI e o ICMS terá alíquota de 18%. Nas três empresas, as contribuições para PIS/PASEP e COFINS serão calculadas pelo método não cumulativo, com alíquota combinada de 9,25%.

Aqui serão apresentadas as três demonstrações de resultado das três empresas em janeiro de 2019 e o cálculo de PIS e COFINS, em três situações:

a) Fazendo o processo de repercussão dos tributos nos preços, aplicando a legislação tributária em vigor, considerando o ICMS nas bases de PIS e COFINS.
b) Fazendo o processo de repercussão dos tributos nos preços, mas utilizando a decisão do STF, retirando o ICMS destacado na nota fiscal de venda nas bases de PIS e COFINS, porém considerando o crédito das compras com o valor do ICMS incluído no preço.
c) Utilizando o que foi feito originalmente no item A, mas simplesmente retirando o ICMS destacado na nota fiscal de vendas das bases de cálculo de PIS e COFINS.

Primeiro, apresentamos na Tabela 12.17 a DRE das três empresas conforme previsto no item A, ou seja, considerando ICMS dentro das bases de PIS e COFINS.

TABELA 12.17

Como foi feito (ICMS DENTRO)	RAIZ	IND	COM.
FATURAMENTO BRUTO	977,78	1.257,14	1.654,59
IPI 10%	(88,89)	(114,29)	–
RECEITA BRUTA	888,89	1.142,86	1.654,59
(–) ICMS 12% e 18%	(106,67)	(137,14)	(297,83)
(–) PIS + COFINS 9,25%	(82,22)	(105,71)	(153,05)
RECEITA LÍQUIDA	700,00	900,00	1.203,71
(–) CUSTO DAS VENDAS	(500,00)	(700,00)	(1.003,71)
LUCRO BRUTO	**200,00**	**200,00**	**200,00**
PIS + COFINS pago diretamente	(82,22)	(23,49)	(36,76)
ICMS pago diretamente	(106,67)	(30,48)	(160,68)
IPI pago diretamente	(88,89)	(25,40)	–
Venda – Compra (caixa líquido)	477,78	279,37	397,45
FINANCEIRO (Caixa líquido)	**200,00**	**200,00**	**200,00**

Observe que cada empresa necessita de R$ 200 para remunerar suas despesas operacionais e seu lucro. E este foi o lucro bruto apurado na sua contabilidade e será, também, o valor da efetiva entrada de caixa considerando apenas a cadeia produtiva do exemplo.

O estoque que virou custo das vendas na IND foi exatamente o valor da receita líquida, ou seja, esta empresa colocou os tributos pagos na compra em ativos denominados TRIBUTOS A RECUPERAR. Na RAIZ o valor (aleatório) do custo das vendas foi fornecido no enunciado.

Os tributos desembolsados pela IND foram sua despesa menos os valores registrados em TRIBUTOS A RECUPERAR, batendo exatamente com os valores pagos pela RAIZ. O mesmo aconteceu com o ICMS da empresa COM.

Já a compra do produto X pela COM foi registrado da seguinte forma:

- ICMS a recuperar de R$ 137,14 cf. nota fiscal de compra.
- PIS + COFINS a Recuperar de R$ 116,29 (BC de 1.257,14 × 9,25%).
- ESTOQUE de R$ 1.003,71 (1.257,14 – 137,14 – 116,29).

Este valor de R$ 1.003,71 virou o custo das vendas da COM. Perceba que a despesa de PIS + COFINS da COM de R$ 153,05 ficou maior que o somatório de PIS + COFINS pago nas três empresas (R$ 142,47) em R$ 10,58. A explicação para essa diferença foi o IPI da IND de R$ 114,29 que não entrou na base de PIS + COFINS da IND mas gerou crédito das contribuições na empresa COM. Assim, aplicando 9,25% sobre esse IPI de R$ 114,29 dá a diferença de R$ 10,58.

Na sequência, serão remontados os preços na cadeia produtiva, assumindo que o ICMS da nota fiscal de venda deveria ser retirado da base de cálculo de PIS + COFINS na construção do preço com a repercussão dos tributos. Na Tabela 12.18, veja como ficaria a DRE das três empresas que integram a cadeia produtiva e o pagamento dos tributos.

TABELA 12.18

Como seria (ICMS FORA)	RAIZ	IND	COM.
FATURAMENTO BRUTO	964,18	1.226,27	
IPI 10%	(87,65)	(111,48)	
RECEITA BRUTA	876,53	1.114,79	1.584,44
(–) ICMS 12% e 18%	(105,18)	(133,77)	(285,20)
RECEITA LÍQUIDA (PROVISÓRIA)	771,35	981,01	1.299,24
(–) PIS + COFINS 9,25%	(71,35)	(90,74)	(120,18)
RECEITA LÍQUIDA	700,00	890,27	1.179,06
(–) CUSTO DAS VENDAS	(500,00)	(690,27)	(979,06)
LUCRO BRUTO	**200,00**	**200,00**	**200,00**
PIS + COFINS pago diretamente	(71,35)	(9,66)	6,75
ICMS pago diretamente	(105,18)	(28,59)	151,43
IPI pago diretamente	(87,65)	(23,83)	–
Venda – Compra (caixa líquido)	464,18	262,08	358,18
FINANCEIRO (Caixa líquido)	**200,00**	**200,00**	**200,00**

Observe que na comparação, cada empresa continua trabalhando para deixar um lucro bruto de R$ 200 com objetivo de cobrir suas despesas operacionais e seu lucro. E este valor representaria a efetiva entrada de caixa de cada uma das três empresas da cadeia produtiva.

A IND compra a matéria-prima da RAIZ por R$ 964,19 e assim registraria:

- IPI a recuperar de R$ 87,65 cf. nota fiscal de compra.
- ICMS a recuperar de R$ 105,18 cf. nota fiscal de compra.
- PIS + COFINS a recuperar de R$ 81,08 (BC de 876,53 × 9,25%).
- ESTOQUE de R$ 690,27 (964,19 – (87,65 + 105,18 + 81,08)).[23]

Já a compra do produto X pela COM seria registrada da seguinte forma:

- ICMS a recuperar de R$ 133,77 cf. nota fiscal de compra.
- PIS + COFINS a recuperar de R$ 113,43 (BC de 1.226,27 × 9,25%).
- ESTOQUE de R$ 979,06 (1.226,27 – (133,77 + 113,43)).[24]

Este valor de R$ 979,06 virou o custo das vendas da COM. Perceba que a despesa de PIS + COFINS da COM de R$ 120,18 ficou maior que o somatório de PIS + COFINS pago nas três empresas (R$ 87,76) em R$ 32,42. A explicação para essa diferença é a combinação dos seguintes valores:

- IPI e ICMS da IND de R$ 245,25 (111,48 + 133,77) que não integraram a base de PIS + COFINS nesta empresa mas fizeram parte dos créditos registrados no ativo da COM.
- ICMS da RAIZ de R$ 105,18 que não integrou a base de cálculo de PIS + COFINS desta empresa, mas fez parte dos créditos registrados no ativo da IND.
- Somando os dois valores, temos R$ 350,43 (245,25 + 105,18). Depois, aplicando a alíquota combinada de 9,25%, encontramos a diferença de R$ 32,42.

Observe a Tabela 12.19, integrando a diferença das três empresas entre o que aconteceu no processo original da empresa (A), depois aplicando a decisão do STF e retirando o ICMS das bases de PIS e COFINS (B) e, por

[23] Há um arredondamento de R$ 0,01 aqui e em algumas outras contas, ignorar por favor.

[24] Há um arredondamento de R$ 0,01 aqui e em algumas outras contas, ignorar por favor.

TABELA 12.19

COMPARAÇÃO PREÇO E TRIBUTOS	RAIZ	IND	COM.	
Preço de venda (**com** ICMS na BC)	977,78	1.257,14	1.654,59	
Preço de venda (**sem** ICMS na BC)	964,19	1.226,27	1.584,44	
Quanto foi cobrado a mais no preço	**13,59**	**30,87**	**70,15**	SOMA
IPI pago a mais	1,24	2,80	–	4,04
ICMS pago a mais	1,48	3,37	12,63	17,48
PIS + COFINS pago (**com** ICMS na BC)	82,23	23,49	36,76	142,48
PIS + COFINS pago (**sem** ICMS na BC)	71,35	9,66	6,75	87,76
DIF. PIS + COFINS que seria devida	10,88	13,83	30,01	54,72
DIF. PIS + COFINS (ICMS NF Venda)	**9,87**	**12,69**	**27,55**	**50,10**
% de redução de PIS + COFINS	**12%**	**54%**	**75%**	**35%**

fim, fazendo simplesmente o ajuste na versão original, com a retirada no ICMS da nota fiscal de vendas (C).

Pela aplicação da repercussão econômica, R$ 70,15 foi a diferença no preço de venda do produto X para o consumidor final, que no caso foi quem assumiu efetivamente o ônus da inclusão do ICMS nas bases de PIS e COFINS. Porém, esse preço mais elevado (R$ 70,15) teria a seguinte composição:

PIS + COFINS pago a mais das três empresas (RAIZ, IND e COM) = R$ 54,72

ICMS pago a mais pela Cia. COM (repassado ao consumidor final) = R$ 12,63

IPI pago a mais pela Cia. IND e repassado ao consumidor pela COM = R$ 2,80

Na essência, quem assumiu economicamente o ônus da cobrança de um tributo sobre o outro foi o consumidor final. Mas, infelizmente, a decisão do STF determinou a devolução para as empresas, não alcançando seus clientes que efetivamente pagaram por isso. E como a decisão apontou para retirar da base de cálculo o ICMS da nota fiscal de vendas, a devolução total de PIS + COFINS será de R$ 50,10, representando 35% do total pago pelas contribuições na cadeia produtiva. Analisando isoladamente as três empresas, percebe-se que a empresa intermediária (IND, 54%) e a última (COM, 75%) da cadeia produtiva terão devolução de expressivo percentual sobre os valores pagos.

12.23 Absorção da leitura: vinte questões de múltipla escolha

Recomenda-se resolver as questões pelo menos um dia depois da leitura do capítulo.

Q1

A Cia. Rato (comércio), tributada pelo lucro presumido, tem os seguintes itens em JAN/x1:

- (+) Receita bruta R$ 400.000,00
- (–) Devolução de vendas R$ 20.000,00
- (+) Receitas financeiras R$ 10.000,00

A COFINS devida em JAN/x1 pela Cia. Rato será:

(A) R$ 11.400,00.

(B) R$ 11.700,00.

(C) R$ 11.800,00.

(D) R$ 12.000,00.

(E) R$ 12.300,00.

Q2

A Cia. Rua, empresa comercial, tributada pelo lucro presumido, tem os seguintes itens em JAN/x1:

- (+) Receita bruta R$ 500.000,00
- (–) Descontos incondicionais R$ 10.000,00
- (+) Ganho de capital R$ 2.000,00

OBS 10% das vendas são p/ o exterior. O desconto foi concedido em vendas no Brasil.

A COFINS devida em JAN/x1 pela Cia. Rua será:

(A) R$ 14.700,00.

(B) R$ 13.560,00.

(C) R$ 13.500,00.

(D) R$ 13.260,00.

(E) R$ 13.200,00.

Q3

Veja as receitas da Farmácia Pontão, tributada pelo lucro presumido, em JAN/x1:

- (+) Receita de vendas R$ 1.000.000
- (–) ICMS s/ vendas R$ 30.000
- (+) Receita de MEP positivo R$ 100.000
- (+) Receita de JCP recebido R$ 20.000

Obs.: 80% das vendas são de produtos c/ tributação no modelo concentrado ou monofásico.

A COFINS em JAN/x1 será (em R$):

(A) 5.100.

(B) 5.700.

(C) 6.000.

(D) 6.600.

(E) 6.800.

Q4

A Cia. W (lucro real) tem os seguintes itens em JAN/x1:

- (+) Receita bruta R$ 500.000
- (+) Receita de multas por atraso R$ 4.000
- (+) Receita de juros sobre atraso R$ 9.000
- (+) Receita de aluguel de espaço R$ 15.000
- (+) Reversão de provisão civil R$ 10.000
- (–) Créditos permitidos em lei R$ 200.000

Considerando a legislação tributária em vigor, a Cia. W deverá pagar de COFINS, referente ao mês de JAN/x1:

(A) R$ 23.940.

(B) R$ 24.244.

(C) R$ 24.460.

(D) R$ 24.604.

(E) R$ 24.928.

Q5

A seguir dados da Cia. Roda (lucro real), em FEV/x1:

- Receita bruta R$ 800.000
- Estoque inicial R$ 120.000
- CMV R$ 530.000
- Estoque final R$ 130.000
- Despesa de energia elétrica R$ 25.000
- Ganho de capital R$ 5.000[1]

[1] Venda recebida integralmente no mês.

Considerando a legislação tributária em vigor, a Cia. Roda deverá pagar de COFINS, referente ao mês de FEV/x1:

(A) R$ 17.860.

(B) R$ 18.240.

(C) R$ 18.620.

(D) R$ 19.380.

(E) R$ 19.760.

Q6

A Cia. Z, prestadora de serviços, tributada pelo lucro real, apresenta, em FEV/x1, receita bruta de R$ 1.000.000 e os seguintes gastos, para fins de avaliação do uso ou não de créditos:

- Despesa de aluguel (provisionado, não pago) R$ 20.000
- Despesa de arrendamento mercantil de veículos R$ 8.000
- Despesa de telecomunicações (telefone e internet) R$ 5.000

A COFINS devida em FEV/x1 pela Cia. Z, que será paga no mês seguinte, monta, em R$, a:

(A) 73.492.

(B) 73.872.

(C) 74.100.

(D) 75.392.

(E) 76.000.

Q7

Analise as assertivas a seguir:

1. Os recursos do PIS/PASEP e da COFINS são direcionados para o Fundo de Amparo ao Trabalhador (FAT), vinculado ao MTE.
2. O método cumulativo é aplicado, REGRA GERAL, para as empresas tributadas pelo lucro presumido.
3. NÃO há cobrança de PIS e COFINS nas vendas de mercadorias ao exterior, mesmo com recebimento em reais.

É possível afirmar que:

(A) Apenas as assertivas 1 e 2 estão corretas.

(B) Apenas as assertivas 1 e 3 estão corretas.

(C) Apenas as assertivas 2 e 3 estão corretas.

(D) Apenas uma das três assertivas está correta.

(E) Estão corretas as três assertivas.

Q8

A Viamão Ltda. é uma empresa comercial, que fez a opção pelo lucro presumido. Em JAN/x1 apresentou os seguintes valores em sua contabilidade:

- Receita de revendas de mercadorias 800.000,00
- (–) Descontos condicionais concedidos 20.000,00
- Receitas com ganho na venda de imobilizado 1.000,00
- Receitas de multas sobre atraso 2.000,00

Considerando somente os dados apresentados e a legislação tributária vigente, a COFINS devida pela Cia. Viamão monta a:

(A) R$ 22.400,00.

(B) R$ 24.000,00.

(C) R$ 24.030,00.

(D) R$ 24.060,00.

(E) R$ 24.090,00.

Q9

Uma empresa industrial, que era tributada pelo lucro presumido em x1 e passou para o lucro real em x2, apresenta os seguintes dados em JAN/x2:

▪ Revendas de mercadorias	R$ 5.250.000
▪ Estoque inicial	R$ 1.000.000
▪ Estoque final	R$ 1.500.000
▪ Custo das vendas	R$ 3.500.000

Considerando somente os dados apresentados e a legislação vigente para as contribuições para PIS e COFINS, o valor devido de COFINS no mês de JAN/x2 montou, em reais a:

(A) 88.667.

(B) 92.500.

(C) 130.500.

(D) 157.500.

(E) 168.500.

Q10

Analise os seguintes gastos da Cia. Peroba, empresa industrial tributada pelo lucro real, em JAN/x1 (em milhares de reais):

▪ Mão de obra utilizada diretamente na produção	R$ 300
▪ Matéria-prima comprada de pessoa jurídica	R$ 700
▪ Insumos utilizados diretamente na produção	R$ 220
▪ Energia elétrica utilizada na produção	R$ 130
▪ Energia elétrica utilizada na área comercial	R$ 22
▪ Energia elétrica utilizada na área administrativa	R$ 12

Informe o total de créditos permitidos da Cia. Peroba para fins de dedução nas bases de PIS/PASEP e COFINS (em milhares de reais).

(A) R$ 1.072.

(B) R$ 1.084.

(C) R$ 1.350.

(D) R$ 1.372.

(E) R$ 1.384.

Q11

A Cia. Trevisan, tributada pelo lucro real, obteve, em JAN/x1, as seguintes receitas:

▪ Vendas a pessoas físicas	5.000
▪ Vendas ao governo (recebimento em x2)	1.500
▪ Receitas financeiras	1.000

A empresa não tem créditos no mês. Informe o valor que deve ser registrado em DESPESA de COFINS referente a JAN/x1.

(A) R$ 380.

(B) R$ 420.

(C) R$ 456.

(D) R$ 494.

(E) R$ 534.

Utilize as informações a seguir para responder às duas próximas questões:

- Operações com mercadorias realizadas pela Comercial X, em 30 de maio de 2011.
- Compra a prazo na Indústria Y, conforme detalhamento na Nota Fiscal:

CUSTO	IPI	TOTAL
2.000,00	200,00	2.200,00

- Venda à vista das mesmas mercadorias para a Transportadora Z por R$ 3.000,00.
- As empresas X e Z são tributadas pelo lucro real, enquanto a Indústria Y foi tributada pelo lucro presumido.
- As três empresas estão submetidas ao método não cumulativo do PIS e COFINS.
- Não têm créditos tributários anteriores de nenhum imposto ou taxa.
- Estão localizadas no mesmo estado e só operam no território nacional.
- Submetem-se às seguintes alíquotas:

ICMS	IPI	PIS	COFINS
12%	10%	1,65%	7,6%

Q12

Considerando somente as operações apresentadas, as informações recebidas e as determinações tributárias em vigor, informe a RECEITA LÍQUIDA da Indústria Y.

(A) 1.532,50.

(B) 1.575,00.

(C) 1.687,00.

(D) 1.732,50.

(E) 1.775,00.

Q13

Considerando somente as operações apresentadas, as informações recebidas e as determinações tributárias em vigor, informe o LUCRO BRUTO da Comercial X.

(A) 482,80.

(B) 506,80.

(C) 606,00.

(D) 630,00.

(E) 774,00.

Q14

Em relação às provisões tributárias de IR, CSLL, PIS e COFINS, analise as assertivas a seguir:

1. As despesas de IR e CSLL devem ser registradas mensalmente, em contrapartida com a conta de Provisão para IR e CSLL, classificada no passivo. O valor registrado será a aplicação das alíquotas vigentes dos tributos sobre o lucro real e a base de cálculo da CSLL. Contudo, por orientação do Pronunciamento CPC nº 26, tal provisão deverá ser registrada sempre no passivo não circulante.

2. A provisão da COFINS deve ser registrada, nas empresas tributadas pelo lucro real, no mês de apuração, pelo valor líquido dos créditos permitidos pela legislação. Por exemplo, um produto é adquirido por R$ 100 e revendido por R$ 250. A provisão da COFINS será registrada no passivo, em contrapartida com despesa de COFINS, aplicando a alíquota da contribuição sobre a base de R$ 150.
3. Considere uma empresa submetida à apuração pelo lucro real anual, que apresente receita de prestação de serviços em JAN/2017 de R$ 50.000 e retenção na fonte de 1%. No final do mês, a empresa terá um saldo na conta de ativo, denominada IR a recuperar – bases estimadas, de R$ 1.900.

Em relação às assertivas, é possível afirmar que:

(A) Apenas a assertiva 1 está incorreta.

(B) Apenas a assertiva 2 está incorreta.

(C) Apenas a assertiva 3 está incorreta.

(D) Estão incorretas todas as assertivas.

(E) Duas das três assertivas estão incorretas.

Q15 – PETROBRAS, 2010

Considere que uma empresa passe a ter direito ao crédito presumido sobre estoques para dedução do COFINS apurado pelo método não cumulativo. O lançamento a ser feito, quando da apuração do referido crédito, pelo seu valor total, é

	DÉBITO	CRÉDITO
(A)	COFINS a pagar	Estoque
(B)	COFINS a recuperar	Despesa de COFINS
(C)	COFINS a recuperar	Estoque
(D)	Estoque	COFINS a pagar
(E)	Despesa de COFINS	Estoque

Q16

A Cia. Marte, empresa comercial tributada pelo lucro real, adquiriu em maio de 2016 estoque para revenda da Cia. Saturno, também comercial, mas tributada pelo lucro presumido, no valor total de R$ 20.000,00. A Cia. Marte revendeu, posteriormente, 80% do estoque adquirido por R$ 24.000,00 para o mercado interno e 10% do estoque adquirido por R$ 4.000 para o exterior. O PIS e a COFINS têm alíquotas de 0,65% e 3%, respectivamente, no método cumulativo e 1,65% e 7,6%, respectivamente, no método não cumulativo. Considerando somente a incidência de PIS e COFINS conforme legislação tributária vigente e desconsiderando outras informações não fornecidas, o LUCRO BRUTO da Cia. Marte ao final das operações realizadas, em reais, será:

(A) 9.445,00.

(B) 9.075,00.

(C) 8.437,00.

(D) 7.260,00.

(E) 5.445,00.

Q17

Uma empresa comercial vendeu todo o seu estoque no exercício anterior. No exercício atual comprou mercadorias no valor de R$ 10.000,00 e vendeu 80% dessas mercadorias por R$ 12.000,00. Admitindo que a empresa só esteja sujeita ao PIS não cumulativo e à alíquota de 1,65%, o registro contábil, pelo líquido, do LUCRO BRUTO na operação e da DESPESA DE PIS, em reais, respectivamente, são:

(A) 3.802 e 99.

(B) 3.934 e 99.

(C) 3.934 e 198.

(D) 3.967 e 99.

(E) 3.967 e 198.

Q18

A Cia. Agrião é empresa do setor industrial de alimentos, sendo tributada pelo lucro real. Em seu balancete de setembro de x1, informou as seguintes receitas:

▪ Receita bruta de vendas (incluindo IPI + ICMS ST)	R$ 6.500.000,00
▪ IPI	R$ 300.000,00
▪ ICMS de substituição tributária	R$ 200.000,00
▪ Receitas com vendas de bens do ativo imobilizado	R$ 20.000,00
▪ Reversão de provisões trabalhistas	R$ 12.000,00
▪ Receita com aluguel de galpão para terceiros	R$ 9.000,00

Considerando a legislação tributária vigente, o valor total de receitas que integrará a base de cálculo do PIS/PASEP, no mês de setembro de x1, em reais, será:

(A) 6.000.000,00.

(B) 6.009.000,00.

(C) 6.029.000,00.

(D) 6.209.000,00.

(E) 6.241.000,00.

Q19

Empresa comercial, tributada pelo lucro real, comprou R$ 100.000,00 em mercadorias. Posteriormente, revendeu 90% por R$ 125.000,00. Considerando somente a incidência de COFINS com as alíquotas vigentes no Brasil, o lucro bruto apurado por esta empresa comercial montou a:

(A) R$ 23.100,00.

(B) R$ 25.500,00.

(C) R$ 31.250,00.

(D) R$ 32.340,00.

(E) R$ 33.100,00.

Q20

A Cia. Jabaquara (empresa comercial tributada pelo lucro real) apresentou os seguintes dados durante o mês de JAN/x1 (em R$):

- Comprou 100 unidades de mercadorias por R$ 50 cada.
- Vendeu 60 unidades por R$ 75 cada.
- Apresentou despesa de energia elétrica de R$ 750, que será paga em FEV/x1.
- Obteve receita de aluguel de R$ 250.
- O único tributo devido é a COFINS.

Informe o LUCRO ANTES DO IR da Cia. Jabaquara em JAN/x1:

(A) R$ 658.

(B) R$ 867.

(C) R$ 886.

(D) R$ 924.

(E) R$ 943.

O Gabarito das questões está disponível no final do livro, após o Anexo.

13

TRIBUTOS COM FUNÇÃO REGULATÓRIA

OBJETIVO DO CAPÍTULO

Apresentar os tributos criados com objetivo de intervir na política econômica, cambial ou de comércio exterior. Ao final do capítulo, será possível:

- Entender as regras básicas do II e os motivos para a não cobrança do IE no Brasil.
- Compreender a importância do IOF e sua múltipla função, distinguindo sua cobrança em cada item específico.
- Entender o fundamento básico e as regras de funcionamento da CIDE.

13.1 O que é um tributo com função regulatória

Os impostos com função regulatória pertencem à União e servem para intervir na política econômica, cambial ou de comércio exterior. No Brasil, têm essa característica os Impostos sobre Comércio Exterior, o Imposto sobre Operações Financeiras, além da Contribuição sobre a Intervenção no Domínio Econômico. Como, em tese, estes tributos impactam de forma direta o preço final dos bens e serviços, entram na linha de tributação sobre o consumo, por isso ficam aqui nesta Parte III do livro. Vamos falar um pouco de cada um deles.

13.2 Impostos sobre comércio exterior

O Imposto sobre a Importação de Produtos Estrangeiros (II) é um dos impostos mais antigos existentes no Brasil, tendo sido a principal fonte de arrecadação tributária no século XIX. Atualmente, tem uma relativa importância na composição da carga tributária, pois, segundo acordo referendado na Organização Mundial do Comércio (OMC), não há tributação sobre a venda ao exterior de produtos nos países exportadores, o que transfere a cobrança para o país consumidor. Neste particular, o II vem respondendo em torno de 2% da carga tributária, conforme pode ser visto na Tabela 13.1.

Em 2010/2011 houve um aumento na participação do II na carga tributária, basicamente em função da valorização do real ante o dólar, o que fez aumentar consideravelmente o volume de importações na economia brasileira. Daí em diante a arrecadação do II ficou no patamar de 0,6% do PIB, com ligeira queda no biênio 2016/2017.

O II é um imposto federal cujo objetivo é regulatório e protecionista. Ele age taxando produtos produzidos no exterior para que não haja uma concorrência desleal com produtos brasileiros. Seu fato gerador é a entrada

TABELA 13.1 Arrecadação do imposto sobre importação (em R$ milhões)

ANO	ARRECADAÇÃO	EVOLUÇÃO %	ANO	ARRECADAÇÃO	EVOLUÇÃO %
2003	8.143	–	2013	36.832	38,4%
2005	9.062	11,3%	2015	38.870	5,5%
2007	12.186	34,5%	2017	32.284	(16,9%)
2009	15.895	30,4%	2019	42.842	32,7%
2011	26.611	67,4%	2020	45.671	6,6%

Fonte: Secretaria da Receita Federal do Brasil.

do produto estrangeiro no território brasileiro. Também sofre incidência de imposto uma mercadoria brasileira exportada que retornar ao país. O cálculo do valor do imposto devido pode ser feito de duas formas:

- QUANDO HOUVER UMA ALÍQUOTA ESPECÍFICA – valor da mercadoria × alíquota.
- QUANDO NÃO HOUVER ALÍQUOTA ESPECÍFICA – será estipulado segundo um percentual do valor de mercado da mercadoria.

O sujeito passivo do imposto de importação é o importador, pessoa que provocar a entrada de mercadoria estrangeira no território brasileiro. O sujeito ativo é o Estado (país) em que o sujeito passivo estiver estabelecido.

Por ser regulatório, a Constituição previu que este imposto não precisa obedecer ao princípio da anterioridade, ou seja, alterações nas alíquotas podem valer para o mesmo exercício fiscal (ano) em que tenha sido publicado o normativo que o aumentou.

Além do II, existe também o Imposto sobre Exportação (IE), que, em razão das orientações modernas relativas à aplicação dos tributos, praticamente não é mais cobrado no Brasil.

Os impostos sobre o comércio exterior (II e IE) estão regulamentados com detalhes no Decreto nº 6.759/2009.

Aos leitores interessados, recomendo o bom livro *Impostos de importação, de exportação e outros gravames aduaneiros*, de Paulo Werneck, da Editora Freitas Bastos.

13.3 Imposto sobre Operações Financeiras

A sigla IOF é um recurso do mercado, que criou o costume de assim tratar o imposto, o que foi assimilado, inclusive pelo legislador.

O Imposto sobre Operações de Crédito, Câmbio e Seguro, ou Relativo a Títulos e Valores Mobiliários (IOF) tem origem no imposto do selo, assim chamado porque era pago por meio de estampilhas coladas nos documentos, as quais geravam a obrigação tributária.

Após muitas modificações, a Lei nº 5.143/66 instituiu o Imposto sobre Operações Financeiras, com sua incidência alcançando apenas as operações de crédito e seguros.

A partir de 1980, as operações de câmbio e de títulos e valores mobiliários também passaram a ter cobrança do imposto. Em 1989, sua cobrança foi estendida para as operações com ouro, ativo financeiro ou instrumento cambial.

O Decreto nº 6.306/2007, conhecido como o Regulamento do IOF, consolida a legislação do imposto. Este regulamento discrimina, separadamente, sua incidência sobre as operações:

a) de crédito, realizadas por instituições financeiras e empresas de *factoring*;
b) de crédito, realizadas entre pessoas jurídicas ou entre pessoas jurídicas e físicas;
c) de seguro, realizadas por seguradoras;
d) relativas a títulos e valores mobiliários; e
e) com ouro, ativo financeiro, ou instrumento cambial.

O IOF não está sujeito ao princípio da anterioridade, ou seja, a lei que ampliar sua base ou majorar sua alíquota entrará em vigor imediatamente. Aliás, a modificação da base de cálculo e desdobramento de novas hipóteses de incidência do IOF depende de lei, mas as alíquotas podem ser alteradas pelo Poder Executivo, respeitando os limites estabelecidos pela legislação em relação às alíquotas máximas.

A arrecadação do IOF é concentrada, basicamente, em operações de crédito e de seguro, que correspondem a 3/4 dos quase R$ 41 bilhões arrecadados em 2019.

13.3.1 Operações de crédito

O IOF cobrado nas operações de crédito tem natureza regulatória, sendo instrumento de política monetária e fiscal. No final dos anos 1980 e na primeira metade dos anos 1990, as alíquotas do imposto foram modificadas constantemente, para incentivar o consumo ou contraí-lo. Com o fim da CPMF, houve elevação da alíquota do IOF, como forma de compensar a perda de arrecadação.

O fato gerador do IOF sobre operações de crédito se dá no momento da entrega do valor que constitua o objeto da obrigação ou de sua colocação à disposição do interessado.

O termo **Operações de Crédito** compreende os empréstimos de qualquer modalidade, por exemplo:

a) desconto de títulos, notas promissórias e duplicatas;
b) abertura de crédito, via conta garantida;
c) empréstimo pessoal ou adiantamentos a depositantes;
d) alienação à empresa que exercer as atividades de *factoring*, de direitos creditórios resultantes de vendas a prazo;
e) mútuos de recursos financeiros entre pessoas jurídicas ou entre pessoas jurídicas e pessoas físicas.

No IOF sobre operações de crédito, o contribuinte de fato será a pessoa física ou jurídica que utilizar o crédito. O imposto a ela pertence. Por outro lado, o contribuinte obrigado a fazer a retenção e o posterior recolhimento é a instituição financeira que efetuou a operação.

No caso de operação de mútuo entre pessoas jurídicas, o IOF deverá ser retido e recolhido pela empresa que emprestar o recurso, devendo cobrar o imposto da empresa que receber o dinheiro.

A alíquota cobrada sobre é de 0,0041% ao dia para empresa e 0,0082% para pessoa física, com máximo de 1,5% para PJ e 3% para PF. Além disso, há um acréscimo de 0,38%. Assim, uma empresa se pegar um financiamento bancário para pagamento em três anos terá IOF de 1,88%.

Quando ficar definido o valor do principal, este será a base de cálculo do imposto. Quando houver liberação em mais de uma parcela, a base será o valor de cada parcela.

Em uma operação simples, o cálculo do IOF também será simples. Veja o exemplo:

O Banco da Praça fez um empréstimo para Evandro Silva pelo prazo de 30 dias, no valor de R$ 1.000, com taxa de juros de 5%, financiando também o IOF. A base de cálculo do imposto será o valor emprestado, R$ 1.000 e o IOF de R$ 6,26, calculado conforme descrito a seguir:

0,0082% × 30 dias = 0,246% + 0,38% = 0,626%
Valor do Empréstimo = R$ 1.000,00
IOF Devido → 1.000,00 × 0,626% = R$ 6,26

Os juros serão calculados por R$ 1.006,26, com a inclusão do imposto a ser também financiado.

A IN RFB nº 907/2009 explica todos os detalhes para cálculo do IOF, inclusive com anexos e fórmulas para cálculo do imposto nos casos de operações com prestações.

Já quando não ficar definido o valor do principal a ser utilizado pelo mutuário, inclusive por estar contratualmente prevista a reutilização do crédito, até o termo final da operação, a base de cálculo será o somatório dos saldos devedores diários apurados no último dia de cada mês, inclusive na prorrogação ou renovação.

O IOF tem alíquota zero em diversas situações, relatadas no art. 8º do Decreto nº 6.306/2007. Assim, dentre outras situações, NÃO há cobrança de IOF na operação:

a) em que figure como tomadora cooperativa, observado o disposto no art. 45, inciso I ou realizada entre cooperativa de crédito e seus associados;
b) à exportação, bem como de amparo à produção ou estímulo à exportação;
c) realizada por caixa econômica, sob garantia de penhor civil de joias, de pedras preciosas e de outros objetos;
d) relativa a adiantamento de salário concedido por pessoa jurídica aos seus empregados, para desconto em folha de pagamento ou qualquer outra forma de reembolso;
e) relativa a adiantamento sobre o valor de resgate de apólice de seguro de vida individual e de título de capitalização; e
f) relativa a adiantamento de contrato de câmbio de exportação.

Recomendo ao leitor interessado ler o art. 8º do Decreto nº 6.306/2007 e ver os 29 itens com alíquota zero de IOF.

O IOF será cobrado:

a) no primeiro dia útil do mês subsequente ao de apuração, nas hipóteses em que a apuração da base de cálculo seja feita no último dia de cada mês;
b) na data da prorrogação, renovação, consolidação, composição e negócios assemelhados;
c) na data da operação de desconto;
d) na data do pagamento, no caso de operação de crédito não liquidada no vencimento;
e) até o décimo dia subsequente à data da caracterização do descumprimento ou da falta de comprovação do cumprimento de condições, total ou parcial, de operações isentas ou tributadas à alíquota zero ou da caracterização do desvirtuamento da finalidade dos recursos decorrentes das mesmas operações;
f) até o décimo dia subsequente à data da desclassificação ou descaracterização, total ou parcial, de operação de crédito rural ou de adiantamento de contrato de câmbio, quando feita pela própria instituição financeira, ou do recebimento da comunicação da desclassificação ou descaracterização; e
g) na data da entrega ou colocação dos recursos à disposição do interessado, nos demais casos.

O IOF deverá ser recolhido até o terceiro dia útil subsequente ao decêndio da cobrança ou do registro contábil do imposto.

O Decreto nº 10.797/2021 aumentou a alíquota do IOF sobre operações de crédito para o último quadrimestre de 2021. As alíquotas anteriores retornam dia 1º de janeiro de 2022.

13.3.2 Operações de câmbio

O IOF sobre operações de câmbio não é um assunto muito tratado na doutrina jurídica e nas bibliografias especializadas, já que não traz questões muito controversas a serem debatidas. O legislador também não deu atenção ao tributo em questão, uma vez que reservou para sua regulamentação (Decreto nº 6.306/2007) apenas sete artigos, que serão analisados a seguir.

O próprio nome do imposto já traz em seu bojo qual é seu fato gerador. Entretanto, para melhor compreensão, é necessário definir o que é operação de câmbio.

Em uma definição breve, operação de câmbio é a troca da moeda de um país pela do outro. Como moeda considera-se não só a metálica ou o papel-moeda, mas sim todos os documentos capazes de representá-la (cheque e carta de crédito, por exemplo).

Portanto, o fato gerador do IOF-Câmbio é a entrega de moeda nacional ou estrangeira, ou de documento que a represente, ou sua colocação à disposição do interessado, em montante equivalente à moeda estrangeira ou nacional entregue ou posta à disposição por este. Ocorre, efetivamente, o fato gerador, no ato da liquidação da operação de câmbio.

Os contribuintes do IOF são os compradores ou vendedores de moeda estrangeira nas operações referentes às transferências financeiras para o ou do exterior, respectivamente, compreendendo as operações de câmbio manual. E são responsáveis pela cobrança do IOF e pelo seu recolhimento ao Tesouro Nacional as instituições autorizadas a operar em câmbio.

A base de cálculo do IOF sobre operações de câmbio é o montante em moeda nacional, recebido, entregue ou posto à disposição, correspondente ao valor, em moeda estrangeira, da operação de câmbio. Caso sejam pactuadas quaisquer bonificações, elas também integram a base de cálculo. E, na operação de câmbio destinada à liquidação de compromisso oriundo de financiamento à importação, a base de cálculo será constituída apenas das parcelas de capital.

Já no que diz respeito à operação de câmbio relativa ao pagamento de importação que englobe valor de comissão devida à agente, no país, a base de cálculo será a parcela efetivamente remetida ao exterior, quando o valor da comissão for pago ao agente, no país, em **conta gráfica**. Será também considerado como base de cálculo o valor efetivamente aplicado na liquidação do contrato de câmbio, deduzida a parcela correspondente à comissão que, prévia e comprovadamente, tenha sido paga ao agente, no país, mediante transferência do exterior.

A alíquota do IOF-Câmbio é elevada, estando atualmente fixada em 25%. Todavia, tal percentual quase não é aplicado, em função dos muitos casos de redução de alíquota, explicados a seguir.

No que tange às operações de câmbio destinadas ao cumprimento de obrigações de administradoras de cartão de crédito ou de bancos comerciais ou múltiplos na qualidade de emissores de cartão de crédito decorrentes de aquisição de bens e serviços do exterior efetuada por seus usuários, a alíquota é reduzida a 6,38%. Esta mesma alíquota se aplica em saques realizados no exterior, uso de cheque-viagem ou no carregamento de cartão internacional pré-pago.

Desde MAI/2016 a alíquota de IOF nas famosas trocas de moeda passou a 1,10%. Então, se você comprar 400 dólares a R$ 5,50 cada, a base de cálculo será R$ 2.200, sendo cobrado de IOF o total de R$ 24,20.

Será isento de IOF-Câmbio, dentre outros casos, a operação realizada para pagamento de bens importados.

O IOF será cobrado na data da liquidação da operação de câmbio, devendo ser recolhido no mesmo prazo do IOF-Crédito.

13.3.3 Operações de seguros

O IOF cobrado sobre operações de seguros encontra-se disciplinado no RIOF/2007, nos arts. 19 a 24. A expressão **operações de seguro** compreende seguros de vida e congêneres, seguro de acidentes pessoais e do trabalho, seguros de bens, valores, coisas e outros não especificados.

O contribuinte de fato do IOF será a pessoa física ou jurídica segurada, sendo responsável pela cobrança e pelo seu recolhimento ao Tesouro Nacional a seguradora ou a instituição financeira a quem esta encarregar da cobrança do prêmio.

O fato gerador do IOF é o recebimento total ou parcial do prêmio, enquanto a base de cálculo representa o valor dos prêmios pagos.

A alíquota definida em lei é de 25%, mas, assim como acontece nas operações de câmbio, raramente é aplicada, com muitas reduções permitidas.

A maioria das operações de seguro tem alíquota de IOF de 7,38%. Nas operações de seguros de vida e de acidentes pessoais, a alíquota será de 0,38%.

O IOF será cobrado na data do recebimento, total ou parcial do prêmio, devendo ser recolhido no mesmo prazo do IOF-Crédito.

13.3.4 Títulos e valores mobiliários

O IOF sobre títulos e valores mobiliários já teve relativa importância na arrecadação dos recursos federais, notadamente na época do início do governo do Presidente Fernando Collor de Melo. No ano de 1990, o IOF representou quase 11% dos recursos arrecadados pela SRF, com a arrecadação sendo 10 vezes maior que a do ano anterior. Nos últimos anos, esta participação tem ficado em torno de 1,5%.

Atualmente, o IOF tem alíquota regressiva nos investimentos em geral, sendo zerada a partir de 30 dias de aplicação. A tabela começa em 96% se o recurso ficar aplicado apenas um dia e vai descendo, chegando a 33% quando a aplicação completa 20 dias, sendo 3% a última alíquota cobrada ao completar 29 dias da aplicação.

13.3.5 Operações com ouro

O IOF será devido na primeira aquisição de ouro (ativo financeiro ou instrumento cambial) efetuada por instituição autorizada integrante do Sistema Financeiro Nacional (SFN), com alíquota de 1%.

13.4 CPMF, o imposto do cheque

A Contribuição Provisória sobre Movimentação ou Transmissão de Valores e de Créditos e Direitos de Natureza Financeira (CPMF) teve sua origem na Emenda Constitucional nº 3, de 17/MAR/93, que autorizou a criação de um imposto provisório a ser cobrado sobre a movimentação financeira, a vigorar até 31/DEZ/94.

O objetivo da permissão para criação do Imposto sobre a Movimentação Financeira (IPMF) foi o custeio da saúde pública, profundamente abalada pelo fim da sobra dos recursos previdenciários, que ocorria nos anos 1980.

O IPMF foi instituído pela Lei Complementar nº 7, de 13/JUL/93, com alíquota inicial de 0,25%.

Posteriormente, a Emenda nº 12, de 15/AGO/96 possibilitou a recriação desse imposto, com a roupagem de contribuição, para ser cobrada pelo prazo máximo de dois anos, com alíquota máxima de 0,25% e destinação integral para o Fundo Nacional da Saúde.

Alguns meses depois surgiu a Lei nº 9.311, de 24/OUT/96, instituindo a CPMF e prevendo sua cobrança pelo prazo de 13 meses, entrando em vigor no dia 23/JAN/97. O prazo foi prorrogado algumas vezes e, o que seria pior, com alíquota de 0,38%. Os recursos eram destinados da seguinte forma:

a) a) 0,20% ao Fundo Nacional de Saúde, para financiamento das ações e serviços de saúde;
b) b) 0,10% ao custeio da previdência social; e
c) c) 0,08% ao Fundo de Combate e Erradicação da Pobreza.

A CPMF deixou de existir a partir de JAN/2008. Sua arrecadação total montou a R$ 228 bilhões durante seus 15 anos de existência.

A imprensa noticiou desde o fim das eleições presidenciais de 2010 e voltou a noticiar no início de 2015 a intenção de recriação da CPMF, o que não avançou. No governo do Presidente Jair Bolsonaro, o tema voltou ao debate, mas não se vislumbram condições econômicas ou políticas para retorno da contribuição, mesmo com outro nome ou formato.

13.5 CIDE

A Contribuição de Intervenção no Domínio Econômico (CIDE) teve sua criação autorizada pelo art. 149 da Constituição Federal de 1988. Este artigo autorizou a criação de contribuições sobre intervenção no domínio econômico, desde que atendidos aos princípios constitucionais tributários.

Há duas modalidades de CIDE: a proveniente de remessas para o exterior e a mais conhecida, cobrada sobre a venda de combustíveis.

13.5.1 CIDE-Remessas para o exterior

Instituída pela Lei nº 10.168/2000, esta contribuição tem como objetivo atender ao Programa de Estímulo à Interação Universidade-Empresa para o apoio à inovação. Será devida pela pessoa jurídica:

1. detentora de licença de uso ou adquirente de conhecimentos tecnológicos;
2. signatária de contratos que impliquem transferência de tecnologia, firmados com residentes ou domiciliados no exterior;
3. signatária de contratos que tenham por objeto serviços técnicos e de assistência administrativa e semelhantes a serem prestados por residentes ou domiciliados no exterior;
4. que pagar, creditar, entregar, empregar ou remeter *royalties*, a qualquer título, a beneficiários residentes ou domiciliados no exterior.

Consideram-se contratos de transferência de tecnologia para fins de incidência da CIDE-Remessas para o Exterior os contratos relativos à exploração de patentes ou de uso de marca e os de fornecimento de tecnologia e prestação de assistência técnica.

A Lei nº 10.168/2000 foi regulamentada pelo Decreto nº 3.949/2001, que enumerou especificamente os contratos sob quais pagamentos incidiria a CIDE:

a) fornecimento de tecnologia;
b) prestação de assistência técnica, compreendendo serviços de assistência técnica e serviços técnicos especializados;
c) cessão e licença de uso de marcas; e
d) cessão e licença de exploração de patentes.

O decreto estabeleceu, ainda, que referidos contratos deveriam estar averbados pelo Instituto Nacional da Propriedade Industrial (INPI) e registrados no Banco Central do Brasil.

A intenção do legislador, ao criar esta espécie de contribuição, foi estimular o desenvolvimento tecnológico brasileiro, mediante programas de pesquisa científica e tecnológica. Certamente, não estava entre suas intenções encarecer, por exemplo, serviços utilizados como suporte para a exportação de produtos brasileiros. Por isso, os especialistas no assunto dizem que deve ser vinculada a incidência da CIDE a serviços que estejam direta ou indiretamente relacionados com a atividade de transferência de tecnologia. Um exemplo seriam aqueles serviços de consultoria que visem capacitar a empresa brasileira, também adquirente de conhecimentos tecnológicos, seja na área financeira, de administração ou de recursos humanos.

Quanto à outra hipótese de incidência da CIDE, regulamentada pela Lei nº 10.332/2001, relativa a ***royalties* a qualquer título**, entende-se que o legislador deixou algumas incertezas pelos termos utilizados. Na legislação tributária brasileira, o termo *royalties* está definido pela legislação tributária (Lei nº 4.506/64, art. 22):

> Serão classificados como *royalties* os rendimentos de qualquer espécie decorrentes do uso, fruição, exploração de direitos, tais como:
>
> a) direito de colher ou extrair recursos vegetais, inclusive florestais;
>
> b) direito de pesquisar e extrair recursos minerais;
>
> c) uso ou exploração de invenções, processos e fórmulas de fabricação e de marcas de indústria e comércio;
>
> d) exploração de direitos autorais, salvo quando percebidos pelo autor ou criador do bem ou obra.

Assim, baseando-se exclusivamente no texto da nova lei, estão sujeitos à CIDE todos os rendimentos classificados pela legislação tributária brasileira como *royalties*, o que abrange, além dos *royalties* devidos por marcas e patentes, já especificamente incluídos entre as hipóteses de incidência da CIDE desde 2000, os rendimentos derivados do direito de colher, pesquisar ou extrair recursos vegetais ou minerais e de qualquer espécie de direito autoral, inclusive pela licença de *software* (exceto quando pagos ao seu autor ou criador).

Observa-se que esta nova hipótese de incidência da CIDE necessita de esclarecimento quanto à sua aplicação. Assim como no caso de serviços técnicos e administrativos, torna-se necessário vincular a incidência da CIDE a pagamentos de *royalties* que estejam direta ou indiretamente relacionados com a atividade de transferência de tecnologia. Logo, os *royalties* relativos ao direito de colher ou extrair recursos vegetais, inclusive florestais e ao direito de pesquisar e extrair recursos minerais, por exemplo, deveriam ser expressamente excluídos do âmbito de aplicação da CIDE.

Portanto, a CIDE-Remessas para o Exterior incide sobre os valores pagos, creditados, empregados, entregues ou remetidos, a cada mês, a residente ou domiciliado no exterior, a título de remuneração decorrente das obrigações mencionadas anteriormente. A alíquota da contribuição é de 10%.

Os normativos que falam da CIDE-Remessas para o Exterior são os seguintes:

a) Lei nº 10.168, de 29/DEZ/2000.
b) Lei nº 10.332, de 19/DEZ/2001.
c) Decreto nº 3.949, de 3/OUT/2001.
d) Decreto nº 4.195, de 11/ABR/2002.
e) ADI SRF nº 25/2004.

13.5.2 CIDE-Combustíveis

A CIDE sobre combustíveis foi autorizada pela Emenda Constitucional nº 33/2001, sendo instituída pela Lei nº 10.336/2001, passando a ser cobrada a partir do ano de 2002. Incide sobre a importação e a comercialização de petróleo e seus derivados, gás natural e seus derivados, e álcool etílico combustível.

São contribuintes da CIDE o produtor, o formulador e o importador, pessoa física ou jurídica, que realizar operações de importação e de comercialização no mercado interno de:

a) gasolinas e suas correntes;
b) diesel e suas correntes;
c) querosene de aviação e outros querosenes;
d) óleos combustíveis (*fuel-oil*);
e) gás liquefeito de petróleo, inclusive o derivado de gás natural e de nafta; e
f) álcool etílico combustível.

A base de cálculo da CIDE é a unidade de medida estipulada na lei para os produtos importados e comercializados no mercado interno. No caso da gasolina, a base de cálculo é o m^3, que considera mil litros, enquanto no caso do gás liquefeito de petróleo (GLP) a base de cálculo é a tonelada comercializada.

O Decreto nº 8.395/2015 redefiniu as alíquotas da CIDE, passando a cobrar R$ 100 por m^3 de gasolina e suas correntes e R$ 50 por m^3 de óleo diesel e suas correntes. Foram reduzidas a zero as alíquotas de: querosene de aviação, demais querosenes, óleos combustíveis com alto ou baixo teor de enxofre, gás liquefeito de petróleo, inclusive o derivado de gás natural e de nafta e álcool etílico combustível.

O valor da arrecadação da CIDE-Combustíveis será destinado, na forma de Lei Orçamentária, ao:

a) pagamento de subsídios a preços ou transporte de álcool combustível, de gás natural e seus derivados e de derivados de petróleo;
b) financiamentos de projetos ambientais relacionados com a indústria do petróleo e do gás; e
c) financiamento de programas de infraestrutura de transportes.

A CIDE terá uma parcela de sua arrecadação distribuída para estados e municípios a partir de 2004, conforme previsto na Lei nº 10.866/2004. Os estados receberão 29%, repassando 1/4 deste valor para os municípios. Os recursos da CIDE deverão ser aplicados da seguinte forma:

a) 40% (quarenta por cento) proporcionalmente à extensão da malha viária federal e estadual pavimentada existente em cada estado e no Distrito Federal, conforme estatísticas elaboradas pelo Departamento Nacional de Infraestrutura de Transportes (DNIT);
b) 30% (trinta por cento) proporcionalmente ao consumo, em cada estado e no Distrito Federal, dos combustíveis a que a CIDE se aplica, conforme estatísticas elaboradas pela Agência Nacional do Petróleo (ANP);
c) 20% (vinte por cento) proporcionalmente à população, conforme apurada pela Fundação Instituto Brasileiro de Geografia e Estatística (IBGE);
d) 10% (dez por cento) distribuídos em parcelas iguais entre os estados e o Distrito Federal.

13.6 Absorção da leitura: dez questões de múltipla escolha

Recomenda-se resolver as questões pelo menos um dia depois da leitura do capítulo.

Q1

A CIDE-Combustíveis é uma contribuição que tem como fato gerador apenas a:

(A) Comercialização de combustíveis no mercado interno.

(B) Comercialização de combustíveis nos mercados interno e externo.

(C) Importação e comercialização de combustíveis no mercado interno.

(D) Importação e comercialização de combustíveis nos mercados interno e externo.

(E) Importação de combustíveis.

Q2

Representa a devolução ao exportador dos tributos aduaneiros incidentes na importação de matérias-primas necessárias à fabricação de produtos a serem exportados:

(A) *Drawback*.

(B) *Dumping*.

(C) Franquia temporária.

(D) Porto livre.

(E) Crédito presumido.

Q3

Analise as seguintes afirmações em relação à Contribuição da Intervenção no Domínio Econômico – CIDE-Combustíveis, instituída pela Lei nº 10.336/2001.

1. Trata-se de uma contribuição cobrada pela União, com seus recursos direcionados integralmente para manutenção de estradas.
2. Não incidirá nas operações de exportação para o exterior.
3. A base de cálculo é *ad valorem*, ou seja, definida em percentuais.

Está(ão) correta(s) apenas a(s) afirmativa(s):

(A) 1.

(B) 2.

(C) 1 e 2.

(D) 1 e 3.

(E) 2 e 3.

Q4

Analise as afirmativas a seguir:

1. Na venda de frango de uma empresa brasileira para uma empresa localizada no exterior não há incidência do imposto sobre produtos exportados (IE).
2. O IOF é um imposto federal, cobrado apenas sobre as operações de crédito e seguro.

Podemos afirmar que:

(A) Apenas a afirmativa 1 está correta.

(B) Apenas a afirmativa 2 está correta.

(C) As duas afirmativas estão corretas.

(D) As duas afirmativas estão erradas.

Q5

Analise as seguintes afirmativas em relação ao IOF:

1. No IOF cobrado sobre as operações de seguro e crédito, os contribuintes de fato e responsável são pessoas diferentes.
2. Existe IOF no resgate de um Certificado de Deposito Interfinanceiro (CDI).

Podemos afirmar que:

(A) Apenas a afirmativa 1 está correta.

(B) Apenas a afirmativa 2 está correta.

(C) As duas afirmativas estão corretas.

(D) As duas afirmativas estão erradas.

Q6

Analise as seguintes afirmativas em relação ao IOF:

1. O IOF não é cobrado (tem alíquota zero) nas operações de financiamentos realizados pelo Banco Nacional de Desenvolvimento Econômico e Social, pelo Banco do Brasil e pela Caixa Econômica Federal.
2. Uma aplicação em fundos de investimentos feita no dia 5/ABR/x1, com resgate no dia 20/ABR/x1 terá incidência de IOF.

Podemos afirmar que:

(A) Apenas a afirmativa 1 está correta.

(B) Apenas a afirmativa 2 está correta.

(C) As duas afirmativas estão corretas.

(D) As duas afirmativas estão erradas.

Q7

A Cide-Combustíveis cobrada na importação e comercialização pode ser cobrada APENAS sobre:

(A) O petróleo e seus derivados.

(B) O petróleo e seus derivados e o gás natural e seus derivados.

(C) O petróleo e seus derivados e o álcool etílico combustível.

(D) O petróleo e seus derivados, o gás natural e seus derivados e o álcool etílico combustível.

(E) A gasolina, o álcool combustível e o óleo diesel.

Q8

A CIDE-Combustíveis é uma contribuição cobrada sobre a importação e venda de combustíveis e tem sua alíquota definida por um valor fixo, independentemente do valor de venda realizado. Em relação à gasolina, a CIDE tem como base de cálculo a venda de:

(A) Um litro.

(B) Cem litros.

(C) Uma tonelada.

(D) m^2.

(E) m^3.

Q9

A CIDE-Combustíveis é considerada uma contribuição:

(A) Social.

(B) Econômica.

(C) Acessória.

(D) Especial.

(E) De melhoria.

Q10

Conforme art. 177, § 4º da Constituição de 1988, assinale o único item que não contém para onde devem ser destinados os recursos da CIDE-Combustíveis:

(A) Pagamento de subsídios a preços de álcool combustível, gás natural e seus derivados.

(B) Pagamento de subsídios a preços ou transporte de combustíveis derivados de petróleo.

(C) Financiamento de projetos ambientais relacionados com a indústria do petróleo e do gás.

(D) Financiamento de programas de infraestrutura de transportes.

(E) Manutenção de rodovias federais.

O Gabarito das questões está disponível no final do livro, após o Anexo.

14

TRIBUTAÇÃO DAS MICROEMPRESAS E EMPRESAS DE PEQUENO PORTE

OBJETIVO DO CAPÍTULO

Trazer ao leitor o funcionamento do SIMPLES NACIONAL, sistema utilizado para facilitar a tributação para as microempresas e empresas de pequeno porte. Ao final do capítulo, será possível:

- Diferenciar empresas que podem daquelas que não podem optar pelo SIMPLES NACIONAL.
- Calcular mensalmente o SIMPLES NACIONAL nas empresas comerciais, industriais e prestadoras de serviços, inclusive nas situações com vendas ao exterior, ultrapassagem do limite e nas atividades comerciais com revendas de produtos com tributação monofásica de PIS e COFINS e substituição tributária de ICMS.
- Entender os casos em que o SIMPLES pode representar a melhor opção para profissionais liberais que atuam diretamente como pessoa física.

14.1 Introdução e regulamentação

Boa parte dos países do mundo tem tratamento tributário especial para as pequenas empresas, justificado principalmente por seu elevado custo fixo. Com isso, torna-se necessário estabelecer um tratamento diferenciado em relação aos impostos para que estas empresas possam competir no mercado cada vez mais globalizado.

Nossa Carta Magna de 1988 definiu em seu art. 179 que a União, os Estados, o Distrito Federal e os Municípios dispensarão às microempresas e às empresas de pequeno porte, assim definidas em lei, tratamento jurídico diferenciado, visando a incentivá-las pela simplificação de suas obrigações administrativas, tributárias, previdenciárias e creditícias, ou pela eliminação ou redução destas por meio de lei.

Por sua vez, o assunto foi regulamentado na Lei nº 9.841/99, que instituiu o estatuto da microempresa e da empresa de pequeno porte, que assegurava a elas tratamento jurídico diferenciado e simplificado nos campos administrativo, **tributário**, previdenciário, trabalhista, creditício e de desenvolvimento empresarial.

O estatuto, contudo, não tinha aplicação prática no campo tributário, que era regido pela Lei nº 9.317/96, com alterações posteriores.

No final do ano de 2006 foi publicada a Lei Complementar nº 123, que REVOGOU as Leis nºs 9.317/96 e 9.841/99 a partir de JUL/2007 e integrou as regras gerais e tributárias em um único normativo. O problema é que uma parte significativa da LC nº 123/2006 na parte tributária dependia de regulamentação, que foi transferida para o Comitê Gestor de Tributação das Microempresas e Empresas de Pequeno Porte (CGSN), instituído pelo Decreto nº 6.038/2007.

Mas, infelizmente, em um sistema tributário caótico como o que temos aqui é impossível pensar que o modelo específico representaria realmente algo simples. Há informação que temos no Brasil em 2021 cerca de 5 milhões de empresas optantes pelo SIMPLES NACIONAL e estas empresas realizam operações com outras empresas tributadas pelo lucro presumido e pelo lucro real, gerando toda uma sorte de problemas no caminho. Assim, temos muitas leis complementares, Resoluções do CGSN e outros documentos. Há importantes informações em páginas eletrônicas oficiais, que complementam os pontos apresentados neste livro. Fica a orientação de pesquisa a seguir, caso você se interesse em aprofundar o estudo do tema:

- Página do SIMPLES NACIONAL: http://www8.receita.fazenda.gov.br/simplesnacional/Default.aspx
- Perguntas e respostas: http://www8.receita.fazenda.gov.br/SimplesNacional/Arquivos/manual/PerguntaoSN.pdf
- Manual do PGDAS: http://www8.receita.fazenda.gov.br/simplesnacional/arquivos/manual/manual_pgdas-d_2018_v4.pdf
- LC nº 123/2006 com alterações: http://www.planalto.gov.br/ccivil_03/leis/lcp/lcp123.htm
- Regulamento do SIMPLES: http://normas.receita.fazenda.gov.br/sijut2consulta/link.action?visao=anotado&idAto=92278

Vale apresentar as justificativas da RFB para a instituição do regime simplificado para Microempresas (ME) e Empresas de Pequeno Porte (EPP):

1. Estas empresas possuem baixo potencial arrecadatório e, portanto, não devem ter um ônus excessivo nas atividades de controle exercidas pela administração.
2. A concessão de benefícios tributários diretos (redução da carga tributária) deve observar uma transição suave, de tal sorte a não ocasionar descontinuidades acentuadas que induzam à prática de planejamento fiscal.
3. O regime simplificado destina-se a buscar um ambiente mais competitivo entre grandes e pequenas empresas e não a conceder privilégios a determinado grupo. O ingresso no regime deve ser destinado exclusivamente aos setores econômicos que estão sujeitos à concorrência assimétrica em razão da dimensão da empresa. Atividades econômicas que, por natureza, encontram-se pulverizadas e, portanto, não sofrem concorrência desigual não devem ter acesso ao regime.
4. Dada a importância destas empresas (geração de empregos, inovação tecnológica, competição no mercado etc.), o custo de cumprimento das obrigações tributárias para esse segmento deve ser minimizado, de modo a não comprometer sua sobrevivência.
5. A relação entre o contribuinte e o Estado, sempre que possível, deve ser única, a despeito da existência de distintos níveis de governo e administração tributária envolvidos.

A legislação do SIMPLES teve como grande diferencial a inclusão no recolhimento único dos encargos previdenciários, reduzindo o custo de pessoal e incentivando a contratação de mão de obra. A partir da LC nº 123/2006, o ICMS e o ISS passaram a integrar o modelo simplificado, tornando o SIMPLES algo realmente diferenciado, embora longe do ideal por conta do complexo sistema tributário vigente.

14.2 Limites de opção pelo SIMPLES e quais tributos são integrados

Para o enquadramento no SIMPLES, há dois tipos diferentes de exigências:

1. Quanto à natureza jurídica, precisa ser uma sociedade empresária, sociedade simples, empresa individual de responsabilidade limitada ou empresário individual.
2. Quanto à receita bruta, o limite máximo anual é de R$ 4,8 milhões.[1] Contudo, se a empresa quiser incluir todos os tributos no recolhimento unificado, inclusive ICMS e ISS, o limite pas-

[1] Na verdade, há um limite para microempresas até R$ 360 mil/ano. Passando deste valor, a empresa será caraterizada como Empresa de Pequena Porte (EPP).

sa a ser de R$ 3,6 milhões/ano.[2] Se a empresa iniciar a atividade durante o ano, o limite será proporcional, ou seja, R$ 300 mil por mês de funcionamento para pagar o SIMPLES com todos os tributos incluídos e R$ 400 mil/mês desde que pague o imposto estadual ou municipal por fora.

O pagamento mensal unificado deve ser feito por meio do Documento de Arrecadação do SIMPLES NACIONAL (DAS), que integra (substitui) os seguintes tributos:

- Renda: IR e CSLL.
- Consumo: PIS, COFINS, ICMS, ISS e IPI.[3]
- Encargos sociais: Contribuição Previdenciária Patronal e Risco Ambiental do Trabalho (RAT) para aquelas enquadradas nos Anexos I, II, III e V e o Sistema S para todas as empresas.

Por outro lado, diversos tributos não estão incluídos no SIMPLES. Assim, a empresa continuará obrigada a calcular e pagar/recolher os seguintes tributos:

a) IRRF e INSS retido dos empregados e terceiros, pessoa física.
b) IRRF em receitas oriundas de aplicações financeiras.
c) IR sobre ganho de capital, que é calculado à parte e será explicado adiante, ainda no capítulo.
d) Impostos sobre patrimônio: IPTU, IPVA, ITBI, ITCMD e ITR.
e) IOF em operações de seguro e de financiamentos obtidos.
f) Impostos (IPI, ICMS e II), taxas e contribuições (PIS e COFINS) pagos na importação, mesmo de mercadorias para revenda.[4]
g) PIS/PASEP e COFINS no modelo monofásico/concentrado nas empresas de pequeno porte industriais de produtos de higiene, beleza, cosméticos, bebidas e alguns outros setores.
h) FGTS dos empregados.
i) Contribuições assistenciais e confederativas, taxas e contribuições diversas.

A RFB esclarece ainda que as empresas inscritas no SIMPLES paguem o ICMS devido:

1. Nas operações ou prestações sujeitas ao regime de substituição tributária;
2. Por terceiro, a que o contribuinte se ache obrigado, por força da legislação estadual ou distrital vigente.
3. Na entrada, no território do estado ou do Distrito Federal, de petróleo, inclusive lubrificantes e combustíveis líquidos e gasosos dele derivados, bem como energia elétrica, quando não destinados à comercialização ou industrialização.
4. Por ocasião do desembaraço aduaneiro.
5. Na aquisição ou manutenção em estoque de mercadoria desacobertada de documento fiscal.
6. Nas operações com bens ou mercadorias sujeitas ao regime de antecipação do recolhimento do imposto, nas aquisições em outros estados e Distrito Federal:
   - com encerramento da tributação, observado o modelo de tributação separada dos valores de ICMS ST; e
   - sem encerramento da tributação, hipótese em que será cobrada a diferença entre a alíquota interna e a interestadual, sendo vedada a agregação de qualquer valor.
7. Nas aquisições em outros estados e Distrito Federal de bens ou mercadorias, não sujeitas ao regime de antecipação do recolhimento do imposto, relativo à diferença entre a alíquota interna e a interestadual.

Importante repetir para você não esquecer que a empresa inscrita no SIMPLES NACIONAL está desobrigada de efetuar o pagamento das contribuições para órgãos como SESC, SESI ou SEST (1,5%), SENAC, SENAI ou SENAT (1%), SEBRAE (0,6%), INCRA (0,2%), além do salário educação (2,5%), que integram o chamado Sistema S (5,8% sobre a folha de pagamento mensal). A isenção é permitida a todas as empresas que se enquadrarem no SIMPLES NACIONAL, ou seja, mesmo aqueles prestadores de serviços que continuam pagando o INSS e o RAT fora do modelo simplificado (Anexo IV) serão contemplados com a isenção (LC nº 123/2006, art. 13, § 3º).

[2] Conforme Resolução nº 30 do CGSN, os estados do Acre e Amapá têm limite de R$ 1,8 milhão para integração do ICMS e do ISS no recolhimento unificado do SIMPLES NACIONAL.

[3] ICMS nas empresas comerciais e industriais, IPI nas empresas industriais e ISS nos prestadores de serviços.

[4] Não há crédito permitido de ICMS, IPI, PIS e COFINS pagos na importação de mercadorias adquiridas por empresas do SIMPLES NACIONAL.

14.2.1 Limite extra nas vendas de mercadorias/serviços ao exterior

Na versão original (2007) o limite de receita bruta anual era um só. Desde 2012, além do limite do mercado interno, foi estabelecido um limite adicional, no mesmo valor, para as empresas que obtêm receitas com exportação de mercadorias. A partir de JAN/2015, esse limite adicional também alcança as receitas de exportação de serviços. Para esse fim, considera-se exportação de serviços a prestação de serviços para pessoa física ou jurídica residente ou domiciliada no exterior, sendo que:

a) seu pagamento precisa representar efetivo ingresso de divisas, exceto se a empresa mantiver os recursos no exterior na forma prevista no art. 1º da Lei nº 11.371/2006; e
b) não se consideram exportados os serviços desenvolvidos no Brasil cujo resultado aqui se verifique (art. 25, §§ 4º e 4º-A, da Resolução CGSN nº 140/2018).

Assim, empresa comercial/industrial que exportar poderá ter receita bruta anual com vendas no mercado interno de até R$ 4,8 milhões e o mesmo valor em receita bruta anual com vendas para o exterior, chegando até ao máximo de R$ 9,6 milhões no caso.

14.3 Proibições de uso do SIMPLES NACIONAL

Existem diversos impeditivos destacados na legislação para que as empresas sejam tributadas pelo SIMPLES NACIONAL. A principal vedação é em função da receita bruta, não sendo permitido o uso do SIMPLES para as empresas que tenham obtido receita bruta no ano anterior em valor superior a R$ 4,8 milhões.[5] Além da limitação do valor, algumas outras situações sinalizam impedimento do uso do SIMPLES, como:

1. O SIMPLES não pode ter como sócio uma pessoa jurídica, se estendendo a proibição para a ME/EPP ser filial, sucursal, agência ou representação, no país, de pessoa jurídica com sede no exterior. O SIMPLES deve ter como sócios exclusivamente pessoas físicas.
2. O sócio do SIMPLES pode ter participação societária acima de 10% em uma ou mais empresas[6] tributadas fora do SIMPLES, desde que a soma da receita bruta das empresas (do SIMPLES + participações acima de 10% em outras empresas fora do SIMPLES) não ultrapasse o valor de R$ 4,8 milhões. Veja dois exemplos:
   - José tem 60% das cotas da empresa A, cuja receita bruta anual monta R$ 2,5 milhões e é tributada pelo SIMPLES. Possui, ainda, 15% das cotas da empresa B, tributada pelo lucro presumido, cuja receita bruta anual foi R$ 3 milhões. No caso, como a soma da RB das duas empresas ultrapassou o limite de R$ 4,8 milhões, as duas (A e B) serão impedidas de utilizar o SIMPLES. No caso, ou José reduz sua participação para, no máximo, 10% na Empresa B para continuar utilizando o SIMPLES na Empresa A ou passa a utilizar o lucro presumido ou o lucro real na empresa A.
   - Maria tem participação em quatro lojas comerciais localizadas em diferentes bairros, sendo cada loja uma empresa (CNPJ) e todas optaram pelo SIMPLES NACIONAL. Em três delas, Maria é a principal sócia, com mais de 50% das cotas (receita bruta anual das três empresas = R$ 4 milhões). Na outra, Maria tem apenas 5% de participação (receita bruta anual de 2 milhões). No caso, as quatro empresas seriam proibidas de utilizar o SIMPLES. Aqui são dois caminhos para Maria: (1) sair da sociedade de uma ou mais empresas, preferencialmente daquela que tem apenas 5% de participação; ou (2) passar a tributação desta empresa (a qual ela tem apenas 5% das cotas) para o lucro presumido ou lucro real.
3. A empresa do SIMPLES não pode ser sociedade anônima ou cooperativa, exceto aquelas de consumo.
4. A empresa no SIMPLES não pode ter qualquer participação no capital de outras empresas.
5. Não pode ser remanescente de cisão ou qualquer outra forma de desmembramento de pessoa

[5] Caso o ano anterior tenha sido o primeiro ano de atividade, o limite será calculado pelo número de meses de existência da empresa multiplicado por R$ 400 mil (limite mensal). Por exemplo, se a empresa foi autorizada a funcionar em 27 de maio terá limite de receita bruta de R$ 3,2 milhões (8 meses × R$ 400 mil) para que possa seguir no SIMPLES NACIONAL no ano seguinte.

[6] Caso seja administrador ou equiparado, a empresa entrará na conta da receita bruta anual.

jurídica que tenha ocorrido em um dos cinco anos-calendário anteriores.

6. As empresas proibidas de utilizar o lucro presumido estão impedidas de optar pelo SIMPLES.
7. A empresa que tenha sócio domiciliado no exterior ou de cujo capital participe entidade da administração pública, direta ou indireta, federal, estadual ou municipal.
8. A empresa que possua débito com o Instituto Nacional do Seguro Social (INSS), ou com as Fazendas Públicas Federal, estadual ou municipal, cuja exigibilidade não esteja suspensa.
9. A empresa que exerça atividades de:
   - geração, transmissão, distribuição ou comercialização de energia elétrica;
   - serviço de transporte intermunicipal e interestadual de passageiros, com exceções específicas;
   - importação ou fabricação de automóveis e motocicletas;
   - importação de combustíveis;
   - produção ou venda no atacado de cigarros, cigarrilhas, charutos, filtros para cigarros, armas de fogo, munições e pólvoras, explosivos e detonantes, cervejas sem álcool e bebidas alcoólicas. A partir de 2018, as cervejas produzidas ou vendidas no atacado por micro e pequenas cervejarias, micro e pequenas vinícolas, produtores de licores e micro e pequenas destilarias podem utilizar o SIMPLES;
   - prestação de serviços decorrentes do exercício de atividade intelectual, de natureza técnica, científica, desportiva, artística ou cultural, que constitua profissão regulamentada ou não, bem como a que preste serviços de instrutor, de corretor, de despachante ou de qualquer tipo de intermediação de negócios;
   - loteamento e incorporação de imóveis; e
   - locação de imóveis próprios, mesmo de forma não usual ou complementar a outras atividades.[7]

[7] Solução de Divergência Cosit nº 5/2011 e Solução de Consulta Cosit nº 127/2014.

Em relação às proibições, observa-se que a lei procurou fechar bastante as brechas para redução da carga tributária por parte de contribuintes com boa capacidade de contribuição. O INSS procurou proibir a opção pelo SIMPLES de empresas que utilizam intensamente a mão de obra, em razão da perda da arrecadação. Por outro lado, a lei procurou calibrar a opção para atividades com maior margem de lucro em relação à receita bruta, para evitar favorecimentos tributários indevidos. O entendimento original era que as profissões regulamentadas contam com reserva de mercado nas atividades que executam, não se comparando, portanto, com atividades sem regulamentação. Posteriormente, elas foram incluídas no SIMPLES, com exigências específicas conforme será explicado adiante.

A Resolução nº 140/2018, do CGSN, trouxe o Anexo VI[8] com uma lista de códigos previstos na Classificação Nacional de Atividades Econômicas (CNAE) que seriam impeditivos para opção pelo SIMPLES NACIONAL e o Anexo VII, que traz o CNAE de empresas que tem simultaneamente atividades permitidas e impeditivas de utilizar o SIMPLES NACIONAL.

Apenas para exemplificar, veja a seguir quatro códigos de atividades que constavam como proibidas na versão anterior do anexo e não constam mais:

- 6920-6/02 Atividades de consultoria e auditoria contábil e tributária;
- 7490-1/01 Serviço de tradução, interpretação e similares;
- 8532-5/00 Educação superior – graduação e pós-graduação; e
- 9603-3/01 Gestão e manutenção de cemitérios.

14.4 Formalização da opção pelo SIMPLES NACIONAL

A formalização da opção pelo SIMPLES NACIONAL das empresas existentes permanece sendo feita pela internet, sendo irretratável para todo o ano-calendário.

O prazo final para inscrição de empresa no SIMPLES NACIONAL permanece sendo o último dia útil do mês de janeiro, valendo a inscrição já para o próprio ano-calendário. Quem se inscrever em JAN/2022 será

[8] Ver os Anexos VI e VII no *link*: http://normas.receita.fazenda.gov.br/sijut2consulta/link.action?naoPublicado=&idAto=92278&visao=anotado. Acesso em: set. 2021.

enquadrado no regime simplificado em todo o ano de 2022.

No caso de empresa nova, o prazo regular para a solicitação do enquadramento no SIMPLES NACIONAL é a primeira data entre as seguintes:

- até 60 dias a partir da data da emissão do CNPJ (todas as empresas);
- 30 dias a partir da data da inscrição municipal (todas as empresas);
- 30 dias, a partir da data da inscrição estadual (apenas para as empresas contribuintes do ICMS).

Sem a inscrição municipal e estadual, uma empresa varejista não poderá optar pelo SIMPLES. E uma empresa com débitos tributários com a União, estado ou município será impedida de optar pelo modelo simplificado, mesmo que o débito seja com impostos, taxas e contribuições não incluídas no SIMPLES.

14.5 Obrigações acessórias

A Resolução CGSN nº 140/2018 traz em seu art. 63 as obrigações acessórias exigidas para as empresas do SIMPLES. O objetivo do legislador foi reduzir a burocracia.

14.5.1 Escrituração contábil

O contribuinte fica desobrigado, **para fins fiscais**, da escrituração contábil, bastando escriturar o livro Caixa (obrigatório) e o livro Registro de inventário, no qual deverão constar os estoques existentes no final de cada ano. Nas empresas que têm a Escrituração Contábil Digital (ECD),[9] o livro Caixa poderá ser dispensado.

É importante frisar que, embora a legislação fiscal permita a não escrituração contábil das empresas tributadas pelo SIMPLES NACIONAL (e pelo lucro presumido), toda e qualquer empresa deve manter escrituração contábil por vários motivos, dentre os quais:

a) O Código Comercial Brasileiro exige escrituração contábil completa para servir de instrumento de prova em juízo e em eventuais acertos de direitos dos sócios, acionistas, seus herdeiros ou sucessores.
b) No livro Caixa, somente poderá ser contabilizada a movimentação financeira, não se registrando as compras e vendas a prazo, os empréstimos e demais valores a pagar e a receber.
c) O levantamento de balancetes e balanços de forma adequada reduz a insegurança e os prejuízos que podem ser acarretados pela falta de registro de seus direitos e suas obrigações.

A Lei nº 10.406/2002 assegura tratamento favorecido, diferenciado e simplificado ao pequeno empresário (art. 970). Assim, fica dispensado de escrituração contábil regular o pequeno empresário (art. 1.179, § 2º).

O legislador se preocupou com a questão custo × benefício ao permitir que as empresas de pequeno porte e microempresas não sejam obrigadas à escrituração contábil regular. A LC nº 123/2006 avançou um pouco mais, ao definir, em seu artigo 18-A, o pequeno empresário como aquele que obtém faturamento anual até R$ 81 mil, o que dá média de R$ 6.750 por mês.

Mas, mesmo assim, é fundamental destacar a importância da contabilidade organizada como instrumento de tomada de decisões, inclusive em relação a empresas de menor investimento.

Fico imaginando uma pequena empresa que promove festas infantis, por exemplo. A receita, pelo regime de competência, acontece apenas no dia do evento realizado, quando o serviço é produzido e prestado ao cliente. No entanto, o recebimento dos clientes normalmente vem antes, por vezes com grande antecedência. Sem escrituração contábil regular, o pequeno empresário vai pagar tributos antecipadamente, sem necessidade e pode se perder em relação à correta apuração do resultado empresarial.

14.5.2 Emissão de nota fiscal

A normatização de documentos fiscais relativos ao ICMS e ISS será de responsabilidade dos estados e municípios, respectivamente.

Em relação ao ICMS, o CONFAZ[10] diz que estão obrigadas a emissão de NF-e as ME e EPP que se enquadrem nos critérios estabelecidos pelos Protocolos ICMS de nº 10/2007 e 42/2009, bem como suas alterações.

---

9 A ECD é opcional para as empresas do SIMPLES.

10 O Conselho Nacional de Política Fazendária (CONFAZ) é o colegiado formado pelos Secretários de Fazenda, Finanças ou Tributação dos Estados e do Distrito Federal, cujas reuniões são presididas pelo Ministro de Estado da Fazenda/Economia, competindo-lhe, precipuamente, celebrar convênios para efeito de concessão ou revogação de isenções, incentivos e benefícios fiscais e financeiros do Imposto sobre Operações relativas ao ICMS.

Nos municípios, deve-se observar o que diz a legislação local.

O Microempreendedor Individual (MEI) não poderá ser obrigado à emissão da NF-e e a NFS-e, podendo vir a fazê-lo caso tenha interesse e haja previsão na legislação estadual ou municipal.

14.5.3 Certificado digital

A ME ou EPP optante pelo SIMPLES NACIONAL NÃO estará obrigada ao uso de certificação digital para cumprimento de obrigações principais ou acessórias, exceto em casos específicos. Para acessar as informações do contribuinte no portal do SIMPLES é necessário geração de um código de acesso simplificado.

14.5.4 Declaração anual

As empresas inscritas no SIMPLES devem entregar a **declaração única e simplificada de informações socioeconômicas e fiscais** (DEFIS) até o **último dia útil de MARÇO**[11] do ano seguinte (art. 72 da Resolução nº 140/2018).

14.6 Receitas tributadas pelo SIMPLES NACIONAL

O SIMPLES NACIONAL tem como base de cálculo a RECEITA BRUTA da empresa, que representa a receita obtida com a atividade prevista no seu contrato social, seja revenda de mercadorias (comércio), venda de produtos (indústria), prestação de serviços ou locação. Das vendas podem ser excluídas:

a) as devoluções de vendas e as vendas canceladas;
b) os descontos incondicionais (comerciais, concedidos na nota fiscal); e
c) o ICMS ST quando se tratar de ME/EPP indústria obrigada a recolher o imposto estadual na condição de contribuinte substituto.

As vendas canceladas devem ser deduzidas da venda original. Se, por exemplo, a venda foi em março e seu cancelamento em abril, o valor cancelado deve reduzir a receita bruta no mês de março.

Já as devoluções de vendas devem ser deduzidas no mês da devolução. Pode acontecer, embora seja improvável, que o valor das devoluções supere as vendas realizadas no mês. Neste caso, não haverá SIMPLES devido, com a diferença sendo deduzida no mês seguinte.

Entram na receita bruta tributada pelo SIMPLES os seguintes itens:

- o resultado obtido em conta alheia. Por exemplo, o comércio de veículos por consignação mediante contrato gera comissão ao vendedor, sendo tal comissão caracterizada como receita bruta;
- o custo do financiamento nas vendas a prazo, contido no valor dos bens ou serviços ou destacado no documento fiscal;
- as gorjetas, sejam elas compulsórias ou não;
- trocas de mercadorias ou serviços (escambo);
- os *royalties*, aluguéis e demais receitas decorrentes de cessão de direito de uso ou gozo; e
- as verbas de patrocínio.

As demais receitas NÃO são tributadas pelo SIMPLES NACIONAL, por exemplo:

- juros, multas e outros encargos cobrados no recebimento de parcelas atrasadas;
- as remessas recebidas como bonificações, doações, brindes e amostra grátis;
- multas ou indenizações recebidas por rescisão contratual referente a parte não executada do contrato;
- valor repassado ao profissional-parceiro pelo salão-parceiro de que trata a Lei nº 12.592/2012;
- rendimentos de aplicações financeiras de renda fixa ou variável;[12]
- ganho de capital na venda de bens do ativo imobilizado, que será submetido à tributação do IR separadamente.

Para não confundir, se a empresa vender a prazo, cobrando juros nas parcelas, toda a receita será incluída na base de cálculo do SIMPLES. Mas, se receber dos seus clientes alguma parcela em atraso, os valores de multas e juros NÃO integrarão a base de cálculo.

[11] Excepcionalmente, para o ano-calendário 2020, houve permissão para envio até 31 de maio de 2021.

[12] Eventual IRRF será considerado como tributação definitiva para as empresas do SIMPLES.

14.6.1 Os muitos produtos com alíquota zero de PIS, COFINS e ICMS

Um ponto que causa dúvida nos contribuintes diz respeito a como calcular o SIMPLES NACIONAL nos muitos produtos que teriam alíquota zero de PIS, COFINS ou ICMS nas suas vendas, caso a empresa fosse tributada pelo lucro presumido ou pelo lucro real.

Importante separar o segmento da empresa e os produtos. Nas empresas comerciais há mercadorias com alíquota zero na revenda em algumas situações:

a) Mercadorias que tiveram tributação monofásica/concentrada de PIS e COFINS e o ICMS foi cobrado no modelo de substituição tributária. Estão na lista bebidas frias, produtos de higiene, beleza e cosméticos, medicamentos, os automóveis e suas partes e peças, os cigarros e os combustíveis.
b) Mercadorias que tiveram apenas o ICMS cobrado no modelo de substituição tributária. A lista é relativamente extensa e deve ser analisada em cada unidade da federação.
c) Mercadorias com alíquota zero de PIS e COFINS conforme determina a Lei nº 10.925/2004[13] e alterações. A lista tem feijão, arroz, farinha de mesa e de trigo, produtos lácteos, frutas, pão comum, ovos, café, carne bovina, suína e de aves, açúcar, óleo de soja e muitos outros itens.
d) Mercadorias com alíquota zero de ICMS, conforme lei estadual específica.
e) Itens com imunidade ou isenção.

Vamos por parte, conversando item por item. Primeiro, as parcelas de PIS e COFINS nas mercadorias constantes no item (a) não poderiam ser retiradas do SIMPLES apurado até 2008. O STF julgou em SET/2020 o Recurso Extraordinário nº 1.199.021, decidindo, por unanimidade, que é constitucional a proibição de que empresas comerciais optantes pelo SIMPLES NACIONAL se beneficiem da alíquota zero de PIS e COFINS no regime monofásico. E, em razão do tema estar em repercussão geral sob nº 1.050, todas as instâncias nos julgamentos das ações sobre a mesma matéria deverão seguir o entendimento proferido pelo STF. A suprema corte entendeu que o SIMPLES é um benefício para quem optar e não deve ser integrado com outros benefícios como a alíquota zero.

Mas, a partir de 2009, a Lei Complementar nº 128 autorizou o dispositivo, que está referendado na Resolução nº 140/2018 do CGSN (art. 25, § 6º), permitindo a tributação de forma separada, retirando a parcela correspondente às contribuições para a revenda destes produtos.

Nos itens (a) e (b), a retirada do ICMS na receita bruta das empresas substituídas foi permitido já na LC nº 123/2006 (art. 18, § 4º, inciso IV). Os detalhes sobre o cálculo do SIMPLES com as exclusões de ICMS, PIS e COFINS nos itens (a) e (b) serão apresentadas em exemplo numérico na sequência do capítulo.

Já as contribuições para PIS/PASEP e COFINS não poderão ser deduzidas nas receitas obtidas com as vendas e revendas dos produtos descritos no item (c), infelizmente. A RFB esclarece isso na pergunta 8.4 do seu *Manual com perguntas e respostas do simples.*[14] Portanto, todas aquelas exclusões permitidas no art. 1º da Lei nº 10.925/2004 não podem ter reduzidas as parcelas relativas às contribuições para PIS e COFINS na base de cálculo das empresas do SIMPLES. Por analogia, o mesmo impedimento pode ser aplicado ao item (d), em relação àquelas situações de alíquota zero de ICMS aplicada nos estados.

Já o item (e) com imunidade constitucional pode ter a parcela correspondente aos impostos imunes/isentos retirada da base de cálculo do SIMPLES. O livro, por exemplo, goza de imunidade constitucional, mas em relação ao IPI e ICMS, não valendo para o imposto de renda, que é cobrado sobre eventual lucro ou para as contribuições sociais, como PIS/PASEP, COFINS ou CSLL e a CPP/INSS. Então, a livraria poderá retirar apenas o ICMS do SIMPLES mensal apurado.

O art. 36 da Resolução nº 140/2018 do CGSN explica que se a União ou o estado conceder, por meio de lei específica para ME/EPP, isenção ou redução de ICMS, PIS ou COFINS para produtos da cesta básica, será feito o ajuste no cálculo do SIMPLES. Contudo, não vale a redução citada de PIS e COFINS para alíquota zero prevista na Lei nº 10.925/2004, pois este normativo não é específico, atingindo todas as empresas.

14.6.2 Ganho de capital

A tributação do ganho de capital será definitiva mediante a incidência da alíquota de 15%[15] sobre a diferença positiva entre o valor de alienação e o custo

[13] Ver lista em: http://sped.rfb.gov.br/arquivo/show/1643.

[14] Disponível em: http://www8.receita.fazenda.gov.br/simplesnacional/arquivos/manual/perguntaosn.pdf. Acesso em: set. 2021.

[15] 15% para o ganho de capital até R$ 5 milhões, conforme previsto na Lei nº 13.259/16. A parcela entre R$ 5 e 10 milhões terá alíquota de 17,5%, com cobrança de 20% entre R$ 10 e R$ 30 milhões e alíquota de 22,5% nos valores acima de R$ 30 milhões.

de aquisição reduzido da depreciação, amortização ou exaustão acumulada, ainda que a ME ou a EPP não mantenha escrituração contábil desses lançamentos.

Caso a ME ou EPP não tenha escrituração contábil deverá comprovar, mediante documentação hábil e idônea, o valor e data de aquisição do bem ou direito e demonstrar o cálculo da depreciação, amortização ou exaustão acumulada.

A legislação esclarece ainda que os valores acrescidos em virtude de reavaliação somente poderão ser computados como parte integrante dos custos de aquisição dos bens e direitos se a empresa comprovar que os valores acrescidos foram computados na determinação da base de cálculo do imposto.

O IR sobre o ganho de capital deverá ser pago até o último dia útil do mês subsequente ao da percepção dos ganhos, com o código DARF nº 0507.

Por exemplo, suponha que uma pequena empresa optante pelo SIMPLES NACIONAL tenha um veículo, adquirido por R$ 100 mil em FEV/2020. Admitindo que a empresa utilize o regime de caixa na sua contabilidade e que o bem seja vendido em JAN/2022 por R$ 70 mil, o ganho de capital e o imposto de renda devido serão calculados da seguinte forma:

• VALOR ORIGINAL DO BEM	R$ 100.000
• PRAZO MÍNIMO DE DEPRECIAÇÃO	5 anos (60 meses) – (IN RFB nº 1.700/17)
• QUANTIDADE DE MESES DE USO DO BEM	24 meses (FEV/20 a JAN/22)
• TAXA TOTAL DE DEPRECIAÇÃO DO BEM	40% (24 meses/ 60 meses)
• VALOR DA DEPRECIAÇÃO DO BEM	R$ 40.000
• VALOR DA VENDA DO VEÍCULO	R$ 70.000
• VALOR LÍQUIDO DO VEÍCULO	R$ 60.000 (R$ 100.000 – R$ 40.000)
• GANHO DE CAPITAL	R$ 10.000 (R$ 70.000 – R$ 60.000)
• IMPOSTO DE RENDA DEVIDO (15%)	R$ 1.500

Assim, o IR de R$ 1.500 deverá ser pago separadamente do SIMPLES (código DARF nº 0507) até o dia 31 de março de 2022.

14.7 Distribuição de lucros

Os rendimentos distribuídos aos sócios ou ao titular das empresas inscritas no SIMPLES NACIONAL são considerados isentos do imposto de renda na fonte e na declaração de ajuste do beneficiário.[16] Contudo, a distribuição somente será isenta com escrituração contábil regular comprovando que há lucro para distribuir. Caso a empresa tenha escrituração apenas pelo livro Caixa, a distribuição com isenção de IR será limitada ao lucro presumido para fins de IR (percentual de presunção sobre a receita bruta) menos o valor do imposto de renda incluído no SIMPLES NACIONAL pago.

Além disso, é importante lembrar que são tributados pelo imposto de renda os pagamentos feitos para sócios a título de pró-labore, aluguéis ou serviços prestados.

Exemplificando: uma ME comercial, com faturamento mensal de R$ 10.000, pagará de SIMPLES em NOV/21 o valor de R$ 400 (alíquota de 4%). Caso não tenha escrituração contábil regular (livros Diário e Razão), poderá distribuir apenas R$ 778 de lucro para seus sócios, sem tributação, conforme mostrado a seguir:

FATURAMENTO NO MÊS	R$ 10 mil
LUCRO PRESUMIDO – 8%	R$ 800,00
(-) SIMPLES NACIONAL PAGO (Parcela do IR)	R$ 22 (R$ 400 × 5,5%)
= DISTRIBUIÇÃO DE LUCRO ISENTO (VALOR MÁXIMO)	R$ 778

Recomenda-se estabelecer no contrato social da ME ou EPP que a distribuição de lucros poderá ser feita mensalmente, a título de antecipação, com a apuração definitiva ocorrendo ao final do ano. É importante reiterar que, caso a empresa tenha escrituração contábil regular, todo o lucro distribuído será considerado isento.

14.8 Qual anexo a empresa será enquadrada no SIMPLES?

Um ponto importante, principalmente para as empresas novas, é definir o enquadramento dentro de uma das cinco tabelas existentes no SIMPLES NACIONAL. Elas podem ser obtidas nos anexos apresentados na parte final da Resolução CGSN nº 140/2018, por isso não serão aqui transcritas para otimizar o espaço do livro.

14.8.1 Anexo I: comércio em geral

O maior percentual de empresas enquadradas no SIMPLES está aqui. Em 2004, elas representavam 56% do total. Com a permissão para mais empresas de serviços

[16] Art. 14 da LC nº 123/2006 e art. 145 da Resolução nº 140/2018 do CGSN.

optarem pelo SIMPLES, houve redução percentual no segmento, que ainda domina o uso do modelo simplificado.

As microempresas ou empresas de pequeno porte que têm receita bruta mensal menor que R$ 15 mil pagarão alíquota de 4% no SIMPLES NACIONAL, enquanto aquelas EPP com receita bruta mensal de R$ 300 mil pagarão alíquota de 11,88%, que, teoricamente, seria a máxima aplicada para uso integral do modelo simplificado, incluindo o ICMS. Mas há relevantes detalhes para calcular corretamente seu SIMPLES, o que será apresentado no tópico seguinte.

14.8.2 Anexo II: As indústrias

Em 2004, as indústrias respondiam por 14% do total das empresas no SIMPLES. O estado de São Paulo tinha 313 mil empresas industriais no SIMPLES em 2014, 12% do total daquelas que utilizavam o modelo simplificado no estado.

A tabela do Anexo II segue, basicamente, as mesmas regras utilizadas para as empresas comerciais no Anexo I, apenas com acréscimo na alíquota de 0,5% em quase todas as faixas. As alíquotas variam entre 4,5% até 12,33% para as empresas com receita bruta anual até R$ 3,6 milhões.

As atividades com incidência simultânea de IPI e de ISS são tributadas pelo Anexo II, desconsiderando o percentual de distribuição do ICMS e acrescentando o percentual de distribuição do ISS sobre alíquota efetiva do Anexo III.

Por exemplo, suponha uma empresa industrial com receita bruta mensal de R$ 20.000, toda ela com cobrança simultânea de IPI e ISS. Aplicará a segunda faixa do Anexo II, encontrando 5,33% de alíquota efetiva, com SIMPLES de R$ 1.066. A parcela do ICMS de 34% monta a R$ 362,44. No caso, em vez de pagar ICMS, será pago ISS, que tem o percentual de 32% na distribuição no Anexo III, o que daria R$ 341,12.

A Solução de Divergência COSIT nº 4, de 28/ABR/2014, explicou que a receita de venda de mercadoria importada por estabelecimento comercial optante pelo SIMPLES NACIONAL será tributada pelo Anexo II.

14.8.3 Anexo III: Serviços com INSS incluído no SIMPLES

Algumas empresas prestadoras de serviços foram contempladas com o melhor tratamento fiscal pela LC nº 123/2006, que é a inclusão no Anexo III, independentemente de outras condições. São elas:

1. Creche, pré-escola e estabelecimento de ensino fundamental, escolas técnicas, profissionais e de ensino médio, de línguas estrangeiras, de artes, cursos técnicos de pilotagem, preparatórios para concursos, gerenciais e escolas livres.
2. Agência terceirizada de correios, agência de viagem e turismo e agência lotérica.
3. Centro de formação de condutores de veículos automotores de transporte terrestre de passageiros e de carga.
4. Serviços de instalação, de reparos e de manutenção em geral, bem como de usinagem, solda, tratamento e revestimento em metais.
5. Produções cinematográficas, audiovisuais, artísticas e culturais, sua exibição ou apresentação, inclusive no caso de música, literatura, artes cênicas, artes visuais, cinematográficas e audiovisuais.
6. Coleta de resíduos não perigosos.
7. Corretagem de seguros e de imóveis de terceiros, assim entendida a intermediação na compra, venda, permuta e locação de imóveis; serviços vinculados à locação de bens imóveis, assim entendidos o assessoramento locatício e a avaliação de imóveis para fins de locação.
8. Locação, cessão de uso e congêneres, de bens imóveis próprios com a finalidade de exploração de salões de festas, centro de convenções, escritórios virtuais, *stands*, quadras esportivas, estádios, ginásios, auditórios, casas de espetáculos, parques de diversões, canchas e congêneres, para a realização de eventos ou negócios de qualquer natureza.
9. Transporte municipal de passageiros e de cargas em qualquer modalidade.
10. Escritórios de serviços contábeis, observadas algumas obrigações de prestação de serviços às microempresas e empresas de pequeno porte, conforme definido na LC nº 128/2008.
11. Outros serviços não intelectuais sem previsão específica de tributação pelos outros anexos.

Estas empresas constantes da lista poderão optar pelo SIMPLES NACIONAL aproveitando todos os seus benefícios, como a inclusão da contribuição previdenciária patronal no recolhimento simplificado. O cálculo seguirá o mesmo modelo das empresas comerciais, com alíquota em torno de 50% maior, ficando entre 6% e 17,51%, que seria a alíquota efetiva cobrada sobre receita bruta anual de R$ 3,6 milhões, caso em que o ISS estaria incluso no DAS mensal pago.

As empresas do Anexo V poderão utilizar o Anexo III desde que sua folha de pagamento seja de, pelo menos, 28% da sua receita bruta do período de apuração.

Está querendo ver os cálculos? Eu também estou com vontade de montá-los e explicar aqui. Mas espere só mais um pouco, isso será feito no próximo tópico. Alegria!

14.8.4 Prestadores de serviços com INSS pago separadamente

O Anexo IV ficou reservado para poucos setores:

1. construção de imóveis e obras de engenharia em geral, inclusive sob a forma de subempreitada;
2. execução de projetos e serviços de paisagismo;
3. decoração de interiores;
4. serviço de vigilância, limpeza ou conservação, inclusive dedetização, desinsetização, desratização, imunização e outros serviços de controles de pragas urbanas; e
5. serviços advocatícios.

Aqui, as empresas têm uma tabela com alíquota relativamente menor que a aplicada ao Anexo III, mas com o INSS patronal e o RAT[17] calculados por fora. Já as contribuições para o Sistema S estão incluídas no SIMPLES. As empresas enquadradas neste Anexo IV pagam alíquota entre 4,5% e 16,9%, que seria o percentual aplicado com receita bruta anual de R$ 3,6 milhões. Elas podem utilizar o SIMPLES, mesmo que por meio de cessão ou locação de mão de obra.

O legislador entendeu que estas atividades têm um peso significativo de despesa de pessoal na sua estrutura de custos, não fazendo sentido incluir a Contribuição Previdenciária Patronal no SIMPLES por conta disso.

14.8.5 Folha de pagamento direcionando qual anexo enquadrar: III ou V

O salto qualitativo do SIMPLES NACIONAL, que expandiu ainda mais sua utilização, foi a permissão para que diversos prestadores de serviços, antes proibidos, ingressassem no modelo simplificado. Mas aqui há um detalhe dos mais importantes: é possível enquadrar a empresa no Anexo III ou no Anexo V, dependendo do chamado FATOR "R", ou melhor, o percentual da folha de pagamento sobre a receita bruta anual. Se este FATOR "R" for de 28% ou mais, a empresa seguirá o Anexo III, sendo aplicado o Anexo V se o percentual for menor. E a folha de pagamento faz toda diferença aqui, principalmente nas primeiras faixas, pois no Anexo V as alíquotas variam entre 15,5% e 21,28% nas receitas até R$ 3,6 milhões nos últimos 12 meses, percentuais bem mais elevados que os do Anexo III, que começam com 6% e chegam a 17,51%, quando a receita anual alcança R$ 3,6 milhões.

Importante explicar que integram a folha de pagamento para compor o FATOR "R" os pagamentos informados na GFIP,[18] tais como:

- salários, horas extras, comissões, gorjetas e outras verbas salariais;
- férias, inclusive 1/3 constitucional e 13º salário;
- pró-labore e pagamentos feitos a autônomos e trabalhadores avulsos;
- a CPP, mesmo aquela incluída no SIMPLES NACIONAL; e
- FGTS.

Não entram na conta os valores pagos a título de aluguéis, distribuição de lucros, os pagamentos a estagiários e os benefícios concedidos aos empregados, como vale-alimentação, vale-transporte e plano de saúde.

No caso de a empresa não ter ainda 12 meses de funcionamento, aplica-se ao FATOR "R" a mesma proporcionalidade utilizada para o cálculo do SIMPLES NACIONAL.

Portanto, as empresas/atividades incluídas no Anexo V podem utilizar o Anexo III apenas se seu FATOR "R" for maior ou igual a 28%. São elas:

a) Administração e locação de imóveis de terceiros, assim entendidas a gestão e administração de imóveis de terceiros para qualquer finalidade, incluída a cobrança de aluguéis de imóveis de terceiros.

---

[17] Risco Ambientais do Trabalho (RAT) é uma contribuição adicional de 1%, 2% ou 3% sobre a folha de pagamento e tem seus detalhes explicados na página eletrônica oficial da RFB informada a seguir: https://receita.economia.gov.br/orientacao/tributaria/declaracoes-e-demonstrativos/gfip-sefip-guia-do-fgts-e-informacoes-a-previdencia-social-1/fap-fator-acidentario-de-prevencao-legislacao-perguntas-frequentes-dados-da-empresa. Acesso em: set. 2021.

[18] Guia de Recolhimento do Fundo de Garantia do Tempo de Serviço e Informações à Previdência Social (GFIP).

b) Academias de dança, de capoeira, de ioga e de artes marciais e de atividades físicas, desportivas, de natação e escolas de esportes.
c) Elaboração de programas de computadores, inclusive jogos eletrônicos, desde que desenvolvidos em estabelecimento da optante.
d) Licenciamento ou cessão de direito de uso de programas de computação.
e) Planejamento, confecção, manutenção e atualização de páginas eletrônicas, desde que realizados em estabelecimento da optante.
f) Empresas montadoras de estandes para feiras.
g) Laboratórios de análises clínicas ou de patologia clínica, serviços de tomografia, diagnósticos médicos por imagem, registros gráficos e métodos óticos, bem como ressonância magnética, além de serviços de prótese em geral.
h) Medicina, inclusive laboratorial, enfermagem, medicina veterinária, odontologia e prótese dentária e fisioterapia.
i) Psicologia, psicanálise, terapia ocupacional, acupuntura, podologia, fonoaudiologia, clínicas de nutrição e de vacinação e bancos de leite.
j) Serviços de comissaria, de despachantes, de tradução e de interpretação.
k) Arquitetura e urbanismo, engenharia, medição, cartografia, topografia, geologia, geodésia, testes, suporte e análises técnicas e tecnológicas, pesquisa, *design*, desenho e agronomia.
l) Representação comercial e demais atividades de intermediação de negócios e serviços de terceiros, incluindo agenciamento.
m) Serviços de desenho técnico.
n) Auditoria, economia, consultoria, gestão, organização, controle e administração, perícia e avaliação.
o) Jornalismo e publicidade.
p) Outros serviços intelectuais sem previsão específica de tributação pelos outros anexos (ou seja, não relacionados no art. 25, § 1º, III e IV, § 2º, I, e § 11, da Resolução CGSN nº 140/2018).

14.9 Cálculo mensal do SIMPLES NACIONAL: caixa ou competência

O SIMPLES NACIONAL deverá ser calculado mensalmente e pago sempre no dia 20 do mês seguinte ao mês de apuração.[19] Aqui, diferentemente do que acontece em outras cobranças de tributos federais, quando 20 não for dia útil, o prazo passa para o dia seguinte e não o dia anterior.

O SIMPLES teve importante mudança no seu cálculo a partir de 2018 por meio da LC nº 155/2016, que tem seus detalhes consolidados na Resolução CGSN nº 140/2018 e seus anexos. Apesar de parecer um pouco mais complexo, o cálculo é mais justo do que o anterior.

A empresa deve calcular o SIMPLES NACIONAL mensalmente aplicando a seguinte fórmula:

SIMPLES NACIONAL/MÊS: RB/Mês × Alíquota efetiva

ALÍQUOTA EFETIVA: (RBT 12 × Alíquota – Parcela a deduzir) / RBT 12

- Alíquota e Parcela a deduzir são encontrados na tabela de cada anexo, disponível no final da Resolução CGSN nº 140/2018.
- RBT 12 é a receita bruta dos 12 meses anteriores ao mês de apuração, pelo regime de competência.

A receita bruta mensal poderá ser apurada pelo regime de caixa ou competência, a critério da empresa, informando a opção no Programa gerador do SIMPLES NACIONAL (PGDAS-D). Porém, a receita bruta dos 12 meses anteriores (RBT 12) deve ser obtida, obrigatoriamente, pelo regime de competência. Caso escolha o regime de caixa para apurar sua receita bruta mensal, será obrigada a utilizar o Anexo IX (Registo de Valores a Receber), previsto na Resolução CGSN nº 140/2018.

Nas empresas que estiverem iniciando suas atividades, nos 12 primeiros meses de apuração, a RBT 12 será obtida pela média dos meses anteriores multiplicada por 12.

A seguir serão apresentados detalhes por cada Anexo, para minimizar a complexidade no entendimento.

14.9.1 Comércio no primeiro ano de atividade

A Mesa Ltda. é uma comercial tributada pelo SIMPLES e foi autorizada a funcionar a partir de JUL/2020. Considere que a empresa teve a receita, elencada na Tabela 14.1, em seus três primeiros semestres de atividade.

Observe como seria o cálculo do SIMPLES NACIONAL mensal da Mesa Ltda. aplicando a Tabela 14.2, prevista no Anexo I. Depois da tabela, serão feitos alguns comentários.

---
[19] Art. 40 da Resolução CGSN nº 140/2018.

TABELA 14.1 Receita bruta nos 18 primeiros meses (em R$ mil)

MÊS	REC. BRUTA	MÊS	REC. BRUTA	MÊS	REC. BRUTA
JUL/2020	15	JAN/2021	190	JUL/2021	400
AGO/2020	20	FEV/2021	300	AGO/2021	250
SET/2020	25	MAR/2021	345	SET/2021	200
OUT/2020	30	ABR/2021	435	OUT/2021	200
NOV/2020	60	MAI/2021	480	NOV/2021	150
DEZ/2020	80	JUN/2021	500	DEZ/2021	100
SEMESTRE	230	SEMESTRE	2.250	SEMESTRE	1.300
		SOMA 2021		3.550	

TABELA 14.2

MÊS	RB MÊS	RBT 12	ALÍQ.	PARC. DEDUZIR	ALÍQ. EFETIVA*	SIMPLES (MÊS)****
JUL/2020	15.000	180.000**	4%	–	4%	600,00
AGO/2020	20.000		4%	–	4%	800,00
SET/2020	25.000	210.000***	7,3%	5.940	4,47%	1.117,86
OUT/2020	30.000	240.000***	7,3%	5.940	4,83%	1.447,50
NOV/2020	60.000	270.000	7,3%	5.940	5,10%	3.060,00
DEZ/2020	80.000	360.000	7,3%	5.940	5,65%	4.520,00
JAN/2021	190.000	460.000	9,5%	13.860	6,49%	12.325,22
FEV/2021	300.000	720.000	9,5%	13.860	7,58%	22.725,00
MAR/2021	345.000	1.080.000	10,7%	22.500	8,62%	29.727,50
ABR/2021	435.000	1.420.000	10,7%	22.500	9,12%	39.652,39
MAI/2021	480.000	1.800.000	10,7%	22.500	9,45%	45.360,00
JUN/2021	500.000	2.160.000	14,3%	87.300	10,26%	51.291,67
JUL/2021	400.000	2.480.000	14,3%	87.300	10,78%	43.119,35
AGO/2021	250.000	2.865.000	14,3%	87.300	11,25%	28.132,20
SET/2021	200.000	3.095.000	14,3%	87.300	11,48%	22.958,64
OUT/2021	200.000	3.270.000	14,3%	87.300	11,63%	23.260,55
NOV/2021	150.000	3.440.000	14,3%	87.300	11,76%	17.643,31
DEZ/2021	100.000	3.530.000	14,3%	87.300	11,83%	11.826,91

* (RBT 12 × Alíquota – Parcela a deduzir) / RBT 12 Anual.

** No primeiro mês de atividade, multiplicamos a RB/mês por 12 meses. No segundo mês, o limite será a RB do mês anterior multiplicada por 12 meses, dando a mesma RBT 12 do primeiro mês.

*** A RBT 12 será sempre a média dos meses anteriores × 12 meses. Em SET/2020, temos dois meses anteriores, com 15 e 20 mil, com média de R$ 17.500 × 12 meses = R$ 210 mil. Já em OUT/2020, temos três meses anteriores, com 15, 20 e 25 mil, com média de R$ R$ 20 mil × 12 meses = R$ 240 mil.

**** O cálculo foi feito em Excel, considerando todas as casas decimais.

Observe que, durante os 12 primeiros meses de atividade (de JUL/2020 a JUN/2021), a Mesa Ltda. considerou como receita bruta anual a média mensal dos meses anteriores multiplicada por 12. E essa receita bruta anual (RBT 12) foi utilizada para obter a alíquota efetiva aplicada em cada mês. Só consideramos realmente os 12 meses anteriores a partir da apuração de JUL/2021.

Outro ponto importante para observar foi que o modelo de cálculo faz com que a variação da alíquota efetiva acompanhe a proporção do valor da receita bruta anual (dos meses anteriores). Nos 18 meses, a Mesa Ltda. aumentou sua alíquota efetiva mensal em virtude de a receita bruta anual ter aumentado durante todos os meses. E a alíquota máxima para o sublimite de R$ 3,6 milhões será de 11,88% no setor de comércio.

Embora, teoricamente, não tenha importância para a empresa, a distribuição do valor do SIMPLES pago pelos tributos ali incluídos é definida em cada Anexo. Por exemplo, o DAS de R$ 11.826,91 referente ao mês de dezembro de 2021 e desembolsado dia 20 de janeiro de 2022 será distribuído (automaticamente) pela RFB, conforme a Tabela 14.3.

A RFB distribui os recursos de forma automática. O IRPJ vai para o orçamento federal, sem destinação individual específica, exceto a transferência para FPE, FPM e FND. A contribuição para o PIS/PASEP deve ser destinada ao Fundo de Amparo ao Trabalhador (FAT), enquanto a COFINS vai para a seguridade social, assim como a CSLL. A CPP é destinada para a previdência social e o ICMS é transferido aos estados, que repassam a parcela correspondente (25%) aos seus municípios.

As empresas industriais seguem caminho parecido com as empresas do setor comercial, tendo alíquotas nominais com pequeno acréscimo, sendo 0,5% a mais nas quatro primeiras faixas. Então, a alíquota para a receita bruta anual até R$ 180 mil será de 4,5% para as receitas da empresa com a venda de produtos industrializados.

14.9.2 Empresa comercial com vendas ao exterior

Uma empresa comercial ou industrial, enquadrada no SIMPLES NACIONAL, caso efetue vendas realizadas ao exterior passa a ter duas vantagens em relação as demais empresas tributadas pelo modelo simplificado:

1. O limite das vendas ao exterior deve ser separado do limite das vendas realizadas no mercado interno. Assim, a empresa pode ter receita bruta de R$ 6, 7, 8 ou 9 milhões e utilizar o SIMPLES, desde que as vendas no Brasil ou no exterior não ultrapassem seu limite individual de R$ 4,8 milhões.
2. O cálculo do SIMPLES, no caso, será feito separadamente e as vendas ao exterior deverão considerar os tributos sobre o lucro (IR e CSLL) e a contribuição previdenciária (CPP), não incluindo, no caso, os tributos sobre a receita, como IPI, ICMS, ISS, PIS e COFINS.

Por exemplo, admita que a Loja Marte Ltda. seja uma empresa comercial, submetida ao Anexo I. Nos últimos 12 meses (JAN a DEZ/2020) apresentou receita bruta total de R$ 2 milhões, sendo R$ 1.700.000 de vendas no mercado interno e R$ 300.000 de vendas ao exterior. Suponha que em JAN/2021 a Loja Marte obteve R$ 150 mil de receita com vendas no Brasil e R$ 30 mil com vendas ao exterior. O cálculo seria realizado conforme Tabela 14.4.

Observe na Tabela 14.5 como seria o cálculo do SIMPLES referente à venda ao mercado externo, já com a respectiva distribuição entre os tributos:

Interessante observar que os dois cálculos são feitos separadamente. As vendas no mercado interno estão na faixa 4 da tabela, enquanto as vendas ao exterior ficam na faixa 2 da tabela do Anexo I. E perceba que na venda ao exterior retiramos a parcela correspondente aos tributos sobre a receita: ICMS, PIS e COFINS, que não seriam cobrados nas vendas de empresas tributadas pelo

TABELA 14.3

TRIBUTOS (DAS)	IRPJ	CSLL	COFINS	PIS/PASEP	CPP/INSS	ICMS
100 %	5,5%	3,5%	12,74%	2,76%	42%	33,5%
R$ 11.826,91	650,48	413,95	1.506,75	326,42	4.967,30	3.962,01

TABELA 14.4 Vendas realizadas em JAN/2021 pela Loja Marte Ltda.

VENDAS	RB MÊS	RBT 12	ALÍQ.	PARC. DED.	ALÍQ. EFETIVA*	SIMPLES (MÊS)
Mercado interno	150.000	1.700.000	10,7%	22.500	9,38%	14.064,71
Mercado externo	30.000	300.000	7,3%	5.940	5,32%	Ver tabela seguinte

* (RBT 12 × Alíquota – Parcela a deduzir) / RBT 12

TABELA 14.5

TRIBUTOS (DAS)	IRPJ	CSLL	COFINS	PIS/PASEP	CPP/INSS	ICMS	SIMPLES
100 %	5,5%	3,5%	12,74%	2,76%	41,5%	34%	**50,5%**
R$ 1.596,00 (5,32%)	R$ 87,78	R$ 55,86	Zero	Zero	R$ 662,34	Zero	**R$ 805,98**

TOTAL DEVIDO PELO SIMPLES: R$ 14.870,69 (R$ 14.064,71 + R$ 805,98) lucro presumido ou real. Assim, a tributação alcançou 50,5% do total de R$ 1.596 (destacado, reduzindo-o para R$ 805,98, que foi o valor cobrado.

14.9.3 Comércio e as revendas com ICMS ST e tributação monofásica

Como você pôde observar nos capítulos de ICMS e PIS + COFINS, a legislação tributária brasileira é confusa e faz a cobrança antecipada das contribuições federais em algumas importantes cadeias produtivas e do imposto estadual em muitos setores. Assim, o varejista tem alíquota zero nas revendas desses produtos. Um supermercado de grande porte, por exemplo, não paga ICMS sobre a maior parte dos produtos que revende e não paga PIS + COFINS nas revendas de bebidas frias e produtos de higiene e beleza. Os varejistas de menor porte tributados pelo SIMPLES NACIONAL têm o mesmo direito, retirar os tributos já cobrados na compra da base de cálculo para o pagamento do DAS mensal. Mas isso dá algum trabalho. Portanto, recomenda-se a toda empresa que revenda mercadorias que já tiveram cobrança dos três tributos citados no modelo monofásico/concentrado/ ST separar essas vendas daquelas que tiveram apenas a parcela do ICMS do vendedor. O ideal seria separar os produtos na entrada das mercadorias para revenda e fazer o registro correto no sistema de vendas por meio do Código de Situação Tributária - CST tanto para fins de ICMS quanto para fins de PIS e COFINS.

A Mercearia do Barulho Ltda. iniciou suas atividades em JAN/2021 e apresentou receita bruta de R$ 100 mil, com a seguinte abertura:

- Produtos com tributação normal R$ 40.000
- Produtos com ICMS ST na compra R$ 45.000
- Produtos com ICMS ST e PIS + COFINS monofásico na compra R$ 15.000

Como é o primeiro mês de atividade, o enquadramento será na quarta faixa da tabela do Anexo I, pois a receita bruta dos 12 meses anteriores será de R$ 1.200.000 (100 mil × 12). Assim, a alíquota efetiva aplicada será 8,83%, conforme cálculo a seguir:

(RBT 12 × Alíquota – Parc. a deduzir) / RBT 12 = Alíquota efetiva

(1.200.000 × 10,7% – 22.500) / 1.200.000 = 8,83%

Caso a empresa não fizesse qualquer separação, pagaria R$ 8.825,00 aplicando a alíquota vigente de 8,83%[20] sobre a receita bruta total de R$ 100 mil. Porém, na hora do pagamento, veja como é importante ter suas vendas organizadas conforme as informações das notas fiscais de compras.

Observe na Tabela 14.6 que fazer a abertura detalhada de suas compras permitiu à empresa reduzir o DAS de R$ 8.825 para R$ 6.846, economizando quase R$ 2 mil (R$ 1.979) no mês, em torno de 2% do faturamento mensal e 22,4% do SIMPLES pago. Não é pouca coisa!

Conforme já explicado antes, infelizmente não há autorização legal para você retirar PIS, COFINS nas vendas dos produtos com alíquota zero como café, leite, açúcar, arroz e feijão, por exemplo.

14.9.4 Empresa com vendas de itens imunes

A Livraria Bom Saber é tributada pelo SIMPLES e começou suas atividades em JAN/2021. No primeiro mês obteve receita bruta de R$ 50 mil, sendo R$ 42 mil com

TABELA 14.6 Cálculo do SIMPLES NACIONAL em JAN/2021 com abertura das revendas

TRIBUTOS	ANEXO I – 4ª Fx.	NORMAL	ICMS ST (só)	ICMS ST e PIS + COF MONOF.	TOTAL
	RECEITA BRUTA	40.000,00	45.000,00	15.000,00	100.000,00
IRPJ	5,5%	194,15	218,42	72,81	485,38
CSLL	3,5%	123,55	138,99	46,33	308,88
COFINS	12,74%	449,72	505,94	–	955,66
PIS/PASEP	2,76%	97,42	109,61	–	207,03
CPP/INSS	42%	1.482,60	1.667,92	555,98	3.706,50
ICMS	33,5%	1.182,56	–	–	1.182,56
TOTAL	100%	3.530,00	2.640,88	675,12	**6.846,00**

[20] A orientação da RFB para cálculo do SIMPLES é utilizar todas as casas decimais. Neste caso, a alíquota seria 8,825% utilizando todas a casas decimais possíveis. Nos exemplos numéricos, as alíquotas serão informadas com duas casas.

venda de livros, jornais e periódicos, que tem imunidade constitucional e R$ 8 mil com vendas de material escolar, de escritório e outros itens sem imunidade. O cálculo será realizado conforme a Tabela 14.7.

Observe como seria o cálculo do SIMPLES referente à venda dos produtos com imunidade, já com a respectiva distribuição entre os tributos (Tabela 14.8).

A imunidade constitucional será aplicada apenas ao ICMS (seria também ao IPI se a venda fosse feita pela editora). A RFB esclareceu[21] que o IRPJ não tem imunidade no caso, enquanto PIS e COFINS tem alíquota zero determinada pela Lei nº 10.925/2004, mas que não permite o benefício aplicado às empresas do SIMPLES NACIONAL. De qualquer forma, a parcela do ICMS, que representa praticamente 1/3 do SIMPLES, poderá ser extraída do DAS a ser pago.

14.9.5 Empresa com atividade mista: comércio e serviços

Suponha que Zezinho da Manutenção Ltda. é uma empresa que tem como atividades descritas em seu contrato social a revenda de aparelhos de ar-condicionado, peças e a prestação de serviços de instalação dos respectivos aparelhos. Para fins de simplificação, admita que a empresa apresentou receita bruta total de R$ 1,2 milhão nos últimos 12 meses, sendo 50% (R$ 600 mil) para cada atividade. Em janeiro de 2021, apresentou R$ 100 mil de receita bruta, sendo R$ 60 mil com serviços e R$ 40 mil com revendas de peças e aparelhos.

Para enquadramento será utilizada a receita bruta total dos últimos 12 meses, deixando a empresa na 4ª faixa, cujas alíquotas e valores constam na Tabela 14.9.

Assim, o cálculo do SIMPLES em JAN/2021 será feito de acordo com a Tabela 14.10.

TABELA 14.7 Vendas realizadas em JAN/2021 pela livraria Bom Saber

VENDAS (TIPO)	RB MÊS	RBT 12*	ALÍQ.	PARC.DEDUZIR	ALÍQ. EFETIVA**	SIMPLES (MÊS)
Sem imunidade	8.000	600.000	9,5%	13.860	7,19%	575,20
Com imunidade	42.000	600.000	9,5%	13.860	7,19%	Tabela seguinte

* No primeiro mês de atividade, multiplicamos a RB/mês por 12 meses.

** (RBT 12 x Alíquota – Parc. a Deduzir) / RBT 12

TABELA 14.8

TRIBUTOS (DAS)	IRPJ	CSLL	COFINS	PIS/PASEP	CPP/INSS	ICMS	SIMPLES
100 %	5,5%	3,5%	12,74%	2,76%	42%	33,5%	**66,5%**
R$ 3.019,80	R$ 166,09	R$ 105,69	R$ 384,72	R$ 83,35	R$ 1.268,32	Zero	**R$ 2.008,17**

TOTAL DEVIDO PELO SIMPLES: R$ 2.583,37 (R$ 575,20 + R$ 2.008,17)

TABELA 14.9

FAIXAS DO SIMPLES	ANEXO 1 – COMÉRCIO		ANEXO 3 – SERVIÇOS	
Receita bruta total em 12 meses	ALÍQ.	PARC. DEDUZIR	ALÍQ.	PARC. DEDUZIR
De 720.000,01 a 1.800.000,00	10,7%	22.500	16%	35.640

TABELA 14.10 Vendas realizadas em JAN/2021 pela empresa Zezinho da manutenção Ltda.

RECEITA BRUTA	RB MÊS	RBT 12	ALÍQ.	PARC.DEDUZIR	ALÍQ. EFETIVA*	SIMPLES (MÊS)
Revendas (Anexo I)	40.000	600.000	10,7%	22.500	8,83%	3.530,00
P. Serviços (Anexo III)	60.000	600.000	16%	35.640	13,03%	7.818,00
TOTAL	100.000	1.200.000	–	–	11,35%	**11.348,00**

* (RBT 12 × Alíquota – Parcela a deduzir) / RBT 12

[21] Disponível em: http://normas.receita.fazenda.gov.br/sijut2consulta/link.action?visao=anotado&idAto=112654. Acesso em: set. 2021.

14.9.6 Indústria de cosméticos de pequeno porte

A Delta Ltda. é uma indústria de cosméticos optante pelo SIMPLES NACIONAL, localizada em São Paulo/SP e produz dois itens diferentes: A e B. O item A é um produto com cobrança de substituição tributária de ICMS e tributação monofásica/concentrada de PIS e COFINS, enquanto o item B tem apenas ST de ICMS. Para simplificação do cálculo, suponha que a receita bruta mensal constante da Delta monte a R$ 75 mil, sendo R$ 50 mil do produto A e R$ 25 mil do produto B.

Inicialmente, teremos o cálculo do ICMS ST e de PIS e COFINS pelo modelo concentrado/monofásico separadamente do SIMPLES. Considere a Margem de Valor Agregada (MVA) de 60% para os dois itens. O produto A é vendido para varejista em Minas Gerais, estado que tem alíquota interna de 18%, enquanto o produto B é vendido no próprio estado de São Paulo, cuja alíquota interna monta a 20%.

O ICMS ST será apurado conforme a Tabela 14.11.

Caberá à Delta Ltda. a obrigatoriedade de recolher o ICMS ST de R$ 3 mil para o estado de São Paulo (guia local do estado) e de R$ 8.400 para o estado de Minas Gerais em guia específica.[22] Então, receberá R$ 86.400 pela venda total e pagará ICMS ST de R$ 11.400, ficando com a receita bruta de R$ 75 mil.

Aí terá que calcular PIS e COFINS no modelo monofásico/concentrado conforme a Lei nº 10.147/2000 (com alterações), pagando R$ 6.250 das contribuições nas vendas do Produto A, conforme abertura a seguir:

- PIS de R$ 1.100 (2,2% sobre R$ 50 mil).
- COFINS de R$ 5.150 (10,3% sobre R$ 50 mil).

Na sequência, deverá calcular o SIMPLES NACIONAL (Tabelas 14.12 e 14.13).

Observe que a Delta Ltda. deixou de pagar SIMPLES de R$ 608,96 (6.525,00 – 5.916,04) por conta da retirada dos percentuais de PIS/PASEP e COFINS nas vendas do produto A. Por outro lado, terá que desembolsar, separadamente, R$ 6.250 em DARF com as contribuições cobradas sobre a venda do Produto A no modelo monofásico/concentrado.

Apenas para reforçar, o varejista localizado em Minas Gerais que comprou o produto A não pagará PIS, COFINS e ICMS na revenda a seus clientes, seja ele tributado pelo lucro real, presumido ou até pelo SIMPLES NACIONAL. Situação similar será aplicada na revenda do produto B pelo varejista localizado em São Paulo em relação ao ICMS. Contudo, este varejista, se tributado pelo lucro real, poderá se creditar de PIS e COFINS pelas alíquotas de 1,65% e 7,6%, respectivamente.

14.9.7 Prestador de serviços no Anexo V

A Alfa Ltda. é prestadora de serviços de arquitetura, com dois sócios, cada um com 50% das cotas da empresa. Começou a funcionar em JAN/2021, apresentando

TABELA 14.11

PRODUTOS	REC. BRUTA MÊS	REC. BRUTA ANUAL	ALÍQUOTA*	ALÍQUOTA SUBSTITUÍDO	ICMS ST**	PREÇO DE VENDA FINAL***
A	50.000	600.000	12%	18%	8.400	58.400
B	25.000	300.000	20%	20%	3.000	28.000
TOTAL	**75.000**	**900.000**	–	–	**11.400**	**86.400**

* Aplicar alíquota interna ou interestadual que seria utilizada em venda usual para o substituído, conforme art. 25, § 8º, inciso II integrado com o § 1º a 3º do art. 28 da Res. CGSN nº 140/2018.

** ((RB MÊS × (1 + MVA)) × ALÍQ. DO SUBSTITUÍDO) – (RB MÊS x ALÍQUOTA DO VENDEDOR). O produto A teria o seguinte cálculo: ((50.000 × 1,6) x 18%) – (50.000 × 12%) = 14.400 – 6.000 = R$ 8.400 de ICMS ST.

*** Preço de Venda (receita bruta/mês + ICMS ST).

TABELA 14.12 Vendas realizadas em JAN/2021 pela Delta Ltda.

RB MÊS	RBT 12	ALÍQ.	PARC. DEDUZIR	ALÍQ. EFETIVA*	SIMPLES (MÊS)
75.000	900.000	11,2%	22.500	8,70%	6.525,00

* (RBT 12 × Alíquota – Parcela a deduzir) / RBT 12

[22] Guia Nacional de Recolhimento de Tributos Estaduais, com recursos direcionados automaticamente ao estado de Minas Gerais.

TABELA 14.13

TRIBUTOS	IRPJ	CSLL	COFINS	PIS/PASEP	CPP/INSS	IPI	ICMS	SIMPLES
%	5,5%	3,5%	11,51%	2,49%	37,5%	7,5%	32%	**5.916,04**
Produto A	239,25	152,25	–	–	1.631,25	326,25	1.392,00	3.741,00
Produto B	119,62	76,13	250,34	54,16	815,63	163,16	696,00	2.175,04

R$ 75 mil de receita bruta mensal nos primeiros meses de atividade. No caso, a RBT 12 seria R$ 900 mil, considerando R$ 75 mil × 12, fazendo com que a empresa tivesse alíquota efetiva de 18,6%, pagando R$ 13.950 no DAS. Caso a empresa tivesse folha de pagamento mensal de R$ 21 mil ou mais, seria enquadrada no Anexo III, pagando SIMPLES de R$ 9.030, com alíquota efetiva de 12,04%. Não parece uma diferença tão elevada, mas a conta precisa ser completa e a análise ampla.

Por outro lado, se a empresa tivesse faturamento de R$ 15 mil/mês se enquadraria na primeira faixa e teria alíquota efetiva de 6% no Anexo III, pagando R$ 900 no DAS. Já no Anexo V, a alíquota alcança 15,5%, sinalizando pagamento do SIMPLES de R$ 2.325, com diferença significativa, acima de 150%.

Na parte final do capítulo, será feita a conta completa, considerando todos os tributos e as opções ao SIMPLES.

14.10 Exclusão por receita bruta acima do limite e sublimites

A Lei Complementar nº 155/2016 elevou o limite de uso do SIMPLES NACIONAL para R$ 4,8 milhões, mas manteve ICMS e ISS dentro do modelo simplificado apenas até R$ 3,6 milhões. Assim, na prática, a percepção é que o limite efetivo do modelo simplificado é de R$ 3,6 milhões, pois entre este valor e a receita de R$ 4,8 milhões a empresa deverá pagar ICMS e ISS pelo modelo tradicional, o que acarreta grau de complexidade bem maior, principalmente nas empresas comerciais e industriais.

Anualmente, o CGSN esclarece quais estados aplicam sublimite inferior. Para 2021, apenas os estados do Acre e Amapá (Portaria CGSN nº 30/2020) têm sublimite inferior, de R$ 1.800 mil, com os demais aplicando o sublimite de R$ 3,6 milhões.

Para organizar o processo, vamos entender primeiro se a empresa poderá utilizar o SIMPLES NACIONAL no início do ano. Suponha empresa que faça avaliação no início de 2022. A decisão dependerá de quanto foi sua receita bruta total (RBT) nos últimos 12 meses, ou seja, entre JAN e DEZ/2021:

1. Se a RBT em 2021 foi igual ou menor que R$ 3,6 milhões, a empresa PODERÁ utilizar o SIMPLES NACIONAL, incluindo todos os tributos no pagamento mensal durante todo o ano de 2022.
2. Se a RBT foi superior a R$ 3,6 milhões em 2021, mas inferior a R$ 4,8 milhões, ela PODERÁ utilizar o SIMPLES NACIONAL durante todo o ano, mas deverá pagar desde o início do ano (janeiro) o ICMS/ISS separadamente.
3. Se em 2021 a RBT foi superior a R$ 4,8 milhões, a empresa NÃO PODERÁ utilizar o SIMPLES NACIONAL durante todo o ano de 2022, devendo escolher entre o lucro presumido ou o lucro real.

Depois, a análise NÃO levará em conta a RBT dos últimos 12 meses durante todo o ano de 2022 para a avaliação, tanto do pagamento separado de ICMS/ISS quanto da continuidade no SIMPLES. Assim, para as empresas do item 1, se em determinado mês do ano, a RBT dos últimos 12 meses alcançar R$ 4 milhões (ou mais), por exemplo, o cálculo do SIMPLES continuará incluindo o ICMS/ISS no DAS desde que a receita bruta do ano não ultrapasse o sublimite de R$ 3,6 milhões. E, neste caso, a EPP poderá até continuar no SIMPLES NACIONAL em 2023, com todos seus tributos incluídos numa única guia (DAS) caso a receita bruta do ano fique nesse limite de R$ 3,6 milhões.

Se a empresa ultrapassar o limite de R$ 3,6 milhões em 2022, deverá voltar as linhas anteriores e verificar os itens 2 e 3, para entender se permanece no SIMPLES (item 2), mas pagando ICMS/ISS separadamente ou estará impedida de permanecer no modelo simplificado (item 3).

Serão apresentados exemplos numéricos, pois eles nos ajudam a entender a complexidade apresentada nos normativos.

14.10.1 Exemplo numérico de Receita Bruta acima do limite

A Casa Moderna Ltda., localizada no Rio de Janeiro, é empresa comercial de material de construção e sempre foi tributada pelo SIMPLES. Admita que em 2020 apresentou receita anual de R$ 3,3 milhões, sendo R$ 250 mil/mês no primeiro semestre e R$ 300 mil/mês no segundo semestre.

Em análise inicial, em 2021 a Casa Moderna poderá utilizar o SIMPLES durante todo o ano, incluindo todos os tributos permitidos, pois em 2020 sua receita bruta ficou abaixo do sublimite de R$ 3,6 milhões.

Suponha que a empresa apresente R$ 500 mil/mês durante o ano de 2021, totalizando R$ 6 milhões. No caso, vamos separar o cálculo por período para ajudar no entendimento. Primeiro, veja como seria a apuração no primeiro bimestre, ilustrada na Tabela 14.14.

Observe que nos dois primeiros meses do ano a receita dos 12 meses anteriores permaneceu na quinta faixa da tabela, não trazendo maior complexidade ao processo. Importante lembrar que a RBT dos 12 meses sempre incorpora a receita do mês anterior, substituindo o mesmo mês no ano anterior. Em JAN/2021, ela considerou a receita bruta de R$ 3,3 milhões apurada de JAN a DEZ/2020. Já em FEV/2021, entrou o mês de JAN/2021 (500 mil) e saiu o mês de JAN/2020 (250 mil), aumentando o valor de R$ 3,3 milhões para R$ 3.550 mil.

Na Tabela 14.15 tem o ponto importante: o mês de março de 2021, quando a RBT 12 será de R$ 3,8 milhões, trocando FEV/2020 (250 mil) por FEV/2021 (500 mil). Inicialmente, aplicaremos alíquota e parcela a deduzir da 6ª e última faixa do Anexo I, mas para calcular apenas os impostos e contribuições federais incluídos no SIMPLES.

Nesta última faixa (entre R$ 3,6 e R$ 4,8 milhões) não há destinação para o ICMS, que será calculado à parte. Veja a distribuição na Tabela 14.16.

No caso, como a receita bruta anual (de 2021) não ultrapassou (ainda) o sublimite no ano de R$ 3,6 milhões, o ICMS será pago utilizando uma fórmula, prevista no Anexo I.

CÁLCULO DO ICMS E DO SIMPLES NACIONAL (TOTAL) REFERENTE AO MÊS DE MAR/2021

{[(RBT 12 × Alíq. Nom. 5ª Fx.) – Parc. Ded. 5ª Fx.] / RBT 12} × 33,5%

{[(3.800.000 × 14,30%) – R$ 87.300,00] / 3.800.000} × 33,5% = 4,02% (Alíq. Efetiva)

ICMS DEVIDO: R$ 500 mil × 4,02% = R$ 20.104,41

SIMPLES NACIONAL (DAS) → R$ 65.367,57 (500 mil × 13,07%)

Entendeu o que aconteceu? A RBT12 ultrapassou o sublimite de R$ 3,6 milhões, mas a receita bruta do ano de 2021 continua dentro do sublimite. Enquanto essa situação permanecer, o cálculo do SIMPLES NACIONAL seguirá o modelo utilizado em março, ou seja, com o ICMS acrescido ao cálculo pelos dados da 6ª faixa. A alíquota de 13,07% apresentada na Tabela 14.15 é a soma de 9,05% (tributos federais) com 4,02% (ICMS).

Veja, na Tabela 14.17, a sequência do cálculo até o mês de AGO/2021.

Façamos também o cálculo do ICMS e do SIMPLES NACIONAL (TOTAL) referente a esses cinco meses.

TABELA 14.14

MÊS	RB MÊS	RBT 12 MESES	ALÍQ.	PARC. DEDUZIR	ALÍQ. EFETIVA*	SIMPLES (MÊS)
JAN/2021	500.000	3.300.000	14,3%	87.300	11,65%	58.272,73
FEV/2021	500.000	3.550.000	14,3%	87.300	11,84%	59.204,23

* (RBT 12 Meses × Alíquota – Parcela a deduzir) / RBT 12 Meses

TABELA 14.15 Cálculo dos tributos federais no SIMPLES NACIONAL

MÊS	RB MÊS	RBT 12 MESES	ALÍQ.	PARC. DEDUZIR	ALÍQ. EFETIVA*	SIMPLES (MÊS)
MAR/2021	500.000	3.800.000	19,0%	378.000	9,05%	45.263,16

* (RBT 12 Meses × Alíquota – Parcela a Deduzir) / RBT 12 Meses

TABELA 14.16

TRIBUTOS (DAS)	IRPJ	CSLL	COFINS	PIS/PASEP	CPP/INSS
100 %	13,5%	10%	28,27%	6,13%	42,1%
R$ 45.263,16	6.110,53	4.526,32	12.795,89	2.774,63	19.055,79

TABELA 14.17 Cálculo dos Tributos Federais no SIMPLES NACIONAL

MÊS	RB MÊS	RBT 12 MESES	ALÍQ.	PARC. DEDUZIR	ALÍQ. EFETIVA*	SIMPLES (MÊS)
ABR/21	500.000	4.050.000	19,0%	378.000	9,67%	48.333,33
MAI/21	500.000	4.300.000	19,0%	378.000	10,21%	51.046,51
JUN/21	500.000	4.550.000	19,0%	378.000	10,69%	53.461,54
JUL/21	500.000	4.800.000	19,0%	378.000	11,13%	55.625,00
AGO/21	500.000	5.000.000	19,0%	378.000	11,44%	57.200,00

* (RBT 12 Meses × Alíquota – Parcela a deduzir) / RBT 12 Meses

CÁLCULO DO ICMS E DO SIMPLES NACIONAL (TOTAL) REFERENTE AO MÊS DE ABR/2021

{[(RBT 12 × Alíq. Nom. 5ª Fx.) – Parc. Ded. 5ª Fx.] / RBT 12} × 33,5%

{[(4.050.000 × 14,30%) – R$ 87.300,00] / 4.050.000} × 33,5% = 4,07% (Alíq. efetiva)

ICMS DEVIDO: R$ 500 mil x 4,07% = R$ 20.341,94

SIMPLES NACIONAL (DAS) → R$ 68.675,27 (500 mil × 13,74%)

CÁLCULO do ICMS E DO SIMPLES NACIONAL (TOTAL) REFERENTE AO MÊS DE MAI/2021

{[(RBT 12 × Alíq. Nom. 5ª Fx.) – Parc. Ded. 5ª Fx.] / RBT 12} × 33,5%

{[(4.300.000 × 14,30%) – R$ 87.300,00] / 4.300.000} × 33,5% = 4,11% (Alíq. efetiva)

ICMS DEVIDO: R$ 500 mil × 4,11% = R$ 20.551,86

SIMPLES NACIONAL (DAS) → R$ 71.598,37 (500 mil × 14,32%)

CÁLCULO DO ICMS E DO SIMPLES NACIONAL (TOTAL) REFERENTE AO MÊS DE JUN/2021

{[(RBT 12 × Alíq. Nom. 5ª Fx.) – Parc. Ded. 5ª Fx.] / RBT 12} × 33,5%

{[(4.550.000 × 14,30%) – R$ 87.300,00] / 4.550.000} × 33,5% = 4,15% (Alíq. efetiva)

ICMS DEVIDO: R$ 500 mil × 4,15% = R$ 20.738,71

SIMPLES NACIONAL (DAS) → R$ 74.200,25 (500 mil × 14,84%)

CÁLCULO DO ICMS E DO SIMPLES NACIONAL (TOTAL) REFERENTE AO MÊS DE JUL/2021

{[(RBT 12 × Alíq. Nom. 5ª Fx.) – Parc. Ded. 5ª Fx.] / RBT 12} × 33,5%

{[(4.800.000 × 14,30%) – R$ 87.300,00] / 4.800.000} × 33,5% = 4,18% (Alíq. efetiva)

ICMS DEVIDO: R$ 500 mil × 4,18% = R$ 20.906,09

SIMPLES NACIONAL (DAS) → R$ 76.531,09 (500 mil × 15,31%)

CÁLCULO DO ICMS E DO SIMPLES NACIONAL (TOTAL) REFERENTE AO MÊS DE AGO/2021

{[(RBT 12 × Alíq. Nom. 5ª Fx.) – Parc. Ded. 5ª Fx.] / RBT 12} × 33,5%

{[(5.000.000 × 14,30%) – R$ 87.300,00] / 5.000.000} × 33,5% = 4,21% (Alíq. efetiva)

ICMS DEVIDO: R$ 500 mil × 4,21% = R$ 21.027,95

SIMPLES NACIONAL (DAS) → R$ 78.227,95 (500 mil × 15,65%)

Observe que até o mês de AGO/2021 a Casa Moderna Ltda. apresentou receita bruta anual (RBA) de R$ 4 milhões, acima do sublimite de R$ 3,6 milhões, mas dentro do acréscimo permitido de até 20%, que será alcançado quando a RBA atingir no ano R$ 4.320 mil (3.600 + 720), o que irá acontecer no mês de SET/2021. Neste mês (setembro), o SIMPLES ainda poderá ser pago no modelo dos meses anteriores, conforme a Tabela 14.18.

Tabela 14.18 Cálculo dos tributos federais no SIMPLES NACIONAL

MÊS	RB MÊS	RBT 12 MESES	ALÍQ.	PARC. DEDUZIR	ALÍQ. EFETIVA*	SIMPLES (MÊS)
SET/21	500.000	5.200.000	19,0%	378.000	11,73%	58.653,85

* (RBT 12 Meses × Alíquota – Parcela a deduzir) / RBT 12 Meses

CÁLCULO DO ICMS E DO SIMPLES NACIONAL (TOTAL) REFERENTE AO MÊS DE SET/2021

{[(RBT 12 × Alíq. Nom. 5ª Fx.) – Parc. Ded. 5ª Fx.] / RBT 12} × 33,5%

{[(5.200.000 × 14,30%) – R$ 87.300,00] / 5.200.000} × 33,5% = 4,23% (Alíq. Efetiva)

ICMS DEVIDO: R$ 500 mil × 4,23% = R$ 21.140,43

SIMPLES NACIONAL (DAS) → R$ 79.794,28 (500 mil × 15,96%)

No caso, como a receita bruta da empresa ultrapassou R$ 4.320 mil em setembro, a partir de outubro ela deverá calcular o SIMPLES NACIONAL apenas para os tributos federais, pagando o ICMS em guia à parte, conforme as regras da legislação estadual específica.

A Casa Moderna poderá continuar calculando os tributos federais no SIMPLES NACIONAL até sua Receita Bruta Anual – RBA atingir R$ 5.760 mil (4.800 + 960, que é o excesso de 20% sobre 4.800), utilizando o modelo simplificado nos três meses finais do ano.

Supondo que a receita bruta de novembro em vez de R$ 500 mil fosse R$ 800 mil a ultrapassagem do limite (R$ 5.760 mil) seria já neste mês, impedindo a utilização do SIMPLES já no mês de DEZ/2021, quando os tributos federais (IR, CSLL, PIS, COFINS, CPP e Sistema S) seriam pagos separadamente.

Veja, na Tabela 14.19, o cálculo do SIMPLES NACIONAL nos três meses finais do ano da Casa Moderna Ltda.

Os valores calculados se referem exclusivamente aos tributos federais. O ICMS será calculado separadamente, conforme legislação estadual.

A partir de 2022, a Casa Moderna Ltda. deverá utilizar o lucro presumido ou o lucro real, sendo excluída do SIMPLES NACIONAL.

Achou o cálculo excessivamente complicado? Eu também. Mas, o PGDAS procede aos cálculos de forma automática, desde que corretamente alimentado.

14.10.2 Empresa de serviço com receita bruta acima do limite

Suponha que a Beta Ltda. seja prestadora de serviço localizada no Paraná, tributada pelo Anexo III no SIMPLES, com receita bruta anual em 2020 de R$ 3 milhões, sendo R$ 250 mil/mês.

A Beta seguirá no SIMPLES em 2021 e permanecerá pagando o DAS mensal incluindo o ISS junto com todos os tributos federais. Para fins didáticos, a empresa conseguiu novos clientes em 2021 e passou a ter receita bruta mensal de R$ 550 mil.

O cálculo do SIMPLES NACIONAL nos três primeiros meses é apresentado na Tabela 14.20.

Nos três meses, a empresa ficou na 5ª faixa da tabela do Anexo III. No mês de JAN/2021, a distribuição dos tributos seria feita conforme a Tabela 14.21.

O ajuste foi necessário para deixar o ISS com sua alíquota máxima prevista na Lei Complementar nº 116/2003, que é 5%. Assim, torna-se necessário realocar sua distribuição aos tributos federais, na proporção de cada um deles. Para você, contribuinte, não há preocupação com essa distribuição, que é calculada automaticamente pelo PGDAS-D.

No mês de ABR/2021, a RBT 12 da Beta Ltda. ultrapassará o sublimite de R$ 3,6 milhões e iremos aplicar a

TABELA 14.19 Cálculo dos tributos federais no SIMPLES NACIONAL

MÊS	RB MÊS	RBT 12 MESES	ALÍQ.	PARC. DEDUZIR	ALÍQ. EFETIVA*	SIMPLES (MÊS)
OUT/2021	500.000	5.400.000	19,0%	378.000	12,00%	60.000,00
NOV/2021	500.000	5.600.000	19,0%	378.000	12,25%	61.250,00
DEZ/2021	500.000	5.800.000	19,0%	378.000	12,48%	62.413,79

* (RBT 12 Meses × Alíquota – Parcela a Deduzir) / RBT 12 Meses

TABELA 14.20 Cálculo do SIMPLES NACIONAL

MÊS	RB MÊS	RBT 12 MESES	ALÍQ.	PARC.DEDUZIR	ALÍQ. EFETIVA*	SIMPLES (MÊS)
JAN/2021	550.000	3.000.000	21,0%	125.640	16,81%	92.466,00
FEV/2021	550.000	3.300.000	21,0%	125.640	17,19%	94.560,00
MAR/2021	550.000	3.600.000	21,0%	125.640	17,51%	96.305,00

* (RBT 12 Meses × Alíquota – Parcela a deduzir) / RBT 12 Meses

mesma regra utilizada no subtópico anterior, no exemplo da Casa Moderna. Veja o cálculo na Tabela 14.22.

CÁLCULO DO ISS E DO SIMPLES NACIONAL (TOTAL) REFERENTE AO MÊS DE ABR/2021

{[(RBT 12 × 21%) – R$ 125.640,00] / RBT 12} × 33,5%

{[(3.900.000 × 21%) – R$ 125.640,00] / 3.900.000} × 33,5% = 5,96%

O ISS precisa ter alíquota efetiva de 5%, transferindo a diferença de 0,96% para os tributos federais, o que levará a tributação total do SIMPLES NACIONAL para 22,34% (16,38% + 5,96%). Assim, o DAS pago no mês será de R$ 122.872,20, com os detalhes apresentados na Tabela 14.23.

Assim seguirá o cálculo até o mês de junho, quando a receita bruta anual será de R$ 3,3 milhões. A partir de julho, a lógica será similar com pequena mudança na fórmula para encontrar o ISS devido. No mês de apuração agosto, a soma da receita bruta mensal atingirá R$ 4,4 milhões (550 mil/mês × 8 meses), ultrapassando o limite de R$ 4.320 mil (3.600 + 720). Com isso, na apuração de SET/2021 a Beta Ltda. deverá calcular o ISS separadamente do SIMPLES, o que tende a não representar mudança significativa, pois a alíquota efetiva do imposto municipal estava em 5% desde o início do ano.

Em NOV/2021, quando a RBA completasse R$ 6.050 mil (550 mil/mês × 11 meses) seria o último mês de permissão do pagamento dos tributos federais no SIMPLES, pois foi ultrapassado o limite de 20% (4.800 + 960 = 5.760). A partir da apuração do mês de dezembro, PIS + COFINS + IRPJ + CSLL + os encargos previdenciários precisariam ser pagos separadamente.

A Beta Ltda. entraria 2022 tendo que escolher entre o lucro real ou o lucro presumido, sendo impedida de permanecer no SIMPLES NACIONAL.

14.11 Profissional liberal: prestar serviços como PF ou PJ?

Muitos profissionais liberais foram autorizados a utilizar o SIMPLES há alguns anos, abrindo mais um espaço para análise sobre a melhor forma de prestarem seus serviços, que antes poderiam ser enquadrados apenas no lucro presumido ou lucro real. Porém, é importante fazer a conta completa e o tópico terá esse objetivo, de

TABELA 14.21

TRIBUTOS (DAS)	IRPJ	CSLL	COFINS	PIS/PASEP	CPP/INSS	ISS	SIMPLES
100 %	4%	3,5%	12,82%	2,78%	43,4%	33,5%	**100%**
ALÍQ. EFETIVA	0,67%	0,59%	2,16%	0,47%	7,30%	5,63%	**16,81%**
AJUSTE PARTE ISS	0,04%	0,03%	0,12%	0,03%	0,41%	(0,63%)	–
ALÍQ. AJUSTADA	0,71%	0,62%	2,28%	0,49%	7,71%	5%	**16,81%**
SIMPLES DEVIDO*	3.907,74	3.419,26	12.524,27	2.715,87	42.398,86	27.500,00	**92.466,00**

* Embora a apresentação considere duas casas decimais, os dados são extraídos de cálculos em planilhas de Excel, utilizando todas as casas decimais, conforme orientação da legislação tributária, por isso, você observa algumas contas não batendo 100%, mas são sempre muito próximas.

TABELA 14.22 Cálculo dos tributos federais no SIMPLES NACIONAL

MÊS	RB MÊS	RBT 12 MESES	ALÍQ.	PARC. DEDUZIR	ALÍQ. EFETIVA*	SIMPLES (MÊS)
ABR/2021	550.000	3.900.000	33,0%	648.000	16,38%	90.115,38

* (RBT 12 meses × Alíquota – Parcela a deduzir) / RBT 12 meses

TABELA 14.23

TRIBUTOS (DAS)	IRPJ	CSLL	COFINS	PIS/PASEP	CPP/INSS	ISS	SIMPLES
100%	35%	15%	16,03%	3,47%	30,5%	–	**100%**
ALÍQ. EFETIVA	5,73%	2,46%	2,63%	0,57%	4,99%	–	**16,38%**
ALÍQ. EFETIVA DO ISS	–	–	–	–	–	5,96%	**5,96%**
AJUSTE PARTE ISS	0,34%	0,14%	0,16%	0,03%	0,29%	(0,96%)	–
ALÍQ. AJUSTADA	6,07%	2,60%	2,78%	0,60%	5,29%	5%	**22,34%**
SIMPLES DEVIDO	33.380,27	14.305,83	15.288,16	3.309,42	29.088,52	27.500,00	**122.872,20**

auxiliar na decisão para aqueles segmentos que constam no Anexo V, mas que podem utilizar o Anexo III, se a folha de pagamento representar 28% ou mais da sua receita bruta, ou seja, cumprir o chamado FATOR "R".

Importante mencionar alguns pontos fundamentais para se fazer um diagnóstico preciso e, com isso, tomar a decisão correta:

- Incluir todos os valores recebidos, ou seja, deve ser desconsiderada qualquer possibilidade de caixa 2, não emissão de recibos ou contabilidade paralela.
- Conhecer, se tiver, os demais rendimentos tributáveis da pessoa física, que devem ser incluídos na análise.
- As deduções permitidas no IRPF devem ser mapeadas: dependentes, educação, saúde, previdência social, previdência privada e pensão alimentícia. Especial atenção para os gastos permitidos no livro Caixa, que devem ser apurados criteriosamente (ver Capítulo 27).
- O ISS que deverá ser pago separadamente, no caso em que o SIMPLES NACIONAL não seja utilizado.
- O INSS que deverá ser pago como contribuinte individual ou autônomo, caso a opção seja atuar como pessoa física.
- Fazer adequado orçamento e acompanhamento mensal do resultado. Embora o FATOR "R", que exige folha de pagamento (mínima) de 28% se refira à receita bruta dos 12 meses anteriores ao mês de apuração, tal percentual deve ser acompanhado mensalmente. E deve-se tomar cuidado para que o valor do pró-labore pago aos sócios não fique oscilando durante o ano.

Vamos a um exemplo numérico para ilustrar e ajudar na reflexão sobre o tema.

14.11.1 Profissional liberal com renda mensal de R$ 15 mil/mês

Para fins de comparação, será utilizado o caso de Ana, Psicóloga, com renda mensal de R$ 15 mil (R$ 180 mil/ano), que atende seus clientes (pessoas físicas) em consultório próprio, com custo mensal de 10% da sua renda (R$ 1.500), sendo R$ 300 de ISS (alíquota de 2%) + gastos de energia, aluguel, internet e outras, todas as despesas deduzidas como livro-caixa na declaração de IRPF. Ana não possui assistente no consultório, nem dependente ou gastos com educação. A princípio, sua única despesa pessoal a ser deduzida no IRPF, além do livro-caixa, é seu plano de saúde mensal de R$ 500. Para fins didáticos e para você entender a base de comparação, iremos trazer três opções para Ana, considerando o ano de 2022:

1. Abrir uma empresa no SIMPLES, enquadrando-a no Anexo V, seguindo as orientações técnicas que sugerem pagamento de pró-labore mensal de um salário-mínimo.
2. Abrir uma empresa no SIMPLES, enquadrando-a no Anexo III, pagando um pró-labore suficiente para enquadramento no percentual determinado pelo FATOR "R", de 28% de folha de pagamento sobre a receita bruta.
3. Trabalhar diretamente como pessoa física, emitindo recibos aos seus clientes.

Primeiro a opção 1. Se abrir uma empresa no SIMPLES, colocando-a no Anexo V, Ana pagará alíquota de 15,5%, gerando DAS-SIMPLES de R$ 2.325/mês.[23] Terá, ainda, pró-labore mensal de 1.200[24], resultando na cobrança de INSS pessoal de R$ 132/mês (alíquota de 11%). Não terá IRPF, ISS ou outros tributos. No caso, o total de tributos será **R$ 29.484**.

- SIMPLES NACIONAL de R$ 27.900 (2.325 × 12 meses).
- INSS Pessoal de R$ 1.584 (132 × 12 meses).

Porém, caso a opção seja pelo Anexo III, a empresa de Ana se submeterá a alíquota de 6% ao mês sobre a receita mensal de R$ 15 mil, montando R$ 900/mês de SIMPLES NACIONAL. Importante fazer a abertura por tributo desse DAS-SIMPLES de R$ 900, conforme mostra a Tabela 14.24.

TABELA 14.24

IRPJ	CSLL	COFINS	PIS	CPP	ISS	TOTAL
4,0%	3,5%	12,82%	2,78%	43,4%	33,5%	**100,0%**
36,00	31,50	115,38	25,02	390,60	301,50	**900,00**

[23] Caso a opção seja pelo Anexo V, entendo ser necessário o pagamento de pró-labore mensal ao sócio-gerente. Recomenda-se leitura da página eletrônica: https://portalcontabilsc.com.br/artigos/socio-administrador-e-obrigado-ter-remuneracaopro-labore/#:~:text=A%20resposta%20%C3%A9%20N%C3%83O.,de%20pagamento%20do%20pro%2Dlabore. Acesso em: set. 2021.

[24] Estimativa para o salário-mínimo de 2022 obtida no final do mês de outubro de 2021.

A abertura torna-se importante, pois o valor da contribuição previdenciária patronal (R$ 390,60/mês = R$ 4.687,20/ano) integrará a folha de pagamento para fins de FATOR "R", que sinaliza exigência de folha de pagamento anual mínima de R$ 50.400 (28% de R$ 180 mil). Reduzindo a CPP incluída no SIMPLES, teremos a necessidade de pagar um pró-labore para Ana durante o ano de R$ 45.712,80, o que dá R$ 3.809,40/mês. Para deixar uma folga para pequeno aumento na receita, recomenda-se pagar mensalmente R$ 4 mil de pró-labore.

Portanto, será necessário fazer o cálculo do IRPF anual de Ana com seu recebimento mensal como sócia da empresa do SIMPLES. Observe o cálculo a seguir do IRPF de Ana, já considerando a tabela progressiva (ver no Capítulo 26, item 26.6) aprovada pela câmara dos deputados em setembro de 2021 e que estava em análise no senado federal no fechamento desta edição.

- Rendimentos Tributáveis R$ 48.000 (4.000 × 12 meses)
- (-) INSS R$ 5.280 (11% sobre 48 mil)
- (-) Plano de Saúde R$ 6.000 (500 × 12 meses)
- BASE DE CÁLCULO R$ 36.720
- IRPF DEVIDO R$ 504 (36.720 × 7,5% - 2.250)

Observe que Ana pagará, no Anexo III do SIMPLES, o total de tributos de **R$ 16.584**:

- SIMPLES NACIONAL R$ 10.800
- INSS R$ 5.280
- IRPF R$ 504

Veja que o Anexo III para essa faixa de renda produziu uma bela economia, em comparação com a opção pelo Anexo V, sinalizando o direcionamento para o uso do FATOR "R".

Para concluir a análise e fazer a comparação adequada, torna-se necessário calcular os tributos da Ana caso ela decida realizar sua atividade como pessoa física. Veja o cálculo do IRPF de Ana:

- Rendimentos Tributáveis R$ 180.000 (15.000 × 12 meses)
- (-) ISS (incluído no livro-caixa) R$ 3.600 (2% sobre 180 mil)
- (-) Livro-Caixa R$ 14.400 (1.200 × 12 meses)
- (-) Plano de Saúde R$ 6.000 (500 × 12 meses)
- BASE DE CÁLCULO R$ 156.000
- IRPF DEVIDO R$ 30.765 (156 mil × 27,5% - 12.135)

Portanto, o total de tributos pagos por Ana, trabalhando como pessoa física, montou a **R$ 34.365** (30.765 + 3.600), valor que representa mais que o dobro do apurado pelo uso do SIMPLES no Anexo III.

Assim, há sinalização para que Ana passe a trabalhar por meio de uma pessoa jurídica, emitindo nota fiscal aos seus clientes, recebendo seu pró-labore e pagando menos tributos no total. A economia anual alcançou R$ 17.781. Todavia, alguns fatores relevantes foram desconsiderados na análise numérica e podem mudar o resultado:

1. Trabalhando como pessoa física, Ana nada contribuiu para o INSS. Conforme previsto na Lei nº 8.212/91 e explicado aqui no Capítulo 8, ela deveria pagar mensalmente a previdência como contribuinte individual e sobre o teto, que era R$ 6.433,57 em 2021. Aplicando alíquota de 20%, encontraríamos R$ 15.440 no ano, o que pioraria ainda mais a tributação como pessoa física.
2. O custo de conformidade da empresa, mesmo no SIMPLES NACIONAL. Há o custo de abertura, em torno de R$ 2 mil, mas será necessário destinar valor mensal para pagar ao profissional de contabilidade que será responsável pela escrituração contábil da empresa.
3. Outras deduções possíveis da pessoa física, não consideradas aqui. Um assistente, por exemplo, representaria dedução no livro Caixa, mas também sinalizaria menor necessidade de pró-labore no caso de uso do Anexo III, pois o valor entraria na composição do FATOR "R".

De qualquer forma, no modelo atual, o SIMPLES NACIONAL tende a ser a melhor opção para a maioria dos profissionais liberais com renda até R$ 100 mil/mês.

14.12 SIMPLES, lucro presumido ou lucro real?

Em tese, o SIMPLES será sempre a melhor opção, pela sua simplicidade e praticidade. Porém, por conta da enorme confusão que temos na legislação tributária brasileira, alguns casos devem ser analisados com um pouco mais de cuidado. Vamos a um exemplo numérico.

A Drogaz Ltda., que trabalha em um mercado de muita concorrência no estado de Minas Gerais, tem dois sócios farmacêuticos, cada um com 50% das cotas. Sua receita bruta mensal estimada é de R$ 150 mil, sendo 92% de produtos com tributação monofásica e substituição tributária de ICMS (R$ 138 mil) e apenas 8% (R$ 12 mil) de produtos com tributação normal, com alíquota de ICMS de 18% (alíquota igual na compra e na venda). Suas despesas, sem considerar impostos e contribuições, montam R$ 135 mil, conforme detalhado a seguir:

- CMV dos produtos com tributação monofásica R$ 97 mil
- CMV dos produtos com tributação normal R$ 6 mil
- Despesa de aluguel e energia elétrica R$ 11 mil
- Salários e verbas salariais (empregados) R$ 10 mil
- Pró-Labore (dois sócios) R$ 6 mil
- Outras despesas R$ 5 mil

Vamos analisar (Tabela 14.25) como seria a tributação da Drogaz Ltda. pelo lucro real, presumido e a cobrança dos tributos pelo SIMPLES NACIONAL.

A parcela previdenciária foi igual nas opções pelo lucro presumido e pelo lucro real, com detalhamento do valor de R$ 3.980 apresentada a seguir:

- CPP de 20% sobre verbas salariais + pró-labore de R$ 16 mil = R$ 3.200
- RAT de 2% + Sistema S de 5,8% sobre verbas salariais de R$ 10 mil = R$ 780

O IR + CSLL foi apurado da seguinte forma:

- LUCRO PRESUMIDO: IR de R$ 1.800 (1,2% (15% de 8%) sobre R$ 150 mil);
- LUCRO PRESUMIDO: CSLL de R$ 1.620 (1,08% (9% de 12%) sobre R$ 150 mil); e
- LUCRO REAL: IR + CSLL de R$ 2.386 (24% sobre o LAIR de R$ 9.940).

Observe que mesmo com o resultado e a folha de pagamento reduzidos, o resultado da simulação da Drogaz apontou para o LUCRO REAL como melhor opção, com economia mensal de APENAS R$ 339 em relação ao SIMPLES NACIONAL.

Com os números apresentados, recomendaria a Drogaz a utilização do modelo simplificado, por conta da simplicidade na sua apuração e do menor custo de conformidade. Contudo, veja como é importante ter bom controle de entrada e saída de mercadorias para reduzir o percentual aplicado sobre a receita bruta no SIMPLES NACIONAL.

14.13 Tributação do MEI

Foi criada pela LC nº 123/2006 a figura do microempreendedor individual (MEI), que é a pessoa que trabalha por conta própria e que se legaliza como pequeno empresário. A LC nº 128/2008 proporcionou condições especiais para que o trabalhador conhecido como informal possa se tornar um MEI legalizado. Entre as vantagens oferecidas está o registro no CNPJ, o que facilita a abertura de conta bancária, o pedido de empréstimos e a emissão de notas fiscais.

O MEI é algo positivo e importante para a economia do país e a formalização de um número significativo de trabalhadores. O interessado deve acessar o portal do empreendedor no *link* https://www.gov.br/empresas-e-negocios/pt-br/empreendedor.

A seguir, serão listados pontos importantes que devem ser observados.

TABELA 14.25

DROGAZ Ltda. – RESULTADO	SIMPLES	LP	LR
Receita bruta	**150.000**	**150.000**	**150.000**
CMV	(103.000)	(103.000)	(103.000)
Despesas administrativas	(16.000)	(16.000)	(16.000)
Verbas salariais (empregados)	(10.000)	(10.000)	(10.000)
Pró-labore	(6.000)	(6.000)	(6.000)
Lucro Antes dos Tributos	**15.000**	**15.000**	**15.000**
■ CPP (INSS), RAT e Sistema S	–	(3.980)	(3.980)
■ ICMS (18% sobre 6 mil)	–	(1.080)	(1.080)
■ PIS + COFINS – 3,65% sobre R$ 12 mil	–	(438)	–
Lucro antes de IR e CSLL	**15.000**	**9.502**	**9.940**
IR + CSLL (ou SIMPLES)	(7.785)	(3.420)	(2.386)
LUCRO LÍQUIDO	**7.215**	**6.082**	**7.554**
SOMA DOS TRIBUTOS	**7.785**	**8.918**	**7.446**

Para ser um MEI é necessário faturar, no máximo, R$ 81 mil por ano e não ter participação em outra empresa como sócio ou titular. Não há proibição de o MEI ter emprego com carteira assinada. Uma pessoa física pode trabalhar como empregado em empresa e ter uma atividade complementar nas horas/dias de folga e, para isso, abrir uma empresa colocando-a no MEI.

No primeiro ano de funcionamento, a empresa no MEI terá limite de R$ 6.750/mês, multiplicado pelo número de meses do ano a partir da abertura do CNPJ.

No fechamento desta edição (dezembro de 2021), a câmara dos deputados analisava o PLP (Lei Complementar) nº 108/2021, já aprovado no senado federal, que eleva o limite do MEI para R$ 130 mil/ano e permite a contratação de dois empregados.

14.13.1 Qualquer atividade pode ser exercida pelo MEI?

Pede-se especial atenção ao subtópico. O MEI deve verificar o Anexo XI da Resolução CGSN nº 140/2018, que traz extensa lista (17 páginas) com as atividades que são permitidas.[25]

O MEI não pode guardar, cumulativamente, com o contratante do serviço, relação de pessoalidade, subordinação e habitualidade, sob pena de exclusão do SIMPLES NACIONAL. Tal dispositivo tem objetivo de evitar a simples substituição do empregado pelo MEI, com objetivo de reduzir encargos sociais. Uma empresa de pequeno/médio/grande porte não pode e não deve, simplesmente, contratar uma pessoa física MEI para trabalhar com as mesmas regras dos empregados. A ideia do MEI foi simplificar e regularizar atividades realizadas diretamente por pessoas físicas, mas sem vínculo empregatício. Por exemplo, uma das atividades permitidas é Ensino de Idiomas. Uma pessoa pode ministrar aulas particulares e em grupo para pessoas físicas como MEI. Contudo, não deveria ser contratada como MEI por escolas particulares de ensino fundamental ou médio, universidades ou escola de línguas. Se for contratado para trabalhar nas empresas citadas, deverá ser como autônomo ou empregado, dependendo da periodicidade da atuação. Enfim, o MEI é uma microempresa, não empregado de quem o contratou.

A empresa do SIMPLES NACIONAL que contratar MEI para sua atividade fim poderá ser excluída do modelo simplificado.

14.13.2 Pagamento mensal independentemente do faturamento

O MEI integra o SIMPLES NACIONAL, sendo caracterizado como microempresa, com isenção dos tributos federais (IR, CSLL, PIS/PASEP, COFINS e IPI) e do ICMS ou ISS, que serão integrados em um único pagamento. Assim, pagará apenas o valor fixo mensal de:

- 5% do limite mínimo mensal do salário de contribuição. Em 2021, este valor seria de R$ 55,00 (5% de R$ 1.100, valor do salário-mínimo); e
- R$ 5,00 de ISS, se for contribuinte sujeito a este imposto; ou
- R$ 1,00 de ICMS, se for contribuinte sujeito a este imposto; ou
- R$ 6,00 de ICMS + ISS, se for contribuinte sujeito aos dois impostos.

Então, até o dia 20 do mês seguinte, deverá ser pago um DAS-MEI de R$ 56 a R$ 61 dependendo do enquadramento do ICMS e/ou ISS. O valor é fixo, qualquer que seja o faturamento mensal do CNPJ, devendo ser pago mesmo sem qualquer receita mensal.

O MEI também pode ter um empregado contratado que receba o salário-mínimo ou o piso da categoria. Se o empregado receber, sob qualquer verba, remuneração acima do limite estabelecido, o MEI poderá ser desenquadrado.

No caso de ter empregado, o MEI deverá pagar mensalmente 3% de Contribuição Previdenciária Patronal (CPP) sobre o valor pago a ele, o que daria R$ 33/mês em 2021 caso o empregado receba R$ 1.100 de salário mensal. Neste caso, deverá fazer o depósito mensal do FGTS (em 2021, R$ 88), gerando um gasto total com o empregado de 11% além do salário.

14.13.3 Direitos previdenciários do MEI

A pessoa física que for proprietária do MEI, com a contribuição mensal citada, terá os seguintes direitos previdenciários:

1. Salário maternidade (com 10 contribuições).
2. Auxílio-doença e aposentadoria por invalidez (com 12 contribuições).

[25] Disponível em: https://www.gov.br/empresas-e-negocios/pt-br/empreendedor/quero-ser-mei/atividades-permitidas. Acesso em: set. 2021.

3. Auxílio-reclusão.
4. Aposentadoria por idade (com 180 contribuições).
5. Pensão por morte, com pagamento por quatro meses caso o MEI não tenha 18 meses de contribuição e seu casamento/união estável tenha menos de dois anos. Caso os dois requisitos sejam cumpridos, a duração da pensão varia conforme a idade do dependente, sendo por três anos se ele tiver menos de 21 anos até pagamento vitalício caso tenha 44 anos ou mais.[26]

14.13.4 Obrigações acessórias do MEI

O MEI fica dispensado (liberado) de escrituração dos livros contábeis e fiscais, da Declaração Eletrônica de Serviços e da emissão de documento fiscal eletrônico, exceto se exigida pelo respectivo ente federado e disponibilizado sistema gratuito de emissão, sem exigência do uso de certificado digital.

O MEI deverá preencher mensalmente, até o dia 20 do mês seguinte, o Relatório Mensal de Receitas Brutas conforme o Anexo X da Resolução CGSN nº 140/2018, ficando liberado de emitir NF de vendas para pessoa física. Contudo, deverá emitir NF de vendas de mercadorias/serviços para empresas.

O MEI que contratar empregado deverá enviar a Relação Anual de Informações Sociais (RAIS) nos prazos determinados pela legislação.

O MEI tem que fazer a declaração anual simplificada (DASN-SIMEI) do seu CNPJ até o último dia útil de maio do ano seguinte.

14.13.5 O MEI, a contabilidade e a declaração de IRPF

A pessoa física deve abrir uma conta corrente para seu CNPJ (MEI) separada da sua conta corrente individual (CPF). E deveria produzir um livro Caixa simples, demonstrando mensalmente Receitas e Despesas da atividade, batendo com a movimentação da conta corrente da empresa. Dentre as despesas mensais, recomenda-se fazer o pagamento do DAS mensal e de um salário-mínimo ao dono do MEI, pessoa física, preferencialmente com transferência bancária da conta do CNPJ para a conta do CPF. No final de cada mês, eventual saldo positivo na conta representa o LUCRO do MEI e todo ou parte deste valor poderá ser transferido para a conta da pessoa física, com a mesma lógica da distribuição isenta nas demais empresas, inclusive as ME e EPP tributadas pelo SIMPLES.

Isoladamente o fato de ser MEI não representa obrigação de fazer e entregar a declaração de IRPF. Porém, algumas pessoas físicas que têm MEI com bom nível de faturamento podem ser obrigadas a declarar dentro das exigências atuais. E quem não for obrigado a declarar poderá constar como dependente em outra declaração. Contudo, os rendimentos do MEI devem integrar a declaração, o que inviabilizaria o benefício da relação de dependência na maioria dos casos.

Para explicar a importância de um bom controle, observe o exemplo a seguir:

Pedro atua como MEI em atividade comercial (venda de pipocas no centro da cidade), sem empregados, com a seguinte movimentação financeira na conta-corrente do CNPJ:

- Compra de material (milho, sal, óleo, embalagem e outros) de **R$ 800**.
- Pró-labore de **R$ 1.100**.
- Aluguel de espaço para o carrinho de **R$ 100**.
- Transporte pessoal de **R$ 200**.
- Refeição pessoal de **R$ 300**.
- Receita mensal de R$ **6.500**.

Como foi possível observar, o MEI teve lucro de R$ 4 mil (6.500 – 2.500). No final do mês, Pedro resolve transferir da conta corrente do MEI para a sua o montante de R$ 3.500, deixando mensalmente R$ 500 na conta para futuro investimento em novo carrinho.

Admitindo que os números se repitam pelos 12 meses, Pedro iria fazer sua declaração de renda como pessoa física da seguinte forma:

- R$ 13.200 de rendimentos tributáveis (Pró-labore); e
- R$ 42 mil de rendimentos isentos (3.500 × 12 meses).

[26] Cônjuge com menos de 21 anos de idade recebe por até três anos; idade entre 21 e 26 anos recebe por até 6 anos; entre 27 e 29 anos recebe por até 10 anos; idade entre 30 e 40 anos recebe por até 15 anos; entre 41 e 43 anos recebe por até 20 anos; e idade de 44 anos ou mais a pensão é vitalícia; além disso, para o filho, ou a pessoa a ele equiparada, ou o irmão dependente: o benefício é devido até os 21 anos de idade, salvo em caso de invalidez ou deficiência. Disponível em: https://www.sebrae.com.br/sites/PortalSebrae/artigos/formalizacao-como-mei-garante-aposentadoria-por-idade-ou-invalidez,6351cc31effce410VgnVCM2000004d00210aRCRD. Acesso em: set. 2021.

Pedro somente será obrigado a fazer sua declaração pelo fato de seus rendimentos isentos terem ultrapassado R$ 40 mil.

14.14 Exclusão do SIMPLES NACIONAL

A exclusão do SIMPLES NACIONAL pode ser feita de duas formas: mediante comunicação do próprio contribuinte ou por ofício.

A exclusão por parte do próprio contribuinte pode ser feita por opção ou obrigatoriamente, quando este incorrer em uma das proibições apresentadas ainda pouco aqui. A exclusão será formalizada pela empresa mediante alteração cadastral, firmada por seu representante legal e apresentada à unidade da RFB de sua jurisdição, conforme regras definidas no art. 30 da LC nº 123/2006.

Já a exclusão por ofício ocorrerá quando a pessoa jurídica incorrer em uma das seguintes hipóteses:

a) verificada a falta de comunicação de exclusão obrigatória;
b) for oferecido embaraço à fiscalização, caracterizado pela negativa não justificada de exibição de livros e documentos a que estiverem obrigadas, bem como pelo não fornecimento de informações sobre bens, movimentação financeira, negócio ou atividade que estiverem intimadas a apresentar, e nas demais hipóteses que autorizam a requisição de auxílio da força pública;
c) for oferecida resistência à fiscalização, caracterizada pela negativa de acesso ao estabelecimento, ao domicílio fiscal ou a qualquer outro local onde desenvolvam suas atividades ou se encontrem bens de sua propriedade;
d) a sua constituição ocorrer por interpostas pessoas;
e) tiver sido constatada prática reiterada de infração ao disposto nesta Lei Complementar;
f) a empresa for declarada inapta, na forma dos arts. 81 e 82 da Lei nº 9.430, de 27 de dezembro de 1996, e alterações posteriores;
g) comercializar mercadorias objeto de contrabando ou descaminho;
h) houver falta de escrituração do livro Caixa ou não permitir a identificação da movimentação financeira, inclusive bancária;
i) for constatado que durante o ano-calendário o valor das despesas pagas supera em 20% o valor de ingressos de recursos no mesmo período, excluído o ano de início de atividade; ou
j) for constatado que durante o ano-calendário o valor das aquisições de mercadorias para comercialização ou industrialização, ressalvadas hipóteses justificadas de aumento de estoque, for superior a 80% dos ingressos de recursos no mesmo período, excluído o ano de início de atividade.

A exclusão de ofício, exceto a descrita no item (a), produzirá efeitos a partir do próprio mês em que incorridas, impedindo a opção pelo SIMPLES NACIONAL pelos próximos três anos-calendário seguintes. Além disso, o prazo será elevado para 10 anos caso seja constatada a utilização de artifício, ardil ou qualquer outro meio fraudulento que induza ou mantenha a fiscalização em erro, com o fim de suprimir ou reduzir o pagamento dos tributos incluídos no SIMPLES NACIONAL.

14.15 Outros benefícios da LC nº 123/2006

A Lei Complementar nº 123/2006 é uma lei extensa e com elevado grau de complexidade em relação a sua interpretação. São 89 artigos, 147 parágrafos, 174 incisos e cinco anexos de um texto confuso em muitos momentos e com diversos itens a serem regulamentados pelo Comitê gestor. E, ainda por cima, foi modificada por outras Leis Complementares. Mas, a lei tem itens interessantes, alguns apresentados a seguir:

- Fixa o limite preferencial de R$ 80.000,00 para compras de ME e EPP, sempre que houver empresas desse porte em condições de fornecer a preços competitivos. Prevê, ainda, a simplificação na participação em licitações e o fornecimento parcial de grandes lotes, ressalvada a exigência de lei local para que se utilizem tais mecanismos. Por fim, prevê a negociação do empenho com bancos.
- Cooperativas de crédito das quais participem ME e EPP terão acesso direto a recursos do FAT, o que barateará os financiamentos e fortalecerá o setor. Linhas de crédito específicas para o segmento.
- Prevê a portabilidade das informações cadastrais da empresa em caso de mudança de banco.
- 20% dos recursos de tecnologia de todos os órgãos e entidades serão destinados às ME e EPP. Ainda são propostas políticas de fomento ao desenvolvimento tecnológico de ME e EPP.

- Faculta o uso dos Juizados Especiais Cíveis e Federais às ME e EPP. Fomenta a utilização dos institutos de conciliação prévia, mediação e arbitragem para solução de conflitos das ME e EPP.
- Desobriga as ME e EPP da realização de reuniões, assembleias e da publicação de atos da empresa. Desburocratiza seu dia a dia.
- Parcelamento específico para MPE nas condições do parcelamento que a RFB proporciona, hoje, às demais empresas em até 120 meses.

14.16 Novos investidores para inovação

A LC nº 155/2016 criou a figura do investidor-anjo para incentivar as micro e pequenas empresas na área de inovação. Pessoas físicas ou jurídicas poderão fazer um aporte de capital e não vão ser consideradas sócias. Tais investidores não responderão por dívidas da empresa. O capital terá que ficar investido entre dois e sete anos.

14.17 Absorção da leitura: dez questões de múltipla escolha

Como em todos os capítulos do livro, apresentamos aqui uma oportunidade de testar seus conhecimentos no que foi apresentado no capítulo. Recomenda-se resolver as questões não imediatamente após a leitura, mas depois de alguns dias para que você possa avaliar a capacidade de absorção dos assuntos desenvolvidos.

Q1

O SIMPLES NACIONAL é uma opção para ME e EPP com receita bruta anual de até R$ 4,8 milhões, integrando diversos impostos e contribuições. Dentre os tributos incluídos no modelo simplificado de uma empresa industrial, temos:

(A) Contribuição para o SESC.

(B) Contribuição sobre Iluminação Pública.

(C) Taxa de Fiscalização da Vigilância Sanitária ou Taxa de Inspeção Sanitária.

(D) Imposto sobre Produtos Industrializados.

(E) ICMS Substituição Tributária (modelo para frente).

Q2

José Silva tem participação em três empresas comerciais, todas sociedades limitadas, com revendas apenas no mercado interno, que foram abertas em janeiro de x1 e inscritas no SIMPLES NACIONAL:

- 90% da Verde, com receita bruta anual de R$ 2.400 mil;
- 75% da Lilás, com receita bruta anual de R$ 1.400 mil;
- 40% da Amarelo, com receita bruta anual de R$ 500 mil.

Em relação às três empresas citadas, analise a opção pelo SIMPLES NACIONAL e informe a assertiva correta:

(A) Como a soma das três empresas não ultrapassou o limite de R$ 4,8 milhões em x1, todas poderão utilizar o SIMPLES para os tributos federais, sendo o ICMS pago separadamente a partir do mês de apuração da ultrapassagem do sublimite de R$ 3,6 milhões no conjunto das empresas.

(B) Como a soma das três empresas não ultrapassou o limite de R$ 4,8 milhões em x1, todas poderão utilizar o SIMPLES para os tributos federais, sendo o ICMS pago separadamente a partir do mês de apuração seguinte ao mês da ultrapassagem do sublimite de R$ 3,6 milhões no conjunto das empresas.

(C) Como a soma das três empresas não ultrapassou o sublimite de R$ 3,6 milhões em x1, acrescido de 20% (3.600 + 720 = 4.320), todas poderão utilizar o pagamento unificado no DAS-SIMPLES para todos os tributos em x1, incluindo os federais e mais o ICMS. Em x2, as três empresas poderão utilizar o SIMPLES para os tributos federais, devendo pagar o ICMS separadamente.

(D) Como a soma das três empresas não ultrapassou o limite de R$ 4,8 milhões em x1, todas poderão utilizar o pagamento unificado no DAS-SIMPLES para todos os tributos, incluindo os federais e mais o ICMS e assim poderão continuar para o ano de x2.

(E) Como a mesma pessoa física tem participação em mais de uma empresa, as três empresas serão impedidas automaticamente de utilizar o SIMPLES NACIONAL, independentemente da receita bruta anual obtida.

Q3

Empresa comercial, com início de atividade em JAN/x1, fez opção pelo SIMPLES e apresentou receita bruta de vendas no mercado interno de R$ 20 mil e de R$ 12 mil no mercado externo. Considerando os dados apresentados a seguir, qual o valor do SIMPLES NACIONAL referente a esse primeiro mês de atividade?

ANEXO 1 – COMÉRCIO		DISTRIBUIÇÃO DO SIMPLES					
ALÍQ.	PARC. DEDUZIR	IRPJ	CSLL	COFINS	PIS	CPP	ICMS
4,0%	0	5,5%	3,5%	12,74%	2,76%	41,5%	34%
7,3%	5.940	5,5%	3,5%	12,74%	2,76%	42%	34%
9,5%	13.860	5,5%	3,5%	12,74%	2,76%	42%	33,5%

(A) R$ 1.042,40.

(B) R$ 1.207,40.

(C) R$ 1.260,29.

(D) R$ 1.280,00.

(E) R$ 1.538,63.

Q4

Valor que integra a receita bruta para fins de cálculo do SIMPLES NACIONAL:

(A) Venda com lucro de bens móveis utilizados como imobilizado da empresa.

(B) Juros oriundos de aplicações financeiras.

(C) Comissão na venda de automóveis em operações por conta alheia (consignação).

(D) Multa cobrada no pagamento de prestações em atraso.

(E) Bonificações recebidas de fornecedores.

Q5

A Casa dos Doces Ltda. é comercial varejista e foi autorizada a funcionar em JAN/x1 e não apresentou receita bruta no primeiro mês de atividade. Em FEV/x1 obteve receita bruta de R$ 15 mil. Em MAR/x1 a receita alcançou R$ 20 mil e em ABR/x1 chegou a R$ 25 mil. Informe o total do SIMPLES NACIONAL da Casa dos Doces Ltda. referente ao primeiro quadrimestre de x1 (utilizar tabela da Q3):

(A) R$ 1.800,00.

(B) R$ 1.917,86.

(C) R$ 2.400,00.

(D) R$ 2.517,86.

(E) R$ 2.612,24.

Q6

Empresa comercial tributada pelo SIMPLES adquiriu um veículo em JAN/2020 por R$ 200 mil para locomoção entre suas duas unidades, que ficam em bairros diferentes. Porém, por conta da pandemia da COVID-19, precisou vender o veículo no final de JUN/2020 e conseguiu R$ 186 mil. Em relação à venda do veículo:

(A) Deverá apurar ganho de capital de R$ 6 mil, reduzindo a depreciação do período de uso (10%) e incluindo este valor na base de cálculo do SIMPLES.

(B) Deverá apurar ganho de capital de R$ 6 mil, reduzindo a depreciação do período de uso (10%), pagamento de R$ 900 (15%) de IR (tributação definitiva).

(C) Deverá apurar ganho de capital de R$ 26 mil, reduzindo a depreciação do período de uso (20%) e incluindo este valor na base de cálculo do SIMPLES.

(D) Deverá apurar ganho de capital de R$ 26 mil, reduzindo a depreciação do período de uso (20%), papamento de R$ 3.900 (15%) de IR (tributação definitiva).

(E) Não terá qualquer tributação, pois a venda foi realizada por um valor abaixo do preço de aquisição.

Q7

Não integra a folha de pagamento para fins de apuração do FATOR "R":

(A) A Contribuição Previdenciária incluída no SIMPLES NACIONAL.

(B) Horas Extras.

(C) Férias e 13º salário.

(D) Pró-labore.

(E) Vale-refeição e Vale-transporte.

Q8

Uma EPP do setor industrial de higiene e beleza terá que pagar separadamente:

(A) PIS e COFINS no modelo monofásico/concentrado.

(B) ICMS e o ICMS ST, conforme determinado pela legislação estadual.

(C) Contribuições Previdenciárias dos sócios.

(D) Contribuições para o Sistema S.

(E) IPI.

Q9

O SIMPLES é um tributo federal, com seus recursos direcionados:

(A) Integralmente para a União.

(B) Dividido igualmente entre União, estado e município de domicílio da ME/EPP.

(C) 50% conforme a parcela referente a destinações específicas de cada tributo que integra o DAS pago e 50% para a União.

(D) 50% conforme a parcela referente a destinações específicas de cada tributo que integra o DAS pago e a outra parte dividida igualmente entre União, estado e município de domicílio da ME/EPP.

(E) Conforme a parcela referente a destinações específicas de cada tributo que integra o DAS pago.

Q10

No cálculo mensal do SIMPLES, em relação a apuração da receita bruta de vendas, uma EPP:

(A) Poderá utilizar o regime de caixa para calcular a alíquota efetiva e para aplicar a alíquota e encontrar o valor mensal devido.

(B) Poderá utilizar regime de caixa para calcular a alíquota efetiva e o regime de competência para aplicar a alíquota e encontrar o valor mensal devido.

(C) Poderá utilizar o regime de competência para calcular a alíquota efetiva e o regime de caixa para aplicar a alíquota e encontrar o valor mensal devido.

(D) Terá que aplicar o regime de caixa em todas as suas operações, não podendo utilizar o regime de competência.

Terá que aplicar o regime de competência em todas as suas operações, não podendo utilizar o regime de caixa.

O Gabarito das questões está disponível no final do livro, após o Anexo.

15

TRIBUTAÇÃO DAS ENTIDADES IMUNES E ISENTAS

OBJETIVO DO CAPÍTULO

Apresentar a tributação das entidades imunes e isentas no Brasil. Ao final do capítulo, será possível:

- Compreender o alcance dos termos imunidade e isenção na legislação tributária federal.
- Entender o funcionamento da tributação de IR, CSLL, PIS, COFINS, ICMS, ISS e demais impostos cobrados sobre as entidades imunes e isentas.

15.1 Empresas sem fins econômicos, imunidade e isenção

As empresas comerciais, industriais, de serviços ou que atuam com objetivo de locação, em tese, têm objetivo principal auferir lucro, nascendo para trazer retorno econômico aos seus sócios/acionistas.

Mas, há entidades criadas sem fins econômicos, quando pessoas se organizam em grupo e criam instituições de natureza jurídica, cujo objetivo principal é atender determinado objeto social. Assim, suas arrecadações e receitas são destinadas única e exclusivamente ao patrimônio da própria instituição, no caso, sem a finalidade de acumulação de capital. Em outras palavras isto significa que empregam todo o seu resultado positivo (superávit) de volta na respectiva entidade. São as entidades sem fins lucrativos em geral, associações e fundações, que serão analisadas no capítulo do ponto de vista tributário, compreendendo os impostos, taxas e contribuições que devem ser exigidos ou não dessas entidades.

O tema é regulado no Código Civil (Lei nº 10.406/2002), nos artigos 40 a 69, e na Lei de Registros Públicos (LRP) nº 6.015/73. Pelo escopo prático do livro, não iremos avançar no debate, recomendando aos interessados em aprofundar o estudo, além das leis citadas, o ótimo livro do Prof. José Eduardo Sabo Paes, *Fundações, Associações e Entidades de Interesse Social*, 10ª edição, pela Editora Forense, do grupo GEN.

Na última informação obtida junto à RFB (2018), as entidades imunes e isentas respondiam por algo em torno de 4,5% (pouco mais de 240 mil) do total de empresas considerando as tributadas pelo lucro real, lucro presumido, arbitrado e o SIMPLES. Para explicar melhor, estamos falando dos seguintes tipos de entidades (lista não exaustiva):

a) templos de qualquer culto;
b) partidos políticos;
c) instituições de educação e de assistência social que preencham as condições e requisitos do art. 12 da Lei nº 9.532/97;

d) instituições de caráter filantrópico, recreativo, cultural, científico e as associações, que preencham as condições e requisitos do art. 15 da Lei nº 9.532/97;
e) sindicatos, federações e confederações;
f) serviços sociais autônomos, criados ou autorizados por lei;
g) conselhos de fiscalização de profissões regulamentadas;
h) fundações de direito privado; e
i) condomínios de proprietários de imóveis residenciais ou comerciais;

Estas entidades devem definir em seu estatuto social, dentre outros itens, a denominação, o seu objeto social, a forma de gestão administrativa e de aprovação das respectivas contas e as fontes de recursos para sua manutenção. Em relação a tributação, é importante compreender se a entidade é imune ou isenta de impostos, pois há algumas diferenças, por isso vamos separar a explicação.

A Imunidade está definida no art. 150 da Constituição Federal de 1988, em seu inciso VI, onde está escrito que é proibido à União, estados e municípios instituir impostos sobre:

a) patrimônio, renda ou serviços, uns dos outros;
b) templos de qualquer culto; e
c) patrimônio, renda ou serviços dos partidos políticos, inclusive suas fundações, das entidades sindicais dos trabalhadores, das instituições de educação e de assistência social, sem fins lucrativos, atendidos os requisitos da lei; e
d) livros, jornais, periódicos e o papel destinado a sua impressão.

A leitura deste artigo demonstra que a intenção do legislador Constituinte ao conceder imunidade às instituições educacionais e de assistência social, sem intuito lucrativo, foi impedir que sejam oneradas, por meio de impostos, as instituições que desempenham, em proveito da coletividade, funções que, em rigor, o Estado deveria cumprir.

Há dois tipos de imunidades, que podem ser:

- **SUBJETIVA** – quando a própria pessoa jurídica goza de imunidade, por exemplo, no caso da União, dos estados e municípios, exceto se explorarem atividade relacionada com empreendimento empresarial; e
- **OBJETIVA** – quando a operação é considerada imune, mas não a pessoa jurídica que a pratica, como é o caso do papel destinado à impressão de livros e jornais que têm imunidade, o que não ocorre com a indústria que produz estes bens.

São isentas as instituições de caráter filantrópico, recreativo, cultural e científico e as associações civis que prestem os serviços para os quais houverem sido instituídas e os coloquem à disposição do grupo de pessoas a que se destinam, sem fins lucrativos (Lei nº 9.532/97, arts. 15 a 18, com pequenas alterações).

Portanto, a ISENÇÃO emana do ente tributante que, ao instituir um tributo no exercício de sua competência, decide não o exigir de determinada pessoa ou em determinada situação. Diferencia-se da IMUNIDADE, porque esta afasta qualquer pretensão impositiva pelo poder tributante. Na imunidade, o negócio ou operação se mantém integralmente fora do alcance do poder legislador, quando há imunidade objetiva ou subjetiva. A imunidade proíbe sua inclusão no campo incidental. A isenção, por sua vez, é a favor do ente poderoso, que pode se despir do direito de exigir o imposto, taxa ou contribuição, como pode a qualquer momento retomar a exigência.

Dita o art. 150, § 6º, da Constituição Federal, que a isenção decorre, sempre, de lei que regule exclusivamente a matéria ou o correspondente tributo, ou, quando necessário, de lei complementar. Seu teor é esclarecedor:

> *Art. 150. Sem prejuízo de outras garantias asseguradas ao contribuinte, é vedado à União, aos Estados, ao Distrito Federal e aos Municípios:*
>
> [...]
>
> *§ 6º Qualquer subsídio ou isenção, redução de base de cálculo, concessão de crédito presumido, anistia ou remissão, relativos a impostos, taxas ou contribuições, só poderá ser concedido mediante lei específica, federal, estadual ou municipal, que regule exclusivamente as matérias acima enumeradas ou o correspondente tributo ou contribuição, sem prejuízo do disposto no art. 155, § 2º, XII, g.*[1]

---

[1] A alínea *g*, do inciso XII, do art. 155, da Constituição Federal, trata da necessidade de Lei Complementar para regular a forma como os estados e Distrito Federal concederão benefícios fiscais em matéria de Imposto sobre Circulação de Mercadorias e Serviços (ICMS).

A imunidade prevista, contudo, para ser aplicada, exige que as entidades atendam aos seguintes requisitos (Lei nº 9.532/97, art. 12, § 2º):

a) não remunerar, por qualquer forma, seus dirigentes pelos serviços prestados;
b) aplicar integralmente seus recursos na manutenção e desenvolvimento dos seus objetivos sociais;
c) manter escrituração completa de suas receitas e despesas em livros revestidos de formalidades capazes de assegurar sua exatidão;
d) conservar em boa ordem, pelo prazo de cinco anos, contado da data da emissão, os documentos que comprovem a origem de suas receitas e a efetivação de suas despesas, bem assim a realização de quaisquer outros atos ou operações que venham a modificar sua situação patrimonial;
e) apresentar, anualmente, declaração de rendimentos, em conformidade com o disposto em ato específico da RFB;
f) recolher os tributos retidos sobre os rendimentos por elas pagos ou creditados e a contribuição para a seguridade social relativa aos empregados, bem assim cumprir as obrigações acessórias daí decorrentes; e
g) assegurar a destinação de seu patrimônio a outra instituição que atenda às condições para gozo da imunidade, no caso de incorporação, fusão, cisão ou de encerramento de suas atividades, ou a órgão público.

Apresentamos a seguir alguns detalhes sobre as entidades imunes e isentas e os tributos alcançados pela imunidade/isenção.

15.2 Impostos sobre patrimônio

As entidades imunes e isentas não pagam IPTU ou ITR dos imóveis que sejam utilizados em suas atividades essenciais, que cumprem seu objeto social. O IPVA dos veículos utilizados por essas entidades exclusivamente com esse fim também não será cobrado.

Não há cobrança de ITBI na aquisição dos imóveis, que devem destinar-se ao uso exclusivo das finalidades essenciais das entidades imunes ou isentas, não alcançando os bens destinados à utilização como fonte de renda ou à exploração econômica.

15.3 Imposto de Renda e CSLL

O benefício da imunidade tributária alcança o IRPJ, que não será cobrado sobre o superávit (receitas menos despesas) apresentado, lembrando sempre as exigências para tal isenção, apresentadas anteriormente.

A princípio, a imunidade alcança apenas o imposto de renda, não contemplando a contribuição social sobre lucro líquido (CSLL). Contudo, o art. 195, § 7º, da Constituição Federal de 1988 diz que são isentas de contribuição para a seguridade social as entidades beneficentes de assistência social que atendam às exigências estabelecidas em lei. Por esse motivo e pela analogia da CSLL com o IR, as entidades imunes e isentas entendem que não devem pagar a referida contribuição social.

15.4 ICMS e ISS

Não há cobrança de ICMS (imunidade objetiva) nas vendas de livros, jornais, periódicos e o papel destinado à sua impressão. O Convênio ICMS nº 48, de 12 de junho de 2013,[2] regula o tema, criando o Sistema de Registro e Controle das Operações com o Papel Imune Nacional (RECOPI NACIONAL).

O tema é complexo, pois o ICMS é um imposto indireto, cobrado pelo vendedor, mas mediante o processo de repercussão, conforme foi observado com detalhes no Capítulo 10. Por isso resta sempre a dúvida: uma entidade imune a impostos ao comprar qualquer bem para uso/consumo pagará o mesmo valor que uma pessoa física, com o ICMS incluído no preço? Ou o vendedor praticará um preço diferente, retirando o imposto estadual do preço, destacando isso na nota fiscal de vendas? Por conta do imposto ser estadual, tal prática precisa ser regulamentada em cada unidade federativa. O inciso I do art. 3º da Lei Complementar nº 160/2017, ajustado pela LC nº 170/2020, autorizou a prorrogação de incentivo fiscal com isenção de ICMS até 2032 para templos de qualquer culto e entidades beneficentes de assistência social.

Não há cobrança de ISS nas atividades que integram o objeto social das entidades imunes e isentas de impostos. Por exemplo, um templo religioso não paga o imposto municipal sobre serviços como taxa do casamento, curso de batismo e cerimônias diversas.

---

[2] https://www.confaz.fazenda.gov.br/legislacao/convenios/2013/CV048_13

15.5 Contribuição Previdenciária Patronal

A princípio as entidades imunes e isentas devem pagar a contribuição previdenciária patronal e todos os encargos sociais sobre sua folha de pagamento mensal. Contudo, a isenção será concedida para as entidades que atenderem às exigências previstas na Lei nº 12.101/2009, com a comprovação do CEBAS – Certificado de Entidade Beneficente de Assistência Social.

15.6 PIS/PASEP e COFINS

O normativo que regula a cobrança de contribuições para PIS e COFINS sobre entidades imunes e isentas é a Medida Provisória nº 2.158-35/2001. O 35 após o número da lei representa o número de reedições da MP, instrumento que foi permitido até a edição da Emenda Constitucional nº 32/2001, que veio terminar com a farra das reedições, exigindo que a medida provisória seja apreciada e aprovada pelo Congresso Nacional no prazo de 60 dias prorrogáveis por mais 60 dias. Ou seja, se a MP não for aprovada em quatro meses, seus efeitos são cessados. Os artigos 13 a 17 da MP nº 2.158-35/2001 regulamentam o tema.

Antes de ver os detalhes referentes às duas contribuições, é importante explicar que, conforme previsto no art. 17 da citada MP, para isenção da COFINS sobre as receitas referentes ao objeto social das entidades e para uso da folha de pagamento como base de cálculo do PIS, as entidades filantrópicas e beneficentes de assistência social deveriam cumprir os requisitos previstos no art. 55 da Lei nº 8.212/91. Contudo, tal artigo foi revogado pela Lei nº 12.101/2009, que disciplinou o assunto no art. 29, que refinou aqueles pontos já conhecidos para permitir a isenção. Vale a pena ler os oito incisos do *caput* e os três parágrafos do artigo.

Entendida essa parte do processo de imunidade e isenção, vamos aos detalhes sobre a tributação das contribuições para PIS e COFINS das entidades imunes e isentas.

15.6.1 PIS pago sobre a folha de pagamento

Desde há muito, o PIS das sociedades sem fins lucrativos é devido, mas calculado com base na folha de salários. Percebemos que o art. 150, inciso IV, alínea *c*, da Constituição Federal, desampara até mesmo as entidades imunes em relação às contribuições, eis que faz referência, exclusivamente, aos impostos.

O PIS, conforme já apresentado ao longo da obra, é caracterizado como contribuição social, não gozando da imunidade constitucional ou da isenção permitida em lei.

O artigo 13 da Medida Provisória nº 2.158-35/2001 define as entidades que deverão permanecer pagando o PIS sobre a folha de pagamento. São elas:

a) templos de qualquer culto;
b) partidos políticos;
c) instituições de educação e de assistência social que preencham as condições e requisitos do art. 12 da Lei nº 9.532/97;
d) instituições de caráter filantrópico, recreativo, cultural, científico e as associações, que preencham as condições e requisitos do art. 15 da Lei nº 9.532/97;
e) sindicatos, federações e confederações;
f) serviços sociais autônomos, criados ou autorizados por lei;
g) conselhos de fiscalização de profissões regulamentadas;
h) fundações de direito privado;
i) condomínios de proprietários de imóveis residenciais ou comerciais; e
j) organização das Cooperativas Brasileiras (OCB) e as Organizações Estaduais de Cooperativas previstas no art. 105 e seu § 1º da Lei nº 5.764/71.

A base de cálculo do PIS/PASEP incidente sobre a folha de salários mensal corresponde à remuneração paga, devida ou creditada a empregados, incluindo salários, gratificações, ajuda de custo, comissões, anuênio, quinquênio, 13º salário, dentre outras verbas. Não integram a base de cálculo as seguintes verbas: salário-família, aviso prévio indenizado, o Fundo de Garantia do Tempo de Serviço (FGTS) pago diretamente ao empregado na rescisão contratual e a indenização por dispensa, desde que dentro dos limites legais (arts. 49 e 50 do Decreto nº 4.524/2002).

A alíquota será de 1% sobre a base de cálculo, no caso a folha de pagamento. As entidades sem fins lucrativos e que não tiverem empregados não estarão obrigadas a pagar a contribuição ao PIS/PASEP.

O art. 8º da Lei 10.637/2002 determinou que as entidades imunes permaneceriam pagando o PIS com base na folha de pagamento e não sobre as receitas. A lei citou apenas as entidades IMUNES, não citando as entidades

ISENTAS, o que não tem sentido, uma vez que diversas empresas definidas na lei como contribuintes do PIS por este modelo são entidades isentas. Teoricamente, as entidades isentas deveriam se submeter também ao método não cumulativo, instituído obrigatoriamente para empresas tributadas pelo lucro real. Contudo, a própria RFB vem respondendo às consultas formuladas pelos contribuintes concordando com o pagamento do PIS sobre a folha de pagamento nas entidades ISENTAS.

As consultas respondidas pela RFB indicam que as entidades isentas podem fazer o pagamento do PIS pela folha de pagamento mensal. Em relação à base de cálculo, a consulta nº 36 de JUL/2012 da DISIT 1 diz que é o valor total da folha de pagamento mensal da remuneração paga, devida ou creditada a empregados, não se incluindo os pagamentos efetuados a pessoas sem vínculo empregatício.

15.6.2 COFINS das entidades imunes e isentas

As entidades imunes e isentas possuem isenção de COFINS apenas para as receitas da atividade própria. As demais receitas, que não forem incluídas nas atividades essenciais, devem ser tributadas (art. 14, Inciso X, da MP nº 2.158-35/2001). O problema, no caso, será compreender o exato alcance da expressão **receitas da atividade própria**.

Além disso, a Lei nº 10.833/2003, que instituiu o método não cumulativo para a COFINS, permitiu que as entidades IMUNES permanecessem tributadas pelas regras anteriores, silenciando em relação às entidades ISENTAS. Por isso, o entendimento inicial, teoricamente, é o seguinte:

- **Entidades IMUNES** pagam COFINS pelo método cumulativo, com alíquota de 3% sobre sua receita bruta, exceto aquelas correspondentes às suas atividades próprias e sem deduzir créditos.
- **Entidades ISENTAS** pagam COFINS com alíquota de 7,6% sobre todas as receitas obtidas, exceto aquelas correspondentes às suas atividades próprias, podendo deduzir, no caso, os mesmos créditos permitidos às demais empresas. Além disso, não haverá tributação sobre as receitas financeiras.

Antes de avançar para analisar as consultas e o posicionamento da RFB sobre mais um tema polêmico, é importante debater o que se entende por receitas da atividade própria.

Veja a transcrição da pergunta e posterior resposta da RFB no item PERGUNTAS E RESPOSTAS - DIPJ 2012 sobre a isenção da COFINS.

> ***005 Incide a COFINS sobre as entidades listadas no art. 13 da MP nº 2.158/2001?***
>
> *Sim, mas somente em relação às receitas oriundas de atividades não próprias.*
>
> *As receitas provenientes das atividades próprias das entidades listadas no art. 13 da MP nº 2.158-35/2001 são isentas da COFINS.*
>
> *"Entende-se como atividades próprias aquelas que não ultrapassam a órbita dos objetivos sociais das respectivas entidades. Estas normalmente alcançam as receitas auferidas que são típicas das entidades sem fins lucrativos, tais como: doações, contribuições, inclusive a sindical e a assistencial, mensalidades e anuidades recebidas de profissionais inscritos, de associados, de mantenedores e de colaboradores, sem caráter contraprestacional direto, destinadas ao custeio e manutenção daquelas entidades e à execução de seus objetivos estatutários.*
>
> *A isenção não alcança as receitas que são próprias de atividades de natureza econômico-financeira ou empresarial. Por isso, não estão isentas da COFINS, por exemplo, as receitas auferidas com exploração de estacionamento de veículos; aluguel deimóveis; sorteio e exploração do jogo de bingo; comissões sobre prêmios de seguros; prestação de serviços e/ou venda de mercadoria, mesmo que exclusivamente para associados; aluguel ou taxa cobrada pela utilização de salões, auditórios, quadras, piscinas, campos esportivos, dependências e instalações; venda de ingressos para eventos promovidos pelas entidades; e receitas financeiras."*
>
> *NOTAS:*
>
> 1. *As entidades relacionadas no art. 13 da MP nº 2.158-35/2001 deverão apurar COFINS sobre as receitas que não lhe são próprias, segundo o regime de apuração não cumulativa a depender da forma de tributação do IR.*
> 2. *As entidades imunes ao IR, que estão relacionadas entre as exceções ao regime de apuração não cumulativa, deverão apurar a COFINS sobre as receitas que lhe são próprias segundo o regime de apuração cumulativa.*
> 3. *As instituições de educação e de assistência social, as instituições de caráter filantrópico, recreativo, cultural, científico e as associações que desatenderem as condições e requisitos previstos nos Incisos III e IV da MP nº 2.158-35/2001, respectivamente, ou no art. 55*

da Lei nº 8.212/91 ficam obrigadas ao pagamento da COFINS incidente sobre suas receitas próprias.

4. *Para efeito de fruição da isenção da COFINS, em relação às receitas derivadas de suas atividades próprias, as entidades de educação, assistência social e de caráter filantrópico devem possuir o Certificado de Entidade Beneficente de Assistência Social expedido pelo Conselho Nacional de Assistência Social, renovado a cada três anos, de acordo com o disposto no art. 55 da Lei nº 8.212/91.* (Lei nº 9.718/98, arts. 2º e 3º; MP nº 2.158-35/2001, arts. 13 e 14, X; IN RFB nº 247/2002, art. 47; e PN CST nº 5/92)

A consulta da DISIT 6, nº 31/2002 diz que a COFINS não incide sobre as receitas relativas às atividades próprias das entidades de assistência social, tais como as receitas auferidas com contribuições, doações, anuidades ou mensalidades fixadas por lei, assembleia ou estatuto, recebidas de associados ou mantenedores, destinadas ao seu custeio e ao desenvolvimento de seus objetivos. A contribuição, todavia, incide, à alíquota de 3% (atualmente, 7,6% para as entidades ISENTAS) sobre as receitas de caráter contraprestacional auferidas pelas entidades imunes, tais como as receitas financeiras (atualmente, com alíquota zero por conta do Decreto nº 5.442/2005) e as provenientes da prestação de serviços e/ou venda de mercadorias.

Todavia, o Parecer Normativo CST nº 162/74 enumera alguns casos em que não ocorre desvirtuamento das finalidades, ainda que a entidade tenha receitas próprias de empresas com finalidade econômica, nos casos em que:

a) a entidade recreativa ou esportiva explorar bar ou restaurante, no âmbito de suas dependências para seus usuários;
b) a sociedade religiosa (templos religiosos) que mantém anexa livraria para venda de livros religiosos, didáticos, discos com temas religiosos e artigos de papelaria;
c) as instituições filantrópicas que mantêm creche com serviços cobrados a uma parte dos usuários e atendimento gratuito aos demais, desde que mantida a igualdade de tratamento; e
d) a fundação cultural que mantém livraria para a venda de livros a alunos dos cursos por ela mantidos, ou a terceiros.

Por outro lado, a RFB manifestou entendimento de que ocorre a perda da isenção pela prática de atividade de natureza essencialmente econômica, extravasando a órbita de seus objetivos, quando:

a) a associação de funcionários da empresa adquire mercadorias e vende a seus associados para pagar em três parcelas;
b) a entidade esportiva explora linha de ônibus para transporte de associados, cobrando pelo serviço prestado; e
c) a associação religiosa que exerce a atividade de compra e venda de bens não relacionados com sua finalidade.

Pela interpretação do PN nº 162/74, parte das demais receitas pode ser isenta da COFINS, dependendo de sua integração com o objeto social. Aquelas receitas extras, mas que atendem aos associados da entidade, teoricamente, não teriam tributação. Já considerando a interpretação do PN nº 5/92, as regras são mais restritivas, conflitando em alguns pontos com o PN de 1974.

Todavia, pela aplicação literal das normas, as entidades IMUNES não pagam COFINS, pois seguem o método cumulativo e este só contempla como base a receita bruta e esta tem isenção permitida na MP nº 2.158-35/2001.

De qualquer forma, veja nos parágrafos seguintes algumas consultas antes de JUN/2009 e que são relevantes para entender o tema.

Na DISIT 9, a Consulta nº 212/2006 explica que a receita auferida por templos de qualquer culto, oriunda de um único imóvel locado, recebido em doação, não será tributada pela COFINS. A tributação ocorre em face da isenção que gozam essas entidades, uma vez que esse rendimento é decorrente de suas atividades próprias, não caracterizando ato de natureza econômico-financeira, devendo a renda assim auferida ser integralmente aplicada nas suas atividades fins.

Na mesma região fiscal, a Consulta nº 217/2006 diz que não são tributados pela COFINS os rendimentos auferidos por instituições de assistência social, oriundos de aluguel de imóvel, em face da isenção que gozam essas entidades. A autoridade fiscal entendeu que este rendimento seria decorrente das atividades próprias, não caracterizando ato de natureza econômico-financeira. A exigência seria que a renda assim auferida fosse integralmente aplicada em suas atividades fins.

As entidades isentas estão sujeitas à incidência não cumulativa da COFINS sobre as receitas não relativas às atividades próprias, foi o que respondeu a RFB a uma Consulta (nº 421, de DEZ/2004) formulada por uma Associação Recreativa na DISIT 6. O mesmo entendimento foi manifestado pela Consulta nº 18/2005, da DISIT 9.

Já a Consulta nº 40, de JUN/2003, da DISIT 1, detalhou que são isentas da COFINS as receitas relativas às atividades próprias dos sindicatos, federações e confederações, ou seja, aquelas oriundas de contribuições, doações, anuidades ou mensalidades fixadas por lei, assembleia ou estatuto, e destinadas ao custeio do sistema confederativo. A COFINS incide, à alíquota de 3% (três por cento), em relação aos fatos geradores ocorridos a partir de FEV/99, sobre as receitas de caráter contraprestacional, auferidas pelas entidades antes referidas, tais como as receitas decorrentes de aplicação no mercado financeiro, de aluguéis, bem assim as auferidas nas operações de créditos. Apenas para lembrar que esta consulta é anterior à instituição da COFINS pelo método não cumulativo e anterior à exclusão das receitas financeiras da base da COFINS.

Na DISIT 8, uma Consulta de 2002 (nº 110), também antes da introdução do método não cumulativo para a COFINS, explicou que as associações civis sem fins lucrativos têm isenção apenas em relação a suas atividades próprias, assim entendidas suas receitas típicas, como as contribuições, doações e anuidades ou mensalidades de seus associados e mantenedores, destinadas ao custeio e manutenção da instituição e execução de seus objetivos estatutários, mas que não tenham cunho contraprestacional. As demais receitas, como as decorrentes da prestação de serviços, vendas de mercadorias e ganhos de aplicações financeiras serão tributadas.

Um detalhe interessante a ser observado é que até MAI/2009 as entidades ISENTAS que se submetessem à tributação da COFINS pelo método não cumulativo tiveram isenção sobre as receitas financeiras, o que não ocorria com as entidades IMUNES, que continuaram sendo tributadas pelas regras anteriores, inclusive com tributação de 3% sobre as receitas oriundas de aplicações financeiras. A partir de JUN/2009, com a Lei nº 11.941/2009, as entidades IMUNES passaram a pagar a COFINS somente sobre a receita bruta. Como esta constitui, em regra, a receita de sua atividade própria, não há que se falar em COFINS nestas entidades.

A Consulta nº 348, de OUT/2004, da DISIT 6, diz que as entidades isentas estão sujeitas à incidência não cumulativa da COFINS sobre as receitas não relativas às atividades próprias, estando obrigadas a apresentar o DACON. As receitas financeiras tiveram sua alíquota reduzida a zero. A Consulta nº 349/2004, da mesma região fiscal, confirmou o entendimento.

15.6.3 Resumo: tem PIS e COFINS nas entidades sem fins lucrativos?

Inicialmente, vamos mostrar uma lista com as entidades IMUNES e ISENTAS ao IR e que constam nas orientações do DACON, no Quadro 15.1.

O PIS/PASEP tanto para as entidades imunes como para isentas será devido sobre a folha de pagamento, com alíquota de 1%. Não há questionamento sobre isso.

A **COFINS de uma entidade IMUNE** não será devida sobre as receitas da atividade própria. As demais receitas obtidas pela entidade não são alcançadas pela COFINS, pois estariam de fora da Lei nº 10.833/2003, que remete a tributação destas entidades para a legislação anterior, que cobrava COFINS com alíquota de 3% apenas sobre a receita bruta. A Lei nº 11.941/2009 revogou o parágrafo 1º do art. 3º da Lei nº 9.718/98, afirmando que a base de cálculo contemplava somente a RECEITA BRUTA das empresas.

A **COFINS de uma entidade ISENTA** será devida sobre a totalidade das receitas, pois deve aplicar a Lei nº 10.833/2003, combinada com a MP nº 2.158-35/2001. Então, as receitas da atividade própria, que atendem a seu objeto social, ficam de fora e as demais receitas, teoricamente, entram na base, com direito aos créditos permitidos em lei. Todavia, o tema é controverso e o debate já foi travado aqui, com os pareceres normativos citados (nº 162/74 e nº 5/92) deixando margem para interpretação.

Entendo que a própria contabilidade, bem-feita, pode resolver parte do problema, em diversos casos. Existem muitas situações que uma entidade ISENTA não aufere lucro com determinada atividade, que é exercida exclusivamente ou preferencialmente a seus associados. Neste caso, a entidade poderia fazer o seguinte:

- RECONHECER os GASTOS para prestar o serviço ou vender as mercadorias por preços subsidiados em contas de ATIVO.
- Por ocasião da ENTRADA DE RECURSOS, RECONHECER os valores baixando as contas de ATIVO.
- Normalmente, a conta de ATIVO permanecerá com o saldo devedor e, este valor, deverá ser baixado para o adequado reconhecimento da DESPESA.

Por exemplo, suponha que uma associação de empregados de determinada empresa seja uma entidade ISENTA de tributos. E que a associação publique um jornal semanal, que seja distribuído gratuitamente aos

QUADRO 15.1 Entidades sem fins lucrativos

ENTIDADES IMUNES	ENTIDADES ISENTAS
▪ Assistência social ▪ Educacional ▪ Sindicatos dos trabalhadores ▪ Templos de qualquer culto ▪ Partidos políticos, inclusive suas fundações	▪ Associação civil ou cultural ▪ Entidade aberta ou fechada de previdência complementar ▪ Filantrópica ▪ Sindicatos ▪ Recreativa ▪ Científica ▪ Associação de poupança e empréstimo ▪ Federações e confederações sindicais ▪ Serviços sociais autônomos, criados ou autorizados por lei ▪ Conselhos de fiscalização de profissões regulamentadas ▪ Fundações de direito privado ▪ Organização das Cooperativas Brasileiras (OCB) ▪ Organização Estaduais de Cooperativas previstas no art. 105 da Lei nº 5.764/71

associados, mas lhe custe R$ 5.000. Para manter o jornal, a associação tem algumas receitas, a saber:

1. Propaganda de quatro empresas, que pagam R$ 500 cada, R$ 2.000 no total, por semana.
2. Classificados, com custo de R$ 5 por associado. Como são 40 anúncios por semana, há uma receita semanal de R$ 200.

Teoricamente, a associação tem receita de R$ 2.200, mas essa receita tem a função, na prática, de cobrir parte dos custos, pois observe que o jornal tem um custo de mais que o dobro das receitas obtidas com propaganda e anúncio. Mesmo não sendo atividade principal, a associação não está se beneficiando, teoricamente, com as receitas, sendo necessárias apenas para ajudar a manter o jornal, por este motivo, entendo que não há que se falar em cobrar COFINS sobre estes valores.

Por outro lado, o argumento do Fisco é que as empresas que fizeram propaganda no jornal da associação deixaram de fazer propaganda no jornal comercial, que é vendido nas bancas, concorrendo com esta empresa.

15.7 Absorção da leitura: dez questões de múltipla escolha

Recomenda-se resolver as questões pelo menos um dia depois da leitura do capítulo.

Q1

A não cobrança de impostos sobre os templos de qualquer culto, conforme determinado pela Constituição Federal de 1988, ocorre em razão de:

(A) Isenção.

(B) Não incidência.

(C) Suspensão.

(D) Anistia.

(E) Imunidade.

Q2

O Clube Esportivo Alegrinho está enquadrado como entidade imune/isenta para fins de COFINS. No mês de JUL/2016, um mapa preparado pelo tesoureiro do clube apresentou as seguintes entradas de dinheiro:

▪ Mensalidades de associados	R$ 10.400
▪ Aluguel do salão para festas	R$ 1.100
▪ Vendas da lanchonete	R$ 400
▪ Receitas financeiras*	R$ 100

* Tributadas na fonte pelo imposto de renda, pela alíquota de 20%.

A COFINS (3%) que deverá ser paga em 25/AGO/2016 pelo Clube Alegrinho será:

(A) R$ 33.

(B) R$ 45.

(C) R$ 48.

(D) R$ 357.

(E) R$ 360.

Q3

Em relação ao PIS/PASEP, é possível afirmar que as entidades sem fins lucrativos estão:

(A) Obrigadas ao pagamento sobre o faturamento, entendido como o total de receitas, com alíquota de 0,65%.

(B) Obrigadas ao pagamento sobre o valor agregado, com alíquota de 1,65%.

(C) Obrigadas ao pagamento sobre o valor mensal da folha de pagamento, com alíquota de 0,65%.

(D) Obrigadas ao pagamento sobre o valor mensal da folha de pagamento, com alíquota de 1%.

(E) Isentas do pagamento desta contribuição.

Q4

Em relação à COFINS, é possível afirmar que as entidades sem fins lucrativos consideradas IMUNES estão:

(A) Imunes apenas em relação às receitas da atividade principal, devendo pagar COFINS com alíquota de 3% sobre as demais receitas.

(B) Isentas apenas em relação às receitas da atividade principal, devendo pagar COFINS com alíquota de 7,6% sobre as demais receitas, podendo deduzir créditos permitidos em lei.

(C) Obrigadas ao pagamento sobre o faturamento, entendido como o total de receitas, com alíquota de 3%.

(D) Obrigadas ao pagamento sobre o valor mensal da folha de pagamento, com alíquota de 3%.

(E) Isentas do pagamento desta contribuição.

Q5 (CESGRANRIO - FUNASA, Contador 2009)

Para efeito de PIS e COFINS, as entidades imunes são identificadas na Constituição Federal. Sabe-se que as imunidades podem ser objetivas ou subjetivas. A imunidade é considerada objetiva quando

(A) A operação é considerada imune e a pessoa jurídica que a pratica, não.

(B) A operação é considerada imune e a pessoa jurídica que a pratica, também.

(C) A própria pessoa jurídica é considerada imune.

(D) A própria pessoa jurídica imune pratica atividades específicas.

(E) União, estados e municípios praticam atividades empresariais.

Q6 (CESGRANRIO - FUNASA, Contador 2009)

Em Contabilidade Tributária, considere os seguintes requisitos:

1. Aplicar seus recursos integralmente no País, na manutenção de seus objetivos institucionais;
2. Estar legalmente habilitado e ser reconhecido como de utilidade pública;
3. Manter escrituração de suas receitas e despesas em livros revestidos de formalidades capazes de assegurar sua exatidão;
4. Manter representação partidária em pelo menos 3/4 dos municípios;
5. Não distribuir qualquer parcela de seu patrimônio ou de suas rendas, a título de participação no resultado ou lucro.

Para determinar a imunidade dos partidos políticos ao recolhimento do PIS e da COFINS, devem ser aplicados, de forma cumulativa, os requisitos

(A) 1, 2 e 3.

(B) 1, 2 e 4.

(C) 1, 3 e 5.

(D) 2, 3 e 4.

(E) 2, 3 e 5.

Q7

O Sindicato dos Professores de Niterói tem os seguintes dados de sua folha de pagamento em NOV/2016:

- Salário + Hora extra R$ 7.200
- Ajuda de custo R$ 500
- Anuênio R$ 300
- Salário família R$ 100

Considerando a alíquota de 1%, informe o valor do PIS/PASEP devido pelo Sindicato dos Professores de Niterói referente ao mês de NOV/2016:

(A) R$ 72.

(B) R$ 75.

(C) R$ 77.

(D) R$ 80.

(E) R$ 81.

Q8

Uma entidade sem fins lucrativos demitiu um empregado em SET/2016, pagando a ele R$ 9.000 de rescisão de contrato de trabalho. As verbas foram segregadas da seguinte forma:

- Salário + Férias + Horas extras R$ 4.000
- 13º salário R$ 1.300
- FGTS R$ 2.300
- Aviso-prévio indenizado R$ 1.400

Em relação ao desembolso feito ao ex-empregado, informe a base de cálculo do PIS/PASEP sobre a folha de pagamento.

(A) R$ 4.000.

(B) R$ 5.300.

(C) R$ 5.600.

(D) R$ 7.600.

(E) R$ 9.000.

Q9

Uma Associação de Empregados (entidade isenta) tem as seguintes receitas obtidas em JUL/2016:

- Receita de contribuições dos associados R$ 7.000
- Receita de contribuições da empresa R$ 3.000

- Receita de aluguel do salão para associados R$ 500
- Receita de vendas na lanchonete R$ 2.000
- Compras para a lanchonete R$ 1.250
- Salários + Férias + Horas extras R$ 3.200
- Benefícios aos empregados R$ 700

A COFINS devida pela Associação de Empregados em JUL/2016 monta a:

(A) R$ 57.

(B) R$ 75.

(C) R$ 95.

(D) R$ 190.

(E) R$ 323.

Q10

Ainda em relação à Questão 9, a Associação de Empregados deverá pagar no mês de JUL/2016, a título de PIS/PASEP, o valor de:

(A) R$ 16,25.

(B) R$ 20,62.

(C) R$ 32,00.

(D) R$ 39,00.

(E) R$ 41,25.

O Gabarito das questões está disponível no final do livro, após o Anexo.

Parte IV

TRIBUTAÇÃO SOBRE PATRIMÔNIO E RENDA

16

IMPOSTOS SOBRE O PATRIMÔNIO

OBJETIVO DO CAPÍTULO

Apresentar, de forma geral, os impostos cobrados no Brasil sobre o patrimônio das entidades empresariais e, principalmente, das pessoas físicas. Ao final deste capítulo, será possível ao leitor:

- Conhecer os impostos cobrados sobre o patrimônio na União, nos estados e nos municípios, e os motivos para a não cobrança do Imposto sobre Grandes Fortunas.
- Diferenciar a tributação entre a transferência gratuita e onerosa de bens imóveis.
- Entender as principais regras aplicadas aos impostos sobre a propriedade de veículos e imóveis, sejam rurais ou urbanos.
- Registrar adequadamente na contabilidade os tributos cobrados sobre o patrimônio.

16.1 Breve introdução

A carga tributária nacional foi distribuída em 2019, último dado obtido pela Receita Federal do Brasil (RFB), sinteticamente, da seguinte forma:

- TRIBUTOS SOBRE O CONSUMO, com participação pouco acima de 45% (45,2%) do total arrecadado no Brasil. Integram esta lista ICMS, IPI, ISS, II, PIS, COFINS, CIDE-COMBUSTÍVEIS e alguns outros.
- TRIBUTOS SOBRE A RENDA, ou melhor, imposto de renda e contribuição social, que respondem por 22,3% da carga tributária de 2019.
- TRIBUTAÇÃO SOBRE O PATRIMÔNIO, que está concentrada nos estados e municípios, com IPTU e IPVA, principalmente. A cobrança de impostos sobre a propriedade representa 4,8% da carga tributária nacional.
- ENCARGOS SOCIAIS, INSS à frente, que participam em torno de 28% (27,7%) do total de tributos arrecadados no Brasil.

A tributação sobre os encargos sociais e sobre o consumo de bens e serviços foi estudada na Parte III, em capítulos específicos. Nesta Parte IV do livro será estudada a tributação direta, sobre patrimônio e renda. Por ora, serão apresentados os impostos cobrados sobre o patrimônio das empresas e das pessoas físicas.

O Brasil é um país onde o peso da tributação sobre o patrimônio é relativamente baixo, sendo 4,8% da carga tributária nacional em 2019. Na apresentação sobre a carga tributária nacional de 2019, a RFB apresenta uma comparação da tributação brasileira com a tributação dos países-membros da OCDE. Em relação ao patrimônio, a comparação é atrelada ao Produto Interno Bruto (PIB) de cada país, com dados de 2018. A média da OCDE é de 1,9% do PIB, enquanto o Brasil tem 1,5% do PIB, sendo o 18º colocado dentre 33 países analisados. Os cinco países com maior tributação sobre patrimônio são: Reino Unido e França (4,1% do PIB), Canadá e Luxemburgo (3,9% do PIB) e a Bélgica com 3,5%.

Por outro lado, embora ajustes possam ser feitos, a solução para uma reforma tributária não está simplesmente no aumento da cobrança e arrecadação de tributos sobre a propriedade. Na verdade, essa é uma tributação bastante questionada pelo contribuinte, que argumenta que sua renda foi tributada ao longo da vida e agora, pelo simples fato de ser proprietário de um imóvel ou de um automóvel, novamente será tributado. Tributar progressivamente o patrimônio, com alíquotas moderadas, é algo desejável, mas que deve ser aplicado com campanha educativa, chamando a população a refletir sobre o tema. A sociedade ajudou o contribuinte a obter seu patrimônio, sem retirar o mérito da pessoa que lutou e obteve seus bens. Então, nada mais justo do que devolver a ela (sociedade), de forma progressiva, uma parte do que você tem, para melhor funcionamento e integração da vida coletiva.

A tributação sobre o patrimônio é realizada principalmente no âmbito dos estados e municípios, por meio de dois impostos: o Imposto sobre a Propriedade de Veículos Automotores (IPVA), que é cobrado pelos estados; e o Imposto Predial e Territorial Urbano (IPTU), cobrado pelos municípios. Os estados cobram ainda o Imposto sobre Transmissão *Causa Mortis* e Doação (ITD/ ITCMD) e os municípios o Imposto de Transmissão *Inter Vivos* de Bens Imóveis (ITBI).

A União cobra apenas o Imposto sobre a Propriedade Territorial Rural (ITR ou IPTR), sendo que a tendência é esse imposto passar a ser cobrado pelos municípios. O IGF (Imposto sobre Grandes Fortunas), embora previsto na Constituição Federal, não foi regulamentado até então (2021).

Nas próximas seções, serão apresentadas algumas regras e informações relativas a cada imposto, utilizando como referência o estado/município do Rio de Janeiro, recomendando e incentivando o leitor para que proceda a pesquisa na legislação específica das outras 26 unidades federativas estaduais ou então nos mais de 5.500 municípios existentes no Brasil.

16.2 Imposto sobre a herança (ITD)

O Imposto sobre Transmissão *Causa Mortis* e Doação de Quaisquer Bens ou Direitos (ITCMD, ITCD, ITD ou ICD, cada estado utiliza uma dessas quatro siglas) é mais conhecido como IMPOSTO SOBRE A HERANÇA. Sua arrecadação ainda é tímida, representando 0,36% da carga tributária total (R$ 8,6 bilhões em 2019 e 2020), sendo a maior parte nas Regiões Sul e Sudeste, que concentram 82% da arrecadação do imposto. São Paulo e Rio de Janeiro arrecadam mais da metade do total do Imposto sobre a Herança do Brasil.

O atual ITD foi criado no começo do século XIX e, na primeira Constituição Republicana, em 1891, foi destinado privativamente aos estados, o que foi mantido até a Carta de 1934, que separou mais uma vez o imposto *causa mortis* do imposto *inter vivos*, mantidos até então num único imposto. Tal modelo com os dois impostos foi mantido até a reforma tributária dos anos 1960, que mais uma vez juntou os dois impostos num só, de competência estadual. Da forma como foi definido na Emenda Constitucional nº 18/65, a tributação passou a ser, praticamente, apenas sobre transmissões de propriedade imobiliária.

A Constituição de 1988 definiu o ITD como um Imposto Estadual, sendo devido por toda pessoa física ou jurídica que receber bens ou direitos como herança (em virtude da morte do antigo proprietário) ou como doação. Veja o que diz o texto constitucional (art. 155, § 1º, com as alterações da EC nº 3/93) sobre o ITD:

1. Relativamente a bens imóveis e respectivos direitos, compete ao estado da situação do bem, ou ao Distrito Federal.
2. Relativamente a bens móveis, títulos e créditos, compete ao estado onde se processar o inventário ou arrolamento, ou tiver domicílio o doador, ou ao Distrito Federal.
3. Terá competência para sua instituição regulada por lei complementar se o doador tiver domicílio ou residência no exterior ou se o *de cujus* possuía bens, era residente ou domiciliado ou teve o seu inventário processado no exterior.
4. Terá suas alíquotas máximas fixadas pelo Senado Federal.

O ITD deveria ser regulamentado por lei complementar federal, para definir suas diretrizes básicas, assim como acontece com o ICMS e o ISS.

16.2.1 Legislação básica no estado do Rio de Janeiro

O ITD foi instituído no estado do Rio de Janeiro em 1989. Atualmente, o imposto é regulado pela Lei nº 7.174/2015. Aqui neste livro vamos apresentar um resumo da lei, trazendo seus aspectos mais relevantes, para seu conhecimento. Caso necessite de orientação técnica específica, recomendo a leitura da lei citada.

O fato gerador do ITD (sigla adotada no Rio de Janeiro) é representado pela transmissão *causa mortis* ou doação de quaisquer bens ou direitos.

A transmissão *causa mortis* ocorre em todos os casos de sucessão de bens e direitos, inclusive a provisória. O fato gerador, na transmissão, ocorre na data da abertura da sucessão.

Já a doação se opera nos termos da lei civil quando uma pessoa, por liberalidade, transfere bens ou direitos do seu patrimônio para o de outra, que os aceita expressa, tácita ou presumidamente, com ou sem encargo.

A base de cálculo do imposto é o valor de mercado do bem ou do direito transmitido. A Lei nº 7.174/2015 traz importantes detalhes em relação à base de cálculo, prevendo nos arts. 7º a 9º as situações em que o ITD não será cobrado. Veja alguns casos:

a) A transmissão *causa mortis* de bens e direitos integrantes de monte-mor (total de bens e direitos) cujo valor total não ultrapasse a quantia equivalente a 13.000 Unidades Fiscais de Referência do Estado do Rio de Janeiro (UFIRs-RJ). Com a UFIR-RJ em R$ 3,7053 (em 2021), a isenção é de transmissão para valores pouco acima de R$ 48 mil.
2. A transmissão *causa mortis* de valores não recebidos em vida pelo falecido, correspondentes a salário, remuneração, rendimentos de aposentadoria e pensão, honorários e saldos das contas individuais do FGTS e PIS-PASEP.
3. A transmissão *causa mortis* de imóveis residenciais a pessoas físicas, desde que a soma do valor dos mesmos não ultrapasse o valor equivalente a 60 mil UFIRs-RJ (R$ 222.318 em 2021).
4. A doação, em dinheiro, de valor que não ultrapasse 11.250 UFIR-RJ, o equivalente a R$ 41.685 em 2021.
5. A doação de um único imóvel para residência própria, por uma única vez, quando feita pela vítima de violência praticada por agente de estado, quando transitada em julgado a sentença condenatória ou quando feita a pensionistas de policiais militares e civis, e inspetores de segurança da administração penitenciária, mortos em serviço ou em decorrência dele.
6. Transmissão dos bens ao cônjuge, em virtude da comunicação decorrente do regime de bens do casamento.

O art. 10 da Lei nº 7.174/2015 diz que o contribuinte do ITD é o beneficiário, usufrutuário, cessionário, fiduciário, herdeiro, legatário ou donatário, assim entendida a pessoa em favor da qual se opera a transmissão do bem ou direito, por doação ou *causa mortis*.

Importante ressaltar que quando a transmissão *causa mortis* ou doação se efetuar sem o pagamento do imposto devido, são solidariamente responsáveis por esse pagamento o cedente, o doador, o inventariante e outros, conforme o caso.

A Lei nº 7.174/2015 determinou, ainda, que o contribuinte deverá prestar ao Fisco declaração relativa à ocorrência do fato gerador do ITD e aos bens e direitos transmitidos, contendo todas as informações indispensáveis à efetivação do lançamento, mesmo nos casos de imunidade, não incidência, isenção ou suspensão do imposto. Tal declaração deverá ser apresentada nos seguintes prazos:

1. Até 60 dias contados da intimação: (i) da decisão homologatória do cálculo, na transmissão *causa mortis* que se processe sob o rito de inventário; (ii) da sentença homologatória, quando o inventário se processar sob a forma de arrolamento; ou (iii) da sentença de partilha judicial de bens, em especial nos casos de dissolução conjugal, alteração do regime de bens ou extinção de condomínio.
2. Até 90 dias contados da data: (i) do óbito, nas sucessões processadas de forma extrajudicial; (ii) em que os bens se tornem passíveis de serem sobrepartilhados, desde que comprovados os requisitos previstos no Código de Processo Civil; ou (iii) em que ocorrer o fato ou ato jurídico determinante da consolidação da propriedade, exceto no caso de doação da nua-propriedade.
3. Antes da ocorrência da doação, com ou sem lavratura de instrumento público ou particular, ainda que fora do estado.
4. Na forma e prazos estabelecidos em resolução do Secretário de Estado de Fazenda, nos casos de doações realizadas por meio de transferências financeiras para o exterior e do exterior para o país, bem como nas transmissões *causa mortis* de valores e direitos relativos a planos

de previdência complementar tais como PGBL ou VGBL.

O ITD deverá ser pago integralmente, no prazo de 60 dias após a ciência do lançamento, sendo possível:

a) pagar em quatro parcelas mensais e sucessivas, sem acréscimos, sendo a primeira vencível em 30 dias; ou
b) parcelar em até 24 meses (extensíveis para até 60 meses, por meio de decreto), nos termos e condições estabelecidos em resolução da Secretaria de Estado de Fazenda.

Lembrando que, no caso de doação, o imposto deverá ser pago antes da ocorrência do fato gerador, nos prazos e condições descritos.

16.2.2 Doações de bens e direitos, inclusive dinheiro

As doações de dinheiro, veículos, ações ou outros bens não representam qualquer ajuste financeiro na declaração de imposto de renda das pessoas físicas, seja para quem doa ou para quem recebe. As pessoas devem declarar a doação feita ou o recebimento dela, mas sem dedução/pagamento de qualquer valor por conta disso. Contudo, no estado do Rio de Janeiro o ITD incide sobre as doações citadas, conforme Lei Estadual nº 7.174/2015.

Assim, tendo em vista que a transmissão não onerosa de valores se caracteriza como fato gerador do ITD, é devido o pagamento do imposto incidente na doação de dinheiro, sob qualquer forma que se efetive (em espécie, em cheque, transferência bancária etc.).

O imposto é devido ao estado do Rio de Janeiro nas seguintes hipóteses:

a) Quando o doador for domiciliado no estado do Rio de Janeiro, qualquer que seja o estado ou país de domicílio do donatário.
b) Quando o doador for domiciliado em outro país e o donatário tenha domicílio no estado do Rio de Janeiro.

Em caso de doação em dinheiro, o ITD deve ser pago ao Fisco Estadual antes da realização do ato, ou seja, até o momento em que o valor for entregue ou transferido pelo doador ou donatário.

Para pagamento do imposto, o contribuinte deverá emitir a guia simplificada pela internet, que permitirá a impressão do DARJ (documento de arrecadação) a ser pago na rede bancária autorizada, sem necessidade do comparecimento a qualquer repartição fazendária. Caso, contudo, encontre dificuldades ou não possa utilizar o serviço de emissão da guia simplificada, poderá preencher uma guia de controle normal, no formulário padronizado, e apresentá-la na repartição fiscal de atendimento.

A Secretaria de Estado da Receita do Rio de Janeiro, nos termos de Convênio de Cooperação Técnica firmado com a RFB, conforme disposto no art. 199 da Lei nº 5.172/66 (CTN), passou a receber informações sobre os valores declarados a título de doação nas declarações anuais de imposto de renda dos últimos cinco exercícios.

Os dados fornecidos pela RFB são confrontados com os recolhimentos registrados no Sistema de Arrecadação Estadual, e eventuais divergências podem ensejar o início de ação fiscalizadora para verificação de imposto devido e não recolhido, caso em que será exigido atualizado monetariamente, com cobrança da multa cabível (art. 20 da Lei nº 1.427/89) e dos acréscimos moratórios pertinentes (art. 173 do Decreto-lei nº 5/75 - CTE).

O contribuinte que, espontaneamente, efetue o pagamento do imposto antes do início da ação fiscal não estará sujeito à multa, recolhendo, apenas, o imposto atualizado e os acréscimos moratórios devidos.

16.2.3 Alíquotas no estado do Rio de Janeiro

A alíquota máxima do ITD foi fixada em 8% pela Resolução nº 9, do Senado Federal, de maio de 1992. No começo do século, a maior parte dos estados cobrava alíquota de 4%, que era utilizada também pelo estado do Rio de Janeiro até 2015.

Atualmente, a alíquota no Rio de Janeiro é progressiva, conforme Tabela 16.1, com valores de 2021.

A princípio, o cálculo do ITD, embora seja simples, não tem sentido prático, representando enorme incoerência. Por exemplo, admita a transmissão de dois bens diferentes:

- Bem X com valor de R$ 740 mil x 5% = R$ 37.000,00.
- Bem W com valor de R$ 742 mil x 6% = R$ 44.520,00.

Observe, o bem W teria tributação de R$ 7.520 a mais do que o bem X, mesmo tendo base de cálculo de apenas R$ 2 mil a mais.

O ideal seria considerar o mesmo modelo do imposto de renda, criando parcelas a deduzir. Se tal fato fosse aplicado, os dois bens citados (X e W) teriam o cálculo apresentado na Tabela 16.2.

Assim, os dois bens, com base de cálculo separada por apenas R$ 2 mil, teriam alíquota efetiva muito próxima, como deve ser.

16.2.4 Alíquotas e siglas nos estados

Quatro são as siglas aplicadas nos estados:

- **ITCMD** em AM, AC, SE, ES, SP, PR e SC.
- **ITD** na BA e RJ e **ICD** em PE.
- **ITCD** nas demais 17 unidades federativas.

Quanto ás alíquotas, no final de agosto de 2021, eram as seguintes:

- Dez estados têm alíquota única, sendo 4% em ES, MG, PA, PI, PR, SE, SP, RN e RR. No estado do Amazonas, a alíquota única é de 2%.
- Cinco estados têm alíquota única, sendo diferente para doação (D) e Transmissão *causa mortis* (T). AM, AC e MA tem 2% (D) e 4% (T). PE tem 2% (D) e 5% (T) e MS 3% (D) e 6% (T).
- Doze estados já aplicavam alíquotas progressivas: SC tinha alíquotas entre 1% e 8%; AL, GO, MT, TO e RO entre 2% e 4%; CE e PB entre 2% e 8%; RS entre 3% e 6%; BA entre 3,5% e 8%; e, finalmente, DF e RJ com alíquotas variando entre 4% e 8%.

A tendência é que outros estados passem a utilizar alíquotas progressivas nos próximos anos, chegando à alíquota máxima de 8%.

16.3 Imposto sobre Transmissão de Bens Imóveis (ITBI)

O Imposto sobre a Transmissão de Bens Imóveis e de Direitos a Eles Relativos, Realizada *Inter Vivos*, por Ato Oneroso (ITBI) se difere do ITD por ser cobrado apenas na transferência onerosa de bens imóveis, como, por exemplo, nas operações de compra e venda. A Constituição de 1988 autoriza os municípios a criarem o imposto (art. 156, § 2º).

No município do Rio de Janeiro, o imposto foi instituído pela Lei Municipal nº 1.364/88, que sofreu importantes modificações em 2014, via Lei Municipal nº 5.740/2014.

A lei municipal diz que o fato gerador do ITBI ocorre na transmissão, a qualquer título, da propriedade ou do domínio útil de bens imóveis por natureza ou por acessão física, como definidos na lei civil. Acontece também na transmissão, a qualquer título, de direitos reais sobre imóveis.

TABELA 16.1

VALOR UFIR-RJ	VALOR R$ (2021)	ALÍQUOTA
Até 70.000	Até R$ 259.371,00	4%
70.001 a 100 mil	De R$ 259.371,01 a R$ 370.530,00	4,5%
100.001 a 200 mil	De R$ 370.530,01 a R$ 741.060,00	5%
200.001 a 300 mil	De R$ 741.060,01 a R$ 1.111.590,00	6%
300.001 a 400 mil	De R$ 1.111.590,01 a R$ 1.482.120,00	7%
Acima de 400 mil	Acima de R$ 1.482.120,00	8%

TABELA 16.2

DETALHES	Alíquota	Bem X	Bem W
Faixa de tributação		740.000,00	742.000,00
Até R$ 259.371,00	4%	10.374,84	10.374,84
Entre 259.371,01 e R$ 370.530,00	4,5%	5.002,16	5.002,16
Entre R$ 370.530,01 a R$ 741.060,00	5%	18.473,50	18.526,50
Acima de R$ 741.060,00	6%	–	56,40
ITD TOTAL →		33.850,50	33.959,90
ALÍQUOTA EFETIVA →		4,57%	4,58%

A Lei Municipal nº 5.740/2014 promoveu um alargamento na definição do fato gerador do ITBI, para incluir expressamente algumas mutações patrimoniais, envolvendo bens imóveis ou direitos a eles relativos, tais como:

a) Extinção do uso, usufruto e habitação, até então isenta do imposto, hipótese na qual a base de cálculo será de 50% do valor do bem.
b) Tornas ou reposições que ocorram em partilhas e divisões decorrentes de dissolução da sociedade conjugal em geral, e não mais apenas por separação judicial ou divórcio, estando isentas do ITBI as tornas de até R$ 12.000,00.
c) Instituição e extinção do direito real de superfície.
d) Inclusão das servidões pessoais entre os direitos reais sobre imóveis cuja instituição, translação e extinção sofrem a incidência do imposto.
e) Rescisão ou distrato de qualquer dos negócios tratados no art. 5º da Lei do ITBI.

O contribuinte devedor do ITBI é aquele que está adquirindo o imóvel. Nas cessões de direitos relativos a imóveis, o contribuinte é a pessoa em favor de quem é outorgada a escritura definitiva ou pronunciada a sentença de adjudicação. Outra novidade incluída pela Lei Municipal nº 5.740/2014 foi a ampliação do rol de contribuintes do ITBI. Além do adquirente do bem ou direito sobre imóvel, também o cedente, nas cessões de direitos decorrentes de promessas de compra e venda, passa a ser qualificado como contribuinte.

A base de cálculo do ITBI é o valor da transação imobiliária. Porém, se a autoridade fiscal não concordar com o valor declarado pelo contribuinte, poderá arbitrar o valor da base de cálculo, fundamentando em critérios técnicos.

Então, na venda de uma casa por R$ 280 mil, a base do imposto será esse valor. Todavia, se o valor de mercado for R$ 400 mil, a autoridade fiscal do município poderá defini-lo como base de cálculo. Resumindo, a base será o valor arbitrado pela prefeitura ou o valor de venda, dos dois o maior.

O ITBI é um imposto neutro, não podendo ser cobrado de forma progressiva, tendo sua alíquota aplicada sobre a base de cálculo descrita no tópico anterior. As alíquotas aplicadas nas 27 capitais são as seguintes:[1]

- 3% em 12 capitais: Rio de Janeiro, Belo Horizonte, Fortaleza, Goiânia, João Pessoa, Maceió, Natal, Palmas, Porto Alegre, Recife, Salvador e São Paulo.
- 2% em outras 12 capitais: Aracaju, Belém, Campo Grande, Cuiabá, Florianópolis, Macapá, Manaus, Porto Velho, Rio Branco, São Luís, Teresina e Vitória.
- Boa Vista tem a menor alíquota entre as capitais (1,5%), enquanto Brasília aplica 2,5% e Curitiba cobra 2,7% nas transmissões de bens imóveis.

Por exemplo, no Rio de Janeiro, a compra de um imóvel por R$ 20.000 representará um imposto de R$ 600 (3%). Já outro imóvel, que seja vendido por R$ 300.000, terá ITBI de R$ 9.000 (3%). Tanto faz o imóvel ser vendido por R$ 20.000 ou R$ 300.000 que o imposto será cobrado pela mesma alíquota.

No município do Rio de Janeiro, o imposto deverá ser pago antes da lavratura da escritura de compra e venda ou cessão. No entanto, a lei prevê alguns casos especiais, cujos pagamentos obedecem a prazos diferenciados.

Estão isentos do pagamento do ITBI, entre outros, no município do Rio de Janeiro:

a) Aquisição por estado estrangeiro, de imóvel exclusivamente destinado a uso de sua missão diplomática ou consular.
b) A transmissão dos bens ao cônjuge, em virtude de comunicação decorrente do regime de bens do casamento.
c) A transmissão em que o alienante seja o município do Rio de Janeiro.
d) A reserva e a extinção do uso, do usufruto e da habitação.
e) Aquisição decorrente de investidura determinada por pessoa jurídica de direito público.
f) Indenização de benfeitorias necessárias pelo proprietário do imóvel ao locatário.

16.3.1 ITBI na transferência de pessoa física para jurídica

A Constituição diz no inciso I do § 2º do art. 156 que o ITBI não incide sobre a transmissão de bens ou direitos incorporados ao patrimônio de pessoa jurídica em realização de capital, nem sobre a transmissão de bens ou direitos decorrentes de fusão, incorporação, cisão ou extinção de pessoa jurídica, salvo se, nesses casos, a atividade preponderante do adquirente for a compra e

[1] Informações obtidas na página https://fatimasgarcia.com.br/itbi-na-incorporacao-de-imoveis-ao-capital-de-uma-holding-familiar/. Acesso em: set. 2021.

venda desses bens ou direitos, locação de bens imóveis ou arrendamento mercantil.

Assim, as pessoas físicas podem utilizar seus bens para integralizar parte do capital de empresas sem incidência de ITBI. No entanto, existirá o imposto no caso de empresas com atividade, por exemplo, de locação de bens móveis.

16.3.2 Registro contábil

O ITBI deve compor o valor do imóvel no momento da aquisição, ainda que o pagamento ocorra posteriormente. A aplicação correta dos princípios fundamentais de contabilidade diz que o imóvel adquirido para uso deverá contribuir para a empresa auferir receitas. Logo, o gasto com o imposto pago pela transmissão da propriedade deve integrar o valor desse bem. O Pronunciamento nº 27 do CPC confirma essa exigência.

Portanto, na aquisição de um imóvel, o ITBI deve integrar o bem, sendo separado entre terreno e edificações, com a parcela edificada depreciada conforme o prazo efetivo de vida útil. Por exemplo, na aquisição de um imóvel por R$ 2 milhões, há um ITBI de R$ 40 mil (2%), que deve compor o valor total do bem. Admitindo que a parte edificada seja R$ 1,5 milhão e o terreno, R$ 500 mil, o ITBI deve ser distribuído na mesma proporção, sendo R$ 30 mil (75%) integrados à parte edificada e R$ 10 mil (25%) compondo a conta terrenos.

Todavia, a legislação do imposto de renda (Lei nº 8.981/95, art. 41, § 6º) diz o seguinte:

> *Os impostos pagos pela pessoa jurídica na aquisição de bens do ativo permanente poderão, a seu critério, ser registrados como custo de aquisição ou deduzidos como despesas operacionais, salvo os pagos na importação de bens que se acrescerão ao custo de aquisição.*

A Lei nº 12.973/2014 nada traz sobre o tema, mas entendo que não faz mais sentido reconhecer o ITBI em despesa na aquisição, já que a contabilidade terá que reconhecer o imposto no imobilizado.

16.4 Imposto sobre Propriedade Urbana (IPTU)

A tributação de imóveis urbanos no Brasil não é tão recente assim quanto parece. Já em 1799, a Rainha D. Maria estabeleceu a **Décima Urbana**, imposto incidente sobre as casas de nossas cidades marítimas. Desde aquela época que o imposto sobre o patrimônio imobiliário vem sendo discutido e questionado, pois, ao contrário dos impostos indiretos (IPI, ISS e ICMS), que se incorporam aos preços dos bens e serviços comercializados, o Imposto sobre a Propriedade Predial e Territorial Urbana (IPTU) exige desembolso específico de recursos, afetando diretamente a renda disponível das famílias e empresas.

O IPTU é um imposto direto, que incide sobre a propriedade imobiliária, incluindo todos os tipos de imóveis, como apartamentos, casas, boxes, lojas, prédios comerciais e industriais, terrenos e outros.

O IPTU representa pouco mais de 11% (dados de 2019) da arrecadação tributária total dos municípios brasileiros, incluindo os recursos recebidos da União e dos estados, sendo importante instrumento para a melhoria, principalmente, da infraestrutura das cidades.

Um dado interessante, extraído dos números da carga tributária de 2019 e que mostra a força da maior cidade do país, é o seguinte: o município de São Paulo arrecadou, naquele ano, mais de 23% do total de mais de R$ 48 bilhões, que foi o valor arrecadado com IPTU no Brasil.

As situações de nascimento (fato gerador) da obrigação de pagar o IPTU são a propriedade, o domínio útil ou a posse, no primeiro dia do ano, de bem imóvel, edificado ou não, localizado na zona urbana do município. Por isso é que recebemos o carnê logo no mês de janeiro de cada ano.

Para os efeitos do IPTU, a lei define como urbana toda área em que existam, pelo menos, dois dos seguintes melhoramentos:

1. meio-fio ou calçamento, com canalização de águas pluviais;
2. abastecimento de água;
3. sistema de esgotos sanitários;
4. rede de iluminação pública, com ou sem posteamento para iluminação domiciliar; ou
5. escola primária ou posto de saúde a uma distância máxima de três quilômetros do imóvel.

A lei também considera urbanas as áreas urbanizáveis ou de expansão urbana constantes de loteamentos aprovados destinados à habitação, à indústria ou ao comércio.

Na cidade do Rio de Janeiro, a zona urbana é dividida em quatro regiões, denominadas A, B, C e Orla.

Região A – Maioria dos bairros da Zona Oeste, como Bangu, Campo Grande e Santa Cruz.

Região B – Maioria dos bairros das Zonas Norte e Leste e a área de Jacarepaguá.

Região C – Bairros da Zona Sul mais alguns da Zona Norte, como Tijuca, Grajaú e Vila Isabel, além da Barra da Tijuca e do Recreio dos Bandeirantes.

ORLA – Imóveis localizados nas vias litorâneas, como as seguintes avenidas, dentre outras: Atlântica, Delfim Moreira, Vieira Souto e Lúcio Costa (antiga Sernambetiba).

O contribuinte do IPTU, basicamente, é o proprietário do imóvel. Também são considerados como contribuintes o titular de seu domínio útil, o possuidor a qualquer título, os promitentes compradores imitidos na posse, os posseiros, ocupantes ou comodatários de imóveis pertencentes à União, aos estados, aos municípios, ou a quaisquer outras isentas do imposto ou a ele imunes.

Importante destacar que o contribuinte do IPTU é o proprietário do imóvel que estiver registrado na Secretaria Municipal de Fazenda, mesmo que esse proprietário transfira a obrigação do pagamento do IPTU para o locatário, fato comum no cotidiano. Se o locatário não efetuar o pagamento do imposto, a cobrança recairá sobre o proprietário. O acordo entre o locador (proprietário) e o locatário (inquilino) é considerado de direito privado, não sendo aceito pelo Fisco municipal.

A base de cálculo do IPTU é o valor venal da unidade imobiliária, assim entendida o valor que esta alcançaria para compra e venda à vista, segundo as condições do mercado.

No valor venal são consideradas a compra ou a venda do imóvel livre e desembaraçado de quaisquer ônus, abstraída qualquer relação jurídica que o titular de direitos sobre o imóvel venha a ter com terceiros.

A Divisão Técnica da Coordenadoria do IPTU acompanha a evolução do mercado imobiliário, obtendo subsídios para a periódica atualização da Planta de Valores do Município.

A definição final de planta, porém, inclui processo legislativo. Para cada logradouro ou trecho de logradouro do município, são fixados os valores unitários-padrão residencial, não residencial e territorial.

O valor unitário-padrão para imóveis edificados é o valor do metro quadrado dos imóveis localizados no logradouro, incluindo o valor do terreno ou da fração de terreno vinculada aos imóveis. O valor unitário-padrão territorial, por sua vez, é o valor do metro linear apurado para a testada fictícia dos terrenos ali localizados. Esses valores unitários são utilizados no cálculo do valor venal dos imóveis.

O valor venal é apurado em função da área da edificação, das características do imóvel (idade, posição, tipologia), da utilização (residencial ou não) e do respectivo valor unitário-padrão. Para o caso dos imóveis que não são edificados, o valor venal é encontrado com base na testada fictícia, nas características do terreno (situação, restrição legal, acidentação topográfica e drenagem) e no valor unitário-padrão fixado para o logradouro.

A Constituição Federal permite a cobrança do IPTU de forma progressiva, cobrando mais de quem tem imóvel com valor maior. No município do Rio de Janeiro, o cálculo do imposto segue este modelo progressivo, conforme previsto no Decreto Municipal nº 44.184/2017. As alíquotas são as seguintes:

- 1% para os imóveis residenciais;
- 2,5% para os imóveis comerciais; e
- 3% para os imóveis não edificados.

Há isenção de IPTU nos imóveis de valor venal até R$ 55 mil, além de descontos para caracterizar a progressividade citada. Por exemplo, nos imóveis residenciais, o desconto será o seguinte:

- IPTU até R$ 800,00 desconto de 60%.
- IPTU de R$ 800,01 até R$ 1.200,00, desconto de 40%.
- IPTU de R$ 1,200,01 até R$ 1.600,00, desconto de 20%.

Na Tabela 16.3, há simulação com o cálculo do IPTU de cinco imóveis residenciais, com a alíquota efetiva aplicada aumentando de acordo com o valor do imóvel.

O IPTU vence no começo do ano, entre os meses de janeiro e fevereiro, e normalmente as prefeituras concedem desconto para pagamento à vista.

Além da isenção no município do Rio de Janeiro para os imóveis residenciais de valor até R$ 55 mil, há outras situações que podem ser obtidas no Decreto Municipal nº 44.184/2017.

16.4.1 Registro contábil nas empresas

O IPTU é uma despesa tributária, registrada dentro do grupo de despesas operacionais, na maioria das

TABELA 16.3 Cálculo do IPTU de alguns imóveis no Rio de Janeiro em 2021

	IMÓVEL 1	IMÓVEL 2	IMÓVEL 3	IMÓVEL 4	IMÓVEL 5
VALOR VENAL	55.000	75.000	100.000	150.000	200.000
ALÍQUOTA	ISENTO	1%	1%	1%	1%
IPTU (VALOR VENAL x ALIQ.)	Zero	750	1.000	1.500	2.000
DESCONTO	(Zero)	(450)	(400)	(300)	(Zero)
IPTU A PAGAR	Zero	300	600	1.200	2.000
ALIQUOTA EFETIVA	Zero	0,4%	0,6%	0,8%	1%

empresas. Na atividade industrial, o IPTU da fábrica deve ser acrescido mensalmente ao estoque, compondo o custo do produto. Dependendo da relevância, o IPTU pago antecipadamente deve ser registrado no ativo em conta de IPTU a Apropriar, com apropriação mensal.

Apesar do fato gerador do imposto ser a propriedade do imóvel no início do ano, entende-se que o IPTU é pago em relação a todo o exercício. Portanto, a despesa com o imposto deve ser distribuída por todo o ano, pois o gasto é **consumido** durante cada dia do ano, pelo uso do imóvel, que está contribuindo na geração de receitas.

Veja um exemplo numérico: suponha que a Cia. Rocha seja uma empresa comercial e tenha IPTU de R$ 1.200, totalmente pago no mês de fevereiro em cota única, com desconto de 10%, efetuando um desembolso de R$ 1.080. O registro contábil deve ser feito da seguinte forma:

JANEIRO

Débito: IPTU a apropriar (Ativo)

Crédito: IPTU a pagar R$ 1.080

O registro da obrigação total deve ser feito tão logo seja identificado o valor devido. A contrapartida, no caso, deverá ser em conta de ativo, pois o **gasto** irá **contribuir** para a geração de receitas durante os doze meses do ano.

Débito: Despesas administrativas – IPTU

Crédito: IPTU a apropriar (Ativo) R$ 90

Refere-se à apropriação da despesa do mês de janeiro. Esse registro deve se repetir ao longo dos 12 meses do ano.

FEVEREIRO

Débito: IPTU a Pagar

Crédito: Caixa R$ 1.080

Representa o pagamento da obrigação que foi registrada em janeiro.

A forma apresentada, teoricamente, é a mais simples. Contudo, analisando o modelo tributário do IPTU, com fato gerador no primeiro dia de janeiro e vencimento (e pagamento) em FEVEREIRO, o registro contábil poderia ser o seguinte:

- **JAN ➔** Registro da despesa por R$ 90, contrapartida em passivo.
- **FEV ➔** Três registros a débito: despesa por R$ 90, ativo por R$ 900 e passivo por R$ 90. O caixa seria registrado a crédito na contabilidade por R$ 1.080, refletindo o desembolso.
- **MAR a DEZ ➔** Débito em despesa e crédito em ativo, mensalmente por R$ 90.

Se o imóvel pertencesse a uma empresa industrial, representando a unidade de produção, todos os registros citados em despesa seriam contabilizados em estoque, integrando o custo de produção (Gastos gerais de fabricação ou custo indireto de fabricação).

Importante destacar que o registro contábil com a técnica de apropriação mensal deve ser feito apenas quando os valores envolvidos justificarem o controle. O benefício gerado pela informação deve ser maior que o custo de seu controle. Com o desenvolvimento da informática e sua total integração com a contabilidade, esse tipo de controle é bastante simples, não exigindo custo elevado.

16.5 Imposto sobre Veículos (IPVA)

O IPVA é o Imposto sobre a Propriedade de Veículos Automotores, cobrado anualmente, e não tem relação direta com prestação de serviço (asfalto em ruas, colocação de semáforos etc.), como tinha a antiga Taxa Rodoviária Única (TRU), que era recolhida com o objetivo de fazer os motoristas pagarem pelo uso e manutenção das rodovias.

Esta é a característica essencial de todo imposto: é uma receita da União, estados, Distrito Federal ou municípios, sendo utilizado para as despesas normais da administração – educação, saúde, segurança, saneamento etc. Por isso, pagar o IPVA, assim como os demais impostos, além de ser uma obrigação legal, é um dever para com a comunidade.

O IPVA é devido pelos proprietários de veículos automotores: automóveis, ônibus, caminhões, motocicletas e tratores. Tem que ser pago todos os anos.

16.5.1 Breve histórico

A História conta que o primeiro protagonista do uso do automóvel no Brasil ficou conhecido no mundo inteiro como o "pai da aviação". Isso mesmo, Alberto Santos Dumont, o inventor do avião, foi o primeiro proprietário de um automóvel no Brasil. Em 1891, ele trouxe um Peugeot, comprado por 1.200 francos, da França. Com apenas 18 anos de idade, Santos Dumont trouxe o automóvel no navio *Portugal*, que aportou em Santos.

Logo depois da chegada do primeiro automóvel, também começaram as preocupações com as normas de circulação desses veículos. Em 1903, o então prefeito da cidade de São Paulo, Antônio Prado, instituiu algumas leis para regulamentar o uso da novidade com rodas. Além das regras, Prado começou a cobrar uma taxa de circulação (talvez a primeira ideia do que conhecemos hoje como IPVA), da mesma forma que era cobrado dos tílburis (veículos puxados a cavalo, utilizados como "carros de praça", nossos atuais táxis), carroças e de outros meios de transportes da época.

Depois, a Ford e a GM se instalaram no Brasil, respectivamente em 1919 e 1925, iniciando o desenvolvimento da indústria automobilística no país, cujo impulso maior ocorreu no governo de Juscelino Kubitschek, a partir de 1956.

O Código Tributário Nacional (Lei nº 5.172/66) não previu a cobrança do Imposto sobre a Propriedade dos Veículos Automotores, o mesmo ocorrendo com a Constituição de 1967. Nesse mesmo ano foi criada a Taxa Rodoviária Única (TRU), cobrada sobre a circulação de veículos automotores. A TRU, cuja alíquota sobre veículos de passeio chegou a 7% do valor venal (Decreto-lei nº 1.691/79), era cobrada, arrecadada e fiscalizada pela União, que distribuía 45% do produto de sua arrecadação para estados e municípios.

A Emenda Constitucional nº 27/85 autorizou a instituição do IPVA, passando sua cobrança para a esfera estadual.

Finalmente, a Constituição de 1988 autorizou a cobrança do imposto no art. 155, inciso III, dizendo ainda que o IPVA:

a) terá alíquotas mínimas fixadas pelo Senado Federal; e
b) poderá ter alíquotas diferenciadas em função do tipo e utilização.

O correto seria a edição de uma lei complementar dando as diretrizes básicas do imposto, como acontece com o ISS e o ICMS. Nem mesmo a alíquota mínima prevista na Constituição (dispositivo incluído pela EC nº 42/2003) foi definida pelo Senado Federal. O Protocolo nº 1/92 estabelece legislação uniforme, no tocante a fato gerador, base de cálculo, alíquotas e isenções relativas aos estados da Região Nordeste.

Embora seja cobrado e fiscalizado pelos estados, o IPVA tem sua arrecadação dividida igualmente entre estados e municípios. Assim, o imposto de cada automóvel vai metade para o estado e a outra metade para o município onde estiver licenciado.

No estado do Rio de Janeiro, o IPVA tem sua regulamentação na Lei nº 2.877/97 e alterações posteriores.

16.5.2 Fato gerador, base de cálculo e alíquota

O fato gerador do IPVA é a propriedade do veículo automotor de qualquer espécie: automóveis, ônibus, caminhões, motocicletas e tratores. O imposto é devido (fato gerador), dentre outras situações, pela:

a) aquisição do veículo zero km. Nesse caso, o IPVA incide a partir da data da compra que consta na nota fiscal; ou
b) propriedade do veículo no primeiro dia útil do ano, nos anos seguintes.

A competência para legislar sobre o IPVA é de cada estado, o que justifica o fato de que o imposto deve ser pago antes da transferência de um veículo de um estado para outro.

Já a base de cálculo do IPVA depende do tipo de veículo que o contribuinte possui: novo ou usado.

No caso de veículo novo, a base de cálculo será o valor venal, que é o preço comercial tabelado pelo órgão competente ou, na sua falta, o preço à vista constante do documento fiscal emitido pelo revendedor.

No caso de veículo automotor terrestre usado, aplica-se a alíquota própria sobre o valor venal do veículo.

Os valores venais são estabelecidos anualmente em resolução específica e refletem os preços médios praticados pelo mercado. Atualmente, são apurados em pesquisa realizada pela Fundação Instituto de Pesquisas Econômicas (FIPE).

As alíquotas de IPVA dependem de lei estadual. No caso do Rio de Janeiro, as alíquotas aplicadas a veículos terrestres são as seguintes:

a) 0,5% para veículos que utilizem motor de propulsão especificado de fábrica para funcionar, exclusivamente, com energia elétrica e para automóveis com até três anos de fabricação de propriedade de pessoa jurídica constituída sob a forma de sociedade empresarial que desempenhem a atividade de locação e que sejam destinados exclusivamente para a referida atividade, excluindo ônibus e caminhões nos contratos de locação com condutor, devidamente comprovada nos termos da legislação aplicável, ou na sua posse em virtude de contrato formal de arrendamento mercantil ou propriedade fiduciária;
b) 1% para caminhões, caminhões-tratores, tratores não agrícolas, veículos de transporte de passageiros a taxímetro e aos de serviços de transporte acessível exclusivo legalmente habilitados pertencentes a pessoas jurídicas;
c) 1,5% para veículos que utilizem gás natural ou veículos híbridos que possuem mais de um motor de propulsão, usando cada um seu tipo de energia para funcionamento sendo que a fonte energética de um dos motores seja a energia elétrica;
d) 2% para ônibus, micro-ônibus, motocicletas, ciclomotores, triciclos, motonetas e automóveis movidos a álcool;
e) 3% para utilitários; e
f) 4% para automóveis de passeio e camionetas (exceto utilitários), veículos de procedência estrangeira e todos os demais não mencionados acima.

16.5.3 Isenção e não incidência

O IPVA não será cobrado sobre os veículos de propriedade:

a) da União, dos estados, do Distrito Federal e dos municípios;
b) dos templos de qualquer culto;
c) dos partidos políticos e suas fundações;
d) das entidades sindicais dos trabalhadores;
e) das instituições de educação e de assistência social sem fins lucrativos; e
f) de empresa pública estadual custeada com recursos do Tesouro Estadual.

Existem outros tipos de veículos isentos do pagamento do IPVA no Rio de Janeiro. A lista completa pode ser obtida com a leitura do art. 5º da Lei nº 2.877/97 e alterações.

16.5.4 Injustiça tributária

O IPVA cobrado no estado do Rio de Janeiro é um dos mais latentes exemplos de injustiça tributária do Brasil. Pagam-se despesas acessórias (seguro obrigatório, taxa bancária, taxa de vistoria etc.) em torno de R$ 220, o que eleva consideravelmente o valor do "imposto" para o contribuinte. Eu sei que taxa é taxa e imposto é imposto. Não estou entrando no mérito jurídico da questão e entendo que um veículo antigo dá mais trabalho para ser vistoriado do que um veículo mais novo. O argumento é que, para o cidadão comum, que paga o IPVA, todo o valor tem o PESO de imposto. Ninguém vai ficar separando um pedaço de imposto, outro de seguro, o outro de taxa de vistoria e por aí vai.

Portanto, valores fixos de pagamento têm percentual maior para os veículos de valor menor. Assim, um carro com valor de mercado de R$ 7 mil pagaria 3,15% de taxas diversas, enquanto um automóvel de R$ 50 mil pagaria apenas 0,44%

16.5.5 Registro contábil nas empresas

O IPVA tem o pagamento exigido nos primeiros meses do ano, o que não significa que a despesa ou o custo deve ser registrado conforme o pagamento. O correto é o registro no resultado ser distribuído pelos 12 meses do ano, período de alcance do IPVA pago.

A empresa deve analisar a relevância do valor pago, de modo que o custo para obter a informação não seja maior que o benefício gerado por ela. Se possuir contabilidade informatizada, a utilização do tratamento adequado é mais fácil.

No entanto, em alguns casos, o IPVA pode e deve ser reconhecido diretamente no resultado, pela aplicação de um dos pressupostos do Pronunciamento Zero: a relevância.

Já numa empresa de transporte coletivo, por exemplo, a despesa com o imposto tende a ser robusta, ensejando um controle mais apurado.

Suponha que a **Cia. Cordeiro** seja uma empresa de transportes coletivos, possuindo 100 veículos, com custo unitário médio de R$ 120.000, o que monta ao total de R$ 12 milhões. Como o IPVA tem alíquota de 2%, o imposto total da empresa atingiu R$ 240 mil, sendo R$ 2.400 mil o valor individual do imposto. Admitindo que a empresa pague o imposto em três parcelas, nos meses de fevereiro, março e abril, teríamos os seguintes registros ao longo do ano:

REGISTROS EM JANEIRO

Débito: IPVA a apropriar (Ativo)

Crédito: IPVA a pagar (Passivo) R$ 240.000

A contabilidade deve registrar ativos e passivos (variações patrimoniais) tão logo se tenha uma estimativa, ainda que razoável, para seu registro. Nesse caso, a empresa já sabe, em janeiro, os valores que deverá pagar de IPVA nos meses seguintes, devendo reconhecê-los imediatamente. O registro em conta de ativo é justificado pelo fato de o gasto ser associado aos 12 meses do ano, e não apenas ao mês de janeiro. Como os veículos serão utilizados para obtenção de receitas de prestação de serviços (passagens), a despesa com o imposto calculada sobre esses veículos deve ser reconhecida na proporção do uso do bem.

A partir desse registro, a empresa tem duas situações: o registro do passivo e o controle da apropriação no ativo. A conta de IPVA a pagar (passivo) será quitada com os pagamentos nos meses de fevereiro, março e abril. O registro mensal será o seguinte:

Débito: IPVA a pagar	(Passivo)	
Crédito: Caixa	(Ativo)	R$ 80.000

Já a conta de **IPVA a apropriar** (ativo) será baixada contra a apropriação mensal de R$ 20 mil. O mesmo registro de apropriação feito em janeiro deverá ser repetido nos 11 meses seguintes.

Débito: Custo dos serviços prestados – IPVA (Despesa)

Crédito: IPVA a apropriar (Ativo) R$ 20.000

A apropriação do mês deve ser de apenas 1/12 (um doze avos) de R$ 240.000.

Se algum veículo for vendido durante o ano, o valor do IPVA dele, registrado na conta **IPVA a apropriar**, deverá ser registrado integralmente no resultado, no mês da venda. Por exemplo, se a Cia. Cordeiro vender um veículo no mês de junho, além da apropriação normal de R$ 20 mil no mês, deve ser registrado também R$ 1.200, que seria a metade do IPVA de um veículo, já vendido, e ainda não apropriado.

16.6 Imposto sobre a Propriedade Rural (ITR)

O ITR é um imposto de apuração anual e tem como fato gerador a propriedade, o domínio útil ou a posse de imóvel por natureza, localizado fora da zona urbana do município, em 1º de janeiro de cada ano, incidindo inclusive sobre o imóvel declarado de interesse social para fins de reforma agrária, enquanto não transferida a propriedade, exceto se houver a imissão prévia na posse.

O contribuinte do ITR é o proprietário de imóvel rural, o titular de seu domínio útil ou seu possuidor a qualquer título, sendo responsável pelo imposto o sucessor a qualquer título.

Considera-se imóvel rural a área contínua, formada de uma ou mais parcelas de terras, localizada na zona rural do município.

O imposto não incide sobre as pequenas glebas rurais, quando o proprietário, que não possua outro imóvel, as explore só ou com sua família, nos termos do § 4º do art. 153 da Constituição Federal de 1988 e do parágrafo único do art. 2º da Lei nº 9.393, de 19 de dezembro de 1996.

A apuração do ITR é efetuada pelo contribuinte, devendo-se para tal aplicar sobre o Valor da Terra Nua Tributável (VTNt) a alíquota correspondente, prevista no anexo da Lei no 9.393, de 1996, considerados a área total do imóvel e o Grau de Utilização (GU), nos termos definidos no art. 10 da citada lei, com redação alterada pela Medida Provisória no 2.166-67, de 24 de agosto de 2001.

O ITR está regulamentado nos seguintes normativos:

a) Lei nº 8.022, de 14 de abril de 1990.
b) Lei nº 8.847, de 28 de janeiro de 1996.
c) Lei nº 9.393, de 19 de dezembro de 1996.
d) Medida-Provisória nº 2.166-67, de 24 de agosto de 2001.
e) Decreto nº 4.382, de 19 de setembro de 2002.
f) Decreto nº 4.449, de 30 de novembro de 2002.

Sua arrecadação é reduzida, devido à dificuldade para caracterizar seu fato gerador, mas vem crescendo na última década. Em 2010, representava 0,12% do PIB, enquanto em 2020 o percentual chegou a 0,24%, com arrecadação anual de R$ 1.761 milhões.

O estado de São Paulo é responsável por mais de 25% do total arrecadado, seguido por Minas Gerais, Paraná e Rio Grande do Sul, que respondem por pouco mais de 10%, cada, na arrecadação total do imposto. No último dado disponível, o estado do Rio de Janeiro confirmava sua característica urbana, sendo apenas o 9º estado da Federação em arrecadação de ITR.

16.6.1 Alterações na Emenda nº 42/2003

A Emenda Constitucional nº 42/2003 deu nova redação ao texto constitucional sobre o ITR, que a partir de 2004:

a) Será progressivo e terá suas alíquotas fixadas de forma a desestimular a manutenção de propriedades improdutivas.
b) Não incidirá sobre pequenas glebas rurais, definidas em lei, quando as explore o proprietário que não possua outro imóvel.
c) Será fiscalizado e cobrado pelos Municípios que assim optarem, na forma da lei, desde que não implique redução do imposto ou qualquer outra forma de renúncia fiscal.

A Lei nº 11.250/2005 regulamentou o texto constitucional, e a RFB, por meio da IN nº 643/2006, disciplinou as regras para celebração de convênios da União com os municípios e o Distrito Federal para cobrança e fiscalização do ITR.

16.7 Imposto sobre grandes fortunas

A tributação sobre patrimônio foi adotada por diversos países da Comunidade Europeia, sob denominações variadas - imposto sobre patrimônio, sobre fortuna ou sobre o ativo líquido do contribuinte - e constituiu a influência específica para a adoção, pelo constituinte brasileiro, do Imposto sobre Grandes Fortunas. Esse tipo de tributo, em vigor na França, na Alemanha - até 1995 -, na Espanha, na Dinamarca, em Luxemburgo e nos Países-Baixos, foi descartado pela Bélgica, pela Grã-Bretanha, pela Grécia, pela Irlanda, pela Itália e por Portugal.

Já a tributação incidente sobre categorias específicas do patrimônio, como imóveis e automóveis, além de instituição muito anterior ao Imposto sobre Grandes Fortunas, goza atualmente de caráter quase universal.

Em termos gerais, foram os textos constitucionais contemporâneos - português, espanhol, francês, italiano e alemão - que nortearam o constituinte brasileiro. Contudo, no caso da recepção do Imposto sobre Grandes Fortunas, a influência proveio de legislação alienígena de nível infraconstitucional, já que nas cartas políticas europeias, diversamente da nossa, a estruturação do sistema fiscal é delegada inteiramente à legislação ordinária.

A Constituição portuguesa de 1976 estabelece que os impostos sejam criados por lei determinadora da incidência, da taxa, dos benefícios fiscais e das garantias dos contribuintes. A francesa de 1958 estatui não só que a lei deva estabelecer o regime da propriedade, dos direitos reais e das obrigações civis e comerciais, como os regulamentos referentes à base, à taxa e às modalidades de arrecadação de impostos de todo tipo. A espanhola de 1978 segue a mesma linha, delegando à lei a criação de impostos. No nosso caso, se bem que nos termos de lei complementar, o constituinte de 1988 achou por bem ordenar a nível constitucional a competência da União para a criação do novo imposto.

A instituição do Imposto sobre Grandes Fortunas está prevista na Constituição Federal de 1988, em seu art. 153, inciso VII, que diz que a União poderá instituir mediante Lei Complementar o Imposto sobre Grandes Fortunas (IGF). Poucos projetos foram apresentados até hoje em relação ao IGF. O último, Projeto de Lei Complementar nº 130, de 2012, traz alguns pontos interessantes, resumidos a seguir:

- Base de cálculo seria o total de bens constantes na declaração do contribuinte, incluindo os bens atribuídos a filhos menores. O imóvel de residência seria excluído, limitado a 20% do seu patrimônio.
- O IGF somente seria cobrado a partir de 8.000 vezes ao limite de isenção da tabela progressiva do IRPF. Em 2016, seria R$ 15,2 milhões. O patrimônio entre R$ 15,2 milhões e R$ 47,6 milhões pagaria anualmente alíquota de 0,5%. Por exemplo, um contribuinte com bens que totalizassem R$ 20 milhões pagaria anualmente R$ 24 mil de IGF (0,5% sobre R$ 4,8 milhões).

- Entre R$ 47,6 milhões e R$ 142,8 milhões, o percentual subiria para 0,75%. Acima de R$ 142,8 milhões seria cobrado 1%.

16.8 Absorção da leitura: dez questões de múltipla escolha

Recomenda-se fazer as questões pelo menos um dia após a leitura do capítulo.

Q1

Em relação ao IPVA, pode-se afirmar que:

(A) O IPVA é um imposto estadual, destinado exclusivamente para conserto de rodovias.

(B) Há cobrança de IPVA sobre os trens da Supervia, pois são veículos automotores.

(C) O IPVA substituiu a Taxa Rodoviária Única (TRU), sendo um imposto que integra o orçamento estadual e, por transferência, o municipal.

(D) Os recursos do IPVA devem ser destinados para os municípios, que recebem ¼ da arrecadação.

(E) O fato gerador do IPVA acontece apenas na aquisição de veículos novos.

Q2

Uma empresa adquiriu um novo imóvel, para sua sede administrativa, em MAR/2019, e o IPTU de R$ 120 mil ainda não foi pago, sendo parcelado em duas cotas de R$ 60 mil, pagas em MAR/2019 e ABR/2019. O valor do IPTU registrado em despesa no mês de MAR/2019, pelo regime de competência, será de:

(A) R$ 6 mil.

(B) R$ 10 mil.

(C) R$ 12 mil.

(D) R$ 60 mil.

(E) R$ 120 mil.

Q3

Em relação aos tributos municipais e estaduais cobrados sobre o patrimônio, analise as seguintes afirmativas a seguir:

1. O ITD é cobrado, por exemplo, na transferência de bens imóveis de forma gratuita, a título de herança.
2. O IPVA tem alíquota uniforme em todas as 27 unidades da Federação.

Podemos afirmar que:

(A) Apenas a afirmativa 1 está correta.

(B) Apenas a afirmativa 2 está correta.

(C) As duas afirmativas estão corretas.

(D) As duas afirmativas estão erradas.

ANALISE AS INFORMAÇÕES A SEGUIR, DA CIA. CANDELÁRIA, PARA RESPONDER ÀS QUESTÕES N°s 4 E 5.

A Cia. Candelária é empresa de transportes e possuía, no início de x1, 100 veículos, sendo 50 ônibus da categoria comum e 50 ônibus de luxo. O IPVA individual era, respectivamente, de R$ 2.400 e R$ 3.600. A empresa pagou integralmente o imposto em fevereiro, mas, em setembro de x1, vendeu um ônibus de luxo e dois comuns e, em outubro, adquiriu um novo ônibus da categoria comum, pagando de imediato um IPVA de R$ 540. Com isso, terminou o ano com uma frota de 98 ônibus, 49 de cada tipo.

Q4

Considerando a aplicação dos princípios fundamentais de contabilidade, a despesa com IPVA registrada no mês de setembro de x1, pela Cia. Candelária, em reais, será:

(A) 24.300.

(B) 25.000.

(C) 26.400.

(D) 27.100.

(E) 27.800.

Q5

A despesa com IPVA em outubro de x1, pela Cia. Candelária, em reais, será:

(A) 24.345.

(B) 24.480.

(C) 24.570.

(D) 24.840.

(E) 25.000.

Q6

Analise as assertivas a seguir em relação ao ITBI:

Uma empresa foi constituída em 15 de março de 2022 para atuar no ramo de comércio de roupas. A empresa será instalada em um imóvel de propriedade de um dos sócios, que o integralizou como capital da empresa. Na operação de transferência do imóvel, há incidência de ITBI, pois o imóvel será transferido da propriedade da pessoa física para a propriedade da pessoa jurídica.

1. A legislação do imposto de renda determina que, nas aquisições de imóveis, o ITBI seja acrescido integralmente à parte edificada, sendo registrado no imobilizado e depreciado no prazo original de depreciação de imóveis aplicado aos demais bens da mesma natureza.

2. O ITBI pode ser cobrado de forma progressiva, a critério de cada município.

É possível afirmar que está (ão) INCORRETA (S):

(A) Apenas a assertiva nº 1.

(B) Apenas a assertiva nº 2.

(C) Apenas a assertiva nº 3.

(D) Apenas duas das três assertivas.

(E) As três assertivas.

Q7

Analise as seguintes assertivas a seguir em relação ao ITR e ao IGF:

1. A Emenda Constitucional nº 42/2003 permitiu a cobrança e fiscalização do ITR pelos municípios que assim optarem, dentro das regras permitidas pela legislação ordinária.
2. O ITR tem apuração semestral, sendo cobrado no início de cada semestre.
3. O IGF está previsto na Constituição Federal e pode ser criado apenas pela União, que não cobrou o imposto desde então.

É possível afirmar que está (ão) CORRETA (S):

(A) Apenas uma das três assertivas.

(B) Apenas as assertivas nºs 1 e 2.

(C) Apenas as assertivas nºs 1 e 3.

(D) Apenas as assertivas nºs 2 e 3.

(E) As três assertivas.

Q8

Uma empresa de transportes possui uma frota de 200 ônibus, com IPVA individual de R$ 1.200, totalmente pago nos meses de fevereiro e março. Sabendo que a empresa vendeu dois ônibus em agosto, o valor apropriado neste mês em resultado será de:

(A) R$ 19.200.

(B) R$ 19.800.

(C) R$ 20.000.

(D) R$ 20.400.

(E) R$ 20.800.

Q9

Incide IPVA no estado do Rio de Janeiro sobre:

(A) Um Chevette com ano de fabricação de 1985.

(B) O trem que trafega no ramal de Deodoro.

(C) Ambulância de Clínica Médica com fins lucrativos.

(D) Automóvel pertencente à Prefeitura de Saquarema.

(E) Trator utilizado especificamente na agricultura.

Q10

Em relação aos tributos municipais e estaduais cobrados sobre o patrimônio, analise as seguintes afirmativas a seguir:

1. O IPTU cobrado no município do Rio de Janeiro é um imposto direto e progressivo.
2. O ITBI é um imposto progressivo, com variação de alíquotas conforme o valor do imóvel vendido.
3. O ITCMD é cobrado apenas do donatário, não tendo qualquer obrigação para o doador.

É possível afirmar que está(ão) CORRETA(S):

(A) Apenas a assertiva nº 1.

(B) Apenas a assertiva nº 2.

(C) Apenas a assertiva nº 3.

(D) Apenas duas das três assertivas.

(E) As três assertivas.

O Gabarito das questões está disponível no final do livro, após o Anexo.

17

TRIBUTAÇÃO SOBRE O LUCRO NO BRASIL

OBJETIVO DO CAPÍTULO

Apresentar os aspectos introdutórios da tributação sobre o lucro no Brasil. No final do capítulo, será possível:

- Compreender o motivo da existência de dois tributos sobre o lucro no Brasil.
- Entender os elementos fundamentais que envolvem o imposto de renda e a contribuição social sobre o lucro líquido: fato gerador, base de cálculo e alíquotas.
- Diferenciar as formas de tributação das pessoas jurídicas no Brasil.
- Conhecer as principais obrigações acessórias relacionadas à tributação sobre o lucro.

17.1 Dois tributos diferentes sobre o lucro

A tributação sobre o lucro no Brasil possui uma conotação diferente em relação ao padrão mundial: a existência de dois tributos sobre o lucro, quando o mais comum seria a tributação ocorrer apenas via imposto de renda.

A Contribuição Social sobre o Lucro Líquido (CSLL) foi autorizada pela Constituição Federal de 1988 e regulamentada no ano seguinte, tendo fato gerador, base de cálculo e contribuintes semelhantes ao imposto de renda, com pequenas diferenças.

A existência de dois tributos sobre o lucro no Brasil se justifica pela destinação dos valores arrecadados. De cada R$ 100,00 arrecadados como CSLL, os estados e municípios nada recebem diretamente, ficando todo o dinheiro à disposição da União, para (teoricamente) financiar a seguridade social. Já de cada R$ 100,00 arrecadados com imposto de renda, quase a metade deve ser transferida de forma obrigatória para estados e municípios. Esse fato justifica não haver a **integração** de imposto de renda e contribuição social, para simplificar o regime tributário e tem sua explicação consolidada na Tabela 17.1, que apresenta a evolução da arrecadação

TABELA 17.1 Arrecadação de IR e CSLL: participação percentual

PARTICIPAÇÃO % NA ARRECADAÇÃO DA RFB	1985/1988	1990	2010	2019
IMPOSTO DE RENDA	51,6%*	37,3%	38,2%	41,6%
CONTRIBUIÇÃO SOCIAL SOBRE O LUCRO LÍQUIDO	–	4,6%	8,4%	8,5%

Fonte: Dados obtidos no *site* www.receita.fazenda.gov.br e organizados pelo autor.

* Disponível em: http://www.planalto.gov.br/ccivil_03/leis/l5172compilado.htm. Código Tributário Nacional, ver art. 43. Acesso em: out. 2021.

dos dois tributos, considerando a participação no total arrecadado pela Receita Federal do Brasil (RFB) (desconsiderando contribuições previdenciárias e encargos sociais).

Perceba que a participação da tributação sobre o lucro na arrecadação da RFB mudou pouco nos últimos 35 anos. Antes da Constituição, no início da chamada **Nova República**, o bom e velho imposto de renda respondia por pouco mais da metade da arrecadação federal. Em 2019, a arrecadação continuou nessa faixa, apenas com a migração de 17% do total para a CSLL, destinada à seguridade social, ao contrário do IR, que integra o orçamento e tem significativo montante destinado a estados e municípios.

17.2 Princípios básicos do imposto de renda

Atendidos os princípios constitucionais tributários (estudados no Capítulo 2), o imposto de renda deve atender três critérios básicos, definidos na Constituição Federal: os critérios da generalidade, da universalidade e da progressividade.

O critério da GENERALIDADE diz que **toda e qualquer forma** de renda ou provento deverá ser tributada nos limites e condições da lei.

O critério da UNIVERSALIDADE destaca que o tributo deverá ser cobrado de **todos que auferirem renda**, nos termos fixados na lei, sem distinção de sexo, cor, nacionalidade, profissão etc.

Já o critério da PROGRESSIVIDADE sinaliza que o imposto de renda deve ser graduado por faixas, de modo que alíquotas mais elevadas recaiam sobre as faixas maiores de renda. O objetivo da progressividade de alíquotas é aplicar a justiça tributária, que diz: **cobra-se mais de quem tem mais e menos de quem tem menos**.

O critério da progressividade é adotado de forma efetiva na tributação do imposto de renda das pessoas físicas. Talvez seja possível questionar o tamanho dessa progressividade, mas não sua aplicação, que é garantida pela aplicação de tabela progressiva.

Para as pessoas jurídicas, o que garante a aplicação desse critério é o adicional de 10%, que incide apenas sobre o lucro a partir de R$ 20 mil mensais. Assim, o desconto mensal é maior para empresas com lucro menor. Uma empresa com lucro mensal de R$ 80 mil tem uma dedução de 25% na sua base. Outra, com lucro de R$ 500 mil, apresenta desconto de 4%. Já uma (grande) empresa com lucro tributável mensal de R$ 10 milhões terá um desconto de apenas 0,2%, pagando alíquota efetiva bem maior de IRPJ comparativamente às duas outras empresas.

17.3 Fato gerador

O fato gerador do IRPJ é a aquisição da disponibilidade econômica (regime de caixa) ou jurídica (regime de competência):

a) **de renda**, assim entendido o produto do capital, do trabalho, ou a combinação de ambos; e
b) **de proventos de qualquer natureza**, assim entendidos os acréscimos patrimoniais não compreendidos no conceito de renda.

O fato gerador do IRPJ não ocorre periodicamente, apesar da exigência de pagamentos mensais ou trimestrais e de exigência de retenções na fonte em alguns casos. O ano fiscal brasileiro se inicia em 1º/JAN e termina em 31/DEZ, independentemente de a empresa utilizar período diferente para fins societários.

A apuração de IR e CSLL é feita trimestralmente, seja no lucro real, presumido ou arbitrado, com fechamento nos meses de março, junho, setembro e dezembro. No Lucro Real há permissão para uso da apuração anual, com pagamentos mensais em bases estimadas.

O PL nº 2.337/2021, que chegou a ser aprovado na Câmara dos Deputados, mas não avançou no Senado Federal, determinava o fim da opção pelo pagamento mensal em bases estimadas para as empresas tributadas pelo lucro real. Seria, sem dúvida, enorme avanço na simplificação do cálculo do IRPJ e CSLL das grandes empresas a apuração trimestral, com os devidos ajustes para eliminar distorções. Contudo, como a alteração estava inserida em um conjunto de mudanças polêmicas, como a tributação dos dividendos, acabou não avançando. Há perspectiva de que o tema volte ao debate em 2022 e seja aprovado. Por isso, optamos aqui por eliminar o capítulo da edição anterior que tratava exclusivamente do cálculo mensal de IR e CSLL em bases estimadas. Você, que não possui a edição anterior, poderá verificar no início do livro, como ter acesso eletrônico a este capítulo.

17.4 Base de cálculo

A base de cálculo do imposto de renda é o LUCRO. O Código Tributário Nacional (CTN) define que o cálculo do imposto será feito com base no lucro real, presumido ou arbitrado da renda ou dos proventos. A tributação pelo SIMPLES NACIONAL (modelo para microempresas e empresas de pequeno porte), embora englobe também o IR e a CSLL, não é considerada legalmente base de cálculo desses tributos.

17.5 Alíquotas

A alíquota do imposto de renda das pessoas jurídicas segue o critério da progressividade, ou seja, paga mais quem pode mais, pagando menos quem pode menos. Na prática, a alíquota oscila entre 15% e 25%, dependendo do lucro apurado pela empresa. As alíquotas de IR são divididas em duas partes:

a) **Alíquota básica de 15%** sobre o lucro (real, presumido ou arbitrado).
b) **Adicional de 10%** sobre a parcela que exceder a R$ 20.000 por mês (R$ 240 mil na apuração anual).

Portanto, uma empresa com lucro anual de R$ 240.000, por exemplo, pagará apenas 15% de IR, enquanto outra empresa que apresentou lucro de R$ 1.000.000 sofrerá alíquota de 22,6% de IR, devido à incidência de adicional de 10% sobre R$ 760.000 (diferença entre o lucro apurado de R$ 1.000.000 e R$ 240.000 que é a parcela isenta de adicional).

Na Tabela 17.2, o conceito de progressividade na tributação do imposto de renda fica mais bem explicado, com a simulação do resultado de dez empresas diferentes, com o respectivo imposto devido. Verifica-se que, à medida que aumenta o lucro, o imposto de renda devido também aumenta, não apenas em valor, mas em percentual, o que garante a progressividade.

É interessante observar que, conforme o lucro atinge patamar de empresa grande, a alíquota chega muito próximo dos 25%. O objetivo da RFB foi tributar as médias e grandes empresas em 25%, deixando aquelas com lucro menor pagando entre 15% e 25%. Na prática, todas as empresas com lucro anual acima de R$ 240 mil pagam 25% sobre o LAIR, reduzindo R$ 24 mil desse montante.

Já a CSLL têm alíquota de 9% para todas as empresas desde o início do século, sendo proposta sua redução para 8% a partir de janeiro de 2022 por meio do PL nº 2.337/2021.

Contudo, há alíquotas diferenciadas, conforme apresentado a seguir:

a) Bancos de qualquer espécie, 20%.
b) Demais instituições financeiras e empresas equiparadas, como seguradoras, empresas de capitalização e entidades de previdência privada, 15%.

Infelizmente, essas alíquotas de instituições financeiras e equiparadas têm variado bastante nos últimos anos, sendo uma fonte de ajuste na arrecadação do governo federal. Por isso, recomendo constante pesquisa sobre o tema e acompanhamento da nossa "conversa periódica sobre o livro".

Importante destacar que as alíquotas são aplicadas nas três formas de tributação: lucro real, presumido ou arbitrado. Portanto, inicialmente a empresa encontra suas bases de cálculos (real, presumida ou arbitrada) e, após, aplica as alíquotas vigentes de IR e CSLL.

17.5.1 Bônus de adimplência fiscal

A Lei nº 10.637/2002 criou, em seu art. 38, o bônus de adimplência fiscal. Esse bônus será concedido apenas às empresas que nos últimos cinco anos-calendário tenham conseguido a proeza de não terem se enquadrado em nenhuma das seguintes hipóteses em relação

TABELA 17.2 Tributação de IR das empresas do grupo cor em 2021

EMPRESA	LUCRO NO ANO	IMPOSTO DE RENDA DEVIDO			ALÍQUOTA EFETIVA
		ALÍQ. BÁSICA	ADICIONAL	TOTAL	
AZUL	200.000	30.000	–	30.000	15%
VERDE	300.000	45.000	6.000	51.000	17%
AMARELO	500.000	75.000	26.000	101.000	20,2%
ROSA	2.000.000	300.000	176.000	476.000	23,8%
VERMELHA	10.000.000	1.500.000	976.000	2.476.000	24,76%
MARROM	50.000.000	7.500.000	4.976.000	12.476.000	24,95%

Fonte: Elaborada pelo autor.

aos tributos administrados pela Secretaria da Receita Federal do Brasil:

1. lançamentos de ofício;
2. débitos com exigibilidade suspensa;
3. inscrição em dívida ativa;
4. recolhimentos ou pagamentos em atraso, exceto os espontâneos; e
5. falta ou atraso no cumprimento de obrigação acessória.

Quando a empresa tiver obtido decisão definitiva favorável, na esfera administrativa ou judicial, as restrições 1 e 2 serão desconsideradas desde a origem.

O bônus corresponde a 1% da base de cálculo da CSLL no regime de apuração com base no lucro presumido, mesmo que a empresa esteja no lucro real. Essa decisão, apesar de complexa para entender, pode ser benéfica no caso de empresas com resultado baixo e faturamento elevado.

Em caso de empresa nova, o bônus somente será aplicado quando ela completar cinco anos dentro das regras exigidas pela RFB.

O bônus se aplica apenas em relação ao ano-calendário completo e somente poderá ser utilizado no final do período de apuração. Na hipótese de período de apuração trimestral, o bônus será calculado em relação aos quatro trimestres do ano-calendário e poderá ser deduzido da CSLL devida correspondente ao último trimestre.

Suponha que a Cia. Tropical tenha optado pelo lucro real e atendido todos os requisitos exigidos pela Lei nº 10.637/2002. A empresa encerrou sua apuração no ano de 2021, com as seguintes contas de resultado:

▪ Receita de vendas	10.000
▪ Receitas financeiras	300
▪ Despesas diversas (dedutíveis)	10.100

O cálculo do bônus de adimplência fiscal da CSLL será o seguinte:

Receita bruta	10.000
% aplicado — 12%	1.200
(+) Demais receitas	300
Base de cálculo do lucro presumido	1.500
Valor do bônus de adimplência fiscal - 1%	**15**

Portanto, o bônus para a Cia. Tropical será de R$ 15. Veja como fica o cálculo da CSLL devida pela empresa em 2021, lembrando que sua opção de tributação foi o lucro real, não o presumido.

Lucro tributável	R$ 200
Contribuição social s/ lucro –9%	R$ 18
(–) Bônus de adimplência fiscal	R$ 15
CSLL devida	**R$ 3**

Para as empresas com resultado baixo, o bônus pode se tornar interessante. De qualquer forma, poucas empresas que estão no lucro real serão beneficiadas, devido ao não atendimento cumulativo das cinco exigências citadas anteriormente. As empresas que estiverem no lucro presumido e atenderem às exigências da lei pagarão uma alíquota de 8%, em vez de 9%, exatamente por causa do bônus.

O legislador determinou ainda que o bônus seja tratado contabilmente como ajuste, sendo registrado diretamente no patrimônio líquido, não transitando pelo resultado do exercício. Assim, no caso da Cia. Tropical, a despesa com CSLL em 2021 seria R$ 18. O bônus seria registrado no ativo circulante (CSLL a recuperar) em contrapartida com lucros acumulados, no valor de R$ 15. No momento do pagamento, a conta contábil **CSLL a recuperar** seria usada para pagar o passivo, saindo do caixa apenas R$ 3. Não há lógica nesse registro. O correto seria a despesa ser registrada pelo valor pago, já deduzido o bônus.

17.6 Declarações anuais integradas no ambiente SPED

O Sistema Público de Escrituração Digital (SPED),[1] criado em 2007, modernizou a relação fisco-contribuinte no cumprimento das obrigações acessórias, tornando prático e automático o processo. Para fins de praticidade, são dois os documentos enviados anualmente para informar à RFB sobre as empresas:

- Escrituração Contábil Digital (ECD), que integra os tradicionais livros Diário e Razão trazendo os registros contábeis em ambiente eletrônico, com objetivo de demonstrar a posição patrimonial e o resultado da empresa.
- Escrituração Contábil-Fiscal (ECF), que é a antiga Declaração de Informações Econômico-Fiscais da

[1] Disponível em: http://sped.rfb.gov.br/. Acesso em: out. 2021.

Pessoa Jurídica (DIPJ), trazendo as informações fiscais da empresa, seja ela lucro real, presumido ou arbitrado. No Lucro Real, por exemplo, a ECF incorpora o Livro Eletrônico de Apuração do Lucro Real (e-LALUR) e o Livro Eletrônico de Apuração da Base de Cálculo da CSLL (e-LACS). Os detalhes da preparação da ECF são encontrados na IN RFB nº 2.004/2021.

As duas declarações anuais devem ser preparadas e enviadas por todas as empresas tributadas pelo lucro real, presumido e arbitrado, além das entidades imunes e isentas. As empresas tributadas pelo SIMPLES NACIONAL ficam livres da obrigação de preparar e enviar a ECD e a ECF, mas devem entregar a **declaração única e simplificada de informações socioeconômicas e fiscais** (DEFIS) até o **último dia útil de MARÇO**[2] do ano seguinte (art. 72 da Resolução nº 140/2018).

Os órgãos públicos, as autarquias, as fundações públicas e as empresas inativas também não são obrigadas a preparar a ECD e ECF.

O prazo de envio da ECD normalmente é o último dia útil de maio do ano seguinte e o envio da ECF será o último dia útil do mês de julho. Em alguns anos, os prazos são ajustados, como aconteceu durante o período da pandemia da COVID-19.

Há que se ressaltar que, caso a pessoa jurídica tenha Sociedades em Conta de Participação (SCP), cada SCP deverá preencher e transmitir sua própria ECF, utilizando o CNPJ da pessoa jurídica que é sócia ostensiva e o CNPJ/Código de cada SCP.

17.7 Declaração mensal

Mensalmente, as empresas tributadas pelo lucro real, presumido, arbitrado e as entidades imunes e isentas devem enviar a Declaração de Débitos e Créditos Federais (DCTF), onde informam os valores devidos de tributos federais (IPI, IR, CSLL, PIS, COFINS, CIDE e CPMF), com os respectivos pagamentos e compensações.

A DCTF mensal tem como prazo máximo de entrega o décimo quinto dia útil do segundo mês após o fechamento do mês-base. Assim, a DCTF de JAN/2021 deveria ser entregue no dia 22 de março (terça-feira).

[2] Excepcionalmente, para o ano-calendário 2021, houve permissão para envio da DEFIS até 31 de maio de 2021, enquanto a ECF teve autorização para envio até o dia 30 de setembro de 2021.

O art. 5º da IN RFB nº 2.005/2021 (com alterações) diz que estão dispensadas da apresentação da DCTF, entre outras, as seguintes empresas:

1. As Microempresas (ME) e as Empresas de Pequeno Porte (EPP) enquadradas no Regime Especial Unificado de Arrecadação de Tributos e Contribuições devidos pelas Microempresas e Empresas de Pequeno Porte (SIMPLES NACIONAL), instituído pela Lei Complementar nº 123/2006, relativamente aos períodos abrangidos por esse regime, observado o disposto no inciso I do § 2º deste artigo.
2. Os órgãos públicos da administração direta da União.
3. Os condomínios edilícios.
4. Os consórcios, desde que não realizem negócios jurídicos em nome próprio, inclusive na contratação de pessoas jurídicas ou físicas, com ou sem vínculo empregatício.
5. Os clubes de investimento registrados em Bolsa de Valores, segundo as normas fixadas pela Comissão de Valores Mobiliários (CVM) ou pelo Banco Central do Brasil (Bacen).

Foi instituída ainda Declaração de Débitos e Créditos Tributários Federais Previdenciários e de Outras Entidades e Fundos (DCTFWeb), criada para substituir a Guia de Recolhimento do FGTS e de Informações à Previdência Social (GFIP) e que apresenta débitos e créditos de contribuições previdenciárias.

Para mais detalhes e informações sobre a DCTF e a DCTFWeb, recomendo a leitura da IN RFB nº 2.005/2021[3] e suas alterações.

17.8 Formas de tributação sobre o lucro

O texto do art. 209 do Regulamento do Imposto de Renda (Decreto nº 9.580/2018) diz o seguinte: "**O imposto de renda das pessoas jurídicas (...) será devido à medida que os rendimentos, ganhos e lucros forem sendo auferidos.**"

Isso significa que o imposto de renda das empresas poderia ser cobrado por cada operação, por cada resultado auferido. Não representa, porém, que devemos tributá-lo diariamente, mas esse normativo serve para

[3] Disponível em: http://normas.receita.fazenda.gov.br/sijut2consulta/link.action?visao=anotado&idAto=115131#2226245. Acesso em: out. 2020.

determinar a exigência de antecipações mensais ou trimestrais de imposto de renda, independentemente da forma de tributação escolhida.

A princípio, toda empresa legalmente constituída no Brasil pode ser enquadrada pela legislação tributária em cinco situações distintas, em relação à tributação sobre seu resultado:

1. ENTIDADES IMUNES E ISENTAS, que estão desobrigadas do pagamento de IRPJ sobre o resultado positivo apresentado (superávit).
2. SIMPLES NACIONAL, que é permitido para microempresas e empresas de pequeno porte[4] com receita bruta anual até R$ 4,8 milhões.
3. LUCRO ARBITRADO, que representa a desconsideração (total ou parcial) da escrituração contábil como ferramenta inicial para a apuração da base do IRPJ.
4. LUCRO PRESUMIDO, utilizado opcionalmente pelas empresas com receita bruta anual até R$ 78 milhões no ano anterior. A base de cálculo é estimada por meio de percentuais de lucro sobre as receitas definidos em lei.
5. LUCRO REAL, a forma de tributação utilizada para as grandes empresas e que tem como base inicial a apuração do resultado completo extraído da contabilidade.

A Tabela 17.3 traz uma radiografia das formas de tributação, com base nos dados divulgados pela RFB em 2018.

Percebe-se que o objetivo do Fisco foi facilitar ao máximo o cálculo dos tributos para empresas que não representam um potencial de arrecadação tão elevado. A RFB entende que essa simplificação torna mais ágil a fiscalização e a cobrança dos tributos, além de não representar perda elevada de recursos financeiros.

Entretanto, uma grande quantidade de empresas não pode calcular IR e CSLL com base no lucro presumido, notadamente por causa da receita bruta anual ultrapassar o valor permitido (R$ 78 milhões).

Veja que pouco mais de 3% das empresas brasileiras tributadas pelo lucro real responderam por 77% da arrecadação total de tributos federais, se considerados somente IRPJ e CSLL esse percentual ultrapassa 80%. O elevado percentual de empresas tributadas pelo SIMPLES se justifica pela excessiva complexidade do modelo tributário. Se o sistema de cobrança de tributos fosse mais simples, certamente o limite para uso do modelo simplificado poderia ser bem menor.

Nos capítulos seguintes, serão apresentadas as formas de tributação definidas no Código Tributário Nacional: lucro real, presumido e arbitrado. A tributação das entidades imunes e isentas (Capítulo 15) e das ME e EPP que utilizam o SIMPLES NACIONAL (Capítulo 14) já foram apresentadas na Parte III do livro.

17.9 Contribuição Social sobre o Lucro Líquido

A criação da Contribuição Social sobre o Lucro Líquido (CSLL), feita por meio da Lei nº 7.689/88, foi

TABELA 17.3

DADOS RFB DISTRIBUIÇÃO 2018	QTDE. CNPJ		EMPREGOS		MASSA SALARIAL		DARF + GPS (PG.)	
	Total	Efetivo	Total	Efetivo	Total	Efetivo	Total	Efetivo
LUCRO REAL	1,4%	3,1%	37,9%	44,0%	49,7%	57,5%	66,7%	77,1%
SIMPLES	34,3%	76,5%	31,2%	36,2%	19,9%	23,0%	7,9%	9,2%
LUCRO PRESUMIDO	7,2%	16,0%	10,2%	11,9%	8,5%	9,8%	8,8%	10,1%
LUCRO ARBITRADO	0,01%	0,02%	0,03%	0,03%	0,03%	0,03%	0,04%	0,05%
IMUNES/ISENTAS	2,0%	4,4%	6,8%	7,9%	8,4%	9,7%	3,1%	3,5%
SUBTOTAL	**44,9%**	**100,0%**	**86,1%**	**100,0%**	**86,5%**	**100,0%**	**86,6%**	**100,0%**
PÚBLICO/INATIVAS	13,93%		13,5%		13,3%		13,3%	
MEI	41,21%		0,4%		0,1%		0,2%	
TOTAL %	**100%**		**100%**		**100%**		**100%**	
TOTAL	**12.274**		**46.620**		**1.396,6**		**1.427,6**	
	MM		**MM**		**Bi**		**Bi**	

Fonte: RFB, com dados organizados pelo autor.

[4] Ver detalhes no Capítulo 14.

consequência ainda da transferência de recursos determinada pela Constituição Federal, promulgada cerca de dois meses antes da publicação desta lei.

Como aproximadamente metade da arrecadação do imposto de renda seria repassado automaticamente para estados e municípios, a criação de uma contribuição social cobrada sobre uma base similar ao imposto de renda poderia representar para a união a recuperação de parte dos recursos perdidos.

E todo o processo foi amparado no art. 195 da Constituição, que permitia a criação de contribuições sociais incidentes sobre o lucro, com objetivo de financiar a seguridade social.

Ao longo dos anos, muitos normativos alteraram a estrutura básica da CSLL. Para o leitor interessado em pesquisar a evolução histórica da CSLL, são informadas a seguir as principais leis e medidas provisórias sobre esta contribuição.

Lei nº 7.689/88	Lei nº 9.532/97	Lei nº 11.051/2004
Lei nº 7.787/89	Lei nº 9.718/98	Lei nº 11.053/2006
Lei nº 8.003/90	Lei nº 9.779/99	Lei nº 11.196/2005
Lei nº 8.034/90	Lei nº 9.959/2000	Lei nº 11.307/2006
Lei nº 8.541/92	Lei nº 10.426/2002	Lei nº 11.452/2007
Lei nº 8.981/95	Lei nº 10.637/2002	Lei nº 11.727/2008
Lei nº 9.065/95	Lei nº 10.684/2003	Lei nº 11.774/2008
Lei nº 9.249/95	Lei nº 10.833/2003	Lei nº 12.973/2014
Lei nº 9.316/96	Lei nº 10.865/2004	
Lei nº 9.430/96	Lei nº 10.925/2004	
MP nº 2.158-35/2001	MP nº 2.159-70/2001	

17.9.1 Contribuintes e fato gerador

A legislação diz que são contribuintes da CSLL todas as pessoas jurídicas domiciliadas no país e as que lhes são equiparadas pela legislação do imposto de renda das pessoas jurídicas.

O fato gerador da CSLL, definido no art. 195 da Constituição de 1988, é o lucro.

17.9.2 Cálculo da CSLL pelo lucro real

O cálculo da CSLL é bem similar ao cálculo do imposto de renda, com pequenas diferenças. As terminologias legais são diferentes, conforme explicação na Tabela 17.4.

Portanto, todas as vezes que a lei determinava uma adição apenas para o lucro real, as empresas não a faziam na base da CSLL, por falta de previsão legal. Apesar de algumas decisões desfavoráveis, na maioria das situações, o contribuinte tinha razão.

As principais mudanças ocorridas desde 1995 contemplaram também a base da CSLL, com o legislador citando textualmente que determinada despesa não seria dedutível para fins de lucro real e da base de cálculo da CSLL.

Mas persistiam as situações em que empresas deduziam as despesas na base da CSLL pelo fato de não haver proibição explícita.

Pois bem, a Instrução Normativa RFB nº 1.700/2017[5] traz para a base da CSLL a adição de algumas despesas que as empresas não consideravam. Na essência, poucas despesas indedutíveis na base do IRPJ (lucro real) são dedutíveis na base da CSLL. Nos capítulos específicos de adições e exclusões, os detalhes serão explorados integrando as duas bases.

A CSLL tem o mesmo tratamento do IR, em relação ao processo de compensação de prejuízos de anos anteriores. Eles poderão ser compensados na base da CSLL, desde que limitados a 30% do lucro ajustado (por adições e exclusões) do período.

Por outro lado, em relação ao resultado das atividades não operacionais, as regras definidas na Lei nº 9.249/95 e esclarecidas na IN SRF nº 11/96 permanecem valendo

TABELA 17.4 Terminologias DE IR e CSLL

SITUAÇÃO	IMPOSTO DE RENDA	CONTRIBUIÇÃO SOCIAL
LUCRO AJUSTADO POR ADIÇÕES/EXCLUSÕES	Lucro líquido ajustado	Base de cálculo da CSLL antes da compensação de bases negativas
PREJUÍZO APURADO	Prejuízo fiscal	Base negativa da CSLL
LUCRO TRIBUTÁVEL	Lucro real	Base de cálculo da CSLL

[5] A IN RFB nº 1.700/2017 referendou a IN SRF nº 390/2004, que apresentava detalhes sobre as bases de cálculo da CSLL.

apenas para fins de imposto de renda, não se aplicando à contribuição social. Portanto, o resultado negativo na atividade não operacional terá o mesmo tratamento do resultado operacional na base da CSLL. A Lei nº 12.973/2014 fez pequenas modificações no modelo, mas deixou a CSLL de fora, mantendo a exigência apenas para a base do IR.

17.10 Absorção da leitura: dez questões de múltipla escolha

Recomenda-se fazer as questões pelo menos um dia depois da leitura do capítulo.

Q1

O fato gerador do imposto de renda é:

(A) O lucro real, presumido ou arbitrado, no caso das pessoas jurídicas.

(B) A aquisição de disponibilidade econômica ou jurídica de renda, entendida esta como o produto do capital, do trabalho, ou da combinação de ambos, como também os demais acréscimos patrimoniais não compreendidos no conceito de renda.

(C) O lucro líquido, no caso das pessoas jurídicas, e os salários e rendimentos de aplicações financeiras, no caso das pessoas físicas.

(D) O produto do capital, do trabalho, ou da combinação de ambos e os acréscimos patrimoniais não comprovados.

(E) A aquisição de disponibilidade econômica ou jurídica de renda, entendida esta como o produto do capital ou do trabalho, mais os acréscimos patrimoniais somente quando não comprovados.

Q2

O instrumento legal que garante a aplicação do critério da progressividade na tributação sobre a renda no Brasil é:

(A) A cobrança de alíquotas diferenciadas de CSLL para instituições financeiras e seguradoras.

(B) A permissão para uso do SIMPLES NACIONAL para microempresas e empresas de pequeno porte.

(C) O Bônus de adimplência fiscal de 1% da CSLL.

(D) O uso do lucro presumido como opção para as empresas com receita total até R$ 78 milhões/ano.

(E) O uso da alíquota adicional de 10% no IR aplicada apenas ao lucro que exceder ao valor de R$ 20 mil/mês.

Q3

Uma empresa tributada pelo lucro real que apresente resultado positivo de R$ 500 mil no primeiro trimestre de 2022, com as alíquotas propostas no PL nº 2.337/2021, teria imposto de renda total de:

(A) R$ 40.000.

(B) R$ 66.000.

(C) R$ 84.000.

(D) R$ 88.000.

(E) R$ 90.000.

Q4

A base de cálculo do imposto de renda é:

(A) A aquisição de disponibilidade econômica ou jurídica de renda.

(B) O produto do capital, do trabalho ou da combinação de ambos.

(C) O lucro líquido apurado pela empresa.

(D) O lucro real, presumido e arbitrado.

(E) O lucro tributável ajustado pelas adições e exclusões.

Q5

A Declaração de Débitos e Créditos Federais (DCTF) é uma obrigação acessória que deve ser enviada à RFB:

(A) Mensalmente para as empresas tributadas pelo lucro real e lucro presumido.

(B) Mensalmente para empresas tributadas pelo lucro real e trimestralmente para as empresas tributadas pelo lucro presumido.

(C) Mensalmente para empresas tributadas pelo lucro real e semestralmente para as empresas tributadas pelo lucro presumido.

(D) Trimestralmente para as empresas tributadas pelo lucro real e lucro presumido.

(E) Trimestralmente para as empresas tributadas pelo lucro real e semestralmente para as empresas tributadas pelo lucro presumido.

Q6

A apuração do imposto de renda e da contribuição social sobre o lucro líquido deve ser feita, regra geral:

(A) mensalmente.

(B) bimestralmente.

(C) trimestralmente.

(D) quadrimestralmente.

(E) semestralmente.

Q7 (Prova de Contador da RADIOBRÁS – NCE)

O imposto de renda incide sobre:

(A) Renda e proventos de qualquer natureza.

(B) Renda, proventos de qualquer natureza e serviços próprios.

(C) Renda, proventos de qualquer natureza, serviços próprios e circulação de mercadorias.

(D) Renda e receita operacional.

(E) Renda, receita operacional e faturamento bruto.

Q8

A empresa CAMPO DOS AFONSOS Ltda. iniciou suas atividades em no dia 30 de novembro de 2022. Ao encerrar o ano de 2022, apresentou um lucro real de R$ 250.000. O imposto de renda da empresa, considerando as alíquotas propostas no PL nº 2.337/2021, seria:

(A) R$ 20.000.

(B) R$ 21.000.

(C) R$ 41.000.

(D) R$ 43.000.

(E) R$ 45.000.

Q9

A Cia. Alfa é uma empresa comercial, foi tributada pelo lucro real no ano de 2021 e tem direito ao bônus de adimplência fiscal, por ter cumprido as regras determinadas pela legislação fiscal. Apresentou o seguinte resultado no ano:

- Receitas com revendas de mercadorias R$ 1.000.000,00
- Ganho na venda de bens do ativo imobilizado R$ 10.000,00
- (–) Despesas dedutíveis R$ 910.000,00
- LUCRO ANTES DE IR E CSLL R$ 100.000,00

Sabendo que a alíquota da CSLL, sem considerar o bônus de 1%, é de 9%, a CSLL que a Cia. Alfa deverá pagar, em reais, será:

(A) 7.700

(B) 7.788

(C) 7.800

(D) 8.000

(E) 8.200

Q10

A alíquota do bônus de adimplência fiscal que reduz a Contribuição Social sobre o Lucro Líquido é equivalente a:

(A) 0,50%.

(B) 0,75%.

(C) 1,00%.

(D) 1,25%.

(E) 1,50%.

O Gabarito das questões está disponível no final do livro, após o Anexo.

18

LUCRO PRESUMIDO E LUCRO ARBITRADO

OBJETIVO DO CAPÍTULO

Apresentar o funcionamento do lucro presumido e do lucro arbitrado. No final do capítulo, será possível:

- Identificar as empresas que não podem optar pelo lucro presumido, sendo obrigadas a calcular IR e CSLL com base no lucro real.
- Entender como se calculam o IR e a CSLL pelo lucro presumido e quando é possível a distribuição total de dividendos sem tributação.
- Analisar as situações em que o lucro presumido representa a melhor opção de tributação em relação ao lucro real.
- Apresentar a regra geral de arbitramento do lucro e entender quando o lucro das empresas será arbitrado e as possibilidades existentes.

18.1 Lucro presumido: uma forma de tributação opcional

O LUCRO PRESUMIDO é uma forma de tributação que utiliza apenas as receitas da empresa para apuração do resultado tributável do imposto de renda (IR) e da contribuição social sobre o lucro líquido (CSLL). Com isso, esses tributos são calculados por um resultado estimado, encontrado pela aplicação de percentuais definidos em lei. A base de tributação encontra-se nos arts. 587 a 601 do Decreto nº 9.580/2018 (Regulamento do IR) e nos arts. 214 a 225 da IN RFB nº 1.700/2017.

O cálculo de IR e da CSLL pelo lucro presumido tem um grau de simplicidade bem maior em comparação com o cálculo pelo lucro real.

O lucro presumido é uma forma de tributação optativa, podendo o contribuinte, se assim desejar, ser tributado pelo lucro real, mesmo com valor de receita bem reduzido. No entanto, algumas empresas são impedidas de utilizar o lucro presumido, sendo obrigatório o uso do lucro real. São elas:

- Empresas cuja receita total, no ano-calendário anterior, seja superior a R$ 78 milhões ou proporcional ao número de meses do período, quando inferior a 12 meses.
- Instituições financeiras e equiparadas, inclusive empresas de seguros privados, capitalização, *factoring* e entidades de previdência privada aberta.
- Empresas que tiverem lucros, rendimentos ou ganhos de capital oriundos do exterior.
- Aquelas que, autorizadas pela legislação tributária, usufruam de benefícios fiscais relativos à isenção ou redução de imposto.

- Empresas que, no decorrer do ano-calendário, tenham efetuado pagamento mensal pelo regime de estimativa, inclusive mediante balanço ou balancete de suspensão ou redução.

O limite atual de R$ 78 milhões está em vigor desde 2014, conforme Lei nº 12.814/2013, incluindo todas as receitas, mesmo as não tributadas pelo lucro presumido, como os dividendos recebidos de investimentos em empresas e as reversões de provisões. São deduzidos da receita total, para fins de cômputo do limite apenas:

- As vendas canceladas, devolvidas ou anuladas.
- Os descontos incondicionais concedidos.
- O IPI e o ICMS Substituição Tributária (ST), quando registrados como receita.

Uma indústria de bebidas, com receita total de R$ 90 milhões no ano, incluindo R$ 15 milhões de IPI e ICMS ST, poderá optar pelo lucro presumido no ano seguinte. Outra empresa, com receita bruta de R$ 80 milhões e desconto incondicional (ou devolução de vendas) de R$ 3 milhões, também terá direito de utilizar o lucro presumido no próximo ano. Por outro lado, não poderá optar pelo lucro presumido a empresa que, no ano anterior, apresentar R$ 76 milhões de receita bruta e R$ 4 milhões oriundos de dividendos recebidos de investimentos em empresas avaliadas pelo custo de aquisição.

O limite de R$ 78 milhões é sempre analisado em relação ao ano anterior. Todavia, no ano em que a empresa iniciar sua atividade, o limite será proporcional, ou seja, R$ 6,5 milhões vezes o número de meses de funcionamento, sem fracionamento em dias. Portanto, iniciar as atividades em 2 de outubro será igual ao início no dia 30 de outubro, contando no caso três meses para fins de limite de opção pelo lucro presumido, que seria de R$ 19.500.000,00.

Se a empresa apresentar receita total em 2020 de R$ 75 milhões, no ano seguinte (2021) poderá optar pelo lucro presumido, independentemente do total de suas receitas nesse ano. Elas podem ser de R$ 200 milhões e a empresa poderá utilizar a opção pelo lucro presumido. Em 2022, contudo, será obrigada a retornar ao lucro real.

O limite do lucro presumido era R$ 12 milhões até 1998, passando para R$ 24 milhões a partir de 1999. O limite foi elevado para R$ 48 milhões a partir do ano de 2003, conforme a Lei nº 10.637/2002. E, finalmente, passou para R$ 78 milhões em 2014, conforme Lei nº 12.814/2013.

As empresas que estiverem no Programa de Recuperação Fiscal (REFIS) poderão optar pelo lucro presumido enquanto permanecerem no programa (Lei nº 9.718/98, art. 14, inciso II; e Lei nº 9.964/2000, art. 4º).

Não há lógica na concessão desse benefício, concedido no início do século para grandes empresas que aderiram ao REFIS, o que por si só já representou um grande absurdo. Existem empresas lucrativas que nem precisavam aderir ao programa, mas o fizeram apenas pelo benefício de poder utilizar o lucro presumido. Como em algumas atividades, o aumento das exportações representou lucros elevadíssimos entre 2001 e 2006. Houve empresa economizando mais de R$ 100 milhões de IR e CSLL, devido ao contrassenso que foi a permissão para uso do lucro presumido para quem aderiu ao REFIS.

Fico imaginando aquele empresário que se aperta para manter todas as suas obrigações tributárias em dia, por mais difícil que possa parecer. De repente vem o governo e cria um programa cheio de benefícios, voltado para aqueles que estão devendo, alguns há muito tempo. A sensação é que este empresário "certinho" acaba fazendo papel de bobo.

E, normalmente, quem está inadimplente tem a tendência de assim permanecer. Mais da metade das empresas que entraram no REFIS em 2000 saíram do programa por descumprimento da exigência dos pagamentos mensais nos primeiros anos.

O lucro presumido tem suas regras básicas apresentadas entre os arts. 587 e 601 do Decreto nº 9.580/2018 (Regulamento do IR) e algumas alterações posteriores. Para mais detalhes sobre o lucro presumido, a sugestão é acessar a página da Receita Federal e procurar o arquivo com PERGUNTAS e RESPOSTAS do ano de apuração. O *link* de 2021 é: https://www.gov.br/receitafederal/pt-br/assuntos/orientacao-tributaria/declaracoes-e-demonstrativos/ecf/perguntas-e-respostas-pessoa-juridica-2021-arquivos/capitulo-xiii-irpj-lucro-presumido-2021.pdf. Acesso em: 23 dez. 2021.

18.2 Escrituração contábil ou livro Caixa

O RIR/2018 (art. 600) permite que a pessoa jurídica tributada pelo lucro presumido utilize a forma de escrituração que considerar mais conveniente: contábil ou livro Caixa. No entanto, a Lei nº 10.406/2002, conhecida como **Novo Código Civil Brasileiro**, exige a escrituração contábil em seu art. 1.179 (isso mesmo, 1.179), reproduzido a seguir:

> Art. 1.179. O empresário e a sociedade empresária são obrigados a seguir um sistema de contabilidade, mecanizado ou não, com base na escrituração uniforme de seus livros, em correspondência com a documentação respectiva, e a levantar anualmente o balanço patrimonial e o de resultado econômico.

É oportuno e relevante esclarecer ao empresário que a permissão da RFB para a não utilização de escrituração contábil nos casos de lucro presumido tem validade apenas em relação aos atos exigidos por aquele órgão. A contabilidade de uma empresa é fundamental para fornecer informações internas e externas e para atender aos órgãos oficiais, inclusive à própria fiscalização.

Portanto, as empresas tributadas pelo lucro presumido podem utilizar escrituração contábil regular (livros Diário ou Razão) ou escrituração apenas do livro Caixa. As empresas que mantêm apenas o livro Caixa devem observar o seguinte:

- Emitir a nota fiscal quando da entrega do bem ou direito ou da conclusão do serviço.
- Indicar no livro Caixa, em registro individual, a nota fiscal a que corresponder cada recebimento.

As pessoas jurídicas submetidas ao regime de tributação com base no lucro presumido podem utilizar o regime de caixa no reconhecimento de suas receitas, mesmo que tenham escrituração contábil regular. No entanto, o regime de caixa, quando utilizado para fins da incidência das contribuições para o PIS/PASEP e COFINS, deve ser obrigatoriamente utilizado também em relação ao IRPJ e à CSLL.

Com a modernização do processo de elaboração de obrigações acessórias e a completa integração da ECD com a ECF no ambiente SPED, não faz sentido uma empresa tributada pelo lucro presumido não ter escrituração contábil regular.

18.3 Momento da opção

Antes de avançar nos detalhes do cálculo, é importante reforçar o caráter opcional para uso do lucro presumido como forma de tributação, não sendo possível a qualquer empresa alegar tê-lo utilizado de forma compulsória. E essa opção pode ser exercida regularmente a cada ano fiscal, sendo que a decisão tomada no começo do ano será válida para os 12 meses, por isso a importância de contar com bons profissionais da área contábil-tributária no assessoramento técnico.

A opção pelo lucro presumido deve ser exercida com todo cuidado, sendo manifestada no primeiro recolhimento do imposto. Uma vez recolhido o IR com o código do lucro presumido, não há possibilidade de mudança na opção, ficando o contribuinte obrigado a recolher IR e CSLL no restante do ano nessa forma de tributação.

A RFB informa que não aceita a retificação de DARF (o REDARF) no caso de alterar a forma de tributação do imposto de renda das pessoas jurídicas (IRPJ). Assim, não será aceito o REDARF para modificar o código de lucro presumido para lucro real ou vice-versa (art. 11 da IN SRF nº 672/2006).

18.4 Periodicidade de apuração, prazo de recolhimento e acréscimos legais por atraso

O lucro presumido deve ser calculado trimestralmente, com o contribuinte podendo fazer, se assim desejar, apenas quatro recolhimentos durante o ano.

Porém, quando o contribuinte efetuar o pagamento de tributos federais com atraso, estará sujeito aos acréscimos legais: multa e juros.

Os juros cobrados são aqueles divulgados pelo Banco Central do Brasil, representando a taxa utilizada pela Selic (Sistema Especial de Liquidação e Custódia). A incidência de juros é mensal e só ocorre a partir do mês seguinte ao mês do vencimento. Uma obrigação vencida no dia 20 de abril não terá cobrança de juros, se o pagamento for realizado até o final do mesmo mês. A partir do primeiro dia do mês seguinte (no caso, maio), haverá incidência de juros. O percentual será a taxa Selic divulgada pelo Bacen, sendo sempre de 1% no mês do pagamento ou da compensação. Assim, qualquer obrigação quitada no mês seguinte ao mês do vencimento terá juros de 1%.

Admitindo que o IR do primeiro trimestre seja devido no dia 29/ABR/2022 e o contribuinte somente efetue o pagamento no dia 12/AGO/2022, os juros serão calculados da seguinte forma:

> Selic de maio + Selic de junho + Selic de julho + 1% (referente ao mês de agosto)

Não há limite máximo para cobrança de juros, que são calculados de forma simples, não composta. Assim, se a taxa mensal no exemplo anterior fosse 0,6%, os juros cobrados seriam de 2,8% (0,6% de maio + 0,6% de junho + 0,6% de julho + 1% de agosto).

Já a multa espontânea cobrada nos atrasos de tributos federais é de 0,33% ao dia, com limitação máxima em 20%. Um pagamento, com 60 dias de atraso terá juros de 19,80% (0,33% × 60 dias). A partir do 61º dia, ela será fixa em 20% (art. 994 do RIR/2018).

A multa começa a ser cobrada a partir do dia útil seguinte ao dia do vencimento da obrigação, contando a partir daí todos os dias, sejam úteis ou não.

Por exemplo, suponha uma obrigação com vencimento no dia 15/FEV (sexta-feira), véspera de Carnaval. Caso o pagamento ocorra apenas no dia 20/FEV (quarta-feira de Cinzas), a multa cobrada será de apenas 0,33%.

Por outro lado, se o vencimento da mesma obrigação fosse dia 14/FEV (quinta-feira), com o pagamento feito no mesmo dia 20/FEV, a multa cobrada seria de 1,98%, pois começaria a contar no dia 15/FEV (sexta-feira), completando seis dias no dia do pagamento (quarta-feira), incluindo os dias de Carnaval.

As multas aplicadas no caso de procedimento de ofício por parte da RFB são regulamentadas a partir do art. 998 do RIR/2018. Basicamente, as multas por notificação da autoridade fiscal são as seguintes:

- 75% nos casos da falta de pagamentos ou recolhimentos, de falta de declaração e nos de declaração inexata, exceto em caso de fraude.
- 150% nos casos de evidente intuito de fraude, definido nos arts. 71, 72 e 73 da Lei nº 4.502/64, independentemente de outras penalidades administrativas ou criminais cabíveis.

Será concedida redução de 50% da multa de lançamento de ofício ao contribuinte que, notificado, efetuar o pagamento do débito no prazo legal de impugnação (art. 1.002 do RIR/2018), com outras reduções em caso de parcelamento ou pagamento após decisão administrativa de primeira instância.

O vencimento do imposto de renda devido no 1º trimestre acontece no último dia útil de abril. Contudo, o contribuinte tem a opção de parcelar em até três quotas iguais e sucessivas, pagando no último dia útil dos meses de abril, maio e junho, com acréscimo de juros a partir da segunda quota. Dependendo da situação financeira da empresa, pode representar uma vantagem efetuar esse pagamento de forma parcelada. No caso, não é possível o parcelamento de valor total menor que R$ 2.000 e nem qualquer quota ser menor que R$ 1.000.

Por exemplo, suponha que o IR devido por uma empresa no 1º trimestre de 2022 seja R$ 30.000. Nesse caso, admitindo uma taxa Selic mensal de 0,5%, a empresa poderá parcelar este valor em até três vezes:

1. Em 30/ABR, a empresa deverá desembolsar apenas R$ 10.000, sem acréscimos.
2. Em 31/MAIO, o recolhimento será de R$ 10.100, pois o principal será acrescido de juros de 1% (R$ 100).
3. Em 30/JUN, o recolhimento será de R$ 10.150, pois o principal seria acrescido da taxa Selic de maio (0,5% = R$ 50) mais 1% (R$ 100) referente ao mês de junho, o que dá o total de 1,5% (R$ 150) de acréscimo.

Se o valor a pagar fosse R$ 2.800, somente seria possível o parcelamento em duas quotas, e não em três, pois as parcelas não poderiam ser de valor menor que R$ 1.000. O valor a pagar em abril seria R$ 1.400 e, em maio, seria de R$ 1.414.

Percebe-se o uso de 1% de juros no mês relativo ao pagamento. É o que manda a legislação: no mês do pagamento ou da compensação, a taxa utilizada deve ser sempre 1%.

18.5 Base de cálculo (percentuais de presunção de lucro)

A base de cálculo do IR será obtida pela aplicação de um percentual específico sobre cada receita obtida pela empresa, conforme seu contrato social/estatuto. Esse percentual depende da atividade exercida. A Tabela 18.1 apresenta os percentuais utilizados para IR e CSLL nas principais situações.

Ainda em relação aos percentuais aplicados, há algumas dúvidas esclarecidas por meio de consulta à Receita Federal do Brasil (RFB).

As concessionárias ou subconcessionárias de serviços públicos deverão adotar o percentual de 32% se prestam serviços de suprimento de água tratada, coleta e tratamento de esgotos, cobrados diretamente dos usuários dos serviços, ou se exploram rodovias mediante cobrança de preço dos usuários (ADN Cosit nº 16, de 2000).

A base de cálculo para as empresas que executam obras de construção civil e optam pelo lucro presumido na atividade de prestação de serviço de construção civil

TABELA 18.1 Percentuais de presunção do lucro presumido

RECEITAS	BASE DO IR (%)	BASE DA CSLL (%)
Vendas de mercadorias em empresas comerciais e industriais	8%	12%
Prestação de serviços em geral	32%	32%
Administração, locação ou cessão de bens, imóveis, móveis e direitos de qualquer natureza. Intermediação de negócios	32%	32%
Transportes em geral, inclusive de passageiros (exceto de cargas)	16%	12%
Transportes de cargas, serviços hospitalares*	8%	12%
Loteamento, incorporação, construção, compra e venda de imóveis	8%	12%
Atividade gráfica, que envolva o emprego de materiais	8%	12%
Revenda, para o consumo, de combustível derivado de petróleo, álcool etílico carburante e gás natural	1,6%	12%
Ganho de capital e outras receitas não descritas no estatuto/contrato social	100%	100%

* Conforme Ato Declaratório nº 18/2003, consideram-se serviços hospitalares os prestados pelos estabelecimentos assistenciais de saúde constituídos por empresários ou sociedades empresárias. Contudo, não serão considerados serviços hospitalares, ainda que com o concurso de auxiliares ou colaboradores sem a mesma habilitação técnica dos sócios da empresa e que a esses prestem serviços de apoio técnico ou administrativo, quando os serviços forem:

1. prestados exclusivamente pelos sócios da empresa; ou
2. referentes unicamente ao exercício de atividade intelectual, de natureza científica, dos profissionais envolvidos.

é de 32% quando houver emprego unicamente de mão de obra, e de 8% quando houver emprego de materiais, em qualquer quantidade (ADN Cosit nº 6, de 1997). Já as pessoas jurídicas que exerçam as atividades de compra e venda, loteamento, incorporação e construção de imóveis não poderão optar pelo lucro presumido enquanto não concluídas as operações imobiliárias para as quais haja registro de custo orçado (IN SRF nº 25/99, art. 2º).

A Consulta Cosit nº 7 de MAR/2021 diz que, para fins de determinação da base de cálculo do IRPJ e da CSLL, a receita bruta auferida por meio da exploração de atividade imobiliária relativa à compra e venda de imóveis próprios submete-se ao percentual de presunção de 8%. Essa forma de tributação subsiste ainda que os imóveis vendidos tenham sido utilizados anteriormente para locação a terceiros, se essa atividade constituir objeto da pessoa jurídica, hipótese em que as receitas dela decorrentes compõem o resultado operacional e a receita bruta da pessoa jurídica.

A receita decorrente da alienação de bens do ativo não circulante, ainda que reclassificados para o ativo circulante com a intenção de venda, deve ser objeto de apuração de ganho de capital, que, por sua vez, deve ser acrescido à base de cálculo do IRPJ na hipótese em que essa atividade não constitui objeto da pessoa jurídica, não compõe seu resultado operacional e nem a sua receita bruta.

A Consulta nº 139/2001 da 6ª Região Fiscal (RF) diz que os valores relativos à prestação de serviços por parte de empresas aéreas e rodoviárias, hotéis, empresas de aluguel de veículos e prestação de serviços afins não se incluem na receita bruta das agências de turismo, para fins da apuração da base de cálculo do IR com base no lucro presumido.

A Consulta nº 249/2004 da 8ª RF diz que as pessoas jurídicas que prestam serviços na área de informática (prestação de serviços de consultoria em desenvolvimento de sistemas de *software* e informática em geral) devem utilizar o percentual de 32% sobre a receita bruta, na determinação do lucro presumido, podendo utilizar o percentual de 16% desde que aufiram receita bruta anual não superior a R$ 120.000,00 e atendam aos demais requisitos legais.

A Consulta nº 281/2004 da 8ª RF diz que os serviços médicos prestados para terceiros, independentemente da forma de constituição da pessoa jurídica, não serão considerados serviços hospitalares para fins de determinação do lucro presumido. Nesse caso, o lucro presumido deverá ser determinado mediante a aplicação do percentual de 32% sobre a receita bruta.

A Consulta nº 26/2005 da 7ª RF diz que, para fins de determinação do lucro presumido, aplica-se o percentual de 8% sobre a receita bruta auferida por pessoa jurídica diretamente ligada à atenção e assistência à saúde, nos moldes estabelecidos pelo Ato Declaratório Interpretativo SRF nº 18/2003.

A Consulta nº 89/2005 da 7ª RF diz que as empresas administradoras de cartão de crédito, desde que observadas as condições estatuídas em lei, podem optar por apurar o IRPJ pelo lucro presumido, na condição de prestadoras de serviço. Diz ainda que as receitas de encargos de financiamento auferidas em decorrência da prestação de serviço diretamente relacionado à atividade de administração de cartão de crédito devem submeter-se ao percentual de presunção de 32% para o IRPJ, uma vez que se enquadram perfeitamente no conceito de receita bruta. Já as receitas de juros e encargos de mora auferidas de clientes inadimplentes devem ser adicionadas à base de cálculo do IRPJ das pessoas jurídicas optantes pelo lucro presumido, porquanto são classificadas como demais receitas.

A venda (desenvolvimento e edição) de *softwares* prontos para o uso (*standard* ou de prateleira) classifica-se como venda de mercadoria, e o percentual para a determinação da base de cálculo do IRPJ é de 8% sobre a receita bruta, com 12% na CSLL. Por outro lado, a venda (desenvolvimento) de *softwares* por encomenda classifica-se como prestação de serviço, e o percentual para determinação da base de cálculo do IRPJ e CSLL é de 32% sobre a receita bruta.

Caso a pessoa jurídica desempenhe concomitantemente mais de uma atividade, o percentual de presunção correspondente deve ser aplicado sobre o valor da receita bruta auferida em cada atividade (Consulta nº 6.022 de JUL/2021, da 6ª RF).

18.5.1 O que entra e não entra na receita bruta

A receita bruta utilizada como base do lucro presumido é a mesma prevista no art. 12 do Decreto-Lei nº 1.598/77, ajustada pela Lei nº 12.973/2014 e consolidada no art. 208 do RIR/2018. Na essência, de forma prática, representa o valor da venda da mercadoria/bem/produto ou do serviço prestado, incluindo todos os tributos cobrados por dentro (ICMS, ISS, PIS, COFINS e outros) e desconsiderando qualquer efeito oriundo de eventual registro contábil de ajuste a valor presente ou avaliação a valor justo. Para simplificar, veja a seguir quatro situações especificas para sua análise:

- Empresa industrial tem receita bruta de R$ 100 + IPI de R$ 10 + ICMS ST de R$ 5, cobrando do seu cliente (empresa comercial) R$ 115. Na nota fiscal de venda, há destaque de ICMS próprio de R$ 12 (12%) e houve cobrança de PIS + COFINS de R$ 3,21 (3,65% sobre R$ 88). No caso, a receita utilizada na base de cálculo do lucro presumido será R$ 100.
- Empresa comercial realiza venda a prazo por R$ 700, trazendo essa venda a valor presente, reconhecendo R$ 660 em receita bruta e R$ 40 em conta de ajuste a valor presente, com saldo credor, retificando o contas a receber. No caso, a receita que será utilizada como base para aplicação do percentual presumido será R$ 700.
- Empresa comercial realiza venda de R$ 100, sendo 70 no Brasil (mercado interno) e R$ 30 ao exterior, por meio de uma empresa comercial exportadora (*trading*). No caso, a receita a ser considerada no lucro presumido será de R$ 100. O valor de R$ 30 não entra nas bases do ICMS e de PIS e COFINS, mas integra normalmente a base presumida de IR e CSLL.
- Empresa realiza vendas de mercadorias no mês por R$ 100, com desconto incondicional concedido (na nota fiscal) de R$ 5, recebendo o líquido de R$ 95. No mês, tem devolução de vendas de R$ 4. No caso, a base presumida será obtida a partir da receita bruta (líquida) de R$ 91.

18.5.2 Demais receitas tributadas e não incluídas na base

Após aplicar os percentuais definidos em lei sobre cada receita da atividade principal obtida no trimestre, a empresa deverá acrescentar à base os seguintes valores:

- o ganho de capital obtido na venda de bens dos ativos classificados nos subgrupos investimentos, imobilizado e intangível;
- as receitas de locação de imóvel, quando esta não for sua atividade principal, com permissão para dedução dos encargos necessários à sua percepção (comissão e IPTU, por exemplo);
- receitas financeiras de diversos tipos;
- eventuais multas ou outras vantagens recebidas de empresas, ainda que a título de indenização, por causa de rescisão de contrato;
- outras receitas que não possam ser excluídas da base.

Por exemplo, as receitas financeiras oriundas de aplicações em fundos de investimentos e em certificados de depósito bancário (CDB) serão incluídas na base (tributadas) apenas no período de apuração da alienação, resgate ou cessão do título ou aplicação, não lhes sendo aplicável o regime de competência.

Já nos ganhos líquidos auferidos em aplicações de renda variável, o IRPJ sobre os resultados positivos mensais apurados em cada um dos dois meses imediatamente anteriores ao do encerramento do período de apuração serão determinados e pagos em separado, nos termos da legislação específica, dispensado o recolhimento em separado relativamente ao terceiro mês do período de apuração.

Assim, os ganhos líquidos com renda variável relativos a todo o trimestre de apuração serão computados na determinação do lucro presumido e da base da CSLL, e o montante do imposto pago nos dois primeiros meses será considerado antecipação, compensável com o devido no encerramento do período de apuração.

Não serão incluídas nas bases de IR e da CSLL pelo lucro presumido os seguintes valores:

- resultado positivo referente à avaliação de ativos a valor justo;
- receitas financeiras oriundas de ajuste a valor presente;
- receitas de dividendos de investimentos avaliados ao custo de aquisição;
- reversões de provisões operacionais, quando não representarem ingresso de novos recursos;
- IPI e ICMS ST, quando registrados como receita de vendas.

Importante repetir que os descontos incondicionais concedidos são deduzidos da receita correspondente, antes da aplicação do percentual de presunção (ver exemplos numéricos). As vendas canceladas, devolvidas ou anuladas têm o mesmo tratamento.

Não há menção para exclusão do resultado positivo de investimentos avaliados pelo método de equivalência patrimonial na legislação tributária. Contudo, como a empresa pode utilizar o regime de caixa para fins tributários, entende-se não ser necessário reconhecer tal receita na sua escrituração contábil, mesmo em caso de empresa controlada. Tal fato deve ser raro em empresas tributadas pelo lucro presumido.

18.6 Alíquotas aplicadas

No lucro presumido, são aplicadas as mesmas alíquotas do lucro real , ou seja, 15% de alíquota básica + adicional de 10% sobre a parcela que ultrapassar R$ 20 mil/mês.

18.7 Exemplos numéricos

Serão apresentados dois exemplos numéricos, para facilitar a compreensão do tema.

18.7.1 Posto Glorioso

O posto de gasolina Glorioso optou pelo lucro presumido, apresentando as seguintes contas de receita no 1º trimestre de 2021: revenda de combustíveis, serviços de lavagem e lubrificação, revenda de mercadorias, rendas de aplicações financeiras e renda de aluguel de espaço. Veja o cálculo do lucro presumido desse posto na Tabela 18.2.

O cálculo do IR foi feito da seguinte forma: 15% sobre R$ 84.000 (R$ 12.600), mais 10% sobre R$ 24.000 (R$ 2.400) – a diferença entre R$ 84.000 e R$ 60.000 – que é o limite a partir do qual incide o adicional. Caso a receita oriunda da aplicação financeira tenha sofrido retenção na fonte de 15%, por exemplo, o IR retido na fonte de R$ 750 poderá ser deduzido do IR a pagar.

18.7.2 Comércio de móveis

A Cia. Caxambu é uma empresa comercial do ramo de móveis. No 1º trimestre de 2021, obteve receita com vendas de R$ 800.000, com desconto comercial (concedido na nota fiscal) de R$ 20.000 e devolução de vendas no valor de R$ 10.000. O cálculo[1] pelo lucro é:

LUCRO PRESUMIDO – IR		LUCRO PRESUMIDO – CSLL
Base ➔ 770.000 × 8% 0 = 61.60		Base ➔ 770.000 × 12% = 92.400
IR (15%):	9.240	CSLL (9%): 8.316
IR (10%):	160	
Total de IR:	R$ 9.400	

[1] Considerando as alíquotas de IR e CSLL vigentes em 2021.

TABELA 18.2 Cálculo do lucro presumido – posto de gasolina (em R$)

CÁLCULO IR + CSLL – LUCRO PRESUMIDO	RECEITA JAN-MAR	IR		CONTRIB. SOCIAL	
		%	BASE	%	BASE
REVENDA COMBUSTÍVEL	2.000.000	1,6%	32.000	12%	240.000
REVENDA DE MERCADORIAS	150.000	8%	12.000	12%	18.000
SERVIÇOS DE LAVAGEM	100.000	32%	32.000	32%	32.000
APLICAÇÕES FINANCEIRAS	5.000	100%	5.000	100%	5.000
DEMAIS RECEITAS	3.000	100%	3.000	100%	3.000
LUCRO PRESUMIDO			84.000	BASE CSLL	298.000
IR DEVIDO			15.000		
CSLL DEVIDA – 9%					26.820

Caso a Cia. Caxambu não realize escrituração contábil (livros Razão e Diário), a distribuição de lucros sem tributação máxima permitida é:

LUCRO PRESUMIDO (para fins de IR)	R$ 61.600
(–) TRIBUTOS FEDERAIS	(R$ 45.821)
. Contribuição social	R$ 8.316
. IR	R$ 9.400
. PIS (0,65% s/ receitas)	R$ 5.005
. COFINS (3% s/ receitas)	R$ 23.100
Lucros distribuídos s/ tributação	**R$ 15.779**

Por exemplo, se a empresa distribuir R$ 25.000 de lucros, o valor de R$ 15.779 será isento, e a diferença (R$ 9.221) será tributada como rendimento do trabalho.

18.8 Empresa de serviços com receita anual até R$ 120 mil

O RIR/2018, em seu art. 592 (§ 3º), permite para as empresas exclusivamente prestadoras de serviços o uso do percentual de 16% para as receitas com prestação de serviços até R$ 120 mil no ano. Esse percentual menor não se aplica para as profissões regulamentadas. Assim, um escritório de contabilidade, cujo faturamento no ano seja R$ 40 mil, não poderá utilizar o percentual de 16%, tendo que aplicar 32% sobre sua receita bruta.

A IN nº 1.700/2017, em seu art. 15, § 10, traz mais detalhes sobre o cálculo. Para facilitar o entendimento, apresenta-se a seguir um exemplo numérico, com uma empresa que ultrapassará o limite no 3º trimestre.

Suponha que a Cia. Lavabem (lavanderia) tenha receita anual de R$ 150 mil em 2021, distribuída da seguinte forma:

1º trimestre: R$ 30 mil	2º trimestre: R$ 45 mil
3º trimestre: R$ 50 mil	4º trimestre: R$ 25 mil

A CSLL devida no ano será R$ 4.320, pois a base seria R$ 48.000, que corresponde a 32% sobre a receita anual de R$ 150 mil. Esse recolhimento será distribuído da seguinte forma entre os trimestres:

1º trimestre: R$ 864	2º trimestre: R$ 1.440
3º trimestre: R$ 1.296	4º trimestre: R$ 720

Já o IR será calculado conforme a Tabela 18.3.

No cálculo do IR nos dois primeiros trimestres, a Cia. Lavabem utilizou o percentual de 16%, pois a receita ainda não havia ultrapassado o valor de R$ 120 mil. Note que o cálculo não é proporcional, pois, se assim fosse, o percentual não poderia ser utilizado já no 2º trimestre.

No 3º trimestre, a receita acumulada de serviços ultrapassou o limite anual em R$ 5.000, impedindo

TABELA 18.3

CIA. LAVABEM	RECEITA	%	BASE DE CÁLCULO	IR DEVIDO TRIMESTRE	COMPLEMENTO TRIM. ANTERIOR
1º trimestre	30.000	16%	4.800	720	–
2º trimestre	45.000	16%	7.200	1.080	–
3º trimestre	50.000	32%	16.000	2.400	1.800
4º trimestre	25.000	32%	8.000	1.200	–

a empresa de calcular o IR pelo percentual de 16%. Portanto, nesse trimestre, o cálculo foi feito já aplicando o percentual de 32%, o que levou o IR para R$ 2.400.

Em relação aos dois primeiros trimestres, tributados pelo percentual de 16%, o Fisco determina o recálculo, com recolhimento do imposto no mesmo prazo de vencimento do imposto devido sobre as receitas do 3º trimestre.

Portanto, além de recolher em 31 de outubro o valor de R$ 2.400, deve a Cia. Lavabem recolher as diferenças referentes aos dois trimestres iniciais, ou seja, R$ 720 do 1º trimestre e R$ 1.080 do 2º trimestre. Esse recolhimento complementar de R$ 1.800 não tem incidência de juros, sendo tratado como devido no final do mês de setembro, na apuração do terceiro trimestre.

A facilidade se aplica exclusivamente às empresas que tenham apenas receitas de prestação de serviços. Se a empresa tiver outra atividade concomitante, como, por exemplo, revenda de mercadorias, não poderá utilizar os 16%, mesmo que a receita anual esteja abaixo do limite de R$ 120 mil.

Na consulta nº 292/2001 da 7ª região fiscal, verifica-se que a empresa poderá obter outras receitas operacionais (tributadas em 100%) e ainda assim utilizar o percentual de 16%, se a receita total anual com prestação de serviços não ultrapassar R$ 120 mil.

18.9 Distribuição de lucros

As empresas que optam pelo lucro presumido podem distribuir lucros para seus sócios e acionistas, sem tributação, pois os dividendos são considerados rendimentos isentos para pessoa física e jurídica. No entanto, essa distribuição isenta de IR tem limitação no valor do lucro presumido do período menos o montante, pelo menos, dos tributos federais. Portanto, a distribuição por valores acima do lucro presumido apurado só deverá ser feita caso a empresa demonstre que obteve lucros acima da base presumida, e para isso deverá ter escrituração contábil completa.

Não significa que a empresa esteja obrigada ao regime de competência pelo simples fato de distribuir todo seu lucro. As empresas que optam pelo lucro presumido podem calcular seus tributos pelo regime de caixa ou competência, mesmo que sejam obrigadas a apresentar escrituração contábil, para se beneficiar da isenção na distribuição de dividendos e lucros.

Em outras palavras, para distribuir dividendos sem limite e com isenção, as empresas devem ter escrituração contábil completa, ou seja, livro Diário revestido de todas suas formalidades, mas que pode ser obtido com o registro das receitas e despesas pelo regime de caixa e não de competência.

A seguir será reproduzido esclarecimento da RFB sobre a distribuição de lucros e a escrituração contábil.

PERGUNTA Nº 545: Como se dará a distribuição do lucro presumido ao titular, sócio ou acionista da pessoa jurídica, e sua respectiva tributação?

Poderá ser distribuído a título de lucros, sem incidência de imposto de renda (dispensada, portanto, a retenção na fonte), ao titular, sócio ou acionista da pessoa jurídica, o valor correspondente ao lucro presumido, diminuído de todos os impostos e contribuições (inclusive adicional do IR, CSLL, COFINS, PIS/Pasep) a que estiver sujeita a pessoa jurídica (Lei nº 9.249/95, art. 10; ADN COSIT nº 4/96; e IN SRF nº 11/96, art. 51).

Acima desse valor, a pessoa jurídica poderá distribuir, sem incidência do IR, até o limite do lucro contábil efetivo, desde que ela demonstre, via escrituração contábil feita de acordo com as leis comerciais, que este último é maior que o lucro presumido.

Todavia, se houver qualquer distribuição de lucros, em valor superior àquele apurado contabilmente, deverá ser imputada à conta de lucros acumulados ou de reservas de lucros de exercícios anteriores. Na distribuição incidirá o IR com base na legislação vigente nos respectivos períodos (correspondentes aos exercícios anteriores), com acréscimos legais.

18.9.1 Exemplo numérico

A Cia. Costela possui o seguinte resultado no primeiro trimestre de 2021:

▪ Revenda de mercadorias	20.000
▪ Demais receitas	2.000
▪ (–) Despesas	(12.000)
Lucro antes dos tributos	10.000

Os cálculos de IR, CSLL, PIS e COFINS serão os seguintes:

IR	
Revenda de mercadorias	R$ 1.600 (8% de R$ 20.000)
Demais receitas	R$ 2.000 (100% de R$ 2.000)
Lucro presumido	R$ 3.600
IR devido – 15%	**(R$ 540)**

CONTRIBUIÇÃO SOCIAL	
Revenda de mercadorias	R$ 2.400 (12% de R$ 20.000)
Demais receitas	R$ 2.000 (100% de R$ 2.000)
Base de cálculo	R$ 4.400
CSLL devida – 9%	**(R$ 396)**

COFINS + PIS	
Revenda de mercadorias	R$ 20.000
Demais receitas	R$ 2.000
Base de cálculo	R$ 22.000
PIS + COFINS devidos – 3,65%	**(R$ 803)**

Assim, caso a Cia. Costela não tenha escrituração contábil, poderá distribuir lucros isentos no valor máximo de R$ 1.861, sem tributação de IR na pessoa física do sócio.

(+) Lucro presumido (para fins de IR)	R$ 3.600
(–) IR + CSLL + PIS + COFINS	(R$ 1.739)
Dividendos máximos (sem tributação)	**R$ 1.861**

Portanto, caso a Cia. Costela decida distribuir mais do que o valor permitido de R$ 1.861, deverá comprovar através de escrituração contábil regular, mesmo que mantenha o regime de caixa para registro de suas receitas e despesas.

18.10 Compensação de prejuízos fiscais

Na opção pelo lucro presumido, não há possibilidade de compensação de prejuízos fiscais para reduzir o valor devido de IR. No entanto, esses prejuízos poderão ser mantidos na Parte B do LALUR e compensados no ano em que a empresa retornar ao lucro real.

18.11 O lucro presumido e a contabilidade moderna

As empresas que utilizam o lucro presumido como forma de tributação podem fazer o reconhecimento de receitas e despesas pelo regime de caixa, mesmo que façam escrituração contábil regular (Razão e Diário), é o que diz a IN RFB nº 1.515/2014. É evidente que a recomendação dos normativos do Conselho Federal de Contabilidade para o exercício da profissão de contador condenam essa posição, lembrando que a contabilidade deve seguir o regime de competência. Contudo, se a empresa pode utilizar o regime de caixa, não faz sentido, pelo menos para fins fiscais, utilizar o regime de competência e se arriscar a pagar mais tributos e de forma antecipada. Registrando receitas tributáveis pelo recebimento, a empresa fica livre, por exemplo, de pagar tributos sobre receitas que não serão convertidas em caixa devido a possível inadimplência.

Portanto, na empresa tributada pelo lucro presumido que reconhecer suas receitas pelo regime de caixa, não há que se falar em alterações com a aplicação da Lei nº 12.973/2014 e os aspectos modernos da integração da legislação societária brasileira com a contabilidade internacional (IFRS).

Já nos casos em que a empresa utilize o regime de competência, vale a mesma regra aplicada para o lucro real. Por exemplo, a receita bruta considerada será aquela definida no art. 12 do Decreto-lei nº 1.598/77, desconsiderando os valores reconhecidos a título de ajuste a valor presente. Então, uma venda de mercadoria por R$ 400, com recebimento em oito parcelas de R$ 50, cujo valor presente monte a R$ 360, deverá ter esse valor (R$ 360) registrado como receita bruta no momento da venda. Contudo, as bases do IR e da CSLL serão obtidas com aplicação dos percentuais de presunção sobre R$ 400, que foi o valor do negócio jurídico e representou o total recebido. Situação idêntica se aplica para o registro de receitas oriundas de avaliação positiva de ativos a valor justo.

18.12 Ganho na venda de bens do imobilizado e falta de registro contábil da depreciação

As empresas tributadas pelo lucro presumido e que utilizam o regime de caixa são obrigadas a considerar a depreciação pelos mesmos prazos utilizados para dedução no lucro real. Então, uma empresa que efetue a venda de um móvel adquirido por R$ 1.000, depois de cinco anos de uso, por R$ 740, deverá incluir na base do lucro presumido o valor de R$ 240 como ganho de capital, considerando uma depreciação acumulada, no caso, de R$ 500 (cinco anos dos dez de vida útil fiscal do móvel).

Muitas empresas modificam sua forma de tributação ao longo dos anos. Como no lucro presumido a tributação ocorre somente sobre as receitas, registrar ou não determinada despesa torna-se irrelevante, pelo menos para fins fiscais. Mas, no caso da depreciação, o contribuinte deve tomar bastante cuidado, pois o Fisco não aceitará a manobra. Veja a resposta a uma consulta formulada por um contribuinte:

> CONSULTA Nº 56 de 24/MAI/02 – 6ª RF
>
> ASSUNTO: IRPJ. EMENTA: LUCRO PRESUMIDO. QUOTAS DE DEPRECIAÇÃO.
>
> A pessoa jurídica que se retirar (ou for excluída) do regime de tributação com base no lucro presumido, tenha ou não mantido escrituração contábil, deverá considerar como utilizadas as quotas de depreciação que seriam cabíveis nos períodos de apuração em que se submeteu ao lucro presumido.

No caso de imobilizado com Ajuste a Valor Presente incluído, há todo um tratamento contábil específico para ser feito, quando a empresa do lucro presumido utilizar o regime de competência para fins de tributação, o que raramente irá acontecer.

18.13 Planejamento tributário: lucro real ou presumido

A opção pelo lucro presumido representa economia para a maioria das empresas, facilitando inclusive o trabalho da contabilidade. Existem características específicas para cada tipo de empresa, principalmente com relação ao percentual aplicado sobre a receita bruta para obtenção da presunção do lucro (base de cálculo).

Regra geral, a opção pelo lucro presumido deve ocorrer para empresas bem lucrativas. Por outro lado, quando a empresa tem uma margem de lucro reduzida, a tendência natural é que o lucro real seja a melhor opção.

Desde 2004 não é possível definir a forma de tributação menos onerosa financeiramente apenas analisando os tributos sobre o lucro, pelo menos na maioria das situações. Com a COFINS e o PIS podendo ser cobrados de forma cumulativa ou não cumulativa, dependendo da opção escolhida para tributar o lucro, a análise deve ser mais refinada.

É como se você fosse a um restaurante cuja refeição fosse um combo incluindo prato principal e sobremesa por um preço único, com duas opções:

1. Peixe, com salada de frutas para sobremesa (lucro presumido + método cumulativo).
2. Frango, com manjar para sobremesa (lucro real + método não cumulativo).

Há situações em que a pessoa não pode comer peixe por razões de saúde (alergia, por exemplo), sobrando como única opção comer o saboroso frango com o manjar depois na sobremesa. São aquelas empresas obrigadas a utilizar o lucro real e, por extensão, o método não cumulativo para PIS e COFINS.

E não há possibilidade de trocar as sobremesas, ou seja, a empresa não escolhe como vai tributar as contribuições para PIS e COFINS. O que for escolhido para IR e CSLL terá reflexo no cálculo das contribuições.

Para encerrar esse papo gastronômico iniciado por alguém que não entende do tema, há casos em que tanto faz para o cliente comer o peixe ou o frango, pois ele gosta dos dois. Sua decisão dependerá da sobremesa integrada ao prato principal. Entenderam a analogia? Há casos em que a margem de lucro da empresa está próxima da margem estimada pelo lucro presumido. Aí, a decisão de escolha entre lucro real e lucro presumido dependerá, também, da análise integrada sobre qual a melhor situação para pagamento das contribuições para PIS/PASEP e COFINS.

Suponha um prestador de serviços com total de despesa em torno de 75% do faturamento. No caso, deveria fazer a opção pelo lucro real, pois pagaria menos IR e CSLL em comparação com a margem definida para o lucro presumido, de 32%. Mas, com a exigência de pagar PIS e COFINS com alíquota combinada de 9,25%, esta análise precisa considerar também essas contribuições e os créditos permitidos pela legislação. O exemplo numérico a seguir traz essa situação.

18.13.1 Exemplo numérico

Veja a análise numérica aplicada em um exemplo simples, considerando o modelo anterior e o modelo atual, com créditos permitidos em torno de 10% das despesas gerais.

A Cia. Macaé é uma empresa prestadora de serviços e apresentou o seguinte resultado projetado para o ano de 2021:

• Receitas de serviços	20.000.000
• Despesas gerais	13.870.000
• PIS + COFINS	730.000 (3,65% sobre R$ 20 milhões)
Lucro antes de IR + CSLL	5.400.000 (na faixa de 27% da receita)

No cálculo do IR e da CSLL com a legislação anterior, a melhor opção seria o lucro real, pois a base presumida seria de R$ 6,4 milhões (32% sobre R$ 20.000.000) para IR e CSLL, enquanto o lucro real seria calculado sobre R$ 5.400.000. A escolha do lucro real representaria economia de 34% sobre R$ 1 milhão (6.400 menos 5.400), atingindo R$ 340 mil. Sem dúvida, uma bela economia.

Contudo, será importante fazer o cálculo considerando os quatro tributos integrados, o que será feito na Tabela 18.4.

TABELA 18.4 Comparação real × presumido (em R$ mil)

CIA. MACAÉ	LUCRO PRESUMIDO	LUCRO REAL
RECEITA DE SERVIÇOS	20.000	20.000
(–) DESPESAS GERAIS*	(12.483)	(12.483)
(–) DESPESAS GERAIS**	(1.387)	(1.387)
LUCRO ANTES DE PIS + COFINS	6.130	6.130
(–) PIS + COFINS***	(730)	(1.722)
LUCRO ANTES DE IR + CSLL	5.400	4.408
(–) CONTRIBUIÇÃO SOCIAL	(486)	(397)
(–) IR	(1.326)	(1.078)
LUCRO LÍQUIDO	3.594	2.933
IR + CSLL + PIS + COFINS	(2.536)	(3.197)

* Despesas que não geram crédito de PIS e COFINS.

** Despesas que geram crédito de PIS e COFINS (10% sobre as despesas gerais).

*** PIS + COFINS não cumulativo = R$ 18.613 mil (R$ 20.000 – R$ 1.387) × 9,25% = R$ 1.721.702,50.

Note que a escolha do lucro real representava economia de R$ 340 mil na situação anterior, quando o olhar era apenas para IR e CSLL. Contudo, esse mesmo lucro real passou a representar um pagamento maior de R$ 661 mil com a inclusão das contribuições para PIS e COFINS na análise, por conta do reduzido volume de créditos permitidos para o setor de serviços.

18.14 Lucro arbitrado: regra geral

O art. 603 do Regulamento do IR (Decreto nº 9.580/2018) detalha as diversas hipóteses em que o lucro da pessoa jurídica será arbitrado. Por questões práticas, apresento aquelas mais relevantes aqui:

- Escrituração imprestável.
- Não apresentação de livros comerciais ou fiscais ou apresentação do livro Razão em ordem não adequada.
- Opção indevida da empresa pelo lucro presumido.

Desde que ocorram as hipóteses previstas nos itens 1 ou 2, o lucro poderá ser arbitrado pela própria pessoa jurídica, quando conhecida sua receita bruta. No entanto, a maior frequência de arbitramento de lucro é por iniciativa do Fisco e ocorre por falta de contabilização das operações bancárias referentes a depósitos e emissões de cheques.

18.15 Formas de arbitramento

Existem duas formas para arbitramento do lucro: quando conhecida a receita bruta e quando esta não for conhecida.

18.15.1 Receita bruta conhecida

Quando a receita bruta for conhecida, o lucro arbitrado, para fins de IR, será determinado mediante a aplicação dos percentuais utilizados no lucro presumido, acrescido de 20%. Assim, uma empresa comercial que tenha seu lucro arbitrado deverá chegar à base de cálculo do IR por meio da aplicação do percentual de 9,6% sobre a receita bruta, que se refere aos 8% da atividade mais 20% sobre 8%, que dá 1,6%. As empresas de serviços utilizam 38,4% (32% mais 20% sobre 32%, que dá 6,4%). As demais receitas devem ser acrescidas à base.

A base da CSLL seria a mesma utilizada no lucro presumido, aplicando os mesmos percentuais. Por exemplo, suponha que no 1º trimestre de 2021 ocorra o arbitramento do lucro do Posto Oriental Ltda., com suas receitas brutas conhecidas. Veja na Tabela 18.5.

Importante destacar que, conforme previsto na Lei nº 12.973/2014, a receita bruta utilizada em caso de arbitramento não contemplará a redução a título de ajuste a valor presente, ou seja, independentemente do registro contábil, a base será aplicada a partir do valor sem o ajuste a valor presente (AVP). Se uma empresa vende uma mercadoria (a prazo) por R$ 100 mil, mas a receita bruta é reconhecida por R$ 95 mil, por conta do registro de R$ 5 mil em AVP, a base do lucro arbitrado no caso será R$ 9.600 (9,6% s/ 100 mil). Além disso, poderão ser deduzidas as devoluções de vendas e os descontos incondicionais concedidos, assim como o IPI e o ICMS ST que estiverem compondo a receita.

TABELA 18.5 Cálculo do lucro arbitrado – Posto Oriental (em R$)

POSTO ORIENTAL LTDA. IR+CSL – LUCRO ARBITRADO	RECEITA JAN-MAR	IMP. RENDA		CONTRIB. SOCIAL	
		%	BASE	%	BASE
REVENDA COMBUSTÍVEL	1.000.000	1,92%	19.200	12%	120.000
REVENDA DE MERCADORIAS	100.000	9,6%	9.600	12%	12.000
SERVIÇOS DE LAVAGEM	10.000	38,4%	3.840	32%	3.200
DEMAIS RECEITAS	1.000	100%	1.000	100%	1.000
LUCRO ARBITRADO			33.640	BASE CSLL	136.200
IR DEVIDO – 15%			5.046		
CSLL DEVIDA – 9%					12.258

Nas demais receitas, devem ser desconsiderados os ajustes referentes a AVP e ganho ou perda apurada em função de avaliação a valor justo.

As instituições financeiras, seguradoras, empresas de capitalização e previdência privada utilizam o percentual de 45% sobre suas receitas, caso tenham o lucro arbitrado.

18.15.2 Receita bruta não conhecida

Quando a receita bruta não é conhecida, o Fisco admite a utilização de uma entre oito alternativas fornecidas:

1. 150% do lucro real relativo ao último período em que a pessoa jurídica manteve escrituração, atualizado monetariamente. Se o lucro real for decorrente do período-base anual, o valor que será a base para o arbitramento será proporcional ao número de meses do período-base considerado;
2. 4% da soma dos valores do ativo circulante, realizável em longo prazo e permanente, existentes no último balanço patrimonial conhecido;
3. 7% do valor do capital, incluindo aí a correção monetária do balanço que era contabilizada como reserva de capital, constante do último balanço patrimonial conhecido ou registrado nos atos de constituição ou de alteração da sociedade, atualizado monetariamente;
4. 5% do valor do patrimônio líquido constante do último balanço patrimonial conhecido, atualizado monetariamente;
5. 40% do valor das compras de mercadorias efetuadas no mês;
6. 40% da soma, em cada mês, dos valores da folha de pagamento dos empregados e das compras de matérias-primas, produtos intermediários e materiais de embalagem;
7. 80% da soma dos valores devidos no mês aos empregados; ou
8. 90% do valor mensal do aluguel devido.

A Lei nº 12.973/2014 determina que o valor das compras previstas nos itens 5 e 6 desconsiderem os valores referentes a ajustes a valor presente, considerando as aquisições pelo seu valor total. Os demais itens teriam seus valores extraídos da contabilidade moderna, a partir do fim da opção pelo regime tributário de transição (RTT).

Suponha uma empresa tendo seu lucro arbitrado em procedimento de fiscalização em 2021. Nesse caso, se a autoridade fiscal optar por considerar o valor das compras como base para fins de IR e CSLL pelo lucro arbitrado, deverá desconsiderar todos os valores extraídos da conta a título de ajuste a valor presente. Então, admita que a empresa efetuou compras de R$ 1.000, mas com valor presente de R$ 920, e esse é o valor que consta na conta estoque. No arbitramento, a autoridade considerará 40% de R$ 1.000, e não sobre R$ 920.

Conforme o art. 608 do RIR/2018, os índices devem ser multiplicados pelo número de meses do período de apuração. A receita não operacional, se possível sua comprovação, deverá ser acrescida a esses cálculos. Os valores não operacionais, que devem ser acrescidos na base do lucro arbitrado, são os seguintes:

- Ganhos de capital (se não for possível comprovar o custo de aquisição do bem sobre o qual recai o ganho de capital, o valor total da venda deverá ser somado).
- Receitas e resultados positivos.
- Parcelas controladas no LALUR que devem ser adicionadas ao lucro real.

Se a fiscalização constatar omissão de receita pela pessoa jurídica, ou seja, entrada de dinheiro não declarada, 50% do valor apurado será considerado lucro e integralmente tributado. Todavia, é importante destacar que a omissão de receitas não pode ser confundida com o seu desconhecimento, que pode acontecer quando a escrituração da pessoa jurídica está prejudicada de tal forma que não é possível ao Fisco apurar os resultados que foram gerados pela empresa.

Há outros detalhes referentes ao lucro arbitrado que podem ser encontrados no RIR/2018 nos arts. 602 ao 613.

18.16 Absorção da leitura: quinze questões de múltipla escolha

Recomenda-se fazer as questões pelo menos um dia depois da leitura do capítulo.

Q1

Analise as assertivas a seguir, em relação ao lucro presumido, e informe qual está CORRETA:

(A) Empresa nova, que inicie suas atividades em maio de 2019 e seja tributada pelo lucro presumido, terá CSLL devida de 9%. Mas, com o Bônus de Adimplência Fiscal de 1%, a alíquota efetiva cairá para 8% desde o primeiro mês de atividade. Só perderá o bônus se descumprir alguma regra estabelecida na Lei nº 10.637/2002.

(B) Empresa que optar pelo lucro presumido será desenquadrada dessa forma de tributação a partir do mês em que auferir rendimentos no exterior, sendo obrigada ao cálculo de IR e CSLL pelo LUCRO REAL, que passará a ser mensal.

(C) Os descontos incondicionais concedidos não deduzem a receita bruta, para fins de limite de utilização do lucro presumido. Uma empresa, com receita bruta de R$ 80 milhões e descontos incondicionais de R$ 3 milhões (receita líquida de R$ 77 milhões), NÃO poderá optar pelo lucro presumido no ano seguinte.

(D) As empresas tributadas pelo lucro presumido podem escolher a forma de tributação de PIS e COFINS entre métodos cumulativo e não cumulativo.

(E) Empresa tributada pelo lucro presumido e que utilize o regime de caixa para registrar receitas e despesas compra um veículo por R$ 100 em JAN/2021 e vende o bem em JUN/2022 por R$ 88. No caso, terá ganho de capital na operação, sendo o valor do ganho integrado à base do lucro presumido no IR e na CSLL.

Q2

Analise o caso de uma empresa tributada pelo lucro presumido e que utilize o regime de caixa para fins de cálculo de IR e CSLL. Em relação à receita financeira proveniente de uma aplicação financeira em fundos de investimentos de renda fixa, ela:

(A) Não será tributada, pois já sofreu IRRF, que terá tributação definitiva.

(B) Será incluída na base do lucro presumido, pelo seu valor integral, no momento do resgate.

(C) Será incluída na base do lucro presumido, pelo seu valor integral, pelos rendimentos acrescidos à conta trimestralmente, mesmo sem resgate.

(D) Será aplicado o percentual de 32% sobre a receita, no momento do resgate.

(E) Será aplicado o percentual de 32% sobre a receita, sobre o valor dos rendimentos acrescidos à conta trimestralmente, mesmo sem resgate.

Q3

Analise estas três empresas:

- Cia. X, que iniciou suas atividades em 28/FEV/2021 e apresentou receitas totais de R$ 71 milhões no primeiro ano de atividade.
- Cia. W, que apresentou receita bruta de R$ 92 milhões ao longo do ano de 2020, incluídos R$ 15 milhões de IPI.
- Cia. Y, que obteve, em 2020, receita bruta de R$ 70 milhões mais R$ 10 milhões de resultado positivo de participações em controladas no país.

Analisando a possibilidade de utilizar o lucro presumido em 2021, é possível concluir que:

(A) As três empresas poderão utilizar o lucro presumido.

(B) Apenas as Cias. X e W poderão utilizar o lucro presumido.

(C) Apenas as Cias. X e Y poderão utilizar o lucro presumido.

(D) Apenas as Cias. W e Y poderão utilizar o lucro presumido.

(E) Apenas uma das três empresas poderá utilizar o lucro presumido.

Q4

Uma empresa (lucro presumido) tem CSLL de R$ 3.300 e IR de R$ 2.400 no 1º trimestre. A empresa está com dificuldades financeiras, por isso parcelou os tributos no máximo de tempo permitido. Sabemos que a taxa Selic mensal foi 2% durante o trimestre. O valor total recolhido em abril, maio e junho, respectivamente, será:

(A) R$ 1.900, R$ 1.909 e R$ 1.927.

(B) R$ 1.900, R$ 1.918 e R$ 1.936.

(C) R$ 2.300, R$ 2.323 e R$ 2.369.

(D) R$ 2.300, R$ 2.346 e R$ 2.369.

(E) R$ 2.300, R$ 2.323 e R$ 1.133.

Q5

NÃO poderá optar pelo lucro presumido, independentemente do valor das receitas do ano anterior:

(A) Sociedade de arrendamento mercantil.

(B) Empresa que explore atividade imobiliária.

(C) Empresas de prestação de serviços de profissão regulamentada.

(D) Companhia aberta com ações negociadas em bolsa de valores.

(E) Indústria de cimento.

Q6

Em relação ao lucro arbitrado em uma empresa comercial, é correto afirmar que:

(A) Somente será aplicado quando conhecida a receita bruta da empresa.

(B) Se a receita for conhecida, a base da CSLL será idêntica à base da CSLL pelo lucro presumido.

(C) Sua apuração será mensal e pagamento até o último dia útil do mês seguinte.

(D) Será cobrada apenas a alíquota básica do IR, sem cobrança do adicional.

(E) A base do IR será a aplicação de 120% sobre todas as receitas obtidas.

Q7 – CESGRANRIO – CAPES, 2009

A tributação do IRPJ, decorrente da não validação da escrituração contábil, é feita pelo enquadramento da empresa no:

(A) lucro arbitrado;

(B) lucro contábil;

(C) lucro presumido;

(D) lucro real;

(E) Simples federal.

Q8

Uma empresa comercial teve seu lucro arbitrado no 1º trimestre de 2021. Suas receitas são conhecidas e informadas a seguir: receita de revenda de mercadorias – R$ 250.000; ganho na venda de bens do imobilizado – R$ 2.000. A empresa deverá pagar, respectivamente, de IR e CSLL, em 30 de abril de 2021, os valores, em reais, de:

(A) 3.900 e 2.880.

(B) 4.000 e 2.880.

(C) 4.000 e 3.420.

(D) 4.500 e 2.880.

(E) 4.500 e 3.420.

Q9

Analise as assertivas a seguir sobre as modalidades de tributação existentes no Brasil:

1. A escrituração contábil é facultativa, com exigência de apresentação do livro Caixa e do livro Registro de inventário e a possibilidade do uso do regime de caixa.
2. A base de cálculo pode ser apurada a partir do lucro contábil, ajustado por adições, exclusões e compensações de prejuízos fiscais.
3. Sua escolha é optativa, ou seja, nenhuma empresa é obrigada a seguir esta modalidade de tributação.
4. Uma das possíveis bases de cálculo seria 90% do valor mensal do aluguel devido.
5. Há possibilidade de uso de incentivos fiscais para a atividade cultural.
6. O percentual aplicado para instituições financeiras é 45%.

Em relação às assertivas acima, a relação com as modalidades de tributação CORRETA é a seguinte:

(A) Lucro real: itens 1 e 2; Lucro presumido: itens 3 e 6; Lucro arbitrado: itens 4 e 5.

(B) Lucro real: itens 2 e 3; Lucro presumido: itens 5 e 6; Lucro arbitrado: itens 1 e 4.

(C) Lucro real: itens 2 e 5; Lucro presumido: itens 1 e 3; Lucro arbitrado: itens 4 e 6.

(D) Lucro real: itens 2 e 5; Lucro presumido: itens 1 e 6; Lucro arbitrado: itens 3 e 4.

(E) Lucro real: itens 3 e 5; Lucro presumido: itens 1 e 4; Lucro arbitrado: itens 2 e 6.

Q10

Uma empresa tributada pelo lucro presumido deve R$ 4.500 de IR e R$ 1.800 de CSL referente ao 1º trimestre de 2005. A empresa resolve parcelar o pagamento dos tributos pelo maior prazo permitido em lei, sem pagamento de multa. Sabendo que a Selic de abril foi 2%, a de maio foi 2%, e a de junho foi 3%, informe o recolhimento nos três meses, respectivamente (em R$):

(A) 2.100, 2.121 e 2.163.

(B) 2.121, 2.163 e 2.205.

(C) 2.400, 2.424 e 1.545.

(D) 2.400, 2.424 e 2.472.

(E) 3.300, 1.515 e 1.545.

(F) 3.300, 1.515 e 1.560.

Q11

A Cia. Garça é uma empresa tributada pelo lucro presumido e, no primeiro trimestre de 2022, apurou IR devido de R$ 6.600,00 e contribuição social sobre o lucro líquido de R$ 2.400,00, totalizando R$ 9.000,00 de tributos sobre o lucro. Aproveitando a permissão legal, efetuou o pagamento de IR e CSLL considerando a utilização dos prazos possíveis de parcelamento, incluindo a cobrança de juros. O valor total pago de IR + CSLL pela Cia. Garça referente ao primeiro trimestre de 2022, incluindo os juros, montou a:

OBS.: Taxa Selic ➔ 0,8% em maio e 0,9% em abril.

(A) R$ 9.064,60.

(B) R$ 9.073,60.

(C) R$ 9.074,80.

(D) R$ 9.084,00.

(E) R$ 9.087,00.

Q12

Analise as situações a seguir e informe AS DUAS EMPRESAS que PODERÃO UTILIZAR o LUCRO PRESUMIDO como forma de tributação no ano de 2022.

(A) Cia. X, com receita bruta em 2021 de R$ 75 milhões + resultado positivo de participações em controladas de R$ 5 milhões, totalizando R$ 80 milhões. Em 2022, a receita total caiu 5%, passando para R$ 76 milhões.

(B) Cia. W, com RECEITA TOTAL de R$ 96 milhões em 2021, sendo 15% de IPI e ICMS ST que representou 1/3 do valor do IPI. A alíquota de ICMS próprio é de 12%.

(C) Cia. T, que começou a funcionar no final do mês de JAN/2022, apresentou receita bruta no primeiro ano de R$ 80 milhões, com desconto incondicional concedido de 5%, produzindo receita líquida de R$ 76 milhões no ano.

(D) Cia. K, seguradora, que obteve receita total em 2021 no montante de R$ 65 milhões, aumentando apenas 10% em 2022.

(E) Cia. Z, que obteve autorização da Receita Federal do Brasil para funcionar dia 29/AGO/2022, mas só abriu suas lojas no mês de SET/2022. Apresentou receita total de R$ 30 milhões em 2022.

Q13

A Petrobras participa de uma *joint venture* com a Cia. Alfa (empresa do setor de energia), em uma Sociedade de Propósito Específico (SPE), que objetiva explorar o segmento de energia elétrica, cujo faturamento anual gira em torno de R$ 70 milhões. Sobre a tributação da SPE, é correto afirmar que, em 2022:

(A) Será obrigada a utilizar o lucro real, como forma de tributação, devido à característica da participação, no modelo de *joint venture*.

(B) Será obrigada a utilizar o lucro real, como forma de tributação, devido à característica do empreendimento, via Sociedade de Propósito Específico.

(C) Será obrigada a utilizar o lucro real, como forma de tributação, devido ao fato de a Petrobras ser uma empresa com receita total acima de R$ 78 milhões por ano.

(D) Poderá utilizar o lucro presumido como forma de tributação, pois a receita total da empresa não ultrapassa R$ 78 milhões.

(E) Terá um regime de tributação diferenciado, pela característica específica do empreendimento e do controle acionário.

Q14

Analise estas três empresas:

- Cia. Alfa, que iniciou suas atividades em 28/FEV/2019 e apresentou receitas totais de R$ 70 milhões no ano.
- Cia. Beta, que apresentou receita bruta de R$ 90 milhões ao longo do ano de 2018, incluídos R$ 18 milhões de IPI.
- Cia. Gama, que obteve, em 2018, receita bruta de R$ 75 milhões mais R$ 5 milhões de resultado positivo de participações em controladas no país.

Analisando a possibilidade de utilizar o lucro presumido em 2019, conclui-se que:

(A) As três empresas poderão utilizar o lucro presumido.

(B) Apenas Alfa e Beta poderão utilizar o lucro presumido.

(C) Apenas Alfa e Gama poderão utilizar o lucro presumido.

(D) Apenas Beta e Gama poderão utilizar o lucro presumido.

(E) Apenas uma das três empresas poderá utilizar o lucro presumido.

Q15

Em relação ao uso do LUCRO PRESUMIDO como melhor opção, em comparação ao uso do LUCRO REAL, é CORRETO afirmar que será aplicado no caso de:

(A) Empresa comercial, com despesas totais (CMV e despesas operacionais, quase todas dedutíveis) de 2,5% da receita bruta mensal.

(B) Empresa comercial, com despesas de 85% da receita bruta mensal, sendo 80% referente o custo da mercadoria vendida e apenas 5% composto por despesas operacionais, 20% delas com crédito de PIS e COFINS. Assim, seu lucro antes de IR, CSLL, PIS e COFINS seria 15% da receita bruta mensal.

(C) Empresa prestadora de serviços em geral, com receita de R$ 50 milhões e despesas totais de R$ 35 milhões, sendo apenas 8% gerando crédito de PIS e COFINS. A empresa apresentou um lucro de R$ 15 milhões, antes de IR, CSLL, PIS e COFINS.

(D) Empresa prestadora de serviços em geral, com despesa total de 80% da receita bruta antes de IR, CSLL, PIS e COFINS. Da despesa total, apenas 5% geram crédito de PIS e COFINS.

(E) Posto de gasolina, com despesas totais de 96% da receita bruta anual, que já teve cobrança de PIS + COFINS no modelo monofásico, ou seja, o posto tem receita bruta anual com venda de combustíveis de R$ 10 milhões e despesas totais de R$ 9,6 milhões, antes apenas de IR e CSLL.

O Gabarito das questões está disponível no final do livro, após o Anexo.

19

LUCRO REAL: ESTRUTURA BÁSICA

OBJETIVO DO CAPÍTULO

Fazer a apresentação dos aspectos básicos relativos ao lucro real, desde a passagem do resultado apurado pela ciência contábil para o resultado exigido pela autoridade fazendária, passando pela compensação de prejuízos fiscais e chegando à escrituração do e-LALUR. Ao final do capítulo, será possível para o leitor:

- Diferenciar o resultado apurado na contabilidade do resultado exigido pela legislação tributária (Fisco).
- Compreender o significado dos termos dedutíveis, tributáveis, não dedutíveis, não tributáveis, adições, exclusões, lucro contábil e lucro fiscal.
- Conhecer como deve ser utilizada a compensação de 30% do lucro exigida pelo Fisco.
- Analisar a função do e-LALUR para o Fisco e as empresas, além de diferenciar as Partes A e B do livro.
- Entender e interpretar como funciona, nas bases do IR e da CSLL, o controle da tributação dos resultados operacionais e não operacionais e como controlá-los adequadamente na Parte B do e-LALUR.

19.1 Resultado apurado nas entidades empresariais

Um dos princípios fundamentais de contabilidade, e que possui extrema relevância para entendimento e lógica do que vem a ser a ciência contábil e sua importância para as atividades empresariais, é o **princípio da confrontação da receita com a despesa**, mais conhecido como **regime de competência**. Sem esse princípio, não faria muito sentido a existência da contabilidade, ou então ela se transformaria apenas em atividade de tesouraria. Sem ele, bastaria um ótimo empregado alocado na tesouraria, com bons conhecimentos de planilha eletrônica, para registrar adequadamente as supostas **receitas** (entradas de dinheiro) e as supostas **despesas** (saídas de dinheiro).

A definição conceitual de receita é muito ampla, assim como a definição de despesa. Para fins de simplificação, e da busca do entendimento para o conceito de lucro apurado numa entidade empresarial, veja uma definição resumida:

RECEITA = TODO VALOR GANHO
DESPESA = CONSUMO OU GASTO ATRELADO AO GANHO
CONFRONTO ENTRE RECEITA E DESPESA

Uma empresa apresenta lucro quando possui mais receitas do que despesas. Entre as despesas atreladas às receitas encontram-se as despesas com os tributos sobre o lucro. Para quem veio direto até aqui, recomenda-se a leitura do Capítulo 4 deste livro, que trata sobre o estudo da ciência contábil e sua importância para o sistema tributário nacional.

19.2 Tributação sobre o lucro

Os tributos incidentes sobre o lucro deveriam ser calculados, conforme sua origem, sobre o resultado positivo obtido pelas empresas. Ocorre que a tributação não é feita exatamente sobre o resultado contábil adequadamente apurado, ou seja, receitas menos despesas seguindo o regime de competência. A legislação fiscal tem sua forma específica para exigir os tributos sobre o lucro, pois há interpretação diferente sobre algumas receitas e despesas na sua natureza, além de divergência sobre o período em que devem ser reconhecidas.

Para transformar o resultado apurado na contabilidade em resultado fiscal, são necessários ajustes referentes às despesas e receitas que a legislação do imposto de renda (IR) entende que podem ou não podem (receitas) e devem ou não devem (despesas) integrar a sua base de cálculo.

O lucro fiscal (tributável) será determinado apenas pelas receitas tributadas e pelas despesas aceitas (dedutíveis) pelo Fisco. O resultado apurado pela contabilidade será o ponto de partida, sendo ajustado conforme determinação legal. Veja o Quadro 19.1, com a construção do resultado fiscal passo a passo.

A seguir, o detalhamento de cada nomenclatura informada na passagem do resultado contábil para o resultado fiscal.

19.2.1 Resultado antes de IR + CSLL

Representa o resultado apurado pela contabilidade, registrando receitas e despesas conforme o regime de competência, com aplicação dos pressupostos básicos direcionados pelo CPC Zero, que são: representação fidedigna e relevância.

19.2.2 Adições – despesas contabilizadas e não aceitas pelo Fisco

São aqueles valores registrados pela contabilidade da empresa em despesa, mas que a legislação fiscal não aceita como dedução do lucro. Então, se uma despesa for retirada do resultado contábil, este aumenta, por isso chamamos de **adição ao lucro líquido**.

19.2.3 Adições – receitas exigidas pelo Fisco e não contabilizadas em receita

Essa situação acontece quando a empresa não registra determinado valor em receita na contabilidade, mas o Fisco exige seu reconhecimento para fins fiscais. Como não está compondo o resultado da empresa, se nele fosse

QUADRO 19.1

(+) RECEITAS registradas na contabilidade da empresa				
(–) DESPESAS registradas na contabilidade da empresa				
LUCRO (PREJUÍZO) APURADO PELA CONTABILIDADE DA EMPRESA, SEGUINDO O REGIME DE COMPETÊNCIA				
CONTABILIDADE		**FISCO**	**AJUSTE**	**EXEMPLOS**
RECEITAS	SIM	NÃO	(–) EXCLUSÃO	▪ Dividendos de investimentos ▪ Ganho de capital não recebido ▪ Reversão de provisão
	NÃO	SIM	(+) ADIÇÃO	▪ Recebimento de ganho de capital de período anterior
DESPESAS	SIM	NÃO	(+) ADIÇÃO	▪ Pagamento de despesa que foi provisionada em período anterior ▪ Depreciação acelerada incentivada ▪ Gastos com exploração de petróleo
	NÃO	SIM	(–) EXCLUSÃO	▪ Brindes, multas, doações... ▪ Provisões em geral. ▪ Depreciação de bens incentivados nos anos finais de uso
LUCRO LÍQUIDO AJUSTADO (PREJUÍZO)				
(–) COMPENSAÇÃO DE PREJUÍZOS FISCAIS E BASES NEGATIVAS				
LUCRO (PREJUÍZO) FISCAL (LUCRO REAL E BASE DE CÁLCULO DA CSLL)				

incluído, representaria uma adição. Normalmente, é uma entrada de caixa com contrapartida no registro do passivo ou baixa de uma outra conta de ativo.

19.2.4 Exclusões - receitas contabilizadas e não exigidas pelo Fisco

Aplica-se o mesmo raciocínio das adições, ou seja, representa um valor que, embora reconhecido como ganho pela empresa e contabilizado em receita, não tem tributação exigida pela legislação fiscal, permitindo assim que esta receita não entre na base para cálculo dos tributos sobre o lucro. Se o valor for retirado do resultado apurado na contabilidade, será diminuído. Por isso, faz-se exclusão ao lucro líquido.

19.2.5 Exclusões - despesas aceitas pelo Fisco e não contabilizadas em despesa

Em algumas situações, o Fisco permite que sejam feitas deduções na base fiscal que não estejam registradas como despesa na contabilidade. A forma adequada de se proceder a essas deduções é pelo registro diretamente na base fiscal, sem transitar pelo resultado contábil. Como o resultado seria diminuído se fosse incluída essa despesa, deve-se proceder a uma exclusão ao lucro líquido.

19.2.6 Lucro (ou prejuízo) líquido ajustado

Representa o resultado apurado pelo Fisco no período, após os ajustes. Abrange as receitas tributáveis menos as despesas dedutíveis. É a soma do lucro antes de IR + CSLL + as adições, deduzidas das exclusões ao lucro líquido. Se este resultado for negativo (prejuízo), a apuração termina aqui; se for positivo, a empresa verifica se há prejuízos fiscais de períodos anteriores para compensar.

Portanto, o lucro líquido ajustado (antes da compensação de prejuízos fiscais) é o resultado das receitas tributáveis menos as despesas dedutíveis. Mas quando uma receita é tributável e uma despesa é dedutível? Bem, aí é outra história. O leitor deve consultar a legislação fiscal e verificar cada receita e, principalmente, cada despesa, analisando, em conjunto com os normativos, o motivo que levou o legislador a não considerar os registros contábeis no resultado fiscal. Em outras palavras, existem motivos para a não dedução de despesas ou a não tributação de receitas, além da simples proibição por parte das autoridades fiscais.

19.2.7 Compensação de prejuízos fiscais

É a utilização de prejuízos fiscais ocorridos em períodos anteriores, atualmente com limitação percentual de 30% do lucro líquido ajustado. A mesma lógica se aplica à CSLL, com o nome de **compensação de bases negativas**.

19.2.8 Lucro fiscal

É o lucro após a compensação dos prejuízos fiscais e o valor sobre o qual serão aplicadas as alíquotas vigentes para se chegar ao montante dos tributos sobre o lucro. O lucro real é a base do IR, enquanto a base de cálculo da CSLL é o nome utilizado para a contribuição social.

19.3 Explicação alternativa

Meu querido Mestre Gebardo Sabino de Oliveira, professor com extrema competência e simplicidade, desde o curso técnico em Contabilidade (na segunda metade dos anos 1980), no Colégio João XXIII, localizado no simpático bairro de Bento Ribeiro, subúrbio da cidade do Rio de Janeiro, me incentivou a aprender os assuntos de forma definitiva, sem decorar, mas compreendendo o que era lecionado.

Em minhas aulas, pelos cursos de graduação e de pós-graduação desde o início do século, procuro seguir os conselhos do Mestre, buscando alternativas às explicações tradicionais, tentando não perder, contudo, a essência do tema em estudo. Em relação ao aprendizado do lucro real, resolvi apresentar a você, que achou a leitura até aqui excessivamente pesada, árida, outra forma de entendimento da passagem do lucro contábil para o lucro fiscal, que utilizo em algumas aulas. Vamos embarcar em mais uma de nossas viagens. Alegria!

Suponha que você seja uma empresa, que esteja no Estádio Olímpico do Engenho de Dentro (Estádio Nilton Santos, conhecido como Engenhão) e realize (caminhando) uma volta olímpica (400 metros), partindo com o resultado apurado pela contabilidade em suas mãos. Na mão direita, você tem suas receitas, enquanto na esquerda você carrega suas despesas. Esse resultado contábil será transformado em um resultado fiscal, aquele exigido pelo Fisco, após o final da volta olímpica.

Se for possível, pegue uma quantidade de algum item (clipes, moedas, bolinhas de papel ou alguma peça pequena) e coloque um pouco na mão esquerda e uma quantidade um pouco maior na mão direita. Essa é a simbologia do exemplo: o seu corpo. Ele representa a contabilidade de uma empresa, que tem: mão direita com receitas; mão esquerda com despesas; pé direito com passivos; pé esquerdo com ativos.

Durante o percurso, você encontrará quatro fiscais, a cada 100 metros, que analisarão tanto o resultado que você carrega nas mãos como o restante de seu corpo, para ver se não há despesas e receitas não incluídas no resultado contábil, mas permitidas/exigidas pela legislação. O primeiro fiscal estará após 50 metros da largada e o último, após 350 metros.

Suponha que, no início da volta olímpica, você traz um lucro de R$ 200 antes do cálculo do IR. Esse lucro está composto por R$ 1.000 de receitas (mão direita) e R$ 800 de despesas (mão esquerda).

Os dois primeiros fiscais são malvados, com objetivo apenas de prejudicar o contribuinte e fazê-lo pagar mais imposto. O primeiro fiscal, que fica na faixa de 50 metros, é bastante atento. Ele é quem analisa a mão esquerda do contribuinte, verificando cada despesa, não aceitando aquelas consideradas não dedutíveis. Suponha que essa empresa tenha brindes no valor de R$ 20 e Provisão para Devedores Duvidosos (PDD/PCLD) no valor de R$ 30, incluídos nas despesas de R$ 800. Esse fiscal, malvado, retira da mão esquerda do contribuinte o valor de R$ 50, deixando-o seguir sua volta olímpica com R$ 750 em despesas. A mão direita, com as receitas, não interessa a este primeiro fiscal, assim como não interessa a ele que você tire os sapatos para ele ver seus ativos e passivos. O problema dele é com as despesas apresentadas na sua mão esquerda.

Com isso, o resultado inicial de R$ 200 passa para R$ 250, com uma adição de R$ 50 ao lucro contábil. O resultado fiscal provisório é explicado a seguir:

(+) RECEITA TOTAL = R$ 1.000
(–) DESPESA TOTAL = (R$ 750)*

LUCRO TRIBUTÁVEL = R$ 250

*R$ 800 iniciais menos R$ 50 que o primeiro fiscal não deixou seguir

O segundo fiscal fica na faixa de 150 metros, sendo malvado como o primeiro, mas bem menos atuante. Ele raramente modifica o resultado que o contribuinte carrega nas mãos. A atuação dele consiste em verificar se você se esqueceu de incluir alguma receita tributável na mão direita. Para isso, ele vai pedir que você tire os sapatos, para que possa olhar, rapidamente, os ativos e passivos (principalmente o caixa) da empresa e descobrir se há alguma receita oculta escondida ali. Como isso não é tão comum, a atuação desse fiscal é relativamente pequena.

Suponha que sua empresa tenha uma controlada, que lhe pagou juros sobre capital próprio de R$ 40. Como o tratamento contábil é similar ao utilizado no recebimento de dividendos, a entrada de caixa terá como contrapartida (a crédito) a conta de investimentos (participações em controladas), não transitando por resultado. Assim, esse valor não compõe o total de receitas de R$ 1.000 que você carrega na mão direita. Portanto, o segundo fiscal vai exigir que você inclua o valor de R$ 40 na mão direita, passando sua receita total tributável de R$ 1.000 para R$ 1.040.

Com isso, o resultado inicial de R$ 200, que passou para R$ 250 com a atuação do primeiro fiscal, passará para R$ 290 com a adição de R$ 40 ao lucro contábil. O resultado fiscal provisório é explicado a seguir:

(+) RECEITA TOTAL = R$ 1.040*
(–) DESPESA TOTAL = (R$ 750)**
LUCRO TRIBUTÁVEL = R$ 290

*R$ 1.000 iniciais mais R$ 40 que o segundo fiscal mandou incluir

** R$ 800 iniciais menos R$ 50 que o primeiro fiscal não deixou seguir

O terceiro fiscal fica na faixa de 250 metros. Ele é um fiscal bonzinho, que analisa sua mão direita, permitindo a retirada de receitas que o Fisco não tributa, como, a receita proveniente de dividendos recebidos de investimentos avaliados ao custo de aquisição. Esses valores não são tributados na empresa investidora pelo fato de já terem sido tributados na empresa original. Admitindo que dentro da receita total de R$ 1.000 haja R$ 15 de dividendos, o terceiro fiscal retira de sua mão direita esse valor. Com isso, o resultado tributável de R$ 290 passará para R$ 275, conforme explicação a seguir:

(+) RECEITA TOTAL = R$ 1.025*
(–) DESPESA TOTAL = (R$ 750)**

LUCRO TRIBUTÁVEL = R$ 275

* R$ 1.000 iniciais mais R$ 40 que o segundo fiscal mandou incluir, menos R$ 15 que o terceiro fiscal permitiu retirar do resultado

** R$ 800 iniciais menos R$ 50 que o primeiro fiscal não deixou seguir

Na última parada, nos 350 metros, há mais um fiscal bonzinho. Ele analisa os seus pés, pedindo mais uma vez que você tire os sapatos, para verificar alguma despesa que você pagou, mas não pôs em sua mão esquerda. Representa aqueles valores pagos pela empresa com dedução permitida pelo Fisco, embora não estejam registrados em despesa na contabilidade. Admitindo que você tenha um gasto de R$ 25, registrado no ativo imobilizado, mas cuja dedução o Fisco permita imediatamente, sua despesa de R$ 750 passará a R$ 775, com uma exclusão de R$ 25. Veja a explicação a seguir:

(+) RECEITA TOTAL = R$ 1.025*
(–) DESPESA TOTAL = (R$ 775)**

LUCRO TRIBUTÁVEL = R$ 250

* R$ 1.000 iniciais mais R$ 40 que o segundo fiscal mandou incluir, menos R$ 15 que o terceiro fiscal permitiu retirar do resultado

** R$ 800 iniciais menos R$ 50 que o primeiro fiscal não deixou seguir, mais R$ 25 que o quarto fiscal permitiu incluir no resultado

Portanto, um lucro contábil de R$ 200, que foi apurado pela contabilidade e você trazia no início da volta olímpica, transformou-se num lucro líquido ajustado de R$ 250, após a ação dos quatro fiscais encontrados durante a caminhada. No mundo real, os quatros fiscais do exemplo representam o profissional (ou a equipe) responsável pelo cálculo do IR e da CSLL das empresas. Os fiscais estão dentro de nós, na hora de analisar o balanço patrimonial e a demonstração de resultado do exercício e fazer a apuração dos tributos.

Após encontrar o lucro líquido ajustado, o contribuinte passa pelo controle final, que verifica no arquivo geral se há prejuízo (fiscal) de anos anteriores. Se houver, o contribuinte receberá na sua mão esquerda (despesas) o saldo do prejuízo, limitado em 30% do lucro líquido ajustado, antes da compensação.

19.4 LALUR

O Livro de Apuração do Lucro Real, conhecido como LALUR, é um livro eminentemente fiscal, cujo objetivo principal é demonstrar a passagem do lucro contábil para o lucro fiscal. O e-LALUR, hoje eletrônico, é dividido em duas partes: Parte A e Parte B.

19.4.1 Dispositivo legal

A Lei nº 12.973/2014 modificou o art. 8º do Decreto-lei nº 1.598/77 em relação ao LALUR. Veja a transcrição, com as mudanças apresentadas e **destaque**:

> Art. 8º O contribuinte deverá escriturar, além dos demais registros requeridos pelas leis comerciais e pela legislação tributária, os seguintes livros:
>
> I – De apuração do lucro real, **que será entregue em meio digital** e no qual:
>
> a) serão lançados os ajustes do lucro líquido do exercício, de que tratam os §§ 2º e 3º do artigo 6º;
>
> b) será transcrita a demonstração do lucro real **e a apuração do IR;**
>
> c) serão mantidos os registros de controle de prejuízos a compensar em exercícios subsequentes (art. 64), de depreciação acelerada, de exaustão mineral com base na receita bruta, de exclusão por investimento das pessoas jurídicas que explorem atividades agrícolas ou pastoris e de outros valores que devam influenciar a determinação do lucro real de exercício futuro e não constem de escrituração comercial (§ 2º).
>
> II – REVOGADO.
>
> § 1º Completada a ocorrência de cada fato gerador do imposto, o contribuinte deverá elaborar o livro de que trata o inciso I do *caput* (e-LALUR), de forma integrada às escriturações comercial e fiscal, que discriminará:
>
> a) o lucro líquido do exercício do período-base de incidência;
>
> b) os registros de ajuste do lucro líquido, com **identificação das contas analíticas do plano de contas** e indicação discriminada por lançamento correspondente na escrituração comercial, quando presentes;
>
> c) o lucro real.
>
> **d) a apuração do IR devido, com a discriminação das deduções quando aplicáveis; e**
>
> **e) demais informações econômico-fiscais da pessoa jurídica.**
>
> § 3º O disposto neste artigo será disciplinado em ato normativo da RFB.
>
> § 4º Para fins do disposto na alínea "b" do § 1º, considera-se conta analítica aquela que registra em último nível os lançamentos contábeis.
>
> § 2º Para fins da escrituração contábil, inclusive da aplicação do disposto no **§ 2º do art. 177 da Lei nº 6.404/76**, os registros contábeis que forem necessários para a observância das disposições tributárias relativos à determinação da base de cálculo do imposto de renda e, também, dos demais tributos, quando não devam, por sua natureza fiscal, constar da escrituração contábil, ou forem diferentes dos

> lançamentos dessa escrituração, serão efetuados exclusivamente em:
>
> I – Livros ou registros contábeis auxiliares; ou
>
> II – Livros fiscais, inclusive no livro de que trata o inciso I do *caput* deste artigo. (Incluído pela Lei nº 11.941/09)
>
> § 3º O disposto no § 2º deste artigo será disciplinado pela RFB.
>
> **§ 4º Para fins do disposto na alínea "b" do § 1º, considera-se conta analítica aquela que registra em último nível os lançamentos contábeis.**

O art. 18 da Lei nº 8.218/91 já dizia que o LALUR poderia ser escriturado mediante a utilização de sistema eletrônico de processamento de dados, observadas as normas baixadas pela RFB

A Lei nº 12.973/2014 acrescentou o art. 8-A, incluindo a aplicação de multas por entrega do LALUR eletrônico com atraso ou, então, com erros.

A lei torna o e-LALUR um livro obrigatório, com multa cobrada sobre atraso e incorreções. Todavia, a IN RFB nº 1.422/2013 criou a Escrituração Contábil Fiscal (ECF) e, em seu art. 5º, informou sobre a extinção da DIPJ, dizendo que as empresas não serão obrigadas a entregar o LALUR, que passa a integrar a ECF. A IN RFB nº 1.574/2015 diz que e-LALUR e o e-LACS (Livro Eletrônico de Apuração da Base de Cálculo da CSLL) integram a ECF.

Vamos entender a lógica da composição das duas partes do LALUR.

19.4.2 Parte A: do lucro contábil ao lucro real

Na Parte A do LALUR, a empresa deve fazer a transcrição da apuração do lucro fiscal, partindo do resultado obtido pela escrituração contábil, conforme o art. 8º do Decreto-lei nº 1.598/77.

Inicialmente, são informadas todas as despesas que serão adicionadas e as receitas que serão excluídas, informando a conta contábil (analítica) a que se refere o ajuste, para justificar a adição ou exclusão.

Depois, deve ser demonstrada a apuração do lucro fiscal, denominado pela legislação do IR como lucro real. A apuração do lucro real é feita da seguinte forma:

1) Lucro líquido antes do IR
2) (+) Adições ao lucro líquido
3) (–) Exclusões ao lucro líquido
4) Lucro antes da compensação de prejuízos fiscais (1 + 2 – 3)
5) (–) Compensação de prejuízos fiscais
6) Lucro real (4 – 5)
7) IR – Alíquota básica (15% de 6)
8) IR – Adicional (10% s/ 6 menos R$ 20 mil/mês)
9) (–) Incentivos fiscais
10) IR devido (7 + 8 – 9)

Portanto, esta é a apresentação da Parte A do LALUR. Fica a dúvida se o IRRF eventualmente compensado deveria também ser apresentado na Parte A. Em uma análise preliminar, entendo que não.

19.4.3 Parte B: registros que poderão afetar o resultado fiscal em períodos seguintes

Na Parte B, são transcritos todos os registros, efetuados na Parte A ou não, que podem/devem afetar a base fiscal de períodos posteriores.

Assim, toda despesa que representou adição temporária nascente deverá ser registrada na Parte B, pois, em algum período seguinte, essa despesa será dedutível para fins fiscais e, com o adequado controle na Parte B do LALUR, a exclusão poderá ser feita sem preocupação.

Uma despesa de PDD, por exemplo, embora não dedutível quando de sua constituição, representa uma adição temporária, até porque somente duas coisas podem acontecer com este cliente, sobre o qual se constituiu a provisão: pagar ou não pagar. Se ele pagar, a provisão poderá ser revertida, gerando uma receita de reversão, que não é exigida pelo Fisco, sendo excluída no LALUR, desde que a despesa de PDD esteja registrada na Parte B; se o cliente não pagar, a empresa confirmará a despesa e reconhecerá a provisão já efetuada, realizando a baixa da conta retificadora do ativo (PDD) contra a conta de ativo (contas a receber) e deduzirá esta despesa na base do IR tão logo ela atinja os prazos definidos na Lei nº 9.430/96. Esses prazos e o detalhamento da adição da PDD são vistos no Capítulo 20, que fala sobre adições ao lucro líquido.

Na Parte B, são guardados os prejuízos fiscais apurados, que poderão ser compensados em períodos seguintes. Com a limitação de compensação em 30% do valor do lucro do período seguinte, esse controle dos prejuízos na Parte B do LALUR ganhou ainda mais importância.

São registrados também na Parte B os valores do incentivo fiscal para o Programa de Alimentação ao Trabalhador (PAT), que, por sua limitação percentual, podem ser aproveitados em dois anos subsequentes. A utilização do PAT de forma adequada na Parte B pode representar boa economia financeira para as empresas.

19.4.4 Livro Eletrônico de Apuração da Base da Contribuição Social (e-LACS)

A Instrução Normativa (IN) RFB nº 1.700/2017 regulamentou com detalhes as bases da contribuição social, tanto no lucro presumido como no lucro real.

A Lei nº 12.973/2013 diz que a base da CSLL deverá ser transcrita no LALUR eletrônico a partir da adoção da lei, em 2014 ou 2015, a critério da empresa. A IN RFB nº 1.574/2015 diz que o Livro Eletrônico de Apuração da Base de Cálculo da CSLL (e-LACS) passa a integrar a ECF junto com o e-LALUR. Assim, é necessário fazer no e-LACS o mesmo tipo de controle feito no e-LALUR.

19.5 Compensação de prejuízos fiscais

Prejuízo representa uma palavra que ninguém gosta muito de pronunciar. Interessante é que, uma vez, durante uma aula de contabilidade, ainda no curso técnico, uma aluna virou-se para o professor (ele mesmo, o querido Gebardo) e perguntou o que aconteceria se uma empresa tivesse prejuízo, pois ela só via exemplos nas aulas com lucro. O espanto foi geral, mas a pergunta tinha fundamento e o professor (excelente, por sinal) tratou de nos esclarecer a questão.

Prejuízo contábil representa o resultado negativo de uma empresa. No caso da contabilidade, significa que o total de despesas foi maior que o total de receitas. Uma empresa pode apresentar prejuízo na contabilidade, porém um lucro fiscal, bastando, para isso, ter, por exemplo, despesas para as quais a contabilidade diz sim e o Fisco, não. Quando tais despesas são retiradas do resultado contábil para se apurar o resultado fiscal, o que era negativo pode virar positivo. Veja um exemplo para ilustrar a explicação.

A Cia. Resende tem prejuízo antes de IR e CSLL no valor de R$ 100, sendo que a única despesa não aceita pelo Fisco é o gasto com brindes, no valor de R$ 120. Como esse valor será retirado do resultado para fins de cálculo do IR, o resultado tributado pelo Fisco será de R$ 20, pois uma despesa de R$ 120 não era, teoricamente, necessária para a atividade da empresa.

Também pode ocorrer o inverso, ou seja, um lucro contábil transformar-se em prejuízo fiscal. Veja outro exemplo.

A Cia. Santo André apresenta lucro antes do IR no valor de R$ 80, sendo que neste lucro encontra-se registrado o resultado positivo com participações em controladas (equivalência patrimonial) no valor de R$ 90. Logo, como esta receita será excluída da base tributável, o lucro contábil de R$ 80 se transforma em um prejuízo fiscal de R$ 10, devido a uma parcela relevante das receitas da empresa não ser tributada. Tal fato acontece mais em empresas controladoras de outras (*holdings*).

19.5.1 Limitação percentual

O prejuízo fiscal apurado em determinado exercício poderá ser compensado nos exercícios seguintes (desde que registrado adequadamente no LALUR), limitado a 30% do valor do lucro ajustado do período. Um prejuízo de R$ 100, ocorrido no ano de 2021, poderá ser compensado com um lucro de R$ 300 no ano de 2022 até 30% do valor deste lucro. Assim, a compensação estaria limitada em R$ 90, o que representa 30% do lucro de 2022 (R$ 300). O valor de R$ 10 que deixou de ser compensado em 2022, em virtude do limite de 30%, continuará registrado no LALUR e poderá ser compensado a partir do ano seguinte.

Não existe limitação de prazo para a compensação de prejuízos fiscais. Assim, as empresas poderão compensar prejuízos sem preocupação com a prescrição. Até 1994, havia limitação de compensação de prejuízos fiscais em quatro anos, porém sem o limite de 30% que vigora desde 1995.

Sem dúvida, esta foi uma das alterações mais polêmicas da legislação fiscal. Na prática, o que o Fisco vem fazendo ao longo dos anos é tributar, em alguns casos, o patrimônio das entidades, o que foge do fato gerador do IR.

19.5.2 Empresa que deixar de existir perde prejuízos fiscais

A pessoa jurídica sucessora por incorporação, fusão ou cisão não poderá compensar prejuízos fiscais da sucedida (Decreto-lei nº 2.341/87, art. 33). Ou seja, se o CNPJ for extinto, o prejuízo fiscal é perdido, devendo ser baixado da Parte B do LALUR. Nos casos de cisão parcial, o prejuízo fiscal proporcional, em relação ao patrimônio líquido (PL) remanescente, poderá ser mantido. Veja o Quadro 19.2 com exemplos.

A Medida Provisória nº 2.158-35/2001, em seu art. 22, estendeu para a CSLL a mesma proibição existente para o IR em relação à compensação de suas bases negativas. Com isso, além de perder o prejuízo fiscal não compensado, uma empresa fusionada, cindida totalmente ou incorporada perderá também a base negativa da CSLL.

A empresa não poderá compensar seus prejuízos fiscais e bases negativas de CSLL se, entre a data da apuração e a da compensação do prejuízo fiscal, ocorrer, cumulativamente, modificação do controle societário e modificação do ramo de atividade. O fisco entende que há uma nova empresa nesse caso, aplicando o mesmo conceito das reorganizações societárias.

19.5.3 Caso interessante do passado: Sadia e Perdigão

A limitação percentual pode ser perversa em alguns casos. Em 2008, a conhecida Sadia apresentou um prejuízo em torno de R$ 2,5 bilhões, conforme dados divulgados pela Comissão de Valores Mobiliários (CVM). Com isso, a empresa teria que apurar lucros tributáveis nos próximos anos acima de R$ 8 bilhões para compensar todo o prejuízo fiscal apurado.

Os jornais anunciaram no 1º semestre de 2009 a fusão da Sadia com outra empresa tradicional do setor, a Perdigão, com a criação de uma empresa denominada Brasil Foods (BRF). Importante destacar que, se fosse realizada uma fusão das empresas Sadia e Perdigão, excluindo o CNPJ das duas empresas, haveria enorme prejuízo a ser baixado na Parte B do LALUR. Mas parece óbvio que a união deve ter sido realizada com outra estrutura técnica, mantendo o CNPJ da Sadia.

19.5.4 Tributação sobre o capital e não sobre o lucro

Veja o desenvolvimento de um exemplo didático e simples, mas que demonstra a possibilidade de haver tributação do patrimônio em vez de tributação sobre o lucro, por causa da limitação da compensação dos prejuízos fiscais em 30%.

A Cia. Prata inicia suas atividades em janeiro de 2020, com um capital de R$ 1.000, recurso integralmente aplicado na compra de um único produto para venda, denominado XIS. Seu balanço inicial seria o seguinte:

BALANÇO PATRIMONIAL EM JANEIRO DE 2020	
ATIVO	
Estoque do produto XIS	1.000
PATRIMÔNIO LÍQUIDO	
Capital	1.000

No primeiro ano de atividade, por conta da pandemia de Covid-19, a empresa apurou prejuízo de R$ 200, pois teve que vender XIS por R$ 800. Para facilitar nosso raciocínio, desconsidere qualquer outra operação e suponha que, com o dinheiro da venda de XIS, a Cia. Prata adquiriu um produto JOTA, também para revenda. O PL da empresa, no final de 2020, ficou em R$ 800, devido à redução reconhecida pelo prejuízo apurado.

QUADRO 19.2

ANTES	DEPOIS	TRATAMENTO FISCAL
Cia. X, com saldo de prejuízo fiscal de R$ 80 Cia. Z, com saldo de prejuízo fiscal de R$ 60	Cia. X incorpora a Cia. Z	Prejuízo fiscal mantido na Cia. X será R$ 80, com o PF de R$ 60 da Cia. Z sendo baixado na Parte B do LALUR
	Cia. X e Cia. Z fundem-se na Cia. W	Prejuízo fiscal será baixado integralmente na Parte B do LALUR das Cias. X e Z
Cia. X, com saldo de prejuízo fiscal de R$ 80 e patrimônio líquido de R$ 200	Cia. X é cindida igualmente em duas empresas: Cia. R e Cia. M	Prejuízo fiscal será baixado integralmente na Parte B do LALUR da Cia. X
	Cia. X é cindida parcialmente na Cia. R, permanecendo com PL de R$ 100	A Cia. X permanecerá com saldo de prejuízo fiscal de R$ 40 registrados na Parte B do LALUR, tendo que baixar o prejuízo fiscal referente ao percentual do PL cindido (50%), no caso, R$ 40

BALANÇO PATRIMONIAL EM DEZEMBRO DE 2020	
ATIVO	
Estoque de JOTA	800
PATRIMÔNIO LÍQUIDO	800
Capital	1.000
(–) Prejuízos acumulados	(200)

No ano seguinte, a empresa apurou lucro de R$ 100, pois vendeu JOTA por R$ 900. Para facilitar a solução, esse lucro foi refletido no caixa da empresa.

O cálculo do IR e da CSLL será realizado da seguinte forma:

Lucro antes do IR e da CSLL	100
(–) Compensação de prejuízos fiscais	(30)
Lucro fiscal (base tributável)	70
IR + CSLL (40%)*	28

* Consideramos, para fins didáticos, alíquota combinada de 40%.

Portanto, o passivo referente a IR e CSLL, com contrapartida em despesa, deverá ser efetuado no valor de R$ 28. Para fins didáticos, considere que o IR e a CSLL foram pagos ainda em 2021.

O lucro líquido de 2021 será R$ 72 (referente ao lucro inicial de R$ 100 menos IR e CSLL de R$ 28), reduzindo o saldo da conta prejuízos acumulados de R$ 200 para R$ 128.

O Balanço Patrimonial da Cia. Prata em DEZ/21 será demonstrado da seguinte forma:

BALANÇO PATRIMONIAL EM DEZEMBRO DE 2021	
ATIVO	
Caixa	872
PATRIMÔNIO LÍQUIDO	872
Capital	1.000
(–) Prejuízos acumulados	(128)

O que ocorreu, na prática, foi tributação sobre o patrimônio, e não sobre a renda. Não há acréscimo patrimonial que justifique a cobrança de IR e de contribuição social da Cia. Prata. Compramos um produto (XIS) por R$ 1.000 e vendemos por R$ 800. Posteriormente, adquirimos outro produto (JOTA) por R$ 800 e conseguimos vendê-lo por R$ 900, auferindo lucro de R$ 100. Não faz sentido tributar um lucro que, no conjunto dos dois anos (2020 e 2021), não aconteceu.

Caso fosse utilizado o conceito de crédito tributário diferido, que será estudado alguns capítulos adiante, a redução do patrimônio líquido seria menor. Mas o que se discute é o desembolso imediato sobre um acréscimo patrimonial que não existiu. O argumento de que os valores dos prejuízos fiscais serão aproveitados no futuro não é adequado, pois a Cia. Prata poderá, por exemplo, ter prejuízos nos próximos anos e depois encerrar suas operações. Neste caso, a tributação ocorrida em 2021 seria perdida, não podendo mais ser compensada pela empresa.

É evidente que há argumento para exigir a tributação, pois a periodicidade de apuração do IR é anual e, em 2021, houve lucro. Mas, ao mesmo tempo, o exemplo numérico mostra uma situação injusta e que pode ocorrer no mundo real com qualquer empresa.

19.5.5 Exclusão postergada

Outro detalhe interessante que pode acontecer é a empresa deixar de reconhecer uma despesa ou registrar antecipadamente uma receita, com objetivo de evitar a apuração de prejuízo fiscal, exatamente pela limitação de sua compensação em apenas 30% do lucro de cada ano.

Por exemplo, a Cia. Grajaú tem prejuízo de R$ 1.000 no final de 2020 e obtém lucro tributável de R$ 1.600 nos três anos seguintes, conforme previsão orçamentária. A empresa percebe, ainda, que deverá fazer mais uma exclusão de R$ 400 em 2020, que se refere a créditos provisionados (perdas estimadas em contas a receber) e que atendeu a permissão de dedutibilidade dos arts. 9º e 10 da Lei nº 9.430/96. Se fizer a exclusão de R$ 400, o prejuízo fiscal aumentará para R$ 1.400, com a compensação limitada nos anos seguintes a 30% do lucro líquido ajustado.

Aí vem a ideia brilhante na empresa: "vamos adiar a exclusão da PDD para 2021. Assim, não aumentamos o prejuízo fiscal em 2020 e diminuímos toda a exclusão permitida (R$ 400) da apuração fiscal em 2021, ano em que a empresa apresentará lucro".

Todavia, o art. 26 da IN nº 51/95 diz que as exclusões que não forem lançadas no período de origem deverão ter o mesmo efeito fiscal no período de registro que teriam no período original. Assim, uma exclusão que deixar de ser feita num ano, para não aumentar o prejuízo fiscal já existente, não poderá reduzir o lucro tributável no ano seguinte.

A aplicação do dispositivo da IN nº 51/95 é controversa, pois, em tese, os normativos que tratam sobre exclusões são facultativos, ou seja, a empresa pode ou não fazer. Por exemplo, um veículo pode ser depreciado no máximo em cinco anos, ou seja, com uma taxa linear de 20%. Nada impede a empresa de depreciar esse veículo em determinado ano apenas em 5%, com objetivo de diminuir o prejuízo fiscal existente. A legislação não aceita apenas a depreciação anual de veículos em um percentual acima de 20%.

De qualquer forma, veja a dura posição da RFB na IN nº 51/95 e a posição da empresa nas Tabelas 19.1 e 19.2.

No conjunto dos três anos em que se apurou IR a pagar (2021 a 2023), o valor devido será igual na posição da empresa e na interpretação do Fisco (R$ 1.360). E em 2022, o valor foi o mesmo. A diferença de R$ 112, valor pago a menor pela empresa em 2021, seria compensada em 2023. Contudo, se for aplicada a posição explicada na IN nº 51/95, a empresa seria autuada em 2021, tendo que pagar o valor de R$ 112 com os acréscimos legais. Já um eventual pagamento a maior da empresa em 2023 poderia ser compensado posteriormente.

A defesa da empresa teria como base, o texto do art. 9º da Lei nº 9.430/96, que diz que a exclusão PODERÁ ser feita. PODER e DEVER são verbos diferentes, daí a linha de raciocínio de adiar a exclusão para o ano seguinte.

19.5.6 Uso do prejuízo fiscal no refinanciamento de tributos federais

A Lei nº 11.941/2009 instituiu mais um programa de parcelamento de tributos, apelidado de REFIS IV. Uma das novidades do programa foi a permissão da utilização de prejuízo fiscal e base negativa de CSLL para pagar multas e juros, mesmo no caso de tributos incluídos em dívida ativa. Os prejuízos e as bases negativas representam ativos que não têm atualização e têm limitação de uso, que é a trava de 30% do lucro líquido ajustado. Então, trata-se de interessante alternativa, para a empresa, o uso do prejuízo fiscal e da base negativa.

O tema foi tratado no art. 1º, §§ 7º e 8º, com utilização de 25% para o IR e 9% para CSLL.

Por exemplo, a Cia. Avaí aderiu ao REFIS IV e tem juros e multas de R$ 255 incluídos no parcelamento. Supondo que a empresa tenha saldo de prejuízo fiscal e base negativa de CSLL no valor de R$ 1.000 e decida utilizar a permissão da Lei nº 11.941/2009 para pagamento dos encargos sobre atraso. Assim, utilizaria R$ 750 do saldo do prejuízo fiscal e da base negativa, permanecendo com R$ 250 para compensação posterior. Calculando 34% sobre R$ 750, encontramos R$ 255, quitando juros e multas com saldo de prejuízo fiscal e base negativa.

TABELA 19.1 Cálculo do IR + CSLL – posição da empresa

APURAÇÃO DE IR + CSLL	2020	2021	2022	2023
RESULTADO CONTÁBIL ANTES DO IR	(1.000)	1.600	1.600	1.600
(–) EXCLUSÃO – arts. 9º e 10 da Lei nº 9.430/96	–	(400)	–	–
LUCRO LÍQUIDO AJUSTADO	(1.000)	1.200	1.600	1.600
(–) COMPENSAÇÃO DE PREJ. FISCAIS	–	(360)	(480)	(160)
LUCRO FISCAL	(1.000)	840	(1.120)	1.440
IR + CSLL – alíquota de 40%*	–	336	448	576

* Para fins didáticos, utilizamos alíquota combinada de 40%.

TABELA 19.2 Cálculo do IR + CSLL – posição do fisco (IN SRF nº 51/95)

APURAÇÃO DE IR + CSLL	2020	2021	2022	2023
RESULTADO CONTÁBIL ANTES DO IR	(1.000)	1.600	1.600	1.600
(–) EXCLUSÃO – arts. 9º e 10 da Lei nº 9.430/96	(400)	–	–	–
LUCRO LÍQUIDO AJUSTADO	(1.400)	1.600	1.600	1.600
(–) COMPENSAÇÃO DE PREJ. FISCAIS	–	(480)	(480)	(440)
LUCRO FISCAL	(1.400)	1.120	(1.120)	1.160
IR + CSLL – alíquota de 40%*	–	448	448	464

* Para fins didáticos, utilizamos alíquota combinada de 40%.

A Lei nº 12.973/2014 reabriu a possibilidade do uso de prejuízos fiscais em mais um parcelamento permitido, em um modelo similar ao utilizado em 2009.

19.5.7 Compensação de prejuízos de empresas controladas

A Lei nº 13.043/2014 (art. 33) abriu espaço para as empresas que tinham parcelamento de débitos de natureza tributária, vencidos até 31/DEZ/2013, perante a RFB ou a Procuradoria-Geral da Fazenda Nacional (PGFN) utilizarem, mediante requerimento, créditos próprios de prejuízos fiscais e de base de cálculo negativa da CSLL, apurados até 31/DEZ/2013 e declarados até 30/JUN/2014, para a quitação antecipada dos débitos parcelados.

Contudo, a lei inovou permitindo a utilização de créditos com prejuízos fiscais apurados entre empresas controladora e controlada, de forma direta ou indireta, ou entre empresas que tenham o mesmo controle, de forma direta ou indireta. A única exigência é que o prejuízo fiscal da controlada somente seja utilizado depois de a controladora ter considerado no parcelamento todo seu saldo de prejuízos fiscais.

Veja um exemplo. Teoricamente, pela leitura e interpretação da lei, suponha que a empresa Lojas Americanas, controladora da B2W, não tenha prejuízos fiscais. A empresa poderia utilizar prejuízos fiscais apurados por sua controlada B2W para compensar eventual parcelamento que a empresa (Lojas Americanas) tivesse. O problema é que a B2W era empresa com ações negociadas em bolsa (novo mercado) com 3.231 acionistas pessoas físicas, 449 pessoas jurídicas e 65 investidores institucionais (posição de 27/ABR/2016) e a controladora poderia, teoricamente, utilizar prejuízo fiscal da empresa (B2W), prejuízo este que representa um potencial ativo da empresa e que poderá ser recuperado no futuro, com lucros tributáveis, que pertencem a todos os acionistas. O prejuízo, no caso, beneficiaria somente o acionista controlador.

Não há menção na lei para remuneração pela cessão deste prejuízo fiscal, mas se imagina que, em uma eventual operação, a transação tenha desembolso financeiro de quem utilizou o prejuízo do outro. No exemplo hipotético, pagamento da Lojas Americanas para a B2W pela cessão do prejuízo fiscal desta, provavelmente com deságio. Por exemplo, suponha que a B2W tivesse prejuízo fiscal de R$ 1.000 registrados na Parte B do LALUR e que a empresa Lojas Americanas utilizasse todo esse prejuízo para quitar parcelamentos tributários no montante de R$ 340 (34%). Admita que a Lojas Americanas efetuasse o pagamento de R$ 260, com deságio de R$ 80. Realmente, poderia ser uma situação atrativa para as duas empresas, já que tal ativo demoraria muito a ser realizado na B2W e a empresa Lojas Americanas, no caso, conseguiria reduzir sua dívida tributária parcelada pagando menos. Nessa operação, a empresa Lojas Americanas teria uma receita de R$ 80. Tal valor poderia ser excluído das bases de PIS e COFINS, assim como eventual receita registrada pela venda na B2W (no caso de não ter o ativo fiscal diferido reconhecido), conforme previsto no art. 153 da Lei nº 13.097/2015.

Importante destacar que não há qualquer informação de realização de operações desse tipo nas empresas Lojas Americanas e B2W na época. Foram utilizadas as empresas como exemplo numérico apenas para facilitar a compreensão e o seu entendimento. Provavelmente, nada foi feito por elas, mas as leis citadas permitiriam fazer. O grupo anunciou, em 2021, integração das empresas Lojas Americanas e B2W.

19.6 Compensação de prejuízos de atividades não operacionais

O prejuízo não operacional poderá ser compensado apenas com lucro da mesma natureza, ou seja, lucro não operacional, com a limitação de 30% do lucro imposta para prejuízo fiscal operacional.

A Lei nº 9.249/95 trouxe a regulamentação geral sobre o assunto, que foi esclarecido com detalhes na IN SRF nº 11/96. Posteriormente, a Lei nº 12.973/2014, em seu art. 43, reorganizou o tema:

> Art. 43. Os prejuízos decorrentes da alienação de bens e direitos do ativo imobilizado, investimento e intangível, ainda que reclassificados para o ativo circulante com intenção de venda, poderão ser compensados, nos períodos de apuração subsequentes ao de sua apuração, somente com lucros de mesma natureza, observado o limite previsto no art. 15 da Lei nº 9.065/95.
>
> Parágrafo único. O disposto no *caput* não se aplica em relação às perdas decorrentes de baixa de bens ou direitos em virtude de terem se tornado imprestáveis ou obsoletos ou terem caído em desuso, ainda que posteriormente venham a ser alienados como sucata.

É importante esclarecer, de imediato, que o dispositivo citado não representa a obrigação de apurar dois resultados separados dentro da mesma empresa, sendo um resultado operacional e outro não operacional. Se a empresa apresentar resultado tributável positivo antes de IR e CSLL, a tributação poderá ser no modelo tradicional, exceto se restar saldo de prejuízos das atividades não operacionais de períodos anteriores, ainda não compensados.

Assim, caso a empresa apure prejuízo não operacional em suas operações com bens do (antigo) ativo permanente, somente deverá separá-lo ao final do período se não tiver lucros operacionais que suportem prejuízo não operacional.

Em outras palavras, os prejuízos não operacionais apurados num trimestre poderão ser compensados com lucros operacionais dentro do próprio trimestre. Assim, uma empresa com resultado operacional positivo de R$ 100 e resultado não operacional negativo de R$ 80 poderá deduzir esse resultado e pagar IR sobre R$ 20, que seria seu lucro total no período.

Serão desenvolvidos alguns exemplos numéricos, com situações possíveis de acontecer, de modo a apresentar o assunto de forma menos árida.

Importante ressaltar que essa separação deverá ser feita apenas para o IR, não sendo estendida à aplicação para a contribuição social sobre o lucro líquido por falta de previsão legal, pois tanto as Leis nº 9.249/95 e nº 12.973/2014 como a IN SRF nº 11/96 citam apenas o lucro real. O tema foi atualizado na IN RFB nº 1.700/2017, em seus arts. 205 e 206.

19.6.1 Lucro operacional compensando todo prejuízo não operacional

Neste caso, não há qualquer problema com relação à compensação do prejuízo não operacional, pois o resultado total do período, incluindo operacional e não operacional, será positivo. Veja o exemplo numérico, com resultado hipotético apurado no 1º TRI/x1:

Lucro operacional	R$ 2.000
(–) Prejuízo não operacional	(R$ 1.300)
Lucro antes do IR	R$ 700

Portanto, o lucro operacional foi suficiente para a compensação de todo o prejuízo não operacional gerado no período. O IR, neste caso, será calculado sobre o lucro de R$ 700, já que o prejuízo não operacional foi consumido pelo lucro operacional. Vida que segue!

19.6.2 Lucro operacional compensando parte do prejuízo não operacional

Neste caso, todo o prejuízo será considerado não operacional, pois o resultado total do período foi negativo, porém menor que o resultado não operacional. Veja o exemplo numérico, no 1º TRI/x1:

Lucro operacional	R$ 1.000
(–) Prejuízo não operacional	(R$ 1.500)
(–) Prejuízo do 1º TRI/x1	(R$ 500)

Portanto, todo prejuízo registrado na Parte B do LALUR será considerado não operacional e somente poderá ser compensado com lucros não operacionais registrados a partir do 2º TRI/x1. Isso significa que apenas um pedaço (R$ 1.000) do prejuízo não operacional foi absorvido pelo lucro operacional.

No 2º TRI/x1, podem ocorrer algumas situações, por exemplo:

1. EMPRESA OBTER LUCRO TOTAL DE R$ 1.700, METADE OPERACIONAL E METADE NÃO OPERACIONAL

Todo o prejuízo que foi caracterizado como não operacional no 1º TRI/x1 (R$ 500) registrado no LALUR poderá ser compensado, pois há lucro não operacional no 2º TRI/x1 (R$ 850) e o valor de R$ 500 de prejuízo gerado no 1º TRI/x1 está dentro do limite global de 30% do LAIR total do 2º TRI/x1, para fins de compensação de prejuízos fiscais.

OU

2. EMPRESA OBTER LUCRO TOTAL DE R$ 1.000, SENDO R$ 400 DE LUCRO NÃO OPERACIONAL E R$ 600, OPERACIONAL

O lucro total de R$ 1.000 do 2º TRI/x1 poderá ser compensado em R$ 300, que serão utilizados integralmente do saldo de prejuízo não operacional. Como o lucro não operacional foi R$ 400, serão transferidos na Parte B do LALUR os R$ 100 não compensados em virtude do limite global de 30% (400 – 300) para compensação de prejuízos fiscais. A partir do 3º TRI/x1, esse valor de R$ 100 que foi transferido poderá ser utilizado como compensação dos prejuízos fiscais.

OU

3. EMPRESA OBTER LUCRO TOTAL DE R$ 1.000, SENDO R$ 100 DE LUCRO NÃO OPERACIONAL E R$ 900, OPERACIONAL

O lucro de R$ 1.000 poderá ser compensado somente pelo valor de R$ 100 que serão utilizados integralmente do saldo de prejuízo não operacional. Como não havia estoque de prejuízos fiscais registrado na Parte B do e-LALUR, a compensação foi limitada ao valor do lucro não operacional registrado no trimestre (R$ 100). No caso, a empresa deverá pagar o IR no 2º TRI/x1 sobre a base de

R$ 900. Nos anos seguintes, poderá ser feita a compensação do valor de R$ 400, que permaneceu registrado na Parte B como prejuízo não operacional, mas apenas com lucros das atividades não operacionais.

19.6.3 Prejuízo operacional e prejuízo não operacional

O prejuízo, no caso, deverá ser separado na Parte B do LALUR, ou seja, será aberta uma ficha de prejuízo fiscal e outra ficha de prejuízos de atividades não operacionais, destacando a parcela de cada resultado. Veja um exemplo numérico:

(–) Prejuízo operacional	(R$ 1.000)
(–) Prejuízo não operacional	(R$ 500)
Prejuízo do 1º TRI/x1	(R$ 1.500)

Na Parte B do e-LALUR serão abertas duas fichas: uma para prejuízo fiscal, no valor de R$ 1.000; e outra para prejuízo não operacional, no valor de R$ 500. No 2º TRI/x1, podem ocorrer algumas situações interessantes:

1. **EMPRESA OBTER LUCRO DE R$ 1.000, SENDO R$ 800 DE LUCRO OPERACIONAL E R$ 200, NÃO OPERACIONAL**

Lucro antes da compensação de prej. fiscais	R$ 1.000
(–) Compensação de prej. fiscais	(R$ 300)
Lucro real (base tributável)	R$ 700

O valor de R$ 300 deverá ser compensado parte com prejuízo fiscal (R$ 100) e parte com prejuízo não operacional (R$ 200). O saldo de prejuízo não operacional que permaneceria registrado na Parte B do e-LALUR (R$ 300) somente seria compensado nos trimestres seguintes com resultados positivos obtidos com a atividade não operacional. No caso, mesmo que a empresa tivesse prejuízo fiscal no terceiro trimestre de x1, mas se apurasse lucros não operacionais, seria possível transferir a parcela do prejuízo não operacional para prejuízo fiscal, com compensação livre (com qualquer resultado) a partir do 4º TRI/x1. Tal situação numérica acontecerá no próximo exemplo.

OU

2. **EMPRESA OBTER LUCRO DE R$ 1.000, SENDO R$ 500 DE LUCRO OPERACIONAL E R$ 500, NÃO OPERACIONAL**

Lucro antes da compensação de prej. fiscais	R$ 1.000
(–) Compensação de prej. fiscais	(R$ 300)
Lucro real (base tributável)	R$ 700

No caso, o valor de R$ 300 será totalmente compensado da parcela não operacional, pelo fato de a empresa ter obtido lucro não operacional neste trimestre igual ao saldo do prejuízo apurado no trimestre anterior.

Além disso, a parcela do prejuízo não operacional que deixou de ser compensada em virtude da limitação de 30% (R$ 500 menos os R$ 300 compensados) será transferida da ficha de prejuízos não operacionais para a ficha de prejuízo fiscal. Essa transferência é importante, pois, se o valor de R$ 200 permanecer na ficha de prejuízos não operacionais, somente seria possível sua compensação com lucros não operacionais, o que teoricamente é mais difícil ocorrer.

19.6.4 Exemplo numérico completo

Será utilizado um exemplo numérico amplo, com objetivo de explicar o detalhe que pode ter escapado na leitura até aqui. Antes do exemplo completo, há um mais simples. Imagine que sua empresa possua um terreno, registrado por R$ 100 (valor de aquisição) no final de 2021. Se a empresa vender esse terreno em janeiro de 2022 com prejuízo (por exemplo, por R$ 80 a venda, com prejuízo de R$ 20) e tiver lucro com sua operação no 1º TRI/2022 pelo menos igual a este prejuízo, nada precisará fazer, seguindo o fluxo normal de trabalho.

Por outro lado, se tiver prejuízo total de valor igual ou maior que R$ 20, esse prejuízo (de R$ 20) somente poderá ser compensado com lucros nas vendas de bens dos ativos intangível, imobilizado ou investimentos. Didaticamente falando, neste caso, se a empresa só tinha esse terreno e não tem costume de vender qualquer bem do imobilizado, jamais compensará esse prejuízo, "morrendo" com ele.

Mas vamos ao exemplo completo. Veja na Tabela 19.3 o resultado apurado pela Cia. Itaperuna, ao longo de seis trimestres, antes da tributação de IR e CSLL.

Como o exercício é didático, a alíquota do IR será de apenas 8%, sem adicional, com a mesma alíquota aplicada à CSLL. O valor do IR e CSLL não é o mais importante nesse aprendizado e, sim, o entendimento de como tratar os resultados nas atividades não operacionais.

Inicialmente, serão apresentadas as tabelas com o cálculo do IR e da CSLL nos seis períodos. Em seguida, serão mostradas as fichas de controle da Parte B do LALUR para os prejuízos fiscais apurados e suas respectivas compensações. Ao final, serão feitos alguns comentários sobre o exercício.

Como você pode observar, o controle parece simples, mas é recheado de detalhes. Vamos comentar os cálculos trimestre a trimestre, para concluir o exercício.

No 1º TRI/2022, todo o prejuízo não operacional foi absorvido pelo resultado operacional positivo, não gerando necessidade de tratamento especial.

Em seguida, no 2º TRI/2022, o lucro operacional absorveu parte do prejuízo não operacional. Logo, todo o resultado do período teve tratamento de não operacional, devendo ser controlado em ficha específica na Parte B do LALUR.

No 3º TRI/2022, o lucro obtido foi de R$ 1.000, mas só foram compensados R$ 100, por ser o lucro obtido com atividades não operacionais. O saldo de R$ 500 diminui para R$ 400 com esta compensação.

No trimestre seguinte (4º), a compensação geral foi limitada em R$ 240 (30% de R$ 800), mas o resultado não operacional positivo foi maior que o limite, permitindo à empresa fazer a transferência da parcela não compensada (300 – 240 = 60), em virtude da limitação percentual, para a ficha de prejuízos fiscais.

Já no 1º TRI/2023, foi apurado prejuízo operacional (R$ 200), mas lucro não operacional (R$ 100). O prejuízo total de R$ 100 foi registrado na Parte B como prejuízo fiscal, enquanto o lucro não operacional de R$ 100, não compensado devido ao prejuízo fiscal do trimestre, poderá ser transferido da ficha de prejuízos não operacionais para prejuízo fiscal e compensado normalmente a partir do trimestre seguinte.

Por fim, no 2º TRI/2023, o prejuízo foi compensado normalmente, pois já não havia mais saldo de prejuízos não operacionais. Mesmo o prejuízo não operacional

TABELA 19.3 Resultados da Cia. Itaperuna (Valores em R$).

CIA. ITAPERUNA	1º TRI/2022	2º TRI/2022	3º TRI/2022	4º TRI/2022	1º TRI/2023	2º TRI/2023
RESULTADO OPERACIONAL	1.000	1.000	900	500	(200)	700
RESULT. NÃO OPERACIONAL	(800)	(1.500)	100	300	100	(100)
LUCRO ANTES DE IR E CSLL	200	(500)	1.000	800	(100)	600

TABELA 19.4 Cálculo do IR – Cia. Itaperuna (Valores em R$).

CÁLCULO DO IR DEVIDO	1º TRI/2022	2º TRI/2022	3º TRI/2022	4º TRI/2022	1º TRI/2023	2º TRI/2023
LUCRO ANTES DO IR	200	(500)	1.000	800	(100)	600
(–) COMPENS. PREJ. FISCAIS		–	(100)	(240)	–	(180)
LUCRO REAL	200	(500)	900	560	(100)	420
IR – 15%*	30,00	–	135,00	84,00	–	63,00

*Por simplificação, será utilizada alíquota de 15%.

TABELA 19.5 Cálculo da CSLL – Cia. Itaperuna (Valores em R$).

CÁLCULO DA CSLL DEVIDA	1º TRI/2022	2º TRI/2022	3º TRI/2022	4º TRI/2022	1º TRI/2023	2º TRI/2023
LUCRO ANTES DA CSLL	200	(500)	1.000	800	(100)	600
(–) COMP. BASES NEGATIVAS	–	–	(300)	(200)	–	(100)
BASE DE CÁLCULO DA CSLL	200	(500)	700	600	(100)	500
CONTRIBUIÇÃO SOCIAL – 9%	18,00	–	63,00	54,00	–	45,00

TABELA 19.6 Parte B do e-LALUR – Cia. Itaperuna (Valores em R$).

FICHA 1: PREJ. NÃO OPERACIONAIS		VALORES			
DATA	**HISTÓRICO**	**ENTRADA**	**SAÍDA**	**SALDO**	**D/C**
2º TRI/2022	Prejuízo não operacional	500	–	500	C
3º TRI/2022	Compensação prej. não operacional	–	100	400	C
4º TRI/2022	Compensação prej. não operacional	–	240	160	C
4º TRI/2022	Transferência para prejuízo fiscal	–	60	100	C
1º TRI/2023	Transferência para prejuízo fiscal	–	100	–	–

do ano foi compensado com lucro operacional maior obtido no próprio trimestre.

A Cia. Itaperuna terminou o sexto trimestre em análise (2º TRI/2023) com saldo de prejuízos fiscais a compensar de R$ 80, tendo aproveitado todo o prejuízo das atividades não operacionais por conta do bom controle realizado na Parte B do e-LALUR. Pagou no ano e meio de análise o total de IR de R$ 166,40.

Já na apuração da CSLL, não há que se falar na separação dos resultados, fazendo com que a empresa zerasse o saldo de base negativa de CSLL no e-LACS. O total da contribuição paga no período foi R$ 160,00. Perceba que a diferença desembolsada entre IR e CSLL foi R$ 6,40 (R$ 166,40 de IR menos R$ 160,00 de CSLL). O valor de R$ 6,40 é a alíquota dos dois tributos (8%) sobre o saldo de prejuízos fiscais de R$ 80 que permaneceu na Parte B do e-LALUR, mas já foi compensado na base da CSLL.

19.6.5 Questão resolvida

Veja o exercício da Cia. Queimados, já resolvido.

A Cia. Queimados apresentou o resultado apresentado na Tabela 19.8 entre os períodos de x1 a x6.

Pede-se:

a) Calcule o IR e a CSLL em cada ano.
b) Informe o lucro líquido em cada ano.
c) Faça o controle de prejuízos fiscais e dos resultados não operacionais na Parte B do LALUR.

Para a solução, observe as Tabelas 19.9 e 19.10.

TABELA 19.7 Parte B do e-LALUR – Cia. Itaperuna (Valores em R$).

FICHA 2: PREJUÍZOS FISCAIS		VALORES			
DATA	**HISTÓRICO**	**ENTRADA**	**SAÍDA**	**SALDO**	**D/C**
4º TRI/2022	Transferência de prej. não operacionais	60	–	60	C
1º TRI/2023	Transferência de prej. não operacionais	100	–	160	C
1º TRI/2023	Prejuízo fiscal do período	100	–	260	C
2º TRI/2023	Compensação de prejuízo fiscal	–	180	80	C

TABELA 19.8

CIA. QUEIMADOS – EM R$	x1	x2	x3	x4	x5	x6
Resultado operacional	3.000	(300)	1.800	1.100	200	700
Resultado não operacional	(1.000)	(500)	200	(100)	200	100
Resultado antes de CSLL e IR	2.000	(800)	2.000	1.000	400	800

TABELA 19.9

CIA. QUEIMADOS – CÁLCULO IR	x1	x2	x3	x4	x5	x6
Resultado antes do IR	2.000	(800)	2.000	1.000	400	800
(–) Compensação de prejuízos fiscais	(0)	(0)	(500)	(0)	(120)	(180)
Lucro real	2.000	(800)	1.500	1.000	280	620
(–) IR – 15%	300	120	225	150	42	93
CIA. QUEIMADOS – CÁLCULO CSLL	**x1**	**x2**	**x3**	**x4**	**x5**	**x6**
Resultado antes de CSLL	2.000	(800)	2.000	1.000	400	800
(–) Compensação de base negativa	(0)	(0)	(600)	(200)	(0)	(0)
Base de cálculo da CSLL	2.000	(800)	1.400	800	400	800
(–) CSLL – 9%	180	–	126	72	36	72

TABELA 19.10

FICHA: PREJUÍZOS FISCAIS					
ANO	HISTÓRICO	ENTRADA	SAÍDA	SALDO	D/C
x2	Prejuízo no ano	300	0	300	C
x3	Compens. de prej. fiscal	0	300	0	–
x5	TRF da ficha de não operac.	80	0	80	C
x6	Compens. de prej. fiscal	0	80	0	–

FICHA: PREJUÍZOS NÃO OPERACIONAIS					
ANO	HISTÓRICO	ENTRADA	SAÍDA	SALDO	D/C
x2	Prejuízo no ano	500	0	500	C
x3	Compens. result. não operac.	0	200	300	C
x5	Compens. result. não operac.	0	120	180	C
x5	TRF para ficha de prej. fiscal	0	80	100	C
x6	Compens. result. não operac.	0	100	0	–

19.7 Periodicidade de pagamento: mensal, trimestral ou anual

A única forma de tributação em que o Fisco exige a apuração completa do resultado das empresas (receitas menos despesas) é o lucro real.

O ano fiscal no Brasil coincide com o ano civil, indo de 1º/JAN a 31/DEZ. Portanto, qualquer que seja a forma de tributação escolhida pela empresa, o ano fiscal será este.

Desde 1997, a apuração do IR e da CSLL é trimestral, seja a empresa tributada pelo lucro real, presumido ou arbitrado (Lei nº 9.430/96, art. 1º).

Com relação ao lucro real, as pessoas jurídicas tem duas opções de enquadramento:

1. lucro real trimestral; ou
2. lucro real anual com antecipações mensais em bases estimadas.

A opção deve ser manifestada por ocasião do primeiro recolhimento do ano, pois os códigos de recolhimento são diferentes e o Fisco não aceita o REDARF para modificar o código e alterar a periodicidade do cálculo. O PL nº 2.337/21 propõe a unificação da apuração trimestral definitiva do IR e CSLL pelo lucro real. Depois de aprovado na Câmara dos Deputados, o projeto não avançou no Senado Federal, ficando o debate para 2022, infelizmente. Contudo, entendo que esse era um dos pontos positivos do controverso PL e deverá ser debatido e aprovado durante o ano de 2022. Por isso, optamos por retirar o capítulo exclusivo (24 da 9ª ed.), que tratava sobre antecipações mensais em bases estimadas da nova edição. Você, que não possui a 9ª edição ou quer acessar eletronicamente o capítulo que trata do tema, terá acesso a ele no material suplementar divulgado no início do livro.

19.8 O cálculo de IR e CSLL pelo lucro real trimestral

O lucro real trimestral representa a tributação sobre o lucro feita a cada trimestre. Então, no mesmo ano fiscal, a pessoa jurídica encerra quatro períodos distintos, sendo devidos o IR e a CSLL apenas a cada três meses e de forma definitiva. Com isso, a empresa é obrigada a efetuar quatro recolhimentos no ano, não sendo necessário acompanhamento mensal, pois a exigência fiscal só acontece trimestralmente.

Se desejar, a empresa poderá parcelar IR e CSLL em até três cotas iguais e sucessivas, nas mesmas regras adotadas para o lucro presumido.

Sua grande desvantagem em relação à apuração anual com pagamentos mensais em bases estimadas é que a apuração do imposto passa a ser trimestral, prejudicando sensivelmente empresas que tenham resultados apresentando algum desequilíbrio durante o ano. Para empresas com histórico de lucros constantes (desde que acima de R$ 60.000 por trimestre), a opção pelo lucro real trimestral representa no final do ano o mesmo pagamento da opção anual.

No caso de opção pelo lucro real trimestral, um prejuízo do 1º trimestre somente pode ser compensado em até 30% de um possível lucro obtido no 2º trimestre. Assim, uma empresa com R$ 100 de prejuízo no 1º trimestre, R$ 100 no 2º e mais R$ 100 no terceiro, caso apresente lucro no quarto trimestre no valor de

R$ 250, deverá pagar IR sobre uma base de R$ 175, pois somente poderia compensar R$ 75, que corresponde a 30% do LAIR do 4º trimestre. No ano, a empresa teria apresentado um prejuízo de R$ 50, mas, ainda assim, se a escolha tivesse sido o lucro real trimestral, haveria o desembolso referente ao quarto trimestre.

Contudo, a maior perda das empresas que apuram seu imposto pelo lucro real trimestral ocorre em relação à parcela do adicional mensal de R$ 20.000, que pode deixar de ser desembolsado em algum trimestre ao longo do ano, desde que o lucro apurado em outro trimestre seja superior a R$ 60.000.

Por exemplo, a Cia. Samba apresenta um lucro de R$ 240.000 em 2021. Caso a escolha tivesse sido pelo lucro real anual, o IR no ano teria sido de R$ 36.000 (referente à aplicação apenas da alíquota básica de 15%). Nesse caso, a empresa não estaria sujeita ao adicional pois o lucro não teria ultrapassado os R$ 240.000 no ano.

Suponha que o lucro de R$ 240.000 esteja distribuído nos quatro trimestres da seguinte forma e com o respectivo IR devido:

1º trimestre	Lucro de R$ 70.000	IR de R$ 11.500 (10.500 + 1.000)
2º trimestre	Lucro de R$ 70.000	IR de R$ 11.500 (10.500 + 1.000)
3º trimestre	Lucro de R$ 60.000	IR de R$ 9.000
4º trimestre	Lucro de R$ 40.000	IR de R$ 6.000

O IR total pelo lucro real trimestral será de R$ 38.000, com R$ 2.000 a mais em relação ao valor calculado pelo lucro real anual.

A diferença é explicada pelo fato de o lucro no ano ter atingido a parcela de R$ 240.000, significando que não teria adicional de IR devido. Todavia, quando se faz o cálculo trimestral, em dois trimestres é apurado excesso em relação à parcela isenta do adicional (R$ 60.000). Como não é possível compensar o excesso dos dois primeiros trimestres com o 4º trimestre, quando o lucro ficou R$ 20.000 abaixo do limite (R$ 40.000), perdemos 10% (alíquota do adicional) sobre esses R$ 20.000.

A perda máxima com o adicional de IR por esta situação seria de R$ 18.000, mas se trata de uma situação difícil de ocorrer no mundo real.

19.9 Como poderia ser o cálculo de IR + CSLL a partir de 2022

O texto aprovado na Câmara dos Deputados do Projeto de Lei nº 2.337/2021 altera o art. 2º da Lei nº 9.430/96, proibindo o uso da opção pela apuração mensal em bases estimadas a partir de 2022. O PL citado propôs, ainda, ajuste na Lei nº 9.065/95, trazendo os seguintes dispositivos novos ao art. 15:

> § 2º O prejuízo fiscal apurado no trimestre poderá ser utilizado na compensação dos lucros líquidos ajustados pelas adições e exclusões dos 3 (três) trimestres imediatamente posteriores sem considerar o limite de que trata o *caput* deste artigo.
>
> § 3º Em cada trimestre, os prejuízos fiscais sujeitos ao limite de que trata o *caput* deste artigo somente serão utilizados na compensação após a utilização total dos prejuízos fiscais apurados nos 3 (três) trimestres imediatamente anteriores.

A ideia do legislador foi não causar prejuízos à empresa caso apresente resultado desequilibrado durante o ano, ora com lucro, ora com prejuízo. Porém, infelizmente, será necessário o ajuste por meio de instrução normativa ou outra lei para eliminar os riscos de pagamento maior do que seria se permanecesse opcional o uso da apuração anual com antecipação mensal em bases estimadas.

Para explicar numericamente esses riscos, apresentarei alguns exemplos numéricos, considerando as alíquotas novas de IRPJ e CSLL (8% para os dois), lembrando que a alíquota adicional permaneceria com as regras anteriores, ou seja, 10% sobre o valor que exceder a R$ 20.000/mensais.

19.9.1 Lucro anual, mas com resultados reduzidos em um trimestre

De forma similar ao que aconteceu com a Cia. Samba, suponha que a Cia. Mata apresente um LAIR anual de R$ 1 milhão, pagando IR total no ano de R$ 226.000:

- alíquota básica de R$ 150.000 (15%);
- adicional de R$ 76.000 (10% sobre R$ 760.000, que excedeu a R$ 240.000).

Todavia, abrindo esse resultado da Cia. Mata, percebe-se que o primeiro trimestre foi muito fraco, com a empresa se recuperando nos trimestres seguintes. Veja a Tabela 19.11, com a composição do LAIR pelos trimestres e o respectivo cálculo.

Entendeu a confusão? Por conta do 1º trimestre com LAIR inferior a R$ 60.000, a Cia. Mata acabou suportando um adicional de R$ 78.000, sendo R$ 2.000 acima do que teria na apuração anual pela legislação vigente em 2021.

19.9.2 Lucro nos primeiros nove meses, com prejuízo no último trimestre e recuperação lenta no ano seguinte

O risco, no entanto, vai além da situação do adicional. Pense uma empresa (Cia. Alfa) com o resultado nos dois primeiros anos de aplicação do NOVO LUCRO REAL TRIMESTRAL transcrito nas Tabelas 19.12 e 19.13, com o respectivo cálculo de IR e suas duas alíquotas: a básica e a adicional.

Como o projeto de lei fala nos três trimestres anteriores ou posteriores, temos um problema na situação hipotética (e possível) apresentada. Suponha que os mesmos resultados fossem apresentados e fosse permitida a apuração anual. Observe na Tabela 19.14 quanto a empresa pagaria e quanto passaria a pagar com a NOVA REGRA, se o PL for aprovado pelo senado federal.

Se você somar o biênio, perceberá que a Cia. Alfa desembolsou a mais, de graça, R$ 90.000 só de IR + R$ 34.000 de CSLL por conta da imposição do legislador para utilizar o lucro real trimestral e das limitações impostas pela trava na compensação dos prejuízos fiscais e bases negativas.

No modelo proposto, a Cia. Alfa teria registrado na Parte B do e-LALUR R$ 425.000 de prejuízo fiscal (e base negativa de CSLL no e-LACS) ao final de 2023, prejuízo que não aconteceria se a apuração fosse feita anualmente.

A sugestão seria permitir a apuração nos 2º, 3º e 4º trimestres, considerando o resultado acumulado, de modo a minimizar esse tipo de caso. Daria só um pouco mais de trabalho para a empresa, mas eliminaria o risco. No ano de 2022, mesmo a empresa tendo desembolsado já o valor de R$ 522.000 nos três primeiros trimestres, como o IR devido anual (considerando o 4º trimestre) foi R$ 426.000, o valor de R$ 96.000 (522 – 426) seria registrado no ativo no fechamento das DFs de 2022, em conta de IR a Recuperar, podendo ser compensado com os tributos federais mediante os instrumentos de compensação permitidos pela RFB. O ideal, sinceramente,

TABELA 19.11

CIA. MATA	1º TRI	2º TRI	3º TRI	4º TRI	SOMA DO ANO
LAIR	40.000	320.000	320.000	320.000	1.000.000
IR – 15%	6.000	48.000	48.000	48.000	150.000
IR – 10%	–	26.000	26.000	26.000	78.000
IR – TOTAL	6.000	74.000	74.000	74.000	228.000

TABELA 19.12

CIA. ALFA – 2022	1º TRI	2º TRI	3º TRI	4º TRI	SOMA DO ANO
LAIR	1.000.000	1.000.000	1.000.000	(500.000)	2.500.000
CSLL – 9%	90.000	90.000	90.000	–	270.000
IR – 15%	150.000	150.000	150.000	–	450.000
IR – 10%	94.000	94.000	94.000	–	282.000
IR – TOTAL	234.000	234.000	234.000	–	732.000

TABELA 19.13

CIA. ALFA – 2023	1º TRI	2º TRI	3º TRI	4º TRI	SOMA DO ANO
LAIR	(50.000)	(50.000)	(50.000)	250.000	100.000
(–) COMP. PF	–	–	–	**(225.000)***	–
LUCRO FISCAL	(50.000)	(50.000)	(50.000)	25.000	25.000
CSLL – 9%	–	–	–	2.250	2.250
IR – 15%	–	–	–	3.750	3.750
IR – 10%	–	–	–	–	–
IR – TOTAL	–	–	–	3.750	3.750

* Primeiro, foram compensados integralmente os prejuízos dos três trimestres anteriores (150.000) e depois, foi compensado o prejuízo do 4º trimestre de 2022, mas só 30% do lucro líquido ajustado de R$ 250.000, que deu R$ 75.000. Assim, a compensação total permitida foi R$ 225.000 (150 + 75).

TABELA 19.14

CIA. ALFA - 2022	ANUAL	TRIMESTRAL	PG. A + NO TRIMESTRAL
LAIR	2.500.000	2.500.000	
CSLL - 9%	225.000	270.000	40.000
IR - 15%	375.000	375.000	40.000
IR - 10%	226.000	282.000	56.000
IR - TOTAL	426.000	522.000	96.000

CIA. ALFA - 2023	ANUAL	TRIMESTRAL	PG. A + NO ANUAL
LAIR	100.000	100.000	
CSLL - 8%	8.000	2.000	6.000
IR - 8%	8.000	2.000	6.000
IR - 10%	–	–	–
IR - TOTAL	8.000	2.000	6.000

seria a RFB creditar esse valor de R$ 96.000 na conta corrente da Cia. Alfa na mesma data do vencimento do IR do 4º trimestre. Recebeu mais do que deveria, imposto devolvido. Simples assim. Será que um dia chegaremos a esse nível de civilização tributária por parte do Fisco?

No fechamento desta edição (dezembro de 2021), a sinalização era de não aprovação pelo Senado Federal das mudanças para o IRPJ aprovadas pela Câmara dos Deputados no PL nº 2.337/21, o que será uma perda qualitativa para as empresas e os profissionais da contabilidade. De qualquer forma, optei por deixar essa explicação aqui no livro, pois o PL, se não aprovado em 2021, pode retornar em 2022 e precisa de pequenos ajustes para corrigir distorções, conforme pode ser observados nos números apresentados.

19.10 Absorção da leitura: quinze questões de múltipla escolha

Recomenda-se fazer as questões pelo menos um dia depois da leitura do capítulo.

Q1

Adição ao lucro líquido pode representar:

(A) Despesa aceita na contabilidade e não aceita pelo Fisco.

(B) Despesa aceita na contabilidade e aceita pelo Fisco.

(C) Despesa não aceita na contabilidade e aceita pelo Fisco.

(D) Despesa não aceita na contabilidade e não aceita pelo Fisco.

(E) Ajuste de período anterior efetuado apenas na Parte A do LALUR.

Q2

Em relação ao controle dos resultados não operacionais, é correto afirmar que a empresa pagará IR de R$ 15 (alíquota de 15%), caso apresente:

(A) Prejuízo total de R$ 60 antes de IR e CSLL, mas resultado não operacional positivo de R$ 100.

(B) Lucro operacional de R$ 100 e resultado não operacional negativo de R$ 30, com LAIR de R$ 70.

(C) Lucro operacional de R$ 100, com qualquer resultado não operacional positivo.

(D) Lucro não operacional de R$ 100, com qualquer resultado operacional positivo.

(E) Lucro operacional de R$ 150 e resultado não operacional negativo de R$ 50.

Q3

A Cia. Mata tem prejuízo contábil no 1º ano de suas atividades no valor de R$ 340. No prejuízo estão incluídas receitas não tributáveis (MEP) no valor de R$ 40. No 2º ano, apresenta lucro contábil de R$ 1.000, incluindo despesas não dedutíveis de R$ 200. O IR devido (15%) no 2º ano será:

(A) R$ 105.

(B) R$ 123.

(C) R$ 126.

(D) R$ 129.

(E) R$ 135.

Q4

A Cia. Roma iniciou suas atividades em 27 de fevereiro de 2021, optando pelo lucro real anual. Seu lucro contábil no ano foi de R$ 245.000, incluindo resultado negativo de participação em controladas de R$ 5.000. O IR total devido no ano de 2021, em R$, atingiu:

(A) 36.000.

(B) 38.000.

(C) 38.500.

(D) 40.500.

(E) 42.500.

Q5 (Prefeitura de Angra dos Reis - Contador - Fesp/2002)

O LALUR é um livro:

(A) Contábil, que registra os lançamentos contábeis.

(B) Fiscal e contábil, exigido para comprovar o resultado apurado e divulgado pelas empresas brasileiras.

(C) Fiscal, que apura o lucro real ou presumido das empresas.

(D) Fiscal, que registra e controla a ligação entre o resultado apurado na contabilidade e o exigido pelo Fisco.

Q6

Uma empresa apresenta no mesmo ano os seguintes dados:

Prejuízo contábil	R$ 40
Lucro fiscal	R$ 25

Sabendo que possui exclusões ao lucro líquido no valor de R$ 11, informe o valor das adições ao lucro líquido desta empresa:

(A) R$ 15.

(B) R$ 26.

(C) R$ 54.

(D) R$ 65.

(E) R$ 76.

Q7 (Analista Tributário Pleno PUC-PR - COPEL)

Quanto ao LALUR, é **INCORRETO** afirmar:

(A) Todas as Pessoas Jurídicas contribuintes do IR estão obrigadas à sua escrituração.

(B) É dispensado seu registro em qualquer órgão ou repartição.

(C) Na Parte B, deve ser registrado eventual excesso de incentivo fiscal ao PAT apurado no ano.

(D) É um livro de natureza eminentemente fiscal e destinado à apuração extracontábil do lucro real.

(E) Possui elementos que poderão afetar o resultado de períodos de apuração futuros.

Q8

A Cia. Selva apresentou no ano de 2021 um lucro contábil antes de IR e CSLL no valor de R$ 5.000. O Setor de Tributos analisou detalhadamente este resultado e apresentou as seguintes informações para cálculo desses tributos:

- Despesas não dedutíveis R$ 400
- Receitas não tributáveis R$ 600
- Prejuízo fiscal de anos anteriores R$ 1.540

O IR devido no ano, com alíquota de 15%, será:

(A) R$ 489.

(B) R$ 504.

(C) R$ 525.

(D) R$ 546.

(E) R$ 549.

Q9

Sabemos que determinada empresa tem a CSLL (alíquota de 9%) devida no valor de R$ 693, considerando a utilização do máximo permitido como compensação de prejuízos fiscais (30%) tanto para o IR como para a CSLL. Sabemos também que a base do IR é praticamente idêntica à base da CSLL, exceto em relação a uma adição efetuada apenas na base do IR de R$ 200. O IR (15%) devido será:

(A) R$ 1.176.

(B) R$ 1.185.

(C) R$ 1.650.

(D) R$ 1.680.

Q10 - Petrobras

Uma empresa possui saldo de prejuízos fiscais de R$ 1.000,00, registrados na Parte B do LALUR e apresenta, no ano, um lucro antes do IR de R$ 3.000,00, incluindo resultado positivo de participação em controladas e coligadas (equivalência patrimonial) no valor de R$ 200,00. O IR (alíquota de 15%), atendendo as regras da legislação fiscal, será, em R$:

(A) 270,00.

(B) 294,00.

(C) 300,00.

(D) 315,00.

(E) 375,00.

Q11

Empresa tributada pelo lucro real apresenta prejuízo em x1 de R$ 200, sendo R$ 300 de prejuízo não operacional e R$ 100 de lucros operacionais. Em x2, apresentou lucro antes do IR de R$ 400, sendo R$ 140 de lucro não operacional e R$ 260 de lucro operacional. Em x3, apresentou lucro de R$ 200, sendo R$ 20 de lucro não operacional e o restante, R$ 180, de operacional. O IR devido (com alíquota de 8%) em x3, em reais, será:

(A) 112,00.

(B) 128,00.

(C) 144,00.

(D) 155,20.

(E) 160,00.

Q12

Para fins de controle, será considerado não operacional:

(A) O resultado financeiro e os ganhos e as perdas com venda de bens do ativo imobilizado.

(B) O resultado financeiro e os ganhos e as perdas com venda de bens do ativo permanente.

(C) Apenas o resultado financeiro das empresas.

(D) Apenas os ganhos e as perdas com venda de bens do ativo imobilizado.

(E) Apenas os ganhos e as perdas com venda de bens do ativo investimentos, imobilizado e intangível.

Q13

Uma empresa tem prejuízo total de R$ 25 em x1, sendo R$ 5 da atividade operacional e R$ 20 com atividades não operacionais. No ano seguinte (x2), a empresa obtém um lucro total de R$ 80, sendo R$ 64 com atividades não operacionais e R$ 16 das atividades operacionais.

Portanto, o prejuízo fiscal total compensado em x2, juntando atividades operacionais e não operacionais, monta:

(A) R$ 25,00.

(B) R$ 24,80.

(C) R$ 24,00.

(D) R$ 21,00.

(E) R$ 7,50.

Q14

A Cia. Ruela apresentou um prejuízo de R$ 70 em x1, estando incluso neste resultado um prejuízo de R$ 80 na venda de um terreno. Em x2, a Cia. Ruela apresentou um lucro antes do IR + CSLL de R$ 80, sendo 25% oriundo das atividades não operacionais. Com estes dados, o lucro real (base do IR) apurado em x2 monta:

(A) R$ 49.

(B) R$ 56.

(C) R$ 60.

(D) R$ 74.

(E) R$ 80.

Q15

Se uma empresa apresentar o seguinte resultado no 1º trimestre de 2022:

- Lucro nas atividades operacionais de R$ 130
- Prejuízo nas atividades **não** operacionais de R$ 40
- Lucro antes de IR + CSLL de R$ 90

Neste caso, a base de cálculo da CSLL (lucro real) será:

(A) Uma estimativa entre R$ 90 e R$ 130, definida pela RFB.

(B) De R$ 50, deduzindo o prejuízo não operacional do lucro total.

(C) De R$ 90, já que o prejuízo não operacional foi consumido pelo lucro operacional.

(D) De R$ 91, descontando 30% do prejuízo não operacional apresentado no trimestre.

(E) De R$ 130, pois os resultados devem ser separados.

O Gabarito das questões está disponível no final do livro, após o Anexo.

20

DESPESAS DEDUTÍVEIS E NÃO DEDUTÍVEIS

OBJETIVO DO CAPÍTULO

Neste capítulo, serão apresentadas as principais despesas das empresas, com análise da dedução ou não pela legislação fiscal, principalmente as despesas não dedutíveis, que representam adições definitivas e temporárias nas bases de IR e CSLL. Ao final do capítulo, será possível:

- Conhecer a regra geral para que uma despesa seja dedutível para fins fiscais.
- Entender os métodos e critérios de avaliação de estoques reconhecidos pelo Fisco, diferenciando-os dos não aceitos.
- Compreender a necessidade do reconhecimento de algumas provisões, que devem ser feitas pelas empresas, mesmo sem permissão imediata de dedução por parte do Fisco.
- Identificar as principais despesas não dedutíveis, refletindo sobre os motivos que levaram o Fisco a não permitir sua dedução na base fiscal.
- Entender os detalhes sobre despesas dedutíveis e indedutíveis previstos na Lei nº 12.973/2014.

20.1 Contabilidade e Fisco: integração desde 1977

A contabilidade e o Fisco se associaram em 1977, quando da edição do Decreto-lei nº 1.598/77, que definiu a forma de cobrança do IR das pessoas jurídicas, fazendo a integração da legislação tributária com a legislação contábil-societária (Lei nº 6.404/76). O art. 7º do citado normativo fiscal diz que o lucro real será apurado conforme a escrituração contábil do contribuinte, logicamente com ajustes determinados pela legislação fiscal.

Contabilidade e Fisco têm formas diferentes de apurar resultado de uma entidade empresarial, ou seja, de tributar receitas e permitir dedução de despesas. A contabilidade tem todo um jeito emotivo de apurar despesas, vinculando-as às receitas produzidas e utilizando seus princípios fundamentais como esteio. Por outro lado, o Fisco permite uma despesa em sua base se ela atender regras básicas, sendo a principal a vinculação com a atividade da empresa (despesa necessária, fundamental para a manutenção da fonte produtora), além do pagamento ou firme compromisso de pagar.

Este (longo) capítulo vem apresentar as principais despesas de uma entidade empresarial e os critérios para que a despesa seja ou não considerada dedutível para fins fiscais.

20.2 Regra geral para dedutibilidade de despesas

Conforme apresentado no Capítulo 4 do livro, toda empresa pode utilizar recursos naturais, materiais, humanos e tecnológicos para exercer sua atividade empresarial e, assim, obter as receitas que representam a base de sustentação do negócio. Esses dispêndios foram, são ou serão despesas conforme refinada técnica contábil sintetizada pelo regime de competência.

A legislação tributária tem um padrão para considerar essas despesas como aceitas para reduzir as receitas e, assim, chegar ao lucro tributável, que será a base para cobrança de IR e CSLL. De forma básica, a despesa precisa seguir a lógica contábil do regime de competência, ter comprovação documental e, principalmente, guardar relação direta ou indireta com a exploração da atividade empresarial, ou seja, a despesa precisa ser necessária, fundamental para a empresa tocar seu dia a dia.

Assim, o art. 311 do Regulamento do Imposto de Renda (RIR) de 2018[1] considera como despesas operacionais aquelas NECESSÁRIAS à atividade da empresa e à manutenção da respectiva fonte produtora.

São necessárias as despesas pagas ou incorridas para realização das transações ou operações usuais e normais, exigidas e integradas pela atividade da empresa.

Chama atenção o uso do termo DESPESA INCORRIDA, que é utilizado por 15 vezes no RIR/2018. O didático, técnico e competente Prof. Edmar Andrade Filho, em sua clássica obra *Imposto de Renda das Empresas*,[2] nos ensina:

> *"o que habilita um gasto a ser considerado dedutível é a sua existência e a certeza, que são fatores importantes para a correta aplicação do regime de competência. Despesa dedutível é despesa incorrida".*

O Prof. Edmar faz relevante citação de antiga lição de Sampaio Dória,[3] onde despesa incorrida é aquela que atende aos seguintes requisitos:

a) resulte de obrigação formalmente contratada, líquida e certa, vencida ou não;
b) seja precisamente quantificável;
c) independa de evento futuro e incerto, que possa eliminar a respectiva obrigação, verificando-se automaticamente seu vencimento (decurso de prazo, para exemplificar);
d) possua titular (credor) identificado precisamente.

Portanto, despesa INCORRIDA é aquela que é líquida, certa, precisa. Por exemplo, suponha que um ex-empregado aciona a justiça do trabalho em 2021, solicitando R$ 100 mil de complemento na rescisão, a título de horas extras. A empresa, por orientação jurídica, registra sua despesa em R$ 50 mil, com uma provisão correspondente no passivo. Não há DESPESA INCORRIDA, sendo o valor adicionado nas bases de IR e CSLL, pois não atende ao primeiro requisito e talvez nem aos dois seguintes. Suponha que no ano seguinte, no julgamento, em JAN/2022 seja proposto e aceito um acordo para a empresa pagar ao empregado o valor de R$ 50 mil, em 10 parcelas mensais de R$ 5 mil (sem atualização monetária). Neste caso, a empresa deve fazer a permuta de contas do passivo, liquidando a provisão originalmente reconhecida, criando conta contábil denominada INDENIZAÇÕES TRABALHISTAS A PAGAR (aceita-se nome similar, a critério). No dia da homologação judicial do acordo, a despesa de R$ 50 mil tornar-se-á INCORRIDA, pois terá cumprido os quatro requisitos ensinados pelo Prof. Sampaio Dória.

Além das situações que serão descritas no capítulo, todas as demais despesas que não preencherem as condições previstas no art. 311 do RIR/2018, são consideradas não dedutíveis pelo Fisco, sendo caracterizadas, principalmente, como desnecessárias para manutenção da atividade empresarial.

Algumas despesas não são aceitas pelo Fisco no momento, mas o serão no futuro. É o caso de provisões que representam despesas diversas como perdas por inadimplência, indenizações trabalhistas, ressarcimentos na esfera civil e aquelas referentes a cobertura de garantia na venda de bens e serviços ou de manutenção e outras. Elas representam despesas necessárias, integradas à atividade empresarial. A provisão sinaliza estimativa de gastos futuros, com incerteza de valor e prazo, com o Fisco não permitindo sua dedução, pois entende que a despesa ou a perda não foi paga ou incorrida. Porém, entende que a despesa poderá ser dedutível na frente, quando a despesa referente à provisão realizada se confirmar (ou não). Estas adições são consideradas TEMPORÁRIAS, pois não há discussão sobre o mérito do gasto. Assim, Fisco e Contabilidade entendem e concordam com a despesa, mas em períodos diferentes e, talvez, com valores diferentes.

Já as despesas que não são aceitas em função da divergência de mérito, como os brindes, são consideradas

---

[1] Decreto nº 9.580/2018.

[2] ANDRADE FILHO, Edmar Oliveira. *Imposto de Renda das Empresas*. 9. ed. São Paulo: Atlas, 2012. p. 166.

[3] DÓRIA, Antônio Roberto Sampaio. O regime de competência no imposto de renda e deduções de juros contratados. *Revista de Estudos Tributários*, São Paulo: IBET/Resenha Tributária, n. 3, p. 24, 1979.

como ADIÇÕES PERMANENTES ou DEFINITIVAS, com a contabilidade registrando a despesa, mas o Fisco não a permitindo.

As despesas que a contabilidade registra e a legislação tributária entende como não necessárias para a manutenção da fonte produtora das entidades empresariais devem ser adicionadas nas bases do imposto de renda e da contribuição social.

As QUATRO REGRAS BÁSICAS, CUMULATIVAS, para DEDUTIBILIDADE DAS DESPESAS são as seguintes:

1ª REGRA	SEREM DESPESAS NECESSÁRIAS
2ª REGRA	SEREM COMPROVADAS E ESCRITURADAS.
3ª REGRA	SEREM DEBITADAS NO PERÍODO-BASE COMPETENTE
4ª REGRA	NÃO SEREM COMPUTADAS NOS CUSTOS (ESTOQUE)

A seguir serão descritas diversas situações de despesas dedutíveis e não dedutíveis. Contudo, é sempre oportuno lembrar que a relação não é exaustiva, sugerindo a você fazer consulta à legislação para verificar e confirmar se a despesa tem sua dedução proibida ou não. Além disso, toda despesa, mesmo sem proibição em lei, deve se enquadrar de forma cumulativa nas quatro regras básicas descritas.

20.2.1 Comprovação de despesas

As despesas devem ser comprovadas, sendo necessário inicialmente que estejam registradas regularmente na escrituração contábil, com detalhes que permitam a correta identificação da operação efetuada. As despesas devem ser documentadas, com notas fiscais, faturas, recibos, enfim, algum indício que leve a identificar, com precisão, o bem ou serviço adquirido, seu valor e o fornecedor.

A comprovação da despesa apenas com o cheque nominativo é insuficiente. Os documentos de empresas sem existência de fato também não são aceitos como despesa dedutível. Assim, se a empresa presentear os empregados com uma festinha de aniversariantes do mês e adquirir bolos e salgadinhos de uma empresa sem registro no CNPJ, esta despesa não será aceita como dedução para fins fiscais. Se o fornecedor for uma pessoa física, não haverá problema quanto à dedutibilidade, ficando a empresa tomadora obrigada a identificar o fornecedor e, dependendo do valor, efetuar a retenção do imposto de renda na fonte, além dos encargos previdenciários. Atualmente, mesmo os pequenos comerciantes têm CNPJ, ainda que atuem como Microempreendedor Individual (MEI), podendo emitir nota fiscal, quando seus produtos forem adquiridos por empresas.

20.2.2 Rateio de despesas

É comum também o rateio de despesas entre empresas do mesmo grupo econômico, assim como o reembolso de despesas entre estas empresas. No caso de rateio de despesas, recomenda-se a elaboração de contrato, indicando claramente os critérios adotados e as empresas envolvidas.

No caso de reembolso de despesa, deve-se tomar cuidado para não caracterizá-lo como prestação de serviços, base para PIS e COFINS e até ISS.

20.2.3 SPED e a Nota fiscal eletrônica

O Sistema Público de Escrituração Digital (SPED) inclui os programas de Nota Fiscal Eletrônica e Nota Fiscal de Serviços Eletrônica, que vem sendo desenvolvido em conjunto com as Secretarias de Fazenda dos estados e municípios.

O projeto possibilita os seguintes benefícios e vantagens às partes envolvidas:

- aumento na confiabilidade da Nota Fiscal;
- melhoria no processo de controle fiscal, possibilitando um melhor intercâmbio e compartilhamento de informações entre os fiscos;
- redução de custos no processo de controle das notas fiscais capturadas pela fiscalização de mercadorias em trânsito;
- diminuição da sonegação e aumento da arrecadação;
- suporte aos projetos de escrituração eletrônica contábil e fiscal da Receita Federal e demais Secretarias de Fazenda estaduais;
- fortalecimento da integração entre os fiscos, facilitando a fiscalização realizada pelas Administrações Tributárias em razão do compartilhamento das informações das NF-e;
- rapidez no acesso às informações;
- eliminação do papel;

- aumento da produtividade da auditoria a partir da eliminação dos passos para coleta dos arquivos; e
- possibilidade do cruzamento eletrônico de informações.

20.3 Custo das mercadorias e produtos vendidos

Os estoques representam um grupo de contas de grande importância na maioria das empresas industriais e comerciais, normalmente com saldos relevantes, tanto no balanço patrimonial, onde são classificados no ativo, como na demonstração do resultado do exercício, onde são registrados os custos das mercadorias e produtos vendidos.

A legislação fiscal tem suas exigências específicas para aceitar o registro do custo das mercadorias e, principalmente, dos produtos vendidos. O adequado controle dos estoques é fundamental para correta apuração do resultado de determinado período. O sucesso ou o fracasso de uma entidade empresarial pode ser avaliado de maneira equivocada, levando algumas vezes o proprietário a tomar (ou deixar de tomar)medidas por informações irreais.

As empresas industriais que não possuem contabilidade de custos integrada na contabilidade principal ficam sempre em dúvida quanto ao lucro ou prejuízo efetivamente gerado pelo negócio.

20.3.1 Os estoques na contabilidade (CPC Nº 16)

O Pronunciamento nº 16 do CPC foi confirmado pela Deliberação CVM nº 575/2009, que traz a definição dos itens registrados em estoque. São eles:

a) mantidos para venda no curso normal dos negócios;
b) em processo de produção para essa venda; ou
c) na forma de materiais ou suprimentos, a serem consumidos ou transformados no processo de produção ou na prestação de serviços.

A regra básica do custo ou mercado, dos dois o menor permanece, com a novidade referente ao uso do termo VALOR REALIZÁVEL LÍQUIDO, em lugar de valor de mercado. O VALOR REALIZÁVEL LÍQUIDO é o preço de venda estimado no curso normal dos negócios deduzido dos custos estimados para sua conclusão e dos gastos estimados necessários para se concretizar a venda.

Os estoques compreendem bens adquiridos e destinados à venda, incluindo, por exemplo, mercadorias compradas por um varejista para revenda ou terrenos e outros imóveis para revenda. Os estoques também compreendem produtos acabados e produtos em processo de produção pela entidade e incluem matérias-primas e materiais aguardando utilização no processo de produção, tais como: componentes, embalagens e material de consumo.

Especial atenção merece o tratamento preconizado no caso de um prestador de serviços, quando os estoques incluem os custos do serviço para o qual a entidade ainda não tenha reconhecido a respectiva receita. Isso ocorre quando o serviço só é totalmente ganho por ocasião da entrega de um relatório ou um *software*, por exemplo.

Na medida em que os prestadores de serviços tenham estoques de serviços em andamento, eles os mensuram pelos custos da sua produção. Esses custos consistem principalmente em mão de obra e outros custos com o pessoal diretamente envolvido na prestação dos serviços, incluindo o pessoal de supervisão, o material utilizado e os custos indiretos atribuíveis. Já os salários e outros gastos relacionados com as vendas e com o pessoal geral administrativo não são incluídos no custo, mas reconhecidos como despesas do período em que são incorridos. O custo dos estoques de um prestador de serviços não inclui as margens de lucro nem os gastos gerais não atribuíveis que são frequentemente incluídos nos preços cobrados pelos prestadores de serviços.

O valor de custo dos estoques deve incluir todos os custos de aquisição e de transformação, bem como outros custos incorridos para trazer os estoques à sua condição e localização atuais.

O custo de aquisição dos estoques compreende o preço de compra, os impostos de importação e outros tributos (exceto os recuperáveis junto ao Fisco), bem como os gastos com transporte, seguro, manuseio e outros diretamente atribuíveis à aquisição de produtos acabados, materiais e serviços. Descontos comerciais (incondicionais), abatimentos e outros itens semelhantes são deduzidos na determinação do custo de aquisição.

Os custos de transformação de estoques incluem aqueles diretamente relacionados com as unidades produzidas ou com as linhas de produção, tais como mão de obra direta. Também incluem a alocação sistemática de custos indiretos de produção, fixos e variáveis, que sejam incorridos para transformar os materiais em produtos acabados. Os custos indiretos de produção fixos são aqueles que permanecem relativamente constantes independentemente do volume de produção, tais como a depreciação e manutenção de edifícios e instalações fabris, algumas máquinas e equipamentos e os custos de administração da fábrica. Os custos indiretos de produção variáveis são aqueles que variam diretamente, ou quase diretamente, com o volume de produção, tais como materiais indiretos e certos tipos de mão de obra indireta.

A alocação de custos fixos indiretos de fabricação às unidades produzidas é baseada na capacidade normal de produção. A capacidade normal é a produção média que se espera atingir ao longo de vários períodos em circunstâncias normais; com isso, leva-se em consideração, para a determinação dessa capacidade normal, a parcela da capacidade total não utilizada por causa de manutenção preventiva, de férias coletivas e de outros eventos semelhantes considerados normais para a entidade. O nível real de produção pode ser usado se aproximar-se da capacidade normal. Como consequência, o valor do custo fixo alocado a cada unidade produzida não pode ser aumentado por causa de um baixo volume de produção ou ociosidade. Os custos fixos não alocados aos produtos são reconhecidos diretamente como despesa no período em que são incorridos. Em períodos de anormal alto volume de produção, o montante de custo fixo alocado a cada unidade produzida é diminuído, de maneira que os estoques não sejam mensurados acima do custo. Os custos indiretos de produção variáveis são alocados a cada unidade produzida com base no uso real dos insumos variáveis de produção, ou seja, na capacidade real utilizada.

Assim, os custos fixos relativos à capacidade não utilizada, em função de volume de produção inferior ao normal, devem ser registrados como despesas no período em que são incorridos, não podendo ser alocados aos estoques.

Não devem ser incluídos em estoques, sendo reconhecidos como despesa do período em que são incorridos:

a) valor anormal de desperdício de materiais, mão de obra ou outros insumos de produção;
b) gastos com armazenamento, a menos que sejam necessários ao processo produtivo, como entre uma e outra fase de produção;
c) despesas administrativas que não contribuem para trazer os estoques ao seu local e condição atuais; e
d) despesas de comercialização, incluindo a venda e a entrega dos bens e serviços aos clientes.

Os estoques de produtos agrícolas colhidos a partir de ativos biológicos são mensurados no reconhecimento inicial pelo seu valor justo deduzido dos gastos estimados no ponto de venda no momento da colheita. Assim, a cana-de-açúcar de uma usina deve ser mensurada a valor justo e não a valor de custo no momento da colheita e posterior remessa à usina para moagem a transformação em açúcar e álcool.

Há outras formas previstas para mensuração do custo de estoques, tais como o custo-padrão ou o método de varejo, que podem ser usadas por conveniência se os resultados se aproximarem do custo.

O custo-padrão leva em consideração os níveis normais de utilização dos materiais e bens de consumo, da mão de obra e da eficiência na utilização da capacidade produtiva. Ele é regularmente revisto à luz das condições correntes.

Já o método de varejo é muitas vezes usado no setor de varejo para mensurar estoques de grande quantidade de itens que mudam rapidamente, itens que têm margens semelhantes e para os quais não é praticável usar outros métodos de custeio. O custo do estoque é determinado pela redução do seu preço de venda na percentagem apropriada da margem bruta. A percentagem usada leva em consideração o estoque que tenha tido seu preço de venda reduzido abaixo do preço de venda original. É usada muitas vezes uma percentagem média para cada departamento de varejo.

A avaliação individual é permitida para bens com características peculiares. É o caso, por exemplo, de uma agência de automóveis. Mesmo que a empresa tenha cinco veículos da mesma marca, modelo, ano, com os mesmos acessórios, a avaliação será feita individualmente, por meio do chassi.

A avaliação dos estoques pode ser feita pelos métodos PEPS (primeiro a entrar, primeiro a sair) ou custo médio. O UEPS (último a entrar, primeiro a sair), que já não era permitido pela legislação fiscal, teve sua utilização proibida também na legislação contábil.

20.3.2 Compra de estoques a prazo e registro de AVP

Há situações em que os estoques são adquiridos a prazo, em condições que representem, efetivamente, um elemento de financiamento, sinalizando uma diferença entre o preço de aquisição em condição normal de pagamento e o valor pago. No caso, tanto o estoque quanto a conta de fornecedores devem ser trazidos a valor presente. A apropriação dos juros no estoque será reconhecida em custo das vendas conforme sua realização, enquanto o ajuste a valor presente de fornecedores será reconhecido em despesa financeira entre o período da compra e do recebimento. Veja um exemplo numérico.

A Cia. Roxa é uma empresa comercial e adquire, no último dia de JAN/x1, um produto W (para revenda) por R$ 1.000, para pagamento no último dia de ABR/x1. Admitindo que outro fornecedor negocie o mesmo produto à vista por R$ 940, deverá a empresa efetuar o seguinte registro na aquisição da matéria-prima:

AQUISIÇÃO DO ESTOQUE EM JAN/X1

DÉBITO: Estoques
CRÉDITO: Fornecedores 1.000

DÉBITO: Fornecedores – AVP
CRÉDITO: Estoques – AVP 60

Admita que o estoque seja vendido metade em FEV/x1 e metade em MAR/x1, por R$ 600 em cada mês, à vista. E, para fins didáticos, será feita a apropriação dos juros pelo método linear, utilizando juros simples.

VENDAS MENSAIS REALIZADAS EM FEV/X1 E MAR/X1

DÉBITO: Caixa
CRÉDITO: Receita bruta 600

DÉBITO: CMV
CRÉDITO: Estoques 500

DÉBITO: Estoques – AVP
CRÉDITO: CMV 30

APROPRIAÇÃO MENSAL DE JUROS EM FEV/X1, MAR/X1 E ABR/X1

DÉBITO: Despesa financeira AVP
CRÉDITO: Fornecedores – AVP 20

PAGAMENTO DOS FORNECEDORES EM ABR/X1

DÉBITO: Fornecedores
CRÉDITO: Caixa 1.000

Na apuração do resultado ao final de ABR/x1 da Cia. Roxa (Tabela 20.1), considerando somente os dados apresentados, teríamos a seguinte DRE, por mês:

TABELA 20.1

RESULTADO DE X1	FEV	MAR	ABR	TRIMESTRE
RECEITA BRUTA	600	600	–	1.200
(–) CMV	(470)	(470)		(940)
(–) DESP. FINANCEIRA	(20)	(20)	(20)	(60)
LUCRO ANTES DO IR	110	110	(20)	200

O saldo líquido da conta ESTOQUE, no final de FEV/x1, seria 470, enquanto o saldo líquido da conta FORNECEDORES, no mesmo período, seria R$ 480, por conta da apropriação do AVP, que foi 1/3 na conta do passivo, considerando os três meses entre a venda e o pagamento. Já a apropriação do AVP de estoque foi de 50% do saldo, em função da quantidade vendida.

Não considerei o ICMS na operação, mas a despesa referente ao imposto deveria acompanhar as respectivas contas de resultado, com ajuste em ICMS diferido, se fosse o caso.

As bases do IR e da CSLL nos exemplos citados seriam apuradas, conforme a Tabela 20.2.

TABELA 20.2

CÁLCULO DE IR+CSLL	FEV	MAR	ABR
LUCRO ANTES DO IR	110	110	(20)
(+) Adição AVP – Fornecedores	20	20	20
(–) Exclusão AVP – Estoques	(30)	(30)	–
LUCRO ANTES DO IR	100	100	–

Observem que não há qualquer efeito de ajuste a valor presente nas bases de IR e CSLL, sendo as adições e exclusões citadas controladas na Parte B do LALUR.

20.3.3 Apuração do custo em empresas comerciais

Nas empresas comerciais, a apuração do custo das mercadorias vendidas é aparentemente mais simples, em comparação com a apuração do custo dos produtos vendidos nas indústrias.

Embora você, que vem acompanhando o livro desde o início, já deva ter lido em capítulos anteriores, vale a pena relembrar como funciona a aquisição de mercadorias nas empresas comerciais. Uma empresa que compre um produto por R$ 100, com ICMS de 18% (incluído no preço de R$ 100) e IPI de 10% (acrescido ao valor do produto), faz o seguinte registro em sua contabilidade:

Débito:	Estoque	92
Débito:	ICMS a recuperar	18
Crédito:	Fornecedores (ou caixa)	110

O ICMS não integra o custo da mercadoria, pois é um imposto indireto e que será recuperado, conforme ratificado pela IN SRF nº 51/78. Já o IPI, como a empresa comercial não é contribuinte, será integrado ao preço de compra da mercadoria. O mesmo aconteceria com o imposto de importação, se a empresa adquirisse produto importado.

Os gastos com transporte e seguro até o estabelecimento da empresa também integram o custo da mercadoria, não podendo ser registrados como despesa, mesmo para fins fiscais. Se a empresa resolver registrar o frete cobrado pelo fornecedor em despesa, deverá adicionar este valor no LALUR, controlar na Parte B, e excluir no momento da venda. Dá muito menos trabalho incluir o frete no valor do estoque, além de ser o procedimento mais adequado, conforme os princípios de contabilidade e os pronunciamentos emitidos pelo CPC.

Os estoques podem ter inventário periódico ou permanente, com a legislação fiscal aceitando as duas formas, desde que sejam apurados de acordo com o livro de inventário de estoques: os métodos PEPS e custo médio, não aceitando o método UEPS.

Apenas para relembrar como funcionam os métodos PEPS, UEPS e custo médio, segue um exemplo didático simplificado.

A Cia. Engenho é uma empresa comercial cuja atividade é de compra e revenda de mesas, sem estoque inicial. Em JAN/x1, realizou as seguintes operações:

Dia 5	–	Compra de cinco unidades por R$ 10 cada
Dia 15	–	Compra de cinco unidades por R$ 12 cada
Dia 22	–	Venda de quatro unidades por R$ 15 cada

Na Tabela 20.3, veja o resultado da empresa apurado pelos três métodos: PEPS, UEPS e custo médio. Veja que o PEPS registra o maior lucro, enquanto o UEPS registra o menor lucro, razão pela qual ele não é reconhecido pela legislação fiscal como método para avaliação dos estoques (principalmente em função da época de elevadas taxas inflacionárias, onde o valor de entrada era sempre bem maior que o valor anterior).

TABELA 20.3 Resultado da Cia. Engenho – PEPS, UEPS e custo médio

CIA. ENGENHO	PEPS	CUSTO MÉDIO	UEPS
Receita de vendas	60	60	60
(–) Custo das mercadorias vendidas	(40)	(44)	(48)
Lucro bruto	20	16	12
Saldo dos estoques em 31/JAN/x1	70	66	62

O Parecer Normativo nº 6/79 permite o registro das saídas apenas no fim de cada mês, desde que avaliadas pelo preço médio que, sem considerar o lançamento de baixa, se verificar naquele mês.

As empresas que não tiverem registro permanente de seu estoque não poderão fazer o inventário de mercadorias pelo preço médio. No caso, a empresa deverá fazer a contagem física dos estoques ao final do período de apuração e avaliá-los pelo preço das últimas entradas. Portanto, conhecido o valor do estoque final, o CMV será encontrado aplicando a famosa fórmula **EI + Compras – EF**.

20.3.4 Custo apurado por empresas industriais

A apuração dos custos nas empresas industriais é tarefa das mais complexas, ainda mais se os controles não forem eficientes. Não é objetivo desta obra o aprofundamento na interessante contabilidade de custos, até porque existem ótimos autores que escrevem sobre o tema em nosso país, com destaque para o brilhante Prof. Dr. Eliseu Martins, um dos mais importantes cientistas da contabilidade brasileira. O objetivo do livro é apenas discutir os aspectos fiscais envolvidos e integrados com os aspectos contábeis básicos.

Todos os gastos com o produto devem ser integrados e registrados no resultado, à medida que estes produtos sejam vendidos. Este fato se justifica pela aplicação do princípio do confronto da receita com a despesa.

Devem ser integrados ao estoque os seguintes valores, conforme a aplicação dos princípios de contabilidade e determinação da legislação fiscal:

a) o custo de aquisição das matérias-primas;
b) os produtos intermediários;
c) os materiais de embalagem;
d) outros materiais utilizados na fabricação do produto;
e) o custo de pessoal alocado na produção, inclusive de supervisão direta, manutenção e guarda das instalações de produção. Além desses, devem ser incluídos também no estoque a mão de obra indireta, tais como almoxarifado, recursos humanos, assistentes sociais, enfim, qualquer pessoal de apoio que esteja envolvido apenas com os empregados da fábrica;
f) depreciação, amortização e exaustão dos bens e recursos utilizados na produção; e
g) todos os demais custos indiretos, tais como aluguel da fábrica, energia, água, gastos de telecomunicações e outros utilizados apenas no processo produtivo.

A legislação fiscal permitia a apuração do custo dos produtos vendidos pelo custo real (absorção) ou pelo custo arbitrado, que não tem nada a ver com as formas de tributação do imposto de renda: real, presumido e arbitrado.

O custo real é aceito quando a empresa possui sistema de contabilidade de custos integrado e coordenado com sua escrituração regular.

Esta integração é definida de forma precisa no RIR/2018, no § 2º do art. 306, mas reflete, na verdade, o adequado registro e controle contábil em uma empresa organizada.

Existem alguns métodos de apropriação de custos, sendo os mais conhecidos o método por absorção e o método direto ou variável.

A principal diferença entre eles reside no tratamento dos custos fixos, que o método direto registra em resultado, enquanto no método por absorção eles são integrados ao preço do produto. Para facilitar a sua compreensão, será elaborado um exemplo simplificado, onde será visualizada a diferença entre custeio por absorção e custeio direto ou variável.

A Cia. Cruzado (indústria de despertadores) produziu 10 unidades em MAR/x1, vendendo metade da produção do mês. Sabendo que ela não possui estoque inicial, veja os dados da empresa e verifique no boxe a seguir e na Tabela 20.4 o resultado apurado pelos métodos por absorção e direto.

- Custo fixo – R$ 30
- Custo variável unitário – R$ 5
- Preço de venda unitário – R$ 14
- Despesas fixas – R$ 4
- Despesas variáveis – R$ 6

TABELA 20.4 Resultado da Cia. Cruzado – métodos direto e por absorção

RESULTADO	ABSORÇÃO	DIRETO	DIFERENÇA
Receita de vendas	70	70	0
CPV – Custos fixos	(15)	(30)	15
CPV – Custos variáveis	(25)	(25)	0
Lucro bruto	30	15	15
Despesas	(10)	(10)	0
Lucro operacional	20	5	15

As despesas estão no exercício apenas para alertar que, sendo fixas ou variáveis, devem ser deduzidas das receitas do período, pois seu gasto ou consumo contribuiu para a geração do resultado neste mês, devendo, portanto, nele integrar-se.

Os custos fixos e variáveis, por outro lado, somente devem ser registrados em resultado em função das unidades vendidas, pois o esforço empreendido na produção das unidades ainda em estoque somente contribuirá para gerar receita quando o produto for vendido.

A diferença dos métodos está na apropriação do custo fixo, que é integrado ao produto no método do custeio por absorção, enquanto no método direto ou variável deve ser registrado diretamente em resultado.

A legislação fiscal não permite a utilização do custeio direto ou variável. No caso, se a empresa utilizasse este método de custeio, teria que adicionar a diferença de R$ 15, referente aos custos fixos reconhecidos em resultado antes da apropriação pelo método de custeio por absorção.

A legislação aceita ainda, sob circunstâncias específicas, a adoção do custo-padrão, que é o custo possível de ser obtido dentro de determinadas condições. Em resumo, o custo-padrão é determinado antes da produção. É o custo que deveria ser, caso a estrutura esperada fosse mantida.

20.3.5 Custo arbitrado

O art. 14 do Decreto-lei nº 1.598/77, em seu § 3º, diz que se a escrituração da empresa não estiver integrada com o sistema de custos, o critério arbitrado deverá ser registrado na escrituração comercial da empresa. O critério por arbitramento era utilizado pelo Fisco quando a contabilidade de custos não estava integrada com a contabilidade principal. No caso, o saldo individual de estoque será igual a 70% do maior preço de venda do período. O ICMS está contido neste preço de venda, enquanto o IPI não. Por exemplo, um fabricante de mochilas, cujo maior preço de venda do período seja R$ 100 (mais R$ 10 de IPI, totalizando R$ 110), registrará como estoque de produtos acabados o valor unitário de R$ 70. Já em relação ao custo dos produtos em processo, o contribuinte pode avaliar o estoque utilizando a melhor opção entre:

a) uma vez e meia o maior custo de aquisição de matérias-primas adquiridas no período; ou
b) 56% (referente 80% de 70%) do maior preço de venda do período.

Com isso, os auditores emitem ressalvas no parecer de empresas que utilizam o custo arbitrado para apuração do custo dos produtos vendidos, com o que concordamos. Os percentuais definidos pelo Fisco para fins de arbitramento são elevados, o que pode causar sensível distorção no efetivo resultado apurado pela empresa. Veja um exemplo numérico na sequência, com objetivo de melhorar o entendimento de tema tão complexo.

Suponha que a Cia. ERRE seja uma empresa industrial, que produz X, sendo este produto composto dos seguintes itens:

- matéria-prima Z;
- produtos intermediários;
- mão de obra; e
- embalagem.

Ao final do primeiro ano de atividade, a empresa apresenta na conta de estoque de produtos em elaboração (que inclui matéria-prima + produtos intermediários + mão de obra) o valor de R$ 200.000, referente a 20.000 unidades de X. Para o produto se transformar em produtos acabados, falta apenas adicionar a embalagem, que custa R$ 1,00 por unidade e é adquirida apenas quando o produto for embalado, passando o custo individual de R$ 10 para R$ 11. Não há estoque de embalagens na Cia. ERRE.

Suponha então que a empresa utilize 80% do estoque de produtos em elaboração, embalando 16.000 unidades de X, no valor total de R$ 176.000, correspondendo ao preço de custo de R$ 11,00 cada. Assim, a empresa manteve R$ 40.000 na conta estoques de produtos em elaboração, sendo 4.000 unidades ainda não embaladas.

Suponha ainda que a empresa conseguisse vender, no primeiro ano de atividade, 75% do estoque de produtos acabados, pelo preço unitário de R$ 13,00.

Apurando o resultado pela contabilidade de custos integrada na contabilidade geral, encontramos um lucro de R$ 24.000, apresentado na Tabela 20.5.

TABELA 20.5

RECEITA BRUTA	156.000	12 mil unidades a R$ 13 cada
(–) CUSTO DAS VENDAS (CPV)	(132.000)	12 mil unidades a R$ 11 cada (custo)
LUCRO BRUTO	24.000	

O saldo final do estoque, no caso, seria de R$ 84.000, composto pelos seguintes itens:

- produtos acabados de R$ 44 mil (4.000 unidades por R$ 11, já embaladas e ainda não vendidas); e
- produtos em elaboração de R$ 40 mil (4.000 unidades por R$ 10, ainda não embaladas).

Mas, caso a Cia. ERRE apurasse seu custo pelo critério de arbitramento permitido pelo Fisco, o saldo em estoque seria de R$ 65.520, composto da seguinte forma:

- produtos acabados de R$ 36.400 → 4 mil unidades × R$ 9,10 (70% de R$ 13)
- produtos em elaboração de R$ 29.120 → 4 mil unidades × R$ 7,28 (56% de R$ 13)

Explicando os preços unitários apurados: R$ 9,10 representa 70% do preço de venda de R$ 13,00, enquanto o valor de R$ 7,28 foi obtido pela aplicação de 80% sobre R$ 9,10 ou 56% (80% de 70%) sobre o preço de venda de R$ 13,00. Com isso, o resultado apurado seria o ilustrado na Tabela 20.6.

TABELA 20.6

RECEITA BRUTA	156.000	12 mil unidades a R$ 13 cada
(–) CUSTO DAS VENDAS (CPV)	(150.480)	R$ 216.000 – R$ 65.620
LUCRO BRUTO	5.520	

Percebe-se, no exemplo, uma significativa diferença, beneficiando fiscalmente a empresa, que poderia deduzir como despesa um valor bem maior que o custo efetivamente apurado. Contudo, a apuração do resultado fica prejudicada com o uso do custo arbitrado, tornando a DRE um instrumento meramente com objetivo fiscal.

Com as novas determinações da legislação societária e sua integração com as normas e padrões internacionais, teoricamente a utilização do critério arbitrado para apuração dos custos dos produtos vendidos foi proibida, sendo exigida a integração da contabilidade de custos com a contabilidade societária. Contudo, a opção legal que existia em DEZ/2007 permanece e foi referendada no art. 308 do atual RIR/2018.

20.3.6 QUEBRAS E PERDAS

O RIR/2018 (art. 303) diz que integrará também o custo, e, portanto, será dedutível nas bases do IR e da CSLL o valor das quebras e perdas razoáveis, de acordo com a natureza do bem e da atividade, quando ocorridas na fabricação, no transporte e manuseio. Integram também os custos as quebras ou perdas de estoque por deterioração, obsolescência ou pela ocorrência de riscos não cobertos por seguros, desde que comprovadas:

- por laudo ou certificado de autoridade sanitária ou de segurança, que especifique e identifique as quantidades destruídas ou inutilizadas e as razões da providência;
- por certificado de autoridade competente, nos casos de incêndios, inundações ou outros eventos semelhantes; ou
- mediante laudo de autoridade fiscal chamada a certificar a destruição de bens obsoletos, invendáveis ou danificados, quando não houver valor residual apurável.

O Fisco colocou como regra para permitir a dedutibilidade das quebras e perdas o conceito de razoabilidade, que é subjetivo, com a avaliação cabendo a autoridade fiscal, o que pode ser perigoso e ensejar discussão administrativa e judicial. Um ponto importante é que as quebras/perdas devem ser comprovadas pela empresa e transferidas para despesa incluindo os valores de IPI, ICMS, PIS e COFINS que, eventualmente, foram destacados em contas de tributos a recuperar, que devem ser estornadas no caso. Pela leitura do normativo, entendo que o uso do termo "manuseio" sinaliza que o processo das quebras/perdas de estoque se aplica à atividade comercial e aos demais processos da atividade industrial, como no armazenamento, por exemplo.

Quanto à dedutibilidade das perdas por deterioração e obsolescência, a lei fiscal impõe normas específicas para que seja determinado o valor do custo dedutível. Além disso, tal dedutibilidade está associada ao fato de inexistir cobertura de seguro para o estoque. Quando tiver seguro, os itens devem ser baixados (estoque) e transferidos para outra conta de ativo, denominada SEGURO A RESSARCIR, e lá ficar até sua liquidação.

20.3.7 Capacidade ociosa, redução ou paralisação da produção

Na atividade industrial há aplicação plena do regime de competência, base da boa informação contábil. Assim, todos os gastos realizados na atividade industrial, de produção, devem integrar a conta estoques, sendo reconhecidos no resultado apenas por ocasião das vendas dos produtos fabricados e na conta de custo dos produtos vendidos. O estoque tem a clássica divisão, já tratada aqui no tópico, entre custo fixo e custo variável. O aluguel da unidade fabril, por exemplo, será um custo fixo, pois a empresa pode produzir cem unidades ou apenas duas delas que o gasto existirá. O gasto total com o empregado responsável pela embalagem de determinado produto será o mesmo se ele tiver que embalar diariamente 20 unidades de um produto ou 500 unidades, que seria sua capacidade máxima de produção hipoteticamente.

Aí, quando a empresa tem acentuada redução ou mesmo paralisação de suas unidades de produção, temos um problema contábil importante para resolver: a classificação adequada desses gastos denominados custos fixos na atividade industrial. Há motivos e situações diversas para redução da chamada capacidade plena de produção: quebra ou defeito em máquinas/equipamentos, redução do nível de atividade econômica e outros fatores diversos, como a própria pandemia da COVID-19 que mudou o rumo de diversas atividades econômicas. E o ajuste contábil necessário vai trazer rebate fiscal, como iremos observar na sequência

Suponha que a Indústria do Bem tenha capacidade de fabricar mensalmente 100 unidades de seu único produto e que esteja funcionando em plena capacidade. A empresa teve em x1 um custo total de produção de R$ 100, sendo R$ 40 referentes a seus custos fixos e R$ 0,60 por unidade de custo variável, que deu o total de R$ 60 (R$ 0,60 × 100 unidades). E para completar, suponha que a Indústria do Bem vendeu todo o estoque produzido em x1 por R$ 180. Com isso, abstraindo os tributos da questão, apresentou um LUCRO BRUTO de R$ 80, pois gastou R$ 100 na produção e conseguiu vender as cem unidades por R$ 180 (R$ 1,80 cada). Para completar, a empresa apresentou despesas operacionais de R$ 25, produzindo um LAIR de R$ 55 (80 – 25).

Pois bem, suponha que os mesmos valores de x1 se repitam em x2. Contudo, por questões de mercado, a empresa produziu apenas 60 unidades, com a indústria tendo capacidade ociosa de 40%. E, para completar, admita que a Indústria do Bem conseguiu vender 55 das 60 unidades produzidas pelo mesmo preço de R$ 1,80 cada, com total de R$ 99 (55 unidades × R$ 1,80).

Observe, na Tabela 20.7, a DRE da Indústria do Bem, com o adequado registro contábil em x2, comparado com x1.

TABELA 20.7

DRE INDÚSTRIA DO BEM	X1	X2
Receita bruta	180,00	99,00
(–) CPV – Custos fixos	(40,00)	(22,00)
(–) CPV – Custos variáveis	(60,00)	(33,00)
LUCRO BRUTO	80,00	44,00
(–) Despesas operacionais	(25,00)	(25,00)
(–) Perda por ociosidade	–	(16,00)
LUCRO (PREJUÍZO) ANTES DE IR e CSLL	55,00	3,00

Observe que a Indústria do Bem teve redução na sua capacidade produtiva em 40%, permanecendo com pouco menos de 10% da produção em estoque, ou seja, das 60 unidades produzidas em x2, cinco ainda não foram vendidas. O CPV variável representou 55 unidades × R$ 0,60 (R$ 33), enquanto a parcela do custo fixo foi obtida considerando no estoque apenas 60% da capacidade produtiva (R$ 24). Assim, dos R$ 40 de gastos fixos de x2, o valor registrado no estoque ficou em R$ 24, correspondendo as 60 unidades produzidas. Como foram vendidas 55 unidades, o valor de R$ 22 (24/60 × 55) foi reconhecido como a parcela fixa do CPV. Já a parcela da capacidade ociosa (40%) referente ao custo fixo (R$ 40 × 40% = R$ 16) foi reconhecida diretamente em despesa operacional. Há acentuada queda no resultado, sem dúvida, e isso pode ser observado na comparação entre os dois períodos (x1 e x2), mas lendo a DRE você entende que houve redução na produção, manutenção das despesas operacionais (que, provavelmente, seriam reduzidas no mundo real) e a qualificada informação sobre a perda por conta do uso de apenas 60% da capacidade produtiva da fábrica.

Quanto à parte tributária, o Fisco não aceitará essa despesa de ociosidade. O Parecer Normativo CST nº 6/79[4] no seu item 3.2 explica que o Decreto-lei nº 1.598/77 definiu o custeio por absorção (absorção total) como critério base aceito pela legislação tributária na base do imposto de renda. Portanto, no caso, será necessário proceder a um ajuste em x2, fazendo uma adição (temporária) ao lucro líquido de R$ 1,33, assim fundamentada:

• Parcela do custo fixo dedutível como CPV (R$ 40 / 60 unid. × 55 unid.)	R$ 36,67
• Custo fixo registrado como CPV	R$ 22,00
• Perda por ociosidade registrada na DRE	R$ 16,00

O valor de R$ 1,33 relativo à perda por ociosidade se refere às cinco unidades das 60 produzidas que permaneceram no estoque. A parcela não vendida corresponde a 8,33% (5/60), aplicada sobre R$ 16,00, que justifica a adição realizada de R$ 1,33, valor que deverá ser controlado na Parte B e baixado, com exclusão na base do IR, tão logo as cinco unidades restantes sejam vendidas. No mundo real, presume-se trabalho significativo para ter essas despesas registradas corretamente na contabilidade e ajustadas nas bases de IR e CSLL.

20.4 Pagamentos a sociedades civis ligadas

Não são dedutíveis os pagamentos efetuados pela empresa a sociedades civis de profissão regulamentada quando esta for controlada, direta ou indiretamente, por pessoas físicas que sejam diretores ou controladores da pessoa jurídica que efetuar o pagamento.

---

[4] Disponível em: http://normas.receita.fazenda.gov.br/sijut2consulta/link.action?visao=anotado&idAto=87004. Acesso em: out. 2021.

20.5 Despesas com provisões

Desde 1997, quando da entrada em vigor da Lei nº 9.430/96, foi proibida pela legislação fiscal a dedução de qualquer provisão nas bases do IR e da CSLL, exceto as seguintes:

a) provisões de férias e de 13º salário;
b) provisões técnicas de empresas de seguros, capitalização e previdência privada.

Provisão quer dizer PREVISÃO, valor incerto, algo estimado. Na contabilidade, a provisão será sempre reconhecida em despesa, com sua contrapartida sendo registrada, conforme a lógica de sua constituição:

- se representar o risco de pagar, deve ser reconhecido um PASSIVO;
- se representar o risco de não receber ou de não se realizar, o registro deve ser em conta redutora de ATIVO.

As novas determinações da contabilidade, referendadas pelo lema ESSÊNCIA SOBRE A FORMA ou REPRESENTAÇÃO FIDEDIGNA, apontam para a necessidade de constituição de diversos tipos de provisões, principalmente para aplicar o princípio da competência, pressuposto básico da ciência contábil, referendado (após a revisão, indiretamente) no CPC nº 00 (zero). O citado pronunciamento foi adaptado, mas entendo que tal lógica continua presente, por isso mantenho a estrutura do texto apresentado a partir da sétima edição do livro, com alguns ajustes.

20.5.1 Provisão para perdas estimadas (PDD ou PCLD)

Desde JAN/97, a tradicional despesa de PDD (Provisão para Devedores Duvidosos) ou PCLD (Provisão para Créditos de Liquidação Duvidosa) passou a fazer parte da lista de despesas consideradas não necessárias para a atividade da empresa, por isso a proibição de sua dedução como despesa.

Trata-se de uma determinação dura da legislação fiscal, pois dificilmente uma empresa deixará de fazer provisão para perdas futuras em seus valores a receber. Aliás, muitas empresas deixavam de reconhecer a PDD em seus balanços, para atender exclusivamente à legislação fiscal e tornavam os números de suas demonstrações financeiras de pouca utilidade, pois não registravam a expectativa de não recebimento de parte do seu ativo.

Em outras palavras, a empresa reconhece a receita com valores a receber no futuro e deixa de reconhecer a despesa referente a um pedaço desta receita que, provavelmente, não será recebida, conforme o histórico de perdas dos últimos anos pode confirmar.

O ideal seria que a empresa tivesse um histórico das perdas ocorridas nos últimos anos ou um estudo do potencial de não recebimento de seus créditos e reconhecer uma perda estimada por este critério, mesmo sem a permissão da dedução fiscal por parte da lei, para cumprir o princípio contábil do confronto das receitas com as despesas.

Assim, a receita obtida com valor ainda não recebido deve ser apropriada, por já ter ocorrido ganho, embora ainda não recebido.

Por outro lado, um pedaço desta receita poderá não ser recebido, por diversos fatores. Este valor deveria ser reconhecido como despesa no mesmo período em que a receita que o originou foi registrada. Neste caso, economicamente o resultado seria mais coerente, pois reconhecemos a receita com a venda a prazo e consideramos um pedaço desta receita como expectativa de perda futura, diminuindo o lucro total obtido com a venda.

A legislação fiscal poderia exigir precisão das empresas nos critérios utilizados em relação à parcela destinada ao provisionamento de valores a receber, para aceitá-la como dedutível.

No critério anterior, a provisão deveria seguir a média das perdas efetivas dos últimos três anos e era mais justo que o atual, que nada permite como despesa dedutível no provisionamento.

O normativo que regulamentou a permissão da dedução para os créditos em atraso é a Lei nº 9.430/96, que nos arts. 9º e 10 detalhou as possibilidades de dedução. Para fins da legislação fiscal, poderão ser registrados como perda os créditos:

a) Em relação aos quais tenha havido a declaração de insolvência do devedor, mediante sentença emanada do Poder Judiciário.
b) Sem garantia de valor:
   - até R$ 15.000, por operação, vencidos há mais de seis meses, independentemente de iniciados os procedimentos judiciais para o seu recebimento;
   - acima de R$ 15.000 até R$ 100.000, por operação, vencidos há mais de um ano, independentemente de iniciados os procedimentos

judiciais para o seu recebimento, porém mantida a cobrança administrativa;

- acima de R$ 100.000, vencidos há mais de um ano, desde que iniciados e mantidos os procedimentos judiciais para o seu recebimento.

c) Com garantia, vencidos há mais de dois anos:

- até R$ 50.000,00, independentemente de iniciados os procedimentos judiciais para o seu recebimento ou o arresto das garantias;
- acima de R$ 50 mil, desde que iniciados e mantidos os procedimentos judiciais para o seu recebimento ou o arresto das garantias;

d) Contra devedor declarado falido ou pessoa jurídica em concordata ou recuperação judicial, relativamente à parcela que exceder o valor que esta tenha se comprometido a pagar.

Portanto, a Lei nº 9.430/96 decretou o fim da possibilidade de dedução da tradicional PDD do lucro das empresas para fins de IR e CSLL. A Tabela 20.8 simplifica o entendimento sobre a dedução das perdas de crédito.

TABELA 20.8 Prazos para dedução de contas a receber em atraso (desde OUT/2014)[5]

VALOR	PRAZO	CONDIÇÃO
Até R$ 15.000,00	6 meses	Nada
De R$ 15.000,01 a R$ 100.000,00	1 ano	Cobrança administrativa
Acima de R$ 100.000,00	1 ano	Procedimento judicial

Ocorrendo a desistência da cobrança pela via judicial, antes de decorridos cinco anos do vencimento do crédito, a perda eventualmente registrada deverá ser estornada ou adicionada ao lucro líquido, para determinação do lucro real correspondente ao período de apuração em que se der a desistência.

25.5.1.1 Critérios do Bacen

O Banco Central do Brasil (Bacen) tem um critério específico de provisionamento de créditos de liquidação duvidosa, consolidado na Resolução do Conselho Monetário Nacional nº 2.682/99.

Em resumo, a Resolução classifica os créditos em nove níveis diferentes e determina um percentual de provisão para cada nível, sendo que, para os créditos abaixo de R$ 50.000 o critério utilizado pode ser exclusivamente o do atraso da carteira.

As nove faixas e seus respectivos níveis de provisionamento mínimo exigido estão demonstrados na no Quadro 20.1.

QUADRO 20.1 Faixa de provisão determinada pela Resolução nº 2.682/99

FAIXA	IDADE DOS CRÉDITOS	% PROVISÃO
AA	Acima de R$ 50.000 e em dia	0%
A	Abaixo de R$ 50.000 e em dia e com atraso até 14 dias	0,5%
B	Abaixo de R$ 50.000 e com atraso de 15 a 30 dias	1%
C	Abaixo de R$ 50.000 e com atraso de 31 a 60 dias	3%
D	Abaixo de R$ 50.000 e com atraso de 61 a 90 dias	10%
E	Abaixo de R$ 50.000 e com atraso de 91 a 120 dias	30%
F	Abaixo de R$ 50.000 e com atraso de 121 a 150 dias	50%
G	Abaixo de R$ 50.000 e com atraso de 151 a 180 dias	70%
H	Abaixo de R$ 50.000 e com atraso acima de 180 dias	100%

Portanto, os créditos abaixo de R$ 50.000 devem seguir a tabela definida na Resolução 2.682/99. Já os créditos acima de R$ 50.000 devem ter análise específica, bastante criteriosa, para classificação dentro das faixas determinadas.

O mais interessante é que o Bacen somente aceita a baixa de créditos em atraso para perda seis meses após sua classificação na Faixa H, que vem a ser a última faixa de classificação da Resolução. Assim, um crédito de uma Instituição Financeira, no valor de R$ 4.000, que esteja com 181 dias de atraso, mesmo classificado na Faixa H, deve ser levado à perda pela legislação fiscal, mas não pode ser baixado a perda, segundo as normas do Bacen. E a ciência contábil, onde fica nessa confusão?

Na verdade, o problema para a contabilidade não começa exatamente nesse choque de normativos entre o Bacen e o Fisco. O problema se inicia quando as provisões não foram aceitas como dedutíveis nas bases dos impostos e contribuições sobre o lucro.

[5] Nos contratos inadimplidos até o dia 8/OUT/2014 os valores da tabela seriam: até R$ 5 mil, com seis meses; de R$ 5 mil a R$ 30 mil, um ano, com cobrança administrativa; e acima de R$ 30 mil, um ano com exigência de procedimento judicial.

20.5.1.2 Encargos financeiros de créditos vencidos

O art. 342 do RIR/99 diz que após dois meses do vencimento do crédito, sem que tenha havido seu recebimento, a pessoa jurídica credora poderá excluir do lucro líquido, para determinação do lucro real, o valor dos encargos financeiros incidentes sobre o crédito, contabilizado como receita, auferido a partir do prazo de dois meses. O artigo se aplica, basicamente, para instituições financeiras.

No caso de crédito com garantia ou sem garantia de valor superior a R$ 100 mil, a exclusão somente poderá ser efetuada se a empresa houver iniciado procedimento judicial para recebimento do crédito. Caso não tenha essa manifestação judicial, a receita registrada, embora não represente ingresso de recursos, será incluída nas bases de IR e CSLL.

Os valores excluídos deverão ser adicionados ao lucro líquido do período em que, para fins legais, se tornarem disponíveis para a empresa credora ou, então, por ocasião do reconhecimento da respectiva perda.

Por outro lado, a empresa devedora deverá adicionar as despesas referentes aos encargos financeiros incidentes sobre o débito vencido a partir de dois meses e não pago.

Por exemplo, admita que o Banco da Praça tivesse uma operação de crédito com a Cia. Alfa no montante de R$ 1.000.000,00, vencida em 31/OUT/2020 e que não foi paga pela devedora até o final do exercício 2020, sendo quitado em 1º/MAR/2021. Admita, ainda, que o contrato defina cobrança de juros (simples) de 4% ao mês, linear, em caso de atraso.

O acréscimo de novembro e dezembro, no valor de R$ 80 mil, será reconhecido nas duas empresas, sendo uma receita para o banco e uma despesa para a Cia. Alfa, com contrapartida nas contas de empréstimos no ativo (do Banco) e no passivo (da Cia. Alfa). A receita será tributável e a despesa dedutível.

A partir de janeiro, admitindo que o banco manifestasse procedimento judicial para recebimento do crédito, a receita de R$ 80 mil seria excluída das bases de IR e CSLL dos meses de JAN e FEV/2021. E a despesa seria adicionada na pessoa jurídica devedora, no caso a Cia Alfa.

Ainda no exemplo numérico, vamos admitir que no dia 1º/MAR/2021 houve um acordo para quitação da dívida, com perdão de 60% dos juros. A Cia. Alfa pagou R$ 1.064.000 para o Banco da Praça.

No mês de março, o registro contábil no Banco da Praça será:

Débito: Caixa	1.064.000
Débito: Perda de crédito (despesa)	96.000
Crédito: Operações de crédito (ativo)	1.160.000

No caso, a perda de crédito no montante de R$ 80 mil será adicionada nas bases de IR e CSLL, enquanto o valor de R$ 16.000 será dedutível. Há lógica no processo, pois sobre o atraso, o Banco da Praça registrou R$ 160 mil em receita nos quatro meses (NOV e DEZ/2020 + JAN e FEV/2021), tendo uma despesa de R$ 96.000 por ocasião do acordo firmado para a quitação da dívida. Assim, o resultado líquido (contábil e tributável) ficou em R$ 64.000, o valor transformado em caixa. A exclusão de R$ 80 mil feita em janeiro e fevereiro foi adicionada em março.

O problema seria se o Banco da Praça não manifestasse procedimento judicial para recebimento do crédito em atraso da Cia. Alfa. No caso, toda a receita seria tributável, mas a perda de crédito não seria dedutível, pois não teria atendido às exigências da Lei nº 9.430/96. O Fisco entende, no caso, que houve liberalidade por parte da instituição financeira no perdão da dívida.

Assim, o Banco recebe apenas R$ 64.000 de juros (sua receita líquida na operação) e inclui nas bases de IR e CSLL a receita de R$ 160.000. Como a tributação sobre o lucro de bancos alcançava 45% naquele período, a despesa de IR + CSLL seria de R$ 72.000 (45% de 160 mil), sinalizando que todo o valor recebido de juros sobre o atraso foi utilizado para pagamento de IR e CSLL, restando ainda R$ 8 mil a pagar, pois o desconto foi 40% e a tributação sobre o lucro alcançou 5% a mais. Se considerar que ainda há PIS + COFINS sobre a receita, há mais um prejuízo financeiro de 2,56% (4,65% das alíquotas menos 45% da dedução de IR + CSLL) sobre a receita total.

Nas negociações de instituições financeiras, quando não houver manifestação judicial para recebimento do crédito, o perdão de juros deve ser avaliado criteriosamente, para não tornar uma recuperação de créditos aparentemente vantajosa em prejuízo financeiro elevado.

A Lei nº 12.715/2012 definiu que nas operações de crédito realizadas por instituições financeiras autorizadas a funcionar pelo Banco Central do Brasil, nos casos de renegociação de dívida, o reconhecimento da receita para fins de incidência de IR e CSLL ocorrerá no momento do efetivo recebimento do crédito. O controle é trabalhoso, mas faz sentido esse ajuste da legislação tributária, permitindo que as renegociações sejam feitas sem onerar as instituições financeiras.

20.5.2 Provisão para perdas em processos trabalhistas

As despesas com perdas em processos trabalhistas, em princípio, são dedutíveis nas bases do IR e da CSLL. Contudo, não há dedução permitida para a provisão, devendo ser adicionada (Parte A do LALUR) e registrada na Parte B, pois representa uma adição meramente temporária, já que no futuro somente podem ocorrer duas situações: a empresa perder ou não o processo. Assim, a despesa se tornará dedutível ou a provisão será revertida e uma eventual receita de reversão não será exigida nas bases de IR e CSLL.

O Brasil possui uma legislação trabalhista bastante extensa e complexa, com muitos direitos que acabam sendo utilizados contra o próprio empregado como argumento para a redução das contratações com carteira assinada.

Uma das despesas mais importantes de qualquer empresa é a referente aos gastos com pessoal. Então, se um empregado demitido procura a Justiça do Trabalho, buscando receber valores da empresa (referente a pagamento de salários, férias, equiparações, horas extras, adicionais noturnos, complemento de FGTS etc.), deve-se reconhecer uma despesa potencial, com um provável desembolso, em contrapartida de uma conta no passivo.

Cada empresa deve ter seu critério específico para provisionamento, mas qualquer critério deve guardar relação com os princípios de contabilidade.

Um critério muito interessante seria utilizar, para os pedidos abaixo de R$ 100 mil (o valor depende do porte, da atividade e da quantidade de empregados que a empresa possui e que a acionam na Justiça), a média dos últimos pagamentos de processos efetuados. Assim, verifica-se qual o percentual que a empresa paga, em média, sobre o pedido máximo de cada processo, provisionando este percentual sobre o valor pedido de todos os processos em aberto. Para os valores acima deste limite, recomenda-se análise individual e provisão por um percentual estimado por processo.

25.5.2.1 Exemplo numérico: o caso da Cia. PAGAMAL

O contador da Cia. PAGAMAL, preocupado com o elevado número de colegas que saíam da empresa dizendo que a colocariam na Justiça, resolve solicitar ao departamento jurídico um levantamento minucioso de todos os processos trabalhistas em aberto no final de DEZ/2021.

O departamento jurídico comunicou que a Cia. PAGAMAL tinha 21 processos em aberto, sendo o valor total pedido de R$ 1.500.000. Dos 21 processos, apenas um pedido é maior que R$ 100.000, referente a um empregado com função gerencial que solicitou, em juízo, pagamento de horas extras, com pedido de R$ 200.000.

O contador (com apoio do departamento jurídico) efetuou um levantamento, descobrindo que durante o ano a empresa encerrou 10 processos, pagando R$ 320 mil ao todo, quando o pedido máximo total era de R$ 800.000.

Assim, com a estimativa para o desembolso em cada processo do mesmo percentual médio do ano, a Cia. PAGAMAL decide constituir, em DEZ/2021, uma provisão de 40% (R$ 320 mil dividido por R$ 800 mil, valores do ano anterior) sobre o valor pedido pelos 20 processos (considerando aqueles com valor até R$ 100.000) em aberto, que vai dar R$ 520.000 (40% de 1.300 mil).

O processo do gerente foi analisado individualmente, verificando que seu pedido apresentava fragilidade de fundamentação, sendo recomendável constituir provisão para este caso de apenas R$ 30 mil (15% do valor pleiteado).

Portanto, o registro da provisão contábil em 31/DEZ/2021 seria o seguinte:

> Débito: Despesas com pessoal – Provisões para perdas trabalhistas
>
> Crédito: Provisão para perdas em processos trabalhistas 550.000

Foi feito, portanto, o registro da despesa, devido a sua relação com as receitas da empresa. A perda potencial em processos trabalhistas, embora não desejada, faz parte dos gastos necessários para obtenção de receitas.

EXPLICAÇÃO DO VALOR DA PROVISÃO TRABALHISTA	
• Processos em aberto em DEZ/2021 (até R$ 100 mil)	20
• Pedido total dos processos	R$ 1.300.000
• % pago nos últimos 12 meses	40%
PROVISÃO NECESSÁRIA	R$ 520.000
PROVISÃO INDIVIDUAL PARA O GERENTE	R$ 30.000
PROVISÃO TOTAL CONSTITUÍDA	**R$ 550.000**

A provisão para perdas em processos trabalhistas, portanto, não é uma despesa aceita nas bases do IR e da CSLL. A despesa será considerada dedutível apenas quando houver o encerramento do processo e seu respectivo pagamento ou parcelamento. A exigibilidade, neste caso, será definitiva, deixando de ser considerada uma provisão e passando a representar CONTAS A PAGAR.

Cada um dos processos, que recebeu provisão de 40%, poderá ter apenas dois desfechos, quando ocorrer seu julgamento definitivo:

a) a empresa ganhar o processo, gerando uma reversão de parte da provisão que tenha sido constituída, sendo esta receita não tributável; ou
b) a empresa perder o processo, transformando a provisão registrada no passivo em despesa desembolsada, e, portanto, dedutível para fins de IR e CSLL.

Então, as perdas em processos trabalhistas são consideradas dedutíveis, embora teoricamente não se encaixem exatamente no conceito de **necessárias para a atividade operacional**. Contudo, são inerentes ao negócio empresarial os riscos de ter feito pagamentos menores aos empregados e estes buscarem o caminho judicial para receber essas diferenças. Portanto, as despesas citadas, quando incorridas, são consideradas dedutíveis. O Fisco não aceita apenas o registro da despesa no momento da constituição da provisão, quando entendeu o legislador não haver ainda o desembolso do recurso ou a certeza de desembolso futuro. No caso da provisão, há uma tendência natural que o fato ocorra, mas não a certeza. Por isso, estas adições são consideradas temporárias e não permanentes.

20.5.3 Riscos fiscais e tributos com exigibilidade suspensa

A legislação tributária é extensa, complexa e cheia de remendos, fazendo com que muitos contribuintes procurem amparo na Justiça para garantir seus direitos e, em alguns casos, para pagarem impostos e contribuições por um valor que consideram justo, em contraste com a legislação existente.

É raro encontrar uma empresa de médio e grande porte que não esteja questionando judicial ou administrativamente a cobrança de algum tributo, principalmente aqueles cobrados sobre a renda e o consumo, por exemplo, a COFINS, o PIS, o IR e a CSLL e o ICMS/ISS.

Algumas vezes, as empresas conseguem liminar na Justiça, sem necessidade de efetuar depósito judicial, enquanto na maioria das vezes são obrigadas a depositar os valores em juízo, enquanto aguardam a decisão definitiva.

Mas, com ou sem depósito, a despesa com o tributo correspondente deve ser registrada, com a obrigação sendo informada no passivo, de preferência no exigível de longo prazo.

No caso da existência de depósitos em juízo, os desembolsos devem ser creditados em caixa ou bancos e debitados na conta de depósitos judiciais, classificada no ativo realizável de longo prazo.

Nesta situação, não se configura a provisão para riscos fiscais, uma vez que o registro no passivo se refere à obrigação normal da empresa, que apenas não foi desembolsada por discussões jurídicas sobre a validade da cobrança ou não.

Acontece aí a despesa de tributos com exigibilidade suspensa, que o Fisco não aceita como dedução nas bases de IR e CSLL (IN RFB nº 1.700/2017, art. 131, § 1º).

Além disso, as empresas questionam algumas decisões do Fisco sem precisar entrar com processo na Justiça, até porque esta não acolhe um pedido que não represente desembolso imediato para as empresas e que não esteja devidamente embasado. Assim, uma empresa que questione, por exemplo, a dedução de brindes, entendendo que eles devem ser dedutíveis, nem sempre pede amparo no Judiciário, deixando de adicionar as despesas, e, caso seja fiscalizada e autuada, entra com recurso administrativo e, posteriormente, com processo judicial para buscar seus direitos.

A maior parte dos riscos de glosa de despesas que o Fisco não aceita e as empresas consideram como dedutíveis não está registrada na contabilidade, no passivo das empresas. As empresas entendem que o fato de considerar uma despesa proibida em lei como dedutível não deve ensejar uma provisão, pois se registrar a despesa potencial reconhecerá, na verdade, que cometeu um erro, a chamada evasão fiscal.

Mas, se a empresa reconhecer uma provisão para risco de autuação fiscal deverá registrar esta despesa e adicioná-la nas bases do IR e da CSLL.

20.5.4 Provisão para participações de empregados no lucro

As participações de empregados nos lucros são dedutíveis nas bases do IR, desde que se enquadrem nas regras determinadas na Lei nº 10.101/2000. Dentre as regras, destacamos a periodicidade mínima semestral, ou seja, a participação não pode ser paga mais que duas vezes por ano. O § 1º do art. 3º da citada lei referia apenas a dedução no lucro real. O Projeto de Lei nº 2.337/2021 aprovado pela Câmara dos Deputados, mas que não avançou no Senado Federal, acrescentou a dedução na base da CSLL no dispositivo citado. Todavia, a RFB vinha entendendo, em consultas respondidas aos contribuintes (nº 335/2009 e nº 12/2013), que a dedução seria estendida para a base de cálculo da CSLL.

As provisões para participações nos lucros e resultados, os famosos PPR e PLR que as empresas pagam no início do ano seguinte, não são aceitas como despesa nas bases do IR e da CSLL. Importante não confundir com aquelas situações em que a avaliação de desempenho foi feita e já há valores e empregados definidos, apenas com o pagamento sendo feito no ano seguinte. Nesta situação, a contabilização deste passivo deve ser efetuada como **contas a pagar** e não como **provisão para participações de empregados no lucro**.

Todavia, como normalmente durante o ano a empresa não sabe exatamente o montante das participações de empregados que irá pagar no ano seguinte, deve constituir uma provisão para este pagamento. E a dedutibilidade somente será permitida no ano seguinte, por ocasião do pagamento.

Uma prática muito comum nos últimos anos tem sido substituir a remuneração fixa pela variável, pois, além dos aspectos de motivação e aumento da produtividade, existe o fato de as participações nos lucros não estarem sujeitas aos encargos trabalhistas e previdenciários, representando economia para a empresa em comparação com o salário pago mensalmente.

20.5.5 Provisão para perdas em processos cíveis

Algumas empresas possuem quantidade elevada de reclamações cíveis. No início de 2003, uma conhecida empresa de telecomunicações decidiu pagar todos os processos até 40 salários-mínimos, sem recorrer das decisões do PROCON e dos Juizados Especiais Cíveis, os famosos e eficientes Juizados de Pequenas Causas.

As empresas de telefonia, de energia, as administradoras de cartões de crédito, os bancos, as lojas de eletrodomésticos, entre outras, são alvo de reclamações por parte dos consumidores. Incentivadas principalmente pela imprensa, as pessoas vêm procurando cada vez com mais frequência a Justiça simples e eficiente, que vem funcionando, apesar de, por vezes, exagerar em algumas decisões.

Assim, é mais do que recomendável que as empresas com elevado número de reclamações cíveis constituam provisão para eventuais perdas nestes processos. Mais uma vez o princípio do confronto das despesas com as receitas deve prevalecer. Se uma empresa de telefonia registrou as receitas pelos serviços prestados no mês de janeiro, deve fazer o registro de uma **perda potencial** com pagamento de reclamações dos clientes que compõe a base do faturamento, pois a despesa com provisão está ligada ao período da obtenção da receita já registrada.

Estas provisões não são dedutíveis nas bases do IR e CSLL, sendo aceitas as despesas na base fiscal apenas quando os processos forem encerrados. Representam, portanto, mais uma adição temporária, que deve ser devidamente controlada na Parte B do LALUR.

20.5.6 Provisão para ajustes a valor de mercado e para perdas por *impairment*

A contabilidade sempre seguiu os princípios de contabilidade, entre eles o custo histórico e a prudência ou conservadorismo. Os ativos, principalmente estoques, títulos e aplicações em ações, sempre foram registrados pelo custo, sendo reconhecidos pelo valor de mercado, quando este for menor que o valor registrado na contabilidade. Neste caso, a empresa procedia à provisão para perdas, reduzindo o valor do ativo e registrando uma despesa, que não era dedutível para fins fiscais, tanto no IR como na CSLL. Esta adição, por sua característica, sempre foi considerada temporária.

O § 3º do art. 183 da Lei nº 6.404/76, com a redação dada pela Lei nº 11.941/2009, introduziu regra estabelecendo que a companhia deverá efetuar, periodicamente, análise sobre a recuperação dos valores registrados no imobilizado e no intangível (teste de recuperabilidade).

A realização do teste de recuperabilidade poderá ocasionar o reconhecimento de uma despesa, decorrente da desvalorização do bem, anteriormente não obrigatória pela legislação societária até 2007. Embora os reflexos provocados pelo teste de recuperabilidade se assemelhem aos de uma provisão, foi necessária a introdução de dispositivo legal que equipare as duas situações e discipline seus efeitos.

O art. 32 da Lei nº 12.973/2014 disciplina o momento em que o contribuinte poderá reconhecer, na apuração do lucro real, os valores contabilizados como redução ao valor recuperável de ativos.

> Art. 32. O contribuinte poderá reconhecer na apuração do lucro real somente os valores contabilizados como redução ao valor recuperável de ativos que não tenham sido objeto de reversão, quando ocorrer a alienação ou baixa do bem correspondente.
>
> Parágrafo único. No caso de alienação ou baixa de um ativo que compõe uma unidade geradora de caixa, o valor a ser reconhecido na apuração do lucro real deve ser proporcional à relação entre o valor contábil desse ativo e o total da unidade geradora de caixa à data em que foi realizado o teste de recuperabilidade.

Por exemplo, suponha que em x1 a Cia. Astro adquira um veículo por R$ 500, com prazo estimado de vida útil de cinco anos (mesmo prazo da legislação fiscal), sem valor residual. O bem seria depreciado anualmente por R$ 100. Contudo, admita que, ao final de x2, o maior valor entre o uso e o potencial valor de venda monta a R$ 260, exigindo, no caso, uma provisão para perdas por *impairment*, conforme apresentado a seguir:

- Saldo líquido do veículo em DEZ/x2 → 300
  (500 – 200 de deprec. acumulada)
- Valor de realização em DEZ/x2 → 260
  (maior valor entre uso e potencial venda)
- Provisão para perdas por recuperabilidade de ativos → 40
  (300 menos 260)

Tal ajuste terá o seguinte registro contábil:

Débito: Despesas de *impairment test*
Crédito: Provisão para perdas por *impairment*

Admita que a Cia. Astro efetua nova depreciação do veículo de 100 em x3. E o seu valor recuperável passa para R$ 170. Com isso, o registro contábil do ajuste de *impairment* será uma reversão de 10. Assim, reduzimos a provisão e reconhecemos este valor em receita.

A partir daí, o valor da depreciação diminui para R$ 85 nos dois anos finais, x4 e x5. Com isso, o total reconhecido em resultado ao longo dos cinco anos foi o seguinte:

• Despesa de depreciação	470
• Despesa de *impairment test*	40
• (–) Receita de reversão	(10)
• SALDO LÍQUIDO DO VEÍCULO	500

Admita que o bem seja baixado na contabilidade somente em ABR/x6. Neste caso, há interpretação de que a dedução fiscal seria feita apenas em ABR/x6, mas entendo que todo o valor pago pelo bem seria dedutível como depreciação no prazo de cinco anos, permitindo a dedução completa no final de X6.

20.5.7 Provisão para garantias de produtos com defeito

As indústrias, principalmente de bens de consumo duráveis, constituem provisão para garantias contra devoluções e manutenções de produtos com defeitos. Esta despesa é corretamente registrada em provisão, pois a provável devolução ou o gasto com troca de peças ou até troca do produto não pertence ao período que irá acontecer e sim ao período em que ocorreu a venda. O raciocínio utilizado é o mesmo das perdas estimadas de crédito, justificando, assim, sua constituição e controle, mesmo sabendo que esta provisão não é dedutível nas bases do IR e da CSLL. Veja o exemplo numérico desenvolvido a seguir.

A Cia. Alvorada é uma empresa que produz automóvel e vende em DEZ/x1, 100 unidades de determinada marca por R$ 50 mil a unidade, totalizando R$ 5 milhões. A empresa deve registrar a receita com a venda dos automóveis, mas reconhecer na contabilidade um gasto potencial com a provável manutenção e troca de peças defeituosas, que poderão ocorrer durante os 12 meses de garantia.

Supondo que a Cia. Alvorada tenha um estudo, apontando o seguinte:

a) a média de clientes que recorrem às concessionárias no prazo de garantia para algum ajuste no veículo é de 5%. Logo, dos cem automóveis vendidos, estima-se que cinco deles serão revisados nos 12 meses seguintes, sem custo para os clientes; e
b) o gasto médio com cada um dos clientes que reclamam é de 6% do valor do automóvel, o que leva o gasto estimado total para R$ 15 mil (R$ 3 mil por automóvel).

No mês de DEZ/x1, a provisão para garantia de produtos com defeito da Cia. Alvorada seria R$ 15 mil.

O Fisco não aceita a dedução desta provisão, somente reconhecendo a despesa quando ocorrer efetivamente o gasto com a manutenção coberta pela garantia. Gasto não significa desembolso. Por exemplo, uma indústria que vende geladeira seleciona empresa autorizada a realizar consertos em bens vendidos com garantia. Admita que o contrato com a autorizada defina o pagamento do serviço realizado em 10 dias e a prestadora de serviços ALFA conserta uma geladeira (na garantia) no dia 25 de maio por R$ 100 e envia a nota ainda em maio para a indústria BETA. Esta empresa (Cia. BETA) poderá deduzir a garantia como despesa (valor hipotético de R$ 100) no mês de maio, não precisando esperar junho, mês do pagamento.

20.5.8 Provisão para manutenção de bens do imobilizado

Existem empresas que possuem máquinas gigantes, poderosas, que recebem manutenção em períodos predeterminados. Por exemplo, empresa que possua uma máquina com vida útil prevista de 20 anos, com manutenção pesada feita de cinco em cinco anos.

Neste caso, a empresa deve constituir uma provisão para esta manutenção periódica, pois a despesa não pertencerá apenas ao ano em que será executado o serviço de manutenção, devendo ser distribuída pelo tempo de produção da máquina, que originou a necessidade de sua manutenção.

Suponha um parque aquático, que funcione durante os meses de setembro a abril, fechando no período de maio a agosto, quando ocorre manutenção periódica em todos os equipamentos. O gasto com a manutenção deve ser registrado no resultado nos meses em que o parque estiver em funcionamento, para que exista o vínculo entre a despesa e a receita, base do regime de competência.

As usinas de açúcar e álcool localizadas no estado de São Paulo têm a safra entre os meses de abril e dezembro, utilizando os três primeiros meses do ano, período conhecido como entressafra, para manutenção de suas moendas, difusores e outras máquinas e equipamentos. Os gastos com manutenção devem ser distribuídos em despesa durante os nove meses de safra. Não faz sentido reconhecer despesa nos três meses em que a moenda não mói cana. A dúvida é se a manutenção é caracterizada como corretiva ou preventiva. Se for corretiva, os gastos com a manutenção realizados entre JAN e MAR/x2 devem ter sido distribuídos entre ABR/x1 e DEZ/x1. Por outro lado, se a manutenção for preventiva, todo o gasto deve ser registrado no ativo, sendo apropriado ao custo de produção (estoque) entre ABR/x2 e DEZ/x2.

20.5.9 Provisão para contingências

Também pode ser constituída, desde que exista uma contingência potencial não reconhecida no passivo da empresa. O Fisco somente aceitará quando a contingência se transformar em gasto efetivo e se referir a um valor entendido como necessário para a atividade.

20.5.10 Demais provisões

Existem outras provisões específicas que podem e devem ser constituídas, mesmo sem possibilidade de dedução por parte da legislação fiscal. A contabilidade deve registrar as receitas do período e todas as despesas integradas e relacionadas com a geração dessas receitas. Se, entre estas despesas estiverem provisões de valores ainda não quantificados, mas com clara e evidente perspectiva de se tornarem exigíveis, deverão ser constituídas e adicionadas nas bases de IR e CSLL.

Por exemplo, nas demonstrações financeiras divulgadas na CVM pela Petrobras, é possível encontrar um saldo de provisão para pagamento de juros sobre capital próprio, cujo valor é individualizado e pago no semestre seguinte. Com isso, o valor é adicionado na provisão, sendo excluído no registro individualizado, que acontece posteriormente.

Estas provisões devem ser controladas no Livro de Apuração do Lucro Real (LALUR), Parte B, com o reconhecimento de créditos tributários diferidos, de preferência em contas internas individualizadas por adição constituída.

Portanto, com as exceções previstas em lei, as provisões efetuadas pelas empresas não serão aceitas como dedutíveis nas bases do IR e da CSLL. E, se a empresa considerou como provisão, entendeu que é uma expectativa de perda possível ou provável. Portanto, trata-se de uma adição nas bases do IR e da CSLL que será dedutível no futuro, se for necessária ou inerente ao negócio. Com isso, será considerada no momento de sua constituição como ADIÇÃO TEMPORÁRIA.

Há poucos casos possíveis de que uma provisão represente uma adição definitiva. Admita que uma empresa que comercializa veículos tenha como política de vendas conceder como brinde aos clientes que adquirirem carros seminovos uma troca de óleo quando o carro vendido completar 5 mil km de uso ou seis meses da venda, o que ocorrer primeiro. A empresa deveria, no caso, constituir uma provisão para brindes mensalmente, vinculando a provável despesa com os brindes prometidos com as receitas de vendas dos automóveis.

Outro exemplo poderia ser uma multa de órgão regulador. Admita que a empresa entra com recurso contra a multa e, no fechamento do balanço, por orientação dos auditores, constitui uma provisão.

Nos dois exemplos, o futuro pode reservar dois caminhos distintos, diferentes das provisões de despesas dedutíveis (no futuro), provenientes de gastos necessários para a atividade. As duas possibilidades seriam as seguintes:

- **A PROVISÃO SE CONFIRMA**: Neste caso, a despesa será indedutível, pois brindes e multas são despesas não dedutíveis nas bases de IR e CSLL. Aqui, a provisão, na origem, já seria caracterizada como uma ADIÇÃO PERMANENTE.
- **A PROVISÃO NÃO SE CONFIRMA:** Aí acontece o inverso, pois o passivo será revertido, gerando uma receita de reversão de provisão, que será excluída nas bases de IR e CSLL. Neste caso, a provisão, na origem, poderia ser caracterizada como ADIÇÃO TEMPORÁRIA.

Mas, se a provisão foi constituída, teoricamente é porque a empresa acredita que o valor será desembolsado, fazendo com que a adição se caracterize como definitiva.

20.6 Provisões dedutíveis

As provisões dedutíveis são as seguintes: provisões de férias, de 13º salário e provisões técnicas de empresas de seguros, capitalização e de previdência privada.

As provisões de férias e 13º salário devem ser reconhecidas mensalmente para atender ao princípio da confrontação das despesas com as receitas, fundamental para o bom entendimento e utilização da ciência contábil como fonte de informação.

Por exemplo, um empregado da área administrativa, ao executar suas funções durante o mês de janeiro, contribuiu para a produção e obtenção de receitas naquele mês. Logo, toda remuneração devida a este empregado deve ser reconhecida e registrada no mês de janeiro, independentemente de quando será paga. Incluídos nos valores devidos ao empregado estão as férias, que poderão ser pagas ou não, dentro do primeiro ano de trabalho; 13º salário que, com certeza, será pago, mesmo no primeiro ano de trabalho; e os encargos sociais envolvidos nestas duas verbas salariais.

20.7 Despesa com depreciação

As despesas com depreciação são dedutíveis, obedecendo aos limites máximos permitidos pela legislação fiscal, conforme Anexo III da IN RFB nº 1.700/2017.

20.7.1 Ativo imobilizado

O art. 179 da Lei nº 6.404/76, revisado pela Lei nº 11.638/2007, diz que devem ser classificados no ativo imobilizado: os direitos que tenham por objeto bens corpóreos destinados à manutenção das atividades da companhia ou da empresa ou exercidos com essa finalidade, inclusive os decorrentes de operações que transfiram à companhia os benefícios, riscos e controle desses bens.

O Pronunciamento CPC nº 27 define ativo imobilizado como o item tangível que:

a) é mantido para uso na produção ou fornecimento de mercadorias ou serviços, para aluguel a outros, ou para fins administrativos; e
b) se espera utilizar por mais de um período.

São tratados como imobilizado, também, os bens em construção, que, quando estiverem prontos, estarão atendendo aos requisitos da legislação societária.

O bem adquirido pelo valor unitário até R$ 1.200,00 ou prazo de vida útil inferior a um ano NÃO deve ser registrado no ativo imobilizado (art. 15 do Decreto-lei nº 1.598/77, alterado pelo art. 2º da Lei nº 12.973/2014), sendo aceito como despesa. Todavia, a regra não contempla os bens utilizados em conjunto na atividade principal da empresa. São exemplos de itens que devem ser registrados no ativo imobilizado:

1) cadeiras e mesas utilizadas por restaurantes, com custo unitário de R$ 300;
2) ventiladores de teto adquiridos por uma universidade particular, com valor unitário de R$ 250; e
3) peças utilizadas na locação de roupas, com valor unitário de R$ 500 (Decisão nº 9 da RFB - 1ª DISIT).

O RIR/2018 trata dos aspectos tributários envolvendo a depreciação de bens do ativo imobilizado nos arts. 317 a 329, trazendo principalmente as regras definidas na Lei nº 4.506/64. Esta lei foi levemente modificada pelo art. 40 da Lei nº 12.973/2014, para integrar os aspectos da contabilidade societária modernizada pelas Leis nº 11.638/2007 e nº 11.941/2009.

A empresa, mesmo quando tributada pelo lucro presumido, deve registrar as quotas de depreciação pelos percentuais admitidos pelo Fisco. Caso não registre a depreciação do bem durante a permanência no lucro presumido, não poderá registrar a despesa daquele período quando passar para o lucro real.

A empresa poderá depreciar o bem a partir do mês em que ele for posto em uso, registrando a despesa inclusive neste primeiro mês.

A análise sobre a dedução fiscal da despesa de depreciação é um dos pontos mais trabalhosos da atual apuração do cálculo de IR e CSLL. Na sequência do tópico, o tema será debatido de forma detalhada.

20.7.2 Objetivo da depreciação na contabilidade

O objetivo contábil da depreciação é distribuir de forma adequada a despesa com a aquisição de bens duráveis pelo período em que este bem será utilizado, contribuindo direta ou indiretamente para a empresa obter receitas. Em uma clínica ortopédica, por exemplo, a aquisição de um aparelho de raio X contribuirá diretamente para a geração de receitas da empresa. Já o computador utilizado pela equipe administrativa contribuirá indiretamente com o resultado, pois seu uso dará suporte para o exercício da atividade principal, a receita obtida pelo valor das consultas e exames cobrados dos clientes.

Então, nada mais justo que a distribuição da despesa com a compra destes bens seja feita pelo período estimado de uso, significando contribuição ao negócio, independentemente das determinações contidas na legislação fiscal. Assim, respeita-se o princípio do confronto da receita com a despesa, ou seja, a despesa com a aquisição do bem é distribuída pelo período em que este bem contribui com a geração de receitas.

20.7.3 Exemplo didático: caminhão de empresa comercial

Suponha que uma grande rede de supermercados adquira no início de JAN/x1 um caminhão novo, por R$ 300.000, para fazer o transporte de mercadorias do depósito central para sua rede de lojas. Este gasto, na verdade, representa uma despesa para a empresa, já que despesa representa todo o consumo (gasto) necessário para gerar ganho (receitas). Só que este gasto deverá ser distribuído pelo período em que o caminhão irá contribuir na geração de receitas do supermercado, obtidas com revendas das mercadorias transportadas. Como o Fisco permite a dedução de R$ 75.000 por ano (25%) de despesa com o uso do caminhão, dificilmente o supermercado deixava de reconhecer a depreciação dentro do prazo permitido de quatro anos até 2007. A partir da modernização da contabilidade brasileira e, principalmente, depois de sua integração com a legislação tributária por meio da Lei nº 12.973/2014, as empresas passaram a registrar a despesa de depreciação pelo prazo efetivo de vida útil, ajustando a diferença para o valor permitido pela legislação tributária no LALUR.

Mas, será que o caminhão adquirido em JAN/x1 contribuirá para as vendas durante os anos de x2 a x4 da mesma forma que contribuiu em x1? E será que o caminhão deixará de contribuir com as receitas obtidas a partir de JAN/x5?

Como foi dito no início do livro que a contabilidade é a ciência da informação, este deve ser seu principal objetivo: produzir informações precisas, rápidas e confiáveis aos diversos usuários. Então, a depreciação deveria ser distribuída pelo tempo efetivo de utilização do caminhão para transporte das mercadorias, com a aplicação de percentuais mais elevados nos anos em que o uso fosse mais intenso, com percentuais menores nos anos de uso reduzido.

O mundo perfeito seria se a empresa utilizasse um critério que distribuísse a despesa com a aquisição do caminhão (R$ 300.000) por todo o seu prazo de vida útil e melhor, se o supermercado registrasse a despesa por um valor maior nos primeiros anos, diminuindo com o passar dos anos, pois tradicionalmente os veículos vão se desgastando com a utilização, além da troca de peças e os serviços de manutenção, que começam a ocorrer com os anos de uso. Em resumo, a despesa de depreciação teria a distribuição inversamente proporcional à despesa com manutenção.

20.7.4 Métodos de depreciação

O Pronunciamento CPC nº 27, nos itens 60 a 62, orienta o registro da depreciação pelo prazo estimado de vida útil, conforme perspectiva de vinculação do uso do bem com a geração de receitas da empresa. Teoricamente, há o direcionamento definitivo da contabilidade para que o reconhecimento da despesa com depreciação seja ao longo do prazo efetivo de vida útil do bem e apenas em relação à parcela recuperável pelo uso, caso o bem seja vendido ao final deste prazo.

Não há um método recomendado isoladamente. O CPC sugere, em princípio, três métodos de depreciação:

1) Método linear (quotas constantes), com a depreciação distribuída igualmente durante o

prazo de via útil, desde que o valor residual não se altere.

2) Método das unidades produzidas, com despesa baseada no uso ou produção esperados.
3) Método dos saldos decrescentes, com despesa decrescente durante prazo de vida útil.

O pronunciamento não explica com detalhes o uso do método dos saldos decrescentes. O método utilizado pela maior parte das empresas é o linear, quando sabemos que a maioria dos bens contribui mais para a empresa nos primeiros anos. Um computador, por exemplo, vai produzir muito mais no primeiro ano, um pouco menos no segundo e no terceiro e, quando chegar ao quinto ano, talvez esteja sendo substituído ou deixado de lado.

O método da soma dos dígitos pode ser considerado um critério mais justo na apropriação contábil dos gastos de boa parte dos bens do ativo imobilizado. E este método se enquadra no Método dos Saldos Decrescentes definido no CPC nº 27.

Veja a seguir a definição de cada critério, dentro dos quatro mencionados pelo IBRACON no Pronunciamento nº 7.

20.7.4.1 Método linear – quotas constantes

Consiste na aplicação de taxa mensal fixa sobre o valor do bem durante o prazo de vida útil estimada. Por exemplo, uma edificação que custe R$ 75.000, será depreciada durante 25 anos, pelo valor anual fixo de R$ 3.000, que vai representar uma depreciação mensal de R$ 250. É o único método permitido pela legislação tributária.

20.7.4.2 Método da soma dos dígitos

Representa aplicação crescente ou decrescente, utilizando o prazo de vida útil dos bens e a soma deste prazo. Por exemplo, um veículo será depreciado em cinco anos, mesmo prazo permitido pelo Fisco. Pelo critério decrescente dentro do método, a depreciação será feita pelas seguintes taxas anuais:

Prazo de vida útil do bem: 5 anos
Soma dos Dígitos: 1 + 2 + 3 + 4 + 5 = 15

1º Ano	5/15	= 33,3%
2º Ano	4/15	= 26,67%
3º Ano	3/15	= 20%
4º Ano	2/15	= 13,33%
5º Ano	1/15	= 6,67%

Assim, o veículo seria depreciado em taxas maiores nos primeiros anos, diminuindo sua depreciação nos anos seguintes, sendo pequenos os percentuais aplicados nos últimos anos.

20.7.4.3 Método decrescente

Significa aplicação de uma taxa periódica sobre o saldo contábil do bem, sendo este composto pelo valor original menos a depreciação acumulada. Por exemplo, um veículo adquirido por R$ 500 seria depreciado no primeiro ano por R$ 100 (20%), no segundo por R$ 80 (20% sobre R$ 400), no terceiro por R$ 64 (20% sobre R$ 320), no quarto por R$ 51,20 (20% sobre R$ 264) e assim por diante.

20.7.4.4 Método das unidades produzidas

Neste caso, o custo do bem é dividido pelo total de unidades que serão produzidas por ele, conforme estimativa. A depreciação seria aplicada pelo percentual de unidades produzidas no período. Por exemplo, uma máquina é adquirida e estima-se que irá produzir, em toda sua vida útil, 500.000 unidades de determinado produto. Se no primeiro mês de atividade a produção for de 2.500 unidades, a depreciação deve ser de 0,5% (meio por cento) sobre o valor do bem.

20.7.5 O critério fiscal

O Regulamento do Imposto de Renda (Decreto nº 9.580/2018) traz as regras básicas de dedução de depreciação como despesa a partir do art. 317. A quota de depreciação registrável na escrituração como custo ou despesa operacional será determinada mediante a aplicação da taxa anual de depreciação sobre o custo de aquisição dos bens depreciáveis. A taxa anual de depreciação será fixada em função do prazo durante o qual se possa esperar utilização econômica do bem pelo contribuinte, na produção de seus rendimentos.

A Receita Federal do Brasil (RFB) publicará periodicamente o prazo de vida útil admissível, em condições normais ou médias, para cada espécie de bem, ficando assegurado ao contribuinte o direito de computar a quota efetivamente adequada às condições de depreciação de seus bens, desde que faça a prova dessa adequação, quando adotar taxa diferente.

Os prazos mínimos (e taxas máximas) de vida útil são determinados de forma minuciosa pela Secretaria da Receita Federal, por meio do Anexo III da IN RFB nº 1.700/2017. Os percentuais aplicados aos principais bens do ativo imobilizado estão demonstrados na Tabela 20.9.

TABELA 20.9 Taxas anuais máximas determinadas pela legislação

BENS	TAXA ANUAL DE DEPRECIAÇÃO	PRAZO DE VIDA ÚTIL
Veículo de passageiros para transporte de 10 pessoas ou mais	25%	4 anos
Veículos automóveis de passeio	20%	5 anos
Motocicletas e tratores	25%	4 anos
Computadores e periféricos	20%	5 anos
Máquinas e equipamentos e móveis e utensílios	10%	10 anos
Instalações	10%	5 anos
Edifícios e benfeitorias	4%	25 anos

Fonte: Anexo III da IN RFB nº 1.700/2017.

Importante destacar que a IN da RFB que regulava o tema até 2017, a de nº 162/98, ressaltava a obrigatoriedade de aplicação dos percentuais ali definidos na escrituração contábil. As empresas, em geral, seguiam estes percentuais. Contudo, embora não escrito, era permitida a utilização de percentuais menores, desde que a dedução total ao longo da vida útil do bem não ultrapassasse 100% do valor do bem.

A Lei nº 12.973/2014 referendou o que foi feito durante o período de aplicação do RTT, em seu art. 40.

> Art. 40. O art. 57 da Lei nº 4.506/64 passa a vigorar com as seguintes alterações:
>
> "Art. 57. (...)
>
> § 1º. A quota de depreciação dedutível na apuração do imposto será determinada mediante a aplicação da taxa anual de depreciação sobre o custo de aquisição do ativo.
>
> (...)
>
> § 15. Caso a quota de depreciação registrada na contabilidade do contribuinte seja menor do que aquela calculada com base no § 3º, a diferença poderá ser excluída do lucro líquido na apuração do lucro real, observando-se o disposto no § 6º.
>
> § 16. Para fins do disposto no § 15, a partir do período de apuração em que o montante acumulado das quotas de depreciação computado na determinação do lucro real atingir o limite previsto no § 6º, o valor da depreciação, registrado na escrituração comercial, deverá ser adicionado ao lucro líquido para efeito de determinação do lucro real."

Portanto, a contabilidade deve registrar a depreciação pelos prazos efetivos de vida útil, ajustando (adicionando ou excluindo) a diferença nas bases dos tributos federais. Ainda neste capítulo há exemplos numéricos explicando melhor como seria o controle contábil e fiscal.

20.7.6 A despesa de depreciação e a parcela dedutível

A legislação fiscal define, por exemplo, que os computadores podem ser depreciados no mínimo em cinco anos. Assim, a contabilidade seguia o Fisco (algumas empresas continuam seguindo, descumprindo as determinações da legislação contábil-societária) e abatia 20% do valor do bem por ano, como despesa. Perdia-se, então, completamente a essência da ciência contábil, pois muitas vezes o bem continuava funcionando após o prazo de vida útil determinado, enquanto em outras o computador não conseguia completar os cinco anos definidos pela lei.

O Fisco permitia, ainda que de forma não oficial, que as empresas depreciassem seus bens em período maior que o definido, mas não em um prazo menor. Como a maioria das empresas brasileiras se preocupava apenas em atender a legislação fiscal, querendo pagar o menor valor possível de imposto de renda, a opção sempre foi reconhecer a despesa de acordo com o máximo permitido pelo Fisco.

Por exemplo, se uma empresa comprasse um veículo por R$ 100, poderia registrar anualmente R$ 20 e deduzir este valor como despesa. Caso registrasse valor maior que R$ 20 no resultado, teria que adicionar a parcela que superasse o máximo permitido. Caso registrasse menos, por exemplo, R$ 15, este valor seria o máximo dedutível, pois a despesa somente teria sido contabilizada neste valor e o Fisco consideraria o resultado contábil como base inicial para chegar ao resultado fiscal. No próximo ano, não poderia deduzir R$ 25, pois o máximo permitido, em cada ano, era R$ 20. Entretanto, o bem poderia ser totalmente depreciado, em quantos anos a empresa julgasse conveniente, desde que não ultrapassasse os percentuais máximos estabelecidos, nem 100% do valor do bem.

20.7.7 Sugestão ao Fisco dada na 5ª edição do manual

Interessante é que desde lá atrás, antes do RTT, venho manifestando opinião de que o Fisco deveria permitir a despesa de depreciação registrada pela empresa mais o complemento para alcançar a dedução determinada nas regras fiscais. Reproduzirei o texto nos dois próximos parágrafos, destacados a seguir:

> Uma sugestão para o Fisco ajudar as empresas a registrarem seus resultados de forma mais coerente, seria a permissão para a dedução integral de acordo com as regras atuais (pelas alíquotas máximas permitidas), independentemente do valor registrado na contabilidade. Assim, o bem citado no parágrafo anterior (na verdade, o veículo do tópico anterior) seria registrado por R$ 15, com R$ 5 sendo excluído no LALUR, de forma extracontábil, sendo adicionado a partir do sexto ano, quando a despesa contabilizada passaria a ser considerada não dedutível.
>
> A Lei nº 11.196/2005, em seu art. 37, permitiu essa possibilidade para algumas empresas do setor de geração de energia elétrica. O ideal seria estender a permissão da regra para todas as empresas e a todos os bens do ativo imobilizado. A ciência contábil agradeceria.

20.7.8 Exemplo com método da soma dos dígitos

Será analisado o caso de um bem (veículo) que custe R$ 3.000 e que tenha vida útil programada de cinco anos. O Fisco permite a depreciação pelo método linear, aceitando a dedução no máximo de R$ 600 por ano. Verifique como seria a depreciação deste bem pelo critério da soma dos dígitos:

1º ano	5/(5+4+3+2+1)	33,33%	R$ 1.000
2º ano	4/(5+4+3+2+1)	26,67%	R$ 800
3º ano	3/(5+4+3+2+1)	20%	R$ 600
4º ano	2/(5+4+3+2+1)	13,33%	R$ 400
5º ano	1/(5+4+3+2+1)	6,67%	R$ 200

Registra-se R$ 1.000 no primeiro ano, R$ 800 no segundo, R$ 600 no terceiro, R$ 400 no quarto ano e apenas R$ 200 no quinto e último ano de vida útil. A justificativa para a recomendação deste método é que nos primeiros anos o bem produz muito mais, contribuindo mais com a geração de receitas, enquanto nos últimos anos de sua vida útil estimada, a empresa começa a ter um custo adicional com reposição de peças e manutenção.

Como o Fisco somente aceita a dedução fiscal de R$ 600 por ano, no 1º ano, a empresa teria que adicionar R$ 400; mais R$ 200 no 2º ano; nos dois últimos anos, a empresa teria o efeito inverso dos dois anos iniciais, deduzindo fiscalmente toda a depreciação calculada na contabilidade e mais os valores adicionados nos dois primeiros anos (Tabela 20.10).

Não havia previsão expressa, na legislação fiscal, para exclusão dos valores de depreciação registrados a maior em anos anteriores. Contudo, uma vez que a empresa registrasse um valor de depreciação maior que o permitido e efetuasse a adição da parcela não dedutível, guardando-a na Parte B do LALUR, não havia argumento da RFB para não aceitar a exclusão.

20.7.9 Depreciação na aquisição de bens usados

Quando a empresa adquire bens usados, o RIR/2018 em seu art. 322 define que a depreciação dedutível será obtida aplicando a taxa anual sobre o maior dentre os seguintes prazos:

a) metade do prazo de vida útil admissível para o bem adquirido novo; ou
b) restante da vida útil do bem, considerada esta em relação à primeira instalação ou utilização desse bem.

Assim, ao comprar uma máquina cuja vida útil restante seja de sete anos, deve-se efetuar a depreciação em sete anos. Se esta mesma máquina tivesse uma vida útil

TABELA 20.10 Tratamento fiscal da depreciação (R$)

ANO	DEPRECIAÇÃO CONTÁBIL	DEDUÇÃO FISCAL	ADIÇÃO/EXCLUSÃO
1º ANO	1.000	600	400
2º ANO	800	600	200
3º ANO	600	600	–
4º ANO	400	600	(200)
5º ANO	200	600	(400)
TOTAL	3.000	3.000	–

restante de três anos, a depreciação dela seria feita em cinco anos que é a metade do prazo de vida útil original do bem, 10 anos.

Esta era a regra fiscal e que valia para fins contábeis até DEZ/2007. Tal assunto não foi referendado na Lei nº 12.973/2014, mas o RIR/2018 repetiu o texto que constava no regulamento anterior.

A Cia. Tirol compra, em JAN/x1, um veículo usado por R$ 1.000, com apenas um ano de uso e em ótimo estado de conservação. O bem será utilizado para transporte dos empregados entre as três unidades da empresa. Analisando o estado do veículo e sua utilização, a empresa chega aos seguintes dados:

- Prazo de vida útil estimado em seis anos.
- Valor residual estimado de R$ 160.

Portanto, a Cia. Tirol irá registrar despesa de depreciação de R$ 140 (840/6 anos) em x1. Por outro lado, a legislação fiscal diz que a depreciação dedutível será de R$ 250 (1.000/4 anos). Esta exclusão de R$ 110 (250 - 140), teoricamente, estaria permitida no § 15 do art. 57 da Lei nº 4.506/64, incluído pela Lei nº 12.973/2014 e referendada no RIR/2018.

Apenas para concluir, no exemplo didático, admitindo a venda do bem exatamente pelo valor residual (R$ 160), a Cia. Tirol teria os seguintes ajustes nas bases do IR e CSLL (Tabela 20.11).

TABELA 20.11 Despesa referente ao computador adquirido pela Cia. Tirol

ANO	CONTABILIDADE	LEG. TRIBUTÁRIA	AJUSTES
X1	140	250	Exclusão de 110
X2	140	250	Exclusão de 110
X3	140	250	Exclusão de 110
X4	140	250	Exclusão de 110
X5	140	–	Adição de 140
X6	140	–	Adição de 140
VENDA	–	(160)	Adição de 160
TOTAL	840	840	–

20.7.10 Depreciação acelerada pelo uso

As taxas determinadas pelo Fisco para os bens móveis são válidas para utilização em um período de trabalho de oito horas. Caso a empresa comprove que o bem é utilizado em dois turnos de oito horas, poderá ser depreciado em 50% a mais do que sua taxa normal. Se a utilização se der em três turnos, em um total de 24 horas diárias de uso, a taxa utilizada poderá ser dobrada, ou seja, duas vezes o máximo permitido usualmente.

Por exemplo, uma máquina que funcione durante 24 horas/dia será depreciada em cinco anos, utilizando a taxa de 20% ao ano, em vez dos 10% definidos no Anexo III da IN RFB nº 1.700/2017. Um equipamento depreciado em 10 anos e que funcione em dois turnos, durante 16 horas diárias, poderá ser depreciado por 15% ao ano, sendo registrado em despesa totalmente em seis anos e oito meses. O tema foi disciplina em uma lei muito antiga, de nº 3.470/58, art. 69, mas continua em vigor.

A depreciação acelerada por uso deveria ser integralmente registrada na contabilidade até DEZ/2007, conforme constava no RIR/99, art. 312, parágrafo único.

Com a aplicação da Lei nº 11.638/2007 e a nova regulamentação contábil-societária, não faz mais sentido deduzir uma despesa de depreciação que não retrate o uso efetivo do bem no auxílio para que a empresa apure suas receitas. Contudo, o art. 312 do RIR/99 foi repetido no art. 323 do RIR/2018, mas sem o parágrafo único, ou seja, não há mais obrigação do registro contábil da depreciação acelerada pelo uso.

Então, suponha que uma máquina adquirida em JAN/x1 por R$ 1.000 seja utilizada em dois turnos de 16h, com prazo estimado de uso de oito anos, sem valor residual. No caso, teremos os seguintes valores:

- Despesa na contabilidade de R$ 125 (1.000/oito anos).
- Despesa permitida pelo art. 323 do RIR/2018 de R$ 150 (15% sobre 1.000).
- Exclusão permitida nos seis primeiros anos (x1 a x6) de R$ 25/ano.

O saldo na Parte B do LALUR das exclusões feitas nos seis primeiros anos seria de R$ 150 (25 × 6 anos). A depreciação contábil permanecerá em R$ 125/ano nos anos x7 e x8. Já o Fisco aceitará, ainda, R$ 100 referente aos oito primeiros meses de x7 e, depois, nada mais aceitará. No caso, teremos exclusão de R$ 25 em x7 (125 - 100) e de R$ 125 em x8.

20.7.11 Depreciação acelerada incentivada

O art. 324 do RIR/2018 esclarece que, com o objetivo de incentivar a implantação, renovação ou modernização de instalações e equipamentos, poderão ser adotados coeficientes de depreciação acelerada, a vigorar durante prazo certo para determinadas indústrias ou atividades.

A depreciação acelerada incentivada representa, na prática, um "empréstimo tributário sem juros", pois permite deduzir uma despesa de forma acelerada antes do uso do bem na geração de receitas da atividade empresarial. Na essência, tal fato já acontece para os bens não incentivados e utilizados em prazo superior àqueles permitidos no Anexo III da IN RFB nº 1.700/2017, mas neste tópico serão analisados alguns casos específicos, individuais, em que o hipotético "empréstimo fiscal gratuito" fica caracterizado.

20.7.11.1 Bens da atividade rural

Os bens do ativo imobilizado, exceto a terra nua, adquiridos por pessoa jurídica que explore a atividade rural, para uso nessa atividade, poderão ser depreciados integralmente no próprio ano da aquisição (art. 6º da MP nº 2.159-70/2001).

Por exemplo, suponha um grupo empresarial do setor sucroalcooleiro, que atue na produção e venda de açúcar e etanol anidro e hidratado[6] a partir da cana-de-açúcar, o qual tem duas atividades diferentes, mas integradas:

1) AGRÍCOLA, que representa o processo de produção da cana-de-açúcar;
2) INDUSTRIAL, que transformará a cana em açúcar e etanol.

Pois bem, as máquinas e equipamentos adquiridos para uso exclusivamente na lavoura canavieira estão enquadradas no benefício fiscal. Suponha uma colhedora de cana adquirida no começo de novembro de 2021 por R$ 1 milhão, para uso na atividade agrícola de uma usina de açúcar e álcool. O departamento técnico apresentou as seguintes informações sobre o bem:

- prazo estimado de uso (vida útil) de 120 meses (10 anos); e
- valor residual estimado de R$ 160 mil ao final do prazo de vida útil.

Assim, a dedução fiscal será integral no mês de novembro de 2021, com a depreciação registrada a partir daí sendo adicionada nas bases de IR e CSLL. A Tabela 20.12 traz um resumo.

Tabela 20.12 Depreciação contábil da colhedora e seu tratamento tributário

ANO	DEPRECIAÇÃO CONTÁBIL	DEDUÇÃO FISCAL	AJUSTE LALUR
2021	14.000	1.000.000	Exclusão de 986 mil
2022	84.000	–	Adição de R$ 84 mil
2023	84.000	–	Adição de R$ 84 mil
2024	84.000	–	Adição de R$ 84 mil
2025	84.000	–	Adição de R$ 84 mil
2026	84.000	–	Adição de R$ 84 mil
2027	84.000	–	Adição de R$ 84 mil
2028	84.000	–	Adição de R$ 84 mil
2029	84.000	–	Adição de R$ 84 mil
2030	84.000	–	Adição de R$ 84 mil
2031	70.000	–	Adição de R$ 70 mil
2031	Venda do bem por R$ 160 mil		Adição de R$ 160 mil
TOTAL	840 mil	1.000.000	Efeito zero

A empresa deduziu todo o valor pago pela compra nas bases de IR e CSLL a partir do uso do bem, em NOV/2021. Como há um mercado funcionando para venda de colhedoras usadas, foi estimado um valor de venda de R$ 160 mil, deixando a parte depreciada em R$ 840 mil, com depreciação mensal de R$ 7 mil (R$ 840 mil/120 meses).

6 Conforme informações obtidas no portal https://www.novacana.com/etanol, "*o etanol hidratado é o etanol comum vendido nos postos, enquanto o etanol anidro é aquele misturado à gasolina. A diferença entre os dois diz respeito à quantidade de água presente em cada um deles. O etanol hidratado combustível possui em sua composição entre 95,1% e 96% de etanol e o restante de água, enquanto o etanol anidro (também chamado de etanol puro ou etanol absoluto) possui pelo menos 99,6% de graduação alcoólica. Dessa forma, o álcool anidro é praticamente etanol puro. A palavra anidro tem origem grega e significa 'sem água' (a = não e hidro = água)*".

Posteriormente, adicionou a depreciação mensal e, ao final do uso do bem, em OUT/2031, fez a sua adição da parcela ainda não depreciada, que representa o saldo líquido do bem (R$ 160 mil), que será posto à venda. Mesmo que a colhedora seja vendida por um preço diferente do projetado, não haverá diferença no ajuste da tabela. Contudo, qualquer venda acima gerará ganho de capital com receita tributável nas bases de IR e CSLL e eventual venda por valor inferior não representará adição, sendo o valor dedutível.

20.7.11.2 Bens utilizados em pesquisa e inovação tecnológica

O mesmo dispositivo para os bens de atividade rural se aplica para máquinas, equipamentos, aparelhos e instrumentos, novos, destinados à utilização nas atividades de pesquisa tecnológica e desenvolvimento de inovação tecnológica (Lei nº 11.196/2005, art. 17, *caput*, inciso III). Assim, o bem será dedutível integralmente na aquisição.

20.7.12 Bens que não devem ser depreciados

O Fisco não aceita o registro de depreciação dos seguintes bens:

a) terrenos, salvo em relação aos melhoramentos ou construções;
b) prédios ou construções não alugadas nem utilizados pelo proprietário na produção dos seus rendimentos ou destinados a revenda;
c) bens que normalmente aumentam de valor com o tempo, como obras de arte ou antiguidades; e
d) bens para os quais seja registrada quota de exaustão.

Quanto aos bens com prazo de vida útil inferior a um ano, a Lei nº 12.973/2014 mexeu no art. 15 do Decreto-lei nº 1.598/77, elevando a permissão para registro em despesa dos bens adquiridos para uso no ativo não circulante de valor até R$ 1.200,00. Além disso, os bens de uso até um ano devem ser registrados diretamente em despesa ou conforme o uso, mas nesse caso, fora do imobilizado, em alguma conta do ativo circulante, como "material de uso e consumo".

20.7.13 Depreciação, amortização e exaustão indedutível

As despesas por redução de bens por depreciação, amortização e exaustão não dedutíveis e que devem ser adicionadas nas bases de IR e CSLL são apresentadas a seguir:

a) Geradas por bem objeto de arrendamento mercantil na arrendatária, na hipótese em que esta reconheça contabilmente o encargo de depreciação, amortização ou exaustão (art. 175, inciso III da IN RFB nº 1.700/2017).
b) De bens que não forem intrinsicamente relacionados com a produção ou comercialização de bens e serviços (art. 83, da IN RFB nº 1.700/2017, mas recomenda-se a leitura do parágrafo único do art. 25 da IN SRF nº 11/96).
c) Da parcela da depreciação referente aos juros capitalizados em ativos de construção e excluídos antecipadamente, conforme permissão do art. 17 do Decreto-lei nº 1.598/78 (art. 145, § 4º da IN RFB nº 1.700/2017).

20.8 Despesas com amortização

As despesas com amortização são dedutíveis na base do IR e da CSLL, desde que obedeçam a determinadas regras, examinadas a seguir.

20.8.1 Despesas pré-operacionais

A contabilidade brasileira, até DEZ/2007, registrava no antigo ativo permanente, subgrupo diferido, os gastos e aplicações de recursos que contribuiriam para a formação do resultado de mais de um exercício social. Inicialmente, a Lei nº 11.638/2007 manteve o subgrupo diferido, mudando um pouco o texto original da Lei nº 6.404/76. Posteriormente, a Lei nº 11.941/2009 extinguiu definitivamente o grupo.

Um item que sempre foi registrado no ativo diferido é o referente aos gastos com despesas pré-operacionais, gastos que acontecem antes do início efetivo da atividade empresarial ou da abertura de uma nova unidade industrial ou comercial. Estes gastos eram amortizados (reconhecidos como despesa) em cinco anos a partir do mês de início das atividades da empresa.

Com a contabilidade moderna, os gastos pré-operacionais e pré-industriais passaram a ser apresentados diretamente no resultado. Contudo, a Lei nº 12.973/2014, em seu art. 11, diz que estas despesas devem ser adicionadas nas bases de IR e CSLL. E, a partir do início das operações ou da plena utilização das instalações, tais itens adicionados podem ser excluídos em quotas mensais no prazo mínimo de cinco anos.

Por exemplo, considere uma empresa com gastos pré-operacionais de R$ 600 em 2020 e que comece suas atividades em JAN/2021. A contabilidade registra em despesa o valor total em 2020 de R$ 600, que será adicionado nas bases de IR e CSLL e excluído nos cinco anos seguintes, entre 2021 e 2025, sendo 120 por ano, R$ 10 por mês.

20.8.2 Amortização de intangíveis

A amortização de direitos classificados no ativo não circulante intangível, registrada com observância das normas contábeis, é dedutível nas bases de IR e CSLL, desde que o direito seja intrinsecamente relacionado com a produção ou comercialização dos bens e serviços. Logicamente, apenas são amortizados os intangíveis que atendam a orientação contábil-societária e que se caracterizem como gastos de desenvolvimento. Não havia prazo específico para a dedutibilidade até 2021, sendo a amortização considerada uma despesa boa para fins de IR e CSLL. O Projeto de Lei nº 2.337/2021 propôs alterações no art. 41 da Lei nº 12.973/2014, definindo que:

1) Para o ativo intangível cuja utilização pela pessoa jurídica tenha prazo legal ou contratualmente definido, a cota dedutível poderá ser estabelecida linearmente em função desse prazo.
2) Nos demais casos, a dedução deverá ser realizada de maneira linear e ininterrupta à razão de, no máximo, 1/120 (um cento e vinte avos) para cada mês do período de apuração.
3) Caso a cota de amortização registrada na contabilidade do contribuinte seja superior àquela calculada pelo item 2 (parcela dedutível), a diferença deverá ser adicionada e poderá ser excluída do lucro líquido na apuração do lucro real quando houver a alienação ou a baixa do intangível.

O PL não foi aprovado em 2021, mas é importante acompanhar o noticiário, pois o debate em relação às mudanças sugeridas deve continuar em 2022.

Poderão ser excluídos, para fins de apuração de IR e CSLL, os gastos com desenvolvimento de inovação tecnológica referidos no inciso I do *caput* e no § 2º do art. 17 da Lei nº 11.196/2005, quando registrados no ativo não circulante intangível, no período de apuração em que forem incorridos e observado o disposto nos arts. 22 a 24 da referida lei.

Os valores que constituírem exclusão na Parte A do LALUR, em decorrência do disposto no parágrafo anterior, serão registrados na Parte B para serem adicionados à medida da realização do ativo, inclusive por amortização, alienação ou baixa.

20.9 DOAÇÕES

As doações, desde 1996, não são dedutíveis para o imposto de renda e para a contribuição social, exceto em alguns casos específicos e com limitação percentual em função do lucro operacional (art. 13 da Lei nº 9.249/95, inciso VI).

Assim, NÃO são dedutíveis, por exemplos, as doações efetuadas para:

1) Pessoa jurídica de direito público (consulta nº 127/2003 – 8ª RF).
2) Sindicatos (consulta nº 80/2001 – 3ª RF).
3) Escolas estaduais e municipais (consulta nº 93/2000 – 9ª RF).
4) Fundo das Nações Unidas para Infância (UNICEF) (consulta nº 20/2002 – COSIT).
5) Partidos políticos.
6) Pessoas físicas (consulta nº 22/2004 – 8ª RF).

20.9.1 Doações a entidades civis

São dedutíveis as doações para entidades civis, legalmente constituídas no Brasil, sem fins lucrativos, que prestem serviços gratuitos em benefício dos empregados da pessoa jurídica ou em benefício da comunidade onde atuem. Essas doações, para serem dedutíveis, devem preencher as seguintes condições:

a) a entidade beneficiada, exceto a de empregados, terá que ser reconhecida de utilidade pública;
b) as doações terão que ser efetuadas mediante crédito bancário na conta da entidade beneficiada;
c) a doadora terá que manter em seu arquivo declaração fornecida pela entidade, se comprometendo a aplicar os recursos recebidos na realização de seus objetivos sociais, com identificação da pessoa física responsável pelo seu cumprimento, e a não distribuir lucros,

bonificações ou vantagens a dirigentes, mantenedores ou associados, sob nenhuma forma ou pretexto; e

d) estará limitada a 2% do lucro operacional, antes de computada a própria doação.

O cálculo do limite é efetuado sobre o lucro operacional, sem considerar a doação. A lei não fornece mais detalhes em relação a qual lucro operacional que será utilizado, mencionando apenas que é o lucro operacional da pessoa jurídica. Com as mudanças nas Leis nº 11.638/2007 e nº 11.941/2009 e, principalmente, nas determinações da Comissão de Valores Mobiliários (CVM), que referendou os pronunciamentos emitidos pelo CPC, o resultado não operacional passou a ser apresentado dentro do resultado operacional. E a CVM diz que o resultado financeiro passou a ser apresentado após o resultado operacional. A lei não fala isso, mas o Pronunciamento nº 26 direciona a DRE para um modelo diferente.

Com a publicação da Lei nº 12.973/2014, o lucro operacional passa a ser o apresentado na contabilidade. Resta saber se ainda haverá dúvidas entre o valor apresentado pela legislação societária (Lei nº 6.404/76 com alterações) e o valor apresentado conforme prevê o pronunciamento CPC nº 26.

Veja o exemplo a seguir, de apuração do lucro operacional e que será base para o exemplo seguinte, do cálculo da doação.

Suponha que a Cia. Roma faça uma doação de R$ 200 e apresente, em 2021, um lucro líquido de R$ 2.500. Veja, na Tabela 20.13, a DRE pelo modelo definido pela CVM para as companhias abertas.

TABELA 20.13 DRE DEZ/2021 da Cia. Roma – modelo CVM/CPC nº 26

CONTAS	VALORES
LUCRO BRUTO	10.000
(–) DESPESAS ADMINISTRATIVAS E COMERCIAIS	(4.000)
(+) GANHO NA VENDA DE IMOBILIZADO	500
LUCRO OPERACIONAL	**6.500**
(–) DESPESAS FINANCEIRAS	(1.000)
LUCRO ANTES DO IR E DA CSLL	5.500
(–) IR e CSLL	(2.200)
LUCRO ANTES DAS PARTICIPAÇÕES	3.300
(–) PARTICIPAÇÕES NOS LUCROS	(800)
LUCRO LÍQUIDO DO EXERCÍCIO	2.500

Contudo, aplicando a legislação societária, a DRE Cia. Roma em 2021 teria outra estrutura (Tabela 20.14).

TABELA 20.14 DRE DEZ/2021 da Cia. Roma – modelo da Lei nº 6.404/76

CONTAS	VALORES
LUCRO BRUTO	10.000
(–) DESPESAS ADMINISTRATIVAS E COMERCIAIS	(4.000)
(–) DESPESAS FINANCEIRAS	(1.000)
LUCRO OPERACIONAL	**5.000**
(+) OUTRAS RECEITAS	500
LUCRO ANTES DO IR E DA CSLL	5.500

Parei no LAIR, pois daí em diante seria igual nos dois modelos. O modelo base para dedução fiscal é o da legislação societária. Com isso, a parcela dedutível da doação de R$ 200 (incluída nas despesas administrativas) seria apurada da seguinte forma:

LUCRO OPERACIONAL, INCLUINDO A DESPESA DE DOAÇÃO	R$ 5.000
(+) DESPESA DE DOAÇÃO PARA ENTIDADE CIVIL	R$ 200
BASE PARA CÁLCULO DO VALOR DEDUTÍVEL PARA IR E CSLL	R$ 5.200
PERCENTUAL MÁXIMO PERMITIDO DE DOAÇÃO	2%
VALOR MÁXIMO DEDUTÍVEL	R$ 104
PARCELA ADICIONADA NAS BASES DE IR E CSLL	R$ 96

Portanto, a Lei nº 12.973/2014 mantém a DRE da Lei nº 6.404/76, aceitando a parcela dedutível de R$ 104. Se a dedução fosse feita considerando as determinações da CVM, o limite seria de R$ 134 (2% sobre R$ 6.700).

20.9.2 Doações a institutos de ensino e pesquisa

São dedutíveis também as doações a instituições de ensino e pesquisa, cuja criação tenha sido autorizada por lei federal. Estas doações estão limitadas a 1,5% do lucro operacional antes da dedução da própria doação e da doação apresentada no subitem anterior. O cálculo segue a mesma explicação da doação para entidade civil.

No exemplo da Cia. Roma, admitindo uma doação a um instituto de pesquisa de R$ 200, a parcela dedutível seria de R$ 81, representando 1,5% de R$ 5.400 (R$ 5.000 do lucro operacional + R$ 400 das duas doações).

No caso, seria adicionado nas bases de IR e CSLL o valor de R$ 119.

20.9.3 Doações a OSCIP

Desde 2001 são dedutíveis as doações para as Organizações da Sociedade Civil de Interesse Púbico (OSCIP), qualificadas segundo as normas estabelecidas na Lei nº 9.790/99. As entidades enquadradas como OSCIP devem renovar o registro anualmente por meio de ato formal de órgão competente da União.

As doações a OSCIP estão sujeitas ao mesmo limite das entidades civis, ou seja, 2% do lucro operacional, antes de computada a própria doação.

20.9.4 Doações a projetos enquadrados na Lei Rouanet

As doações para projetos culturais aprovados pela Lei nº 8.313/91, mais conhecida no mercado como Lei Rouanet, também são dedutíveis, sem a limitação imposta para as demais doações. Estas doações, definidas nos artigos 25 e 26 da referida lei, além de serem dedutíveis tanto na base do IR como na base da CSLL, gozam de incentivo fiscal de redução direta de até 40% do valor da doação, com limitação percentual de 4% do valor do IR devido (alíquota básica).

Algumas doações e patrocínios realizados com atividades descritas na Lei nº 9.874/99, que alterou o art. 18 da Lei Rouanet, têm tratamento diferente das doações citadas no parágrafo anterior, não sendo dedutíveis nas bases do IR e da CSLL, mas sendo incentivadas em 100%. Se você quiser saber mais detalhes sobre os incentivos para a cultura, incluindo quais atividades têm este tratamento diferenciado, recomendo a leitura do Capítulo 21, que trata de incentivos fiscais.

20.9.5 Doações para o FIA e FNI

As doações para o Fundo para Infância e Adolescência (FIA) são indedutíveis nas bases de IR e CSLL, mas são incentivadas como redução direta do IR devido, com limitação em 1% do valor do imposto calculado pela alíquota básica (art. 260 da Lei nº 8.069/90) até DEZ/2021. Conforme o Projeto de Lei nº 2.337/2021, a limitação deve aumentar para 1,87% a partir de 2022, se a aprovação da câmara dos deputados for confirmada no senado federal.

Assim, não será dedutível, inclusive, a parcela não aproveitada como incentivo fiscal devido à limitação percentual do IR devido. Se a empresa apresentar R$ 10.000 de IR devido pela alíquota básica em 2021, poderá reduzir este IR com a doação em foco em R$ 100. Caso doe R$ 110, todo o valor será adicionado nas bases do IR e da CSLL, independentemente de ter ocorrido aproveitamento de parte ou não como incentivo fiscal.

As mesmas regras serão aplicadas às doações para o Fundo Nacional do Idoso (FNI), Lei nº 12.213/2010, art. 3º.

Os detalhes sobre o incentivo constam na IN SRF nº 267/2002, nos arts. 11 a 14.

20.10 Gastos com cartões de crédito

Não são dedutíveis as despesas com gastos pessoais efetuados com cartão de crédito, fornecido pela empresa a seus empregados.

Entretanto, conforme previsão na Lei nº 8.383/91, os gastos, mesmo que pessoais, são dedutíveis, desde que integrem as respectivas remunerações para fins de cálculo do imposto de renda na fonte e das contribuições previdenciárias e trabalhistas.

20.11 Previdência privada

As contribuições para planos de previdência privada podem ser feitas livremente pelas entidades empresariais em favor de seus empregados. Todavia, a dedução desta despesa nas bases do IR e da CSLL está limitada em 20% do total de salários dos empregados e da remuneração dos dirigentes da empresa beneficiados pelo plano (art.11 da Lei nº 9.532/97, com alterações na Lei nº 10.887/2004).

Um empregado cuja remuneração anual seja R$ 10.000 poderá receber no ano até R$ 2.000 a título de previdência privada e este valor será considerado dedutível. A parcela que for paga acima do percentual de 20% deverá ser adicionada nas bases de IR e CSLL.

Mas o limite é utilizado para o conjunto dos empregados beneficiados com o plano e não de forma individual. Assim, suponha que uma empresa tenha 10 empregados, todos com a mesma remuneração trimestral: R$ 15.000. Se resolver pagar previdência privada apenas para quatro empregados, o limite de dedução da despesa será R$ 12.000, correspondendo a 20% da remuneração trimestral dos quatro (R$ 60.000).

O limite, portanto, não é individual, e sim no conjunto dos empregados beneficiados pelo plano. Se, dos quatro empregados beneficiados, três receberem R$ 1.500 cada e apenas um recebeu R$ 7.500, todo o valor pago (R$ 12 mil) será dedutível, uma vez que, no conjunto dos beneficiados pelo plano, o limite foi cumprido, embora um empregado tenha recebido metade do seu salário. Mas, como os outros três receberam apenas 10%, a parcela que cada um deixou de receber pode ser paga, sem problemas, para o empregado que recebeu os R$ 7.500.

Não há exigência também de percentual mínimo ou máximo de beneficiados. A empresa pode pagar benefícios de previdência privada para o número de empregados que desejar, desde que respeite o limite de dedução de 20%.

Já as contribuições para **fundos de investimentos** vinculados à previdência privada (FAPI), somente serão dedutíveis se atingirem, pelo menos, 50% dos empregados da companhia (art. 7º da Lei nº 9.477/97).

Assim, se a empresa, no exemplo anterior, em vez de pagar um plano de previdência privada, tivesse depositado os recursos em um fundo de investimento vinculado à previdência privada, nenhum valor seria aceito como despesa nas bases de IR e CSLL, pois o benefício teria atingido menos de 50% dos seus empregados.

20.12 *Royalties* e assistência técnica

A dedução das despesas com *royalties* e assistência técnica está prevista no art. 71 da Lei nº 4.506/71 e consolidada a partir do art. 362 do RIR/2018.

20.12.1 Conceito e despesas com *royalty*

O aluguel é utilizado como retribuição pelo uso temporário de um bem material, enquanto o ***royalty*** significa a retribuição pelo uso de um bem imaterial.

As despesas com ***royalties*** são dedutíveis nas bases do IR e da CSL quando a patente ou o registro estiver em pleno vigor.

O Código de Propriedade Industrial (Lei nº 9.279/96) é que regula os direitos e as obrigações relativos à propriedade industrial mediante a concessão de patentes de invenção e de modelo de utilidade e concessão de registro de desenho industrial e de marcas.

20.12.2 Despesas não dedutíveis

Não são dedutíveis os seguintes valores:

a) as importâncias pagas a terceiros para adquirir os direitos de uso de um bem ou direito e os pagamentos para extensão ou modificação do contrato, que constituirão aplicação de capital amortizável durante o prazo do contrato, obedecendo aos limites da lei;
b) os *royalties* pagos a sócios, pessoas físicas ou jurídicas, ou dirigentes de empresas, além de seus parentes ou dependentes;
c) os *royalties* pelo uso de patentes de invenção, processos e fórmulas de fabricação, ou pelo uso de marcas de indústria ou de comércio, quando:
    - pagos pela filial no Brasil de empresa com sede no exterior, em benefício de sua matriz;
    - pagos pela sociedade com sede no Brasil para pessoa com domicílio no exterior que mantenha, direta ou indiretamente, controle do seu capital com direito a voto;
d) os *royalties* pelo uso de patentes de invenção, processos e fórmulas de fabricação, bem como marcas de comércio e indústria pagos ou creditados a domiciliados no exterior:
    - que não sejam objeto de contrato registrado no Bacen;
    - cujos montantes excedam aos limites periodicamente fixados pelo Ministério da Fazenda, para grupo de atividades ou produtos, segundo o grau de sua essencialidade, e em conformidade com a legislação específica sobre a remessa de valores para o exterior.

20.12.3 Limite para dedução da despesa de *royalty*

A soma das quantias pagas a título de *royalties* não poderá ultrapassar o limite máximo de 5% da receita líquida das vendas do produto fabricado ou vendido. A tabela em vigor diz que a indústria de base tem um percentual em torno de 5%, enquanto a indústria de transformação tem um percentual oscilando entre 2% e 4%.

20.12.4 Assistência técnica

Os valores pagos a pessoas jurídicas ou físicas domiciliadas no exterior a título de assistência técnica, científica, administrativa ou semelhante, sejam fixas ou como percentual aplicado sobre receita ou lucro, somente serão dedutíveis quando satisfizerem aos seguintes requisitos:

a) constarem de contrato registrado no Bacen;
b) corresponderem a serviços efetivamente prestados à empresa por meio de técnicos, desenhos, ou instruções enviadas ao país, ou estudos técnicos realizados no exterior por conta da empresa;
c) não forem pagas ou creditadas pela filial da empresa com sede no exterior, em benefício de sua matriz;
d) não forem pagos ou creditados a pessoa domiciliada no exterior, que mantenha, direta ou indiretamente, o controle do capital, com direito a voto, da pessoa jurídica remetente.
e) o montante anual dos pagamentos não exceder ao limite fixado por ato do Ministro da Fazenda, de conformidade com a legislação específica.

20.13 Resultado negativo de equivalência patrimonial

A despesa relativa a resultado de equivalência patrimonial não é dedutível nas bases de IR e CSLL porque este prejuízo que gerou a equivalência negativa será compensado na empresa controlada e não na controladora.

20.14 Perdão de dívida

Por constituir mera liberalidade, o perdão de uma dívida não é dedutível como despesa, sendo, entretanto, tributada na empresa que teve sua dívida perdoada.

20.15 Alimentação de acionistas, administradores e sócios

Não são aceitos como despesas os valores pagos como alimentação para sócios, acionistas e administradores. A aplicação deste dispositivo gera muita discussão, pois o conceito de administradores pode ser utilizado de forma ampla e incluir gerentes e superintendentes.

Teoricamente, seriam dedutíveis as despesas denominadas **de representação**, como almoço com clientes e fornecedores, mesmo que tenha como participantes sócios, acionistas e administradores. Contudo, a tendência é que a fiscalização não aceite a dedução deste tipo de despesa, por considerá-la desnecessária para a atividade da empresa.

A Consulta nº 53/2000 da 6ª DISIT diz que são indedutíveis as despesas por liberalidade, tais como as representadas por passagens aéreas, hospedagens, pacotes turísticos, brindes e jantares de congraçamento para clientes.

20.16 Honorários e participações de administradores

Até 1996, existia limitação fiscal tanto em relação aos honorários de administradores quanto à gratificação de empregados. Desde 1997 não existe mais limitação para dedução fiscal destas despesas. Todavia, no caso dos administradores, nenhum benefício pago pela empresa é aceito como despesa, para fins de IR e CSLL.

20.17 Juros e multas de natureza fiscal

São aceitas pelo Fisco como despesa dedutível as multas fiscais de natureza compensatória, como, por exemplo, as incorridas sobre imposto vencido e pago espontaneamente pelo contribuinte.

São aceitas também as multas sobre obrigações acessórias, desde que não resultem em falta ou insuficiência de imposto devido. Assim, se o contribuinte atrasar a entrega da declaração anual de rendimentos (DIPJ), mas os impostos estiverem pagos, a multa será dedutível na base do imposto de renda.

Não são aceitas, contudo, na base do IR, as multas fiscais de caráter punitivo, proveniente de autos de infração.

20.17.1 Parecer Normativo nº 61/79

O tema foi tratado no Parecer Normativo nº 61/79, onde a RFB concluiu que não são dedutíveis as multas impostas em lançamento de ofício, ou seja, aquelas aplicadas por iniciativa da fiscalização, como punição por infrações resultantes de falta ou insuficiência de pagamento (recolhimento) de tributos, tais como:

1) o descumprimento de obrigação principal, caracterizado simplesmente (ou puramente) pelo não pagamento do tributo ou do seu pagamento em valor menor que o efetivamente devido; ou
2) a inexecução, total ou parcial, de obrigação acessória, cuja inadimplência (infração acessória)

resulta em infração principal, ou seja, falta ou insuficiência de pagamento de tributo.

Como é possível verificar, somente pode ocasionar falta ou insuficiência de pagamento de tributo à inadimplência que tenha por objeto obrigação DE DAR, isto é, a obrigação principal, caracterizado pela simples e pura falta de pagamento de tributo ou pelo não cumprimento de obrigação acessória da qual resulte uma obrigação principal.

Como exemplos de descumprimento de obrigação acessória que resulta em falta ou insuficiência de pagamento de tributo, o PN nº 61/79 cita a falta de prestação de informações quanto à matéria de fato indispensável à constituição do crédito tributário (nos casos de lançamento com base em declaração) e a falta de retenção do imposto ou contribuição devidos na fonte (IRRF, por exemplo), ato indispensável à homologação.

O mesmo Parecer Normativo CST nº 61/79 diz que são dedutíveis:

1) As multas impostas por descumprimento de obrigações que não sejam as de pagar o tributo nem constituam condição do seu lançamento normal, podendo ser citadas, entre outras, como exemplo:
   a) multas por irregularidades formais em livros e documentos fiscais, das quais não tenham decorrido falta ou insuficiência de pagamento de tributos;
   b) multas por apresentação espontânea, fora do prazo, de declarações; e
   c) multas aplicadas a pessoas jurídicas que não fornecerem aos beneficiários, no prazo determinado pela legislação, ou fornecerem com inexatidão, o comprovante de pagamentos com retenção na fonte.
2) As multas compensatórias, assim consideradas as multas de mora devidas nos recolhimentos feitos com atraso, mas antes de qualquer procedimento do Fisco para a cobrança, tais como as multas moratórias por recolhimento espontâneo de tributo fora do prazo, calculadas à taxa de 0,33% por dia de atraso, limitada ao percentual máximo de 20%.

20.17.2 Adição na base da CSLL

A previsão de não dedução das multas ocorria apenas na base do IR, sendo aceita, em princípio, na base da CSLL. Em JAN/2004 foi publicada a IN RFB nº 390/2004, que estendeu para a CSLL quase todas as adições que eram feitas apenas na base do imposto de renda, incluindo as multas não dedutíveis. A IN RFB nº 1.700/2017, no art. 132, manteve a adição nas duas bases.

20.17.3 Momento da dedutibilidade da multa

As despesas de impostos e contribuições sociais (ICMS, PIS e COFINS, por exemplo) são dedutíveis nas bases de IR e CSLL das empresas, conforme aplicação do regime de competência. Por extensão, as multas moratórias podem ser deduzidas, como despesa operacional, no período de apuração em que se tornarem devidas, ou seja, no período em que forem incorridas. Contudo, o disposto não se aplica aos tributos e contribuições cuja exigibilidade esteja suspensa, à exceção do parcelamento e da moratória.

O antigo conselho de contribuintes, em decisão de 1997, definiu que a multa de mora é dedutível na apuração do lucro real do exercício em que foi incorrida, mesmo que paga no exercício seguinte. A Solução de Divergência COSIT nº 6/2012 diz que as multas moratórias por recolhimento espontâneo de tributo fora do prazo são dedutíveis como despesa operacional, na determinação do lucro real e da base de cálculo da CSLL, no período em que forem incorridas, de acordo com o regime de competência, todavia o disposto não se aplica aos tributos cuja exigibilidade esteja suspensa, à exceção do parcelamento e da moratória.

20.17.4 Juros de mora

Os juros oriundos de pagamento de tributos em atraso são dedutíveis nas bases de IR e CSLL, mesmo em caso de autuação fiscal. Os juros têm função de recomposição da moeda, não tendo característica de punição, sendo esse o raciocino do legislador ao permitir sua dedução nas bases dos dois tributos.

20.18 Multas de natureza não tributária

Também são indedutíveis as infrações de natureza não fiscal, como: multas de trânsito, multas ambientais, multas por abuso do poder econômico, controle de peso, penais, trabalhistas, multas por atraso na entrega de documentos no Banco Central, na CVM etc.

A lógica para a indedutibilidade desses gastos seria a aplicação do art. 311 do RIR/2018, que diz que são dedutíveis as despesas necessárias à atividade da empresa e à manutenção da respectiva fonte produtora. Teoricamente, as infrações listadas no parágrafo anterior não são necessárias para a atividade das empresas.

O art. 133 da IN RFB nº 1.700/2017 diz que as multas impostas por transgressões de leis de natureza não tributária são indedutíveis como custo ou despesas operacionais, confirmando o que foi apresentado nos dois parágrafos anteriores.

Uma empresa de transporte de cargas ou de passageiros pode alegar que, embora não sejam desejáveis, as multas acontecem e são inerentes à atividade. Poder-se-ia pensar em fazer uma analogia com as perdas de crédito no comércio de eletrodomésticos. Ora, uma empresa varejista vende para cem clientes e, eventualmente, um cliente não efetua o pagamento, gerando uma perda de crédito, dedutível após completar os prazos definidos na lei. A perda de crédito não seria desejável, mas acontece. Esse seria o argumento da empresa de transporte em relação à multa de trânsito.

Já pensando do outro lado, o Fisco poderia argumentar que a perda de crédito é necessária para a atividade, pois é preciso vender a cem clientes, deixando de receber de um deles. Já a multa é violação a regra, não fazendo sentindo considerá-la como integrando a atividade empresarial.

20.19 Despesas com propaganda, brindes e bonificações

As despesas com propaganda são aceitas tanto na base do IR como na base da CSLL, desde que sejam diretamente relacionadas com a atividade explorada pela empresa e estejam registradas em conta própria. Ora, dificilmente uma despesa de propaganda não será enquadrada neste critério de dedutibilidade, uma vez que somente terá sentido fazer propaganda com o objetivo de retorno de resultado, mesmo que para fixação de marca no mercado ou com objetivos institucionais. O art. 380 do RIR/2018 traz os gastos que seriam dedutíveis como propaganda:

1) Os rendimentos específicos de trabalho assalariado, autônomo ou profissional, pagos ou creditados a terceiros, e a aquisição de direitos autorais de obra artística.
2) As importâncias pagas ou creditadas a empresas jornalísticas, correspondentes a anúncios ou publicações.
3) As importâncias pagas ou creditadas a empresas de radiodifusão ou televisão, correspondentes a anúncios, horas locadas ou programas.
4) As despesas pagas ou creditadas a quaisquer empresas, inclusive de propaganda.
5) O valor das amostras, tributáveis ou não pelo imposto sobre produtos industrializados, distribuídas gratuitamente por laboratórios químicos ou farmacêuticos e por outras empresas que utilizem esse sistema de promoção de venda de seus produtos, sendo indispensável que:
   a) a distribuição das amostras seja contabilizada, nos livros de escrituração da empresa, pelo preço de custo real;
   b) a saída das amostras esteja documentada com a emissão das correspondentes notas fiscais;
   c) o valor das amostras distribuídas em cada ano-calendário não ultrapasse os limites estabelecidos pela Secretaria da Receita Federal, tendo em vista a natureza do negócio, até o máximo de 5% da receita obtida na venda dos produtos.
6) Poderá ser admitido, a critério da RFB, que as despesas de que trata o item 5 ultrapassem, excepcionalmente, os limites previstos na alínea *c*, nos casos de planos especiais de divulgação destinados a produzir efeito além de um ano-calendário, devendo a importância excedente daqueles limites ser amortizada no prazo mínimo de três anos, a partir do ano-calendário seguinte ao da realização das despesas (Lei nº 4.506/64, art. 54, parágrafo único).

A Consulta nº 65/2001 da 6ª região fiscal diz que NÃO são dedutíveis as despesas a título de reembolso de propaganda, cobrado por uma empresa a outra, à qual supre de estoques e, eventualmente, também provê de publicidade, organização e métodos de vendas.

Não é permitida a dedução das despesas com brindes, tanto para fins de imposto de renda como para fins de CSLL (Lei nº 9.249/95, art. 13, inciso VII).

Este dispositivo é de difícil acompanhamento por parte da RFB, pois, no balancete contábil, eventuais despesas com brindes podem estar classificadas em outras despesas administrativas, dificultando o trabalho da fiscalização. Outro aspecto a destacar é que normalmente estes valores são pequenos, não representando relevância que justifique a adição determinada.

A diferença entre brinde e propaganda não é fácil de ser definida, dependendo de aspectos subjetivos.

A Consulta nº 4/2001 da Coordenação Geral de Tributação diz que os gastos com a aquisição e distribuição de objetos, desde que de diminuto valor e diretamente relacionados com a atividade explorada pela empresa, poderão ser deduzidos a título de despesas de propaganda para efeitos de lucro real.

A Decisão nº 250/2000 da 6ª região fiscal diz que são dedutíveis, para os efeitos de IR e CSLL, os custos de aparelhos entregues gratuitamente pelas empresas de telefonia a seus clientes em cumprimento de programas de fidelidade.

A Consulta nº 162/2004 da 7ª região fiscal diz que a concessão de benefícios a clientes, visando ao incremento de vendas e, consequentemente, dos lucros, se reconhecidamente vinculadas às operações realizadas pelo contribuinte, subentendem-se no conceito de despesas operacionais dedutíveis, devendo, entretanto, guardar estrita e necessária correlação com a realização das transações ou operações exigidas pela atividade da empresa.

O Parecer Normativo nº 62/76 diz que são dedutíveis os prêmios em dinheiro pagos à pessoa física, como recompensa por participação em competição de conhecimentos, realizada em auditório de empresas de radiodifusão ou televisão, assim como os prêmios pagos em bens também são dedutíveis.

20.19.1 Aspectos polêmicos entre brindes e propaganda

Existem dúvidas no dia a dia das empresas em relação ao tema, onde a recomendação é uma consulta formal à RFB, com objetivo de esclarecer o tratamento fiscal a ser utilizado. Veja a seguir alguns exemplos de situações em que há dúvida entre brinde e propaganda

- Assinatura de Revista Eletrônica X por um ano, pelo preço de R$ 150. Ao assinar a revista o cliente recebe um *pen drive*, cujo custo monta a R$ 50.
- Clientes que adquirirem o automóvel Y no final de semana (preço de R$ 45 mil) recebem, automaticamente, o seguro pago, pelo período de um ano, cujo custo de R$ 1.800 será assumido pela empresa vendedora.
- Na compra de um apartamento no condomínio W (preço de R$ 400 mil), o cliente recebe uma TV de alta definição, cujo custo monta a R$ 4.000.

Nos três casos, as empresas vendedoras utilizaram estratégia de marketing para atrair seus clientes. A dúvida é saber se o *pen drive*, o seguro e a TV serão registrados como despesas de brinde ou propaganda nas empresas vendedoras. E, depois, saber se a RFB aceitará o registro e a sua dedutibilidade.

20.19.2 Amostra grátis

É dedutível também o valor das amostras grátis, distribuídas por laboratórios químicos ou farmacêuticos e por outras empresas que utilizem esse sistema de promoção de venda de seus produtos, sendo indispensável que:

a) a distribuição das amostras seja contabilizada, nos livros de escrituração da empresa, pelo preço de custo real;
b) a saída das amostras esteja documentada com a emissão das correspondentes notas fiscais;
c) o valor das amostras distribuídas em cada ano-calendário não ultrapasse os limites estabelecidos pela SRFB, tendo em vista a natureza do negócio, até o máximo de 5% da receita líquida obtida na venda dos produtos, exceto cosméticos, perfumarias e artigos de toucador, cuja dedução máxima é de 1%.

20.20 Despesas de viagem

Não são aceitas as despesas de viagem sem comprovação, sendo que a legislação aceita a falta de comprovação em despesas de alimentação em viagem até o limite de R$ 16,57 por dia.

Também não são dedutíveis as despesas de viagem pagas pela empresa para empregados em gozo de férias, bem como as de viagens ao exterior que não sejam comprovadamente a serviço. Estas despesas somente são dedutíveis se o valor for incluído na remuneração da pessoa física para fins tributários, de contribuições previdenciárias e trabalhistas.

20.21 Benefícios diretos e indiretos a administradores, empregados e terceiros

O art. 368 do RIR/2018 diz que serão dedutíveis, para fins de determinação do lucro real, as remunerações de sócios, diretores ou administradores, titulares de empresa individual e conselheiros fiscais e consultivos. Por outro lado, não serão dedutíveis valores como retiradas não debitadas em custos ou despesas operacionais, ou contas subsidiárias, e aquelas que, mesmo escrituradas nessas contas, não correspondam à remuneração mensal fixa por prestação de serviços. Além disso, não há dedutibilidade nas percentagens e ordenados pagos a membros das diretorias das sociedades por ações que não residam no País.

Os benefícios pagos a empregados somente são considerados dedutíveis nas bases do imposto de renda e da contribuição social se atendidos aos seguintes requisitos:

a) que os beneficiários sejam identificados e individualizados; e
b) que o valor pago seja incluído na remuneração do empregado para fins tributários, previdenciários e trabalhistas.

Portanto, caso a empresa pague qualquer verba não usual para seus empregados, deverá identificar e individualizar os empregados beneficiários, acrescendo estes benefícios em seu contracheque, com a retenção do IR correspondente, para considerar a despesa como dedutível. São exemplos de benefícios indiretos: prêmios em bens (viagens, aparelhos eletroeletrônicos, automóveis etc.), auxílio-moradia, despesas de condomínio, mensalidades de clubes, entre outros.

São dedutíveis na base do imposto de renda as gratificações pagas aos empregados, seja qual for a designação que tiverem (§ 3º do art. 311 do RIR/2018).

O Fisco permite a dedução como despesa dos gastos com serviços de assistência médica, odontológica, farmacêutica e social, desde que destinados indistintamente a todos os seus empregados.

Os planos de saúde, oferecidos por muitas empresas como benefício, representam despesas dedutíveis, desde que sejam extensivos a todos os empregados. Não há problema em diferenciação do tipo de plano em função do cargo. A diretoria pode ter o plano VIP, os gerentes o plano ESPECIAL e o corpo técnico ter direito ao plano BÁSICO, desde que todos recebam o benefício.

O art. 369 do RIR/2018 diz que integrarão a remuneração dos beneficiários:

a) Contraprestação de arrendamento mercantil ou o aluguel ou, quando for o caso, os encargos de depreciação:
   - de veículo utilizado no transporte de administradores, diretores, gerentes e seus assessores ou de terceiros em relação à pessoa jurídica;
   - de imóvel cedido para uso de pessoa a que se refere ao item anterior.
b) As despesas com benefícios e vantagens concedidos pela empresa a administradores, diretores, gerentes e seus assessores, pagas diretamente ou por meio da contratação de terceiros, tais como:
   - a aquisição de alimentos ou outros bens para utilização pelo beneficiário fora do estabelecimento da empresa;
   - os pagamentos relativos a clubes e assemelhados;
   - o salário e os encargos sociais de empregados postos à disposição ou cedidos, pela empresa, a administradores, diretores, gerentes e seus assessores ou de terceiros;
   - a conservação, o custeio e a manutenção dos bens a que se refere a letra "a".

A empresa deverá identificar os beneficiários das despesas e adicionará aos salários os valores a elas correspondentes, submetendo a remuneração total à tabela progressiva do IRPF.

Caso o beneficiário não seja identificado e as despesas e vantagens não sejam incorporadas ao salário, estes valores terão tributação exclusiva na fonte, aplicando-se a alíquota de 35%, que será calculada pelo reajustamento do base. Por exemplo, se as vantagens somarem R$ 13 mil, a tributação de IRRF será de R$ 7 mil, calculada da seguinte forma:

13.000	= 65% (100% – 35%)
X (base de cálculo)	= 100%
13.000 / 0,65	= 20.000
20.000 × 35%	= R$ 7.000 de IR retido exclusivamente na fonte

Na empresa, as despesas aqui citadas terão o seguinte tratamento tributário:

a) quando pagos a beneficiários identificados e individualizados, poderão ser dedutíveis na apuração do lucro real; e
b) quando pagos a beneficiários não identificados ou beneficiários identificados e não individualizados, referente a comissões, bonificações,

gratificações ou semelhantes, serão indedutíveis na apuração do lucro real, inclusive em relação ao IRRF calculado conforme boxe anterior.

20.22 Prejuízo na baixa de investimentos adquiridos com incentivos fiscais

É indedutível na base do IR o prejuízo na baixa de investimentos adquiridos com utilização de incentivos fiscais.

Como a empresa se beneficiou de uma redução fiscal para adquirir estes ativos, nada mais justo que, no momento da alienação, sua perda não seja considerada como despesa para fins de imposto de renda. Entretanto, por absoluta falta de previsão legal, este prejuízo será aceito como despesa na base da contribuição social.

20.23 Prejuízo por desfalques, roubos, furtos ou apropriação indébita praticada por empregados ou terceiros

Somente são dedutíveis as perdas com desfalque, assalto, furto ou apropriação indébita, praticada por empregados ou por terceiros, se houver inquérito nos termos da legislação trabalhista ou queixa policial.

Se o valor estiver segurado e for objeto de restituição, somente será dedutível o valor que ultrapassar o reembolso do seguro. O registro contábil em ativo por ocasião do sinistro é fundamental. Se você registrar o sinistro de um bem roubado, por exemplo, baixando o bem e reconhecendo uma despesa, no momento da recuperação você deverá registrar uma receita, que será base dos tributos, incluindo PIS e COFINS.

20.24 Demais adições

Todas as despesas que não se enquadrem como necessárias à atividade e à manutenção da respectiva fonte produtora não são aceitas para fins de imposto de renda.

Tão importante quanto saber o normativo que determina a adição é entender a razão, os motivos que levaram o legislador a determinar a não dedução de cada despesa. A IN RFB nº 1.881/2019[7] disponibiliza o Anexo III, com 28 páginas listando despesas não dedutíveis, sendo importante fonte de consulta para os profissionais responsáveis pelo cálculo do IR e da CSLL das empresas.

20.25 Absorção da leitura: dez questões de múltipla escolha

Recomenda-se resolver as questões pelo menos um dia depois da leitura do capítulo.

Considere APENAS os dados de janeiro da Cia. Cosmos.

• Estoque inicial	ZERO
• Custo fixo	R$ 600
• Custo variável unitário	R$ 10 (por unidade produzida)
• Despesas fixas	R$ 120
• Preço de venda unitário	R$ 18
• Despesas variáveis	R$ 2 (por unidade vendida)
• Quantidade produzida	200 unidades
• Quantidade vendida	150 unidades

Q1

Informe o lucro real da Cia. Cosmos, utilizando o custeio por absorção.

(A) R$ 180.

(B) R$ 255.

(C) R$ 330.

(D) R$ 405.

(E) R$ 435.

Q2

Uma empresa comercial apresentou um lucro antes dos tributos (IR e CSLL) no valor de R$ 4.000,00. Analisando os números da empresa, são apresentadas algumas receitas e despesas incluídas neste resultado, para fins de cálculo dos tributos sobre o lucro:

- Despesa de brindes R$ 100,00
- Despesa com participação em controladas R$ 500,00
- Receita com dividendos avaliados ao custo de aquisição R$ 200,00
- Receitas financeiras R$ 300,00
- Despesa com propaganda (em programas de televisão) R$ 600,00
- Despesa com provisões para perdas em processos cíveis R$ 400,00

Com base na legislação vigente, a CSL (alíquota de 9%) devida, em reais, será:

(A) 342,00.

(B) 360,00.

(C) 369,00.

(D) 405,00.

(E) 432,00.

[7] Disponível em: http://normas.receita.fazenda.gov.br/sijut2consulta/link.action?visao=anotado&idAto=99916#1978525. Acesso em: out. 2021.

Q3

A Cia. Pilares apurou prejuízo fiscal de R$ 160.000 no ano de 2020. Em 2021, obteve um resultado positivo antes de IR e CSLL no valor de R$ 400.000, incluídas as seguintes contas de receitas e despesas:

- Resultado negativo de equivalência patrimonial R$ 25.000
- Provisões não dedutíveis R$ 45.000
- Multa proveniente de uma autuação fiscal R$ 20.000
- Juros Selic provenientes de uma autuação fiscal R$ 20.000
- Brindes R$ 10.000

O valor do imposto de renda a pagar no ano de 2021, considerando as alíquotas vigentes na época (alíquota básica de 15% mais adicional de 10% sobre a parcela que ultrapassar R$ 240 mil/ano), será:

(A) R$ 48.500.

(B) R$ 63.500.

(C) R$ 66.000.

(D) R$ 67.000.

(E) R$ 76.000.

Q4

A Cia. Júpiter teve prejuízo de R$ 120 em 2002. Neste resultado, estão incluídos os seguintes valores: receita de participação em controladas de R$ 60, despesas de brindes de R$ 200 e honorários de diretoria de R$ 40. O IR a pagar (alíquota de 15%) será:

(A) Zero.

(B) R$ 3.

(C) R$ 9.

(D) R$ 18.

(E) R$ 63.

Q5

Analise as seguintes despesas:

1. Brindes
2. Multas de trânsito
3. Provisão de férias
4. Locação de veículos para representantes comerciais
5. Provisão p/ créditos de liquidação duvidosa
6. Juros Selic decorrente de autuação fiscal
7. Multa decorrente de autuação fiscal

Na relação, são indedutíveis na base do IR:

(A) 2 despesas.

(B) 3 despesas.

(C) 4 despesas.

(D) 5 despesas.

(E) 6 despesas.

Q6

A Cia. Sombra fez doação a uma entidade civil (que presta serviços na comunidade onde atua), no valor de R$ 135. Sabendo que a doação foi efetuada no limite permitido pela legislação fiscal, deduzimos que o lucro operacional da Cia. Sombra no período foi de:

(A) R$ 2.700.

(B) R$ 6.615.

(C) R$ 6.750.

(D) R$ 8.865.

(E) R$ 9.000.

Q7

Representa despesa dedutível na base do IR e CSLL, sem qualquer limite, a doação à:

(A) Uma escola de samba, enquadrada na Lei Rouanet.

(B) Partido político.

(C) Biblioteca pública, conforme Lei nº 9.874/99.

(D) Clube de futebol.

(E) Sindicato dos Contabilistas de Macaé-RJ.

Q8

A Cia. Agrião fez uma doação para entidade civil enquadrada na lei (com limite máximo de 2% do lucro operacional) no valor de R$ 1.200, sendo metade desta doação considerada não dedutível na base da CSL. Sabendo que esta é a única despesa não dedutível e que a empresa somente apresenta receitas e despesas operacionais, a CSLL devida, com alíquota de 9%, será de:

(A) R$ 2.592.

(B) R$ 2.646.

(C) R$ 2.700.

(D) R$ 2.754.

(E) R$ 2.808.

Q9

Representa despesa NÃO dedutível na base do IR:

(A) Prejuízo na venda de bens do imobilizado.

(B) Perda na venda de participação em empresas controladas.

(C) Juros Selic sobre autuação fiscal.

(D) Multa sobre recolhimentos de PIS em atraso, sem autuação fiscal.

(E) Provisão para perdas em processos cíveis.

Q10

Uma empresa possui 10 empregados, que recebem mensalmente R$ 1.000 cada, e paga um plano de previdência privada para seis deles, sendo R$ 180 para cada um dos cinco empregados e R$ 350 para apenas um empregado. O valor a ser adicionado nas bases do IR e da CSL será:

(A) R$ 1.250.

(B) R$ 1.000.

(C) R$ 150.

(D) R$ 50.

(E) Zero.

O Gabarito das questões está disponível no final do livro, após o Anexo.

21

EXCLUSÕES AO LUCRO LÍQUIDO E INCENTIVOS FISCAIS

OBJETIVO DO CAPÍTULO

Apresentar as situações que representam redução tanto da base de cálculo (exclusões) como do IR e CSLL devidos (incentivos fiscais). No final do capítulo, será possível ao leitor:

- Identificar os dois tipos possíveis de exclusões existentes e o tratamento contábil-tributário dado a cada uma delas.
- Conhecer os incentivos existentes e seus limites individuais e coletivos.
- Utilizar os incentivos fiscais como forma de planejamento tributário, reduzindo o encargo tributário, em alguns casos de forma direta e em outros de forma indireta.

21.1 As reduções da base de cálculo no lucro real e diretamente do IR devido

Há três possibilidades de redução no valor devido de imposto de renda e contribuição social sobre o lucro líquido nas empresas:

1) receitas não tributáveis;
2) despesas dedutíveis, que não transitaram pelo resultado; e
3) incentivos fiscais de redução do IR e CSLL.

A seguir, serão apresentadas as três situações, com desdobramentos específicos.

21.2 Receitas não tributáveis

A regra geral é que toda receita é tributável, devendo integrar as bases de IR e CSLL. Todavia, é necessário analisar cada caso, pois existem algumas exceções na legislação tributária de receitas que podem ser excluídas, seja de forma temporária, adiando o pagamento, ou permanente, quando realmente não tem sentido integrar a base de cálculo em qualquer período. Na prática, representam os valores reconhecidos como receita pela empresa, aumentando o resultado contábil, mas que não são exigidos pelo Fisco, que permite sua não tributação.

21.2.1 Dividendos recebidos de investimentos avaliados pelo custo de aquisição

Quando a empresa adquirir participações societárias em outras empresas, apenas com objetivo de investimento, sem controle ou coligação, pode fazer a avaliação pelo custo de aquisição. Assim, não serão tributados os valores recebidos da investida como dividendos, pois já houve cobrança de IR e CSLL na apuração do seu resultado.

Entretanto, o RIR/2018, em seu art. 416, diz que os lucros ou dividendos recebidos até seis meses após a aquisição das ações ou cotas deverão ser registrados pelo contribuinte como diminuição do custo do investimento.

Por exemplo, se a Cia. Corumbá adquire, em ABR/x1, ações que representam 1% da Cia. Pantanal por R$ 1.000, o investimento poderá ser avaliado pelo custo de aquisição. Se a Cia. Pantanal pagar dividendos para a Cia. Corumbá no mês de SET/x1, no valor de R$ 80, o registro será a débito em caixa, com a contrapartida na conta de investimentos, sem registro em resultado.

Cuidado especial deve tomar o contribuinte com o recebimento de juros sobre capital próprio.[1] O valor líquido recebido representará 85% do valor bruto, pois a investida deverá ter feito a retenção do imposto de renda na fonte. Essa receita bruta é tributada, com o imposto de renda recebido sendo tratado como antecipação, podendo ser compensado no pagamento de IR devido sobre o lucro e calculado na apuração periódica.

A Cia. Campinas recebe juros sobre capital próprio no valor de R$ 170 da Cia. Votuporanga. Esse valor representa o líquido, sendo 85% do bruto. Fazendo a regra de três, encontram-se R$ 200 de valor bruto e R$ 30 de imposto de renda retido na fonte. O registro contábil na Cia. Campinas será o seguinte:

Débito:	Caixa	R$ 170
Débito:	IR a compensar	R$ 30
Crédito:	Receitas operacionais	R$ 200

Essa receita de R$ 200 integrava as bases de IR e CSLL, além das bases das contribuições para PIS/PASEP e COFINS.

O problema é que o JCP declarado (registrado no passivo de quem pagará) já representa despesa dedutível para quem paga e, por extensão, receita tributável para quem recebe. Assim, a empresa que tem participação em outra deve obter tal informação da declarante, principalmente no fechamento anual.

21.2.2 Resultado positivo de equivalência patrimonial

A mesma explicação dos dividendos. O investimento em controladas e coligadas avaliado pelo método de equivalência patrimonial de empresa localizada no Brasil deve ser excluído, por já ter sido tributado na empresa de origem.

[1] No período de fechamento desta edição, a Câmara dos Deputados aprovou o fim do instrumento dos juros sobre capital próprio a partir de janeiro de 2022. Contudo, o PL nº 2.337/2021 não tinha sido aprovado pelo Senado Federal até o fechamento da revisão desta edição, no começo da segunda quinzena de novembro de 2021.

21.2.3 Reversão de provisões constituídas em períodos anteriores

Representa a reversão de provisão adicionada em período anterior, devendo ser excluída no momento da redução ou extinção desta provisão.

Por exemplo, em JUL/2020, um ex-empregado da empresa entra na justiça do trabalho com um pedido de indenização de verbas trabalhistas no valor de R$ 100. Em consulta à equipe jurídica especializada, o valor provável de perda na ação é estimado em R$ 60, sendo este o montante registrado pela contabilidade no mês:

Débito:	Despesas de pessoal – indenizações trabalhistas
Crédito:	Provisão para perdas em processos trabalhistas

Posteriormente, em MAI/2021, na audiência de conciliação, a equipe jurídica propõe um acordo, com o pagamento imediato de R$ 50, e o ex-empregado concorda, encerrando a ação. Nesse mês de maio, a empresa faz o pagamento e reverte parte da provisão. Veja o registro contábil:

Débito:	Provisão para perdas em processos trabalhistas	R$ 60
Crédito:	Caixa	R$ 50
Crédito:	Receita com reversão de prov. em perdas trabalhistas	R$ 10

Essa receita (de reversão) de R$ 10 será excluída nas bases do IR e da CSLL em MAI/2021 por não representar ingresso de novos recursos para a empresa.

21.2.4 Lucro obtido na venda para empresas públicas

O art. 480 do RIR/99 (Decreto nº 9.580/2018) diz que o resultado positivo obtido com pessoa jurídica de direito público, ou empresa sob seu controle, empresa pública, sociedade de economia mista ou sua subsidiária, poderá ser diferido até sua realização. Na prática, as vendas de mercadorias e serviços para o governo são tributadas pelo regime de caixa. A lógica é que não faz sentido o governo cobrar o tributo se ele mesmo não efetuou o pagamento da mercadoria ou do serviço adquirido.

Importante registrar que a exclusão deve ser feita pelo RESULTADO obtido na venda, sendo recomendado fazer uma DRE apenas sobre esta venda, excluindo o valor do lucro bruto correspondente.

21.2.5 Ganho na venda de bens do imobilizado

O art. 31 do Decreto-lei nº 1.598/77 diz que nas vendas de bens do ativo não circulante classificados como investimentos, imobilizado ou intangível, para recebimento do preço, no todo ou em parte, após o término do exercício social seguinte ao da contratação, o contribuinte poderá, para efeito de determinar o lucro real, reconhecer o lucro na proporção da parcela do preço recebida em cada período de apuração.

Diz a lei também que, ressalvadas as disposições especiais, a determinação do ganho ou perda de capital terá por base o valor contábil do bem, assim entendido o que estiver registrado na escrituração do contribuinte, diminuído, se for o caso, da depreciação, amortização ou exaustão acumulada e das perdas estimadas no valor de ativos. As disposições especiais, em tese, são aquelas ajustadas por valor presente ou valor justo, que normalmente são desconsiderados nas bases de IR e CSLL.

Na prática, o lucro na venda dos bens fora da atividade principal da empresa deve ser tributado pelo regime de caixa. Importante lembrar que as receitas com as vendas a prazo das operações usuais da empresa integram as bases de IR e CSLL. A exclusão permitida é apenas para os bens do ativo não circulante.

21.2.6 Avaliação a valor justo ou ajuste a valor presente

Qualquer receita atrelada a valor presente ou avaliação a valor justo deve ser observada na legislação para ser ajustada (excluída) nas bases de IR e CSLL. O termo AJUSTE A VALOR PRESENTE (AVP) é citado 29 vezes na Lei nº 12.973/2014. Veja a seguir uma lista com observações importantes sobre o AVP incluídas na referida Lei:

1. O AVP é incluído na receita bruta (art. 12 do Decreto-lei nº 1.598/77). Na verdade, ao dizer que o AVP está incluído na RB, o Fisco diz que ele não causa qualquer efeito.
2. O AVP não entra nas receitas e despesas financeiras para fins de apuração do lucro da exploração (art. 19 do Decreto-lei nº 1.598/77).
3. Conforme arts. 4º e 5º da Lei nº 12.973/2014, os valores de AVP de ativos somente serão computados nas bases de IR e CSLL no mesmo período em que a receita for tributada. Por outro lado, os valores de AVP de passivos somente serão computados (dedutíveis) nas bases de IR e CSLL quando:
   a) o bem for revendido, no caso de aquisição a prazo de bem para revenda;
   b) o bem for utilizado como insumo na produção de bens ou serviços, no caso de aquisição a prazo de bem a ser utilizado como insumo na produção de bens ou serviços;
   c) o ativo for realizado, inclusive mediante depreciação, amortização, exaustão, alienação ou baixa, no caso de aquisição a prazo de ativo não classificável nos itens A e B;
   d) a despesa for incorrida, no caso de aquisição a prazo de bem ou serviço contabilizado diretamente como despesa; e
   e) o custo for incorrido, no caso de aquisição a prazo de bem ou serviço contabilizado diretamente como custo de produção de bens ou serviços.

   Nos itens A, B e C, o AVP deve ser evidenciado em subconta vinculada ao ativo;

4. Nas receitas incluídas nas bases do lucro presumido (IR e CSLL), desconsiderar o efeito do ajuste a valor presente. Por exemplo, venda de mercadoria por R$ 100, com valor presente de R$ 92, deve ser considerado como base do IR o valor de R$ 8 (R$ 100 × 8%).
5. O efeito do AVP deve ser eliminado no arbitramento do lucro, quando a receita bruta não for conhecida.
6. O AVP não deve causar reflexo tributário nas operações de arrendamento mercantil. Então, por exemplo, um imobilizado registrado pelo valor presente deverá ter sua despesa adicionada nas bases de IR e CSLL, assim como a despesa de juros correspondente a este AVP. A dedução será pelo pagamento da contraprestação.
7. Inclui o AVP nas bases de PIS e COFINS, para eliminar o efeito da sua redução na receita bruta informada. Por outro lado, retira o efeito do AVP nos itens que geram crédito das contribuições e são registrados deduzindo as compras, por exemplo.

A mesma sistemática do valor presente se aplica ao valor justo, citado 46 vezes na Lei nº 12.973/2014. Em tese, a citação é sempre direcionada para eliminar os efeitos da avaliação a valor justo nas receitas tributáveis e despesas dedutíveis.

21.2.7 Avaliação de ativos a valor justo: ganho de capital e subscrição de ações

O art. 17 da Lei nº 12.973/2014 possibilita o diferimento da tributação do ganho decorrente de avaliação com base no valor justo de bem do ativo incorporado ao patrimônio de outra pessoa jurídica, na subscrição em bens de capital social, desde que esse valor fique evidenciado contabilmente em subconta vinculada à participação societária. Os §§ 4º e 5º visam apenas esclarecer que, na hipótese de a subscrição de capital social ser feita por meio da entrega de participação societária, a baixa desse investimento em razão de incorporação, fusão ou cisão será considerada realização do investimento, devendo ser oferecido à tributação o ganho de capital diferido.

O art. 18 impõe condição para a dedutibilidade da perda decorrente de avaliação com base no valor justo de bem do ativo incorporado ao patrimônio de outra pessoa jurídica, na subscrição em bens de capital social. Para tanto, a empresa deve registrar o valor em subconta vinculada à participação societária.

O art. 19 dá competência à RFB para disciplinar o controle em subcontas previsto nos arts. 17 e 18.

Por exemplo, suponha que a Cia. Jota tenha um terreno registrado por R$ 100 e seu PL tenha o mesmo valor, sendo estas as únicas contas da empresa. O terreno está em uso na sua atividade operacional e não está registrado por valor justo, que monta R$ 140. A Cia. Mala é dona da Cia. Jota e a incorpora. Na incorporação, o terreno será reconhecido no ativo da Cia. Mala por R$ 140, gerando um ganho de R$ 40. Para que não seja tributado, será necessário controlar este valor de R$ 40 em subconta específica.

21.3 Valores registrados no ativo ou patrimônio líquido e aceitos como despesa pelo Fisco

Alguns valores não representam despesa para a contabilidade, por não atenderem ao conceito de gasto ou consumo atrelado à geração da receita. Mas, para o Fisco, estes valores podem ser deduzidos do cálculo do imposto de renda e, em alguns casos, também da CSLL. Vamos analisar algumas situações.

21.3.1 Depreciação acelerada incentivada

Algumas empresas têm incentivos fiscais referentes a dedução em dobro da depreciação de determinados bens. A dedução em dobro é um benefício fiscal, não devendo afetar o registro contábil.

Por exemplo, uma máquina adquirida por R$ 1.000 em JAN/2019, com incentivo fiscal, será depreciada na contabilidade em 10 anos (prazo de vida útil estimado, sem valor residual), sendo registrada despesa de R$ 100 por ano, de 2019 até 2028. O Fisco permite a dedução em dobro da despesa. Com isso, a empresa faz exclusão no LALUR de R$ 100 no período 2019-2023, sendo esta exclusão temporária e registrada na Parte B do LALUR. A partir de 2024, como o custo do bem já foi totalmente deduzido na base do IR, a depreciação registrada na contabilidade será adicionada, para compensar a exclusão feita nos primeiros cinco anos.

21.3.2 Exploração de petróleo cru pela Petrobras

No caso específico da Petrobras, a legislação fiscal permitia a dedução no lucro real dos gastos com exploração de petróleo cru, mesmo antes do seu registro em conta de despesa. Com isso, gerava uma exclusão temporária, sendo a despesa, quando registrada, adicionada na base do IR. Importante registrar que o ajuste era feito somente na base do IR, não sendo aplicado para a CSLL (art. 416 do RIR/99 – Decreto nº 3.000/99). Tal exclusão foi revogada a partir de 2018 pela Lei nº 13.586/2017.

21.3.3 Juros de empréstimos e financiamentos contratados para bens do imobilizado em construção

As receitas e despesas financeiras são apropriadas pelo regime de competência. Contudo, nas aquisições ou construções de bens do ativo não circulante realizadas com o uso de empréstimos e financiamentos obtidos com terceiros, a contabilidade recomenda o reconhecimento no ativo das despesas de juros atreladas aos bens ainda não postos em uso, sendo estes encargos financeiros integrados ao bem e, posteriormente, depreciados ou amortizados.

O tema foi tratado originalmente no art. 17 do Decreto-lei nº 1.598/77, sendo modificado pela Lei nº 12.973/2014, que veio permitir que a empresa utilize um dos dois critérios:

1. aceitar exatamente o que for feito na contabilidade, deduzindo as despesas de juros apenas no seu registro contábil em resultado, quando do uso dos ativos que foram objeto dos financiamentos que produziram os juros; ou

2. considerar as despesas de juros conforme elas forem incorridas, fazendo o controle fiscal via e-LALUR e e-LACS.

A exposição de motivos para alteração do art. 17 diz que ele possibilita o registro como custo do ativo dos encargos de empréstimos necessários à aquisição, construção ou produção de bens classificados como estoques de longa maturação, investimentos, no ativo imobilizado ou intangível. Tal possibilidade fica condicionada à aplicação dos recursos na aquisição, construção ou produção desses bens.

Os ativos que são construídos ou adquiridos podem ser financiados com recursos próprios ou com recursos de terceiros, principalmente oriundos de financiamentos. A apropriação de juros deve ser feita pelo regime de competência, conforme apropriação *pro rata tempore*. Os juros são apropriados em despesas financeiras, caso os ativos estejam em funcionamento. Contudo, se o bem não estiver em uso, os juros devem ser reconhecidos no ativo, conforme os pronunciamentos emitidos pelo CPC, fazendo parte do custo de construção ou aquisição. O ajuste no art. 17 permite a exclusão desses valores com a respectiva adição posterior, por ocasião da depreciação, exaustão ou amortização.

Veja um exemplo numérico: a Cia. Z é uma empresa comercial, que compra (com recursos próprios) um terreno por R$ 1.000 em JAN/x1 e realiza a construção de sua filial durante o ano de x1, gastando o total de R$ 2.000, a ser reconhecido na conta de edificações. Para a parte edificada, a Cia. Z obteve um financiamento de R$ 1.500 no Banco da Praça, obtido no próprio mês de JAN/x1, com taxa anual de juros de 10% e carência de pagamento no primeiro ano. A filial construída é inaugurada em JAN/x2 e tem prazo de vida útil estimada de 25 anos, sem valor residual. Vamos aos registros realizados em x1:

COMPRA TERRENO	
Débito – Imobilizado: terrenos	
Crédito – Caixa	1.000
CONSTRUÇÃO DA FILIAL	
Débito – Imobilizado: edificações	2.000
Crédito – Caixa	500
Crédito – Financiamento a pagar	1.500
APROPRIAÇÃO DOS JUROS	
Débito – Imobilizado: edificações	
Crédito – Financiamento a pagar	150

A parte edificada ficou com saldo de R$ 2.150 (2.000 + 150). Supondo que o prazo de vida útil estimado seja de 25 anos, o valor anual depreciado a partir de x2 seria de R$ 86 (2.150 / 25 anos), com o seguinte registro contábil:

Débito:	Despesa de depreciação – construção	80 (parcela dedutível)
Débito:	Despesa de depreciação – juros	6 (parcela indedutível)
Crédito:	Depreciação acumulada	86 (anualmente, entre x2 e x26)

O art. 17 do Decreto-lei nº 1.598/77 ajustado prevê a possibilidade de exclusão de R$ 150 em x1, lembrando que se trata de uma opção, não imposição. O contribuinte pode, se assim desejar, não fazer a exclusão, considerando a dedução apenas quando o bem for depreciado ou vendido. Posteriormente, o valor excluído será adicionado. No exemplo didático, esta adição anual seria de R$ 6 (150 / 25 anos) e teria que ser feita entre os anos de x2 e x26.

No exemplo didático, considerei 25 anos, mesmo prazo da legislação fiscal. Caso a depreciação fosse em período maior, com valor residual ao final, a empresa teria um pouco mais de trabalho, mas a lógica seria a mesma, adicionando no total o valor de R$ 150 ao longo do prazo de vida útil.

21.3.4 Arrendamento mercantil

A Lei nº 12.973/2014, em seus arts. 46 a 49, traz as regras básicas em relação às operações caracterizadas como arrendamento mercantil. Nas empresas arrendatárias, os valores serão dedutíveis na base do IR e da CSLL por ocasião do pagamento, que normalmente não passa pelo resultado, gerando baixa do passivo de financiamento com respectiva saída de caixa.

O art. 46 visa a dar o tratamento tributário às operações de arrendamento mercantil não alcançadas pela Lei nº 6.099/74, e determina que a tributação do resultado seja realizada proporcionalmente ao valor de cada contraprestação durante o período de vigência do contrato.

Os arts. 47 e 48 autorizam a dedução do valor da contraprestação pela pessoa jurídica arrendatária, vedando, porém, a dedução das despesas financeiras incorridas.

O art. 49 dispõe sobre o arrendamento mercantil. Trata-se da inclusão de artigo específico estendendo os efeitos do tratamento fiscal dado às operações de arrendamento mercantil a outras operações que são ou contêm um arrendamento mercantil conforme estabelecido pela legislação comercial.

Não serão aceitos como despesa os valores de arrendamento mercantil registrados em despesas de depreciação e de juros. Portanto, os arts. 46 a 49 devem ser integrados com os dispositivos citados nos incisos do art. 49. Todas as adições e exclusões que forem feitas referentes às operações de arrendamento mercantil são temporárias, zerando sempre ao final da operação.

Por exemplo, suponha que a Cia. Beta tenha adquirido um veículo via arrendamento mercantil financeiro em JAN/x1. O veículo foi adquirido em contrato que já incluiu o valor da opção de compra embutido nas prestações, que são 36 de R$ 30, totalizando R$ 1.080. Admita que o valor presente do veículo, em JAN/x1, monta R$ 900. Para fins didáticos, o bem será utilizado em cinco anos e não há valor residual, com o bem não gerando qualquer recurso para a Cia. Beta ao final de seu uso, ou seja, não será vendido nem utilizado mais em suas atividades operacionais ou administrativas.

Aplicando a contabilidade moderna, que inclui as leis novas e os pronunciamentos emitidos pelo CPC, os registros contábeis serão os seguintes:

COMPRA DO BEM EM JAN/X1	
Débito – Imobilizado	900
Débito – AVP juros a apropriar	180
Crédito – Financiamento a pagar	1.080
DEPRECIAÇÃO (MENSAL) ENTRE JAN/X1 E DEZ/X5	
Débito – Despesa de depreciação	
Crédito – Depreciação acumulada	15
APROPRIAÇÃO DOS JUROS (MENSAL, LINEAR[2]) ENTRE JAN/X1 e DEZ/X3	
Débito – Despesa de juros	
Crédito – AVP – Juros a apropriar	5
PAGAMENTO (MENSAL) DO FINANCIAMENTO ENTRE JAN/X1 e DEZ/X3	
Débito – Financiamento a pagar	
Crédito – Caixa	30

Agora, veja o tratamento tributário de cada evento no e-LALUR com a aplicação dos dispositivos da Lei nº 12.973/2014:

- **DEPRECIAÇÃO MENSAL DE 15 ➔** Será **ADICIONADA**, conforme previsto no inc. VIII do *caput* do art. 13 da Lei nº 9.249/95, modificado no art. 47 da Lei nº 12.973/2014. Todavia, importante destacar que essa adição será temporária, devendo ter controle específico na Parte B no mesmo item das despesas de juros e da exclusão do pagamento do *leasing*. Adição total nos 60 meses de R$ 900.
- **DESPESA FINANCEIRA (JUROS) MENSAL DE 5 ➔** Será **ADICIONADA**, conforme previsto no art. 46 e seu parágrafo único da Lei nº 12.973/2014. A Adição será temporária, totalizando R$ 180 ao final dos 36 meses.
- **PAGAMENTO DO ARRENDAMENTO MERCANTIL MENSAL DE 30 ➔** Será **EXCLUÍDO**, conforme previsto no art. 45 da Lei nº 12.973/2014. Exclusão temporária, devendo ser aberta uma ficha na Parte B do LALUR, que será baixada pelos dois itens anteriores (depreciação e despesa de juros). Exclusão total de R$ 1.080 durante os 36 meses.

Importante lembrar que os dois primeiros ajustes (adições de despesas de depreciação e financeira) devem ser feitos na Parte A do LALUR e representam despesas registradas pela empresa na sua contabilidade, porém não dedutíveis. O último ajuste, que também deve ser lançado na Parte A, representa uma despesa dedutível, sem reconhecimento correspondente (de forma direta) na contabilidade da empresa.

Na essência, os três valores estão integrados. A exclusão nos três primeiros anos do pagamento do arrendamento, de R$ 360/ano, encontra-se registrada em despesa na contabilidade por um valor menor, de R$ 240/ano, mas distribuída entre duas contas diferentes: a depreciação (R$ 180/ano) e a despesa de juros de R$ 60/ano. Assim, a exclusão líquida que se refere às despesas dedutíveis mas ainda não registradas seria de R$ 120/ano. Este valor, multiplicado pelos três primeiros anos (x1, x2 e x3), irá compor o saldo da Parte B do e-LALUR (e do e-LACS) da empresa, que terá R$ 360 em DEZ/x3. Nos dois anos finais (x4 e x5), a despesa de depreciação do bem será adicionada nas bases do IR, totalizando R$ 180/ano (R$ 15 × 12 meses) e zerando o saldo em DEZ/x5. O ideal, contudo, seria a rastreabilidade completa dos registros contábeis, tornando automáticos e diretos os ajustes nas bases de IR e CSLL.

[2] Para fins de simplificação, será utilizado critério linear de apropriação de juros. No mundo real, os juros seriam apropriados *pro rata tempore*, com valor maior nos primeiros meses, com redução ao longo do tempo.

21.3.5 Tratamento contábil e tributário da opção de compra nas operações de arrendamento mercantil financeiro

O pagamento da opção de compra nas operações de arrendamento mercantil financeiro, no passado, era reconhecido no ativo imobilizado da empresa, devendo a partir daí seguir os critérios de registro da depreciação pelos prazos determinados pela RFB. Em 2015 isso mudou, com a revogação do art. 15 da Lei nº 6.099/74, direcionando o registro do pagamento da opção para o mesmo procedimento contábil nos pagamentos das contraprestações, ou seja, baixando do passivo constituído na contratação do arrendamento, que na essência correspondeu à compra do bem. E esse pagamento poderá ser excluído nas bases de IR e CSLL, por analogia, com a mesma lógica da exclusão permitida ao pagamento das contraprestações mensais de arrendamento mercantil. Veja exemplo a seguir, para ajudar no entendimento.

Uma empresa adquire, em JAN/2015, uma impressora via arrendamento mercantil financeiro, com os seguintes detalhes:

- A impressora tem valor total de R$ 5.040, sendo 48 parcelas mensais de R$ 100 (primeira parcela em JAN/2015 e última vencendo em DEZ/2018). A empresa, para ficar definitivamente com o bem, deverá exercer a opção de compra ao final, pagando mais R$ 240, até o final de JAN/2019.
- O valor presente da impressora, em JAN/2015, monta R$ 4.560.
- O prazo estimado de vida útil é de cinco anos e o bem será doado ao final do seu uso.
- Os juros (R$ 480) serão apropriados de forma linear.

Vamos aos registros contábeis e ao fundamento legal para cada um dos ajustes nas bases de IR + CSLL.

NA AQUISIÇÃO, EM JAN/2015	
Débito: Imobilizado	4.560
Débito: Juros a apropriar (AVP)	480
Crédito: Financiamento a pagar	5.040

REGISTROS MENSAIS, ENTRE JAN/2015 a DEZ/2018		
Débito: Despesa de depreciação	**Adição** (inc. VIII do art. 13 da Lei nº 9.249/95)	
Crédito: Depreciação acumulada		76
Débito: Despesa de juros	**Adição** (art. 48 da Lei nº 12.973/2014)	
Crédito: Juros a apropriar (AVP)		10
Débito: Financiamento a pagar	**Exclusão** (art. 47 da Lei nº 12.973/2014)	
Crédito: Caixa		100

Os ajustes citados devem ser tratados separadamente na Parte A do LALUR, mas devem ser integrados na mesma ficha de controle na Parte B. Com isso, a posição desta ficha, ao final dos quatro anos de uso, seria a seguinte:

- 48 exclusões de 100, totalizando R$ 4.800.
- 48 adições de 76, totalizando R$ 3.648.
- 48 adições de 10, totalizando R$ 480.
- TOTAL LÍQUIDO de 48 exclusões de 14 (100 – 76 – 10) ➔ **672**

REGISTRO DO PAGAMENTO DA OPÇÃO DE COMPRA, EM JAN/2019	
Débito: Financiamento a Pagar	
Crédito: Caixa	240 **Exclusão** (art. 47 da Lei nº 12.973/2014)

Assim, o SALDO da Parte B do LALUR passou a ser de R$ 912 (672 + 240).

REGISTRO DA DESPESA DE DEPRECIAÇÃO DE JAN/2019 a DEZ/2019		
Débito: Despesa de depreciação	**Adição** (inc. VIII do art. 13 da Lei nº 9.249/95)	
Crédito: Depreciação acumulada		76

Portanto, fazendo as doze adições de R$ 76, baixamos o saldo de R$ 912 (76 × 12).

21.3.6 Arrendamento de bens utilizados no processo industrial

A apuração do custo dos produtos vendidos na atividade industrial representa atividade das mais complexas na contabilidade. Tanto é que no curso de Ciências Contábeis existe uma parte específica apenas para tratar do tema, denominada CONTABILIDADE DE CUSTOS, que normalmente é transmitida em mais de uma disciplina, ou com a abertura de CUSTOS I e CUSTOS II ou com disciplinas correlatas como CONTABILIDADE GERENCIAL ou GESTÃO E CONTROLE DE CUSTOS, entre outros nomes. No Capítulo 20 (seção 20.3), há uma longa explicação sobre o assunto, com alguns exemplos numéricos para ilustrar e detalhar o tema.

O tema é tratado, inicialmente, no art. 13 do Decreto-lei nº 1.598/77, que sofreu pequena modificação na Lei nº 12.973/2014, para retirar deste item, o valor referente à depreciação dos bens objeto de arrendamento mercantil e que são alocados ao custo de produção.

Na exposição de motivos, a mudança no art. 13 é explicada em razão da alteração significativa na forma de contabilização do arrendamento mercantil (*leasing*) na Lei das Sociedades por Ações, com o reconhecimento no ativo imobilizado do bem arrendado, desde a formalização do contrato, que fica acrescido dos §§ 3º e 4º, para disciplinar os efeitos provocados por essa nova sistemática de contabilização, vedando o reflexo que seria provocado com o reconhecimento no imobilizado do bem objeto de *leasing* financeiro (despesas de depreciação). Permanece, portanto, nesse caso, a possibilidade de reconhecimento somente da contraprestação de arrendamento mercantil.

A mudança no art. 13 é para deixar registrado que não será dedutível na base do IR e da CSLL o valor da depreciação dos bens adquiridos via arrendamento mercantil e utilizados no processo de produção.

Embora pareça simples, o controle desse ajuste no LALUR será algo relativamente trabalhoso. Veja um exemplo didático para compreensão do tema.

A Cia. Beta produz Z, feito com as matérias-primas W e Q. Considere o primeiro mês de funcionamento da Cia. Beta, portanto, com estoque inicial zero.

- Matéria-prima Q + Matéria-prima W = Produto Z

A Cia. Beta produz 10 unidades do produto Z, com a utilização dos seguintes itens:

- Matéria-prima Q, 30 unidades adquiridas por R$ 10 cada. Foram utilizadas 20 unidades, sendo baixadas da conta de estoque de matéria-prima o valor de R$ 200.
- Matéria-prima W, 50 unidades adquiridas por R$ 4 cada, sendo utilizadas 40 unidades, sendo baixadas da conta estoque o valor de R$ 160.
- Custos de produção (energia, aluguel, mão de obra, dentre outros) de R$ 140.

Além dos três itens, cujo uso para produzir 10 unidades de Z montou R$ 500 (200 + 160 + 140), a empresa tem ainda a máquina (que produz Z) para integrar ao custo de produção.

A máquina foi adquirida via arrendamento mercantil financeiro neste mês. A Cia. Beta pagará ao arrendador 36 parcelas de R$ 100, com um valor de opção de compra no final do contrato de R$ 300. Portanto, a contabilidade modernizada, com base nas Leis nº 11.638/2007 e nº 11.941/2009, exige a apuração de alguns dados para que a contabilização da máquina seja feita:

- O valor presente da máquina será R$ 3.360.
- O valor residual será zero.
- A máquina será depreciada totalmente em 14 anos (sem valor residual), o prazo estimado de uso.

O registro da máquina seria o seguinte:

Débito – Imobilizado	3.360
Débito – AVP – Juros a apropriar	540
Crédito – Financiamento a pagar	3.900 (36 parcelas de 100 + opção de 300)

Considerando depreciação em 14 anos, em quotas constantes, o valor da depreciação mensal seria de R$ 20 (3.360 / 168 meses). O registro contábil seria o seguinte:

Débito: Estoque – Produtos em elaboração	
Crédito: Imobilizado – Depreciação acumulada	20

Aqui cabe também o registro da despesa de juros, que não deve integrar o custo de produção para fins fiscais, mas, neste caso, também não integra o custo de produção para fins contábeis, pois se trata de despesa financeira na contabilidade.

Portanto, a conta de Produtos Acabados, representando as dez unidades do produto Z, teria o saldo de R$ 520, composto da seguinte forma:

- Matéria-prima W → 160
- Matéria-prima Z → 200
- Outros custos → 140
- Depreciação → 20

CUSTO TOTAL DE PRODUÇÃO DE 10 UNIDADES → 520

CUSTO DE PRODUÇÃO POR UNIDADE → 52 (520 / 10 unidades)

O custo unitário de produção de Z será R$ 52. Admitindo que a Cia. Beta venda 7 unidades, o valor reconhecido em Custo dos Produtos Vendidos será

R$ 364 (52 × 7), permanecendo em Estoque de Produtos Acabados o montante de R$ 156, referente a 3 unidades.

Para fins fiscais, na dedução do Custo dos Produtos Vendidos de R$ 364, o Fisco determina a adição do valor da depreciação considerada no custo de produção. Teoricamente, o valor da depreciação que foi considerado como custo montou R$ 14 (70% sobre o valor de R$ 20). Todavia, o § 4º do art. 13 diz que o valor será ajustado no período apropriado como custo de produção. O valor de R$ 20 integrou o custo de produção no mês, mas a apropriação ao resultado atingiu somente sete das dez unidades produzidas. Importante entender que a legislação fiscal aceitará o valor de R$ 100, que foi pago pelo arrendamento da máquina, como despesa no mesmo mês. Neste caso, fazendo a leitura do artigo modificado, o entendimento seria que a exclusão (líquida) permitida aqui poderia ser de R$ 86 (100 menos 14).

Contudo, isso exigiria um controle contábil-tributário relativamente complexo para acompanhar as vendas e a produção dos próximos períodos, com objetivo de fazer as diversas exclusões e adições, que teriam de empatar ao final, ou seja, o total excluído teria que ser adicionado posteriormente.

Caso a empresa faça a adição e a exclusão no momento da apropriação, que seria o mais indicado, os ajustes no LALUR seriam os seguintes (considerando o pagamento da opção de compra junto com as prestações e de forma anual, 100 por ano):

- **x1 a x3** – Três exclusões (líquidas) de R$ 880 (1.300 do pagamento anual menos 240 da depreciação anual menos 180 das despesas financeiras, considerando apropriação linear). O total de exclusões, ao final do 3º ano, seria 2.640 (880 × 3).
- **x4 a x14** – Onze adições de 240. O total das adições seria 2.640, zerando as exclusões feitas de x1 a x3.

21.4 Novas exclusões autorizadas pela Lei nº 12.973/2014

A Lei nº 12.973/2014 permitiu mais exclusões nas bases de IR e CSLL. Em essência, tais exclusões já foram comentadas nos capítulos específicos. Veja alguns itens autorizados para exclusão pela citada lei:

1. Os custos associados às transações destinadas à obtenção de recursos próprios, mediante a distribuição primária de ações ou bônus de subscrição contabilizados no patrimônio líquido, quando incorridos (art. 38-A do Decreto-lei nº 1.598/77, incluído pela Lei nº 12.973/2014).
2. A remuneração, os encargos, as despesas e demais custos, ainda que contabilizados no patrimônio líquido, referentes a instrumentos de capital ou de dívida subordinada, emitidos pela pessoa jurídica, exceto na forma de ações, quando incorridos (art. 38-B do Decreto-lei nº 1.598/77, incluído pela Lei nº 12.973/2014).
3. Gastos pré-operacionais e pré-industriais reconhecidos em despesa a adicionados em período anterior. A exclusão poderá ser realizada em cinco anos, sendo 20% ao ano (art. 11 da Lei nº 12.973/2014).
4. Subvenções para investimentos e prêmio na emissão de debêntures. As referidas exclusões só podem ser efetuadas se os valores forem mantidos em conta de reserva de lucros específica (arts. 30 e 31 da Lei nº 12.973/2014).
5. Diferença entre a despesa de depreciação permitida pelo Fisco e a despesa reconhecida na contabilidade (art. 40 da Lei nº 12.973/2014).
6. Gastos com desenvolvimento de inovação tecnológica referidos no inc. I do *caput* e no § 2º do art. 17 da Lei nº 11.196/2005, quando registrados no ativo não circulante intangível, no período de apuração em que forem incorridos e observado o disposto nos arts. 22 a 24 da referida Lei (art. 42 da Lei nº 12.973/2014).

21.5 Os incentivos fiscais reduzindo base e tributos devidos

O governo federal concede, via legislação específica, incentivos fiscais, com o objetivo de destinar parte da arrecadação do IR a áreas e atividades que necessitem de apoio federal para desenvolvimento.

Os principais incentivos fiscais de imposto de renda são os seguintes:

a) lucro da exploração;
b) Programa de Alimentação ao Trabalhador (PAT);
c) Programa de Desenvolvimento Tecnológico Industrial e Agropecuário (PDTI/PDTA);
d) atividade audiovisual e atividade cultural ou artística;
e) atividades de caráter desportivo;

f) doações para o Fundo Nacional de Apoio à Criança (FIA) e ao Fundos Nacional do Idoso (FNI);
g) FINAM e FINOR; e
h) outros.

Importante destacar, de imediato, que a maioria dos incentivos tem cálculo somente sobre a alíquota básica do IR (15% até 2021), não alcançando nem o adicional de 10% nem a contribuição social sobre o lucro.

Os incentivos fiscais estão regulamentados em diversas leis e distribuídos em diversos artigos do RIR/2018. O incentivo para a atividade cultural, por exemplo, é tratado nos arts. 546 a 556. Consolida o tema a IN nº 267/2002, com alterações da IN RFB nº 1.187/2011.

Veja a seguir o funcionamento e o controle contábil de cada incentivo, entendendo melhor sua utilização, seu retorno e a redução obtida no imposto de renda devido pelas empresas.

21.5.1 Lucro da exploração: ajustes a considerar

Conforme a legislação vigente, o lucro da exploração, a ser calculado pelas empresas que desenvolvem atividades incentivadas, corresponde ao lucro líquido do período, ajustado por receitas e despesas que não integrem sua atividade operacional.

O art. 19 do Decreto-lei nº 1.598/77 trata do lucro da exploração e sofreu algumas modificações para integrar aspectos da nova legislação contábil-societária.

Conforme define a Lei nº 13.799/2019, as pessoas jurídicas que tenham projeto protocolado e aprovado a partir do ano-calendário de 2000 até 31/DEZ/2023[3] para instalação, ampliação, modernização ou diversificação, enquadrado em setores da economia considerados, em ato do Poder Executivo, prioritários para o desenvolvimento regional nas áreas de atuação da Superintendência do Desenvolvimento da Amazônia (SUDAM) e da Superintendência do Desenvolvimento do Nordeste (SUDENE) terão direito à redução de 75% do IR, incluindo adicional, calculados com base no lucro da exploração.

O dispositivo, que foi criado nesse art. 19 do Decreto-lei nº 1.598/77, consta da MP nº 2.199-14/2001 e permite, na prática, a redução de 75% da base tributável referente ao lucro obtido com a exploração da sua atividade principal.

Praticamente todo o segmento industrial e agrícola foi contemplado pelo governo, sendo a lista obtida nos Decretos nº 4.212/2002 e nº 4.213/2002. Integram as áreas da SUDAM e da SUDENE todos os estados das regiões norte e nordeste, além do estado do Mato Grosso e de alguns municípios de Minas Gerais e Espírito Santo.

O cálculo do lucro da exploração exige atenção. Veja o boxe, já ajustado pela Lei nº 12.973/2014, com a apuração:

(=) LUCRO LÍQUIDO ANTES DO IR
(+) DESPESA DE CSLL
(+) PERDA NA VENDA DE BENS DO ATIVO NÃO CIRCULANTE
(–) GANHO NA VENDA DE BENS DO ATIVO NÃO CIRCULANTE
(–) RESULTADO FINANCEIRO (SE POSITIVO)*
(–) RECEITA C/ DIVIDENDOS DE INVESTIMENTOS AVALIADOS PELO CUSTO
(–) RESULTADO POSITIVO DE MEP
(+) RESULTADO NEGATIVO DE MEP
(–) OUTRAS RECEITAS OPERACIONAIS
(+) OUTRAS DESPESAS OPERACIONAIS
(+–) GANHO OU PERDA NA VARIAÇÃO DO VALOR JUSTO DE ATIVOS E PASSIVOS
(–) RECEITA COM SUBVENÇÕES DE INVESTIMENTOS
LUCRO DA EXPLORAÇÃO

* Não considera os valores oriundos de ajuste a valor presente.

Na prática, o lucro da exploração é o resultado obtido com a atividade operacional, aquela que foi considerada incentivada. O valor do incentivo será obtido com aplicação de 75% do lucro da exploração. E esse valor será excluído na base do IR.

No mais, o artigo confirma que a parcela excluída referente ao lucro da exploração deve ser destinada para a empresa, não podendo ser distribuída sem tributação. Por exemplo, considere que a Cia. W, localizada na região Nordeste, apresente lucro líquido antes de IR e CSLL de R$ 800 em 2021, composto da seguinte forma:

• (+) Resultado operacional	1.040
• (–) Despesas financeiras	(240)

[3] Esse incentivo é frequentemente renovado, portanto, após DEZ/2023 recomenda-se verificar a publicação de nova lei sobre o tema.

Neste caso, o lucro da exploração seria R$ 728 (800 do LAIR menos 9% da CSLL, que dá 72), referente ao lucro antes do imposto de renda, permitindo exclusão de R$ 546 (75% de 728).

O cálculo do IR seria feito da seguinte forma (considerando alíquota didática de 15%):

LAIR	800
(–) EXCLUSÃO LUCRO EXPLORAÇÃO – 75%	(546)
LUCRO FISCAL	254
IR → 15%	= R$ 38,10

O IR devido seria R$ 38,10 (15% sobre R$ 254). Por conta do incentivo fiscal do lucro da exploração, o IR foi reduzido em R$ 81,90, caso contrário, a empresa deveria desembolsar R$ 120 (38,10 + 81,90) se não tivesse o incentivo fiscal.

Nesta situação, a empresa apresentaria o seguinte resultado:

LAIR	800,00
(–) CSLL Corrente	72,00 → 9% sobre 800
(–) IR Corrente	38,10 → 15% sobre 800 – Subvenção fiscal de R$ 81,90
LUCRO LÍQUIDO	689,90
. Lucro originado pelas atividades da empresa	= R$ 608,00
. Lucro originado pela subvenção fiscal do lucro da exploração	= R$ 81,90

A parcela da subvenção (R$ 81,90) deverá ser destinada para a reserva de incentivos fiscais, não podendo ser distribuída. Se for, a exclusão não terá validade, devendo o valor ser "oferecido" para a tributação.

Neste caso específico, a distribuição máxima permitida, referente ao ano de 2021, seria de R$ 608 (689,90 - 81,90). Se a Cia. W distribuir mais do que R$ 608, deverá tributar a receita oriunda da subvenção pública.

21.5.2 Programa de Alimentação do Trabalhador

O Programa de Alimentação do Trabalhador (PAT) é um incentivo instituído em 1976 (Lei nº 6.321) e consiste na dedução direta no imposto de renda de parte do valor pago a título de despesas com alimentação de seus empregados, sem prejuízo da dedutibilidade da despesa. O tratamento fiscal do incentivo está consolidado no RIR/2018, nos arts. 641 a 647.

Para utilização do incentivo, a empresa deve ser cadastrada no PAT, cujo programa pertence ao Ministério do Trabalho e Previdência. O cadastramento tem alguns trâmites burocráticos, normalmente desenvolvidos nas unidades de Recursos Humanos das empresas.

A despesa com PAT refere-se a refeições pagas pela empresa para seus contratados, conforme definido no Parecer Normativo nº 8/82. A interpretação do parecer é de que o benefício pode ser estendido a contratados em serviços temporários, além dos empregados da empresa.

Conforme definido no Decreto nº 5/91, as despesas de custeio admitidas na base de cálculo do incentivo são aquelas que vierem a constituir o custo direto e exclusivo do serviço de alimentação, podendo ser considerados, além da matéria-prima, mão de obra, encargos decorrentes de salários, asseio e os gastos de energia diretamente relacionados ao preparo e à distribuição das refeições.

A despesa com refeições fornecidas é totalmente dedutível nas bases do IR e da CSLL, independentemente do valor fornecido para cada empregado. Se determinada empresa conceder vale-refeição no valor de R$ 40, a despesa será aceita nas bases do IR e da CSLL, pois não cabe ao Fisco analisar se o valor está alto demais para ser fornecido como alimentação. No entanto, é recomendável que os valores sejam compatíveis com a necessidade de refeição durante o horário de trabalho dos empregados. O benefício pode ser estendido a todos os empregados da empresa, desde que os que recebam até cinco salários-mínimos sejam atendidos. Não é necessário o registro no PAT, vinculado ao Ministério do Trabalho e Previdência, para que a despesa seja considerada dedutível.

A legislação nada menciona se o auxílio alimentação, o famoso "vale-alimentação", entra no cômputo das despesas dedutíveis e passíveis de incentivo. Não há proibição, significando que todo o gasto, seja com refeição ou alimentação, permite a dedutibilidade e o uso do incentivo, este sempre limitado a 4% do IR devido, alíquota básica e desde que seja registrado no PAT. Em alguns acórdãos, houve manifestação favorável aos contribuintes por parte da RFB, como no acórdão nº 05-15815 de JAN/2007 (Campinas/SP) e nº 06-30135, de FEV/2011, da 4ª RF (Curitiba/PR).

A empresa pode conceder este benefício, ou seja, vale-refeição ou refeição própria ao empregado mesmo após sua saída, até seis meses da data da rescisão do contrato de trabalho. Outro detalhe é que o benefício pode ser estendido ao empregado que esteja com seu contrato suspenso para participação em curso ou programa de qualificação profissional, limitada essa extensão ao período de cinco meses.

Mas, além da dedução integral como despesa, uma parte dela será incentivada e deduzida diretamente do imposto de renda devido. Essa dedução obedece a algumas regras, que serão explicadas adiante.

O valor incentivado será obtido pela aplicação da alíquota do IR (em 2021, era 15%) sobre o valor da despesa. É o que diz a lei. Contudo, na IN SRF nº 267/2002, há menção a outro limite, que deve ser considerado em conjunto com o limite definido em lei, sendo utilizado, dos dois, o menor. O limite, portanto, seria encontrado pela seguinte conta:

Número de refeições fornecidas × (R$ 1,99 × 15%)

OU

15% da despesa com alimentação

Dos dois, o MENOR

O valor encontrado, para fins de dedução direta no IR, fica limitado a 4% do imposto de renda (apenas alíquota básica de 15%) devido pela empresa. Como normalmente o custo por refeição fornecida ultrapassa o valor máximo incentivado (R$ 1,99), o limite de 15% da despesa raramente seria utilizado.

Todavia, algumas empresas sempre utilizaram como valor incentivado o percentual de 15% da despesa, mesmo esse valor sendo maior que o valor encontrado pelo número de refeições fornecidas. O argumento é que a Instrução Normativa avançou na sua função, impondo uma limitação não existente em lei. O assunto foi resolvido pela Procuradoria-Geral da Fazenda Nacional, que editou o Ato Declaratório PGFN nº 13 (*DOU* de 11/12/2008), que dispõe sobre a dispensa de apresentação de contestação, de interposição de recursos e da desistência dos já interpostos, desde que inexista outro fundamento relevante, nas ações judiciais que discutam a ilegalidade da fixação de valores máximos (R$ 1,99) para refeições oferecidas no âmbito do PAT, para fins de dedução do IRPJ devido.

Então, por força do art. 19, § 4º, da Lei nº 10.522/2002, a Receita Federal do Brasil não poderá constituir créditos tributários relativos à matéria objeto do ADE 13/2008, caso os contribuintes deixem de cumprir o limite de dedução anteriormente fixado (R$ 1,99 por refeição).

O excesso de incentivo ao PAT, calculado por refeição fornecida, que deixar de ser utilizado, em função da limitação de 4% do IR, poderá ser aproveitado nos dois anos seguintes. Assim, um excesso de incentivo apurado em 2019 poderá ser aproveitado em 2020 e/ou 2021. Se não for utilizado nestes dois anos, a ficha de controle do PAT na Parte B do LALUR deverá ser encerrada e baixada em DEZ/2021.

21.5.2.1 Exemplo numérico

Suponha que a Cia. Coelho tenha um gasto (despesa) com refeição fornecida aos seus empregados de R$ 180 mil anualmente, entre os anos de 2018 e 2021.

Os resultados apresentados nos 4 anos foram os seguintes:

- 2018 – Lucro real de R$ 2,8 milhões.
- 2019 – Lucro real de R$ 3,2 milhões.
- 2020 – Lucro real de R$ 4,8 milhões.
- 2021 – Lucro real de R$ 6 milhões.

Veja na Tabela 21.1 o cálculo do IR, o uso do incentivo fiscal para o PAT e o controle do excesso para aproveitamento nos anos seguintes.

Não há possibilidade de tentar, em 2019, primeiro utilizar todo o excesso (R$ 10.200) e depois considerar a dedução do ano, que seria apenas R$ 9.000, por conta do limite de 4% do IR devido, alíquota básica. Assim, o excesso no ano de 2019 passaria a ser de R$ 18.000.

Em 2020, a empresa iria fazer a mesma coisa, primeiro utilizando o excesso de R$ 18 mil, depois completando com o uso no ano de R$ 10.800, por conta da trava de 4% do IR. Com isso, o novo excesso passaria a ser de R$ 16.200 (27.000 do valor incentivado menos o utilizado de 10.800).

Por fim, em 2021, mais uma vez utilizaríamos o excesso de R$ R$ 16.200, completando com R$ 19.800 para chegar ao máximo permitido pelo limite de 4% do IR, que seria R$ 36 mil (4% de R$ 900 mil). Com isso, o NOVO EXCESSO seria de R$ 7.200 (27.000 – 19.800), que poderia ser aproveitado nos dois anos seguintes.

Portanto, se isso fosse possível, a Cia. Coelho teria desembolsado R$ 1.200 a menos em 2021 e ainda teria R$ 7.200 para reduzir o IR nos dois anos seguintes. Na prática, teve que baixar R$ 8.400 (7.200 + 1.200) da Parte B do LALUR.

TABELA 21.1 Cálculo do IR com uso do incentivo fiscal para o PAT

CIA. COELHO	2018	2019	2020	2021
LUCRO REAL	2.800.000	3.200.000	4.800.000	6.000.000
IR – 15%	420.000	480.000	720.000	900.000
IR – 10%	256.000	296.000	456.000	576.000
(–) Inc. Fiscal – PAT	(16.800)**	(19.200)**	(28.800)**	(34.800)***
IR Total Devido	659.200	756.800	1.147.200	1.441.200
Valor Incentivado PAT*	27.000	27.000	27.000	27.000
Valor Utilizado como Incentivo	16.800	19.200	28.800	34.800
Excesso mês (utilizado/aproveitado)	10.200****	7.800	(1.800)	(7.800)

* Valor incentivado representando 15% da despesa de R$ 180 mil.

** Incentivo Fiscal limitado a 4% do IR devido (15%).

*** A soma do valor incentivado no mês (27.000) + o excesso de 2019 de 7.800, dá a dedução de 34.800.

**** Do excesso apurado em 2018, a Cia. Coelho utilizou 1.800 em 2020 e perdeu 8.400, baixando na Parte B no ano de 2021.

Acho importante repetir que não é correto esse procedimento aqui descrito. O excesso tem apenas dois anos para ser aproveitado. Tal prática representa, na essência, RENOVAR o excesso até o máximo de tempo possível e não é isso que dizem os normativos legais.

O governo publicou no bimestre final do ano o Decreto nº 10.854/2021, que em seu confuso e mal construído art. 186 alterou o art. 645 do Regulamento do IR (Decreto nº 9.580/18), promovendo mudanças no incentivo fiscal para o PAT. Segue um resumo do que foi possível entender das alterações:

1) A dedutibilidade da despesa de alimentação continua, sem qualquer mudança.
2) O incentivo fiscal poderá ser aplicado a todos os empregados da empresa apenas nas hipóteses de serviço próprio de refeições ou de distribuição de alimentos por meio de entidades fornecedoras de alimentação coletiva.
3) Nos demais casos, o incentivo será limitado aos empregados que recebam até cinco salários-mínimos.
4) O aproveitamento do incentivo fiscal deverá abranger apenas a parcela do benefício que corresponder ao valor de, no máximo, um salário-mínimo.

A leitura inicial do dispositivo aponta um limite individual correspondente a um salário-mínimo, que deve ficar na faixa de R$ 1.210 em 2022. Assim, o valor base para aplicar o percentual incentivado de 15% seria esse.

O Jornal Valor Econômico (13 de dezembro de 2021) informou que pelo menos três liminares foram concedidas pela Justiça Federal em Belo Horizonte, São Paulo e Jundiaí (SP) para derrubar as limitações para dedução das despesas com vales alimentação e refeição no IRPJ. Provavelmente, o decreto será contestado por muitas empresas, pois tributaristas afirmam que ele avançou em pontos que não poderia.

21.5.3 Incentivos para atividade cultural

Os incentivos fiscais para a cultura estão representados, basicamente, por dois tipos: para a atividade audiovisual e para a conhecida Lei Rouanet.

21.5.3.1 Atividade audiovisual

A Lei nº 8.685/93, conhecida como Lei do Audiovisual, foi um marco importante na evolução do cinema brasileiro, melhorando a qualidade dos filmes nacionais exibidos, apesar de entender que ainda estamos distantes do que seria o ideal de produção no setor cinematográfico.

21.5.3.1.1 Criação da Ancine

A Medida Provisória nº 2.228-1/2001, criou a Agência Nacional do Cinema (Ancine), que é o órgão responsável pelo controle da política audiovisual nacional. A Lei nº 10.454/2002 modificou alguns dispositivos da MP.

A Ancine nasceu com objetivo de preparar a indústria do cinema para se autossustentar no médio prazo, dispensando os incentivos fiscais, que representam redução na arrecadação do imposto de renda.

Com isso, foi criada a Contribuição para o Desenvolvimento da Indústria Cinematográfica Nacional

(Condecine), cobrada sobre a veiculação, a produção, o licenciamento e a distribuição de obras cinematográficas e videofonográficas com fins comerciais, por segmento de mercado a que forem destinadas.

Os detalhes sobre a cobrança da Condecine podem ser encontrados nos arts. 32 a 40 da MP nº 2.228-1/2001, com as alterações das Leis nº 10.454/2002 e nº 12.485/2011 e 12.599/2012. Como existem outros dispositivos (atos declaratórios e portarias) a respeito do tema, recomendo ao leitor interessado pesquisar mais sobre o assunto, na página da Ancine na internet.[4]

21.5.3.1.2 Incentivo tradicional

O incentivo tradicional é aquele definido no art. 1º da Lei nº 8.685/93, que representa a dedução integral do valor investido na produção de obras audiovisuais cinematográficas brasileiras de produção independente, mediante a aquisição de cotas representativas de direitos de comercialização sobre as referidas obras, desde que estes investimentos sejam realizados no mercado de capitais, em ativos previstos em lei e autorizados pela CVM, e os projetos tenham sido previamente aprovados pela Ancine.

A empresa que aplicou em obras audiovisuais registradas na Ancine pode deduzir todo o valor aplicado, limitado em 3% do imposto de renda devido, alíquota básica. Este benefício será utilizado até o ano de 2024 (Lei nº 14.044/2020[5]). Logo, uma empresa com lucro real de R$ 1.000.000, paga IR pela alíquota básica de R$ 150.000, podendo reduzir o imposto até 3%, ou seja, R$ 4.500.

Além da dedução direta do imposto devido, ainda é possível abater o valor total aplicado (sem a limitação de 3%) como despesa para fins de imposto de renda.

O valor aplicado em cotas de produções cinematográficas deve ser contabilizado no ativo não circulante, subgrupo investimentos, com a dedução sendo feita de forma extracontábil, via exclusão ao lucro líquido, devidamente autoriza pelo parágrafo único do art. 386 do RIR/2018. Essa esclusão, considerada definitiva, não precisa de controle na Parte B do LALUR.

O incentivo para a atividade audiovisual, conforme previsto no art. 1º da Lei nº 8.685/93 com suas alterações, pode representar retorno de até 125% do valor investido.

[4] Disponível em: www.ancine.gov.br. Acesso em: out. 2021.

[5] Esses prazos vêm sendo renovados sucessivamente, sendo esta a 6ª renovação.

21.5.3.1.3 Patrocínio de obras audiovisuais

A Lei nº 11.437/2006, acoplada à MP nº 2.228-1/2001, acrescentou outro tipo de incentivo à atividade audiovisual, exigindo somente que a dedução seja em relação a quantias referentes ao patrocínio à produção de obras cinematográficas brasileiras de produção independente, cujos projetos tenham sido previamente aprovados pela Ancine. E o valor pago não será dedutível na base do IR, como foi até 2010. Assim, o incentivo é integral, sendo limitado a 4% do IR devido. O incentivo tem previsão de terminar em 2024, conforme prorrogado pela Lei nº 14.044/2020.

Será desenvolvido um exemplo numérico para explicar melhor o cálculo.

A Cia. Estrela obteve um lucro de R$ 1.000.000 em 2021. Admitindo que todas as receitas sejam tributáveis e todas as despesas, dedutíveis, o cálculo do IR devido será o seguinte:

CIA. ESTRELA	CÁLCULO DE IR – 2021
Lucro Fiscal	1.000.000
Imposto de renda	
– Alíquota básica – 15%	150.000
– Adicional – 10%	76.000
IR devido total	226.000

Se a empresa não pagar nada ao cinema brasileiro, por meio de incentivo da Lei do Audiovisual, o desembolso de IR será de R$ 226.000.

Admitindo um patrocínio a uma produção registrada na Ancine no valor de R$ 6.000, o registro será feito em despesa e não mais no ativo, como era o incentivo anterior.

O cálculo do IR considerará a dedução direta do incentivo, reduzindo o imposto devido. Veja como fica a demonstração do IR devido antes do incentivo e depois dele na Tabela 21.3.

Analisando a tabela, a explicação fica completa. Sem utilização do incentivo, o caixa da empresa seria reduzido em R$ 226.000, para pagamento do imposto de renda. Ao fazer um patrocínio de R$ 6.000 (dentro do limite máximo de 4% do IR devido), o caixa da empresa desembolsará apenas R$ 220.000 de IR, com redução do imposto devido em R$ 6.000.

Na prática, há a troca do pagamento de IR pelo patrocínio. O detalhe é que o patrocínio é desembolsado antes e deve ser feito com cautela em função da limitação de 4% do IR devido.

TABELA 21.3 Apuração do IR devido pela Cia. Estrela em 2021

CIA. ESTRELA	SEM CINEMA	COM CINEMA	ECONOMIA DE IMPOSTO DE RENDA OBTIDA COM PATROCÍNIO DO FILME
LUCRO ANTES DO IR	1.000.000	994.000	
(+) ADIÇÕES (Lei nº 11.437/2006)	–	6.000	
LUCRO REAL (FISCAL)	1.000.000	1.000.000	
IR – ALÍQUOTA DE 15%	150.000	150.000	
IR – ADICIONAL DE 10%	76.000	76.000	
(–) INCENTIVO FISCAL	–	(6.000)	
TOTAL DO IR DEVIDO	226.000	220.000	6.000

Caso a opção fosse pela aquisição de cotas de filmes, conforme previsto no art. 1º da Lei nº 8.685/93, o incentivo seria limitado em 3% do IR, mas a Cia. Estrela poderia fazer uma exclusão no valor do incentivo, tornando a operação interessante sob o ponto de vista financeiro.

Há outros detalhes relevantes em relação aos incentivos fiscais. Para o leitor interessado, recomendo a leitura da Lei nº 8.685/93, com as respectivas alterações.

21.5.4 Atividade cultural ou artística

A Lei nº 8.313/91, ficou conhecida como Lei Rouanet, homenagem ao Ministro da Cultura na época, Sérgio Paulo Rouanet. Esta lei tratou dos incentivos fiscais das atividades culturais ou artísticas. Posteriormente, a Lei nº 9.874/99 e a MP nº 2.228-1/2001 deram nova redação a alguns artigos da Lei nº 8.313/91.

Existem dois tipos de incentivos para a atividade cultural: o tradicionalmente conhecido como Lei Rouanet (arts. 25 e 26) e o incentivo a atividades específicas, conforme definido na Lei nº 9.874/99 e na MP nº 2.228-1/2001, que modificaram o art. 18 da Lei Rouanet.

O incentivo para atividades específicas é uma novidade da legislação, criado a partir de 1997, para atender áreas que necessitavam de apoio mais forte por parte do Ministério da Cultura.

Tanto o incentivo tradicional como o de atividades específicas têm dedução limitada em 4% do imposto de renda devido, alíquota básica.

21.5.4.1 Incentivos a atividades específicas – art. 18

São enquadradas nesse tipo de incentivo as seguintes atividades:

a) música erudita ou instrumental;
b) circulação de exposição de artes plásticas;
c) doações de acervos para bibliotecas públicas, museus, arquivos públicos e cinematecas, bem como treinamento de pessoal e aquisição de equipamentos para a manutenção desses acervos;
d) artes cênicas;
e) livros de caráter humanístico, literário ou artístico;
f) produção de obras cinematográficas e videofonográficas de curta e média metragem e preservação e difusão do acervo audiovisual;
g) preservação do patrimônio cultural material e imaterial; e
h) construção e manutenção de salas de cinema e teatro, que poderão funcionar também como centros culturais comunitários, em municípios com menos de 100.000 habitantes.

Esses incentivos para áreas específicas são deduzidos integralmente do imposto de renda (alíquota básica), com o limite máximo de 4%. A despesa operacional, entretanto, deve ser adicionada nas bases de IR e da CSLL. Há quem discuta essa dedução na base da CSLL. A Lei nº 9.874/99 e a Medida Provisória nº 2.228-1/2001 alteraram o art. 18 da Lei Rouanet, incluindo o seguinte trecho no § 2º: "As pessoas jurídicas tributadas com base no lucro real não poderão deduzir o valor da doação ou do patrocínio referido no parágrafo anterior como despesa operacional." O Fisco não esclarece que a despesa não será dedutível na base da contribuição social. Contudo, entendo que a despesa será adicionada nas bases do IR e da CSLL.

O mesmo exemplo aplicado na atividade audiovisual (Cia. Estrela) se aplica ao incentivo cultural específico. A despesa não é dedutível e o valor total é incentivado.

21.5.4.2 Incentivo tradicional – art. 25

Já o incentivo fiscal do art. 25 da Lei Rouanet engloba as demais atividades não definidas na Lei nº 9.874/99.

TABELA 21.4 Apuração do IR devido pela Cia. Araxá em 2021

CIA. ARAXÁ	SEM CULTURA	COM CULTURA	ECONOMIA DE IR E CSLL OBTIDA C/ INCENTIVO À CULTURA
LUCRO ANTES DO IR+CSLL	1.020.000	1.000.000	
CSLL – ALÍQUOTA DE 9%	91.800	90.000	
IR – ALÍQUOTA DE 15%	153.000	150.000	
IR – ADICIONAL DE 10%	78.000	76.000	
(–) INCENTIVO FISCAL	–	(6.000)	
TOTAL DE IR+ CSLL	322.800	310.000	12.800

Neste caso, a dedução direta do imposto de renda (sempre limitado a 4% do valor da alíquota básica) é de 40% nas doações e 30% nos patrocínios, lembrando que a despesa será dedutível nas bases de IR e CSLL.

Vamos a um exemplo, com aproveitamento máximo do incentivo. Suponha que a Cia. Araxá apresente, em 2021, um lucro antes de IR e CSLL no valor de R$ 1.020.000. Considere um patrocínio de uma escola de samba no valor de R$ 20.000, cujo enredo foi enquadrado na Lei Rouanet. Veja na Tabela 21.4 a comparação.

A redução no IR e CSLL será de R$ 12.800, contra um desembolso de R$ 20.000 para o patrocínio. O incentivo fiscal efetivo foi 30% do valor aplicado (no caso, R$ 20.000), que montou R$ 6.000. Como o patrocínio representou despesa dedutível nas bases de IR e CSLL, houve redução de R$ 1.800 na CSLL e R$ 5.000 no IR.

A Cia. Araxá investiu R$ 20 mil e obteve redução de R$ 12.800 nos seus tributos, precisando pôr, de recursos próprios, R$ 7.200.

Portanto, os incentivos da Lei Rouanet (arts. 25/26) representam retorno de até 64% do valor investido em caso de patrocínios (sendo 25% de redução do IR e 9% da CSLL pela dedutibilidade da despesa, mais 30% de redução direta no IR devido) e 74% em caso de doações (34% de IR e CSLL mais 40% de redução direta no IR devido). A empresa, neste tipo de incentivo, contribui com uma parte por meio de recursos próprios.

21.5.4.3 Limite conjunto de dedução do IR

Há um limite conjunto de dedução do IR para os incentivos à atividade audiovisual e cultural ou artística, ou seja, o legislador entendeu que deveria permitir redução máxima do IR devido de 0,6% do lucro tributável apresentado pela empresa para cultura. Portanto, a avaliação sobre qual a melhor área para incentivar deve ser feita com critério, pois, dependendo da exposição na mídia e do retorno institucional, o investimento que aparenta ter o menor retorno direto pode ser o mais atraente para a empresa.

O limite em vigor (até 2021) e o proposto no PL nº 2.337/2021 chegam ao mesmo resultado, conforme já demonstrado no item 21.5.2.1: seja aplicando 4% de 15% até 2021 ou 7,5% de 8% a partir de 2022, o resultado será 0,6% do lucro real do período.

21.5.4.4 Mudanças na Lei Rouanet

A imprensa vem noticiando que o Congresso trabalha, há muito tempo, para modificar a Lei Rouanet, o que pode acontecer a qualquer momento. Portanto, a recomendação aos interessados no assunto é ficar atento aos noticiários para saber até quando o que está escrito aqui no capítulo terá validade.

21.5.5 Doações como incentivos fiscais

Algumas doações são indedutíveis nas bases do IR e da CSLL, mas, por outro lado, têm uma dedução mais importante, que é a utilização como redução direta do IR, limitada a 1% do imposto devido em sua alíquota básica (até 2021).

As doações incentivadas são apresentadas a seguir.

21.5.5.1 Fundo da Infância e da Adolescência (FIA)

Este incentivo consiste na doação para o fundo federal, estadual ou municipal da criança e do adolescente. A dedução pode alcançar 1% do valor do IR devido, alíquota básica. O valor da doação deve ser adicionado nas bases do IR e da CSLL, independentemente da parcela incentivada (art. 11 da IN SRF nº 267/2002).

Esta adição visa eliminar a dedução dupla da despesa, uma vez que, respeitado o limite de 1%, ela já reduz o valor do imposto de renda devido. Uma empresa com lucro real de R$ 120.000 paga imposto de renda de R$ 18.000 (alíquota básica de 15%). Caso faça uma doação de R$ 180, este valor será reduzido do IR devido, passando o imposto para R$ 17.820. E a despesa de R$ 180 não será deduzida nas bases de IR e CSLL. Caso a doação seja de R$ 150, apenas este valor seria abatido do IR devido. Por outro lado, se a doação fosse R$ 200, apenas R$ 180 seriam deduzidos do IR e os R$ 200 seriam adicionados nas bases fiscais, ou seja, a empresa entraria com R$ 20 de recursos próprios para o Fundo da Infância e da Adolescência.

Há alguns cuidados no uso do incentivo. Os conselhos municipais, estaduais ou nacional dos Direitos da Criança e do Adolescente, controladores dos fundos beneficiados pelas doações, deverão emitir comprovante em favor do doador que especifique o nome, o número de inscrição no Cadastro Nacional da Pessoa Jurídica (CNPJ) do doador, a data e o valor efetivamente recebido.

No caso de doação em bens, o comprovante deverá conter a identificação desses bens, mediante sua descrição em campo próprio ou em relação anexa, informando também se houve avaliação e o número de inscrição no Cadastro de Pessoa Física (CPF) ou no CNPJ dos responsáveis por essa avaliação. Neste caso, a empresa deverá considerar o valor contábil como base para doação. Há permissão para uso do valor de mercado, que será determinado mediante prévia avaliação por meio de laudo idôneo de perito ou empresa especializada de reconhecida capacidade técnica para aferição do seu valor, que poderá ser revisto pela autoridade fiscal. Contudo, neste caso, o incremento no valor do bem deverá ser feito na contabilidade, antes da doação, com apuração de ganho de capital.

A legislação nada diz em relação aos bens que sofreram reavaliação ou então foram ajustados pelo custo atribuído em 2010. Se tais bens forem doados para o Fundo da Infância e da Adolescência (FIA), serão considerados como incentivos pelo valor reavaliado.

21.5.5.2 Fundo Nacional do Idoso

A Lei nº 12.213/2010 criou mais um incentivo fiscal: as doações para o Fundo Nacional do Idoso, que podem reduzir o IR devido (alíquota básica de 15%) em até 1%, sendo a despesa indedutível como despesa operacional. Interessante que esse tipo de terminologia na legislação, dizendo ser a despesa não dedutível como despesa operacional, também é assim nas doações para Pronas e Pronon, tratados no tópico seguinte. Tal situação traz indefinição se a adição deve ser realizada também na base de cálculo da CSLL. Entendo que sim, mas há sempre espaço para interpretação quando o legislador não é preciso no normativo. Era só escrever dizendo ser a despesa não dedutível nas duas bases e pronto. O incentivo segue a mesma lógica dos demais permitidos como despesa: nada dedutível e redução integral no IR, limitada a 1% do IR (15%).

21.5.5.3 Pronon e Pronas

As doações e os patrocínios realizados para o Programa Nacional de Apoio à Atenção Oncológica (Pronon) e Programa Nacional de Apoio à Atenção da Saúde da Pessoa com Deficiência (Pronas/PCD) podem ser reduzidas no IR devido no período com redução máxima permitida de 1% (do IR alíquota básica) para o Pronas e 1% para o Pronon. A despesa não será dedutível e as doações poderão ser também de bens do imobilizado (pelo valor contábil). Esses incentivos foram estruturados a partir da Lei nº 12.715/2012 e terão validade, a princípio, até 2026. O Decreto nº 7.988/2013 regulamenta o tema.

21.5.5.4 Incentivo ao esporte

A Lei nº 11.438/2006 criou um incentivo fiscal para fomentar as atividades desportivas.

Até 2027, as empresas poderão deduzir diretamente do IR devido, alíquota básica, o valor pago a título de patrocínio ou doação, no apoio direto a projetos desportivos e paradesportivos previamente aprovados pela Secretaria Especial do Esporte. Contudo, a dedução será limitada em 1% do IR devido.

A despesa com o patrocínio ou a doação não será dedutível nas bases do IR e da CSLL, dando ao incentivo para atividades desportivas o mesmo tratamento fiscal que é dado ao Fundo da Criança e do Adolescente e ao Fundo Nacional do Idoso.

21.5.6 Incentivos à inovação tecnológica

O incentivo à inovação tecnológica foi instituído pela MP nº 252/2005, posteriormente convertida na Lei nº 11.196/2005. Tanto a MP como a Lei ficaram conhecidas na mídia como "do bem", por reduzirem tributos de muitas empresas. Posteriormente, muitas outras leis modificaram a Lei nº 11.196/2005. Os Decretos nº 5.798/2006, nº 6.260/2007 e nº 6.909/2009 regulamentaram o tema, que foi detalhado na IN RFB nº 1.187/2011.

A nossa legislação não é de boa qualidade. Nossos legisladores atuam, na maioria das vezes, na base do improviso e o resultado é esse: um conjunto de normativos que se misturam e confundem-se, dificultando a aplicação adequada por parte das empresas.

Vamos tentar entender o assunto, com os normativos e exemplos numéricos.

21.5.6.1 Dos dispêndios classificáveis como despesa operacional

As despesas com pesquisa tecnológica e desenvolvimento de inovação tecnológica são dedutíveis nas bases do IR e da CSLL, inclusive quando contratadas no país com universidade, instituição de pesquisa ou inventor independente, conforme inc. IX do art. 2º da Lei nº 10.973/2004, desde que a pessoa jurídica que efetuou o dispêndio fique com a responsabilidade, o risco empresarial, a gestão e o controle da utilização dos resultados dos dispêndios.

O mais interessante, porém, é que a pessoa jurídica poderá excluir do lucro líquido, para fins de determinação do lucro real e da base de cálculo da CSLL, o valor correspondente a até 60% da soma dos dispêndios realizados no período de apuração com pesquisa tecnológica e desenvolvimento de inovação tecnológica, classificáveis como despesas pela legislação do IR.

A exclusão poderá chegar a até 70% se o número de empregados pesquisadores contratados pela empresa aumentar em relação ao número médio de empregados contratados no ano anterior em até 5%. Se o aumento ultrapassar os 5%, a exclusão poderá ser de 80%.

Antes de entrar no exemplo numérico para facilitar o entendimento, é importante mostrar o que a RFB entende como pesquisa tecnológica e desenvolvimento de inovação tecnológica.

- **INOVAÇÃO TECNOLÓGICA** – a concepção de novo produto ou processo de fabricação, bem como a agregação de novas funcionalidades ou características ao produto ou processo que implique melhorias incrementais e efetivo ganho de qualidade ou produtividade, resultando maior competitividade no mercado.
- **PESQUISA TECNOLÓGICA E DESENVOLVIMENTO DE INOVAÇÃO TECNOLÓGICA** – as atividades de:
  a) **pesquisa básica dirigida**: os trabalhos executados com o objetivo de adquirir conhecimentos quanto à compreensão de novos fenômenos, com vistas ao desenvolvimento de produtos, processos ou sistemas inovadores;
  b) **pesquisa aplicada**: os trabalhos executados com o objetivo de adquirir novos conhecimentos, com vistas ao desenvolvimento ou aprimoramento de produtos, processos e sistemas;
  c) **desenvolvimento experimental**: os trabalhos sistemáticos delineados a partir de conhecimentos pré-existentes, visando à comprovação ou demonstração da viabilidade técnica ou funcional de novos produtos, processos, sistemas e serviços ou, ainda, um evidente aperfeiçoamento dos já produzidos ou estabelecidos;
  d) **tecnologia industrial básica**: aquelas como a aferição e calibração de máquinas e equipamentos, o projeto e a confecção de instrumentos de medida específicos, a certificação de conformidade, inclusive os ensaios correspondentes, a normalização ou a documentação técnica gerada e o patenteamento do produto ou processo desenvolvido; e
  e) **serviços de apoio técnico**: aqueles que sejam indispensáveis à implantação e à manutenção das instalações ou dos equipamentos destinados, exclusivamente, à execução de projetos de pesquisa, desenvolvimento ou inovação tecnológica, bem como à capacitação dos recursos humanos a eles dedicados.
- **PESQUISADOR CONTRATADO**: o pesquisador graduado, pós-graduado, tecnólogo ou técnico de nível médio, com relação formal de emprego com a pessoa jurídica, que atue exclusivamente em atividades de pesquisa tecnológica e desenvolvimento de inovação tecnológica.

Por exemplo, suponha que a Cia. Estoril tenha uma despesa com inovação tecnológica de R$ 50.000 no ano de 2021 e apresente, no ano, lucro antes de IR e CSLL na faixa de R$ 450 mil, já deduzida a despesa com inovação. A base, tanto do IR como da CSLL, seria a seguinte:

Lucro antes do IR e CSLL	450.000
(+) Exclusões (60% da despesa com inovação)	(30.000)
= Lucro fiscal (bases de IR e CSLL)	420.000
CSLL – 9%	→ 37.800
IR – 15%	→ 63.000
IR – 10%	→ 18.000
IR TOTAL DEVIDO	**→ 81.000**
IR + CSLL	**→ 118.800**

Caso a empresa não efetuasse o gasto com inovação, o lucro seria de R$ 500 mil e a despesa de IR + CSLL seria de R$ 146.000 (101.000 de IR + 45.000 de CSLL).

Perceba que a redução de IR + CSLL montou R$ 27.200 para um gasto de R$ 50.000, representando 54,4% de dedução dessa despesa de inovação. A redução é de 34% como despesa dedutível nas bases de IR e CSLL, além da exclusão extra de 60%; aplicados os 34% de alíquotas, chega-se a 20,4% (34% de 60%), compondo os 54,4%.

A dedução do IR poderia chegar a 61,2%, caso o aumento dos empregados fosse acima de 5% em relação ao ano anterior, caso em que a exclusão seria de 80%.

Há mais alguns detalhes necessários para que a empresa possa utilizar esse incentivo. Por exemplo, a pessoa jurídica deverá elaborar projeto de pesquisa tecnológica e desenvolvimento de inovação tecnológica, com controle analítico dos custos e das despesas integrantes para cada projeto incentivado. E, na alocação de custos ao projeto de pesquisa tecnológica e desenvolvimento de inovação tecnológica, deverá utilizar critérios uniformes e consistentes ao longo do tempo, registrando de forma detalhada e individualizada os dispêndios, inclusive:

a) as horas dedicadas, trabalhos desenvolvidos e os custos respectivos de cada pesquisador por projeto incentivado; e
b) as horas dedicadas, trabalhos desenvolvidos e os custos respectivos de cada funcionário de apoio técnico por projeto incentivado.

Na apuração dos dispêndios realizados com pesquisa tecnológica e desenvolvimento de inovação tecnológica, não serão computados os montantes alocados, como recursos não reembolsáveis, por órgãos e entidades do poder público. Por exemplo, se o BNDES conceder um financiamento não reembolsável a uma empresa para inovação tecnológica, o valor não poderá ser considerado despesa dedutível nem incentivo fiscal.

Não são consideradas como pesquisa tecnológica e desenvolvimento de inovação tecnológica, entre outras, as seguintes atividades:

a) os trabalhos de coordenação e acompanhamento administrativo e financeiro dos projetos de pesquisa tecnológica e desenvolvimento ou inovação tecnológica nas suas diversas fases;
b) os gastos com pessoal na prestação de serviços indiretos nos projetos de pesquisa tecnológica e desenvolvimento de inovação tecnológica, tais como serviços de biblioteca e documentação.

21.5.6.2 Dedução integral na aquisição de imobilizado

A Lei nº 11.774/2008 permitiu a dedução integral nas bases de IR e CSLL, no próprio ano de aquisição, de máquinas, equipamentos, aparelhos e instrumentos novos, destinados à utilização nas atividades de pesquisa tecnológica e desenvolvimento de inovação tecnológica.

Tal fato representa, na prática, o modelo de depreciação acelerada incentivada. Veja um exemplo didático.

A Cia. Leão adquire uma máquina nova para utilização em pesquisa tecnológica para desenvolvimento de novos produtos. A aquisição acontece por R$ 6.000 em OUT/x1, sendo a máquina colocada para funcionar no mesmo mês de aquisição. Bom, o bem será depreciado em dez anos, entre os meses de OUT/x1 e SET/x11, sempre por R$ 50/mês.

Para fins fiscais, contudo, será realizada uma exclusão nas bases de IR e CSLL de R$ 5.950 em OUT/x1. Posteriormente, entre NOV/x1 e SET/x25, serão feitas 119 adições da despesa de depreciação registrada (R$ 50).

Na prática, a empresa que adquire uma máquina para este fim terá um EMPRÉSTIMO GRATUITO, recebendo R$ 2.023 (34% de R$ 5.950) em dinheiro no mês de NOV/x1, quando vence IR e CSLL referente à apuração do mês de OUT/x1. E deverá pagar este EMPRÉSTIMO em 119 parcelas iguais, mensais e sucessivas, de R$ 17, a partir de DEZ/x1, quando vencem os tributos sobre o lucro devidos do mês de NOV/x1. Esse empréstimo "gratuito" só será totalmente quitado em OUT/x11.

A mesma lógica da depreciação se aplica na amortização de bens intangíveis. A dedução acontece no momento do gasto e não no registro contábil da amortização do subgrupo intangível.

Há mais detalhes nas leis citadas, cuja leitura revela-se obrigatória para os interessados em aprofundar o tema.

21.5.7 Programa Empresa Cidadã

Representa dedução integral permitida pela Lei nº 11.770/2008 em relação aos pagamentos referentes à:

a) extensão da licença-maternidade em + 2 meses;
b) extensão da licença-paternidade em + 15 dias.

A despesa será indedutível nas bases do IR + CSLL, mas o valor será reduzido integralmente, limitado ao IR total devido no período. Eventual excesso poderá ser aproveitado em período de apuração posterior.

Há exigências burocráticas para as empresas beneficiárias. Por exemplo, não podem estar inscritas no Cadastro Informativo (Cadin).

Este é mais um benefício exclusivo para empresas tributadas pelo lucro real, não sendo permitido para empresas tributadas pelo lucro presumido.

21.5.8 Finam e Finor

Criado pelo governo federal, com o objetivo de incentivar a produção no Nordeste (Finor) e no Norte (Finam) do País, consiste na destinação de uma parcela do IR devido, alíquota básica (15%), para aplicação em cotas de empresas que exploram atividades em áreas incentivadas. Essa parcela pode ser destinada no momento do recolhimento do IR, por meio de DARF específico para aplicação no Finam ou Finor.

Após a série de denúncias feitas em 2001 contra a Superintendência de Desenvolvimento da Amazônia (Sudam) e a Superintendência de Desenvolvimento do Nordeste (Sudene), o governo extinguiu os dois órgãos e começou a criar dificuldades para aplicação dos incentivos fiscais. Atualmente, apenas as empresas que possuem projetos específicos na área podem utilizar este incentivo.

21.6 Absorção da leitura: quinze questões de múltipla escolha

Recomenda-se fazer as questões pelo menos um dia depois da leitura do capítulo.

Q1

Exclusão ao lucro líquido (nas bases de IR e CSLL) representa:

(A) Despesa dedutível contabilizada em despesa.

(B) Despesa permitida posteriormente ao pagamento.

(C) Receita recebida, mas ainda não contabilizada.

(D) Receita contabilizada, mas tributada posteriormente, no próximo ano.

(E) Valor pago como adiantamento para entrega de um produto/serviço.

Q2

A Cia Pará adquiriu 1% das ações da Cia Santarém, pagando R$ 100 em AGO/x1, representando o valor de mercado das ações, cujo valor patrimonial montava R$ 90. No mês de DEZ/x1, a Cia Pará recebeu dividendos da Cia Santarém no valor de R$ 5 e esta empresa apresentou um lucro líquido de R$ 1.500. O saldo da conta que representa o investimento da Cia Pará na Cia. Santarém em 31/DEZ/x1, aplicando as regras das legislações societária e fiscal, em reais, será:

(A) 95.

(B) 100.

(C) 105.

(D) 110.

(E) 115.

Q3

A Cia. Salgueiro adquiriu 4% da Cia. Mocidade, tratando o investimento pelo custo de aquisição, pagando R$ 120 em MAR/x1. No final de JUL/x1, a Cia Mocidade pagou dividendos de R$ 7 para a Cia. Salgueiro, efetuando novo pagamento de dividendos de R$ 3 em NOV/x1. Em DEZ/x1, A Cia. Salgueiro efetuou a venda da participação por R$ 118. O resultado contábil obtido foi

(A) Lucro de R$ 5.

(B) Lucro de R$ 7.

(C) Lucro de R$ 9.

(D) Lucro de R$ 10.

(E) Prejuízo de R$ 2.

Q4

Representa receita tributável no registro contábil:

(A) Avaliação de ativo a valor justo.

(B) Reconhecimento *pro rata* do ajuste a valor presente de ativo.

(C) Reconhecimento da receita oriunda de aplicação financeira, com IRRF.

(D) Venda de terreno com recebimento no ano seguinte.

(E) Venda para a prefeitura municipal, com recebimento no próximo ano.

Q5

Analise os itens a seguir:

1. Venda para o governo, com recebimento de longo prazo.
2. Dividendos de investimentos avaliados pelo custo de aquisição.
3. Gastos realizados pela Petrobras na exploração de petróleo.

Para fins de reconhecimento de imposto de renda corrente e diferido, as exclusões temporárias são APENAS o(s) item(ns) nº:

(A) 1.

(B) 2.

(C) 1 e 2.

(D) 1 e 3.

(E) 2 e 3.

Q6

Uma *holding* tributada pelo lucro real obteve lucro antes do IR de R$ 900.000 no 1º trimestre de 2021. O resultado positivo está composto da seguinte forma:

- Receitas com investimentos avaliados ao custo de aquisição R$ 750.000
  - Dividendos R$ 150.000
  - Juros sobre capital próprio* R$ 600.000
- Receitas com equivalência patrimonial R$ 250.000
- Despesas (todas dedutíveis) R$ 100.000

Considerando apenas as informações apresentadas, o imposto de renda que a *holding* terá de desembolsar diretamente, sobre o lucro do 1º trimestre de 2021, considerando as alíquotas vigentes no ano (15% de alíquota básica + adicional de 10%) será, em reais:

(A) 6.500.

(B) 11.000.

(C) 29.000.

(D) 96.500.

(E) 119.000.

* Valor bruto, com IRRF de 15% e a empresa recebendo o líquido de R$ 510.000.

Q7

Um patrocínio para uma escola de samba, enquadrado na Lei Rouanet, no modelo tradicional de incentivos fiscais para a atividade cultural, tem redução máxima possível de tributos sobre o lucro (IR e CSLL) de um percentual sobre o valor do patrocínio. Este percentual é de:

(A) 30%.

(B) 34%.

(C) 40%.

(D) 64%.

(E) 74%.

Q8

Analise as assertivas a seguir em relação aos incentivos fiscais.

1. A despesa de PAT é dedutível até R$ 1,99 por refeição fornecida.
2. O PAT pode ser estendido aos empregados demitidos por até seis meses após a demissão.
3. Um patrocínio feito a uma escola de samba, enquadrado na Lei Rouanet, será dedutível na base do IR até o limite de 30% do patrocínio.

É possível considerar como CORRETA(S) apenas a(s) assertiva(s) nº:

(A) 1.

(B) 2.

(C) 3.

(D) 1 e 3.

(E) 2 e 3.

Q9

Representa receita não tributável na base do IR:

(A) Perdão de parte de dívida registrada no passivo circulante.

(B) Dividendos de ações de empresas avaliadas pelo método do custo de aquisição.

(C) Juros sobre capital próprio recebido de empresas avaliadas pelo custo de aquisição.

(D) Lucro obtido na venda de participações societárias.

(E) Ganho na venda de bens do imobilizado.

Q10

Empresa tributada pelo lucro real tem LAIR de R$ 500.000 em 2019, incluídos os seguintes valores:

- Receita de participação em controladas – R$ 100.000
- Patrocínio *show* MPB (Lei Rouanet) – R$ 10.000

Calcule o IR total devido em 2019 (alíquotas de 15% + adicional de 10%), utilizando todas as deduções permitidas pela legislação, em R$:

(A) 72.960.

(B) 73.000.

(C) 73.600.

(D) 75.600.

(E) 76.000.

(F) 76.040.

Q11

Uma empresa tem lucro real de R$ 8.000.000 e decide fazer um investimento em cotas de um filme no valor de R$ 30.000. O percentual máximo de redução do IR que a empresa terá em relação ao valor aplicado no filme enquadrado na Lei do Audiovisual será:

(A) 34%.

(B) 50%.

(C) 100%.

(D) 120%.

(E) 125%.

Q12

Uma empresa (lucro real anual) apresentou em 2021 um lucro contábil antes de IR e CSLL no valor de R$ 255.000. No resultado estão incluídos os seguintes valores: despesas de brindes de R$ 4.000 e doação ao Fundo da

Criança e Adolescente de R$ 1.000. O IR devido em 2021 será:

(A) R$ 38.125.

(B) R$ 40.000.

(C) R$ 45.590.

(D) R$ 40.610.

(E) R$ 40.900.

Q13

Determinada empresa tem saldo de prejuízo fiscal registrado no LALUR de R$ 610.000. Em 2021, apresentou um lucro antes de IR + CSLL de R$ 2.000.000, incluindo os seguintes valores:

- Despesa de brindes R$ 18.000
- Doação ao Fundo da Criança e do Adolescente (FIA) R$ 2.000

O IR devido (em R$) pela empresa em 2021 será:

(A) 324.000.

(B) 325.500.

(C) 326.385.

(D) 327.379.

(E) 327.500.

(F) 329.150.

Q14

A Cia. Rodeio apresentou um LAIR em 2019 de R$ 900 mil, com despesa de refeição fornecida aos empregados (com registro no PAT) de R$ 40 mil incluída neste resultado. Em 2020, manteve o valor de gasto com refeição, porém apresentou um lucro de R$ 1.200.000. Neste lucro, além da despesa de refeição, está incluída também uma doação para o Fundo Nacional do Idoso, no valor de R$ 2 mil. Todas as receitas são tributáveis e as despesas são dedutíveis. O IR total devido em 2020 pela Cia. Rodeio (alíquota de 15% + adicional de 10%) foi:

(A) R$ 267.400.

(B) R$ 267.600.

(C) R$ 268.097.

(D) R$ 268.200.

(E) R$ 269.400.

Q15

A Cia. Roça possuía saldo de prejuízos fiscais de R$ 800 na Parte B do LALUR no início de 2019. Neste ano, apresentou um LAIR de R$ 3.000. Calculou um valor de juros sobre capital próprio a pagar a seus acionistas de R$ 600, dentro dos limites permitidos pela legislação. Com base apenas nos dados informados e na legislação tributária em vigor, informe o IR devido (alíquota de 15%) pela Cia. Roça:

(A) R$ 240.

(B) R$ 252.

(C) R$ 315.

(D) R$ 324.

(E) R$ 330.

O Gabarito das questões está disponível no final do livro, após o Anexo.

22

RETENÇÕES NA FONTE

OBJETIVO DO CAPÍTULO

Apresentamos neste capítulo o funcionamento das retenções de IR, PIS, COFINS e CSLL nos serviços prestados a empresas públicas e privadas e no fornecimento de mercadorias a entidades públicas. Ao final do capítulo, será possível:

- Compreender as diferenças e semelhanças entre as regras de retenção na fonte de impostos e contribuições nos pagamentos realizados por entidades públicas e por empresas particulares.
- Efetuar os registros contábeis de forma adequada nas retenções e nos recolhimentos.

22.1 Considerações iniciais

O legislador vem buscando formas para combater a sonegação de tributos. E um dos instrumentos encontrados tem sido a transferência da obrigação de retenção e recolhimento de impostos e contribuições para o contribuinte que faz o pagamento de serviços prestados. Assim, o Fisco dificulta a sonegação, pois o tomador do serviço se encarrega de fazer a retenção e o posterior recolhimento, que poderia deixar de ser feito, caso não existisse essa exigência. Além disso, o Fisco, utilizando seu poder impositivo, faz o que toda pessoa física e jurídica tenta e, na maioria das vezes, não consegue: antecipar receitas.

Os serviços profissionais já sofrem incidência na fonte de imposto de renda há muitos anos. A alíquota, que já chegou a 6%, atualmente é de 1,5% na maioria dos casos.

No caso de PIS, COFINS e CSLL, até o mês de JAN/2004, havia exigência apenas para retenção nos pagamentos efetuados por entidades da administração pública. Entretanto, a partir de FEV/2004, houve a extensão da obrigatoriedade para todos os tomadores de serviços, sejam eles públicos ou privados. Aqui, serão apresentadas as retenções de IR, CSLL, PIS e COFINS nas empresas, trazendo os pontos mais relevantes.

22.2 Retenção de entidades públicas

Os pagamentos efetuados por órgãos, autarquias, fundações da administração pública federal, empresas públicas e sociedades de economia mista a pessoas jurídicas, pelo fornecimento de bens ou prestação de serviços, estão sujeitos à incidência, na fonte, de IR, CSLL, COFINS e PIS (Lei nº 9.430/96, art. 64). A obrigação pela retenção é do órgão ou da entidade que efetuar o pagamento. O assunto é detalhado na IN RFB nº 1.234/2012, com alterações. Essas instruções representam leitura obrigatória para os profissionais que atuam diretamente na contabilidade fiscal de empresa pública ou em áreas afins.

As retenções serão efetuadas sobre qualquer forma de desembolso, inclusive os pagamentos antecipados por conta de fornecimento de bens ou de prestação de serviços para entrega futura.

Os tributos retidos na fonte são tratados como antecipação pelas empresas que sofrem a retenção e cada tributo somente poderá ser compensado com o que for devido em relação ao mesmo imposto ou contribuição. A retenção das contribuições será determinada mediante aplicação das seguintes alíquotas:

- COFINS 3%
- PIS/PASEP 0,65%
- CSLL 1%

Já o imposto de renda terá retenção na fonte com aplicação da alíquota de 15% sobre o percentual a ser utilizado no lucro presumido. Por exemplo, no pagamento de serviços de engenharia, a retenção na fonte será de 4,8%. Este percentual representa 15% de 32%, que é a presunção de lucro utilizada pela lei para essas empresas.

Suponha que a Comissão de Valores Mobiliários (CVM) efetue três pagamentos em FEV/2022:

1. Empresa de informática (lucro real), referente à manutenção de computadores no valor de R$ 4.000. No momento do pagamento do serviço, a CVM retém CSLL de 1% (R$ 40), IR de 4,8% (R$ 192), COFINS de 3% (R$ 120) e PIS de 0,65% (R$ 26), totalizando retenção de R$ 378 (9,45%), com pagamento líquido de R$ 3.622 à empresa.
2. Empresa comercial atacadista (lucro presumido), referente à compra de café, açúcar, adoçante e chá no valor de R$ 2.000. No pagamento, a CVM retém CSLL de 1% (R$ 20), IR de 1,2% (R$ 24), COFINS de 3% (R$ 60) e PIS de 0,65% (R$ 13), totalizando retenção de R$ 117 (5,85%), com pagamento líquido de R$ 1.883 à empresa.
3. Empresa varejista, tributada pelo SIMPLES, referente à compra de material de escritório pelo valor total de R$ 1.000. No caso, não caberá retenção, pois a empresa tributada pelo SIMPLES tem isenção de retenção.

O percentual de presunção de revenda de mercadorias é 8%, enquanto o percentual de prestação de serviços é de 32%, por isso as alíquotas são de 1,2% e 4,8%, respectivamente.

No caso de pessoa jurídica ou de receitas amparadas por isenção, não incidência ou alíquota zero, na forma da legislação específica, de IR, CSLL, PIS ou COFINS, a retenção dar-se-á mediante a aplicação das alíquotas específicas, correspondente ao imposto de renda ou às contribuições não alcançadas pela isenção, não incidência ou pela alíquota zero. As empresas devem informar esta condição no documento fiscal, inclusive o enquadramento legal, sob pena de, se não o fizerem, sujeitarem-se à retenção do imposto de renda e das contribuições sobre o valor total do documento fiscal, no percentual total correspondente à natureza do bem ou serviço.

Portanto, a retenção das contribuições para PIS e COFINS não será exigida, no caso de fornecimento dos bens enquadrados em normativos que definam alíquota zero para as contribuições. Essa permissão de não retenção faz todo o sentido, pois a venda pela empresa comercial a um órgão público não será objeto de cobrança de PIS e COFINS, não havendo necessidade de antecipação das contribuições no pagamento. No entanto, cabe retenção de IR e de CSLL.

A IN RFB nº 1.234/2012 traz no art. 4º a relação das empresas que NÃO devem sofrer a retenção de IR, CSLL, PIS e COFINS, dentre elas, as empresas inscritas pelo SIMPLES, as entidades imunes e isentas de IR e as empresas exclusivamente distribuidoras de jornais e revistas. Em seguida, o art. 5º traz uma extensa lista de situações em que não será feita retenção somente das contribuições para PIS e COFINS, com retenção de IR e CSLL. Entre os itens listados no art. 5º, temos aquisição de produtos hortícolas, frutas, feijão, massas alimentícias, quando adquiridos de qualquer empresa. Outros produtos, como água e refrigerantes, não terão retenção se a aquisição for feita de comerciantes atacadistas, distribuidores ou varejistas.

As instituições de educação e de assistência social, sem fins lucrativos, as instituições de caráter filantrópico, recreativo, cultural, científico e as associações civis, descritas nos arts. 12 e 15 da Lei nº 9.532/97, são obrigadas a apresentar ao órgão ou à entidade, declaração, na forma dos Anexos II e III da IN RFB 1.234/2012, conforme o caso, em duas vias, assinadas por seu representante legal. Situação idêntica aplica-se às empresas tributadas pelo SIMPLES, que devem apresentar declaração conforme Anexo IV da mesma IN.

Recomendamos a leitura do Anexo I da IN RFB nº 1.234/2012, que traz tabela com os percentuais a serem retidos e o código de receita. Na Tabela 22.1, é apresentado um pequeno resumo do que há detalhado no Anexo.

22.3 Casos específicos

A IN RFB nº 1.234/2012 explica o tratamento específico dado a diferentes pagamentos, cujos artigos apresentamos a seguir:

- Art. 12: Agências de viagem e turismo.

TABELA 22.1

NATUREZA DO BEM FORNECIDO OU DO SERVIÇO PRESTADO	ALÍQUOTAS				% TOTAL	CÓDIGO RECEITA
	IR	CSLL	PIS	COFINS		
Gasolina e óleo diesel adquiridos de distribuidoras e varejistas	0,24%	1%	–	–	1,24%	8739
Mercadorias e bem em geral	1,2%	1%	0,65%	3%	5,85%	6147
Serviços prestados por instituições financeiras e seguradoras	2,4%	1%	0,65%	3%	7,05%	6188
Serviços de vigilância, limpeza, locação de mão de obra e outros	4,8%	1%	0,65%	3%	9,45%	6190

- Art. 13: Seguros.
- Arts. 14 e 15: Contas de telefone.
- Art. 17: Propaganda e publicidade.
- Art. 17: Consórcio.
- Art. 17: Refeição-convênio, vale-transporte e vale-combustível.
- Arts. 19 a 21: Combustíveis, dos demais derivados de petróleo, do álcool hidratado e do biodiesel.
- Art. 22: Produtos farmacêuticos, de perfumaria, de toucador e de higiene pessoal.
- Art. 23: Bens imóveis.
- Arts. 24 a 29: Cooperativas e associações de profissionais ou assemelhadas.
- Arts. 30 e 31: Serviços hospitalares e outros serviços de saúde.
- Arts. 32 e 33: Planos privados de assistência à saúde e odontológica.
- Art. 34: Aluguel de imóveis.
- Art. 35: Pessoa jurídica sediada ou domiciliada no exterior.
- Art. 36: Pessoa jurídica amparada por medida judicial.

22.4 Retenção/pagamentos de DARF inferior a R$ 10

O art. 67 da Lei nº 9.430/96 diz que fica dispensada a retenção de imposto de renda, de valor igual ou inferior a R$ 10, incidente na fonte sobre rendimentos que devam integrar a base de cálculo do imposto devido na declaração de ajuste anual. Pela leitura do artigo, essa dispensa refere-se especificamente às retenções de pessoas físicas.

O Ato Declaratório Normativo RFB nº 15/97 explica que a dispensa de retenção do IR de valor até R$ 10 aplica-se a rendimentos que devam integrar a base de cálculo do imposto devido na declaração de rendimentos das pessoas físicas e a base de cálculo do IR devido pelas pessoas jurídicas tributadas pelo lucro real, presumido ou arbitrado.

A Consulta nº 114/2001 da DISIT 6 esclarece que a dispensa de retenção do IR ocorre quando, em cada importância paga ou creditada para pessoa jurídica, o valor for igual ou inferior a R$ 10, não havendo comando para acumulação e posterior recolhimento, quando ultrapassar o limite.

A IN RFB nº 1.234/2012 (§ 6º do art. 3º) dispensa a retenção de valor inferior a R$ 10, exceto na hipótese de DARF eletrônico efetuado por meio do SIAFI. Contudo, é bom lembrar que a retenção é feita pelo total dos quatro tributos (IR, CSLL, PIS e COFINS) e não tributo a tributo. Um pagamento de R$ 300, referente à compra de uma mercadoria, não teria retenção se a análise fosse individual. Mas haverá a retenção de 5,85%, montando R$ 17,55. O percentual representa 3% de COFINS, 0,65% de PIS, 1% de CSLL e 1,2% de IR.

O art. 68 da Lei nº 9.430/96 diz que não deve ser pago o Documento de Arrecadação de Receitas Federais (DARF) de tributos e contribuições de valor inferior a R$ 10, incluindo o IOF. No entanto, a contribuição ou o imposto administrado pela RFB, arrecadado sob determinado código de receita que, no período de apuração, resultar inferior a R$ 10 deverá ser adicionado ao imposto ou contribuição de mesmo código, correspondente aos períodos subsequentes, até que o total seja igual ou superior a R$ 10, quando, então, será pago ou recolhido no prazo estabelecido na legislação para este último período de apuração.

A Lei nº 11.941/2009 incluiu o art. 68-A na Lei nº 9.430/96, permitindo que o Poder Executivo eleve para até R$ 100 o limite para recolhimento, inclusive de forma diferenciada por tributo, regime de tributação ou de incidência, relativos à utilização de DARF, podendo reduzir ou restabelecer os limites que vier a fixar. Até 31/OUT/2021, nada tinha mudado.

22.5 Prazo de recolhimento

Os valores retidos deverão ser recolhidos ao Tesouro Nacional, mediante DARF:

1. pelos órgãos da administração pública federal direta, autarquias e fundações federais que efetuarem a retenção, até o 3º dia útil da semana subsequente àquela em que tiver ocorrido o pagamento à pessoa jurídica fornecedora dos bens ou prestadora do serviço; e
2. pelas empresas públicas, sociedades de economia mista e demais entidades em que a União, direta ou indiretamente, detenha a maioria do capital social sujeito a voto, e que recebam recursos do Tesouro Nacional e estejam obrigadas a registrar sua execução orçamentária e financeira no SIAFI, de forma centralizada, pelo estabelecimento matriz da pessoa jurídica, até o último dia útil do segundo decêndio do mês subsequente àquele mês em que tiver ocorrido o pagamento à pessoa jurídica fornecedora do bem ou prestadora do serviço.[1]

22.6 Retenção na fonte de PIS, COFINS e CSLL

Desde FEV/2004, os pagamentos de empresa para outras empresas estão sujeitos a retenção na fonte de CSLL, PIS e COFINS, com alíquotas de 1%, 0,65% e 3%, respectivamente, totalizando 4,65%. Os serviços alcançados pela retenção foram descritos no art. 30 da Lei nº 10.833/2003 e são apresentados a seguir:

> 1. serviços de limpeza; 2. conservação, manutenção, segurança, vigilância, transporte de valores e locação de mão de obra; 3. prestação de serviços de assessoria creditícia, mercadológica, gestão de crédito, seleção e riscos; 4. administração de contas a pagar e a receber; e 5. remuneração de serviços profissionais.

A IN SRF nº 459/2004, com suas alterações, detalha os serviços alcançados pela exigência de retenção na fonte das contribuições para PIS, COFINS e a CSLL:

1. LIMPEZA, CONSERVAÇÃO OU ZELADORIA são os serviços de varrição, lavagem, enceramento, desinfecção, higienização, desentupimento, dedetização, desinsetização, imunização, desratização ou outros serviços destinados a manter a higiene, o asseio ou a conservação de praias, jardins, rodovias, monumentos, edificações, instalações, dependências, logradouros, vias públicas, pátios ou áreas de uso comum.
2. DE MANUTENÇÃO é todo e qualquer serviço de manutenção ou conservação de edificações, instalações, máquinas, veículos automotores, embarcações, aeronaves, aparelhos, equipamentos, motores, elevadores ou de qualquer bem, quando destinado a mantê-los em condições eficientes de operação, exceto se a manutenção for feita em caráter isolado, como um mero conserto de um bem defeituoso.
3. DE SEGURANÇA E/OU VIGILÂNCIA são considerados os serviços que tenham por finalidade a garantia da integridade física de pessoas ou a preservação de valores e de bens patrimoniais, inclusive escolta de veículos de transporte de pessoas ou cargas.
4. PROFISSIONAIS são aqueles serviços relacionados no § 1º do art. 714 do Decreto nº 9.580/2018 – Regulamento do Imposto de Renda (RIR/2018), inclusive quando prestados por cooperativas ou associações profissionais, aplicando-se, para fins da retenção das contribuições, os mesmos critérios de interpretação adotados em atos normativos expedidos pela RFB para a retenção do IR.

As empresas enquadradas no SIMPLES não são obrigadas a efetuar a retenção das contribuições, assim como também não sofrerão retenção na fonte quando prestarem serviços.

As empresas enquadradas no SIMPLES que prestarem serviços a outras pessoas jurídicas devem apresentar a declaração conforme Anexo IV da IN RFB nº 1.234/2012, assinada por seu representante legal.

O fato gerador para a retenção das contribuições é o pagamento e não o crédito, como acontece no caso do imposto de renda. Com isso, as contribuições poderão ser retidas em períodos diferentes da retenção do IR.

22.7 Tratamento contábil

A empresa que utilizar qualquer serviço incluído no art. 714 do RIR/2018 deverá contabilizar a despesa pelo valor total, com o registro da obrigação pelo valor líquido dos tributos retidos.

---

[1] Art. 7º da IN RFB nº 1.234/2012, com alterações.

Suponha que a Cia. Redenção contrate os serviços de uma empresa de consultoria, tributada pelo lucro real, no valor de R$ 20.000 referente ao mês de SET/2021. A nota fiscal foi registrada no dia 27/SET/2021, com pagamento previsto para o dia 29/OUT do mesmo ano.

Os registros contábeis serão os seguintes nas duas empresas, admitindo que ambas sejam tributadas pelo lucro real:

CIA. REDENÇÃO

Dia 27/SET/2021 (segunda-feira)

Débito: Despesas administrativas	R$ 20.000
Crédito: PIS a recolher	R$ 130
Crédito: COFINS a recolher	R$ 600
Crédito: CSLL a recolher	R$ 200
Crédito: IRRF a recolher	R$ 300
Crédito: Contas a pagar	R$ 18.770

Dia 20/OUT/2021 (quarta-feira), art. 70, inciso I, *d*, da Lei nº 11.196/2005)

Débito: IRRF a recolher	
Crédito: Caixa	R$ 300

Dia 25/OUT/2021 (segunda-feira)

Débito: Contas a pagar	
Crédito: Caixa	R$ 18.770

Dia 19/NOV/2021 (sexta-feira), art. 35 da Lei nº 10.833/2003)

Débito: COFINS a recolher	R$ 600
Débito: CSLL a recolher	R$ 200
Débito: PIS a recolher	R$ 130
Crédito: Caixa	R$ 930

EMPRESA DE CONSULTORIA[2]

Dia 27/SET/2021 (segunda-feira)

Débito: Contas a receber	R$ 18.770
Débito: IRRF a compensar	R$ 300
Débito: PIS a compensar	R$ 130
Débito: COFINS a compensar	R$ 600
Débito: CSLL a compensar	R$ 200
Crédito: Receita bruta	R$ 20.000

Dia 30/SET/2021 (quinta-feira)

Débito: Despesa de PIS	
Crédito: PIS a pagar	R$ 330
Débito: Despesa de COFINS	
Crédito: COFINS a pagar	R$ 1.520

Dia 25/OUT/2021 (segunda-feira)

Débito: PIS a pagar	R$ 330
Débito: COFINS a pagar	R$ 1.520
Crédito: Caixa	R$ 1.120
Crédito: PIS a compensar	R$ 130
Crédito: COFINS a compensar	R$ 600

Dia 29/OUT/2021 (sexta-feira)

Débito: Caixa	
Crédito: Contas a receber	R$ 18.770

Entendo que a empresa de consultoria, no caso, tem o crédito no momento do reconhecimento da receita e não por ocasião do recebimento, quando o imposto lhe foi subtraído.

A retenção das contribuições da Cia. Redenção deveria ser feita apenas por ocasião do pagamento. Entretanto, como no dia do registro contábil a empresa já sabia que o pagamento seria realizado por um valor menor, este valor deveria ser reduzido em R$ 930, que corresponde à alíquota de 4,65% (sendo 0,65% de PIS, 1% de CSLL e 3% de COFINS).

Este registro do valor a recolher pela Cia. Redenção e das contribuições a compensar pela empresa de consultoria contábil encontra amparo nos princípios da oportunidade e da prudência e nas definições de ativo e passivo previstas no pronunciamento zero do CPC, pois no dia 27/SET/2021 já havia direcionamento para o pagamento por um valor menor em R$ 930 (PIS, COFINS e CSLL), que seria retido apenas no momento do pagamento da nota e não no seu reconhecimento contábil.

Outra coisa: a receita da empresa de consultoria será registrada em SET/2021, com PIS e COFINS sendo devidos em OUT/2021. E a retenção na fonte só ocorrerá na 2ª quinzena de OUT/2021, por ocasião do pagamento, que ocorrerá após o vencimento das contribuições, que acontece dia 25. O desembolso da parcela retida por parte da Cia. Redenção acontece em 19/NOV/2021. A lógica seria a empresa de consultoria compensar as contribuições de PIS e COFINS no mês de SET/2021,

[2] Para fins didáticos, não serão efetuados os pagamentos de IR e CSLL, apenas as contribuições para PIS e COFINS.

descontando do pagamento a fazer em OUT/2021. Caso isso não seja feito, teríamos uma estranha situação na prestadora de serviços:

- Pagaria PIS e COFINS no dia 25/OUT sobre sua receita registrada em setembro no valor total de R$ 1.850 (9,25%).
- Receberia os R$ 20.000 com desconto de PIS e COFINS de R$ 730 (3,65%) no dia 29/OUT, registrando este valor no ativo em PIS e COFINS a recuperar/compensar.

Seria um contrassenso, pois, se a empresa não tivesse qualquer outra operação, ficaria com esse valor de R$ 730 sem possibilidade de monetização.

Importante lembrar também que os percentuais de 0,65%, 1% e 3% serão utilizados para todos os serviços prestados obrigados à retenção, mesmo que a empresa esteja obrigada ao cálculo da COFINS e do PIS pelo método não cumulativo.

22.8 Regras específicas na retenção de contribuições

O recolhimento das contribuições para PIS/PASEP, COFINS e CSLL deve ser único, realizado por meio do código de arrecadação 5952. Contudo, caso a pessoa jurídica esteja amparada por processo judicial para não pagar determinado tributo, a retenção deve se limitar aos demais tributos, com as alíquotas próprias de cada um (0,65%, 1% ou 3%) e códigos individuais específicos.

Suponha que a **Cia. Rosa** seja uma empresa que contrate duas firmas de serviços profissionais de consultoria contábil e tributária no valor de R$ 10.000, cada: a primeira é a **Cia. Cinza**, que apresenta medida judicial para não pagar COFINS. No pagamento, a **Cia. Rosa** deverá efetuar a retenção de CSLL no valor de R$ 100 (código 5987) e de PIS no valor de R$ 65 (código 5979), não precisando reter o valor referente a COFINS; já a **Cia. Marrom** não tem processo tributário na justiça, com a **Cia. Rosa** devendo recolher R$ 465 de PIS, COFINS e CSLL, com o código 5952. A justificativa é a simplificação de procedimentos, pois, com o código 5952, o direcionamento é automático, na proporção das alíquotas das três contribuições.

A Lei nº 10.925/2004 dispensou a retenção para pagamentos de valor igual ou inferior a R$ 5.000 definindo que, no caso de mais de um pagamento no mesmo mês à mesma pessoa jurídica, deverá ser efetuada a soma de todos os valores pagos no mês para efeito de cálculo do limite de retenção de R$ 5.000 permitindo a compensação do valor retido anteriormente. A Lei nº 13.137/2015 revogou essa dispensa, exigindo retenção para todos os valores acima de R$ 10.

Os tributos retidos devem ser recolhidos até o último dia útil do segundo decêndio do mês subsequente àquele mês em que tiver ocorrido o pagamento à pessoa jurídica fornecedora dos bens ou prestadora do serviço (art. 35 da Lei nº 10.833/2003, alterado pelo art. 24 da Lei nº 13.137/2015).

22.9 Retenção de IR sobre multas

A multa ou qualquer outra vantagem paga ou creditada por pessoa jurídica, ainda que a título de indenização, para beneficiária pessoa física ou jurídica, inclusive isenta, em virtude de rescisão de contrato, sofrerá retenção do imposto de renda na fonte à alíquota de 15% (art. 70 da Lei nº 9.430/96).

A responsabilidade por retenção e recolhimento do imposto de renda é da pessoa jurídica que efetuar o pagamento ou crédito da multa ou vantagem.

O imposto deverá ser retido na data do pagamento ou crédito da multa ou vantagem e recolhido até o terceiro dia útil subsequente ao decêndio de ocorrência dos fatos geradores.

O valor da multa ou vantagem tem tratamento diferenciado em cada caso, devendo ser:

- computado na apuração da base de cálculo do imposto devido na declaração de ajuste anual da pessoa física;
- computado como receita, na determinação do lucro real; ou
- acrescido ao lucro presumido ou arbitrado, para determinação da base de cálculo do imposto devido pela pessoa jurídica.

Nos casos listados, o imposto retido na fonte será considerado antecipação do devido em cada período de apuração. Já no caso de pessoa jurídica isenta, o imposto de renda devido será considerado definitivo.

A lei diz que essa retenção não se aplica às indenizações pagas ou creditadas em conformidade com a legislação trabalhista e àquelas destinadas a reparar danos patrimoniais.

22.10 Retenção na Fonte de IR sobre serviços profissionais

O pagamento feito por pessoas jurídicas a outras pessoas jurídicas de serviços de natureza profissional deve sofrer retenção de imposto de renda na fonte, com alíquota de 1,5%. O RIR/2018 cita os serviços alcançados pela retenção (art. 714, § 1º). Os 40 tipos de serviços com obrigatoriedade de retenção são reproduzidos a seguir, retratando a lista definida no regulamento.

1. administração de bens ou negócios em geral (exceto consórcios ou fundos mútuos para aquisição de bens); 2. advocacia; 3. análise clínica laboratorial; 4. análises técnicas; 5. arquitetura; 6. assessoria e consultoria técnica (exceto o serviço de assistência técnica prestado a terceiros e concernente a ramo de indústria ou comércio explorado pelo prestador do serviço); 7. assistência social; 8. auditoria; 9. avaliação e perícia; 10. biologia e biomedicina; 11. cálculo em geral; 12. consultoria; 13. contabilidade; 14. desenho técnico; 15. economia; 16. elaboração de projetos; 17. engenharia (exceto construção de estradas, pontes, prédios e obras assemelhadas); 18. ensino e treinamento; 19. estatística; 20. fisioterapia; 21. fonoaudiologia; 22. geologia; 23. leilão; 24. medicina (exceto a prestada por ambulatório, banco de sangue, casa de saúde, casa de recuperação ou repouso sob orientação médica, hospital e pronto-socorro); 25. nutricionismo e dietética; 26. odontologia; 27. organização de feiras de amostras, congressos, seminários, simpósios e congêneres; 28. pesquisa em geral; 29. planejamento; 30. programação; 31. prótese; 32. psicologia e psicanálise; 33. química; 34. radiologia e radioterapia; 35. relações públicas; 36. serviço de despachante; 37. terapêutica ocupacional; 38. tradução ou interpretação comercial; 39. urbanismo; e 40. veterinária.

Existe ainda a retenção de imposto de renda com alíquota de 1% para os seguintes serviços prestados por pessoas jurídicas (art. 716 do RIR/2018):

a) limpeza;
b) conservação;
c) segurança;
d) vigilância; e
e) locação de mão de obra.

A partir de FEV/2004, a Lei nº 10.833/2003 exigiu também a retenção de 1,5% de IR por ocasião do crédito ou pagamento dos seguintes serviços:

a) administração de contas a pagar e a receber; e
b) serviços de assessoria creditícia, mercadológica, gestão de crédito, seleção e riscos.

O fato gerador da retenção no caso do IR é o crédito ou o pagamento, o que ocorrer primeiro. O crédito será considerado como a data em que o registro contábil for efetuado.

22.11 Prazo de recolhimento

O imposto retido deverá ser recolhido até o último dia útil do segundo decêndio do mês seguinte ao mês de ocorrência dos fatos geradores (Lei nº 11.196, art. 70, inc. I, *d*, com alterações da Lei nº 11.933/2009). A Lei Complementar nº 150/2015 antecipou o vencimento para o dia 7 do mês subsequente ao mês de ocorrência dos fatos geradores, no caso de pagamento de rendimentos provenientes do trabalho assalariado a empregado doméstico. Nos demais casos, o imposto deve ser recolhido até o dia 20 do mês seguinte.

22.12 Tratamento contábil: exemplo apenas com retenção de IR

A empresa que utilizar qualquer serviço incluído no art. 714 do RIR/2018 deverá registrar a despesa pelo valor total, com o registro da obrigação pelo valor líquido de IR.

Suponha que a Cia. Nilópolis contrate os serviços de uma empresa de consultoria contábil, para revisão das bases tributárias, no valor de R$ 20.000. A nota fiscal foi registrada no dia 24 de setembro de 2021, com pagamento programado para o dia 25 de outubro do mesmo ano.

Os registros contábeis serão os seguintes nas duas empresas, admitindo que ambas sejam tributadas pelo lucro real (para fins didáticos, desconsideramos retenção de PIS, COFINS e CSLL):

CIA. NILÓPOLIS	
No dia 24 de setembro de 2021 (sexta-feira)	
Débito: Despesas administrativas	R$ 20.000
Crédito: Contas a pagar	R$ 19.700
Crédito: IRRF a recolher	R$ 300
No dia 20 de outubro de 2021 (quarta-feira)	
Débito: IRRF a recolher	
Crédito: Caixa	R$ 300
No dia 25 de outubro de 2021 (segunda-feira)	
Débito: Contas a pagar	
Crédito: Caixa	R$ 19.700

EMPRESA DE CONSULTORIA CONTÁBIL	
No dia 24 de setembro de 2021 (sexta-feira)	
Débito: Contas a receber	R$ 19.700
Débito: IRRF a compensar	R$ 300
Crédito: Receita bruta	R$ 20.000
No dia 25 de outubro de 2021 (segunda-feira)	
Débito: Caixa	
Crédito: Contas a receber	R$ 19.700

Interessante observar que a empresa de consultoria contábil tem o crédito no momento do reconhecimento da receita e não por ocasião do recebimento, quando o imposto lhe foi subtraído.

O imposto retido na fonte poderá ser compensado a partir do mês em que a receita correspondente integre o resultado base para calcular o imposto.

22.13 IR sobre aplicações financeiras

A Lei nº 11.033/2004 diz que os rendimentos auferidos em qualquer aplicação ou operação financeira de renda fixa ou de renda variável sujeitam-se à incidência do imposto de renda na fonte, mesmo no caso das operações de cobertura (*hedge*), realizadas por meio de operações de *swap* e outras, nos mercados de derivativos. As alíquotas vigentes são as seguintes:

- 22,5% em aplicações com prazo de até 180 dias;
- 20% em aplicações com prazo de 181 dias até 360 dias;
- 17,5% em aplicações com prazo de 361 dias até 720 dias; ou
- 15% em aplicações com prazo acima de 720 dias.

Os rendimentos de fundos de investimentos, exceto fundo de ações, serão tributados semestralmente, nos meses de maio e novembro, à alíquota de 15%. Por ocasião do resgate das quotas, será aplicada alíquota complementar, conforme o prazo da aplicação. Na hipótese de fundos de investimentos com prazo de carência de até 90 dias para resgate de quotas com rendimento, a incidência do IR na fonte de 15% ocorrerá na data em que se completar cada período de carência para resgate de quotas com rendimento, com o complemento no resgate final, conforme os prazos definidos em lei e aqui apresentados.

Por exemplo, uma empresa que aplique R$ 20.000 em JAN/2021, com rendimento bruto de 10% de janeiro a maio, terá uma retenção na fonte de R$ 300 neste mês, correspondendo a 15% sobre o rendimento de R$ 2.000.

Admita que a empresa faça o resgate integral do fundo em NOV/2021, sendo o rendimento de junho a novembro também de 10%. O valor bruto resgatado seria R$ 24.200, sendo R$ 4.200 de juros. Este valor seria tributado em 20% (entre 180 e 360 dias), representando um IR retido na fonte de R$ 840. Como a empresa já reteve R$ 300, caberia a retenção de R$ 540 no mês de novembro, com a empresa recebendo apenas R$ 23.360.

A IN RFB nº 1.585/2015 (com alterações) regulamentou o assunto e outros aspectos relevantes sobre retenção na fonte.

22.14 Mudanças propostas no PL nº 2.337/2021

O Projeto de Lei nº 2.337/2021 foi aprovado na Câmara dos Deputados unificando a retenção de IR na fonte em 15% para as aplicações financeiras de renda fixa e variável. O PL não foi aprovado pelo senado em 2021, mas espero que o tema volte a ser debatido em 2022, pois representava boa simplificação na tributação de aplicações financeiras.

22.15 Absorção da leitura: dez questões de múltipla escolha

Recomenda-se fazer as questões pelo menos um dia depois da leitura do capítulo.

Q1

A Cia. Gama fez aplicação em FEV/2019, com resgate previsto para FEV/2020 (um ano de contrato). O IRRF foi cobrado com alíquota de:

(A) 15%.

(B) 17,5%.

(C) 20%.

(D) 22,5%.

(E) 25%.

Q2

A Cia. Panda prestou serviços de consultoria para a Cia. Paris no mês de setembro de 2021, como mostrado a seguir:

Dia 10 – R$ 2.500

Dia 20 – R$ 2.000

Dia 30 – R$ 1.500

Considerando a alíquota de 4,65% de PIS, COFINS e CSLL, o valor líquido pago no dia 30 de setembro pela Cia. Paris para a Cia. Panda montou:

(A) R$ 1.221

(B) R$ 1.430,25.

(C) R$ 1.453,50.

(D) R$ 1.500.

(E) R$ 4.721.

Q3

A Cia. Rosa Choque é uma empresa privada e tem seu resultado tributado pelo lucro real. No mês de DEZ/2021, a empresa contratou três serviços, a saber:

- Serviço de segurança, para a Cia. Segura Tudo, tributada pelo lucro real, por R$ 1.000.
- Serviço de ensino e treinamento, para a Cia. Ensina Tudo, tributada pelo lucro presumido, por R$ 1.200.
- Serviço de assessoria creditícia, para a Cia. Credita Tudo, tributada pelo SIMPLES NACIONAL, por R$ 800.

Com base na legislação vigente sobre retenção na fonte, o IRRF total pela Cia. Rosa Choque em DEZ/2021 montou, em reais:

(A) 22.

(B) 28.

(C) 30.

(D) 36.

(E) 40.

Q4

O imposto de renda retido na fonte no pagamento de serviços em geral por empresas privadas deverá ser recolhido até o:

(A) Terceiro dia útil da semana seguinte à semana de ocorrência dos fatos geradores.

(B) Último dia útil da semana seguinte à semana de ocorrência dos fatos geradores.

(C) Último dia útil do segundo decêndio do mês seguinte ao mês de ocorrência dos fatos geradores.

(D) Último dia útil da quinzena seguinte à quinzena de ocorrência dos fatos geradores.

(E) Último dia útil do mês seguinte ao mês de ocorrência dos fatos geradores.

Q5

A Cia. Betoneira é uma empresa atacadista, tributada pelo lucro real e efetua venda de diversos produtos de copa e cozinha para a Caixa Econômica Federal, pelo valor total de R$ 4.000, emitindo a nota fiscal no dia 29 de outubro de 2021 (sexta-feira) e recebendo apenas uma semana depois, no dia 5 de novembro. Considerando as regras de retenção na fonte, o líquido recebido pela Cia. Betoneira, no dia 5/NOV/2021, será, em reais:

(A) 3.662.

(B) 3.754.

(C) 3.766.

(D) 3.940.

(E) 3.960.

Q6

Uma empresa que optou pelo lucro real anual apresentou em JAN/2020 uma receita oriunda de aplicação financeira no valor de R$ 4.000, com retenção de imposto de renda de R$ 800. Considerando que a empresa apresentou prejuízo fiscal durante todo o ano, esse imposto retido na fonte será considerado:

(A) Recolhimento antecipado durante o ano de 2020, transformando-se em crédito fiscal a partir de JAN/2021.

(B) Recolhimento antecipado durante o primeiro trimestre de 2020, transformando-se em crédito fiscal a partir de ABR/2021.

(C) Recolhimento antecipado referente ao mês de JAN/2020, transformando-se em crédito fiscal a partir de FEV/2020.

(D) Tributação definitiva.

(E) Antecipação, e somente poderá ser considerado como crédito fiscal quando for compensado com eventuais lucros obtidos.

Q7

A Cia. Guarani prestou serviços de consultoria tributária durante o mês de NOV/2021 para a Cia. Ponte Preta. O serviço teve um preço total de R$ 6.000 e gerou a emissão de três notas fiscais de R$ 2.000, a serem pagas nos dias 10, 20 e 30. Sabemos que as alíquotas vigentes para retenção na fonte são: IR (1,5%), PIS (0,65%), COFINS (3%) e CSLL (1%), com regras específicas em relação a cada um dos tributos. Informe os valores líquidos pagos, respectivamente, nos dias 10, 20 e 30.

(A) R$ 1.877, R$ 1.877 e R$ 1.877.

(B) R$ 1.970, R$ 1.970 e R$ 1.691

(C) R$ 1.970, R$ 1.970 e R$ 1.721.

(D) R$ 2.000, R$ 2.000 e R$ 1.631.

(E) R$ 2.000, R$ 2.000 e R$ 1.721.

(F) R$ 2.000, R$ 2.000 e R$ 2.000.

Q8

Uma empresa pública, do setor de distribuição de energia elétrica, quando contratar um serviço de consultoria contábil no valor de R$ 3.000, será obrigada a efetuar retenção na fonte de:

(A) apenas 1,5% de IR.

(B) apenas 4,8% de IR.

(C) apenas 4,65% de PIS, COFINS e CSLL.

(D) 1,5% de IR, mais 4,65% de PIS, COFINS e CSLL.

(E) 4,8% de IR, mais 4,65% de PIS, COFINS e CSLL.

Q9

A prestação de serviços profissionais é objeto de retenção na fonte por parte das empresas públicas e privadas tomadoras. Uma empresa pública, ao contratar um serviço de treinamento de uma pessoa jurídica tributada pelo lucro real, deverá efetuar retenção de imposto de renda pela alíquota de:

(A) 1%.

(B) 1,2%.

(C) 1,5%.

(D) 4,8%.

(E) 8%.

Q10 – PETROBRAS, 2011

A Agreste, uma fundação federal, efetuou os seguintes pagamentos no mês de AGO/2010, referentes ao próprio mês de agosto:

EMPRESA	HISTÓRICO	VALOR (em reais)
Kofi Alimentos Ltda.	Fornecimento de alimentação	70.000,00
Avoada Ltda.	Fornecimento de passagens aéreas	15.000,00
Limpar S/A Serviços e Limpeza	Limpeza das instalações	25.000,00

Dado: nenhuma das empresas relacionadas é tributada pelo SIMPLES.

Considerando-se as informações recebidas e as determinações fiscais referentes à retenção de tributos e contribuições por órgãos públicos federais, o valor total de imposto de renda retido pela Agreste, nos pagamentos realizados em AGO/2010, em reais, é de:

(A) 1.320,00.

(B) 2.400,00.

(C) 2.640,00.

(D) 3.600,00.

(E) 5.280,00.

O Gabarito das questões está disponível no final do livro, após o Anexo.

23

TRIBUTOS DIFERIDOS SOBRE LUCRO

OBJETIVO DO CAPÍTULO

Trazer as explicações detalhadas sobre o controle de ativos e passivos fiscais diferidos, que representam valores significativos nas grandes empresas do país. Ao final do capítulo, será possível:

- Compreender a necessidade do reconhecimento de ativos e passivos fiscais diferidos sobre adições e exclusões temporárias.
- Registrar de forma adequada os ativos e passivos fiscais diferidos, inclusive provenientes de prejuízo fiscal.
- Preparar e interpretar os dados contidos nas notas explicativas de reconciliação entre o IR + CSLL informados na DRE e as alíquotas vigentes.
- Analisar os efeitos em caso de redução de alíquotas de IR e CSLL, aproveitando-se de experiências utilizadas no passado.

23.1 Contabilidade e Fisco integrados no regime de competência

Conforme já conversamos aqui no livro, no Capítulo 4, o regime de competência representa a base do aprendizado da ciência contábil e a razão de ser que torna a contabilidade a principal ferramenta de informação qualitativa de qualquer atividade empresarial. O regime de competência pode ser mais bem explicado por dois subprincípios:

- o Princípio da REALIZAÇÃO DA RECEITA, que significa reconhecer a receita na contabilidade da empresa quando riscos e benefícios de um produto ou serviço são transferidos a terceiros ou, por exemplo, quando há uso mediante remuneração de determinados ativos da empresa; e
- o Princípio da CONFRONTAÇÃO DA RECEITA COM A DESPESA, que representa que esta deve ser reconhecida quando estiver vinculada, integrada, amarrada, ligada, presa, associada com uma receita, de forma direta ou indireta.

A parte estrutural foi debatida com profundidade no Capítulo 4 e depois na parte contábil dentro dos Capítulos 10 e 12, onde foi possível verificar que os impostos e contribuições devem ser reconhecidos conforme o registro das receitas. Assim, basta aplicar as alíquotas vigentes sobre a receita reconhecida para encontrar as despesas com ICMS, ISS, PIS/PASEP e COFINS, cobrados por dentro. O IPI, cobrado por fora e acrescido ao preço, não se inclui na receita e tampouco é registrado em despesa, por não ser encargo da empresa industrial vendedora.

A definição conceitual de receita é ampla, assim como a definição de despesa. Para fins de simplificação, e da busca do entendimento para o conceito de lucro apurado numa entidade empresarial, veja uma definição resumida:

RECEITA = TODO VALOR GANHO

DESPESA = CONSUMO OU GASTO ATRELADO AO GANHO

CONFRONTO ENTRE RECEITA × DESPESA

Uma empresa apresenta lucro quando possui mais receitas que despesas. Entre as despesas atreladas às receitas, encontram-se as despesas com os tributos sobre o lucro.

23.2 Tributação sobre o lucro

Os tributos incidentes sobre o lucro poderiam ser calculados, conforme sua origem, sobre o resultado positivo obtido pelas empresas. Ocorre que a tributação não é feita exatamente sobre o resultado contábil adequadamente apurado, ou seja, receitas menos despesas seguindo o princípio da competência. A legislação fiscal tem sua forma específica para exigir os tributos sobre o lucro, pois há forma diferente de interpretação sobre algumas receitas e despesas na sua natureza e em relação ao período em que algumas delas serão reconhecidas.

Para transformar o resultado apurado na contabilidade em resultado fiscal são necessários ajustes, referentes a itens que a legislação do imposto de renda entende que podem ou não podem (receitas) e devem ou não devem (despesas) ser considerados na sua base de cálculo.

O lucro fiscal será determinado apenas pelas receitas tributadas menos aquelas despesas aceitas pelo Fisco, não considerando receitas e despesas registradas pela contabilidade, sendo o resultado de partida aquele registrado na escrituração contábil. Veja o boxe a seguir e a Figura 23.1.

RESULTADO ANTES DE IR + CSLL

(+) ADIÇÕES

- Despesas contabilizadas no resultado e que não são aceitas pelo FISCO
- Receitas exigidas pelo FISCO e não contabilizadas em receita

(–) EXCLUSÕES

- Receitas contabilizadas no resultado e que não são exigidas pelo FISCO
- Despesas aceitas pelo FISCO e não contabilizadas em despesa

RESULTADO LÍQUIDO AJUSTADO

(–) COMPENSAÇÃO DE PREJUÍZOS FISCAIS

RESULTADO TRIBUTÁVEL

Portanto, o resultado tributável, quando positivo (denominado pela legislação tributária como lucro real para fins de IR e resultado ajustado para fins de CSLL),

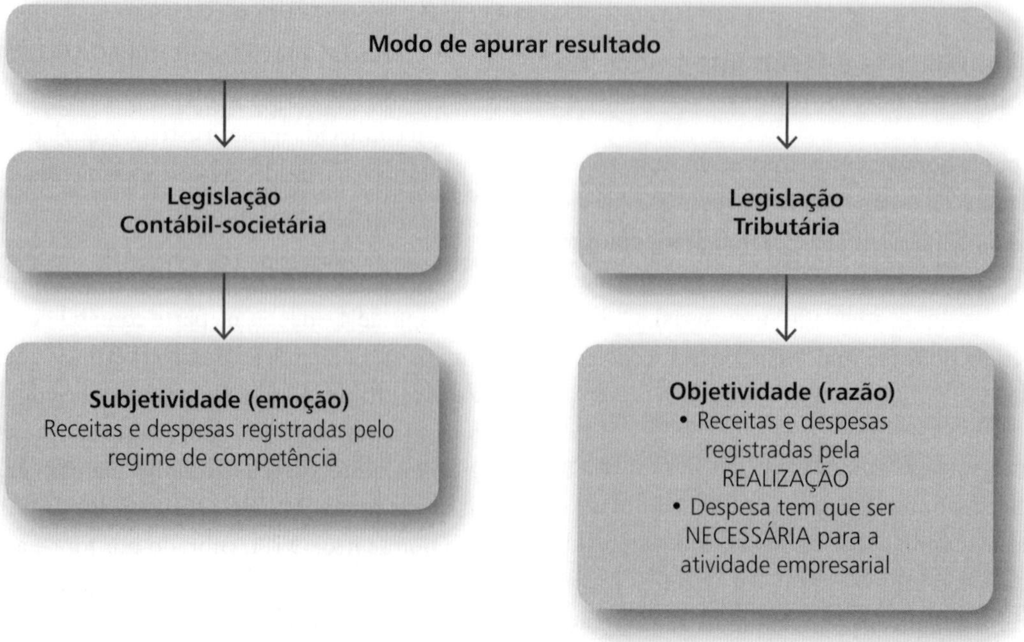

FIGURA 23.1

é o lucro líquido ajustado pelas adições e exclusões, que podem ser classificadas como permanentes ou temporárias. Isso será explicado na sequência.

23.3 Adições e exclusões: temporárias e definitivas

As adições e exclusões podem ser temporárias ou permanentes/definitivas. Essa análise é fundamental para o registro correto de IR/CSLL diferido. É importante compreender a lógica de análise das despesas, que tem maior grau de complexidade. Observe o Quadro 23.1.

Aqui, é importante entender bem como devem ser tratadas as receitas e as despesas na apuração de IR e CSLL. Pela relevância e quantidade, pense nas despesas de uma empresa. Estas podem ser enquadradas em três tipos:

1. DEDUTÍVEL, quando o gasto for necessário para a manutenção da atividade da empresa, devendo ser normal e usual ou relacionado com a atividade desenvolvida. Precisará, ainda, ter critérios objetivos de apuração e pertencer ao mesmo período do registro contábil.
2. NÃO DEDUTÍVEL (TEMPORARIAMENTE), quando o gasto for necessário e, portanto, dedutível, mas não atender aos critérios objetivos de apuração ou pertencer, economicamente, ao período de desembolso.
3. NÃO DEDUTÍVEL (DE FORMA PERMANENTE), quando o gasto for considerado pelo Fisco como não necessário para o funcionamento normal da entidade empresarial.

Como exemplo de despesas necessárias para a empresa e, portanto, dedutíveis (item 1), é possível citar muitos gastos, como o custo da mercadoria adquirida para venda, os impostos cobrados por dentro e incluídos na receita, as despesas comerciais, administrativas, financeiras, de pessoal e operacionais em geral. Em tese, são todas dedutíveis.

Já os gastos oriundos de perdas em processos cíveis, fiscais e trabalhistas, garantia executada por clientes e manutenção de máquinas e equipamentos industriais, por exemplo, entram no rol das despesas dedutíveis. Porém, tal dedutibilidade está associada a materialização e objetividade do gasto, não sendo consideradas nas bases do IR e da CSLL as provisões feitas na contabilidade da empresa, por conta da subjetividade do valor registrado. Assim, as despesas com as perdas estimadas (provisões) serão indedutíveis, caracterizando-se como adição temporária. O passivo criado poderá trilhar dois caminhos possíveis no futuro:

- confirmação do gasto, quando então referidas despesas passarão a ser caracterizadas como dedutíveis; ou
- não confirmação do gasto, gerando reversão do passivo criado, em contrapartida com receita de reversão de provisão.

Assim, nos dois casos, iremos fazer a exclusão nas bases de IR e CSLL, seja pelo pagamento de despesa registrada em período anterior e apenas desembolsada depois (1ª situação) ou pelo registro de receita não tributável, que é a receita de reversão de provisão.

Portanto, uma despesa que não é aceita agora, nem será num período futuro, é considerada uma ADIÇÃO PERMANENTE/DEFINITIVA. Por exemplo, não são permitidas as deduções de despesas com qualquer tipo de brinde, pois o Fisco entende não ser um gasto necessário para a empresa. Em resumo, a discussão entre Fisco e Contabilidade é sobre o MÉRITO da receita ou da despesa.

Já uma despesa não dedutível pelo Fisco num período, por não preencher determinado requisito, que será preenchido em períodos seguintes, será considerada ADIÇÃO TEMPORÁRIA. Esta despesa, na verdade, será dedutível nos próximos períodos, não o sendo agora por determinação legal. Por exemplo, uma provisão para perdas em um processo trabalhista movido por empregado contra a empresa é despesa não aceita pelo Fisco

QUADRO 23.1

<table>
<tr><td rowspan="3">DESPESA É NECESSÁRIA/ FUNDAMEN TAL PARA A EMPRESA?</td><td colspan="2" rowspan="2">SIM. A DESPESA É DEDUTÍVEL, MAS...</td><td rowspan="2">DESPESA SEGUIU CRITÉRIOS OBJETIVOS DE APURAÇÃO?</td><td>SIM</td><td>DEDUTIBILIDADE IMEDIATA</td></tr>
<tr><td>AINDA NÃO</td><td>(ADIÇÃO TEMPORÁRIA) será dedutível quando atender critérios objetivos</td></tr>
<tr><td>NÃO</td><td colspan="4">DESPESA INDEDUTÍVEL (adição permanente/definitiva)</td></tr>
</table>

por conta da subjetividade do registro. Porém, quando o processo for encerrado, com qualquer resultado, a despesa passará a ser dedutível, portanto, aceita nas bases de IR e CSLL.

Então, as DIFERENÇAS PERMANENTES (DEFINITIVAS) representam divergência técnica, ideológica, difícil, talvez impossível de conciliar. Elas podem acontecer em quatro situações, resumidas e exemplificadas a seguir:

1. Empresa registra uma RECEITA, não reconhecida (tributada) pelo Fisco. Exemplos: resultado positivo de controladas avaliadas pelo método de equivalência patrimonial; subvenções (bens ou direitos) governamentais recebidas.
2. Empresa não reconhece (registra no resultado) uma DESPESA, mas o Fisco permite sua dedução nas bases de IR + CSLL. Exemplo: pagamento/crédito de juros sobre capital próprio.[1]
3. Empresa registra uma DESPESA que não será aceita (dedutível) pelo Fisco. Exemplos: multas de trânsito; doações em geral; brindes.
4. Empresa não reconhece (registra no resultado) uma RECEITA, porém o Fisco entende que tal valor deve ser integrado ao seu lucro tributável. Exemplo: juros sobre capital próprio recebido de empresas controladas avaliadas pelo método de equivalência patrimonial.

Os dois primeiros ajustes (1 e 2) REDUZEM a base de cálculo, a alíquota e, naturalmente, a despesa e o IR + CSLL a pagar da empresa/grupo, enquanto os itens finais (3 e 4) AUMENTAM a base, alíquota, despesa e o valor de IR + CSLL a pagar pela empresa/grupo. O detalhe relevante é que tal redução ou aumento é definitivo, pois sinaliza diferença no modo de PENSAR o resultado, influenciando assim tanto pagamento/recebimento como a despesa de IR + CSLL.

Já as DIFERENÇAS TEMPORÁRIAS tratam de itens em que há concordância entre CONTABILIDADE e FISCO em relação ao registro em receita ou despesa, com a única diferença de tempos e movimentos. Em alguns momentos, a contabilidade reconhece primeiro o resultado, em outros é o Fisco. De forma bem simples, RECEITAS ou DESPESAS terão o mesmo valor ao final, mas podem ser registradas em tempos e contas contábeis diferentes em relação à visão fiscal. Há quatro situações possíveis, com exemplos para ilustrar:

1. DESPESA registrada primeiro pela CONTABILIDADE (de forma subjetiva), com o Fisco aceitando e reconhecendo-a somente depois (de forma objetiva). Exemplo: perdas estimadas de crédito e com processos cíveis, fiscais, trabalhistas e administrativos.
2. PREJUÍZO FISCAL gerado, representando, na essência, "obrigação" do Fisco de devolver à empresa o montante das alíquotas vigentes de IR + CSLL sobre esse prejuízo quando, no futuro, a empresa apresentar LUCRO TRIBUTÁVEL. Esta "obrigação" do Fisco representa um "direito" de a empresa reconhecer na sua CONTABILIDADE uma redução do PREJUÍZO apurado, registrando, no caso, IR + CSLL positivo (diferido) no ativo. No futuro, quando a empresa apresentar um LUCRO TRIBUTÁVEL, registrará a despesa de IR + CSLL pela aplicação das alíquotas vigentes, mas descontará o ativo registrado, oriundo do "direito" reconhecido", desembolsando apenas a diferença, se houver.
3. RECEITA reconhecida primeiro pela empresa em sua CONTABILIDADE, sendo tributada posteriormente pelo Fisco. Exemplo: lucro na venda (a prazo) de bens do ativo imobilizado.[2] A empresa registra a receita e suas despesas atreladas quando realiza a venda do bem (com lucro), enquanto o Fisco exige a tributação deste lucro pelo regime de caixa, por ocasião do recebimento.
4. DESPESA permitida antecipadamente pelo Fisco, com registro no ativo na CONTABILIDADE da empresa e a despesa reconhecida apenas no futuro, quando não será dedutível. Exemplo: depreciação acelerada de bens do imobilizado, em que o Fisco aceita a dedução integral em período menor que o de efetivo uso pela empresa.

Perceba que os quatro itens listados produzem AUMENTO ou REDUÇÃO na base de cálculo, mas não alteram a despesa de IR + CSLL, sendo tais divergências meramente temporárias, ou seja, ao final do processo

[1] Como o JCP tem lógica de distribuição de lucro, similar aos dividendos, o valor deve ser reduzido do PL da empresa.

[2] Importante esclarecer que as vendas a prazo são tributadas normalmente. O dispositivo de exclusão se aplica apenas aos bens do ativo não circulante, fora da atividade principal, com a tributação no momento do recebimento.

não restarão diferenças entre o RESULTADO apresentado pela empresa e aquele exigido/permitido pelo Fisco. Assim, surgem ATIVOS e PASSIVOS que representarão valores a RECEBER/PAGAR e que serão baixados (no futuro) pelo mesmo valor reconhecido no balanço patrimonial, sem qualquer atualização.

Contudo, caso ocorra aumento/redução nas alíquotas de IR + CSLL, esses ativos/passivos deverão ser ajustados em contrapartida com a despesa de IR + CSLL diferida. O tema é árido, mas os exemplos numéricos que serão apresentados daqui a pouco ajudarão a entender o processo de forma suave. Alegria!

23.4 Alíquota nominal, alíquota efetiva e suas variações

A partir do entendimento da diferença entre os ajustes permanentes e os temporários, torna-se possível refletir o seguinte:

a) A despesa de IR + CSLL chamada CORRENTE mostra o IR + CSLL a pagar, refletindo a aplicação das alíquotas vigentes sobre o LUCRO TRIBUTÁVEL, oriundo do resultado apurado na CONTABILIDADE da empresa ajustado pelas adições/exclusões, sejam elas permanentes ou temporárias.
b) A despesa/receita de IR + CSLL denominada DIFERIDO vai nos informar a aplicação das alíquotas vigentes sobre os AJUSTES TEMPORÁRIOS, com objetivo de ELIMINAR o efeito no resultado causado pelo reconhecimento da despesa de IR + CSLL corrente com tais ajustes. Na prática, o valor de IR + CSLL Diferido, positivo ou negativo, sintetiza que:
   - SE FOR POSITIVO, representa IR + CSLL que foi, na maioria das situações, pago antecipadamente ao FISCO, sendo na essência um ADIANTAMENTO de IR + CSLL, registrado no ATIVO em conta denominada crédito tributário diferido. Eventualmente, pode representar o pagamento de um valor postergado de períodos anteriores, sendo no caso registrada uma baixa em conta de PASSIVO.
   - QUANDO NEGATIVO, explica uma despesa de IR + CSLL que pertence economicamente ao período, mas a lei permitiu que fosse POSTERGADO e será pago ao FISCO apenas no futuro ou já exigiu seu desembolso antecipado. O valor deve ser registrado no PASSIVO da empresa, como débito tributário diferido ou provisão para IR + CSLL diferido, se postergado. Se o pagamento já aconteceu antes, a contrapartida da despesa será a baixa do ativo criado.

A ALÍQUOTA NOMINAL vigente no Brasil alcançava 34% nas empresas em geral, somando as alíquotas de IR (15% + 10% de adicional)[3] e CSLL (9%). Assim, se uma empresa apresentar um lucro de R$ 100, deverá informar, a princípio, despesa de IR + CSLL de R$ 34 com aplicação das alíquotas vigentes.

A ALÍQUOTA EFETIVA[4] pode ser desdobrada em duas partes, mas que devem ser muito bem explicadas para não gerar distorção na interpretação dos números que serão apresentados.

- ALÍQUOTA EFETIVA CORRENTE será obtida aplicando a despesa de IR + CSLL corrente sobre o resultado antes dos tributos sobre o lucro e sinalizará o percentual do lucro que foi desembolsado de IR e CSLL no período.
- ALÍQUOTA EFETIVA PLENA representa o encargo tributário a que foi submetida a instituição analisada. Será obtida pela aplicação da despesa de IR + CSLL considerando as parcelas corrente e diferida sobre o resultado antes dos tributos sobre o lucro. Esse percentual sinaliza qual a porcentagem que a empresa pagou, paga e pagará sobre o lucro antes de IR e CSLL apurado na DRE.

Para que seja possível consolidar a explicação, veja um exemplo numérico:

A Cia. Estrela tem lucro antes de IR + CSLL de R$ 500 milhões, com uma despesa e uma receita, incluídas

[3] Na verdade, o adicional só começa a ser cobrado quando o lucro tributável ultrapassa R$ 20 mil/mês, o que é um valor pequeno para empresas de grande porte, por isso o mercado trabalha com a alíquota cheia, integrando o % do adicional.

[4] *Effective tax rate* (ETR) seria o termo em inglês. Conforme nos mostram Guimarães, Macedo e Da Cruz (2015), a ETR vem sendo usada pela literatura como *proxy* para o medir o gerenciamento tributário. Ela é calculada pela divisão entre a despesa com os tributos sobre o lucro e o resultado antes dos tributos. No caso brasileiro, a despesa total com IR e CSLL dividida pelo resultado antes dos impostos, ou alíquota efetiva de tributos sobre o lucro total (ETRt). Há outra variável utilizada pelos autores brasileiros, o ETRc, que seria a alíquota efetiva considerando apenas IR + CSLL corrente e que será utilizada no capítulo.

neste resultado e que devem ser ajustadas nas bases dos tributos. São elas:

- dividendos de investimentos avaliados ao custo de R$ 50 milhões, que representa exclusão permanente ou definitiva, por já ter sido tributado na empresa investida; e
- despesa com perdas estimadas de crédito (provisão) de R$ 200 milhões, que representa adição temporária, já que a despesa será dedutível quando tornar-se objetiva (cumprindo o critério fiscal) ou revertida se a estimativa de gasto não se confirmar.

Assim, as Tabelas 23.1 e 23.2 nos mostram o cálculo de IR + CSLL (alíquota de 34%), com explicação e composição dos três tipos de alíquotas citadas.

TABELA 23.1

LALUR (PARTE A) – valores em R$ milhões		
LAIR	500	
Adição temporária	200	Perda de crédito – despesa, se confirmada, será dedutível no futuro.
Exclusão permanente	(50)	Receita de dividendos – não tributada, pois investida já paga tributos.
Lucro líquido	650	
IR + CSLL – 34%	221	

TABELA 23.2

DRE – valores em R$ milhões		
LAIR	500	
IR + CSLL corrente	(221)	Valor desembolsado, incluindo ajustes temporários e permanentes.
IR + CSLL diferido	68	Eliminação do efeito gerado pela adição temporária no valor corrente.
Lucro líquido	347	

Portanto, no caso da Cia. Estrela, temos:

- ALÍQUOTA NOMINAL ➔ 15% + 10% + 9% = 34%
- ALÍQUOTA EFETIVA CORRENTE ➔ 221 / 500 = 44,2%
- ALÍQUOTA EFETIVA PLENA ➔ (221 – 68) / 500 = 30,6%

Então, é possível afirmar que a Cia. Estrela desembolsou pouco mais de 44% do seu lucro (R$ 221), mas parte desse desembolso (R$ 68) representou mero adiantamento ao Fisco, sendo devolvido quando tal adição temporária for liquidada por meio da exclusão, que deve acontecer em período futuro. Portanto, a alíquota efetiva que realmente impactou o patrimônio líquido da Cia. Estrela foi 30,6% e não 44,2%, por isso o termo PLENA integrado à ALÍQUOTA EFETIVA.

ENTÃO, AS ADIÇÕES E EXCLUSÕES TEMPORÁRIAS SÃO CONSIDERADAS, NA PRÁTICA, DESPESAS DEDUTÍVEIS E RECEITAS TRIBUTÁVEIS, MAS EM PERÍODOS DIFERENTES DO REGISTRO CONTÁBIL. PORTANTO, NÃO DEVEM AFETAR O CÁLCULO DA DESPESA COM OS TRIBUTOS SOBRE O LUCRO CONTÁBIL NO PERÍODO EM QUE NASCEM OU QUE SE EXTINGUEM, COM SEUS EFEITOS ELIMINADOS PELA DESPESA COM IR + CSLL DIFERIDOS.

23.5 Exemplos numéricos para simplificar o tema

Suponha que a Cia. Delta seja uma empresa com resultado positivo em sua contabilidade de R$ 400, antes do cálculo do IR. Como não tinha ajuste fiscal a fazer, pagava R$ 136 de IR + CSLL (34%) até 2021, com a contrapartida registrada em despesa de IR + CSLL. O lucro líquido era de R$ 264 (400 - 136).

Contudo, suponha que no resultado de R$ 400 esteja incluída, por exemplo, uma despesa com brindes de R$ 50, o que levaria a base do IR + CSLL para R$ 450. Assim, o IR a pagar será R$ 153 (34% de 450), mesmo valor da despesa com o imposto de renda.

Por outro lado, se em vez de brindes, a empresa apresentar, incluída no seu resultado, uma despesa oriunda de provisão para garantia de produtos,[5] no valor de R$ 50, a base do IR + CSLL continuará sendo R$ 450, com IR + CSLL a pagar de R$ 153. A despesa de IR + CSLL, no entanto, não será R$ 153 e sim R$ 136, pois o valor de R$ 17 (34% de R$ 50) se refere à despesa de garantia provisionada (estimada), valor que será dedutível no futuro, com a adição sendo temporária, quer dizer, representará uma exclusão em algum período posterior. Veja as três demonstrações sintetizadas na Tabela 23.3.

Observe pontos importantes na tabela da DRE para reflexão:

- Adição definitiva (brindes) AUMENTA IR + CSLL a pagar e a despesa de IR + CSLL.

[5] A provisão para garantia de produtos deve ser constituída na venda de todos os produtos com garantia de, pelo menos um ano. Deve ter relação com a receita de venda registrada e não com o pagamento eventual do conserto objeto da garantia concedida. Este deve ser diminuído da conta de provisão registrada no passivo.

TABELA 23.3

DRE DA CIA. DELTA	SEM QUALQUER AJUSTE	COM BRINDES	COM GARANTIA PROVISIONADA
LAIR	400	400	400
(–) IR + CSLL corrente	(136)	(153)	(153)
(+) IR + CSLL diferido	–	–	17
LUCRO LÍQUIDO	264	247	264
ALÍQ. EFETIVA CORRENTE	34%	38,3%	38,3%
ALIQ. EFETIVA PLENA	34%	38,3%	34%

- Adição temporária (garantia) AUMENTA IR + CSLL a pagar, mas não altera a despesa com IR + CSLL.

O valor de R$ 17 será registrado no ativo da Cia. Delta, sinalizando, na prática, um adiantamento da empresa para o governo. O nome técnico da conta que registra esse adiantamento é CRÉDITO TRIBUTÁRIO DIFERIDO. **Crédito**, pois a empresa tem direito de se creditar do valor pago. **Tributário**, pois o crédito é oriundo de um tributo. E **diferido**, pelo fato de o ativo somente ser recebido (compensado com IR + CSLL sobre lucros) em períodos seguintes.

Para consolidar a questão, suponha que, no ano seguinte, a empresa gaste, com conserto dos produtos vendidos com garantia, o valor da provisão, ou seja, R$ 50. O pagamento diminui o caixa e, simultaneamente, a provisão no passivo, não transitando pelo resultado do período. Suponha também, para fins de simplificação, que a empresa parou de conceder garantias e obteve um lucro de R$ 150 neste ano.

O IR + CSLL a pagar será R$ 34, correspondendo a 34% da base de R$ 100 (R$ 150 de lucro menos a exclusão permitida de R$ 50). Já a Despesa de IR + CSLL será R$ 51 (34% sobre o lucro de R$ 150). A diferença de R$ 17 (34% de R$ 50) foi paga no ano anterior, quando a Cia. Delta registrou a provisão para garantia no resultado e o Fisco não aceitou.

Em outro exemplo, a Cia. Gama apresentou um LAIR de R$ 400, com o mesmo valor de IR + CSLL e o lucro líquido apresentados pela Cia. Delta.

Suponha que, no resultado de R$ 400, seja encontrada uma receita oriunda de dividendos de investimentos avaliados ao custo de R$ 50, que será excluída nas bases de IR + CSLL, que passa a R$ 350 com o IR + CSLL devido de R$ 119 (34% sobre 350).

Caso, em vez dos dividendos, o valor de R$ 50 se referisse a um ganho de capital na venda de imobilizado, com recebimento programado para o ano seguinte, o valor de IR + CSLL seria de R$ 119 da mesma forma anterior, mas a despesa de IR + CSLL ficaria em R$ 136, reconhecendo mais R$ 17 por conta da exclusão apenas temporária.

Veja as três demonstrações sintetizadas na Tabela 23.4.

Observe pontos importantes na tabela da DRE para reflexão:

- exclusão permanente (dividendos) REDUZ IR + CSLL a pagar e a despesa de IR + CSLL; e
- exclusão temporária (ganho de capital) REDUZ IR + CSLL a pagar, mas não altera a despesa com IR + CSLL.

O valor de R$ 17 será registrado no passivo da Cia. Gama, sinalizando, na prática, um adiamento de pagamento de IR + CSLL da empresa para o governo. O nome técnico da conta que registra essa postergação é DÉBITO TRIBUTÁRIO DIFERIDO. **Débito**, pois a empresa tem obrigação de pagar o imposto. **Tributário**, pois o crédi-

TABELA 23.4

DRE DA CIA. GAMA	SEM QUALQUER AJUSTE	COM DIVIDENDOS	COM GANHO DE CAPITAL
LAIR	400	400	400
(–) IR + CSLL Corrente	(136)	(119)	(119)
(+) IR + CSLL Diferido	–	–	(17)
Lucro líquido	264	281	264
ALÍQ. EFETIVA CORRENTE	34%	29,8%	29,8%
ALIQ. EFETIVA PLENA	34%	29,8%	34%

to é oriundo de um tributo. E **diferido**, pelo fato de o passivo somente ser exigido (por meio de adição futura) em períodos seguintes.

Para fechar o exemplo, suponha que, no ano seguinte, a empresa receba os R$ 50 oriundos do ganho de capital. O recebimento reduz o ativo (imobilizado a receber) e, simultaneamente, aumenta o caixa, não transitando pelo resultado do período. Suponha também, para fins de simplificação, que a empresa não apresentou lucro nem prejuízo no ano seguinte, com resultado zerado.

No caso, a Cia. Gama apresentará IR + CSLL a pagar de R$ 17, correspondendo a 34% da base de R$ 50, por conta da adição do valor recebido referente ao ganho de capital excluído no ano anterior. A empresa transferirá o passivo diferido registrado (R$ 17) para a conta de IR + CSLL a pagar.

23.6 Base contábil e base fiscal: os termos do pronunciamento nº 32

A maior parte das adições temporárias reside nas provisões, feitas pela contabilidade e não consideradas pelo Fisco. Contudo, é importante conhecer a natureza da despesa, para caracterizar a adição como temporária.

E uma coisa importante é compreender bem a diferença entre ajustes temporários fiscais e ajustes temporários contábeis.

As adições e exclusões se caracterizam como fiscais pelo reconhecimento do item na Parte B do LALUR, independentemente de qualquer registro contábil. Contudo, para materializar o item como adição ou exclusão temporária contábil, é fundamental fazer o reconhecimento do imposto de renda diferido, no ativo ou no passivo.

O Pronunciamento nº 32 do CPC utiliza os termos BASE CONTÁBIL e BASE FISCAL para caracterizar os itens que produzem os ativos e passivos fiscais diferidos. Os principais ativos e passivos que produzem diferenças temporárias no Brasil são apresentados nos Quadros 23.2 e 23.3.

Estes dois ajustes temporários representam os muitos outros, pois se referem a provisões registradas no passivo (garantia) ou no ativo, como conta retificadora (provisão para perdas estimadas).

Os dois ajustes sintetizam as possibilidades de geração de passivos fiscais diferidos: um, quando a receita é registrada na contabilidade antes de o Fisco tributar (vendas para o governo); o outro, quando a despesa é registrada pela contabilidade depois do período em que sua dedução foi permitida para fins fiscais (depreciação acelerada incentivada).

QUADRO 23.2 Base para apuração de ativos fiscais diferidos

PASSIVO	BASE CONTÁBIL	BASE FISCAL
PROVISÃO PARA GARANTIA	Quando o passivo é creditado, em contrapartida com a conta de despesa de garantia.	Quando o passivo é revertido ou liquidado, sendo debitado, em contrapartida com receita de reversão ou disponibilidades.
PROVISÃO PARA PERDAS ESTIMADAS (ANTIGA PDD)	Quando o passivo (conta retificadora do ativo) é creditado, em contrapartida com a conta de despesa com perdas estimadas de crédito.	Quando a perda é confirmada, a provisão é revertida contra contas a receber. Quando a perda não ocorre, a conta é baixada contra receita de reversão.
BASE CONTÁBIL > BASE FISCAL		Gera um ativo fiscal diferido
BASE CONTÁBIL < BASE FISCAL		Gera um passivo fiscal diferido

QUADRO 23.3 Base para apuração de passivos fiscais diferidos

ATIVO	BASE CONTÁBIL	BASE FISCAL
CONTAS A RECEBER DE VENDAS PARA O GOVERNO	Quando o ativo é debitado, em contrapartida com o lucro bruto oriundo da venda específica.	Quando o ativo é creditado, pelo seu recebimento, em contrapartida com disponibilidades.
DEPRECIAÇÃO ACELERADA INCENTIVADA	Quando o ativo imobilizado é depreciado ao longo dos anos.	Quando o ativo (bem) é registrado no imobilizado
BASE CONTÁBIL > BASE FISCAL		Gera um passivo fiscal diferido
BASE CONTÁBIL < BASE FISCAL		Gera um ativo fiscal diferido

23.7 Crédito sobre prejuízos fiscais

Outra forma de constituição de crédito tributário diferido é por meio da aplicação das alíquotas de IR e CSLL sobre os prejuízos fiscais, dependendo da expectativa de recuperação nos anos subsequentes.

No crédito tributário diferido sobre adições temporárias, o valor normalmente representa um pagamento antecipado de IR.

Já no crédito tributário diferido sobre prejuízos fiscais, o IR, a princípio, não foi pago antecipadamente. Porém, o registro refere-se ao "direito" de reduzir o **IR a PAGAR** no ano seguinte.

Esse direito, porém, independe do registro contábil do crédito tributário diferido sobre prejuízos fiscais. O Fisco irá permitir a compensação, mesmo sem o registro contábil do IR diferido. O assunto é totalmente contábil, apesar de envolver conhecimentos de legislação tributária.

Há interessante corrente interpretando que o IR + CSLL registrado no ativo representa, em essência, um adiantamento de tributos feito ao Fisco. Embora nada se pague a título de IR + CSLL por conta do prejuízo, os valores desembolsados com o resultado têm um pedaço das despesas que geraram o prejuízo como se fossem os tributos, pois contra eles serão compensados. O tema será objeto de um exemplo numérico.

23.7.1 Exemplo numérico: Cia. Barril

A Cia. Barril foi aberta em 2020. Nos dois primeiros anos, o negócio ainda estava em processo de maturação e a empresa apresentou prejuízo de R$ 500 em cada ano, por conta da pandemia da COVID-19, recuperando-se totalmente nos anos seguintes, quando apresentou lucro de R$ 2.000 em 2022 e R$ 1.500 em 2023. Veja nas Tabelas 23.5, 23.6 e 23.7 a evolução do seu resultado entre 2020 e 2023, com o cálculo do IR e a apresentação da DRE.

Veja que a Cia. Barril deve pagar IR + CSLL de R$ 476 em 2022 e R$ 374 em 2023. Contudo, se apenas estes valores forem registrados como despesa de IR + CSLL durante os quatro anos, o prejuízo nos dois primeiros anos será maior (R$ 500 por ano) e o lucro líquido também maior em 2022 e 2023. Com isso, a empresa poderá fazer uma distribuição equivocada nestes anos.

Por isso é que a contabilidade deve reconhecer o crédito fiscal originado em 2020 e 2021 pela aplicação da alíquota vigente do IR + CSLL, em face da expectativa que a empresa possuía de geração de lucros nos anos seguintes. O registro contábil nos dois primeiros anos representará um crédito contábil em despesa de IR + CSLL, que será positiva em tal situação.

Reconhece-se um ativo, que será utilizado como redução da obrigação inicialmente registrada nos anos

TABELA 23.5

CIA. BARRIL – FISCO	2020	2021	2022	2023
RESULTADO ANTES DOS IMPOSTOS	(500)	(500)	2.000	1.500
COMPENSAÇÃO DE PREJUÍZOS FISCAIS	0	0	(600)	(400)
LUCRO (PREJUÍZO) FISCAL	(500)	(500)	1.400	1.100
IR A PAGAR – 34%	0	0	476	374

TABELA 23.6

CIA. BARRIL – DRE (SEM registro)	2020	2021	2022	2023	TOTAL
LAIR	(500)	(500)	2.000	1.500	2.500
IR CORRENTE – 34%	–	–	(476)	(374)	(850)
LUCRO LÍQUIDO (PREJUÍZO)	(500)	(500)	1.524	1.126	1.650

TABELA 23.7

CIA. BARRIL – DRE (COM registro)	2020	2021	2022	2023	TOTAL
LAIR	(500)	(500)	2.000	1.500	2.500
IR CORRENTE – 34%	–	–	(476)	(374)	(850)
IR DIFERIDO – PREJ. FISCAL – 34%	170	170	(204)	(136)	–
LUCRO LÍQUIDO (PREJUÍZO)	(330)	(330)	1.320	990	1.650

seguintes. O reconhecimento deste ativo não é exigência para a compensação dos prejuízos fiscais, mas seu não reconhecimento deixaria a demonstração do resultado com números entre os exercícios fora de sua realidade econômica.

Veja que o resultado entre os períodos apresentou um equilíbrio em razão do registro do crédito por ocasião dos prejuízos gerados nos anos de 2020 e 2021. O resultado total apurado nos quatro anos seria o mesmo, tanto COM o registro do crédito tributário como SEM a sua contabilização. Porém, com o reconhecimento do IR diferido, o resultado e, por extensão, o patrimônio líquido da empresa apresentam uma posição mais adequada durante os quatro anos e não apenas no último ano. Se algum acionista saísse ou entrasse na Cia. durante os anos de 2020 a 2023, seria afetado, caso não houvesse o registro do imposto de renda diferido.

O ativo registrado em 2020 (e 2021), de R$ 170, pode ser entendido como adiantamento de IR. Suponha o seguinte: esta empresa vai atuar na venda de um novo produto, que adquire por R$ 8.000 (valor hipotético) e revende pelo preço de compra, incorrendo em despesas administrativas e de vendas de R$ 500, que veio a ser o valor do prejuízo do ano. Na verdade, na essência, uma parte do desembolso da despesa administrativa (que gerou o prejuízo) será reconhecida no ativo, como se fosse IR + CSLL sobre ela, sinalizando o fato de que, quando a empresa auferir lucro, poderá compensar esse prejuízo fiscal apurado. Então, na prática, é possível afirmar que o ativo de R$ 170 reconhecido na conta CRÉDITO TRIBUTÁRIO DIFERIDO sobre PREJUÍZO FISCAL representou adiantamento da empresa ao Fisco. Veja a Tabela 23.8 para não confundir o registro da despesa.

TABELA 23.8

DRE		
Receita bruta	8.000	
(–) Custo das vendas	(8.000)	
(–) Despesas administrativas	(500)	Este foi o valor total da despesa.
LAIR	(500)	Despesa de IR como se fosse parte da despesa administrativa que representou, na prática, ADIANTAMENTO ao FISCO.
(+) IR + CSLL DIFERIDO	170	
PREJUÍZO	(330)	

23.8 Regulamentação

O objetivo de registrar o crédito fiscal é exatamente o de garantir coerência nas demonstrações financeiras, independentemente das exigências fiscais.

É importante ressaltar também que os registros de ativos e passivos fiscais diferidos não são caprichos apenas da contabilidade brasileira, sendo uma exigência mundial, regulamentada no IAS (que orienta as práticas contábeis internacionais) nº 12 e no SFAS (que regulamenta as práticas contábeis dos Estados Unidos) nº 109. O Pronunciamento nº 32 do CPC praticamente ratificou o IAS nº 12, integrando definitivamente a contabilidade brasileira com as normas internacionais. A Comissão de Valores Mobiliários (CVM) confirmou o CPC nº 32 na Deliberação CVM nº 599/2009, revogando automaticamente a Deliberação nº 273/98.

Recentemente, foi publicada a Interpretação CPC nº 22 (ICPC nº 22), para ser utilizada quando existe incerteza em relação ao tratamento contábil dos tributos sobre o lucro. O Ibracon emitiu a Circular nº 04/20[6] orientando os auditores independentes no uso do ICPC nº 22.

A linguagem utilizada no Pronunciamento nº 32 do CPC é excessivamente rebuscada, assim como da ICPC nº 22, mas confirma a essência do que vem sendo apresentado neste capítulo e no livro como um todo.

Os ativos fiscais diferidos devem ser reconhecidos sempre que nas bases de IR e CSLL forem identificados registros iniciais de adições temporárias ou prejuízos fiscais (base negativa para fins de CSLL) e a empresa apresentar perspectivas de gerar lucros tributáveis em períodos seguintes.

Situação semelhante se aplica aos passivos fiscais diferidos, que devem ser reconhecidos sempre que se identificarem registros iniciais de exclusões temporárias.

[6] Disponível em: https://www.ibet.com.br/wp-content/uploads/2020/05/1586982699circular_orientacao_sobre_o_impacto_do_ifric_23_15.04.pdf. Acesso em: set. 2021.

QUADRO 23.4

AJUSTE	EXPLICAÇÃO DO FATO	REGISTRO CONTÁBIL
POSITIVO ADIÇÃO NO LALUR	IR pago no ano, cuja despesa ocorrerá em período seguinte. Representa um ADIANTAMENTO DE IR.	DÉBITO: ATIVO CRÉDITO: DESPESA
	IR pago no ano, mas cuja despesa ocorreu em período anterior.	DÉBITO: PASSIVO CRÉDITO: DESPESA
NEGATIVO EXCLUSÃO NO LALUR	IR que será pago em períodos seguintes, mas cuja despesa ocorreu no ano. Representa um ADIAMENTO no pagamento do IR.	DÉBITO: DESPESA CRÉDITO: PASSIVO
	IR pago em período anterior, mas cuja despesa somente ocorreu no ano.	DÉBITO: DESPESA CRÉDITO: ATIVO

O Quadro 23.4 sintetiza bem o jeito de registrar o IR diferido por ocasião das adições e exclusões temporárias.

23.9 A necessidade de expectativa de realização futura para reconhecimento dos ativos fiscais diferidos

O reconhecimento dos créditos tributários diferidos sobre prejuízos fiscais e até mesmo sobre adições temporárias tem uso inadequado em diversas situações. O IR sobre prejuízos fiscais deve ser reconhecido como ativo, desde que haja expectativa efetiva de geração de lucros tributáveis no futuro. Isso não significa que se devam registrar créditos em todas as empresas, em todas as situações. Quando uma empresa estiver sem expectativa de transformação de resultado negativo em lucros no futuro, não deve constituí-lo.

A CVM emitiu a Instrução nº 371/2002, definindo que os prejuízos fiscais somente deveriam ser reconhecidos como crédito tributário se houvesse perspectiva de geração de lucros tributáveis nos períodos seguintes. Com o Pronunciamento nº 32 do CPC, a referida instrução perdeu sentido, sendo definitivamente revogada no 2º semestre de 2020.

Alguns órgãos reguladores ainda utilizam normativos que têm como base a Instrução revogada pela CVM. Ela previa que, para fins de reconhecimento inicial do Ativo Fiscal Diferido, a companhia deveria atender, cumulativamente, às seguintes condições:

a) apresentar histórico de rentabilidade;
b) apresentar expectativa de geração de lucros tributáveis futuros, fundamentada em estudo técnico de viabilidade, que permitam a realização do ativo fiscal diferido em um prazo máximo de dez anos; e
c) os lucros futuros referidos no inciso anterior deverão ser trazidos a valor presente com base no prazo total estimado para sua realização.

A Instrução recomendava ainda que o crédito tributário diferido deixasse de ser reconhecido quando a empresa NÃO apresentasse lucro tributável em, pelo menos, três dos cinco últimos exercícios sociais. No caso, o crédito poderia ser constituído, caso a companhia divulgasse, em nota explicativa, justificativa fundamentada das ações que estivessem sendo implantadas, objetivando a geração de lucro tributário.

23.10 Mudança de alíquota

Quando houver mudança na alíquota de IR ou CSLL, o saldo de ativos e passivos fiscais diferidos será ajustado em contrapartida com o resultado do período, pois representa um ganho ou uma perda no período da modificação.

Por exemplo, a Lei nº 11.727/2008 elevou a alíquota da CSLL das instituições financeiras e empresas equiparadas de 9% para 15%. O Banco da Praça apresentava um saldo de CSLL fiscal diferida sobre adição temporária oriunda de provisão para créditos de liquidação duvidosa (PCLD), que é uma adição temporária. Admitindo que o banco tivesse uma adição registrada na Parte B no valor de R$ 100, o saldo da CSLL diferida era de R$ 9 no ativo. Pois bem, no mês da publicação da lei, o banco efetuou o seguinte registro:

Débito: CSLL fiscal diferida (ativo)	
Crédito: Despesa de CSLL	R$ 6

Restaria a dúvida apenas no caso de aumento de alíquota via medida provisória. Em função das características do normativo, entendo que o correto seria o registro no mês de publicação da MP, mesmo antes de sua conversão em lei.

O PL nº 2.337/2021 propôs a redução da alíquota combinada de IR + CSLL de 34% para 26% nas empresas em geral. A princípio, as empresas que têm saldo líquido no ativo oriundo de adições temporárias e prejuízos fiscais teriam uma perda de 8% sobre as adições temporárias e prejuízos fiscais que compõem a base desse saldo. Já aquelas empresas com posição contrária teriam um ganho, reduzindo a dívida líquida registrada em passivos fiscais diferidos. Na parte final do capítulo, o tema será objeto de análise por meio de um exemplo numérico e um olhar para o que aconteceu no final do século passado como reflexão.

23.11 Exemplo numérico com ajustes temporários e prejuízo fiscal

Será desenvolvido um exemplo numérico, com objetivo de apresentar e destacar a importância do adequado registro contábil para o imposto de renda, tanto em relação aos ativos quanto aos passivos fiscais diferidos.

A Cia. Roraima possui o seguinte balanço patrimonial no início de x1:

CAIXA	4.000	CAPITAL	4.000

Neste momento, adquire um equipamento, que será depreciado contabilmente em cinco anos, porém conta com um benefício fiscal de **depreciação acelerada**, que permite sua dedução fiscal em quatro anos, à razão de 25% ao ano.

Para a simulação do resultado apurado pela Cia. Roraima nos cinco anos (x1 a x5), algumas informações são relevantes:

a) A alíquota única de IR será de 34% (alíquotas usuais vigentes no país em 2021: 9% de CSLL e 15% de IR, com adicional de 10% sobre os lucros acima de R$ 240 mil/ano).
b) Os prejuízos fiscais somente podem ser compensados até o limite de 30% do lucro de cada período de apuração;
c) O bem será avaliado ao custo e não possui valor residual, para fins de aplicação do RTT.
d) O equipamento será alugado, produzindo receita anual de R$ 950, refletida diretamente no caixa da empresa, assim como o imposto de renda devido no último ano será deduzido do caixa.

Veja o resultado fiscal (cálculo do IR) nos cinco anos de uso do equipamento, evidenciado na Tabela 23.9.

Observe que, fiscalmente, só há lucro tributável no quinto ano, pois a dedução fiscal em quatro anos permitiu uma despesa dedutível total de R$ 1.000 em cada um dos quatro primeiros anos, gerando prejuízo fiscal anual de R$ 50.

Veja a demonstração de resultado, sem considerar o reconhecimento de ativos e passivos (créditos e débitos tributários) diferidos, na Tabela 23.10.

Verificando a tabela sem a constituição do IR diferido, nota-se que a Cia. Roraima apresenta um resultado econômico (antes do IR) constante nos cinco anos. Porém, pelo fato de a legislação fiscal conceder um benefício de redução antecipada de uma despesa (depreciação), a empresa somente apresentará IR devido no quinto ano, ou seja, em x5. Analisando de forma fria os números da

TABELA 23.9 Cálculo do IR devido pela Cia. Roraima – em R$

CIA. RORAIMA	X1	X2	X3	X4	X5
LAIR	150	150	150	150	150
(+) ADIÇÕES	0	0	0	0	800
(–) EXCLUSÕES	200	200	200	200	0
LUCRO AJUSTADO	(50)	(50)	(50)	(50)	950
(–) COMP. PREJ. FISCAIS	0	0	0	0	(200)
LUCRO TRIBUTÁVEL	(50)	(50)	(50)	(50)	750
IR DEVIDO – 34%	0	0	0	0	255

TABELA 23.10 Resultado da Cia. roraima – sem ir diferido – em R$

CIA. RORAIMA	X1	X2	X3	X4	X5	SOMA
RECEITA ALUGUEL	950	950	950	950	950	4.750
(–) DEPRECIAÇÃO	(800)	(800)	(800)	(800)	(800)	(4.000)
LUCRO ANTES DE IR	150	150	150	150	150	750
DESPESA DE IR – 34%	0	0	0	0	(255)	(255)
LUCRO LÍQUIDO	150	150	150	150	(105)	495

tabela, é possível afirmar que a empresa estava lucrativa no período de x1 até x4, apresentando prejuízo em x5, que precisa ser explicado. Não tem explicação!

A conclusão é que a despesa com imposto de renda não está adequada. A empresa apresentou lucro antes de IR de R$ 150 em cada um dos cinco anos. Não se pode considerar correto o registro da despesa com imposto de renda apenas no último ano.

Portanto, está faltando o adequado registro dos tributos sobre o lucro, para atender principalmente aos pressupostos básicos da contabilidade referendados no CPC Zero, como a representação fidedigna e a relevância (suponha que o valor seja representativo).

Na Tabela 23.11 será repetida a demonstração de resultado da tabela anterior, mas com o registro correto do imposto de renda sobre o lucro.

O LUCRO LÍQUIDO apurado pela Cia. Roraima apresentou maior coerência em comparação à demonstração da tabela sem o registro do IR diferido. Nos primeiros quatro anos (x1 a x4), foi registrada anualmente despesa de IR no valor de R$ 68 (34% sobre R$ 200), referente à exclusão feita apenas no lucro fiscal e que não integra o resultado contábil do período. Isso significa que a empresa está adiando o pagamento do imposto, que será pago quando a despesa for registrada na contabilidade e considerada não dedutível para fins fiscais.

Já o resultado negativo de R$ 50 produziu um crédito tributário de R$ 17 (34% de R$ 50) por ano, representando o valor que poderá ser compensado no momento em que a empresa for efetuar o pagamento de IR.

Então, a explicação referente aos quatro primeiros anos (entre x1 e x4) é a seguinte:

Lucro apurado na contabilidade de R$ 150, que representa uma despesa líquida de IR de R$ 51 (34% de R$ 150), que é a obrigação efetiva assumida pela empresa em cada um dos quatro anos.

A explicação para a despesa anual de **R$ 51** com o IR nos quatro primeiros anos é a seguinte:

- (+) Uma obrigação futura de **R$ 68**, referente à exclusão temporária permitida pelo Fisco de R$ 200.
- (–) Um direito de compensação futuro de **R$ 17**, referente ao prejuízo fiscal apurado de R$ 50 durante cada um dos quatro primeiros anos (x1 a x4) e que será compensado no ano de x5.

A Cia. Roraima, em x5, deverá pagar imposto de renda de R$ 255, explicado da seguinte forma:

- (+) IR devido pelo lucro apurado no ano = R$ 51 (34% de R$ 150)
- (+) IR devido sobre depreciação excluída = R$ 272 (34% de R$ 800)
- (–) IR sobre prejuízos fiscais = R$ 68 (34% de R$ 200)
- **Imposto de renda a pagar em x5 = R$ 255**

Portanto, o exemplo da Cia. Roraima traz reflexão para a necessidade de reconhecimento dos ativos e passivos fiscais correntes e diferidos, com objetivo de tornar a contabilidade uma ferramenta de informação qualificada aos donos da empresa, sejam os acionistas majoritários ou seus investidores em geral. O adequado registro das despesas de IR durante os cinco anos permitiu a compreensão do resultado efetivo obtido pela empresa e a evolução real do seu patrimônio líquido, como poderá ser verificado nas Tabelas 23.12 e 23.13.

Observe no balanço SEM o registro do crédito tributário diferido que o patrimônio líquido da Cia. Roraima evolui desde x1, sendo reduzido de x4 para x5, o que é inadequado, já que, economicamente, a empresa obteve o mesmo resultado em cada um dos seus cinco anos de atividade.

TABELA 23.11 Resultado da Cia. Roraima – com IR diferido – em R$

CIA. RORAIMA	X1	X2	X3	X4	X5	SOMA
RECEITA ALUGUEL	950	950	950	950	950	4.750
(–) DEPRECIAÇÃO	(800)	(800)	(800)	(800)	(800)	(4.000)
LUCRO ANTES DE IR	150	150	150	150	150	750
IR CORRENTE – 34%	0	0	0	0	(255)	(255)
IR DIFERIDO – ajustes temporários	(68)	(68)	(68)	(68)	272	0
IR DIFERIDO – prejuízos fiscais	17	17	17	17	(68)	0
LUCRO LÍQUIDO	99	99	99	99	99	495

TABELA 23.12 Balanço – sem registro de débitos/créditos fiscais

CONTAS – CIA. RORAIMA	X1	X2	X3	X4	X5
CAIXA	950	1.900	2.850	3.800	4.495
CRÉDITO TRIBUTÁRIO DIFERIDO	0	0	0	0	0
EQUIPAMENTOS	3.200	2.400	1.600	800	0
TOTAL DO ATIVO	4.150	4.300	4.450	4.600	4.495
PROVISÃO PARA IR DIFERIDO	0	0	0	0	0
CAPITAL	4.000	4.000	4.000	4.000	4.000
LUCROS ACUMULADOS	150	300	450	600	495
TOTAL DO PASSIVO	4.150	4.300	4.450	4.600	4.495

TABELA 23.13 Balanço – com registro de débitos/créditos fiscais

CONTAS – CIA. RORAIMA	X1	X2	X3	X4	X5
CAIXA	950	1.900	2.850	3.800	4.495
CRÉDITO TRIBUTÁRIO DIFERIDO	17	34	51	68	0
EQUIPAMENTOS	3.200	2.400	1.600	800	0
TOTAL DO ATIVO	4.167	4.334	4.501	4.668	4.495
PROVISÃO PARA IR DIFERIDO	68	136	204	272	0
CAPITAL	4.000	4.000	4.000	4.000	4.000
LUCROS ACUMULADOS	99	198	297	396	495
TOTAL DO PASSIVO	4.167	4.334	4.501	4.668	4.495

Já no balanço COM o registro do crédito/débito tributário diferido, há coerência, evidenciando a evolução do PL conforme o desempenho da sua atividade empresarial.

23.12 Nota explicativa informando a alíquota efetiva plena

As notas explicativas são informações complementares às demonstrações financeiras, sendo parte integrante destas. Uma nota que tem grande importância para fins de complemento de informação é a nota de reconciliação da despesa de IR e CSLL com as alíquotas vigentes no país.

O leitor, ao se deparar com a demonstração de resultado do exercício de uma empresa ou do consolidado de um grupo empresarial, pode achar que a tributação sobre o lucro no país está elevada demais, pequena demais, enfim, pode ter interpretações equivocadas que as notas explicativas preparadas pelos qualificados profissionais da unidade contábil da empresa/grupo têm a nobre função de esclarecer.

Depois de longa leitura durante o livro, você chegou à conclusão, aqui neste capítulo, de que as adições e exclusões temporárias não geram efeitos na despesa com IR e CSLL. Um lucro de R$ 10 milhões nas operações de uma empresa, se não tiver qualquer adição ou exclusão permanente nas bases de IR e CSLL, produz uma despesa fiscal de aproximadamente R$ 3,4 milhões, já que a alíquota vigente no país era de 34% (IR de 15%, mais adicional de 10% sobre o excesso de R$ 240 milhões e 9% de CSLL).

Na verdade, como as publicações são feitas em milhares de reais e o adicional de 10% só é cobrado sobre a parcela que ultrapassa R$ 240 mil/ano, há um ajuste a fazer na nota, no valor de R$ 24 mil, referente à alíquota adicional de 10% que não foi cobrada sobre a parcela permitida, sendo exigido apenas nos lucros acima do limite (R$ 20 mil/mês). As empresas, em geral, publicam esse ajuste de R$ 24 mil em Outros ou embutido em algum item. A Lojas Renner, cia. aberta com ações negociadas em bolsa, é um raríssimo caso de empresa que destaca inclusive o valor de R$ 24 na nota de reconciliação de alíquotas, publicada normalmente em milhares de reais. Para ajudar no entendimento sobre a nota explicativa e seguindo a característica básica do livro, serão apresentados exemplos numéricos no subtópico a seguir.

23.12.1 Exemplos didáticos de nota de reconciliação de alíquotas

A nota de reconciliação explica ao leitor os motivos que levaram a despesa de IR e CSLL a ser diferente de 34%. Por exemplo, suponha que a Cia. Bananal tenha um LAIR de R$ 1.000, sendo que no seu resultado há dois tipos de despesas não dedutíveis:

- brindes, multas e doações de R$ 250 (adições permanentes); e
- despesa de garantia provisionada de R$ 150 (adições temporárias).

Observe na Tabela 23.14 como seria o cálculo do IR + CSLL, depois a DRE na Tabela 23.15 e, na Tabela 23.16, a apresentação da nota explicativa de reconciliação de alíquotas e sua importante função didática de esclarecimento ao leitor que não tem acesso ao cálculo do IR + CSLL.

TABELA 23.14 Parte a do LALUR da Cia. Bananal

LUCRO ANTES DO IR e CSLL	1.000	
(+) Adições permanentes	250	Reflexo direto na despesa de IR + CSLL
(+) Adições temporárias	150	Efeito eliminado na despesa de IR + CSLL com o IR + CSLL diferido
LUCRO TRIBUTÁVEL (FISCAL)	1.400	
IR + CSLL – 34%	476	

TABELA 23.15 DRE da Cia. Bananal

LUCRO ANTES DO IR e CSLL	1.000	
(–) IR + CSLL corrente	(476)	Valor pago/a pagar do ano
(+) IR + CSLL diferido	51	Valor pago, incluído na despesa corrente e eliminado no resultado
Lucro líquido	575	

TABELA 23.16 Nota explicativa de reconciliação de alíquotas

LUCRO ANTES DE IR e CSLL	1.000	
IR + CSLL – Alíquotas vigentes – 34%	(340)	Quanto deveria ser?
Adições permanentes	(85)	A explicação sobre a diferença
IR + CSLL – Despesa na DRE	(425)	Quanto foi!
Alíquota efetiva (plena) de IR + CSLL	42,5%	425 / 1.000
Parcela corrente	(476)	IR + CSLL total pago no ano
Parcela diferida	51	Valor incluído na parcela corrente e pago antecipadamente ao Fisco

Observe a importante função da nota explicativa, que informou ao leitor que a tributação sobre o lucro da empresa alcançou 42,5%, sinalizando o motivo que justificou essa alíquota maior que a nominal (adições permanentes). E, no final, apresentou o valor desembolsado (R$ 476) e a parcela de R$ 51, que está incluída no total de R$ 476 e não representou despesa, apenas adiantamento de IR + CSLL para a RFB. Mas por que adiantamento? Aqui, precisaríamos verificar os saldos acumulados no final do ano de ativos e passivos fiscais diferidos para ratificar tal informação. O adiantamento pressupõe saldo de ativo superior ao saldo no passivo, ou seja, tudo que a empresa apresentar de adição temporária, líquida de exclusão do mesmo tipo, representará adiantamento de IR+CSLL.

Veja outro exemplo numérico, um pouco mais refinado: a Cia. Ilha possui o seguinte resultado em x1 (para fins de simplificação, a demonstração será feita a partir do lucro antes de IR e da CSLL):

Lucro antes de IR e CSLL	**1.200**
(–) Despesa de IR e CSLL	(165)
Lucro antes das participações	**1.035**
(–) Participações de empregados	(200)
Lucro líquido do exercício	**835**

Com este resultado apresentado, poderíamos afirmar que a tributação sobre o lucro foi de 13,75%, afinal de contas, de um lucro de R$ 1.200, tiramos R$ 165 de IR e CSLL. Mas não é bem assim. É necessário olhar o LALUR da empresa para entender esta alíquota. Veja o cálculo resumido de CSLL e IR da Cia. Ilha em x1:

LUCRO ANTES DE IR + CSLL	**1.000**
(+) ADIÇÕES	**100**
• Doações e brindes	50
• Perdas estimadas de crédito (PDD)	50
(–) EXCLUSÕES	**600**
• Depreciação acelerada	50
• Juros sobre capital próprio	350
• Rendas de participação em controladas	200
LUCRO FISCAL	**500**
IR E CSLL – 34%*	170
(–) INCENTIVOS FISCAIS	(5)
DESPESA DE IR E CSLL	**165**

* Para fins didáticos, será utilizada alíquota cheia de 34%.

Assim, a nota de reconciliação da alíquota vigente com a despesa evidenciada seria apresentada da seguinte forma:

Resultado antes do IR e da CSLL	**1.200**
Encargo total de IR + CSLL pelas alíquotas vigentes – 34%	**(408)**
Efeitos das adições e exclusões no cálculo dos tributos	
• Participações em controladas	68
• Juros sobre capital próprio	119
• Participações de empregados no lucro	68
• Incentivos fiscais	5
• Adições permanentes	(17)
IR + CSLL registrados na demonstração de resultado	**165**

A explicação para a montagem e o entendimento da nota é a seguinte:

1. Informa-se o lucro apurado no exercício, antes dos tributos incidentes sobre o próprio lucro.
2. A seguir, há a informação para o leitor das demonstrações financeiras de quanto seria a despesa de IR e CSLL com a aplicação das alíquotas vigentes no país. No caso do Brasil, a alíquota combinada padrão é de 34%. Em condições normais, se o Fisco considerasse exatamente o lucro contábil para encontrar o valor do encargo tributário, a despesa seria de R$ 408 (34% de R$ 2.000), conforme informado na nota. A alíquota pode ser modificada, mas a essência do aprendizado não se perde.
3. Mas, como a despesa registrada na DRE não foi R$ 408 e sim R$ 165, é preciso justificar e explicar a diferença.
4. Os ajustes começam pelas exclusões definitivas (participação em controladas e juros sobre capital próprio) que reduziram a despesa de IR e CSLL. Então, a aplicação de 34% sobre o valor destas exclusões deve ser demonstrada com sinal positivo, sendo redução da despesa que deveria ser lançada pela alíquota de 34%.
5. A despesa de participações de empregados nos lucros, embora não seja exclusão temporária, é evidenciada na DRE, após o IR e a CSLL. Portanto, como se trata de uma despesa dedutível para fins fiscais, será ajustada positivamente, reduzindo a despesa. Em alguns casos, demonstra-se o lucro antes de IR, CSLL e participações de empregados.
6. Os incentivos fiscais reduzem diretamente o imposto de renda devido. Por isso, eles são informados pelo valor efetivo, sem precisar calcular 34% como as exclusões e adições. Como diminuem o IR devido, são informados na nota explicativa com sinal positivo.
7. Após os ajustes positivos, acontece o primeiro e único ajuste negativo. São as adições permanentes (brindes e doações) que aumentam a despesa de IR. Portanto, serão informadas com sinal negativo
8. As adições e exclusões permanentes não geram ajustes na nota explicativa, a não ser quando o crédito ou débito fiscal diferido deixar de ser reconhecido. Como, na Cia. Ilha, temos uma adição temporária e uma exclusão temporária no mesmo valor (R$ 100), elas não influenciarão nem a despesa de IR nem o valor a pagar.
9. Após detalhar os ajustes, chega-se ao valor registrado na DRE em despesa de IR e CSLL, que foi de R$ 165.

23.13 Nota explicativa de abertura de ativos e passivos diferidos da Petrobras

A Petrobras foi referência em apresentação de notas explicativas de ativos e passivos fiscais diferidos até 2010. A forma detalhada com que apresentava os saldos de ativos e passivos fiscais diferidos ajudava muito o estudante da contabilidade tributária, os professores, profissionais de mercado e os investidores a entenderem melhor um assunto tão complexo como esse. A empresa mudou a forma de evidenciar a nota a partir de 2011, apresentando números fechados, dificultando a compreensão. Nos últimos anos, voltou a apresentar o modelo parecido com o original, com alguns ajustes, conforme demonstrado na Tabela 23.17.

TABELA 23.17 Abertura dos ativos (créditos) e passivos (débitos, com sinal negativo) tributários diferidos do Grupo Petrobras (consolidado) – em milhões de reais

NATUREZA	2020	2019	FUNDAMENTO PARA REALIZAÇÃO
IMOBILIZADO – Custo com prospecção e desmantelamento de áreas	(16.655)	(22.200)	Depreciação, amortização e baixa de ativos
IMOBILIZADO – *Impairment*	34.435	25.311	Amortização, baixa de ativos e reversão de *impairment*
IMOBILIZADO – Juros capitalizados, depreciação acelerada e outros	(45.157)	(39.775)	Depreciação, amortização e baixa de ativos
Empréstimos, financiamentos e contas a receber/pagar	20.335	5.438	Pagamentos, recebimentos e contraprestação
Arrendamentos	6.186	760	Depreciação do ativo
Provisão para processos judiciais	3.453	3.152	Pagamento e reversão de provisão
Prejuízos fiscais	12.995	10.121	Compensação com limitação de 30% do lucro líquido ajustado
Estoques	822	2.541	Venda, baixa e perda
Benefícios concedidos a empregados (plano de pensão, PLR e outros)	14.972	14.938	Pagamento e reversão de provisão
Outros	1.123	(1.788)	–
TOTAL	**32.509**	**(1.502)**	Os valores positivos são registrados no ativo e os negativos, no passivo.

Veja que, do lado esquerdo há o registro na contabilidade, que originou a adição/exclusão temporária. E, do lado direito, a situação fiscal que permitirá a exclusão/dedutibilidade do valor adicionado ou exigirá a adição/tributação do valor postergado.

Com objetivo de fazer você entender melhor a nota, alguns ajustes serão detalhados a seguir.

23.13.1 Imobilizado – custo com prospecção e desmantelamento de áreas, *impairment* e outros

São três os valores informados na tabela. Vamos apresentar um por um, para você entender bem. A primeira linha da tabela (R$ 16.655 em 2020) tem dois valores, uma exclusão e outra adição. Como o saldo é credor (passivo), melhor começar pela exclusão da parcela dos investimentos efetuados pela Petrobras na exploração de petróleo cru. Tal exclusão foi permitida na base do IR desde 1966 por meio do art. 12 do Decreto-lei nº 62/66, vigorando até o ano de 2017 de forma exclusiva para a Petrobras. A partir de 2018, a Lei nº 13.586/2017 permitiu nova exclusão no seu art. 1º, mas para todas as empresas do setor, o que faz sentido por conta da isonomia tributária, que não existia antes. Todavia, a percepção é que o valor vem sendo reduzido ao longo dos anos. Os registros contábeis são realizados em duas etapas e explicados a seguir (valores hipotéticos):

NO GASTO (X1)

Débito: Imobilizado de uso

Crédito: Caixa ou passivo 10.000 (valor será excluído na base do IR)

NA DEPRECIAÇÃO/AMORTIZAÇÃO ANUAL (X2 A X51) – suponha uso (linear) por 50 anos.

Débito: Despesa de depreciação/amortização

Crédito: Imobilizado de uso 200 (valor mensal será adicionado na base do IR)

Já o gasto com desmantelamento de áreas é estimado no início da exploração, com registro no imobilizado e contrapartida no passivo (provisão), sem qualquer ajuste nas bases de IR e CSLL. Durante o período de depreciação, a parcela proveniente dessa provisão vai sendo adicionada temporariamente. No final, quando o ativo for desmontado, todo o gasto será baixado do passivo, tornando-se dedutível por meio da exclusão nas bases de IR e CSLL.

A segunda linha informa que temos provisão para *impairment* de ativos num valor aproximado de R$ 101.279, que gerou o saldo do ativo fiscal diferido de R$ 34.435.

E a última linha do grupo (terceira) tem as muitas situações de depreciação acelerada, quando o Fisco aceita um valor maior do que o registrado na contabilidade, e isso acontece, por exemplo, conforme disposto no § 2º do art. 1º da Lei nº 13.586/2017, que permite a exaustão acelerada calculada mediante a aplicação da taxa de exaustão, determinada pelo método das unidades produzidas, multiplicada por dois inteiros e cinco décimos. Mais detalhes sobre a depreciação acelerada foram apresentados no Capítulo 21.

23.13.2 Empréstimos, financiamentos, contas a pagar/receber

Não há abertura das adições temporárias que constam no item de quase R$ 60 bi e que eram em torno de R$ 15 bi em 2019. O ativo fiscal diferido dos itens aumentou de R$ 5.438 milhões para R$ 20.335 em 2020.

23.13.3 Benefícios concedidos a empregados

Esse ajuste se refere, principalmente, a duas provisões: plano de pensão e participação nos lucros.

PLANO DE PENSÃO – A Petrobras deve registrar o plano de pensão em despesa, com contrapartida no passivo, em conta de provisão não dedutível. Com isso, nasce uma adição temporária. O pagamento do plano deve ocorrer no ano seguinte (2021), baixando o passivo e tornando a despesa dedutível, gerando uma exclusão. O valor do passivo no consolidado, em DEZ/2020, referente à provisão para plano de pensão, participação nos lucros e outros deve montar, aproximadamente, R$ 44 bi. Considerando a alíquota combinada de 34%, chegamos ao IR + CSLL diferidos informado na nota explicativa de R$ 14.972 milhões.

23.13.4 Prejuízos fiscais

Este item deve ser representado por algumas empresas do Grupo Petrobras que apresentaram prejuízos fiscais e esses prejuízos originaram o registro de crédito tributário diferido, com débito em ativo e crédito em despesa, igual fizemos na Cia. Barril, no exercício didático do item 23.7.1. Pelo número apresentado na nota explicativa, as empresas do grupo tinham prejuízo fiscal para compensar no montante de R$ 38,2 bilhões no final de 2020, justificando o saldo de IR diferido divulgado de quase R$ 13 bi.

23.14 Nota explicativa de reconciliação de alíquotas da Petrobras

Apresentamos na Tabela 23.18 a nota de reconciliação de alíquotas do consolidado Petrobras, referente ao exercício encerrado em DEZ/2020.

TABELA 23.18 Petrobras – nota explicativa de reconciliação de alíquotas referente a DEZ/2020 e DEZ/2019

DFs CONSOLIDADAS – valores em R$ milhões	DEZ/2020	DEZ/2019
Lucro antes de IR e CSLL (DRE)	37	47.242
IR + CSLL às alíquotas nominais (34%)	(13)	(16.062)
Efeito do IRPJ e da CSLL sobre as diferenças permanentes:		
▪ Juros sobre capital próprio, líquidos	(87)	2.944
▪ Resultado de exterior com alíquotas diferenciadas (com lucro)	10.140	4.193
▪ Tributação no Brasil de lucro de empresas no exterior (Lei nº 12.973/2014)	(3.719)	(692)
▪ Incentivos fiscais	19	172
▪ Prejuízos fiscais	(2.208)	(2.695)
▪ Despesas com benefício pós emprego de saúde	2.879	(1.645)
▪ Resultado de equivalência patrimonial no país e exterior	253	191
▪ Adições/exclusões permanentes (líquidas)	(1.403)	(3.055)
▪ Outras	348	249
Despesa de IR + CSLL apresentada na DRE ▪ IR + CSLL corrente ▪ IR + CSLL diferido	**6.209** (2.731) 8.940	**(16.400)** (11.036) (5.364)
ALÍQUOTA EFETIVA DE IR + CSLL	**(16.78%)**	**(34,7%)**

Alguns itens chamam atenção na nota. Comentarei alguns:

- As ADIÇÕES PERMANENTES (definitivas), LÍQUIDAS das exclusões, aumentaram a despesa de IR + CSLL, por isso o sinal negativo.
- Os INCENTIVOS FISCAIS reduzem a despesa de IR, por isso o sinal positivo.
- Créditos em razão de JUROS SOBRE CAPITAL PRÓPRIO que não são registrados em despesa e sim diretamente no patrimônio líquido, com exclusão permitida pela legislação tributária, diminuindo o lucro tributável e a despesa de IR + CSLL.
- Os PREJUÍZOS FISCAIS aparecem com valor negativo nos dois anos, representando prejuízos fiscais apurados em empresas controladas pela Petrobras, cujo crédito tributário diferido NÃO FOI RECONHECIDO, por não apresentar perspectiva de geração de resultados positivos no futuro. Veja a explicação no exemplo apresentado na Tabela 23.19.

Na nota de reconciliação de alíquotas, a despesa deveria ser R$ 306 (900 × 34%) e foi R$ 340. O ajuste seria negativo, exatamente a mesma explicação do que aconteceu com o Grupo Petrobras em 2019 e 2020, logicamente com outros números.

Nos próximos anos, supondo que as empresas controladas compensem esses prejuízos que não tiveram registro, a aplicação das alíquotas vigentes de IR e CSLL produzirá um ajuste positivo na mesma nota de reconciliação de alíquotas.

Os RESULTADOS DE EMPRESAS NO EXTERIOR COM ALÍQUOTAS DIFERENCIADAS podem ser explicados pelas empresas do grupo no exterior que apresentaram lucro e cujas alíquotas de impostos sobre o lucro são menores que a alíquota combinada brasileira de 34%. Com isso, há um ajuste positivo a ser feito na nota do consolidado aqui no Brasil, utilizando alíquota base de 34%. Logo a seguir, há um ajuste negativo demonstrando a tributação, no Brasil, dos dividendos recebidos sobre os lucros obtidos no exterior.

23.15 Nota explicativa da Vale

Será apresentada na Tabela 23.20 a nota explicativa de reconciliação de alíquotas (consolidada) da Vale do triênio 2018/2020, com dados obtidos na página eletrônica da empresa.

TABELA 23.19

DRE	PETROBRAS	SUBSIDIÁRIA	CONSOLIDADO
LAIR	1.000	(100)	900
(–) IR 34%	(340)	0	(340)
LUCRO LÍQUIDO	660	(100)	560

TABELA 23.20 Consolidado vale – nota explicativa de reconciliação de alíquotas referente aos exercícios de 2018, 2019 E 2020

DFs CONSOLIDADAS – valores em R$ mil	2020	2019	2018	TRIÊNIO
Lucro Antes de IR e CSLL (DRE)	27.928	(11.206)	25.118	41.840
Tributos sobre o lucro às alíquotas vigentes (34%)	(9.496)	3.810	(8.540)	(14.226)
AJUSTES QUE AFETARAM O CÁLCULO DOS TRIBUTOS				
▪ Benefício tributário dos juros sobre capital próprio	1.660	2.470	3.174	7.304
▪ Incentivos fiscais (principalmente Lucro da Exploração)*	1.184	736	2.112	4.032
▪ Adição (reversão) de prejuízos fiscais**	3.984	99	5.814	9.897
▪ Prejuízos fiscais não reconhecidos no exterior	(1.096)	(4.218)	(1.711)	(7.025)
▪ Outros valores	739	(388)	117	468
Despesa de IR + CSLL apresentada na DRE	(3.025)	2.509	966	450
▪ IR + CSLL corrente	(17.828)	(5.985)	(2.806)	(26.619)
▪ IR + CSLL diferido	14.803	8.494	3.772	27.069

* No Brasil, a Vale possui incentivo fiscal de redução parcial do IR (lucro da exploração, ver Capítulo 21) gerado pelas operações conduzidas nas Regiões Norte e Nordeste com minério de ferro, pelotas, cobre e níquel e outro incentivo para uso de 30% do IR devido que pode ser reinvestido na aquisição de novas máquinas e equipamentos, sujeitas à aprovação da Sudam, conforme art. 3º da MP nº 2.199-14/2001. A maior parte dos incentivos tem prazo para expirar em 2024, mas a legislação costuma renová-los periodicamente.

** Compensação de prejuízos fiscais em controladas, cujo ativo fiscal diferido não foi constituído na origem.

Observe dois pontos interessantes na nota da Vale:

- No triênio, o consolidado apresentou LAIR de quase R$ 42 bi e não teve despesa de IR + CSLL, que ficou com saldo positivo (credor) de R$ 450 milhões. Assim, é possível afirmar que sua ALÍQUOTA EFETIVA PLENA ficou levemente abaixo de ZERO no grupo.
- Por outro lado, a Vale desembolsou R$ 26,6 bi de IR + CSLL no período, o que daria uma ALÍQUOTA EFETIVA CORRENTE de 63,6% no período de três anos. Tal fato se justifica por conta das adições temporárias do período, que representaram despesas não dedutíveis no triênio, mas que terão sua dedução permitida nos próximos anos.

Na nota de composição dos ativos e passivos fiscais diferidos de 2020, a Vale apresentava saldo líquido no ativo de R$ 44,5 bi. Admitindo que todo o grupo estivesse domiciliado no Brasil (sabemos que não é o caso), os números representariam o seguinte:

- O Grupo Vale teria R$ 66,1 bi de prejuízos fiscais e bases negativas a serem compensados, o que produziu um ativo fiscal diferido em torno de R$ 22,5 bilhões (34%).
- Teria, na Parte B do e-LALUR e do e-LACS, além dos prejuízos fiscais, adições temporárias (líquidas) de R$ 64,8 bilhões, que deixaram um saldo líquido no ativo de R$ 22 bi (34%).

O PL nº 2.337/2021, que não foi aprovado pelo Congresso Nacional em 2021, propôs redução de alíquota combinada de IR e CSLL de 34% para 26% a partir de 2022. Assim, por simplificação e apenas simulando um possível ajuste considerando os números fechados em 2020, a Vale teria redução em mais de R$ 10 bi no seu ativo, assim explicada: o saldo total na Parte B dos livros de apuração de IR e CSLL de R$ 131 bilhões, que, hoje, sinalizam ativo fiscal diferido (líquido) de R$ 44,5 bilhões (34%), seria reduzido para R$ 34,1 (26%), com contrapartida no resultado do exercício (despesa de IR e CSLL).

Essa hipotética PERDA de R$ 10 bi da Vale poderá se repetir em um significativo grupo de empresas brasileiras, que tem bom volume na Parte B do e-LALUR de adições (líquidas das exclusões) temporárias e prejuízos fiscais. Essa perda acontece pelo fato da despesa ter sido considerada não dedutível, gerando IR + CSLL pagos com alíquota de 34%. Se a alíquota for reduzida, a exclusão futura será feita com alíquota menor (26%, por exemplo, como sugerido no PL nº 2.337/2021), gerando redução do ativo registrado.

Com os prejuízos fiscais gerados até 2021, pode acontecer situação idêntica. Porém, a empresa efetivamente não desembolsou qualquer valor de IR + CSLL e, se constituiu um ativo fiscal diferido, com expectativa de compensar os tributos em 34% do lucro tributável futuro, infelizmente deverá reduzir este ativo caso de redução de alíquota.

23.16 Um olhar no passado para pensar sobre a redução acentuada de alíquota do IR + CSLL e os impactos patrimoniais

No final do século/milênio passado, aconteceu algo similar ao atual em alguns setores específicos (financeiro e segurador) e houve ajuste legislativo para compensar a perda citada no caso Vale, a qual deverá se estender para muitas empresas de grande porte de diferentes setores.

Até 31/DEZ/98, as instituições financeiras e seguradoras estavam sujeitas à alíquota de 18% para a CSLL, que foi reduzida no art. 7º da MP nº 2.158-35/2001 para 8% a partir de JAN/99. Assim, as empresas vinculadas ao Bacen, Susep e Previc teriam uma redução no resultado e patrimônio líquido de 10% sobre o saldo de adições temporárias (líquidas das exclusões) e bases negativas reconhecidas no ativo como crédito tributário diferido.

Pois bem, por conta da redução de alíquota, o art. 8º da citada MP permitiu para bancos, seguradoras e equiparadas o registro no ativo de 18% do saldo constante na Parte B do LALUR como CSLL a compensar. É isso mesmo que você leu: se a empresa já vinha reconhecendo seus créditos tributários diferidos até DEZ/98, foi possível transferir o saldo para uma conta com compensação imediata, a partir de JAN/99, com a CSLL devida por sua apuração mensal. Contudo, alguns pontos foram inseridos na MP:

- As adições temporárias e as bases negativas convertidas em CSLL a compensar no ativo não poderão ser excluídas/compensadas nas apurações da CSLL a partir de JAN/99.
- O valor registrado no ativo não será objeto de qualquer atualização de juros e não terá prazo decadencial para a compensação.
- A CSLL a compensar registrada não poderá ser utilizada para compensar qualquer outro tributo (IR, PIS, COFINS, IPI e outros) e não será restituída em dinheiro.

- A compensação será limitada a 30% da CSLL devida em cada período de apuração.

Por exemplo, suponha que o Banco da Praça tivesse em DEZ/98 os seguintes valores em seu controle fiscal (na época, inexistia um livro formal para a CSLL nos moldes do LALUR):

- Adições temporárias de R$ 800 que, para fins didáticos, seriam utilizadas (excluídas) nos primeiros quatro anos (1999 a 2002), de forma linear, R$ 200 ao ano.
- Bases negativas de R$ 200, oriundas de prejuízos apurados até 1998.

Admita que o Banco da Praça apresentasse LAIR de R$ 2.000 anualmente nos quatro anos seguintes, totalizando R$ 8 mil no quadriênio de 1999 a 2002. Para fins didáticos, serão desconsiderados o IR e os demais tributos e ajustes.

No caso, o Banco da Praça pode registrar no seu ativo (CSLL a compensar) o correspondente a R$ 180 (18% sobre R$ 1.000), que será compensado sempre com 30% da CSLL devida.

Observe, nas Tabelas 23.21 e 23.22, como seria o cálculo da CSLL[7] devida se NADA FOSSE FEITO comparativamente ao cálculo pela APLICAÇÃO PRÁTICA DO ART. 8º DA MP nº 2.158-35/2001.

É possível observar que o Banco da Praça pagou R$ 100 a menos de CSLL nos quatro anos por conta do dispositivo criado pelo art. 8º da MP nº 2.158-35/2001. A explicação foi a permissão para registrar o ativo de R$ 180 referente ao total de R$ 1 mil de adições temporárias (800) e bases negativas (200). Perceba que foi compensada toda a CSLL reconhecida no ativo nos quatro anos, o que nem sempre é possível, pois, dependendo do volume de adições temporárias e da base da CSLL, a aplicação pode ser onerosa inicialmente, por conta da trava de 30% para compensação. Na essência, o valor de R$ 100 representou a redução da alíquota de 10% (de 18% para 8%) que foi reconhecida no ativo.

Para você entender os riscos dessa situação, vamos manter quase todos os números apresentados pelo Banco da Praça, com a única mudança no LAIR de cada ano, que será reduzido de R$ 2 mil para R$ 500. Veja o que iria acontecer nas Tabelas 23.23 e 23.24.

O Banco da Praça, no caso, fez a opção pelo art. 8º da MP e desembolsou a mais de CSLL o total de R$ 32 durante os quatro anos, sinalizando antecipação do valor que seria devido se ele não tivesse optado e assumisse a perda de R$ 100 (10% sobre R$ 1 mil). Na situação descrita, o Banco da Praça mantém no seu ativo (sem qualquer atualização) o valor de R$ 132 (180 – 48), que será aproveitado nos anos seguintes. Supondo a manutenção do LAIR em R$ 500 nos próximos anos

TABELA 23.21 CSLL devida pelo banco da praça se nada fosse feito pelo legislador

BASE DA CSLL	1999	2000	2001	2002	SOMA
LUCRO ANTES DE IR + CSLL	2.000	2.000	2.000	2.000	8.000
(–) EXCLUSÃO	(200)	(200)	(200)	(200)	(800)
LUCRO LÍQ. AJUSTADO	1.800	1.800	1.800	1.800	7.200
(–) COMP. BASE NEGATIVA	(200)	–	–	–	(200)
LUCRO TRIBUTÁVEL	1.600	1.800	1.800	1.800	7.000
CSLL DEVIDA – 8%	**128**	**144**	**144**	**144**	**560**

TABELA 23.22 CSLL devida pelo banco da praça com aplicação do art. 8º da MP nº 2.158-35/2001

BASE DA CSLL	1999	2000	2001	2002	SOMA
LUCRO ANTES DE IR + CSLL	2.000	2.000	2.000	2.000	8.000
CSLL devida (despesa) – 8%	160	160	160	160	640
(–) Compensação CSLL no ativo	(48)	(48)	(48)	(36)	(180)
CSLL DEVIDA – 8%	**112**	**112**	**112**	**124**	**460**

[7] Para fins didáticos, foram desconsiderados os adicionais cobrados no período de CSLL, mantendo a alíquota fixa em 8%.

TABELA 23.23 CSLL devida pelo banco da praça se nada fosse feito pelo legislador

BASE DA CSLL	1999	2000	2001	2002	SOMA
LUCRO ANTES DE IR + CSLL	500	500	500	500	2.000
(–) EXCLUSÃO	(200)	(200)	(200)	(200)	(800)
LUCRO LÍQ. AJUSTADO	300	300	300	300	1.200
(–) COMP. BASE NEGATIVA	(90)	(90)	(20)	–	(200)
LUCRO TRIBUTÁVEL	210	210	280	300	1.000
CSLL DEVIDA – 8%	**16,80**	**16,80**	**22,40**	**24,00**	**80**

TABELA 23.24 CSLL devida pelo banco da praça com aplicação do art. 8º da MP nº 2.158-35/2001

BASE DA CSLL	1999	2000	2001	2002	SOMA
LUCRO ANTES DE IR + CSLL	500	500	500	500	2.000
CSLL devida (despesa) – 8%	40	40	40	40	160
(–) Compensação CSLL no ativo	(12)	(12)	(12)	(12)	(48)
CSLL DEVIDA – 8%	**28**	**28**	**28**	**28**	**112**

(2003 em diante), o Banco iria reduzir a CSLL em R$ 12 (30% de R$ 40, calculados aplicando 8% sobre R$ 500), demorando mais 11 anos para compensar todo o saldo de R$ 132. Por isso é que cada situação deve ser analisada de forma específica.

O PL nº 2.337/2021 não foi aprovado pelo Congresso Nacional, então não há preocupação momentânea como as perdas explicadas no tópico. Contudo, o conteúdo aqui explicado poderá ser utilizado no ano em que as alíquotas de IR ou CSLL forem reduzidas, o que deve acontecer, se não em 2022, no médio prazo.

23.17 A contabilidade moderna e os ativos e passivos fiscais diferidos

Com a modernização da contabilidade brasileira desde o final da primeira década do século, as empresas tiveram aumento significativo nos registros de ativos e passivos fiscais diferidos, pois foi bem maior o número de adições e exclusões temporárias nas bases de IR e CSLL, e até nas bases de PIS e COFINS.

Nos arrendamentos mercantis financeiros, por exemplo, a dedução fiscal é diferente dos valores registrados em resultado na contabilidade, produzindo exclusões (ou, ocasionalmente, adições) temporárias, que devem trazer passivos (ou, ocasionalmente, ativos) fiscais diferidos.

Por exemplo, suponha uma contraprestação paga de R$ 200,00 (valor dedutível), contra despesa de depreciação mais despesas financeiras atreladas ao financiamento do bem arrendado de R$ 150,00. Caso a empresa somente tivesse essas despesas e uma receita total de R$ 500,00, o lucro contábil antes dos tributos seria R$ 350,00, o que direcionaria a despesa de IR + CSLL para R$ 119,00 (34% de R$ 350,00). Já o valor a pagar de tributos monta R$ 102,00 (34% de R$ 300,00). A diferença de R$ 17,00 (R$ 119,00 menos R$ 102,00) representa um passivo fiscal diferido, pois há um IR + CSLL a pagar sobre R$ 50,00, que será feito no futuro, pois a empresa teria deduzido despesas de arrendamento mercantil em R$ 50,00 a mais do que o registrado na contabilidade. Mas apenas temporariamente.

No ajuste a valor presente, uma receita de vendas a prazo, que seria contabilizada originalmente por R$ 1.000,00, pode ser registrada por R$ 700,00, por exemplo. Admitindo uma alíquota combinada de IR + CSLL de 34%, a despesa com os tributos será R$ 238,00 (34% de R$ 700,00), mas o IR + CSLL a pagar será de R$ 340,00 (34% de R$ 1.000,00), com o valor de R$ 102,00 sendo antecipado pela empresa, o que ensejará um registro em ativo fiscal diferido.

Nos registros na conta de ajustes de avaliação patrimonial, é importante não esquecer os efeitos fiscais. Como essa conta do PL tem característica transitória e irá funcionar somente até a efetivação da receita (ou da despesa), qualquer ajuste realizado lá deve ter um registro simultâneo reconhecendo os efeitos fiscais do aumento (ou redução) do PL.

Suponha um ativo registrado por R$ 10.000,00 na contabilidade e cujo valor justo monta R$ 12.000,00 em JUN/2021. Considerando as alíquotas vigentes de IR e CSLL e que a receita relativa ao rendimento integre a base de cálculo dos tributos, teríamos a seguinte situação em junho, por ocasião da avaliação pelo valor justo:

DÉBITO:	ATIVO	
CRÉDITO:	PL (AJ. AVAL. PATRIMONIAL)	2.000,00
DÉBITO:	PL (AJ. AVAL. PATRIMONIAL)	
CRÉDITO:	IR + CSLL DIFERIDO (PASSIVO)	R$ 680,00
		(34% de R$ 2.000,00)

Posteriormente, quando do vencimento do ativo, supondo que ele seja liquidado por R$ 13.000,00, teríamos os seguintes registros contábeis, antes da baixa do ativo:

DÉBITO:	ATIVO	R$ 1.000,00
DÉBITO:	PL (AJ. AVAL. PATRIMONIAL)	R$ 2.000,00
CRÉDITO:	RECEITA FINANCEIRA	R$ 3.000,00
DÉBITO:	DESPESA DE IR + CSLL	
CRÉDITO:	IR + CSLL A PAGAR	R$ 1.020,00
		(34% s/ R$ 3.000,00)
DÉBITO:	IR + CSLL DIFERIDO (PASSIVO)	
CRÉDITO:	PL (AJ. AVAL. PATRIMONIAL)	R$ 680,00

É possível perceber que a empresa irá pagar R$ 1.020,00 de IR + CSLL, correspondendo exatamente ao lucro de R$ 3.000,00, obtido na operação (34%). Contudo, o valor a pagar começou a ser registrado lá atrás, parte quando da avaliação pelo VALOR JUSTO e parte quando da liquidação da operação e posterior registro da receita.

E o mais importante: não houve distorção na evolução do PL ao longo dos períodos, o que teria ocorrido se o ajuste de avaliação patrimonial fosse reconhecido pelo acréscimo sem considerar os efeitos fiscais.

23.18 Absorção da leitura: dez questões de múltipla escolha

Recomenda-se fazer as questões pelo menos um dia depois da leitura do capítulo.

Q1

A Cia. Beta tem um LAIR de R$ 1.250. Analisando este resultado positivo, encontramos dois itens que necessitam de ajuste para cálculo de IR + CSLL pela alíquota combinada vigente de 34%:

- Despesa com provisão para perdas em garantias oferecidas aos clientes de R$ 150.
- Receita com dividendos recebidos de participações avaliadas ao custo de aquisição de R$ 50.

Assim, calculando corretamente os tributos sobre o lucro e registrando os tributos diferidos sobre os ajustes temporários, a Cia. Beta apresentou, ao final do período, um lucro líquido de:

(A) R$ 791.

(B) R$ 792.

(C) R$ 825.

(D) R$ 842.

(E) R$ 891.

Q2

A Cia. Lilás é uma empresa comercial tributada pelo lucro real. No ano de 2009, apresentou um lucro antes do IR de R$ 200. Sabemos que, neste resultado, há uma despesa de doação não dedutível no valor de R$ 50. Considerando somente estas informações e as legislações societária e tributária vigentes (alíquota de IR de 34%), o lucro líquido apurado em 2009 pela Cia. Lilás monta:

(A) R$ 99,00.

(B) R$ 115,00.

(C) R$ 132,00.

(D) R$ 149,00.

(E) R$ 165,00.

Q3

A nota explicativa de reconciliação de alíquotas é uma forma de explicar ao investidor/leitor das demonstrações financeiras acerca da alíquota efetiva a que a empresa/grupo foi submetida naquele período e os motivos que explicam a diferença entre esta alíquota efetiva e a alíquota nominal. Assim, suponha que determinado grupo apresente em suas DFs consolidadas de 2019 despesa de IR + CSLL de 26% na sua DRE, portanto menor que 34% (alíquota combinada vigente no país). O item que justificaria essa diferença e precisa ser informado na nota explicativa é:

(A) Prejuízo fiscal apurado em empresa controlada no Brasil (2019), sem registro de IR diferido.

(B) Prejuízo apresentado (2019) em controlada no Uruguai, cuja alíquota de imposto de renda monta 31%. A controlada registrou o IR diferido calculado sobre o prejuízo apurado.

(C) Subvenção para investimentos, referente a um terreno recebido da prefeitura para construção de nova unidade da empresa.

(D) Compensação de prejuízos fiscais de anos anteriores em empresa controlada, com registro de crédito tributário diferido na constituição.

(E) Ganho de capital apurado em venda do imobilizado, com recebimento previsto para o ano de 2020.

Q4

O registro da despesa de imposto de renda e contribuição social sobre o lucro líquido deve ser feito pelo regime de competência, com aplicação das alíquotas vigentes no país sobre o lucro contábil apurado antes do cálculo dos dois tributos citados. No Brasil, uma empresa comercial tributada pelo lucro real, ao aplicar adequadamente o Pronunciamento nº 32 do Comitê de Pronunciamentos Contábeis (CPC), terá a despesa de IR + CSLL maior que sua alíquota combinada de IR e CSLL (34%) se, dentro do resultado, a empresa apresentar despesas de:

(A) Multas de trânsito.

(B) Remuneração a diretores (*pro labore*).

(C) Perdas estimadas de crédito (PDD).

(D) Provisão para perdas em processos trabalhistas.

(E) Refeição fornecida aos empregados.

Q5

Analise os dados da Cia. Azul:

▪ Lucro antes do imposto de renda	R$ 1.000
▪ Adições temporárias	R$ 80
▪ Adições definitivas	R$ 40
▪ Exclusões definitivas	R$ 10

A empresa registra seu imposto de renda de forma adequada, de acordo com as normas de CVM. Informe o lucro líquido da Cia. Azul após o registro do imposto de renda (alíquota de 30%):

(A) R$ 621.

(B) R$ 691.

(C) R$ 697.

(D) R$ 700.

(E) R$ 721.

Q6

Representa exclusão permanente (definitiva) em 2020, reduzindo a alíquota efetiva de IR + CSLL:

(A) Reversão de provisão para perdas trabalhistas cuja ação não foi perdida.

(B) Ajuste positivo de ativos avaliados a valor justo.

(C) Lucro em venda realizada para a prefeitura de Barueri-SP, com recebimento em 2021.

(D) Lucro na venda de bens do ativo imobilizado, com recebimento em 2021.

(E) Juros sobre capital próprio creditado pela empresa a seus três sócios, com pagamento em 2021.

Q7

A Cia. Rosa é uma empresa comercial tributada pelo lucro real. No ano de 2009, apresentou um lucro antes do IR de R$ 1.600. Sabemos que, neste resultado, há uma despesa de doação não dedutível no valor de R$ 200. Considerando somente estas informações e as legislações societária e tributária vigentes (alíquota de IR de 34%), o lucro líquido apurado em 2009 pela Cia. Rosa monta:

(A) R$ 924.

(B) R$ 988.

(C) R$ 1.056.

(D) R$ 1.188.

(E) R$ 1.124.

Q8

Uma empresa apresenta lucro antes de IR de R$ 600, sendo que apenas duas despesas não são dedutíveis: PDD de R$ 100 e despesa de brindes de R$ 50. Considerando uma alíquota de 30%, podemos afirmar que:

(A) A empresa deverá pagar R$ 195, mas sua despesa de IR será de R$ 180.

(B) A despesa com IR será de R$ 195, representando exatamente o valor a pagar.

(C) A despesa com IR será de R$ 225, representando exatamente o valor a pagar.

(D) A empresa deverá pagar R$ 225, mas sua despesa de IR será de R$ 180.

(E) A empresa deverá pagar R$ 225, mas sua despesa de IR será de R$ 195.

Q9

A Cia. Paris obteve lucro contábil de R$ 3.200, incluindo os seguintes valores:

- Brindes de R$ 40.
- Provisão para perdas trabalhistas de R$ 60.

Informe a despesa de IR (DRE) e o IR a pagar, respectivamente, com alíquota de 30%, em R$:

(A) 960 e 960.

(B) 960 e 972.

(C) 960 e 990.

(D) 972 e 960.

(E) 972 e 972.

(F) 972 e 990.

Q10

Admita que a Cia. Satélite apresentava saldo (líquido) de passivos fiscais diferidos no final de 2018 de R$ 340, assim composto:

- Ganho de capital não recebido de R$ 1.500, que gerou um passivo fiscal diferido de R$ 510.
- Perdas estimadas de crédito (PDD) de R$ 500, que geraram ativo fiscal diferido de R$ 170.

Tais saldos representavam a aplicação da alíquota de 34% sobre exclusões/adições temporárias ocorridas até esse ano de 2018.

Suponha que a legislação tributária seja modificada a partir de janeiro de 2019, com a alíquota combinada de IR+CSLL passando para 38% (aumento hipotético na alíquota da CSLL de 9% para 13%). Na abertura do ano de 2019, a Cia. Satélite, em sua contabilidade, deverá:

(A) Registrar um aumento líquido no ativo de R$ 40 com contrapartida em resultado (despesa de CSLL).

(B) Registrar um aumento líquido no ativo de R$ 40 com contrapartida diretamente no patrimônio líquido.

(C) Registrar um aumento líquido no passivo de R$ 40 com contrapartida em resultado (despesa de CSLL).

(D) Registrar um aumento líquido no passivo de R$ 40 com contrapartida diretamente no patrimônio líquido.

(E) Manter os saldos atuais, deixando os ajustes para serem realizados apenas no ano/período em que cada item for realizado.

O Gabarito das questões está disponível no final do livro, após o Anexo.

24

PARTICIPAÇÕES SOCIETÁRIAS

OBJETIVO DO CAPÍTULO

Apresentar o tratamento fiscal dado às participações societárias a partir da legislação contábil-societária, integrada com a Lei nº 12.973/2014. No final do capítulo, será possível:

- Distinguir o tratamento fiscal dado às participações societárias, entre os investimentos avaliados ao custo e aqueles avaliados pelo método de equivalência patrimonial.
- Separar o investimento e a parcela do ágio referente a avaliação individual de ativos ou passivos pelo valor justo do ágio não identificado (*goodwill*).
- Amortizar o ágio conforme os princípios de contabilidade, diferenciando a amortização contábil da permissão de dedução nas bases de IR e CSLL.

24.1 Crescimento nas aquisições de empresas

No mundo moderno e globalizado em que vivemos, cresce cada vez mais a disputa por fatias de mercado, sendo a aquisição de empresas uma das formas mais simples de uma instituição aumentar e diversificar sua participação no mercado.

Nas duas primeiras décadas do século XXI, presenciamos muitas aquisições de empresas em diversos setores da atividade econômica. No sistema financeiro, por exemplo, os grandes bancos privados do país carregam consigo uma enorme quantidade de outros bancos e empresas que compõem aquele conglomerado financeiro. E as aquisições e fusões continuam acontecendo, ano após ano.

Acontece que raramente uma aquisição é realizada exatamente pelo valor patrimonial, pois geralmente o patrimônio líquido não representa o valor da empresa. Aliás, a função da contabilidade enquanto ciência é muito mais relevante do que simplesmente registrar quanto vale a empresa. Essa informação costuma carregar componentes subjetivos, como o nome da empresa no mercado, a combinação dos recursos humanos, com as máquinas e equipamentos, os processos, enfim, componentes difíceis, senão impossíveis, de serem mensurados, avaliados e reconhecidos de forma precisa e objetiva.

24.2 Tipos e formas de avaliação de investimentos

A Lei nº 6.404/76, alterada pelas Leis nº 11.638/2007 e nº 11.941/2009, redefiniu critérios contábeis de avaliação de investimentos, que podem ser aferidos por três métodos: método de custo, método de valor justo e método de equivalência patrimonial. Além dos arts. 183 e 243 da referida Lei nº 6.404/76, o tema foi regulamentado nos Pronunciamentos nº 18, nº 19 e nº 28 do CPC.

O método da equivalência patrimonial (MEP) foi desenvolvido para refletir os acréscimos ou decréscimos no PL da empresa investida, referente a seus lucros ou prejuízos e outros eventos na empresa investidora.

Veja a definição extraída do Pronunciamento nº 18 do CPC:

> Método de equivalência patrimonial é o método de contabilização por meio do qual o investimento é inicialmente reconhecido pelo custo e posteriormente ajustado pelo reconhecimento da participação atribuída ao investidor nas alterações dos ativos líquidos da investida. O resultado do período do investidor deve incluir a parte que lhe cabe nos resultados gerados pela investida.

O conceito do MEP é baseado no fato de que os resultados e quaisquer variações patrimoniais de uma controlada ou coligada devem ser reconhecidos (contabilizados) no momento de sua geração, independentemente de serem ou não distribuídos.

A forma de realizar esse método consiste em registrar no investimento a parcela do investidor no lucro líquido e demais mutações no PL da investida, de acordo com as demonstrações contábeis desta.

Na verdade, trata-se de uma forma de consolidação parcial, restrita apenas ao patrimônio líquido e ao lucro líquido da investida. Este método requer que os lucros não realizados entre as empresas que integram o mesmo grupo empresarial sejam eliminados.

Portanto, a aquisição de ações ou cotas de uma empresa representa extensão das atividades de quem está comprando. A aquisição pode ser total ou parcial, relevante ou não, pode representar o controle ou apenas mera participação.

A avaliação a valor de custo representa o registro no ativo pelo valor pago na aquisição, sem modificação posterior até a venda, exceto se o valor de mercado for menor que o valor contábil, quando então será reconhecida uma provisão para perdas por *impairment*.

Já a avaliação a valor justo representa sempre o registro do investimento pelo valor líquido de realização, que sinaliza o valor de mercado menos os gastos necessários para realizar a venda.

24.3 Método de custo

Os investimentos avaliados ao custo são adquiridos e registrados pelo valor de compra, mesmo que tenham ágio ou deságio. As movimentações ocorridas no patrimônio líquido das empresas investidas não são refletidas no balanço do investidor. Os dividendos eventualmente recebidos serão registrados diretamente em receita, cujo valor deverá ser excluído das bases do imposto de renda e da contribuição social.

O recebimento de lucros ou dividendos até seis meses após a data da aquisição do investimento deverá ser deduzido da conta de investimentos, não sendo tratado como receita (RIR/18, art. 416).

24.4 Conceito societário de coligação e controle

A Lei nº 11.941/2009 (art. 37) alterou o art. 243 da Lei nº 6.404/76, explicando que são coligadas as sociedades nas quais a investidora tenha influência significativa. A influência se caracteriza quando a investidora detém ou exerce o poder de participar nas decisões das políticas financeira ou operacional da investida, sem controlá-la. E fica presumida a influência quando a investidora for titular de 20% ou mais do capital votante da investida.

A CVM esclarece na Instrução nº 605/2009 (que aprovou o Pronunciamento nº 18 do CPC) o que representa influência significativa, independentemente do percentual de participação. E diz que a existência de influência significativa por investidor geralmente é evidenciada por uma ou mais das seguintes formas:

- representação no conselho de administração ou na diretoria da investida;
- participação nos processos de elaboração de políticas, inclusive em decisões sobre dividendos e outras distribuições;
- operações materiais entre o investidor e a investida;
- intercâmbio de diretores ou gerentes; ou
- fornecimento de informação técnica essencial.

O pronunciamento permite que uma empresa participe em outra com mais de 20% e não a reconheça como coligada, dando permissão para uso da avaliação pelo método de custo. Quando há menção ao termo **influência significativa**, o CPC diz que A MENOS QUE POSSA SER NITIDAMENTE DEMONSTRADO O CONTRÁRIO. E mais adiante esclarece que a investidora deve avaliar se os potenciais direitos de voto contribuem para a influência significativa ou para o controle, reexaminando todos os fatos e circunstâncias (inclusive os termos do exercício dos potenciais direitos de voto e quaisquer outros ajustes contratuais considerados individualmente ou em conjunto) que possam afetar os direitos potenciais, exceto pela intenção da administração e a capacidade financeira em exercê-los ou convertê-los.

A entidade perde a influência significativa sobre a investida quando ela perde o poder de participar nas decisões sobre as políticas financeiras e operacionais daquela investida. A perda da influência significativa pode ocorrer com ou sem uma mudança no nível de participação acionária absoluta ou relativa. Isso pode ocorrer, por exemplo, quando uma coligada se torna sujeita ao controle de governo, tribunal, órgão administrador ou entidade reguladora. Isso pode ocorrer também como resultado de acordo contratual.

Em resumo: a Lei nº 6.404/76 determina o reconhecimento de MEP para todos os investimentos a partir de 20%, enquanto o Pronunciamento nº 18 do CPC admite outro tipo de avaliação a partir da análise em relação a influência significativa.

A mesma Lei nº 6.404/76 define **controlada** como a sociedade na qual a controladora, diretamente ou por meio de outras controladas, seja titular de direitos de sócio que lhe assegurem, de modo permanente, preponderância nas deliberações sociais e o poder de eleger a maioria dos administradores.

24.5 Extinção do conceito de relevância para fins de MEP

O método de equivalência patrimonial será aplicado para as sociedades coligadas e/ou controladas, não se aplicando mais o conceito de relevância, que definia o uso do MEP apenas nos investimentos:

a) em cada sociedade coligada ou controlada, se o valor contábil fosse igual ou superior a 10% (dez por cento) do valor do patrimônio líquido da investidora; ou
b) no conjunto das sociedades coligadas e controladas, se o valor contábil fosse igual ou superior a 15% (quinze por cento) do valor do patrimônio líquido da investidora.

O conceito de relevância foi (totalmente) extinto na Lei nº 12.973/2014, não causando mais confusão de interpretação nas situações em que o investimento deveria ser avaliado pelo MEP pela legislação societária, mas não encontrava amparo na legislação fiscal, aquela vigente em DEZ/2007. Agora, a regra foi unificada, descomplicando um pouco a vida das empresas.

Os investimentos que não são avaliados pelo método de equivalência patrimonial, conforme preconizado nos arts. 248 a 250 da Lei nº 6.404/76 (art. 183, inciso III), devem ser avaliados pelo custo de aquisição ou pelo valor justo.

24.6 A Lei nº 12.973/2014 e as participações societárias

Vamos apresentar aqui as mudanças introduzidas pela Lei nº 12.973/2014 em outros normativos, especificamente no Decreto-lei nº 1.598/77, sobre o tema relacionado a reconhecimento de participações societárias em empresas, incluindo registro de ágio e deságio, assim como nos processos de reorganização societária.

Para facilitar o entendimento, iremos apresentar as modificações na seguinte ordem:

1. A exposição de motivos da MP nº 627/2013, posteriormente convertida na Lei nº 12.973/2014.
2. A transcrição do disposto sobre o tema na Lei nº 12.973/2014. Quando essa lei modificar outros normativos, será feita também a transcrição do artigo original e as mudanças ao lado.
3. Alguns pequenos comentários.

Após a transcrição, a explicação técnica e didática sobre o tema, incluindo exemplos numéricos.

24.7 Participação em investidas avaliadas pelo MEP: desdobramento do custo de aquisição

A mudança no art. 20 da Lei nº 12.973/2014 teve o objetivo de alinhá-lo ao novo critério contábil de avaliação dos investimentos pela equivalência patrimonial, deixando expressa a sua aplicação a outras hipóteses além de investimentos em coligadas e controladas, e registrando separadamente o valor decorrente da avaliação ao valor justo dos ativos líquidos da investida (mais-valia) e a diferença decorrente de rentabilidade futura (*goodwill*). O § 3º determina que os valores registrados a título de mais-valia devem ser comprovados mediante laudo elaborado por perito independente que deverá ser protocolado na RFB ou cujo sumário deve ser registrado em Cartório de Registro de Títulos e Documentos até o último dia útil do décimo terceiro mês subsequente ao da aquisição da participação. Outrossim, em consonância com as novas regras contábeis, foi estabelecida a tributação do ganho por compra vantajosa no período de apuração da alienação ou baixa do investimento.

Veja o art. 20 com a versão original e a modificação (destaque para o que mudou) introduzida pela Lei nº 12.973/2014, no Quadro 24.1.

Portanto, a Lei nº 12.973/2014 promoveu ajuste no art. 20 do Decreto-lei nº 1.598/77, refletindo o que está apresentado no Pronunciamento nº 18 do CPC, separando o registro dos investimentos e separando ágio e deságio em duas partes:

- mais ou menos-valia dos ativos líquidos; e
- *goodwill* ou ganho por compra vantajosa.

24.8 Avaliação do investimento no balanço

Os arts. 21 a 23 foram modificados apenas com o intuito de alinhá-los ao novo critério contábil de avaliação dos investimentos pela equivalência patrimonial, deixando expressa a sua aplicação a outras hipóteses além de investimentos em coligadas e controladas. Além disso, a alteração do art. 23 tem como objetivo atualizar o seu comando de forma a refletir as regras de tributação em

QUADRO 24.1 Lei nº 12.973/2014 – art. 2º – alterações no Decreto-lei nº 1.598/77

TEXTO ORIGINAL	TEXTO AJUSTADO LEI Nº 12.973/2014
Art. 20 O contribuinte que avaliar investimento em sociedade coligada ou controlada pelo valor de PL deverá, por ocasião da aquisição da participação, desdobrar o custo de aquisição em: I – Valor de patrimônio líquido na época da aquisição, determinado de acordo com o disposto no artigo 21; e II – Ágio ou deságio na aquisição, que será a diferença entre o custo de aquisição do investimento e o valor de que trata o número I. III – NÃO EXISTIA § 1º O valor de PL e o ágio ou deságio serão registrados em subcontas distintas do custo de aquisição do investimento. § 2º O lançamento do ágio ou deságio deverá indicar, dentre os seguintes, seu fundamento econômico: a) valor de mercado de bens do ativo da coligada ou controlada superior ou inferior ao custo registrado na sua contabilidade; b) valor de rentabilidade da coligada ou controlada, com base em previsão dos resultados nos exercícios futuros; c) fundo de comércio, intangíveis e outras razões econômicas. § 3º O lançamento com os fundamentos de que tratam as letras *a* e *b* do § 2º deverá ser baseado em demonstração que o contribuinte arquivará como comprovante da escrituração.	Art. 20 O contribuinte que avaliar investimento pelo valor de patrimônio líquido deverá, por ocasião da aquisição da participação, desdobrar o custo de aquisição em: I – Valor de patrimônio líquido na época da aquisição, determinado de acordo com o disposto no artigo 21; **II – Mais ou menos valia, que corresponde à diferença entre o valor justo dos ativos líquidos da investida, na proporção da porcentagem da participação adquirida, e o valor de que trata o inciso I do *caput*; e** **III – ágio por rentabilidade futura (*goodwill*), que corresponde à diferença entre o custo de aquisição do investimento e o somatório dos valores de que tratam os incisos I e II do *caput*.** **§ 1º Os valores de que tratam os incisos I a III do *caput* serão registrados em subcontas distintas.** § 2º REVOGADO **§ 3º O valor de que trata o inciso II do caput deverá ser baseado em laudo elaborado por perito independente que deverá ser protocolado na RFB ou cujo sumário deverá ser registrado em Cartório de Registro de Títulos e Documentos, até o último dia útil do décimo terceiro mês subsequente ao da aquisição da participação.**
§ 5º NÃO EXISTIA	**§ 5º A aquisição de participação societária sujeita à avaliação pelo valor do PL exige o reconhecimento e a mensuração:** **I – Primeiramente, dos ativos identificáveis adquiridos e dos passivos assumidos a valor justo; e** **II – Posteriormente, do ágio por rentabilidade futura (*goodwill*) ou do ganho proveniente de compra vantajosa.**
§ 6º NÃO EXISTIA	**§ 6º O ganho proveniente de compra vantajosa de que trata o § 5o, que corresponde ao excesso do valor justo dos ativos líquidos da investida, na proporção da participação adquirida, em relação ao custo de aquisição do investimento, será computado na determinação do lucro real no período de apuração da alienação ou baixa do investimento.**
§ 7º NÃO EXISTIA	**§ 7º A RFB disciplinará o disposto neste artigo, podendo estabelecer formas alternativas de registro e de apresentação do laudo previsto no § 3º.**

bases universais, que, desde a entrada em vigor da Lei nº 9.249/95, passaram a tributar os ganhos de capital derivados de empresas domiciliadas no exterior.

24.9 Participação societária: impacto da variação de ativos avaliados a valor justo

A criação dos dois anexos ao art. 24 da Lei nº 12.973/2014 teve objetivo de disciplinar o tratamento contábil para a contrapartida do ajuste por MEP quando a investida tiver ativos e passivos avaliados a valor justo.

O *caput* do art. 24-A dá o tratamento contábil para o aumento decorrente de ajuste a valor justo efetuado na investida, determinando que o valor deve ser compensado com a baixa do respectivo valor registrado a título de "mais-valia". Na hipótese de o ajuste a valor justo corresponder a bens diferentes daqueles que originaram o valor registrado como "mais-valia" ou de a avaliação resultar em valor superior àquele registrado, o § 1º determina que o aumento seja tributado, salvo se a investidora evidenciar contabilmente em subconta vinculada à participação societária. Os §§ 2º e 3º disciplinam o tratamento do valor mantido em subconta.

Já o *caput* do art. 24-B dá o tratamento contábil para a redução decorrente de ajuste a valor justo efetuada na investida, determinando que o valor deve ser compensado com a baixa do respectivo valor registrado a título de "menos-valia". Na hipótese de o ajuste a valor justo corresponder a bens diferentes daqueles que originaram o valor registrado como "menos-valia" ou de a avaliação resultar em valor inferior àquele registrado, o § 1º determina que o valor seja evidenciado contabilmente em subconta vinculada à participação societária. Os §§ 2º a 3º disciplinam o tratamento do valor mantido em subconta. O § 4º determina que a perda será indedutível na hipótese de descumprimento dos requisitos previstos no artigo. O § 5º, assim como o § 4º do art. 24-B, diz que a RFB irá disciplinar o controle em subcontas de que tratam estes artigos. Ao leitor interessado, recomendo a leitura dos artigos.

24.10 Amortização do ágio e do deságio

O objetivo principal das alterações nos arts. 25 e 33 da Lei nº 12.973/2014 foi manter o tratamento tributário presente na legislação vigente, anulando os efeitos decorrentes da realização da mais ou menos-valia e do *goodwill* na apuração do lucro real. Esses valores somente poderão ser computados na alienação ou baixa do investimento.

A alteração da parte final do inciso II do art. 33 do Decreto-lei nº 1.598/77 tem o intuito de evitar uma interpretação extensiva, que possibilite a inclusão da baixa prevista nos arts. 24-A e 24-B desse Decreto-lei, na apuração do ganho de capital na alienação ou baixa do investimento.

Não há novidade aqui, somente a definição de que a amortização do ágio reconhecida em despesa não será dedutível na base do IR. O deságio, quando apurado em conjunto com o ágio ou no caso pouco provável de menos-valia de ativo líquido não registrada, continua com a mesma regra. Contudo, aquele deságio (líquido) apurado na compra sem vinculação com valor justo de ativos e passivos deve ser reconhecido contabilmente como receita, chamada de ganho em compra vantajosa.

24.11 Tratamento fiscal das participações societárias nos processos de reorganização societária, incluindo tratamento do ágio e do deságio

O tema participações societárias já foi tratado nas modificações efetuadas no Decreto-lei nº 1.598/77. Aqui, entre os arts. 19 e 27 da MP nº 627/2013 (convertida na Lei nº 12.973/2014), houve a regulamentação sobre o tratamento tributário a ser dado nas situações de incorporação, fusão e cisão. Inicialmente, vamos trazer a exposição de motivos apresentada na Medida Provisória. Em seguida, o texto legal. E, posteriormente, alguns comentários.

24.11.1 Exposição de motivos

Os arts. 20 e 21 da Lei nº 12.973/2014 dispõem sobre o tratamento tributário a ser dado à mais ou menos-valia que integrará o custo do bem que lhe deu causa na hipótese de fusão, incorporação ou cisão da empresa investida. Tendo em vista as mudanças nos critérios contábeis, a legislação tributária anterior revelou-se superada, haja vista não tratar especificamente da mais ou menos-valia, daí a necessidade de inclusão desses dispositivos estabelecendo as condições em que os valores poderão integrar o custo do bem para fins tributários. Os referidos dispositivos devem ser analisados juntamente com o disposto nos arts. 37 a 39.

As novas regras contábeis trouxeram grandes alterações na contabilização das participações societárias avaliadas pelo valor do patrimônio líquido. Dentre as inovações introduzidas destacam-se a alteração quanto à avaliação e ao tratamento contábil do novo ágio por expectativa de rentabilidade futura, também conhecido como *goodwill*. O art. 22 estabelece prazos e condições para a dedução do novo ágio por rentabilidade futura (*goodwill*) na hipótese de a empresa absorver patrimônio de outra, em virtude de incorporação, fusão ou cisão, na qual detinha participação societária adquirida com *goodwill*, apurado segundo o disposto no inciso III do art. 20 do Decreto-lei nº 1.598/77. Esclarece que a dedutibilidade do *goodwill* só é admitida nos casos em que a aquisição ocorrer entre empresas independentes.

O art. 23 dispõe sobre o tratamento tributário do ganho por compra vantajosa na hipótese de incorporação, fusão ou cisão da participação societária que gerou o referido ganho.

O art. 24 autoriza o mesmo tratamento previstos nos arts. 20 a 23 na hipótese de a empresa incorporada, fusionada ou cindida for aquela que detinha a propriedade da participação societária.

O art. 24 estabelece o conceito de partes dependentes para fins do disposto nos arts. 20 e 22.

O art. 26 dispõe que as avaliações a valor justo efetuadas na sucedida não poderão ser consideradas no patrimônio da sucessora. Caso a subconta que evidencia os ganhos e perdas decorrentes de avaliação a valor justo seja transferida da sucedida para a sucessora, essa poderá dar o mesmo tratamento tributário dos arts. 13 e 14.

O art. 27 estabelece o tratamento tributário a ser dado ao ganho por compra vantajosa apurado. Tem o intuito de manter tratamento tributário idêntico ao previsto no art. 22 (reconhecimento da compra vantajosa no prazo de cinco anos contados da data do evento).

No art. 28 foi mantido o tratamento tributário anteriormente previsto, permitindo o reconhecimento da redução do *goodwill* quando da alienação da participação.

Na prática, estes artigos confirmam o modelo anterior de dedutibilidade do ágio, considerando-o dedutível apenas em duas situações:

1. na venda da empresa investida; ou
2. na sucessão, caso a empresa investida seja transferida para outra mediante incorporação, fusão ou cisão.

A novidade, que foi prevista no § 3º do art. 20 do Decreto-lei nº 1.598/77, ficou por conta da exigência do laudo preparado por peritos independentes e registrado na RFB para apuração do ágio e sua separação entre ágio gerado por mais-valia dos bens e ágio gerado por rentabilidade futura (*goodwill*). Importante explicar que o laudo somente passou a ser exigido nas aquisições de participações societárias a partir do fim do RTT, que aconteceu em DEZ/2014 na maioria das empresas.

Na venda, a dedutibilidade acontece no momento do evento. A lógica é que o ágio gerado, seja por mais-valia seja por *goodwill*, foi materializado com a venda.

Já na incorporação, por exemplo, o ágio registrado na investidora referente a empresa investida torna-se dedutível, da seguinte forma:

- Se oriundo de mais-valia, a dedutibilidade acontecerá por ocasião de depreciação, amortização, exaustão, baixa ou venda do bem que gerou o ágio, sendo dedutível neste momento aquela parcela já baixada.
- Se oriundo de *goodwill*, será dedutível no período de 60 meses, a razão de 1/60 por mês.

24.12 Considerações, comentários e exemplos sobre as modificações da Lei nº 12.973/2014 em relação às participações societárias

Após trazer o texto da Lei nº 12.973/2014 sobre tema tão específico, a partir daqui serão apresentados comentários, detalhes e alguns exemplos numéricos para auxiliar na compreensão do tratamento contábil e fiscal das aquisições de participações societárias, principalmente pelo método de equivalência patrimonial. Antes de avançar no estudo, importante mostrar como era o desdobramento do ágio e deságio até 2007.

24.13 Ágio e deságio: tratamento até DEZ/2007

Conforme já descrito, raramente acontece uma aquisição de ações ou cotas de uma empresa pelo seu valor patrimonial. Normalmente, elas são compradas com ágio, que significa o pagamento por um valor maior do que o registrado na contabilidade da empresa adquirida.

O conceito de ágio e deságio nos remete inicialmente ao conceito de patrimônio líquido, que significa o conjunto de bens, mais os direitos e menos as obrigações, em qualquer entidade empresarial. Veja um exemplo a seguir.

A Cia. Goiás pertencia à família Guerra, com patrimônio líquido de R$ 100. A Cia. Brasília compra 100% da empresa, sendo que esta compra pode ser feita por uma das seguintes formas:

a) Compra por R$ 100, sendo que neste caso não existe ágio ou deságio, pois a aquisição ocorreu exatamente pelo valor do patrimônio líquido da empresa.
b) Compra por R$ 120, gerando uma despesa de R$ 20, pois um bem (Cia. Goiás) que valia R$ 100 foi adquirido por R$ 120. Essa despesa representa o ágio na operação.
c) Compra por R$ 80, gerando uma receita de R$ 20, pois o bem (Cia. Goiás) que valia R$ 100 foi adquirido por R$ 80. Essa receita representa o deságio na operação.

Portanto, a aquisição de qualquer investimento era desdobrada em duas contas: o investimento na empresa, avaliado exatamente pelo valor do seu patrimônio líquido; e o ágio ou o deságio gerado na operação.

A Instrução CVM nº 247/96 dizia que o ágio ou deságio computado na ocasião da aquisição ou subscrição do investimento deveria ser contabilizado no ativo, com indicação do fundamento econômico que o determinou. Este fundamento pode ser assim justificado:

a) Diferença entre o valor de mercado e o valor contábil de ativos da empresa investida.
b) Diferença entre o valor pago e o valor de mercado dos ativos da investida. Esse valor pode ser proveniente de:
    - expectativa de rentabilidade futura; ou
    - direito de exploração de concessão ou permissão delegados pelo Poder Público.

Portanto, todo e qualquer ágio ou deságio obtido em aquisições de companhias abertas teria que ser justificado da forma descrita.

O ágio era amortizado, dependendo de seu fundamento, assim como o deságio. Se proveniente do valor de mercado identificado de bens, a amortização era feita conforme a baixa desses bens no ativo da controlada ou coligada; se proveniente de rentabilidade futura, a amortização seria feita conforme estudo que fundamentasse a expectativa de rentabilidade futura.

A legislação fiscal era o próprio Decreto-lei nº 1.598/77 (art. 20 já apresentado aqui), que praticamente direcionava o motivo do ágio para a rentabilidade futura, por conta da possibilidade futura de dedução como despesa em caso de sucessão da investida. Na maioria das vezes que uma empresa era adquirida por outra com ágio, este era fundamentado com base na perspectiva de rentabilidade futura. Raramente se abria o ágio para reconhecer a mais-valia de ativos identificados.

24.14 Ágio e deságio: novo tratamento contábil-societário

O ajuste no art. 20 Decreto-lei nº 1.598/77 feito pela Lei nº 12.973/2014 integrou a legislação societária-fiscal com o Pronunciamento nº 18 do CPC. Assim, a lei modificou as terminologias, desdobrando obrigatoriamente o valor da aquisição em três contas distintas:

- participação na controlada ou coligada (com base no % do PL);
- mais-valia ou menos-valia dos ativos líquidos da investida avaliados individualmente a valor justo; e
- ágio por rentabilidade futura (*goodwill*) ou receita, referente ao ganho por compra vantajosa.

Assim, em toda aquisição de ações ou cotas que represente controle ou coligação, a investidora deverá proceder a avaliação dos ativos e passivos da investida a valor justo, para verificar se há mais ou menos-valia, que deve ser destacada do investimento em subconta interna. Em ágio efetivo (*goodwill*), não identificado, só ficará o valor pago por rentabilidade futura, que represente a diferença positiva entre o valor justo atribuído ao negócio e o valor justo dos ativos líquidos. Em síntese, representa o intangível, ou seja, aquela famosa combinação de ativos que geram "expectativa positiva de resultado". Caso essa diferença seja negativa, o valor será contabilizado diretamente em receita, considerado como ganho em compra vantajosa, conforme o Quadro 24.2.

Então, uma aquisição pode ter as seguintes combinações possíveis de INVESTIMENTO:

1. Pelo valor da participação sobre o PL, sem qualquer ágio ou deságio.
2. Apenas com ágio (mais-valia) ou com deságio (menos-valia).
3. Apenas com *goodwill* ou ganho por compra vantajosa.
4. Com ágio (mais-valia) e *goodwill*.

QUADRO 24.2

CONTAS	INVESTIMENTO	ÁGIO OU DESÁGIO (MAIS-VALIA OU MENOS-VALIA)	*GOODWILL* OU GANHO POR COMPRA VANTAJOSA
AVALIAÇÃO NA AQUISIÇÃO	Valor contábil dos ATIVOS LÍQUIDOS (PL) da empresa adquirida.	Diferença entre **valor justo** e **valor contábil** dos ATIVOS LÍQUIDOS (PL) da empresa adquirida, analisados de forma individualizada.	Valor pago a MAIOR ou a MENOR que o valor justo dos ATIVOS LÍQUIDOS (PL).
AVALIAÇÃO MENSAL	Avaliação mensal pelo PL da investida, gerando receita (não tributável) ou despesa (não dedutível) de MEP.	Amortização conforme realização dos ativos e passivos (despesa não dedutível e/ou receita não tributável).	Sem amortização, apenas com análise de *impairment* para possível constituição de provisão.
DEDUÇÃO OU TRIBUTAÇÃO	Apenas na **VENDA**, com apuração de ganho ou perda de capital. Na **SUCESSÃO**, o investimento é eliminado contra o PL da investida.	**VENDA** ou **SUCESSÃO** Na **VENDA**, imediatamente. Na **SUCESSÃO**, os ativos ou passivos já amortizados são dedutíveis/tributados e os saldos são integrados aos ativos e passivos originais, sendo incluídos nas bases de IR e CSLL pela realização.	Na **VENDA**, imediatamente. Na **SUCESSÃO**, são dedutíveis/tributados em cinco anos (sendo 1/60 por mês).

5. Com ágio (mais-valia) e ganho por compra vantajosa.
6. Com deságio (menos-valia) e *goodwill.*
7. Com deságio (menos-valia) e ganho por compra vantajosa.

No mundo real, o mais comum é ocorrer o item 4, compra com ágio, sendo esse desdobrado em mais-valia individualizada e *goodwill.* Veja alguns exemplos numéricos a seguir.

24.15 Exemplo numérico 1: compra com mais-valia e *goodwill*

A Cia. XIS adquire 70% das ações da Cia. EME (PL de R$ 200), pagando R$ 185. Os ativos e passivos da Cia. EME apresentam os valores demonstrados na Tabela 21.1.

TABELA 24.1

CIA. EME	VALOR CONTÁBIL	VALOR JUSTO	MAIS-VALIA
ATIVOS	300	360	60
PASSIVOS	100	120	20
PATRIMÔNIO LÍQUIDO	200	240	40

Com isso, o investimento de R$ 180 da Cia. XIS deverá ser registrado em seu ativo e destacado em subcontas, da seguinte forma:

- Participação na Cia. EME = R$ 140 (70% do PL de R$ 200)
- Mais-valia dos ativos líquidos = R$ 28 (70% da mais-valia líquida de R$ 40)
- Ágio por rentabilidade futura = R$ 17 (*goodwill*, sendo 185 menos 168)

A parcela conhecida como mais-valia, apurada pela diferença entre o valor contábil e o valor de mercado de ativos líquidos poderia ser desmembrada em duas contas: uma para registrar o ágio e outra para registrar o deságio, apurado por conta de passivo com valor justo maior que o valor contábil.

O ágio oriundo da mais-valia será registrado em contas de resultado (amortizado) quando os valores dos bens cujo valor justo esteja acima do valor contábil forem baixados, seja por depreciação, amortização ou alienação. E a contrapartida da redução do investimento será a conta de resultado de equivalência patrimonial, e não despesa de amortização de ágio, como acontecia antes. A adição será feita também na base da CSLL, o que não acontecia antes.

O deságio (caso seja destacado) será amortizado na medida em que a controlada (Cia. EME) reconheça os passivos ocultos e que foram apurados no momento da compra. No exemplo, a Cia. EME teria um passivo avaliado a valor justo em R$ 20 a mais que o valor contábil. Se reconhecesse R$ 10, o deságio seria amortizado em R$ 7, na proporção da participação detida pela Cia. XIS. E esse deságio será excluído das bases de IR e CSLL e controlado, assim como o ágio, na Parte B do LALUR. Estes valores (amortização de ágio e deságio) poderiam ser deduzidos ou teriam que ser tributados em duas situações:

1. Se a Cia. XIS vendesse sua participação na Cia. EME. Nesse caso, os valores já amortizados teriam que compor as bases de IR e CSLL imediatamente.
2. Se a Cia. EME fosse sucedida mediante incorporação, fusão ou cisão, os valores de mais ou menos-valia apurados e registrados na Cia. XIS e já amortizados seriam adicionados ou excluídos por ocasião do evento societário. E os valores remanescentes nas contas de ágio ou deságio seriam incorporados ao ativo ou passivo que o originou.

Já o valor do *goodwill* de R$ 17 será dedutível como despesa imediatamente na situação 1 (venda do investimento). Na situação 2, o valor será registrado no ativo da Cia. XIS no momento do evento societário e dedutível em cinco anos (1/60 por mês), sem necessidade de amortização contábil do ativo. Esse valor poderá ser excluído das bases de IR e CSLL, pois o ativo referente ao *goodwill* permanecerá reconhecido na Cia. XIS.

24.16 Exemplo 2: compra com mais-valia e ganho em compra vantajosa

A Cia. JOTA adquire, em JAN/2021, 90% das ações da Cia. EME (PL de R$ 400), pagando R$ 408. Os ativos e passivos da Cia. EME apresentam os valores demonstrados na Tabela 24.2.

TABELA 24.2

Cia. EME	VALOR CONTÁBIL	VALOR JUSTO	MAIS-VALIA
ATIVOS	800	920	120*
PASSIVOS	400	400	0
PATRIMÔNIO LÍQUIDO	400	520	120

* Representado por um veículo adquirido em JAN/2019 por R$ 1.000, depreciado em R$ 400, com saldo líquido de R$ 600, prazo de vida útil restante de três anos e valor justo de R$ 720.

Com isso, o investimento de R$ 408 da Cia. JOTA deverá ser registrado no ativo, em subcontas distintas, destacado da seguinte forma:

- (+) Participação na Cia. EME = R$ 360 (90% do PL de R$ 400)
- (+) Mais-valia dos ativos líquidos = R$ 108 (90% da mais-valia de R$ 120)
- (–) Ganho por compra vantajosa = R$ 60 (receita)

Suponha que a Cia. EME apure um lucro líquido de R$ 50 ao final do ano e utilize o veículo que gerou a mais valia e o deprecie normalmente (R$ 200 no ano). O PL da Cia. EME ficou em R$ 450 no final de 2021. Veja os registros contábeis da aquisição, da equivalência e da amortização do ágio na Cia. JOTA.

AQUISIÇÃO EM JAN/2021		
DÉBITO:	Participação na Cia. EME	360
DÉBITO:	Ágio mais-valia	108
CRÉDITO:	Caixa	408
CRÉDITO:	Ganho por compra vantajosa	60
APURAÇÃO DO MEP NO FINAL DE 2021		
DÉBITO:	Participação na Cia. EME	
CRÉDITO:	Resultado positivo de MEP	45 (90% do lucro obtido em 2021 de 50)
DÉBITO:	Resultado negativo de MEP	
CRÉDITO:	Ágio mais-valia	36 (90% da depreciação da mais-valia de 40*)

* O valor de R$ 40 seria a depreciação da parcela do veículo com valor justo acima do valor contábil (720 – 600 = 120, dividido pelos três anos restantes de vida útil).

A receita de R$ 60 registrada na Cia. JOTA por conta da aquisição da participação na Cia. EME não será tributável, devendo ser excluída nas bases de IR e CSLL. Todavia, tal exclusão será registrada na Parte B do LALUR, devendo ser adicionada em duas possíveis situações:

1. Quando a Cia. JOTA vender a Cia. EME, sendo a receita incluída integralmente nas bases de IR e CSLL neste caso.
2. Quando a Cia. EME for incorporada, fusionada ou cindida. Nesse caso, a receita de R$ 60 deverá ser tributada em 60 meses, a razão de R$ 1 por mês (1/60).

Importante esclarecer que a exclusão da receita de R$ 60 referente ao ganho por compra vantajosa será apenas nas bases de IR e CSLL. Nas bases de PIS e COFINS, o valor não será excluído, sendo tributado normalmente nas empresas que utilizam o lucro real.

A receita de R$ 45 (MEP) deverá ser excluída, sendo considerada uma exclusão definitiva. Já a despesa de R$ 36, referente à amortização do ágio mais-valia, deverá ser adicionada e levada para a Parte B do LALUR, pois o referido valor será dedutível nas bases de IR e CSLL se acontecer uma das duas situações descritas no item anterior: venda ou sucessão.

Admitindo que a Cia. EME fosse incorporada pela Cia. JOTA no dia 1º/JAN/2022, aconteceria o seguinte:

- O investimento seria eliminado contra o PL da Cia. EME. Admita, para fins didáticos, que a Cia. JOTA assumiu a obrigação com o minoritário de pagar sua participação a valor contábil imediatamente.
- O ágio mais-valia teria um saldo de R$ 72 (108 de valor original menos 36 amortizado em 2021). Esse saldo de R$ 72 seria incorporado ao imobilizado (veículo) e dedutível junto com a despesa de depreciação nos dois anos finais de uso do bem. Já aquele valor amortizado de R$ 36 seria considerado dedutível em JAN/2022, sendo excluído nas bases de IR e CSLL.
- O valor do ganho por compra vantajosa de R$ 60, excluído no momento da compra, seria adicionado a partir de JAN/2022, durante cinco anos, sendo R$ 1 por mês.

24.17 Exemplo 3: caso mais amplo

A Cia. PAI adquire, em JAN/x1, 90% da Cia. FILHO (PL de R$ 1.000), pagando R$ 1.500. Para registrar o investimento, pela aplicação do Pronunciamento nº 18 do CPC, foi necessário avaliar os ativos e passivos da Cia. FILHO a valor justo. Veja na Tabela 24.3 os dados da controlada.

TABELA 24.3 Balanço Patrimonial da Cia. Filho

	VALOR CONTÁBIL	VALOR JUSTO	MAIS-VALIA
Equipamentos	1.000	1.500	500
Patrimônio líquido	1.000	1.500	500

O registro contábil, em JAN/x1, na Cia. PAI será o seguinte:

DÉBITO: Participações na controlada FILHO	900
DÉBITO: Mais-valia na controlada FILHO	450
DÉBITO: Ágio por rentabilidade futura (*Goodwill*)	150
CRÉDITO: Disponibilidades	1.500

Para fins didáticos, suponha o seguinte:

a) A Cia. PAI só tinha o investimento na Cia. FILHO em JAN/x1.

b) O equipamento da Cia. FILHO será utilizado na exploração de sua atividade empresarial por cinco anos, gerando receita (líquida) anual de R$ 400.

c) O bem será utilizado pelo prazo de cinco anos, sendo doado ao final. O Fisco determina o mesmo prazo de cinco anos para depreciação do equipamento.

TABELA 24.4

DRE DA CIA. FILHO	X1	X2	X3	X4	X5
Receita bruta	400	400	400	400	400
(–) Depreciação	(200)	(200)	(200)	(200)	(200)
Lucro antes do IR	200	200	200	200	200
(–) IR corrente – 25%	(50)	(50)	(50)	(50)	(50)
LUCRO LÍQUIDO	150	150	150	150	150

TABELA 24.5

BALANÇO PATRIMONIAL DA CIA. FILHO	INÍCIO	X1	X2	X3	X4	X5
Disponibilidades*	0	290	580	870	1.160	1.450
Equipamentos	1.000	800	600	400	200	0
Total do ativo	1.000	1.090	1.180	1.270	1.360	1.450
Patrimônio líquido	1.000	1.090	1.180	1.270	1.360	1.450

* O caixa tem variação anual de R$ 290, sendo entrada de R$ 400 de receita menos saídas de R$ 50 para pagamento de IR e R$ 60 como distribuição de dividendos.

d) A Cia. FILHO distribui anualmente 40% de seu lucro. A distribuição acontece sempre em dezembro do próprio ano.
e) Em JAN/x6, a Cia. PAI vende sua participação na Cia. FILHO por R$ 1.905.
f) A alíquota de IR utilizada será de 25%. O imposto será pago no mesmo ano de apuração.

Veja a seguir o resultado e o balanço patrimonial da Cia. FILHO durante os cinco anos de operação.

Não foi necessário fazer o cálculo do IR, pois não há adições ou exclusões a fazer, bastando aplicar 25% sobre o LAIR para encontrar o imposto devido em cada ano.

Veja na Tabela 24.6 a DRE e o balanço patrimonial da Cia. PAI, com o reconhecimento da equivalência patrimonial e da amortização da mais-valia.

Gosto desses exercícios mais simples para entender os processos mais complexos. Pense o seguinte: a Cia. PAI adquiriu uma participação por R$ 1.500 e vendeu, cinco anos depois, por R$ 1.905. Auferiu um ganho líquido (econômico) nos cinco anos de R$ 405. Mas perceba que seu lucro líquido acumulado de x1 a x6 montou a R$ 675, o mesmo valor que foi acrescido ao seu caixa desde a aquisição, no início de x1 (R$ 1.500), antes da aquisição da participação na Cia. FILHO. A diferença entre o lucro líquido total da Cia. PAI (R$ 675) e o ganho líquido efetivo de R$ 405 se explica pelos dividendos (R$ 270) recebidos ao longo dos cinco anos.

Outra forma de entender o resultado positivo é a seguinte:

1. A Cia. FILHO lucrou R$ 750 ao longo dos cinco anos de operação.
2. Teoricamente, a parcela de 90% desse lucro deveria beneficiar a Cia. PAI, que adquiriu a maior parte das ações.
3. Foi exatamente o que ocorreu. O acréscimo no caixa (e no PL) da Cia. PAI foi R$ 675, sendo 90% de 750, logicamente incluindo a venda.

A recomendação é registrar todas as contrapartidas dos investimentos na conta de resultado de equivalência patrimonial, conta que tradicionalmente não é dedutível como despesa ou tributável como receita e que normalmente é considerada como ajuste definitivo.

Contudo, é fundamental ter cautela no caso, avaliando a possibilidade de considerar os ajustes referentes à mais-valia como temporários, pois, em uma situação de alienação do investimento, esses valores devem ser ajustados novamente. Veja, na Tabela 24.8, o cálculo do IR durante os seis anos.

TABELA 24.6

DRE DA CIA. PAI	X1	X2	X3	X4	X5	X6	TOTAL
Resultado MEP positivo	135	135	135	135	135	0	675
(–) MEP – mais-valia	(90)	(90)	(90)	(90)	(90)	0	(450)
(–) MEP – *goodwill*	0	0	0	0	0	(150)	(150)
(+) Ganho de capital	0	0	0	0	0	600	600
Lucro antes do IR	45	45	45	45	45	450	675
(–) IR corrente	0	0	0	0	0	0	0
LUCRO LÍQUIDO	45	45	45	45	45	450	675

TABELA 24.7

BALANÇO DA CIA. PAI	INÍCIO	X1	X2	X3	X4	X5	X6
Disponibilidades*	0	54	108	162	216	270	2.175
INVESTIMENTOS	1.500	1.491	1.482	1.473	1.464	1.455	0
Participação na Cia. FILHO	900	981	1.062	1.143	1.224	1.305	0
Mais-valia	450	360	270	180	90	0	0
Ágio (*goodwill*)	150	150	150	150	150	150	0
Total do ativo	1.500	1.545	1.590	1.635	1.680	1.725	2.175
Patrimônio líquido	1.500	1.545	1.590	1.635	1.680	1.725	2.175

* O caixa tem variação anual de R$ 54, sendo a distribuição de dividendos de R$ 54 (90% de R$ 60 que foram distribuídos pela Cia. FILHO). O aumento do caixa no último ano (x6) foi por conta da venda da sua participação na Cia. FILHO, R$ 1.905.

TABELA 24.8

CÁLCULO DO IR – CIA. PAI	X1	X2	X3	X4	X5	X6
LUCRO ANTES DO IR	45	45	45	45	45	450
(+) ADIÇÃO TEMPORÁRIA	90	90	90	90	90	150
(–) EXCLUSÃO DEFINITIVA	(135)	(135)	(135)	(135)	(135)	0
(–) EXCLUSÃO TEMPORÁRIA	0	0	0	0	0	(600)
LUCRO FISCAL	0	0	0	0	0	0
IR A PAGAR – 25%	0	0	0	0	0	0

Observe que todo valor referente ao ganho de capital foi excluído, retornando com as adições anteriores e que se referiram ao ágio, seja a mais-valia do equipamento ou o *goodwill*.

O reconhecimento de IR diferido poderia ser feito, desde que houvesse perspectiva de venda ou incorporação da Cia. FILHO. No exercício, a opção foi deixar de fazer o reconhecimento.

24.18 Reestruturação societária

Há várias formas de efetuar planejamento tributário, com objetivo principal de reduzir e amenizar os impactos fiscais nas empresas e pessoas físicas.

Uma das alternativas utilizadas pelas empresas para reduzir legalmente os encargos tributários é a reestruturação societária, ou seja, a criação, extinção, agrupamento ou desmembramento de empresas, sempre com objetivo final de redução do pagamento de impostos e contribuições, principalmente o imposto de renda e a contribuição social.

Os processos de reorganização societária podem ser simples ou complexos, dependendo do tamanho das empresas envolvidas e da variedade de situações existentes.

Os principais fatores que devem ser observados num processo de reestruturação societária são os:

a) Interesses de natureza societária entre cotistas e acionistas.
b) Aspectos operacionais, organizacionais e de sistemas, de modo a garantir uma relação de poderes estável para garantir a funcionalidade operacional da nova estrutura organizacional.
c) Aspectos financeiros, referentes a necessidades de novos recursos dos atuais acionistas, de recursos de novos acionistas ou de terceiros.
d) Aspectos tributários, referentes ao momento da reestruturação e, principalmente, a projeção dos impactos tributários após a reorganização societária. Esta análise deve considerar não só os aspectos fiscais das empresas como também os de seus acionistas ou cotistas, abrangendo, além do imposto de renda e da contribuição social, os demais tributos, como IPI, ICMS, ISS, COFINS etc.
e) Demais aspectos, como os específicos de cada setor (por exemplo, os aspectos do Banco Central do Brasil, para as instituições financeiras) e os temas ligados à legislação trabalhista, previdenciária etc.

As definições da legislação societária para os principais eventos de uma reestruturação societária são descritas a seguir:

INCORPORAÇÃO é a operação pela qual uma ou mais sociedades são absorvidas por outra, que lhes sucede em todos os direitos e obrigações.

FUSÃO é a operação pela qual se unem duas ou mais sociedades para formar uma nova sociedade, que lhe sucederá em todos os direitos e obrigações.

CISÃO é a operação pela qual a companhia transfere parcelas do seu patrimônio para uma ou mais sociedades, constituídas para esse fim, ou já existentes, extinguindo-se a companhia cindida, se houver versão de todo o seu patrimônio, e dividindo-se o capital, se houver versão parcial.

Nas operações com cisão de empresas, podem acontecer os seguintes eventos:

1. Cisão total, com a criação de duas novas empresas. Assim, por exemplo, deixa de existir a empresa **A**, sendo criadas as empresas **B** e **C**, cada uma com uma parte da empresa **A**, sendo o total das duas empresas (**B** e **C**) a antiga empresa **A**.
2. Cisão total, com criação de uma nova empresa e transferência da outra parte para empresa já existente. No exemplo anterior, a empresa A

seria cindida, sendo parte dela utilizada para criação da empresa B e a outra parte incorporada na empresa D (esta empresa já existente).

3. Cisão total, com versão do patrimônio para empresas já existentes. Aproveitando o exemplo, a empresa A deixaria de existir, sendo suas operações incorporadas nas empresas D e G, sendo estas empresas já em funcionamento.
4. Cisão parcial, com versão de parte do patrimônio para empresa nova. Nesse exemplo, a empresa A continuaria a existir, sendo que uma parcela de seu patrimônio seria transferida, para criação de uma empresa F. Essa operação se diferencia da participação societária em uma controlada, pelo fato de a empresa A estar transferindo direitos e obrigações para a nova empresa criada (F), e não investindo recursos na criação ou aquisição de uma nova empresa.
5. Cisão parcial, com versão de parte do patrimônio para empresa nova e parte para empresa já existente. O mesmo exemplo anterior, com a diferença que a parcela vertida seria dividida em duas partes: uma para a criação da empresa F e a outra parte para incorporação em uma empresa já em funcionamento.
6. Cisão parcial, com versão de parte do patrimônio para empresas já existentes. No exemplo anterior, a parcela vertida seria utilizada apenas em empresas já existentes, não se constituindo qualquer nova empresa.

24.18.1 Aspectos societários

As operações de incorporação, fusão ou cisão podem ser realizadas entre sociedades de tipos iguais ou diferentes e deverão ser deliberadas na forma prevista para a alteração dos estatutos ou contratos sociais.

Em operações em que houver criação de sociedades, serão observadas as normas pertinentes a constituições de empresas, dependendo do tipo da atividade.

Os processos de incorporação, fusão e cisão, quando realizados por empresas sem participações societárias entre elas ou sem ágios ou deságios registrados, não apresenta grau elevado de dificuldade.

Mas é necessário ficar atento ao fazer associação de empresas, mesmo em casos simples, pois a empresa resultante de processo de incorporação, fusão ou cisão não poderá compensar os prejuízos fiscais (e bases negativas de CSLL) existentes antes do processo.

Assim, por exemplo, no caso de fusão entre duas empresas, **Pipocas Lero-Lero** e **Rei das Pipocas**, verifica-se que a segunda tem prejuízos fiscais de R$ 1.000, enquanto a primeira estava lucrativa. Caso seja feita realmente uma fusão entre as empresas, o prejuízo fiscal da empresa **Rei das Pipocas** não poderá ser compensado. Nesse caso, a empresa **Rei das Pipocas**, que tem prejuízo fiscal, deveria incorporar a **Pipocas Lero-Lero** e, após a incorporação, trocar o nome da empresa, se for o caso.

Um processo de reorganização societária requer uma série de medidas preliminares, de caráter legal, para sua validação e efetivação. O escopo desta obra não inclui a análise detalhada de todos estes aspectos.

O Pronunciamento nº 15 do CPC trouxe relevantes informações sobre combinação de negócios. Sobre ágio e deságio e sua amortização em caso de reorganizações societárias já conversamos um pouco aqui neste capítulo.

O tema é amplo e cabe realmente pesquisa e debate aprofundados. De qualquer forma, fica a recomendação, como leitura específica, para melhor entendimento dos aspectos societários e tributários envolvidos nessas operações, além do citado pronunciamento do CPC, os livros *Manual de contabilidade societária*, dos Profs. Sérgio de Iudícibus, Eliseu Martins, Ariovaldo dos Santos e Ernesto Gelbcke, publicado pela Editora GEN | Atlas, e o livro do meu amigo, Prof. Mauro Jacob, intitulado *Combinação de negócios*.

24.19 Absorção da leitura: dez questões de múltipla escolha

Recomenda-se fazer as questões pelo menos um dia depois da leitura do capítulo.

Q1

A Cia. W tinha a seguinte estrutura patrimonial em JAN/x1 (em R$ mil):

Ativo circulante	700	Passivo circulante	500
Ativo não circulante	300	Patrimônio líquido	500
TOTAL DO ATIVO	1.000	TOTAL DO PASSIVO	1.000

A empresa tinha R$ 200 mil de prejuízo fiscal controlado na Parte B do LALUR. No próprio mês de JAN/x1, fez uma cisão parcial de suas atividades, vertendo 2/3 (dois terços) de seu ativo não circulante para uma nova empresa, a Cia. K, que irá explorar outra atividade empresarial. Em relação ao prejuízo fiscal, a legislação tributária determina a:

(A) Manutenção do saldo integral na Parte B da Cia. W.

(B) Transferência da parcela vertida para o LALUR da Cia. K.

(C) Baixa integral do saldo de R$ 200 mil da Cia. W.

(D) Baixa de R$ 40 mil da Cia. W, correspondendo a 20% do ativo vertido.

(E) Baixa de R$ 80 mil da Cia. W, correspondendo a 40% do PL vertido.

Q2

Em relação à equivalência patrimonial, analise as assertivas a seguir:

1. A aquisição de participações societárias acima de 20% somente deve ser avaliada pelo método de equivalência patrimonial se o investimento for considerado relevante, ou seja, se representar pelo menos 10% do PL da investidora.
2. O registro da participação societária, mesmo que não avaliada pelo método de equivalência patrimonial, deve ser aberto em valor principal e os valores correspondentes a ágio ou deságio.
3. Apenas as empresas tributadas pelo lucro real devem fazê-la.

É possível afirmar que:

(A) Não há assertiva correta, todas estão erradas.

(B) Apenas a assertiva 1 está correta.

(C) Apenas a assertiva 2 está correta.

(D) Apenas a assertiva 3 está correta.

(E) Há duas assertivas corretas dentre as três apresentadas.

Q3

Em JAN/x1, a companhia W, tributada pelo lucro real, com prejuízo fiscal de R$ 1.000,00, foi cindida parcialmente, tendo metade do seu PL transferido para a companhia Z, empresa nova e que será tributada pelo lucro real.

Sabe-se que:

- Os prejuízos fiscais foram adequadamente registrados na Parte B do LALUR.
- No exercício findo de x1, a Cia. W apurou R$ 3.000,00 de lucro ajustado no LALUR.

Qual é o valor, em reais, da compensação de prejuízos fiscais permitido à companhia W, em x1, nos termos da legislação fiscal vigente?

(A) 150,00.

(B) 300,00.

(C) 500,00.

(D) 900,00.

(E) 1.000,00.

Q4

A Cia. X adquiriu 90% das ações da Cia. Z por R$ 1.250,00. O PL da Cia. Z na data da aquisição era R$ 1.000,00. A Cia. X procedeu a avaliação dos ativos e passivos da Cia. Z a valor justo, apontando os seguintes valores:

CIA. Z	VALOR CONTÁBIL	VALOR JUSTO	MAIS-VALIA
ATIVOS	5.000,00	5.300,00	300,00
PASSIVOS	4.000,00	4.100,00	100,00
PATRIMÔNIO LÍQUIDO	1.000,00	1.200,00	200,00

Com base na Lei nº 6.404/76, com alterações das Leis nº 11.638/2007 e nº 11.941/2009, além das determinações dos Pronunciamentos do CPC nº 15 e nº 18, o ágio registrado por rentabilidade futura (*goodwill*) na Cia. X, referente ao investimento feito na Cia. Z, será:

(A) R$ 80,00.

(B) R$ 150,00.

(C) R$ 170,00.

(D) R$ 250,00.

(E) R$ 350,00.

Q5

A Cia. Rosa possui os seguintes acionistas: José Machado Fonseca, com 90%, e Maria Machado Fonseca, com 10%. A Cia. Rosa participa em duas empresas: na Cia. Violeta, onde possui 60%, sendo as outras ações pulverizadas no mercado; e na Cia. Cravo, onde possui 15%. As outras ações da empresa (Cia. Cravo) estão distribuídas da seguinte forma: José Machado Fonseca com 40%, e o restante (45%) pertence a três outras famílias independentes. Considerando a Lei nº 6.404/76, com alterações das Leis nº 11.638/2007 e nº 11.941/2009, além dos pronunciamentos emitidos pelo CPC, em relação aos investimentos, as duas empresas, na qual a Cia. Rosa participa devem ser avaliadas:

(A) Pelo método de equivalência patrimonial, pois as duas empresas são coligadas.

(B) Pelo método de equivalência patrimonial, pois as duas empresas são controladas.

(C) Pelo método de equivalência patrimonial, pois a Cia. Cravo é coligada, enquanto a Cia. Violeta é controlada.

(D) Pelo método de custo de aquisição ou pelo valor justo.

(E) A Cia. Violeta pelo método de equivalência patrimonial, enquanto a Cia. Cravo pelo custo de aquisição ou valor justo, por não atingir 20% de investimento.

Q6

A Cia. X participa com 80% das ações da Cia. W. O saldo do investimento era R$ 800,00 no início do ano de x1, quando o PL da Cia. W era R$ 1.000,00. Em x1, o PL da Cia. W foi movimentado da seguinte forma:

- Saldo inicial R$ 1.000,00
- Lucro líquido R$ 100,00
- (–) Dividendos propostos R$ 30,00

No lucro líquido, há um lucro não realizado de R$ 10,00, referente a vendas realizadas pela Cia. W para a Cia. X. Com base nos dados informados e na legislação contábil-societária em vigor, o valor registrado em resultado positivo de participações em controladas avaliadas pelo MEP no ano de x1 montou a:

(A) R$ 48,00.

(B) R$ 56,00.

(C) R$ 70,00.

(D) R$ 72,00.

(E) R$ 80,00.

Q7

Analise as três assertivas a seguir:

1. O *goodwill* representa a diferença entre o valor pago na aquisição e o valor contábil líquido dos ativos da empresa adquirida.
2. A Cia. Beta possui saldo de prejuízo fiscal, mas trocou de dono, sendo 100% de suas cotas vendidas, e mudou sua atividade social, deixando de ser empresa comercial para ser prestadora de serviço. No caso, o prejuízo fiscal anterior não poderá ser compensado com lucros obtidos pela nova atividade.
3. Uma empresa adquiriu 100% de outra por R$ 92, cuja soma líquida dos ativos, avaliados individualmente a valor justo, monta a R$ 100. No caso, o ganho por compra vantajosa de R$ 8 será reconhecido em receita e tributado nas bases de IR e CSLL.

É possível afirmar que:

(A) Não há assertiva correta, todas estão erradas.

(B) Apenas a assertiva 1 está correta.

(C) Apenas a assertiva 2 está correta.

(D) Apenas a assertiva 3 está correta.

(E) Há duas assertivas corretas dentre as três apresentadas.

Q8

O Ganho por Compra Vantajosa, obtido na aquisição de participações societárias que serão avaliadas pelo método de equivalência patrimonial, representa:

(A) A diferença positiva entre o valor pago e o percentual de aquisição aplicado sobre o PL (valor da contabilidade) da empresa adquirida.

(B) A diferença positiva entre o valor pago e o percentual de aquisição aplicado sobre o PL (valor justo) da empresa adquirida.

(C) A diferença negativa entre o valor pago e o percentual de aquisição aplicado sobre o PL (valor da contabilidade) da empresa adquirida.

(D) A diferença negativa entre o valor pago e o percentual de aquisição aplicado sobre o PL (valor justo) da empresa adquirida.

(E) O lucro obtido pela empresa adquirida, no ano da aquisição.

Q9

No caso de incorporação, o valor registrado pela controladora como **Ágio Pago por Rentabilidade Futura** (*goodwill*) poderá ser considerado como despesa dedutível:

(A) Imediatamente.

(B) Na medida da realização dos ativos que originaram o *goodwill*.

(C) No prazo de cinco anos, com a distribuição a critério da empresa.

(D) No prazo máximo de 60 meses, sendo no mínimo 1/60 avos por mês.

(E) No prazo mínimo de 60 meses, sendo no máximo 1/60 avos por mês.

Q10

Em relação ao aproveitamento de prejuízos fiscais em reorganizações societárias, analise as assertivas a seguir.

1. Em uma operação de fusão, os prejuízos fiscais (e bases negativas de CSLL) das empresas fusionadas são perdidos, não podendo ser aproveitados pela empresa resultante da fusão.
2. Em uma operação referente a cisão parcial, o prejuízo fiscal da empresa cindida parcialmente pode ser absorvido pela empresa que a suceder na proporção do patrimônio líquido que for cindido.
3. Nas incorporações de empresas, o prejuízo fiscal da incorporada poderá ser compensado na incorporadora no prazo máximo de cinco anos, sendo no máximo, 1/60 por mês.

É possível afirmar que:

(A) Não há assertiva correta, todas estão erradas.

(B) Apenas a assertiva 1 está correta.

(C) Apenas a assertiva 2 está correta.

(D) Apenas a assertiva 3 está correta.

(E) Há duas assertivas corretas dentre as três apresentadas.

O Gabarito das questões está disponível no final do livro, após o Anexo.

25

REGISTROS NO PL E OS EFEITOS FISCAIS

OBJETIVO DO CAPÍTULO

Explicar ao leitor o tratamento fiscal e contábil dado às reavaliações de ativos e aos ajustes de avaliação patrimonial. No final do capítulo, será possível:

- Identificar os ajustes que as empresas devem fazer diretamente no patrimônio líquido.
- Entender os registros na conta de Ajuste de Avaliação Patrimonial, principalmente os relacionados aos instrumentos financeiros.

25.1 Aspectos introdutórios

A tributação das empresas pelo lucro real tem como base matriz o resultado apresentado na contabilidade, ajustado posteriormente por adições e exclusões determinados pela legislação fiscal.

O patrimônio líquido (PL) de uma empresa é a parte do balanço patrimonial, onde são registrados os valores que pertencem efetivamente aos sócios/acionistas. Teoricamente, o PL somente deveria receber incrementos de dois lugares: recursos aportados pelos donos e o resultado da exploração da atividade empresarial.

Contudo, existem alguns itens que são ajustados diretamente no PL, sem transitar pelo resultado. Esses itens podem ou não exigir um tratamento fiscal específico, dependendo do que se referir. Os ajustes são, normalmente, os seguintes:

- Ajustes de exercícios anteriores, referentes a acertos em despesas e receitas de anos anteriores e que são registrados diretamente em contrapartida com o PL.
- Reservas de capital, que são ajustes positivos no PL da empresa que não representam exploração da atividade empresarial.
- Ajustes de avaliação patrimonial, que representam as contrapartidas de aumentos ou diminuições de valores atribuídos a elementos do ativo e do passivo, em decorrência da sua avaliação a valor justo, nos casos previstos na Lei nº 6.404/76 com as alterações das Leis nºs 11.638/2007 e 11.941/2009, enquanto não computadas no resultado do exercício em obediência ao regime de competência.

Até 31 de dezembro de 2007, existia a Reserva de Reavaliação, que também representava um aumento no PL em contrapartida com um aumento simultâneo no ativo imobilizado (normalmente). Com o advento da Lei nº 11.638/2007, o parágrafo que tratava da reserva de reavaliação na Lei nº 6.404/76 foi substituído pela conta de Ajustes de Avaliação Patrimonial. De qualquer forma, os saldos remanescentes de reserva de reavaliação irão permanecer no PL das empresas, até sua completa realização, a critério de cada entidade.

25.2 Ajustes de avaliação patrimonial

A Lei nº 11.638/2007 modificou o § 3º do art. 182 da Lei nº 6.404/76, substituindo a Reserva de Reavaliação pela conta de Ajustes de Avaliação Patrimonial. Enquanto a reavaliação era utilizada praticamente para os bens do ativo fixo, a conta de Ajustes de Avaliação Patrimonial será utilizada para registrar as contrapartidas de aumentos ou reduções de elementos do ativo ou do passivo, em decorrência da sua avaliação a valor justo.

25.2.1 Custo atribuído (*deemed cost*)

A Interpretação Técnica nº 10 do CPC (ICPC nº 10) permitiu que, na adoção inicial dos Pronunciamentos nº 27 (imobilizado) e nº 28 (propriedade para investimentos), os bens fossem avaliados a valor justo, e a diferença desse valor justo para o valor líquido apresentado na contabilidade reconhecida em contrapartida contra a conta de Ajuste de Avaliação Patrimonial, integrante do patrimônio líquido.

Na prática, a recomendação foi a seguinte: pegue todos os bens do seu ativo imobilizado e faça a chamada ÚLTIMA REAVALIAÇÃO, trazendo esses bens ao valor justo na data da adoção inicial do Pronunciamento referente ao Imobilizado (nº 27). A contrapartida será no PL, com a mesma lógica utilizada no modelo de reavaliação de ativos, mas reconhecida na conta denominada Ajustes de Avaliação Patrimonial, preferencialmente em subconta específica atrelada a cada grupo de conta que teve seu custo atribuído. Importante ressaltar que as Normas Brasileiras de Contabilidade não permitem o uso do custo atribuído para ativos intangíveis, investimentos em controladas e coligadas ou outros ativos que não sejam o ativo imobilizado e a propriedade para investimento.

A CVM confirmou a ICPC nº 10 na Deliberação nº 619/2009, tornando obrigatória a adoção pelas companhias abertas do custo atribuído. As empresas que não aplicaram a ICPC nº 10, referendada na deliberação, tiveram que divulgar o fato em nota explicativa às suas demonstrações financeiras, indicando as razões que justificaram a não adoção.

A legislação não definiu um prazo para adoção inicial do CPC nº 27 e, por extensão, para o uso do custo atribuído. De qualquer forma, não faz muito sentido uma empresa fazer uma avaliação a valor justo agora, já em 2022, quase 15 anos depois da publicação da Lei nº 11.638/2007.

Veja um exemplo numérico na Tabela 24.6 para esclarecer como foi realizada a aplicação do custo atribuído.

A Cia. Laranjal é uma empresa submetida a tributação pelo lucro real a fez a adoção inicial do Pronunciamento CPC nº 27 a partir de JAN/2010. Seus ativos foram avaliados a valor justo, conforme Tabela 25.1.

Para fins didáticos, os bens foram adquiridos no início de cada ano e serão mantidos os prazos de vida útil de cada bem, seguindo a legislação tributária, ou seja: edificações – 25 anos; máquinas – 10 anos; e veículos – 5 anos.

Veja os registros contábeis, primeiramente no momento inicial (Tabela 25.2).

Perceba que o patrimônio líquido da Cia. Laranjal irá aumentar, imediatamente, em R$ 3.034, sendo R$ 4.600 do aumento por conta do custo atribuído dos três bens menos o impacto de IR + CSLL (34%) sobre esse aumento, reduzindo o PL em R$ 1.566.

Para fins didáticos, suponha que a Cia. Laranjal, no ano de 2010, não tenha adquirido qualquer outro bem, e que sua receita líquida seja R$ 3.200, antes do cálculo e reconhecimento da depreciação. Veja a seguir todos os registros contábeis feitos em 2010 (registro anual) na Tabela 25.3.

A DRE da Cia. Laranjal em 2010 ficaria assim:

• RECEITA LÍQUIDA	3.200
• (–) DESPESA DE DEPRECIAÇÃO	(2.900)
• **LUCRO ANTES DO IR + CSLL**	**300**
• DESPESA DE IR + CSLL	(102)
• **LUCRO LÍQUIDO**	**198**

TABELA 25.1

BENS	ANO DA COMPRA	VALOR CONTÁBIL			CUSTO ATRIBUÍDO	AJUSTE
		ORIGINAL	DEP. ACUM.	LÍQUIDO		
Edificações	2000	20.000	8.000	12.000	15.000	3.000
Máquinas	2006	6.000	2.400	3.600	4.800	1.200
Veículos	2009	5.000	1.000	4.000	4.400	400
TOTAL	–	31.000	11.400	19.600	24.200	4.600

TABELA 25.2 Registros contábeis em JAN/2010

DÉBITO:	Edificações – nova conta	15.000,00
DÉBITO:	Depreciação acumulada – edificações	8.000,00
CRÉDITO:	Edificações	20.000,00
CRÉDITO:	Ajuste de avaliação patrimonial – custo atribuído	3.000,00
DÉBITO:	Máquinas – nova conta	4.800,00
DÉBITO:	Depreciação acumulada – máquinas	2.400,00
CRÉDITO:	Máquinas	6.000,00
CRÉDITO:	Ajuste de avaliação patrimonial – custo atribuído	1.200,00
DÉBITO:	Veículos – nova conta	4.400,00
DÉBITO:	Depreciação acumulada – veículos	1.000,00
CRÉDITO:	Veículos	5.000,00
CRÉDITO:	Ajuste de avaliação patrimonial – custo atribuído	400,00
DÉBITO:	Ajuste de avaliação patrimonial – custo atribuído	1.564,00
CRÉDITO:	Provisão para IR + CSLL diferido	1.564,00

TABELA 25.3 Registros contábeis no ano de 2010

DÉBITO:	Caixa	3.200,00
CRÉDITO:	Receita líquida	
DÉBITO:	Despesa de depreciação (1) – dedutível	800,00
DÉBITO:	Despesa de depreciação (2) – adição	200,00
CRÉDITO:	Depreciação acumulada – edificações	1.000,00
DÉBITO:	Despesa de depreciação (1) – dedutível	600,00
DÉBITO:	Despesa de depreciação (2) – adição	200,00
CRÉDITO:	Depreciação acumulada – máquinas	800,00
DÉBITO:	Despesa de depreciação (1) – dedutível	1.000,00
DÉBITO:	Despesa de depreciação (2) – adição	100,00
CRÉDITO:	Depreciação acumulada – veículos	1.100,00
DÉBITO:	Despesa de IR + CSLL	272,00
DÉBITO:	Provisão para IR + CSLL diferido	170,00
CRÉDITO:	IR + CSLL a pagar	102,00
DÉBITO:	Ajuste de avaliação patrimonial – custo atribuído	330,00
CRÉDITO:	Lucros acumulados	

O cálculo de IR + CSLL seria feito da seguinte forma:

• LAIR	300
• (+) ADIÇÃO	500
• LUCRO FISCAL	800
• **IR + CSLL – 34%**	**272**

E, o mais interessante, a base para destinação dos lucros do período seria a seguinte:

• Lucro líquido do período	198
• Realização do custo atribuído do período	330
• **SALDO DE LUCROS ACUMULADOS PARA DESTINAÇÃO**	**528**

O saldo para destinação, seja para dividendos, reservas ou aumento de capital, será R$ 528, representando o lucro da operação da empresa (receita líquida menos a depreciação original) de R$ 800 menos o efeito de IR + CSLL (34%) sobre este lucro, que foi R$ 272.

Em resumo, a mesma lógica e o mesmo sentido aplicados no modelo de reavaliação de ativos são utilizados aqui. O PL da empresa, ao final da utilização completa dos três bens, será o mesmo, fazendo o reconhecimento do custo atribuído ou não. A única diferença, efetiva, é a antecipação do aumento no PL.

Se algum dos três bens for vendido antes do prazo final de vida útil, a realização será total no ano da venda, pelo saldo remanescente.

25.2.2 Instrumentos financeiros

Os instrumentos financeiros são tratados nos seguintes pronunciamentos técnicos, emitidos pelo CPC:

- CPC nº 14 – Instrumentos financeiros: reconhecimento, mensuração e evidenciação.
- CPC nº 38 – Reconhecimento e mensuração.
- CPC nº 39 – Apresentação.
- CPC nº 40 – Evidenciação.

O Pronunciamento CPC nº 14 é um resumo dos pronunciamentos técnicos nº 38, nº 39 e nº 40, trazendo as principais regulamentações (existem omissões, mas não incoerências). Com os três novos pronunciamentos, o CPC nº 14 foi transformado em orientação (OCPC nº 03) e continua sendo útil para as empresas que possuem instrumentos financeiros simples ou não muito complexos.

25.2.2.1 Definições

Importante inicialmente, trazer algumas definições importantes:

INSTRUMENTO FINANCEIRO é um contrato que dá origem a um ativo financeiro, a um passivo financeiro ou a um instrumento patrimonial.

ATIVO FINANCEIRO é um ativo que contém as seguintes características:

- Caixa.
- Um instrumento patrimonial de outra entidade. Exemplo: investimento, participação no PL, tais como: ações, quotas, bônus e subscrições de ações.
- Direito contratual de receber caixa ou outro ativo financeiro de outra entidade ou de trocar ativos ou passivos financeiros com outra entidade em condições potencialmente favoráveis.
- Um contrato que pode ser liquidado em títulos patrimoniais da própria entidade.

Em síntese, é possível afirmar que um instrumento financeiro ativo não é um bem de uso (como os bens do imobilizado ou os estoques), e sim um instrumento de troca.

PASSIVO FINANCEIRO é um passivo que estabelece:

- Uma obrigação contratual de entregar caixa ou outro ativo financeiro a outra entidade.
- Trocar ativos ou passivos financeiros em condições que são potencialmente desfavoráveis.
- Um contrato que pode ser liquidado em ações da própria empresa.

INSTRUMENTO PATRIMONIAL deve obedecer a duas condições:

a) O instrumento não possuir obrigação contratual de:
   - Entregar caixa ou outro ativo financeiro à outra entidade.
   - Trocar ativos financeiros ou passivos financeiros com outra entidade sob condições potencialmente desfavoráveis ao emissor.

b) Se o instrumento será ou poderá ser liquidado por instrumentos patrimoniais do próprio emitente, é:

- Um não derivativo que não inclui obrigação contratual para o emitente de entregar um número de seus próprios instrumentos patrimoniais.
- Um derivativo que será liquidado pelo emitente por meio da troca de um montante fixo de caixa ou outro ativo financeiro por número fixo de seus instrumentos patrimoniais.

Em resumo, um instrumento patrimonial não pode implicar uma situação na qual a entidade tenha que entregar caixa ou outro ativo financeiro a outra entidade.

INSTRUMENTO FINANCEIRO DERIVATIVO possui três características simultâneas:

- Investimento inicial nulo ou muito pequeno.
- Está baseado em um ou mais itens subjacentes (que não se manifesta, mas está oculto ou submetido).
- Será liquidado por diferença (pelo líquido) em data futura.

25.2.2.2 Classificação e reconhecimento

Portanto, é possível concluir que um instrumento financeiro ativo é caixa ou um contrato cuja finalidade é receber um ativo financeiro em data futura. Não se trata de um bem de uso da empresa (como os bens do imobilizado ou do intangível), mas um instrumento de troca.

Portanto, para reconhecer um INSTRUMENTO FINANCEIRO, é necessário classificá-lo em um dos seguintes itens:

- **MANTIDOS PARA NEGOCIAÇÃO** são aqueles adquiridos com explícita finalidade de venda ou recompra em prazo muito curto. No momento inicial, o ativo é reconhecido pelo valor justo por meio do resultado. Vale ressaltar que a classificação de valor justo por meio do resultado não é uma opção, ou seja, se a intenção da entidade é de negociação ou corrigir inconsistências contábeis, consequentemente a entidade deve classificar os instrumentos financeiros nessa categoria.
- **MANTIDOS ATÉ O VENCIMENTO** são ativos financeiros não derivativos com pagamentos fixados ou determináveis e maturidade fixada que a entidade tem a intenção positiva e a capacidade de manter até o vencimento, exceto aqueles classificados no item anterior (Mantidos para negociação), como disponíveis para venda ou os que satisfazem a definição de empréstimos e recebíveis.

  A mensuração aqui é pelo custo histórico amortizado, sendo o reconhecimento pela taxa efetiva da operação. O reconhecimento da receita se dá pela apropriação da taxa de juros efetiva pelo passar do tempo. Não se tem a mensuração do valor de mercado desse instrumento, dado que a intenção da entidade é ter os títulos até o vencimento.
- **DISPONÍVEIS PARA VENDA** são instrumentos que não se enquadram em outras categorias e para os quais a entidade possui a opção de negociar ou não antes do vencimento. A entidade disponibiliza os títulos para venda, mas essa não é usual. A avaliação é a valor justo, com contrapartida reconhecida diretamente no PL, na conta de Ajuste de Avaliação Patrimonial. Somente o componente da marcação a mercado é que deve ser reconhecido no patrimônio líquido e não a apropriação dos rendimentos da curva do título.

Existem instrumentos financeiros simples, como as tradicionais aplicações financeiras em fundos de investimento, em CDBs, e outras tradicionais, como as compras (temporárias) de ações/cotas. Por outro lado, existem instrumentos financeiros com elevado grau de complexidade, como os relacionados a derivativos e com instrumentos de proteção (*hedge/swap*). Pela característica do livro, não iremos avançar no tema, deixando a indicação, aos leitores interessados, de leitura do *Manual de Contabilidade Societária*, da Fipecafi, livro da Editora Atlas, selo pertencente ao GEN, dos conhecidos autores Eliseu Martins, Ariovaldo dos Santos, Ernesto Gelbcke e Sérgio de Iudícibus.

25.2.2.3 Reconhecimento direto no PL e efeito do IR + CSLL diferido

Serão avaliadas pelo valor justo as aplicações em instrumentos financeiros, inclusive derivativos, e em direitos e títulos de créditos, classificados no ativo circulante ou no realizável a longo prazo, quando se tratar de aplicações destinadas à negociação ou disponíveis para venda.

A lei diz que se considera valor justo:

a) Das matérias-primas e dos bens em almoxarifado, o preço pelo qual possam ser repostos, mediante compra no mercado.

b) Dos bens ou direitos destinados à venda, o preço líquido de realização mediante venda no mercado, deduzidos os impostos e demais despesas necessárias para a venda, e a margem de lucro.

c) Dos investimentos, o valor líquido pelo qual possam ser alienados a terceiros.

d) Dos instrumentos financeiros, o valor que pode se obter em um mercado ativo.

Com isso, a princípio, a conta de Ajuste de Avaliação Patrimonial (AAP) não produz efeito fiscal, que só ocorre por ocasião de um eventual efeito da efetiva realização do ganho ou perda, o que só vai acontecer na baixa contábil na conta de AAP.

Todavia, em todos os registros feitos na conta de AAP, é recomendável o reconhecimento simultâneo da parcela referente aos tributos diferidos sobre o lucro. Vamos a um exemplo numérico para detalhar o tema.

Admita que, em JAN/x1, a Cia. Holanda fez as seguintes transações com ações da Cia. Bélgica (empresa possui 200 mil ações):

- Dia 10 ➔ Compra de 800 ações a R$ 20 cada, totalizando R$ 16.000.
- Dia 18 ➔ Compra de 200 ações a R$ 25, totalizando a R$ 5.000.
- Dia 25 ➔ Venda de R$ 400 ações por R$ 26 cada, totalizando R$ 10.400.
- Cotação da ação em 31/JAN ➔ R$ 27 cada.
- Utilizar a alíquota padrão (34%) vigente no Brasil para IR + CSLL.

As ações são registradas no ativo como instrumentos financeiros. A característica do investimento iria direcionar o subgrupo a ser registrado, mas não o critério de avaliação. No exemplo, o instrumento financeiro deve ser classificado no circulante. As ações serão avaliadas, a princípio, pelo tradicional custo médio, como fazemos com os estoques. Veja, na Tabela 25.4 e no boxe seguinte, o controle, incluindo o reconhecimento da avaliação do saldo no final do mês a valor justo.

REGISTROS CONTÁBEIS

Dia 10

Débito: Investimento em ações
Crédito: Caixa 16.000

Dia 18

Débito: Investimento em ações
Crédito: Caixa 5.000

Dia 25

Débito: Caixa 10.400
Crédito: Investimentos em ações 8.400
Crédito: Ganho na venda de ações 2.000 (receita tributável)

Dia 30

REGISTRO DA AVALIAÇÃO DAS AÇÕES A VALOR JUSTO

Débito: Investimento em ações
Crédito: Aj. de Avaliação Patrimonial – valor justo de ações (PL) 3.600

REGISTRO DO IR + CSLL DIFERIDO

Débito: Aj. de Avaliação Patrimonial – IR + CSLL (PL)
Crédito: Provisão para IR + CSLL diferido (PNC) 1.224

O cálculo do valor de R$ 3.600 foi feito da seguinte forma:

- (+) 600 ações a R$ 27 (valor justo) = 16.200
- (–) 600 ações a R$ 21 (custo médio) = 12.600
- VARIAÇÃO A VALOR JUSTO = 3.600

Tão importante quanto reconhecer o instrumento financeiro (ações) a valor justo é reconhecer os tributos diferidos correspondentes, pois o acréscimo/redução em PL deve ser feito pelo líquido, destacado IR + CSLL que serão tributados/compensados na liquidação dos instrumentos.

TABELA 25.4

JAN	DESCRIÇÃO	ENTRADA			SAÍDA			SALDO		
DIA		Qtde.	P.U.	P. Total	Qtde.	P.U.	P. Total	Qtde.	P.U.	P. Total
10	Compra	800	20	16.000	–	–	–	800	20	16.000
18	Compra	200	25	5.000	–	–	–	1.000	21	21.000
25	Venda	–	–	–	400	21	8.400	600	21	12.600
30	Valor justo	–	–	3.600	–	–	–	600	27	16.200

25.3 Absorção da leitura: dez questões de múltipla escolha

Recomenda-se fazer as questões pelo menos um dia depois da leitura do capítulo.

Q1 - PETROBRAS

A Cia. Roma é uma empresa de capital aberto, que solicitou laudo pericial para reavaliação de seus dois imóveis em JUL/2005. O laudo pericial apresentou os seguintes valores, em reais:

BENS	VALOR CONTÁBIL	VALOR DE MERCADO
Imóvel Rio de Janeiro – terrenos	500,00	700,00
Imóvel Rio de Janeiro – edificações	500,00	800,00
Imóvel São Paulo – terrenos	500,00	500,00
Imóvel São Paulo – edificações	1.000,00	900,00
TOTAL	2.500,00	2.900,00

A alíquota combinada de imposto de renda e contribuição social é de 30%. Com base nesse laudo e seguindo as determinações da Deliberação CVM nº 183/95, o aumento no patrimônio líquido da Cia. Roma, em reais, em JUL/2005, por ocasião da reavaliação de ativos será de:

(A) 280,00.

(B) 340,00.

(C) 350,00.

(D) 400,00.

(E) 410,00.

Q2

Com relação à reavaliação de bens depreciáveis, quando era permitida:

(A) Ao final do seu prazo de vida útil, o patrimônio líquido era o mesmo caso a reavaliação não tivesse sido efetivada.

(B) O lucro líquido não era alterado durante a realização da reavaliação.

(C) Representava um aumento, no longo prazo, do patrimônio líquido da empresa.

(D) A empresa pagava mais imposto de renda por causa da reavaliação.

(E) A empresa pagava menos imposto de renda por causa da reavaliação.

Q3

A Cia. Friburgo procedeu à primeira aplicação do CPC nº 27. Os únicos bens relevantes da empresa são as dez máquinas da sua unidade fabril, que tinham os seguintes valores no começo de JAN/x4, quando iria aplicar o *DEEMED COST*:

- Valor de aquisição (em x1) de R$ 1.000
- Depreciação acumulada de R$ 300
- Valor justo das máquinas de R$ 1.050

Considerando alíquota combinada de IR + CSLL de 34%, o reconhecimento inicial do custo atribuído na Cia. Friburgo trouxe para a empresa um aumento no seu PL de:

(A) R$ 33.

(B) R$ 50.

(C) R$ 231.

(D) R$ 350.

(E) R$ 495.

Q4

Em relação ao custo atribuído utilizado na adoção inicial do Pronunciamento nº 27, analise as assertivas a seguir.

1. A aplicação do custo atribuído foi obrigatória em 2010 para todas as empresas submetidas a tributação pelo lucro real.
2. O custo atribuído tinha a mesma lógica da reavaliação, devendo a empresa reconhecer IR + CSLL diferidos correspondentes a parcela acrescida no ativo, pelas alíquotas vigentes no brasil e registrar estes valores no passivo não circulante.

É possível afirmar que:

(A) As duas assertivas estão corretas.

(B) As duas assertivas estão erradas.

(C) Apenas a assertiva 1 está correta.

(D) Apenas a assertiva 2 está correta.

Q5

Analise as assertivas a seguir.

1. A reavaliação de ativos foi permitida livremente no Brasil até DEZ/2007, sendo proibida durante o período de vigência do RTT. Com a publicação da Lei nº 12.973/2014, a reavaliação retornou sob a ótica de custo atribuído.
2. O custo atribuído foi permitido apenas para os bens depreciáveis.

É possível afirmar que:

(A) As duas assertivas estão corretas.

(B) As duas assertivas estão erradas.

(C) Apenas a assertiva 1 está correta.

(D) Apenas a assertiva 2 está correta.

Q6

Suponha que a Cia. Maia tivesse um veículo adquirido em JAN/2009 por R$ 2.000, utilizado por três anos e depreciado pelas taxas permitidas pela legislação tributária, no caso 20% ao ano. Assim, o saldo líquido seria, em DEZ/2010, de R$ 1.200. Ocorre que, faltando três anos para o término da vida útil do bem, a Cia. Maia fez no início de 2011 a adoção inicial do Pronunciamento nº 27 do CPC, considerando um custo atribuído ao veículo citado de R$ 1.500, com prazo restante de vida útil estimado de três anos. Considere que a Cia. Maia apresentou, em 2011, uma receita líquida de R$ 750, antes da dedução da despesa com depreciação do veículo.

Com base nas orientações em relação à aplicação do *Demeed Cost* e nos aspectos tributários (alíquotas vigentes no Brasil = 34% sobre o lucro), informe respectivamente o IR + CSLL a pagar e o lucro líquido da Cia. Maia no ano de 2011.

(A) R$ 85 e R$ 165.

(B) R$ 85 e R$ 265.

(C) R$ 119 e R$ 131.

(D) R$ 119 e R$ 165.

(E) R$ 119 e R$ 231.

Analise os dados a seguir para responder às questões nº 7 e nº 8.

A Cia. Roma fez as seguintes operações com a Cia. Milão (possui 1 milhão de ações) em JUL/x1:

- Compra de 1.200 ações por R$ 52 cada, no dia 11. Total de R$ 62.400.
- Compra de 800 ações por R$ 47 cada, no dia 20. Total de R$ 37.600.
- Venda de 600 ações por R$ 49 cada. Total de R$ 29.400.
- Valor justo de cada ação da Cia. Milão no dia 31 de R$ 48. Total de 1.400 ações restantes = R$ 67.200.
- As alíquotas de IR+CSLL vigentes no Brasil totalizam 34%.

Q7

Informe a redução total no PL no final do mês de JUL/x1, considerando somente os dados apresentados e a legislação tributária vigente.

(A) R$ 1.320.

(B) R$ 1.848.

(C) R$ 2.244.

(D) R$ 3.036.

(E) R$ 3.400.

Q8

Informe o valor registrado a título de IR + CSLL Diferido no final do mês de JUL/2016 no ativo da Cia. Roma.

(A) R$ 204.

(B) R$ 476.

(C) R$ 680.

(D) R$ 952.

(E) R$ 1.156.

Q9

O instrumento financeiro que NÃO é reconhecido a valor justo é aquele:

(A) Mantido até o vencimento.

(B) Mantido para negociação.

(C) Disponível para venda.

(D) Registrado no ativo circulante.

(E) Registrado no ativo não circulante.

Q10

Analise as assertivas a seguir.

1. A CVM exigiu a aplicação do custo atribuído na adoção inicial do Pronunciamento nº 27 (imobilizado), determinando a divulgação em nota explicativa dos motivos para um eventual não reconhecimento do custo atribuído.
2. A Lei nº 11.638/2007 permitiu a manutenção da reavaliação de ativos enquanto os bens não forem depreciados, amortizados ou baixados ou no prazo de dez anos, dos dois o menor prazo.

É possível afirmar que:

(A) As duas assertivas estão corretas.

(B) As duas assertivas estão erradas.

(C) Apenas a assertiva 1 está correta.

(D) Apenas a assertiva 2 está correta.

O Gabarito das questões está disponível no final do livro, após o Anexo.

Parte V

TRIBUTAÇÃO DE PESSOAS FÍSICAS

26

ESTRUTURA BÁSICA DO IRPF NO BRASIL

OBJETIVO DO CAPÍTULO

Apresentar os aspectos básicos da tributação do imposto de renda das pessoas físicas. Ao final deste capítulo, será possível:

- Entender a importância e a lógica da declaração de imposto de renda pessoa física para os contribuintes e para a RFB.
- Diferenciar os modelos de entrega permitidos pelo Fisco: completo ou simplificado.
- Compreender o critério da progressividade de alíquotas aplicadas no Brasil.

26.1 Retrospectiva histórica do centenário imposto de renda no Brasil

Desde sempre as pessoas tendem a se organizar socialmente, com a necessidade de criar fontes de custeio para viabilizar e organizar a vida em sociedade e seu desenvolvimento. A instituição de "impostos e taxas" foi o caminho encontrado para promover esta organização e a manutenção das sociedades. Na Idade Média, pode ser caracterizada como tributação a entrega de parte da colheita pelos camponeses e agricultores aos príncipes e reis para que estes proporcionassem segurança e estradas para o transporte da produção.

Com a diversificação e modernização da sociedade, a cobrança de impostos e taxas se multiplicou, acompanhando o desenvolvimento natural da economia. Nesse sentido, surgiu no começo do século XX o imposto sobre a renda no modelo atual. Após tentativas de cobrança na Inglaterra e em outros países da Europa, a Emenda nº 16 de 1913 autorizou ao Congresso norte-americano a cobrança do imposto de renda.

No Brasil colonial, foi instituída a cobrança de 20% (um quinto) sobre o ouro encontrado nas minas, derretido e transformado em barras, nas quais havia o selo da Coroa Portuguesa, que, por volta de 1750, começou a retirar o quinto diretamente nas casas de fundição. No Brasil imperial, alguns financistas e políticos lutaram pela cobrança de um imposto efetivo sobre a renda que reduziria a cobrança dos impostos indiretos e promoveria justiça tributária. Mas foi no Brasil republicano que o imposto de renda finalmente foi criado por meio da Lei nº 4.625/1922 (art. 31), valendo a partir de 1923. Recomendo a você ler esse artigo 31 para entender a origem centenária da cobrança do IR no Brasil. Há detalhes interessantes ali, como a dedução na base de cálculo das despesas ordinárias realizadas para a pessoa física conseguir e assegurar a renda. Na sequência, há outros marcos importantes como a instituição da declaração de renda (1924) e a elevação do IR ao *status* constitucional (1934). Mas a leitura do Decreto-lei nº 5.844/43 (e suas alterações),[1] além de uma interessante viagem histórica, pode nos trazer algumas lições e uma boa reflexão para transformação do modelo tributário atual. Após esta lei, outros marcos importantes podem ser pesquisados nas leis apresentadas a seguir:

- incidência de IR sobre ganho de capital na venda de imóveis (DL nº 9.330/46);
- permissão para dedução das despesas médicas (Lei nº 154/47);
- implementação do IR retido na fonte para trabalho assalariado (Lei nº 2.354/54);
- inserção na declaração anual de rendimentos da declaração de bens móveis e imóveis do contribuinte (Lei nº 4.069/62, art. 51);
- permissão para dedução das despesas com instrução (Lei nº 4.357/64);
- criação da Secretaria da Receita Federal (Decreto nº 63.659/68);
- instituição do Cadastro das Pessoas Físicas (art. 1º do DL nº 401/68);
- criação do modelo simplificado na declaração de renda em 1975 (DL nº 1.424/75), com ajustes em 1976 (DL nº 1.493/76), permitindo desconto-padrão de 25% para contribuintes com renda mensal exclusivamente oriunda do trabalho, com limite em torno de 15 salários-mínimos da época;
- renda passa a ser tributada pelo regime de caixa (Lei nº 7.450/85);
- declaração de ajuste anual do IRPF passa a ter permissão para entrega por meio eletrônico (disquete magnético) em 1991 e, a partir de 1997, começa a ser recebida pela internet;
- a utilização de formulário de papel passa a ser permitida apenas para contribuintes com renda anual inferior a R$ 100 mil (art. 1º, § 3º, inciso I, da IN SRF nº 393/2004). O valor correspondia a cerca de 32 salários-mínimos a época;
- entrega da declaração de ajuste anual de IRPF por formulário preenchido manualmente foi proibida em 2011 e a partir de 2014 o envio passou a ser integralmente pela internet, com avanços substanciais ano a ano. Atualmente, parte dos contribuintes já consegue receber sua declaração pré-preenchida, apenas conferindo os dados, fazendo pequenos ajustes e enviando à RFB.

O Auditor Fiscal da Receita Federal do Brasil CRISTÓVÃO BARCELOS DA NÓBREGA fez um belíssimo trabalho de pesquisa[2] durante o governo da Presidenta da República Dilma Rousseff, em 2013, com quase 400 páginas. Aos estudiosos pesquisadores e interessados no tema, recomendo fortemente a leitura.

26.2 Rendimentos oriundos do trabalho e do capital

Antes de avançar no estudo, torna-se oportuno fazer essa separação inicial nos rendimentos recebidos por pessoas físicas. O próprio código tributário nacional (Lei nº 5.172/66) define em seu art. 43 que o imposto de renda será cobrado sobre o produto do capital, do trabalho e da combinação de ambos. De forma prática, simples e didática, vamos tratar os dois tipos de renda, com foco no modelo brasileiro.

A renda do trabalho se refere a todas as formas de remuneração obtidas por uma pessoa física, seja por meio de trabalho assalariado ou não (autônomo) para empresas em geral e governos, seja prestando serviços para pessoas físicas. Na essência, o seu serviço pessoal em troca de remuneração financeira se caracteriza como rendimento oriundo do trabalho. Há diversos nomes para tais remunerações: salário, férias, gratificações, participação nos lucros, comissões, bolsas de estágio, soldo, horas extras, entre outros.

Já a renda proveniente do capital acontece quando um bem que pertence a você rende dinheiro pelo seu uso, sendo indiferente o tipo do bem:

- os imóveis, que podem gerar rendimentos de aluguel e ganho obtido em eventual venda;
- as participações em empresas, que podem trazer rendimentos de lucros e dividendos distribuídos, além do ganho em eventual venda; e/ou
- o dinheiro aplicado em investimentos financeiros, que geram juros oriundos dos seus rendimentos.

O modelo brasileiro tributa de forma mais onerosa os rendimentos oriundos do trabalho, poupando (tribu-

---

1 Disponível em: http://www.planalto.gov.br/ccivil_03/decreto-lei/del5844.htm. Acesso em: out. 2021.

2 Disponível em: https://www.ibet.com.br/wp-content/uploads/2016/05/Imp.-Renda.pdf. Acesso em: out. 2021.

tando pouco ou nada) aqueles recursos obtidos sobre a renda do capital.

26.3 A RFB e a declaração de ajuste anual – IRPF

A Receita Federal do Brasil (RFB) informou que quase 30,5 milhões de pessoas entregaram a declaração anual de imposto de renda em 2020 referente ao ano-calendário 2019, o que demonstra a importância do estudo do tema no curso de ciências contábeis, na disciplina de Contabilidade Tributária. Com a possível atualização parcial da tabela progressiva a partir de 2022, é provável a redução no número de declarantes a partir da entrega a ser feita em abril de 2023.

O imposto de renda incide sobre os rendimentos do capital, do trabalho e da combinação de ambos. No caso das pessoas físicas, são tributados todos os rendimentos oriundos do trabalho, de aluguel, de pensão alimentícia, de aplicações financeiras e demais proventos definidos em lei.

Na maioria das situações relativas à remuneração do trabalho e em alguns casos relativos à remuneração do capital, o imposto de renda devido deve ser calculado e retido pela fonte pagadora, à medida que os pagamentos são efetuados. Nos casos em que não há retenção na fonte, o contribuinte deve tomar a iniciativa de apurar o imposto a pagar e recolhê-lo aos cofres públicos.

A declaração de ajuste entregue nos meses de março e abril do ano seguinte possibilita ao declarante consolidar suas fontes de renda, contabilizar as despesas dedutíveis e calcular o imposto devido, o qual, comparado com o imposto pago ao longo do ano, resultará em um saldo a pagar ou a restituir.

Na prática, as pessoas físicas têm uma prestação de contas anual com a RFB, referente à explicação da sua evolução patrimonial. Embora não informe todo seu gasto (supermercados, farmácia, vestuário, contas de internet e celular, viagens, móveis e utensílios etc.) o que o contribuinte entrega para a RFB não é uma simples declaração de imposto de renda. O que ele faz, na prática, é uma declaração de **origens** e **aplicações** que justifique a evolução do seu patrimônio. E os detalhes desta declaração serão apresentados nos próximos tópicos e nos dois capítulos seguintes.

A Instrução Normativa RFB nº 1.500/2014 com 114 artigos e 9 anexos regulamenta com detalhes o tema. É provável que ela seja substituída por outra IN por conta das mudanças que devem ser aprovadas pelo congresso nacional durante o ano de 2022.

26.4 Prazo, forma e local de entrega da DAA

O prazo para entrega da Declaração de Ajuste Anual de Pessoas Físicas, cuja sigla é DAA, que substitui a tradicional DIRPF, encerra-se no dia 30 de abril do ano seguinte. Nos dois últimos anos (2020 e 2021), por conta da pandemia da COVID-19, o prazo foi prorrogado, o que aconteceu pela primeira vez neste século. A manutenção do prazo de entrega é importante para disseminar a cultura de que vale a pena cumprir os compromissos nos prazos determinados, não incentivando os atrasados que sempre esperavam as repetidas prorrogações de prazos no passado.

A DAA (antiga DIRPF) pode ser entregue de algumas formas, todas eletrônicas. A mais comum é acessando o programa pela página da RFB (www.receita.fazenda.gov.br) e enviando a declaração pelo conhecido Receitanet. Para quem possui o certificado digital, o envio torna-se ainda mais prático.

A declaração entregue ou retificada fora do prazo está sujeita à multa de 1% por mês de atraso sobre o valor do IR devido no ano, mesmo que já esteja totalmente pago. Todavia, para não beneficiar o contribuinte que tiver um IR devido pequeno e para não punir em demasia quem atrasar demais a entrega da declaração, a Receita Federal do Brasil (RFB) define valores mínimos e máximos de pagamento de multa. O mínimo é de R$ 165,74, enquanto a multa máxima é de 20% sobre o valor do IR devido na DAA.

O IR devido não é o valor apurado na declaração como IR a pagar ou a restituir. Suponha contribuinte com IR devido de R$ 20.000 e imposto retido na fonte de R$ 15.000. Este contribuinte apresentará IR a pagar de R$ 5.000. Caso entregue sua declaração com atraso, deverá pagar multa de 1% ao mês sobre os R$ 20.000 devidos e não sobre os R$ 5.000 apurados na DAA. Caso a entrega seja feita apenas dia 13 de junho, a multa será de R$ 400, referente a 2% sobre os R$ 20.000 devidos.

As declarações de anos anteriores, originais ou retificadoras, podem ser enviadas normalmente pelo mesmo programa disponível na internet que é utilizado para entrega das declarações no prazo. Entretanto, deve ser observado o prazo de prescrição de cinco anos, não sendo permitida retificação de declarações fora desse prazo ou com processo já iniciado de autuação fiscal.

PERGUNTA: ENTREGUEI A DECLARAÇÃO NO DIA 28/ABR, E EFETUEI O ENVIO DA DECLARAÇÃO RETIFICADORA NO DIA 10/MAI, SEM ALTERAR O IR DEVIDO NEM O VALOR DA RESTITUIÇÃO. HAVERÁ MULTA PELA ENTREGA FORA DO PRAZO?

Entendo que não. Pela leitura das normas emanadas pela RFB, em nenhum momento há a evidência de que será cobrada multa, em caso de simples retificação (arts. 82 a 85 da IN SRF nº 1.500/2014).

26.5 Pagamento, parcelamento e atraso

O IR devido será confrontado com o valor do IR pago durante o ano, seja pelo próprio contribuinte, seja por retenção na fonte efetuada por pessoas jurídicas. Caso o IR desembolsado durante o ano seja maior que o IR devido, a pessoa física apresentará IR e restituir. Se o valor devido for maior, apresentará IR a pagar quando da entrega da declaração.

O IR a pagar poderá ser parcelado em até oito vezes (Lei nº 11.311/2006), com a cobrança de juros a partir do pagamento da 2ª parcela. Será aplicada a taxa Selic mensal, com a inclusão de juros de 1% no mês do pagamento. O valor da cota não poderá ser inferior a R$ 50, não havendo parcelamento em saldo a pagar até R$ 100. A RFB diz que o pagamento poderá ser debitado diretamente na conta-corrente do contribuinte, se este desejar. Por exemplo, admitindo uma taxa mensal Selic de 0,6% e um IR devido de R$ 500, parcelado em 5 vezes, teríamos os seguintes valores:

ABR – R$ 100,00
MAI – R$ 100,00 + R$ 1,00 (1%) = R$ 101,00
JUN – R$ 100,00 + R$ 1,60 (1,6%) = R$ 101,60
JUL – R$ 100,00 + R$ 2,20 (2,2%) = R$ 102,20
AGO – R$ 100,00 + R$ 2,80 (2,8%) = R$ 102,80

A cobrança de multa do IR das pessoas físicas segue o mesmo modelo adotado para as multas cobradas nos tributos das pessoas jurídicas. A multa diária é de 0,33% ao dia, a partir do dia útil seguinte ao dia do vencimento, contando todos os dias a partir daí. A multa máxima espontânea é de 20%, ou seja, atrasos a partir do 60º dia limitam a cobrança da multa em 20%, não aumentando mais. No parcelamento citado não há multa, pois o pagamento será feito no prazo permitido em lei.

26.6 Alíquotas

As alíquotas vigentes para a declaração de ajuste anual do ano 2021, com entrega prevista para os meses de MAR e ABR/2022, são apresentadas na Tabela 26.1.

TABELA 26.1 Tabela anual de IR pessoa física para o ano-base 2021

FAIXA DE TRIBUTAÇÃO	ALÍQUOTA	PARCELA A DEDUZIR
Até R$ 22.847,76	Isento	–
De R$ 22.847,77 até R$ 33.919,80	7,5%	1.713,58
De R$ 33.919,81 até R$ 45.012,60	15%	4.257,57
De R$ 45.012,61 até R$ 55.976,16	22,5%	7.633,51
Acima de R$ 55.976,16	27,5%	10.432,32

Já a tabela progressiva mensal utilizada durante o ano de 2021 e que estava em vigor na virada para o ano de 2022 é apresentada na Tabela 26.2.

TABELA 26.2 Tabela progressiva mensal (2021)

BASE DE CÁLCULO	ALÍQUOTA	PARCELA A DEDUZIR
Até 1.903,98	Isento	–
De 1.903,99 a 2.826,65	7,5%	142,80
De 2.826,66 a 3.751,05	15%	354,80
De 3.751,05 a 4.664,68	22,5%	636,13
Acima de 4.664,68	27,5%	869,36

A tabela progressiva mensal está em vigor desde ABR/2015. O objetivo principal do modelo de alíquotas vigentes é garantir a progressividade da tributação, ou seja, quem ganha mais paga mais, não somente em valor, mas também percentualmente. Para atingir tal objetivo e facilitar o cálculo do IR por parte de todos os contribuintes, o legislador informa um valor chamado parcela a deduzir. A lógica deste valor é apresentada a seguir:

PARCELA A DEDUZIR DE R$ 142,80 NA PRIMEIRA FAIXA (7,5%):

Sinaliza que não haverá cobrança de IR até a renda líquida de R$ 1.903,98. A partir daí será aplicada a alíquota de 7,5% para qualquer valor recebido. Assim, encontra-se a parcela a deduzir de R$ 142,80 aplicando este percentual sobre 1.903,98.

PARCELA A DEDUZIR DE R$ 354,80 NA SEGUNDA FAIXA (15%):

Para as rendas acima de R$ 2.826,65, além da cobrança de 7,5% haverá cobrança de + 7,5%, totalizando 15%. Para simplificar a conta, a parcela a deduzir é encontrada da seguinte forma:

- Aplica-se a alíquota de 7,5% sobre a primeira faixa de tributação, de R$ 1.903,98. Nesta conta, achamos R$ 142,80.
- Aplica-se a alíquota de 7,5% referente ao acréscimo percentual na tributação da primeira para a segunda faixa (15% – 7,5%) sobre R$ 2.826,65. Nesta conta, temos R$ 212,00.
- Somando 142,80 + 212,00, encontra-se R$ 354,80.

PARCELA A DEDUZIR DE R$ 636,13 NA TERCEIRA FAIXA (22,5%):

Para as rendas acima de R$ 3.751,05, além da cobrança de 15% das duas faixas anteriores haverá cobrança adicional de 7,5%, totalizando 22,5%. Para simplificar a conta, a parcela a deduzir é encontrada da seguinte forma:

- Aplica-se a alíquota de 7,5% sobre a primeira faixa de tributação de R$ 1.903,98. Nesta conta, achamos R$ 142,80.
- Aplica-se a alíquota de 7,5% (15% – 7,5%) sobre a segunda faixa de tributação, R$ 2.826,65. Nesta conta, temos R$ 212,00.
- Aplica-se a alíquota de 7,5% (22,5% – 15%) sobre a terceira faixa de tributação, de R$ 3.751,05. Nesta conta, temos R$ 318,75.
- Somando 142,80 + 212,00 + 281,33 encontra-se R$ 636,13.

Finalmente, para encontrar a parcela a deduzir da última faixa, basta aplicar 5% (diferença de 27,5% da última faixa para 22,5% da terceira faixa) sobre R$ 4.664,68 e somar com a parcela a deduzir anterior, de R$ 636,13. Veja a composição:

- R$ 142,80 -> 7,5% sobre R$ 1.903,98 (primeira faixa)
- R$ 212,00 -> 7,5% sobre R$ 2.826,65 (segunda faixa)
- R$ 281,33 -> 7,5% sobre R$ 3.751,05 (terceira faixa)
- R$ 233,23 -> 5% sobre R$ 4.664,68 (quarta faixa)

TOTAL de R$ 869,36

É possível que a tabela progressiva seja atualizada e até modificada em 2022. Contudo, o aprendizado absorvido neste e nos outros capítulos sobre a tributação de pessoa física não se perde. Basta manter a linha de raciocínio, apenas atualizando os valores. O único cuidado é entender e verificar se houve mudança na estrutura de cobrança das receitas (rendimentos) ou na dedução das despesas.

26.7 Contribuintes obrigados a declarar

Para racionalizar a administração do imposto e facilitar o cumprimento da obrigação tributária, nem todos os contribuintes são obrigados a apresentar a declaração de ajuste. Assim, em 2022 serão obrigados a apresentar declaração de ajuste anual até o dia 30 de abril os contribuintes enquadrados em pelo menos uma das seguintes situações:

1. Recebeu rendimentos tributáveis na declaração, cuja soma foi superior a R$ 28.123,91 ou recebeu rendimentos isentos, não tributáveis ou tributados exclusivamente na fonte, cuja soma foi superior a R$ 40 mil.
2. Obteve, em qualquer mês, ganho de capital (tributável ou isento por conta da compra posterior em até 180 dias) na alienação de bens ou direitos, sujeito à incidência do imposto, ou realizou operações em bolsas de valores, de mercadorias, de futuros e assemelhadas.
3. Relativamente à atividade rural:
   a) obteve receita bruta em valor superior a R$ 140.619,55 (cento e quarenta mil, seiscentos e dezenove reais e cinquenta e cinco centavos);
   b) pretenda compensar, no ano-calendário de 2021 ou posteriores, prejuízos de anos-calendário anteriores ou do próprio ano-calendário de 2021.
4. Teve a posse ou a propriedade, em 31/DEZ/2021, de bens ou direitos, inclusive terra nua, de valor total superior a R$ 300 mil.
5. Passou à condição de residente no Brasil em qualquer mês e nesta condição se encontrava em 31/DEZ.

A RFB esclarece o seguinte: contanto que não se enquadre nas demais hipóteses de obrigatoriedade, a pessoa física, cujos bens comuns sejam declarados pelo outro cônjuge, fica dispensada da apresentação da declaração, desde que o valor dos seus bens privativos não exceda esse limite de R$ 300 mil.

A entrega da declaração de imposto de renda pessoa física (DIRPF) ou DAA por contribuintes que não se enquadram nas situações descritas é opcional. Uma das situações mais comuns que levam o contribuinte à entrega da declaração, mesmo sem obrigação, é quando se pretende recuperar imposto de renda retido na fonte, eventualmente recolhido ao longo do exercício fiscal. Há também aqueles que entregam declaração para comprovar renda em algumas situações da vida civil.

A relativa estabilidade na legislação do imposto de renda (pessoa física) e a completa automação do processo nos últimos anos têm facilitado o cumprimento da obrigação tributária pelo contribuinte, possibilitando uma maior familiaridade com o formulário e as regras de preenchimento.

PERGUNTA: SUPONHA QUE UM CONTRIBUINTE ESTEJA ENQUADRADO EM QUALQUER DOS ITENS DESCRITOS, MAS NÃO TENHA IMPOSTO DE RENDA A PAGAR E NÃO APRESENTE A DECLARAÇÃO. QUAL SERIA A PUNIÇÃO A ESTE CONTRIBUINTE?

Esta pergunta não possui uma resposta única, dependendo de cada caso. Se um contribuinte assalariado obteve em 2021 uma renda mensal de R$ 2.500 (R$ 30 mil no ano), com dois dependentes e dedução previdenciária, fatalmente não teve retenção de imposto em seus vencimentos mensais. Na declaração, admitindo apenas 12 salários no ano, ele teria obtido rendimentos tributáveis no valor de R$ 30.000. Se apresentasse a declaração, não registraria qualquer valor de IR retido na fonte, assim como não apresentaria IR devido. No caso, se este contribuinte não entregar sua declaração, em princípio não deveria haver punição. Contudo, o contribuinte poderá ser questionado pelo Fisco, pois sua fonte pagadora informou à RFB o total de rendimentos, obrigando-o, assim, a proceder à entrega da declaração, ainda que sem IR a pagar. Neste caso, seria exigido o pagamento de multa pela entrega em atraso. Se o contribuinte realmente não enviar a declaração, mesmo em atraso, seu CPF ficará irregular, o que poderá limitar sua vida. Não será possível, por exemplo, solicitar empréstimo ou prestar concurso público, mas o não envio poderá trazer outros aborrecimentos.

26.8 Modelos de entrega

A declaração de imposto de renda pessoa física pode ser efetuada em dois modelos: completo ou simplificado.

O objetivo principal da RFB com a criação do modelo simplificado foi facilitar para o contribuinte o cumprimento da obrigação de entrega da declaração. O modelo foi elaborado na metade dos anos 1970 apenas para os rendimentos do trabalho e foi extinto no final dos anos 1980. Nos anos 1990, o modelo simplificado foi recriado, porém sendo permitido a (quase) todos os contribuintes, permanecendo até os dias atuais. Na sequência, veja os detalhes básicos dos dois modelos.

26.8.1 Declaração simplificada

A declaração simplificada é uma opção permitida a todos os contribuintes, exceto aqueles que pretendem compensar resultado positivo da atividade rural com resultado negativo (prejuízo) ou compensar imposto pago no exterior.

Todavia, o contribuinte que precisar retificar a declaração após o prazo de entrega (30 de abril do ano seguinte) não poderá modificar o modelo da declaração original entregue. Se, por exemplo, o contribuinte preencher sua declaração no modelo completo, entregá-la para a RFB e decidir retificá-la, somente poderá mudar para o modelo simplificado se a retificação ocorrer até o dia da entrega. Caso contrário, o modelo utilizado deve ser o completo.

No modelo simplificado, as empresas utilizam um desconto (padrão) de 20% sobre o total de rendimentos tributáveis, que substitui todas as deduções legais cabíveis (INSS, previdência privada, dependentes, saúde, educação, pensão alimentícia e livro Caixa). Não necessita comprovação e está limitado a R$ 16.754,34. Assim, contribuintes que apresentam rendimento tributável anual acima de R$ 83.771,70 não podem aplicar o percentual de 20%, ficando com a dedução limitada em R$ 16.754,34.

O percentual de 20% representou estimativa da RFB para as deduções feitas pela grande maioria dos contribuintes. O limite de quase R$ 17 mil (o valor original era R$ 8 mil na sua criação) é uma estimativa calculada de forma a não haver benefícios para contribuintes com renda mais elevada, que não teriam **deduções legais** no mesmo percentual de 20%.

Para verificar se a melhor opção é o modelo simplificado ou o modelo completo, o contribuinte deve somar as deduções permitidas no modelo completo e verificar se o valor encontrado é maior que a dedução-padrão aceita pelo modelo simplificado. O modelo que apresentar maior valor de deduções permitidas deve ser o escolhido, o que já é feito, hoje, automaticamente pelo programa da RFB.

Para ratificar o entendimento, suponha que três contribuintes diferentes decidiram optar pelo modelo simplificado. Veja a dedução permitida a cada um deles:

Contribuinte A – Rendimentos tributáveis de R$ 40.000/ano ➔ Desconto de R$ 8.000,00

Contribuinte B – Rendimentos tributáveis de R$ 80.000/ano ➔ Desconto de R$ 16.000,00

Contribuinte C – Rendimentos tributáveis de R$ 100.000/ano ➔ Desconto de R$ 16.754,34

A principal diferença do modelo simplificado para o modelo completo é o fato de não ser necessário preencher as despesas com saúde, educação, previdência privada, pensão alimentícia e outras deduções, pois esses gastos são substituídos pelo desconto padrão. Não há no modelo simplificado direito a uso dos incentivos fiscais, como as doações aos fundos da criança e do idoso. Os demais itens da declaração precisam ser preenchidos normalmente.

26.8.2 Declaração completa

A declaração completa tem um grau de complexidade levemente maior em relação à declaração simplificada, em virtude da exigência de informações mais detalhadas das deduções permitidas, cujos detalhes serão desenvolvidos no próximo capítulo.

A base de cálculo do imposto devido é a diferença entre a soma dos rendimentos tributáveis (sem considerar aqueles tributados exclusivamente na fonte) e as deduções permitidas pela legislação.

26.9 A evolução patrimonial precisa ser justificada pela renda

A declaração de ajuste anual (DAA) representa uma forma de você ser acompanhado pelo órgão fiscalizador, no caso, a RFB. Em outras palavras, a declaração demonstra como e onde as pessoas receberam seus recursos, a informação sobre alguns gastos e se o crescimento de seu patrimônio se justifica com os valores declarados como renda. Não há um padrão definido, tipo minha evolução patrimonial pode ser até um terço/50%/três quartos da minha renda, pois cada caso deve ser analisado individualmente. Porém, recomenda-se ao contribuinte realizar a seguinte conta para encontrar sua receita líquida obtida no ano:

RECEITAS (+)
Rendimentos tributáveis + exclusivos na fonte (definitivos) + rendimentos recebidos acumuladamente (RRA) + isentos
DESPESAS (–)
Deduções permitidas + gastos não permitidos (aluguel, por exemplo) + doações feitas + incentivos fiscais realizados
IRRF (–)
Imposto de Renda Retido na Fonte/pago durante o ano
RECEITA LÍQUIDA (=) RECEITAS – DESPESAS – IRRF

Por outro lado, para apurar sua EVOLUÇÃO PATRIMONIAL, deverá fazer a seguinte conta:

BENS E DIREITOS – DÍVIDAS E ÔNUS REAIS NO ANO 2
MENOS
BENS E DIREITOS – DÍVIDAS E ÔNUS REAIS NO ANO 1

Portanto, a RECEITA LÍQUIDA obtida deve apresentar coerência com a EVOLUÇÃO PATRIMONIAL. Por exemplo, uma pessoa que declare recebimento total (tributáveis, isentos e tributados exclusivamente na fonte) de R$ 50.000 em um ano e tenha despesas dedutíveis (despesas médicas, previdenciárias, com instrução, dependentes) de R$ 12.000 não deveria demonstrar uma evolução patrimonial, por exemplo, de R$ 35.000, pois estaria afirmando que utilizou apenas R$ 3.000 com as demais despesas não informadas na declaração. Não há um percentual-padrão aceito pelo Fisco, mas se este contribuinte tiver dois dependentes, por exemplo, será difícil comprovar que não há renda omitida em sua declaração. Outro contribuinte solteiro, que resida com os pais e que apresente renda de R$ 50 mil, utilizando o desconto-padrão de 20% (R$ 10 mil), pode ter uma evolução patrimonial de R$ 35 mil justificada, pois suas despesas básicas seriam geridas pelos pais. Por isso que falei que cada caso deve ser analisado de forma individual.

Importante reforçar que o desconto-padrão de 20%, se utilizado, se caracteriza como recurso consumido, reduzindo o rendimento livre para variação patrimonial.

26.10 Absorção da leitura: dez questões de múltipla escolha

Recomenda-se resolver as questões pelo menos um dia depois da leitura do capítulo.

Q1

Um contribuinte apresentou sua declaração de x1 no dia 2/JUN/x2. O IR devido ficou em R$ 15.000, o imposto retido na fonte em R$ 7.000 e o IR a pagar em R$ 8.000. A multa cobrada pela entrega com atraso será de:

(A) R$ 140,00.
(B) R$ 150,00.
(C) R$ 160,00.
(D) R$ 165,74.
(E) R$ 300,00.

Q2

NÃO precisou entregar sua declaração anual de IRPF em abril de 2022, referente ao ano-calendário de 2021, o contribuinte:

(A) Com idade superior a 90 anos, rendimento anual de R$ 50 mil, exclusivamente de aposentadoria e bens acima de R$ 400 mil.

(B) Aposentado (acima de 65 anos), que possui rendimentos anuais exclusivamente de aposentadoria de R$ 60 mil.

(C) Que abriu um MEI e obteve faturamento de R$ 75 mil, com despesas de R$ 16.800 + um pró-labore de R$ 13.200, com a diferença de R$ 45 mil sendo recebida como distribuição de lucros.

(D) Com três fontes de rendimentos, sendo R$ 16 mil, R$ 10 mil e R$ 5 mil, totalizando renda tributável de R$ 31 mil, mas sem qualquer retenção na fonte.

(E) Sem rendimentos tributáveis, mas com participação em empresa (20% das cotas), que lhe rendeu dividendos recebidos de R$ 35 mil no ano.

Q3

Em relação ao modelo simplificado, analise as afirmativas a seguir:

1. O contribuinte que recebeu rendimentos da atividade rural pode utilizar o modelo simplificado, exceto nos casos em que pretenda compensar resultados negativos (prejuízo) de anos anteriores ou do próprio ano.
2. O contribuinte com mais de duas fontes pagadoras não poderá utilizar o modelo simplificado, sendo obrigado a proceder à entrega da declaração no modelo completo.
3. O contribuinte que desejar reduzir seu IR devido fazendo doações para o fundo nacional do idoso não poderá utilizar o modelo simplificado.

Pode-se afirmar que:

(A) Apenas a assertiva 1 está correta.

(B) Apenas a assertiva 2 está correta.

(C) Apenas a assertiva 3 está correta.

(D) Duas assertivas estão corretas.

(E) As três assertivas estão corretas.

Q4

É considerado(a) um rendimento oriundo do capital

(A) Participação de empregados nos lucros.

(B) Recebimento de pensão alimentícia.

(C) Rendimentos oriundos de aplicações financeiras em caderneta de poupança.

(D) Repouso semanal remunerado.

(E) Valor oriundo de aposentadoria.

Q5

Suponha que a legislação tributária seja modificada, com a extinção da atual tabela progressiva e a instituição de apenas duas alíquotas de imposto de renda das pessoas físicas. Veja as novas alíquotas:

- Isento para rendimentos até de R$ 3 mil.
- 10% para rendimentos entre R$ 3.000,01 e R$ 5 mil.
- 20% para rendimentos acima de R$ 5 mil.

Com isso, considere um contribuinte que apresente rendimento tributável líquido (base de cálculo) de R$ 5.400,00. O IR que será retido na fonte pelo contribuinte monta a:

(A) R$ 200

(B) R$ 280

(C) R$ 480

(D) R$ 580

(E) R$ 1.080

Q6

Em relação à obrigatoriedade da declaração de IRPF por idade, é CORRETO afirmar que

(A) Não há dispensa de entrega da declaração por idade.

(B) Não são obrigados a entregar declaração os menores de 12 anos.

(C) Não são obrigados a entregar declaração os menores de 18 anos.

(D) Não são obrigados a entregar a declaração os maiores de 70 anos.

(E) Não são obrigados a entregar a declaração os menores de 12 anos e os maiores de 70 anos.

Q7

Admita um casal com rendimento anual em 2021 de R$ 110 mil, sendo 65% de W e 35% de X. O casal tem despesas dedutíveis (dependentes, INSS, previdência privada, educação e saúde dos filhos) de R$ 22 mil, que podem ser descontadas na declaração de um ou do outro. Eles não têm deduções próprias, exceto X, que tem INSS de R$ 5.000, incluso no total de deduções de R$ 22 mil. Qual o total de IR devido pelo casal (W + X), utilizando a melhor opção de declaração, com base na legislação em vigor:

(A) Os dois utilizam o modelo simplificado.

(B) Os dois utilizam o modelo completo, dividindo as deduções comuns.

(C) Eles fazem a declaração em conjunto.

(D) X faz o modelo completo e coloca todas as despesas comuns do casal, enquanto W faz a declaração pelo modelo simplificado.

(E) W faz o modelo completo e coloca todas as despesas comuns do casal, enquanto X faz a declaração pelo modelo simplificado.

Q8

Um contribuinte apresentou IR devido de R$ 800 e parcelou em 4 vezes. A taxa Selic foi a seguinte: ABR – 1,3%; MAI – 1,5%; JUN – 1,6%; JUL – 1,9%. Informe o total pago de IR nas 4 parcelas, admitindo o pagamento nos respectivos prazos.

(A) R$ 813,80

(B) R$ 815,20

(C) R$ 815,36

(D) R$ 817,00

(E) 819,20

Q9

Em relação à declaração de IRPF (DAA), analise as assertivas a seguir:

1. Se um contribuinte tiver renda anual de R$ 32 mil, recebida de fontes diferentes e deduções permitidas (INSS, dependentes e despesas de saúde) que totalizam R$ 10 mil, não precisará apresentar sua declaração anual de renda (DAA), já que não tem IR devido e tampouco sofreu retenção na fonte durante o ano.
2. Se o contribuinte entregar a declaração em abril, dentro do prazo, e esquecer de incluir um bem, poderá retificar sua declaração em maio, mas terá que pagar multa conforme a lei, por causa da retificação.
3. O contribuinte poderá retificar sua declaração até o prazo de envio (normalmente, dia 30 de abril do ano seguinte), trocando, inclusive, o modelo utilizado, de simplificado para completo ou vice-versa.

Pode-se afirmar que...

(A) Apenas a assertiva 1 está correta.

(B) Apenas a assertiva 2 está correta.

(C) Apenas a assertiva 3 está correta.

(D) Duas assertivas estão corretas.

(E) As três assertivas estão corretas.

Q10

A multa máxima espontânea cobrada no IRPF é de

(A) 0,33%

(B) 10%

(C) 20%

(D) 50%

(E) 75%

O Gabarito das questões está disponível no final do livro, após o Anexo.

27

RENDIMENTOS E DEDUÇÕES PERMITIDAS

OBJETIVO DO CAPÍTULO

Apresentar os rendimentos recebidos por pessoas físicas, as deduções permitidas e como devem ser apresentados na declaração de IRPF. Ao final deste capítulo, será possível:

- Identificar os tipos possíveis de rendimentos tributáveis e as deduções que são permitidas no cálculo mensal do IRPF, identificando aquelas deduções permitidas apenas na declaração de ajuste anual.
- Diferenciar os rendimentos tributáveis daqueles com tributação exclusiva na fonte e refletir sobre os motivos que justificam a permissão de isenção para alguns tipos de rendimento.
- Analisar o uso das deduções, suas limitações e seus detalhes.
- Conhecer a estrutura básica da apuração do IR no carnê-leão, incluindo o uso do livro Caixa.
- Comparar e avaliar se é melhor receber remuneração como pessoa física ou pessoa jurídica no Brasil.

27.1 Receitas da pessoa física

Todo recurso recebido pelo contribuinte, seja em dinheiro, seja em bens, deve ser informado na sua declaração de ajuste anual (DAA). A Receita Federal do Brasil (RFB) define três tipos de rendimentos em que o contribuinte deve enquadrar seus recebimentos:

- rendimentos tributáveis;
- rendimentos isentos; e
- rendimentos com tributação definitiva (ou tributados exclusivamente na fonte).

Portanto, todo e qualquer valor recebido pela pessoa física deverá ser informado na declaração como receita (rendimentos isentos ou, então, tributáveis).

27.2 Rendimentos isentos e não tributáveis

Os rendimentos isentos, como o próprio nome diz, são aqueles sobre os quais não há cobrança de IRPF. Alguns rendimentos são isentos de tributação, pois a legislação entendeu não existir a aquisição de disponibilidade econômica para o contribuinte. A IN RFB nº 1.500/2014 faz a abertura em sete itens, trazendo todas as isenções existentes. Vamos apresentá-las na sequência.

27.2.1 Rendimentos do trabalho e assemelhados

Alguns rendimentos oriundos do trabalho são isentos. Por exemplo, o salário-família e o montante dos depósitos, juros, correção monetária e quotas-partes creditados em contas individuais pelo PIS/PASEP. A seguir, alguns detalhes dos recebimentos isentos atrelados aos rendimentos do trabalho.

27.2.1.1 Alimentação e transporte

Os benefícios recebidos referentes a alimentação, inclusive *in natura*, transporte, vale-transporte e uniformes ou vestimentas especiais de trabalho, fornecidos gratuitamente pelo empregador a seus empregados, ou a diferença entre o preço cobrado e o valor de mercado, são considerados rendimentos isentos. Mesmo o vale-alimentação, fornecido por algumas categorias profissionais, sem desconto para o empregado, é considerado isento e, normalmente, não é informado na DAA.

Nas empresas em geral, o auxílio-refeição ou alimentação pago em dinheiro deve integrar a remuneração do empregado, sendo caracterizado como rendimentos tributáveis.

É isento o auxílio-transporte em pecúnia, pago pela União, destinado ao custeio parcial das despesas realizadas com transporte coletivo municipal, intermunicipal ou interestadual pelos militares, servidores e empregados públicos da Administração Federal direta, autárquica e fundacional da União, nos deslocamentos de suas residências para os locais de trabalho e vice-versa. Idêntica situação se aplica na indenização de transporte a servidor público da União que realizar despesas com a utilização de meio próprio de locomoção para a execução de serviços externos por força das atribuições próprias do cargo.

27.2.1.2 Diárias de viagem

São isentas as diárias destinadas, exclusivamente, ao pagamento de despesas de alimentação e pousada, por serviço eventual realizado em município diferente do da sede de trabalho, inclusive no exterior. A IN RFB nº 1.500/2014 não faz menção a qualquer percentual para isenção. Contudo, a Lei nº 8.212/91 diz que, para fins de INSS, a isenção somente alcança o pagamento de diárias de viagem até 50% do salário do empregado.

A consulta COSIT nº 73/2013 esclarece que as diárias pagas exclusivamente para custear as despesas de alimentação e pousada do empregado por serviço eventual realizado em município diferente do da sede de trabalho, até mesmo no exterior, são isentas do imposto de renda, desde que atendidas as condições prescritas nas normas de regência da matéria.

As dúvidas decorrem principalmente do fato de que a Consolidação das Leis do Trabalho (CLT) e até a jurisprudência trabalhista fazem referência às diárias como parcela de caráter salarial quando excedem a 50%. Apesar disso, a RFB afirma que a legislação do IRRF não coloca tais condicionantes.

No programa de preparação da DAA, não há orientação para incluir esta informação na declaração. O contribuinte não precisa informar o valor recebido, embora ele normalmente integre seu informe de rendimentos recebido da empresa. Situação similar se aplica à ajuda de custo.

27.2.1.3 Ajuda de custo e auxílio-moradia

A ajuda de custo é um rendimento isento de imposto de renda. A legislação define como ajuda de custo os valores pagos em caráter indenizatório, destinados a ressarcir os gastos com transporte, frete e locomoção do beneficiado e seus familiares, em caso de remoção de um município para outro ou para o exterior. A efetiva remoção está sujeita à comprovação posterior pelo beneficiário, a qualquer momento, por meio de documentos emitidos pelo empregador.

Não confundir, todavia, ajuda de custo com auxílio-moradia, que representa o pagamento, mesmo que temporário, de residência para o empregado. Esta verba tem característica diferente da ajuda de custo, sendo considerada rendimento tributável.

A IN RFB nº 1.500/2014 diz que é isento o valor recebido de pessoa jurídica de direito público a título de auxílio-moradia, não integrante da remuneração dos beneficiários, em substituição ao direito de uso de imóvel funcional.

27.2.1.4 Bolsas de estudo

São isentos os valores recebidos a título de bolsas de estudo, desde que caracterizem doação, ou seja, quando recebidos exclusivamente para proceder a estudo ou pesquisa e o resultado dessas atividades não represente vantagem para o doador e não caracterize contraprestação de serviços. As bolsas de estágios em empresas públicas ou privadas são rendimentos tributáveis.

27.2.1.5 Previdência privada

O recebimento de benefícios da empresa, com contribuições para Plano de Poupança e Investimento (PAIT), cujo ônus tenha sido do empregador, em favor do participante, é considerado rendimento isento, devendo ser informado na DAA.

Também não são tributáveis as contribuições pagas pelos empregadores relativas a programas de previdência complementar em favor de seus empregados e dirigentes, com a mesma situação se aplicando ao Fundo de Aposentadoria Programada Individual (Fapi), a que se refere a Lei nº 9.477/97.

Aqui, cabe uma ressalva. Se a previdência privada citada for na modalidade Vida Gerador de Benefícios Livres (VGBL), o valor recebido passa a integrar a declaração de bens, devendo ser informado como rendimento isento. Já a modalidade Plano Gerador de Benefícios Livres (PGBL) não deve ser informada na DAA por ocasião da concessão ao empregado pela empresa (depósito na sua conta), devendo ser informada apenas quando o empregado realizar o resgate, momento em que ocorrerá a tributação do IR.

27.2.1.6 Serviços médicos

É considerado isento o valor dos serviços médicos, hospitalares e dentários mantidos, ressarcidos ou pagos pelo empregador em benefício de seus empregados.

O dispositivo tem que ser analisado sob duas óticas:

1. O benefício de plano de saúde, médicos, dentistas e todos os gastos de saúde custeados pela empresa não são tributáveis e não devem ser informados na DAA.
2. O reembolso financeiro (total ou parcial) de gasto com saúde realizado pelo empregado também é isento. Neste caso, o empregado informa como despesa de saúde (dedutível) apenas o valor líquido. Por exemplo, a consulta custou R$ 100, totalmente desembolsada pelo empregado. A empresa reembolsou R$ 40. Neste caso, o empregado declara a dedução de despesa de saúde de R$ 60 (informa 100 menos 40). Não há menção no programa de IRPF para informar o reembolso de R$ 40 como rendimentos isentos. Analisando o caso, entendo não ser necessário o registro, pois a despesa já foi informada pelo valor líquido. Se, além da dedução na despesa, o valor também for informado como rendimento, ficará em dobro na DAA.

Importante tomar cuidado com aquelas situações em que o pagamento da despesa acontece em um ano e o reembolso fica para o ano seguinte. Neste caso, a despesa médica será deduzida pelo valor total. E o reembolso será tratado como rendimento tributável. No exemplo numérico citado no caso 2, a despesa médica seria R$ 100 registrada no ano 1, enquanto o reembolso de R$ 40 seria considerado rendimento tributável no ano 2.

27.2.1.7 Rendimentos específicos

São isentos os rendimentos pagos a pessoa física não residente no Brasil, por autarquias ou repartições do governo brasileiro situadas fora do território nacional e que correspondam a serviços prestados a esses órgãos. Em algumas situações, a isenção é parcial. Veja os casos:

a) 75% dos rendimentos do trabalho assalariado recebidos, em moeda estrangeira, por servidores de autarquias ou repartições do governo brasileiro no exterior;
b) até 90% dos rendimentos de transporte de carga e serviços com trator, máquina de terraplenagem, colheitadeira e assemelhados;
c) 40% dos rendimentos de transporte de passageiros; e
d) até 90% do rendimento bruto auferido pelos garimpeiros na venda a empresas legalmente habilitadas de metais preciosos, pedras preciosas e semipreciosas por eles extraídos.

27.2.2 Rendimentos de aposentadorias e pensões

Os valores pagos por meio de sistemas de previdência, seja por aposentadorias ou pensões, devem ser analisados caso a caso para avaliação da isenção ou não. Veja a seguir os casos de isenção.

27.2.2.1 Aposentadoria paga a maiores de 65 anos

São isentos a pensão e os proventos da inatividade pagos pela Previdência Social da União, dos estados, do Distrito Federal e dos municípios, por pessoa jurídica de direito público interno ou por entidade de previdência privada, a partir do mês em que o pensionista ou inativo completar 65 anos, até o valor da faixa de isenção (R$ 1.903,98) por mês, sem prejuízo da parcela isenta prevista na tabela de incidência mensal do imposto. O valor excedente a esse limite está sujeito à incidência do IR mensal e na declaração anual.

Ou seja, o limite inicial de retenção para os aposentados acima de 65 anos, na prática, é o dobro do limite de isenção das demais pessoas físicas, em virtude da isenção específica a eles concedida. Um aposentado com 66 anos que receba, durante o ano de 2021, R$ 3.800,00 por mês de aposentadoria não terá tributação de imposto de renda, pois a parcela de sua renda que foi tributável monta R$ 1.896,02 (3.800,00 - 1.903,98), não apresentando IR devido por encontrar-se abaixo do limite da tabela progressiva (R$ 1.903,98 em 2021).

Outro ponto importante diz respeito ao contribuinte com duas fontes oriundas de aposentadoria ou pensão. Suponha um contribuinte de 70 anos com dois rendimentos de aposentadoria em 2021, oriundo de duas fontes diferentes:

- R$ 3.000,00 recebido do INSS;
- R$ 2.000,00 recebido do município de Niterói-RJ.

Não haverá retenção na fonte nos dois casos. Mesmo no pagamento do INSS, o valor de R$ 1.903,98 será isento e o restante será considerado rendimento tributável, mas ficando abaixo da primeira faixa de tributação.

Contudo, quando o contribuinte preparar sua DAA, vai apresentar os seguintes valores (admitindo uso do modelo simplificado e 12 recebimentos no ano):

- Rendimento total de R$ 60.000,00 (3.000 + 2.000 por doze meses).
- Rendimento isento de R$ 22.847,76 (parcela para contribuintes acima de 65 anos).
- Rendimento tributável de R$ 37.152,24.
- Desconto padrão (20%) de R$ 7.430,45.
- Base de cálculo de R$ 29.721,79.
- Aplicando 7,5%, encontramos R$ 2.229,13.
- Menos a parcela a deduzir de R$ 1.713,58.
- O IR a pagar será de R$ 515,55.

Por outro lado, quando este contribuinte receber seu 13º salário, a parcela isenta será apurada por fonte pagadora, não incorrendo qualquer retenção de IR fonte nos dois casos. Assim, o contribuinte receberá sua remuneração total, livre de IR.

27.2.2.2 Aposentadoria por doença grave

Além dessa dedução, os rendimentos de aposentados e pensões de portadores de doença grave são isentos, sem qualquer limite de valor ou idade. A isenção total não é por causa da idade. Se uma pessoa tiver 95 anos e não apresentar qualquer doença definida em lei, será tributada normalmente. Alguns confundem os limites de idade para fins eleitorais com fins fiscais. Não tem nada a ver. Uma pessoa a partir de 70 anos está livre das obrigações eleitorais, não fiscais. Mesmo que tenha qualquer doença que lhe dê isenção sobre os rendimentos de aposentadoria, o contribuinte será tributado sobre eventuais rendimentos oriundos do trabalho. Por exemplo, tenho um amigo, aposentado por deficiência visual, que se formou em Psicologia e exerce sua profissão normalmente, atuando como psicólogo, professor e palestrante. Os rendimentos oriundos do trabalho são submetidos à tabela progressiva e tributados normalmente.

Para efeito de reconhecimento da isenção, a doença deve ser comprovada mediante laudo pericial emitido por serviço médico oficial da União, dos estados, do DF e dos municípios, devendo ser fixado o prazo de validade do laudo pericial, no caso de doenças passíveis de controle. As doenças são as seguintes: moléstia profissional, tuberculose ativa, alienação mental, esclerose múltipla, neoplasia maligna, cegueira, hanseníase, paralisia irreversível e incapacitante, cardiopatia grave, doença de Parkinson, espondiloartrose anquilosante, nefropatia grave, hepatopatia grave, estados avançados de doença de Paget (osteíte deformante), contaminação por radiação, síndrome de imunodeficiência adquirida (AIDS) e fibrose cística (mucoviscidose).

Importante destacar que são isentos apenas os rendimentos de aposentadoria. Se uma pessoa aposentada, que tiver qualquer doença da lista, receber rendimentos de trabalho assalariado ou não assalariado, será tributada normalmente sobre esta parcela. A isenção alcança apenas os valores recebidos como aposentadoria.

27.2.2.3 Outros recebimentos isentos (previdenciários)

Há outros rendimentos isentos oriundos de aposentadorias e pensões descritos no art. 6º da IN RFB nº 1.500/2014, como aqueles oriundos de rendimentos percebidos pelas pessoas físicas decorrentes de auxílio-natalidade, auxílio-doença, auxílio-funeral e auxílio-acidente, pagos pela previdência oficial da União, dos estados, do Distrito Federal e dos municípios e pelas entidades de previdência complementar.

27.2.3 Indenizações

São isentos ou não se sujeitam ao imposto sobre a renda diversos rendimentos decorrentes de indenizações e assemelhados.

27.2.3.1 Rescisão de contrato de trabalho

São isentas as indenizações trabalhistas, pagas por despedida ou rescisão de contrato de trabalho até o limite garantido pela lei trabalhista (CLT) ou por dissídio coletivo e convenções trabalhistas homologados pela Justiça do Trabalho, e as importâncias pagas a esse título nos limites e termos da legislação do Fundo de Garantia do Tempo de Serviço (FGTS), inclusive juros e correção monetária, desde que obedecidos os limites legais. A RFB diz que é irrelevante se a rescisão ou despedida ocorreu por livre acordo entre as partes, e que esses valores tenham sido pagos diretamente ao empregado ou aos seus dependentes legais, inclusive que o saque do FGTS seja para compra de casa própria ou por qualquer outro motivo. Enquadra-se nesse conceito a indenização do tempo de serviço anterior à opção pelo FGTS, nos limites fixados na legislação trabalhista, quer seja ela percebida pelo próprio empregado ou por seus dependentes após o falecimento do assalariado.

O que exceder às verbas descritas será considerado liberalidade do empregador e tributado como rendimento do trabalho assalariado. Quanto ao aviso-prévio, apenas o não trabalhado é isento.

É isento também o valor pago a título de indenização por acidente de trabalho, assim como o pagamento efetuado por pessoas jurídicas de direito público a servidores públicos civis, a título de incentivo à adesão a programas de desligamento voluntário (PDV), o mesmo se aplicando às empresas privadas.

27.2.3.2 Outros rendimentos de indenização isentos

Além das indenizações trabalhistas, há isenção de IR para diversos outros tipos, como a indenização por danos patrimoniais e a indenização reparatória por danos físicos, invalidez ou morte, ou por bem material danificado ou destruído, em decorrência de acidente, até o limite fixado em condenação judicial, exceto no caso de pagamento de prestações continuadas. No § 7º da IN RFB nº 1.500/2014, há outras isenções permitidas.

27.2.4 Rendimentos de participações societárias

Desde 1996, todos os valores recebidos a título de distribuição de lucros devem ser considerados rendimentos isentos. Assim, os valores recebidos de empresas optantes pelo SIMPLES NACIONAL, pelo lucro presumido, arbitrado e pelo lucro real, são considerados rendimentos isentos e não tributáveis. O valor estimado de distribuição de lucros com isenção de IR nos primeiros vinte anos deste século foi R$ 5 trilhões, a maior parte em renda mensal acima de 60 salários-mínimos.

Esta isenção incentivou, ao longo de todos os últimos anos, a criação de empresas que não existem na prática como entidades empresariais, sendo apenas uma forma de diversos profissionais prestarem serviço via pessoa jurídica em vez do enquadramento normal como empregados. É a chamada pejotização, tão comentada pela mídia. Para você entender o que aconteceu, observe o exemplo didático a seguir, utilizando como base o ano de 2021.

A Cia. Brasil deseja contratar o Zé para trabalhar na empresa, dispondo de uma verba anual de R$ 100 mil para isso. Na Tabela 27.1, observe interessante comparação, com as duas situações possíveis para o Zé:

1. ele trabalhar como pessoa física, com a empresa gastando o total de R$ 99.996 no ano; ou
2. ele abrir uma empresa tributada pelo SIMPLES NACIONAL (Anexo III e uso do FATOR "R") e trabalhar como prestador de serviços. No caso, a empresa combina com o Zé para ela ter um desconto de 10% em relação ao total gasto no modelo anterior, pagando no ano R$ 90 mil à empresa do Zé.

Veja os detalhes na Tabela 27.1.

Observe que há uma economia da empresa de R$ 9.996 (99.996 - 90.000) com o uso do processo de pejotização. E o empregado (Zé) ficou com R$ 13.791 (81.960 - 68.169) a mais em sua conta corrente, sendo contratado como empresa. Logicamente, ele precisará avaliar o chamado custo de conformidade, ou seja, as despesas de manutenção mensal com a empresa que deverá abrir, incluindo o pagamento a um contador para fazer sua contabilidade mensal. E precisará verificar sua contribuição previdenciária, pois como empregado teria desconto sobre R$ 5.316, enquanto abrindo a empresa o INSS foi calculado sobre R$ 2 mil.

Mas, se todos ganham, quem perde? Somando o ganho da empresa (R$ 9.996) com o ganho do Zé (R$ 13.791), dá um total de R$ 23.787. Veja onde a arrecadação tributária seria reduzida para justificar os ganhos da empresa e do Zé:

- INSS + RAT - 18.476 (15.576 + 7.884 - 2.640 - 2.344 (INSS do SIMPLES))

TABELA 27.1

EMPREGADO (CLT)	MÊS	ANO
Salário	5.311	63.732
13º salário	443	5.316
Férias	147	1.764
CPP (INSS) + RAT – 22%	1.298	15.576
Sistema S – 5,8%	342	4.104
FGTS – 8% da folha	472	5.664
Vale-refeição	320	3.840
TOTAL GASTO DA EMPRESA	**8.333**	**99.996**
INSS do Zé **		7.884
IRRF do Zé ***		4.263
LÍQUIDO PARA O ZÉ ****		**68.169**

PEJOTIZAÇÃO	MÊS	ANO
Pg. Nota Fiscal	**7.500**	**90.000**
ZÉ		
SIMPLES NACIONAL da empresa do Zé	450	5.400
INSS do Zé *	220	2.640
LÍQUIDO PARA O ZÉ *		**81.960**

* Suponha pró-labore mensal de R$ 2 mil, com INSS retido do Zé de 11%.

** Aplicando 14% sobre R$ 69.048 (63.732 + 5.316) – 1.785 = R$ 7.884.

*** Utilizando o modelo simplificado, o IR devido seria R$ 3.938 na declaração (63.732 – 12.746) × 22,5% – 7.634 + o IRRF no 13º salário, de R$ 425, totalizando R$ 4.263.

**** (63.732 + 5.316 + 1.764) – (7.884 + 4.363) = R$ 58.565 na sua conta + FGTS de R$ 5.664 (poupança forçada) + vale-refeição de R$ 3.840.

- SISTEMA S – 4.104
- IR – 4.047 (4.263 – 216, que é o IR dentro do SIMPLES)
- **TOTAL ARRECADADO A MENOS ➔ R$ 26.627** (18.476 + 4.104 + 4.047)
- PIS + COFINS no SIMPLES = 1.031 (seguridade social e ministério do trabalho)
- ISS no SIMPLES = 1.809 (municípios)
- **VALORES ARRECADADOS A MAIS NO SIMPLES = R$ 2.840** (1.031 + 1.809)

Assim, você percebe que no caso houve perda expressiva de arrecadação, com redução de R$ 26.627 e aumento de R$ 2.840, montando o líquido de R$ 23.787, que foi o valor do dinheiro a mais para a empresa e o Zé. A perda de arrecadação foi principalmente em verbas destinadas à parte social (INSS, PIS, COFINS e Sistema S), com perda também no IR, com impacto na destinação para estados (FPE) e municípios (FPM). Estes, por outro lado, recuperam parte com o ISS na arrecadação do SIMPLES NACIONAL.

27.2.4.1 A mudança que não aconteceu: tributação dos dividendos a partir de 2022

O PL nº 2.337/2021, que chegou a ser aprovado na Câmara dos Deputados, reinstituiu a cobrança de IR sobre dividendos, de forma exclusiva na fonte e com alíquota única de 15%. Contudo, a tributação alcançaria somente a distribuição das seguintes empresas:

- todas as empresas tributadas pelo lucro real; e
- empresas tributadas pelo lucro presumido com receita bruta anual acima de R$ 4,8 milhões.

Assim, seriam isentas as empresas tributadas pelo SIMPLES NACIONAL e aquelas tributadas pelo lucro presumido, com receita anual até R$ 4,8 milhões. Trata-se de algo sem sentido, pois, se você comparar duas empresas comerciais tributadas pelo lucro presumido, com lucro líquido de 20% sobre a receita bruta e distribuição integral desse lucro, verá o absurdo do dispositivo legal. É o que mostra a Tabela 27.2.

TABELA 27.2

EMPRESAS – em R$ mil	Cia. A	Cia. B
Receita bruta anual	4.700	4.900
Lucro líquido (20% da RBA)	940	980
IRRF sobre dividendos – 15%	–	147
Dividendos líquidos recebidos	940	833

Observe que a receita bruta da Cia. B foi R$ 200 mil acima da receita bruta da Cia. A, gerando lucro líquido maior em R$ 40 mil. Porém, por conta da receita bruta menor que R$ 4,8 milhões/ano, este empresário nada pagará de dividendos, ficando com R$ 940 mil na sua conta, que foi todo o lucro líquido distribuído.

Já a Cia. B, por ter ultrapassado em R$ 100 mil o limite da isenção, terá tributação de IRRF de R$ 147 mil (15% sobre todo o lucro de R$ 980 mil), ficando o empresário com o líquido de R$ 833 mil.

Isso não existe. O empresário da Cia. B teve R$ 200 mil a mais de receita, R$ 40 mil a mais de lucro, mas ficou com R$ 107 mil a menos de dinheiro na sua conta, em comparação com o empresário da Cia. A. O Senado não aprovou o projeto, sequer tentando corrigi-lo. Então, pelo menos por mais um ano (2022) não haverá cobrança de IR sobre lucros e dividendos distribuídos por empresas domiciliadas no Brasil. Recomenda-se acompanhar o tema pela mídia, no canal do YouTube do IPEC-RJ TV e nas redes sociais do Grupo GEN, pois a tributação sobre lucros e dividendos será certamente um dos temas explorados no debate eleitoral.

27.2.5 Rendimentos obtidos no mercado financeiro

Os rendimentos de poupança, considerada a forma mais tradicional de investimento no Brasil, são isentos de tributação para as pessoas físicas. Além da caderneta de poupança, são isentos também rendimentos produzidos por Certificado de Depósito Agropecuário (CDA), *Warrant* Agropecuário (WA), Certificado de Direitos Creditórios do Agronegócio (CDCA), Letra de Crédito do Agronegócio (LCA) e Certificado de Recebíveis do Agronegócio (CRA), instituídos pelos arts. 1º e 23 da Lei nº 11.076/2004, com alterações.

São isentos da cobrança de IR os ganhos líquidos auferidos por pessoa física em operações no mercado à vista de ações nas bolsas de valores e em operações com ouro ativo financeiro, na hipótese de o valor das alienações realizadas a cada mês ser igual ou inferior a R$ 20.000,00 referentes ao conjunto de ações e ao ouro ativo financeiro, respectivamente.

Outros rendimentos isentos são os seguintes:

- Valores resgatados dos PAIT, relativamente à parcela correspondente às contribuições efetuadas pelo participante.
- Remuneração produzida pelas letras hipotecárias, certificados de recebíveis imobiliários e letras de crédito imobiliário.
- Rendimentos distribuídos pelos fundos de investimento imobiliário cujas quotas sejam admitidas à negociação exclusivamente em bolsas de valores ou no mercado de balcão organizado. A isenção será concedida apenas para os fundos com, no mínimo, 50 quotistas.
- Remuneração produzida pela Cédula de Produto Rural (CPR), com liquidação financeira, instituída pela Lei nº 8.929/94, desde que negociada no mercado financeiro.
- Dividendo anual mínimo decorrente de quotas do Fundo Nacional de Desenvolvimento (FND).
- Acréscimo patrimonial decorrente da variação cambial de depósitos mantidos em instituições financeiras no exterior, pelo valor do saldo desses depósitos em moeda estrangeira convertido em reais pela cotação cambial de compra em 31 de dezembro do ano-calendário.

27.2.6 Ganhos obtidos na venda de bens

Devem ser declarados como isentos alguns ganhos obtidos nas vendas de bens da pessoa física definidos em lei. São muitas situações e que serão apresentadas um pouco mais adiante, no próximo capítulo (declaração de bens e direitos).

27.2.7 Demais rendimentos isentos

São também isentos ou não se sujeitam ao imposto sobre a renda os seguintes rendimentos:

- Valor locativo do prédio construído, quando ocupado por seu proprietário ou cedido gratuitamente para uso do cônjuge, pais ou filhos.
- Valor dos bens e direitos adquiridos por doação ou por sucessão, nos casos de herança, legado ou doação em adiantamento da legítima.
- Capital das apólices de seguro ou pecúlio pago por morte do segurado, bem como os prêmios de seguro restituídos em qualquer caso, inclusive no de renúncia do contrato.
- Valor decorrente de liquidação de sinistro, furto ou roubo, relativo ao objeto segurado.
- Valor do vale-pedágio obrigatório, que não integra o valor do frete.
- Diferença a maior entre o valor de mercado de bens e direitos recebidos em devolução do capital social e o valor deste constante na declaração de bens do

titular, sócio ou acionista, quando a devolução for realizada pelo valor de mercado.

- Valores pagos em espécie pelos estados, Distrito Federal e municípios, relativos ao ICMS e ao ISS, no âmbito de programas de concessão de crédito voltados ao estímulo à solicitação de documento fiscal na aquisição de mercadorias e serviços.
- Prêmio em dinheiro obtido em loterias até o limite do valor da primeira faixa da tabela de incidência mensal do IRPF.
- Os valores pagos, creditados, entregues, empregados ou remetidos para pessoa física ou jurídica residente ou domiciliada no exterior, destinados à cobertura de gastos pessoais, no exterior, de pessoas físicas residentes no país, em viagens de turismo, negócios, serviço, treinamento ou missões oficiais, observado o disposto na Instrução Normativa RFB nº 1.214/2011.
- Os valores percebidos a título de bolsa, no âmbito do Programa de Bolsas para a Educação pelo Trabalho, previstos na Lei nº 11.129/2005.
- Os rendimentos recebidos pelos condomínios residenciais constituídos nos termos da Lei nº 4.591/64, limitados a R$ 24.000,00 por ano-calendário, e desde que sejam revertidos em benefício do condomínio para cobertura de despesas de custeio e de despesas extraordinárias, estejam previstos e autorizados na convenção condominial, não sejam distribuídos aos condôminos e decorram:

a) de uso, aluguel ou locação de partes comuns do condomínio;
b) de multas e penalidades aplicadas em decorrência de inobservância das regras previstas na convenção condominial; ou
c) de alienação de ativos detidos pelo condomínio.

27.3 Rendimentos tributáveis

Os rendimentos tributáveis são aqueles submetidos à incidência do imposto sobre a renda. Todo valor recebido pelo contribuinte e que não for considerado isento pela legislação deve ser tributado mensalmente e por ocasião da DAA, que ocorre entre os meses de março e abril do ano seguinte ao ano-calendário. Se o valor for recebido de pessoa jurídica, a ela caberá fazer a retenção do imposto de renda, efetuando o pagamento pelo valor líquido. Se o recebimento for proveniente de pessoa física, o próprio contribuinte deverá calcular e recolher mensalmente o imposto devido, via carnê-leão. Em ambos os casos, a tabela progressiva deve ser observada, ou seja, rendimentos mensais até R$ 1.903,98 (em 2021) não são alcançados pelo IR.

Já os rendimentos não tributados na DAA são considerados rendimentos tributados exclusivamente na fonte. Exemplo: 13º salário, rendimentos oriundos de aplicações financeiras e prêmios de loterias e concursos de prognósticos.

Os rendimentos, que são tributados na fonte e na declaração anual podem ser divididos em quatro tipos:

a) rendimentos do trabalho;
b) rendimentos de aluguéis;
c) rendimentos de pensão; e
d) demais rendimentos.

Veja o interessante esquema apresentado na Figura 27.1.

Observe que, dos três rendimentos tributados na fonte, os dois primeiros são informados novamente na DAA como rendimentos tributáveis, enquanto um não entra na base: o rendimento de aplicações financeiras. Este rendimento sofre tributação apenas na fonte, sendo caracterizado pela legislação como tributação definitiva. Na declaração, deve ser apresentado pelo valor líquido, já deduzido o IR. Então, chega-se à seguinte conclusão: TODOS os rendimentos tributáveis devem ser submetidos à tributação na fonte, normalmente em periodicidade mensal. Todavia, ALGUNS desses rendimentos são tributados apenas na fonte, sendo considerados rendimentos com tributação definitiva ou com tributação exclusiva na fonte.

27.3.1 Rendimentos do trabalho

Todo valor enquadrado como verba salarial, teoricamente, faz parte da remuneração e como tal deve ser enquadrado como rendimento tributável. Serão discutidos alguns casos em que há tributação e outras situações nas quais o Fisco tem manifestado posição favorável aos contribuintes para não tributar. Os detalhes serão abordados na sequência.

PERGUNTA: UMA PESSOA FÍSICA POSSUI UM EMPREGADO (MOTORISTA PARTICULAR), REGISTRADO EM CARTEIRA, COM SALÁRIO MENSAL DE R$ 3.500. DEVERÁ EFETUAR A RETENÇÃO MENSAL DO IR DESTE EMPREGADO?

Sim, essa pessoa física, ao efetuar pagamento do salário mensal, líquido do IR, será considerada, no caso, contribuinte responsável, sendo responsabilizada se não efetuar o recolhimento do imposto.

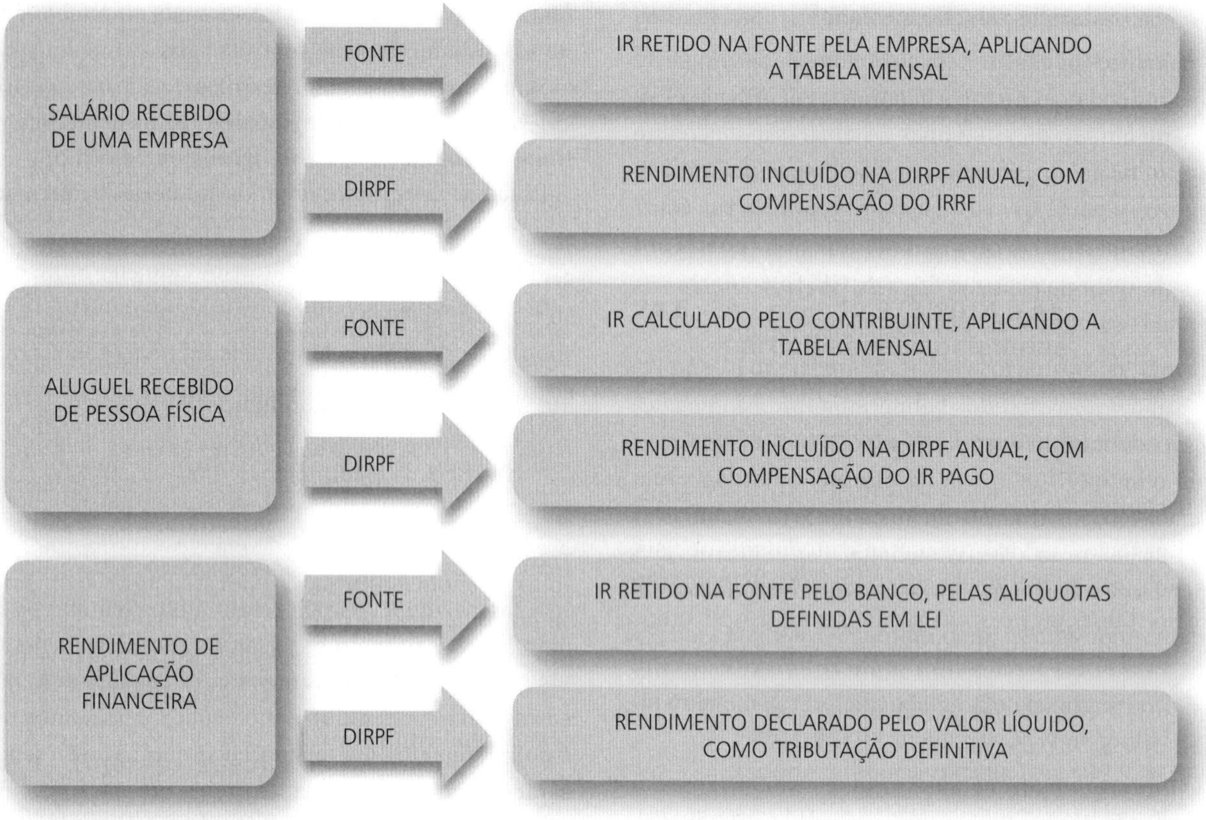

FIGURA 27.1

27.3.1.1 Salário e similares

Conforme o critério da generalidade, toda e qualquer forma de renda será tributada, o que estende a tributação às demais terminologias (formas) de recebimento de remuneração. Assim, além do salário, serão tributados os pagamentos feitos pelas pessoas jurídicas a título de ordenados, soldos, pró-labore, honorários, proventos de aposentadorias, bolsas de estágio e horas extras, além de qualquer outra forma utilizada para remuneração de rendimentos oriundos do trabalho.

A tributação acontece na fonte e na declaração anual, sendo obrigação da fonte pagadora providenciar a retenção mensal e posterior recolhimento do imposto de renda devido.

A tributação na fonte é por verba salarial. Assim, a tributação de férias e dos salários deve ser feita de forma separada e não pelo total.

A participação nos lucros e resultados já foi considerada rendimento tributável, mas a legislação mudou, tornando essa verba tributada exclusivamente na fonte. Explicação mais adiante.

Um contribuinte que trabalhou, por exemplo, em três empresas diferentes em 2021, recebendo salário mensal de R$ 1.800 em cada, não sofrerá qualquer retenção de IR na fonte, recebendo seu salário sem desconto de imposto de renda. Todavia, na DAA as três fontes pagadoras serão declaradas, somando renda mensal de R$ 5.400, chegando a R$ 64.800 no ano (admitindo recebimento de 12 salários). Assim, supondo que esse trabalhador utilize o modelo simplificado de declaração, apresentaria um IR a pagar de R$ 3.823,68. Se o salário que recebe das três fontes fosse pago por apenas uma fonte pagadora, fatalmente teria diluído este pagamento durante os 12 meses do ano e o ajuste anual no ano seguinte.

27.3.1.2 Prêmio recebido em competições esportivas

Os valores pagos pelo empregador a título de luvas, prêmios, bichos, direito de arena e publicidade em camisas, em retribuição pelo contrato de serviços profissionais, por vitórias, empates, títulos e troféus conquistados, possuem caráter remuneratório e, como tal, são considerados rendimentos do trabalho assalariado e devem compor, juntamente com os salários pagos em cada mês, a base de cálculo para apurar a renda mensal sujeita à incidência na fonte e na declaração.

Os prêmios não devem ser confundidos, todavia, com o chamado **direito de imagem**, tão em moda desde o início do século. Estes valores são pagos a pessoa jurídica, por meio de empresas abertas exclusivamente com esse fim e tributadas pelo lucro presumido.

27.3.1.3 Valores recebidos em bens

O prêmio recebido em bens decorrente de produtividade, promoção de vendas, concursos e competições artísticas, científicas, desportivas e literárias deve integrar a remuneração das pessoas físicas, para fins de tributação, tanto na fonte como na declaração anual.

Mas, como proceder se a empresa der uma TV ou um aparelho de telefone celular para o funcionário e não incluir este valor em seu contracheque? O empregado, num primeiro momento, não tem culpa de ter recebido uma premiação sem tributação. A empresa, neste caso, torna-se responsável pelo imposto que deixou de ser retido, a não ser que adicione esta despesa na base do imposto de renda e da contribuição social, ou seja, a despesa não seja aceita para fins fiscais.

Contudo, a legislação determina a tributação desses valores pela pessoa física que recebeu os bens. Se o pagamento for efetuado por pessoa jurídica, esta deverá efetuar a retenção do IR; se o pagamento for proveniente de outra pessoa física, sem vínculo empregatício, a pessoa que recebeu o bem deverá submeter seu valor de mercado ao carnê-leão mensal, incluindo-o também na DAA.

27.3.1.4 Notas promissórias

A quitação de honorários ou rendimentos do trabalho assalariado em notas promissórias é tributável, pois se trata de um título de crédito que se basta a si mesmo, ou seja, tem característica de independência, não se ligando ao ato originário de onde proveio. Assim, a quitação de direitos mediante recebimento em notas promissórias ou título de crédito caracteriza a disponibilidade jurídica, devendo o valor correspondente ser oferecido à tributação no mês do recebimento do respectivo título e na DAA.

27.3.1.5 Benefícios indiretos a dirigentes

São computados, para fins de apuração do imposto de renda retido na fonte, todos os pagamentos efetuados em caráter de remuneração pelos serviços efetivamente prestados a pessoa jurídica, inclusive despesas de representação e os benefícios e vantagens concedidos pela empresa a título de salários indiretos, tais como despesas de supermercado e cartões de crédito, pagamentos de anuidades escolares, clubes, associações etc. Integra ainda a remuneração desses beneficiários, como salário indireto, o valor das despesas pagas ou incorridas com o aluguel de imóveis e com os veículos utilizados para o seu transporte, quando de uso particular, computando-se, também, manutenção, conservação, consumo de combustíveis, encargos de depreciação e respectiva correção monetária, valor do aluguel ou do arrendamento dos veículos.

Se o beneficiário não for identificado, a tributação será definitiva, com alíquota de 35%, que deverá ter sua base reajustada. Assim, um pagamento de R$ 200,00 deverá ter seu IR calculado da seguinte forma:

Valor bruto (X)	= 1,00	
200,00	= 0,65	
Valor bruto (X)	= 200/0,65	= 307,69
LOGO, R$ 307,69 × 35%		= R$ 107,69
PORTANTO, VALOR BRUTO: R$ 307,69; IR: R$ 107,69; LÍQUIDO: R$ 200,00		

27.3.1.6 Demais rendimentos

Todos os demais rendimentos relacionados com o trabalho são tributados, inclusive qualquer benefício concedido a título de liberalidade.

Os rendimentos de trabalho não assalariado também devem ser informados na DAA, mesmo que não tenha ocorrido retenção na fonte.

O auxílio emergencial, em princípio, é um rendimento isento. Mas, se o contribuinte apresentou rendimento em 2021 acima do limite anual de isenção (R$ 22.847,76) e recebeu o auxílio, deverá incluí-lo na base e devolvê-lo, com o próprio programa se encarregando de avisar. Isso já aconteceu na declaração de 2020.

27.3.2 Rendimentos de aluguéis

Todo e qualquer valor recebido referente a aluguel, luvas, indenizações por quebra de contrato, entre outros, é considerado rendimento tributável.

Este rendimento deve ser tributado no mês em que for recebido. Assim, o aluguel de dezembro que seja pago apenas em janeiro do ano seguinte somente integrará a base tributável no mês de janeiro e não em dezembro.

Quando o encargo é exclusivamente do locador, podem ser deduzidas do rendimento do aluguel as quantias relativas a:

- impostos e taxas incidentes sobre o bem que produzir o rendimento;
- aluguel pago pela locação de imóvel sublocado;
- despesas pagas para cobrança ou recebimento do rendimento;
- despesas de condomínio.

Assim, a despesa com benfeitorias realizadas no imóvel, que costuma ser abatida do valor dos aluguéis, deve ser tributada pela pessoa física proprietária do imóvel.

Por exemplo, Luciana Paranhos aluga um imóvel para Evandro Silva, com pagamento mensal contratado de R$ 5.000. Em NOV/2021, Evandro, no momento de pagar sua despesa mensal, abate R$ 1.800 de benfeitorias que realizou no imóvel. Luciana vai calcular e pagar seu IR sobre R$ 5.000 e não sobre R$ 3.200 efetivamente recebidos, pois o raciocínio do legislador é que o imóvel se valorizou com essa benfeitoria, sem representar desembolso do seu proprietário.

O imóvel somente pode ser alugado gratuitamente para os parentes de 1º grau, ou seja, pais e filhos, e para o (a) cônjuge. Se o imóvel for alugado de forma gratuita para outras pessoas que não as citadas, deverá o proprietário tributar anualmente o valor correspondente a 10% do valor venal do bem. Em casos de sublocação, deve-se pagar o IR devido sobre o valor sublocado, deduzido, neste caso, o valor pago na locação.

Em casos de questionamento judicial do valor do aluguel, o depósito judicial não é considerado rendimento tributável, pois o dinheiro não estará disponível para o contribuinte. Quando o processo for julgado, ocorrendo vitória do locador, este incluirá todo o valor recebido como rendimento tributável. Caso contrário, ele não precisará declarar nada.

Se o aluguel recebido representa rendimento tributável, o aluguel pago, por outro lado, não é uma despesa aceita como dedução pela RFB.

Portanto, suponha um contribuinte que seja tributado na alíquota máxima e que tenha apenas um imóvel. Ao alugar este imóvel em 2021 por R$ 6.000 e utilizar o mesmo recurso para pagar a locação de outra residência, pelos mesmos R$ 6.000, este contribuinte será tributado em R$ 1.650 (27,5%), pois o aluguel pago não pode ser deduzido dos rendimentos tributáveis.

Além de ser considerado rendimento tributável e de ser incluído na DAA, o aluguel recebido de pessoa física deverá ser tributado mensalmente via carnê-leão (se ultrapassar o limite de isenção), devendo ser recolhido até o último dia útil do mês seguinte ao do recebimento. No caso de aluguel recebido de pessoa jurídica, esta efetuará a retenção do IR realizando o pagamento pelo líquido.

27.3.3 Rendimentos de pensão alimentícia

Representam os valores recebidos como pensão alimentícia (homologada judicialmente), que integram os rendimentos tributáveis na DAA e que devem ser submetidos mensalmente ao carnê-leão e recolhidos até o último dia útil do mês seguinte ao do recebimento.

Caso os filhos recebam pensão alimentícia e sejam considerados pela mãe ou pelo pai dependentes em sua declaração, esta pensão deverá ser incluída nos rendimentos tributáveis da mãe (ou do pai). Caso os rendimentos não sejam incluídos, eles não devem ser considerados dependentes para fins de DAA. A análise deve ser em função da redução total da base com as despesas dos dependentes em relação ao valor da pensão recebida. Um dependente que tenha despesas de instrução, despesas médicas e que deduza na DAA da mãe o valor total de R$ 800 somente deve ser incluído na declaração caso a pensão recebida seja menor que este valor. Se ele receber R$ 1 mil, por exemplo, melhor não o incluir como dependente.

No caso de um menor receber como pensão um valor que o obrigue a fazer e entregar sua DAA, o responsável deverá preparar a declaração para ele ou procurar um profissional da área contábil para fazê-la. Desde 2019, o número do CPF já vem informado junto nas certidões de nascimento e todo dependente, de qualquer idade, precisa ser identificado pelo CPF na DAA para ser deduzido como tal.

27.3.4 Benefícios da previdência privada

Os valores pagos pelas entidades de previdência privada aos participantes de planos de benefícios são tributáveis, ressalvado o pecúlio (pagamento em prestação única) decorrente de morte ou invalidez permanente do participante, que é isento. Os benefícios pagos por essas entidades, inclusive as importâncias correspondentes ao resgate de contribuições em virtude de desligamento do participante do plano de benefícios da entidade, sujeitam-se à incidência do imposto de renda na fonte e na declaração.

Entretanto, o resgate de previdência privada, que corresponder às parcelas de contribuições efetuadas no período de janeiro de 1989 a dezembro de 1995, cujo ônus tenha sido da pessoa física, não sofrerá tributação de imposto de renda, nem na fonte nem na declaração anual entregue no ano seguinte. A previdência privada tributada é aquela conhecida como PGBL, dedutível quando paga, tributável quando recebe.

Importante destacar que a simples contribuição da empresa para plano de previdência privada em nome do empregado não se constitui rendimento tributável deste, sendo considerada benefício. Entretanto, quando o empregado utilizar este recurso, ele será tributado normalmente, aplicando-se a tabela progressiva. Desde 2005 está em vigor a Lei nº 11.053/2004, que criou o modelo regressivo para contribuição à previdência privada, a qual consiste na cobrança de alíquotas entre 10% e 35%, dependendo do tempo de resgate. Essa tributação alternativa, no caso, seria definitiva, por ocasião do resgate do fundo. Portanto, há dois tipos de PGBL, a saber:

1. O MODELO PROGRESSIVO, que consiste na tributação aplicando a tabela progressiva tradicional. Assim, admitindo um contribuinte que apresente rendimentos tributáveis, líquido das deduções permitidas de R$ 60 mil no ano, se receber R$ 4 mil a título de PGBL deverá incluir este valor de R$ 4 mil na base de cálculo do IR, no caso aumentando-a para R$ 64 mil. Assim, terá aumento do imposto devido em R$ 1.100 (27,5% sobre R$ 4 mil).
2. O MODELO REGRESSIVO, cuja tributação será exclusiva na fonte (definitiva) por ocasião do resgate. Essa tributação será proporcional ao tempo que o recurso permanecer no fundo de previdência privada:
   - Até 2 anos ➔ 35%
   - De 2 a 4 anos ➔ 30%
   - De 4 a 6 anos ➔ 25%
   - De 6 a 8 anos ➔ 20%
   - De 8 a 10 anos ➔ 15%
   - Acima de 10 anos ➔ 10%

No caso de resgate do PGBL progressivo, haverá retenção na fonte pela alíquota de 15%. Tal retenção será considerada antecipação e poderá ser compensada na elaboração da DAA, com o IR total apurado pelo contribuinte.

27.4 Rendimentos tributados exclusivamente na fonte

São os rendimentos tributados, mas apenas na fonte, não precisando ser incluídos novamente na DAA, quando o contribuinte deve informar apenas o valor recebido, líquido das deduções permitidas.

27.4.1 Prêmios em dinheiro, distribuídos por loterias, concursos ou sorteios

Os lucros decorrentes de prêmios em dinheiro obtidos em loterias, concursos desportivos em geral (exclusive os de amortização e resgate das ações das sociedades anônimas), os prêmios em concursos de prognósticos desportivos e a distribuição, mediante sorteio, de benefícios aos aplicadores em títulos de capitalização, nos casos em que não há amortização antecipada dos referidos títulos, são tributados exclusivamente na fonte à alíquota de 30%. Portanto, na declaração anual, as pessoas físicas devem declarar estes prêmios como rendimentos sujeitos a tributação exclusiva.

Caso a pessoa aposte, por exemplo, na Mega-Sena e ganhe R$ 10 milhões, sendo este jogo dividido igualmente por cinco pessoas, a pessoa que recebeu o prêmio declara o recebimento do valor total de R$ 10 milhões como exclusivo na fonte e, na coluna de pagamentos, informa o pagamento para cada uma das pessoas contempladas com o prêmio e seu respectivo CPF. Estas pessoas, que receberam o prêmio do apostador que fez o jogo, declaram também como rendimentos tributados exclusivamente na fonte, pois o valor recebido, no caso R$ 2 milhões, já sofreu desconto do imposto de renda. Todavia, todos os beneficiários devem munir-se de meios idôneos de prova que confirmem a aposta conjunta, de forma a comprovar a origem e a natureza jurídica dos rendimentos.

Caso a pessoa ganhe um bem em sorteio, a tributação na fonte é obrigação da pessoa jurídica que procedeu ao sorteio. Por exemplo, se o leitor ganhar um automóvel num sorteio de um *shopping center*, cujo valor de mercado seja R$ 40 mil, deverá declarar o carro e informar o valor na linha de rendimentos tributados exclusivamente na fonte. O objetivo de informar o recebimento é justificar a evolução patrimonial.

27.4.2 Décimo terceiro salário

O contribuinte deve informar o valor líquido recebido como 13º salário, sendo esta tributação definitiva.

Quem tem mais de uma fonte pagadora, pagará menos IR sobre o 13º salário em comparação com outro contribuinte que receba o mesmo valor, mas de apenas uma fonte pagadora. Uma pessoa com salário mensal de R$ 1.800 na empresa B em 2022, mais R$ 1.800 na empresa C, receberá o 13º integral no final do ano, pois a tributação ocorre exclusivamente na fonte pagadora.

Não há tributação nos adiantamentos de 13º.

27.4.3 Participação nos lucros ou resultados das empresas

Desde 2013, os rendimentos recebidos a título de participação nos lucros e resultados passaram a ser tributados exclusivamente na fonte e com tabela progressiva específica, conforme definido na Lei nº 12.832/2013.

Os valores vigentes entre os anos de 2016 e 2021 são apresentados na Tabela 27.3.

TABELA 27.3 Tabela anual de IRPF – participação nos lucros

FAIXA DE TRIBUTAÇÃO	ALÍQUOTA	PARCELA A DEDUZIR
Até R$ 6.677,55	Isento	–
De R$ 6.677,56 até R$ 9.922,28	7,5%	500,82
De R$ 9.922,29 até R$ 13.167,00	15%	1.244,99
De R$ 13.167,01 até R$ 16.380,38	22,5%	2.232,51
Acima de R$ 16.380,38	27,5%	3.051,53

Caso o pagamento da PLR seja feito em mais de uma parcela, as duas parcelas serão tributadas pela tabela progressiva, com a 2ª parcela sendo tributada somada à parcela inicial. Por exemplo, admita que determinada empresa pagou a um empregado a título de participação nos lucros o valor de R$ 16 mil, sendo metade em JUN/2021 e a outra parte em dezembro do mesmo ano. A tributação seria a seguinte:

- JUN/2021 ➔ 8 mil × 7,5% = 600 – 500,82 = **R$ 99,18**
- DEZ/2021 ➔ 16 mil × 22,5% = 3.600 – 2.232,51 = 1.367,49 – 99,18 = **R$ 1.268,31**

Observe que um trabalhador que receba participação (anual) nos lucros de R$ 8 mil pagaria apenas R$ 99,18 de imposto de renda, com alíquota efetiva de 1,2%. No exemplo específico, a pessoa recebeu R$ 16 mil ao todo, pagando mais na segunda parcela, pois os rendimentos foram somados. Mesmo assim, a tributação de R$ 1.367,49 representa alíquota efetiva de 8,5%, percentual bem razoável. Mesmo uma PLR de R$ 50 mil teria tributação final de 21,4%.

Duas propostas relevantes de atualização na tabela progressiva do IRPF foram apresentadas em 2021.

a) O PL nº 2.337/2021, que chegou a ser aprovado na Câmara dos Deputados, mas não avançou no Senado Federal, atualizava a tabela em torno de 31%, elevando a parcela isenta para R$ 2.500.
b) O PL nº 4.452/2021, do Senador Angelo Coronel (PSD-BA), que propôs elevar a parcela isenta para R$ 3.300 a partir de 2022. Conforme a presidência do Senado, o PL somente será analisado a partir de fevereiro de 2022.

Os dois projetos não fizeram qualquer menção à atualização da tabela progressiva do pagamento das participações de lucros. Contudo, veja o que diz o § 11 do art. 3º da Lei nº 10.101/2002, que foi incluído pela Lei nº 12.832/2013:

> A partir do ano-calendário de 2014, inclusive, os valores da tabela progressiva anual constante do anexo serão reajustados no mesmo percentual de reajuste da tabela progressiva mensal do imposto de renda incidente sobre os rendimentos das pessoas físicas.

Assim, entende-se que, caso a tabela progressiva seja ajustada durante o ano de 2022, a tabela específica de IR sobre participações nos lucros deve ser atualizada na mesma proporção.

27.4.4 Rendimentos de aplicações financeiras

Devem ser informados os rendimentos de aplicações financeiras de renda fixa ou variável pelo valor já deduzido do imposto retido. Uma aplicação de R$ 10.000, que rendeu 2% de juros e tem tributação na fonte de 15%, deve ser informada da seguinte forma:

Rendas com aplicação financeira	R$ 200 (2% sobre R$ 10.000)
(–) IR retido na fonte	R$ 30 (15% s/ o rendimento)
Valor do rendimento informado na DAA (DIRPF)	R$ 170

27.4.5 Juros sobre capital próprio

Deve ser informado o valor líquido recebido como juros sobre capital próprio. Assim, um JCP de R$ 1.000 será informado na declaração pessoa física como R$ 850, que é o valor efetivamente recebido. O PL nº 2.337/2021 extinguiu o JCP a partir de 2022, mas após aprovação na Câmara dos Deputados, o projeto estacionou no Senado Federal e não foi aprovado. Contudo, é provável que o tema (extinção do JCP) retorne ao debate durante o ano de 2022.

27.4.6 Outros rendimentos com tributação exclusiva na fonte

Também são tributados exclusivamente na fonte, entre outros, os:

a) rendimentos obtidos em operação de mútuo ou operação de compra vinculada à revenda, no mercado secundário, tendo por objeto ouro, ativo financeiro;
b) valores recebidos de pessoa jurídica a título de juros que não tenham tributação específica, bem como os juros pagos pelas cooperativas a seus associados como remuneração do capital social;
c) prêmios pagos a proprietários e criadores de cavalo de corrida;
d) benefícios líquidos, resultantes ou não de amortização antecipada, mediante sorteio, dos títulos de capitalização, rendimentos auferidos com títulos de capitalização, no caso de resgate, sem sorteio, e benefícios atribuídos a portadores de títulos de capitalização com base nos lucros da empresa emitente; e
e) rendimentos de operações de mútuo entre pessoa jurídica e pessoa física.

27.5 Casos específicos de retenção na fonte e tributação na DAA

Existem alguns casos específicos de retenção de IR na fonte. Veja a seguir.

27.5.1 Cumprimento de decisão da Justiça Federal

No caso de rendimentos pagos, em cumprimento de decisão da Justiça Federal, mediante precatório ou requisição de pequeno valor, o IRRF deve ser retido pela instituição financeira responsável pelo pagamento e incide à alíquota de 3% sobre o montante pago, sem quaisquer deduções, no momento do pagamento ao beneficiário ou seu representante legal. Quando o beneficiário declara à instituição financeira responsável pelo pagamento que os rendimentos recebidos são isentos ou não tributáveis, a instituição financeira fica dispensada de fazer a retenção. O IRRF será considerado antecipação do imposto apurado na DAA.

27.5.2 Cumprimento de decisões da Justiça do Trabalho

Os rendimentos pagos em cumprimento de decisões da Justiça do Trabalho estão sujeitos ao IRRF com base na tabela progressiva mensal.

Cabe à fonte pagadora, no prazo de 15 dias da data da retenção, comprovar, nos respectivos autos, o recolhimento do IRRF incidente sobre os rendimentos pagos.

Na hipótese de omissão da fonte pagadora relativamente à comprovação do IRRF e nos pagamentos de honorários periciais, compete ao Juízo do Trabalho calcular o IRRF e determinar o seu recolhimento à instituição financeira depositária do crédito.

A não indicação pela fonte pagadora da natureza jurídica das parcelas objeto de acordo homologado perante a Justiça do Trabalho acarreta a incidência do IRRF sobre o valor total da avença.

27.5.3 Rendimentos recebidos acumuladamente

Os rendimentos devem ser tributados no mês em que forem recebidos, sendo a base o mês da entrega de recursos pela fonte pagadora, mesmo mediante depósito em instituição financeira em favor do beneficiário. No caso de comissões recebidas por trabalhador assalariado, essas devem ser somadas ao salário do mês do recebimento.

Em caso de pagamentos atrasados, havia grande injustiça com alguns contribuintes. Caso real e injusto foi o ocorrido com uma pessoa, que ficou aguardando durante dois anos o julgamento de um processo de aposentadoria no INSS, conseguindo receber em dezembro de 2003 o equivalente a 24 meses de salário. Como o valor mensal estava em torno de R$ 1.700 e a pessoa tinha deduções mensais de R$ 700, não caberia IR devido na época, tanto mensalmente como na declaração de ajuste. Ocorre que, ao receber de uma só vez R$ 40.800, este contribuinte teve retenção na fonte de mais de R$ 10 mil, recebendo pouco mais de R$ 30 mil líquidos. O pior é que, na sua DAA realizada em abril de 2004, o contribuinte apresentou um IR devido de mais de R$ 3 mil, recuperando pouco menos de 70% do que pagou injustamente.

Ora, se a pessoa tivesse recebido em cada um dos 12 meses dos anos de 2002 e 2003 seu provento de R$ 1.700 de aposentadoria, com a dedução de R$ 700, não precisaria pagar imposto de renda. Em razão da lentidão no processo, o pagamento de dois anos foi feito todo de uma só vez, retendo de imediato mais de R$ 10 mil do contribuinte. E ele só conseguiu recuperar parte deste valor, tendo que pagar mais de dois salários mensais brutos sem necessidade.

Mas isso foi corrigido. Atualmente, existe um modelo relativamente complexo de apuração, mas que faz justiça ao contribuinte. Se tal situação acontecesse em 2022, a pessoa física nada pagaria de IR ou pagaria muito pouco.

Por exemplo, o contribuinte que receber três meses de salários atrasados terá o cálculo do IR considerando três meses de aplicação da tabela progressiva, apenas para mostrar como o modelo atual é bem mais justo. O leitor interessado deve conferir os arts. 36 a 51 da IN RFB nº 1.500/2014.

27.6 Casos de não retenção e não recolhimento

A empresa é o contribuinte responsável do imposto de renda devido pelos seus empregados. Nos casos em que a empresa faz a retenção e não repassa para a RFB, ela está se apropriando indevidamente de um recurso que não lhe pertence. A pessoa física, por sua vez, tem que tributar este rendimento na declaração de ajuste normalmente. Fazendo isso, não terá problemas com o Fisco.

Mas, nas situações em que a empresa não faz a retenção devida, pagando ao contribuinte o valor bruto, o problema existe para a fonte pagadora (pessoa jurídica) e para o contribuinte, dependendo do tempo em que o Fisco questionar o não recolhimento. Até a data da entrega da declaração, a obrigação de recolher o valor do imposto é da empresa. A partir daí, embora a empresa continue com a obrigação em relação aos acréscimos de multa e juros, a dívida passa para o contribuinte.

O Parecer Normativo da RFB nº 1, de SET/2002, esclarece o assunto. Pela relevância do tema, apresentamos a seguir a transcrição de parte do PN.

IRRF. RETENÇÃO EXCLUSIVA. RESPONSABILIDADE.

No caso de imposto de renda incidente exclusivamente na fonte, a responsabilidade pela retenção e recolhimento do imposto é da fonte pagadora.

IRRF. ANTECIPAÇÃO DO IMPOSTO APURADO PELO CONTRIBUINTE. RESPONSABILIDADE.

Quando a incidência na fonte tiver a natureza de antecipação do imposto a ser apurado pelo contribuinte, a responsabilidade da fonte pagadora pela retenção e recolhimento do imposto extingue-se, no caso de pessoa física, no prazo fixado para a entrega da declaração de ajuste anual, e, no caso de pessoa jurídica, na data prevista para o encerramento do período de apuração em que o rendimento for tributado, seja trimestral, mensal estimado ou anual.

IRRF. ANTECIPAÇÃO DO IMPOSTO APURADO PELO CONTRIBUINTE. NÃO RETENÇÃO PELA FONTE PAGADORA. PENALIDADE.

Constatada a falta de retenção do imposto, que tiver a natureza de antecipação, antes da data fixada para a entrega da declaração de ajuste anual, no caso de pessoa física, e, antes da data prevista para o encerramento do período de apuração em que o rendimento for tributado, seja trimestral, mensal estimado ou anual, no caso de pessoa jurídica, serão exigidos da fonte pagadora o imposto, a multa de ofício e os juros de mora.

Verificada a falta de retenção após as datas referidas acima serão exigidos da fonte pagadora a multa de ofício e os juros de mora isolados, calculados desde a data prevista para recolhimento do imposto que deveria ter sido retido até a data fixada para a entrega da declaração de ajuste anual, no caso de pessoa física, ou, até a data prevista para o encerramento do período de apuração em que o rendimento for tributado, seja trimestral, mensal estimado ou anual, no caso de pessoa jurídica; exigindo-se do contribuinte o imposto, a multa de ofício e os juros de mora, caso este não tenha submetido os rendimentos à tributação.

IRRF RETIDO E NÃO RECOLHIDO. RESPONSABILIDADE E PENALIDADE.

Ocorrendo a retenção e o não recolhimento do imposto, serão exigidos da fonte pagadora o imposto, a multa de ofício e os juros de mora, devendo o contribuinte oferecer o rendimento à tributação e compensar o imposto retido.

27.7 Deduções permitidas

Na declaração anual, as pessoas físicas devem informar em linha específica:

- todos os pagamentos efetuados para pessoas físicas, tais como pensão judicial, aluguéis, arrendamento rural, instrução e pagamentos a profissionais autônomos (médicos, dentistas, psicólogos, advogados, engenheiros, arquitetos, corretores, professores, mecânicos etc.), sejam eles deduções na base de cálculo do IR ou não; e
- os pagamentos e doações efetuados a pessoas jurídicas, quando constituam dedução na declaração.

Peço especial atenção ao leitor para o enunciado acima, previsto no art. 13 do Decreto-lei nº 2.396/87, pois no caso de pagamento a pessoas físicas, mesmo que o valor não possa ser deduzido na declaração, ele deve ser declarado. A multa pela omissão de informação é de 20% sobre o valor não declarado.

Caso o contribuinte não declare, por exemplo, um valor mensal de R$ 3 mil do aluguel de um imóvel, pago a uma pessoa física, deverá torcer para que esta pessoa física declare o aluguel normalmente. Se isso não acontecer e esta pessoa ficar retida na "malha fina", sendo obrigada a declarar o aluguel recebido e pagar o imposto de renda devido, poderá sobrar para o inquilino que não declarou o pagamento do imóvel, dificultando a vida da fiscalização. Ele sofrerá uma multa de R$ 7.200 (20% de R$ 36 mil, que seria o valor anual não declarado).

Os pagamentos para pessoas jurídicas sem permissão de dedução na declaração NÃO precisam ser informados, o que não impede o contribuinte de fazê-lo. Contudo, não há obrigação ou necessidade de declarar. Assim, não é preciso (nem necessário) declarar curso de línguas, academia, pagamentos a clubes, pois estes valores não são passíveis de dedução. Mesmo o aluguel, se pago a uma pessoa jurídica (não é o caso de imobiliária que represente o proprietário, pessoa física), não precisará ser declarado pelo contribuinte.

As deduções representam o valor permitido para abater dos rendimentos tributáveis e chegar à base de cálculo do imposto de renda devido. As deduções permitidas pela legislação para a declaração no modelo completo são as seguintes:

a) Dependentes, com limite anual individual de R$ 2.275,08.
b) Contribuição à previdência oficial;
c) Contribuições a entidades de previdência privada, limitadas a 12% dos rendimentos tributáveis.
d) Pensão alimentícia.
e) Despesas pagas com instrução do contribuinte e de seus dependentes, até o limite anual individual de R$ 3.561,50.
f) Despesas médicas pagas para tratamento do contribuinte e de seus dependentes.
g) Livro Caixa.

As deduções de despesas médicas e com instrução somente podem ser feitas na declaração anual, sendo permitido o abatimento das demais nas retenções mensais. A seguir, o detalhamento das principais deduções permitidas.

27.7.1 Dependentes

Podem ser dependentes, para efeito do imposto de renda:

a) companheiro (a) com quem o contribuinte tenha filho ou viva há mais de cinco anos, ou cônjuge;
b) filho (a) ou enteado (a), até 21 anos de idade, ou, em qualquer idade, quando incapacitado física ou mentalmente para o trabalho;
c) filho (a) ou enteado (a) universitário ou cursando escola técnica de segundo grau, até 24 anos;
d) irmão, neto ou bisneto, sem arrimo dos pais, de quem o contribuinte detenha a guarda judicial, até 21 anos, ou em qualquer idade, quando incapacitado física ou mentalmente para o trabalho;
e) irmão, neto ou bisneto, sem arrimo dos pais, com idade de 21 anos até 24 anos, se ainda estiver cursando estabelecimento de ensino superior ou escola técnica de ensino médio, desde que o contribuinte tenha detido sua guarda judicial até os 21 anos;
f) os pais, os avós ou bisavós que tenham recebido rendimentos, tributáveis ou não, até o limite anual de isenção;
g) menor pobre até 21 anos que o contribuinte crie e eduque e de quem detenha a guarda judicial; e
h) a pessoa absolutamente incapaz, da qual o contribuinte seja tutor ou curador.

Se o contribuinte incluir qualquer dependente fora dessa lista, deverá comprovar de forma efetiva a relação de dependência, caso contrário este dependente não será aceito pela RFB.

A relação de dependência não é fracionada em caso de nascimento, falecimento ou maioridade. Se o filho nascer no dia 31/DEZ/2021, às 23h30min, ele entra como dependente no ano de 2021, com dedução permitida de R$ 2.275,08.

As pessoas que moram com os pais e avós com mais de 65 anos, quando estes receberem aposentadorias com valor menor que o limite de isenção (R$ 30 mil no ano-calendário 2022), têm uma situação interessante: podem incluí-los como dependentes na declaração, pois todo o rendimento será considerado isento, enquanto as deduções poderão ser abatidas normalmente, inclusive o valor de R$ 2.275,08 da relação de dependência. Como o gasto com saúde dos pais e avós costuma ser elevado, pode representar uma boa economia de imposto. Desde 2019, é obrigatório informar o número do CPF de todos os dependentes.

27.7.2 Contribuição previdenciária oficial

Pode ser deduzido do IR devido o total pago para previdência oficial do declarante. Quanto à previdência social paga para o dependente, só poderá ser deduzida se este apresentar rendimentos tributáveis e eles forem incluídos na declaração. Por exemplo, uma mãe com renda elevada e tributada pela faixa máxima coloca o filho de 19 anos, que já faz um estágio recebendo bolsa mensal de R$ 700, como dependente. Supondo que a mãe tenha as seguintes despesas com o filho durante o ano de 2021:

- Plano de saúde de R$ 6 mil.
- Despesa de instrução de R$ 3.561.
- INSS (20% sobre R$ 2.200) de R$ 440/mês = R$ 5.280/ano.

No caso, o filho deverá ser considerado dependente pela mãe, que incluirá sua renda de R$ 8.400 (700 × 12 meses) do estágio e deduzirá no ano o total de R$ 17.116 (6.000 + 3.561 + 5.280 + 2.275) como deduções da base. No caso, se possível, a mãe deveria fazer para o filho um plano de previdência privada no modelo regressivo, dentro do limite permitido (12% dos rendimentos tributáveis), reduzindo ainda mais seu IR devido.

27.7.3 Contribuições para previdência privada

As contribuições para planos de previdência privada e os FAPIS, que são os fundos vinculados à previdência privada, podem ser deduzidos do IR, limitadas a 12% do total de rendimentos tributáveis. Assim, uma pessoa que tenha rendimentos no ano de R$ 50.000 poderá deduzir até R$ 6.000, como contribuição a entidades de previdência privada, inclusive para dependentes, mesmo que estes não tenham rendimentos.

Todavia, apenas os contribuintes que efetuarem pagamento de previdência oficial (INSS) poderão deduzir valores a título de previdência privada. Esta regra se aplica também aos dependentes acima de 16 anos. Se o contribuinte pagar um plano de previdência privada para um filho de 18 anos e não pagar a previdência oficial dele, o pagamento não poderá ser deduzido na base do imposto de renda (IN RFB nº 588, de 2005, arts. 6º e 7º).

Importante sempre lembrar que estamos falando aqui do Plano Gerador de Benefícios Livres (PGBL), que é dedutível quando se paga e tributável no recebimento. O modelo próximo, chamado VGBL, mesma sigla com Vida no lugar de Plano, é equivalente a uma receita financeira, com imposto de renda retido na fonte tratado como tributação definitiva.

27.7.3.1 Dedução hoje, tributação amanhã

Nos casos de pagamentos de previdência privada (PGBL), o contribuinte não pode esquecer que, se vai deduzir um valor hoje, amanhã será tributado, quando precisar sacar os recursos. Assim, a análise da economia obtida deve levar em conta uma necessidade emergencial de saque e a possibilidade de se fazer a declaração no modelo simplificado, com dedução de 20% dos rendimentos tributáveis.

O contribuinte que deseja fazer planos de previdência privada, independentemente do benefício de dedução permitido para o imposto de renda, deve analisar a situação em relação aos descontos que possui e, em virtude disso, decidir qual plano fazer.

Existem dois tipos de planos de previdência privada: o PGBL, que pode ser deduzido do imposto de renda e será tributado quando recebido; e o VGBL, que não pode ser deduzido do IR, mas não será tributado quando do recebimento, com tributação apenas sobre a remuneração do período (20% de tributação exclusiva na fonte, equiparada a tributação de aplicações financeiras). Veja a seguir um caso fictício, mas associado ao mundo real.

José Magno é solteiro, 30 anos, com rendimento tributável anual de R$ 50.000 e deduções de apenas R$ 4.000 (educação e INSS). Magno deseja fazer um plano de previdência privada e quer saber o tipo de plano a escolher.

A dedução máxima permitida para ele seria de R$ 6.000 (12% dos rendimentos tributáveis), que, somando com R$ 4.000 (deduções permitidas), chega a R$ 10.000. Este valor é exatamente o desconto simplificado que José Magno teria de 20% dos rendimentos tributáveis (R$ 10.000), se utilizasse a declaração pelo modelo simplificado. Portanto, não haveria benefício ao utilizar o plano com dedução, enquanto na hora do uso do dinheiro, lá na frente, ele seria tributado, sem poder compensar pelo que não foi beneficiado lá atrás.

A recomendação para José Magno, caso ele tenha interesse em um plano de previdência privada, seria fazer um VGBL, em função de seu perfil atual como contribuinte.

O PGBL vale a pena, por exemplo, para aquele contribuinte que utiliza o modelo completo, está na faixa máxima de tributação (27,5%) e quer diminuir o IR devido. Mesmo que seja tributado no futuro, quando sacar o fundo, ele terá obtido um valor que pode ser considerado um **empréstimo sem juros**.

Com as mudanças ocorridas a partir de 2005, o PGBL pode ser ainda mais vantajoso para este tipo de contribuinte, que poderá optar pela tributação regressiva, pagando 10% no resgate, caso permaneça com os recursos aplicados pelo prazo de dez anos. O modelo regressivo foi explicado no item 27.3.4 deste capítulo.

27.7.4 Pensão alimentícia

São dedutíveis despesas com pensão alimentícia, desde que por decisão judicial ou acordo homologado judicialmente. As pensões pagas por mera liberalidade não são aceitas pela RFB. As despesas médicas e com instrução, pagas por decisão judicial, também podem ser deduzidas em seus campos específicos e, no caso das despesas com instrução, com limite anual de R$ 3.561,50. As demais despesas pagas por decisão judicial (aluguéis, transporte, condomínio etc.) não são deduzidas.

A dedução de pensão alimentícia elimina a possibilidade de inclusão do dependente beneficiado com ela. Entretanto, como a dedução de dependentes não precisa alcançar todo o exercício, caso o contribuinte homologue na Justiça o pagamento de pensão para um filho a partir de março de 2021, na declaração a ser entregue em abril de 2022, ele poderá deduzir os dez meses de pensão (março a dezembro de 2021) e o dependente, pois em dois meses do ano de 2021 (janeiro e fevereiro) houve a relação de dependência.

27.7.5 Despesas médicas

As despesas médicas ou de hospitalização podem ser deduzidas, quando se referirem aos pagamentos efetuados pelo contribuinte para o seu próprio tratamento ou de seus dependentes.

Consideram-se despesas médicas ou de hospitalização os pagamentos efetuados a hospitais, clínicas e as consultas com médicos de qualquer especialidade, dentistas, psicólogos, psiquiatras, fisioterapeutas, terapeutas ocupacionais, fonoaudiólogos, incluindo as despesas provenientes de exames laboratoriais, serviços radiológicos, aparelhos e próteses ortopédicas e dentárias, destinados ao tratamento físico ou mental do contribuinte e de seus dependentes relacionados na DAA. Os exames de Covid-19 feitos em laboratórios podem ser deduzidos na declaração, enquanto aqueles realizados em farmácias, infelizmente, não são abatidos.

Não são dedutíveis os gastos com nutricionistas, massagistas, vacinas, óculos e lentes de contato e próteses de silicone, exceto se estiverem incluídas na conta do hospital.

No caso de despesas com aparelhos ortopédicos e próteses ortopédicas e dentárias, exige-se a comprovação com receituário médico e nota fiscal em nome do beneficiário. Consideram-se também despesas médicas ou de hospitalização:

- os pagamentos efetuados a empresas domiciliadas no Brasil, destinados à cobertura de despesas com hospitalização, médicas e odontológicas, bem como a entidades que assegurem direito de atendimento ou ressarcimento de despesas da mesma natureza;
- as despesas de instrução de deficiente físico ou mental, desde que a deficiência seja atestada em laudo médico e o pagamento efetuado a entidades destinadas a deficientes físicos ou mentais.

A dedução dessas despesas requer que os pagamentos sejam especificados, informados na relação de pagamentos e doações efetuados da declaração de ajuste anual e comprovados, quando requisitados, com documentos originais que indiquem nome, endereço e número de inscrição no CPF ou CNPJ da pessoa que recebeu. Admite-se, quando o beneficiário do pagamento for pessoa física, que, na falta de documentação, a comprovação possa ser feita com a indicação do cheque nominativo pelo qual foi efetuado o pagamento.

As despesas médicas ou de hospitalização realizadas no exterior também são dedutíveis, desde que devidamente comprovadas com documentação idônea. Os pagamentos efetuados em moeda estrangeira devem ser convertidos em dólar dos Estados Unidos da América, pelo seu valor fixado pela autoridade monetária do país onde as despesas foram realizadas, na data do pagamento e, em seguida, em reais mediante utilização do valor do dólar dos Estados Unidos da América, fixado para venda pelo Banco Central do Brasil para o último dia útil da primeira quinzena do mês anterior ao do pagamento. Entretanto, é oportuno lembrar:

a) Não são dedutíveis as despesas referentes a acompanhante, inclusive de quarto particular utilizado por este.

b) Despesas de internação em estabelecimento geriátrico são dedutíveis a título de hospitalização apenas se o referido estabelecimento for qualificado como hospital pelo Ministério da Saúde.
c) Não são admitidas deduções de despesas médicas ou de hospitalização que estejam cobertas por apólices de seguro ou quando ressarcidas, sob qualquer forma ou meio, por entidades de qualquer espécie, nacionais ou estrangeiras.

Será dedutível a despesa com internação hospitalar efetuada em residência, desde que essa despesa integre a fatura emitida por estabelecimento hospitalar. Por outro lado, os gastos com viagens para tratamentos médicos não podem ser considerados.

As despesas com pagamentos de planos de saúde para o titular e seus dependentes podem ser deduzidas, independentemente de valor. Por outro lado, gasto com medicamento não pode ser abatido, exceto se incluído na despesa com internação ou tratamento pago ao médico ou ao hospital/clínica.

Os valores reembolsados devem ser deduzidos da parcela informada na DAA. Para mais detalhes, recomendo a leitura do item 27.2.1.6.

27.7.6 Despesas com educação

São dedutíveis os pagamentos efetuados a estabelecimentos de ensino, relativamente à educação infantil (creche e educação pré-escolar), ensino fundamental (antigo 1º grau) e médio (antigo 2º grau), à educação superior (antigo 3º grau) e aos cursos de especialização (pós-graduação) ou profissionalizantes do contribuinte e de seus dependentes.

As deduções das despesas com instrução estão sujeitas ao limite anual individual de R$ 3.561,50, não sendo admitida a compensação de gastos efetuados individualmente que ultrapassarem esse limite entre dependentes e entre estes e o declarante.

Assim, por exemplo, se um contribuinte, com três dependentes (filhos), tiver as seguintes despesas com instrução no ano 2021:

- curso de pós-graduação para o próprio, no valor de R$ 5.000,00;
- escola de dois dos três filhos, com valor anual de R$ 3.000,00 para cada um;
- curso de inglês para o outro filho, no valor de R$ 2.500,00.

A dedução permitida será de R$ 9.561,50, sendo: R$ 6.000 da escola dos filhos e R$ 3.561,50 como dedução de despesa própria. A despesa com o curso de línguas não pode ser deduzida, assim como a parcela não utilizada pelo declarante não pode ser transferida para seus dependentes.

Vale destacar que não se enquadram no conceito de despesas com instrução as efetuadas com uniforme e transporte, material escolar e didático, com a aquisição de máquina de calcular e microcomputador.

Para fins de qualificação dos cursos, o enquadramento é o seguinte:

a) Educação infantil é aquela que precede o ensino fundamental obrigatório, sendo oferecida em creches ou entidades equivalentes e pré-escolas, compreendendo as despesas efetuadas com educação de menores na faixa etária de zero a seis anos.
b) Curso de especialização é aquele que se realiza após a graduação em curso superior, organizado sob a exclusiva responsabilidade de instituições de ensino. Nesse conceito enquadram-se os cursos de pós-graduação *lato sensu*.
c) Os cursos técnicos, destinado a proporcionar habilitação profissional a alunos matriculados ou egressos de ensino médio, e cuja titulação pressupõe a conclusão da educação básica de 11 anos.
d) Os cursos tecnológicos, que são cursos de nível superior na área tecnológica, destinados a egressos do ensino médio e técnico.

Gasto com creche é considerado despesa com instrução, obedecidos os limites e condições legais.

Já as despesas relativas à elaboração de dissertação de mestrado ou tese de doutorado, tais como contratação de estagiários, computação eletrônica de dados, papel, xerox, datilografia, tradução, impressão de questionários e de tese elaborada, não são consideradas despesas de instrução, assim como despesas com a aquisição de enciclopédias, livros, publicações e materiais técnicos NÃO podem ser deduzidas.

O pagamento de cursos preparatórios para concursos ou vestibulares, bem como a respectiva taxa de inscrição, não são aceitos como despesas de instrução.

Também não se enquadram no conceito de despesa com instrução as despesas com aulas de idioma estrangeiro, música, dança, natação, ginástica, dicção, corte e costura, aulas de trânsito, tênis e pilotagem, assim como as despesas com viagens e estadias para realização de cursos em cidades diferentes da residência do contribuinte ou dependente.

27.8 Patrocínios e doações como incentivos fiscais

Para aqueles contribuintes que utilizam o modelo completo, há possibilidade de reduzir diretamente o IR devido com as seguintes doações:

1. As contribuições feitas aos fundos controlados pelos conselhos municipais, estaduais e o Conselho Nacional dos Direitos da Criança e do Adolescente, com limite individual de 3% do IR devido na DAA.
2. Doações aos fundos nacional, estaduais, distrital e municipais do idoso, com o limite de 3% do IR devido.
3. Patrocínios e doações de apoio direto a projetos desportivos e paradesportivos, com limite de 6% sobre o IR devido na DAA.
4. Patrocínios e doações para atividades culturais enquadradas na Lei Rouanet e no incentivo do audiovisual, com as regras específicas das leis e dedução máxima de 6% sobre o IR devido anual.

Todavia, a dedução máxima permitida com os quatro incentivos listados alcança 6% do imposto de renda devido. Então, se usar os limites máximos das doações para o Fundo da Infância e Adolescência (FIA) e Fundo Nacional do Idoso (FNI), não poderá utilizar como redução os incentivos para práticas desportivas e paradesportivas ou incentivos para a atividade cultural.

As doações podem ser realizadas diretamente na DAA, que gerará o documento para pagamento, reduzindo o IR devido. Caso você tenha restituição de IR, ainda assim terá que fazer o pagamento, aumentando o valor a restituir. Por exemplo, Ana apresenta na sua declaração um IR devido de R$ 15 mil e IRRF durante o ano de R$ 17 mil. Se utilizar o pagamento das doações para FIA e FNI na entrega da declaração pelo máximo permitido, efetuará o pagamento individual de R$ 450 (3% de R$ 15 mil) a cada um dos dois fundos. Assim, o IR a restituir será R$ 2.900 (17.000 – 14.100).

Além das doações descritas, há ainda para as pessoas físicas que utilizam o modelo completo de declaração a opção de destinar 2% do seu IR devido para dois programas:

a) 1% para o Programa Nacional de Apoio à Atenção da Saúde da Pessoa com Deficiência (Pronas/PCD); e
b) 1% para o Programa Nacional de Apoio à Atenção Oncológica (Pronon).

Assim, é possível para uma pessoa física que use o modelo completo de declaração de renda destinar até 8% para áreas e programas incentivados pela legislação tributária.

27.9 Apuração do imposto a pagar ou restituir

A base de cálculo do IR devido será obtida considerando o total de rendimentos tributáveis menos as deduções permitidas apresentadas nos itens anteriores deste capítulo.

Encontrada a base, aplica-se a alíquota vigente para aquela faixa na tabela progressiva, diminuindo a parcela a deduzir. O resultado obtido representa o IR devido pela pessoa física no período. Após encontrar o IR devido (parcial), o contribuinte poderá deduzir os incentivos fiscais previstos no item anterior, encontrando o valor do imposto de renda devido, que será confrontado com o imposto de renda retido na fonte ao longo do ano. Desse confronto, poderá apresentar IR zero, IR a pagar (ver item 26.5) ou a restituir, que será atualizado pela taxa Selic a partir do mês do vencimento do prazo de entrega.

27.10 Doações

No século passado, as doações em geral eram consideradas dedução do IR devido. Mas, desde 1996, não é mais permitido deduzi-las, com exceção das incentivadas explicadas no item 27.9. O contribuinte deve continuar fazendo suas doações, principalmente para instituições sérias e que se dediquem de forma efetiva à assistência social, mas não poderá abatê-las no imposto de renda devido como fazia em outras épocas.

27.11 Carnê-leão

O carnê-leão representa o recolhimento mensal obrigatório que deve ser utilizado nos recebimentos de outras pessoas físicas ou do exterior. É utilizado principalmente por profissionais liberais não assalariados.

27.11.1 Fato gerador

A RFB esclarece as situações em que será obrigatório o preenchimento do carnê-leão:

1. Rendimentos de outras pessoas físicas que não tenham sido tributados na fonte no Brasil, tais como decorrentes de arrendamento, subarren-

damento, locação e sublocação de móveis ou imóveis, e os decorrentes do trabalho não assalariado, assim compreendidas todas as espécies de remuneração por serviços ou trabalhos prestados sem vínculo empregatício.

2. Rendimentos ou quaisquer outros valores recebidos de fontes do exterior, tais como trabalho assalariado ou não assalariado, uso, exploração ou ocupação de bens móveis ou imóveis, transferidos ou não para o Brasil, lucros e dividendos. Deve-se observar o disposto nos acordos, convenções e tratados internacionais firmados entre o Brasil e o país de origem dos rendimentos, e reciprocidade de tratamento.
3. Emolumentos e custas dos serventuários da Justiça, como tabeliães, notários, oficiais públicos e demais servidores, independentemente de a fonte pagadora ser pessoa física ou jurídica, exceto quando forem remunerados exclusivamente pelos cofres públicos.
4. Importâncias a título de pensão alimentícia, em face das normas do Direito de Família, quando em cumprimento de decisão judicial ou acordo homologado judicialmente, inclusive alimentos provisionais.
5. Rendimentos recebidos por residentes no Brasil que prestem serviços a embaixadas, repartições consulares, missões diplomáticas ou técnicas ou a organismos internacionais de que o Brasil faça parte.
6. 10%, no mínimo, do rendimento de transporte de carga e de serviços com trator, máquina de terraplenagem, colheitadeira e assemelhados.
7. 60%, no mínimo, do rendimento de transporte de passageiros.

Os rendimentos em moeda estrangeira devem ser convertidos em dólares dos Estados Unidos da América, pelo seu valor fixado pela autoridade monetária do país de origem dos rendimentos na data do recebimento e, em seguida, em reais mediante utilização do valor do dólar fixado para compra pelo Banco Central do Brasil para o último dia útil da primeira quinzena do mês anterior ao do recebimento do rendimento.

Não estão sujeitos ao carnê-leão os rendimentos tributados como ganho de capital (moeda estrangeira) na forma da IN SRF nº 118/2000.

27.11.2 Alíquota e base de cálculo

O imposto será calculado utilizando a tabela progressiva mensal. Para determinar a base de cálculo, podem ser efetuadas as deduções de dependentes, previdência social, pensão alimentícia e deduções do livro Caixa, desde que não tenham sido utilizadas como dedução nos demais rendimentos sujeitos à tributação na fonte.

27.11.3 Deduções do livro Caixa

As despesas escrituradas em livro Caixa podem ser deduzidas pelo contribuinte que receber rendimentos do trabalho não assalariado.

As despesas que podem ser escrituradas no livro Caixa são as seguintes:

- a remuneração paga a terceiros, desde que com vínculo empregatício, e os respectivos encargos trabalhistas e previdenciários;
- os emolumentos pagos a terceiros, assim considerados os valores referentes à retribuição pela execução, pelos serventuários públicos, de atos cartorários, judiciais e extrajudiciais; e
- as despesas de custeio pagas, necessárias à percepção da receita e manutenção da fonte produtora.

Não são dedutíveis no livro Caixa:

- as quotas de depreciação de instalações, máquinas e equipamentos, bem como as despesas de arrendamento (*leasing*);
- as despesas de transporte e locomoção, exceto em caso de representante comercial autônomo, quando correrem por conta deste;
- as despesas relacionadas à prestação de serviços de transporte e aos rendimentos auferidos pelos garimpeiros.

As despesas escrituradas no livro Caixa podem ser oriundas de serviços prestados tanto a pessoas físicas como a pessoas jurídicas.

Considera-se despesa de custeio aquela indispensável à percepção da receita e manutenção da fonte produtora, como aluguel, água, luz, telefone, material de expediente ou de consumo.

O valor das despesas dedutíveis, escrituradas em livro Caixa, está limitado ao valor da receita mensal recebida de pessoa física ou jurídica.

No caso em que as despesas escrituradas no livro Caixa excederem as receitas recebidas de pessoa física e jurídica em determinado mês, o excesso pode ser somado às despesas dos meses subsequentes até dezembro do ano-calendário. O excesso de despesas existente em dezembro não deve ser informado nesse mês nem transposto para o próximo ano-calendário.

As despesas com transporte, locomoção, combustível, estacionamento e manutenção de veículo próprio não podem ser escrituradas no livro Caixa, por não serem consideradas necessárias à percepção da receita, com exceção das efetuadas por representante comercial autônomo quando correrem por conta deste.

São aceitas no livro Caixa as quantias despendidas na aquisição de bens próprios para o consumo, tais como material de escritório, de conservação, de limpeza e de demais produtos usados e consumidos nos tratamentos, reparos, conservação, e integralmente dedutíveis no livro Caixa, quando realizadas no ano-calendário.

Considera-se aplicação de capital, portanto, não aceita no livro Caixa, o dispêndio com aquisição de bens necessários à manutenção da fonte produtora, cuja vida útil ultrapasse o período de um exercício, e que não sejam consumíveis, isto é, não se extingam com sua mera utilização. Por exemplo, os valores despendidos na instalação de escritório ou consultório, na aquisição e instalação de máquinas, equipamentos, instrumentos, mobiliário etc. Tais bens devem ser informados na declaração de bens e direitos da declaração de rendimentos pelo preço de aquisição e, quando alienados, deve-se apurar o ganho de capital.

Em caso de imóvel utilizado para profissão e residência, admite-se como dedução a quinta parte das despesas com aluguel, energia, água, gás, taxas, impostos, telefone, celular e condomínio, quando não se possam comprovar quais as oriundas da atividade profissional exercida. Não são dedutíveis, entretanto, os gastos com reparos, conservação e recuperação do imóvel quando este for de propriedade do contribuinte.

As despesas com benfeitorias e melhoramentos efetuadas pelo locatário profissional autônomo, que no contrato fizeram parte como compensação pelo uso do imóvel locado, são dedutíveis no mês de seu dispêndio, como valor locativo, desde que tais gastos tenham documentação hábil e idônea e sejam escriturados em livro Caixa.

O profissional autônomo pode deduzir, também, as despesas com aquisição de livros, jornais, revistas, roupas especiais, desde que os gastos sejam essenciais para o desempenho de sua função e estejam comprovados com documentação hábil e idônea e escriturado em livro Caixa.

Também são aceitas as contribuições a sindicatos de classe, associações científicas e outras associações, desde que a participação nas entidades seja necessária à percepção do rendimento e as despesas estejam comprovadas com documentação hábil e idônea e escrituradas no livro Caixa.

O profissional autônomo pode deduzir, ainda, os pagamentos efetuados a terceiros com quem mantenha vínculo empregatício. Pode também ser deduzido o pagamento efetuado a terceiros sem vínculo empregatício, desde que caracterize despesa de custeio necessária à percepção da receita e manutenção da fonte produtora.

As despesas com propaganda da atividade profissional são dedutíveis, desde que a propaganda se relacione com a atividade profissional da pessoa física e estes gastos estejam escriturados em livro Caixa e comprovados com documentação idônea. Anúncios de um médico num jornal, revista ou outras mídias, por exemplo, podem ser escriturados como despesa no livro Caixa e reduzir a base do IR devido.

As despesas efetuadas para comparecimento a encontros científicos como congressos, seminários etc., se necessárias ao desempenho da função desenvolvida pelo contribuinte, observada, ainda, a sua especialização profissional, podem ser deduzidas, tais como os valores relativos a taxas de inscrição e comparecimento, aquisição de impressos e livros, materiais de estudo e trabalho, hospedagem, transportes, desde que esses dispêndios sejam escriturados em livro Caixa, comprovados por documentação hábil e idônea e não sejam reembolsados ou ressarcidos. O contribuinte deve guardar o certificado dado pelos organizadores desses encontros.

27.11.4 Rendimentos recebidos no exterior

Os rendimentos tributáveis recebidos de pessoas físicas ou jurídicas localizadas no exterior devem ser submetidos a tributação mensal através do carnê-leão. Devem ser observados, no entanto, os acordos, convenções e tratados internacionais firmados entre o Brasil e o país de origem dos rendimentos, além dos casos em que existe a reciprocidade de tratamento entre dois países.

Os países com os quais o Brasil mantém acordo são os apresentados no Quadro 27.1, por ordem alfabética.

Há previsão de assinatura de novos acordos entre o Brasil e os países integrantes do Mercosul, prevendo concessão de crédito de imposto de renda sobre lucros e dividendos recebidos por empresa localizada no Brasil, mas que deveria pagar o tributo em outro país signatário, por exemplo, o Uruguai.

QUADRO 27.1

África do Sul	Coreia do Sul	França	México	Suécia
Argentina	Dinamarca	Hungria	Noruega	Trinidad e Tobago
Áustria	Equador	Índia	Países Baixos	Turquia
Bélgica	Espanha	Israel	Peru	Ucrânia
Canadá	Eslováquia	Itália	Portugal	Venezuela
Chile	Filipinas	Japão	República Tcheca	
China	Finlândia	Luxemburgo	Rússia	

27.11.4.1 Regras de conversão dos rendimentos e do imposto

Os rendimentos em moeda estrangeira devem ser convertidos em dólar dos Estados Unidos da América, pelo valor fixado pela autoridade monetária do país de origem dos rendimentos e, posteriormente, convertido para reais, pela cotação do mesmo dólar fixado para compra pelo Banco Central do Brasil para o último dia útil da primeira quinzena do mês anterior ao do recebimento do rendimento. O imposto pago no exterior segue a mesma regra de conversão dos rendimentos.

A compensação do imposto de renda pago no exterior não pode exceder ao valor de sua tributação aqui no Brasil. Ou seja, o cálculo do imposto, sem estes rendimentos, não poderá ser reduzido após sua inclusão.

27.11.5 Exemplos numéricos

Vamos proceder a alguns exemplos numéricos, com objetivo de esclarecer melhor o leitor sobre a tributação dos rendimentos obtidos no exterior e a correspondente compensação do imposto de renda pago por lá.

27.11.5.1 Rendimentos na Espanha e rendimentos no Brasil

Marcos Teixeira é engenheiro e professor, atuando pelo menos durante dois meses por ano na Espanha. Veja inicialmente a declaração de Marcos no Brasil referente ao ano-base 2021, sem os rendimentos obtidos na Espanha.

• Rendimentos tributáveis	R$ 92.000,00
• (–) Deduções permitidas	R$ 20.000,00
• Base de cálculo	R$ 72.000,00
• Alíquota – 27,5%	R$ 19.800,00
• (–) Parcela a deduzir	R$ 10.432,32
• IR devido	R$ 9.367,68
• IR retido na fonte	R$ 8.200,00
• IR a pagar	R$ 1.167,68

Veja a seguir as informações necessárias para inclusão em sua declaração dos rendimentos obtidos na Espanha:

• Rendimentos produzidos na Espanha	8.000 euros
• Cotação do dólar na Espanha (valor hipotético)	1,25 euro por dólar
• Rendimentos obtidos na Espanha em dólar	U$$ 10.000
• Cotação do dólar no Brasil	R$ 3,50
• Rendimentos convertidos para R$	R$ 35.000
• Imposto de renda pago na Espanha	1.600 euros
• Cotação do dólar na Espanha	1,25 euro por dólar
• Conversão do IR pago na Espanha em dólar	U$$ 2.000
• Cotação do dólar no Brasil	R$ 3,50
• Imposto correspondente pago em reais	R$ 7.000

Veja a seguir o recálculo da declaração de Marcos:

• Rendimentos tributáveis	R$ 127.000,00
• (–) Deduções permitidas	R$ 20.000,00
• Base de cálculo	R$ 107.000,00
• Alíquota – 27,5%	R$ 29.425,00
• (–) Parcela a deduzir	R$ 10.432,32
• IR devido	R$ 18.992,68
• IR retido na fonte	R$ 15.200,00
• IR a pagar	R$ 3.792,68

Neste caso, todo o imposto pago na Espanha poderá ser compensado com o imposto pago aqui, pois o imposto pago lá fora foi menor do que a parcela que seria devida aqui. Para mais detalhes, recomendo ao leitor o *site* da RFB, dentro do item **PERGUNTAS E RESPOSTAS**.[1]

27.12 Absorção da leitura: dez questões de múltipla escolha

Recomenda-se fazer as questões pelo menos um dia depois da leitura do capítulo.

[1] Disponível em: https://www.gov.br/receitafederal/pt-br/acesso-a-informacao/perguntas-frequentes/declaracoes/dirpf/pr-ir-pf-2021-v-1-0-2021-02-25.pdf. Acesso em: out. 2021.

Q1

É considerado um rendimento tributável:

(A) Remuneração de caderneta de poupança.

(B) Rendimento de aposentadoria, por cardiopatia grave, de R$ 9 mil mensais.

(C) Pensão alimentícia de R$ 3.500,00 paga a um filho de 8 meses. Os recursos são depositados na conta da mãe da criança.

(D) Multa de 40% do saldo do FGTS por demissão sem justa causa.

(E) Doação de um imóvel de R$ 500 mil recebido de um irmão.

Q2

O contribuinte poderá alugar imóvel gratuitamente, para as seguintes pessoas, EXCETO:

(A) Pai.

(B) Mãe.

(C) Filho.

(D) Irmão.

(E) Cônjuge.

Q3

Marcelo Silva Cardoso obteve seis tipos de rendimentos no ano:

1. Salário mensal.
2. Décimo terceiro salário.
3. Férias.
4. Horas extras.
5. Rendimentos de aplicação em fundos de investimento.
6. Salário-família.

Dos rendimentos recebidos, serão informados como rendimentos tributáveis na declaração anual de ajuste, compondo a base de cálculo do imposto de renda devido, apenas os itens:

(A) 1, 2 e 4.

(B) 1, 2 e 5.

(C) 1, 3 e 4.

(D) 1, 3 e 5.

(E) 2, 3 e 4.

(F) 2, 4 e 6.

Q4

É considerado rendimento tributável:

(A) Auxílio-moradia.

(B) Ajuda de custo.

(C) Aviso prévio indenizado.

(D) Multa de 40% sobre o FGTS pago na demissão sem justa causa.

(E) Restituição do imposto de renda.

Q5

Representa despesa que pode ser deduzida do valor tributável na declaração de IRPF 2021, com entrega prevista para ABR/2022:

(A) Doação para a LBV.

(B) Pagamento de aluguel no valor de R$ 500.

(C) Mensalidade de academia de natação.

(D) Cursos de espanhol até o limite anual de R$ 3.561,50.

(E) Pagamento de plano de saúde.

Q6

Analise os cinco rendimentos informados a seguir:

1. Juros sobre capital próprio.
2. Dividendos.
3. Salário-família.
4. Bolsa proveniente de estágio.
5. Pensão recebida por criança de 1 ano.

Em relação aos rendimentos apresentados, é possível afirmar que temos:

(A) Dois rendimentos isentos, dois rendimentos tributáveis e um rendimento com tributação exclusiva na fonte.

(B) Dois rendimentos isentos, dois rendimentos com tributação exclusiva na fonte e um rendimento tributável.

(C) Três rendimentos isentos, um rendimento com tributação exclusiva na fonte e outro rendimento tributável.

(D) Quatro rendimentos isentos e um rendimento com tributação exclusiva na fonte.

(E) Cinco rendimentos isentos.

Q7

Será considerada despesa de educação passível de dedução na base do IRPF:

(A) Gastos com material escolar de crianças na pré-escola.

(B) Cursos de língua estrangeira.

(C) Gastos com autoescola devidamente registrada.

(D) Curso superior de curta duração, como os cursos tecnológicos, por exemplo.

(E) Gastos com transporte escolar.

Q8

Analise as seguintes assertivas em relação ao imposto de renda das pessoas físicas e assinale APENAS a opção INCORRETA:

(A) Se uma pessoa física receber um adiantamento de 13º salário em JUN/2021 de R$ 4 mil, deverá ter o IR retido aplicando a tabela progressiva. Em DEZ/2021, complementará a tributação, aplicando a tabela progressiva sobre o rendimento total e descontando o IR devido no adiantamento.

(B) Um contribuinte com remuneração mensal de R$ 5.000 (sem deduções), mas distribuída por três fontes pagadoras diferentes (R$ 1.900, R$ 1.700 e R$ 1.400), não apresentará IR retido na fonte sobre 13º salário, recebendo líquido o valor total de R$ 5 mil, descontado apenas do INSS.

(C) O reembolso de seguro é considerado rendimento isento. Todavia, deve ser informado na declaração de ajuste anual.

(D) Se uma pessoa física tiver um empregado com remuneração (líquida) de R$ 3 mil em 2021, terá que reter e recolher o IR retido na fonte deste empregado.

(E) Os gastos com nutricionistas não podem ser deduzidos como despesa de saúde na declaração de IRPF pelo modelo completo.

Q9

Uma pessoa física recebe dois aluguéis em JUL/2016 no total de R$ 3.700, sendo um imóvel alugado à pessoa jurídica, com recebimento de R$ 1.850, e outro alugado à pessoa física, recebendo também R$ 1.850. Considerando que esta pessoa física não possua outros rendimentos e/ou deduções, é possível afirmar que ela:

(A) Terá que pagar IR no mês, via carnê-leão, e ajustar na DAA.

(B) Terá que pagar IR no mês, via carnê-leão, e vai pegar tudo de volta na DAA.

(C) Não terá que pagar IR no mês, mas vai pagar IR na DAA.

(D) Não pagará IR devido mensalmente nem na DAA.

(E) Será tributada mensalmente pela pessoa jurídica, que irá somar o aluguel feito à pessoa física e cobrar o IR pela tabela progressiva somando os dois rendimentos.

Q10

Analise as assertivas a seguir e informe a única opção CORRETA em relação à dedução dos dependentes.

(A) A dedução de dependente é permitida, enquanto o filho residir com o pai ou com a mãe.

(B) Se um dependente faleceu no dia 2/JAN/2021, ele poderá ser considerado dependente da DAA do ano-calendário 2021.

(C) Os avós podem ser considerados dependentes, mas apenas depois de completarem 65 anos.

(D) Os irmãos podem ser considerados dependentes.

(E) Um contribuinte com duas fontes de renda só poderá deduzir o dependente na retenção mensal em uma das fontes pagadoras.

O Gabarito das questões está disponível no final do livro, após o Anexo.

28

DECLARAÇÃO DE BENS E DIREITOS

OBJETIVO DO CAPÍTULO

Apresentar um dos pontos mais importantes da DIRPF/DAA: a declaração de bens e direitos. Ao final deste capítulo, será possível:

- Identificar os bens que devem ser declarados e aqueles que não precisam ser informados na declaração de ajuste anual (DAA).
- Calcular corretamente o IR sobre ganhos de capital, principalmente na venda de imóveis, e avaliar oportunidades de reduzir legalmente o imposto devido.

28.1 Declaração de bens

A declaração de bens é importantíssima para justificar a evolução patrimonial dos contribuintes. Representa uma informação tão relevante que, independentemente do modelo escolhido, se simplificado ou completo, deverá ser apresentada de forma detalhada. Mesmo sem rendimento tributável, é obrigado a fazer a declaração de imposto de renda o contribuinte com bens acima de R$ 300 mil.

28.2 Bens que devem ser declarados

Os bens e direitos que devem ser declarados são os seguintes:

a) imóveis, veículos automotores, embarcações e aeronaves, independentemente do valor de aquisição;
b) outros bens móveis e direitos de valor de aquisição unitário a partir de R$ 5.000,00;
c) saldos de conta-corrente bancária, caderneta de poupança e demais aplicações financeiras, de valor individual superior a R$ 140,00 no final do ano; e
d) conjunto de ações, quotas ou quinhão de capital de uma mesma empresa, negociadas ou não em bolsa de valores, e de ouro, ativo financeiro, cujo valor de aquisição unitário seja igual ou superior a R$ 1.000,00.

Se o contribuinte adquirir, por exemplo, uma TV de muitas polegadas por R$ 8.000, recomenda-se que informe a aquisição do bem na sua declaração anual. Os móveis planejados costumam ter custo elevado e devem ser declarados separadamente ou integrados ao valor do imóvel, a critério do contribuinte e com os documentos fiscais comprovando o gasto.

Se o contribuinte adquirir um novo bem ou se desfazer de outro bem, deverá informar o CPF ou CNPJ de quem comprou ou vendeu o bem.

Os bens adquiridos a prazo devem ser informados pelo valor efetivamente desembolsado, mesmo que o valor registrado após o pagamento da última prestação seja irreal, acima do mercado, por conta dos juros. Mas, representará o valor que o contribuinte efetivamente desembolsou pela aquisição do bem.

Suponha que um contribuinte adquira um automóvel em novembro de 2020, sem entrada, com o pagamento em 48 prestações de R$ 1.250, com a primeira prestação vencendo em dezembro, um mês depois.

Na declaração de 2020, este contribuinte declarará o automóvel por R$ 1.250, que foi o valor pago. Na declaração de 2021, o automóvel estaria registrado por R$ 16.250. No final do contrato de financiamento, o automóvel será informado por R$ 60.000, mesmo que o valor esteja fora da realidade em relação ao preço real do bem.

O mesmo procedimento se aplica para a declaração de imóveis, onde o contribuinte deverá informar apenas o valor já pago, mesmo que com utilização de FGTS.

28.3 Benfeitorias

As benfeitorias representam obras que modifiquem o bem, agregando valor ao seu registro original. Em relação aos imóveis, são as obras que os modificam de forma representativa. Não se enquadram pequenas obras, que caracterizam apenas manutenção da parte construída ou do terreno.

Para acrescentar valor ao imóvel, entretanto, é recomendável que o contribuinte tenha comprovantes para todos os gastos efetuados, como notas fiscais de pisos, azulejos, tintas, enfim, de todo material de construção utilizado na obra. É importante também que a remuneração dos pedreiros, mestres de obras e auxiliares sejam documentadas e declaradas na relação de pagamentos.

No caso de obras realizadas em imóvel adquirido após 1988, o custo das benfeitorias deve ser acrescido ao valor do imóvel, devendo ser informado na coluna DISCRIMINAÇÃO, juntamente com os dados do bem, o custo das benfeitorias.

Já as benfeitorias realizadas em imóvel adquirido até 1988 devem ser incluídas em item próprio utilizando campo específico.

28.4 Ganhos de capital

O demonstrativo da apuração dos ganhos de capital deve ser preenchido pela pessoa física que:

a) vendeu bens informados em sua declaração de bens;
b) recebeu parcela(s) relativa(s) a venda a prazo efetuada em anos anteriores, cuja tributação foi diferida; e
c) efetuou, quando equiparada à pessoa jurídica, alienação de bens móveis, imóveis ou direitos não abrangidos pela equiparação.

Depois de preenchidos, os dados devem ser transferidos e integrados à declaração de ajuste anual (DAA).

Fica dispensado o preenchimento quando se tratar de:

- venda de imóvel adquirido até 1969;
- venda, por valor igual ou inferior a R$ 440.000, do único bem imóvel que o titular possua, desde que não tenha efetuado, nos últimos cinco anos, alienação de outro imóvel a qualquer título, tributada ou não;
- venda de bem ou direito ou conjunto de bens ou direitos de mesma natureza, em um mesmo mês, de valor até R$ 35.000; e
- operações realizadas no mercado à vista de ações nas bolsas de valores e em operações com ouro ativo financeiro, cujo valor seja até R$ 20 mil no mês.

A Lei nº 11.196/2005 criou redutores em relação ao ganho de capital obtido nas vendas de imóveis, para minimizar a impossibilidade de atualização deles na declaração anual de ajuste. Pela relevância das modificações, apresentamos no boxe a seguir a íntegra dos arts. 39 e 40:

> ***Art. 39.*** *Fica isento do imposto de renda o ganho auferido por pessoa física residente no País na venda de imóveis residenciais, desde que o alienante, no prazo de 180 (cento e oitenta) dias contado da celebração do contrato, aplique o produto da venda na aquisição de imóveis residenciais localizados no País.*
>
> *§ 1º No caso de venda de mais de 1 (um) imóvel, o prazo referido neste artigo será contado a partir da data de celebração do contrato relativo à 1a (primeira) operação.*
>
> *§ 2º A aplicação parcial do produto da venda implicará tributação do ganho proporcionalmente ao valor da parcela não aplicada.*
>
> *§ 3º No caso de aquisição de mais de um imóvel, a isenção de que trata este artigo aplicar-se-á ao ganho de capital correspondente apenas à parcela empregada na aquisição de imóveis residenciais.*
>
> *§ 4º A inobservância das condições estabelecidas neste artigo importará em exigência do imposto com base no ganho de capital, acrescido de:*

I – Juros de mora, calculados a partir do 2º (segundo) mês subsequente ao do recebimento do valor ou de parcela do valor do imóvel vendido; e

II – Multa, de mora ou de ofício, calculada a partir do 2º (segundo) mês seguinte ao do recebimento do valor ou de parcela do valor do imóvel vendido, se o imposto não for pago até 30 (trinta) dias após o prazo de que trata o caput deste artigo.

§ 5º O contribuinte somente poderá usufruir do benefício de que trata este artigo 1 (uma) vez a cada 5 (cinco) anos.

***Art. 40.** Para a apuração da base de cálculo do imposto sobre a renda incidente sobre o ganho de capital por ocasião da alienação, a qualquer título, de bens imóveis realizada por pessoa física residente no País, serão aplicados fatores de redução (FR1 e FR2) do ganho de capital apurado.*

§ 1º A base de cálculo do imposto corresponderá à multiplicação do ganho de capital pelos fatores de redução, que serão determinados pelas seguintes fórmulas:

I – FR1 = 1/1,0060m1, onde "m1" corresponde ao número de meses-calendário ou fração decorridos entre a data de aquisição do imóvel e o mês da publicação desta Lei, inclusive na hipótese de a alienação ocorrer no referido mês;

II – FR2 = 1/1,0035m2, onde "m2" corresponde ao número de meses-calendário ou fração decorridos entre o mês seguinte ao da publicação desta Lei ou o mês da aquisição do imóvel, se posterior, e o de sua alienação.

§ 2º Na hipótese de imóveis adquiridos até 31/DEZ/95, o fator de redução de que trata o inciso I do § 1º deste artigo será aplicado a partir de 1º de janeiro de 1996, sem prejuízo do disposto no art. 18 da Lei nº 7.713/88.

A IN SRF nº 599/2005 detalhou mais os dois artigos. Ganho de capital tributável é a diferença positiva entre:

- o valor de alienação dos bens ou direitos e o respectivo custo de aquisição, atualizado monetariamente até 31/DEZ/95;
- o valor de transferência dos bens ou direitos entregues para integralização de capital e o respectivo valor constante na declaração de ajuste anual do contribuinte que os tenha entregado; e
- o valor de mercado atribuído, na transferência de direito de propriedade a herdeiros e legatários, na sucessão *causa mortis*, a donatários, inclusive em adiantamento da legítima, ou a ex-cônjuge ou ex-convivente, na dissolução da sociedade conjugal ou da união estável, e o valor constante na declaração de ajuste anual do *de cujus*, do doador, do ex-cônjuge ou do ex-convivente que os tenha transferido.

É contribuinte do imposto de renda incidente sobre o ganho de capital auferido na alienação de bens, direitos e participações societárias, adquiridas em reais, a pessoa física residente no Brasil:

a) que aliene, a qualquer título, bens ou direitos, localizados no Brasil ou no exterior, inclusive ações e outros ativos financeiros fora de bolsas de valores;
b) que transfira o direito de propriedade de bens ou direitos como doador, inclusive nos casos de adiantamento da legítima;
c) a quem tenham sido atribuídos bens ou direitos, nos casos de dissolução da sociedade conjugal ou da união estável; e
d) que aliene ações e outros ativos financeiros em bolsas de valores, de mercadorias, de futuros ou assemelhadas, ou em qualquer outro mercado do exterior.

28.5 Venda de bens com valor menor que R$ 35 mil

A venda de bens por valor mensal menor que R$ 35 mil está isenta do pagamento de imposto de renda sobre ganho de capital, cobrado com alíquota de 15%.

Suponha que uma pessoa física tenha três lotes, registrados individualmente na declaração por R$ 14 mil, cuja venda individual seja realizada por R$ 30 mil, com um lucro total de R$ 48 mil (R$ 16 mil para cada lote). Se realizar a venda dos três lotes no mesmo mês, deverá pagar R$ 7.200 (15%) de ganho de capital, enquanto se a venda for realizada em meses diferentes, não haverá cobrança do imposto.

A pessoa que efetuar venda de moedas estrangeiras também tem isenção, sendo que, no caso, o limite anual é de U$$ 5 mil (cinco mil dólares norte-americanos).

28.6 Venda de imóveis adquiridos entre 1970 e 1988

No caso da venda de imóveis adquiridos entre 1970 e 1988 com ganho de capital, antes de aplicar as reduções previstas na Lei nº 11.196/2005, o contribuinte poderá aplicar mais um redutor no ganho obtido. A redução será de 100% para imóveis adquiridos até o ano de 1969, com redução percentual de 5% por ano a partir de 1970, até chegar ao ano de 1988, quando a redução é de apenas 5%. Veja a Tabela 28.1.

TABELA 28.1 Redução de ganho de capital na venda de imóveis

ANO DE AQUISIÇÃO	DESC. %	ANO DE AQUISIÇÃO	DESC. %	ANO DE AQUISIÇÃO	DESC. %	ANO DE AQUISIÇÃO	DESC. %
1969	100%	1974	75%	1979	50%	1984	25%
1970	95%	1975	70%	1980	45%	1985	20%
1971	90%	1976	65%	1981	40%	1986	15%
1972	85%	1977	60%	1982	35%	1987	10%
1973	80%	1978	55%	1983	30%	1988	5%

Fonte: art. 18 da Lei nº 7.713/88.

28.7 Atualização permitida, com pagamento de 4% de IR

O Projeto de Lei nº 2.337/2021 (arts. 49 a 53), aprovado na Câmara dos Deputados no início de setembro de 2021, permitiria a você atualizar o valor de seu imóvel informado na sua declaração de 2020, o que seria feito por meio de declaração específica, a ser preenchida eletronicamente e enviada à RFB entre janeiro e abril de 2022. Sobre a diferença entre o valor atualizado, que seria de livre escolha, e o valor registrado na declaração de 2020 haveria incidência de imposto de renda de 4%, sendo este imposto considerado definitivo e pago até o último dia útil de abril de 2022. Uma vez manifestada a opção, esta passaria a ser a data de aquisição para fins de aplicação do redutor (FR2) apresentado nos tópicos anteriores.

Importante sempre reiterar que o PL não foi aprovado pelo Senado Federal em 2021, mas pode ser analisado em 2022.

28.8 Ganho de capital: exemplos numéricos

Com as modificações introduzidas pela Lei nº 11.196/2005, a apuração do ganho de capital na venda de imóveis ganhou mais detalhes que tornam o cálculo com um elevado grau de refino. A IN SRF nº 599/2005 esclareceu melhor os pontos importantes. Com a possibilidade prevista no PL nº 2.337/2021, que foi apresentada no tópico anterior, haveria ainda mais espaço para análise, que deve ser individual, pois cada contribuinte tem sua situação particular. E como foi a prática do livro ao longo dos seus 28 capítulos, iremos fechar a edição com a mesma linha, trazendo para você exemplos numéricos, sempre com objetivo de facilitar a compreensão e qualificar o debate. Mesmo com a não aprovação do PL, a possibilidade de atualização do imóvel será analisada apenas como hipótese, que em nada atrapalhará o entendimento numérico do exemplo.

CLIENTE 1: JOÃO VAI VENDER SEU IMÓVEL E USAR O DINHEIRO COMO RESERVA PARA SUA APOSENTADORIA

João comprou, em junho de 1997, a casa em que mora atualmente por R$ 100 mil e tem planejamento de vendê-la até o final de 2022 para morar em um imóvel menor e alugado, utilizando o dinheiro da venda como apoio para complemento da sua aposentadoria. No final de 2021, o valor estimado de venda da sua casa girava em torno de R$ 1 milhão, inclusive ele recebeu proposta para venda próxima disso (R$ 980 mil) e não aceitou, pois pretende vender apenas no final do ano (2022) e queria consultar seu contador, para que ele avaliasse as mudanças propostas para o IR no Projeto de Lei nº 2.337/2021.

Suponha que João consiga vender a casa em dezembro de 2022 por R$ 1 milhão, apurando um ganho de capital de R$ 900 mil. Vamos aplicar os fatores de redução para verificar a alíquota efetiva a que ele será submetido.

CÁLCULO DOS FATORES

FR1 = 1/1,0060102 102 MESES (de JUN/97 a NOV/2005)

FR1 = 0,5433

FR2 = $1/1{,}0035^{204}$ 204 MESES (de DEZ/2005 a DEZ/2022)

FR2 = 0,4903

Após o cálculo dos dois fatores, será feita redução sobre o ganho de capital obtido na operação. Veja o passo a passo:

GANHO DE CAPITAL NA OPERAÇÃO	R$ 900.000,00
(x) Fator de redução (FR1)	0,5433
(=) SUBTOTAL	R$ 488.932,02
(x) Fator de redução (FR2)	0,4903
GANHO DE CAPITAL TRIBUTÁVEL	R$ 238.883,54
Imposto de renda devido (15%)	R$ 35.832,53
Alíquota efetiva sobre o ganho de capital	= 3,98% (35.832 / 900.000)
GANHO DE CAPITAL ISENTO	R$ 661.116,46

Interessante verificar que a redução ultrapassou 73% do valor original do ganho. A alíquota efetiva de IR ficou em torno de 4% contra a alíquota nominal de 15%. No exemplo, o contribuinte não conseguiu aproveitar o benefício da isenção de IR, pois não utilizou o dinheiro da venda na aquisição de outro imóvel, no período de 180 dias. Se tivesse feito isso, não caberia qualquer valor a título de ganho de capital.

Para o João não valeria a pena utilizar o dispositivo de atualização do imóvel previsto (e não aprovado) no PL nº 2.337/2021, pois a tributação lá seria praticamente igual à que teve. O imposto de renda de pouco mais de R$ 35 mil deverá ser pago no dia 31 de janeiro de 2023, no código de DARF nº 4600.

CLIENTE 2: MARIA TEM UM IMÓVEL MUITO ANTIGO E TERÁ GANHO DE CAPITAL ELEVADO NA VENDA. COM ISSO, ESTÁ PREOCUPADA DE TER QUE PAGAR UM IR MUITO ALTO

Maria comprou seu imóvel em 1980 por R$ 120 mil (custo corrigido até 31/DEZ/95) e realizou sua venda em dezembro de 2021 por R$ 920 mil. Utilizará 50% do valor (R$ 460 mil) para adquirir outro imóvel no prazo de seis meses.

CÁLCULO DOS FATORES

FR1 = $1/1{,}0060^{119}$ 119 MESES (de JAN/96 a NOV/2005). JAN/96 é o mês de início da contagem do FR1

FR1 = 0,4907

FR2 = $1/1{,}0035^{193}$ 193 MESES (de DEZ/2005 a DEZ/2021)

FR2 = 0,5095

Será feita redução sobre o ganho de capital (Lei nº 7.713/88). Em seguida, serão aplicados os dois fatores de redução.

GANHO DE CAPITAL NA OPERAÇÃO	R$ 800.000,00
(–) REDUÇÃO DA LEI nº 7.713/88 (1980, desconto de 45%)	R$ 360.000,00
(=) SUBTOTAL	R$ 440.000,00
(x) Fator de redução (FR1)	0,4907
(=) SUBTOTAL	R$ 215.920,05
(x) Fator de redução (FR2)	0,5095
GANHO DE CAPITAL APÓS REDUTORES	R$ 110.011,79
PARCELA UTILIZADA NA COMPRA DE OUTRO IMÓVEL EM 180 DIAS (ISENTA)	50%
GANHO DE CAPITAL TRIBUTÁVEL	R$ 55.005,90
Imposto de renda devido (15%)	R$ 8.250,88
Alíquota efetiva sobre o ganho de capital	= 1,03%
GANHO DE CAPITAL ISENTO	R$ 744.994,10

Maria teve alíquota efetiva de imposto de renda sobre ganho de capital de pouco mais de 1% pelo fato de seu imóvel ser muito antigo. O imposto será pago no último dia útil de JAN/2022.

CLIENTE 3: PEDRO TINHA SEU IMÓVEL HÁ QUASE 20 ANOS E QUERIA MUDAR. JUNTOU ALGUM DINHEIRO E PREFERIU DAR ENTRADA NA COMPRA DO NOVO IMÓVEL PRIMEIRO, PAGANDO O FINANCIAMENTO COM O DINHEIRO DA VENDA DE SEU PRIMEIRO IMÓVEL

Pedro adquiriu seu primeiro imóvel em JAN/2001 por R$ 300 mil. Em JUN/2019 deu sinal de R$ 200 mil (20%) para garantir a compra de outro imóvel, adquirido por R$ 1 milhão, contando com a venda de seu imóvel, cujo valor estimado de venda era de R$ 800 mil, para quitar o financiamento que o banco lhe ofereceu. Em DEZ/2019, conseguiu vender seu primeiro imóvel pelo valor estimado (R$ 800 mil), quitando integralmente a dívida do novo imóvel adquirido.

Neste caso, o contribuinte terá que pagar o IR sobre o ganho de capital da venda de seu imóvel, pois primeiro comprou um outro imóvel (JUN/2019) e, posteriormente (DEZ/2019), vendeu aquele que era seu único imóvel até a aquisição de JUN/2019. O cálculo do IR será apresentado a seguir:

CÁLCULO DOS FATORES

FR1 = $1/1{,}0060^{59}$ 59 MESES (de JAN/2001 a NOV/2005)

FR1 = 0,7026

FR2 = $1/1{,}0035^{163}$ 163 MESES (de DEZ/2005 a JUN/2019)

FR2 = 0,4886

Após o cálculo dos dois fatores, será feita redução sobre o ganho de capital obtido na operação. Veja:

GANHO DE CAPITAL NA OPERAÇÃO	R$ 500.000,00
(x) Fator de redução (FR1)	0,7026
(=) SUBTOTAL	R$ 351.308,89
(x) Fator de redução (FR2)	0,4886
GANHO DE CAPITAL TRIBUTÁVEL	R$ 171.643,31
Imposto de renda devido (15%)	R$ 25.746,50
Alíquota efetiva sobre o ganho de capital	= 5,15%
GANHO DE CAPITAL ISENTO	R$ 328.356,69

A redução deixa a alíquota efetiva de IR em 5,15%, pouco mais de 1/3 da alíquota nominal de 15%. De qualquer forma, o contribuinte deveria ter planejado melhor a operação, pois a compra realizada antes da venda impediu a isenção do ganho de capital a que o contribuinte teria direito, se realizasse primeiro a venda de seu imóvel com a posterior compra do outro imóvel (art. 2º, § 11, inciso I da IN SRF nº 599/2005).

CLIENTE 4: SÍLVIA TEM SEU IMÓVEL HÁ QUASE 15 ANOS E PRETENDE VENDER PARA COMPRAR OUTRO. PLANEJOU USAR TODO O VALOR DA VENDA, MAS SÓ UTILIZOU 50%, POIS CONSEGUIU UM BOM IMÓVEL POR UM ÓTIMO PREÇO

Sílvia adquiriu um imóvel em JAN/2007 por R$ 400 mil, vendendo-o no último dia útil de JUN/2022 por R$ 1 milhão. Sílvia tinha intenção de usar quase todo o dinheiro na compra de outro imóvel residencial, mas acabou utilizando apenas R$ 500 mil para adquirir um novo apartamento no começo do mês de DEZ/2022. Com isso, não pagou o IR sobre ganho de capital em 2022.

Bom, primeiro vamos apurar o fator de redução no caso da Sílvia:

CÁLCULO DO FATOR	
FR2 = $1/1{,}0035^{186}$	186 MESES (de JAN/2007 a JUN/2022)
FR2 = 0,4886	

Após o cálculo dos fator, será feita redução sobre o ganho de capital obtido na operação. Veja:

GANHO DE CAPITAL NA OPERAÇÃO	R$ 500.000,00
(x) Fator de redução (FR2)	0,5221
(=) SUBTOTAL	R$ 261.058,55
(–) Uso Parcial para Compra de Outro Imóvel	50%
GANHO DE CAPITAL TRIBUTÁVEL	R$ 130.529,27
Imposto de renda devido (15%)	R$ 19.579,39
Alíquota efetiva sobre o ganho de capital	3,92%
GANHO DE CAPITAL ISENTO	R$ 369.470,73

Aqui é importante separar as coisas. Primeiro, Sílvia não pagou o IR sobre o ganho de capital no prazo, pois esperava utilizar quase todo o dinheiro da venda na compra de outro imóvel. Segundo, como utilizou apenas 50% do dinheiro da venda (feita em JUN/2022) na aquisição de outro imóvel, deveria ter feito o pagamento do ganho de capital no seu vencimento original, que seria dia 29/JUL/2022. Em dezembro, como utilizou apenas 50% do valor da venda para comprar um novo imóvel, apurou o ganho de capital de R$ 130.529, com IR devido de quase R$ 20 mil. Mas, ai surge a dúvida: Sílvia terá que pagar multa e juros pelo atraso em relação ao vencimento original?[1] Admitindo que Sílvia proceda ao pagamento do IR apurado no dia 23 de janeiro de 2023 (segunda-feira), haverá cobrança de juros Selic dos meses de agosto a dezembro de 2022 mais 1% referente ao mês de JAN/2023. Quanto à multa, ela não será cobrada, pois o prazo de 180 dias para aquisição de outro imóvel, que caracterizaria isenção total ou parcial do IR sobre ganho de capital, venceu dia 27 de dezembro de 2022 e como o pagamento foi feito até o dia 26 de janeiro de 2023 (30 dias após o prazo de 180 dias), não haverá multa. Se o pagamento fosse realizado uma semana depois, dia 30 de janeiro, infelizmente seria cobrada uma multa de 20% do IR, o que daria, no caso, R$ 3.915,88.

CLIENTE 5: CARLOS TEM IMÓVEIS, QUER VENDÊ-LOS COM LUCRO E COMPRAR OUTROS IMÓVEIS COM O DINHEIRO DA VENDA. DE FORMA LEGAL, QUER REDUZIR OU ZERAR O IR DEVIDO SOBRE O GANHO DE CAPITAL

Carlos possuía três imóveis residenciais, registrados em sua declaração por R$ 450 mil, 350 mil e R$ 200 mil, totalizando R$ 1 milhão. Vendeu, em DEZ/2019, os dois primeiros imóveis por R$ 500 mil cada, adquirindo quatro apartamentos num lançamento imobiliário, pagando à vista R$ 275 mil em cada um, entre os meses de JAN/2020 e ABR/2020 (um por mês), totalizando R$ 1.100 mil.

No caso, não há que se falar em ganho de capital, pois o produto da venda dos dois imóveis (R$ 1 milhão) foi aplicado integralmente na compra de quatro imóveis residenciais no prazo de 180 dias. Na verdade, a aquisição dos quatro imóveis foi por R$ 1,1 milhão, ultrapassando um pouco o valor dos imóveis vendidos.

Caso um dos imóveis comprados fosse comercial ou então um terreno, o ganho de capital seria calculado de forma proporcional, pois apenas parte do dinheiro obtido com a venda teria sido utilizada para aquisição de imóveis residenciais.

Se Carlos desejar vender o imóvel registrado por R$ 200 mil com lucro no futuro, terá ganho de capital apurado normalmente até completar cinco anos da operação realizada (DEZ/2024). A partir de JAN/2025 poderá utilizar novamente o benefício previsto na Lei nº 11.196/2005 e no § 5º do art. 2º da IN SRF nº 599/2005.

[1] IN RFB nº 599/2005, Art. 2º, § 12.

28.9 Valeria a pena pagar o IR de 4% e atualizar o valor do imóvel?

Conforme já comentado, não há receita de bolo no mundo contábil-tributário, resposta pronta para todos os casos, devendo a análise ser feita individualmente na maioria das situações do nosso cotidiano. Mas, de imediato, a permissão do PL nº 2.337/2021[2] para atualização do valor do imóvel com pagamento antecipado de 4% de IR deveria ser ignorada se você:

- Possui um único imóvel, cujo valor estimado de venda for menor que R$ 440 mil.
- Possui um imóvel, adquirido até o ano de 1997 e pretende vender, mesmo que utilize o dinheiro integralmente para outros fins que não a compra de imóveis residenciais.
- Possui um imóvel, adquirido de 2007 para cá e pretende vender, mas estima utilizar 50% ou mais do dinheiro da venda na compra de um ou mais imóveis residenciais no prazo de 180 dias da venda.

Nas demais situações, você deveria considerar alguns pontos importantes:

a) a perspectiva que tem de vender ou não o imóvel no curto/médio prazo;
b) se desejar vender, é preciso verificar se há ganho de capital pelo preço estimado de venda e se o valor é significativo, para que justifique atualizar o imóvel na sua declaração e pagar o IR de forma antecipada;
c) avaliar a alíquota efetiva que você pagaria, considerando o Fator R2 e comparando com a proposta do PL nº 2.337/2021, que faz a cobrança de 4% de IR antecipadamente; e
d) verificar se tem dinheiro disponível para pagar o IR e, com isso, economizar parte do imposto que pagaria na venda futura.

O bom é sempre procurar um profissional da área contábil-tributária, pois ele certamente buscará a melhor alternativa para sua situação.

[2] O PL nº 2.337/2021 foi aprovado na câmara dos deputados no início de setembro/2021, mas não foi aprovado pelo Senado. De qualquer forma, mesmo se não aprovado, a ideia pode retornar em outro momento.

28.10 Permuta de bens imóveis

Não há que se falar em ganho de capital nas operações de troca envolvendo bens imóveis sem uso de dinheiro. Caso um contribuinte receba um imóvel em troca de outro bem imóvel, com valor de registro maior ou menor que o bem trocado, o novo bem será registrado com o valor do anterior.

Por exemplo, suponha que José Silva tenha um apartamento no valor de R$ 100 mil e Pedro Souza tenha uma casa, registrada na declaração por R$ 70 mil. Admitindo que eles resolvam trocar o imóvel, as declarações deveriam ficar da seguinte forma:

QUADRO 28.1

CONTRIBUINTES	ANO1	ANO2
JOSÉ SILVA	Apto. registrado por R$ 100 mil	Casa registrada por R$ 100 mil
PEDRO SOUZA	Casa registrada por R$ 70 mil	Apto. registrado por R$ 70 mil

Veja que, em princípio, o beneficiado foi Pedro Souza, que trocou uma casa registrada por R$ 70 mil por um apartamento registrado por R$ 100 mil. Caso Pedro efetue a venda do apartamento exatamente por R$ 100 mil, terá um ganho de capital de R$ 30 mil.

Já nas permutas entre imóveis envolvendo compensação financeira, também conhecida como TORNA, existe ganho do capital. Suponha que, no exemplo anterior, houvesse o pagamento de R$ 30 mil de Pedro Souza para José Silva. O cálculo seria feito da seguinte forma:

GANHO DE CAPITAL DE PEDRO ➔ R$ 30 mil / R$ 130 mil = 23,08%

GANHO DE CAPITAL ➔ R$ 30 MIL × 23,08% = R$ 6.924,00

CUSTO DA TORNA ➔ R$ 30.000 – R$ 6.924 = R$ 23.076

IMPOSTO DE RENDA DEVIDO POR JOSÉ ➔ R$ 6.924,00 × 15% = **R$ 1.038,60**

QUADRO 28.2

CONTRIBUINTES	ANO1	ANO2
JOSÉ SILVA	Apto. registrado por R$ 100 mil	Casa registrada por R$ 76.924
PEDRO SOUZA	Casa registrada por R$ 70 mil	Apto. registrado por R$ 100 mil

Conforme o Quadro 28.2, Pedro irá registrar seu novo imóvel pelo valor de R$ 100 mil, acrescentando os R$ 30 mil que pagou pela permuta. Já José tinha um imóvel de R$ 100 mil, trocado por uma casa de R$ 70 mil. Como recebeu R$ 30 mil pela diferença dos bens, seu ganho de capital foi apurado, considerando o percentual sobre o valor recebido calculado sobre o valor total do imóvel acrescido deste pagamento. Este percentual é acrescido ao valor original da casa, sendo informado na declaração, conforme foi feito.

Já no caso de haver permuta de bens móveis, deve ser apurado ganho de capital, não tendo o mesmo tratamento dos bens imóveis.

Por exemplo, admitindo que o contribuinte A tenha um imóvel registrado por R$ 50 mil e este imóvel seja trocado com um contribuinte B, por um automóvel informado por R$ 40 mil em sua declaração. Neste caso, o contribuinte B irá apurar um ganho de capital de R$ 10 mil, pois teria recebido um bem de R$ 50 mil para alienação do bem registrado por R$ 40 mil.

28.11 Novas alíquotas de ganho de capital a partir de 2017

A Lei nº 13.259/2016, publicada no final de ABR/2016 no *Diário Oficial da União*, modificou o art. 21 da Lei nº 8.981/85, elevando as alíquotas de IR sobre ganho de capital na venda de bens por pessoa física, conforme a seguir:

- 15% sobre a parcela dos ganhos até R$ 5 milhões;
- 17,5% sobre a parcela dos ganhos entre R$ 5.000.000,01 e R$ 10 milhões;
- 20% sobre a parcela dos ganhos entre R$ 10.000.000,01 e R$ 30 milhões; e
- 22,5% sobre a parcela dos ganhos que ultrapassar R$ 30 milhões.

Por exemplo, admita uma pessoa física que tenha um imóvel registrado na sua declaração por R$ 12 milhões e realize a venda por R$ 48 milhões, auferindo um ganho de capital de R$ 36 milhões (desconsidere, didaticamente, os fatores de redução). O ganho de capital será calculado da seguinte forma:

- (+) R$ 750.000 (15% sobre R$ 5 milhões)
- (+) R$ 875.000 (17,5% sobre R$ 5 milhões, que foi a parcela entre 5 e 10)
- (+) R$ 4.000.000 (20% sobre R$ 20 milhões, que foi a parcela entre 10 e 30)
- (+) R$ 1.350.000 (22,5% sobre R$ 6 milhões, que excedeu os R$ 30 milhões)
- TOTAL DO IR de R$ 6.975.000

É o mesmo modelo da tabela progressiva, mas é interessante observar uma outra maneira de encontrar o IR, como apresentado acima. Apesar de a Lei ter direcionado, equivocadamente, a entrada em vigor para o ano de 2016, o Ato Declaratório Interpretativo nº 3/2016 esclareceu que o aumento teve validade a partir de 2017.

Na hipótese de alienação em partes do mesmo bem ou direito, a partir da segunda operação, desde que realizada até o final do ano-calendário seguinte ao da primeira operação, o ganho de capital deve ser somado aos ganhos auferidos nas operações anteriores, para fins da apuração do imposto na forma do *caput*, deduzindo-se o montante do imposto pago nas operações anteriores. O conjunto de ações ou quotas de uma mesma pessoa jurídica é um exemplo do que se considera integrante do mesmo bem ou direito.

As alíquotas se aplicam também nos ganhos de capital de empresas que não sejam tributadas pelo lucro real, lucro presumido ou arbitrado, como as empresas do SIMPLES NACIONAL, por exemplo.

28.12 Absorção da leitura: dez questões de múltipla escolha

Recomenda-se resolver as questões pelo menos um dia depois da leitura do capítulo.

Q1

Deve(m) ser declarado(s) como bens e direitos:

(A) Direitos de uso de linha telefônica.

(B) Um conjunto de bens móveis, com valor individual médio de R$ 2 mil e total de R$ 8 mil.

(C) Saldo de previdência privada na modalidade PGBL.

(D) Saldo de caderneta de poupança de R$ 100.

(E) Automóvel, adquirido por R$ 4 mil.

Q2

Considere uma pessoa física que possua ações registradas em sua DAA por R$ 3 milhões e que, aproveitando uma oportunidade de mercado no início de 2021, realize essa venda por R$ 9 milhões. O IR devido a título de ganho de capital será:

(A) R$ 900.000.

(B) R$ 925.000.

(C) R$ 1.050.000.

(D) R$ 1.350.000.

(E) R$ 1.575.000.

Q3

Em relação à venda de bens por pessoa física, analise as assertivas a seguir:

1. O contribuinte que vender o único imóvel, onde reside, não apresentará ganho de capital tributável, independentemente do valor.
2. A venda de um terreno, com uso total do dinheiro para adquirir um imóvel residencial no prazo de seis meses, isenta o contribuinte de pagar IR sobre o ganho de capital.

Pode-se afirmar que:

(A) Apenas a assertiva 1 está correta.

(B) Apenas a assertiva 2 está correta.

(C) As duas assertivas estão corretas.

(D) As duas assertivas estão erradas.

Q4

Em relação à declaração de bens móveis:

(A) Não devem ser declarados.

(B) Devem ser declarados apenas os bens móveis com valor de aquisição a partir da primeira faixa da tabela progressiva, que representava em 2021 R$ 2.500.

(C) Devem ser declarados apenas os bens móveis com valor de aquisição acima de R$ 5.000.

(D) Devem ser declarados apenas os eletrodomésticos com valor acima de R$ 5.000.

(E) Os computadores devem ser declarados, mas apenas se o valor da aquisição for acima de R$ 10.000.

Q5

Analise as assertivas a seguir em relação ao ganho de capital na venda de imóveis:

1. Não há ganho de capital tributável na venda de imóveis de pequeno valor, desde que sejam vendidos por até R$ 35 mil. Então, por exemplo, se uma pessoa física vender um imóvel registrado em sua declaração por R$ 20 mil por R$ 36 mil, terá que pagar IR sobre o ganho de capital de R$ 16 mil, que daria R$ 2.400. Contudo, se reduzir o preço de venda para R$ 35 mil, terá isenção total do IR.
2. O contribuinte que utilizar integralmente os recursos recebidos na venda de imóveis residenciais para compra de outros imóveis residenciais no prazo de 180 dias estará isento do pagamento de IR sobre ganho de capital.

Pode-se afirmar que:

(A) Apenas a assertiva 1 está correta.

(B) Apenas a assertiva 2 está correta.

(C) As duas assertivas estão corretas.

(D) As duas assertivas estão erradas.

Q6

Admita que uma pessoa física faça a venda de um imóvel por R$ 800 mil em JAN/2021. O imóvel estava registrado na sua declaração por R$ 300 mil. O fator de redução (FR1 e FR2) montou a 0,60. A pessoa física comprou outro imóvel em MAI/2021 por R$ 400 mil.

Considerando os dados informados, em relação ao ganho de capital é possível afirmar que a pessoa física:

(A) Não apurou ganho de capital, já que usou parte do dinheiro para comprar outro imóvel no prazo de seis meses.

(B) Apurou ganho de capital, pagando R$ 9.000.

(C) Apurou ganho de capital, pagando R$ 15.000.

(D) Apurou ganho de capital, pagando R$ 22.500.

(E) Apurou ganho de capital, pagando R$ 45.000.

Q7

Admita que uma pessoa física tenha 1.100 ações de uma mesma empresa registrada na sua declaração por R$ 44 mil (R$ 40/ação). Considerando que esta pessoa física venda as ações no mercado de balcão da seguinte forma, durante o ano de 2022:

- 300 ações por R$ 64 cada = R$ 19.200 em SET/2022.
- 300 ações por R$ 69 cada = R$ 20.700 em OUT/2022.
- 500 ações por R$ 76 cada = R$ 38.000 em NOV/2022.

O ganho de capital tributável apurado pela pessoa física no ano-calendário 2022 montou a:

(A) R$ 33.900.

(B) R$ 26.700.

(C) R$ 18.000.

(D) R$ 7.200.

(E) R$ 4.005.

Q8

A venda de moedas estrangeiras é isenta até o limite de:

(A) 5 mil dólares norte-americanos.

(B) 5 mil euros.

(C) 5 mil reais.

(D) 20 mil reais.

(E) 35 mil reais.

Q9

Na operação com o único imóvel do contribuinte, em um intervalo de cinco anos, há isenção para venda:

(A) De valor até R$ 200 mil.

(B) De valor até R$ 440 mil.

(C) De valor até R$ 500 mil.

(D) Com ganho de capital até R$ 200 mil.

(E) Com ganho de capital até R$ 440 mil.

Q10

A partir de 2017, a alíquota de IR sobre ganho de capital na venda de imóveis passa a ser de:

(A) 15% para as vendas de imóveis até R$ 1 milhão, aumentando conforme aumenta o valor da venda.

(B) 15% para as vendas de imóveis até R$ 5 milhões, aumentando conforme aumenta o valor da venda.

(C) Entre 15% e 25%, dependendo do valor da venda, sendo a alíquota máxima aplicada nas vendas acima de R$ 30 milhões.

(D) Entre 15% e 22,5%, dependendo do valor da venda, sendo a alíquota máxima aplicada nos ganhos de capital acima de R$ 20 milhões.

(E) Entre 15% e 22,5%, dependendo do valor da venda, sendo a alíquota máxima aplicada nos ganhos de capital acima de R$ 30 milhões.

O Gabarito das questões está disponível no final do livro, após o Anexo.

Anexo

O NOVO LUCRO REAL DA RFB E A RASTREABILIDADE: INTEGRANDO CONTABILIDADE E FISCO

Aspectos introdutórios

A contabilidade brasileira foi profundamente modificada na virada da primeira década deste século, com objetivo de integração com a contabilidade internacional, por meio da conversão dos documentos emitidos pelos órgãos internacionais de contabilidade nos pronunciamentos emitidos pelo Comitê de Pronunciamentos Contábeis (CPC). A legislação societária referendou a mudança por meio da Lei nº 11.638/2007, que alterou a Lei nº 6.404/76, modernizando a parte contábil da famosa (e antiga) lei contábil-societária que entrou em vigor no final dos anos 1970.

A contabilidade feita pelas empresas domiciliadas no Brasil sempre foi muito influenciada pelos aspectos fiscais. O melhor exemplo disso é o registro contábil da depreciação, que sempre foi feito pelos prazos determinados pelo Fisco, a despeito do prazo efetivo de vida útil ser bem diferente do prazo fiscal na maioria dos bens. Tem empresa que não calcula suas perdas estimadas de crédito até os dias atuais simplesmente pelo fato de não ter dedução fiscal.

A Receita Federal do Brasil (RFB) sempre utilizou a contabilidade como base inicial para apuração do resultado tributável das empresas. Logicamente, apesar de ser o ponto de partida, não é o resultado contábil que funciona como base de cálculo para pagamento de imposto de renda (IR) e contribuição social (CSLL), sendo realizados ajustes, conhecidos como adições e exclusões ao lucro líquido, que transformam um resultado contábil-societário em um resultado eminentemente fiscal.

Tributação sobre o lucro: definição e conceito

A tributação sobre o lucro, embora tenha como objetivo retirar (para o governo) uma parcela específica do resultado positivo auferido pelas entidades empresariais, não acontece exatamente sobre aqueles valores extraídos da contabilidade. E o lucro apurado na contabilidade é o resultado efetivamente gerado por uma empresa.

No entanto, a legislação fiscal, controlada e acompanhada pela RFB (também chamada de Fisco), não reconhece exatamente o lucro apurado na contabilidade para encontrar a base para cobrar seus tributos.

O Fisco parte do resultado contábil para chegar ao resultado fiscal e, com base nesse resultado fiscal, cobrar seus tributos (IR e CSLL), quando positivo (lucro). O Fisco, então, tem seu resultado composto pelas receitas tributáveis (exigidas pelo Fisco) menos as despesas dedutíveis (aceitas pelo Fisco).

Portanto, lucro fiscal (denominado pela legislação como lucro real para fins de IR) é o lucro líquido ajustado pelas adições e exclusões, para deixar o resultado subjetivo apresentado pela empresa em sua contabilidade em um resultado fiscal, apurado de forma objetiva pelo Fisco (Figura A.1).

A RFB e as dificuldades na integração da legislação tributária com a contabilidade moderna

No Brasil, tivemos um longo período de transição (2008 a 2014) no regime tributário, quando convivemos com duas contabilidades (societária e fiscal) integradas pelo FCONT, base do Regime Tributário de Transição (RTT). A partir de JAN/2015, todas as empresas brasileiras tributadas pelo lucro real ou pelo lucro presumido passaram a fazer sua contabilidade aplicando a Lei nº 6.404/76, consolidada com as alterações das Leis nº 11.638/2007 e nº 11.941/2009, com a integração, no que for específico, da Lei nº 12.973/2014.

Embora já esteja prescrito, caso seja necessário conhecer os detalhes do período de transição da contabilidade societária antiga para o modelo moderno, incluindo a aplicação do RTT, recomendo a leitura do Capítulo 6 da edição anterior do livro, disponível nos materiais suplementares da obra.

A própria Lei nº 12.973/2014 trouxe importante dispositivo (art. 58) deixando bem explicado que novas mudanças na contabilidade a partir de 2015 não teriam impacto tributário, até que nova lei tributária regulasse o tema:

> Art. 58. A modificação ou a adoção de métodos e critérios contábeis, por meio de atos administrativos emitidos com base em competência atribuída em lei comercial, que sejam posteriores à publicação desta Lei, não terá implicação na apuração dos tributos federais até que lei tributária regule a matéria.

Assim, a RFB esperava que as mudanças na contabilidade fossem reduzidas a partir de então, o que não aconteceu. As mudanças no tratamento contábil dos instrumentos financeiros (IFRS 9), nas receitas (IFRS 15) e dos arrendamentos mercantis (IFRS 16) retratam bem a voracidade dos reguladores dos órgãos ligados à contabilidade, trazendo ainda mais subjetividade aos números apresentados no resultado das empresas brasileiras. A RFB vem realizando, desde 2015, estudos integrados com a classe contábil e empresarial, com objetivo de compreender as mudanças e integrá-las com a legislação tributária federal. E vem tentando, dentro do possível, adaptar os normativos, principalmente em relação à apuração das bases de cálculo de imposto de renda e contribuição social sobre o lucro líquido. Contudo, percebeu que tal integração será muito difícil de ser realizada na prática, por conta da enorme subjetividade no reconhecimento contábil de receitas e despesas. A contabilidade precisa de regras subjetivas para mensurar com segurança técnica o resultado obtido por uma

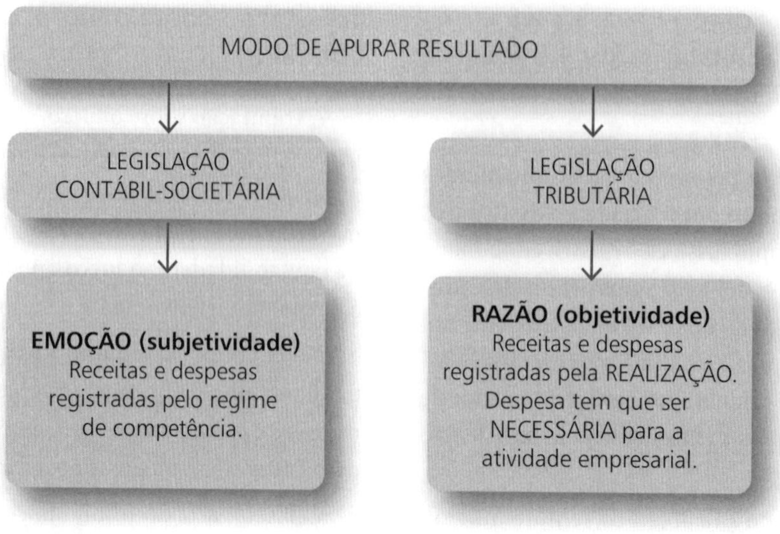

FIGURA A.1

empresa, necessitando de estimativas, que naturalmente carregam elevado grau de imprecisão. Por outro lado, o Fisco não tem como reconhecer tais estimativas, ora criando regras objetivas (com nítida interferência na contabilidade) para dedução de despesas e tributação de receitas, ora simplesmente considerando a transação empresarial finalizada para reconhecer seu resultado.

Segundo informações da RFB, dos ajustes (adições e exclusões) realizados pelas empresas tributadas pelo lucro real nos últimos anos, quase 2/3 são originadas a partir da nova contabilidade aplicada no Brasil a partir de 2010, ou seja, com base em regras internacionais (IFRS). Aqueles ajustes tradicionais, como brindes, doações, multas e resultado de participação em controladas e coligadas avaliadas pelo método de equivalência patrimonial, representam em torno de 35% do total de ajustes. Com isso, para que a apuração das bases de cálculo de IR e CSLL não saia do controle do órgão fiscal e acarrete enormes litígios tributários, torna-se necessário fazer um ajuste no processo de apuração atual.

A Tabela A.1, elaborada pela RFB, mostra os números.

TABELA A.1 Ajustes no LALUR – Anexos I e II da IN RFB nº 1.700/2017

ELEMENTOS	TOTAIS PREVISTOS NOS ANEXOS I E II	DECORRENTES DOS NOVOS CRITÉRIOS CONTÁBEIS	
ADIÇÕES	202	120	60%
EXCLUSÕES	144	96	67%
TOTAL	346	216	63%

Fonte: RFB.

Para consolidar o entendimento, o Quadro 1 sintetiza um pouco tal situação, em quatro eventos, demonstrados no Quadro A.1.

Por essas quatro e muitas outras situações que a RFB preparou uma nova forma de apurar o resultado tributável nas empresas e que iremos apresentar na sequência.

A proposta da RFB para o novo lucro real

A partir do segundo semestre de 2019, a Receita Federal do Brasil (RFB) começou a apresentar para o

QUADRO A.1

EVENTO	TRATAMENTO CONTÁBIL	TRATAMENTO FISCAL
Ajuste a valor presente (AVP)	Empresa calcula, com critério próprio, um valor presente para seus ativos e passivos adquiridos com pagamento em prazo superior a 12 meses. Com isso, surge uma receita/despesa financeira por conta deste AVP e que deve ser distribuída entre o período da compra/venda.	A RFB não tem condições técnicas para permitir o reconhecimento do AVP calculado de forma individual em cada empresa, e não faz sentido estabelecer regra para registro contábil do AVP e interferir na escrituração contábil.
Perdas estimadas de bens e direitos	Cada empresa reconhece uma perda estimada sobre seus ativos, com base em critério próprio, que deve refletir a expectativa de retorno deles em função do seu uso ou por possível venda.	Não há como validar cada critério individual, impedindo a permissão de dedução da despesa estimada apurada por cada entidade empresarial. Assim, a RFB somente permite a dedução da perda quando efetivamente realizada, a partir de critérios determinados em lei.
Depreciação dos bens do imobilizado	Empresa estima o prazo de vida útil dos seus bens, com critério próprio, e reconhece a despesa na contabilidade, eventualmente deixando saldo residual para possível venda do bem ao final do uso.	Não há como "validar" o critério individual de cada empresa, sendo utilizado um prazo padrão, que deve ser seguido por todas as empresas, que devem/podem fazer adições ou exclusões, considerando a despesa pelo prazo fiscal e pelo método linear.
Arrendamento mercantil de impressoras e copiadoras	Traz o bem a valor presente, calculado por critério próprio, reconhecendo duas despesas ao longo do prazo de uso do bem arrendado: 1. depreciação, pelo prazo de vida útil do bem; e 2. juros, pelo prazo de duração dos pagamentos.	Entende que a transação empresarial originou uma operação de arrendamento mercantil, que será considerada como despesa e deduzida das bases de IR e CSLL conforme cada pagamento realizado.

Fonte: O autor.

"mercado" suas propostas para o novo lucro real, com objetivo de simplificar o processo de apuração das bases de cálculo do imposto de renda e contribuição social sobre o lucro líquido e, logicamente, minimizar litígios tributários.

A proposta consiste em modificar o ponto de partida da apuração do lucro real, desvinculando-o do lucro líquido apresentado na escrituração contábil. A proposta se ampara em dois argumentos principais:

1. Mitigar influências das normas contábeis nas tributárias ou vice-versa, já que o principal objetivo da contabilidade é fornecer informações úteis às tomadas de decisões econômicas com foco no investidor.
2. Reduzir ou eliminar a necessidade de alterações das regras tributárias a cada alteração de normas contábeis.

Como o IFRS tem uma lista de alterações a fazer na normatização contábil e o CPC deve referendá-las, caberia à RFB a árdua tarefa de acompanhar tais mudanças e propor alterações na legislação tributária para fazer a integração nas bases dos tributos federais. As últimas tentativas do órgão federal, resumidas nas instruções normativas nº 1.700/2017, nº 1.771/2017, nº 1.753/2017, nº 1.881/2019 e nº 1.889/2019, sinalizam as dificuldades e os riscos que seriam a sequência de novas regulamentações.

Com base no exposto, as justificativas da RFB para apresentação de um novo caminho encontram amparo na realidade contábil-tributária dos últimos anos. Mas a proposta, como toda proposta que altere significativamente algo tão profundo como a tributação sobre o lucro das empresas, merece atenção e intenso debate. A construção tem como base a ideia de que a apuração de um "resultado fiscal", desvinculado dos livros contábeis, simplificaria os procedimentos para apuração das bases de IRPJ e CSLL, eliminando adições e exclusões (ajustes ao lucro líquido para fins de apuração do lucro real). Assim, o resultado fiscal seria composto por receitas fiscais subtraídas de deduções fiscais. A ideia será resumida a seguir:

1. As receitas fiscais incluiriam a receita bruta, rendimentos, ganhos e lucros, e as despesas seriam as usuais, normais e comprovadas, respeitando-se o princípio da competência, com critérios objetivos de apuração.
2. O período de apuração passaria a ser trimestral, mas a compensação de bases negativas (IRPJ e CSLL) dentro do ano não estaria limitada a 30% do lucro tributável. Assim, uma empresa que apresentasse um prejuízo fiscal de R$ 100 em cada um dos três primeiros trimestres e registrasse um lucro fiscal de R$ 250 no último trimestre nada pagaria de IR e CSLL, terminando o ano com saldo de R$ 50 de prejuízo fiscal para compensar nos anos seguintes. Até o ano de 2021 (pelo menos), para quem optasse pelo lucro real trimestral, tal fato não acontecia, tendo a empresa que deduzir prejuízos fiscais de apenas R$ 75 (30% de 250) no quarto trimestre, pagando IR e CSLL sobre R$ 175 (250 – 75). Assim, deixaria de existir a apuração mensal em bases estimadas, sendo toda a apuração do IR e CSLL pelo lucro real trimestral. Aqui parece que temos um significativo ganho de simplificação e que foi confirmado no Projeto de Lei nº 2.337/2021, aprovado na Câmara dos Deputados em setembro de 2021 e, infelizmente, não confirmado pelo Senado Federal.
3. Na atividade industrial, os custos de produção seriam apurados de forma simplificada, considerando como despesas dedutíveis os gastos com o estoque de matéria-prima utilizado na produção e o custo da mão de obra direta. Aqueles gastos sujeitos a rateio passariam a ser considerados diretamente como dedução fiscal. Não seria mais apurado o custo dos produtos vendidos (CPV) conforme o modelo atual, ou seja, pelo critério do custeio por absorção. Todo o valor utilizado de matéria-prima seria considerado como despesa fiscal, mesmo que a empresa produzisse 10 unidades e vendesse apenas três ou quatro.
4. Os estoques e o imobilizado passariam a ser reconhecidos, fiscalmente falando, pelo valor total de compra, sem destaque de tributos a recuperar. Com isso, os impostos e contribuições sobre a receita (ICMS, PIS e COFINS) passam a ser deduzidos conforme o pagamento. Aqui acredito que o pagamento citado no material da RFB seja considerado no mês da apuração, e não do efetivo desembolso.
5. Bens adquiridos de até R$ 5 mil seriam deduzidos por ocasião da compra. Gastos com reparo e manutenção dedutíveis, exceto se representarem mais de 10% do saldo do bem.
6. Cálculo do ganho/perda de capital considerando apenas custo de aquisição, sem incluir os registros de equivalência patrimonial. Aqui me parece que poderá ter aumento de base em caso de venda de participação societária, caso

a empresa controlada/coligada apresente resultado positivo durante o período de controle.

7. O ágio/deságio na compra passa a ser dedutível/tributável em 20 anos, sem vinculação com reorganização societária.
8. A dedução do uso dos bens do ativo imobilizado passa a ser feita por uma "realização" sobre o valor fiscal do ativo, mais ou menos como é hoje, pela dedução pelas taxas fiscais definidas na IN RFB nº 1.700/2017.

Na primeira análise, parece que tudo ficará mais fácil, mas os exemplos numéricos dados nos eventos e palestras pareceram extremamente simples, sem os detalhes e a complexidade do dia a dia. Além disso, há preocupação na desvalorização da informação contábil, já que, na prática, haverá a apresentação de uma nova demonstração: a demonstração do resultado fiscal (DRF). Como fazer a apuração completa do custo de produção se o Fisco aceita a dedução de gastos com matéria-prima e mão de obra de forma direta?

Não há detalhes da proposta, mas pelas apresentações disponibilizadas e pelo que foi explicado em alguns eventos, parece ser um bom caminho o seguido pela RFB diante do aumento da subjetividade nas informações contábeis, refletido a cada mudança nos pronunciamentos emitidos pelo CPC. Porém, entendo ser fundamental fazer essa integração a partir da informação contábil. E a RFB tem condições técnicas de providenciar tal integração, já que dispõe de todas as informações recebidas pelas empresas tributadas pelo lucro real, além de qualificada e competente equipe técnica. Por isso, gostaria de apresentar, a seguir, uma pequena contribuição para que possa ser feita uma completa rastreabilidade contábil, extraindo da escrituração contábil digital (ECD) todos os dados necessários para fazer a apuração automática das bases de IR e CSLL, como é a ideia original da RFB. Vamos tentar, por meio de exemplos numéricos, contribuir com esse momento relevante da integração contábil-tributária no Brasil.

Ajuste na proposta da RFB de simplificar a apuração do IRPJ/CSLL incluindo a aplicação do critério da rastreabilidade

A ideia seria continuar fazendo a apuração das bases de IR e CSLL a partir do resultado apresentado na contabilidade da empresa. Todavia, essa contabilidade precisaria ser AJUSTADA, de modo a deixar o processo integralmente RASTREADO. Veja o caminho a seguir:

1. Reorganizar o plano de contas referencial, incluindo um dispositivo determinando que todas as contas de resultado que, hoje, recebem registro contábil sejam transformadas em contas sintéticas, passando a contar, automaticamente, com quatro subcontas de controle:
   a) Conta nº 1 – receita tributável ou despesa dedutível.
   b) Conta nº 2 – adição ou exclusão de natureza temporária, dependendo da posição da conta: se registro devedor, adição. Se registro credor, exclusão.
   c) Conta nº 3 – adição ou exclusão de natureza permanente ou definitiva. Aqui o registro devedor será sempre uma despesa indedutível, enquanto uma receita não tributável representará o registro contábil credor.
   d) Conta nº 4 – algumas contas passariam a ter esse número e não integrariam o resultado contábil (DRE), fazendo parte apenas do resultado fiscal. Seria pouco utilizada, em um primeiro momento apenas na atividade industrial.
2. Dessa forma, teríamos a RASTREABILIDADE completa no plano de contas das empresas, sendo todas elas obrigadas a seguir esse modelo de plano de contas nos seus documentos internos (ou no modelo DE... PARA). Assim, as contas nº 2 e nº 3 seriam capturadas apenas pela escrituração contábil da empresa, não integrando seu resultado fiscal. Não existiriam mais ajustes a partir de contas patrimoniais ou controles paralelos, em planilhas, por exemplo. E o "mapeamento" citado nas apresentações e palestras da RFB seria feito diretamente na ECD, de forma simples e direta.
3. Portanto, a DRF seria obtida por meio da utilização APENAS das contas nº 1, aquelas que são consideradas tributáveis/dedutíveis e, eventualmente, de contas nº 4, obtidas de forma extracontábil (conforme modelo similar ao utilizado pelo Banco Central do Brasil nas suas contas de compensação). Assim, a DRF seria extraída da DRE, considerando somente as contas tributáveis e dedutíveis (nº 1 e nº 4). E a DRE teria apenas as contas nº 1, nº 2 e nº 3.
4. Portanto, não haveria necessidade de LALUR para controle fiscal de adições e exclusões temporárias e teríamos a DRE e a DRF convivendo em conjunto, conforme parece ser a ideia da RFB.

5. Para explicar e fundamentar a RASTREABILIDADE, serão apresentados exemplos numéricos a seguir, adaptados dos capítulos da Parte IV deste livro.

Exemplo dado pela RFB

Em evento promovido pela Associação Brasileira de Direito Financeiro (ABDF) e pelo INSPER no dia 17 de outubro de 2019, cujo vídeo pode ser acessado no YouTube,[1] a RFB debateu o tema com especialistas do direito tributário e da contabilidade. E fez uma apresentação numérica, para explicar como seria o novo lucro real. De forma resumida, será apresentado o exemplo dado pela RFB e como ficaria a DRF.

A Cia. Z, no modelo atual, já considerando a aplicação do CPC nº 06, apresenta no mês apenas cinco registros referentes três despesas na sua contabilidade, sendo que três desses cinco registros têm convergência entre o registro da empresa na sua contabilidade (Posição contábil-societária – PCS) e o registro considerado pela Receita Federal do Brasil (Posição fiscal – PF):

- Despesa de depreciação de R$ 1.000 (PCS = PF).
- Despesas financeiras de R$ 300 (PCS = PF).
- Despesa de aluguel de R$ 30 (PCS = PF).
- Despesa de depreciação CPC nº 06 de R$ 500 (PCS ≠ PF, já que o Fisco não aceita a despesa como dedutível).
- Despesa financeira CPC nº 06 de R$ 20 (PCS ≠ PF, já que o Fisco não aceita a despesa como dedutível).
- **DESPESA TOTAL DA CIA. Z = R$ 1.850 (1.000 + 300 + 30 + 500 + 20)**

Nesse caso, os três primeiros registros seriam feitos na conta nº 1 (dedutível), enquanto os dois finais (R$ 500 e R$ 20) estariam classificados na conta nº 2 (não dedutível – diferença temporária).

Porém, seria necessário que a empresa efetuasse a RASTREABILIDADE no reconhecimento do pagamento do aluguel (R$ 570) conforme normas do CPC nº 06. Assim, a empresa efetuaria dois registros contábeis em relação ao aluguel, a saber:

Débito: Despesa de aluguel (1) ➔	DESPESA DEDUTÍVEL
Crédito: Caixa	R$ 570
Débito: Financiamento a pagar	
Crédito: Despesa de aluguel (2)	R$ 570 ➔ VALOR DESCONSIDERADO NA DRF

[1] Disponível em: https://www.youtube.com/watch?v=8LFCgB3SkP8. Acesso em: nov. 2021.

Assim, a contabilidade ficaria completa e as bases do IRPJ/CSLL também, conforme DRE e DRF demonstradas na Tabela A.2.

Observem que a empresa na sua contabilidade e o Fisco divergem do tratamento do aluguel de 570. Assim:

- A empresa entende ter despesa de depreciação (500) e despesa de juros (20), totalizando R$ 520.
- A RFB entende ter despesa de aluguel de 570.

Portanto, em vez de ter que controlar adições e exclusões, a RFB já consideraria o valor de R$ 1.900 como prejuízo do período.

A seguir, serão apresentados outros exemplos numéricos, ilustrando como seria a aplicação prática desse critério da rastreabilidade integrado na ideia da RFB.

Provisão para garantia

A Cia. Roda vende bens de consumo duráveis, com garantia dada aos clientes de **um ano** a partir das vendas realizadas em 2021. Para fins (simplesmente) didáticos, vamos considerar que a estimativa de gastos com garantia é anual, com o mesmo desembolso mensal esperado. Veja a orientação em relação aos registros contábeis no primeiro trimestre do ano.

JANEIRO

PROVISÃO:

DEB: Despesa de garantia (2)

CRED: Provisão para garantia 120

A Cia. Roda estimou o risco de pagar garantias no valor de R$ 120 nos próximos 12 meses. Despesa indedutível, controlada pela empresa em livro similar à Parte B do LALUR para fins de cálculo e controle dos ativos e passivos fiscais diferidos.

FEVEREIRO

BAIXA DA PROVISÃO:

DEB: Provisão para garantia

CRED: Despesa de garantia (2) 120

Baixa da garantia do mês anterior. Não seria estorno, mas apenas eliminar o registro anterior, para deixar todo o pagamento do mês reconhecido em despesa e rastreado pela escrituração contábil.

PAGAMENTO DO MÊS:

DEB: Despesa de garantia (1) 8

CRED: Caixa

TABELA A.2

DRE (CONTABILIDADE)		DRF (FISCAL)	
Despesa de depreciação (1)	(1.000)	Despesa de depreciação	(1.000)
Despesa financeira (1)	(300)	Despesa financeira	(300)
Despesa de aluguel (1)	(600)	Despesa de aluguel	(600)
Despesa de depreciação (2)	(500)		
Despesa financeira (2)	(20)		
Despesa de aluguel (2)	570		
LUCRO ANTES DO IR	(1.850)	BASE DO IRPJ/CSLL	(1.900)

Fonte: Resultado apresentado pela RFB no Evento INSPER, ajustado pelo autor do artigo.

Valor desembolsado no mês referente à garantia. Observe que, fazendo conta linear, a Cia. Roda estimou gastar R$ 10 por mês e pagou apenas R$ 8.

PROVISÃO:

DEB: Despesa de garantia (2) 108

CRED: Provisão para garantia

A Cia. Roda estimou o risco de pagar garantias no valor de R$ 108 nos próximos 12 meses (média de R$ 9/mês).

MARÇO

BAIXA DA PROVISÃO:

DEB: Provisão para garantia

CRED: Despesa de garantia (2) 108 ➔ Exclusão

Baixa da garantia do mês anterior. Não seria estorno, mas apenas eliminar o registro anterior, para deixar todo o pagamento do mês reconhecido em despesa e rastreado pela escrituração contábil.

PAGAMENTO DO MÊS:

DEB: Despesa de garantia (1) ➔ Dedutível

CRED: Caixa 11

Valor desembolsado no mês referente à garantia. Observe que, fazendo conta linear, a Cia. Roda estimou gastar R$ 9 por mês e pagou um pouco mais, R$ 11.

PROVISÃO:

DEB: Despesa de garantia (2)

CRED: Provisão para garantia 144

A Cia. Roda estimou o risco de pagar garantias no valor de R$ 144 (média de R$ 12/mês) nos próximos 12 meses.

Assim, o processo fica automatizado e, apesar de não parecer, bem mais simples. Apenas para compreender o que aconteceu: a Cia. Roda estimou um gasto mensal com garantia de R$ 10 em JAN/2021. No entanto, em FEV/2021 gastou R$ 8 e achou o valor baixo, sendo o primeiro mês da concessão da garantia dos automóveis vendidos em JAN/2021. Por isso, reduziu sua provisão para R$ 108 (média de R$ 9/mês). Os gastos aumentaram em MAR/2021 (pagou R$ 11), fazendo a empresa aumentar sua provisão para R$ 144, com média de R$ 12/mês (todos os valores hipotéticos).

Apenas para explicar como é mais trabalhoso, hoje, o controle sem a rastreabilidade, caso a Cia. Roda optasse por reconhecer os pagamentos sendo debitados da conta de passivo, o registro de provisão seria feito da seguinte forma:

- JAN/2018 – Despesa de R$ 120. Sem pagamento. Adição de R$ 120.
- FEV/2018 – Pagamento de R$ 8. Despesa credora de R$ 4, reduzindo a provisão para R$ 108. Nesse caso, a exclusão líquida seria de R$ 12 e teria que ser reconhecida pela variação da conta no passivo (cairia de R$ 120 para R$ 108).
- MAR/2018 – Pagamento de R$ 11. Despesa de R$ 47, complementando a provisão para R$ 144. Nesse caso, a adição líquida seria de R$ 36 e teria que ser reconhecida pela variação da conta no passivo (de R$ 108 para R$ 144).

Dá para fazer o ajuste pela conta do passivo, como é feito atualmente na maioria das empresas, mas recomenda-se fazer isso diretamente no resultado. A percepção é que o trabalho fica mais transparente e integrado. A (boa) ideia da RFB de criar a DRF resolve isso, pois acaba com o LALUR como livro fiscal, permitindo a empresa manter a Parte B do livro para controlar suas adições temporárias e, com isso, produzir os adequados registros contábeis em ativos e passivos fiscais diferidos.

Talvez seja necessário manter algum livro ou controle em relação aos prejuízos fiscais apurados anualmente e sua respectiva compensação futura.

Arrendamento mercantil

Nas operações de arrendamento mercantil, há importante e complexa divergência para ser tratada na escrituração contábil e na apuração dos tributos sobre o lucro. Veja o exemplo didático a seguir:

Uma empresa adquire, em JAN/x1, uma impressora via arrendamento mercantil financeiro, com os seguintes detalhes:

- A impressora tem valor total de R$ 5.040, sendo 48 parcelas mensais de R$ 100, com a primeira parcela em JAN/x1 e última vencendo em DEZ/x4. A empresa, para ficar definitivamente com o bem, deverá exercer a opção de compra ao final, pagando mais R$ 240, até o final de JAN/x5.
- O valor presente da impressora, em JAN/x1, monta R$ 4.560.
- O prazo estimado de vida útil do bem é de cinco anos e ele será doado ao final do seu uso.
- Para simplificar, os juros (R$ 480) serão apropriados de forma linear.

Vamos aos registros contábeis e o fundamento legal para cada um dos ajustes nas bases de IR + CSLL, já aplicando a proposta de RASTREABILIDADE INTEGRAL na contabilidade da empresa. Inicialmente, será registrada a aquisição do bem.

NA AQUISIÇÃO, EM JAN/X1:

DEB: Imobilizado	4.560
DEB: Juros a apropriar (AVP)	480
CRED: Financiamento a pagar	5.040

O financiamento a pagar fica reconhecido pelo valor total que será pago (48 × 100 + 240), enquanto o valor de R$ 4.560 seria aquele do dia da compra, que foi trazida a valor presente. A diferença de R$ 480 (5.040 – 4.560) representa a parcela de juros, que deve ser apropriada em resultado pelo prazo de pagamento (quatro anos) e que, para fins de simplificação, será feita de forma linear.

REGISTROS MENSAIS, ENTRE JAN/X1 A DEZ/X4:

DEB: Despesa de depreciação (2)	(inciso VIII do art. 13 da Lei nº 9.249/95).
CRED: Depreciação acumulada	76
DEB: Despesa de juros (2)	(art. 48 da Lei nº 12.973/2014).
CRED: Juros a apropriar (AVP)	10
DEB: Financiamento a pagar	
CRED: Desp. de arrendamento (2)	100 (art. 47 da Lei nº 12.973/2014).
DEB: Desp. de arrendamento (1)	(art. 47 da Lei nº 12.973/2014).
CRED: Caixa	100

Os ajustes citados (2) entrarão na DRE (contábil), mas não irão fazer parte da DRF (fiscal). Como são ajustes temporários, seriam controlados pela empresa, em uma mesma ficha (termo antigo, oriundo da Parte B do LALUR), pois fazem parte do mesmo tema (arrendamento mercantil) e iriam auxiliar a "VOLTA" a partir de JAN/x5, assim como auxiliariam o reconhecimento de ativos e passivos fiscais diferidos. Veja como ficaria a ficha ao final dos quatro anos de uso:

- 48 exclusões de 100, totalizando R$ 4.800.
- 48 adições de 76, totalizando R$ 3.648.
- 48 adições de 10, totalizando R$ 480.
- TOTAL LÍQUIDO de 48 exclusões de 14 (100 – 76 – 10) ➔ 672

REGISTRO DO PAGAMENTO DA OPÇÃO DE COMPRA, EM JAN/X5:

DEB: Financiamento a pagar		
CRED: Desp. de arrendamento (2)	240	(art. 47 da Lei nº 12.973/2014).
DEB: Desp. de arrendamento (1)		(art. 47 da Lei nº 12.973/2014).
CRED: Caixa	240	

Assim, o saldo do livro contábil que substituiria a Parte B do LALUR (ou a manutenção do próprio, como livro contábil de apoio) passou a ser de R$ 912 (672 + 240).

Como ainda falta um ano de uso do bem, teremos que reconhecer a depreciação.

REGISTRO DA DESPESA (MENSAL) DE DEPRECIAÇÃO DE JAN/X5 A DEZ/X5:

DEB: Despesa de depreciação (2)	(inciso VIII do art. 13 da Lei nº 9.249/95).
CRED: Depreciação acumulada	76

Portanto, fazendo as 12 adições de R$ 76, baixamos o saldo de R$ 912 (76 × 12) do livro contábil de apoio (ou da Parte B do bom e velho LALUR).

Para ilustrar a ideia da RFB, veja mais adiante a DRE e a DRF entre x1 e x5, na Tabela A.3.

Observe que DRE e DRF chegaram ao mesmo resultado no conjunto dos cinco anos (x1 a x5), mas por caminhos diferentes.

Juros sobre capital próprio

A mesma situação se aplica ao pagamento de juros sobre capital próprio, valor que é dedutível (seguindo os limites definidos em lei) mas não passa, a princípio, pelo resultado. Então, o registro contábil seria o seguinte:

EMPRESA QUE FAZ O PAGAMENTO DE JUROS SOBRE CAPITAL PRÓPRIO

DEB: Despesa de JCP (1) ➔ Dedutível

CRED: JCP a pagar (ou caixa)

DEB: Lucros acumulados

CRED: Despesa de JCP (2) ➔ Despesa (positiva) seria retirada da DRF

Se o pagamento fosse realizado a uma pessoa jurídica, no modelo atual, esta faria o registro sem passar pelo resultado, porém deveria proceder a adição no LALUR do montante recebido. A sugestão seria repetir a rastreabilidade da empresa que realizou o pagamento:

EMPRESA QUE RECEBEU JUROS SOBRE CAPITAL PRÓPRIO

DEB: Receita de JCP (2) ➔ Receita (negativa) seria retirada da DRF

CRED: Investimentos – participação em controladas

DEB: JCP a receber (ou caixa)

CRED: Receita de JCP (1) ➔ Tributável

Depreciação

Veja um caso de depreciação com prazo de vida útil diferente e valor residual, com venda do bem ao final do uso.

A Cia. Mauá Transportes compra um caminhão-guindaste por R$ 100 em JAN/x1, com previsão de uso por cinco anos e estimativa de venda por R$ 10 no final de x5, após seu uso. A IN RFB nº 1.700/2017 define a dedução fiscal em quatro anos, pela taxa anual de 25%, que seria a realização fiscal anual do ativo.

Então, vamos aos registros contábeis, inicialmente nos quatro primeiros anos, entre x1 e x4:

REGISTROS ANUAIS ENTRE X1 E X4:

DEB: Despesa de depreciação (1) (Lei nº 4.506/64, art. 57, § 1º)

CRED: Depreciação acumulada 25

DEB: Depreciação acumulada

CRED: Despesa de depreciação (2) 7 (Lei nº 4.506/64, art. 57, § 15)

Como a estimativa da empresa é vender o bem por R$ 10, a diferença entre R$ 100 e R$ 10 (R$ 90) será submetida a depreciação no prazo de cinco anos. Assim, a despesa líquida de depreciação anual na DRE seria R$ 18, mas totalmente rastreada:

- (+) Despesa de depreciação dedutível (1) de R$ 25. Esta iria para a DRF.
- (–) Despesa de depreciação ajustada (2) de R$ 7. Esse valor não integraria a DRF.

No ano de x5, a depreciação seria reconhecida apenas pelo valor líquido de R$ 18 e totalmente indedutível.

REGISTRO DA DEPRECIAÇÃO (INDEDUTÍVEL) EM X5:

DEB: Despesa de depreciação (2) (Lei nº 4.506/64, art. 57, §§ 6º e 16)

CRED: Depreciação acumulada 18

No final do ano de x5, por ocasião da venda, o registro também seria rastreado e, mesmo que o valor da venda efetiva fosse diferente (e deve ser) daqueles R$ 10 estimados, não haveria qualquer problema. Veja o registro:

TABELA A.3

DRE (CONTABILIDADE)	X1	X2	X3	X4	X5	TOTAL
Desp. de arrendamento mercantil (1)	(1.200)	(1.200)	(1.200)	(1.200)	(240)	(5.040)
Desp. de arrendamento mercantil (2)	1.200	1.200	1.200	1.200	240	5.040
Despesa financeira (2)	(120)	(120)	(120)	(120)	–	(480)
Desp. depreciação (2)	(912)	(912)	(912)	(912)	(912)	(4.560)
LUCRO ANTES DO IR	(1.032)	(1.032)	(1.032)	(1.032)	(912)	(5.040)
DRF (FISCAL)	**2015**	**2016**	**2017**	**2018**	**2019**	**TOTAL**
Desp. de arrendamento mercantil (1)	(1.200)	(1.200)	(1.200)	(1.200)	(240)	(5.040)

REGISTRO DA VENDA (E BAIXA) DO BEM:

DEB: Ganho/perda de capital (2) 10 (Lei nº 4.506/64, art. 57, §§ 6º e 16)

DEB: Depreciação acumulada 90

CRED: Veículos 100

DEB: Caixa

CRED: Ganho/perda de capital (1) 10 (Lei nº 4.506/64, art. 57, §§ 6º e 16)

Veja que tanto faz a venda ter sido realizada pelo valor estimado ou por um valor maior ou menor, a rastreabilidade eliminaria qualquer possibilidade de problema em relação a isso.

Na Tabela A.4, é possível verificar o reflexo das despesas oriundas do uso do bem na DRE e na DRF.

Veja que beleza essas duas demonstrações, atendendo plenamente a ideia da RFB, mas preservando a informação contábil. A contabilidade seria atendida, com números explicando exatamente o que aconteceu na compra do bem, seu uso durante cinco anos e a venda no final do quinto ano (aqui pelo valor estimado). Por outro lado, o Fisco permite a dedução da despesa com o bem adquirido em quatro anos e, por ocasião da venda, incluiria o valor recebido na base daquele ano. Tudo rastreado e resolvido dentro da ECD e cumprindo a boa ideia da RFB de simplificar o processo, eliminando a obrigatoriedade fiscal do LALUR, cuja Parte B passaria a ser utilizada pela empresa apenas para auxiliá-la no controle dos ajustes temporários e do registro contábil dos ativos e passivos fiscais diferidos.

Um exemplo simples (ou complexo?) de indústria

Para fechar a lista dos exemplos numéricos explicativos, vamos à atividade industrial e seus desdobramentos, a partir da sugestão da RFB de colocar diretamente alguns custos dedutíveis de forma mais prática. Por conta dos detalhes que permeiam a contabilidade industrial, iremos partir de um exemplo bem simples, tentando trazer algum refino na sequência, com objetivo de contribuir no entendimento da proposta da RFB, para verificar se a rastreabilidade pode ou não ser utilizada também nesses casos mais complexos. Alegria!

Suponha que a Cia. Beta produza Z, extraído a partir da junção das matérias-primas W e R. Admitindo estoque inicial zero, a Cia. Beta realiza as seguintes operações no mês de janeiro de x1:

1. Compra de 10 unidades de W por R$ 1.000, com 10% de ICMS incluído no preço.
2. Compra de 5 unidades de R por R$ 1.000, com 10% de ICMS incluído no preço.
3. Gastos de mão de obra direta no mês de R$ 400.
4. Gastos gerais de fabricação de R$ 340.
5. Para produzir 20 unidades de Z, a Cia. Beta utilizou 8 unidades de W + 3 unidades de R e todos os gastos gerais de fabricação junto com a mão de obra.
6. A Cia. Beta vendeu todo seu estoque de Z (20 unidades) por R$ 2.800 (R$ 140 cada), com ICMS cobrado de 10% sobre a venda e incluído no preço final de R$ 140 a unidade.

Antes de prosseguir, importante explicar que a RFB propõe para a DRF algumas diferenças em relação ao registro tradicional feito na contabilidade. O estoque será controlado sem destaque do ICMS a recuperar e a despesa de ICMS será reconhecida pelo valor a pagar. Assim, observe na Tabela A.5 a DRE da empresa com três colunas:

- TRADICIONAL, conforme a escrituração padrão feita pelas empresas no Brasil.

TABELA A.4

DRE (CONTABILIDADE)	X1	X2	X3	X4	X5	TOTAL
▪ Despesa de depreciação (1)	(25)	(25)	(25)	(25)	–	(100)
▪ Despesa de depreciação (2)	7	7	7	7	(18)	10
▪ Ganho/perda de capital (1)	–	–	–	–	10	10
▪ Ganho/perda de capital (2)	–	–	–	–	(10)	(10)
LUCRO ANTES DO IR	(18)	(18)	(18)	(18)	(18)	(90)
DRF (FISCAL)	**X1**	**X2**	**X3**	**X4**	**X5**	**SOMA**
▪ Despesa de depreciação (1)	(25)	(25)	(25)	(25)	–	(100)
▪ Ganho/perda de capital (1)	–	–	–	–	10	10
BASES DE CÁLCULO DE IR/CSLL	(25)	(25)	(25)	(25)	10	(90)

- MODERNO, deixando a despesa de ICMS apenas pelo valor que efetivamente pertence à empresa industrial.
- DRF, seguindo o direcionamento da RFB de apresentar um resultado objetivo, para servir de base à apuração das bases de IR e CSLL.

TABELA A.5

CIA. BETA – JAN/X1	DRE	DRE MODERNA*	DRF
RECEITA BRUTA	2.800	2.800	2.800
(–) ICMS – 10%	(280)	(140)	(80)
RECEITA LÍQUIDA	2.520	2.660	2.720
(–) CPV	(2.000)	(2.140)	(2.140)
LUCRO BRUTO	**520**	**520**	**580**
Estoque W	180	200	200
Estoque R	360	400	400
Passivo	–	(60)	–

* Modelo conforme item 10.15.3 do Capítulo 10.

No Quadro A.2, temos as explicações para as diferenças de valores em despesa de ICMS e no custo dos produtos vendidos.

Vamos tentar, agora, proceder aos registros contábeis das operações, rastreando o processo. A rastreabilidade sugerida é importante para que a RFB utilize a informação contábil como base, não perca a essência da DRE, mas aproveite o processo para extrair sua base tributável, com segurança técnica e sem subjetividade.

REGISTRO 1: COMPRA DE 10 UNIDADES DE W

Débito: Estoque de W 900 (R$ 90 a unidade)
Débito: ICMS a recuperar 100 (R$ 10 a unidade)
Crédito: Caixa 1.000 (R$ 100 a unidade)

Débito: Estoque de W (4)
Crédito: Conta transitória (4) 100 (controle extracontábil, para auxiliar a DRF).

Tal registro apresenta o acréscimo no estoque da parcela do imposto que será passível de recuperação, independentemente da futura venda a ser realizada pela Cia. Beta. Esse valor será baixado de forma extracontábil no momento do registro das vendas do produto Z, pois a DRF contempla como despesa de ICMS apenas o valor efetivamente pago. O nº 4 ao lado é apenas para fins de controle, lembrando que o acréscimo na conta de Estoque e essa conta transitória não aparecem no balanço patrimonial da empresa ou na sua DRE.

REGISTRO 2: COMPRA DE 5 UNIDADES DE R

Débito: Estoque de R 900 (R$ 180 a unidade)
Débito: ICMS a recuperar 100 (R$ 20 a unidade)
Crédito: Caixa 1.000 (R$ 200 a unidade)

Débito: Estoque de R (4)
Crédito: Conta transitória (4) 100 (controle extracontábil, para auxiliar a DRF).

Tal registro apresenta o acréscimo no estoque referente a parcela do ICMS que será passível de recuperação, independentemente da futura venda a ser realizada pela Cia. Beta. Esse valor será baixado de forma extracontábil no momento do registro das vendas do produto Z, pois a DRF contempla como despesa de ICMS apenas o valor efetivamente pago. O nº 4 ao lado é apenas para fins de controle.

REGISTROS 3 E 4: MÃO DE OBRA E GGF

Débito: Estoque – mão de obra 400
Débito: Estoque – GGF 340
Crédito: Caixa 740

Os dois valores (mão de obra e gastos gerais de fabricação) integram o processo de produção, sendo colocados na conta de estoque.

REGISTRO 5: PRODUÇÃO DE 20 UNIDADES DE X

Débito: Estoque de Z 2.000 (20 un. sendo R$ 100 cada)
Crédito: Estoque de W 720 (8 un. utilizadas, sendo R$ 90 cada)
Crédito: Estoque de R 540 (3 un. utilizadas, sendo R$ 180 cada)

Crédito: Estoque – mão de obra 400
Crédito: Estoque – GGF 340

Utilizamos oito unidades de W + três unidades de R + o GGF + o trabalho dos empregados (mão de obra). Com isso, foram produzidas 20 unidades de Z.

Débito: Custo dos prod. vendidos (4) 140 (controle extracontábil, p/auxiliar a DRF).
Crédito: Estoque de W (4) 80 (controle extracontábil, p/auxiliar a DRF).
Crédito: Estoque de Z (4) 60 (controle extracontábil, p/ auxiliar a DRF).

QUADRO A.2 Explicação da diferença de tratamento do custo e da despesa de ICMS

DETALHES	TRADICIONAL	MODERNO	DRF
CUSTO DOS PRODUTOS VENDIDOS	Nas duas compras de R$ 2 mil, sai o ICMS de 10% (200), ficando com estoque de R$ 1.800, sendo R$ 900 cada matéria-prima (W e R). Levou para a produção de Z R$ 720 de W (8 unid.) + 540 de R (3 unid.) + mão de obra (R$ 400) + GGF (R$ 340). Como vendeu tudo que produziu de Z, seu CPV seria R$ 2.000 (720 + 540 + 400 + 340). A diferença do CPV para os dois modelos ao lado seria de R$ 140 a menor.	O CPV seria apurado pelo valor da venda menos o valor da compra, retirando as alíquotas do imposto pelo "líquido". Então, as 8 unidades de W (800) + as 3 unidades de R (600) utilizadas para produzir Z, montam 1.400 na compra. Somando mão de obra de R$ 400 e GGF de R$ 340, temos um CPV de R$ 2.140, já que tudo foi vendido.	Sem separar o ICMS na compra, o estoque fica pelo seu valor "cheio", sem destaque dos tributos passíveis de recuperação. Assim, teria R$ 2 mil da compra dos dois itens, sendo levados para a produção de Z os valores de R$ 800 (W) e 600 (Z). Somando o GGF com a mão de obra (R$ 740), teremos um CPV de R$ 2.140, já que a Cia. Beta vendeu todas as suas unidades do produto Z.
DESPESA DE ICMS	Simples, aplica-se a alíquota do ICMS de 10% sobre o valor da venda de R$ 2.800, montando R$ 280.	Despesa apurada pelo "líquido" de vendas – CPV. Assim, a base seria R$ 1.400, sendo 2.800 da venda menos 1.400 da compra das unidades de W (800) e Z (600) utilizadas na produção de Z. Logo, temos ICMS de R$ 140 (10% sobre R$ 1.400).	A despesa com o imposto, pelas apresentações feitas pela RFB, seria o "valor pago" do imposto. Assim, seria reconhecido o valor de R$ 80 como dedução fiscal na DRF.
EXPLICANDO AS DIFERENÇAS	A diferença de R$ 140 no CPV entre os modelos "tradicional" e "moderno" foi ajustada na despesa de ICMS, que ficou "pelo líquido". O encargo efetivo de ICMS da Cia. Beta foi R$ 140, enquanto R$ 280 seria o ICMS devido por toda a cadeia produtiva anterior até a venda realizada pela Cia. Beta. A empresa pagou apenas R$ 80 em vez de R$ 140 pelo fato de ter se apropriado de créditos de ICMS das unidades não vendidas de W (200) e R (400), gerando a diferença de R$ 60 (10% de 600).		A diferença do lucro bruto da DRF para a DRE (tanto faz no modelo tradicional ou moderno) seria de R$ 60, explicada pelos créditos obtidos nas compras das unidades de W e R ainda não vendidas. A DRF elimina o benefício deles no registro contábil.

Tal registro apresenta o uso dos produtos W e R para produção de Z e que são dedutíveis na DRF. Perceba que os valores que estão sendo reconhecidos em CPV se referem exatamente à parcela de ICMS que foi paga na compra desses produtos e que foram separadas pela contabilidade tradicional para a conta de ativo denominada ICMS a RECUPERAR. Assim, transferimos para o CPV dedutível o correspondente a 80% de 100 (R$ 80) do ICMS a Recuperar de W e 60% de 100 (R$ 60) do ICMS a recuperar de R.

REGISTRO 6: VENDA DE 20 UNIDADES DE X

Débito: Caixa

Crédito: Receita bruta (1) 2.800 (20 un. × 140 cada)

Débito: Custo dos produtos vendidos (1)

Crédito: Estoque de X 2.000 (20 un. × 100 cada)

Débito: Despesa de ICMS (1)

Crédito: Crédito: ICMS a pagar 280 (2.800 × alíquota de 10%)

REGISTRO 7: APURAÇÃO DO ICMS E REGISTRO DA DESPESA FISCAL

Débito: ICMS a pagar

Crédito: ICMS a recuperar 200

Zeramos a conta de ICMS a recuperar e deixamos o ICMS a pagar pelo saldo líquido de R$ 80 (280 – 200). O mesmo valor de 200 será ajustado em registro extracontábil a seguir.

Débito: Conta transitória (4)

Crédito: Despesa de ICMS (4) 200

Esse registro é relevante, pois ele irá trazer equilíbrio ao resultado fiscal. Trata-se da baixa do registro inicial na conta transitória, referente às compras de W e de R. A contrapartida será a redução na despesa de ICMS, com objetivo de deixá-la pelo líquido a pagar, conforme orientações da RFB. Reiterando que essas contas, de nº 4, são extracontábeis, não impactando a DRE ou o balanço patrimonial da Cia. Beta.

TABELA A.6

CIA. BETA JAN/X1	DRE	DRF	DIFERENÇAS
RECEITA BRUTA	2.800	2.800	Não há.
(–) ICMS – 10%	(280)	(80)	Na DRE, a despesa de ICMS é calculada sobre a receita bruta, enquanto na DRF fica pelo valor que será desembolsado diretamente pela empresa.
RECEITA LÍQUIDA	2.520	2.720	
(–) CPV	(2.000)	(2.140)	Na DRF, entram no custo o valor do ICMS a Recuperar reconhecido nas compras das matérias-primas W e R e que ainda não foram vendidas (R$ 60). Por isso, a diferença não recupera o valor de R$ 200 a mais registrado na receita líquida.
LUCRO BRUTO	**520**	**580**	A DRF apresenta, no caso, um LUCRO MAIOR que aquele apurado na escrituração contábil (DRE). O motivo foi o tratamento fiscal de não mais controlar o estoque pelo valor líquido do imposto. Com isso, aquele "crédito fiscal", do estoque ainda não vendido, que continua sendo reconhecido na contabilidade, não é mais aceito pela regra fiscal. Perceba que a diferença de R$ 60 se explica pelo estoque, que tem um valor maior no controle fiscal.
Estoque W	180	200	
Estoque R	360	400	

Portanto, a DRE fechada na contabilidade e a DRF exigida pela RFB teriam os seguintes valores com os detalhes das diferenças apresentados na Tabela A.6.

Apenas para concluir o exemplo, suponha que, no mês seguinte, a Cia. Beta utilize as duas unidades restantes de W e as duas unidades restantes de Z para produzir cinco unidades de X e que realize a venda por R$ 700 (R$ 140 cada, mesmo preço da venda anterior). A DRE da Cia. Beta e sua respectiva DRF ficariam conforme Tabela A.7.

TABELA A.7

CIA. BETA FEV/X1	DRE	DRF
RECEITA BRUTA	700	700
(–) ICMS – 10%	(70)	(70)
RECEITA LÍQUIDA	630	630
(–) CPV	(540)	(600)
LUCRO BRUTO	**90**	**30**

Viu o que aconteceu na prática? Com essa mudança, a RFB antecipou R$ 60 em lucro, não concedendo mais o crédito antecipado do ICMS daquelas unidades ainda não vendidas ou não utilizadas no processo de produção. No bimestre, o LUCRO BRUTO, que seria tributado, montou R$ 610, explicado no boxe a seguir.

• Vendas do produto X	R$ 3.500
• (–) Compras das matérias-primas W e Z	R$ 2.000
• (–) Mão de obra e GGF utilizados	R$ 740
• (–) ICMS desembolsado	R$ 150
LUCRO BRUTO no bimestre	R$ 610

Contudo, não há uma esperteza por parte da RFB para antecipar a base de cálculo de IR e CSLL. Pelo contrário. No mundo real, dificilmente todo o estoque de Z (produto acabado) seria vendido, o que provavelmente mudaria os números apresentados no exemplo numérico e essa equivocada percepção inicial. O ajuste confirmando isso será feito no tópico a seguir.

Vamos arriscar fazer um pequeno ajuste no exemplo anterior?

E se a Cia. Beta vendesse somente 16 das 20 unidades produzidas de Z? Vamos partir diretamente para o DRE e a DRF, lembrando que a venda foi realizada por R$ 140 cada, totalizando R$ 2.240 (Tabela A.8).

No mês seguinte, admitindo a utilização das demais unidades de W e R para produzir mais cinco unidades de Z e considerando a venda de nove unidades desse produto (cinco produzidas no mês + quatro unidades em estoque) por R$ 1.260 (140 × 9). Assim, a DRE e a DRF de FEV/x1 ficaria conforme a Tabela A.9.

Mais uma vez, percebe-se que a empresa, na sua contabilidade, e a RFB chegarão ao mesmo lucro no bimestre. A empresa registrou R$ 610, mas com predominância em JAN (416), registrando apenas R$ 194 em FEV. Por outro lado, o Fisco reconheceu o mesmo resultado positivo (R$ 610), mas a maior parte em FEV (R$ 534), com apenas R$ 76 tributado em JAN. O mais importante é entender a essência do que a RFB deseja: simplificar o processo de apuração das bases de IR e CSLL, utilizando com intensidade a lógica da realização das receitas e despesas, aproximando o resultado fiscal das entradas e saídas de caixa. Entendo que é um refino

TABELA A.8

CIA. BETA JAN/X1	DRE	DRF	DIFERENÇAS
RECEITA BRUTA	2.240	2.240	Não há.
(–) ICMS – 10%	(224)	(24)	Na DRE, a despesa é calculada sobre a receita bruta, enquanto na DRF fica registrada pelo valor que será desembolsado diretamente.
RECEITA LÍQUIDA	2.016	2.216	
(–) CPV	(1.600)	(2.140)	Na DRF, o Fisco aceita os produtos W (800) e R (600) utilizados na fabricação de Z, assim como toda a mão de obra (400) e o GGF (340), totalizando R$ 2.140. Por outro lado, na DRE, retiramos o ICMS a recuperar dos produtos W e R (140), deixando o estoque de Z em R$ 2.000 pelas vinte unidades produzidas. Com a venda de 16 unidades (80%), o CPV montou R$ 1.600.
LUCRO BRUTO	**416**	**76**	A DRF apresenta, neste caso, um LUCRO MENOR que aquele apurado na escrituração contábil (DRE). O motivo é que a empresa teve mais gastos de produção do que vendas, permanecendo com quatro unidades do produto Z em estoque, sendo que os custos inerentes a esses produtos tiveram sua dedutibilidade permitida pela nova DRF. A diferença (R$ 340) está refletida no estoque total.
Estoque do produto Z	400	–	
Estoque do produto W	180	200	
Estoque do produto X	360	400	
Estoque total	940	600	

técnico que não pode se perder diante de qualquer dificuldade encontrada. A contabilidade brasileira evoluirá enormemente se avançar na linha inicial desenvolvida pela RFB, fazendo alguns ajustes necessários, como os aqui sugeridos.

TABELA A.9

CIA. BETA FEV/X1	DRE	DRF
RECEITA BRUTA	1.260	1.260
(–) ICMS –10%	(126)	(126)
RECEITA LÍQUIDA	1.134	1.134
(–) CPV	(940)	(600)
LUCRO BRUTO	194	534

Conclusões

É importante fazer uma reflexão sobre o momento tributário brasileiro, com o processo de reforma tributária em análise no Congresso Nacional e, em paralelo, a RFB fazendo proposta de mudar completamente a forma de apurar o lucro real e, por extensão, a base de cálculo da CSLL. Aliás, as mudanças propostas pela RFB só terão eficácia com uma profunda simplificação na tributação sobre o consumo. Se isso não acontecer, acredito que haverá imensa dificuldade na colocação do modelo em prática.

Na conclusão do livro e deste anexo, em dezembro de 2021, temos a informação que, em razão de mudanças internas na RFB, o projeto de transformação do modelo atual do lucro real foi suspenso temporariamente. De qualquer forma, acho importante fazer reflexões sobre o que está sendo proposto, pois há aspectos positivos na ideia geral, sendo necessário, em nosso entendimento, ajustes pontuais para deixar o processo em condições de aplicabilidade pelos contribuintes.

Portanto, vamos as reflexões extraídas principalmente dos exemplos didáticos trabalhados ao longo do texto:

1. A modernização da contabilidade das grandes empresas brasileiras, tributadas pelo lucro real, trouxe dificuldades a RFB no sentido de regulamentar e integrar as profundas mudanças oriundas da modernização nas bases dos tributos federais, principalmente IR e CSLL.
2. Houve importante tentativa, com a Lei nº 12.973/2014, de fazer tal integração. Apesar do esforço da RFB, os registros contábeis que envolvem aspectos subjetivos, como valor presente (AVP) e valor justo (AVJ), não foram integrados na apuração fiscal, sendo necessário fazer ajustes em subcontas, para neutralizar AVP e AVJ. Na prática, o Fisco somente considera ativos e passivos realizados por ocasião da venda, liquidação ou do uso efetivo (depreciação, amortização ou exaustão).
3. Todavia, os órgãos internacionais continuaram promovendo relevantes alterações na contabilidade internacional, ajustes que foram regulamentados no Brasil pelo Comitê de Pronunciamentos Contábeis. De 2015 para cá, dentre outras, foram modificados os pronunciamen-

tos referentes a arrendamento mercantil, receitas e instrumentos financeiros.

4. A RFB vem tentando, sem sucesso, integrar tais mudanças na legislação que regula as bases de IR, CSLL, PIS e COFINS. O órgão informa que em torno de 2/3 dos ajustes (adições e exclusões) realizados pelas empresas nas suas bases fiscais foram oriundos dos novos critérios contábeis.
5. Com isso, detectou ser necessário buscar um novo caminho para encontrar as bases de IR e CSLL que não seja o existente, que parte do resultado apresentado pela escrituração contábil da empresa e faz diversos ajustes para chegar ao resultado tributável.
6. E apresentou este modelo em eventos diversos ao mercado, sinalizando que poderia instituir a demonstração do resultado fiscal (DRF), que utilizará um critério próprio de avaliação das operações das empresas, desconsiderando a DRE, que continuará sendo feita pelas empresas para fins contábeis e societários. A ideia é considerar apenas os dados objetivos das operações realizadas pelas empresas.
7. O modelo tem méritos e aspectos positivos, mas preocupa por alguns motivos, um deles é a complexidade e multiplicidade de impostos e contribuições cobradas sobre as receitas das empresas. Os exemplos apresentados até aqui primam pela simplicidade, mas sabemos que o dia a dia das entidades empresariais é recheado de situações com elevado grau de detalhes e complexidade e apurar um resultado à parte, sem usar a contabilidade como base traz enorme preocupação para a classe contábil-tributária e para a classe empresarial.
8. Neste anexo à 10ª edição do nosso *Manual* procuramos contribuir com uma proposta para a RFB continuar extraindo da contabilidade as informações necessárias para apuração das bases de IR e CSLL. A ideia seria rastrear todas as contas de receitas e despesas, separando-as em quatro subcontas analíticas:
   - Conta nº 1 – valor dedutível ou tributável, dependendo da posição. Esses valores fazem parte tanto da DRE como da DRF.
   - Conta nº 2 – adição/exclusão temporária, que irá fazer parte apenas da DRE, não integrando a DRF.
   - Conta nº 3 – adição/exclusão permanente (definitiva), reconhecendo as despesas não dedutíveis e as receitas não tributáveis, respectivamente. Faz parte apenas da DRE, não integrando a DRF.
   - Conta nº 4 – registro extracontábil, fazendo parte apenas da DRF.
9. Portanto, a partir da escrituração contábil, totalmente rastreada, seria possível obter tanto o resultado contábil como o resultado tributável sem necessidade de fazer adições ou exclusões.
10. A Parte B do LALUR poderia continuar existindo, para controlar todos os ajustes das contas nº 2 (ajustes temporários), que seriam base para reconhecimento dos ativos e passivos fiscais diferidos pela contabilidade da empresa. No caso, o LALUR passaria a ser um livro contábil, não mais um livro fiscal.
11. Porém, percebemos que o novo lucro real será trabalhoso na atividade industrial, por conta da própria complexidade da contabilidade de custos e, ainda, da multiplicidade de tributos cobrados sobre as receitas das empresas. Por isso, imagina-se que o novo lucro real só possa ser aplicado em conjunto com uma reforma tributária que simplifique a cobrança do *mix* composto por IPI, ICMS, ISS, PIS e COFINS.
12. E esperamos que a ideia não seja abandonada, mas sim aprimorada e ajustada, pois há aspectos positivos de simplificação que podem ser importantes para melhorar o processo atual de cálculo dos tributos sobre o lucro das empresas.

Abraço. E alegria!

Prof. Paulo Henrique Pêgas

Gabarito

CAPÍTULO 1

GABARITO: 1-B 2-D 3-C 4-A 5-B 6-A
7-D 8-A 9-D 10-B

CAPÍTULO 2

GABARITO: 1-D 2-E 3-D 4-C 5-E 6-A
7-E 8-A 9-B 10-D

CAPÍTULO 3

GABARITO: 1-D 2-A 3-A 4-C 5-C 6-D
7-E 8-B 9-A 10-C

CAPÍTULO 4

GABARITO: 1-B 2-C 3-A 4-B 5-D 6-E
7-E 8-D 9-C 10-D 11-C 12-B
13-C 14-B 15-B

CAPÍTULO 5

GABARITO: 1-B 2-C 3-A 4-D 5-C 6-E
7-A 8-C 9-E 10-B

CAPÍTULO 6

GABARITO: 1-D 2-A 3-C 4-D 5-C 6-C 7-E
8-B 9-E 10-B

CAPÍTULO 7

GABARITO: 1-B 2-B 3-E 4-A 5-D 6-D
7-C 8-D 9-C 10-A 11-E 12-C
13-D 14-C 15-D

CAPÍTULO 8

GABARITO: 1-C 2-E 3-B 4-C 5-D 6-E
7-A 8-B 9-D 10-D

CAPÍTULO 9

GABARITO: 1-C 2-E 3-D 4-C 5-B 6-D
7-A 8-E 9-B 10-B

CAPÍTULO 10

GABARITO: 1-A 2-D 3-A 4-A 5-B 6-C
7-E 8-D 9-C 10-B 11-D 12-E
13-D 1 4-E 15-A 16-E 17-C 18-E
19-D 20-B 21-B 22-E 23-C 24-D
25-B

CAPÍTULO 11

GABARITO 1-A 2-B 3-B 4-E 5-A 6-D
7-C 8-D 9-A 10-E

CAPÍTULO 12

GABARITO: 1-A 2-E 3-C 4-D 5-A 6-B
7-C 8-B 9-B 10-B 11-E 12-B
13-C 14-D 15-C 16-A 17-C 18-B
19-D 20-D

CAPÍTULO 13

GABARITO: 1-C 2-A 3-B 4-A 5-A 6-B
7-d 8-e 9-B 10-E

CAPÍTULO 14

GABARITO: 1-D 2-D 3-B 4-C 5-C 6-B
7-E 8-A 9-E 10-C

CAPÍTULO 15

GABARITO: 1-E 2-B 3-D 4-A 5-A 6-C
7-D 8-B 9-C 10-D

CAPÍTULO 16

GABARITO: 1-C 2-C 3-A 4-D 5-B 6-E
7-C 8-E 9-C 10-A

CAPÍTULO 17

GABARITO: 1- B 2-E 3-C 4-D 5-A 6-C
7-A 8-C 9-A 10-C

CAPÍTULO 18

GABARITO: 1-E 2-B 3-B 4-E 5-A 6-B
7-A 8-A 9-C 10-E 11-B 12-C e E
13-D 14-B 15-C

CAPÍTULO 19

GABARITO: 1-A 2-E 3-C 4-D 5-D 6-E
7-A 8-B 9-A 10-B 11-B 12-E
13-C 14-C 15-C

CAPÍTULO 20

GABARITO: 1-C 2-E 3-B 4-B 5-C 6-B
7-A 8-B 9-E 10-D

CAPÍTULO 21

GABARITO: 1-D 2-A 3-A 4-C 5-D 6-C
7-D 8-B 9-B 10-C 11-E 12-D
13-E 14-C 15-B

CAPÍTULO 22

GABARITO: 1-B 2-B 3-E 4-C 5-C 6-A
7-A 8-E 9-D 10-B

CAPÍTULO 23

GABARITO: 1-D 2-B 3-C 4-A 5-B 6-E
7-B 8-E 9-F 10-C

CAPÍTULO 24

GABARITO: 1-E 2-A 3-C 4-C 5-B 6-D
7-C 8-D 9-E 10-B

CAPÍTULO 25

GABARITO: 1-B 2-A 3-C 4-D 5-B 6-D
7-C 8-E 9-A 10-C

CAPÍTULO 26

GABARITO: 1-E 2-E 3-A 4-C 5-B 6-A
7-E 8-B 9-C 10-C

CAPÍTULO 27

GABARITO: 1-C 2-D 3-C 4-A 5-E 6-A
7-D 8-A 9-C 10-B

CAPÍTULO 28

GABARITO: 1-E 2-B 3-D 4-C 5-C 6-D
7-E 8-A 9-B 10-E

Índice alfabético

L

M

N

O

P

Q

R

S

T

V

2023/2